Großkommentare der Praxis

Löwe-Rosenberg

Die Strafprozeßordnung und das Gerichtsverfassungsgesetz

Großkommentar

27., neu bearbeitete Auflage

herausgegeben von
Jörg-Peter Becker, Volker Erb, Robert Esser,
Kirsten Graalmann-Scheerer, Hans Hilger, Alexander Ignor

Zehnter Band
Teilband 1
§§ 449–463e

Bearbeiterin:
Kirsten Graalmann-Scheerer
Sachregister: Christian Klie

DE GRUYTER

MIX
Papier aus verantwortungsvollen Quellen
FSC
www.fsc.org
FSC® C083411

ISBN 978-3-11-027481-3
e-ISBN (PDF) 978-3-11-027502-5
e-ISBN (EPUB) 978-3-11-038121-4

Library of Congress Control Number: 2021944872

Bibliografische Information der Deutschen Nationalbibliothek
Die Deutsche Nationalbibliothek verzeichnet diese Publikation in der Deutschen Nationalbibliografie; detaillierte bibliografische Daten sind im Internet über http://dnb.dnb.de abrufbar.

Satz/Datenkonvertierung: Meta Systems Publishing & Printservices GmbH, Wustermark
Druck und Bindung: CPI books GmbH, Leck

www.degruyter.com

Die Bearbeiter der 27. Auflage

Jörg-Peter Becker, Vorsitzender Richter am Bundesgerichtshof a. D., Obernburg
Dr. *Johannes Berg*, Richter am Bundesgerichtshof, Karlsruhe
Dr. *Camilla Bertheau*, Rechtsanwältin in Berlin
Gabriele Cirener, Vorsitzende Richterin am Bundesgerichtshof, Leipzig
Dr. *Volker Erb*, Professor an der Johannes Gutenberg-Universität Mainz
Dr. *Robert Esser*, Professor an der Universität Passau
Dr. *Karsten Gaede*, Professor an der Bucerius Law School, Hamburg
Dr. *Klaus Ferdinand Gärditz*, Professor an der Rheinischen Friedrich-Wilhelms-Universität Bonn, Richter am OVG Nordrhein-Westfalen im Nebenamt, stellvertretender Richter am VerfGH Nordrhein-Westfalen
Kerstin Gärtner, Richterin am Kammergericht Berlin
Dr. *Oliver Harry Gerson*, Wissenschaftlicher Mitarbeiter an der Universität Passau
Dr. *Dirk Gittermann*, Richter am Oberlandesgericht Celle
Dr. *Sabine Gleß*, Professorin an der Universität Basel
Dr. Dr. h.c. *Karl Heinz Gössel*, em. Professor an der Friedrich-Alexander-Universität Erlangen-Nürnberg, Richter am Bayerischen Obersten Landesgericht a. D., München
Dr. *Kirsten Graalmann-Scheerer*, Generalstaatsanwältin in Bremen, Honorarprofessorin an der Hochschule für öffentliche Verwaltung in Bremen
Klaus Peter Hanschke, Richter am Kammergericht Berlin
Dr. *Pierre Hauck*, Professor an der Justus-Liebig-Universität Gießen
Dr. *Hans Hilger*, Ministerialdirektor im Bundesministerium der Justiz a. D., Bad Honnef
Dr. Dr. *Alexander Ignor*, Rechtsanwalt in Berlin, apl. Professor an der Humboldt-Universität zu Berlin
Dr. *Christian Jäger*, Professor an der Friedrich-Alexander-Universität Erlangen-Nürnberg
Dr. *Matthias Jahn*, Professor an der Goethe-Universität Frankfurt am Main, Richter am Oberlandesgericht Frankfurt a. M.
Dr. *Björn Jesse*, Richter am Landgericht Berlin
Dr. *Pascal Johann*, Rechtsanwalt in Wiesbaden
Dr. *Daniel M. Krause*, Rechtsanwalt in Berlin
Dr. *Matthias Krauß*, Bundesanwalt beim Bundesgerichtshof, Karlsruhe
Dr. Dr. h.c. mult. *Hans-Heiner Kühne*, em. Professor an der Universität Trier
Detlef Lind, Richter am Kammergericht Berlin
Dr. *Holger Matt*, Rechtsanwalt in Frankfurt am Main, Honorarprofessor an der Goethe-Universität Frankfurt am Main
Dr. *Markus Mavany*, Richter am Landgericht Trier
Dr. *Eva Menges*, Richterin am Bundesgerichtshof, Karlsruhe
Dr. *Andreas Mosbacher*, Richter am Bundesgerichtshof, Leipzig, Honorarprofessor an der Universität Leipzig
Dr. *Ali B. Norouzi*, Rechtsanwalt in Berlin, Honorarprofessor an der Humboldt-Universität zu Berlin
Dr. *Günther M. Sander*, Vorsitzender Richter am Bundesgerichtshof, Leipzig, Honorarprofessor an der Humboldt-Universität zu Berlin
Dr. *Frank Peter Schuster*, Professor an der Julius-Maximilians-Universität Würzburg
Dr. *Eric Simon*, Staatsanwalt beim Bundesgerichtshof, Karlsruhe
Dr. *Wolfgang Siolek*, Vorsitzender Richter am Oberlandesgericht Celle a. D.
Dr. *Carl-Friedrich Stuckenberg*, Professor an der Rheinischen Friedrich-Wilhelms-Universität Bonn
Dr. *Michael Tsambikakis*, Rechtsanwalt in Köln, Honorarprofessor an der Universität Passau
Dr. *Brian Valerius*, Professor an der Universität Bayreuth
Marc Wenske, Richter am Bundesgerichtshof, Karlsruhe
Dr. *Raik Werner*, Richter am Bundesgerichtshof, Leipzig

https://doi.org/10.1515/9783110275025-201

Vorwort

Der LÖWE-ROSENBERG feierte 2019 seinen 140. Geburtstag und ist damit das älteste aktuelle Erläuterungswerk zur Strafprozessordnung und der mit ihr verbundenen Gesetze. Als Großkommentar hat er die Aufgabe, den Erkenntnisstand und die rechtlichen Probleme des Strafverfahrensrechts möglichst vollständig darzustellen und Wege zur Lösung auch entlegener Fragen aufzuzeigen. In einem an Praxis und Wissenschaft gleichermaßen gerichteten Werk muss dabei der Praxisbezug theoretischer Streitfragen und die historische Entwicklung heute gültiger Normen deutlich werden. Die Entwicklungsgeschichte der Strafprozessordnung und der Strafgerichtsverfassung seit dem Inkrafttreten der Reichsjustizgesetze, nebst dem Strafverfahrensrecht der DDR und dem Recht der Vereinigung Deutschlands, sowie die Entstehungsgeschichte der einzelnen Vorschriften sind vor dem Hintergrund einer 2017 in die Wege geleiteten, von einer Expertenkommission des Bundesministeriums der Justiz und für Verbraucherschutz vorbereiteten Reform des deutschen Strafprozessrechts sorgfältig darzustellen.

Die über 140-jahrige Entwicklung des Strafprozessrechts in Deutschland, die fortlaufenden Änderungen sowie eine sich zunehmend verfeinernde und immer starker ausdifferenzierende wissenschaftliche Entwicklung und Rechtsprechung stellen eine stetige Herausforderung dar. Ein Großkommentar muss sowohl den Rückgriff auf die Grundprinzipien ermöglichen als auch die Ausdifferenzierung dokumentieren und soweit erforderlich, bewerten und systematisieren.

Inhaltlich wird die Konzeption des LÖWE-ROSENBERG auch in der 27. Auflage im Wesentlichen beibehalten. Zudem werden der Einfluss der Menschenrechte, des Rechts der Europäischen Union und der Rechtsprechung internationaler und europäischer Gerichte auf das Strafverfahrensrecht und das Recht der Strafgerichtsverfassung sowie die Rechtsprechung nationaler Gerichte eingehend berücksichtigt. Die gesonderte Kommentierung der für das Strafverfahren bedeutsamen Vorschriften der EMRK und des IPBPR wird weitergeführt. Auf der Grundlage dieser Konzeption ist jeder Autor für den Inhalt seiner Kommentierung verantwortlich.

Die zunehmende Flut der Veröffentlichungen hat inzwischen einen Umfang erreicht, der es nicht mehr in allen Bereichen möglich macht, den Grundsatz der vollständigen Dokumentation des Materials uneingeschränkt zu erfüllen. Es bleibt daher der Verantwortung eines jeden Autors überlassen, ob und in welchem Umfang er eine Auswahl trifft. Für die 27. Auflage sind derzeit zwölf Bande mit voraussichtlich etwa 14.000 Seiten geplant, wobei die Bande 3 bis 5 sowie 9 und 10 in Teilbände aus Gründen der Aktualität des Werks unterteilt werden. Sechs Herausgeber betreuen den Kommentar weiterhin, wobei jeweils zwei Herausgeber als Bandredakteure verantwortlich sind. Die Autoren sind im Autorenverzeichnis eines jeden Bandes aufgeführt.

Verlag, Herausgeber und Autoren sind stets bemüht, die hohen Erwartungen zu erfüllen, die sich mit dem LÖWE-ROSENBERG seit jeher verbinden. Der hiermit vorgelegte Band 10 Teil 1 bespricht die im Ersten Abschnitt des Siebenten Buchs der StPO enthaltenen Vorschriften über die Strafvollstreckung. Diese haben seit der Vorauflage insbesondere hinsichtlich der Bestimmungen zur Vollstreckung der strafrechtlichen Vermögensabschöpfung zunächst durch das Gesetz zur Reform der strafrechtlichen Vermögensabschöpfung vom 13.4.2017 und zuletzt durch das Gesetz zur Fortentwicklung der Strafprozessordnung und zur Änderung weiterer Vorschriften vom 25.6.2021 eine umfangreiche Umgestaltung erfahren. Sie werden in diesem Band erstmalig im Rahmen eines Großkommentars grundlegend erörtert. Der Bearbeitungsstand ist Juli 2021. Teil-

https://doi.org/10.1515/9783110275025-202

weise wurden auch Rechtsprechung und Schrifttum berücksichtigt, die später erschienen sind.

Berlin, im Oktober 2021 Die Herausgeber

Hinweise für die Benutzung des Löwe-Rosenberg

1. Inhalt der Kommentierung

Der LÖWE-ROSENBERG kommentiert die StPO, das EGStPO, das GVG und das EGGVG mit Ausnahme der nur den Zivilprozess betreffenden Teile, sowie – mit dem Schwerpunkt auf den strafverfahrensrechtlich besonders bedeutsamen Regelungen – die EMRK und den IPBPR. Wenig bekannte oder schwer auffindbare strafverfahrensrechtliche Nebengesetze, deren Wortlaut für die Kommentierung erforderlich ist, werden bei den einschlägigen Erläuterungen im Kleindruck wiedergegeben.

2. Erscheinungsweise und Stand der Bearbeitung

Die 27. Auflage des LÖWE-ROSENBERG erscheint in **Bänden**, deren Erscheinungs-Reihenfolge von der des Gesetzes abweichen kann. Die Bände werden in der vom Gesetz vorgegebenen Reihenfolge durchnummeriert.

Der **Stand der Bearbeitung** ist dem Vorwort jedes Bandes zu entnehmen. Die Autoren sind bemüht, besonders wichtige Änderungen und Entwicklungen auch noch nach diesem Stichtag bis zur Drucklegung des Bandes zu berücksichtigen.

3. Bearbeiter

Jeder Bearbeiter (in der Fußzeile angegeben) trägt für seinen Teil die alleinige inhaltliche Verantwortung. Die Stellungnahmen zu Rechtsfragen, die an mehreren Stellen des Kommentars behandelt werden, können daher voneinander abweichen. Auf solche Abweichungen wird nach Möglichkeit hingewiesen.

4. Aufbau der Kommentierung

Neben der umfassenden Einleitung zum Gesamtwerk sind den Untereinheiten der kommentierten Gesetze (Bücher, Abschnitte, Titel), soweit erforderlich, **Vorbemerkungen** vorangestellt, die das für die jeweilige Untereinheit Gemeinsame erläutern.

Der den Vorbemerkungen und den Kommentierungen der einzelnen Vorschriften erforderlichenfalls vorangestellte Abschnitt **Geltungsbereich** enthält Hinweise auf zeitliche und örtliche Besonderheiten. Der Abschnitt **Entstehungsgeschichte** gibt, abgesehen von ganz unwesentlichen Änderungen, die Entwicklung der geltenden Fassung der Vorschrift vom Erlass des jeweiligen Gesetzes an wieder. Fehlt er, so kann davon ausgegangen werden, dass die Vorschrift unverändert ist. Der Hinweis auf **geplante Änderungen** verzeichnet Änderungsvorschläge, die sich beim Abschlusszeitpunkt der Lieferung im parlamentarischen Gesetzgebungsverfahren befinden.

Die Erläuterungen sind nach systematischen Gesichtspunkten gegliedert, die durch Überschriften oder Stichworte hervorgehoben sind. In der Regel ist den Erläuterungen eine **systematische Übersicht** vorangestellt. Soweit angebracht wird sie bei besonders umfangreichen Erläuterungen durch eine **alphabetische Übersicht** ergänzt. Bei den Erläuterungen selbst werden für jede Vorschrift (zur Erleichterung des Zitierens) durchlaufende Randnummern verwendet.

https://doi.org/10.1515/9783110275025-203

5. Schrifttum

Der Kommentar enthält am Anfang jedes Bandes ein allgemeines Literaturverzeichnis, das nur die häufiger verwendete oder allgemeine Literatur enthält. Den Vorbemerkungen und den Kommentierungen der einzelnen Vorschriften sind Schrifttumsverzeichnisse vorangestellt, die einen Überblick über das wesentliche Schrifttum zu dem jeweils behandelten Thema geben.

6. Zitierweise

Literatur, die in diesen Schrifttumsverzeichnissen enthalten ist, wird im laufenden Text im allgemeinen nur mit dem Namen des Verfassers (ggfs. mit einer unterscheidenden Kurzbezeichnung) oder der sonstigen im Schrifttumsverzeichnis angegebenen Kurzbezeichnung zitiert, doch wird bei Veröffentlichungen in Zeitschriften vielfach auch die genaue Fundstelle nachgewiesen. Sonst sind selbständige Werke mit (gelegentlich verkürztem) Titel und Jahreszahl, unselbständige Veröffentlichungen (auch Beiträge in Festschriften u. ä.) mit der Fundstelle angegeben. **Auflagen** sind durch hochgestellte Zahlen gekennzeichnet; fehlt eine solche Angabe, so wird aus der Auflage zitiert, die im allgemeinen Schrifttumsverzeichnis angegeben ist. Hat ein Werk Randnummern, so wird nach diesen, sonst nach Seitenzahl oder Gliederungspunkten zitiert.

Befindet sich beim Zitat anderer **Kommentare** die in Bezug genommene Stelle im gleichen Paragraphen, so wird nur die Randnummer oder (bei deren Fehlen) der Gliederungspunkt angegeben; wird auf die Erläuterungen bei einem anderen Paragraphen Bezug genommen, so wird dieser genannt. Entsprechend wird auch im LÖWE-ROSENBERG selbst verwiesen. Bei diesem wird, wenn nichts anderes angegeben ist, auf die gegenwärtige 27. Auflage verwiesen. Ist der Band mit den Erläuterungen, auf die verwiesen werden soll, noch nicht erschienen, so ist, soweit dies sachdienlich erschien, in Klammern ergänzend die genaue Fundstelle in der 26. Auflage angegeben.

Zeitschriften werden regelmäßig mit dem Jahrgang zitiert. Ausnahmen (Bandangabe) bilden namentlich ZStW, GA (bis 1933) und VRS; hier ist regelmäßig die Jahreszahl zusätzlich angegeben. Bei der Angabe der Fundstelle eines amtlichen Verkündungsblattes wird die Jahreszahl nur angegeben, wenn sie von der Jahreszahl der Rechtsvorschrift abweicht.

Entscheidungen werden im allgemeinen nur mit einer Fundstelle angegeben. Dabei hat die amtliche Sammlung eines obersten Bundesgerichtes den Vorrang, sonst die Fundstelle, die die Entscheidung mit Anmerkung oder am ausführlichsten wiedergibt.

7. Abkürzungen

Die verwendeten Abkürzungen, namentlich von Gesetzen, Verwaltungsvorschriften, Entscheidungssammlungen, Zeitschriften usw. sind im Abkürzungsverzeichnis nachgewiesen.

Inhaltsverzeichnis

Abkürzungsverzeichnis

AA	Auswärtiges Amt
a. A.	anderer Ansicht
a. a. O.	am angegebenen Ort
Abg.	Abgeordneter
AbgG	Gesetz über die Rechtsverhältnisse der Mitglieder des Deutschen Bundestages (Abgeordnetengesetz – AbgG) vom 18.2.1977 i. d. F. der Bek. vom 21.2.1996 (BGBl. I S. 326) zuletzt geändert durch Artikel 1 des Gesetzes vom 9.4.2021 (BGBl. I S. 741)
abl.	ablehnend
ABl.	Amtsblatt
ABlEG	Amtsblatt der Europäischen Gemeinschaften; Ausgabe C: Mitteilungen und Bekanntmachungen; Ausgabe L: Rechtsvorschriften (zit.: ABlEG Nr. L ... /(Seite) vom ...)
ABlEU	Amtsblatt der Europäischen Union (ab 2003); Ausgabe C: Mitteilungen und Bekanntmachungen; Ausgabe L: Rechtsvorschriften (zit.: ABlEU Nr. L .../(Seite) vom ...)
ABMG	Autobahnmautgesetz für schwere Nutzfahrzeuge vom 5.4.2002 (BGBl. I S. 1234) aufgehoben durch Art. 6 Nr. 1 des Gesetzes vom 12.7.2011 (BGBl. I S. 1378)
Abs.	Absatz
Abschn.	Abschnitt
abw.	abweichend
AChRMV	Afrikanische Charta der Rechte der Menschen und Völker vom 26.6.1981, deutsche Übersetzung EuGRZ 1990, 348
AcP	Archiv für die civilistische Praxis
AdG	Adoptionsgesetz vom 2.7.1976 (BGBl. I S. 1749)
AdVermiG	Adoptionsvermittlungsgesetz vom 27.11.1989 (BGBl. I S. 2014) neugefasst durch Bek. vom 21.6.2021 (BGBl. I S. 2010)
a. E.	am Ende
AEPC	Association of European Police Colleges
ÄndG	Änderungsgesetz
ÄndVO	Änderungsverordnung
a. F.	alte Fassung
AfkKR	Archiv für katholisches Kirchenrecht
AfP	Archiv für Presserecht, Zeitschrift für Medien- und Kommunikationsrecht
AG	Amtsgericht; in Verbindung mit einem Gesetz: Ausführungsgesetz
AGIS	Beschluss des Rates der Europäischen Union vom 22.7.2002 über ein Rahmenprogramm für die polizeiliche und justitielle Zusammenarbeit in Strafsachen – AGIS (ABlEG Nr. C 203 vom 1.8.2002, S. 5)
AGGewVerbrG	Ausführungsgesetz zum Gesetz gegen gefährliche Gewohnheitsverbrecher und über Maßregeln der Sicherung und Besserung vom 24.11.1933 (RGBl. I S. 1000)
AGGVG	Gesetz zur Ausführung des Gerichtsverfassungsgesetzes (Landesrecht)
AGS	Zeitschrift für das gesamte Gebührenrecht und Anwaltsmanagement
AGStPO	Ausführungsgesetz zur Strafprozessordnung (Landesrecht)
AHK	Alliierte Hohe Kommission
AIDP	Association Internationale de Droit Pénal
AJIL	American Journal of International Law
AktG	Gesetz über Aktiengesellschaften und Kommanditgesellschaften auf Aktien (Aktiengesetz) vom 6.9.1965 (BGBl. I S. 1089) zuletzt geändert durch Art. 15 des Gesetzes vom 3.6.2021 (BGBl. I S. 1534)
AktO	Anweisung für die Verwaltung des Schriftguts bei den Geschäftsstellen der Gerichte und der Staatsanwaltschaften (Aktenordnung)
allg. M.	allgemeine Meinung
Alsb.E	Die strafprozessualen Entscheidungen der Oberlandesgerichte, herausgegeben von Alsberg und Friedrich (1927), 3 Bände
Alt.	Alternative
a. M.	anderer Meinung

https://doi.org/10.1515/9783110275025-204

AMRK	Amerikanische Menschenrechtskonvention vom 22.11.1969 (Pact of San José), deutsche Übersetzung EuGRZ 1980, 435
amtl.	amtlich
amtl. Begr.	amtliche Begründung
Anh.	Anhang
AnhRügG	Gesetz über die Rechtsbehelfe bei Verletzung des Anspruchs auf rechtliches Gehör (Anhörungsrügengesetz) vom 9.12.2004 (BGBl. I S. 3220)
Anl.	Anlage
Anm.	Anmerkung
AnwBl.	Anwaltsblatt
AöR	Archiv des öffentlichen Rechts
AO	Abgabenordnung vom 16.3.1976 (BGBl. I S. 613) i. d. F. der Bek. vom 1.10.2002 (BGBl. I S. 3866) zuletzt geändert durch Art. 24 des Gesetzes vom 25.6.2021 (BGBl. I S. 2154)
AOStrÄndG	Gesetz zur Änderung strafrechtlicher Vorschriften der Reichsabgabenordnung und anderer Gesetze vom 10.8.1967 (BGBl. I S. 877)
apf	Ausbildung Prüfung Praxis – Zeitschrift für die staatliche und kommunale Verwaltung
APR	Allgemeines Persönlichkeitsrecht
APuZ	Aus Politik und Zeitgeschichte (Zeitschrift)
ArbGG	Arbeitsgerichtsgesetz vom 3.9.1953 i. d. F. der Bek. vom 2.7.1979 (BGBl. I S. 853) zuletzt geändert durch Art. 18 des Gesetzes vom 7.7.2021 (BGBl. I S. 2363)
ArchKrim.	Archiv für Kriminologie
ArchPF	Archiv für das Post- und Fernmeldewesen
ArchVR	Archiv des Völkerrechts
arg.	argumentum
Art.	Artikel
ASIL	The American Society of International Law
AsylG	Asylgesetz i. d. F. der Bek. vom 2.9.2008 (BGBl. I S. 1798), zuletzt geändert durch Art. 9 des Gesetzes vom 9.7.2021 (BGBl. I S. 2467)
ATDG	Gesetz zur Errichtung einer standardisierten zentralen Antiterrordatei von Polizeibehörden und Nachrichtendiensten von Bund und Ländern (Antiterrordateigesetz – ATDG) vom. 22.12.2006 (BGBl. I S. 3409) zuletzt geändert durch Art. 2 Abs. 1 des Gesetzes vom 30.3.2021 (BGBl. I S. 402)
AtG	Gesetz über die friedliche Verwendung der Kernenergie und den Schutz gegen ihre Gefahren (Atomgesetz) vom 31.10.1976 (BGBl. I S. 3053) i. d. F. der Bek. vom 15.7.1985 (BGBl. I S. 1565) zuletzt geändert durch Art. 3 des Gesetzes vom 20.5.2021 (BGBl. I S. 1194)
AufenthG	Gesetz über den Aufenthalt, die Erwerbstätigkeit und die Integration von Ausländern im Bundesgebiet (Aufenthaltsgesetz – AufenthG), neugefasst durch Bek. vom 25.2.2008 (BGBl. I S. 162); zuletzt geändert durch Artikel 3 des Gesetzes vom 9.7.2021 (BGBl. I S. 2467)
aufg.	aufgehoben
Aufl.	Auflage
AUILR	American University International Law Review
AUR	Agrar- und Umweltrecht
AuR	Arbeit und Recht (Zeitschrift)
ausf.	ausführlich
AuslG	Gesetz über die Einreise und den Aufenthalt von Ausländern im Bundesgebiet (Ausländergesetz) vom 9.7.1990 (BGBl. I S. 1354), außer Kraft getreten am 31.12.2004
AusnVO	Ausnahme-(Not-)Verordnung (1) VO zur Sicherung von Wirtschaft und Finanzen vom 1.12.1930 (RGBl. I S. 517) (2) VO zur Sicherung von Wirtschaft und Finanzen vom 6.10.1931 (RGBl. I S. 537, 563) (3) VO zur Sicherung von Wirtschaft und Finanzen und zum Schutz des inneren Friedens vom 8.12.1931 (RGBl. I S. 743)

	(4) VO über Maßnahmen auf dem Gebiet der Rechtspflege und Verwaltung vom 14.6.1932 (RGBl. I S. 285)
AV	Allgemeine Verfügung
AVG	Allgemeines Verwaltungsverfahrensgesetz (Österreich)
AVR	Archiv des Völkerrechts
AWG	Außenwirtschaftsgesetz vom 28.4.1961 (BGBl. I S. 481)
Az	Aktenzeichen
AZR-Gesetz	Gesetz über das Ausländerzentralregister (AZR-Gesetz) vom 2.9.1994 (BGBl. I S. 2265) i. d. F. der Bek. vom 23.12.2003 (BGBl. I S. 2848) zuletzt geändert durch Art. 8 Gesetzes vom 9.7.2021 (BGBl. I S. 2467)
BAFin	Bundesanstalt für Finanzdienstleistungsaufsicht
BAG	Bundesarbeitsgericht
BAGE	Sammlung der Entscheidungen des Bundesarbeitsgerichts
BÄO	Bundesärzteordnung, neugefasst durch Bek. vom 16.4.1987 (BGBl. I S. 1218); zuletzt geändert durch Art. 4 des Gesetzes vom 15.8.2019 (BGBl. I S. 1307)
BAK	Blutalkoholkonzentration
BAMF	Bundesamt für Migration und Flüchtlinge
BAnz.	Bundesanzeiger
BaWü.	Baden-Württemberg
Bay.	Bayern, bayerisch
BayAGGVG	Bayerisches Gesetz zur Ausführung des Gerichtsverfassungsgesetzes und von Verfahrensgesetzen des Bundes vom 23.6.1981 (BayGVBl. S. 188)
BayBS	Bereinigte Sammlung des Bayerischen Landesrechts (1802 bis 1956)
BayObLG	Bayerisches Oberstes Landesgericht
BayObLGSt	Sammlung von Entscheidungen des Bayerischen Obersten Landesgerichts in Strafsachen
BayPAG	Gesetz über die Aufgaben und Befugnisse der Bayerischen Staatlichen Polizei (Polizeiaufgabengesetz – PAG) i. d. F. d. Bek. vom 14.9.1990 (GVBl. S. 397), zuletzt geändert durch § 1 des Gesetzes vom 10.12.2019 (GVBl. S. 691)
BayRS	Bayerische Rechtssammlung (ab 1.1.1983)
BayStVollzG	Bayerisches Strafvollzugsgesetz vom. 10.9.2007 (BayGVBl. S. 866) zuletzt geändert durch § 6 des Gesetzes vom 8.7.2020 (BayGVBl. S. 330)
BayVerf.	Verfassung des Freistaates Bayern vom 2.12.1946 (BayBS. I 3) zuletzt geändert durch Gesetzes vom 11.11.2013 (BayGVBl. S. 638)
BayVerfGH	Bayerischer Verfassungsgerichtshof
BayVerfGHE	s. BayVGHE
BayVerwBl.	Bayerische Verwaltungsblätter
BayVGH	Bayerischer Verwaltungsgerichtshof
BayVGHE	Sammlung von Entscheidungen des Bayerischen Verwaltungsgerichtshofs mit Entscheidungen des Bayerischen Verfassungsgerichtshofes, des Bayerischen Dienststrafhofs und des Bayerischen Gerichtshofs für Kompetenzkonflikte
BayZ	Zeitschrift für Rechtspflege in Bayern (1905–34)
BB	Betriebs-Berater (Zeitschrift)
BBG	Bundesbeamtengesetz vom 14.7.1953 (BGBl. I S. 551) i. d. F. der Bek. vom 31.3.1999 (BGBl. I S. 675) zuletzt geändert durch Art. 1 des Gesetzes vom 28.6.2021 (BGBl. I S. 2250)
Bbg.	Brandenburg
BbgVerfG	Brandenburgisches Verfassungsgericht
BC	Business Compliance (Zeitschrift)
Bd.	Band
BDG	Bundesdisziplinargesetz vom 9.7.2001 (BGBl. I S. 1510) zuletzt geändert durch Art. 62 der Verordnung vom 19.6.2020 (BGBl. I S. 1328)
BDH	Bundesdisziplinarhof (jetzt Bundesverwaltungsgericht)

BDSG	Bundesdatenschutzgesetz i. d. F. der Bek. vom 14.1.2003 (BGBl. I S. 66) zuletzt geändert durch Art. 10 des Gesetzes vom 23.6.2021 (BGBl. S. 1858)
beA	besonderes elektronisches Anwaltspostfach
BeamtStG	Gesetz zur Regelung des Statusrechts der Beamtinnen und Beamten in den Ländern (Beamtenstatusgesetz – BeamtStG) vom 17.6.2008 (BGBl. I S. 1010) zuletzt geändert durch Art. 2 des Gesetzes vom 28.6.2021 (BGBl. S. 2250)
Begr.	Begründung
BegrenzungsVO	Verordnung über die Begrenzung der Geschäfte des Rechtspflegers bei der Vollstreckung in Straf- und Bußgeldsachen vom 26.6.1970 (BGBl. I S. 992) i. d. F. der Bek. vom 16.2.1982 (BGBl. I S. 188)
BEG-SchlußG	Zweites Gesetz zur Änderung des Bundesentschädigungsgesetzes vom 14.9.1965 (BGBl. I S. 1315)
Bek.	Bekanntmachung
Bek. 1924	Strafprozeßordnung i. d. F. der Bek. vom 22.3.1924 (RGBl. I S. 299, 322)
Bek. 1950	Strafprozeßordnung i. d. F. der Bek. vom 12.9.1950 (BGBl. I S. 629)
Bek. 1965	Strafprozeßordnung i. d. F. der Bek. vom 17.9.1965 (BGBl. I S. 1373)
Bek. 1975	Strafprozeßordnung i. d. F. der Bek. vom 7.1.1975 (BGBl. I S. 129)
Bek. 1987	Strafprozeßordnung i. d. F. der Bek. vom 7.4.1987 (BGBl. I S. 1074)
ber.	berichtigt
BerHG	Gesetz über Rechtsberatung und Vertretung für Bürger mit geringem Einkommen (Beratungshilfegesetz) vom 18.6.1980 (BGBl. I S. 689) zuletzt geändert durch Art. 12 des Gesetzes vom 25.6.2021 (BGBl. I S. 2154)
BerlVerfGH	Berliner Verfassungsgerichtshof
BerRehaG	Gesetz über den Ausgleich beruflicher Benachteiligungen für Opfer politischer Verfolgung im Beitrittsgebiet (Berufliches Rehabilitierungsgesetz – BerRehaG) vom 23.6.1994 (BGBl. I S. 1314) zuletzt geändert durch Art. 12a des Gesetzes vom 2.6.2021 (BGBl. I S. 1387)
Beschl.	Beschluss
Bespr.	Besprechung
BeurkG	Beurkundungsgesetz vom 28.8.1969 (BGBl. I S. 1513) zuletzt geändert durch Art. 11 des Gesetzes vom 26.6.2021 (BGBl. S. 2154)
BewHi.	Bewährungshilfe (Zeitschrift)
BezG	Bezirksgericht
Bf.	Beschwerdeführer
BFH	Bundesfinanzhof
BFHE	Sammlung der Entscheidungen des Bundesfinanzhofs (BFH)
BfJG	Gesetz über die Errichtung des Bundesamtes für Justiz = Art. 1 des Gesetzes zur Errichtung und zur Regelung der Aufgaben des Bundesamtes für Justiz vom 17.12.2006 (BGBl. I S. 3171) zuletzt geändert durch Art. 6 des Gesetzes vom 7.7.2021 (BGBl. I S. 2363)
BGB	Bürgerliches Gesetzbuch vom 18.8.1896 (RGBl. S. 195) i. d. F. der Bek. vom 2.1.2002 (BGBl. I S. 42, ber. S. 2909 und BGBl. 2003 I S. 738) zuletzt geändert durch Art. 3 des Gesetzes vom 16.7.2021 (BGBl. S. 2947)
BGBl. I, II, III	Bundesgesetzblatt Teil I, II und III
BGer	Schweizerisches Bundesgericht
BGH	Bundesgerichtshof
BGH-DAT	Datenbank der Rechtsprechung des Bundesgerichtshofs auf CD-ROM, herausgegeben von Werner Theune
BGH (ER)	Ermittlungsrichter beim Bundesgerichtshof
BGHE Strafs.	Rechtsprechung des Bundesgerichtshofes in Strafsachen auf CD-ROM, herausgegeben von Mitgliedern des Gerichts
BGHGrS	Bundesgerichtshof, Großer Senat (hier in Strafsachen)
BGHR	BGH-Rechtsprechung in Strafsachen (Loseblattsammlung)
BGHRZ	BGH-Rechtsprechung in Zivilsachen (Loseblattsammlung)
BGHSt	Entscheidungen des Bundesgerichtshofs in Strafsachen

BGHZ	Entscheidungen des Bundesgerichtshofs in Zivilsachen
BGSG	Gesetz über den Bundesgrenzschutz (Bundesgrenzschutzgesetz – BGSG) vom 19.10.1994 (BGBl. I S. 2978) zuletzt geändert durch Art. 24 der Verordnung vom 19.6.2020 (BGBl. I S. 1328)
BGSNeuRegG	Gesetz zur Neuregelung der Vorschriften über den Bundesgrenzschutz (Bundesgrenzschutzneuregelungsgesetz – BGSNeuRegG) vom 19.10.1994 (BGBl. I S. 2978)
BHRJ	Business and Human Rights Journal
BinSchG	Gesetz betr. die privatrechtlichen Verhältnisse der Binnenschiffahrt (Binnenschifffahrtsgesetz) vom 15.6.1895 i. d. F. der Bek. vom 15.6.1898 (RGBl. S. 868) zuletzt geändert durch Art. 1 des Gesetzes vom 5.7.2016 (BGBl. I S. 1578, 2019 I S. 196)
BinSchGG	Gesetz über das gerichtliche Verfahren in Binnenschiffahrtssachenvom 27.9.1952 (BGBl. I S. 641) zuletzt geändert durch Art. 8 des Gesetzes vom 20.4.2013 (BGBl. I S. 831)
BJM	Basler Juristische Mitteilungen
BJOG	An International Journal of Obstetrics and Gynaecology
BKA	Bundeskriminalamt
BKAG	Gesetz über das Bundeskriminalamt und die Zusammenarbeit des Bundes und der Länder in kriminalpolizeilichen Angelegenheiten (Bundeskriminalamtgesetz – BKAG) vom 7.7.1997 (BGBl. I S. 1650) zuletzt geändert durch Art. 2 des Gesetzes vom 25.6.2021 (BGBl. I S. 2099)
Bln.	Berlin
Bln.GVBl.Sb.	Sammlung des bereinigten Berliner Landesrechts, Sonderband I (1806 bis 1945) und II (1945 bis 1967)
Blutalkohol	Blutalkohol, Wissenschaftliche Zeitschrift für die medizinische und juristische Praxis
BMI	Bundesminister(-ium) des Innern
BMinG	Gesetz über die Rechtsverhältnisse der Mitglieder der Bundesregierung (Bundesministergesetz) vom 17.6.1953 (BGBl. I S. 407) i. d. F. der Bek. vom 27.7.1971 (BGBl. I S. 1166) zuletzt geändert durch Art. 7 der Verordnung vom 19.6.2020 (BGBl. I S. 1328)
BMJV	Bundesminister(-ium) der Justiz und für Verbraucherschutz
BNDG	Gesetz über den Bundesnachrichtendienst vom 20.12.1990 (BGBl. I S. 2979) i. d. F. der Bek. vom 9.1.2002 (BGBl. I S. 361 ff.) zuletzt geändert durch Art. 3 des Gesetzes vom 5.7.2021 (BGBl. I S. 2274)
Bonn.Komm.	Kommentar zum Bonner Grundgesetz (Loseblattausgabe)
BORA	Berufsordnung für Rechtsanwälte i. d. F. der Bek. vom 1.11.2001
BPolBG	Bundespolizeibeamtengesetz i. d. F. der Bek. vom 3.6.1976 (BGBl. I S. 1357) zuletzt geändert durch Art. 8 des Gesetzes vom 23.6.2021 (BGBl. I S. 1982)
BR	s. BRat
BRAGO	Bundesgebührenordnung für Rechtsanwälte vom 26.7.1957 (BGBl. I S. 907); ersetzt durch das Rechtsanwaltsvergütungsgesetz (RVG) aufgehoben durch Art. 6 Nr. 4 des Gesetzes vom 5.5.2004 (BGBl. I. S. 718, 850)
BRAK	Bundesrechtsanwaltskammer
BRAK-Mitt.	Mitteilungen der Bundesrechtsanwaltskammer
BranntWMonG	Branntweinmonopolgesetz vom 8.4.1922 (RGBl. I S. 405; BGBl. III 612-7) zuletzt geändert durch Art. 5 des Gesetzes vom 10.3.2017 (BGBl. I S. 420)
BRAO	Bundesrechtsanwaltsordnung vom 1.8.1959 (BGBl. I S. 565); zuletzt geändert durch Art. 1 des Gesetzes vom 7.7.2021 (BGBl. I S. 2363)
BRat	Bundesrat
BRDrucks.	Drucksachen des Bundesrats
BReg.	Bundesregierung
Brem.	Bremen
BRJ	Bonner Rechtsjournal
BRProt.	Protokolle des Bundesrates
BS	Sammlung des bereinigten Landesrechts
BSG	Bundessozialgericht

Bsp.	Beispiel
BT	Bundestag
BTDrucks.	Drucksachen des Bundestags
BtG	Gesetz zur Reform des Rechts der Vormundschaft und Pflegschaft für Volljährige (Betreuungsgesetz – BtG) vom 12.9.1990 (BGBl. I S. 2002) aufgehoben durch Art. 9 und 10 des Gesetzes vom 19.4.2006 (BGBl. I S. 866)
BtMG	Gesetz über den Verkehr mit Betäubungsmitteln (Betäubungsmittelgesetz) vom 28.7.1981 (BGBl. I S. 681) i. d. F. der Bek. vom 1.3.1994 (BGBl. I S. 358) zuletzt geändert durch Art. 11 des Gesetzes vom 3.6.2021 (BGBl. I S. 1309)
BTProt.	s. BTVerh.
BTRAussch.	Rechtsausschuss des Deutschen Bundestags
BTVerh.	Verhandlungen des Deutschen Bundestags
BVerfG	Bundesverfassungsgericht
BVerfGE	Entscheidungen des Bundesverfassungsgerichts
BVerfGG	Gesetz über das Bundesverfassungsgericht vom 12.3.1951 i. d. F. der Bek. vom 11.8.1993 (BGBl. I S. 1473) zuletzt geändert durch Art. 4 des Gesetzes vom 20.11.2019 (BGBl. I S. 1724)
BVerfGK	Kammerentscheidungen des Bundesverfassungsgerichts
BVerfSchG	Gesetz über die Zusammenarbeit des Bundes und der Länder in Angelegenheiten des Verfassungsschutzes und über das Bundesamt für Verfassungsschutz (Bundesverfassungsschutzgesetz) vom 20.12.1990 (BGBl. I S. 2954) zuletzt geändert durch Art. 1 des Gesetzes vom 5.7.2021 (BGBl. I S. 2274)
BVerwG	Bundesverwaltungsgericht
BVerwGE	Entscheidungen des Bundesverwaltungsgerichts
BV-G	Bundesverfassungsgesetz (österreichische Verfassung)
BW	Baden-Württemberg
BWahlG	Bundeswahlgesetz neugefasst durch Bek. vom 23.7.1993 (BGBl. I S. 1288, 1594); zuletzt geändert durch Art. 2 des Gesetzes vom 3.6.2021 (BGBl. I S. 1482)
bzgl.	bezüglich
BZRG	Gesetz über das Zentralregister und das Erziehungsregister (Bundeszentralregistergesetz), neugefasst durch Bek. vom 21.9.1984 (BGBl. I S. 1229, 1985 I S. 195); zuletzt geändert durch Art. 4 des Gesetzes vom 16.6.2021 (BGBl. I S. 1810)
2. BZRÄndG	Zweites Gesetz zur Änderung des Bundeszentralregistergesetzes (2. BZRÄndG) vom 17.7.1984 (BGBl. I S. 990)
bzw.	beziehungsweise
CAT	siehe UN-CAT
Causa Sport	Die Sport-Zeitschrift für nationales und internationales Recht sowie für Wirtschaft
CCBE	Council of the Bars and Law Societies of the European Union
CCC	Constitutio Criminalis Carolina
CCJE	Consultative Council of European Judges
CCPR	siehe HRC
CCZ	Corporate Compliance Zeitschrift
CD	Collection of Decisions Bd. 1 bis 46 (1960 bis 1974), Entscheidungen der Europäischen Kommission für Menschenrechte über die Zulässigkeit von Beschwerden
CDDH	Steering Committee for Human Rights (Europarat)
CDE	Cahiers de droit européen (Zeitschrift)
CDPC	European Committee on Crime Problems
CEAS	Common European Asylum System
CELJ	China-EU Law Journal
CEPEJ	European Commission on the Efficiency of Justice
CEPOL	European Police College (Budapest)
CERD	Internationales Übereinkommen zur Beseitigung von jeder Form von Rassendiskriminierung (CERD) vom 7.3.1966
CERT	Computer Emergency Response Team

CETS	(vgl. CTS)
ChE	Chiemsee-Entwurf (Verfassungsausschuß der Ministerpräsidentenkonferenz der Westlichen Besatzungszonen. Bericht über den Verfassungskonvent auf Herrenchiemsee vom 10. bis 23.8.1948) (1948)
ChemG	Chemikaliengesetz i. d. F. der Bek. vom 20.6.2002 (BGBl. I S. 2090) zuletzt geändert durch Art. 1 des Gesetzes vom 3.6.2021 (BGBl. I S. 1479)
CJ	Corpus Juris
CJEL	Columbia Journal of European Law
CMLRev	Common Market Law Review
COSI	Ständiger Ausschuss für die operative Zusammenarbeit im Bereich der inneren Sicherheit (EU)
COVuR	COVID-19 und Recht (Zeitschrift)
CPP	Code de procédure pénale
CPS	Crown Prosecution Service
CPT	Committee for the Prevention of Torture – Europäischer Ausschuss zur Verhütung von Folter und unmenschlicher oder erniedrigender Behandlung oder Strafe (Europarat)
CR	Computer und Recht (Zeitschrift)
CRC	Übereinkommen über die Rechte des Kindes vom 20.11.1989 (BGBl. 1992 II S. 122)
Crim.L.R.	Criminal Law Review
CrimeLawSocChange	Crime, Law and Social Change (Zeitschrift)
CSW	Cross-Border Surveillance Working Group
CWÜAG	Ausführungsgesetz zum Chemiewaffenübereinkommen vom 2.8.1994 (BGBl. I S. 1954)
DA	Dienstanweisung
DAG	Deutsches Auslieferungsgesetz vom 23.12.1929 (BGBl. I S. 239), aufgehoben durch IRG vom 23.12.1982 (BGBl. I S. 2071)
DAJV-Newsletter	Zeitschrift der Deutsch-Amerikanischen Juristen-Vereinigung e.V.
DAR	Deutsches Autorecht (Zeitschrift)
DAV	DeutscherAnwaltVerein
DB	Der Betrieb (Zeitschrift)
DDevR	Deutsche Devisen-Rundschau (1951–59)
DDR	Deutsche Demokratische Republik
ders.	derselbe
DERechtsmittelG	Diskussionsentwurf für ein Gesetz über die Rechtsmittel in Strafsachen, im Auftrag der JMK vorgelegt von der Bund-Länder-Arbeitsgruppe Strafverfahrensreform (1975)
DG	Disziplinargesetz (der Länder)
Die Justiz	Die Justiz, Amtsblatt des Justizministeriums Baden-Württemberg
Die Polizei	Die Polizei (seit 1955: Die Polizei – Polizeipraxis)
dies.	dieselbe
Diss.	Dissertation
DiszO	Disziplinarordnung (der Länder)
DJ	Deutsche Justiz, Rechtspflege und Rechtspolitik (1933–45)
DJT	Deutscher Juristentag (s. auch VerhDJT)
DJZ	Deutsche Juristenzeitung (1896–1936)
DNA-AnalyseG	Gesetz zur Novellierung der forensischen DNA-Analyse vom 12.8.2005 (BGBl. I S. 2360)
DNA-IFG	DNA-Identitätsfeststellungsgesetz vom 7.9.1998 (BGBl. I S. 2646; 1999 I S. 1242) aufgehoben durch Art. 4 des Gesetzes vom 12.8.2005 (BGBl. I S. 2360, 2362)
DNP	Die Neue Polizei
DNutzG	Gesetz zur effektiveren Nutzung von Dateien im Bereich der Staatsanwaltschaften vom 10.9.2004 (BGBl. I S. 2318)
DÖD	Der Öffentliche Dienst
DÖV	Die Öffentliche Verwaltung

DOGE	Entscheidungen des Deutschen Obergerichts für das Vereinigte Wirtschaftsgebiet
DPA	Deutsches Patentamt
DR	Deutsches Recht (1931 bis 1945) Decisions and Reports (ab 1975): Entscheidungen über die Zulässigkeit von Beschwerden; Berichte der Europäischen Kommission für Menschenrechte; Resolutionen des Ministerkomitees des Europarates
DRechtsw.	Deutsche Rechtswissenschaft (1936–43)
DRiG	Deutsches Richtergesetz, neugefasst durch Bek. vom 19.4.1972 (BGBl. I S. 713); zuletzt geändert durch Art. 4 des Gesetzes vom 25.6.2021 (BGBl. I S. 2154)
DRiZ	Deutsche Richterzeitung
DRpfl.	Deutsche Rechtspflege (1936–1939)
DRsp.	Deutsche Rechtsprechung, herausgegeben von Feuerhake (Loseblattsammlung)
Drucks.	Drucksache
DRZ	Deutsche Rechts-Zeitschrift (1946 bis 1950)
DSB	Datenschutz-Berater
DSteuerR	Deutsches Steuerrecht (Zeitschrift)
DStR	Deutsches Strafrecht (1934 bis 1944)
DStRE	Deutsches Steuerrecht Entscheidungsdienst (Zeitschrift)
DStrZ	Deutsche Strafrechts-Zeitung (1914 bis 1922)
DStZ	Deutsche Steuer-Zeitung
dt.	deutsch
DtBR	Das Deutsche Bundesrecht, Gesetzessammlung mit Erläuterungen (Loseblattausgabe)
DtZ	Deutsch-Deutsche Rechts-Zeitschrift
DuD	Datenschutz und Datensicherheit (Zeitschrift)
DuR	Demokratie und Recht (Zeitschrift)
DVBl.	Deutsches Verwaltungsblatt (Zeitschrift)
DVO	Durchführungsverordnung
DVollzO	Dienst- und Vollzugsordnung
DVOVereinf.VO	Verordnung zur Durchführung der Verordnung über Maßnahmen auf dem Gebiete der Gerichtsverfassung und der Rechtspflege vom 8.9.1939 (RGBl. I S. 1703)
DVOZust.VO	Verordnung zur Durchführung der Verordnung über die Zuständigkeit der Strafgerichte, die Sonderstrafgerichte sowie sonstige strafverfahrensrechtliche Vorschriften vom 13.3.1940 (RGBl. I S. 489)
DVP	Deutsche Verwaltungspraxis – Fachzeitschrift für die öffentliche Verwaltung
DVR	Datenverarbeitung im Recht (Zeitschrift)
DWiR	Deutsche Zeitschrift für Wirtschaftsrecht
E	Entwurf
E. & P.	International Journal of Evidence & Proof
ebda.	Ebenda
EA	Vertrag über Gründung der Europäischen Atomgemeinschaft i. d. F. nach dem 1.5.1999
EAG	Europäische Atomgemeinschaft
EAGV	Vertrag zur Gründung der Europäischen Atomgemeinschaft vom 25.3.1957, Ges. vom 27.7.1957 (BGBl. II S. 753), Bek. vom 27.12. 1957 (BGBl. 1958 II S. 1)
EAJLG	European-Asian Journal of Law and Governance
EAkte	Elektronische Akte
EAkteJEG	Gesetz zur Einführung der elektronischen Akte in der Justiz und zur weiteren Förderung des elektronischen Rechtsverkehrs vom 5.7.2017 (BGBl. I S. 2208)
EAW	European Arrest Warrant, siehe EuHb
EB	Ergänzungsband
EBA	Europäische Beweisanordnung
EBAO	Einforderungs- und Beitreibungsanordnung i. d. F. der Bek. vom 1.4.2001
ECBA	European Criminal Bar Association
ECG	European Cooperation Group on Undercover Activities (ECG)
ECJ	siehe EuGH (European Court of Justice)

ECLAN	European Criminal Law Academic Network
ECOSOC	Wirtschafts- und Sozialrat (UN)
ECPI	European Criminal Policy Initiative
ECPT	Europäisches Übereinkommen zur Verhütung von Folter und unmenschlicher oder erniedrigender Behandlung oder Strafe vom 26.11.1987 (ETS 126; BGBl. 1989 II S. 946)
ECRI	European Commission against Racism and Intolerance/Europäische Kommission gegen Rassismus und Intoleranz
ECRIS	European Criminal Records Information System
EDS/EDU	Europäische Drogeneinheit (Vorläufer von Europol)/European Drug Unit
EDV	Elektronische Datenverarbeitung
EEA	Europäische Ermittlungsanordnung/European Investigation Order (EIO)
EFG	Entscheidungen der Finanzgerichte (Zeitschrift)
EG	Vertrag zur Gründung einer Europäischen Gemeinschaft i. d. F. nach dem 1.5.1999 (vor dem 1.5.1999: EGV); Europäische Gemeinschaft
EGBGB	Einführungsgesetz zum Bürgerlichen Gesetzbuch vom 18.8.1896 (RGBl. S. 604) i. d. F. der Bek. vom 21.9.1994 (BGBl. I S. 2494) zuletzt geändert durch Art. 2 des Gesetzes vom 16.7.2021 (BGBl. I S. 2947)
EGFaxÜbk	Abkommen vom 26.5.1989 zwischen den Mitgliedstaaten der Europäischen Gemeinschaften über die Vereinfachung und Modernisierung der Verfahren zur Übermittlung von Auslieferungsersuchen (BGBl. 1995 II S. 969)
EGFinSchÜbk	Übereinkommen vom 26.7.1995 über den Schutz der finanziellen Interessen der Europäischen Gemeinschaften (PIF-Übereinkommen; ABlEG Nr. C 316 vom 27.11.1995, S. 49)
EGFinSchG	Gesetz zu dem Übereinkommen vom 26. Juli 1995 über den Schutz der finanziellen Interessen der Europäischen Gemeinschaften (EG-Finanzschutzgesetz – EGFinSchG) vom 10.9.1998 (BGBl. II S. 2322)
EGG	Gesetz über rechtliche Rahmenbedingungen für den elektronischen Geschäftsverkehr (Elektronischer Geschäftsverkehr-Gesetz – EGG) vom 14.12.2001 (BGBl. I S. 3721)
EGGVG	Einführungsgesetz zum Gerichtsverfassungsgesetz vom 27.1.1877 (RGBl. S. 77) zuletzt geändert durch Art. 3 des Gesetzes vom 25.6.2021 (BGBl. I S. 2099)
EGH	Ehrengerichtshof in Anwaltssachen
EGInsO	Einführungsgesetz zur Insolvenzordnung vom 5.10.1994 (BGBl. I S. 2911) zuletzt geändert durch Art. 7 des Gesetzes vom 22.12.2020 (BGBl. I S. 3328)
EGKS	Europäische Gemeinschaft für Kohle und Stahl
EGKSV	Vertrag über die Gründung der EGKS vom 18.4.1951 (BGBl. II S. 447)
EGMR	Europäischer Gerichtshof für Menschenrechte
EGMR (GK)	Europäischer Gerichtshof für Menschenrechte (Große Kammer)
EGMR (K)	Europäischer Gerichtshof für Menschenrechte (Kammer)
EGMR Serie A/B; Reports	Entscheidungen des Europäischen Gerichtshofs für Menschenrechte, Sammlung in deutscher Übersetzung, Band, Seite; ab 1996: Reports of Judgments and Decisions)
EGMRVerfO	Verfahrensordnung des Europäischen Gerichtshofs für Menschenrechte (Rules of Court) i. d. F. der Bek. vom 1.1.2020 (www.echr.coe.int)
EG-ne bis in idem-Übk	Übereinkommen vom 25.5.1987 zwischen den Mitgliedstaaten der Europäischen Gemeinschaften über das Verbot der doppelten Strafverfolgung – EG-ne bis in idem-Übk (BGBl. 1998 II S. 2227)
EGOWiG	Einführungsgesetz zum Gesetz über Ordnungswidrigkeiten vom 24.5.1968 (BGBl. I S. 503)
EGStGB 1870	Einführungsgesetz zum Strafgesetzbuch vom 31.5.1870 (RGBl. S. 195)
EGStGB 1974	Einführungsgesetz zum Strafgesetzbuch vom 2.3.1974 (BGBl. I S. 469)
EGStPO	Einführungsgesetz zur Strafprozeßordnung vom 1.2.1877 zuletzt geändert durch Art. 9 des Gesetzes vom 30.3.2021 (BGBl. I S. 448, 1380)
EGV	Vertrag zur Gründung einer Europäischen Gemeinschaft i. d. F. vor dem 1.5.1999 (nach dem 1.5.1999: EG)

EGVollstrÜbk	Übereinkommen vom 13.11.1991 zwischen den Mitgliedstaaten der Europäischen Gemeinschaft über die Vollstreckung ausländischer strafrechtlicher Verurteilungen
EGWStrG	Einführungsgesetz zum Wehrstrafgesetz vom 30.4.1957 (BGBl. I S. 393) zuletzt geändert durch Art. 6 des Gesetzes vom 13.4.1986 (BGBl. I S. 393)
EGZPO	Einführungsgesetz zur Zivilprozeßordnung vom 30.1.1877 (RGBl. S. 244) zuletzt geändert durch Art. 1 des Gesetzes vom 22.12.2020 (BGBl. I S. 3328)
EhrenGHE	Ehrengerichtliche Entscheidungen (der Ehrengerichtshöfe der Rechtsanwaltschaft des Bundesgebietes und des Landes Berlin)
EHRLR	European Human Rights Law Review
EhrRiVG	Gesetz zur Vereinfachung und Vereinheitlichung der Verfahrensvorschriften zur Wahl und Berufung ehrenamtlicher Richter vom 21.12.2004 (BGBl. I S. 3599)
Einf.	Einführung
EinigungsV	Vertrag zwischen der Bundesrepublik Deutschland und der Deutschen Demokratischen Republik über die Herstellung der Einheit Deutschlands vom 31.8.1990 (BGBl. II S. 889)
EinigungsVG	Gesetz zu dem Vertrag vom 31.8.1990 zwischen der Bundesrepublik Deutschland und der Deutschen Demokratischen Republik über die Herstellung der Einheit Deutschlands – Einigungsvertragsgesetz – und der Vereinbarung vom 18.9.1990 vom 23.9.1990 (BGBl. II S. 885)
Einl.	Einleitung
EIO	siehe EEA
EIS	Europol-Informationssystem
EJB	Beschluss des Rates (2002/187/JI) vom 28.2.2002 über die Errichtung von Eurojust zur Verstärkung der Bekämpfung der schweren Kriminalität (ABlEG Nr. L 63 vom 6.3.2002, S. 1), geändert durch Beschluss 2003/659/JI des Rates vom 18.6.2003 (ABlEU Nr. L 245 vom 23.9.2003, S. 44) und den Beschluss 2009/426/JI des Rates vom 16.12.2008 zur Stärkung von Eurojust (ABlEU Nr. L 138 vom 4.6.2009, S. 14)
EJF	Entscheidungen aus dem Jugend- und Familienrecht (1951–1969)
EJG	Gesetz zur Umsetzung des Beschlusses (2002/187/JI) des Rates vom 28. Februar 2002 über die Errichtung von Eurojust zur Verstärkung der Bekämpfung der schweren Kriminalität (Eurojust-Gesetz – EJG) vom 12.5.2004 (BGBl. I S. 902)
EJKoV	Verordnung über die Koordinierung der Zusammenarbeit mit Eurojust (Eurojust-Koordinierungs-Verordnung –) vom 26.9.2012 (BGBl. I S. 2093)
EJN	Europäisches Justitielles Netz/European Judicial Network
EJTAnV	Verordnung über die Benennung und Einrichtung der nationalen Eurojust-Anlaufstelle für Terrorismusfragen (Eurojust-Anlaufstellen-Verordnung –) vom 17.12.2004 (BGBl. I S. 3520)
EJTN	European Judicial Training Network
EKMR	Europäische Kommission für Menschenrechte
EKMRVerfO	Verfahrensordnung der Europäischen Kommission für Menschenrechte i. d. F. der Bek. vom 29.5.1991 (BGBl. II S. 838)
EL	Ergänzungslieferung
eIDAS	elektronische Identifizierung und Vertrauensdienste für elektronische Transaktionen im Binnenmarkt
eIDASDG	Gesetz zur Durchführung der Verordnung (EU) Nr. 910/2014 des Europäischen Parlaments und des Rates vom 23. Juli 2014 über und zur Aufhebung der Richtlinie 1999/93/EG (eIDAS-Durchführungsgesetz) vom 18.7.2017 (BGBl. I S. 2745)
ELJ	European Law Journal
ELRev	European Law Review
EMCDDA	European Monitoring Centre for Drugs and Drug Addiction
EmmingerVO	Verordnung über Gerichtsverfassung und Strafrechtspflege vom 4.1.1924 (RGBl. I S. 23)
EMöGG	Gesetz zur Erweiterung der Medienöffentlichkeit in Gerichtsverfahren und zur Verbesserung der Kommunikationshilfen für Menschen mit Sprach- und Hörbehinderungen (Gesetz über die Erweiterung der Medienöffentlichkeit in Gerichtsverfahren – EMöGG) vom 8.10.2017 (BGBl. I S. 3546)

EMRK	Konvention zum Schutze der Menschenrechte und Grundfreiheiten vom 4.11.1950 (BGBl. II S. 685, 953) i. d. F. der Bek. vom 22.10.2010 (BGBl. II S. 1198) 1. ZP-EMRK vom 20.3.1952 (BGBl. 1956 II S. 1880) 2. P-EMRK vom 6.5.1963 (BGBl. 1968 II S. 1112) 3. P-EMRK vom 6.5.1963 (BGBl. 1968 II S. 1116) 4. ZP-EMRK vom 16.9.1963 (BGBl. 1968 II S. 423) 5. P-EMRK vom 20.1.1966 (BGBl. 1968 II S. 1120) 6. ZP-EMRK vom 28.4.1983 (BGBl. 1988 II S. 662) 7. ZP-EMRK vom 22.11.1984 8. P-EMRK vom 19.3.1985 (BGBl. 1989 II S. 547) 9. P-EMRK vom 6.11.1990 (BGBl. 1994 II S. 490) 10. P-EMRK vom 25.3.1992 (BGBl. 1994 II S. 490) 11. P-EMRK vom 11.5.1994 (BGBl. 1995 II S. 578) 12. ZP-EMRK vom 4.11.2000 13. ZP-EMRK vom 3.5.2002 (BGBl. 2004 II S. 982) 14. P-EMRK vom 13.5.2004 (BGBl. 2006 II S. 138) 14bis P-EMRK vom 27.5.2009 15. P-EMRK vom 24.6.2013 (BGBl. 2014 II S. 1034) 16. P-EMRK vom 2.10.2013
ENeuOG	Gesetz zur Neuordnung des Eisenbahnwesens (Eisenbahnneuordnungsgesetz – ENeuOG) vom 27.12.1993 (BGBl. I S. 2378) zuletzt geändert durch Art. 107 des Gesetzes vom 8.7.2016 (BGBl. I S. 1594)
ENFSI	European Network of Forensic Institute
EntlG	Gesetz zur Entlastung der Gerichte vom 11.3.1921 (RGBl. S. 229)
Entsch.	Entscheidung
entspr.	entsprechend
Entw.	Entwurf
Entw. 1908	Entwurf einer Strafprozeßordnung und Novelle zum Gerichtsverfassungsgesetz nebst Begründung (1908), E 1908, MatStrR-Ref. Bd. 11
Entw. 1909	Entwürfe 1. eines Gesetzes, betreffend Änderungen des Gerichtsverfassungsgesetzes, 2. der Strafprozeßordnung (1909), E 1909 RT-Verhandl. Bd. 254 Drucks. Nr. 1310 = MatStrRRef Bd. 12; Bericht der 7. Kommission des Reichstags 1909 bis 1911 zur Vorbereitung der Entwürfe 1. eines Gesetzes betreffend die Änderung des Gerichtsverfassungsgesetzes, 2. einer Strafprozeßordnung, 3. eines zu beiden Gesetzen gehörenden Einführungsgesetzes = MatStrRRef. Bd. 13
Entw. 1919/1920	Entwürfe 1. eines Gesetzes zur Änderung des Gerichtsverfassungsgesetzes (1919), 2. eines Gesetzes über den Rechtsgang in Strafsachen (1920), E 1919/1920, MatStrRRef. Bd. 14
Entw. 1930	Entwurf eines Einführungsgesetzes zum Allgemeinen Deutschen Strafgesetzbuch und zum Strafvollzugsgesetz 1930, EGStGB-Entw. 1930, RT-Drucks. Nr. 2070 = MatStrRRef. Bd. 7
Entw. 1939	Entwurf einer Strafverfahrensordnung und einer Friedens- und Schiedsmannsordnung (1939), StPO-Entw. 1939, Nachdruck 1954
EP	Europäisches Parlament
EPA	Europäisches Patentamt
EPO	siehe ESA
EPPO	European Public Prosecutor's Office/Europäische Staatsanwaltschaft
EPZ	Europäische Politische Zusammenarbeit
ERA	Europäische Rechtsakademie (Trier)
ERA-Forum	ERA-Forum (Zeitschrift)
ErbR	Zeitschrift für die gesamte erbrechtliche Praxis
erg.	ergänzend
Erg.	Ergänzung; Ergebnis
ErgBd.	Ergänzungsband
Erl.	Erlass; Erläuterung(en)

ErwG	Erwägungsgrund
ESA	Europäische Schutzanordnung/European Protection Order (EPO)
EStG	Einkommensteuergesetz
ETS	European Treaty Series; Übereinkommen des Europarates (fortlaufend nummeriert; www.coe.int; ab 1949)
EU	Vertrag über die Europäische Union
EuAbgG	Europaabgeordnetengesetz vom 6.4.1979 (BGBl. I S. 413) zuletzt geändert durch Art. 2 des Gesetzes vom 11.7.2014 (BGBl. I S. 906)
EuAlÜbk	Europäisches Auslieferungsübereinkommen vom 13.12.1957 (ETS 024; BGBl. 1964 II S. 1369); 2. ZP EuAlÜbk vom 17.3.1978 (ETS 098; BGBl. 1990 II S. 118; 1991 II S. 874)
EUAlÜbk	Übereinkommen vom 27.9.1996 aufgrund von Artikel K.3 des Vertrags über die Europäische Union über die Auslieferung zwischen den Mitgliedstaaten der Europäischen Union (ABlEG Nr. C 313/11 vom 23.10.1996; BGBl. 1998 II S. 2253)
EuArch	Europa-Archiv
EUBestG	Gesetz zu dem Protokoll vom 27. September 1996 zum Übereinkommen über den Schutz der finanziellen Interessen der Europäischen Gemeinschaften (EU-Bestechungsgesetz – EUBestG) vom 10.9.1998 (BGBl. II S. 2340) zuletzt geändert durch Art. 2 des Gesetzes vom 20.11.2015 (BGBl. I S. 2025)
EUC	Charta der Grundrechte der Europäischen Union
EUCARIS	Vertrag über ein Europäisches Fahrzeug- und Führerscheininformationssystem
EuCLR	European Criminal Law Review (Zeitschrift)
eucrim	Journal for the Protection of the Financial Interests of the European Communities
EuDrogenÜbk	Übereinkommen vom 31.1.1995 über den unerlaubten Verkehr mit Drogen auf hoher See zur Durchführung des Art. 17 des Übereinkommens der Vereinten Nationen vom 20.12.1988 gegen den unerlaubten Verkehr mit Suchtstoffen und psychotropen Stoffen (ETS 156; BGBl. 2000 II S. 1313)
EuG	Europäisches Gericht erster Instanz (Luxemburg)
EuGeldwÜbk	Übereinkommen vom 8.11.1990 über Geldwäsche sowie Ermittlung, Beschlagnahme und Einziehung von Erträgen aus Straftaten (ETS 141; BGBl. 1998 II S. 519)
EuGH	Gerichtshof der Europäischen Union
EuGH Slg.	Entscheidungen des Gerichtshofs der Europäischen Union (EuGH) – Amtliche Sammlung
EuGHG	Gesetz vom 6.8.1998 betreffend die Anrufung des Gerichtshofs der Europäischen Gemeinschaften im Wege des Vorabentscheidungsverfahrens auf dem Gebiet der polizeilichen Zusammenarbeit und der justitiellen Zusammenarbeit in Strafsachen nach Art. 35 des EU-Vertrages – EuGHG (BGBl. 1998 I S. 2035; 1999 II S. 728)
EuGRAG	Gesetz zur Durchführung der Richtlinie des Rates der EG vom 22.3.1977 zur Erleichterung der tatsächlichen Ausübung des freien Dienstleistungsverkehrs der Rechtsanwälte vom 16.8.1980 (BGBl. I S. 1453)
EuGRZ	Europäische Grundrechte-Zeitschrift
EuHb	Europäischer Haftbefehl/European Arrest Warrant (EAW)
EuHbG	Gesetz zur Umsetzung des Rahmenbeschlusses über den Europäischen Haftbefehl und die Übergabeverfahren zwischen den Mitgliedstaaten der Europäischen Union (Europäisches Haftbefehlsgesetz – EuHbG) vom 21.7.2004 (BGBl. I S. 1748) und vom 20.7.2006 (BGBl. I S. 1721)
EuJCCCJ	European Journal of Crime, Criminal Law and Criminal Justice (Zeitschrift)
EuKonv	Europäischer Konvent
EUMC	siehe ECRI
EuOEÜbk	Europäisches Übereinkommen vom 24.11.1983 über die Entschädigung für Opfer von Gewalttaten (ETS 116; BGBl. 2000 II S. 1209)
EuR	Europarecht (Zeitschrift)
EuRAG	Gesetz über die Tätigkeit europäischer Rechtsanwälte in Deutschland vom 9.3.2000 (BGBl. I S. 182) zuletzt geändert durch Art. 12 des Gesetzes vom 7.7.2021 (BGBl. I S. 2363)

EuRhÜbk	Europäisches Übereinkommen über die Rechtshilfe in Strafsachen vom 20.4.1959 (ETS 30; BGBl. 1964 II S. 1369; 1976 II S. 1799); ZP EuRhÜbk vom 17.3.1978 (ETS 99; BGBl. 1990 II S. 124; 1991 II S. 909); 2. ZP EuRHÜbk vom 8.11.2001 (ETS 182)
EURhÜbk	Rechtshilfeübereinkommen der Mitgliedstaaten der Europäischen Union vom 29.5.2000, ABlEG Nr. C 197 vom 12.7.2000, S. 1; ZP EURHÜbk vom 16.10.2001 (ABlEG Nr. C 326 vom 21.11.2001, S. 1)
EurJCrimeCrLJ	European Journal of Crime, Criminal Law and Criminal Justice
EURODAC	Daktyloskopische Datenbank im Rahmen von Asylantragsverfahren
Eurojust	Europäische Justitielle Clearing- und Dokumentationsstelle (Den Haag)
Europol	Europäisches Polizeiamt (Den Haag)
EuropolG	Europolgesetz vom 16.12.1997 (BGBl. II S. 2150) zuletzt geändert durch Art. 8 des Gesetzes vom 25.6.2021 (BGBl. I S. 2083)
EuropolÜbk	Übereinkommen vom 26.7.1995 auf Grund von Artikel K.3 des EUV über die Errichtung eines Europäischen Polizeiamtes, ABlEG Nr. C 316 vom 27.11.1995, S. 1
EuropolVO	Verordnung (EU) 2016/794 des Europäischen Parlaments und des Rates vom 11. Mai 2016 über die Agentur der Europäischen Union für die Zusammenarbeit auf dem Gebiet der Strafverfolgung (Europol) und zur Ersetzung und Aufhebung der Beschlüsse 2009/371/JI, 2009/934/JI, 2009/935/JI, 2009/936/JI und 2009/968/JI des Rates, ABlEU Nr. L 135 vom 23.5.2016, S. 53
EuroPris	European Organisation of Prison and Correctional Services
EUStA	Europäische Staatsanwaltschaft
EuTerrÜbk	Übereinkommen zur Bekämpfung des Terrorismus vom 27.1.1977 (ETS 90; BGBl. 1978 II S. 321, 907)
EUV	Vertrag über die Europäische Union
EUVEntw	Entwurf einer Europäischen Verfassung i.d.F des am 18.6.2004 zwischen den Staats- und Regierungschefs erzielten Konsenses (Dokument der Regierungskonferenz CIG 86/04 vom 25.6.2004)
EUVereinfAlÜbk	Übereinkommen vom 10.3.1995 aufgrund von Artikel K.3 des Vertrags über die Europäische Union über das vereinfachte Auslieferungsverfahren zwischen den Mitgliedstaaten der Europäischen Union (ABlEG Nr. C 78 vom 30.3.1995, S. 1; BGBl. 1998 II S. 2229)
EuVKonv	Entwurf eines Vertrags über eine Verfassung für Europa – vom Europäischen Konvent im Konsensverfahren angenommen am 13.6. und 10.7.2003 – dem Präsidenten des Europäischen Rates in Rom überreicht am 18.7.2003
EuZ	Zeitschrift für Europarecht (Schweiz)
EuZA	Europäische Zeitschrift für Arbeitsrecht
EuZW	Europäische Zeitschrift für Wirtschaftsrecht
evt.	eventuell
EWG	Europäische Wirtschaftsgemeinschaft
EWGV	Vertrag zur Gründung der Europäischen Wirtschaftsgemeinschaft vom 25.3.1957 (BGBl. II S. 766)
EWiR	Entscheidungen zum Wirtschaftsrecht
EWR-Abk.	Gesetz zu dem Abkommen vom 2.5.1992 über den Europäischen Wirtschaftsraum
EYHR	European Yearbook on Human Rights
EZAR	Entscheidungssammlung zum Zuwanderungs-, Asyl- und Freizügigkeitsrecht
EzSt	Entscheidungssammlung zum Straf- und Ordnungswidrigkeitenrecht, 1983 bis 1990 (Loseblattausgabe)
f., ff.	folgende
FamFG	Gesetz über das Verfahren in Familiensachen und in den Angelegenheiten der freiwilligen Gerichtsbarkeit (FamFG), Artikel 1 des Gesetzes vom 17.12.2008 (BGBl. I S. 2586, 2009 I S. 1102); zuletzt geändert durch Art. 6 des Gesetzes vom 16.7.2021 (BGBl. I S. 2947)
FAG	Gesetz über Fernmeldeanlagen vom 6.4.1892 i. d. F. der Bek. vom 3.7.1989 (BGBl. I S. 1455); ersetzt durch das TKG

FamPLG	Gesetz über Aufklärung, Verhütung, Familienplanung und Beratung vom 27.7.1992 (BGBl. I S. 1398) nun Schwangerschaftskonfliktgesetz (SchKG) zuletzt geändert durch Art. 13a des Gesetzes vom 14.12.2019 (BGBl. 2789, 2816)
FamRZ	Zeitschrift für das gesamte Familienrecht
FAO	Fachanwaltsordnung i. d. F. der Bek. vom 1.7.2019, zuletzt geändert durch Beschluss der Satzungsversammlung vom 26.11.2018 (BRAK-Mitt. 2019, 81)
FG	Finanzgericht/Festgabe
FGG	Gesetz über die Angelegenheiten der freiwilligen Gerichtsbarkeit vom 17.5.1898 i. d. F. der Bek. vom 20.5.1898 (RGBl. S. 771) aufgehoben durch Art. 112 Abs. 1 des Gesetzes vom 17.12.2008 (BGBl. I S. 2586)
FGO	Finanzgerichtsordnung, neugefasst durch Bek. vom 28.3.2001 (BGBl. I S. 442, 2262, 2002 I S. 679); zuletzt geändert durch Art. 21 des Gesetzes vom 7.7.2021 (BGBl. I S. 2363)
FGPrax	Praxis der freiwilligen Gerichtsbarkeit
1. FiMaNoG	Erstes Gesetz zur Novellierung von Finanzmarktvorschriften auf Grund europäischer Rechtsakte (Erstes Finanzmarktnovellierungsgesetz) vom 30.6.2016 (BGBl. I S. 1514)
2. FiMaNoG	Zweites Gesetz zur Novellierung von Finanzmarktvorschriften auf Grund europäischer Rechtsakte (Zweites Finanzmarktnovellierungsgesetz) vom 23.6.2017 (BGBl. I S. 1693)
FinB	Finanzbehörde
FinVerwG	Gesetz über die Finanzverwaltung vom 6.9.1950 (BGBl. I S. 448) i. d. F. der Bek. vom 30.8.1971 (BGBl. I S. 1426)
FLF	Finanzierung Leasing Factoring (Zeitschrift)
FlRG	Gesetz über das Flaggenrecht der Seeschiffe und die Flaggenführung der Binnenschiffe (Flaggenrechtsgesetz) vom 8.2.1951 i. d. F. der Bek. vom 29.10.1994 (BGBl. I S. 3140) zuletzt geändert durch Art. 339 der Verordnung vom 19.6.2020 (BGBl. I S. 1328)
FIU	Financial Intelligence Unit
Fn.	Fußnote
FN A	Fundstellennachweis des Deutschen Bundesrechts, Bundesrecht ohne völkerrechtliche Vereinbarungen und Verträge mit der DDR
FN B	Fundstellennachweis des Deutschen Bundesrechts, Völkerrechtliche Vereinbarungen und Verträge mit der DDR
FO	Fernmeldeordnung i. d. F. der Bek. vom 5.5.1971 (BGBl. I S. 541)
FoR	Forum Recht (Zeitschrift)
FP-IPBPR	(1.) Fakultativprotokoll zum Internationalen Pakt über bürgerliche und politische Rechte vom 19.12.1966 (BGBl. 1992 II S. 1247)
2. FP-IPBPR	2. Fakultativprotokoll zu dem Internationalen Pakt über bürgerliche und politische Rechte zur Abschaffung der Todesstrafe vom 15.12.1989 (BGBl. 1992 II S. 390)
FPR	Familie Partnerschaft Recht
FRA	Agentur der Europäischen Union für Grundrechte/Agency for Fundamental Rights
FRONTEX	Europäische Grenzschutzagentur
FS	Forum Strafvollzug – Zeitschrift für Strafvollzug und Straffälligenhilfe (früher ZfStrV)
FS (Name)	Festschrift, auch Festgabe usw. (angefügt Name des Geehrten)
FuR	Familie und Recht
G 10	Gesetz zur Beschränkung des Brief-, Post- und Fernmeldegeheimnisses vom 26.6.2001 (BGBl. I S. 1254), zuletzt geändert durch Art. 6 des Gesetzes vom 5.7.2021 (BGBl. I S. 2274), (Gesetz zu Artikel 10 Grundgesetz)
GA	Goltdammer's Archiv für Strafrecht, zitiert nach Jahr und Seite (bis 1933: Archiv für Strafrecht und Strafpolitik, zitiert nach Band und Seite)
GASP	Gemeinsame Außen- und Sicherheitspolitik
GBA	Generalbundesanwalt
GBl.	Gesetzblatt
GBl./DDR I, II	Gesetzblatt der Deutschen Demokratischen Republik, Teil I und II (1949 bis 1990)

GDolmG	Gesetz über die allgemeine Beeidigung von gerichtlichen Dolmetschern (Gerichtsdolmetschergesetz) vom 10.12.2019 (BGBl. I S. 2121, 2124) zuletzt geändert durch Art. 7 des Gesetzes vom 25.6.2021 (BGBl. I S. 2099)
GedS	Gedächtnisschrift (angefügt Name des Geehrten)
gem.	gemäß
GemDatG	Gesetz zur Errichtung gemeinsamer Dateien von Polizeibehörden und Nachrichtendiensten des Bundes und der Länder vom 22.12.2006 (Gemeinsame-Dateien-Gesetz) (BGBl. I S. 3409)
GemProt.	Gemeinsames Protokoll
GenG	Gesetz betreffend die Erwerbs- und Wirtschaftsgenossenschaften vom 1.5.1889, neugefasst durch Bek. vom 16.10.2006 (BGBl. I S. 2230); zuletzt geändert durch Art. 20 des Gesetzes vom 3.6.2021 (BGBl. I S. 1534)
GenStA	Generalstaatsanwaltschaft
GerS	Der Gerichtssaal (1849–1942)
Ges.	Gesetz
GeschlkrG	Gesetz zur Bekämpfung der Geschlechtskrankheiten vom 23.7.1953 (BGBl. I S. 700)
GeschO	Geschäftsordnung
GETZ	Gemeinsames Extremismus- und Terrorismusabwehrzentrum
GewO	Gewerbeordnung vom 21.6.1869, neugefasst durch Bek. vom 22.2.1999 (BGBl. I S. 202); zuletzt geändert durch Art. 34 des Gesetzes vom 7.7.2021 (BGBl. I S. 2363)
GewSchG	Gesetz vom 11.12.2001 zur Verbesserung des zivilgerichtlichen Schutzes bei Gewalttaten und Nachstellungen sowie zur Erleichterung der Überlassung der Ehewohnung bei Trennung (Gewaltschutzgesetz – GewSchG; BGBl. I S. 3513) zuletzt geändert durch Art. 19 des Gesetzes vom 25.6.2021 (BGBl. I S. 2099)
GewVerbrG	Gesetz gegen gefährliche Gewohnheitsverbrecher und über Maßregeln der Sicherung und Besserung vom 24.11.1933 (RGBl. I S. 995)
GG	Grundgesetz für die Bundesrepublik Deutschland vom 23.5.1949 (BGBl. S. 1)
ggf.	gegebenenfalls
GKG	Gerichtskostengesetz vom 5.5.2004 (BGBl. I S. 718); zuletzt geändert durch Art. 16 des Gesetzes vom 25.6.2021 (BGBl. I S. 2099)
GKI	Gemeinsame Kontrollinstanz (jeweils eingerichtet bei Europol und Eurojust)
GKÖD	Gesamtkommentar Öffentliches Dienstrecht
GLY	German Law Journal (Internet-Zeitschrift; www.germanlawjournal.de)
GmbH	Gesellschaft mit beschränkter Haftung
GmbHG	Gesetz betreffend die Gesellschaften mit beschränkter Haftung vom 20.4.1892 (RGBl. S. 477); zuletzt geändert durch Art. 18 des Gesetzes vom 3.6.2021 (BGBl. I S. 1534)
GMBl.	Gemeinsames Ministerialblatt
GmS-OGB	Gemeinsamer Senat der obersten Gerichtshöfe des Bundes
GnO	Gnadenordnung
GNotKG	Gesetz über Kosten der freiwilligen Gerichtsbarkeit für Gerichte und Notare (Gerichts- und Notarkostengesetz) vom 23.7.2013 zuletzt geändert durch Art. 7 des Gesetzes vom 16.7.2021 (BGBl. I S. 2947)
GoJIL	Göttingen Journal of International Law (Online-Zeitschrift)
GoltdA	s. GA
GRC	Europäische Grundrechtecharta
grds.	grundsätzlich
GRECO	Group of States against Corruption
GreifRecht	Greifswalder Halbjahresschrift für Rechtswissenschaft
GRETA	Group of Experts on Action against Trafficking in Human Beings
GREVIO	Expertengruppe zur Überwachung des Übereinkommens zum Schutz von Frauen vor Gewalt und häuslicher Gewalt (CETS 210)
GrSSt	Großer Senat in Strafsachen
Gruchot	Beiträge zur Erläuterung des deutschen Rechts, begründet von Gruchot
GRUR	Gewerblicher Rechtsschutz und Urheberrecht (Zeitschrift)
GRURInt	Gewerblicher Rechtsschutz und Urheberrecht International (Zeitschrift)

GS	Gesetzessammlung
GSNW	Sammlung des bereinigten Landesrechts Nordrhein-Westfalen (1945–56)
GSSchlH	Sammlung des schleswig-holsteinischen Landesrechts, 2 Bände (1963)
GStA	Generalstaatsanwalt
GSZ	Zeitschrift für das Gesamte Sicherheitsrecht
GÜG	Gesetz zur Überwachung des Verkehrs mit Grundstoffen, die für die unerlaubte Herstellung von Betäubungsmitteln mißbraucht werden können (Grundstoffüberwachungsgesetz – GÜG) vom 7.10.1994 (BGBl. I S. 2835) zuletzt geändert durch Art. 2 des Gesetzes vom 30.3.2021 (BGBl. I S. 402)
GuP	Gesundheit und Pflege (Zeitschrift)
GÜV	Gesetz zur Überwachung strafrechtlicher und anderer Verbringungsverbote vom 24.5.1961 (BGBl. I S. 607)
GV	Gemeinsame Verfügung (mehrerer Ministerien)
GVBl.	Gesetz- und Verordnungsblatt
GVBl. II	Sammlung des bereinigten Hessischen Landesrechts
GVG	Gerichtsverfassungsgesetz vom 27.1.1877 i. d. F. der Bek. vom 9.5.1975 (BGBl. I S. 1077) zuletzt geändert durch Art. 8 des Gesetzes vom 7.7.2021 (BGBl. I S. 2363)
GVGA	Geschäftsanweisung für Gerichtsvollzieher
GVGÄG 1971	Gesetz zur Änderung des Gerichtsverfassungsgesetzes vom 8.9.1971 (BGBl. I S. 1513)
GVGÄG 1974	Gesetz zur Änderung des Gerichtsverfassungsgesetzes vom 25.3.1974 (BGBl. I S. 761)
GVG/DDR	Gesetz über die Verfassung der Gerichte der Deutschen Demokratischen Republik – Gerichtsverfassungsgesetz – vom 27.9.1974 (GBl. I S. 457), zuletzt geändert durch Gesetz vom 5.7.1990 (GBl. I S. 595)
GVO	Gerichtsvollzieherordnung
GVVG-ÄndG	Gesetz zur Änderung der Verfolgung der Vorbereitung von schweren staatsgefährdenden Gewalttaten vom 12.6.2015 (BGBl. I S. 926)
GVVO	Verordnung zur einheitlichen Regelung der Gerichtsverfassung vom 20.3.1935 (RGBl. I S. 403) in der im BGBl. III Gliederungsnummer 300-5 veröffentlichten bereinigten Fassung
GWB	Gesetz gegen Wettbewerbsbeschränkungen vom 27.7.1957 i. d. F. der Bek. vom 26.8.1998 (BGBl. I S. 2546)
GwG	Gesetz über das Aufspüren von Gewinnen aus schweren Straftaten (Geldwäschegesetz – GwG) vom 25.10.1993 (BGBl. I S. 1770) zuletzt geändert durch Art. 6 Abs. 3 des Gesetzes vom 15.1.2021 (BGBl. I S. 530)
GWR	Gesellschafts- und Wirtschaftsrecht (Zeitschrift)
GYIL	German Yearbook of International Law (Zeitschrift)
Haager Abk.	Haager Abkommen über den Zivilprozeß vom 17.7.1905 (RGBl. 1909 S. 409)
HalbleiterschutzG	Gesetz über den Schutz der Topographien von mikroelektronischen Halbleitererzeugnissen (Halbleiterschutzgesetz) vom 22.10.1987 (BGBl. I S. 2294) zuletzt geändert durch Art. 12 des Gesetzes vom 17.7.2017 (BGBl. I S. 2541)
Hamb.	Hamburg
HambJVBl.	Hamburgisches Justizverwaltungsblatt
Hans.	Hanseatisch
HansGZ	Hanseatische Gerichtszeitung (1880 bis 1927)
HansJVBl.	Hanseatisches Justizverwaltungsblatt (bis 1946/47)
HansOLGSt	Entscheidungen des Hanseatischen Oberlandesgerichts in Strafsachen (1879 bis 1932/33)
HansRGZ	Hanseatische Rechts- und Gerichtszeitschrift (1928–43), vorher:
HansRZ	Hanseatische Rechtszeitschrift für Handel, Schiff-Fahrt und Versicherung, Kolonial- und Auslandsbeziehungen sowie für Hansestädtisches Recht (1918 bis 1927)
HbStrVf/*Verfasser*	Handbuch zum Strafverfahren, hrsg. von Heghmanns/Scheffler
HdR	Handwörterbuch der Rechtswissenschaft, herausgegeben von Stier-Somlo und Elster (1926 bis 1937)
Hess.	Hessen

HESt	Höchstrichterliche Entscheidungen, Sammlung von Entscheidungen der Oberlandesgerichte und der Obersten Gerichte in Strafsachen (1948–49)
HGB	Handelsgesetzbuch vom 10.5.1897 (RGBl. S. 219)
HKÜ	Haager Übereinkommen über die zivilrechtlichen Aspekte internationaler Kindesentführung vom 25.10.1980
h. M.	herrschende Meinung
HmbStVollzG	Hamburgisches Strafvollzugsgesetz
HRC	Human Rights Committee – UN-Menschenrechtsausschuss
HRLR	Human Rights Law Review
HRN	Hamburger Rechtsnotizen (Zeitschrift)
HRR	Höchstrichterliche Rechtsprechung (1928 bis 1942)
HRRS	Online-Zeitschrift für Höchstrichterliche Rechtsprechung im Strafrecht (www.hrr-strafrecht.de)
HRSt	Entscheidungen zum Strafrecht, Strafverfahrensrecht und zu den Nebengebieten (Höchstrichterliche Rechtsprechung) (ab 1996)
HRLJ	Human Rights Law Journal
Hs.	Halbsatz
HSOG	Hessisches Gesetz über die öffentliche Sicherheit und Ordnung
HStVollzG	Hessisches Strafvollzugsgesetz
HUDOC	Human Rights Documentation des Europarates
HuV-I	Humanitäres Völkerrecht – Informationsschriften
HV	Hauptverhandlung
IAGMR	Interamerikanischer Gerichtshof für Menschenrechte
ICC	siehe IStGH
ICC-Statut	siehe IStGH-Statut
ICJ	siehe IGH
ICLQ	The International and Cooperative Law Quarterly
ICLR	International Criminal Law Review
ICPA	International Corrections and Prisons Association
ICTR	Internationaler Strafgerichtshof für Ruanda
ICTY	Internationaler Strafgerichtshof für das ehemalige Jugoslawien
i. d. F.	in der Fassung
i. d. R.	in der Regel
i. e. S.	im engeren Sinne
IFCCLGE	International Forum on Crime and Criminal Law in the Global Era (Peking)
IGH	Internationaler Gerichtshof ICJ (Den Haag)
i. H. v.	in Höhe von
IKV	Internationale Kriminalistische Vereinigung
ILEA	International Law Enforcement Academy
ILO	International Labour Organization (Internationale Arbeitsorganisation)
InfAuslR	Informationsbrief Ausländerrecht
INPOL	Informationssystem der Polizei
InsO	Insolvenzordnung vom 5.10.1994 (BGBl. I S. 2866); zuletzt geändert durch Art. 24 Abs. 3 des Gesetzes vom 23.6.2017 (BGBl. I S. 1693)
INTERPA	International Association of Police Academies
IPBPR	Internationaler Pakt über bürgerliche und politische Rechte vom 19.12.1966 (BGBl. 1973 II S. 1534)
IPBPRG	Zustimmungsgesetz zu dem Internationalen Pakt über bürgerliche und politische Rechte vom 15.11.1973 (BGBl. II S. 1533)
IPWSKR	Internationaler Pakt über die wirtschaftlichen, sozialen und kulturellen Rechte vom 19.12.1966 (BGBl. 1973 II S. 1570)
IRG	Gesetz über die internationale Rechtshilfe in Strafsachen i. d. F. der Bek. vom 27.6.1994 (BGBl. I S. 1537); zuletzt geändert durch Art. 1 des Gesetzes vom 23.11.2020 (BGBl. I S. 2474)

i. S.	im Sinne
i. S. d.	im Sinne des/der
IStR	Internationales Steuerrecht – Zeitschrift für europäische und internationale Wirtschaftsberatung
i. S. v.	im Sinne von
IStGH	Internationaler Strafgerichtshof ICC (Den Haag)
IStGHG	Gesetz über die Zusammenarbeit mit dem Internationalen Strafgerichtshof vom 21.6.2002 (BGBl. I S. 2144) zuletzt geändert durch Art. 6 des Gesetzes vom 10.12.2019 (BGBl. I S. 2128)
IStGHSt	Gesetz vom 4.12.2000 zum Römischen Statut des Internationalen Strafgerichtshofs vom 17. Juli 1998 – IStGH-Statutgesetz (BGBl. II S. 1393)
ITRB	IT-Rechts-Berater
Iurratio	Zeitschrift für Stud. Iur und junge Juristen
i. V. m.	in Verbindung mit
IWG	International Working Group on Police Undercover Activities
i. w. S.	im weiteren Sinne
JA	Juristische Arbeitsblätter für Ausbildung und Examen
JahrbÖR	Jahrbuch des öffentlichen Rechts der Gegenwart
JahrbPostw.	Jahrbuch des Postwesens (1937 bis 1941/42)
JAVollzO	Jugendarrestvollzugsordnung vom 12.8.1966 i. d. F. der Bek. vom 30.11.1976 (BGBl. I S. 3270) zuletzt geändert durch Art. 53 des Gesetzes vom 8.12.2010 (BGBl. I S. 1864)
JBeitrO	Justizbeitreibungsordnung vom 11.3.1937 (RGBl. I S. 298)
JBl.	Justizblatt/Juristische Blätter (Österreich)
JBlRhPf.	Justizblatt Rheinland-Pfalz
JBlSaar	Justizblatt des Saarlandes
JGG	Jugendgerichtsgesetz vom 4.8.1953 i. d. F. der Bek. vom 11.12.1974 (BGBl. I S. 3427) zuletzt geändert durch Art. 21 des Gesetzes vom 25.6.2021 (BGBl. I S. 2099)
JICJ	Journal of International Criminal Justice
JIR	Jahrbuch für internationales Recht
JK	Jura-Kartei
JKassO	Justizkassenordnung
JKomG	Gesetz über die Verwendung elektronischer Kommunikationsformen in der Justiz (Justizkommunikationsgesetz – JKomG) vom 22.3.2005 (BGBl. I S. 832)
JKostG	Justizkostengesetz (Landesrecht)
JLCJ	Journal of Law and Criminal Justice
jM	juris – Die Monatsschrift
JMBl.	Justizministerialblatt
JMBlNRW, JMBlNW	Justizministerialblatt für das Land Nordrhein-Westfalen
JMK	Justizministerkonferenz (Konferenz der Landesjustizministerinnen und -minister)
JoJZG	Journal der Juristischen Zeitgeschichte
JOR	Jahrbuch für Ostrecht
JöR	Jahrbuch des öffentlichen Rechts
JP	Juristische Person
JR	Juristische Rundschau
JRP	Journal für Rechtspolitik
JSt	Journal für Strafrecht
JStVollzG (NRW)	Gesetz zur Regelung des Vollzuges der Freiheitsstrafe in Nordrhein-Westfalen (Strafvollzugsgesetz Nordrhein-Westfalen – StVollzG NRW) vom 27.1.2015 (GVNRW S. 76) zuletzt geändert durch Art. 1 des Gesetzes vom 2.7.2019 (GVNRW S. 339)
JStVollzG (Saarland)	Gesetz über den Vollzug der Freiheitsstrafe im Saarland(Saarländisches Strafvollzugsgesetz – SLStVollzG) vom 24.4.2013 (ABl. I S. 116) zuletzt geändert durch Art. 1 des Gesetzes vom 16/17.6.2021 (ABl. I S. 1822)
JugG	Jugendgericht
JugK	Jugendkammer

JugSchG	Jugendschöffengericht
JugStrafgG	Gesetz über die Zusammenarbeit mit dem Internationalen Strafgerichtshof für das ehemalige Jugoslawien (Jugoslawien-Strafgerichtshof-Gesetz) vom 10.4.1995 (BGBl. I S. 485) zuletzt geändert durch Art. 5 des Gesetzes vom 10.12.2019 (BGBl. I S. 2128)
Jura	Juristische Ausbildung (Zeitschrift)
JUFIL	Journal on the Use of Force and International Law
JurBüro	Das juristische Büro (Zeitschrift)
JurJahrb.	Juristen-Jahrbuch
JuS	Juristische Schulung (Zeitschrift)
JustG NRW	Gesetz über die Justiz im Land Nordrhein-Westfalen (Justizgesetz Nordrhein-Westfalen – JustG NRW) vom 1.1.2011 (GVNRW S. 30) zuletzt geändert durch Art. 1 des Gesetzes vom 1.9.2020
Justiz	Die Justiz, Amtsblatt des Justizministeriums Baden-Württemberg
JV	Justizverwaltung
JVA	Justizvollzugsanstalt
JVBl.	Justizverwaltungsblatt
JVEG	Gesetz über die Vergütung von Sachverständigen, Dolmetscherinnen, Dolmetschern, Übersetzerinnen und Übersetzern sowie die Entschädigung von ehrenamtlichen Richterinnen, ehrenamtlichen Richtern, Zeuginnen, Zeugen und Dritten (Justizvergütungs- und -entschädigungsgesetz) vom 5.5.2004 (BGBl. I S. 718) zuletzt geändert durch Art. 17 des Gesetzes vom 25.6.2021 (BGBl. I S. 2154)
JVerwA	Justizverwaltungsakt
JVerwB	Justizverwaltungsbehörde
JVKostG	Gesetz über Kosten in Angelegenheiten der Justizverwaltung vom 23.7.2013 (BGBl. I S. 2586) zuletzt geändert durch Art. 15 des Gesetzes vom 4.5.2021 (BGBl. I S. 882)
JVKostO	Verordnung über Kosten im Bereich der Justizverwaltung vom 14.2.1940 (RGBl. I S. 357) – ersetzt durch das JVKostG mit Wirkung zum 1.8.2013 (BGBl. I S. 2586)
JVollz.	Jugendstrafvollzugsordnung: s. auch JAVollzO
JVollzGB	Gesetzbuch über den Justizvollzug in Baden-Württemberg
JW	Juristische Wochenschrift
JZ	Juristen-Zeitung
1. JuMoG	Erstes Gesetz zur Modernisierung der Justiz (1. Justizmodernisierungsgesetz) vom 24.8.2004 (BGBl. I S. 2198)
2. JuMoG	Zweites Gesetz zur Modernisierung der Justiz (2. Justizmodernisierungsgesetz) vom 22.10.2006 (BGBl. I S. 3416)
Kap.	Kapitel
KAS	Konrad-Adenauer-Stiftung
kes	Zeitschrift für Informations-Sicherheit
KFZ	Kraftfahrzeug
KG	Kammergericht/Kommanditgesellschaft
KGJ	Jahrbuch der Entscheidungen des Kammergerichts in Sachen der freiwilligen Gerichtsbarkeit, in Kosten-, Stempel- und Strafsachen (1881–1922)
KJ	Kritische Justiz (Zeitschrift)
KO	Konkursordnung vom 10.2.1877 i. d. F. der Bek. vom 20.5.1898 (RGBl. S. 612)
KoDD	Koordinierungsdauerdienst (Eurojust)
KOM	Dokument(e) der Europäischen Kommission
KonsG	Gesetz über die Konsularbeamten, ihre Aufgaben und Befugnisse (Konsulargesetz) vom 1.9.1974 (BGBl. I S. 2317) zuletzt geändert durch Art. 20b des Gesetzes vom 28.3.2021 (BGBl. I S. 591)
KostÄndG	Gesetz zur Änderung und Ergänzung kostenrechtlicher Vorschriften vom 26.7.1957 (BGBl. I S. 861)
KostRMoG	Gesetz zur Modernisierung des Kostenrechts vom 5.5.2004 – Kostenrechtsmodernisierungsgesetz (BGBl. I S. 718)

2. KostRMoG	Zweites Gesetz zur Modernisierung des Kostenrechts vom 23.7.2013 – 2. Kostenrechtsmodernisierungsgesetz (BGBl. I S. 2586)
KostMaßnG	Gesetz über Maßnahmen auf dem Gebiet des Kostenrechts vom 7.8.1952 (BGBl. I S. 401)
KostO	Gesetz über die Kosten in Angelegenheiten der freiwilligen Gerichtsbarkeit i. d. F. der Bek. vom 26.7.1957 (BGBl. I S. 861) – ersetzt durch das GNotKG mit Wirkung zum 1.8.2013
KostRÄndG 1994	Gesetz zur Änderung von Kostengesetzen und anderen Gesetzen (Kostenrechtsänderungsgesetz 1994 – KostRÄndG 1994) vom 24.6.1994 (BGBl. I S. 1325)
KostRspr.	Kostenrechtsprechung (Loseblattsammlung)
KostVfg.	Kostenverfügung, Durchführungsbestimmungen zu den Kostengesetzen
K&R	Kommunikation und Recht (Zeitschrift)
KrG	Kreisgericht
Kriminalist	Der Kriminalist (Zeitschrift)
Kriminalistik	Kriminalistik, Zeitschrift für die gesamte kriminalistische Wissenschaft und Praxis
KrimJ	Kriminologisches Journal
KrimOJ	Kriminologie – Das Online-Journal
KrimPäd.	Kriminalpädagogische Praxis (Zeitschrift)
KriPoZ	Kriminalpolitische Zeitschrift
Krit.	Kritisch
KritV/CritQ/RCrit	Kritische Vierteljahresschrift für Gesetzgebung und Rechtswissenschaft/Critical Quarterly for Legislation and Law/Revue critique trimestrielle de jurisprudence et de législation
KronzG	Gesetz zur Einführung einer Kronzeugenregelung bei terroristischen Straftaten (Art. 4 des StGBÄndG 1989) vom 9.6.1989 (BGBl. I S. 1059)
KronzVerlG	Gesetz zur Änderung des Gesetzes zur Änderung des Strafgesetzbuches, der Strafprozeßordnung und des Versammlungsgesetzes und zur Einführung einer Kronzeugenregelung bei terroristischen Straftaten (Kronzeugen-Verlängerungs-Gesetz) vom 16.2.1993 (BGBl. I S. 238)
2. KronzVerlG	Zweites Gesetz zur Änderung des Gesetzes zur Änderung des Strafgesetzbuches, der Strafprozeßordnung und des Versammlungsgesetzes und zur Einführung einer Kronzeugenregelung bei terroristischen Straftaten (2. Kronzeugen-Verlängerungs-Gesetz) vom 19.1.1996 (BGBl. I S. 58)
KSI	Krisen-, Sanierungs- und Insolvenzberatung (Zeitschrift)
KSZE	Konferenz für Sicherheit und Zusammenarbeit in Europa
KSzW	Kölner Schrift zum Wirtschaftsrecht
KUG	Gesetz über das Urheberrecht an Werken der bildenden Künste und der Fotografie vom 9.1.1907 (RGBl. S. 7)
KUP	Kriminologie und Praxis (Schriftenreihe der Kriminologischen Zentralstelle)
KuR	Kirche und Recht (Zeitschrift)
KUR	Kunst und Recht (Zeitschrift)
k + v	Kraftfahrt und Verkehrsrecht, Zeitschrift der Akademie für Verkehrswissenschaft
KVGKG	Kostenverzeichnis (Anlage 1 zum GKG)
KWKG	Gesetz über die Kontrolle von Kriegswaffen i. d. F. der Bek. vom 22.11.1990 (BGBl. I S. 2506)

LDÜJG RP	Landesgesetz über Dolmetscherinnen und Dolmetscher und Übersetzerinnen und Übersetzer in der Justiz (LDÜJG) vom 10.9.2008 (GVBl. 358)
LegPer.	Legislaturperiode
Lfg.	Lieferung
LFGB	Lebensmittel-, Bedarfsgegenstände- und Futtermittelgesetzbuch
LG	Landgericht
LJV	Landesjustizverwaltung
LKA	Landeskriminalamt
LKV	Landes- und Kommunalverwaltung (Zeitschrift)

LM	Nachschlagewerk des Bundesgerichtshofs (Loseblattsammlung), hrsg. von Lindenmaier/Möhring u. a.
LMBG	Gesetz über den Verkehr mit Lebensmitteln, Tabakerzeugnissen, kosmetischen Mitteln und sonstigen Bedarfsgegenständen (Lebensmittel- und Bedarfsgegenständegesetz) i. d. F. der Bek. vom 9.9.1997 (BGBl. I S. 2297) aufgehoben durch Art. 8 des Gesetzes vom 4.4.2016 (BGBl. I S. 569)
LMG (1936)	Gesetz über den Verkehr mit Lebensmitteln und Bedarfsgegenständen (Lebensmittelgesetz) vom 5.7.1927 i. d. F. der Bek. vom 17.1.1936 (RGBl. I S. 17)
LPartG	Gesetz über die Eingetragene Lebenspartnerschaft (Lebenspartnerschaftsgesetz) vom 16.2.2001 (BGBl. I S. 266) zuletzt geändert durch Art. 3 des Gesetzes vom 18.12.2018 (BGBl. I S. 2639)
LPG	Landespressegesetz
LRE	Sammlung lebensmittelrechtlicher Entscheidungen
Ls.	Leitsatz
LuftFzgG	Gesetz über Rechte an Luftfahrzeugen vom 26.2.1959 (BGBl. I 57) zuletzt geändert durch Art. 15 des Gesetzes vom 4.5.2021 (BGBl. I S. 882)
LuftVG	Luftverkehrsgesetz i. d. F. der Bek. vom 27.3.1999 (BGBl. I S. 550) zuletzt geändert durch Art. 1 des Gesetzes vom 5.7.2021 (BGBl. I S. 2287)
LuftVO	Luftverkehrs-Ordnung i. d. F. der Bek. vom 27.3.1999 (BGBl. I S. 580) zuletzt geändert durch Art. 2 des Gesetzes vom 14.6.2021 (BGBl. I S. 1766)
LV	Literaturverzeichnis, Schrifttumsverzeichnis
LVerf.	Landesverfassung
LVG	Landesverwaltungsgericht
LZ	Leipziger Zeitschrift für Deutsches Recht (1907 bis 1933)
MABl.	Ministerialamtsblatt
MarkenG	Gesetz über den Schutz von Marken und sonstigen Kennzeichen (Markengesetz – MarkenG) vom 25.10.1994 (BGBl. I S. 3082, 1995 I S. 156, 1996 I S. 682); zuletzt geändert durch Art. 24 des Gesetzes vom 23.6.2021 (BGBl. I S. 1858)
Mat.	s. Hahn
MatStrRRef.	Materialien zur Strafrechtsreform, herausgegeben vom BMJ, Bd. 1–15 (1954–1960) (s. auch Entw.)
MBl.	Ministerialblatt
MDR	Monatsschrift für Deutsches Recht
MedR	Medizinrecht (Zeitschrift)
medstra	Zeitschrift für Medizinstrafrecht
MEPA	Mitteleuropäische Polizeiakademie
MiStra.	Anordnung über Mitteilungen in Strafsachen vom 15.3.1985 i. d. F. der Bek. vom 29.4.1998, bundeseinheitlich
MittKV	Mitteilungen der Internationalen Kriminalistischen Vereinigung (1889 bis 1914; 1926 bis 1933)
MMR	MultiMedia und Recht (Zeitschrift)
MOG	Gesetz zur Durchführung der Gemeinsamen Marktorganisation vom 31.8.1972 (BGBl. I S. 1617) zuletzt geändert durch Art. 281 des Gesetzes vom 19.6.2020 (BGBl. I S. 1328)
MONEYVAL	Committee of Experts on the Evaluation of Anti-Money Laundering Measures and the Financing of Terrorism
Mot.	Begründung zur Strafprozeßordnung bei Hahn (s. dort)
MR	Medien und Recht (Österreich)
MRG	Militärregierungsgesetz
MSchrKrim.	Monatsschrift für Kriminologie und Strafrechtsreform
MSchrKrimPsych.	Monatsschrift für Kriminalpsychologie und Strafrechtsreform (1904/05 bis 1936)
MStGO	Militärstrafgerichtsordnung i. d. F. der Bek. vom 29.9.1936 (RGBl. I S. 755)
Muster-Entw.	Muster-Entwurf eines einheitlichen Polizeigesetzes, verabschiedet von der JMK am 10./11.6.1976, geändert durch Beschluss der JMK vom 25.11.1977

MV	Mecklenburg-Vorpommern
m.w.B.	mit weiteren Beispielen
m. w. N.	mit weiteren Nachweisen
NachtrSichVG	Gesetz zur Einführung einer nachträglichen Sicherungsverwahrung vom 23.7.2004 (BGBl. I S. 1838)
NATO-Truppenstatut	Abkommen zwischen den Parteien des Nordatlantikvertrags vom 19.6.1951 über die Rechtsstellung ihrer Truppen (BGBl. 1961 II S. 1183, 1190), Bek. vom 16.6.1963 (BGBl. II S. 745)
Nds.	Niedersachsen
NdsAGGVG	Niedersächsisches Ausführungsgesetz zum Gerichtsverfassungsgesetz vom 5.4.1963 (GVBl. S. 225)
NdsRpfl.	Niedersächsische Rechtspflege
n. F.	neue Fassung
N.F.	Neue Folge
Nieders. GVBl. Sb. I, II	Niedersächsisches Gesetz und Verordnungsblatt, Sonderband I und II, Sammlung des bereinigten niedersächsischen Rechts
NJ	Neue Justiz (bis 1990 DDR)
NJECL	New Journal of European Criminal Law
NJOZ	Neue Juristische Online-Zeitschrift (nur über beck-online abrufbar)
NJVollzG	Niedersächsisches Justizvollzugsgesetz
NJW	Neue Juristische Wochenschrift
NKrimpol.	Neue Kriminalpolitik (Zeitschrift)
NLMR	Newsletter Menschenrechte
noeP	Nicht offen ermittelnder Polizeibeamter
NordÖR	Zeitschrift für Öffentliches Recht in Norddeutschland
NotVO	s. Ausn. VO
NPA	Neues Polizei-Archiv
NRO	Nichtregierungsorganisation
NRW	Nordrhein-Westfalen
NRWO	(österreichisches) Bundesgesetz über die Wahl des Nationalrates (Nationalrats-Wahlordnung 1992)
NStE	Neue Entscheidungssammlung für Strafrecht
NStZ	Neue Zeitschrift für Strafrecht
NStZ-RR	NStZ – Rechtsprechungs-Report (Zeitschrift, ab 1996)
NuR	Natur und Recht (Zeitschrift)
NVwZ	Neue Zeitschrift für Verwaltungsrecht
NWB	NWB Steuer- und Wirtschaftsrecht (Zeitschrift)
NWVBl.	Nordrheinwestfälische Verwaltungsblätter
NZA	Neue Zeitschrift für Arbeitsrecht
NZA-RR	NZA-Rechtsprechungs-Report Arbeitsrecht
NZI	Neue Zeitschrift für Insolvenzrecht
NZM	Neue Zeitschrift für Miet- und Wohnungsrecht
NZS	Neue Zeitschrift für Sozialrecht
NZV	Neue Zeitschrift für Verkehrsrecht
NZWehrr	Neue Zeitschrift für Wehrrecht
NZWiSt	Neue Zeitschrift für Wirtschafts-, Steuer- und Unternehmensstrafrecht
OASG	Gesetz zur Sicherung der zivilrechtlichen Ansprüche der Opfer von Straftaten (Opferanspruchsicherungsgesetz) vom 8.5.1998 (BGBl. I S. 905)
OBLG	Oberstes Landesgericht
OECD	Organisation für Wirtschaftliche Zusammenarbeit und Entwicklung
OEG	Gesetz über die Entschädigung für Opfer von Gewalttaten vom 11.5.1976 (BGBl. I S. 1181) i. d. F. der Bek. vom 7.1.1985 (BGBl. I S. 1) zuletzt geändert durch Art. 11a des Gesetzes vom 2.6.2021 (BGBl. I S. 1387)

OER	Osteuropa-Recht
OG	Oberstes Gericht der DDR
OGH	Oberster Gerichtshof (Österreich)
OGHSt	Entscheidungen des Obersten Gerichtshofes für die Britische Zone in Strafsachen (1949/50)
ÖJZ	Österreichische Juristen-Zeitung
OLAF	Europäisches Amt für Betrugsbekämpfung (Office Européen de Lutte Anti-Fraude)
OLG	Oberlandesgericht
OLG-NL	OLG-Report Neue Länder
OLGR	OLG-Report
OLGSt	Entscheidungen der Oberlandesgerichte zum Straf- und Strafverfahrensrecht (Loseblattausgabe, bis 1983)
OLGSt N. F	Entscheidungen der Oberlandesgerichte zum Straf- und Strafverfahrensrecht, Neue Folge (Loseblattausgabe, ab 1983)
OLGVertrÄndG	Gesetz zur Änderung des Rechts der Vertretung durch Rechtsanwälte vor den Oberlandesgerichten vom 23.7.2002 (BGBl. I S. 2850)
OPCAT	siehe UNCAT
OpferRRG	Gesetz zur Verbesserung der Rechte von Verletzten im Strafverfahren (Opferrechtsreformgesetz – OpferRRG) vom 24.6.2004 (BGBl. I S. 1354)
2. OpferRRG	Gesetz zur Stärkung der Rechte von Verletzten und Zeugen im Strafverfahren (2. Opferrechtsreformgesetz) vom 29.7.2009 (BGBl. I S. 2280)
3. OpferRRG	Gesetz zur Stärkung der Opferrechte im Strafverfahren (3. Opferrechtsreformgesetz) vom 21.12.2015 (BGBl. I S. 2525)
OpferschutzG	Erstes Gesetz zur Verbesserung der Stellung des Verletzten im Strafverfahren (Opferschutzgesetz) vom 18.12.1986 (BGBl. I S. 2496) aufgehoben durch Art. 68 des Gesetzes vom 19.4.2006 (BGBl. I S. 866)
OrgKG	Gesetz zur Bekämpfung des illegalen Rauschgifthandels und anderer Erscheinungsformen der Organisierten Kriminalität (OrgKG) vom 15.7.1992 (BGBl. I S. 1302)
OrgStA	Anordnung über Organisation und Dienstbetrieb der Staatsanwaltschaften
ÖRiZ	Österreichische Richterzeitung
ÖRZ	Österreichische Raiffeisen-Zeitung
OStA	Oberstaatsanwalt
ÖstAnwBl.	Österreichisches Anwaltsblatt
öStVG	Österreichisches Strafvollzugsgesetz
ÖStZ	Österreichische Steuerzeitung
OSZE	Organisation für Sicherheit und Zusammenarbeit in Europa
ÖVerfG	Österreichischer Verfassungsgerichtshof
OVG	Oberverwaltungsgericht
OWG/DDR	Gesetz zur Bekämpfung von Ordnungswidrigkeiten (der Deutschen Demokratischen Republik) vom 12.1.1968 (GBl. I S. 101), zuletzt geändert durch Gesetz vom 29.6.1990 (GBl. I S. 526)
OWiG	Gesetz über Ordnungswidrigkeiten, neugefasst durch Bek. vom 19.2.1987 (BGBl. I S. 602); zuletzt geändert durch Art. 23 des Gesetzes vom 25.6.2021 (BGBl. I S. 2099)
OWiGÄndG	Gesetz zur Änderung des Gesetzes über Ordnungswidrigkeiten, des Straßenverkehrsgesetzes und anderer Gesetze vom 7.7.1986 (BGBl. I S. 977)
PaO	Patentanwaltsordnung vom 7.9.1966 (BGBl. I S. 557); zuletzt geändert durch Art. 3 des Gesetzes vom 7.7.2021 (BGBl. I S. 2363)
ParlStG	Gesetz über die Rechtsverhältnisse der parlamentarischen Staatssekretäre vom 24.7.1974 (BGBl. I S. 1538) zuletzt geändert durch Art. 2 des Gesetzes vom 17.7.2015 (BGBl. I S. 1322)
PartG	Gesetz über die politischen Parteien (Parteiengesetz) neugefasst durch Bek. vom 31.1.1994, (BGBl. I S. 149) zuletzt geändert durch Art. 13 der Verordnung vom 19.6.2020 (BGBl. I S. 1328)

PaßG	Paßgesetz vom 19.4.1986 (BGBl. I S. 537) zuletzt geändert durch Art. 1 des Gesetzes vom 5.7.2021 (BGBl. I S. 2281)
PatG	Patentgesetz, neugefasst durch Bek. vom 16.12.1980 (BGBl. 1981 I S. 1); zuletzt geändert durch Art. 23 des Gesetzes vom 7.7.2021 (BGBl. I S. 2363)
PAuswG	Gesetz über Personalausweise vom 19.12.1950 (BGBl. I S. 807) i. d. F. der Bek. vom 21.4.1986 (BGBl. I S. 548) zuletzt geändert durch Art. 2 des Gesetzes vom 5.7.2021 (BGBl. I S. 2281)
PD-I	Practice Direction – Institution of Proceedings (EGMR)
PD-IM	Practice Direction – Interim Measures (EGMR)
PD-JS	Practice Direction – Just Satisfaction Claims (EGMR)
PD-RfA	Practice Direction – Request for Anonymity (EGMR)
PD-SEF	Practice Direction – Secured Electronic Filing (EGMR)
PD-WP	Practice Direction – Written Pleadings (EGMR)
PflVG	Gesetz über die Pflichtversicherung für Kraftfahrzeughalter i. d. F. der Bek. vom 5.4.1965 (BGBl. I S. 213) zuletzt geändert durch Art. 1 der Verordnung vom 6.2.2017 (BGBl. I S. 147)
PJZS	Polizeiliche und Justizielle Zusammenarbeit in Strafsachen
PKH	Prozesskostenhilfe
PKHÄndG	Gesetz zur Änderung von Vorschriften über die Prozeßkostenhilfe (Prozeßkostenhilfeänderungsgesetz – PKHÄndG) vom 10.10.1994 (BGBl. I S. 2954) aufgehoben durch Art. 64 des Gesetzes vom 19.4.2006 (BGBl. I S. 866)
PlenProt.	Plenarprotokoll, Stenographische Berichte der Sitzungen des Deutschen Bundestages
PNR	Passenger Name Record
POGNRW	Polizeiorganisationsgesetz (des Landes NRW) i. d. F. der Bek. vom 22.10.1994 (GVNRW S. 852) zuletzt geändert durch Gesetze vom 8.10.2020 (GVNRW. S. 1008)
PolGBW	Polizeigesetz (des Landes BW) i. d. F. der Bek. vom 13.1.1992 (GBl. S. 1) zuletzt geändert durch Art. 4 des Gesetzes vom 6.10.2020 (GBl. S. 735)
Polizei	s. Die Polizei
PostG	Gesetz über das Postwesen i. d. F. der Bek. vom 22.12.1997 (BGBl. I S. 3294) zuletzt geändert durch Art. 1 des Gesetzes vom 9.3.2021 (BGBl. I S. 324)
PostO	Postordnung vom 16.5.1963 (BGBl. I S. 341)
PostStruktG	Gesetz zur Neustrukturierung des Post- und Fernmeldewesens und der Deutschen Bundespost (Poststrukturgesetz – PoststruktG) vom 8.6.1989 (BGBl. I S. 1026)
Pr.	Preußen
prALR	Allgemeines Landrecht für die Preußischen Staaten
PräsLG	Präsident des Landgerichts
PräsOLG	Präsident des Oberlandesgerichts
PräsVerfG	Gesetz über die Änderung der Bezeichnungen der Richter und ehrenamtlichen Richter und der Präsidialverfassungen der Gerichte vom 26.5.1972 (BGBl. I S. 841)
PrGS	Preußische Gesetzessammlung (1810–1945)
PrG	Pressegesetz (Landesrecht)
Prot.	Protokoll
ProzeßkostenhG	Gesetz über die Prozeßkostenhilfe vom 13.6.1980 (BGBl. I S. 677) aufgelöst durch Art. 62 des Gesetzes vom 19.4.2006 (BGBl. I S. 866)
Pro-Eurojust	Vorgänger- und Gründungseinheit von Eurojust
PrPG	Gesetz zur Stärkung des Schutzes des geistigen Eigentums und zur Bekämpfung der Produktpiraterie (PrPG) vom 7.3.1990 (BGBl. I S. 422)
PrZeugnVerwG	Gesetz über das Zeugnisverweigerungsrecht der Mitarbeiter von Presse und Rundfunk vom 25.7.1975 (BGBl. I S. 1973)
PStR	Praxis Steuerstrafrecht
PsychPbG	Gesetz über die psychosoziale Prozessbegleitung im Strafverfahren, Art. 4 des Gesetzes vom 21.12.2015, BGBl. I S. 2525, 2529 (Nr. 55).
PTNeuOG	Gesetz zur Neuordnung des Postwesens und der Telekommunikation (Postneuordnungsgesetz – PTNeuOG) vom 14.9.1994 (BGBl. I S. 2325)

PUAG	Gesetz zur Regelung des Rechts der Untersuchungsausschüsse des Deutschen Bundestages (Untersuchungsausschussgesetz – PUAG) vom 19.6.2001 (BGBl. I S. 1142)
PV	Personenvereinigung
PVG	Polizeiverwaltungsgesetz
PVR	Praxis Verkehrsrecht
RA	Rechtsanwalt
RabelsZ	Rabels-Zeitschrift für ausländisches und internationales Privatrecht
RAG/DDR	Rechtsanwaltsgesetz der Deutschen Demokratischen Republik vom 13.9.1990 (GBl. I S. 1504)
RAHG	s. RHG
RANotz.PrG	Gesetz zur Prüfung von Rechtsanwaltszulassungen, Notarbestellungen und Berufungen ehrenamtlicher Richter vom 24.6.1992 (BGBl. I S. 1386)
RAO	Reichsabgabenordnung vom 13.12.1919, aufgehoben durch AO vom 16.3.1976
RAussch.	Rechtsausschuss
RB	Rahmenbeschluss (Art. 34 EU)
RBEuHb	Rahmenbeschluss des Rates (2002/584/JI) vom 13.6.2002 über den Europäischen Haftbefehl und die Übergabeverfahren zwischen den Mitgliedstaaten (ABlEU Nr. L 190 vom 18.7.2002, S. 1)
RBerG	Gesetz zur Verhütung von Mißbrauch auf dem Gebiet der Rechtsberatung vom 13.12.1935 (RGBl. I S. 1478); aufgehoben durch Art. 20 des Gesetzes vom 12.12.2007 (BGBl. I S. 2840)
RdA	Recht der Arbeit
RdErl.	Runderlass
RDG	Gesetz über außergerichtliche Rechtsdienstleistungen (Rechtsdienstleistungsgesetz – RDG) vom 12.12.2007 (BGBl. I. S. 2840) zuletzt geändert durch Art. 24 des Gesetzes vom 25.6.2021 (BGBl. I S. 2154)
RDH	Revue des Droits de l'Homme
RDIDC	Revue de droit international et de droit comparé
RdJB	Recht der Jugend und des Bildungswesens (Zeitschrift)
RdK	Das Recht des Kraftfahrers (1926–43, 1949–55)
RdM	Recht der Medizin
RDStH	Entscheidungen des Reichsdienststrafhofs (1939–41)
RDStO	Reichsdienststrafordnung vom 26.1.1937 (RGBl. I S. 71)
RDV	Recht der Datenverarbeitung
Recht	Das Recht, begründet von Soergel (1897 bis 1944)
recht	Information des Bundesministers der Justiz
RefE	Referentenentwurf
Reg.	Regierung
RegBl.	Regierungsblatt
RegE	Regierungsentwurf
RegE TKÜ	Entwurf der Bundesregierung eines Gesetzes zur Neuregelung der Telekommunikationsüberwachung und anderer verdeckter Ermittlungsmaßnahmen sowie zur Umsetzung der Richtlinie 2006/EG vom 18.4.2007
RehabG	Rehabilitierungsgesetz (der Deutschen Demokratischen Republik) vom 6.9.1990 (GBl. I S. 1459), aufgehoben durch StrRehaG
Res.	Resolution
RevMC	Revue du Marché commun et de l'Union européenne
Rev.trim.dr.h.	Revue trimestrielle des droits de l'homme
RG	Reichsgericht
RGBl., RGBl. I, II	Reichsgesetzblatt, von 1922 bis 1945 Teil I und II
RGRspr.	Rechtsprechung des Reichsgerichts in Strafsachen (1879 bis 1888)
RGSt	Entscheidungen des Reichsgerichts in Strafsachen
RGZ	Entscheidungen des Reichsgerichts in Zivilsachen

RheinSchA	Revidierte Rheinschiffahrtsakte (Mannheimer Akte) i. d. F. der Bek. vom 11.3.1969 (BGBl. II S. 597)
RHG	Gesetz über die innerdeutsche Rechts und Amtshilfe in Strafsachen vom 2.5.1953 (BGBl. I S. 161)
RHGDVO	Verordnung zur Durchführung des Gesetzes über die innerdeutsche Rechts- und Amtshilfe in Strafsachen vom 23.12.1953 (BGBl. I S. 1569)
RhPf.	Rheinland-Pfalz
RiA	Recht im Amt
RichtlRA	Grundsätze des anwaltlichen Standesrechts – Richtlinien gem. § 177 Abs. 2 Satz 2 BRAO vom 21.6.1973
RiG/DDR	Richtergesetz der Deutschen Demokratischen Republik vom 5.7.1990 (GBl. I S. 637)
RiJGG	Richtlinien zum Jugendgerichtsgesetz
RiStBV	Richtlinien für das Strafverfahren und das Bußgeldverfahren vom 1.12.1970 (BAnz. Nr. 17/1971), i. d. F. der Bek. vom 1.2.1997 mit spät. Änderungen, bundeseinheitlich
RiVASt	Richtlinien für den Rechtshilfeverkehr mit dem Ausland in strafrechtlichen Angelegenheiten
RIW	Recht der Internationalen Wirtschaft (Zeitschrift)
RKG(E)	Reichskriegsgericht (Entscheidungen des RKG)
RL	Richtlinie
RMBl.	Reichsministerialblatt, Zentralblatt für das Deutsche Reich (1923–45)
RMilGE	Entscheidungen des Reichsmilitärgerichts
Rn.	Randnummer
ROW	Recht in Ost und West (Zeitschrift)
RpflAnpG	Gesetz zur Anpassung der Rechtspflege im Beitrittsgebiet (Rechtspflege-Anpassungsgesetz – RpflAnpG) vom 26.6.1992 (BGBl. I S. 1147)
RpflAnpÄndG	Gesetz zur Änderung des RechtspflegeAnpassungsgesetzes – RpflAnpG vom 7.12.1995 (BGBl. I S. 1590)
Rpfleger	Der Deutsche Rechtspfleger
RpflEntlG	Gesetz zur Entlastung der Rechtspflege vom 11.1.1993 (BGBl. I S. 50) aufgehoben durch Art. 5 des Gesetzes vom 6.12.2011 (BGBl. S. 2554)
RpflG	Rechtspflegergesetz vom 5.11.1969 (BGBl. I S. 2065) zuletzt geändert durch Art. 9 des Gesetzes vom 7.7.2021 (BGBl. I S. 2363)
RpflVereinfG	Rechtspflege-Vereinfachungsgesetz vom 17.12.1990 (BGBl. I S. 2847)
RPsych	Rechtspsychologie (Zeitschrift)
Rs.	Rechtssache
Rspr.	Rechtsprechung
RT	Reichstag
RTDE	Revue trimestrielle de droit européen
RTDrucks.	Drucksachen des Reichstags
RTh	Zeitschrift für Logik und Juristische Methodenlehre, Rechtsinformatik, Kommunikationsforschung, Normen- und Handlungstheorie, Soziologie und Philosophie des Rechts – eJournal
RTVerh.	Verhandlungen des Reichstags
RuP	Recht und Politik (Zeitschrift)
RVerf.	s. WeimVerf.
RVG	Gesetz über die Vergütung der Rechtsanwältinnen und Rechtsanwälte – Rechtsanwaltsvergütungsgesetz vom 5.5.2004 (BGBl. I S. 718) zuletzt geändert durch Art. 22 des Gesetzes vom 7.7.2021 (BGBl. I S. 2363)
RVO	Reichsversicherungsordnung vom 19.7.1911 i. d. F. der Bek. vom 15.12.1924 (RGBl. I S. 779)
RW	Rechtswissenschaft – Zeitschrift für rechtswissenschaftliche Forschung
RZ	siehe: ÖRiZ
R&P	Recht und Psychiatrie (Zeitschrift)
r+s	Recht und Schaden (Zeitschrift)

S.	Satz, Seite
Sa.	Sachsen
SaAnh.	Sachsen-Anhalt
SaBremR	Sammlung des bremischen Rechts (1964)
SächsArch.	Sächsisches Archiv für Rechtspflege, seit 1924 (bis 1941/42) Archiv für Rechtspflege in Sachsen, Thüringen und Anhalt
SächsOLG	Annalen des Sächsischen Oberlandesgerichts zu Dresden (1880 bis 1920)
SAM	Steueranwaltsmagazin
SchAZtg	Schiedsamtszeitung
SchiedsmZ	Schiedsmannszeitung (1926 bis 1945), seit 1950 Der Schiedsmann
SchiedsstG	Gesetz (der Deutschen Demokratischen Republik) über die Schiedsstellen in den Gemeinden vom 13.9.1990 (GBl. I S. 1527)
SchlH	Schleswig-Holstein
SchlHA	Schleswig-Holsteinische Anzeigen
SchrR	Schriftenreihe
SchrRAGStrafR	Schriftenreihe der Arbeitsgemeinschaft Strafrecht im Deutschen Anwaltverein
SchRG	Gesetz über Rechte an eingetragenen Schiffen und Schiffsbauwerken vom 15.11.1940 (RGBl. I S. 1499) zuletzt geändert durch Art. 2 des Gesetzes vom 21.1.2013 (BGBl. I S. 91)
SchrRBRAK	Schriftenreihe der Bundesrechtsanwaltskammer
SchwarzArbG	Gesetz zur Bekämpfung der Schwarzarbeit und illegalen Beschäftigung vom 23.7.2004 (Schwarzarbeitsbekämpfungsgesetz – SchwarzArbG) (BGBl. I S. 1842) zuletzt geändert durch Art. 22 des Gesetzes vom 25.6.2021 (BGBl. I S. 2099)
SchwGBG	Gesetz zur Verbesserung der Bekämpfung der Geldwäsche und Steuerhinterziehung vom 28.4.2011 (Schwarzgeldbekämpfungsgesetz) (BGBl. I S. 676)
SchwJZ	Schweizerische Juristenzeitung
SchwZStr	Schweizer Zeitschrift für Strafrecht
SDÜ	Übereinkommen vom 19.6.1990 zwischen dem Königreich Belgien, der Bundesrepublik Deutschland, der Französischen Republik, dem Großherzogtum Luxemburg und dem Königreich der Niederlande zur Durchführung des am 14.6.1985 in Schengen unterzeichneten Übereinkommens betreffend den schrittweisen Abbau der Kontrollen an den gemeinsamen Grenzen (Schengener Durchführungsübereinkommen; ABlEG Nr. L 239 vom 22.9.2000, S. 19)
1. SED-UnberG	Erstes Gesetz zur Bereinigung von SED-Unrecht (Erstes SED-Unrechtsbereinigungsgesetz – 1. SED-UnberG) vom 29.10.1992 (BGBl. I S. 1814)
2. SED-UnberG	Zweites Gesetz zur Bereinigung von SED-Unrecht (Zweites SED-Unrechtsbereinigungsgesetz – 2. SED–UnBerG) vom 23.6.1994 (BGBl. I S. 1311)
SeeAufgG	Gesetz über die Aufgaben des Bundes auf dem Gebiet der Seeschiffahrt (Seeaufgabengesetz – SeeAufgG) vom 24.5.1965 i. d. F. der Bek. vom 27.9.1994 (BGBl. I S. 2802) zuletzt geändert durch Art. 7 des Gesetzes vom 16.7.2021 (BGBl. I S. 3079)
SeemG	Seemannsgesetz vom 26.7.1957 (BGBl. II S. 713) aufgehoben durch Art. 7 des Gesetzes vom 20.4.2013 (BGBl. I S. 868)
SeuffBl.	Seufferts Blätter für Rechtsanwendung (1836–1913)
SFHÄndG	Schwangeren- und Familienhilfeänderungsgesetz (SFHÄndG) vom 21.8.1995 (BGBl. I S. 1050)
SFHG	Gesetz zum Schutz des vorgeburtlichen/werdenden Lebens, zur Förderung einer kinderfreundlicheren Gesellschaft, für Hilfe im Schwangerschaftskonflikt und zur Regelung des Schwangerschaftsabbruchs (Schwangeren- und Familienhilfegesetz) vom 27.7.1992 (BGBl. I S. 1398)
SGb	Die Sozialgerichtsbarkeit (Zeitschrift)
SGB	Sozialgesetzbuch SGB I – Sozialgesetzbuch, Allgemeiner Teil (1. Buch), vom 27.12. 2003 (BGBl. I S. 3022) zuletzt geändert durch Art. 15 des Gesetzes vom 3.6.2021 (BGBl. I S. 1309), SGB II – Sozialgesetzbuch, Grundsicherung für Arbeitsuchende (2. Buch), vom 24.12.2003 (BGBl. I S. 2954) zuletzt geändert durch Art. 6 des Gesetzes vom 25.6.2021 (BGBl. I S. 2020),

	SGB III – Sozialgesetzbuch, Arbeitsförderung (3. Buch), vom 27.12. 2003 (BGBl. I S. 3022) zuletzt geändert durch Art. 2b des Gesetzes vom 16.7.2021 (BGBl. I S. 2970), SGB IV – Sozialgesetzbuch, Gemeinsame Vorschriften für die Sozialversicherung (4. Buch) vom 24.7.2003 (BGBl. I S. 1526) zuletzt geändert durch Art. 2c des Gesetzes vom 16.7.2021 (BGBl. I S. 2970), SGB V – Sozialgesetzbuch, Gesetzliche Krankenversicherung (5. Buch) vom 27.12.2003 (BGBl. I S. 3022) zuletzt geändert durch Art. 1 des Gesetzes vom 11.7.2021 (BGBl. I S. 2754), SGB VI – Sozialgesetzbuch, Gesetzliche Rentenversicherung (6. Buch) vom 29.4.2004 (BGBl. I S. 678) zuletzt geändert durch Art. 2d des Gesetzes vom 16.7.2021 (BGBl. I S. 2970), SGB VII – Sozialgesetzbuch, Gesetzliche Unfallversicherung (7. Buch) vom 27.12.2003 (BGBl. I S. 3019) zuletzt geändert durch Art. 2 des Gesetzes vom 9.7.2021 (BGBl. I S. 2506), SGB VIII – Sozialgesetzbuch, Kinder- und Jugendhilfe (8. Buch) vom 27.12.2003 (BGBl. I S. 3022) zuletzt geändert durch Art. 8 Abs. 4 des Gesetzes vom 16.6.2021 (BGBl. I S. 1810), SGB IX – Sozialgesetzbuch, Rehabilitation und Teilhabe behinderter Menschen (9. Buch) vom 23.4.2004 (BGBl. I S. 606) zuletzt geändert durch Art. 8 Abs. 5 des Gesetzes vom 16.6.2021 (BGBl. I S. 1810), SGB X – Sozialgesetzbuch, Verwaltungsverfahren (10. Buch) vom 5.4.2004 (BGBl. I S. 718) zuletzt geändert durch Art. 6 des Gesetzes vom 9.7.2021 (BGBl. I S. 2467), SGB XI – Sozialgesetzbuch, Soziale Pflegeversicherung (11. Buch) vom 27.12.2003 (BGBl. I S. 3022) zuletzt geändert durch Art. 2a des Gesetzes vom 11.7.2021 (BGBl. I S. 2754), SGB XII – Sozialgesetzbuch, Sozialhilfe (12. Buch) vom 27.12.2003 (BGBl. I S. 3022) zuletzt geändert durch Art. 7 des Gesetzes vom 25.6.2021 (BGBl. I S. 2020)
SGG	Sozialgerichtsgesetz, neugefasst durch Bek. vom 23.9.1975 (BGBl. I S. 2535); zuletzt geändert durch Art. 2f des Gesetzes vom 16.7.2021 (BGBl. I S. 2970)
SGV.NW	Sammlung des bereinigten Gesetz- und Verordnungsblatts für das Land Nordrhein-Westfalen (Loseblattsammlung)
SIAK	Zeitschrift für Polizeiwissenschaft und polizeiliche Praxis (Österreich)
SichVG	Gesetz zur Rechtsvereinheitlichung der Sicherungsverwahrung (SichVG) vom 16.6.1995 (BGBl. I S. 818)
SIRENE	Supplementary Information Request at the National Entry (nationale Kontaktstelle des SIS)
SIS	Schengener Informationssystem
SJIR	Schweizerisches Jahrbuch für internationales Recht
SJZ	Schweizerische Juristen-Zeitung/Süddeutsche Juristenzeitung (1946–50), dann Juristenzeitung
SkAufG	Gesetz über die Rechtsstellung ausländischer Streitkräfte bei vorübergehenden Aufenthalten in der Bundesrepublik Deutschland (Streitkräfteaufenthaltsgesetz – SkAufG) vom 20.7.1995 (BGBl. II S. 554)
s. o.	siehe oben
SortSchG	Gesetz über den Schutz von Pflanzensorten (Sortenschutzgesetz) vom 20.5.1968 i. d. F. der Bek. vom 4.1.1977 (BGBl. I S. 105) zuletzt geändert durch Art. 40 des Gesetzes vom 23.6.2021 (BGBl. I S. 1858)
SozVw	Die Sozialverwaltung (Zeitschrift)
SprengG	Gesetz über explosionsgefährliche Stoffe (Sprengstoffgesetz – SprengG) vom 13.9.1976 (BGBl. I S. 2737) i. d. F. der Bek. vom 17.4. 1986 (BGBl. I S. 577) zuletzt geändert durch Art. 232 der Verordnung vom 19.6.2020 (BGBl. I S. 1328)
SprengstG	Gesetz über explosionsgefährliche Stoffe (Sprengstoffgesetz) vom 25.8.1969 (BGBl. I S. 1358, ber. BGBl. 1970 I S. 224), aufgehoben durch SprengG vom 13.9.1976
SpuRt	Sport und Recht (Zeitschrift)
SR	Soziales Recht (Zeitschrift)

SRÜ	Seerechtsübereinkommen der Vereinten Nationen vom 10.12.1982 (BGBl. 1994 II S. 1799)
StA	Staatsanwalt, Staatsanwaltschaft
StAG/DDR	Gesetz über die Staatsanwaltschaft der Deutschen Demokratischen Republik vom 7.4.1977 (GBl. I S. 93), zuletzt geändert durch Gesetz vom 5.7.1990 (GBl. I S. 635)
StaatsGH	Staatsgerichtshof
StaatsschStrafsG	Gesetz zur allgemeinen Einführung eines zweiten Rechtszuges in Staatsschutz-Strafsachen vom 8.9.1969 (BGBl. I S. 1582)
StÄG	s. StRÄndG
StAZ	Das Standesamt (Zeitschrift)
StBerG	Steuerberatungsgesetz, neugefasst durch Bek. vom 4.11.1975 (BGBl. I S. 2735); zuletzt geändert durch Art. 4 des Gesetzes vom 7.7.2021 (BGBl. I S. 2363)
StGB	Strafgesetzbuch, neugefasst durch Bek. vom 13.11.1998 (BGBl. I S. 3322); zuletzt geändert durch Art. 29 des Gesetzes vom 7.7.2021 (BGBl. I S. 2363)
StGB/DDR	Strafgesetzbuch der Deutschen Demokratischen Republik vom 12.1.1968 in der Neufassung vom 14.12.1988 (GBl. I S. 93), zuletzt geändert durch Gesetz vom 29.6.1990 (GBl. I S. 526)
StGBÄndG 1976	Gesetz zur Änderung des Strafgesetzbuches, der Strafprozeßordnung, des Gerichtsverfassungsgesetzes, der Bundesrechtsanwaltsordnung und des Strafvollzugsgesetzes vom 18.8.1976 (BGBl. I S. 2181)
StGBÄndG 1989	Gesetz zur Änderung des Strafgesetzbuches, der Strafprozeßordnung und des Versammlungsgesetzes und zur Einführung einer Kronzeugenregelung bei terroristischen Straftaten vom 9.6.1989 (BGBl. I S. 1059)
StORMG	Gesetz zur Stärkung der Rechte von Opfern sexuellen Missbrauchs vom 26.6.2013 (BGBl. I S. 1805)
StPÄG 1964	Gesetz zur Änderung der Strafprozeßordnung und des Gerichtsverfassungsgesetzes vom 19.12.1964 (BGBl. I S. 1067)
StPÄG 1972	Gesetz zur Änderung der Strafprozeßordnung vom 7.8.1972 (BGBl. I S. 1361)
StPÄG 1978	Gesetz zur Änderung der Strafprozeßordnung vom 14.4.1978 (BGBl. I S. 497)
StPÄG 1986	Paßgesetz und Gesetz zur Änderung der Strafprozeßordnung vom 19.4.1986 (BGBl. I S. 537)
StPÄG 1988	Gesetz zur Änderung der Strafprozeßordnung vom 17.5.1988 (BGBl. I S. 606)
StPO	Strafprozeßordnung vom 1.2.1877 i. d. F. der Bek. vom 7.4.1987 (BGBl. I S. 1074) zuletzt geändert durch Art. 15 des Gesetzes vom 7.7.2021 (BGBl. I S. 2363)
StPO/DDR	Strafprozeßordnung der Deutschen Demokratischen Republik vom 12.1.1968 in der Neufassung vom 19.12.1974 (GBl. 1975 I S. 61)
StraFo	Strafverteidiger Forum (Zeitschrift)
StrafrAbh.	Strafrechtliche Abhandlungen, herausgegeben von Bennecke, dann von Beling, v. Lilienthal und Schoetensack
StraftVVG	Gesetz zur Verfolgung der Vorbereitung von schweren staatsgefährdenden Gewalttaten vom 30.7.2009 (BGBl. I S. 2437)
StRÄndG	Strafrechtsänderungsgesetz 1. ~ vom 30.8.1951 (BGBl. I S. 739) 2. ~ vom 6.3.1953 (BGBl. I S. 42) 3. ~ vom 4.8.1953 (BGBl. I S. 735) 4. ~ vom 11.6.1957 (BGBl. I S. 597) 5. ~ vom 24.6.1960 (BGBl. I S. 477) 6. ~ vom 30.6.1960 (BGBl. I S. 478) 7. ~ vom 1.6.1964 (BGBl. I S. 337) 8. ~ vom 25.6.1968 (BGBl. I S. 741) 9. ~ vom 4.8.1969 (BGBl. I S. 1065) 10. ~ vom 7.4.1970 (BGBl. I S. 313) 11. ~ vom 16.12.1971 (BGBl. I S. 1977) 12. ~ vom 16.12.1971 (BGBl. I S. 1779) 13. ~ vom 13.6.1975 (BGBl. I S. 1349)

14. ~ vom 22.4.1976 (BGBl. I S. 1056)
15. ~ vom 18.5.1976 (BGBl. I S. 1213)
16. ~ vom 16.7.1979 (BGBl. I S. 1078)
17. ~ vom 21.12.1979 (BGBl. I S. 2324)
18. ~ vom 28.3.1980 (BGBl. I S. 379) – Gesetz zur Bekämpfung der Umweltkriminalität
19. ~ vom 7.8.1981 (BGBl. I S. 808)
20. ~ vom 8.12.1981 (BGBl. I S. 1329)
21. ~ vom 13.6.1985 (BGBl. I S. 963)
22. ~ vom 18.7.1985 (BGBl. I S. 1510)
23. ~ vom 13.4.1986 (BGBl. I S. 1986)
24. ~ vom 13.1.1987 (BGBl. I S. 141)
25. ~ vom 20.8.1990 – § 201 StG – (BGBl. I S. 1764)
26. ~ vom 24.7.1992 – Menschenhandel – (BGBl. I S. 1255)
27. ~ vom 23.7.1993 – Kinderpornographie – (BGBl. I S. 1346)
28. ~ vom 13.1.1994 – Abgeordnetenbestechung – (BGBl. I S. 84)
29. ~ vom 31.5.1994 – §§ 175, 182 StGB – (BGBl. I S. 1168)
30. ~ vom 23.6.1994 – Verjährung von Sexualstraftaten an Kindern und Jugendlichen – BGBl. I S. 1310)
31. ~ vom 27.6.1994 – 2. Gesetz zur Bekämpfung der Umweltkriminalität – (BGBl. I S. 1440)
32. ~ vom 1.6.1995 – §§ 44, 69b StGB – (BGBl. I S. 747)
33. ~ vom 1.7.1997 – §§ 177, 178 StGB (BGBl. I S. 1607)
34. ~ vom 22.8.2002 – § 129b StGB (BGBl. I S. 3390)
35. ~ vom 22.12.2003 – Betrug und Fälschung im Zusammenhang mit unbaren Zahlungsmitteln (BGBl. I S. 2838)
36. ~ vom 30.7.2004 – § 201a StGB (BGBl. I S. 2012)
37. ~ vom 18.2.2005 – §§ 180b, 181 StGB (BGBl. I S. 239)
40. ~ vom 22.3.2007 – Strafbarkeit beharrlicher Nachstellungen (Anti-Stalking-Gesetz) (BGBl. I S. 354)
41. ~ vom 7.8.2007 – Bekämpfung der Computerkriminalität (BGBl. I S. 1786)
42. ~ vom 29.6.2009 – Anhebung der Höchstgrenze des Tagessatzes bei Geldstrafen (BGBl. I S. 1658)
43. ~ vom 29.7.2009 – Strafzumessung bei Aufklärungs- und Präventionshilfe (BGBl. I S. 2288)
44. ~ vom 1.11.2011 – Widerstand gegen Vollstreckungsbeamte (BGBl. I S. 2130)
45. ~ vom 6.12.2011 – Umsetzung der Richtlinie des Europäischen Parlaments und des Rates zum strafrechtlichen Schutz der Umwelt (BGBl. I S. 2557)
46. ~ vom 10.6.2013 – Beschränkung der Möglichkeit zur Strafmilderung bei Aufklärungs- und Präventionshilfe (BGBl. I S. 1497)
47. ~ vom 24.9.2013 – Strafbarkeit der Verstümmelung weiblicher Genitalien (BGBl. I S. 3671)
48. ~ vom 23.4.2014 – Erweiterung des Straftatbestandes der Abgeordnetenbestechung (BGBl. I S. 410)
49. ~ vom 21.1.2015 – Umsetzung europäischer Vorgaben zum Sexualstrafrecht (BGBl. I S. 10)
50. ~ vom 4.11.2016 – Verbesserung des Schutzes der sexuellen Selbstbestimmung (BGBl. I S. 2460)
51. ~ vom 11.4.2017 – Strafbarkeit von Sportwettbetrug und der Manipulation von berufssportlichen Wettbewerben (BGBl. I S. 815)
52. ~ vom 23.5.2017 – Stärkung des Schutzes von Vollstreckungsbeamten und Rettungskräften (BGBl. I S. 1226)
53. ~ vom 11.6.2017 – Ausweitung des Maßregelrechts bei extremistischen Straftätern (BGBl. I S. 1612)
54. ~ vom 17.7.2017 – Umsetzung des Rahmenbeschlusses 2008/841/JI des Rates vom 24. Oktober 2008 zur Bekämpfung der organisierten Kriminalität (BGBl. I S. 2440)

	55. ~ vom 17.7.2017 – Wohnungseinbruchdiebstahl (BGBl. I S. 2442) 56. ~ vom 30.9.2017 – Strafbarkeit nicht genehmigter Kraftfahrzeugrennen im Straßenverkehr (BGBl. I S. 3532) 57. ~ vom 3.3.2020 – Versuchsstrafbarkeit des Cybergroomings (BGBl. I S. 431) 58. ~ vom 12.6.2020 – Strafrechtlicher Schutz bei Verunglimpfung der Europäischen Union und ihrer Symbole (BGBl. I S. 1247) 59. ~ vom 9.10.2020 – Verbesserung des Persönlichkeitsschutzes bei Bildaufnahmen (BGBl. I S. 2075) 60. ~ vom 30.11.2020 – Modernisierung des Schriftenbegriffs und anderer Begriffe sowie Erweiterung der Strafbarkeit nach den §§ 86, 86a, 111 und 130 des Strafgesetzbuches bei Handlungen im Ausland (BGBl. I S. 2600) 61. ~ vom 10.3.2021 – Umsetzung der Richtlinie (EU) 2019/713 des Europäischen Parlaments und des Rates vom 17. April 2019 zur Bekämpfung von Betrug und Fälschung im Zusammenhang mit unbaren Zahlungsmitteln und zur Ersetzung des Rahmenbeschlusses 2001/413/JI des Rates (BGBl. I S. 333)
StraßenVSichG	1. Gesetz zur Sicherung des Straßenverkehrs (Straßenverkehrssicherungsgesetz) vom 19.12.1952 (BGBl. I S. 832) 2. Zweites ~ vom 26.11.1964 (BGBl. I S. 921)
StREG	Gesetz über ergänzende Maßnahmen zum 5. StrRG (Strafrechtsreformergänzungsgesetz) vom 28.8.1975 (BGBl. I S. 2289)
StrEG	Gesetz über die Entschädigung für Strafverfolgungsmaßnahmen vom 8.3.1971 (BGBl. I S. 157)
STREIT	Feministische Rechtszeitschrift
StrFG	Straffreiheitsgesetz – 1949 vom 31.12.1949 (BGBl. I S. 37) – 1954 vom 17.7.1954 (BGBl. I S. 203) – 1968 vom 9.7.1968 (BGBl. I S. 773) – 1970 vom 20.5.1970 (BGBl. I S. 509)
StRG	Gesetz zur Reform des Strafrechts 1. ~ vom 25.6.1969 (BGBl. I S. 645) 2. ~ vom 4.7.1969 (BGBl. I S. 717) 3. ~ vom 20.5.1970 (BGBl. I S. 505) 4. ~ vom 23.11.1973 (BGBl. I S. 1725) 5. ~ vom 18.6.1974 (BGBl. I S. 1297) 6. ~ vom 26.1.1998 (BGBl. I S. 164)
StRR	StrafRechtsReport – Arbeitszeitschrift für das gesamte Strafrecht
StrRehaG	Gesetz über die Rehabilitierung und Entschädigung von Opfern rechtsstaatswidriger Strafverfolgungsmaßnahmen im Beitrittsgebiet (Strafrechtliches Rehabilitierungsgesetz – StrRehaG) vom 29.10.1992 (BGBl. I S. 1814) i. d. F. der Bek. vom 17.12.1999 (BGBl. I S. 2664) zuletzt geändert durch Art. 12 des Gesetzes vom 2.6.2021 (BGBl. I S. 1387)
st.Rspr.	ständige Rechtsprechung
StudZR	Studentische Zeitschrift für Rechtswissenschaft Heidelberg
StUG	Gesetz über die Unterlagen des Staatssicherheitsdienstes der ehemaligen Deutschen Demokratischen Republik (Stasi-Unterlagen-Gesetz – StUG) vom 20.12.1991 (BGBl. I S. 2272) zuletzt geändert durch Art. 2 des Gesetzes vom 9.4.2021 (BGBl. I S. 750)
StuR	Staat und Recht (Zeitschrift DDR, 1950 bis 1990)
StuW	Steuern und Wirtschaft (Zeitschrift)
StV	Strafverteidiger (Zeitschrift)
StVÄG 1979	Strafverfahrensänderungsgesetz 1979 vom 5.10.1978 (BGBl. I S. 1645)
StVÄG 1987	Strafverfahrensänderungsgesetz 1987 vom 27.1.1987 (BGBl. I S. 475)
StVÄG 1999	Strafverfahrensänderungsgesetz 1999 vom 2.8.2000 (BGBl. I S. 1253)
StVG	Straßenverkehrsgesetz vom 3.5.1909 i. d. F. der Bek. vom 19.12.1952 (BGBl. I S. 837) zuletzt geändert durch Art. 4 des Gesetzes vom 7.5.2021 (BGBl. I S. 850)
StVO	Straßenverkehrsordnung vom 16.11.1970 (BGBl. I S. 1565, ber. 1971, S. 38) zuletzt geändert durch Art. 1 der Verordnung vom 18.12.2020 (BGBl. I S. 3047)

StVollstrO	Strafvollstreckungsordnung vom 1.4.2001 (BAnz. Nr. 87) bundeseinheitlich
StVollzG	Gesetz über den Vollzug der Freiheitsstrafe und der freiheitsentziehenden Maßregeln der Besserung und Sicherung – Strafvollzugsgesetz – vom 16.3.1976 (BGBl. I S. 581) zuletzt geändert durch Art. 12 des Gesetzes vom 25.6.2021 (BGBl. I S. 2099)
StVollzGK	StrafvollzugsgesetzKommissionsentwurf, herausgegeben vom Bundesministerium der Justiz
StVollzK	Blätter für Strafvollzugskunde (Beilage zur Zeitschrift „Der Vollzugsdienst“)
1. StVRErgG	Gesetz zur Ergänzung des 1. StVRG vom 20.12.1974 (BGBl. I S. 3686)
1. StVRG	Erstes Gesetz zur Reform des Strafverfahrensrechts vom 9.12.1974 (BGBl. I S. 3393)
StVZO	Straßenverkehrs-Zulassungs-Ordnung vom 13.11.1937 i. d. F. der Bek. vom 28.9.1988 (BGBl. I S. 1793)
s. u.	siehe unten
SubvG	Subventionsgesetz vom 29.7.1976 (BGBl. I S. 2034)
SVR	Straßenverkehrsrecht (Zeitschrift)
SZ	Süddeutsche Zeitung
SZIER	Schweizerische Zeitschrift für internationales und europäisches Recht
TerrorismusG	Gesetz zur Bekämpfung des Terrorismus vom 19.12.1986 (BGBl. I S. 2566)
TerrorBekämpfG	Gesetz vom 9.1.2002 zur Bekämpfung des internationalen Terrorismus (Terrorismusbekämpfungsgesetz) (BGBl. I S. 361) zuletzt geändert durch Art. 2 des Gesetzes vom 5.1.2007 (BGBl. I S. 2)
TerrorBekErgG	Gesetz zur Ergänzung des Terrorismusbekämpfungsgesetzes (Terrorismusbekämpfungsergänzungsgesetz) vom 5.1.2007 (BGBl. I S. 2) zuletzt geändert durch Art. 1 des Gesetzes vom 3.12.2020 (BGBl. I S. 2667)
TFTP	Terrorist Finance Tracking Program
ThUG	Gesetz zur Therapierung und Unterbringung psychisch gestörter Gewalttäter (Therapieunterbringungsgesetz) vom 22.12.2010 (BGBl. I S. 2300, 2305) zuletzt geändert durch Art. 8 des Gesetzes vom 5.12.2012 (BGBl. I S. 2425)
Thür.	Thüringen
TiefseebergbauG	Gesetz zur vorläufigen Regelung des Tiefseebergbaus vom 16.8.1980 (BGBl. I S. 1457)
TierschG	Tierschutzgesetz vom 24.7.1972 (BGBl. I S. 1277) zuletzt geändert durch Art. 1 des Gesetzes vom 18.6.2021 (BGBl. I S. 1828)
TKG	Telekommunikationsgesetz (TKG) vom 25.7.1996 (BGBl. I S. 1120) i. d. F. vom 22.6.2004 (BGBl. I S. 1190) zuletzt geändert durch Art. 6 des Gesetzes vom 5.7.2021 (BGBl. I S. 2274)
TKÜG	Gesetz zur Neuregelung der Telekommunikationsüberwachung und anderer Ermittlungsmaßnahmen sowie zur Umsetzung der Richtlinie 2006/24/EG vom 21.12.2007 (BGBl. I S. 3198)
TKO	Telekommunikationsordnung vom 16.7.1987 (BGBl. I S. 1761)
TMG	Telemediengesetz vom 26.2.2007 (BGBl. I S. 179) zuletzt geändert durch Art. 24 des Gesetzes vom 25.6.2021 (BGBl. I S. 1309)
TREVI	Terrorisme, Radicalisme, Extremisme et Violence Internationale (1975) – Koordinierungsgruppe
TVöD	Tarifvertrag für den öffentlichen Dienst
TV/L	Tarifvertrag für den öffentlichen Dienst der Länder
Tz.	Teilziffer
UCLAF	Unité de Coordination de la Lutte Anti-Fraude
UdG	Urkundsbeamter der Geschäftsstelle
ÜAG	Gesetz vom 26.9.1991 zur Ausführung des Übereinkommens über die Überstellung verurteilter Personen vom 21.3.1983 – Überstellungsausführungsgesetz (BGBl. 1991 I S. 1954)
ÜberlG	Gesetz zur Überleitung von Bundesrecht nach Berlin (West) (Sechstes Überleitungsgesetz) vom 25.9.1990 (BGBl. I S. 2106)

ÜberstÜbk	Übereinkommen über die Überstellung verurteilter Personen vom 21.3.1983 (ETS 112; BGBl. 1991 II S. 1006; 1992 II S. 98); ZP ÜberstÜbk vom 18.12.1997 (ETS 167)
Übk	Übereinkommen
ÜF	Übergangsfassung
UFITA	Archiv für Medienrecht und Medienwissenschaft
UHaftÄndG	Gesetz zur Abänderung der Untersuchungshaft vom 27.12.1926 (RGBl. I S. 529)
UN	Vereinte Nationen
UNCAT	Übereinkommen (der Vereinten Nationen) gegen Folter und andere grausame, unmenschliche oder erniedrigende Behandlung oder Strafe vom 10.12.1984 (BGBl. 1990 II S. 246) OPCAT – Fakultativprotokoll vom 18.12.2002 zum Übereinkommen gegen Folter und andere grausame, unmenschliche oder erniedrigende Behandlung oder Strafe; Gesetz vom 26.8.2008 (BGBl. 2008 II S. 854)
UN-CAT	United Nations Committee against Torture – UN-Anti-Folter-Ausschuss
UN-FoltKonv.	Siehe UNCAT
UNHCR	United Nations High Commissioner for Refugees – Hoher Flüchtlingskommissar der Vereinten Nationen
UNO-Pakt	s. IPBPR
UnterbrSichG	Gesetz zur Reform des Rechts der Unterbringung in einem psychiatrischen Krankenhaus und in einer Entziehungsanstalt vom 16.7.2007 (BGBl. I S. 1327)
UrhG	Gesetz über Urheberrecht und verwandte Schutzrechte (Urheberrechtsgesetz) vom 9.9.1965 (BGBl. I S. 1273)
UVollzO	Untersuchungshaftvollzugsordnung vom 12.2.1953 i. d. F. der Bek. vom 15.12.1976, bundeseinheitlich
UZwG	Gesetz über den unmittelbaren Zwang bei Ausübung öffentlicher Gewalt durch Vollzugsbeamte des Bundes vom 10.3.1961 (BGBl. I S. 165) zuletzt geändert durch Art. 43 des Gesetzes vom 19.6.2020 (BGBl. I S. 1328)
UZwGBw	Gesetz über die Anwendung unmittelbaren Zwanges und die Ausübung besonderer Befugnisse durch Soldaten der Bundeswehr und verbündeter Streitkräfte sowie zivile Wachpersonen vom 12.8.1965 (BGBl. I S. 796)
VA	Vorzeitige Anwendung (internationaler Übereinkommen)
VBlBW	Verwaltungsblätter für Baden-Württemberg (Zeitschrift)
VDA	Vergleichende Darstellung des deutschen und ausländischen Strafrechts, Allgemeiner Teil, Bd. 1 bis 6 (1908)
VDB	Vergleichende Darstellung des deutschen und ausländischen Strafrechts, Besonderer Teil, Bd. 1 bis 9 (1906)
VerbrbekG	Gesetz zur Änderung des Strafgesetzbuches, der Strafprozeßordnung und anderer Gesetz (Verbrechensbekämpfungsgesetz) vom 28.10.1994 (BGBl. I S. 3186)
Verbringungs-verbG	Gesetz zur Überwachung strafrechtlicher und anderer Verbringungsverbote vom 24.5.1961 (BGBl. I S. 607)
VereinfVO	Vereinfachungsverordnung 1. ~, VO über Maßnahmen auf dem Gebiet der Gerichtsverfassung und Rechtspflege vom 1.9.1939 (RGBl. I S. 1658) 2. ~, VO zur weiteren Vereinfachung der Strafrechtspflege vom 13.8.1942 (RGBl. I S. 508) 3. ~, Dritte VO zur Vereinfachung der Strafrechtspflege vom 29.5.1943 (RGBl. I S. 342) 4. ~, Vierte VO zur Vereinfachung der Strafrechtspflege vom 13.12.1944 (RGBl. I S. 339)
VereinhG	Gesetz zur Wiederherstellung der Rechtseinheit auf dem Gebiete der Gerichtsverfassung, der bürgerlichen Rechtspflege, des Strafverfahrens und des Kostenrechts vom 12.9.1950 (BGBl. I S. 455)
VereinsG	Gesetz zur Regelung des öffentlichen Vereinsrechts (Vereinsgesetz) vom 5.8.1964 (BGBl. I S. 593) zuletzt geändert durch Art. 5 des Gesetzes vom 30.11.2020 (BGBl. I S. 2600)

VerfGH	Verfassungsgerichtshof
VerfO	Verfahrensordnung (siehe EGMRVerfO)
Verh.	Verhandlungen des Deutschen Bundestages (BT), des Deutschen Juristentages (DJT) usw.
1. VerjährungsG	Gesetz über das Ruhen der Verjährung bei SED-Unrechtstaten vom 26.3.1993 (BGBl. I S. 392)
2. VerjährungsG	Gesetz zur Verlängerung strafrechtlicher Verjährungsfristen vom 27.9.1993 (BGBl. I S. 1657)
VerkMitt.	Verkehrsrechtliche Mitteilungen
VerpflichtG	Gesetz über die förmliche Verpflichtung nichtbeamteter Personen (Verpflichtungsgesetz) vom 2.3.1974 (BGBl. I S. 469) zuletzt geändert durch § 1 Nr. 4 des Gesetzes vom 15.8.1974 (BGBl. I S. 1942)
VerschG	Verschollenheitsgesetz vom 15.1.1951 (BGBl. I S. 59) zuletzt geändert durch Art. 182 der Verordnung vom 31.8.2015 (BGBl. I S. 1474)
VersR	Versicherungsrecht, Juristische Rundschau für die Individualversicherung
VerständigungsG	Gesetz zur Regelung der Verständigung im Strafverfahren vom 29.7.2009 (BGBl. I S. 2353)
VerwArch	Verwaltungsarchiv
VG	Verwaltungsgericht
VGH	Verfassungsgerichtshof; Verwaltungsgerichtshof
vgl.	vergleiche
Vhdlgen	s. Verh.
VideokonfIntensG	Gesetz zur Intensivierung des Einsatzes von Videokonferenztechtnik in gerichtlichen und staatsanwaltschaftlichen Verfahren v. 25.4.2013 (BGBl. I S. 935)
VIS	Visa-Informations-System
VIZ	Vermögens- und Immobilienrecht (Zeitschrift)
VO	Verordnung; s. auch AusnVO
VOBl.	Verordnungsblatt
VOR	Zeitschrift für Verkehrs- und Ordnungswidrigkeitenrecht
VR	Verwaltungsrundschau
VRR	VerkehrsRechtsReport
VRS	Verkehrsrechts-Sammlung
VRÜ	Verfassung und Recht in Übersee
VStGB	Völkerstrafgesetzbuch
VStGBG	Gesetz vom 26.6.2002 zur Einführung des Völkerstrafgesetzbuches (BGBl. I S. 2254)
VVDStRL	Veröffentlichungen der Vereinigung der Deutschen Staatsrechtslehrer
VVStVollzG	Verwaltungsvorschriften zum Strafvollzugsgesetz (bundeseinheitlich) vom 1.7.1976
VwGO	Verwaltungsgerichtsordnung, neugefasst durch Bek. vom 19.3.1991 (BGBl. I S. 686); zuletzt geändert durch Art. 56 des Gesetzes vom 12.12.2019 (BGBl. I S. 2652)
VwRehaG	Gesetz über die Aufhebung rechtsstaatswidriger Verwaltungsentscheidungen im Beitrittsgebiet und die daran anknüpfenden Folgeansprüche (Verwaltungsrechtliches Rehabilitierungsgesetz – VwRehaG) vom 23.6.1994 (BGBl. I S. 1311) zuletzt geändert durch Art. 13 des Gesetzes vom 12.12.2019 (BGBl. I S. 2652)
VwVfG	Verwaltungsverfahrensgesetz vom 25.5.1976 (BGBl. I S. 1253) zuletzt geändert durch Art. 24 des Gesetzes vom 25.6.2021 (BGBl. I S. 2154)
VwZG	Verwaltungszustellungsgesetz vom 3.7.1952 (BGBl. I S. 379) zuletzt geändert durch Art. 7 des Gesetzes vom 7.7.2021 (BGBl. I S. 2363)
WDO	Wehrdisziplinarordnung vom 15.3.1957 i. d. F. der Bek. vom 9.6.1961 (BGBl. I S. 697)
WehrbeauftrG	Gesetz über den Wehrbeauftragten des Deutschen Bundestages i. d. F. der Bek. vom 16.6.1982 (BGBl. I S. 673) zuletzt geändert durch Art. 15 Abs. 68 des Gesetzes vom 5.2.2009 (BGBl. I S. 160)
WeinG	Gesetz über Wein, Likörwein, Schaumwein, weinhaltige Getränke und Branntwein aus Wein (Weingesetz) vom 14.1.1971 (BGBl. I S. 893) zuletzt geändert durch Art. 4 des Gesetzes vom 2.6.2021 (BGBl. I S. 1278)

Wiener Übereinkommen	1. Wiener Übereinkommen über diplomatische Beziehungen vom 18.4.1961 (Zustimmungsgesetz vom 6.8.1964, BGBl. II S. 957) 2. Wiener Übereinkommen über konsularische Beziehungen vom 24.4.1963 (Zustimmungsgesetz vom 26.8.1969, BGBl. II S. 1585)
WiJ	Journal der Wirtschaftsstrafrechtlichen Vereinigung e.V.
1. WiKG	Erstes Gesetz zur Bekämpfung der Wirtschaftskriminalität vom 29.7.1976 (BGBl. I S. 2034)
2. WiKG	Zweites Gesetz zur Bekämpfung der Wirtschaftskriminalität vom 15.5.1986 (BGBl. I S. 721)
WiStG	Gesetz zur weiteren Vereinfachung des Wirtschaftsstrafrechts (Wirtschaftsstrafgesetz 1954) vom 9.7.1954 i. d. F. der Bek. vom 3.6.1975 (BGBl. I S. 1313)
WisteV	Wirtschaftsstrafrechtliche Vereinigung e.V.
wistra	Zeitschrift für Wirtschafts- und Steuerstrafrecht
WLR	Weekly Law Reports (Zeitschrift)
WoÜbG	Gesetz zur Umsetzung des Urteils des Bundesverfassungsgerichts vom 3. März 2004 (akustische Wohnraumüberwachung) vom 24.6.2005 (BGBl. I S. 1841)
WRV	Weimarer Verfassung, Verfassung des Deutschen Reichs vom 11.8.1919 (RGBl. S. 1383)
WStG	Wehrstrafgesetz vom 30.3.1957 i. d. F. der Bek. vom 24.5.1974 (BGBl. I S. 1213) zuletzt geändert durch Art. 10 Abs. 8 des Gesetzes vom 30.10.2017 (BGBl. I S. 3618)
WM	Wertpapiermitteilungen (Zeitschrift)
WuV	Wirtschaft und Verwaltung (Zeitschrift)
WuW	Entscheidungssammlung der Zeitschrift Wirtschaft und Wettbewerb
WÜD	s. 1. Wiener Übereinkommen
WÜK	s. 2. Wiener Übereinkommen
WVK	Wiener Vertragsrechtskonvention vom 23.5.1969 (BGBl. 1985 II S. 926)
WWSUV	Vertrag über die Schaffung einer Währungs-, Wirtschafts- und Sozialunion zwischen der Bundesrepublik Deutschland und der Deutschen Demokratischen Republik vom 18.5.1990 (BGBl. II S. 537)
WWSUVG	Gesetz zu dem Vertrag vom 18.5.1990 über die Schaffung einer Währungs-, Wirtschafts- und Sozialunion ... vom 25.6.1990 (BGBl. II S. 518)
WZG	Warenzeichengesetz vom 5.5.1936 i. d. F. der Bek. vom 2.1.1968 (BGBl. I S. 29)
WzS	Wege zur Sozialversicherung (Zeitschrift)
YEL	Yearbook of European Law
YB	Yearbook of the European Convention of the Human Rights, the European Commission and the European Court of Human Rights/Annuaire de la Convention Européenne des Droits de l'Homme; Commission et Cour Européenne des Droits de l'Homme, hrsg. vom Europarat
ZAG	Zahlungsdiensteaufsichtsgesetz
ZahlVGJG	Gesetz über den Zahlungsverkehr mit Gerichten und Justizbehörden vom 22.12.2006 = Art. 2 des 2. Justizmodernisierungsgesetzes (BGBl. 2006 I S. 3416) zuletzt geändert durch Art. 175 des Gesetzes vom 31.8.2015 (BGBl. I S. 1474)
ZAkDR	Zeitschrift der Akademie für Deutsches Recht (1934–44)
ZaöRV	Zeitschrift für ausländisches öffentliches Recht und Völkerrecht
ZAP	Zeitschrift für die Anwaltspraxis
ZAR	Zeitschrift für Ausländerrecht und Ausländerpolitik
ZBJV	Zeitschrift des Bernischen Juristenvereins
ZBlJugR	Zentralblatt für Jugendrecht und Jugendwohlfahrt
ZBR	Zeitschrift für Beamtenrecht
ZCG	Zeitschrift für Corporate Governance
ZD	Zeitschrift für Datenschutz
ZDRW	Zeitschrift für Didaktik der Rechtswissenschaft

ZER	Zeitschrift für Europarecht (Österreich)ZERP Zentrum für europäische Rechtspolitik (Universität Bremen)
ZESAR	Zeitschrift für europäisches Sozial- und Arbeitsrecht
ZEUP	Zeitschrift für europäisches Privatrecht
ZEuS	Zeitschrift für Europarechtliche Studien
ZEV	Zeitschrift für Erbrecht und Vermögensnachfolge
ZfBR	Zeitschrift für deutsches und internationales Bau- und Vergaberecht
ZfC	Zeitschrift für Compliance
ZfDG	Gesetz über das Zollkriminalamt und die Zollfahndungsämter (Zollfahndungsdienstgesetz) vom 16.8.2002 (BGBl. I S. 3202) aufgehoben durch Art. 3 des Gesetzes vom 30.3.2021 (BGBl. I S. 402)
ZfDR	Zeitschrift für Digitalisierung und Recht (ZfDR)
ZfJ	Zentralblatt für Jugendrecht
ZfL	Zeitschrift für Lebensrecht
ZfRV	Zeitschrift für Europarecht, Internationales Privatrecht und Rechtsvergleichung
ZfS	Zeitschrift für Schadensrecht
ZFSH SGB	Zeitschrift für die sozialrechtliche Praxis
ZfStrVo	Zeitschrift für Strafvollzug und Straffälligenhilfe (jetzt: FS – Forum Strafvollzug)
ZfWG	Zeitschrift für Wett- und Glücksspielrecht
ZfZ	Zeitschrift für Zölle und Verbrauchssteuern
ZG	Zeitschrift für Gesetzgebung
ZInsO	Zeitschrift für das gesamte Insolvenzrecht
ZIP	Zeitschrift für Wirtschaftsrecht
ZIR	Zeitschrift für Interne Revision
ZIS	Zeitschrift für Internationale Strafrechtsdogmatik (Online-Zeitschrift)
ZJJ	Zeitschrift für Jugendkriminalrecht und Jugendhilfe
ZJS	Zeitschrift für das Juristische Studium (Online-Zeitschrift)
ZKA	Zollkriminalinstitut
ZKJ	Zeitschrift für Kindschaftsrecht und Jugendhilfe
ZLR	Zeitschrift für Lebensmittelrecht
ZOV	Zeitschrift für offene Vermögensfragen
ZÖR	Zeitschrift für öffentliches Recht
ZollG.	Zollgesetz vom 14.6.1961 i. d. F. der Bek. vom 18.5.1970 (BGBl. I S. 529) mit der Vollendung des EU-Binnemarktes aufgehoben
ZP	Zusatzprotokoll
ZPO	Zivilprozeßordnung vom 30.1.1877 i. d. F. der Bek. vom 12.9.1950 (BGBl. I S. 533) zuletzt geändert durch Art. 1 des Gesetzes vom 22.12.2020 (BGBl. I S. 3328)
ZRFC	Zeitschrift für Risk, Fraud & Compliance
ZRP	Zeitschrift für Rechtspolitik
ZSchG	Gesetz vom 30.4.1998 zum Schutz von Zeugen bei Vernehmungen im Strafverfahren und zur Verbesserung des Opferschutzes (Zeugenschutzgesetz – ZSchG) (BGBl. I S. 820)
ZSE	Zeitschrift für Staats- und Europawissenschaften
ZSEG	Gesetz über die Entschädigung von Zeugen und Sachverständigen vom 26.7.1957 i. d. F. der Bek. vom 1.10.1969 (BGBl. I S. 1756); abgelöst durch das JVEG vom 5.5.2004
ZSHG	Gesetz zur Harmonisierung des Schutzes gefährdeter Zeugen (Zeugenschutz-Harmonisierungsgesetz) vom 11.12.2001 (BGBl. I S. 3510) zuletzt geändert durch Artikel 7 des Gesetzes vom 10.12.2019 (BGBl. I S. 2121)
ZSR	Zeitschrift für Schweizerisches Recht
ZST	Zeitschrift für Schweizer Recht
ZSteu	Zeitschrift für Steuern und Recht
ZStW	Zeitschrift für die gesamte Strafrechtswissenschaft
ZTR	Zeitschrift für Tarif-, Arbeits- und Sozialrecht des öffentlichen Dienstes
ZUM	Zeitschrift für Urheber- und Medienrecht

ZUM-RD	Zeitschrift für Urheber- und Medienrecht – Rechtssprechungsdienst
ZUR	Zeitschrift für Umweltrecht
ZusatzAbk.	Zusatzabkommen zum NATOTruppenstatut vom 3.8.1959 (BGBl. 1961 II S. 1183, 1218)
Zusatzvereinb.	Vereinbarung zwischen der Bundesrepublik Deutschland und der Deutschen Demokratischen Republik zur Durchführung und Auslegung des am 31.8.1990 in Berlin unterzeichneten Vertrages zwischen der Bundesrepublik Deutschland und der Deutschen Demokratischen Republik über die Herstellung der Einheit Deutschlands vom 18.9.1990 (BGBl. II S. 1239)
zust.	zustimmend
ZustErgG	Gesetz zur Ergänzung von Zuständigkeiten auf den Gebieten des Bürgerlichen Rechts, des Handelsrechts und des Strafrechts (Zuständigkeitsergänzungsgesetz) vom 7.8.1952 (BGBl. I S. 407)
ZustG	Gesetz über die Zuständigkeit der Gerichte bei Änderung der Gerichtseinteilung vom 6.12.1933 (RGBl. I S. 1037)
ZustRG	Gesetz zur Reform des Verfahrens bei Zustellung im gerichtlichen Verfahren (Zustellungsreformgesetz – ZustRG) vom 25.6.2001 (BGBl. I S. 1206)
ZustVO	Verordnung über die Zuständigkeit der Strafgerichte, die Sondergerichte und sonstige strafverfahrensrechtliche Vorschriften vom 21.2.1940 (RGBl. I S. 405)
Zuwanderungsgesetz	Gesetz zur Steuerung und Begrenzung der Zuwanderung und zur Regelung des Aufenthalts und der Integration von Unionsbürgern und Ausländern vom 30.7.2004 (BGBl. I S. 1950) zuletzt geändert durch Art. 2 des Gesetzes vom 20.12.2008 (BGBl. I S. 2846)
ZVG	Gesetz über die Zwangsversteigerung und die Zwangsverwaltung (Zwangsversteigerungsgesetz) vom 24.3.1897 i. d. F. der Bek. vom 20.5.1898 (RGBl. S. 369, 713) zuletzt geändert durch Art. 4 des Gesetzes vom 22.12.2020 (BGBl. I S. 3256)
ZWehrR	Zeitschrift für Wehrrecht (1936/37–44)
ZWF	Zeitschrift für Wirtschafts- und Finanzstrafrecht (Österreich)
ZWH	Zeitschrift für Wirtschaftsstrafrecht und Haftung im Unternehmen
ZwHeiratBekG	Gesetz zur Bekämpfung der Zwangsheirat und zum besseren Schutz der Opfer von Zwangsheirat sowie zur Änderung weiterer aufenthalts- und asylrechtlicher Vorschriften vom 23.6.2011 (BGBl. I S. 1266)
ZZP	Zeitschrift für Zivilprozeß

Literaturverzeichnis

Achenbach/Ransiek/Rönnau	Achenbach/Ransiek/Rönnau, Handbuch Wirtschaftsstrafrecht, 5. Aufl. (2019)
AE-EV	Alternativ-Entwurf Reform des Ermittlungsverfahrens (AE-EV); Entwurf eines Arbeitskreises deutscher, österreichischer und schweizerischer Strafrechtslehrer (2001)
AE-EuStV	Alternativentwurf Europäische Strafverfolgung; hrsg. von Schünemann (2004)
AE-StuM	Alternativ-Entwurf Strafjustiz und Medien (AE-StuM: Entwurf eines Arbeitskreises deutscher, österreichischer und schweizerischer Strafrechtslehrer (2004)
Ahlbrecht/Böhm/Esser/ Eckelmans	Ahlbrecht/Böhm/Esser/Eckelmans, Internationales Strafrecht, 2. Aufl. (2017)
AK	Alternativkommentar zur Strafprozessordnung, Bd. I (§§ 1 bis 93; 1988), Bd. II 1 (§§ 94 bis 212b; 1992), Bd. II 2 (§§ 213 bis 275; 1993), Bd. III (§§ 276 bis 477; 1996)
AK-GG	Alternativkommentar zum Grundgesetz, 2. Aufl., Bd. I (Art. 1 bis 37; 1989), Bd. II (Art. 38 bis 146; 1989)
AK-StGB	Alternativkommentar zum Strafgesetzbuch, Bd. I (§§ 1 bis 21; 1990), Bd. III (§§ 80 bis 145d; 1986)
AnwK	Krekeler/Löffelmann/Sommer, AnwaltKommentar zur Strafprozessordnung, 2. Aufl. (2009)
AnwK-StGB	Leipold/Tsambikakis/Zöller (Hrsg.), AnwaltKommentar StGB, 3. Aufl. (2020)
AnwK-UHaft	König (Hrsg.), AnwaltKommentar Untersuchungshaft (2011)
Albrecht	Albrecht, Jugendstrafrecht, 3. Aufl. (2000)
Albrecht (Krim.)	Albrecht, Kriminologie, 4. Aufl. (2010)
Alsberg	Alsberg, Der Beweisantrag im Strafprozess, 7. Aufl. (2019)
Ambos	Ambos, Internationales Strafrecht, 5. Aufl. (2018)
Ambos/König/Rackow	Ambos/König/Rackow (Hrsg.), Rechtshilferecht in Strafsachen, 2. Aufl. (2020)
Arloth	Arloth, Strafprozeßrecht (1995)
Arloth/Krä	Arloth/Krä, Strafvollzugsgesetz, 4. Aufl. (2017)
Aschrott	Reform des Strafprozesses, kritische Besprechung der von der Kommission für die Reform des Strafprozesses gemachten Vorschläge, hrsg. von Aschrott (1906)
Artkämper	Artkämper, Die „gestörte" Hauptverhandlung, 5. Aufl. (2017)
Artkämper/Esders/Jakobs/ Sotelsek	Artkämper/Esders/Jakobs/Sotelsek, Praxiswissen Strafverfahren bei Tötungsdelikten (2012)
Aubert	Aubert, Fernmelderecht I, 3. Aufl. (1976)
Barton	Barton, Mindeststandards der Strafverteidigung (1994)
Barton (Verfahrensg.)	Barton, Verfahrensgerechtigkeit und Zeugenbeweis (2002)
Barton (Strafverteidigung)	Barton, Einführung in die Strafverteidigung, 2. Aufl. (2013)
Baumann	Baumann, Grundbegriffe und Verfahrensprinzipien des Strafprozeßrechts, 3. Aufl. (1979)
Baumann/Weber/Mitsch/ Eisele	Baumann/Weber/Mitsch/Eisele, Strafrecht, Allgemeiner Teil, Lehrbuch, 12. Aufl. (2016)
Baumbach/Lauterbach/ Hartmann/Anders/Gehle	Baumbach/Lauterbach/Hartmann/Anders/Gehle, Zivilprozessordnung, Kurz-Kommentar, 78. Aufl. (2020)
Beck/Berr/Schäpe	Beck/Berr/Schäpe, OWi-Sachen im Straßenverkehrsrecht, 7. Aufl. (2017)
Beck/Müller	Beck/Müller, Fälle und Lösungen zur StPO, 6. Aufl. (2020)
Beck'sches Formularbuch	Hamm/Leipold (Hrsg.), Beck'sches Formularbuch für den Strafverteidiger, 6. Aufl. (2018)
Beling	Beling, Deutsches Reichsstrafprozeßrecht (1928)

https://doi.org/10.1515/9783110275025-205

Bender/Nack/Treuer	Bender/Nack/Treuer, Tatsachenfeststellung vor Gericht, 5. Aufl. (2021)
Benfer/Bialon	Benfer/Bialon, Rechtseingriffe von Polizei und Staatsanwaltschaft, 4. Aufl. (2010)
Bernsmann/Gatzweiler	Bernsmann/Gatzweiler, Verteidigung bei Korruptionsfällen, 2. Aufl. (2014)
Berz/Burmann	Berz/Burmann, Handbuch des Straßenverkehrsrechts, Loseblattausgabe, 2 Bände, 43. Aufl. (2021)
Beulke/Swoboda	Beulke, Strafprozessrecht, 15. Aufl. (2020)
Beulke/Ruhmannseder	Beulke/Ruhmannseder, Die Strafbarkeit des Verteidigers, 2. Aufl. (2010)
Binding	Binding, Grundriss des Deutschen Strafprozessrechts, 5. Aufl. 1904
Birkenstock	Birkenstock, Verfahrensrügen im Strafprozess – Rechtsprechungssammlung, 2 Bände (2004)
Birkmeyer	Birkmeyer, Deutsches Strafprozeßrecht (1898)
Bittmann/Köhler/Seeger/Tschakert	Handbuch der strafrechtlichen Vermögensabschöpfung: Sicherstellung – Einziehung – Opferentschädigung (2020)
Bock	Bock, Criminal Compliance, 2. Aufl. (2013)
Bockemühl	Bockemühl (Hrsg.), Handbuch des Fachanwalts Strafrecht, 8. Aufl. (2020)
Bohnert	Bohnert, Beschränkungen der strafprozessualen Revision durch Zwischenverfahren (1983)
Bohnert/Bülte	Bohnert/Bülte, Ordnungswidrigkeitenrecht, 6 Aufl. (2020)
Bonn.Komm.	Kommentar zum Bonner Grundgesetz, Loseblattausgabe (ab 1950)
Booß	Booß, Straßenverkehrsordnung, Kommentar, 3. Aufl. (1980)
Bosbach	Bosbach, Verteidigung im Ermittlungsverfahren, 8. Aufl. (2015)
Bouska/Laeverenz	Bouska/Laeverenz, Fahrerlaubnisrecht, 3. Aufl. (2004)
Böhm/Feuerhelm	Böhm/Feuerhelm, Einführung in das Jugendstrafrecht, 4. Aufl. (2004)
Böhm (Strafvollzug)	Böhm, Strafvollzug, 3. Aufl. (2002)
Böse	Böse (Hrsg.), Europäisches Strafrecht, Enzyklopädie Europarecht, Band 9 (2021)
Böttger	Böttger (Hrsg.), Wirtschaftsstrafrecht in der Praxis, 2. Aufl. (2015)
Brandstetter	Brandstetter, Straffreiheitsgesetz, Kommentar (1956)
Brenner	Brenner, Ordnungswidrigkeitenrecht (1996)
Brettel/Schneider	Brettel/Schneider, Wirtschaftsstrafrecht, 3. Aufl. 2020
Breyer/Mehle/Osnabrügge/Schaefer	Breyer/Mehle/Osnabrügge/Schaefer, Strafprozessrecht (2005)
von Briel/Ehlscheid	von Briel/Ehlscheid, Steuerstrafrecht, 2. Aufl. (2000)
Bringewat	Bringewat, Strafvollstreckung, Kommentar zu den §§ 449 bis 463d StPO (1993)
Brodag	Brodag, Strafverfahrensrecht, 13. Aufl. (2014)
Brunner	Brunner, Abschlussverfügung der Staatsanwaltschaft, 14. Aufl. (2019)
Brunner/Dölling	Brunner/Dölling, Jugendgerichtsgesetz, Kommentar, 13. Aufl. (2017)
Bruns/Schröder/Tappert	Bruns/Schröder/Tappert, Kommentar zum strafrechtlichen Rehabilitierungsgesetz (1993)
Brüssow/Gatzweiler/Krekeler/Mehle	Brüssow/Gatzweiler/Krekeler/Mehle, Strafverteidigung in der Praxis, 4. Aufl. (2007)
Buddendiek/Rutkowski	Buddendiek/Rutkowski, Lexikon des Nebenstrafrechts, zugleich Registerband zum Erbs/Kohlhaas, Strafrechtliche Nebengesetze, 43. Aufl. (2020)
Burchardi/Klempahn/Wetterich	Burchardi/Klempahn/Wetterich, Der Staatsanwalt und sein Arbeitsgebiet, 5. Aufl. (1982)
Burhoff (Ermittlungsv.)	Burhoff, Handbuch für das strafrechtliche Ermittlungsverfahren, 8. Aufl. (2018)
Burhoff (Hauptv.)	Burhoff, Handbuch für die strafrechtliche Hauptverhandlung, 9. Aufl. (2019)
Burhoff (StrV-OWi)	Burhoff, Handbuch für das straßenverkehrsrechtliche OW-Verfahren, 6. Aufl. 2021
Burhoff/Stephan	Burhoff/Stephan, Strafvereitelung durch Strafverteidiger (2008)

Burhoff/Kotz	Burhoff/Kotz, Handbuch für strafrechtliche Rechtsmittel und Rechtsbehelfe, 2. Aufl. (2016)
Burmann/Heß/Hühnermann/Jahnke	Burmann/Heß/Hühnermann/Jahnke, Straßenverkehrsrecht, 26. Aufl. (2020)
Ciolek-Krepold	Ciolek-Krepold, Durchsuchung und Beschlagnahme in Wirtschaftsstrafsachen (2000)
Cirener/Jahn/Radtke	Cirener/Jahn/Radtke (Hrsg.), Bild-Ton-Dokumentation und »Konkurrenzlehre 2.0« (2020)
Corstens/Pradel	Corstens/Pradel, European Criminal Law (2002)
Cramer	Cramer, Straßenverkehrsrecht StVO – StGB, Kommentar, 2. Aufl. (1977)
Cramer/Bürgle	Cramer/Bürgle, Die strafprozessualen Beweisverwertungsverbote, 2. Aufl. (2004)
Cramer/Cramer	Cramer/Cramer, Anwalts-Handbuch Strafrecht (2002)
Cryer/Friman/Robinson/Wilmshurst	Cryer/Friman/Robinson/Wilmshurst, An Introduction to International Criminal Law and Procedure, 4th ed. (2019)
Cullen/Jund	Cullen/Jund, Strafrechtliche Zusammenarbeit in der Europäischen Union nach Tampere (2002)
Dahs (Hdb.)	Dahs, Handbuch des Strafverteidigers, 8. Aufl. (2015)
Dahs (Rechtl. Gehör)	Dahs, Rechtliches Gehör im Strafverfahren (1963)
Dahs	Dahs, Die Revision im Strafprozess, 9. Aufl. (2017)
Daimagüler	Daimagüler, Der Verletzte im Strafverfahren – Handbuch für die Praxis (2016)
Dalcke/Fuhrmann/Schäfer	Dalcke/Fuhrmann/Schäfer, Strafrecht und Strafverfahren, Kommentar, 37. Aufl. (1961) (Reprint 2020)
Dallinger/Lackner	Dallinger/Lackner, Jugendgerichtsgesetz und ergänzende Vorschriften, Kommentar, 2. Aufl. (1965)
Dannecker/Knierim	Dannecker/Knierim, Insolvenzstrafrecht, 3. Aufl. (2018)
Deckers	Deckers, Der strafprozessuale Beweisantrag, 3. Aufl. (2013)
Delmas-Marty	Delmas-Marty, Corpus Juris der strafrechtlichen Regelungen zum Schutz der finanziellen Interessen der Europäischen Union (1998)
Delmas-Marty/Vervaele	Delmas-Marty/Verwaele, The Implementation of the Corpus Juris in the Member States, 4 Bände (2001)
Detter	Detter, Revision im Strafverfahren (2011)
Diemer/Schatz/Sonnen	Diemer/Schatz/Sonnen, Jugendgerichtsgesetz, Kommentar, 8. Aufl. (2020)
Dölling/Duttge/Rössner/König	Dölling/Duttge/Rössner/König, Gesamtes Strafrecht – Handkommentar 4. Aufl. (2017) (zit.: HK-GS/*Verfasser*)
Dörndorfer	Dörndorfer, Rechtspflegergesetz, Kommentar, 3. Aufl. (2020)
Doswald-Beck/Kolb	Doswald-Beck/Kolb, Judicial Process and Human Rights – United Nations, European, American and African Systems – Texts and summaries of international case law, 2004
Eb. Schmidt	Eberhard Schmidt, Lehrkommentar zur Strafprozeßordnung und zum Gerichtsverfassungsgesetz, Teil I: Die rechtstheoretischen und die rechtspolitischen Grundlagen des Strafverfahrensrechts, 2. Aufl. (1964); Teil II: Erläuterungen zur Strafprozeßordnung und zum Einführungsgesetz (1957); Teil III: Erläuterungen zum Gerichtsverfassungsgesetz und zum Einführungsgesetz (1960), Nachtrag I: Nachträge und Ergänzungen zu Teil II (1967), Nachtrag II: Nachtragsband II (1970)
Eb. Schmidt (Geschichte)	Schmidt, Einführung in die Geschichte der deutschen Strafrechtspflege, 3. Aufl. (1965)
Eb. Schmidt (Kolleg)	Schmidt, Deutsches Strafprozeßrecht, ein Kolleg (1967)
Eberth/Müller/Schütrumpf	Eberth/Müller/Schütrumpf, Verteidigung in Betäubungsmittelsachen, 7. Aufl. (2018)
Eidam	Eidam, Unternehmen und Strafe, 5. Aufl. (2018)
Eisenberg/Kölbel	Eisenberg/Kölbel, Jugendgerichtsgesetz, Kommentar, 21. Aufl. (2020)

Eisenberg (Beweismittel)	Eisenberg, Persönliche Beweismittel in der StPO, 2. Aufl. (1996)
Eisenberg (Beweisrecht)	Eisenberg, Beweisrecht der StPO, Spezialkommentar, 10. Aufl. (2017)
Eisenberg/Kölbel	Eisenberg/Kölbel, Kriminologie, 7. Aufl. (2017)
Endriß (BtM-Verfahren)	Endriß, Verteidigung in Betäubungsmittelverfahren (1998)
Engländer	Engländer, Examensrepetitorium Strafprozessrecht, 10. Aufl. (2020)
Erbs/Kohlhaas	Erbs/Kohlhaas, Strafrechtliche Nebengesetze, Kurzkommentar, Loseblattausgabe, 228. Aufl. (2020)
Erhardt	Erhardt, Strafrecht für Polizeibeamte, 6. Aufl. (2020)
ERST	Esser/Rübenstahl/Saliger/Tsambikakis (Hrsg.), Wirtschaftsstrafrecht, 2017
Eser	Eser, Einführung in das Strafprozeßrecht (1983)
Eser/Hassemer/Burkhardt	Eser/Hassemer/Burkhardt, Die deutsche Strafrechtswissenschaft vor der Jahrtausendwende (2000)
Esser	Esser, Auf dem Weg zu einem europäischen Strafverfahrensrecht (2002)
Esser, EuStR	Esser, Europäisches und Internationales Strafrecht, 2. Aufl. (2018)
Esser/Ida	Esser/Ida (Hrsg.), Menschenrechtsschutz und Zusammenarbeit im Strafrecht als globale Herausforderung (2018)
Esser/Tsambikakis	Esser/Tsambikakis (Hrsg.), Pandemiestrafrecht (2020)
Fahl	Fahl, Rechtsmißbrauch im Strafprozeß (2004)
Fahrner	Fahrner, Handbuch Internationale Ermittlungen (2020)
Feest/Lesting/Lindemann	Feest/Lesting/Lindemann (Hrsg.), Kommentar zum Strafvollzugsgesetz (AK-StVollzG), 7. Aufl. (2017)
Fehn/Wamers	Fehn/Wamers, ZfdG – Zollfahndungsdienstgesetz – Handkommentar (2003)
Feisenberger	Feisenberger, Strafprozeßordnung und Gerichtsverfassungsgesetz (1926)
Ferner	Ferner, Strafzumessung (2005)
Fezer	Fezer, Strafprozeßrecht, 2. Aufl. (1995)
FG Beulke	Strafverteidigung – Grundlagen und Stolpersteine: Symposion für Werner Beulke (2012)
Fischer	Fischer, Strafgesetzbuch und Nebengesetze, Kommentar, 68. Aufl. (2021)
Flore/Tsambikakis	Flore/Tsambikakis (Hrsg.), Steuerstrafrecht, 2. Aufl. (2016)
Franke/Wienroeder	Franke/Wienroeder, BtMG, 3. Aufl. (2007)
Freyschmidt/Krumm	Freyschmidt/Krumm, Verteidigung in Straßenverkehrssachen, 11. Aufl. (2019)
Fromm	Fromm, Verteidigung in Straßenverkehrs- und Ordnungswidrigkeitenverfahren, 2. Aufl. (2015)
Frowein/Peukert	Frowein/Peukert, Europäische Menschenrechtskonvention, EMRK-Kommentar, 3. Aufl. (2009)
FS 45. DJT	Festschrift für den 45. Deutschen Juristentag (1964)
FS Achenbach	Festschrift für Hans Achenbach zum 70. Geburtstag (2011)
FS Adamovich	Staatsrecht und Staatswissenschaften in Zeiten des Wandels – Festschrift für Ludwig Adamovich zum 60. Geburtstag (1992)
FS AG Strafrecht DAV	Strafverteidigung im Rechtsstaat – 25 Jahre Arbeitsgemeinschaft Strafrecht des Deutschen Anwaltvereins (2009)
FS Amelung	Grundlagen des Straf- und Strafverfahrensrechts – Festschrift für Knut Amelung zum 70. Geburtstag (2009)
FS Androulakis	Festschrift für Nikolaos Androulakis zum 70. Geburtstag (2003)
FS Augsburg	Recht in Europa – Festgabe zum 30-jährigen Bestehen der Juristischen Fakultät Augsburg (2002)
FS Baudenbacher	Economic law and justice in times of globalisation – Festschrift für Carl Baudenbacher (2007)
FS Baumann	Festschrift für Jürgen Baumann zum 70. Geburtstag (1992)
FS Baumgärtel	Festschrift für Gottfried Baumgärtel zum 70. Geburtstag (1990)
FS BayVerfGH	Festschrift zum 50-jährigen Bestehen des Bayerischen Verfassungsgerichtshofs (1997)

FS Bemmann	Festschrift für Günther Bemmann zum 70. Geburtstag (1997)
FS Bernhardt	Recht zwischen Umbruch und Bewahrung – Festschrift für Rudolf Bernhardt (1995)
FS Beulke	Ein menschengerechtes Strafrecht als Lebensaufgabe –Festschrift für Werner Beulke zum 70. Geburtstag (2015)
FS Binding	Festschrift für Karl Binding zum 4. Juni 1911
FS BGH	Festschrift aus Anlass des 50-jährigen Bestehens von Bundesgerichtshof, Bundesanwaltschaft und Rechtsanwaltschaft beim Bundesgerichtshof (2000)
FS II BGH	50 Jahre Bundesgerichtshof, Festgabe aus der Wissenschaft, hrsg. von Roxin/Widmaier, Bd. IV: Strafrecht (2000)
FS Blau	Festschrift für Günter Blau zum 70. Geburtstag (1985)
FS Bockelmann	Festschrift für Paul Bockelmann zum 70. Geburtstag (1979)
FS Böhm	Festschrift für Alexander Böhm zum 70. Geburtstag (1999)
FS Böttcher	Recht gestalten – dem Recht dienen, Festschrift für Reinhard Böttcher zum 70. Geburtstag (2007)
FS Boujong	Verantwortung und Gestaltung, Festschrift für Karlheinz Boujong zum 65. Geburtstag (1996)
FS BRAK	Festschrift zu Ehren des Strafrechtsausschusses der Bundesrechtsanwaltskammer (2006)
FS Brauneck	Ehrengabe für Anne-Eva Brauneck (1999)
FS Breidling	Festschrift für Ottmar Breidling zum 70. Geburtstag (2017)
FS Bruns	Festschrift für Hans-Jürgen Bruns zum 70. Geburtstag (1978)
FS Burgstaller	Festschrift für Manfred Burgstaller zum 65. Geburtstag (2004)
FS Burhoff	Festschrift für Detlef Burhoff zum 70. Geburtstag (2020)
FS Carstens	Einigkeit und Recht und Freiheit, Festschrift für Karl Carstens zum 70. Geburtstag (1984)
FS Dahs	Festschrift für Hans Dahs zum 70. Geburtstag (2005)
FS Damaska	Festschrift for Mirjan Damaska (2008)
FS Delbrück	Liber Amicorum Jost Delbrück (2005)
FS Dencker	Festschrift für Friedrich Dencker zum 70. Geburtstag (2012)
FS Doehring	Staat und Völkerrechtsordnung – Festschrift für Karl Doehring; Beiträge zum ausländischen Recht und Völkerrecht Bd. 98 (1989)
FS Dreher	Festschrift für Eduard Dreher zum 70. Geburtstag (1977)
FS Dünnebier	Festschrift für Hanns Dünnebier zum 75. Geburtstag (1982)
FS Eide	Human rights and criminal justice for the downtrodden; Essays in honour of Asbjørn Eide (2003)
FS Eisenberg	Festschrift für Ulrich Eisenberg zum 70. Geburtstag (2009)
FS Eisenberg II	Für die Sache – Kriminalwissenschaften aus unabhängiger Perspektive – Festschrift für Ulrich Eisenberg zum 80. Geburtstag (2019)
FS Engisch	Festschrift für Karl Engisch zum 70. Geburtstag (1969)
FS Ermacora	Fortschritt im Bewußtsein der Grund- und Menschenrechte, Festschrift für Felix Ermacora zum 65. Geburtstag (1988)
FS Eser	Menschengerechtes Strafrecht, Festschrift für Albin Eser zum 70. Geburtstag (2005)
FS Eser II	Scripta amicitiae – Freundschaftsgabe für Albin Eser zum 80. Geburtstag (2015)
FS Europa-Institut	Europäische Integration und Globalisierung, Festschrift zum 60-jährigen Bestehen des Europa-Instituts (2011)
FS Everling	Festschrift für Ulrich Everling (1993)
FS Faller	Festschrift für Hans Joachim Faller (1984)
FS Feltes	Auf neuen Wegen. Kriminologie, Kriminalpolitik und Polizeiwissenschaft aus interdisziplinärer Perspektive, Festschrift für Thomas Feltes zum 70. Geburtstag (2021)
FS Fezer	Festschrift für Gerhard Fezer zum 70. Geburtstag (2008)

FS Fiedler	Verfassung – Völkerrecht – Kulturgüterschutz, Festschrift für Wilfried Fiedler zum 70. Geburtstag (2011)
FS Fischer	Festschrift für Thomas Fischer (2018)
FS Flume	Festgabe für Werner Flume zum 90. Geburtstag (1998)
FS Friauf	Festschrift für Karl Heinrich Friauf (1996)
FS Friebertshäuser	Festgabe für den Strafverteidiger Dr. Heino Friebertshäuser (1997)
FS Frisch	Grundlagen und Dogmatik des gesamten Strafrechtssystems – Festschrift für Wolfgang Frisch zum 70. Geburtstag (2013)
FS Fuchs	Festschrift für Helmut Fuchs zum 65. Geburtstag (2014)
FS Gallas	Festschrift für Wilhelm Gallas zum 70. Geburtstag (1973)
FS Geerds	Kriminalistik und Strafrecht, Festschrift für Friedrich Geerds zum 70. Geburtstag (1995)
FS Geiger	Verantwortlichkeit und Freiheit. Die Verfassung als wertbestimmende Ordnung; Festschrift für Willi Geiger zum 80. Geburtstag (1989)
FS Geiß	Festschrift für Karlmann Geiß zum 65. Geburtstag (2000)
FS Geppert	Festschrift für Klaus Geppert zum 70. Geburtstag (2011)
FS Gollwitzer	Verfassungsrecht – Menschenrechte – Strafrecht, Kolloquium für Dr. Walter Gollwitzer zum 80. Geburtstag (2004)
FS Gössel	Festschrift für Karl Heinz Gössel zum 70. Geburtstag (2002)
FS Graf-Schlicker	Festschrift zu Ehren von Marie Luise Graf-Schlicker (2018)
FS Graßhoff	Der verfasste Rechtsstaat, Festgabe für Karin Graßhoff (1998)
FS Grünwald	Festschrift für Gerald Grünwald zum 70. Geburtstag (1999)
FS Grützner	Aktuelle Probleme des Internationalen Strafrechts, Festschrift für Heinrich Grützner zum 65. Geburtstag (1970)
FS Hacker	Wandel durch Beständigkeit, Festschrift für Jens Hacker (1998)
FS Haffke	Das Dilemma des rechtsstaatlichen Strafrechts: Symposium für Bernhard Haffke zum 65. Geburtstag (2009)
FS Hamm	Festschrift für Rainer Hamm zum 65. Geburtstag (2008)
FS Hanack	Festschrift für Ernst-Walter Hanack zum 70. Geburtstag (1999)
FS Hassemer	Festschrift für Winfried Hassemer zum 70. Geburtstag (2010)
FS Heinitz	Festschrift für Ernst Heinitz zum 70. Geburtstag (1972)
FS Heintschel-Heinegg	Festschrift für Bernd von Heintschel-Heinegg zum 70. Geburtstag (2015)
FS Heinz	Festschrift für Wolfgang Heinz zum 70. Geburtstag (2012)
FS Heldrich	Festschrift für Andreas Heldrich zum 70. Geburtstag (2005)
FS Helmrich	Für Staat und Recht, Festschrift für Herbert Helmrich zum 60. Geburtstag (1994)
FS Henkel	Grundfragen der gesamten Strafrechtswissenschaft, Festschrift für Heinrich Henkel zum 70. Geburtstag (1974)
FS Herzberg	Strafrecht zwischen System und Telos, Festschrift für Rolf Dietrich Herzberg zum 70. Geburtstag (2008)
FS Heusinger	Ehrengabe für Bruno Heusinger (1968)
FS Hilger	Datenübermittlungen und Vorermittlungen, Festgabe für Hans Hilger (2003)
FS Hirsch	Berliner Festschrift für Ernst E. Hirsch (1968)
FS B. Hirsch	Mit Recht für Menschenwürde und Verfassungsstaat, Festgabe für Burkhard Hirsch (2007)
FS H. J. Hirsch	Festschrift Hans Joachim Hirsch zum 70. Geburtstag (1999)
FS Höpfel	Vielfalt des Strafrechts im internationalen Kontext – Festschrift für Frank Höpfel zum 65. Geburtstag (2018)
FS HU Berlin	Festschrift 200 Jahre Juristische Fakultät der Humboldt-Universität zu Berlin (2010)
FS Hubmann	Beiträge zum Schutz der Persönlichkeit und ihrer schöpferischen Leistung, Festschrift für Heinrich Hubmann zum 70. Geburtstag (1985)
FS Huber	Recht als Prozess und Gefüge, Festschrift für Hans Huber zum 80. Geburtstag (1981)

FS Imme Roxin	Festschrift für Imme Roxin zum 75. Geburtstag (2012)
FS Ismayr	Analyse demokratischer Regierungssysteme, Festschrift für Wolfgang Ismayr zum 65. Geburtstag (2010)
FS Jahrreiß	Festschrift für Hermann Jahrreiß zum 70. Geburtstag (1964)
FS II Jahrreiß	Festschrift für Hermann Jahrreiß zum 80. Geburtstag (1974)
FS Jakobs	Festschrift für Günther Jakobs zum 70. Geburtstag (2007)
FS Jescheck	Festschrift für HansHeinrich Jescheck zum 70. Geburtstag (1985)
FS Jung	Festschrift für Heike Jung zum 65. Geburtstag (2007)
FS JurGes. Berlin	Festschrift zum 125jährigen Bestehen der Juristischen Gesellschaft zu Berlin (1984)
FS Kaiser	Internationale Perspektiven in Kriminologie und Strafrecht, Festschrift für Günther Kaiser zum 70. Geburtstag (1998)
FS Kargl	Festschrift für Walter Kargl zum 70. Geburtstag (2015)
FS Katoh	Blick über den Tellerrand, Festschrift für Hisao Katoh (2008)
FS Arthur Kaufmann	Strafgerechtigkeit, Festschrift für Arthur Kaufmann zum 70. Geburtstag (1993)
FS Kern	Tübinger Festschrift für Eduard Kern (1968)
FS Kerner	Kriminologie – Kriminalpolitik – Strafrecht, Festschrift für Hans-Jürgen Kerner zum 70. Geburtstag (2013)
FS Kielwein	Dogmatik und Praxis des Strafverfahrens, Beiträge anläßlich des Colloquiums zum 65. Geburtstag von Gerhard Kielwein (1989)
FS Kindhäuser	Festschrift für Urs Kindhäuser zum 70. Geburtstag (2019)
FS Kirchberg	Festschrift für Christian Kirchberg zum 70. Geburtstag (2017)
FS Klecatsky	Auf dem Weg zur Menschenwürde und Gerechtigkeit, Festschrift für Hans Klecatsky zum 60. Geburtstag (1980)
FS Klein	Festschrift für Franz Klein zum 60. Geburtstag (1914)
FS Kleinheyer	Festschrift für Gerd Kleinheyer zum 70. Geburtstag (2001)
FS Kleinknecht	Strafverfahren im Rechtsstaat, Festschrift für Theodor Kleinknecht zum 75. Geburtstag (1985)
FS Klug	Festschrift für Ulrich Klug zum 70. Geburtstag (1983)
FS Koch	Strafverteidigung und Strafprozeß, Festgabe für Ludwig Koch (1989)
FS Kohlmann	Festschrift für Günter Kohlmann zum 70. Geburtstag (2003)
FS Kralik	Festschrift für Winfried Kralik zum 65. Geburtstag (1986)
FS Krause	Festschrift für Friedrich-Wihelm Krause zum 70. Geburtstag (1990)
FS Krauss	Prozessuales Denken als Innovationsanreiz für das materielle Strafrecht, Kolloquium zum 70. Geburtstag von Detlef Krauss (2006)
FS Kreuzer	Mittler zwischen Recht und Wirklichkeit – Festschrift für Arthur Kreuzer zum 80. Geburtstag (2018)
FS Kriele	Staatsphilosophie und Rechtspolitik, Festschrift für Martin Kriele zum 65. Geburtstag (1997)
FS Krey	Festschrift für Volker Krey zum 70. Geburtstag (2010)
FS Kroeschell	Wirkungen europäischer Rechtskultur – Festschrift für Karl Kroeschll zum 70. Geburtstag (1997)
FS Kunert	Freiheit, Gesetz und Toleranz, Symposium zum 75. Geburtstag von Karl Heinz Kunert (2006)
FS Kühl	Festschrift für Kristian Kühl zum 70. Geburtstag (2014)
FS Kühne	Festschrift für Hans-Heiner Kühne zum 70. Geburtstag (2013)
FS Küper	Festschrift für Wilfried Küper zum 70. Geburtstag (2007)
FS Lackner	Festschrift für Karl Lackner zum 70. Geburtstag (1987)
FS Lampe	Jus humanum: Grundlagen des Rechts und Strafrechts, Festschrift für Ernst-Joachim Lampe zum 70. Geburtstag (2003)
FS Landau	Grundgesetz und Europa – Liber Amicorum für Herbert Landau zum Ausscheiden aus dem Bundesverfassungsgericht (2016)
FS Lange	Festschrift für Richard Lange zum 70. Geburtstag (1976)

FS Leferenz	Kriminologie – Psychiatrie – Strafrecht, Festschrift für Heinz Leferenz zum 70. Geburtstag (1983)
FS Lenckner	Festschrift für Theodor Lenckner zum 70. Geburtstag (1998)
FS Lerche	Wege und Verfahren des Verfassungslebens, Festschrift für Peter Lerche zum 65. Geburtstag (1993)
FS Loebenstein	Der Rechtsstaat in der Krise – Festschrift für Edwin Loebenstein zum 80. Geburtstag (1991)
FS Loewenstein	Festschrift für Karl Loewenstein zum 80. Geburtstag (1971)
FS von Lübtow	De iustitia et iure – Festschrift für Ulrich von Lübtow zum 80. Geburtstag (1980)
FS Lüderssen	Festschrift für Klaus Lüderssen zum 70. Geburtstag (2002)
FS Machacek und Matscher	Rechtsschutz gestern – heute – morgen, Festgabe zum 80. Geburtstag für Rudolf Machacek und Franz Matscher (2008)
FS Maelicke	Wertschöpfung durch Wertschätzung, Festschrift für Bernd Maelicke zum 70. Geburtstag (2011)
FS Maihofer	Festschrift für Werner Maihofer zum 70. Geburtstag (1988)
FS Maiwald	Fragmentarisches Strafrecht, Für Manfred Maiwald aus Anlass seiner Emeritierung (2003)
FS Maiwald II	Gerechte Strafe und legitimes Strafen, Festschrift für Manfred Maiwald zum 75. Geburtstag (2010)
FS Mangakis	Festschrift für Georgios Mangakis (1999)
FS Manoledakis	Festschrift für Ioannis Manoledakis (2005)
FS Maurach	Festschrift für Reinhard Maurach zum 70. Geburtstag (1972)
FS Mayer	Beiträge zur gesamten Strafrechtswissenschaft, Festschrift für Hellmuth Mayer zum 70. Geburtstag (1966)
FS Mehle	Festschrift für Volkmar Mehle zum 65. Geburtstag (2009)
FS Merkel	Recht – Philosophie – Literatur, Festschrift für Reinhard Merkel zum 70. Geburtstag (2020)
FS Meyer-Goßner	Festschrift für Lutz Meyer-Goßner zum 65. Geburtstag (2001)
FS Mezger	Festschrift für Edmund Mezger zum 70. Geburtstag (1954)
FS Middendorf	Festschrift für Wolf Middendorf zum 70. Geburtstag (1986)
FS Miebach	NStZ-Sonderheft – Zum Eintritt in den Ruhestand für Klaus Miebach (2009)
FS Miklau	Strafprozessrecht im Wandel, Festschrift für Roland Miklau zum 65. Geburtstag (2006)
FS Miyazawa	Festschrift für Koichi Miyazawa (1995)
FS Möhring	Festschrift für Philipp Möhring zum 65. Geburtstag (1965)
FS Mosler	Völkerrecht als Rechtsordnung, Internationale Gerichtsbarkeit, Menschenrechte; Festschrift für Hermann Mosler zum 70. Geburtstag (1983)
FS E. Müller	Opuscula Honoraria, Egon Müller zum 65. Geburtstag (2003)
FS E. Müller II	Festschrift für Egon Müller zum 70. Geburtstag (2008)
FS Müller-Dietz	Grundlagen staatlichen Strafens, Festschrift für Heinz Müller-Dietz zum 70. Geburtstag (2001)
FS Nehm	Strafrecht und Justizgewährung, Festschrift für Kay Nehm zum 65. Geburtstag (2006)
FS Neumann	Rechtsstaatliches Strafrecht, Festschrift für Ulfrid Neumann zum 70. Geburtstag (2017)
FS Nishihara	Festschrift für Harua Nishihara zum 70. Geburtstag (1998)
FS Odersky	Festschrift für Walter Odersky zum 65. Geburtstag (1996)
FS Oehler	Festschrift für Dietrich Oehler zum 70. Geburtstag (1985)
FS Ostendorf	Strafrecht – Jugendstrafrecht – Kriminalprävention in Wissenschaft und Praxis – Festschrift für Heribert Ostendorf zum 70. Geburtstag (2015)
FS Otto	Festschrift für Harro Otto zum 70. Geburtstag (2007)

FS Paarhammer	In mandatis meditari, Festschrift für Hans Paarhammer zum 65. Geburtstag (2012)
FS Paeffgen	Strafe und Prozess im freiheitlichen Rechtsstaat – Festschrift für Hans-Ullrich Paeffgen zum 70. Geburtstag (2015)
FS Partsch	Des Menschen Recht zwischen Freiheit und Verantwortung, Festschrift für Karl Josef Partsch zum 75. Geburtstag (1989)
FS Paulus	Festgabe des Instituts für Strafrecht und Kriminologie der Juristischen Fakultät der Julius-Maximilians-Universität Würzburg für Rainer Paulus zum 70. Geburtstag (2009)
FS Pavisic	Kazneno Pravo, Kazneno Postupovno I Kriminalistika, Festschrift für Berislav Pavisic zum 70. Geburtstag (2014)
FS Peters	Einheit und Vielfalt des Strafrechts, Festschrift für Karl Peters zum 70. Geburtstag (1974)
FS Peters II	Wahrheit und Gerechtigkeit im Strafverfahren, Festgabe für Karl Peters zum 80. Geburtstag (1984)
FS Chr. Pfeiffer	Kriminologie ist Gesellschaftswissenschaft, Festschrift für Christian Pfeiffer zum 70. Geburtstag (2014)
FS Pfeiffer	Strafrecht, Unternehmensrecht, Anwaltsrecht, Festschrift für Gerd Pfeiffer zum Abschied aus dem Amt als Präsident des Bundesgerichtshofes (1988)
FS Pfenniger	Strafprozeß und Rechtsstaat, Festschrift zum 70. Geburtstag von H. F. Pfenniger (1976)
FS Platzgummer	Festschrift für Winfried Platzgummer zum 65. Geburtstag (1995)
FS Posser	Anwalt des Rechtsstaats – Festschrift für Diether Posser zum 75. Geburtstag (1997)
FS Pöttering	Processus Criminalis Europeus, Festschrift für Hans-Gert Pöttering (2008)
FS Puppe	Strafrechtswissenschaft als Analyse und Konstruktion, Festschrift für Ingeborg Puppe zum 70. Geburtstag (2011)
FS Rebmann	Festschrift für Kurt Rebmann zum 65. Geburtstag (1989)
FS Reichsgericht	Die Reichsgerichtspraxis im deutschen Rechtsleben, Festgabe der juristischen Fakultäten zum 50jährigen Bestehen des Reichsgerichts, Bd. 5, Strafrecht und Strafprozeß (1929)
FS Reichsjustizamt	Vom Reichsjustizamt zum Bundesministerium der Justiz, Festschrift zum 100jährigen Gründungstag des Reichsjustizamtes am 1.1.1877 (1977)
FS Remmers	Vertrauen in den Rechtsstaat, Beiträge zur deutschen Einheit im Recht, Festschrift für Walter Remmers (1995)
FS Rengier	Festschrift für Rudolf Rengier zum 70. Geburtstag (2018)
FS Ress	Internationale Gemeinschaft und Menschenrechte, Festschrift für Georg Ress zum 70. Geburtstag (2005)
FS Richter	Verstehen und Widerstehen, Festschrift für Christian Richter II zum 65. Geburtstag (2006)
FS Rieß	Festschrift für Peter Rieß zum 70. Geburtstag (2002)
FS Rill	Grundfragen und aktuelle Probleme des öffentlichen Rechts – Festschrift für Heinz Peter Rill zum 60. Geburtstag (1995)
FS Rissing-van Saan	Festschrift für Ruth Rissing-van Saan zum 65. Geburtstag (2011)
FS Rittler	Festschrift für Theodor Rittler zu seinem achtzigsten Geburtstag (1957)
FS Rogall	Systematik in Strafrechtswissenschaft und Gesetzgebung – Festschrift für Klaus Rogall zum 70. Geburtstag (2018)
FS Rolinski	Festschrift für Klaus Rolinski zum 70. Geburtstag (2002)
FS Rosenfeld	Festschrift für Ernst Heinrich Rosenfeld zu seinem 80. Geburtstag (1949)
FS Rowedder	Festschrift für Heinz Rowedder zum 75. Geburtstag (1994)
FS Roxin	Festschrift für Claus Roxin zum 70. Geburtstag (2001)
FS Roxin II	Festschrift für Claus Roxin zum 80. Geburtstag (2011)
FS Rössner	Über allem: Menschlichkeit – Festschrift für Dieter Rössner zum 70. Geburtstag (2015)

Rudolphi-Symp.	Zur Theorie und Systematik des Strafprozeßrechts, Symposium zu Ehren von HansJoachim Rudolphi zum 60. Geburtstag (1995)
FS Rudolphi	Festschrift für Hans-Joachim Rudolphi zum 70. Geburtstag (2004)
FS Rüping	Recht und Macht: zur Theorie und Praxis von Strafe, Festschrift für Hinrich Rüping zum 65. Geburtstag (2008)
FS Rüter	Festschrift für C. F. Rüter zum 65. Geburtstag (2003)
FS Salger	Straf- und Strafverfahrensrecht, Recht und Verkehr, Recht und Medizin, Festschrift für Hannskarl Salger zum Abschied aus dem Amt als Vizepräsident des Bundesgerichtshofes (1995)
FS Samson	Festschrift für Erich Samson zum 70. Geburtstag (2010)
FS Sarstedt	Festschrift für Werner Sarstedt zum 70. Geburtstag (1981)
FS Sauer	Festschrift für Wilhelm Sauer zu seinem 70. Geburtstag (1949)
FS G. Schäfer	NJW-Sonderheft für Gerhard Schäfer zum 65. Geburtstag (2002)
FS Schäfer	Festschrift für Karl Schäfer zum 80. Geburtstag (1980)
FS Scharf	Festschrift für Ulrich Scharf zum 70. Geburtstag (2008)
FS W. Schiller	Festschrift für Wolf Schiller zum 65. Geburtstag (2014)
FS Schindler	Im Dienst an der Gemeinschaft, Festschrift für Dietrich Schindler zum 65. Geburtstag (1989)
FS Schlochauer	Staatsrecht – Völkerrecht – Europarecht, Festschrift für Hans Jürgen Schlochauer (1981)
FS Schlothauer	Festschrift für Reinhold Schlothauer zum 70. Geburtstag (2018)
FS Schlüchter	Freiheit und Verantwortung in schwieriger Zeit, Kritische Studien aus vorwiegend straf(prozess-)rechtlicher Sicht zum 60. Geburtstag von Ellen Schlüchter (1998)
FS Schmidt	Festschrift für Eberhard Schmidt zum 70. Geburtstag (1961)
FS H. Schmidt	Kostenerstattung und Streitwert, Festschrift für Herbert Schmidt (1981)
FS Schmidt-Leichner	Festschrift für Erich Schmidt-Leichner zum 65. Geburtstag (1975)
FS Schmitt-Glaeser	Recht im Pluralismus, Festschrift für Walter Schmitt-Glaeser zum 70. Geburtstag (2003)
FS Schneider	Kriminologie an der Schwelle zum 21. Jahrhundert, Festschrift für Hans Joachim Schneider zum 70. Geburtstag (1998)
FS Schomburg	Justice Without Borders – Essays in Honour of Wolfgang Schomburg (2018)
FS Schöch	Festschrift für Heinz Schöch zum 70. Geburtstag (2010)
FS Schreiber	Strafrecht, Biorecht, Rechtsphilosophie, Festschrift für Hans-Ludwig Schreiber zum 70. Geburtstag (2003)
FS Schroeder	Festschrift für Friedrich-Christian Schroeder zum 70. Geburtstag (2006)
FS Schüler-Springorum	Festschrift für Horst Schüler-Springorum zum 65. Geburtstag (1993)
FS Schünemann	Festschrift für Bernd Schünemann zum 70. Geburtstag (2014)
FS Schultz	Lebendiges Strafrecht. Festgabe zum 65. Geburtstag von Hans Schultz (1977)
FS Schwind	Kriminalpolitik und ihre wissenschaftlichen Grundlagen, Festschrift für Hans-Dieter Schwind zum 70. Geburtstag (2006)
FS Seebode	Festschrift für Manfred Seebode zum 70. Geburtstag (2008)
FS Seidl-Hohenveldern	Völkerrecht, Recht der Internationalen Organisationen, Weltwirtschaftsrecht; Festschrift für Ignaz Seidl-Hohenveldern zum 70. Geburtstag (1988)
FS Sellert	Zur Erhaltung guter Ordnung – Beiträge zur Geschichte von Recht und Justiz, Festschrift für Wolfgang Sellert zum 65. Geburtstag (2000)
FS Sendler	BürgerRichterStaat, Festschrift für Horst Sendler zum Abschied aus seinem Amt (1991)
FS Spendel	Festschrift für Günter Spendel zum 70. Geburtstag (1992)
FS Spinellis	Festschrift für Dionysios Spinellis zum 70. Geburtstag (1999–2003)
FS StA Schleswig-Holstein	Strafverfolgung und Strafverzicht, Festschrift zum 125jährigen Bestehen der Staatsanwaltschaft Schleswig-Holstein (1992)

FS Steinberger	Tradition und Weltoffenheit des Rechts, Festschrift für Helmut Steinberger (2002)
FS Steinhilper	Kriminologie und Medizinrecht, Festschrift für Gernot Steinhilper zum 70. Geburtstag (2013)
FS Stober	Festschrift für Rolf Stober, Wirtschaft – Verwaltung – Recht (2008)
FS Stock	Studien zur Strafrechtswissenschaft, Festgabe für Ulrich Stock zum 70. Geburtstag (1966)
FS Stöckel	Strafrechtspraxis und Reform, Festschrift für Heinz Stöckel zum 70. Geburtstag (2010)
FS Strauda	Festschrift zu Ehren des Strafrechtsausschusses der Bundesrechtsanwaltskammer anlässlich seiner 196. Tagung vom 13.–15.10.2006 in Münster (2006)
FS Stree/Wessels	Beiträge zur Rechtswissenschaft, Festschrift für Walter Stree und Johannes Wessels zum 70. Geburtstag (1993)
FS Streng	Festschrift für Franz Streng zum 70. Geburtstag (2017)
FS Szwarc	Vergleichende Strafrechtswissenschaft, Frankfurter Festschrift für Andrzej J. Szwarc zum 70. Geburtstag (2009)
FS Tepperwien	NJW-Festheft zum 65. Geburtstag von Ingeborg Tepperwien (2010)
FS Tiedemann	Strafrecht und Wirtschaftsstrafrecht, Festschrift für Klaus Tiedemann zum 70. Geburtstag (2008)
FS Tondorf	Festschrift für Günter Tondorf zum 70. Geburtstag (2004)
FS Trechsel	Strafrecht, Strafprozessrecht und Menschenrechte, Festschrift für Stefan Trechsel zum 65. Geburtstag (2002)
FS Triffterer	Festschrift für Otto Triffterer zum 65. Geburtstag (1996)
FS Tröndle	Festschrift für Herbert Tröndle zum 70. Geburtstag (1989)
FS Trusen	Festschrift für Winfried Trusen zum 70. Geburtstag (1994)
FS Verdross	Völkerrecht und zeitliches Weltbild, Festschrift für Alfred Verdross zum 70. Geburtstag (1960)
FS Verdross II	Ius humanitas, Festschrift für Alfred Verdross zum 90. Geburtstag (1980)
FS Verosta	Völkerrecht und Rechtsphilosophie, Internationale Festschrift für Stephan Verosta zum 70. Geburtstag (1980)
FS Volk	In dubio pro libertate, Festschrift für Klaus Volk zum 65. Geburtstag (2009)
FS von Simson	Grundrechtsschutz im nationalen und internationalen Recht – Festschrift für Werner von Simson zum 75. Geburtstag (1983)
FS Vormbaum	Strafrecht und Juristische Zeitgeschichte – Symposium anlässlich des 70. Geburtstages von Thomas Vormbaum
FS Wassermann	Festschrift für Rudolf Wassermann zum 60. Geburtstag (1985)
FS v. Weber	Festschrift für Hellmuth von Weber zum 70. Geburtstag (1963)
FS Weber	Festschrift für Ulrich Weber zum 70. Geburtstag (2004)
FS Weißauer	Ärztliches Handeln – Verrechtlichung eines Berufsstandes; Festschrift für Walther Weißauer zum 65. Geburtstag (1986)
FS Welp	Strafverteidigung in Forschung und Praxis, Kriminalwissenschaftliches Kolloquium aus Anlaß des 70. Geburtstages von Jügen Welp (2006)
FS Welzel	Festschrift für Hans Welzel zum 70. Geburtstag (1974)
FS Wessing	Unternehmensstrafrecht – Festschrift für Jürgen Wessing zum 65. Geburtstag (2015)
FS Widmaier	Strafverteidigung, Revision und die gesamten Strafrechtswissenschaften – Festschrift für Gunter Widmaier zum 70. Geburtstag (2008)
FS Winkler	Beiträge zum Verfassungs- und Wirtschaftsrecht, Festschrift für Günther Winkler (1989)
FS Wolff	Festschrift für Ernst Amadeus Wolff zum 70. Geburtstag (1998)
FS Wolter	Festschrift für Jürgen Wolter zum 70. Geburtstag (2013)

FS Würtenberger	Kultur, Kriminalität, Strafrecht, Festschrift für Thomas Würtenberger zum 70. Geburtstag (1977)
FS Würtenberger II	Verfassungsstaatlichkeit im Wandel, Festschrift für Thomas Würtenberger zum 70. Geburtstag (2013)
FS Würzburger Juristenfakultät	Raum und Recht, Festschrift 600 Jahre Würzburger Juristenfakultät (2002)
FS Yamanaka	Rechtsstaatliches Strafen, Festschrift für Keiichi Yamanaka zum 70. Geburtstag (2017)
FS Zeidler	Festschrift für Wolfgang Zeidler (1987)
FS Zoll	Rechtsstaat und Strafrecht, Festschrift für Andrzej Zoll zum 70. Geburtstag (2012)
Full/Möhl/Rüth	s. Rüth/Berr/Berz
Gaede	Gaede, Fairness als Teilhabe – das Recht auf konkrete und wirksame Teilhabe durch Verteidigung gemäß Art. 6 EMRK (2007)
Gaier/Wolf/Göcken	Gaier/Wolf/Göcken, Anwaltliches Berufsrecht, 3. Aufl. (2019)
GedS Bleckmann	Rechtsstaatliche Ordnung Europas – Gedächtnisschrift für Albert Bleckmann (2007)
GedS Blomeyer	Recht der Wirtschaft und Arbeit in Europa. Gedächtnisschrift für Wolfgang Blomeyer (2004)
GedS Blumenwitz	Iustitia et Pax, Gedächtnisschrift für Dieter Blumenwitz (2008)
GedS Bruns	Gedächtnisschrift für Rudolf Bruns (1980)
GedS Eckert	Gedächtnisschrift für Jörn Eckert (2008)
GedS Geck	Verfassungsrecht und Völkerrecht, Gedächtnisschrift für Wilhelm Karl Geck (1989)
GedS Heine	Strafrecht als ultima ratio – Gießener Gedächtnisschrift für Günter Heine (2015)
GedS Joecks	Strafrecht – Wirtschaftsstrafrecht – Steuerrecht – Gedächtnisschrift für Wolfgang Joecks (2018)
GedS A. Kaufmann	Gedächtnisschrift für Armin Kaufmann (1986)
GedS H. Kaufmann	Gedächtnisschrift für Hilde Kaufmann (1986)
GedS Keller	Gedächtnisschrift für Rolf Keller (2003)
GedS Küchenhoff	Recht und Rechtsbesinnung, Gedächtnisschrift für Günter Küchenhoff (1987)
GedS Lisken	Lauschen im Rechtsstaat – Zu den Konsequenzen des Urteils des Bundesverfassungsgerichts zum großen Lauschangriff, Gedächtnisschrift für Hans Lisken (2004)
GedS Meurer	Gedächtnisschrift für Dieter Meurer (2002)
GedS Meyer	Gedächtnisschrift für Karlheinz Meyer (1990)
GedS Noll	Gedächtnisschrift für Peter Noll (1984)
GedS H. Peters	Gedächtnisschrift für Hans Peters (1967)
GedS Ryssdal	Protection des droits de l'homme: la perspective européenne/Protecting Human Rights: The European Perspective, Gedächtnisschrift für Rolv Ryssdal (2000)
GedS Schlüchter	Gedächtnisschrift für Ellen Schlüchter (2002)
GedS Schröder	Gedächtnisschrift für Horst Schröder (1978)
GedS Seebode	Im Zweifel für die Freiheit – Gedächtnisschrift für Manfred Seebode (2015)
GedS Tröndle	Gedächtnisschrift für Herbert Tröndle (2020)
GedS Trzaskalik	Gedächtnisschrift für Christoph Trzaskalik (2005)
GedS Walter	Kriminologie – Jugendkriminalrecht – Strafvollzug, Gedächtnisschrift für Michael Walter (2014)
GedS Weßlau	Rechtsstaatlicher Strafprozess und Bürgerrechte – Gedächtnisschrift für Edda Weßlau (2016)
GedS Vogler	Gedächtnisschrift für Theo Vogler (2004)
GedS Zipf	Gedächtnisschrift für Heinz Zipf (1999)

Geerds	Handbuch der Kriminalistik, begr. von H. Groß, neubearbeitet von Geerds, 10. Aufl. (Bd. I 1977, Bd. II 1978)
Geiger/Khan/Kotzur	Geiger/Khan/Kotzur, EUV/AEUV, Kommentar, 6. Aufl. (2017)
Gercke/Leimenstoll/Stirner	Gercke/Leimenstoll/Stirner, Handbuch Medizinstrafrecht (2020)
Gerland	Gerland, Der Deutsche Strafprozeß (1927)
Gerold/Schmidt/v. Eicken/ Madert/Müller-Rabe	Gerold/Schmidt/v. Eicken/Madert/Müller-Rabe, Rechtsanwaltsvergütungsgesetz, Kommentar, 24. Aufl. (2019)
Gerson	Gerson, Das Recht auf Beschuldigung (2016)
Gerst	Gerst (Hrsg.), Zeugen in der Hauptverhandlung, 2. Aufl. (2020)
Glaser	Glaser, Handbuch des Strafprozesses, in Binding, Systematisches Handbuch der Deutschen Rechtswissenschaft (Bd. I 1883, Bd. II 1885)
Göbel	Göbel, Strafprozess, 8. Aufl. (2013)
Göhler	Göhler, Ordnungswidrigkeitengesetz, Kurzkommentar erläutert von Erich Göhler, fortgef. von Peter König und Helmut Seitz, 17. Aufl. (2017)
Gössel	Gössel, Strafverfahrensrecht, Studienbuch (1977)
Gössel/Dölling	Gössel/Dölling, Strafrecht, Besonderer Teil 1, 2. Aufl. (2004)
Goldschmidt	Goldschmidt, Der Prozeß als Rechtslage (1925)
Grabenwarter/Pabel	Grabenwarter/Pabel, Europäische Menschenrechtskonvention, 7. Aufl. (2021)
Grabitz/Hilf/Nettesheim	Grabitz/Hilf/Nettesheim, Das Recht der Europäischen Union, begr. von Grabitz, Loseblattausgabe, 72. Aufl. (2021)
Graf	Graf, Strafprozessordnung, 4. Aufl. (2021)
Graf/Goers (BGH Jahr)	Graf, BGH-Rechtsprechung Strafrecht 2010 (2011); 2011 (2012); 2012/2013 (2013); 2014 (2014); 2015 (2015); 2016 (2016); 2017 (2017); 2018 (2018); 2020 (2020)
Graf/Jäger/Wittig	Graf/Jäger/Wittig, Wirtschafts- und Steuerstrafrecht, 2. Aufl. (2017)
Graf zu Dohna	Graf zu Dohna, Das Strafprozeßrecht, 3. Aufl. (1929)
Greeve/Leipold	Greeve/Leipold, Handbuch des Baustrafrechts (2004)
Grote/Marauhn/Dörr	Grote/Marauhn/Dörr, EMRK/GG, Konkordanzkommentar zum europäischen und deutschen Grundrechtsschutz, 2. Aufl. (2013)
Grunau/Tiesler	Grunau/Tiesler, Strafvollzugsgesetz, Kommentar, 2. Aufl. (1982)
von der Grün	von der Grün, Verdeckte Ermittlungen (2018)
Grützner/Pötz/Kreß/Gazeas	Grützner/Pötz/Kreß/Gazeas, Internationaler Rechtshilfeverkehr in Strafsachen, Loseblattausgabe, Stand 2021
Guradze	Guradze, Die Europäische Menschenrechtskonvention, 1968
Gürtner	Das kommende deutsche Strafverfahren, Bericht der amtlichen Strafprozeßkommission, hrsg. von Gürtner (1938)
Habschick	Habschick, Erfolgreich Vernehmen, 4. Aufl. (2016)
Hackner/Schierholt	Hackner/Schierholt, Internationale Rechtshilfe in Strafsachen, 3. Aufl. (2017)
Hahn	Hahn, Die gesamten Materialien zur Strafprozeßordnung und dem Einführungsgesetz, Bd. I (1880), Bd. II (1881)
Haller/Conzen	Haller/Conzen, Das Strafverfahren, 9. Aufl. (2021)
Hamm/Hassemer/Pauly	Hamm/Hassemer/Pauly, Beweisantragsrecht, 3. Aufl. (2019)
Hamm/Pauly	Hamm, Die Revision in Strafsachen, 8. Aufl. (2020)
Hanack-Symp.	Aktuelle Probleme der Strafrechtspflege, Beiträge eines Symposions anläßlich des 60. Geburtstags von Ernst Walter Hanack (1991)
Hansens	Hansens, RVG, Rechtsanwaltsvergütungsgesetz, 9. Aufl. (2018)
Hartmann/Toussaint	Hartmann/Toussaint, Kostengesetze, 51. Aufl. (2021)
Hartung/Schons/Enders	Hartung/Schons/Enders, Rechtsanwaltsvergütungsgesetz (RVG), Kommentar, 3. Aufl. (2017)
Haupt/Weber/Bürner/ Frankfurth/Luxemburger/ Marth	Haupt/Weber/Bürner/Frankfurth/Luxemburger/Marth, Handbuch Opferschutz und Opferhilfe, 2. Aufl. (2003)

HdbStR	Handbuch des Strafrechts, hrsg. von Hilgendorf/Kudlich/Valerius, ab 2018
HdbVerfR	Handbuch des Verfassungsrechts, hrsg. von Benda/Maihofer/Vogel, 2. Aufl. (1994)
Hecker	Hecker, Europäisches Strafrecht, 5. Aufl. (2015)
Heghmanns/Herrmann	Heghmanns/Herrmann, Das Arbeitsgebiet des Staatsanwalts, 5. Aufl. (2017)
Heghmanns, Verteidigung	Heghmanns, Verteidigung in Strafvollstreckung und Strafvollzug, 2. Aufl. (2012)
Heghmanns/Scheffler	Heghmanns/Scheffler, Handbuch zum Strafverfahren (2008) (zit.: HbStrVf/*Verfasser*)
Hellebrand	Hellebrand, Die Staatsanwaltschaft (1999)
Hellmann	Hellmann, Strafprozessrecht, 2. Aufl. (2005)
Henkel	Henkel, Strafverfahrensrecht, Lehrbuch, 2. Aufl. (1968)
Henssler/Prütting	Bundesrechtsanwaltsordnung, Kommentar, hrsg. von Henssler/Prütting, 5. Aufl. (2019)
Hentschel	Hentschel, Trunkenheit, Fahrerlaubnisentziehung, Fahrverbot im Straf- und Ordnungswidrigkeitenrecht, 10. Aufl. (2006)
Hentschel/König/Dauer	Hentschel/König/Dauer, Straßenverkehrsrecht, 46. Aufl. (2021)
Herrmann	Herrmann, Untersuchungshaft (2007)
Herrnfeld/Brodowski/Burchard	Herrnfeld/Brodowski/Burchard, European Public Prosecutor's Office, 2020
Herrnfeld/Esser	Herrnfeld/Esser, Europäische Staatsanwaltschaft (2021)
Heselhaus/Nowak	Heselhaus/Nowak, Handbuch der Europäischen Grundrechte, 2. Aufl. (2020)
Herzog/Mülhausen	Herzog/Mülhausen, Geldwäschebekämpfung und Gewinnabschöpfung (2006)
von Hippel	von Hippel, Der deutsche Strafprozeß, Lehrbuch (1941)
HK	Heidelberger Kommentar zur Strafprozessordnung, 6. Aufl. (2019)
HK-GS	*siehe* Dölling/Duttge/Rössner
Höflich/Schriever/Bartmeier	Höflich/Schriever/Bartmeier, Grundriss Vollzugsrecht, 4. Aufl. (2014)
Hömig/Wolff	Hömig/Wolff, Grundgesetz für die Bundesrepublik Deutschland, 12. Aufl. (2018)
Hofmann	Hofmann, IPBPR Erläuterung, in: Das Deutsche Bundesrecht I A 10c (1986)
von Holtzendorff	von Holtzendorff, Handbuch des deutschen Strafprozesses (1879)
HRRS-FG Fezer	HRRS-Festgabe für Gerald Fezer zum 70. Geburtstag (2008)
Ignor/Mosbacher	Ignor/Mosbacher, Handbuch Arbeitsstrafrecht, 3. Aufl. (2016)
IK-EMRK	Pabel/Schmahl (Hrsg.), Internationaler Kommentar zur Europäischen Menschenrechtskonvention, Loseblattausgabe, 21. Lfg., Kommentar, 8. Aufl. (2015)
Ipsen	Ipsen, Völkerrecht, 7. Aufl. 2018
Isele	Isele, Bundesrechtsanwaltsordnung, Kommentar (1976)
Jacobs/White/Ovey	Jacobs/White/Ovey, The European Convention on Human Rights, 7ed. 2017
Jahn/Krehl/Löffelmann/Güntge	Jahn/Krehl/Löffelmann/Güntge, Die Verfassungsbeschwerde in Strafsachen, 2. Aufl. (2017)
Jahn/Nack (I)	Jahn/Nack (Hrsg.), Strafprozessrechtspraxis und Rechtswissenschaft, 1. Karlsruher Strafrechtsdialog (2007)
Jahn/Nack (II)	Jahn/Nack (Hrsg.), Rechtsprechung, Gesetzgebung, Lehre: Wer regelt das Strafrecht?, 2. Karlsruher Strafrechtsdialog (2009)
Jahn/Nack (III)	Jahn/Nack (Hrsg.), Gegenwartsfragen des europäischen und deutschen Strafrechts, 3. Karlsruher Strafrechtsdialog (2011)
Jahn/Nack (IV)	Jahn/Nack (Hrsg.), Rechtsprechung in Strafsachen zwischen Theorie und Praxis – zwei Seiten einer Medaille?, 4. Karlsruher Strafrechtsdialog (2013)

Jahn/Radtke (V)	Deutsche Strafprozessreform und Europäische Grundrechte – Herausforderungen auch für die Rechtsprechung des BGH in Strafsachen? – Referate und Diskussionen auf dem 5. Karlsruher Strafrechtsdialog (2015)
Jahn/Radtke (VI)	Der Bundesgerichtshof im Spiegel der Öffentlichkeit – Referate und Diskussionen auf dem 6. Karlsruher Strafrechtsdialog (2017)
Jakobs	Jakobs, Strafrecht Allg. Teil, Lehrbuch, 2. Aufl. (1991)
Janiszewski	Janiszewski, Verkehrsstrafrecht, 5. Aufl. (2004)
Jansen	Jansen, Zeuge und Aussagepsychologie, 2. Aufl. (2012)
Janssen	Janssen, Gewinnabschöpfung im Strafverfahren (2007)
Jarass	Jarass, Charta der Grundrechte der Europäischen Union, 4. Aufl. (2021)
Jarass/Pieroth	Jarass/Pieroth, Grundgesetz für die Bundesrepublik Deutschland, 16. Aufl. (2020)
Jescheck/Weigend	Jescheck/Weigend, Lehrbuch des Strafrechts, Allgemeiner Teil, 5. Aufl. (1996)
Joachimski/Haumer	Joachimski/Haumer, Strafverfahrensrecht, 7. Aufl. (2015)
Joecks	Joecks, Studienkommentar StPO, 4. Auflage (2015)
Joecks/Jäger/Randt	Joecks/Jäger/Randt, Steuerstrafrecht mit Zoll- und Verbrauchsteuerstrafrecht, 8. Aufl. (2015)
Johann	Johann, Möglichkeiten und Grenzen des neuen Vermögensabschöpfungsrechts (2019)
John	John, Strafprozeßordnung, Kommentar, Bd. I (1884), Bd. II (1888), Bd. III Lfg. 1 (1889)
Jung	Jung, Praxiswissen Strafverteidigung von Ausländern (2009)
Junker	Junker, Beweisantragsrecht im Strafprozess, 3. Aufl. (2019)
Junker/Armatage	Junker/Armatage, Praxiswissen Strafverteidigung (2009)
Kaiser	Kaiser, Kriminologie, Lehrbuch, 3. Aufl. (1996)
Kaiser/Schöch/Kinzig	Kaiser/Schöch/Kinzig, Kriminologie, Jugendstrafrecht, Strafvollzug, Lehrbuch, 8. Aufl. (2015)
Kamann	Kamann, Handbuch für die Strafvollstreckung und den Strafvollzug, 2. Aufl. (2008)
Kammeier/Pollähne	Kommentar zum Maßregelvollzugsrecht, hrsg. von Kammeier/Pollähne, 4. Aufl. (2018)
Karpenstein/Mayer	Karpenstein/Mayer (Hrsg.) EMRK – Konvention zum Schutz der Menschenrechte und Grundfreiheiten, 2. Aufl. (2015)
Katholnigg	Katholnigg, Strafgerichtsverfassungsrecht, 3. Aufl. (1999)
Kämmerer/Eidenmüller	Kämmerer/Eidenmüller, Post- und Fernmeldewesen (1971)
Kindhäuser	Kindhäuser, Strafgesetzbuch, Lehr- und Praxiskommentar, 8. Aufl. (2019)
Kindhäuser/Schumann	Kindhäuser/Schumann, Strafprozessrecht, 5. Aufl. (2019)
Kinzig	Kinzig, Die rechtliche Bewältigung von Erscheinungsformen organisierter Kriminalität (2004)
Kirsch	Kirsch (Hrsg.), Internationale Strafgerichtshöfe (2005)
Kissel/Mayer	Kissel/Mayer, Gerichtsverfassungsgesetz (GVG), 10. Aufl. 2021
KK	Karlsruher Kommentar zur Strafprozeßordnung, hrsg. von Hannich, 8. Aufl. (2019)
KK-OWiG	Karlsruher Kommentar zum Ordnungswidrigkeitengesetz, hrsg. von Senge, 5. Aufl. (2018)
Klein/(Orlopp)	Klein, Abgabenordnung, Kommentar, 15. Aufl. (2020)
Klemke/Elbs	Klemke/Elbs, Einführung in die Praxis der Strafverteidigung, 4. Aufl. (2019)
Klesczewski	Klesczewski, Strafprozessrecht, 2. Aufl. (2013)
KMR	Kommentar zur Strafprozeßordnung und zum Gerichtsverfassungsgesetz, hrsg. von Heintschel-Heinegg/Stöckel, Loseblattausgabe (ab 1998)
Knierim/Rübenstahl/ Tsambikakis	Knierim/Rübenstahl/Tsambikakis (Hrsg.), Internal Investigations, 2. Aufl. (2016)

Koch/Scholtz	Koch/Scholtz, Abgabenordnung, Kommentar, 5. Aufl. (1996)
König	König, Anwaltkommentar Untersuchungshaft (2011)
Koeniger	Koeniger, Die Hauptverhandlung in Strafsachen (1966)
Körner/Patzak/Volkmer	Körner/Patzak/Volkmer, Betäubungsmittelgesetz, Kommentar, 9. Aufl. (2019)
Kohlmann	Kohlmann, Steuerstrafrecht mit Ordnungswidrigkeitenrecht und Verfahrensrecht, Loseblattausgabe, Stand November 2019
Kohlrausch	Kohlrausch, Strafprozeßordnung und Gerichtsverfassungsgesetz, Kommentar, 24. Aufl. (1936)
Kraatz	Kraatz, Ordnungswidrigkeitenrecht (2020)
Krack	Krack, Die Rehabilitierung des Beschuldigten im Strafverfahren (2002)
Kramer	Kramer, Grundbegriffe des Strafverfahrensrechts, 8. Aufl. (2014)
Krause/Nehring	Krause/Nehring, Strafverfahrensrecht in der Polizeipraxis (1978)
Krekeler/Werner	Krekeler/Werner, Verteidigung in Wirtschaftsstrafsachen, 2. Aufl. (2013)
Krenberger/Krumm	Krenberger/Krumm, Ordnungswidrigkeitengesetz, 6. Aufl. (2020)
Krey/Heinrich	Krey/Heinrich, Deutsches Strafverfahrensrecht, 2. Aufl. (2018)
von Kries	von Kries, Lehrbuch des Deutschen Strafprozeßrechts (1892)
Kühne	Kühne, Strafprozessrecht, 9. Aufl. (2015)
Kunz	Kunz, StrEG – Gesetz über die Entschädigung für Strafverfolgungsmaßnahmen, 4. Aufl. (2010)
Kunz/Zellner/Gelhausen/Weiner	Kunz/Zellner/Gelhausen/Weiner, Opferentschädigungsgesetz, 6. Aufl. (2015)
Lackner/Kühl	Lackner/Kühl, Strafgesetzbuch, Kommentar, 29. Aufl. (2018)
Laubenthal	Laubenthal, Strafvollzug, 8. Aufl. (2019)
Laubenthal/Baier/Nestler	Laubenthal/Baier/Nestler, Jugendstrafrecht, 3. Aufl. (2015)
Laubenthal/Nestler	Laubenthal/Nestler, Strafvollstreckung, 2. Aufl. (2018)
Laubenthal/Nestler/Neubacher/Verrel	Laubenthal/Nestler/Neubacher/Verrel, Strafvollzugsgesetze, Kommentar, 12. Aufl. (2015)
Leitner/Michalke	Leitner/Michalke, Strafprozessuale Zwangsmaßnahmen (2007)
Lemke/Mosbacher	Lemke/Mosbacher, Ordnungswidrigkeitengesetz, 2. Aufl. (2005)
Lesch	Lesch, Strafprozeßrecht, 2. Aufl. (2002)
von Lilienthal	von Lilienthal, Strafprozeßrecht, Lehrbuch (1923)
Lindemann	Lindemann, Voraussetzungen und Grenzen legitimen Wirtschaftsstrafrechts (2012)
Lingens/Korte	Lingens/Korte, Wehrstrafgesetz, 5. Aufl. (2012)
Lisken/Denninger	Handbuch des Polizeirechts, hrsg. von Lisken/Denninger, 6. Aufl. (2018)
LK	Leipziger Kommentar zum Strafgesetzbuch, 12. Aufl., hrsg. von Laufhütte/Rissing-van Saan/Tiedemann (ab 2006)
Löffler	Löffler, Presserecht, 6. Aufl. (2015)
LR[25]	Löwe-Rosenberg, Die Strafprozeßordnung und das Gerichtsverfassungsgesetz, hrsg. von Rieß, 26. Aufl. (2012)
LR[26]	Löwe-Rosenberg, Die Strafprozeßordnung und das Gerichtsverfassungsgesetz, hrsg. von Erb, Esser, Franke, Graalmann-Scheerer, Hilger, Ignor, 26. Aufl. (2006 bis 2014), 27. Aufl. (ab 2016)
MAH	Münchener Anwaltshandbuch Strafverteidigung, hrsg. von Widmaier/Müller/Schlothauer, 2. Aufl. (2014)
MAH (WSSt)	Münchener Anwaltshandbuch Verteidigung in Wirtschafts- und Steuerstrafsachen, hrsg. von Volk, 3. Aufl. (2020)
Malek	Malek, Verteidigung in der Hauptverhandlung, 5. Aufl. (2017)
Malek (BtMG)	Malek, Betäubungsmittelstrafrecht, 4. Aufl. (2014)
Malek/Popp (Internet)	Malek/Popp, Strafsachen im Internet, 2. Aufl. (2015)
von Mangoldt/Klein/Starck	von Mangoldt/Klein/Starck, Das Bonner Grundgesetz, 7. Aufl. (2018), 3. Bd.
Marberth-Kubicki	Marberth-Kubicki, Computer- und Internetstrafrecht, 2. Aufl. (2010)

Marschner/Lesting/ Stahmann	Marschner/Lesting/Stahmann, Freiheitsentziehung und Unterbringung, 6. Aufl. (2019)
Marx/Roderfeld	Marz/Roderfeld, Rechtsschutz bei überlangen Gerichts- und Ermittlungsverfahren (2013)
Marxen/Tiemann	Marxen/Tiemann, Die Wiederaufnahme in Strafsachen, 3. Aufl. (2014)
Matt/Renzikowski	Matt/Renzikowski, StGB, Kommentar, 2. Aufl. (2020)
Maunz/Dürig	Maunz/Dürig, Grundgesetz, Kommentar, Loseblattausgabe, 94. Aufl. (2021)
Maurach/Zipf	Maurach/Zipf, Strafrecht, Allgemeiner Teil, Teilbd. 1, 8. Aufl. (1992)
Maurach/Gössel/Zipf	Maurach/Gössel/Zipf, Strafrecht, Allgemeiner Teil, Teilbd. 2, 8. Aufl. (2014)
Maurach/Schroeder/Maiwald	Maurach/Schroeder/Maiwald, Strafrecht, Besonderer Teil, Teilbd. 1, 11. Aufl. (2019), Teilbd. 2, 10. Aufl. (2013)
Mayer/Kroiß	Mayer/Kroiß, Rechtsanwaltsvergütungsgesetz, 8. Aufl. (2021)
Meier (Kriminologie)	Meier, Kriminologie, 6. Aufl. (2021)
Meier (Sanktionen)	Meier, Strafrechtliche Sanktionen, 5. Aufl. (2019)
Meier/Rössner/Trüg/Wulf	Meier/Rössner/Trüg/Wulf, Jugendgerichtsgesetz, 2. Aufl. (2014)
Mellinghoff	Mellinghoff, Fragestellung, Abstimmungsverfahren und Abstimmungsgeheimnis im Strafverfahren (1988)
Mende	Mende, Grenzen privater Ermittlungen durch den Verletzten einer Straftat (2001)
Merten/Papier	Merten/Papier, Handbuch der Grundrechte in Deutschland und Europa (ab 2004)
Mertens/Stuff/Mück	Mertens/Stuff/Mück, Verteidigervergütung, 2. Aufl. (2016)
Meyer D.	Meyer D., Strafrechtsentschädigung, 10. Aufl. (2016)
Meyer D. (GKG)	Meyer D., GKG/FamGKG, Kommentar, 17. Aufl. (2020)
Meyer/Höver/Bach/Oberlack	Meyer/Höver/Bach/Oberlack, Die Vergütung und Entschädigung von Sachverständigen, Zeugen, Dritten und von ehrenamtlichen Richtern nach dem JVEG, 28. Aufl. (2021)
Meyer-Goßner (Prozess)	Meyer-Goßner, Prozessvoraussetzungen und Prozesshindernisse (2011)
Meyer-Goßner/Schmitt	Meyer-Goßner/Schmitt, Strafprozessordnung mit GVG, Nebengesetzen und ergänzenden Bestimmungen, Kommentar, 64. Aufl. (2021)
Meyer-Goßner/Appl	Meyer-Goßner/Appl, Die Urteile in Strafsachen sowie Beschlüsse und Protokoll der Hauptverhandlung, 30. Aufl. (2021)
Meyer-Ladewig/Nettesheim/ Raumer	Meyer-Ladewig/Nettesheim/Raumer, Handkommentar zur EMRK, 4. Aufl. (2017)
Minkoff/Sahan/Wittig	Minkoff/Sahan/Wittig, Konzernstrafrecht (2020)
Minoggio	Minoggio, Unternehmensverteidigung, 3. Aufl. (2016)
Mitsch	Mitsch, Recht der Ordnungswidrigkeiten, Lehrbuch, 2. Aufl. (2005)
Momsen/Grützner	Momsen/Grützner, Wirtschafts- und Steuerstrafrecht, 2. Aufl. (2020)
Möller/Warg	Möller/Warg, Allgemeines Polizei- und Ordnungsrecht, 6. Aufl. (2011)
Möthrath/Rüther/Bahr	Möthrath/Rüther/Bahr, Verteidigung ausländischer Beschuldigter (2012)
Müller	Müller, Der Sachverständige im gerichtlichen Verfahren, Handbuch des Sachverständigenbeweises, 3. Aufl. (1988)
Müller (Beiträge)	Müller, Beiträge zum Strafprozessrecht 1969–2001 (2003)
Müller/Sax	s. KMR
Müller-Gugenberger	Müller-Gugenberger, Wirtschaftsstrafrecht, 7. Aufl. (2020)
von Münch/Kunig	von Münch/Kunig, Grundgesetz, Kommentar, 2 Bände, 7. Aufl. (2021)
Münchhalffen/Gatzweiler	Münchhalffen/Gatzweiler, Das Recht der Untersuchungshaft, 3. Aufl. (2009)
Murmann	Murmann, Prüfungswissen Strafprozessrecht, 4. Aufl. (2019)
MüKo	Münchener Kommentar zur Strafprozessordnung, hrsg. von Knauer/ Kudlich/Schneider (ab 2014)
MüKo-ZPO	Münchener Kommentar zur Zivilprozessordnung, hrsg. von Krüger/ Rauscher, 6. Aufl. (2020)

MüKo-BGB	Münchener Kommentar zum Bürgerlichen Gesetzbuch, hrsg. von Rixecker/Säcker/Limperg/Oetker, 8. Aufl. (2018)
MüKo-StGB	Münchener Kommentar zum Strafgesetzbuch, hrsg. von Joecks/Miebach (ab 2003), 3. Aufl. (2017)
Niese	Niese, Doppelfunktionelle Prozeßhandlungen (1950)
Nipperdey/Scheuner	Nipperdey/Scheuner, Die Grundrechte, 4 Bände (ab 1954)
NK-StGB	Nomos-Kommentar zum Strafgesetzbuch, hrsg. von Kindhäuser/Neumann/Paeffgen, 5. Aufl. (2017)
Nobis	Nobis, Strafverteidigung vor dem Amtsgericht, 2. Aufl. (2018)
Nobis/Schlothauer/Weider	Nobis/Schlothauer/Weider, Untersuchungshaft, 5. Aufl. (2016)
Nowak	Nowak, CCPR – Commentary – Commentary on the U.N. Covenant on Civil and Political Rights, 2nd Edition (2005)
Oetjen/Endriß	Oetjen/Endriß, Leitfaden Untersuchungshaft (1999)
OK-GG	Beck-Online-Kommentar zum GG
OK-StGB	Beck-Online-Kommentar zum StGB
OK-StPO	Beck-Online-Kommentar zur StPO
Ostendorf	Ostendorf, Strafprozessrecht, 3. Aufl. (2018)
Ostendorf (U-Haft)	Ostendorf, Untersuchungshaft und Abschiebehaft (2012)
Ostendorf (JStVollzR)	Ostendorf (Hrsg.), Jugendstrafvollzugsrecht, 3. Aufl. (2016)
Ostendorf (Jugendgerichtsgesetz)	Ostendorf, Jugendgerichtsgesetz, 11. Aufl. (2021)
Ostendorf/Drenkhahn	Ostendorf/Drenkhahn, Jugendstrafrecht, 10. Aufl. (2020)
Palandt	Palandt, Bürgerliches Gesetzbuch, Kurzkommentar, 80. Aufl. (2021)
Park	Park, Handbuch Durchsuchung und Beschlagnahme, 4. Aufl. (2018)
Park (Kapitalmarkt)	Park, Kapitalmarktstrafrecht, Handkommentar, 5. Aufl. (2019)
Partsch	Partsch, Die Rechte und Freiheiten der Europäischen Menschenrechtskonvention, 1966 (Sonderdruck aus Bettermann/Neumann/Nipperdey (Hrsg.), Die Grundrechte der Welt Bd. I 1)
Peter (Opferanwalt)	Peter, Das 1x1 des Opferanwalts, 3. Aufl. (2017)
Peter	Peter, Das 1x1 der Hauptverhandlung, 2. Aufl. (2011)
Peters/Altwicker (EMRK)	Peters/Altwicker, Europäische Menschenrechtskonvention, 2. Aufl. (2012)
Peters	Peters, Strafprozeß, Lehrbuch, 4. Aufl. (1985)
Peters (Fehlerquellen)	Peters, Fehlerquellen im Strafprozeß, Band I (1970), Band II (1972), Band III (1974)
Pfeiffer	Pfeiffer, Strafprozessordnung, Kommentar, 5. Aufl. (2005)
Pfordte/Degenhard	Pfordte/Degenhard, Der Anwalt im Strafrecht (2005)
Piller/Hermann	Piller/Hermann, Justizverwaltungsvorschriften, Loseblattsammlung
Plötz (Fürsorgepflicht)	Plötz, Die gerichtliche Fürsorgepflicht im Strafverfahren (1980)
Pohlmann/Jabel/Wolf	Pohlmann/Jabel/Wolf, Strafvollstreckungsordnung, Kommentar, 9. Aufl. (2015)
Poller/Teubel	Poller/Teubel, Gesamtes Kostenhilferecht, 3. Aufl. (2018)
Popp	Popp, Grundzüge der internationalen Rechtshilfe in Strafsachen (2001)
Potrykus	Potrykus, Kommentar zum Jugendgerichtsgesetz, 4. Aufl. (1955)
Protokolle	Protokolle der Kommission für die Reform des Strafprozesses (1905)
Püschel/Bartmeier/Mertens	Püschel/Bartmeier/Mertens, Untersuchungshaft in der anwaltlichen Praxis (2011)
Putzke/Scheinfeld	Putzke/Scheinfeld, Strafprozessrecht, 8. Aufl. (2019)
Quedenfeld/Füllsack	Quedenfeld/Füllsack, Verteidigung in Steuerstrafsachen, 5. Aufl. (2016)
Quellen	Quellen zur Reform des Straf und Strafprozeßrechts, hrsg. von Schubert/Regge/Rieß/Schmid, I. Abt. – Weimarer Republik, II. Abt. NS-Zeit – Strafgesetzbuch, III. Abt. NS-Zeit – Strafverfahrensrecht (ab 1988)
Radtke/Hohmann	Radtke/Hohmann, Strafprozessordnung, Kommentar (2011)
Randt	Randt, Der Steuerfahndungsfall (2004)
Ranft	Ranft, Strafprozeßrecht, (2005)

Rebmann/Roth/Hermann	Rebmann/Roth/Hermann, Gesetz über Ordnungswidrigkeiten, Kommentar, Loseblattausgabe, Stand 2020
Rebmann/Uhlig/Pieper	Rebmann/Uhlig/Pieper, Bundeszentralregistergesetz, Kommentar (1985)
Reisert	Reisert, Anwaltsgebühren im Straf- und Bußgeldrecht, 2. Aufl. (2014)
Ricker/Weberling	Ricker/Weberling, Handbuch des Presserechts, 7. Aufl. (2021)
Riedel/Sußbauer	Riedel/Sußbauer, Rechtsanwaltsvergütungsgesetz, 10. Aufl. (2015)
Rieß	Rieß, Beiträge zur Entwicklung der deutschen Strafprozessordnung (2012)
Rode/Legnaro	Rode/Legnaro, Psychiatrische Sachverständige im Strafverfahren (1994)
Röttle/Wagner	Röttle/Wagner, Strafvollstreckung, 8. Aufl. (2009)
Rolletschke	Rolletschke, Steuerstrafrecht, 4. Aufl. (2012)
Rolletschke/Kemper	Rolletschke/Kemper, Steuerstrafrecht – Kommentar zum Steuerstrafrecht, Loseblattausgabe (2018)
Rosenberg/Schwab/Gottwald	Rosenberg/Schwab/Gottwald, Zivilprozessrecht, 18. Aufl. (2018)
Rosenfeld	Rosenfeld, Deutsches Strafprozeßrecht, 2 Bände (1926)
Rostek	Rostek, Verteidigung in Kapitalstrafsachen, 2. Aufl. (2012)
Rotberg	Rotberg, Gesetz über Ordnungswidrigkeiten, Kommentar, 5. Aufl., bearbeitet von Kleinwefers, Boujong und Wilts (1975)
Rotsch	Rotsch (Hrsg.), Criminal Compliance (2015)
Roxin/Greco	Roxin/Greco, Strafrecht, Allgemeiner Teil, Bd. I, 5. Aufl. (2020), Bd. II (2003)
Roxin/Schünemann	Roxin/Schünemann, Strafverfahrensrecht, 29. Aufl. (2017)
Roxin-Symp.	Bausteine des Europäischen Strafrechts, Coimbra-Symposium für Claus Roxin, hrsg. von Schünemann/de Figueiredo Dias (1995)
Roxin (I.)	Roxin, I., Die Rechtsfolgen schwerwiegender Rechtsstaatsverstöße in der Strafrechtspflege, 4. Aufl. (2005)
Rönnau	Rönnau, Vermögensabschöpfung in der Praxis, 2. Aufl. (2015)
Rösch (Jugendrichter)	Rösch, Handbuch für den Jugendrichter (2001)
Rösch	Rösch, Das Urteil in Straf- und Bußgeldsachen, 4. Aufl. (2019)
Rüping	Rüping, Das Strafverfahren, 3. Aufl. (1997)
Rüth/Berr/Berz	Rüth/Berr/Berz, Straßenverkehrsrecht, 2. Aufl. (1988)
Sachs	Sachs, Grundgesetz, Kommentar, 9. Aufl. (2021)
Sack	Sack, Umweltschutz-Strafrecht, Erläuterungen der Straf- und Bußgeldvorschriften, Loseblattausgabe (ab 2003)
Satzger	Satzger, Die Europäisierung des Strafrechts (2001)
Satzger (Intern. Strafrecht)	Satzger, Internationales und Europäisches Strafrecht, 9. Aufl. (2020)
Sauer	Sauer, Allgemeine Prozeßrechtslehre (1951)
Sauer/Münkel (Absprachen)	Sauer/Münkel, Absprachen im Strafprozess, 2. Aufl. (2014)
Schäfer	Schäfer, Die Praxis des Strafverfahrens, 7. Aufl. (2018)
Schäfer/Sander/van Gemmeren	Schäfer/Sander/van Gemmeren, Praxis der Strafzumessung, 6. Aufl. (2017)
Schaffstein/Beulke/Swoboda	Schaffstein/Beulke/Swoboda, Jugendstrafrecht, 16. Aufl. (2020)
Schellenberg	Schellenberg, Die Hauptverhandlung im Strafverfahren, 2. Aufl. (2000)
Schenke	Schenke, Polizei- und Ordnungsrecht, 11. Aufl. (2021)
Schenke/Graulich/Ruthig	Schenke/Graulich/Ruthig, Sicherheitsrecht des Bundes, 2. Aufl. (2019)
Schilken	Schilken, Gerichtsverfassungsrecht, Lehrbuch, 4. Aufl. (2007)
Schlüchter	Schlüchter, Das Strafverfahren, Lehrbuch, 2. Aufl. (1983)
Schlothauer/Weider/Wollschläger	Schlothauer/Weider/Wollschläger, Verteidigung im Revisionsverfahren, 3. Aufl. (2017)
Schmid	Schmid, Die Verwirkung von Verfahrensrügen im Strafprozess (1967)
Schmidt	s. Eb. Schmidt
Schmidt (Ausländer)	Schmidt, Verteidigung von Ausländern, 4. Aufl. (2016)
Schmidt (Vermögensabschöpfung)	Schmidt, Vermögensabschöpfung, Handbuch für das Straf- und Ordnungswidrigkeitenverfahren, 2. Aufl. (2019)
Schmidt-Bleibtreu/Hofmann/Henneke	Schmidt-Bleibtreu/Hofmann/Henneke, Kommentar zum Grundgesetz, 14. Aufl. (2017)

Schmidt-Räntsch	Schmidt-Räntsch, Deutsches Richtergesetz, Kommentar, 6. Aufl. (2009)
Schneider	Schneider, Kriminologie, Lehrbuch, 3. Aufl. (1992)
Schneider (JVEG)	Schneider, JVEG, Justizvergütungs- und -entschädigungsgesetz, 3. Aufl. (2018)
Schneider/Volpert/Fölsch	Schneider/Volpert/Fölsch (Hrsg.), Gesamtes Kostenrecht, 3. Aufl. (2021)
Schomburg/Lagodny/Gleß/ Hackner	Schomburg/Lagodny/Gleß/Hackner, Internationale Rechtshilfe in Strafsachen, 6. Aufl. (2020)
Schönke/Schröder	Schönke/Schröder, Strafgesetzbuch, Kommentar, 30. Aufl. (2019)
Schorn	Schorn, Die Europäische Konvention zum Schutze der Menschenrechte und Grundfreiheiten und ihr Zusatzprotokoll in Einwirkung auf das deutsche Recht (1965)
Schorn/Stanicki	Schorn/Stanicki, Die Präsidialverfassung der Gerichte aller Rechtswege, 2. Aufl. (1975)
Schroeder/Verrel	Schroeder/Verrel, Strafprozessrecht, 7. Aufl. (2017)
Schröder	Schröder, Europäische Richtlinien und deutsches Strafrecht (2002)
Schröder (KapitalStR)	Schröder, Handbuch Kapitalmarktstrafrecht, 3. Aufl. (2015)
Schroth	Schroth, Die Rechte des Opfers im Strafprozess, 4. Aufl. (2020)
Schulz/Berke-Müller/Händel	Schulz/Berke-Müller/Händel, Strafprozeßordnung, 7. Aufl. (1983)
Schünemann-Symp.	Empirische und dogmatische Fundamente, kriminalpolitischer Impetus, Symposium für Bernd Schünemann zum 60. Geburtstag, hrsg. von Hefendehl (2005)
Schwind	Schwind, Kriminologie und Kriminalpolitik, 23. Aufl. (2016)
Schwind/Böhm/Jehle/ Laubenthal	Strafvollzugsgesetz, Kommentar, hrsg. von Schwind/Böhm/Jehle/ Laubenthal, 7. Aufl. (2020)
Schwinge	Schwinge, Grundlagen des Revisionsrechts, 2. Aufl. (1960)
Seier	Seier, Verteidigung in Straßenverkehrssachen (2012)
Sieber/Satzger/ v. Heintschel-Heinegg	Sieber/Satzger/v. Heintschel-Heinegg, Europäisches Strafrecht, 2. Aufl. (2014)
Simma/Fastenrath	Simma/Fastenrath, Menschenrechte. Ihr Internationaler Schutz, Textsammlung, 7. Aufl. (2018)
Sinn/Zöller/Esser	Sinn/Zöller/Esser (Hrsg.), Reform der Vermögensabschöpfung (2019)
SK	Systematischer Kommentar zur Strafprozeßordnung. Mit GVG und EMRK, 5. Aufl. (ab 2016)
SK-StGB	Systematischer Kommentar zum Strafgesetzbuch, Bd. 1, Allgemeiner Teil, Bd. 2, Besonderer Teil, Loseblattausgabe (ab 1975)
Sommer	Sommer, Effektive Strafverteidigung, 4. Aufl. (2020)
Sowada	Sowada, Der gesetzliche Richter im Strafverfahren (2002)
SSW-StGB	Satzger/Schluckebier/Widmaier (Hrsg.), Strafgesetzbuch, Kommentar, 5. Aufl. (2020)
SSW	Satzger/Schluckebier/Widmaier (Hrsg.), Strafprozessordnung, Kommentar, 4. Aufl. (2020)
Stegbauer	Stegbauer, Das Urteil in Straf- und Bußgeldsachen, 4. Aufl. (2019)
Stein/Jonas	Stein/Jonas, Zivilprozessordnung, 23. Aufl. (ab 2017-2020)
Stern	Stern, Verteidigung in Mord- und Totschlagsverfahren, 3. Aufl. (2013)
Strauda-Denkschrift	Reform der Verteidigung im Ermittlungsverfahren – Thesen mit Begründung, vorgelegt vom Strafrechtsausschuss der Bundesrechtsanwaltskammer (2004)
Streinz/Ohler/Herrmann	Streinz/Ohler/Herrmann, Der Vertrag von Lissabon zur Reform der EU, 3. Aufl. 2010
Streng	Streng, Strafrechtliche Sanktionen, 3. Aufl. (2012)
Tettinger/Stern	Tettinger/Stern, Kölner Gemeinschaftskommentar zur Europäischen Grundrechte-Charta (2006)
Thomas/Putzo	Thomas/Putzo, Zivilprozessordnung, Kommentar, 42. Aufl. (2021)
Tolzmann	Bundeszentralregistergesetz, Kommentar, 5. Aufl. (2015)

Tondorf/Tondorf	Tondorf, Psychologische und psychiatrische Sachverständige im Strafverfahren, 3. Aufl. (2011)
Trechsel	Trechsel, Human Rights in Criminal Prodeedings (2005)
Ulrich	Ulrich, Der gerichtliche Sachverständige, Handbuch für die Praxis, 13. Aufl. (2019)
Ulsenheimer	Ulsenheimer, Arztstrafrecht in der Praxis, 6. Aufl. (2020)
Umbach/Clemens/Dollinger	Umbach/Clemens/Dollinger, Bundesverfassungsgerichtsgesetz: Mitarbeiterkommentar und Handbuch, 2. Aufl. (2005)
Verdross/Simma	Verdross/Simma, Universelles Völkerrecht, 3. Aufl. (1984)
Villiger	Villiger, Handbuch der Europäischen Menschenrechtskonvention (EMRK), 2. Aufl. 1999
Vogler/Walter/Wilkitzki	Vogler/Walter/Wilkitzki, Gesetz über die internationale Rechtshilfe in Strafsachen, Kommentar (1983)
Volckart/Pollähne/Woynar	Volckart/Pollähne/Woynar, Verteidigung in der Strafvollstreckung und im Vollzug, 5. Aufl. (2014)
Volk (Prozessvoraussetzungen)	Volk, Prozeßvoraussetzungen im Strafrecht (1978)
Volk/Engländer	Volk/Engländer, Grundkurs StPO, 9. Aufl. (2018)
Vordermayer/v. Heintschel-Heinegg	Handbuch für den Staatsanwalt, hrsg. von Vordermayer/v. Heintschel-Heinegg, 6. Aufl. (2018)
Wabnitz/Janovsky/Schmitt	Wabnitz/Janovsky/Schmitt, Handbuch des Wirtschafts- und Steuerstrafrechts, 5. Aufl. (2020)
Wagner/Kallin/Kruse	Wagner/Kallin/Kruse, Betäubungsmittelstrafrecht, 2. Aufl. (2004)
Wankel	Wankel, Zuständigkeitsfragen im Haftrecht (2002)
Wasmeier/Möhlig	Wasmeier/Möhlig, Strafrecht der Europäischen Union, 2. Aufl. (2008)
Weber	Weber, Betäubungsmittelgesetz: BtMG, 5. Aufl. (2017)
Weidemann/Scherf	Weidemann/Scherf, Die Revision im Strafrecht, 3. Aufl. (2017)
Weiner/Ferber	Weiner/Ferber, Handbuch des Adhäsionsverfahrens, 2. Aufl. (2016)
Welzel	Welzel, Das Deutsche Strafrecht, 11. Aufl. (1969)
Wendler/Hoffmann	Wendler/Hoffmann, Technik und Befragung im Gerichtsverfahren, 2. Aufl. (2015)
Werle/Jeßberger	Werle/Jeßberger, Völkerstrafrecht, 5. Aufl. (2020)
Weyland	Weyland, Bundesrechtsanwaltsordnung, Kommentar, 10. Aufl. (2020)
Wieczorek/Schütze	Wieczorek/Schütze, Zivilprozeßordnung und Nebengesetze, 4. Aufl. (ab 2012)
Wiesneth	Wiesneth, Handbuch für das ermittlungsrichterliche Verfahren (2006)
Wiesneth (U-Haft)	Wiesneth, Untersuchungshaft (2010)
Wiesneth (Bereitschaftsdienst)	Wiesneth, Der amtsgerichtliche Bereitschaftsdienst, 2. Aufl. (2012)
Wolf	Wolf, Gerichtsverfassungsrecht aller Verfahrenszweige, 6. Aufl. (1987)
Zieschang/Hilgendorf/Laubenthal	Strafrecht und Kriminalität in Europa, hrsg. von Zieschang/Hilgendorf/Laubenthal (2003)
Zieger/Nöding	Zieger/Nöding, Verteidigung in Jugendstrafsachen, 7. Aufl. (2018)
Ziegert	Ziegert, Grundlagen der Strafverteidigung (2000)
Zipf	Zipf, Kriminalpolitik, 2. Aufl. (1980)
Zöller (ZPO)	Zöller, Zivilprozessordnung, Kommentar, 33. Aufl. (2020)
Zöller	Terrorismusstrafrecht, 2009
Zöller/Esser	Zöller/Esser (Hrsg.), Justizielle Medienarbeit im Strafverfahren (2019)
Zwiehoff	Zwiehoff, Der Befangenheitsantrag im Strafverfahren, 2. Aufl. (2013)

Strafprozeßordnung

Vom 1. Februar 1877 in der Fassung der Bekanntmachung vom 7. April 1987 (BGBl. I S. 1074, 1319)

SIEBENTES BUCH
Strafvollstreckung und Kosten des Verfahrens

ERSTER ABSCHNITT
Strafvollstreckung

Vorbemerkungen

Schrifttum

Baldauf Wer vollstreckt das Bußgeld? NJW **1970** 460; *Bartmeier* Die Zulässigkeit der sog. „Organisationshaft", NStZ **2006** 544; *Böse* Vorrang des Unionsrechts? FS Tiedemann (2008) 1321; *Bringewat* Bewährungshilfe und Strafverteidigung: ein Rollenkonflikt? MDR **1988** 617; *Dahs/Feigen* Offizialverteidigung auch im Strafvollstreckungsverfahren? NStZ **1984** 66; *Gleß* Verkehrsstrafrecht unter europäischem Einfluß, NZV **1999** 410; *Günther* Wer vollstreckt das Bußgeld? NJW **1969** 2273 und DAR **1970** 41; *Jaath* Die Verordnung zur Änderung der Jugendarrestvollzugsordnung, JZ **1977** 46; *Kemper/Lehner* Überprüfung rechtskräftiger Strafurteile der DDR, NJW **1991** 329; *Lagodny* Absprachen in transnationalen Strafverfahren, FS Widmaier (2008) 311; *ders.* Zur Ermessensentscheidung bei einem Antrag eines ausländischen Verurteilten auf Strafverbüßung im Heimatland, JZ **1997** 568; *Laubenthal/Nestler* Strafvollstreckung (2018); *Litwinski/Bublies* Strafverteidigung im Strafvollzug (1989); *Morgenstern* Die Anrechnung von „Organisationshaft" bei Unterbringung nach § 64 und gleichzeitig verhängter Freiheitsstrafe, StV **2007** 441; *Müller-Dietz* Aufgaben und Möglichkeiten der Verteidigung im Strafvollzug, StV **1982** 83; *Neidhart* Die neuen Vollstreckungshilfeabkommen auf dem Prüfstand, NZV **2000** 240; *Neumann* Befugnis der Strafvollstreckungskammer zur Anrechnung von Geldbußen, NJW **1977** 1185; *Paulus* Dogmatik der Verteidigung, NStZ **1992** 305; *Pohlmann* Wer vollstreckt das Bußgeld nach verspätetem Einspruch und in ähnlichen Fällen? Rpfleger **1970** 200; *Quintero Olivares* Der Europagedanke und die Harmonisierung des Strafrechts sowie der Strafjustiz, FS Tiedemann (2008) 1339; *Renzikowski* Die nachträgliche Sicherungsverwahrung und die Europäische Menschenrechtskonvention, JR **2004** 271; *Sachs* Rechtsschutzgarantie im Rechtshilferecht, JuS **1999** 396; *Schomburg* Zum Stand der Vollstreckungshilfe durch Überstellung in das Heimatland, NStZ **1998** 142; *Schütz* Beiordnung eines Prozeßbevollmächtigten oder Bestellung eines Pflichtverteidigers in Verfahren nach §§ 56f, 57, 57a StGB? NStZ **1985** 347; *Seitz* Mildeste versus punitivste Strafrechtsordnung, FS Böttcher (2007) 675; *Sieber* Die Zukunft des Europäischen Strafrechts, ZStW **121** (2009) 1; *Stadie* Wer vollstreckt das Bußgeld? MDR **1970** 386; *Trennhaus* Der Vollzug von Organisationshaft, StV **1999** 511; *Wesemann* Verteidigung mit Blick auf die Strafvollstreckung, StraFo **2009** 59; *Wessels* Zur Erzwingung von Ordnungsstrafen und Erzwingungshaftbeschlüssen, FS Mayer (1966) 587; *Wohlers* Zur gerichtlichen Beiordnung eines Rechtsbeistands in Strafvollstreckungs- und Strafvollzugssachen, FS Seebode (2008) 573; *Zieschang* Der Einfluss der Europäischen Union auf das deutsche Strafrecht, FS Tiedemann (2008) 1303.

Entstehungsgeschichte

Der Abschnitt, der in der Ursprungsfassung der StPO als §§ 481 bis 495 Gesetz geworden war, hat seine jetzige Paragrafenbezeichnung durch die Bekanntmachung 1924 (RGBl. I S. 322) erhalten. Von diesen Bestimmungen gelten in unveränderter Fassung nur noch die §§ 449, 456 und 461. Alle übrigen Vorschriften haben in den letzten Jahrzehnten mehr oder weniger oft Änderungen erfahren. Darüber hinaus sind seither zahlreiche neue Bestimmun-

https://doi.org/10.1515/9783110275025-001

gen in diesen Abschnitt eingestellt worden, nämlich (in gesetzlicher Reihenfolge) die §§ 450a, 453a, 453b, 453c, 454a, 454b, 455a, 456a, 456b (wieder wegfallen), 456c, 459a bis 459o, 462a, 463a bis 463e, wodurch sich die Zahl der Paragrafen von ursprünglich 15 auf inzwischen 45 verdreifacht hat. Änderungen haben namentlich erfahren: § 450 (Anrechnung der Untersuchungshaft und Führerscheinentziehung); §§ 453 bis 453c (nachträgliche Entscheidungen über Strafaussetzung zur Bewährung oder Verwarnung mit Strafvorbehalt sowie vorläufige Maßnahmen vor Widerruf der Aussetzung); § 454 (Aussetzung des Restes einer Freiheitsstrafe zur Bewährung); § 454a (Beginn der Bewährungszeit; Aufhebung der Aussetzung des Strafrestes); § 454b (Vollstreckungsreihenfolge bei Freiheits- und Ersatzfreiheitsstrafen; Unterbrechung); § 455 (Strafausstand bei Vollzugsuntauglichkeit); § 455a (Strafausstand aus Gründen der Vollzugsorganisation); § 456a (Absehen von Vollstreckung bei Auslieferung, Überstellung oder Ausweisung); § 456c (Aufschub und Aussetzung des Berufsverbots); § 457 (Ermittlungshandlungen; Vorführungsbefehl, Vollstreckungshaftbefehl); § 458 (Gerichtliche Entscheidungen bei Strafvollstreckung); § 459 (Vollstreckung der Geldstrafe; Anwendung des Justizbeitreibungsgesetzes); § 459g (Vollstreckung von Nebenfolgen); § 460 (Nachträgliche Gesamtstrafenbildung); §§ 462, 462a (Verfahren bei gerichtlichen Entscheidungen; sofortige Beschwerde; Zuständigkeit der Strafvollstreckungskammer und des erstinstanzlichen Gerichts); § 463 (Vollstreckung von Maßregeln der Besserung und Sicherung); § 463a (Zuständigkeit und Befugnisse der Aufsichtsstellen); § 463b (Beschlagnahme von Führerscheinen); § 463c (Öffentliche Bekanntmachung der Verurteilung) sowie § 463d (Gerichtshilfe). Durch das Gesetz zur Reform der strafrechtlichen Vermögensabschöpfung vom 13.4.2017 (BGBl. I S. 872) wurde die Vollstreckung von Nebenfolgen grundlegend in den §§ 459g bis 459o neu geregelt. Durch Art. 1 des Gesetzes zur Fortentwicklung der Strafprozessordnung und zur Änderung weiterer Vorschriften vom 25.6.2021 (BGBl. I S. 2099) hat der Gesetzgeber die Vorschriften über die Vollstreckung von Nebenfolgen bei der strafrechtlichen Vermögensabschöpfung den Bedürfnissen der Praxis angepasst. Wegen weiterer Einzelheiten zu diesen Vorschriften sowie der Entwicklungsgeschichte der übrigen Bestimmungen wird auf die Ausführungen zu den einzelnen Paragrafen verwiesen. Für die Vollstreckung strafgerichtlicher Entscheidungen früherer DDR-Gerichte, deren (grundsätzliche) Zulässigkeit sich schon aus Art. 18 Abs. 1 Satz 1 des Einigungsvertrags ergibt, gelten nach Anl. I Kap. III Sachgebiet A Abschn. III Nr. 14d bis f zum Einigungsvertrag einige Übergangsregelungen, denen aber inzwischen keine praktische Bedeutung mehr zukommt. Auf sie wird – soweit geboten – bei den einzelnen Paragrafen einzugehen sein.

Übersicht

Alphabetische Übersicht

A. Allgemeine Abgrenzungs- und Verfahrensfragen

I. Begriff

1. Sammelbezeichnung. Unter der zusammenfassenden Bezeichnung „Strafvollstreckung“ regelt der Erste Abschnitt des Siebenten Buchs eine Reihe von Obliegenheiten des Gerichts und der Staatsanwaltschaft, die nach Rechtskraft eines Urteils bei der 1

Ausführung des Urteilsspruchs erforderlich werden. Dabei handelt es sich um z. T. recht **unterschiedliche Maßnahmen**, die nur sehr äußerlich unter der Sammelbezeichnung „Strafvollstreckung" zusammengefasst sind. Zunächst war die Bezeichnung „Straf"vollstreckung von vornherein ungenau, denn Maßnahmen wie die Unbrauchbarmachung gesetzwidriger und die Vernichtung gefährlicher Gegenstände sind keine Strafen, sondern Sicherheitsmaßnahmen. Ihre Durchführung im Wege des Zwangs vollzog sich aber nach dem die Vollstreckung von „Vermögensstrafen" regelnden § 463 a. F. (jetzt § 459g).

2 **Zu eng wurde die Überschrift** des Abschnitts in dem Augenblick, als das Gewohnheitsverbrechergesetz 1933 ein System von Maßregeln der Sicherung und Besserung (jetzt: Maßregeln der Besserung und Sicherung – § 61 StGB) in das Strafgesetzbuch einfügte – und der damals neu eingefügte § 463a (jetzt § 463) bestimmte, dass für die Vollstreckung die Vorschriften über die Strafvollstreckung sinngemäß gelten. Mit der Einführung der gerichtlichen Entscheidung über die **Strafaussetzung zur Bewährung** sind die im Zusammenhang damit nach Rechtskraft des Urteils erforderlichen Entscheidungen und Maßnahmen in den §§ 453, 453a, 453b, 453c geregelt worden. Wenn aber die Freiheitsstrafe von vornherein ausgesetzt wird, so handelt es sich bei der Belehrung (§ 453a), der Bewährungsüberwachung (§ 453b) und den nachträglichen Entscheidungen (§ 56e StGB, § 453) wohl eher um Maßnahmen, die der Durchführung (der Vollstreckung) des auf Strafaussetzung lautenden Urteils dienen, aber, wie immer man auch den materiellen (nicht: den rechtstechnischen) Gehalt einer mit Strafaussetzung verbundenen Verhängung einer Strafe wertet,[1] eben nicht um Maßnahmen, die der Strafvollstreckung – die Vollstreckung ist ja gerade ausgesetzt – oder auch nur der Sicherung einer künftigen Vollstreckung dienen (eine Ausnahme bildet insoweit nur § 453c (vorläufige Maßnahmen vor Widerruf der Aussetzung)), denn die in §§ 453, 453a, 453b bezeichneten Maßnahmen sollen gerade die Bewährung fördern und damit eine Strafvollstreckung nach Möglichkeit entbehrlich machen.[2]

3 Noch deutlicher wird die Abweichung von der „Strafvollstreckung", sofern sie dem Wortsinn gemäß als Verwirklichung des Strafausspruchs verstanden wird, wenn über die Aussetzung des Strafrestes der Freiheitsstrafe zu entscheiden ist (§ 57 StGB, §§ 454, 462a). Denn hier wird in einem gerichtlichen „Nachverfahren" – und auch meist durch ein anderes als das ursprünglich erkennende Gericht (§ 462a) – darüber befunden, ob die durch das frühere Urteil rechtskräftig verhängte Strafe überhaupt noch vollzogen werden oder nicht an ihre Stelle eine „Sanktion" anderer Art treten soll.[3] Andere Fälle einer solchen Inhibierung des ursprünglichen Spruchs in einem „Nachverfahren" finden sich etwa in den §§ 459d, 459f. Insgesamt handelt es sich also bei der umfassenden Bezeichnung „Strafvollstreckung" in Wahrheit um einen vereinfachenden **Sammelbegriff** für die Summe der Maßnahmen, die auf Verwirklichung oder Abwandlung oder auch Aufhebung einer von einem Strafgericht erlassenen Entscheidung gerichtet ist.

4 **2. Vollstreckung bei Verlust von Rechten und Fähigkeiten.** Einer Vollstreckung bedarf es nicht, wenn die Wirkung von Nebenstrafen und Nebenfolgen sich unmittelbar an die Rechtskraft des Urteils knüpft, wie z. B. der Verlust der Amtsfähigkeit, der Wählbarkeit und des Stimmrechts (§ 45 i. V. m. § 45a Abs. 1 StGB), das **Fahrverbot** (§ 44 Abs. 2 Satz 1 StGB), die **Entziehung der Fahrerlaubnis** (§ 69 Abs. 3 Satz 1 StGB), das **Berufsverbot** (§ 70 Abs. 4 Satz 1 StGB), der **Übergang des Eigentums an einer Sache oder eines Rechts auf den Staat** als Folge der Einziehung der Sache oder des Rechts (§ 75

1 Dazu *Bruns* GA **1956** 198 ff.
2 KK/*Appl* 1; *Bringewat* 2.
3 KK/*Appl* 1; Meyer-Goßner/*Schmitt* 1; *Bringewat* 3; *Pohlmann*/*Jabel*/*Wolf* Einl. 1; *Röttle*/*Wagner* Rn. 1.

StGB).[4] Doch fallen gerade auch in diesen Fällen bei der Vollstreckungsbehörde Aufgaben an,[5] die darauf abzielen, die kraft Gesetzes geschaffene Rechtslage zu vollziehen,[6] z. B. den eingezogenen Gegenstand in die Verfügungsgewalt des Staates zu bringen, wenn er sich im Zeitpunkt des Eintritts der Rechtskraft nicht im staatlichen Gewahrsam befindet, den Führerschein während der Dauer eines Fahrverbots in amtliche Verwahrung zu bringen (§ 44 Abs. 3 StGB). Ausnahmsweise gibt es aber auch nach Rechtskraft Aufgaben der Vollstreckungsbehörde, die die durch das rechtskräftige Urteil geschaffene Rechtslage unmittelbar betreffen, etwa wenn die Vollstreckungsbehörde nach § 456c Abs. 2 das Berufsverbot (§ 70 StGB) aussetzen kann. In diesem Sinn ist es auch zu verstehen, wenn § 360 Abs. 2 von „Aufschub oder Unterbrechung der Vollstreckung" spricht. Damit wird dem Gericht die Befugnis zugesprochen, nach Stellung des Wiederaufnahmeantrags auch das Berufs- oder Fahrverbot auszusetzen.[7]

II. Strafvollstreckung und Strafvollzug

1. Allgemeines. Nach § 451 obliegt die Strafvollstreckung der Staatsanwaltschaft. 5
Sie ist „Vollstreckungsbehörde". Aus dem Wortsinn von „Strafvollstreckung" müsste gefolgert werden, dass der **Begriff** alle Maßnahmen umfasst, die zur Verwirklichung[8] der im Urteil festgesetzten Unrechtsfolgen erforderlich sind. Die Aufgabe der Vollstreckungsbehörde besteht nicht nur darin, die Vollstreckung einzuleiten, sondern vielmehr auch darin, sie durchzuführen und die Durchführung generell zu überwachen.[9]

2. Zuständigkeit

a) Bei Rechtsfolgen, die nicht in Freiheitsentziehungen bestehen. Soweit es 6
sich nicht um Freiheitsstrafen oder freiheitsentziehende Maßregeln der Besserung und Sicherung handelt, trifft die Vollstreckungsbehörde alle Maßnahmen, die zur Durchführung der Entscheidung erforderlich sind (§ 3 Abs. 1 Satz 2 StVollstrO). Ist die Durchführung nach gesetzlicher Vorschrift einer anderen Stelle übertragen, so beschränkt sich die Aufgabe der Vollstreckungsbehörde darauf, die in ihrem Bereich möglichen und erforderlichen Schritte vorzunehmen, um der anderen Stelle die Ausübung ihrer Obliegenheiten zu ermöglichen. So obliegt die **Überwachung der Lebensführung** des Verurteilten während der Bewährungszeit nicht der Vollstreckungsbehörde, sondern dem Gericht (§ 453b Abs. 2)[10] und ist, wenn das Gericht neben der Strafe Führungsaufsicht angeordnet hat (§ 68 StGB), die Überwachung des Verhaltens des Verurteilten und die Gewährung von Hilfe und Betreuung Sache der Aufsichtsstelle (§ 68a StGB). Die Mitwirkung der Vollstreckungsbehörde erschöpft sich in unterstützenden Maßnahmen (§ 463a; § 54a StVollstrO). Andernfalls hat die Vollstreckungsbehörde selbst für die Durchführung der Entscheidung zu sorgen.

---

4 *Bringewat* Einl. 38.
5 So genannte flankierende Maßnahmen; KK/*Appl* 6.
6 KK/*Appl* 5; Meyer-Goßner/*Schmitt* 6; *Bringewat* Einl. 37.
7 OLG Hamm GA **1970** 309.
8 KK/*Appl* 2: Vollstreckung im weiteren Sinn; *Bringewat* Einl. 23; *Pohlmann/Jabel/Wolf* § 3, 4.
9 *Bringewat* Einl. 27; *Röttle/Wagner* Rn. 4.
10 KK/*Appl* 7; Meyer-Goßner/*Schmitt* 3; *Bringewat* Einl. 24.

7 Die **Vollstreckungsbehörde**[11] kann sich bei der Wahrnehmung ihrer Aufgaben der Ermittlungspersonen der Staatsanwaltschaft (§ 152 GVG) bedienen. Sie kann auch im Rahmen der gesetzlichen Vorschriften die Amtshilfe anderer Stellen innerhalb und außerhalb der Justiz – hier namentlich der Polizei – in Anspruch nehmen (§§ 160, 161 GVG; Art. 35 GG). Sie **trägt** aber in solchen Fällen die **Verantwortung** für die Maßnahmen der von ihr beauftragten oder ersuchten Stellen und Behörden in vollem Umfang und hat für Abhilfe zu sorgen, wenn diese nicht ordnungsgemäß verfahren. Ist z. B. auf Geldstrafe erkannt, so ist die Anordnung der Einforderung und Beitreibung Sache der Vollstreckungsbehörde (§ 459; § 2 Abs. 1 Satz 1 JBeitrG; § 1 Abs. 4 EBAO). Mit der Beitreibung kann sie einen Vollziehungsbeamten beauftragen (§§ 9, 10 EBAO), dessen Maßnahmen sie zu überwachen hat. Ist auf Einziehung erkannt, so nimmt die Vollstreckungsbehörde den Gegenstand in Besitz und beauftragt, wenn der Verurteilte ihn in Besitz hat und trotz Aufforderung nicht herausgibt, den Vollziehungsbeamten mit der Wegnahme (§ 459g, § 61 StVollstrO). Zur Vernichtung eingezogener gemeingefährlicher Gegenstände nimmt die Vollstreckungsbehörde, soweit erforderlich, die Amtshilfe der Polizei oder der zuständigen Verwaltungsbehörde in Anspruch (§ 63 Abs. 5 StVollstrO).

8 **b) Bei Freiheitsstrafen und freiheitsentziehenden Maßregeln.** Anders liegt es bei der Durchführung von Urteilen, die auf **Freiheitsstrafe** oder auf eine **freiheitsentziehende Maßregel der Besserung und Sicherung** lauten. Insoweit ist zwischen Vollstreckung und Vollzug und dementsprechend zwischen Vollstreckungs- und Vollzugsbehörde zu unterscheiden. Beide arbeiten gemeinsam an der Verwirklichung des Urteilsinhalts.[12] Die Vollstreckungsbehörde regelt alle Maßnahmen und trifft alle Entscheidungen, soweit nicht eine gerichtliche Zuständigkeit begründet ist, die zur Einleitung, Durchführung und Überwachung des rechtskräftigen Urteils erforderlich sind. Demgegenüber besteht die Aufgabe der Vollzugsbehörde in der Vollziehung der rechtskräftig verhängten Freiheitsstrafe in einer Justizvollzugsanstalt bzw. der freiheitsentziehenden Maßregel der Besserung und Sicherung in einer Maßregelvollzugseinrichtung.[13]

9 **3. Vollzugsbehörden und -anstalten.** Nach § 139 StVollzG und entsprechenden Regelungen in den Strafvollzugsgesetzen der Länder werden Freiheitsstrafe und die Unterbringung in der Sicherungsverwahrung aufgrund eines Vollstreckungsplans, in dem deren jeweilige sachliche und örtliche Zuständigkeit im Voraus festgelegt worden ist (vgl. § 152 Abs. 1 StVollzG), in Anstalten der Landesjustizverwaltungen **(Justizvollzugsanstalten)** vollzogen, während sich die Unterbringung in einem psychiatrischen Krankenhaus (§ 63 StGB) und in einer Entziehungsanstalt (§ 64 StGB) gemäß § 138 StVollzG nach Landesrecht richtet, soweit und solange Bundesgesetze nichts anderes bestimmen.[14] Die Justizvollzugsanstalten haben eine hauptamtliche Leitung, die **grundsätzlich die Verantwortung für den gesamten Vollzug trägt** (§ 156 StVollzG). Die Ausgestaltung des Vollzugs ist alleine Aufgabe der Justizvollzugsanstalt und der Vollzugsbehörde. Die Vollstreckungsbehörde hat hierauf grundsätzlich keinen Einfluss. In der Maßregelvollzugseinrichtung trägt bei der Vollziehung von Maßregeln nach § 63 und § 64 StGB die Leitung der Maßregelvollzugseinrichtung und die nach Landesrecht vorgesetzte Vollzugsbehörde die Verantwortung für den gesamten Maßregelvollzug.

---

11 Wegen der Zuständigkeit für die Wahrnehmung der Geschäfte s. § 451, 28 ff.
12 OLG Hamburg JR **1996** 247; *Eb. Schmidt* 1; *Röttle/Wagner* Rn. 2.
13 *Bringewat* Einl. 25: zweckfunktionale Differenzierung; *Röttle/Wagner* Rn. 2 ff.; 90 ff.
14 KK/*Appl* 9.

Nach § 151 Abs. 1 StVollzG sowie den entsprechenden landesrechtlichen Vorschriften führen die Landesjustizverwaltungen die **Aufsicht** über die Justizvollzugsanstalten. Sie können Aufsichtsbefugnisse auf Justizvollzugsämter übertragen. Bei der hiernach zugelassenen Bildung zentraler Justizvollzugsämter ist namentlich an größere Bundesländer gedacht, bei denen die notwendige Besetzung der Aufsichtsbehörde die Organisation der obersten Landesbehörde zu stark ausweiten würde. § 151 Abs. 1 StVollzG fordert jedoch, dass mit der Aufsicht über die Vollzugsanstalten nicht etwa eine bereits bestehende Behörde betraut wird, sondern dass die Aufsicht hierfür ausschließlich zuständigen Justizvollzugsämtern übertragen werden muss, wenn nicht die Landesjustizverwaltung sie selbst ausüben will. Die Regelung soll gewährleisten, dass die Aufgaben des Vollzugs auch von der Ebene der Aufsichtsbehörden her fachkundig gefördert werden können. Dies setzt voraus, dass das zentrale Justizvollzugsamt oder die Justizvollzugsämter nicht im Nebenamt geleitet werden.[15] Hiernach kann also die oberste Landesjustizbehörde sowohl die Leitung der Staatsanwaltschaften (§ 147 GVG) als Vollstreckungsbehörden als auch die Aufsicht über die Justizvollzugsanstalten bei sich vereinigen. Eine derartige organisatorische Ausgestaltung ist indessen nicht anstrebenswert, denn sie lässt eine Vermischung von Vollstreckungs- und Vollzugsaufgaben befürchten. Dass die Landesjustizverwaltungen entsprechende Überlegungen bislang nicht angestellt haben, dürfte aber wohl weniger auf inhaltlichen Erwägungen beruhen. Entscheidend dürfte vielmehr das nicht ganz unbeträchtliche Risiko sein, bei Fehlentscheidungen der Landesjustizverwaltung die Verantwortung nicht delegieren zu können. 10

4. Unterscheidung von Vollstreckung und Vollzug

a) Allgemeines. Mit der Unterscheidung zwischen Vollstreckung und Vollzug ist die **Folgerung** daraus gezogen, dass nach den heutigen, den Vollzug von Freiheitsstrafen beherrschenden Vorstellungen der **Vollzugszweck** nicht schlicht in der Durchführung der im Urteil angeordneten Freiheitsentziehung besteht, sondern mit einem Vollzugsziel verbunden ist, das primär darauf gerichtet ist, den Gefangenen zu befähigen, künftig in sozialer Verantwortung ein Leben ohne Straftaten zu führen (§ 2 StVollzG). Der Vollzug ist darauf auszurichten, dass er dem Gefangenen hilft, sich in das Leben in Freiheit einzugliedern (§ 3 Abs. 3 StVollzG). Dazu bedarf es erzieherischer und resozialisierender Einwirkungen, die einen dafür geschulten Stab von Mitarbeitern erfordern, über den wohl die Justizvollzugsanstalten und Aufsichtsbehörden, nicht aber die Vollstreckungsbehörden verfügen. Daraus folgt und wird insbesondere durch § 156 StVollzG bestätigt, dass die **Justizvollzugsanstalt nicht** ein mehr oder weniger selbständig handelndes **Hilfsorgan** für die Durchführung von Aufgaben ist, die „eigentlich" nach § 451 der **Vollstreckungsbehörde** obliegen, die sich nur zur Erfüllung dieser Obliegenheiten der Vollzugsbehörden bedient. Die Justizvollzugsanstalt leitet zwar ihre Legitimation, an dem Verurteilten den Vollzug der ihm auferlegten Freiheitsstrafe durchzuführen, davon ab, dass der Verurteilte ihr von der Vollstreckungsbehörde zur Verfügung gestellt, nämlich durch Aufnahmeersuchen (§ 29 StVollStrO) in ihren Tätigkeitsbereich eingewiesen wird. Aber daraus folgt nicht, dass die Justizvollzugsanstalt bloßes Vollzugsorgan der Vollstreckungsbehörde wäre. Sie wird vielmehr, sobald ihre Zuständigkeit begründet ist, für die nunmehr zu entfaltende spezifische Tätigkeit **aus eigenem Recht** und **in eigener Verantwortung** tätig und erfüllt Aufgaben, die Eigenwert besitzen und selbständig ne- 11

15 Begr. RegEntw. BTDrucks. 7 918 zu § 38.

ben der auf Durchführung des Urteilsspruchs gerichteten Tätigkeit der Vollstreckungsbehörde stehen.[16]

12 **b) Jugendgerichtsgesetz.** Auch das **Jugendgerichtsgesetz** unterscheidet zwischen Vollstreckung und Vollzug und weist die Aufgaben der Vollstreckung dem **Vollstreckungsleiter** (§ 82 JGG), die des Vollzugs aber dem **Vollzugsleiter** zu. Sind Jugendstrafe und Freiheitsstrafe gegen denselben Verurteilten zu vollstrecken, so ist für die Vollstreckung der Freiheitsstrafe dagegen die Staatsanwaltschaft als Vollstreckungsbehörde zuständig.[17] Aufgrund der Vorgaben des BVerfG[18] ist der Gesetzgeber verpflichtet worden, unter Gewährung einer Übergangsfrist bis zum Ablauf des Jahres 2007 eine den verfassungsrechtlichen Erfordernissen genügende gesetzliche Grundlage für Grundrechtseingriffe im Jugendstrafvollzug zu schaffen. Mit der Föderalismusreform ist die Gesetzgebungskompetenz für den Strafvollzug auf die Bundesländer[19] übergegangen. Diese haben für ihre jeweiligen Geschäftsbereiche Jugendstrafvollzugsgesetze erlassen.[20]

13 **c) Frühere Entwürfe.** Das allgemeine **Verhältnis der Aufgabe der Vollstreckung zu der des Vollzugs** wollten frühere Entwürfe förmlich zum Ausdruck bringen. So umschrieb EStVollzG 1927 in § 2 die Aufgabe der Vollstreckungsbehörde mit den Worten: „Die Vollstreckung der Entscheidungen (der Strafgerichte) wird von der Vollstreckungsbehörde veranlaßt und, soweit nichts anderes bestimmt ist, von ihr durchgeführt“, während § 4 die Aufgabe der Vollzugsbehörde dahin kennzeichnete: „Der Vollzug der Freiheitsstrafen und der mit Freiheitsentziehung verbundenen Maßregeln der Besserung und Sicherung liegt den Vollzugsbehörden ob“. Das wäre aber nur eine förmliche Verlautbarung eines schon damals bestehenden Rechtszustands gewesen. Es ist daher sachlich ohne Bedeutung, wenn das StVollzG sich solcher Begriffsbestimmungen enthält und die Begründung des Reg.Entw.[21] die Aufgabe dieses Gesetzes dahin kennzeichnet, es beschränke sich auf die für den Vollzug von Freiheitsstrafen und freiheitsentziehenden Maßregeln der Besserung und Sicherung notwendigen Regelungen und enthalte daher (von Ausnahmen – vgl. § 13 Abs. 5, § 122 StVollzG a. F.– abgesehen) im Gegensatz zu früheren Entwürfen keine Vorschriften über die Strafvollstreckung.

14 **d) StVollstrO.** In konkreter Form bringt dagegen die StVollstrO – StVollstrO[22] – die **Abgrenzung der Vollstreckung gegenüber den Vollzugsaufgaben** zum Ausdruck. Nach § 3 Abs. 1 StVollstrO prüft die Vollstreckungsbehörde, ob die Voraussetzungen der Vollstreckung gegeben sind. Sie trifft die Anordnungen, die zur Durchführung der Entscheidung erforderlich sind. Soweit es sich um Freiheitsstrafen handelt, umschreibt § 36 Abs. 1 StVollstrO die im Vollzugsstadium der Vollstreckungsbehörde generell obliegenden Aufgaben. Danach wacht die Vollstreckungsbehörde darüber, dass Art und Dauer der

---

16 OLG Hamburg JR **1996** 247; KK/*Appl* 7, 9; *Bringewat* Einl. 26 ff., 36; *Röttle/Wagner* Rn. 90 f.

17 BGHSt **28** 351 gegen BGHSt **26** 375 im Anschluss an BGHSt **27** 329; siehe aber BGHSt **64** 273 ff., wonach die Entscheidung über die Aussetzung der Vollstreckung einer Restjugendstrafe auch dann nach § 88 JGG zu treffen ist, wenn die Jugendstrafe gemäß § 89b JGG nach den Vorschriften des Strafvollzuges für Erwachsene vollzogen wird und ihre Vollstreckung gemäß § 85 Abs. 6 Satz 1 JGG an die nach den allgemeinen Vorschriften zuständige Vollstreckungsbehörde abgegeben ist; KK/*Appl* 7; *Bringewat* Einl. 30 ff.

18 NJW **2006** 2093.

19 BGBl. I (2006) S. 2034.

20 Vgl. Abdruck bei *Diemer/Schatz/Sonnen; Edinger* DRiZ **2007** 129; kritisch *Köhne* ZRP **2007** 109; *Ostendorf* ZRP **2008** 14.

21 BTDrucks. **7** 918 S. 43.

22 Wegen der Bedeutung vgl. Rn. 16 f.

Strafhaft der zu vollstreckenden Entscheidung entsprechen. Sie ist an erster Stelle für die richtige Berechnung der Strafzeit verantwortlich. Das entspricht den in der Rechtsprechung aufgestellten Grundsätzen.[23] Nach § 3 Abs. 2 StVollstrO erstreckt sich die Verantwortlichkeit der Vollstreckungsbehörde nicht auf den besonderen Pflichtenkreis der Vollzugsbehörde. Wie weit dieser Aufgabenkreis der Vollzugsbehörde reicht, ist jedoch nicht ausdrücklich gesagt. Indem aber § 36 Abs. 1 StVollstrO bestimmt, dass im Vollzugsstadium die Aufgabe der Vollstreckungsbehörde sich darauf beschränkt, darüber zu wachen, dass Art und Dauer der Strafhaft der zu vollstreckenden Entscheidung entsprechen, wird hinreichend klar bestimmt, dass **Gegenstand der vollstreckungsbehördlichen Überwachung** nur die Einhaltung der gesetzlichen Vorschriften ist, die die Art und Dauer der Freiheitsstrafe kennzeichnen. Die Vollstreckungsbehörde überwacht also, dass und wie lange die Freiheitsstrafe, dem Urteil entsprechend, als Freiheitsstrafe, Jugendstrafe, Strafarrest vollzogen wird und dabei die gesetzlichen Vorschriften beachtet werden, die im Vollzug die Art der Strafe kennzeichnen. Sie überwacht nicht – und hier beginnt der besondere Pflichtenkreis der Vollzugsbehörde – die Einhaltung der Vorschriften, die die Durchführung des Vollzugs *im Einzelnen* regeln (vgl. dazu Rn. 20).

e) Ergebnis. Zusammenfassend ist festzuhalten, dass bei Freiheitsstrafen und frei- 15
heitsentziehenden Maßregeln der Besserung und Sicherung die nach § 451 der Vollstreckungsbehörde obliegende „Vollstreckung" in der Herbeiführung des Vollzugs, in der Überwachung der Vollzugsdauer, im Übrigen aber in der Überwachung des Vollzugs nur insoweit besteht, ob die Freiheitsentziehung ihrer Art nach dem Urteil entspricht, während die von der Vollzugsbehörde in eigener Verantwortung wahrzunehmende und der Überwachung der Vollstreckungsbehörde entzogene Tätigkeit darin besteht, die Regeln des Strafvollzugsgesetzes bzw. der Maßregelvollzugsgesetze und die ergänzenden im Verwaltungsweg getroffenen Vollzugsvorschriften anzuwenden. Zu der der Vollstreckungsbehörde obliegenden Überwachung der Vollzugsdauer gehört auch ihre Mitwirkung bei der Herbeiführung der gerichtlichen Entscheidung, ob die Voraussetzungen einer Aussetzung des Restes einer Freiheitsstrafe (§§ 57, 57a StGB) gegeben sind (§ 36 Abs. 2 StVollstrO). Bei der Vollstreckung freiheitsentziehender Maßregeln der Besserung und Sicherung (§§ 63, 64, 66, 66a, 66b StGB) veranlasst die Vollstreckungsbehörde rechtzeitig vor dem Ablauf bestimmter Fristen die Prüfung, ob die weitere Vollstreckung der Unterbringung zur Bewährung auszusetzen oder für erledigt zu erklären ist (§ 67e Abs. 1 Satz 1 StGB).

III. Vollstreckung und Vollzug als Angelegenheiten der Justizverwaltung

Auch im Stadium der Vollstreckung und des Vollzugs sind gewisse Entscheidungen 16
dem Gericht vorbehalten.[24] Im Übrigen obliegen **beide Tätigkeiten** grundsätzlich weisungsgebundenen Behörden und sind damit als **Geschäfte der Justizverwaltung** (= Gerichtsverwaltung i.S. des § 4 Abs. 2 Nr. 1 DRiG)[25] gekennzeichnet. Die Rechtsetzungsbefugnis auf diesem Gebiet steht also, soweit nicht bundesrechtliche Vorschriften entgegenstehen, den Ländern zu (Art. 72, 74 Nr. 1 GG) und ist durch die Föderalismusreform für den Vollzug zugunsten der Länder erweitert worden. In diesem Rahmen haben die Justizverwaltungen zur Ergänzung der lückenhaften Vollstreckungsvorschriften der

23 RGSt **5** 32; **30** 137.
24 Beispiele §§ 453, 458, 459d, 459o, 460, 463 Abs. 2.
25 Meyer-Goßner/*Schmitt* 1; *Bringewat* Einl. 31.

StPO Justizverwaltungsanordnungen erlassen. Das Bedürfnis dafür ist durch das Inkrafttreten des StVollzG und der Vollzugsgesetze der Länder keineswegs entfallen. Denn diese beschränken sich auf die **notwendigen** Regelungen und machen die zahlreichen bundeseinheitlichen oder auch unterschiedlichen verwaltungsrechtlichen Regelungen der Länder nicht überflüssig.[26]

17 Von der **Notwendigkeit und Zulässigkeit** solcher ergänzenden Regelungen geht auch § 4 Abs. 2 StVollzG aus. Die Länder haben daher „Verwaltungsvorschriften zum Strafvollzugsgesetz (VVStVollzG)“ und „Dienst- und Sicherheitsvorschriften für den Strafvollzug (DSVollzO)“ vereinbart, die am 1.1.1977 in Kraft getreten sind.

IV. Grundlagen der Strafvollstreckung

18 Die die Strafvollstreckung betreffenden Justizverwaltungsvorschriften wurden erstmals einheitlich in der **StVollstrO** – StVollstrO – 1935[27] zusammengefasst. Nach dem Kriege vereinbarten die Justizverwaltungen des Bundes und der Länder eine neue StVollstrO,[28] die seitdem vielfach geändert und ergänzt worden ist.[29] Die StVollstrO 1956 wurde ergänzt durch die gleichfalls einheitlich vereinbarte „Anordnung über die Einforderung und Beitreibung von Vermögensstrafen und Verfahrenskosten“ vom 15.2.1956, die an die Stelle einer entsprechenden AV des RJM vom 28.5.1937[30] trat. Sie wurde mit Wirkung vom 1.1.1975 – wegen der Änderung der strafprozessualen Vorschriften über die Vollstreckung der Geldstrafe (§§ 459 ff.) – ersetzt durch die wiederum bundeseinheitlich vereinbarte „Einforderungs- und Beitreibungsanordnung“ (EBAO) vom 1.8.2011.[31]

19 Um die Einheit des Strafvollstreckungsrechts auch für die Zukunft zu erhalten, vereinbarten die Landesjustizverwaltungen, dass **Änderungen** der StVollstrO **nur im allseitigen Einvernehmen** der Justizverwaltungen von Bund und Ländern vorgenommen werden, soweit es sich nicht lediglich um ergänzende Vorschriften handelt.[32] Soweit die StVollstrO die Auslegung gesetzlicher Vorschriften betrifft, bindet sie die Strafvollstreckungsbehörden nur bis zum Ergehen einer gerichtlichen Entscheidung im Einzelfall. Die Gerichte sind bei der Gesetzesauslegung nicht an die StVollstrO als eine Verwaltungsvorschrift gebunden.[33] Bei der Vollstreckung von Entscheidungen gegen Jugendliche und Heranwachsende gilt die StVollstrO nur insoweit, als nicht die Vorschriften des JGG, des OWiG und die von den Landesjustizverwaltungen vereinbarten „Richtlinien zum Jugendgerichtsgesetz“ vom 15.2.1955[34] in der Fassung der Bekanntmachung vom 12.7.1994[35] etwas anderes bestimmen (§ 1 Abs. 3 StVollstrO; II 6 der Richtlinien zu §§ 82 bis 85 JGG).

---

26 Begr. RegEntw. BTDrucks. **7** 918 S. 41.

27 AV RJM vom 7.12.1935, DJ **1935** 1800.

28 Vom 15.2.1956 – BAnz. Nr. 42.

29 Vom 1.8.2011 (BAnz. Nr. 112a S. 1), geändert durch ÄndVwV vom 10.8.2017 (BAnz. AT vom 18.8.2017 B6).

30 DJ **1937** 840.

31 BAnz. Nr. 112a S. 1, 22.

32 *Pohlmann/Jabel/Wolf* Einl. 5.

33 BVerfGE **29** 315 = NJW **1970** 2287; RGSt **74** 388; OLG Bremen NJW **1951** 84; OLG Hamm NStZ **1987** 343; *Dünnebier* GA **1969** 218; KK/*Appl* 5; Meyer-Goßner/*Schmitt* 2; *Bringewat* 4.

34 Ebenfalls mehrfach geändert, zuletzt mit Wirkung vom 20.1.1980.

35 ABl. Berlin 1994, S. 2313.

V. Grundlagen des Strafvollzugs

Wegen der Grundlagen der Regelung des Strafvollzugs sowie des Rechtsschutzes 20
des Gefangenen gegen Maßnahmen der Vollzugsbehörde vgl. die Erläuterungen in den Kommentierungen von *Laubenthal/Nestler/Neubacher/Verrel*, *Schwind/Böhm/Jehle/Laubenthal* sowie *Arloth/Krä*.

VI. Grundlagen für den Vollzug von Freiheitsentziehungen gegen Jugendliche und Heranwachsende

Für den Vollzug von Jugendarrest ist in § 90 JGG eine gesetzliche Regelung getroffen 21
worden. Ferner war in dem früheren (inzwischen weggefallenen) § 115 JGG der Bundesregierung die Ermächtigung erteilt, durch Rechtsverordnung eine Reihe wichtiger Vollzugsfragen zu regeln (wegen einer entsprechenden Regelung für den Vollzug von Strafarrest an Soldaten der Bundeswehr vgl. Rn. 31). Auf dieser Grundlage wurde die JAVollzO vom 12.8. 1966,[36] zuletzt geändert durch Gesetz vom 26.6.1990,[37] erlassen (dazu bundeseinheitlich von den Landesjustizverwaltungen vereinbarte „Richtlinien zur JugendarrestvollzugsO"). Das BVerfG hat diese Praxis mit Urteil vom 31.5.2006[38] zu Recht beanstandet und dem Gesetzgeber unter Gewährung einer Übergangsfrist bis zum Ablauf des Jahres 2007 aufgegeben, eine verfassungskonforme gesetzliche Regelung für Grundrechtseingriffe im Jugendstrafvollzug zu schaffen. Nach dem Übergang der Gesetzgebungskompetenz für den Strafvollzug im Rahmen der Föderalismusreform zum 1.9.2006 haben die Länder für ihren jeweiligen Geschäftsbereich teilweise identische Jugendstrafvollzugsgesetze erlassen.[39]

VII. Rechtsschutz gegen Maßnahmen der Vollstreckungsbehörde

Der Rechtsschutz des Verurteilten ist zunächst dadurch gewahrt, dass in dem in 22
§§ 458, 459o, 461 Abs. 2 bezeichneten Umfang das Gericht zur Entscheidung über Maßnahmen und Entscheidungen der Vollstreckungsbehörden berufen ist.[40] Im Übrigen sieht § 21 StVollstrO vor, dass über **Einwendungen** gegen Entscheidungen oder andere Anordnungen der Vollstreckungsbehörden, soweit das Gericht nicht zuständig ist, die Generalstaatsanwaltschaft entscheidet, und dass gegen Entscheidungen oder Maßnahmen der Generalstaatsanwaltschaft die oberste Behörde der Landesjustizverwaltung, gegen solche des Generalbundesanwalts beim Bundesgerichtshof das Bundesministerium der Justiz und für Verbraucherschutz angerufen werden kann.[41] Außerdem sind auch Maßnahmen und Entscheidungen der Vollstreckungsbehörde, soweit nicht das Gericht – erkennendes oder Strafvollstreckungskammer – nach §§ 458, 459f, 459o, 462, 462a, 463 zur Entscheidung zuständig ist, **nach Maßgabe der §§ 23 ff. EGGVG** anfechtbar und

---

36 BGBl. I S. 505; geändert durch VO vom 29.11.1972, BGBl. I S. 2205, und – mit Wirkung vom 1.1.1977 – durch die VO vom 18.8.1976, BGBl. I S. 2349 in der Fassung der Bekanntmachung vom 30.11.1976, BGBl. I S. 3270.

37 BGBl. I S. 1163, 1192.

38 NJW **2006** 2093.

39 Vgl. Abdruck bei *Diemer/Schatz/Sonnen*.

40 *Bringewat* Einl. 39.

41 *Bringewat* Einl. 40; *Röttle/Wagner* Rn. 33 ff.

können der Entscheidung des Oberlandesgerichts unterbreitet werden. Eine solche Anfechtung setzt nach § 24 Abs. 2 EGGVG voraus, dass, wenn die Maßnahme der Beschwerde oder einem anderen förmlichen Rechtsbehelf im Verwaltungsverfahren unterliegt, zunächst das Beschwerdeverfahren (sog. **Vorschaltbeschwerdeverfahren**) durchgeführt ist. Es ist anerkannt, dass das Beschwerdeverfahren nach § 21 StVollstrO ein solches **Vorschaltbeschwerdeverfahren** darstellt.[42]

VIII. Regelungsbereich

23 Die §§ 449 ff. behandeln nur die Vollstreckung der von **Strafgerichten** festgesetzten Strafen, Nebenstrafen, Nebenfolgen oder Maßregeln der Besserung und Sicherung. Sie gelten auch – wenn auch zufolge des im Jugendstrafrechts vorherrschenden Erziehungsgedankens in modifizierter Anwendung[43] – für die Vollstreckung von Erziehungsmaßregeln, Zuchtmitteln und Jugendstrafe nach § 2 JGG, soweit dieses Gesetz – wie z. B. in den §§ 82 bis 89b JGG – nicht abweichende Regelungen trifft.

24 Der Abschnitt regelt nur die Vollstreckung der in einem Urteil oder in einer dem Urteil gleichstehenden Entscheidung (§§ 410 Abs. 3, §§ 460, 462) verhängten **Kriminalstrafen,**[44] während für die Vollstreckung von Ordnungs- und Zwangsmitteln[45] in Straf- und Bußgeldsachen (§§ 51, 70, 77, 95, 161a Abs. 2) neben den hierfür geltenden § 36 StPO und § 179 GVG die Art. 7, 8 EGStGB 1974[46] maßgebend sind.[47] Von den letztgenannten Vorschriften sind einige den Bestimmungen des Ersten Abschnitts des Siebenten Buchs nachgebildet; so Art. 7 Abs. 2, 3 EGStGB dem § 459a Abs. 2, 3, Art. 7 Abs. 4 dem § 459o, Art. 8 Abs. 1 dem früheren § 459, Art. 8 Abs. 2 dem § 459 f. Darüber hinaus sind einzelne Bestimmungen des Abschnitts (z. B. Begnadigungsrecht (§ 452), Aufschub der Vollstreckung (§ 455)) auch auf derartige Mittel entsprechend anwendbar, und es sind, wenn die Staatsanwaltschaft Ordnungs- und Zwangshaft vollstreckt, die für die Vollstreckung von Kriminalstrafen geltenden Vorschriften der StVollstrO sinngemäß anwendbar (§ 1 Abs. 2, § 88 Abs. 1 StVollstrO). Wenn aber der Vorsitzende des Gerichts unmittelbar die Vollstreckung veranlasst (§ 179 GVG, § 36 Abs. 2 Satz 2 StPO), so ist ihm auch die Entscheidung überlassen, ob und welche Vorschriften der StVollstrO anzuwenden sind (§ 88 Abs. 2 StVollstrO). Damit ist zum Ausdruck gebracht, dass das Gericht in richterlicher Unabhängigkeit handelt.[48] Betreibt die Staatsanwaltschaft die Vollstreckung von Ordnungsgeld, so ist sie allein auch zur Bewilligung von Ratenzahlungen zuständig.[49]

25 Wegen des Vollzugs einer gerichtlich angeordneten Ordnungs-, Sicherungs-, Zwangs- und Erzwingungshaft (sog. **Zivilhaft)** vgl. §§ 171 bis 175 StVollzG.

---

42 OLG Hamm NJW **1961** 141; JVBl. **1963** 42; OLG Bamberg JVBl. **1963** 175; OLG Oldenburg MDR **1968** 782; *Baumann* MSchKrim. **1964** 62 ff.; *Lorenz* NJW **1963** 702; *Peters* JZ **1968** 78; *Pohlmann* Rpfleger **1964** 219; *Eb. Schmidt* NJW **1967** 217; *Weiß* JZ **1967** 584; *Bringewat* Einl. 39, 41; *Pohlmann/Jabel/Wolf* § 21, 2 ff.; **a. A.** OLG Nürnberg JVBl. **1961** 190; OLG Celle MDR **1964** 697; **1967** 63; OLG Hamm NJW **1969** 672; OLG Hamburg Rpfleger **1981** 243; *Altenhain* Rpfleger **1963** 370; DRiZ **1964** 301; **1966** 365; JZ **1966** 17.

43 *Bringewat* Einl. 16.

44 KK/*Appl* 4; Meyer-Goßner/*Schmitt* 5; *Bringewat* Einl. 15.

45 *Röttle/Wagner* Rn. 517 ff.; KK/*Appl* 4; Meyer-Goßner/*Schmitt* 5.

46 Sie betreffen Zahlungserleichterungen bei Ordnungsgeld (Art. 7) und nachträgliche Entscheidungen über die Ordnungshaft (Art. 8); vgl. näher die Erl. zu diesen Vorschriften in diesem Kommentar bei LR/*Ignor/Bertheau* § 51, Anhang.

47 *Pohlmann* Rpfleger **1958** 12.

48 *Röttle/Wagner* Rn. 10; KK/*Appl* 4.

49 OLG Hamm GA **1960** 318; JMBlNRW **1971** 274.

IX. Vollstreckung von Bußgeldentscheidungen wegen Ordnungswidrigkeiten

1. Bußgeldbescheid der Verwaltungsbehörde. Ist durch rechtskräftigen Bußgeldbescheid der Verwaltungsbehörde auf Geldbuße und Nebenfolgen erkannt, so ist **Vollstreckungsbehörde die Verwaltungsbehörde,** die den Bußgeldbescheid erlassen hat (§ 92 OWiG). Dies gilt auch, wenn der Betroffene gegen einen Bußgeldbescheid verspätet oder nicht formgerecht Einspruch eingelegt oder einen form- und fristgerecht eingelegten Einspruch zulässigerweise (§ 67 OWiG) zurückgenommen oder das Gericht den Einspruch nach § 70 oder nach § 74 Abs. 2 Satz 1 OWiG als unzulässig verworfen hat.[50] Die Vollstreckung richtet sich gemäß § 90 OWiG, soweit das Gesetz nichts anderes bestimmt, nach den Vorschriften des VerwaltungsvollstreckungsG vom 27.4.1953,[51] wenn eine Verwaltungsbehörde des Bundes den Bußgeldbescheid erlassen hat, sonst nach den landesrechtlichen Vorschriften.[52] Über Einwendungen gegen die Zulässigkeit der Vollstreckung, gegen Anordnungen der Vollstreckungsbehörde über Zahlungserleichterungen und gegen die sonst bei der Vollstreckung von Bußgeldentscheidungen der Verwaltungsbehörde getroffenen Maßnahmen entscheidet nach § 103 OWiG das Gericht (§ 104 OWiG). 26

Das Gericht entscheidet auch auf Antrag der Vollstreckungsbehörde über die Anordnung der **Erzwingungshaft** gegen den zahlungsunwilligen Betroffenen (§ 96 OWiG). Wird sie angeordnet, so gilt für ihre Vollstreckung § 451 StPO, im Verfahren gegen Jugendliche und Heranwachsende gelten auch § 82 Abs. 1, § 83 Abs. 2, §§ 84, 85 Abs. 5 JGG sinngemäß (§ 97 OWiG).[53] Die Vorschriften der StVollstrO über die Vollstreckung von Freiheitsstrafen sind entsprechend anzuwenden (§ 87 StVollstrO). Ferner sind weiterhin die §§ 455, 456 Abs. 1 und § 457 StPO sinngemäß anzuwenden. Da die Stellung des Antrags auf Anordnung der Erzwingungshaft in das Ermessen der Verwaltungsbehörde gestellt ist, ist sie auch als befugt anzusehen, den Antrag vor Anordnung der Haft zurückzunehmen.[54] 27

2. Gerichtliche Bußgeldentscheidungen. Für die Vollstreckung gerichtlicher Bußgeldentscheidungen, d. h. der im gerichtlichen Bußgeldverfahren und im Strafverfahren ergangenen Entscheidungen, in denen eine Geldbuße oder eine Nebenfolge einer Ordnungswidrigkeit festgesetzt ist,[55] gelten nach § 91 OWiG die § 451 Abs. 1 und 2, die §§ 459 und 459g Abs. 1 sowie Abs. 2 i. V. m. § 459, im Verfahren gegen Jugendliche und Heranwachsende auch § 82 Abs. 1, § 83 Abs. 2, §§ 84, 85 Abs. 5 JGG sinngemäß.[56] Ergänzende Verwaltungsvorschriften enthält § 87 StVollstrO.[57] Vollstreckungsbehörde i. S. des § 96 Abs. 1 OWiG, die von Amts wegen entscheidet, ist auch der Jugendrichter als Vollstreckungsleiter (§ 82 JGG). 28

---

50 Göhler/*Seitz/Bauer* § 90, 1a; KK-OWiG/*Mitsch* § 90, 2; *Baldauf* NJW **1970** 460; *Pohlmann* Rpfleger **1970** 200; *Stadie* MDR **1970** 386; *Bringewat* Einl. 19; **a. A.** *Günther* NJW **1969** 2273; DAR **1970** 41.

51 BGBl. I S. 157.

52 Eine Übersicht befindet sich bei Göhler/*Seitz/Bauer* § 90, 6.

53 Göhler/*Seitz/Bauer* § 96, 19; KK-OWiG/*Mitsch* § 97, 8; *Bringewat* Einl. 22; 34.

54 LG Mainz DAR **1974** 108; Göhler/*Seitz/Bauer* § 96, 19; KK-OWiG/*Mitsch* § 89, 5 ff.; *Bringewat* Einl. 18; *Röttle/Wagner* Rn. 508.

55 Göhler/*Seitz/Bauer* Vor § 89, 4 ff.; KK-OWiG/*Mitsch* § 89, 6; *Bringewat* Einl. 20.

56 KK/*Appl* 15; *Bringewat* Einl. 20.

57 *Pohlmann* Rpfleger **1968** 264; vgl. Erl. bei *Pohlmann/Jabel/Wolf* § 87; KK-OWiG/*Mitsch* § 89, 6; *Bringewat* Einl. 21.

X. Nebengeschäfte der Vollstreckung

29 Nach Rechtskraft des Urteils obliegen der Vollstreckungsbehörde aufgrund gesetzlicher Vorschriften (z. B. § 479, § 480 § 481 Abs. 1 Satz 2, § 482 Abs. 2, § 487; §§ 14, 17 EGGVG) eine Reihe von **Mitteilungspflichten.** Mitteilungen vom Ausgang des Strafverfahrens an Behörden und Stellen zur Erfüllung von deren Aufgaben sowie die Mitteilungen zum Bundeszentralregister und Verkehrszentralregister haben als Nebengeschäfte der Strafvollstreckung damit nichts zu tun.

XI. Rechtshilfe

30 **1. Inland.** Die **Vollstreckungshilfe** im Inland richtet sich nach den §§ 162, 163 GVG und nach § 9 StVollstrO. Diese Vorschriften gelten nicht nur für die Vollstreckung von **Freiheitsstrafen** (wozu auch die Vollstreckung von Ordnungshaft (§§ 51, 70; § 178 GVG) gehören), sondern auch für die Vollstreckung von **Maßregeln der Besserung und Sicherung** (§ 463 Abs. 1, § 9 StVollstrO).

31 Sofern eine Vollstreckungsanordnung **außerhalb des Bundeslandes**, in dem die Vollstreckungsbehörde ihren Sitz hat, durch eine **Landesbehörde** durchgeführt werden soll, hat die Vollstreckungsbehörde die **hierfür örtlich zuständige Staatsanwaltschaft des anderen Bundeslandes** um **Vollstreckungshilfe** (§ 9 Abs. 1 Satz 1 StVollstrO) zu ersuchen. Kein Fall der Vollstreckungshilfe liegt danach bei Verschubungen oder Ladungen aus einem anderen Bundesland in eine Justizvollzugsanstalt vor, dem die Vollstreckungsbehörde angehört.[58] Die Einschaltung einer anderen Staatsanwaltschaft im Wege der Vollstreckungshilfe ist auch danach nicht erforderlich, wenn nach Art. 5 EGWStG Strafen gegen Soldaten durch die Bundeswehr vollzogen werden sollen,[59] denn in einem solchen Fall soll die Vollstreckungsmaßnahme nicht durch eine **Landesbehörde** durchgeführt werden.

32 Die Regelungen in §§ 162, 163 GVG und § 9 Abs. 1 Satz 1 StVollstrO haben mit der **Vereinbarung** der Bundesländer zur **Vereinfachung und Beschleunigung der Strafvollstreckung** vom 13.1.1965[60] an Bedeutung verloren, denn darin gestatten die Bundesländer die Vornahme von Vollstreckungsmaßnahmen in ihrem Land durch Vollstreckungsbehörden eines anderen Bundeslandes. Ferner gestatten sie die Inanspruchnahme ihrer Polizeidienststellen und verzichten auf die den Strafvollzugsbehörden und Polizeidienststellen entstandenen Kosten.[61]

33 Soweit der **Generalbundesanwalt** Vollstreckungsbehörde ist, bedarf es keines Ersuchens um Vollstreckungshilfe. Die §§ 162, 163 GVG finden nämlich insoweit keine Anwendung, da sein Bezirk das gesamte Bundesgebiet umfasst.[62] Er kann nach § 9 Abs. 2 StVollstrO **unmittelbar** vollstrecken. Allerdings ist es ihm unbenommen, im Einzelfall die örtlich zuständige Staatsanwaltschaft eines Bundeslandes um Vollstreckungshilfe zu ersuchen.[63]

---

58 *Röttle/Wagner* Rn. 712.
59 *Pohlmann/Jabel/Wolf* § 9, 10.
60 *Pohlmann/Jabel/Wolf* § 9, 18.
61 *Pohlmann/Jabel/Wolf* § 9, 24.
62 LR/*Franke*[26] § 162, 9 GVG; *Pohlmann/Jabel/Wolf* § 9, 15 ff.; *Röttle/Wagner* Rn. 714.
63 *Pohlmann/Jabel/Wolf* § 9, 15; *Röttle/Wagner* Rn. 714.

2. Internationale Strafvollstreckung

a) Allgemeines. Im Rahmen der **internationalen Strafvollstreckung** ist zu unterscheiden zwischen der **Vollstreckungshilfe *für* das Ausland** (§§ 48 ff. IRG) und der **Vollstreckungshilfe *durch* das Ausland** (§§ 71 ff. IRG). Vollstreckungshilfe ist möglich aufgrund **völkerrechtlicher Vereinbarungen** oder aber auch **im vertragslosen Bereich.** Durchgreifende **verfassungsrechtliche Bedenken** bestehen gegen das Rechtsinstitut der Vollstreckungshilfe nicht.[64] 34

Die wesentlichen **rechtlichen Grundlagen** für die Vollstreckungshilfe bestehen in 35

- Vorschriften des IRG (§§ 48 ff., 71 ff. IRG),
- dem Übereinkommen über die Überstellung verurteilter Personen vom 21.3.1983 (Überstellungsübereinkommen), für die Bundesrepublik am 1.2.1992 in Kraft getreten,[65]
- dem Schengener Durchführungsübereinkommen vom 19.6.1990, in Kraft getreten am 26.3.1995,[66]
- das von der Bundesrepublik Deutschland gezeichnete, aber noch nicht ratifizierte Zusatzprotokoll vom 18.12.1997 zum Überstellungsübereinkommen,[67]
- das EG-Vollstreckungsübereinkommen vom 13.11.1991[68] und
- teilweise entsprechender Anwendung von Vorschriften der StPO.

Ergänzende Regelungen enthalten die **Richtlinien über den Verkehr mit dem Ausland in Strafsachen (RiVASt)** in den Nrn. 64 ff. und 105 ff. sowie die sie ergänzenden **Durchführungserlasse** der Bundesländer.

b) Vollstreckung ausländischer Urteile im Inland. Nach § 48 IRG kann Rechtshilfe für ein Verfahren in einer strafrechtlichen Angelegenheit durch Vollstreckung einer im Ausland rechtskräftig verhängten Strafe oder sonstigen Sanktion geleistet werden. Die **Zulässigkeit der Vollstreckung** ist an Mindestvoraussetzungen geknüpft (§ 49 IRG). Insbesondere das **Zustimmungserfordernis des Verurteilten** (§ 49 Abs. 2 IRG) war höchst umstritten.[69] Nach der deutschen Erklärung zu Art. 3 Abs. 3 ÜberstÜbk[70] ist es erforderlich, dass ein deutsches Gericht das im Urteilsstaat ergangene Urteil für **vollstreckbar** erklärt. 36

Nach Eingang eines förmlichen Ersuchens um Vollstreckungshilfe obliegt der **Staatsanwaltschaft** die Prüfung der übermittelten Unterlagen (§ 50 Satz 2 IRG). Ggf. gibt sie dem ersuchenden Staat Gelegenheit, ergänzende Unterlagen beizubringen (§ 52 Abs. 1 IRG). Alsdann legt sie den Vorgang mit ihrem Antrag, der sich stets zu den einzelnen Zulässigkeitsvoraussetzungen verhalten muss, dem Gericht vor. **Sachlich zuständig** ist das Landgericht (§ 50 Satz 1 IRG, § 78a Abs. 1 Satz 2 Nr. 3 GVG). Die **örtliche Zuständigkeit** richtet sich grundsätzlich nach dem **Wohnsitz** des **Verurteilten** (§ 51 IRG). Soweit die Vollstreckung des ausländischen Erkenntnisses zulässig ist, wird es für vollstreckbar erklärt (§ 54 Abs. 1 Satz 1 IRG). Zugleich wird die insoweit verhängte Sanktion in die ihr im deutschen Recht am meisten entsprechende Sanktion umgewandelt (§ 54 37

---

64 BVerfG NJW **1983** 2757, 2761 f.
65 BGBl. II (1991) S. 1007.
66 BGBl. II (1993) S. 1013 und bezüglich des Beitritts von Italien, Spanien und Portugal BGBl. II (1993) S. 1902.
67 Vgl. BRDrucks. 220/02.
68 BGBl. II (1997) S. 1351.
69 Schomburg/Lagodny/*Hackner* § 49, 32 f.
70 BGBl. II (1992) S. 98.

Abs. 1 Satz 2 IRG). Die Einzelheiten sind in § 54 IRG geregelt. Die Entscheidung ergeht stets durch **Beschluss** (§ 55 Abs. 1 Satz 1 IRG). Er ist zu begründen (§ 77 IRG i. V. m. § 34 StPO) und da er mit einem befristeten Rechtsmittel, nämlich der sofortigen Beschwerde (§ 55 Abs. 2 Satz 1 IRG), angefochten werden kann, mit einer Rechtsmittelbelehrung zu versehen (§ 35a Satz 1) und dem Betroffenen durch Zustellung (§ 35 Abs. 2 Satz 1) bekannt zu machen.

38 Die **rechtskräftige Entscheidung über die Vollstreckbarkeit** teilt die Staatsanwaltschaft dem **Bundeszentralregister** mit (§ 55 Abs. 3 IRG; Nr. 71 RiVASt). Zugleich ist der obersten Justizbehörde wegen der **Bewilligung der Vollstreckungshilfe** (§ 56 IRG) zu berichten (Nr. 69 Abs. 2 RiVASt). Die Bewilligung obliegt in der Regel der obersten Justizbehörde. Die **Entscheidung über die Bewilligung der Vollstreckungshilfe** ist nach § 56 Abs. 2 IRG dem **Bundeszentralregister** mitzuteilen.

39 Mit der Überstellung des Verurteilten bzw. der Übernahme der Vollstreckung beginnt die **Vollstreckungszuständigkeit im Inland.** Das ausländische Straferkenntnis in der Form der **Exequaturentscheidung** wird wie ein **deutsches Urteil** vollstreckt. Es kommt **inländisches Vollstreckungsrecht** zur Anwendung (Art. 9 Abs. 3 ÜberstÜbk). Die Staatsanwaltschaft ist die **zuständige Vollstreckungsbehörde.** Für die Vollstreckung finden die Vorschriften des Strafgesetzbuches, des Jugendgerichtsgesetzes, der StPO und des Gerichtsverfassungsgesetzes entsprechende Anwendung, soweit das IRG keine Regelung trifft (§ 77 IRG).

40 **c) Vollstreckung inländischer Urteile im Ausland.** Nach § 71 IRG kann ein **ausländischer Staat** um Vollstreckung einer im Geltungsbereich des IRG gegen einen Ausländer verhängten Strafe oder sonstigen Sanktion ersucht werden. § 71 IRG regelt also die Vollstreckungshilfe durch **Vollstreckung** der von einem **deutschen Gericht gegen** einen **Ausländer verhängten Sanktion im Ausland** und damit die Abgabe der Strafvollstreckung an den ausländischen Staat. Sinn, Zweck und Konzeption dieser Vollstreckungshilfe entsprechen im Wesentlichen den §§ 48 ff. IRG.[71]

41 Die Staatsanwaltschaft prüft als **Vollstreckungsbehörde** in eigener Zuständigkeit zunächst die Zulässigkeit eines Ersuchens nach § 71 IRG. Schon die von der Vollstreckungsbehörde zu treffende **Entscheidung, ob** überhaupt das Verfahren weiter betrieben werden soll, setzt eine **rechtsfehlerfreie Ermessensausübung** voraus.[72] Bei der insoweit vorzunehmenden umfassenden Abwägung sind maßgebliche vollstreckungsrechtliche Belange gegenüber dem Resozialisierungsinteresse, inzwischen bestehenden Sprachproblemen nach langjährigem Aufenthalt im Inland mit der Entfremdung von der Kultur des ursprünglichen Herkunftslandes sowie die Vollstreckungspraxis des ersuchten Staates zu berücksichtigen.[73] Zur Vorbereitung der Entscheidung sollte eine Stellungnahme der Justizvollzugsanstalt eingeholt werden. Eine **ablehnende Entscheidung** hat die Vollstreckungsbehörde unter Darlegung der der **Gesamtabwägung** zugrundeliegenden Gesichtspunkte zu begründen. Gegen die **ablehnende Entscheidung** der Vollstreckungsbehörde, ein Überstellungsersuchen bei der Bewilligungsbehörde anzuregen, ist der **Rechtsweg** nach **§§ 23 ff. EGGVG** eröffnet.[74] Will die Vollstreckungsbehörde die Stellung eines Überstellungsersuchens befürworten, so berichtet sie der Landesjustizver-

---

71 Schomburg/Lagodny/*Hackner* § 71, 1.

72 BVerfGE **96** 100 = NStZ **1998** 140 mit Anm. *Schomburg* NStZ **1998** 142; BVerfG NStZ-RR **2005** 182.

73 Schomburg/Lagodny/*Hackner* § 71, 7 ff. m. w. N.

74 BVerfGE **96** 100 = NStZ **1998** 140 mit Anm. *Schomburg* NStZ **1998** 142 = JZ **1998** 565 mit Anm. *Lagodny*; OLG Frankfurt NStZ-RR **2002** 310; Schomburg/Lagodny/*Hackner* § 71, 18; **a. A.** KK/*Schoreit* § 23, 108 EGGVG.

waltung (Nr. 105 RiVASt), die als spätere Bewilligungsbehörde entscheidet, ob ein Vollstreckungshilfeersuchen gestellt werden soll. Soweit die Landesjustizverwaltung dies verneint, bescheidet die Vollstreckungsbehörde einen eventuellen Antragsteller. Andernfalls veranlasst sie entweder eine förmliche richterliche Anhörung (§ 71 Abs. 2 Satz 3 IRG, § 3 ÜAG) vor dem zuständigen Gericht (§ 77 IRG, § 157 GVG, Nr. 108 Abs. 1 RiVASt) oder legt die Akten der örtlich zuständigen Generalstaatsanwaltschaft vor. Diese stellt alsdann den Antrag bei dem OLG, über die Zulässigkeit der Vollstreckung in dem ausländischen Staat zu entscheiden. Der Antrag an das OLG ist zu begründen. Letzteres kann bei Zweifeln an der Zulässigkeit eines Vollstreckungshilfeersuchens auch selbst den Sachverhalt weiter aufklären (§ 30 Abs. 2 IRG), Beweise erheben (§ 30 Abs. 2 Satz 2 IRG) und auch eine mündliche Verhandlung durchführen (§ 71 Abs. 4 Satz 4, § 30 Abs. 3 IRG).

Die **Entscheidung** des OLG über die Zulässigkeit ergeht durch **Beschluss**, der zu **42** begründen ist. Erklärt das Gericht die Vollstreckungshilfe für nicht zulässig, so ist das Verfahren beendet. Wird die Vollstreckungshilfe für zulässig erklärt, so berichtet die Vollstreckungsbehörde bzw. die Generalstaatsanwaltschaft (Nr. 112 Abs. 1 RiVASt) auf dem Dienstweg der Bewilligungsbehörde und regt die Stellung eines Vollstreckungshilfeersuchens an. Damit geht das Verfahren vom rein innerstaatlichen Verfahren in ein zwischenstaatliches Verfahren über.

Die Entscheidung der Bewilligungsbehörde ist, soweit sie **allgemein- und außen-** **43** **politische Belange** betrifft, **nicht anfechtbar.**[75] Entscheidet die Bewilligungsbehörde hingegen in ihrer Eigenschaft als **Fachaufsichtsbehörde** an Stelle der Vollstreckungsbehörde in der Vollstreckungssache selbst, so ist die Entscheidung der Bewilligungsbehörde nach den §§ 23 ff. EGGVG überprüfbar.[76]

Im Falle der Bewilligung der Vollstreckungshilfe erfolgt die **Überstellung** des Ver- **44** urteilten. Mit der **Übernahme des Verurteilten** durch seinen Heimatstaat wird die **Vollstreckung im Inland** ausgesetzt (Art. 8 Abs. 1 ÜberstÜbk). Es gilt nunmehr das **Vollstreckungsrecht** des **Vollstreckungsstaates.** Er ist für alle weiteren vollstreckungsrechtlichen Entscheidungen zuständig. Nach Art. 12 ÜberstÜbk steht das Recht der **Begnadigung** oder der **Amnestie** auch dem **Urteilsstaat** zu. Zur Entscheidung über einen Antrag des Verurteilten auf **Wiederaufnahme des Verfahrens** ist ausschließlich der Urteilsstaat berufen.

Die Erklärung des Vollstreckungsstaates, dass die **Vollstreckung abgeschlossen ist** **45** (Art. 15 Buchst. a ÜberstÜbk), ist für den Urteilsstaat **bindend.**

XII. Strafvollstreckung an Soldaten der Bundeswehr

Nach Art. 5 Abs. 1 EGWStG 1957 i. d. F. des Gesetzes vom 21.8.1972[77] wird Strafarrest **46** an Soldaten der Bundeswehr von den Behörden der Bundeswehr vollzogen, auf Ersuchen der Vollstreckungsbehörde (§ 22 Abs. 3 StVollstrO) auch Freiheitsstrafe von nicht mehr als sechs Monaten sowie Jugendarrest.[78] Sie sind dann wie Strafarrest zu vollziehen. Die Aufgaben der Vollstreckungsbehörde und des Gerichts im Vollstreckungsstadium bleiben danach unberührt. Die Abweichung gegenüber dem für Zivilpersonen geltenden Recht besteht lediglich darin, dass an die Stelle der Vollzugsbehörden der Justizverwaltung die der Bundeswehr treten oder treten können. Den Vollzug des Strafar-

75 Schomburg/Lagodny/*Hackner* § 71, 18.
76 BVerfG NStZ-RR **2005** 182.
77 BGBl. I S. 1481.
78 Art. 5 Abs. 2 EGWStG; Meyer-Goßner/*Schmitt* 4; *Bringewat* Einl. 17; *Röttle*/*Wagner* Rn. 219 ff.

rests regelt § 9 Abs. 2 WStG nur im Allgemeinen. Entsprechend der Regelung in (dem inzwischen weggefallenen) § 115 JGG (Rn. 21) erteilt Art. 7 EGWStG der Bundesregierung die Ermächtigung, durch Rechtsverordnung bestimmte wesentliche Punkte für den Vollzug des Strafarrests durch Behörden der Bundeswehr zu regeln. Dies ist geschehen durch die Bundeswehrvollzugsordnung (BWVollzO) vom 29.11.1972 betreffend den Vollzug von Freiheitsstrafe, Strafarrest, Jugendarrest und Disziplinararrest durch Behörden der Bundeswehr.[79]

XIII. Notwendige Verteidigung im Vollstreckungsverfahren

47 Auch wenn im Vollstreckungsverfahren lediglich für Verfahren nach § 463 Abs. 3 Satz 4 (§ 463 Abs. 3 Satz 5), § 463 Abs. 4 (§ 463 Abs. 4 Satz 8) und § 463 Abs. 8 die **Bestellung eines Verteidigers** vorgesehen ist, so geht aber auch § 454 Abs. 2 für die danach zu treffenden Entscheidungen von einer Mitwirkung eines Verteidigers aus (§ 454 Abs. 2 Satz 3 und 4), auch wenn dessen Bestellung nicht gesetzlich ausdrücklich vorgeschrieben ist. Dass auch im **Vollstreckungsverfahren** die **Bestellung eines Verteidigers** geboten ist, wenn die **Sach- oder Rechtslage schwierig** oder **ersichtlich** ist, dass sich der Verurteilte nicht selbst verteidigen kann, ist in der neueren obergerichtlichen Rechtsprechung kaum noch streitig.[80] Der **Grundsatz des fairen Verfahrens** gilt angesichts der Komplexität vollstreckungsrechtlicher Entscheidungen[81] auch – und gerade – im **Vollstreckungsverfahren.**[82] Die **Bestellung eines Verteidigers** ist daher **regelmäßig** vor **Entscheidungen nach § 454 Abs. 2** und vor **allen Entscheidungen nach § 463,** soweit diese die Entscheidung über eine **weitere Vollstreckung einer freiheitsentziehenden Maßregel der Besserung und Sicherung** betreffen, geboten, um sicherzustellen, dass auch im Vollstreckungsverfahren die Verfahrensrechte des Verurteilten wahrgenommen und sichergestellt werden. Ob und in welchem Umfang etwa im Verfahren nach den §§ 455, 458 Abs. 2 oder § 459f eine Verteidigerbestellung in Betracht kommt, weil ersichtlich ist, dass sich der Verurteilte nicht selbst verteidigen kann (z. B. bei Analphabeten, sprachunkundigen Ausländern oder aktenkundiger Intelligenzminderung), bedarf der Prüfung im Einzelfall. Die Bestellung eines Verteidigers erfolgt im Vollstreckungsverfahren für jeden Verfahrensabschnitt mit Ausnahme der Vollstreckung der Unterbringung in der Sicherungsverwahrung (§ 463 Abs. 8 StPO) gesondert.[83] Eine mit Beginn der Vollstreckung getroffene Festlegung auf einen ganz bestimmten Verteidiger für die gesamte Dauer des Vollstreckungsverfahrens würde insbesondere bei lang andauernder Vollstreckung der Dynamik eines Vollstreckungsverfahrens nicht gerecht werden und unter Umständen sogar ein faires Vollstreckungsverfahren beeinträchtigen. Dass fiskalische Erwägungen bei der Frage des Erfordernisses der notwendigen Verteidigung im Vollstreckungsverfahren außer Betracht zu bleiben haben, versteht sich von selbst, da es sich um sachfremde Erwägungen handelt.

---

79 Wegen der Geltung der StVollstrO vgl. § 5 BWVollzO i. V. m. § 1 Abs. 3 StVollstrO.

80 Vgl. die umfangreichen Rechtsprechungsnachweise bei LR/*Jahn* § 140, 99 m. w. N. in Fn. 422; 115 ff. mit einer umfangreichen Kasuistik; *Graalmann-Scheerer* StV **2011** 696, 700.

81 KG StV **2007** 94; OLG Karlsruhe NStZ-RR **2004** 19.

82 BVerfGE **86** 288, 317; LR/*Kühne* Einl. Abschn. I 112.

83 OLG Celle StV **2021** 258; OLG Düsseldorf StraFo **2011** 371; OLG Zweibrücken NStZ **2010** 470; OLG München StraFo **2009** 527; OLG Frankfurt NStZ-RR **2003** 252; KG NStZ-RR **2002** 63; **a. A.** OLG Stuttgart **2000** 3367.

B. Besonderheiten in Bezug auf rechtskräftige Entscheidungen der früheren DDR

I. Frühere Regelung

Schon **vor der Vereinigung** der beiden Teile Deutschlands wurden Strafurteile von Gerichten der früheren DDR in der Bundesrepublik grundsätzlich als wirksam und vollstreckungsfähig angesehen.[84] Jedoch konnte ein Verurteilter nach **§ 15 RHG** die Feststellung der Unzulässigkeit der Vollstreckung in der Bundesrepublik – und zwar selbst dann noch – beantragen, wenn die Strafe bereits vollstreckt war. Antragsgrund war entweder die Unangemessenheit von Art und Höhe der Strafe nach rechtsstaatlichen Grundsätzen oder die Unverträglichkeit mit dem Zweck eines Bundesgesetzes (§ 2 RHG). Dieses Gesetz ist durch die staatliche Vereinigung obsolet und aufgehoben worden.[85] 48

II. Jetzige Regelung

1. Bedeutung des Art. 18 EinigungsV

a) Grundsätzliches. Art. 18 Abs. 1 EinigungsV stellt in **Satz 1** klar, dass Entscheidungen von Gerichten der früheren DDR nicht generell als unwirksam oder überprüfungsbedürftig angesehen werden und nach Maßgabe des gemäß Art. 8 EinigungsV in Kraft gesetzten oder gemäß Art. 9 EinigungsV fortgeltenden Rechts nunmehr auch in den alten Bundesländern vollstreckt werden können.[86] Aus seinem zweiten Halbsatz folgt weiter, dass für die Vollstreckung strafgerichtlicher Entscheidungen grundsätzlich die Vorschriften der §§ 449 ff., ergänzt durch das JBeitrG, sowie die hierzu getroffenen Maßgaben gelten.[87] Entstehen Zweifelsfragen, kann der Betroffene eine gerichtliche Entscheidung nach §§ 458, 462 oder §§ 23 ff. EGGVG herbeiführen,[88] soweit nicht nach Nr. 14 Buchst. d bis f und j[89] besondere Verfahren vorgesehen sind. 49

b) Einzelerläuterungen

aa) Allgemeines. Nach **Art. 18 Abs. 1 Satz 2 EinigungsV** richtet sich aufgrund des in Rn. 49 dargelegten Rechts auch die Überprüfung der Vereinbarung von Entscheidungen und ihrer Vollstreckung mit rechtsstaatlichen Grundsätzen. Dem Betroffenen standen dafür neben den zulässigen Rechtsmitteln und behelfen der StPO (z. B. Wiederaufnahme des Verfahrens nach §§ 359 ff.; Überprüfung von Vollstreckungsmaßnahmen 50

---

84 LR/*Schäfer*[24] Einl. Kap. 16 Rn. 38. Als nichtig angesehen wurden allerdings schon damals die Urteile des LG Chemnitz in den sog. Waldheimer Prozessen (*Kemper/Lehner* NJW **1991** 329 Fn. 4). Durch § 1 Abs. 2 StrRehaG – das Gesetz ist als Art. 1 Teil des 1. SED-UnBerG vom 29.10.1992 (BGBl. I S. 1814) – ist dieser Standpunkt ausdrücklich bestätigt worden.

85 Anl. I Kap. III Sachgeb. C Abschn. II Nr. 5 EinigungsV; *Kemper/Lehner* NJW **1991** 329; *Bringewat* Vor § 449, 5. Kommentierung des RHG von *K. Schäfer* zuletzt in der 23. Aufl. dieses Kommentars.

86 LR/*Hilger*[24] Nachtr. II EinigungsV Teil C Rdn. 5; *Kemper/Lehner* NJW **1991** 330; *Bringewat* Vor § 449, 6.

87 LR/*Hilger*[24] Nachtr. II EinigungsV Teil C Rn. 7.

88 LR/*Hilger*[24] Nachtr. II EinigungsV Teil C Rn. 31.

89 Der Anl. I Kap. II Sachgeb. A Abschn. III EinigungsV.

durch gerichtliche Entscheidung nach § 458) für eine begrenzte Zeit zunächst noch **zwei weitere** aus der Zeit der DDR-Gerichtsbarkeit stammende **Verfahren** zur Verfügung.[90]

51 **bb) Kassation.** Art. 18 Abs. 2 EinigungsV (i. V. m. Anl. I Kap. III Sachgeb. A Abschn. III Nr. 14 Maßgabe h, §§ 311 bis 327 StPO/DDR) räumte dem durch ein Strafgericht der früheren DDR Verurteilten ein **eigenes Recht** ein, die gerichtliche Kassation früherer rechtskräftiger Entscheidungen herbeizuführen.[91] Mit diesem Verfahren wurde dem Verurteilten die Möglichkeit eröffnet, solche Entscheidungen korrigieren zu lassen, die auf einer schwerwiegenden Verletzung der im Zeitpunkt der Verurteilung geltenden DDR-Strafgesetze oder strafprozessualer Vorschriften beruhten oder gröblich unrichtige Rechtsfolgenaussprüche oder sonst rechtsstaatswidrige Verurteilungen betrafen.[92]

52 **cc) Rehabilitierung.** Mit dem **Rehabilitierungsgesetz/DDR**[93] wurde dem Verurteilten durch ein besonderes Verfahren[94] darüber hinaus ermöglicht, solche Strafurteile abändern zu lassen, die zwar im Zeitpunkt der Entscheidung möglicherweise materiellrechtlich und prozessual fehlerfrei zustande gekommen, letztlich aber doch „politische" Urteile waren, weil sie Strafen für Handlungen enthielten, mit denen der Angeklagte nur Rechte wahrgenommen hatte, die durch die ihm zustehenden verfassungsmäßigen politischen Grundrechte gedeckt waren und deshalb strafrechtlich nicht geahndet werden durften.[95] Für die Beseitigung solcher Fehlentscheidungen gilt nunmehr **§ 1 StrRehaG.**[96] Seit der Änderung durch Art. 1 Nr. 2 des Gesetzes zur Verbesserung rehabilitierungsrechtlicher Vorschriften für Opfer der politischen Verfolgung in der ehemaligen DDR und zur Änderung des Adoptionsvermittlungsgesetzes vom 22.11.2019[97] ist eine Antragstellung unbefristet statthaft (§ 7 Abs. 1 StrRehaG).

2. Bedeutung der Maßgaben zur StPO[98]

53 **a) Einführung.** Wie bereits den Ausführungen in Rn. 49 zur StPO zu entnehmen ist, gilt grundsätzlich das Recht der (alten) Bundesrepublik. Für die **Strafvollstreckung** folgt daraus, dass die §§ 449 ff. StPO sowie das Justizbeitreibungsgesetz nur dann nicht angewendet werden dürfen, wenn die Maßgaben ausdrücklich eine andere Regelung vorsehen.

54 **b) Wortlaut.** Nach Nr. 14 der Anlage I Kap. III A III Anlage I Kapitel III Sachgebiet A – Rechtspflege Abschnitt III des Einigungsvertrages gilt die StPO mit folgenden Maßgaben:

„Nr. 14

a) bis c) (nicht mehr anzuwenden)

---

90 Zwar betreffen sie keine Strafvollstreckungsregelungen; gleichwohl soll auf sie zur Vervollständigung des Umfangs der Gesamtregelungen kurz eingegangen werden.

91 LR/*Hilger*[24] Nachtr. II EinigungsV Teil C Rn. 8; *Kemper/Lehner* NJW **1991** 330; *Bringewat* Vor § 449, 7.

92 LR/*Hilger*[24] Nachtr. II EinigungsV Teil C Rn. 48, 50.

93 Vom 6.9.1990 GBl. I S. 1459 – in der Fassung der Zusatzvereinbarung vom 18.9.1990 BGBl. II S. 1239.

94 Nach Art. 9 Abs. 3, Art. 17 EinigungsV i. V. m. Art. 3 Nr. 6 Zusatzvereinbarung.

95 LR/*Hilger*[24] Nachtr. II EinigungsV Teil C Rn. 51; LG Berlin DtZ **1991** 157; *Pfister* NJW **1991** 165 ff.

96 Das DDR-Rehabilisierungsgesetz ist durch § 27 Nr. 2 aufgehoben worden.

97 BGBl. I. S. 1752.

98 Gemäß Anl. I zum EinigungsV (Überleitung von Bundesrecht) Kap. III Sachgeb. A Abschn. III Nr. 14.

d) Die Vollstreckung einer Rechtsfolge aus einer Entscheidung eines Strafgerichts der Deutschen Demokratischen Republik ist zulässig, es sei denn es wird durch ein Gericht festgestellt, daß die Verurteilung mit rechtsstaatlichen Maßstäben nicht vereinbar ist oder daß Art oder Höhe der Rechtsfolge nach rechtsstaatlichen Grundsätzen nicht angemessen sind oder dem Zweck eines Bundesgesetzes widersprechen. Es kann auch festgestellt werden, daß die Rechtsfolge in einer milderen Folgenart zu vollstrecken ist. Der Antrag auf Feststellung kann von dem Verurteilten oder von der Staatsanwaltschaft gestellt werden. Der Antrag ist unzulässig, wenn ein Kassationsverfahren oder ein Rehabilitierungsverfahren durchgeführt worden ist oder ein Rehabilitierungsverfahren noch durchgeführt werden kann. Über den Antrag entscheidet das Gericht, das nach dem Strafrechtlichen Rehabilitierungsgesetz vom 29. Oktober 1992 (BGBl. I S. 1814) für die Rehabilitierung zuständig wäre. § 458 Abs. 3 Satz 1 und § 462 Abs. 1 Satz 1 und Abs. 2 gelten entsprechend. Die Entscheidung ist nicht anfechtbar. Der Aufschub oder die Unterbrechung der Vollstreckung kann auch von der Staatsanwaltschaft angeordnet werden.

e) bis h) (nicht mehr anzuwenden)

i) Das Begnadigungsrecht steht dem Bund auch dann zu, wenn ein Gericht der Deutschen Demokratischen Republik in einer Sache entschieden hat, die der Gerichtsbarkeit des Bundes unterfallen würde.

j) Die abschließende Entscheidung des Gerichts nach Maßgabe d) ist dem Generalbundesanwalt – Bundeszentralregister – mitzuteilen. Sie ist in ihm zu vermerken, wenn die Vollstreckung einer Rechtsfolge insgesamt oder in einer milderen Folgenart für zulässig erklärt worden ist. Ist die Verurteilung noch nicht im Bundeszentralregister eingetragen, so wird die Eintragung von der Registerbehörde entsprechend den Feststellungen in der abschließenden Entscheidung vorgenommen. Die Eintragung im bisherigen Strafregister der Deutschen Demokratischen Republik über eine Rechtsfolge, deren Vollstreckung für unzulässig erklärt worden ist, ist nicht in das Bundeszentralregister zu übernehmen. Bei bereits erfolgter Eintragung im Bundeszentralregister ist diese wieder zu entfernen. Eintragungen auf Grund der gerichtlichen Entscheidung werden hinsichtlich der Folgen nach dem Bundeszentralregistergesetz wie Eintragungen von Verurteilungen durch deutsche Gerichte im bisherigen Geltungsbereich des Bundeszentralregistergesetzes behandelt.

k) (nicht mehr anzuwenden)"

c) Einzelerläuterungen

aa) Maßgabe d. Die Maßgabe geht von dem Grundsatz aus, dass – entsprechend 55
Art. 18 Abs. 1 EinigungsV – Entscheidungen der früheren DDR – unter Beachtung der hierzu getroffenen Maßgaben – vollstreckt werden können und bestimmt als Ausnahme die **Unzulässigkeit der Vollstreckung,** falls ein Gericht feststellt, dass die Verurteilung mit rechtsstaatlichen Maßstäben nicht vereinbar ist, oder dass Art oder Höhe der Rechtsfolge nach rechtsstaatlichen Grundsätzen nicht angemessen sind oder dem Zweck eines Bundesgesetzes widersprechen. Neben den der StPO zur Korrektur unrichtiger Entscheidungen sowie zur Überprüfung der Vollstreckung von Entscheidungen (z. B. nach § 458) zur Verfügung stehenden Rechtsmitteln und -behelfen enthält die Maßgabe noch eine **Auffangklausel**, die sicherstellen soll, dass nicht trotzdem Unrechtsentscheidungen vollstreckt werden, weil dieses Instrumentarium nicht greift oder z. B. wegen Fristablaufs nicht mehr genutzt werden kann.

Die **gerichtliche Feststellung** kann bewirken, dass die in einer Entscheidung ver- 56
hängte Rechtsfolge nicht, nicht in vollem Umfang oder dass nur eine mildere Folgenart vollstreckt werden darf. Die Regelung ist nach dem Vorgesagten nicht anwendbar, wenn

(soweit) eine vor dem 3.10.1990 ergangene Entscheidung nach diesem Stichtag durch ein Rechtsmittelgericht überprüft und nicht beanstandet wird.

57 **Satz 1 und 2** sind § 2 Abs. 5 RHG nachgebildet, erfassen aber darüberhinausgehend auch den Fall, dass schon die „Verurteilung", also der Schuldspruch oder das Verfahren, das zur Verurteilung geführt hat, nicht mit **rechtsstaatlichen Maßstäben vereinbar** ist. Letzteres kann z. B. der Fall sein, wenn der Schuldspruch auf einer rechtsstaatswidrigen Vorschrift des materiellen Strafrechts der früheren DDR beruht oder auf einem Verfahren, das nicht rechtsstaatlichen Maßstäben entspricht (z. B. Verletzung der Grundsätze des § 136a StPO oder des rechtlichen Gehörs). Dass eine Rechtsfolge dem **Zweck eines Bundesgesetzes widerspricht** (ein Umstand, der kein Kassationsgrund ist), ist anzunehmen, wenn sie bzw. ihre Vollstreckung nicht mit wesentlichen Grundgedanken oder Zielen des Rechts der Bundesrepublik vereinbar ist (z. B. Vollstreckung einer Jugendstrafe, die über die Begrenzung des § 18 JGG hinausgeht).

58 Die **Sätze 3 bis 8** der Maßgabe enthalten im Wesentlichen Verfahrensvorschriften. Nach **Satz 3** kann der **Feststellungsantrag** nur von dem Verurteilten oder der Staatsanwaltschaft gestellt werden. Der Rechtspfleger ist nicht antragsbefugt, weil der Antrag nicht eine der Vollstreckungsbehörde obliegende Maßnahme im Sinne von § 31 Abs. 2 RPflG ist. Im Hinblick auf die **Subsidiaritätsklausel** in **Satz 4** wird der Maßgabe in der Praxis kaum große Bedeutung zukommen. Denn der Antrag ist unzulässig, wenn ein Kassationsverfahren oder ein Rehabilitierungsverfahren durchgeführt worden ist, noch läuft oder Letzteres noch beantragt werden kann.

59 Zuständig ist nach **Satz 5** das nach dem Strafrechtlichen Rehabilitierungsgesetz für die Rehabilitierung zuständige Gericht. Dieses kann nach **Satz 6** vorläufig einen **Aufschub oder eine Unterbrechung der Vollstreckung** bis zur endgültigen Entscheidung anordnen (§ 458 Abs. 3 Satz 1 StPO). Die gleiche Befugnis steht nach **Satz 8** der Staatsanwaltschaft zu. Das Gericht trifft gemäß **Satz 6** seine nicht anfechtbare Entscheidung ohne mündliche Verhandlung durch Beschluss (§ 462 Abs. 1 Satz 1), grundsätzlich nach **Anhörung** des Verurteilten bzw. der Staatsanwaltschaft. Ausnahmsweise kann von der Anhörung des Verurteilten abgesehen werden, wenn Tatsachen dafür sprechen, dass die Anhörung nicht durchführbar ist (§ 462 Abs. 2).

60 **bb) Maßgabe j.** Maßgabe j enthält strafregisterliche Folgeregelungen.

§ 449
Vollstreckbarkeit

Strafurteile sind nicht vollstreckbar, bevor sie rechtskräftig geworden sind.

Schrifttum

Beling Aufnahme der Einzelstrafen in den Urteilstenor bei Gesamtstrafenbildung, ZStW **38** (1916) 630; *ders.* Aus dem neuesten Bande der Entscheidungen des Bayerischen Obersten Landesgerichts in Strafsachen, ZStW **39** (1918) 673; *Doller* Reststrafenaussetzung bei mehreren Strafen, ZRP **1978** 55; *Erich* Zur Frage der Vollstreckbarkeit einer nicht im Urteil ausgesprochenen Einzelstrafe, GA **60** (1913) 410; *Foth* Zur Fristberechnung, wenn mehrere Freiheitsstrafen zu verbüßen sind, DRiZ **1976** 277; *Grünwald* Die Teilrechtskraft im Strafverfahren, Göttinger rechtswissenschaftliche Studien Bd. 54 (1964); *Hamann* Das Strafverfahrensänderungsgesetz 1979 in seinen Auswirkungen für die Strafvollstreckung, Rpfleger **1979** 125; *ders.* Internationale Strafvollstreckung, Rpfleger **1985** 13; *Katz* Das Verhältnis der Einzelstrafe zur Gesamtstrafe, GerS **36** (1884) 589; *Kleinknecht* Die selbständige und unselbständige Vollstreckbarkeitsbe-

https://doi.org/10.1515/9783110275025-002

scheinigung im Strafprozeßrecht, Rpfleger **1952** 210; *Knetsch* Rechtskraftbescheinigung bei Gesamtstrafen- und Widerrufsbeschlüssen? Rpfleger **1957** 75; *Krug* Zur Frage der Vollstreckbarkeit einer nicht im Urteilstenor ausgesprochenen Einzelhaft, GA **60** (1913) 61; *Küper* Unzulässige Revision und formelle Rechtskraft des Strafurteils, GA **1969** 364; *ders.* Der Eintritt der Rechtskraft bei verspäteter Revisions- oder Beschwerdebegründung, MDR **1971** 806; *Meister* Die Vollstreckbarkeit rechtskräftiger Einzelstrafen, DRiZ **1954** 46; *D. Meyer* Zur Frage der Berechnung der 2/3-Frist des § 26 StGB bei mehreren hintereinander zu verbüßenden Freiheitsstrafen, MDR **1974** 540; *H. Meyer* Bundestag und Immunität (1954); *Pohlmann* Sind rechtskräftige Einzelstrafen vollstreckbar? Rpfleger **1958** 105; *Radtke* Materielle Rechtskraft bei der Anordnung freiheitsentziehender Maßregeln der Besserung und Sicherung, ZStW **110** (1998) 297; *Schneider* Immunität und mitgebrachtes Verfahren, DVBl. **1955** 350; *G. Schwarz* Vollstreckbarkeit und Rechtskraft der Strafurteile, NJW **1954** 1228.

Entstehungsgeschichte

Die Vorschrift ist im Wortlaut unverändert geblieben (RGBl. I S. 322). Bezeichnung bis 1924: § 481.

Übersicht

Alphabetische Übersicht

I. Vollstreckung erst nach Rechtskraft

1 **1. Grundsatz.** Nach dem vor dem 1.10.1879 in mehreren Bundesstaaten geltenden Recht war es im Interesse des Verurteilten unter gewissen Voraussetzungen gestattet, mit der Vollstreckung der Strafe schon vor dem Eintritt der Rechtskraft des Urteils zu beginnen. Dies ist nach der Strafprozessordnung nicht statthaft, denn eine **vorläufige Vollstreckbarkeit** kennt die Strafprozessordnung nicht. Der **Begriff des Strafurteils** ist hier nicht im formellen Sinne des § 260 zu verstehen, sondern umfasst auch Urteilssurrogate, wie Strafbefehl, Entscheidungen nach §§ 460, 462 und solche in einem „Nachverfahren" getroffenen Entscheidungen, die einem Strafurteil die ihm zunächst fehlende Vollstreckbarkeit erst verschaffen oder die ihm entzogene Vollstreckbarkeit wieder verschaffen wie der Widerruf der Strafaussetzung zur Bewährung (§ 453 Abs. 1 Satz 1 i. V. m. § 56f Abs. 1 StGB), des Straferlasses (§ 453 Abs. 1 Satz 1 i. V. m. § 56g StGB), der Aussetzung des Strafrestes (§ 454 Abs. 4, § 453 Abs. 1 Satz 1 i. V. m. § 57 Abs. 5 StGB) oder der Unterbringung (§ 463 Abs. 6 i. V. m. § 67g Abs. 1 bis 3 StGB) und die durch Beschluss erfolgende Verurteilung zu der vorbehaltenen Strafe nach Verwarnung mit Strafvorbehalt (§ 453 Abs. 1 Satz 1 i. V. m. § 59b StGB).[1] Wird ein auf Freiheitsstrafe lautendes Urteil in der irrtümlichen Annahme vollstreckt, es sei bereits rechtskräftig, so rechnet die tatsächliche Verbüßung bei der Strafzeitberechnung in vollem Umfang wie eine ordnungsgemäß verbüßte Strafe.[2]

2. Ausnahmen

2 **a) § 56 JGG.** Nach § 31 JGG wird bei **mehreren Straftaten** eines Jugendlichen nur **einheitlich** die Reaktion festgesetzt. Das Gleiche gilt bei mehreren Straftaten eines Heranwachsenden, wenn Jugendstrafrecht angewendet wird (§ 105 JGG). Es wird also – abweichend von §§ 53 bis 55 StGB – nicht für jede der Taten eine besondere Strafe verhängt, aus denen sodann eine Gesamtstrafe gebildet wird, sondern die Mehrheit der festgestellten Straftaten wird für den Strafausspruch als Gesamtkomplex einheitlich bewertet (vgl. § 31 Abs. 1 JGG), so, als ob sie zusammen nur eine Straftat darstellten. Nach dem Grundsatz des § 449 käme eine Vollstreckung aus dem Urteil erst in Betracht, wenn die Einheitsstrafe rechtskräftig festgesetzt ist. Hier greift § 56 JGG ein. Er räumt bei Anfechtung eines Urteils, wenn die Schuldfeststellungen bei allen oder einem Teil der Taten nicht beanstandet worden sind, dem Rechtsmittelgericht die **Befugnis** ein, vor der Hauptverhandlung (durch Beschluss) das Urteil für einen **Teil der Einheitsstrafe für**

1 Wegen weiterer Nachtragsentscheidungen dieser Art vgl. § 14 StVollstrO.
2 KG JR **1964** 310.

vollstreckbar zu erklären, wenn es dem wohlverstandenen Interesse des Angeklagten entspricht (§ 56 Abs. 1 Satz 2 JGG).[3]

§ 56 JGG war im Gesetzgebungsverfahren sehr umstritten. Insbesondere hatte der Bundesrat die Streichung der Vorschrift vorgeschlagen, weil die **Teilvollstreckung** dem Grundsatz des § 449 widerspreche und sie deshalb aus rechtsstaatlichen Gründen nicht förderungswürdig erscheint.[4] Im Bundestag setzte sich indessen die Auffassung durch, es sei wenig sinnvoll, eine Untersuchungshaft bestehen zu lassen, wenn dem Strafvollzug kein sachlich berechtigter Hinderungsgrund mehr im Wege stehe, weil die vom Beschwerdeführer als zutreffend anerkannten Schuldfeststellungen offensichtlich ausreichen, um eine Jugendstrafe – gegebenenfalls von kürzerer Dauer – aufrechtzuerhalten. Die Teilvollstreckung bedeute zwar einen Bruch mit dem Grundsatz des § 449, sie ergebe sich aber aus der rechtlichen Konstruktion der Einheitsstrafe. Die Richtlinien zu § 56 JGG empfehlen **Zurückhaltung bei der Teilvollstreckungsanordnung**. Danach ist vor allem zu bedenken, dass sich bei einem Wegfall einzelner Schuldfeststellungen ein anderes Bild von der Persönlichkeit des Jugendlichen (oder Heranwachsenden bei Anwendung des Jugendstrafrechts) ergeben und damit die Verhängung von Jugendstrafe überhaupt entbehrlich werden kann.[5] Der Beschluss über die Anordnung der Teilvollstreckung ist nach § 56 Abs. 2 JGG mit der sofortigen Beschwerde anfechtbar. 3

b) Adhäsionsverfahren. Eine weitere Ausnahme gilt für die Entscheidung im **Adhäsionsverfahren** (§ 406 Abs. 3), weil das Strafurteil hier die Funktion eines Urteils des Zivilrichters übernimmt. Das Gericht erklärt die Entscheidung für vorläufig vollstreckbar (§ 406 Abs. 3 Satz 2). Die §§ 708 bis 712, 714, 716 ZPO gelten entsprechend (§ 406 Abs. 3 Satz 2 2. Hs.). 4

3. Für **Bußgeldentscheidungen** wegen Ordnungswidrigkeiten enthält § 89 OWiG eine dem § 449 entsprechende Vorschrift. 5

II. Vollstreckungspflicht

1. Grundsatz. § 449 verbietet seinem Wortlaut nach lediglich, die Vollstreckung aus einem Strafurteil vor seiner Rechtskraft zu betreiben. Eine **Pflicht zur Vollstreckung** des rechtskräftigen Urteils spricht er aber nicht ausdrücklich aus, auch nicht § 451, der lediglich bestimmt, welche Behörde Vollstreckungsbehörde ist und welcher formalen Voraussetzungen es zur Vollstreckung bedarf. Gleichwohl kann an der Vollstreckungspflicht kein Zweifel bestehen. Diese **Pflicht** erschien im Zeichen des Legalitätsprinzips (§ 152) dem Gesetzgeber so selbstverständlich, dass er einen besonderen Ausspruch für überflüssig hielt. Sie ergibt sich auch ohne weiteres aus § 258a StGB sowie aus den §§ 451, 455 ff.[6] § 1 des Entwurfs eines StVollzG 1927 wollte in Anlehnung an § 152 Abs. 2 förmlich die Vollstreckungspflicht festschreiben. Auch § 84 Abs. 1 JGG bringt die Vollstreckungspflicht zum Ausdruck. Es ist nach alledem nur eine Klarstellung der Rechtslage, wenn die §§ 2, 3 StVollstrO die Vollstreckungsbehörden anweisen zu prüfen, ob die 6

---

3 *Eisenberg/Kölbel* § 56, 3 ff.; ähnlich auch *Bringewat* 4, der aber darüber hinaus verlangt, dass auch die Strafzumessungstatsachen zumindest teilweise unbeanstandet und damit rechtskräftig geworden sind, und auch diese Art der Vollstreckung deshalb als eine endgültige (Teil)vollstreckung wertet.

4 *Eisenberg/Kölbel* § 56, 4 ff.; **a. A.** Meyer-Goßner/*Schmitt* 6.

5 Bedenken erheben auch *Eisenberg/Kölbel* § 56, 6, 10; *Bringewat* 6.

6 *Groß* StV **1987** 36; *Küppers* JR **1992** 392; *Bringewat* 28. Allerdings gibt es keinen Vorrang im Sinne einer Vollstreckung um jeden Preis (*Pohlmann/Jabel/Wolf* § 2, 3).

Voraussetzungen der Vollstreckung gegeben sind, und die zur Durchführung der Entscheidung erforderlichen Maßnahmen mit Nachdruck und Beschleunigung zu treffen. Im **Vollstreckungsverfahren** gilt Art. 6 Abs. 1 Satz 1 EMRK nicht. Ob bei Vorliegen besonderer Umstände ausnahmsweise die Vollstreckung wegen einer Verletzung des Vertrauensgrundsatzes unzulässig ist, bedarf einer Einzelfallprüfung.[7] Grundsätzlich besteht für die Vollstreckungsbehörde bis zum **Eintritt der Vollstreckungsverjährung** (§§ 79 ff. StGB) **Vollstreckungspflicht.**

7 **2. Ausnahmen.** An die Stelle der Vollstreckungspflicht kann nach gesetzlicher Vorschrift **Ermessensfreiheit** treten (§ 455 Abs. 3, § 455a Abs. 1, §§ 456, 456a, 456c Abs. 2, § 459a; § 96 OWiG betr. die Erzwingungshaft), und zwar auch in der Form, dass es der Vollstreckungsbehörde freisteht, beim Gericht die Anordnung der Nichtvollstreckung anzuregen (§ 459f, 6). Die Vollstreckungspflicht ist **gehemmt** bei nicht endgültigen Vollstreckungshindernissen, z. B. in den Fällen des § 455 Abs. 1 und 2, sowie bei Strafaufschub und Strafunterbrechung im Weg der Gnade[8] und wenn das Gericht eine Aussetzung oder Unterbrechung der Strafvollstreckung beschließt (z. B. nach § 360 Abs. 2, § 458 Abs. 3). Die Vollstreckungspflicht **entfällt,** wenn der staatliche Vollstreckungsanspruch erlischt: etwa durch **Amnestie**[9] – insbesondere wenn im Zusammenhang mit einer umfassenden oder partiellen Strafrechtsreform der Erlass rechtskräftig verhängter und noch nicht vollstreckter Strafen wegen solcher Taten angeordnet wird, die nach neuem Recht nicht mehr strafbar sind, so z. B. Art. 313 EGStGB 1974 – durch Einzelgnadenerweis oder Verjährung. Daraus folgt wiederum, dass die Staatsanwaltschaft als Vollstreckungsbehörde die erneute Vollstreckung betreiben muss, wenn das Vollstreckungshindernis wegfällt. Der gerichtliche Rechtsschutz wird alsdann nach § 458 Abs. 1, §§ 462, 462a gewährleistet.[10]

III. Vollstreckungshindernisse

8 **1. Allgemeines.** Vollstreckungshindernisse sind **von Amts wegen** zu beachten. Sie machen die Vollstreckung **unzulässig.** Als solche Hindernisse kommen der Erlass einer **Amnestie**, die **Begnadigung** des Verurteilten (§ 452), der Eintritt der **Vollstreckungsverjährung** (§§ 79 ff. StGB), aber auch der **Grundsatz der Spezialität** bei der Auslieferung einer Person aus einem ausländischen Staat in die Bundesrepublik in Betracht.[11] Als Vollstreckungshindernisse im weiteren Sinne gelten die Gewährung von **Vollstreckungsaufschub** (§ 455 Abs. 1 und 2, § 456) sowie die **Unterbrechung** der Vollstreckung **im Gnadenwege** oder aufgrund eines ausdrücklichen oder auch stillschweigenden Verzichts eines die Abschiebung in die Bundesrepublik betreibenden ausländischen Staates,[12] die Unterbrechung aufgrund einer **gerichtlichen Anordnung** nach § 458 Abs. 3 Satz 1 2. Hs., die **rechtskräftige Aussetzung** eines Strafrestes nach § 57 StGB i. V. m. § 454 Abs. 1. Bei einer Strafaussetzung zur Bewährung liegt bis zu einem rechtskräftigen

---

7 OLG Karlsruhe NStZ **1997** 253.

8 OLG Düsseldorf JR **1992** 391; *Küppers* JR **1992** 392; Meyer-Goßner/*Schmitt* 4.

9 OLG Dresden NStZ **1993** 557; OLG Rostock MDR **1993** 1231.

10 OLG Dresden NStZ **1993** 557: Vollstreckung einer zunächst durch Amnestiebeschluss ausgesetzten Freiheitsstrafe zufolge erneuter Freiheitsstrafe während einer dreijährigen „Bewährungszeit".

11 KK/*Appl* 23; vgl. im Einzelnen *Röttle/Wagner* Rn. 664 ff.

12 OLG Düsseldorf MDR **1992** 1078: zur Abschiebung eines Verurteilten aus der damaligen DDR in die Bundesrepublik.

Widerruf nach §§ 56f, 57 Abs. 5 StGB kein vollstreckungsfähiges Urteil i. S. v. § 449 vor. Da es sich dabei um einen neuen Gestaltungsakt handelt, wird dieser erst mit dem Eintritt seiner Rechtskraft vollstreckungsfähig.[13]

2. Immunität

a) Bundestagsabgeordnete. Zur Vollstreckung einer Freiheitsstrafe oder einer frei- 9
heitsentziehenden Maßregel der Besserung und Sicherung gegen einen Bundestagsabgeordneten bedarf es nach Art. 46 Abs. 3 GG der **Genehmigung** des Bundestags.[14] Eine früher erteilte Genehmigung zur Strafverfolgung (Art. 46 Abs. 2 GG) umfasst die Genehmigung zur Strafvollstreckung nicht (Nr. 192 Abs. 1 RiStBV).[15] Einer Vollstreckungsgenehmigung bedarf es auch dann, wenn eine Strafverfolgungsgenehmigung nicht erforderlich war, weil das Verfahren bereits vor Erlangung der Abgeordneteneigenschaft eingeleitet war.[16] Streitig ist, ob eine besondere Vollstreckungsgenehmigung auch dann erforderlich ist, wenn der Bundestag bei der Genehmigung der Strafverfolgung die Untersuchungshaft zugelassen hatte.[17] Für die Vollstreckungsbehörde ist die Streitfrage bedeutungslos, da Nr. 192 Abs. 1 RiStBV sie anweist, in jedem Fall die Genehmigung einzuholen. War die Genehmigung erteilt, so bedarf es zur Fortsetzung des Strafvollzugs *keiner* Genehmigung des neuen Bundestags, wenn der Verurteilte auch in den neuen Bundestag gewählt worden ist und das Mandat angenommen hat. Der neue Bundestag kann aber nach Art. 46 Abs. 4 GG die Unterbrechung des Vollzugs verlangen. Hatte der Vollzug im Zeitpunkt der Wiedererlangung eines Mandats im neuen Bundestag noch nicht begonnen, so kann er aufgrund einer vom alten Bundestag erteilten Vollstreckungsgenehmigung nicht betrieben werden. Es bedarf vielmehr einer Vollstreckungsgenehmigung des neuen Bundestags.[18] Zur Vollstreckung von **Geldstrafe** usw. und eines **Kostenanspruchs** ist keine Genehmigung erforderlich. Auch die Vollstreckung von **nicht freiheitsentziehenden Maßregeln der Besserung und Sicherung** (z. B. Entziehung der Fahrerlaubnis nach § 69 StGB) oder **Nebenstrafen** (z. B. Fahrverbot nach § 44 StGB) oder **Nebenfolgen** bedarf keiner Genehmigung.

b) Landtagsabgeordnete. Wegen der Einleitung von Strafverfahren gegen Abge- 10
ordnete der **Länderparlamente** vgl. § 152a. Diese Vorschrift betrifft nicht die Vollstreckung rechtskräftig erkannter Strafen. Daher sind Vorschriften des Landesrechts, die dem Abgeordneten auch Vollstreckungsschutz gewähren, nur für die Vollstreckungsbehörden des eigenen Landes verbindlich, sofern das Landesrecht den Vollstreckungsschutz nicht auch auf landesfremde Abgeordnete erstreckt.[19] Zur Immunität von **Mitgliedern des Europäischen Parlaments** vgl. Art. 9, 10 des Protokolls über die Vorrechte und Befreiungen der EG (BGBl. II **1965** 1453, 1482), § 5 EuAbgG, Nr. 192b RiStBV.[20] Wer

---

13 *Bringewat* 29; KK/*Appl* 22.

14 Wegen des bei der Einholung der Genehmigung zu beachtenden Verfahrens vgl. Nr. 192 Abs. 1 bis 3 RiStBV.

15 *Röttle/Wagner* Rn. 661.

16 OLG Celle NdsRpfl. **1953** 72; OLG Oldenburg NdsRpfl. **1954** 53; *Bockelmann* Unverfolgbarkeit der Abgeordneten nach deutschem Immunitätsrecht (1951), 41; *Eb. Schmidt* I Nr. 153; *H. Meyer* 10 ff.

17 **Verneinend** *Bockelmann* 53 f.; *Schneider* DVBl. **1955** 350; *Pohlmann/Jabel/Wolf* § 2, 13; **bejahend** *H. Meyer* 14; Maunz/Dürig/*Klein* Art. 46, 68 f.

18 *Pohlmann/Jabel/Wolf* § 2, 13; *Röttle/Wagner* Rn. 661.

19 Wegen weiterer Einzelheiten s. die Erl. zu § 152a, 18; *Pohlmann/Jabel/Wolf* § 2, 13.

20 *Röttle/Wagner* Rn. 663.

sowohl dem Europäischen Parlament als auch dem Deutschen Bundestag angehört, verliert seine Immunität nur, soweit **beide** Parlamente diese aufheben (Nr. 192b Abs. 6 RiStBV).

IV. Voraussetzung für die Vollstreckbarkeit

11 **1. Formelle Rechtskraft.** Die Vollstreckbarkeit des Urteils setzt formelle Rechtskraft, also **Unanfechtbarkeit** mit Rechtsmitteln voraus. Entscheidungen, gegen die ein Rechtsmittel nicht gegeben ist, werden mit ihrem Erlass rechtskräftig. Die Vollstreckbarkeit eines Urteils, das nicht anfechtbar und deshalb sofort rechtskräftig ist, wie das in der Sache selbst entscheidende Urteil des Revisionsgerichts (§ 354 Abs. 1), beginnt mit der **Verkündung des Urteils** und ist von der Bekanntmachung (Zustellung) an den bei der Verkündung nicht anwesenden Angeklagten nicht abhängig.[21] Bei Verwerfung der Revision durch Beschluss wird die Vollstreckbarkeit des angefochtenen tatgerichtlichen Urteils mit Ablauf des Tages der Beschlussfassung begründet, weil in diesem Zeitpunkt seine Rechtskraft als eingetreten gilt (§ 34a, 3). Wird eine Entscheidung, gegen die ein Rechtsmittel an sich zulässig ist, verspätet angefochten, so tritt die Rechtskraft mit dem ungenutzten Ablauf der Rechtsmittelfrist ein (§ 34a, 6, 8), da nur durch rechtzeitige Einlegung der Berufung (§ 316) und Revision (§ 343) die Rechtskraft gehemmt wird.[22] Wird ein Urteil durch Rechtsmittelverzicht aller Rechtsmittelberechtigten rechtskräftig und legt der Angeklagte gleichwohl das ohne den Verzicht zulässige Rechtsmittel ein, so wird der **Beginn der Vollstreckbarkeit** nicht bis zu dem Zeitpunkt der Verwerfung des unzulässigen Rechtsmittels hinausgeschoben.[23] Da mit der allseitigen Rechtsmittelverzichtserklärung das Urteil sofort rechtskräftig wird, wird die Vollstreckbarkeit auch schon in diesem Zeitpunkt begründet. Eine rechtzeitig angefochtene Entscheidung wird in dem Zeitpunkt rechtskräftig, in dem das Rechtsmittel zulässigerweise zurückgenommen wird.

12 **2. Zeitpunkt des Eintritts der Rechtskraft.** Streitig ist, wann die Rechtskraft der angefochtenen Entscheidung eintritt, wenn Revision zwar rechtzeitig, aber nicht formgerecht eingelegt oder nicht in der gesetzlich vorgeschriebenen Form und Frist (§§ 344, 345) begründet wird. Hier werden drei Auffassungen vertreten:

13 **a) Mit Ablauf der Einlegungs- bzw. Begründungsfrist.** Die Ansicht beruht auf dem Standpunkt, dass der die Revision verwerfende Beschluss des iudex a quo (§ 345 Abs. 1) und der Beschluss des zur Entscheidung angerufenen Revisionsgerichts nach § 346 Abs. 2 nur deklaratorische Bedeutung haben. Sie stellen nur den Eintritt der Rechtskraft ex tunc fest.[24] Das wird daraus gefolgert, dass § 346 Abs. 2 Satz 2 2. Hs. die Vollstreckung des Urteils für zulässig erklärt, obwohl die Entscheidung des Revisionsgerichts noch aussteht. Da aber § 449 nur eine Vollstreckung aus rechtskräftigen Entscheidungen zulasse, müsse die Rechtskraft des Urteils schon früher eingetreten sein, und

21 KK/*Appl* 5; *Bringewat* 11.

22 RGSt **53** 235; BGHSt **22** 219; ebenso KG GA **71** (1927) 43 = DJZ **1926** 458; OLG Düsseldorf JMBlNRW **1951** 60; OLG Neustadt GA **1955** 185; OLG Hamburg NJW **1963** 265; *Niese* JZ **1951** 757; **1957** 77; *Küper* GA **1969** 364; *Bringewat* 14.

23 OLG München NJW **1968** 1001 = Rpfleger **1968** 156 mit zust. Anm. *Pohlmann*; OLG Karlsruhe NStZ **1997** 301; KK/*Appl* 7; Meyer-Goßner/*Schmitt* 7.

24 So KG HRR **1928** Nr. 580; *Beling* JW **1927** 3060.

zwar, da ein anderer Zeitpunkt nicht in Betracht komme, mit Ablauf der Begründungsfrist. Diese Auffassung läuft darauf hinaus, dass *materiell* die Hemmungswirkung (§§ 316, 343) nur einem Rechtsmittel zukommt, das nicht nur rechtzeitig eingelegt ist, sondern auch den weitergehenden Anforderungen über Form und Frist genügt.

b) Mit Erlass des Verwerfungsbeschlusses des iudex a quo. Für diesen Standpunkt wird angeführt, der Beschluss des Revisionsgerichts nach § 346 Abs. 2 führe die Rechtskraft des Verwerfungsbeschlusses herbei, ändere aber nichts daran, dass die Rechtskraft des Urteils bereits mit dem Verwerfungsbeschluss des iudex a quo eingetreten sei.[25] Zusätzlich wird diese Auffassung mit der weiteren Erwägung begründet, dass nach § 343 die rechtzeitige Einlegung der Revision die Rechtskraft des Urteils gehemmt habe. Da aber § 346 Abs. 2 nach Erlass des Verwerfungsbeschlusses die Vollstreckung zulasse, müsse im Hinblick auf § 449 die Rechtskraft mit dem Erlass des Verwerfungsbeschlusses eingetreten sein. 14

c) Mit Erlass des Beschlusses des Revisionsgerichts. Zur Begründung dieser Auffassung wird angeführt, erst der Beschluss nach § 346 Abs. 2 oder nach § 349 Abs. 1 stelle die Unzulässigkeit der Revision, sofern diese nicht auf verspäteter Einlegung beruhe, abschließend fest mit der Folge, dass die Hemmungswirkung des rechtzeitig eingelegten Rechtsmittels erst ihr Ende finde, wenn rechtskräftig über dessen Unzulässigkeit entschieden sei. Von diesem Standpunkt aus stellt sich dann § 346 Abs. 2 Satz 2, der die Vollstreckung aus dem Urteil vor der Entscheidung des Revisionsgerichts über den Antrag nach § 346 Abs. 2 zulässt, als eine **Ausnahme** von dem Grundsatz des § 449 dar.[26] 15

d) Ergebnis. Der zu Rn. 15 dargestellten Auffassung über das Verhältnis des § 346 Abs. 2 Satz 2 zu § 449 **ist zuzustimmen.** Denn § 449 enthält keinen unabdingbaren Grundsatz über die Auslegung des § 346 Abs. 2. Das ergibt sich bereits daraus, dass auch § 56 JGG in engen Grenzen ausdrücklich die vorläufige Vollstreckbarkeit eines Strafurteils vorsieht. Dagegen können die aus § 449 hergeleiteten Bedenken nicht dadurch ausgeräumt werden, dass man dem noch gar nicht rechtskräftigen Verwerfungsbeschluss nach § 346 Abs. 1 die Wirkung beimisst, die Rechtskraft herbeizuführen. Mit Recht bezeichnen dies *Beling*[27] und *Niese*[28] als eine „unerklärliche Halbheit". Allerdings kann *Niese* (S. 77) nicht darin zugestimmt werden, durch den damaligen § 450 Abs. 2 habe der Gesetzgeber anerkannt, dass die Beschlüsse nach § 346 Abs. 2 konstitutiv (ex nunc) die Rechtskraft des angefochtenen Urteils herbeiführen. Denn es ist ja gerade die – vom Gesetz offen gelassene – Frage, ob auch der Beschluss nach § 346 Abs. 2 zu den Beschlüssen gehört, die unmittelbar die Rechtskraft herbeiführen.[29] 16

3. Praktische Bedeutung. Die **praktische Bedeutung** der in Rn. 12 bis 16 erörterten Streitfrage besteht in erster Linie dann, wenn in der Zeit nach dem Urteil und vor der 17

---

25 So OLG Düsseldorf JMBlNRW **1955** 251; OLG Hamburg NJW **1963** 265; *Kleinknecht* Rpfleger **1952** 210; *Schwarz* NJW **1954** 1228.

26 So RGSt **53** 235; **56** 358; BGHSt **22** 213, 218; BayObLG MDR **1971** 238; OLG Neustadt GA **1955** 185; OLG Schleswig NJW **1978** 1016; *Niese* JZ **1951** 757; *Küper* GA **1969** 371; MDR **1971** 806; *Eb. Schmidt* 12; LR/*Franke*[26] § 346, 24; KK/*Appl* 9; *Röttle/Wagner* 47; **a. A.** *Bringewat* 15: keine Ausnahme, sondern nur Regelwidrigkeit.

27 JW **1927** 3060.

28 JZ **1957** 78 Anm. 42.

29 So auch BayObLG MDR **1971** 238; *Dallinger* JZ **1953** 411.

endgültigen Entscheidung über das zulässige Rechtsmittel ein Verfahrenshindernis eintritt, etwa Zurücknahme des Strafantrags bei absoluten Antragsdelikten (§ 77d StGB) oder Niederschlagung durch Straffreiheitsgesetz. Vom Standpunkt der Vollstreckbarkeit aus gesehen hat die Frage dagegen mehr dogmatische als praktische Bedeutung. Denn **vor** dem Ergehen einer **gerichtlichen Entscheidung** über die Zulässigkeit des Rechtsmittels **kann** der **Urkundsbeamte** der Geschäftsstelle die **Vollstreckbarkeit nicht bescheinigen** (§ 451, 42 ff.). Er kann der gerichtlichen Entscheidung nicht vorgreifen. Mit der Entscheidung aber ist die Vollstreckbarkeit nach gesetzlicher Vorschrift gegeben (§ 346 Abs. 2). Es versteht sich dabei von selbst, dass, wenn der Antrag auf Entscheidung des Revisionsgerichts über den Verwerfungsbeschluss gestellt ist, die Vollstreckungsbehörde vor Ergehen der Entscheidung von der „vorläufigen" Vollstreckbarkeit nur Gebrauch machen und sich zur Vollstreckung entschließen wird, wenn ihr der Antrag als offensichtlich unbegründet erscheint.[30]

18 **4. Wirksamwerden von Verwerfungsbeschlüssen.** Von der Frage, welcher der Beschlüsse, die ein rechtzeitig eingelegtes Rechtsmittel als unzulässig verwerfen, die Rechtskraft des angefochtenen Urteils herbeiführt, ist die Frage zu unterscheiden, wann ein mit solcher Wirkung ausgestatteter Beschluss selbst wirksam wird. Diese Frage stellt sich auch, wenn durch Beschluss gemäß § 349 Abs. 2 eine Revision als offensichtlich unbegründet verworfen wird.[31]

V. Vollstreckbarkeit bei Mehrheit von Angeklagten

19 Sind durch dasselbe Urteil mehrere Angeklagte verurteilt, so ist die Strafvollstreckung gegen den Einzelnen zulässig, sobald ihm gegenüber die Rechtskraft des Urteils eingetreten ist.[32] Dies gilt auch, wenn die Möglichkeit besteht, dass nach § 357 infolge des von dem einen Angeklagten eingelegten Rechtsmittels das Urteil auch zugunsten eines anderen Angeklagten, der es nicht angefochten hat, aufgehoben wird (§ 19 StVollstrO).[33] Denn nach § 449 beginnt die Vollstreckbarkeit des Urteils mit dem **Eintritt der Rechtskraft**. Nach § 343 aber hemmt die von dem einen Angeklagten eingelegte Revision die Rechtskraft nur für ihn, nicht auch für die Mitangeklagten. Erst wenn das Revisionsgericht das Urteil auch zugunsten dessen, der nicht Revision eingelegt hat, aufgehoben hat, wird auch die bereits eingetretene Rechtskraft wieder beseitigt. Hinzu kommt, dass sich erst aus der Begründung der Revision, nicht aber schon bei deren Einlegung erkennen lässt, ob die Anwendung des § 357 überhaupt in Frage kommen kann. Ist dies nicht der Fall, so fehlt auch jeder innere Grund, das Urteil gegen die Nichtanfechtenden nicht zu vollstrecken.[34] Die Revisionsbegründung gelangt aber oft erst nach mehreren Wochen an das Gericht. Es würde also oft die Vollstreckbarkeit des Urteils gegen die Nichtanfechtenden längere Zeit ungewiss bleiben. Ist ausnahmsweise einmal zu erwarten, dass das Revisionsgericht das Urteil auch gegenüber dem Verurteilten, gegen den vollstreckt werden soll, als angefochten behandelt, so kann die Vollstreckungsbehörde die Vollstreckung aufschieben oder unterbrechen (§ 19 Abs. 2 StVollstrO).

---

30 *H. Arndt* DRiZ **1965** 369; Bedenken dagegen *Bringewat* 15.

31 Wegen weiterer Einzelheiten vgl. LR/*Graalmann-Scheerer* § 34a, 9.

32 KG NStZ-RR **2004** 286.

33 *Schlüchter* 598 Fn. 8; KK/*Appl* 12; Meyer-Goßner/*Schmitt* 5, 10; *Bringewat* 16; **a. A.** *Benecke/Beling* 617.

34 KK/*Appl* 12; *Bringewat* 16.

Erfolgt zugunsten eines Mitangeklagten die **Aufhebung** des Urteils, so muss der etwa schon begonnene Vollzug sogleich eingestellt werden, da ein Urteil, das rechtlich nicht mehr besteht, nicht mehr Gegenstand einer Vollstreckung sein kann. Der Verurteilte ist also zu entlassen oder in Untersuchungshaft zu nehmen.[35] Nach § 357 Satz 2 gilt in einem solchen Fall § 47 Abs. 3 entsprechend. Das bedeutet, dass durch die Aufhebung des Urteils und die Erstreckung auf den Nichtrevidenten die Rechtskraft des gegen ihn ergangenen Urteils durchbrochen wird. Haft- oder Unterbringungsbefehle, die zum Zeitpunkt des Eintritts der Rechtskraft bestanden haben, werden wieder wirksam (§ 357 Satz 2 i. V. m. § 47 Abs. 3 Satz 1). Bei einem Haft- oder Unterbringungsbefehl ordnet das die Aufhebung anordnende (Revisions-)Gericht dessen Aufhebung an, wenn sich ohne weiteres ergibt, dass dessen Voraussetzungen nicht mehr vorliegen. Dieser Fall wird indessen nach bereits begonnener Vollstreckung gegen den Nichtrevidenten in der Praxis eher selten vorkommen. Nach § 357 Satz 2 i. V. m. § 47 Abs. 3 Satz 3 ordnet andernfalls das nach § 126 Abs. 2 zuständige Gericht, also das letzte Tatgericht, unverzüglich eine Haftprüfung an.[36] 20

VI. Absolute Rechtskraft

Das Urteil muss, um vollstreckbar zu sein, nicht bloß gegenüber dem Angeklagten, sondern auch gegenüber den sonstigen Rechtsmittelberechtigten (Staatsanwaltschaft, Nebenkläger, Privatkläger usw.) Rechtskraft erlangt haben (§§ 301, 390 Abs. 1). Es muss also **absolut rechtskräftig** sein.[37] Ein gegenteiliger Antrag wurde in der Reichstagskommission abgelehnt.[38] Danach begründet der Verzicht des Angeklagten auf das zulässige Rechtsmittel allein noch nicht die Vollstreckbarkeit des Urteils. Vielmehr bedarf es noch des gleichen Verzichts durch die Staatsanwaltschaft oder eines sonstigen Rechtsmittelberechtigten, etwa des Privat- oder Nebenklägers, des gesetzlichen Vertreters, Erziehungsberechtigten oder eines sonstigen Nebenbeteiligten. 21

VII. Rechtskraft eines Teils der Urteilsformel

Bei der Frage, ob ein Urteil, das gegenüber einem Angeklagten teilweise rechtskräftig ist (§§ 316, 318, 327, 343), auch teilweise vollstreckbar ist, sind folgende Fälle zu unterscheiden: 22

1. Beschränkung des Rechtsmittels auf Nebenfolgen einer Tat. Ist der Angeklagte nur wegen einer Tat verurteilt und hat er das Urteil in zulässiger Weise (vgl. die Erl. zu § 344) nur **wegen einer** der in der Urteilsformel enthaltenen **Festsetzungen angefochten,** z. B. nur wegen der Anordnung der Einziehung, dann steht der (teilweisen) Vollstreckung (in dem Beispielfall der Vollstreckung der erkannten Freiheitsstrafe) nichts entgegen.[39] Soweit in der Urteilsformel verschiedene, voneinander trennbare Festsetzungen enthalten sind, kann für den in Rechtskraft erwachsenen Teil die Beschei- 23

35 KK/*Appl* 12a; wegen weiterer Fragen zur Revisionserstreckung und deren Folgen s. *Bringewat* 18, 19; vgl. BVerfG NJW **2005** 3131.

36 Vgl. insoweit BVerfG NJW **2005** 3131.

37 KK/*Appl* 3; Meyer-Goßner/*Schmitt* 5; *Bringewat* 10.

38 Prot. S. 1070 = Mat. *Hahn* **3** 1436.

39 KK/*Appl* 13; Meyer-Goßner/*Schmitt* 12; *Bringewat* 20; *Röttle*/*Wagner* Rn. 51.

nigung der Vollstreckbarkeit (§ 451) erteilt werden. Allerdings könnte es sich empfehlen, dass der Urkundsbeamte vor Erteilung der Rechtskraftbescheinigung eine unverbindliche Stellungnahme des Gerichts darüber herbeiführt, ob die Teilanfechtung sich auf abtrennbare Festsetzungen beschränkt.[40]

24 **2. Beschränkung des Rechtsmittels auf einzelne Taten bei Verurteilung zu mehreren gesonderten Strafen.** Ist der Angeklagte wegen mehrerer selbständiger Taten zu mehreren gesonderten Strafen (§ 53 Abs. 2 Satz 2 StGB) verurteilt worden und hat er das Urteil nur hinsichtlich einzelner der mehreren Straftaten angefochten, gelten die gleichen Grundsätze wie zu Rn. 23.[41]

3. Beschränkung des Rechtsmittels bei Verurteilung zu einer Gesamtstrafe

25 **a) Allgemeines.** Ist der Angeklagte wegen mehrerer Taten zu einer **Gesamtstrafe** (§ 53 StGB) verurteilt worden und hat er das Urteil nur bezüglich einer oder mehrerer der Taten angefochten, so ist streitig, ob auch in diesem Fall die Vollstreckung wegen des nicht angefochtenen Teils möglich ist.

26 Die Frage wurde namentlich von der älteren Rechtsprechung und Literatur überwiegend **verneint.**[42] Zur Begründung werden formelle Bedenken erhoben, die Vollstreckbarkeitsbescheinigung (§ 451) könne nur unter Rückgriff auf die Urteilsgründe erteilt werden, denn in der Urteilsformel erscheine nur die Gesamtstrafe, während die Höhe der Einzelstrafen sich erst aus den Urteilsgründen ergebe. In materieller Hinsicht wird aufgeführt, das Rechtsmittel könne auch die Aufhebung der nicht angefochtenen Einzelstrafen zur Folge haben,[43] z. B. wenn das Rechtsmittelgericht im Gegensatz zur Vorinstanz nicht Tatmehrheit, sondern Tateinheit annehmen will. Auch verliere der Angeklagte die Vorteile der Gesamtstrafenbildung, wenn er die nicht angefochtene Einzelstrafe bis zur erneuten Aburteilung der angefochtenen Einzelstrafe voll verbüßt habe. In der neuen Rechtsprechung und Literatur wird die Frage dagegen fast ausnahmslos **bejaht.**[44]

27 **b) Eigene Ansicht.** Der bejahenden Auffassung (Rn. 26 letzter Satz) ist **zuzustimmen.** Entscheidend dafür ist einmal, dass die **Einzelstrafen** – mag auch nur die Gesamtstrafe in der Urteilsformel erscheinen – doch nicht bloße Rechnungsfaktoren für die Bemessung der Gesamtstrafe bilden, sondern **rechtliche Selbständigkeit besitzen,**[45]

40 *Pohlmann/Jabel/Wolf* § 13, 64.

41 KK/*Appl* 13; Meyer-Goßner/*Schmitt* 11; *Bringewat* 21.

42 RGSt **74** 388; BayObLGSt **7** (1907) 210; **10** (1911) 71; OLG Oldenburg NdsRpfl. **1948** 202; NJW **1960** 62 mit abl. Anm. *Dünnebier*; OLG Frankfurt NJW **1956** 1290; OLG Schleswig SchlHA **1957** 314; *Eb. Schmidt* 7 f und Nachtr. I 11; LK/*Vogler*[11] § 54, 15; *Schönke/Schröder/Stree*[24] § 54, 24; *Dreher/Tröndle*[47] § 54, 5.

43 RGSt **25** 298.

44 Vgl. BGH bei *Dallinger* MDR **1956** 528 (beiläufig); BayObLGSt **15** (1917) 180; **1952** 70; HRR **1935** Nr. 915; KG GA **56** (1909) 339; NStZ-RR **2004** 286; StV **2020** 506; OLG Bremen NJW **1955** 1243; OLG Hamm JMBlNRW **1956** 68; NStZ **2009** 655; NStZ-RR **2012** 221 (Teilvollstreckung grundsätzlich bis zur geringst möglichen Gesamtfreiheitsstrafe möglich, sofern die Einzelfreiheitsstrafen bzw. die zu erwartende Gesamtfreiheitsstrafe mehr als zwei Jahre betragen; OLG Celle NJW **1958** 153 = JZ **1958** 509 mit zust. Anm. *Pohlmann*; OLG Hamburg Rpfleger **1963** 194; OLG Düsseldorf Rpfleger **1965** 48; LG Frankfurt NJW **1955** 1000; *Krille* DR **1941** 495; *Meister* DRiZ **1954** 46; *Kohlhaas* NJW **1957** 295; *Unger* Rpfleger **1957** 222, 227; *Pohlmann* Rpfleger **1958** 105; *Dünnebier* JR **1960** 74; *Grünwald* 338 ff.; *Pohlmann/Jabel/Wolf* § 19, 5; KK/*Appl* 16; SK/*Paeffgen* 8; KMR/*Paulus/Stöckel* 16; Meyer-Goßner/*Schmitt* 11 ff.; *Bringewat* 51; LK/*Rissing-van Saan* § 54, 20; *Fischer* § 54, 15.

45 BGHSt **1** 252; **4** 345, 346; **24** 268, 269.

so dass z. B. eine nicht angefochtene Einzelstrafe rechtskräftig bestehen bleibt, wenn die Verurteilung wegen der anderen mit abgeurteilten Taten aufgehoben wird und die Gesamtstrafe wegfällt.[46] Kann aber die Einzelstrafe selbständig rechtskräftig werden, so muss sie auch vollstreckt werden können.

Die aus § 451 hergeleiteten formalen Bedenken sind überwindlich. Dort ist vorge- 28
schrieben, dass Vollstreckungsgrundlage die mit der Vollstreckbarkeitsbescheinigung versehene Abschrift der Urteilsformel bildet. Indessen hat diese Vorschrift nur den Regelfall im Auge, dass die ganze Strafe vollstreckt werden soll. Ebenso wie in den Fällen der Teilvollstreckung (Rn. 22 bis 25) die **Bescheinigung der Vollstreckbarkeit den Umständen angepasst werden** muss, ist dies auch in den Fällen der hier in Frage stehenden Art zulässig. Es ist nicht unzulässig, auf die Straffestsetzung der Einzelstrafen in den Urteilsgründen zurückzugreifen, was auch ohne weiteres möglich ist, zumal da diese materiell einen Bestandteil der Urteilsformel darstellen.[47] Behebbar sind auch die Bedenken, der Angeklagte könne mit der Verbüßung der nicht angefochtenen Einzelstrafe bis zur erneuten Aburteilung der angefochtenen Einzelstrafe die Vorteile der Gesamtstrafenbildung einbüßen, wenn man der Lösung des OLG Bremen[48] folgt, dass von jeder der nicht angefochtenen Einzelstrafen der zur Vollstreckung freigegebene Teil gesondert bestimmt wird.[49]

Aber auch weitere materielle Bedenken, das Rechtsmittel könne zur **Aufhebung des** 29
Urteils auch in seinen nicht angefochtenen Teilen führen, stellt kein durchgreifendes Hindernis gegen eine Teilvollstreckung dar. Die gleichen Bedenken ergeben sich im Hinblick auf § 357, wenn bei mehreren Mitangeklagten nur einer Revision einlegt, diese aber kraft der Fiktion des § 357 auch zugunsten der Nichtrevidenten wirken kann. Wenn dort (Rn. 19) die Zulässigkeit der Vollstreckung gegen den Nichtrevidenten heute nicht mehr in Zweifel gezogen wird, so kann das Bedenken, dass bei der Teilanfechtung das Rechtsmittel möglicherweise eine über den Umfang der Anfechtung hinausgehende Wirkungen haben könne, nicht schwerer wiegen. Es kann nur, wenn im Einzelfall die Möglichkeit nahe liegt, die Aufhebung könne auch den nicht angefochtenen Teil einschließen, der Vollstreckungsbehörde Veranlassung geben, mit der Vollstreckung innezuhalten.[50] Ein solches Innehalten ist auch geboten, wenn die Möglichkeit besteht, dass die Gesamtstrafe nach §§ 56, 58 StGB zur Bewährung ausgesetzt wird.[51]

Das **praktische Bedürfnis** spricht allerdings entscheidend dafür, die **Teilvollstre-** 30
ckung zuzulassen. Es kann sein, dass das auf Gesamtstrafe lautende Urteil wegen einer Einzelverurteilung angegriffen wird, die im Verhältnis zu den nicht angefochtenen Verurteilungen nur wenig bedeutend ist. Es ist nicht einzusehen, warum dadurch die Vollstreckung des Urteils, soweit der Verurteilte es durch Nichtanfechtung als richtig anerkennt, gehindert werden soll. Mit dem Grundsatz, dass im Interesse einer wirksamen Strafrechtspflege die Vollstreckung mit Nachdruck und Beschleunigung betrieben wer-

---

46 RGSt **25** 297; **26** 169; **39** 276; **52** 146; BGHSt **1** 252; BGH NJW **1951** 610, *Meyer-Goßner/Schmitt* 11; *Bringewat* 25 ff.; *Röttle/Wagner* 51.

47 KK/*Appl* 16.

48 NJW **1955** 1243.

49 Wegen anderer Möglichkeiten, etwa drohende Beeinträchtigungen des Angeklagten zu vermeiden, OLG Celle NJW **1958** 153; OLG Düsseldorf Rpfleger **1965** 48 sowie KK/*Appl* 16; *Bringewat* 24.

50 OLG Bremen NJW **1955** 1243; OLG Celle NJW **1958** 153 = JZ **1958** 508 mit zust. Anm. *Pohlmann*; OLG Düsseldorf Rpfleger **1965** 48; KG StV **2020** 506; KK/*Appl* 18; *Pohlmann/Jabel/Wolf* § 19, 6; **a. A.** *Bringewat* 25.

51 *Pohlmann* JZ **1958** 510.

den muss (§ 2 StVollstrO), wäre das schwerlich in Einklang zu bringen.[52] Geht man gar davon aus, dass bei Teilanfechtung die Anrechnung der Untersuchungshaft nach § 450 Abs. 1 ausgeschlossen ist (§ 450, 11), so würde ein Verbot der Teilvollstreckung auch die Lage des in Untersuchungshaft befindlichen Angeklagten verschlechtern.

31 **c) Bedeutung des § 56 JGG.** Die Teilvollstreckung bildet das Korrelat der Teilanfechtung. Letztere wiederum beruht auf dem Grundsatz des geltenden Rechts, bei Tatmehrheit eine Gesamtstrafe zu bilden. Die Entwürfe EStGB 1927 und EStGB 1939 wollten an die Stelle der Gesamtstrafe eine **Einheitsstrafe** treten lassen, ein Gedanke, der in § 31 JGG verwirklicht ist. Die Entwürfe für die entsprechenden Strafverfahrensvorschriften vertraten die Auffassung, dass mit dem Prinzip der Einheitsstrafe die Teilanfechtung unverträglich sei.[53] Damit wäre eine Vollstreckung aus dem angefochtenen Urteil, soweit sich der Angeklagte mit den Schuldfeststellungen abfindet, ausgeschlossen gewesen. Gerade darin aber weicht § 56 JGG entscheidend ab. Er lässt unter den dort bezeichneten Voraussetzungen eine Teilvollstreckung zu, obwohl nur die nicht angefochtene Schuldfeststellung rechtskräftig ist, während es an jeder urteilsmäßigen Bemessung des auf diese Taten entfallenden Strafanteils fehlt. Diese Regelung, bei der die Bedenken nicht verkannt, dem praktischen Bedürfnis aber der Vorrang zuerkannt wurde (Rn. 2), ist auch für die Beantwortung der vorliegenden Streitfrage maßgeblich. Das Bedürfnis für eine Teilvollstreckung besteht im Erwachsenenstrafrecht in nicht geringerem Umfang als im Jugendstrafrecht, und es kann daher schlechterdings nicht dort unzulässig sein, was der Gesetzgeber im Jugendstrafrecht ausdrücklich für zulässig erachtet hat.[54]

32 **d) Vollstreckbarkeitsbescheinigung.** Die Ausstellung der **Vollstreckbarkeitsbescheinigung** (§ 451) bereitet keine Schwierigkeiten, wenn die Gesamtstrafe aus zwei Einzelstrafen gebildet ist und das Rechtsmittel sich auf eine der beiden Taten beschränkt. Die Bescheinigung lautet dann etwa: „Das Urteil ist hinsichtlich der Verurteilung wegen (betrifft den nicht angefochtenen Teil) in Höhe von (es wird die aus den Gründen entnommene Einzelstrafe eingesetzt) rechtskräftig".[55] Bei einer aus mehr als zwei Einzelstrafen gebildeten Gesamtstrafe wird die Bescheinigung nicht in der Weise auszustellen sein, dass die Höhe der Gesamtstrafe um die angefochtenen Einzelstrafen gekürzt wird, oder dass die nicht angefochtene Einzelstrafe als rechtskräftig bezeichnet wird. Die Bescheinigung beschränkt sich vielmehr, da dem Urkundsbeamten eine Entscheidung darüber nicht zusteht, in welchem Umfang eine Vollstreckung zulässig ist,[56] etwa auf die Feststellung: „Das Urteil ist rechtskräftig, soweit wegen ... auf Einzelstrafen von ... und von ... erkannt ist".[57]

33 Die Zweifelsfrage taucht von vornherein nicht auf, wenn eine rechtskräftige (Einzel- oder Gesamt-)Strafe **gemäß § 55 StGB in eine Gesamtstrafe einbezogen** wird. Hier

---

52 OLG Bremen NJW **1955** 1243; *Meister* DRiZ **1954** 46; KMR/*Paulus/Stöckel* 13 ff.; Meyer-Goßner/*Schmitt* 11; *Pohlmann/Jabel/Wolf* § 19, 5; *Röttle/Wagner* Rn. 55; enger KK/*Appl* 17 bis 19; **a. A.** *Bringewat* 26: Teilvollstreckung soll nur dann zulässig sein, wenn die rechtskräftige Einsatzstrafe mindestens zwei Jahre beträgt.

53 E 1930 EGStGB Art. 70 Nr. 172 (§ 318) und E 1939 StPO § 317.

54 KK/*Appl* 19a.

55 Zur Erläuterung kann der Urkundsbeamte vermerken, dass der Angeklagte oder die Staatsanwaltschaft das Rechtsmittel auf die Verurteilungen wegen ... beschränkt habe; vgl. auch Meyer-Goßner/*Schmitt* § 451, 14; zu Formulierungsvorschlägen vgl. *Röttle/Wagner* Rn. 58.

56 *Pohlmann/Jabel/Wolf* § 13, 33, 66; *Röttle/Wagner* 58.

57 *Pohlmann/Jabel/Wolf* § 13, 68; *Röttle/Wagner* 58.

bleibt die rechtskräftige Einzelstrafe vollstreckbar bis zu dem Augenblick bestehen, in dem das Gesamtstrafenurteil Rechtskraft erlangt.[58]

VIII. Vollstreckung mehrerer Freiheitsstrafen

Wegen der Reihenfolge, in der mehrere selbständige rechtskräftig verhängte Freiheitsstrafen gegen denselben Verurteilten zu vollstrecken sind, vgl. die Erläuterungen zu § 454b. 34

IX. Ordnungs- und Zwangsmittel

Beschlüsse und Verfügungen, die ein Ordnungs- und Zwangsmittel, auch wenn es in Haft besteht, festsetzen (z. B. §§ 51, 70, 77), sind sogleich vollstreckbar, da sie nur mit der Beschwerde anfechtbar sind und diese keine aufschiebende Wirkung hat (§§ 304, 307; § 181 Abs. 2 GVG mit der dort bestimmten Ausnahme). Sie fallen im Übrigen nicht unter die §§ 449 ff. (Vor § 449, 24). 35

§ 450
Anrechnung von Untersuchungshaft und Führerscheinentziehung

(1) Auf die zu vollstreckende Freiheitsstrafe ist unverkürzt die Untersuchungshaft anzurechnen, die der Angeklagte erlitten hat, seit er auf Einlegung eines Rechtsmittels verzichtet oder das eingelegte Rechtsmittel zurückgenommen hat oder seitdem die Einlegungsfrist abgelaufen ist, ohne daß er eine Erklärung abgegeben hat.

(2) Hat nach dem Urteil eine Verwahrung, Sicherstellung oder Beschlagnahme des Führerscheins auf Grund des § 111a Abs. 5 Satz 2 fortgedauert, so ist diese Zeit unverkürzt auf das Fahrverbot (§ 44 des Strafgesetzbuches) anzurechnen.

Schrifttum

Baumgärtner Die Auswirkungen der Neufassung des § 60 Abs. 1 StGB, MDR **1970** 190; *Dallinger* Das Dritte Strafrechtsänderungsgesetz. Strafverfahrensrechtliche Vorschriften, JZ **1953** 434; *Dencker* Die Anrechnung der Untersuchungshaft, MDR **1971** 627; *Dreher* Zweifelsfragen zur Anrechnung der Untersuchungshaft nach der Neufassung des § 60 StGB, MDR **1970** 965; *Erb* Überlegungen zum Rechtsmittelverzicht des Angeklagten unmittelbar nach der Urteilsverkündung, GA **2000** 511; *Groß* Die Anrechnung der Untersuchungshaft bei Zurücknahme eines Rechtsmittels, NJW **1970** 127; *Horstkotte* Der Allgemeine Teil des Strafgesetzbuches nach dem 1. September 1969, NJW **1969** 1601; *ders.* Die Vorschriften des Ersten Gesetzes zur Reform des Strafrechts über die Strafbemessung (§§ 13–16, 60 StGB), JZ **1970** 122, 128; *Kaul* Anrechnung von Untersuchungshaft aus einem anderen Verfahren, NStZ **1988** 170; *Krüger/Diether* Die Anrechnung von nach Urteilsverkündung erlittener Untersuchungshaft, Rpfleger **1970** 58; *Lindner* Sind Entscheidungen über Haftbefehle noch nach Rechtskraft zulässig? MDR **1948** 453; *Ostermann* Haft ohne Rechtsgrundlage – Zum Übergang von der Untersuchungshaft in den Maßregelvollzug, StV **1993** 52; *Pentz* Zweifelsfragen im Strafverfahren gegen Jugendliche, GA **1958** 299; *Pohlmann* Notwendige Änderung der Strafvollstreckungsordnung aufgrund des 1. StrRG, Rpfleger **1969** 378; *ders.* Änderungen der StrVollstrO

58 BGH NJW **1956** 110; OLG Köln NJW **1955** 1935; OLG Frankfurt NJW **1956** 1932; KK/*Appl* 20; *Bringewat* 27.

https://doi.org/10.1515/9783110275025-003

aus Anlaß des 1. Strafrechtsreformgesetzes, des neuen Rechtspflegergesetzes und des Gesetzes zur allgemeinen Einführung eines zweiten Rechtszuges in Strafsachen, Rpfleger **1970** 265, 269; *ders.* Welche Bedeutung hat § 34a StPO für die Strafzeitberechnung? Rpfleger **1979** 126; *Schäpe* Probleme der Praxis bei der Vollstreckung von Fahrverboten, DAR **1998** 10; *H. W. Schmidt* Untersuchungshaft noch nach Rechtskraft des Urteils? NJW **1959** 1717; *Seebode* Der Vollzug der U-Haft (1985); *ders.* Zwischenhaft, ein vom Gesetz nicht vorgesehener Freiheitsentzug (§ 345 StGB), StV **1988** 119; *Theuerkauf* Untersuchungshaft bei Widerruf der Strafaussetzung zur Bewährung? MDR **1965** 179; *Wulf* Zu den Änderungen des Verfahrens- und Jugendrechts und der Übergangsvorschriften im 1. StrRG, JZ **1970** 160.

Entstehungsgeschichte

Die Vorschrift enthielt ursprünglich nur den geltenden Absatz 1. Der durch Art. 4 Nr. 48 des 3. StRÄndG 1953 eingefügte Absatz 2 wurde durch Art. 1 Nr. 32 Buchst. a StVÄG 1979 wieder gestrichen. Durch Art. 2 Nr. 9 des 2. StraßenVSichG 1964 wurde Absatz 3 eingefügt, durch Art. 21 Nr. 119 EGStGB 1974 in Absatz 3 die Paragrafenzahl 37 in 44 geändert. Zufolge Streichung des Absatzes 2 wurde der bisherige Absatz 3 zu Absatz 2 (Art. 1 Nr. 32 Buchst. b StVÄG 1979). Bezeichnung bis 1924: § 482.

Übersicht

Alphabetische Übersicht

I. Anrechnung der Untersuchungshaft (Absatz 1)

1. Bedeutungswandel

1 **a) Früheres Recht.** Nach **§ 60 StGB a. F.** in der ursprünglichen Fassung[1] stand die Anrechnung einer erlittenen Untersuchungshaft im **pflichtgemäßen Ermessen** des Gerichts („kann"). Die Gerichte der einzelnen Instanzen trafen die Entscheidung jeweils „bei Fällung des Urteils" über die bis zu diesem Zeitpunkt erlittene Untersuchungshaft. Ihnen stand keine Entscheidung über die Anrechnung der künftigen Untersuchungshaft zu, die der Angeklagte erlitt, wenn er nach Fällung des Urteils in Untersuchungshaft blieb. Bei dieser Rechtslage hatte § 450 Abs. 1 die Bedeutung, dass mit Eintritt der Voraussetzungen dieser Vorschrift bei der Fällung eines späteren Urteils ein Ermessen ausgeschlossen, die Anrechnung vielmehr zwingend war. Damit wurden die **Unbilligkeiten** vermieden, die sich aus § 449 ergeben hätten, wonach ein Urteil erst vollstreckbar ist, wenn es für alle Beteiligten („absolut") rechtskräftig ist (§ 449, 21). Wenn der Angeklagte die Entscheidung annahm, aber ein anderer selbständig Rechtsmittelberechtigter durch deren Anfechtung den Eintritt der absoluten Rechtskraft und damit die Vollstreckbarkeit hinausschob, sollte § 450 Abs. 1 verhindern, dass dem Angeklagten die ohne sein Zutun erfolgte Verlängerung der Untersuchungshaft zum Nachteil gereicht. Die **zwingend angeordnete** Anrechnung der Untersuchungshaft, die der Angeklagte erleidet, nachdem das Urteil für ihn („relativ") unanfechtbar geworden ist, hatte zur Folge, dass, wenn das Urteil demnächst „absolut" rechtskräftig wird, der Beginn der Strafzeitberechnung grundsätzlich auf den Eintritt der relativen Rechtskraft vorverlegt wurde.[2]

2 **b) Geltendes Recht (§ 51 Abs. 1 StGB).** Die jetzige Regelung hat den Sinn, dass grundsätzlich – vorbehaltlich einer ausdrücklichen abweichenden gerichtlichen Anordnung gemäß § 51 Abs. 1 Satz 2 StGB – die gesamte erlittene Untersuchungshaft in vollem Umfang von Rechts wegen auf die Strafe angerechnet wird. Es soll dem Angeklagten kein Nachteil daraus erwachsen, dass er von seiner Befugnis, Rechtsmittel einzulegen, Gebrauch macht.[3] Dabei spielt es in diesem Zusammenhang keine Rolle, ob die Untersuchungshaft kraft Gesetzes, also ohne besonderen Ausspruch bei Fällung des Urteils angerechnet wird, soweit das Gericht nicht – ausnahmsweise – eine Nichtanrechnung gemäß § 51 Abs. 1 Satz 2 StGB anordnet oder Zweifel über die Art der Anrechnung zu

1 § 60 StGB in der Fassung vom 15.5.1871 – RGBl. S. 127, 138 lautete: Eine erlittene Untersuchungshaft oder einstweilige Unterbringung kann bei Fällung des Urteils auf die erkannte Strafe ganz oder teilweise angerechnet werden.
2 Vgl. § 39 Abs. 3, 4 Satz 2 StVollstrO in der vor dem 1.1.1975 geltenden Fassung.
3 Zweiter Bericht des Strafrechtssonderausschusses – BTDrucks. V 4095 S. 24.

beheben sind,[4] oder ob es zwar eines Ausspruchs über die Anrechnung im Urteil bedarf, das Schweigen aber als Anrechnung aufzufassen ist.[5] Eine ausdrückliche Anrechnung im Urteil unterbleibt im Fall des § 51 Abs. 1 Satz 1 StGB,[6] denn diese Vorschrift richtet sich unmittelbar an die Vollstreckungsbehörde.[7]

2. Folgerungen aus der materiell-rechtlichen Neuregelung für Absatz 1

3 **a) Anfängliche Ansichten.** Nach einer im Schrifttum vertretenen Meinung[8] soll **§ 450 Abs. 1 gegenstandslos** geworden sein, denn eine Nichtanrechnungsanordnung könne nur den Zeitraum bis zur Verkündung des Urteils betreffen; das Schicksal der weiteren Untersuchungshaft richtet sich nach § 51 Abs. 1 Satz 1 StGB. Indessen wird mit gutem Grund die Auffassung vertreten, dass eine Nichtanrechnungsanordnung nicht nur die Zeit bis zur Verkündung, sondern bis zur Rechtskraft des Urteils umfasst.[9] Dann besteht die Bedeutung des Absatzes 1 weiterhin darin, dass die Nichtanrechnungsanordnung ihre Wirkung für die Zukunft verliert, sobald die Voraussetzungen des § 450 Abs. 1 vorliegen. Im Übrigen lässt die hier abgelehnte Auffassung unberücksichtigt, dass auch das Rechtsmittelgericht auf ein zuungunsten des Angeklagten hin eingelegtes Rechtsmittel in der Lage ist, eine Nichtanrechnung nach § 51 Abs. 1 Satz 2 StGB auszusprechen. Die **fortdauernde Bedeutung** des Absatzes 1 besteht dann darin, dass durch diese Vorschrift als **lex specialis** dem Rechtsmittelgericht die Verfügung über die nach dem ersten Urteil erlittene Untersuchungshaft entzogen ist, soweit gemäß § 450 Abs. 1 zugunsten des Verurteilten relative Rechtskraft eingetreten ist.[10] Eine konstruktive Frage, an die sich keine praktischen Folgerungen anschließen, ist es, ob im Übrigen das Verhältnis des § 51 Abs. 1 StGB zu § 450 Abs. 1 so zu sehen ist, dass die positive Funktion des § 450 Abs. 1, die Anrechnung der Untersuchungshaft auf die Strafe nach Eintritt der relativen Rechtskraft, jetzt durch § 51 Abs. 1 Satz 1 StGB übernommen ist,[11] oder so, dass der Anwendungsbereich des § 51 StGB nur so weit reicht, als nicht § 450 Abs. 1 eingreift, § 450 Abs. 1 also die lex specialis gegenüber § 51 Abs. 1 StGB darstellt.[12]

4 Nach einer anderen Meinung soll aus der Aufrechterhaltung des § 450 Abs. 1 zu folgern sein, dass durch § 51 Abs. 1 StGB die Anrechnung der Untersuchungshaft kraft Gesetzes nur **beschränkt**, nämlich nur insoweit angeordnet sei, als es nach früherem Recht zur Anrechnung eines ausdrücklich richterlichen Ausspruchs bedurfte, denn andernfalls hätte der Gesetzgeber den § 450 Abs. 1 als gegenstandslos aufheben oder abändern müssen.[13] Danach wäre also die Untersuchungshaft, die der Angeklagte in der Zeit

4 BGHSt **24** 29; **27** 287; BGH NJW **1972** 730; BayObLG NJW **1972** 1632; *Baumgärtner* MDR **1970** 190; KK/*Appl* 2.

5 LK/*Schneider* § 51, 39 ff.; *Fischer* § 51, 22; SSW-StGB/*Eschelbach* § 51, 16; Meyer-Goßner/*Schmitt* 3.

6 BGHSt **24** 29, 30; **27** 287, 288.

7 BGH NStZ **1994** 335; OLG Düsseldorf NStZ-RR **1997** 25.

8 *Baumgärtner* MDR **1970** 190; *Dencker* MDR **1971** 627, 630.

9 *Dreher* MDR **1970** 965; *Dencker* MDR **1971** 627; LK/*Schneider* § 51, 40; *Fischer* § 51, 8; OLG Frankfurt NJW **1980** 537; OLG Düsseldorf MDR **1990** 172.

10 OLG Celle Rpfleger **1970** 137; LG Nürnberg-Fürth Rpfleger **1970** 67 mit abl. Anm. *Pohlmann*; *Dreher* MDR **1970** 965; *Krüger/Diether* Rpfleger **1970** 58; *Wulff* JZ **1960** 160; LK/*Schneider* § 51, 70; *Fischer* § 51, 8; *Pohlmann/Jabel/Wolf* § 39, 80; KMR/*Paulus/Stöckel* 3; Meyer-Goßner/*Schmitt* 3; *Bringewat* 3, 4.

11 OLG Stuttgart Rpfleger **1970** 138 mit krit. Anm. *Pohlmann*; LK/*Schneider* § 51, 70.

12 OLG Celle Rpfleger **1970** 137; *Dreher* MDR **1970** 965 m. w. N.; **a. A.** *Bringewat* 4 a. E.: Nur Ergänzung der sachlich-rechtlichen Regelung für einen bestimmten Fall.

13 *Baumgärtner* MDR **1970** 190; *Dencker* MDR **1971** 627; *Pohlmann* Rpfleger **1969** 379; *Pohlmann/Jabel*[6] § 39, 1, 64; siehe auch *Pohlmann/Jabel/Wolf* § 39, 2.

seit Erlass des Urteils bis zum Eintritt der relativen Rechtskraft erlitten hat, falls es nicht zu einer Entscheidung des Rechtsmittelgerichts kommt, von der automatischen Anrechnung nach § 51 Abs. 1 StGB ausgenommen.

b) Herrschende Meinung. Die **herrschende Meinung** hat sich diesem Umkehr- 5 schluss aus § 450 Abs. 1 mit Recht versagt, weil er im Widerspruch zu den mit der Änderung des § 51 Abs. 1 StGB verfolgten gesetzgeberischen Absichten steht, den Verurteilten bei der Anrechnung der Untersuchungshaft in weitestem Maß zu begünstigen, und aus der Nichtstreichung (Nichtänderung) des § 450 Abs. 1 nichts Gegenteiliges hergeleitet werden kann, da er eine, wenn auch beschränkte Bedeutung behalten hat.[14] Dem haben sich nach anfänglichem Schwanken die Landesjustizverwaltungen nach der Neufassung des § 39 Abs. 2 StVollstrO angeschlossen, wonach die Anrechnung des § 51 StGB sich vorbehaltlich einer abweichenden gerichtlichen Entscheidung auf die Untersuchungshaft erstreckt, die der Verurteilte bis zu dem Tag erlitten hat, an dem die Entscheidung rechtskräftig geworden ist.[15]

3. Wirkung der Anrechnung

a) Grundsatz. Nachdem sich die Bedeutung des Absatzes 1 praktisch darauf be- 6 schränkt, dass für die Zeit nach **Eintritt der relativen Rechtskraft** – sei es durch Rechtsmittelverzicht, Rücknahme des Rechtsmittels, Verstreichenlassen der Einlegungsfrist – zugunsten des Angeklagten einer vorangegangenen Nichtanrechnungsanordnung die Wirkung entzogen und dem Rechtsmittelgericht die Befugnis genommen ist, gemäß § 51 Abs. 1 Satz 2 StGB die Nichtanrechnung der Untersuchungshaft anzuordnen, gelten für diesen Teil der Untersuchungshaft die gleichen Grundsätze, die allgemein für die Anrechnung von Untersuchungshaft nach Eintritt der absoluten Rechtskraft gelten,[16] d. h. die Untersuchungshaft wird vom errechneten Ende der Strafzeit nach vollen Tagen rückwärts abgerechnet.[17] Anzurechnen ist nur die Zeit vom tatsächlich wirksam erfolgten Rechtsmittelverzicht ab, auch wenn es dem verzichtsbereiten Angeklagten wegen Nichterreichbarkeit eines Urkundsbeamten (§ 299) nicht möglich war, die Erklärung früher abzugeben.[18]

b) Beispiele. Die Frage, in welcher Weise **der Tag, an dem die relative Rechts-** 7 **kraft** durch Rechtsmittelverzicht oder Rechtsmittelrücknahme **eintritt, zu behandeln ist,** regelt § 39 Abs. 2 Satz 2 StVollstrO dahin, dass er nach § 51 StGB nur angerechnet wird, wenn er nicht bereits nach § 37 Abs. 2 StVollstrO unverkürzt als Strafhaft zählt. Danach ist zu unterscheiden: Hat der Verurteilte noch mehr als eine Woche im Vollzug zuzubringen, so gilt nach § 37 Abs. 2 Satz 2 StVollstrO Verzicht und Zurücknahme als zu

---

14 OLG Celle MDR **1970** 345; NJW **1970** 768; OLG Stuttgart MDR **1970** 522; OLG Frankfurt und München NJW **1970** 1140; *Horstkotte* NJW **1969** 1605; *Groß* NJW **1970** 127; *Krüger/Diether* Rpfleger **1970** 58; *Fischer* § 51, 8; LK/*Schneider* § 51, 70.

15 *Pohlmann* Rpfleger **1970** 265; *Pohlmann/Jabel*[6] § 39, 1; KK/*Appl* 1; Meyer-Goßner/*Schmitt* 3.

16 KK/*Appl* 2; *Pohlmann/Jabel/Wolf* § 39, 86.

17 § 39 Abs. 4 StVollstrO, der die Ergebnisse der Rechtsprechung wiedergibt, z. B. RGSt **29** 75; KG JW **1927** 408; OLG Hamburg LZ **1916** 1509; OLG Stuttgart DStRZ **4** (1917) 378; OLG Düsseldorf NJW **1969** 430; KK/*Appl* 7; Meyer-Goßner/*Schmitt* 9; *Bringewat* 11.

18 OLG Düsseldorf Rpfleger **1966** 254; Meyer-Goßner/*Schmitt* 5.

Beginn des Tages eingetreten;[19] dieser Tag rechnet also als Strafzeit. Bei kürzerer noch ausstehender Vollzugsdauer gelten Verzicht und Zurücknahme als zu **Beginn der Stunde** eingetreten, in deren Verlauf sie erklärt wurden. Ist dem Verurteilten die vor dem Urteil liegende Untersuchungshaft gemäß § 51 StGB anzurechnen und verzichtet er im Anschluss an die Verkündung auf Rechtsmittel, so wird dieser Tag nur als Strafhaft gerechnet, wenn die noch ausstehende Vollzugsdauer mehr als eine Woche beträgt; dieser Tag wird also nicht auch noch als Untersuchungshaft gerechnet (§ 39 Abs. 2 Satz 2 StVollstrO), da er sonst doppelt angerechnet würde. Beträgt die Vollzugsdauer in einem Fall dieser Art nicht mehr als eine Woche, so wird der Tag der Entscheidung voll als anzurechnende Untersuchungshaft gerechnet. Es erübrigt sich daher eine Teilung des Tages in der Weise, dass er bis zum Beginn der Stunde, in der das Urteil verkündet wird, als Untersuchungshaft, von da ab als Strafhaft rechnet.[20]

4. Bedeutung der absoluten Rechtskraft für die Untersuchungshaft

8 **a) Gesetzlicher Übergang in Strafhaft?** Befindet sich der Angeklagte in dem Zeitpunkt, in dem das Urteil durch Verzicht der Rücknahme des Rechtsmittels oder Verstreichenlassen der Einlegungsfrist – dazu zählt auch die verspätete Einlegung[21] – rechtskräftig wird, weil für jeden Rechtsmittelberechtigten die Rechtsmittel erschöpft sind (absolute Rechtskraft), in Untersuchungshaft, so ist streitig, ob sich diese **kraft Gesetzes in Strafhaft** verwandelt. Die bejahende – auch hier vertretene – Auffassung macht geltend, die Untersuchungshaft diene dazu, die Durchführung des Verfahrens bis zur rechtskräftigen Aburteilung zu sichern. Für Untersuchungshaft ist daher begrifflich kein Raum mehr, wenn das Urteil die Rechtskraft erlangt hat. Von diesem Standpunkt aus entfällt mit dem Eintritt der Rechtskraft die Zuständigkeit des Gerichts nach § 119 Abs. 6 für die dort bezeichneten Maßnahmen, zur Aufhebung der Untersuchungshaft und zur Entscheidung über Haftbeschwerden.[22] Eine Haftbeschwerde wird unzulässig.[23] Allerdings wird diese Auffassung z. T. dahin eingeschränkt, dass die Einleitung einer formellen Strafvollstreckung nach § 451 nicht überflüssig werde[24] und in dem Zeitraum bis dahin der Haftbefehl als Grundlage der fortdauernden Freiheitsentziehung fortwirke; diese Freiheitsentziehung sei aber weder Untersuchungshaft im technischen Sinn noch Strafhaft im engeren Sinn, sondern „Vollstreckungshaft".[25] *Seebode* bezeichnet sie als Zwischenhaft,[26] hält sie aber deshalb für entbehrlich, weil die für die Vollstreckung des

---

19 *Bringewat* 12. Die Regelung gilt nicht, wenn die Rechtskraft des Urteils aufgrund eines unter § 34a fallenden Beschlusses, d. h. mit dem Ende des Tages, an dem der Beschluss erlassen worden ist, als eingetreten gilt (§ 34a, 3 f.); *Pohlmann/Jabel/Wolf* § 37, 24 ff.

20 *Pohlmann/Jabel/Wolf* § 37, 5 ff., 23; KMR/*Paulus/Stöckel* Vor § 449, 55; *Bringewat* 13.

21 KK/*Appl* 8; Meyer-Goßner/*Schmitt* 5; *Bringewat* 5; OLG München NJW **1968** 1001.

22 BVerfGE **9** 160 = NJW **1959** 431; OLG Nürnberg SJZ **1950** 141 mit zust. Anm. *Kleinknecht*; OLG Celle NJW **1963** 2240; OLG München Rpfleger **1964** 370; OLG Bremen MDR **1966** 349; OLG Köln NJW **1966** 1829; OLG Hamburg NJW **1977** 210; OLG Stuttgart NJW **1979** 884; OLG Schleswig SchlHA **1986** 104; OLG Düsseldorf StV **1988** 110; *Seebode* StV **1988** 120; *Eb. Schmidt* Nachtr. I 11; KK/*Appl* 10a. Der BGH hat die Frage zunächst offen gelassen (BGHSt **20** 64), dann aber (BGHSt **38** 63; BGH NStZ **1993** 31) entschieden, dass die Untersuchungshaft mit der Rechtskraft unmittelbar in Strafhaft übergeht.

23 OLG Hamburg NJW **1977** 210; OLG Düsseldorf StV **1988** 110.

24 *Kleinknecht* SJZ **1950** 141.

25 OLG Celle NJW **1963** 2240; NStZ **1985** 188; OLG Hamburg NJW **1977** 210; OLG Düsseldorf NStZ **1981** 366; StV **1988** 110; offen gelassen von OLG Bremen MDR **1966** 349; im Ergebnis wie hier *Bringewat* 11.

26 StV **1988** 119.

Urteils erforderliche Vollstreckbarkeitsbescheinigung bei „entsprechender Vorbereitung in Minuten erteilt werden" könne.[27]

b) Übergang mit förmlicher Einleitung der Strafvollstreckung? Nach **anderer Auffassung**[28] dauert die Untersuchungshaft bis zur förmlichen Einleitung der Strafvollstreckung an. Dies wird damit begründet, dass von echter Strafhaft erst die Rede sein könne, wenn die Vollstreckungsbehörde aufgrund einer Vollstreckbarkeitsbescheinigung (§ 451) die Vollstreckung betreibt. Dass eine solche „Untersuchungshaft" auf die Strafzeit anzurechnen ist, ergibt sich dann ohne weiteres sowohl aus § 51 Abs. 1 StGB als auch aus der Erwägung, dass, wenn schon die relative Rechtskraft nach § 450 Abs. 1 kraft Gesetzes zur Anrechnung der Untersuchungshaft führt, dies erst recht bei der absoluten Rechtskraft der Fall sein muss.[29] § 38 Nr. 3 StVollstrO bestimmt denn auch, dass bei einem Verurteilten, der sich im Zeitpunkt des Eintritts der Rechtskraft in Untersuchungshaft befindet, dieser Zeitpunkt als Beginn der Strafzeit anzusetzen ist („fiktive Strafverbüßung").[30] Der Untersuchungsgefangene ist, soweit sich dies schon vor der Aufnahme in den Strafvollzug durchführen lässt, bereits vom Eintritt der Rechtskraft des Urteils ab als Strafgefangener zu behandeln. 9

c) Regelung bei Urteilen, wonach eine freiheitsentziehende Maßregel vor der Strafe zu vollziehen ist. Befindet sich der Verurteilte im Zeitpunkt des Eintritts der Rechtskraft in **Untersuchungshaft**, so ist der Zeitraum zwischen Rechtskraft und Beginn des Maßregelvollzugs in entsprechender Anwendung des Absatzes 1 bzw. des § 51 Abs. 1 Satz 1 StGB auf die Strafe anzurechnen.[31] Befindet er sich dagegen zu diesem Zeitpunkt in **einstweiliger Unterbringung** nach § 126a, ist der oben genannte Zeitraum auf die Maßregel anzurechnen.[32] Hat das Gericht den teilweisen Vorwegvollzug der Freiheitsstrafe nach § 67 Abs. 2 StGB angeordnet, so ist Untersuchungshaft regelmäßig auf den vorweg zu vollziehenden Teil der Strafe anzurechnen.[33] Befindet sich der zur Unterbringung Verurteilte bei Eintritt der Rechtskraft in Untersuchungshaft, ist er umgehend in den Maßregelvollzug zu verlegen.[34] 10

5. Bedeutung der Teilanfechtung. Es fragt sich, ob § 450 Abs. 1 mit der Wirkung, eine Nichtanrechnung der Untersuchungshaft durch das Rechtsmittelgericht nach § 51 Abs. 1 Satz 2 StGB auszuschließen, auch dann anwendbar ist, wenn der zu einer Gesamtstrafe verurteilte Angeklagte das Urteil nur zum Teil anficht oder ein in vollem Umfang eingelegtes Rechtsmittel nur zum Teil zurücknimmt. Die Frage, die früher vereinzelt verneint wurde,[35] ist zu bejahen. Hat der Angeklagte das beschränkte Rechtsmittel eingelegt, so taucht das in § 450 Abs. 1 geregelte Problem der relativen Rechtskraft dann nicht auf, wenn man mit der in § 449, 27 vertretenen Auffassung annimmt, dass die **nicht ange-** 11

---

27 StV **1988** 124.

28 OLG Köln LZ **1916** 1510; OLG Braunschweig MDR **1950** 755; OLG Frankfurt HESt **1** 163; MDR **1979** 75; OLG Hamm JZ **1967** 186; *Lindner* MDR **1948** 453; *Pohlmann* Rpfleger **1964** 147, 371; *Unger* Rpfleger **1957** 224; *H. W. Schmidt* NJW **1959** 1717; *Pohlmann/Jabel/Wolf* § 39, 37; KK/*Appl* 10e.

29 Ähnlich KMR/*Paulus/Stöckel* 7; *Bringewat* 10.

30 BGHSt **20** 64, 67; KK/*Chlosta*[2] 10: formell Untersuchungs-, materiell schon Strafgefangener.

31 OLG Hamm MDR **1989** 1120; KK/*Appl* 10 f.

32 OLG Hamm Beschluss vom 30.5.1978 – 6 Ws 265/78.

33 BGH NJW **1991** 2431 mit Anm. *Funck* JR **1992** 476; KK/*Appl* 10e; *Fischer* § 51, 10; **a. A.** OLG Schleswig NStZ **1990** 407 mit Anm. *Volckart* StV **1990** 458; LG Hagen StV **1991** 218.

34 *Ostermann* StV **1993** 52; KK/*Appl* 10e.

35 RMilGE **19** 10, 17; OLG Schleswig SchlHA **1949** 137.

fochtenen Einzelstrafen rechtskräftig und vollstreckbar sind. Vielmehr geht insoweit die Untersuchungshaft in Strafhaft über oder wird bei der Strafzeitberechnung wie Strafhaft behandelt (Rn. 8 ff.). Für den Verurteilten ist es alsdann gleichgültig, ob die Vollstreckungsbehörde von der Möglichkeit förmlicher Teilvollstreckung Gebrauch macht oder nicht.

12 **Wer** eine **Teilvollstreckung für unzulässig hält**, muss berücksichtigen, dass dann eine der relativen Rechtskraft, wie sie bei Anfechtung durch einen anderen selbständig Rechtsmittelberechtigten eintritt, entsprechende Lage vorliegt. Für den Angeklagten ist alsdann, soweit er kein Rechtsmittel einlegt oder es zurückgenommen hat, das Urteil unanfechtbar geworden. Es liegt nicht an ihm, dass es hinsichtlich des unangefochtenen Teils nicht vollstreckt werden kann. Dieser Fall unterscheidet sich also in nichts von dem, dass bei einem auf eine Gesamtstrafe lautenden Urteil der Angeklagte es nicht anficht, aber die Staatsanwaltschaft das Urteil nur hinsichtlich einer Einzelstrafe anficht. Wenn Absatz 1 in diesem Fall Anwendung findet, weil der Angeklagte nichts dazu kann, dass das Urteil nicht alsbald in vollem Umfang rechtskräftig wird und vollstreckt werden kann, muss das auch für den Fall gelten, wenn der Angeklagte selbst nur beschränkt Rechtsmittel einlegt (oder das umfassend eingelegte Rechtsmittel nachträglich beschränkt) und sich im Übrigen der Vollstreckung unterwirft.[36]

13 Folgerichtig ist der **Grundsatz** des Absatzes 1 auch dann anzuwenden, wenn aus einer Gesamtstrafe eine oder mehrere Einzelstrafen nicht durch Rechtsmittelverzicht, sondern dadurch rechtskräftig werden, dass, nachdem der Angeklagte die Verurteilung zu einer Gesamtstrafe in vollem Umfang angefochten hat, das Revisionsgericht nur wegen *eines* Falls und im Gesamtstrafenausspruch das Urteil aufhebt und zurückverweist, im Übrigen aber die Revision verwirft.[37] Dann sind die anderen Einzelstrafen rechtskräftig, und es liegt nicht an dem Angeklagten, wenn das Urteil insoweit nicht vollstreckt wird. Die an ein solches Urteil anschließende weitere Untersuchungshaft bis zur Rechtskraft des Gesamtstrafenausspruchs ist daher anzurechnen.[38]

14 Die Anrechnung der Untersuchungshaft in den vorgenannten Fällen muss, da nicht mehr Untersuchungshaft angerechnet werden kann, als die Strafe beträgt, ihre **Grenze** in dem Teil der Gesamtstrafe finden, der auf die **rechtskräftig gewordenen Einzelstrafen** entfällt.[39]

15 **6. Wegfall der Rechtskraft durch Wiedereinsetzung.** Ist durch ungenutzten Ablauf der Rechtsmittelfrist das Urteil rechtskräftig geworden, so wird durch verspätete Rechtsmitteleinlegung die Rechtskraft und die Vollstreckbarkeit auch dann nicht in Frage gestellt, wenn der Verurteilte das Rechtsmittel mit dem Antrag auf Wiedereinsetzung in den vorigen Stand verbindet, denn dieser Antrag hat nach § 47 Abs. 1 keine aufschiebende Wirkung. Wird die Wiedereinsetzung gewährt, so entfällt zwar mit rückwirkender

---

36 BGH MDR **1954** 152; NJW **1955** 1488; BayObLG HRR **1935** Nr. 1198; BayObLGSt **1952** 69 = Rpfleger **1952** 491; OLG Bremen NJW **1951** 615; OLG Celle NdsRpfl. **1952** 75; OLG Oldenburg NdsRpfl. **1955** 237; OLG Braunschweig NJW **1963** 2239; *Grünwald* Die Teilrechtskraft im Strafverfahren 355; *Pohlmann/Jabel/Wolf* § 39, 19; *Eb. Schmidt* 5; KK/*Appl* 5; Meyer-Goßner/*Schmitt* 8; *Bringewat* 15; **a. A.** OLG Schleswig SchlHA **1949** 137.

37 *Bringewat* 16.

38 RGSt **39** 275; OLG Oldenburg NdsRpfl. **1955** 237; OLG Braunschweig NJW **1963** 2239; KK/*Appl* 5; Meyer-Goßner/*Schmitt* 8; *Bringewat* 16; *Pohlmann/Jabel/Wolf* § 39, 19.

39 BayObLG Rpfleger **1952** 491; OLG Oldenburg NdsRpfl. **1955** 237; **a. A.** BGH bei *Dallinger* MDR **1956** 529; OLG Düsseldorf Rpfleger **1965** 48; *Grünwald* Die Teilrechtskraft im Strafverfahren 614; KK/*Appl* 5; Meyer-Goßner/*Schmitt* 8; *Bringewat* 14, 15: Anrechnung bis zur vollen Höhe der teilvollstreckbaren Einzelstrafen.

Kraft die Rechtskraft des Urteils. An der Tatsache, dass bis dahin eine vollstreckbare Entscheidung vorlag und demgemäß, auch wenn keine förmliche Vollstreckung eingeleitet wurde, die Untersuchungshaft als Vollstreckungshaft zu rechnen ist (Rn. 8), ändert sich dadurch aber nichts, sofern und solange das Gericht nicht eine Anordnung nach § 47 Abs. 2 getroffen hat. Wird demnächst das Rechtsmittel als unbegründet verworfen, so muss nach allgemeinen Rechtsgrundsätzen die während des Bestehens der Rechtskraft erlittene Haft auf die Strafe angerechnet werden. Das Gleiche gilt, wenn die rechtzeitig eingelegte Revision als unzulässig verworfen (§ 346), demnächst aber die Wiedereinsetzung gewährt wird. Es ist demgemäß die volle Zeit anzurechnen, wenn das Revisionsgericht mit der Gewährung der Wiedereinsetzung gleichzeitig die Revision nach § 349 Abs. 2 durch Beschluss verwirft.[40]

7. Anrechnung einer anderen Freiheitsentziehung

a) Vollstreckungshaft- und Vorführungsbefehl. Wie in Rn. 8 ff. ausgeführt, wird 16
dem bei Eintritt der Rechtskraft in Untersuchungshaft befindlichen Verurteilten kraft Gesetzes die Zeit der Freiheitsentziehung angerechnet, die zwischen dem Tag des Eintritts der Vollstreckbarkeit des Urteils und dem Tag liegt, an dem der Strafvollzug unter **Überführung** des Angeklagten aus der Untersuchungshaftanstalt in die Vollzugsanstalt stattfindet. Hat der Angeklagte sich nicht in Untersuchungshaft befunden, sondern ist er aufgrund eines **nach § 457** erlassenen Vollstreckungshaft- oder Vorführungsbefehls der Vollstreckungsbehörde ergriffen worden, so nahm die **früher herrschende Meinung** an, dass die Strafzeit erst vom Eintritt in die zur Strafverbüßung bestimmte Strafanstalt ab berechnet werde,[41] doch sollte in Ausnahmefällen, namentlich bei niedrigeren Strafen und ohne Verschulden des Verurteilten erfolgter Verzögerung des Eintritts in die zuständige Vollzugsanstalt § 450 Abs. 1 entsprechend anzuwenden sein.[42] Noch weitergehend wurde im Schrifttum[43] die Auffassung vertreten, dass die ganze Zeit von der Ergreifung bis zur Ablieferung in die zuständige Anstalt anzurechnen sei. Nach einer vermittelnden Auffassung, der sich § 22a StVollstrO 1935 anschloss, war maßgebend der Zeitpunkt der Einlieferung in eine Strafanstalt, auch wenn sie nicht die zuständige war.

§ 38 Nr. 2 StVollstrO hat der Streitfrage praktisch dadurch ein Ende bereitet, dass 17
er die Strafvollstreckungsbehörden anweist – über § 22a StVollstrO 1935 hinausgehend –, als Beginn der Strafzeit bei einem aufgrund eines Vollstreckungshaft- oder Vorführungsbefehls nach § 457 (oder Sicherungshaftbefehls nach § 453c) Festgenommenen und sodann Eingelieferten den **Zeitpunkt der Festnahme** anzusetzen. Diese Regelung wird durch die Erwägung gerechtfertigt, dass auch die Ergreifung aufgrund eines Vollstreckungshaft- oder Vorführungsbefehls der Vollstreckungsbehörde letztlich auf der Grundlage und in Vollziehung der die Freiheitsentziehung zulassenden richterlichen Entscheidung erfolgt.[44] Im Übrigen greift auch hier die Erwägung durch, dass kein einleuchtender Grund besteht, eine nach Rechtskraft des Urteils zwecks Vollstreckung der Strafe erlittene Freiheitsentziehung von der Anrechnung auf die Strafzeit auszuschließen, wenn nach § 51 Abs. 1 StGB grundsätzlich jede vor Urteilsrechtskraft aus Anlass der Tat erlittene Frei-

---

40 BGHSt **18** 34 = Rpfleger **1963** 49 mit Anm. *Pohlmann*; OLG Hamm NJW **1956** 274; OLG Celle NdsRpfl. **1965** 186; *Pohlmann/Jabel/Wolf* § 41, 10; KMR/*Paulus/Stöckel* 10; Meyer-Goßner/*Schmitt* 2; *Bringewat* 8.

41 BayObLGSt **3** (1904) 107; BayObLG JW **1933** 465; DRZ **1933** Nr. 134; KG GA **43** (1895) 137; OLG Kassel GA **52** (1905) 276; *Pohlmann/Jabel/Wolf* § 38, 3.

42 LR/*Schäfer*[21] 2a; *Kreß* BayZ **2** (1906) 410; *Fumian* BayZ **10** (1915) 117.

43 Nachw. in der 21. Aufl., § 450, 2a.

44 BGHSt **13** 97, 100; *Pohlmann/Jabel/Wolf* § 38, 4.

heitsentziehung auf die erkannte Strafe, nach § 450a grundsätzlich auch die im Ausland erlittene Freiheitsentziehung, die der Verurteilte in einem Auslieferungsverfahren zum Zweck der Strafvollstreckung erlitten hat, auf die Strafzeit angerechnet wird.[45]

18 **b) Entweichen aus dem Strafvollzug.** In gleicher Weise behandelt § 40 Abs. 2 StVollstrO die Anrechnungsfrage, wenn ein Verurteilter aus dem Strafvollzug entwichen ist und zwecks weiteren Strafvollzugs aufgrund eines Haft- oder Vorführungsbefehls oder sonstiger Fahndungsmaßnahmen (§ 457) auf Veranlassung der Vollstreckungsbehörde oder sonst polizeilich festgenommen wird oder sich in einer anderen Anstalt als der zuständigen Vollzugsanstalt zur weiteren Verbüßung stellt. Dann gilt im ersteren Fall der Zeitpunkt der Festnahme,[46] im letzteren der Zeitpunkt der Selbstgestellung als Fortsetzung des Strafvollzugs. **§ 24 Abs. 2 StVollstrO 1935** wollte die Zeit bis zur Wiederaufnahme in die zuständige Vollzugsanstalt nicht auf die Strafzeit anrechnen.[47] Nachdem das OLG Celle[48] sich auf den Standpunkt gestellt hatte, als Vollzugsfortsetzung müsse der Beginn der erneuten Inverwahrnahme zugrunde gelegt werden, die abweichende Weisung in § 24 Abs. 2 StVollstrO verstoße gegen Art. 2 Abs. 2, 104 Abs. 1 GG, wurde § 24 Abs. 2 StVollstrO dahin abgeändert, dass als Zeitpunkt der Fortsetzung des Vollzugs die Aufnahme in eine Justizvollzugsanstalt anzusehen sei, auch wenn sie nicht die zum weiteren Strafvollzug zuständige ist. **§ 40 Abs. 2 StVollstrO 1974** geht darüber hinaus, indem er bereits den Zeitpunkt der Festnahme als Vollzugsfortsetzungsbeginn ansetzt.[49] Wegen der Anrechnung einer im Ausland durch das Auslieferungsverfahren zum Zweck der Strafvollstreckung erlittenen Freiheitsentziehung vgl. die Erl. zu § 450a.

19 **8. Begriff der Untersuchungshaft.** Der **Begriff der Untersuchungshaft**, die nach Absatz 1 anzurechnen ist, umfasst neben der Untersuchungshaft im technischen Sinn auch jede „andere Freiheitsentziehung“, die nach § 51 Abs. 1 Satz 1 StGB angerechnet wird[50] und die demgemäß vom Rechtsmittelgericht gemäß § 51 Abs. 1 Satz 2 StGB von der Anrechnung ausgeschlossen werden könnte, falls der Angeklagte nicht i. S. d. § 450 Abs. 1 die relative Rechtskraft herbeiführt.[51] Dazu zählt nicht die von einem Gericht der Bundesrepublik angeordnete **Abschiebehaft,** die ein Ausländer nach Rechtskraft aus Anlass einer Strafhaft erlitten hat.[52] Keine Untersuchungshaft ist die Zeit unzulässiger Strafvollstreckung bei vorzeitiger Überführung des Angeklagten in die Strafanstalt wegen eines Irrtums über den Zeitpunkt der Rechtskraft.[53]

---

45 Vgl. dazu besonders *Pohlmann/Jabel/Wolf* § 39a, 3 f.

46 Vorausgesetzt, dass der Verurteilte demnächst einer Vollzugsanstalt übergeben wird, *Pohlmann/Jabel/Wolf* § 40, 18.

47 Im Gegensatz zu der überwiegend vertretenen Auffassung, wonach nur die Zeit des Polizeigewahrsams *nach* Ergreifung nicht anrechenbar ist: OLG Köln NJW **1955** 234 zur damaligen Rechtsprechung und Literatur.

48 NdsRpfl. **1952** 193.

49 Nach Nr. 7 (Stichwort Entweichen) und Nr. 47 Abs. 3 der Vollzugsgeschäftsordnung gilt eine Nichtrückkehr vom Freigang, Ausgang oder Urlaub nicht als Entweichen (vgl. dazu *Pohlmann/Jabel/Wolf* § 40, 9, 21).

50 *Fischer* § 51, 5; LK/*Schneider* § 51, 3 ff.; Meyer-Goßner/*Schmitt* 2. Zum Begriff „andere Freiheitsentziehungen“ vgl. namentlich auch *Pohlmann/Jabel/Wolf* § 39, 56 bis 85 sowie *Bringewat* 1.

51 *Fischer* § 51, 5; MüKo/*Nestler* § 450, 12.

52 OLG Frankfurt NJW **1980** 557.

53 KG JR **1964** 310; Meyer-Goßner/*Schmitt* 2.

9. Anrechnung im Wege der Gnade. Anrechnung von Untersuchungshaft, deren Nichtanrechnung das Gericht gemäß § 51 Abs. 1 Satz 2 StGB angeordnet hatte, im Wege der Gnade (durch die Gnadenbehörde nach Rechtskraft des Urteils) ist lediglich ein Straferlass in Höhe des Zeitraums, der auf die Untersuchungshaft entfällt.[54] 20

10. Wegfall der Anrechnung

a) Urteilsaufhebung auf Rechtsmittel eines anderen Rechtsmittelberechtigten. 21
Wird auf die Revision eines anderen (selbständig) Rechtsmittelberechtigten das Urteil aufgehoben und die Sache zur erneuten Verhandlung und Entscheidung zurückverwiesen, so entfällt mit dem Urteil auch dessen zugunsten des Angeklagten eingetretene relative Rechtskraft. Bei der erneuten Aburteilung kann das Gericht eine Nichtanrechnungsanordnung nach § 51 Abs. 1 Satz 2 StGB treffen; andernfalls gilt § 51 Abs. 1 Satz 1. Der Angeklagte kann aber nach Erlass des neuen Urteils erneut die relative Rechtskraft herbeiführen und damit die Wirkung des § 450 Abs. 1 gegenüber dem Rechtsmittelgericht auslösen.[55] Wird auf die Berufung eines anderen Rechtsmittelberechtigten das Urteil lediglich zugunsten des Angeklagten **abgeändert** (durch Herabsetzung der im ersten Rechtszug erkannten Freiheitsstrafe), so geschieht dies zwar nach § 328 Abs. 1 technisch in der Form der Aufhebung des Urteils, materiell handelt es sich aber lediglich um eine Änderung, so dass insoweit, als das erste Urteil materiell bei Bestand bleibt, es auch bei der gesetzlichen Anrechnung der Untersuchungshaft verbleibt, sofern der Angeklagte auch das zweite Urteil unangefochten lässt und dadurch gleichzeitig für die nach dem Berufungsurteil liegende Untersuchungshaft die Anrechnung nach § 450 Abs. 1 herbeiführt.[56] Hebt das Berufungsurteil aber gemäß § 328 Abs. 2 das erste Urteil auf oder erhöht es (in diesem Fall unter materieller Aufhebung) die Freiheitsstrafe des angefochtenen Urteils, so gilt das Gleiche wie bei Aufhebung und Zurückverweisung durch das Revisionsgericht.

b) Übernahme des Rechtsmittels des gesetzlichen Vertreters durch den volljährig gewordenen Angeklagten. Ein volljährig gewordener Angeklagter kann auch dann das von seinem bisherigen gesetzlichen Vertreter eingelegte Rechtsmittel übernehmen, wenn er selbst vorher auf Rechtsmittel verzichtet hatte und damit die Voraussetzungen des § 450 Abs. 1 für ihn eingetreten waren.[57] Die Anrechnung der Untersuchungshaft entfällt dann von dem Augenblick an, zu dem der Angeklagte erklärt, dass er das eingelegte Rechtsmittel übernehme.[58] Eine solche Übernahmeerklärung hat aber keine rückwirkende Kraft für die vorangehende Zeit.[59] Wie ein Rechtsmittel des Angeklagten zählt für die Anwendung des Absatzes 1 auch ein Rechtsmittel seines Verteidigers (§ 297), nicht aber das von der Staatsanwaltschaft zugunsten des Angeklagten eingelegte.[60] 22

54 OLG Hamm NJW **1957** 920.

55 *Bringewat* 7.

56 Meyer-Goßner/*Schmitt* 7.

57 BGHSt **10** 174 unter Aufgabe der gegenteiligen Ansicht des Reichsgerichts in RGSt **42** 342 und **47** 159.

58 *Pentz* GA **1958** 303; *Bringewat* 6.

59 LG Bamberg NJW **1967** 68 mit zust. Anm. *Kaiser* = Rpfleger **1967** 118 mit abl. Anm. *Pohlmann*; wie hier KK/*Appl* 9; KMR/*Paulus/Stöckel* 9; Meyer-Goßner/*Schmitt* 6; *Bringewat* 6 und in der Tendenz *Pohlmann/Jabel*[6] § 39, 43, die die Streitfrage zufolge der Neufassung des § 52a JGG durch Art. 26 Nr. 25 EGStGB 1974 nunmehr allerdings für praktisch gegenstandslos halten.

60 KK/*Appl* 9; Meyer-Goßner/*Schmitt* 6.

II. Strafzeitberechnung bei Beendigung des Rechtsmittelverfahrens durch Beschluss

23 Der frühere Absatz 2, der für die Berechnung der Strafzeit eine dem § 34a entsprechende Regelung enthielt, ist als gegenstandslos gestrichen worden, weil der durch Art. 1 Nr. 8 StVÄG 1979 eingeführte § 34a eine allgemeine und damit auch die Strafzeitberechnung umfassende Regelung enthält, zu welchem Zeitpunkt die Rechtskraft einer angefochtenen Entscheidung als eingetreten gilt, wenn nach rechtzeitiger Einlegung eines Rechtsmittels ein Beschluss unmittelbar die Rechtskraft herbeiführt (vgl. Entstehungsgeschichte sowie die Erläuterungen zu § 34a).

III. Verfahren gegen Jugendliche

24 In Verfahren gegen **Jugendliche** und **Heranwachsende**, gegen die Jugendstrafrecht angewendet wird, richtet sich die Anrechnung der seit Eintritt der relativen Rechtskraft erlittenen Untersuchungshaft ohne weiteres (§ 2 JGG) nach § 450 StPO, wenn auf Jugendstrafe erkannt wird.[61] Nach dem – § 51 Abs. 1 StGB inhaltlich nachgebildeten – § 52a Abs. 1 Satz 2 JGG[62] kann der Richter die Nichtanrechnung der Untersuchungshaft oder einer anderen Freiheitsentziehung nicht nur im Hinblick auf das Verhalten der Verurteilten nach der Tat, sondern – abweichend von § 51 Abs. 1 Satz 2 StGB – auch dann anordnen, wenn die Anrechnung aus erzieherischen Gründen nicht gerechtfertigt ist. Im Übrigen richtet sich die Auslegung des § 52a JGG nach den zu § 51 Abs. 1 StGB entwickelten Grundsätzen.[63] Danach bezieht sich § 52a JGG nur auf die bis zur Urteilsverkündung des Tatgerichts erlittene Untersuchungshaft. Die Anrechnung der nach diesem Zeitpunkt erlittenen Untersuchungshaft richtet sich, soweit nicht § 450 Abs. 1 eingreift, gemäß § 2 JGG nach § 51 Abs. 1 StGB.[64]

25 Wird nur **Jugendarrest** festgesetzt, so ist § 450 nicht unmittelbar anzuwenden, da der Jugendarrest keine Freiheitsstrafe, sondern ein Zuchtmittel ist (§ 13 JGG). Deshalb bedurfte es der besonderen Vorschrift des § 87 Abs. 2 JGG, die § 450 für sinngemäß anwendbar erklärt. § 450 findet auch sinngemäß Anwendung, wenn gemäß § 71 Abs. 2, § 72 Abs. 4 JGG die einstweilige Unterbringung in einem Heim der Jugendhilfe angeordnet war.[65]

IV. Anrechnung der Führerscheinverwahrung auf die Dauer des Fahrverbots (Absatz 2)

26 Ist in einem nicht rechtskräftigen Urteil ein Fahrverbot nach § 44 StGB ausgesprochen, so gibt es im Allgemeinen keinen Rechtsgrund mehr, um eine bis zum Urteil bestehende amtliche Verwahrung des Führerscheins vor dem Eintritt der Rechtskraft aufrechtzuerhalten. § 111a Abs. 5 Satz 2 gestattet jedoch, die Rückgabe des Führerscheins

61 OLG München NJW **1971** 2275; KK/*Appl* 12; *Bringewat* 18.

62 Eingefügt durch Art. 26 Nr. 25 EGStGB 1974.

63 Begr. des RegE. zu Art. 24 Nr. 21, 22 – EGStGB – BTDrucks. **7** 550.

64 BGH NJW **1972** 730 = Rpfleger **1972** 251 mit Anm. *Pohlmann*; OLG München NJW **1971** 2275; LG Osnabrück Rpfleger **1971** 184 mit abl. Anm. *Pohlmann*, soweit es um die Anrechnung der während des Revisionsverfahrens erlittenen Untersuchungshaft geht; *Eisenberg/Kölbel* § 52a, 3.

65 Ebenso *Pohlmann/Jabel/Wolf* § 39, 67.

aufzuschieben, wenn der Beschuldigte nicht widerspricht (vgl. näher Erl. zu § 111a). § 450 Abs. 2 sieht vor, dass diese Zeit freiwilliger Aufrechterhaltung der Führerscheinverwahrung, die sich für den Beschuldigten praktisch wie ein Fahrverbot auswirkt, nach Rechtskraft des Urteils unverkürzt auf die Dauer des Fahrverbots (§ 44 Abs. 1, 3 StGB) angerechnet wird.[66]

§ 450a
Anrechnung einer im Ausland erlittenen Freiheitsentziehung

(1) [1]Auf die zu vollstreckende Freiheitsstrafe ist auch die im Ausland erlittene Freiheitsentziehung anzurechnen, die der Verurteilte in einem Auslieferungsverfahren zum Zwecke der Strafvollstreckung erlitten hat. [2]Dies gilt auch dann, wenn der Verurteilte zugleich zum Zwecke der Strafverfolgung ausgeliefert worden ist.

(2) Bei Auslieferung zum Zwecke der Vollstreckung mehrerer Strafen ist die im Ausland erlittene Freiheitsentziehung auf die höchste Strafe, bei Strafen gleicher Höhe auf die Strafe anzurechnen, die nach der Einlieferung des Verurteilten zuerst vollstreckt wird.

(3) [1]Das Gericht kann auf Antrag der Staatsanwaltschaft anordnen, daß die Anrechnung ganz oder zum Teil unterbleibt, wenn sie im Hinblick auf das Verhalten des Verurteilten nach dem Erlaß des Urteils, in dem die dem Urteil zugrunde liegenden tatsächlichen Feststellungen letztmalig geprüft werden konnten, nicht gerechtfertigt ist. [2]Trifft das Gericht eine solche Anordnung, so wird die im Ausland erlittene Freiheitsentziehung, soweit ihre Dauer die Strafe nicht überschreitet, auch in einem anderen Verfahren auf die Strafe nicht angerechnet.

Entstehungsgeschichte

Die Vorschrift wurde durch Art. 1 Nr. 108 des 1. StVRG vom 9.12.1974 eingefügt.

Übersicht

66 KK/*Appl* 11; KMR/*Paulus*/*Stöckel* 15; Meyer-Goßner/*Schmitt* 10; *Bringewat* 20; vgl. auch § 59a StVollstrO.

https://doi.org/10.1515/9783110275025-004

Alphabetische Übersicht

I. Bedeutung und Entwicklungsgeschichte

1 **1. Allgemeines.** Nach § 51 Abs. 3 Satz 2 StGB wird eine Freiheitsentziehung, die der Verurteilte vor der Rechtskraft des Urteils aus Anlass der den Gegenstand des Verfahrens bildenden Tat im Ausland erlitten hat (Auslieferungshaft usw.), in gleicher Weise behandelt wie nach § 51 Abs. 1 StGB eine im Inland erlittene Untersuchungshaft oder andere Freiheitsentziehung, d. h. sie wird grundsätzlich auf die Strafe angerechnet, soweit nicht das Gericht die Nichtanrechnung anordnet, weil sie im Hinblick auf das Verhalten des Verurteilten nach der Tat nicht gerechtfertigt ist.[1] Dagegen fehlte es vor Schaffung des § 450a an einer gesetzlichen Regelung der Anrechnungsfrage, wenn der **im Inland rechtskräftig Verurteilte** im Ausland ergriffen und in einem Auslieferungsverfahren zum Zweck der Strafvollstreckung den deutschen Behörden übergeben wird. Diese Lücke wurde durch § 450a geschlossen.[2]

2 **2. Regelung des früheren § 38 Buchst. b StVollstrO.** Nach § 38 Buchst. b StVollstrO 1956 rechnete bei einem im **Ausland Festgenommenen** und zur Strafvollstreckung den deutschen Behörden übergebenen Verurteilten die Strafe erst von der Übernahme durch deutsche Beamte. Die Anrechnung der ausländischen Einlieferungshaft wurde mit der Erwägung verneint, dass nur eine in deutschem Gewahrsam verbrachte Zeit als Strafzeit gewertet werden könne.[3] Auch bei ungewöhnlich langer Dauer der Einlieferungshaft, die der Verurteilte nicht zu vertreten hatte, war nach überwiegender früherer Auffassung eine Anrechnung nur im Gnadenweg auf die Strafzeit möglich.[4]

3 **3. Ansicht des Bundesverfassungsgerichts.** Nachdem § 51 Abs. 3 Satz 2 StGB für das Erkenntnisverfahren bestimmt, dass eine im Ausland erlittene Freiheitsentziehung in der Frage der Anrechnung auf die Strafe einer im Inland erlittenen Untersuchungshaft oder anderen Freiheitsentziehung gleichzustellen ist, also grundsätzlich angerechnet wird, falls nicht ausnahmsweise das Gericht die Nichtanrechnung ausspricht, entschied das Bundesverfassungsgericht,[5] es sei kein einleuchtender Grund erkennbar, bei einem Verurteilten, der sich der Strafvollstreckung durch Flucht ins Ausland entzogen hatte, die Anrechnung einer erst nach Rechtskraft des Urteils im Ausland erlittenen Auslieferungshaft (Einlieferungshaft) und selbst dann zu versagen, wenn dies zu einem Über-

1 KK/*Appl* 1; KMR/*Paulus*/*Stöckel* 1; *Bringewat* 1. Wegen weiterer Einzelheiten s. Rn. 3.
2 KK/*Appl* 1; Meyer-Goßner/*Schmitt* 1; KMR/*Paulus*/*Stöckel* 1; SK/*Paeffgen* 2.
3 OLG Celle GA **1955** 184; OLG Schleswig SchlHA **1959** 271; OLG Oldenburg GA **1961** 189; OLG Hamburg MDR **1963** 689.
4 *Pohlmann*[3] § 38 Anm. I 2 c.
5 BVerfGE **29** 312 = Rpfleger **1971** 61 mit zust. Anm. *Pohlmann*; *Pohlmann*/*Jabel*/*Wolf* § 39a, 1.

maß an Freiheitsentzug führen würde, das in keinem Verhältnis zu der erkannten Strafe stehe. Die Anrechnung schlechthin zu versagen, sei mit dem Grundsatz der Verhältnismäßigkeit unvereinbar.

4. Folgerungen. Die Entscheidung des Bundesverfassungsgerichts hatte alsbald 4
eine Änderung der Rechtsprechung zu der Regelung des damaligen § 38 Buchst. b StVollstrO zur Folge. Die Gerichte rechneten nunmehr ausländische Auslieferungshaftzeiten in entsprechender Anwendung des § 51 Abs. 3 Satz 2 StGB regelmäßig auf die Strafzeit an.[6] Nachdem dieser Fall nunmehr seine gesetzliche Regelung in § 450a gefunden hat, ist für die entsprechende Anwendung des § 51 Abs. 3 Satz 2 StGB kein Raum mehr.[7] Ist die ausländische Auslieferungshaft gegen den Auszuliefernden zur Durchsetzung der Strafvollstreckung vollzogen worden, ist für die Anrechnung allerdings zunächst die Strafvollstreckungsbehörde zuständig.[8] Erst bei Zweifeln über die Anrechnung und Berechnung der Strafzeit muss sie eine gerichtliche Entscheidung nach § 458 Abs. 1 herbeiführen.[9] Auf Anregung des Bundesrats zum Regierungsentwurf 1. StVRG,[10] dem die Bundesregierung zustimmte,[11] beschloss der Rechtsausschuss des Bundestags,[12] durch Einfügung der hier kommentierten Vorschrift eine dem – damaligen § 60, jetzt – § 51 StGB entsprechende Regelung zu treffen. Seit dieser Zeit ist der frühere § 38 Buchst. b 2. Hs. StVollstrO (jetzt: § 38 Nr. 2 StVollstrO) gegenstandslos.[13] Bei anzurechnender Auslieferungshaft ist daher im Ausland erlittene Auslieferungshaft in vollem Umfang auf die zu vollstreckende Freiheitsstrafe anzurechnen.

II. Anrechnung der Auslieferungshaft

1. Begriff der ausländischen Auslieferungshaft (Absatz 1 Satz 1). Nach Absatz 1 5
wird eine im Ausland erlittene Freiheitsentziehung angerechnet, die der Verurteilte in einem Verfahren erlitten hat, das der Auslieferung an die deutschen Behörden zum Zweck der Strafvollstreckung dient. Der Begriff **Ausland** ist hier der gleiche wie in § 51 Abs. 3 StGB. Die frühere DDR war nicht Ausland i. S. dieser Vorschrift.[14] Gleichwohl mussten dort erlittene Freiheitsentziehungen einer ausländischen gleichgestellt werden, da die Gerichte der DDR keine Gerichtshoheit der Bundesrepublik ausübten.[15] Obgleich die StPO mit Wirkung vom 3.10.1990[16] nicht nur für zukünftige, sondern auch für damals anhängige Verfahren gilt, gleichgültig, in welchem Verfahrensabschnitt sie sich befinden,[17] verbleibt es für noch nicht abgeschlossene Vollstreckungsverfahren aus der früheren Zeit bei der Anrechnungsregelung des § 450a.[18]

---

6 OLG Karlsruhe Justiz **1971** 251; LR/*Schäfer*[22] § 450 Anm. I 6c; *Pohlmann* Rpfleger **1971** 61.
7 OLG Koblenz GA **1986** 181 Ls.
8 OLG Düsseldorf StV **1991** 478; LG Bochum StV **1993** 34.
9 OLG Stuttgart MDR **1986** 779.
10 BTDrucks. **7** 551 S. 147.
11 BTDrucks. **7** 551 S. 156.
12 BTDrucks. **7** 2600 S. 9, 44.
13 *Pohlmann/Jabel/Wolf* § 39a, 9.
14 *Dreher/Tröndle*[42] § 51, 17.
15 Schönke/Schröder/*Stree*[22] § 51, 29.
16 Anl. I Kap. III Sachgeb. A Abschn. III i. V. m. Maßgabe A Buchst. 9 des EinigungsV.
17 LR/*Hilger*[24] Nachtr. II EinigungsV Teil II C Rn. 18.
18 *Bringewat* 3; KG JR **1992** 523.

6 Der Begriff des **Auslieferungsverfahrens** ist dabei **weit auszulegen.**[19] Es ist weder erforderlich, dass im Ausland ein förmliches Verfahren zur Prüfung der Auslieferungsvoraussetzungen betrieben wird, noch dass die Auslieferung im Rahmen eines mit dem betreffenden Land bestehenden Rechtshilfeabkommens erfolgt, noch dass die Vollstreckungsbehörde bereits Fahndungsmaßnahmen (§ 457, §§ 33, 34 StVollstrO) ergriffen hätte oder ein Sicherungshaftbefehl (§ 453c) erlassen worden wäre. Ein **Auslieferungsverfahren** ist selbst dann gegeben, wenn eine ausländische Behörde den Verurteilten wegen Verdachts einer im Ausland begangenen Tat aus eigener Initiative ergriffen und, nachdem sich der Verdacht einer Flucht vor der deutschen Strafvollstreckung ergeben, die Haft zur Prüfung der Auslieferungsvoraussetzungen aufrechterhalten hat. Wesentlich ist nur, dass die behördliche Freiheitsentziehung im Ausland zu dem Zweck veranlasst worden ist, den Verurteilten der deutschen Strafvollstreckung zuzuführen.[20] Die Voraussetzungen des Absatzes 1 sind also z. B. auch dann gegeben, wenn der Verurteilte nach vorausgegangener Inhaftierung nur als lästiger Ausländer abgeschoben wird.[21] Die in einem solchen Fall vorgenommene „Auslieferung durch Abschiebung" lässt sich rechtlich nicht eindeutig einordnen.[22] Auch im Rahmen von § 450a kann in derartigen Grenzfällen eine Nichtanrechnung nicht allein mit dem Wortlaut begründet werden. Vielmehr sind bei der Auslegung von § 450a auch Sinn und Zweck sowie die gesetzgeberische Vorgeschichte zu beachten.[23] Lagen der Freiheitsentziehung zunächst andere Erwägungen zugrunde, ist sie erst von dem Zeitpunkt ab anzurechnen, wo die ausländische Behörde die Freiheitsentziehung zwecks Auslieferung zur Strafvollstreckung aufrechterhalten hat.[24]

7 **2. Anrechnung auch bei Nichtauslieferung.** Die Anrechnung ist **unabhängig** davon, ob es **tatsächlich** zur Auslieferung kommt. Erlittene Freiheitsentziehung ist mithin auch anzurechnen, wenn der Verurteilte von der ausländischen Strafverfolgungsbehörde in Auslieferungshaft genommen, demnächst aber auf freien Fuß gesetzt wurde, weil das zuständige Gericht seine Auslieferung ablehnte.[25]

8 **3. Exequaturverfahren.** Bei einer Entscheidung über die Vollstreckbarkeit eines **ausländischen Straferkenntnisses** nach Art. 11 ÜberstÜbk ist die Vorschrift des § 51 Abs. 4 Satz 2 StGB **nicht** – auch nicht entsprechend – **anwendbar.**[26] Das gilt gleichermaßen für die Anrechnung einer im Ausland erlittenen Freiheitsentziehung. Das ausländische Urteil ist von Deutschland daher grundsätzlich so hinzunehmen, wie es ergangen ist.[27] Die Festsetzung eines Anrechnungsmaßstabes würde einen unzulässigen Eingriff in die Souveränität des Urteilsstaates bedeuten, der seine Strafausspruch in dem Urteil

---

19 BVerfG Beschl. vom 14.1.2005 – 2 BvR 1825/03.

20 KK/*Appl* 3; KMR/*Paulus*/*Stöckel* 5; SK/*Paeffgen* 4; Meyer-Goßner/*Schmitt* 2; *Bringewat* 4.

21 **A. A.** LR/*Wendisch*[25] 6; vgl. aber BVerfG Beschl. vom 14.1.2005 – 2 BvR 1825/03.

22 BGH NStZ **1997** 385.

23 BVerfG Beschl. vom 28.9.1998 – 2 BvR 2232/94 – und Beschl. vom 14.1.2005 – 2 BvR 1825/03; vgl. SK/*Paeffgen* 4 f.

24 *Bringewat* 5; SK/*Paeffgen* 5.

25 BVerfGE **29** 312; OLG Stuttgart Justiz **1971** 251; *Pohlmann*/*Jabel*/*Wolf* § 39a, 3; KK/*Appl* 6; KMR/*Paulus*/*Stöckel* 5; Meyer-Goßner/*Schmitt* 2; *Bringewat* 4.

26 OLG Rostock Beschl. vom 2.8.2010 – I Ws 128/10; OLG Nürnberg Beschl. vom 18.11.2009 – 1 Ws 306/09; OLG Stuttgart Beschl. vom 11.7.2005 – 3 Ws 1/05; NStZ-RR **2017** 257; OLG Köln Beschl. vom 10.12.2003 – 2 Ws 634/03; OLG Hamm NStZ-RR **1999** 384; Schomburg/Lagodny/Gleß/*Hackner* § 54 IRG, 14; KG StraFo **2017** 435; OLG Celle NdsRpfl. **2018** 257 (analoge Anwendung der in Deutschland vollstreckten Auslieferungshaft auf die zu vollstreckende Strafe eines ausländischen Erkenntnisses).

27 OLG Stuttgart NStZ-RR **2017** 257.

bestimmt und diesen in seinem Land mit seinem Strafvollzug vollstreckt hat. In die Vollstreckungszuständigkeit des vollstreckenden Staates fällt daher nur die noch nicht verbüßte (Rest)Strafe.

4. Gegenstand der Anrechnung

a) Allgemeines. Angerechnet wird jede Art der justizförmigen Freiheitsentziehung 9
im Ausland, also auch Untersuchungs- und Auslieferungshaft.[28] Wird der Festgenommene den deutschen Beamten überstellt, so beginnt nach § 38 Nr. 2 StVollstrO die Strafzeit mit seiner Übernahme durch deutsche Beamte.[29] Die Anrechnung ist unabhängig davon („auch ... anzurechnen ...“), ob eine Anrechnung nach § 450 Abs. 1 erfolgt war. **Zuständig** für die nach Einlieferung des Verurteilten zur Strafvollstreckung zu treffende Entscheidung ist zunächst die Strafvollstreckungsbehörde. Erst gegen deren Entscheidung kann der Verurteilte die Entscheidung des Gerichts nach § 458 Abs. 1 herbeiführen.[30]

**b) Anrechnung bei Zusammentreffen von Vollstreckungs- und Verfolgungs- 10
auslieferung (Satz 2).** Erfolgt die Auslieferung zugleich zur Strafverfolgung, so schließt dies nach § 450a Abs. 1 Satz 2 die Anrechnung auf die zu vollstreckende Strafe nicht aus. Ist eine Trennung der ausländischen Freiheitsentziehung in einen Teil, der auf die Vollstreckungsauslieferung, und den Teil, der auf die Verfolgungsauslieferung (§ 51 Abs. 3 Satz 2 StGB) entfällt, nicht möglich, so hat die Anrechnung nach § 450a den Vorrang.[31] Nur der nicht verbrauchte Teil kann im künftigen Strafverfahren Gegenstand einer Anrechnung nach § 51 Abs. 3 Satz 2 StGB sein.[32] Eine Doppelanrechnung der ausländischen Freiheitsentziehung sowohl auf die zu vollstreckende als auch die noch zu erkennende Strafe ist im Übrigen naturgemäß ausgeschlossen.[33]

**c) Anrechnung bei Auslieferung wegen Vollstreckung mehrerer Strafen (Ab- 11
satz 2).** Für den Fall der Vollstreckung mehrerer Strafen enthält § 450a Abs. 2 eine Anrechnungsregel, nach der die Höhe der Strafe den Ausschlag gibt. „Höchste Strafe“ (d.h. höchste Freiheitsstrafe; vgl. Absatz 1 Satz 1) ist die höchste erkannte Strafe ohne Rücksicht auf die Höhe eines etwa noch zu vollstreckenden Restes. Wird die ausländische Freiheitsentziehung, weil ihre Dauer die der höchsten Strafe überschreitet, durch die Anrechnung nicht vollständig verbraucht, so erfolgt die Anrechnung der überschießenden ausländischen Freiheitsentziehung auf die nächst höhere noch zu vollstreckende Strafe.[34]

d) Weiterer Fall. Wegen eines weiteren Falles einer Anrechnung auf die Strafzeit 12
nach Rechtskraft des Urteils vgl. § 56f Abs. 3 Satz 2, § 56g Abs. 2 Satz 3 StGB und dazu OLG Hamburg MDR **1976** 158.[35]

---

28 KK/*Appl* 7; *Bringewat* 2; BGHR StGB § 51 Abs 4 Anrechnung 5 und 6 (Gründe) Rn. 27.

29 KK/*Appl* 7; KMR/*Paulus/Stöckel* 5; Meyer-Goßner/*Schmitt* 3; SK/*Paeffgen* 4; *Bringewat* 2; *Pohlmann/Jabel/Wolf* § 39a, 9.

30 OLG Düsseldorf MDR **1989** 90; LG Bochum StV **1993** 33.

31 BGH NStZ **1985** 497; OLG Braunschweig NStZ **1996** 280; LG Bochum StV **1993** 33; KK/*Appl* 5; KMR/*Paulus/Stöckel* 10; Meyer-Goßner/*Schmitt* 4; *Bringewat* 7; *Röttle/Wagner* Rn. 169; BGHR StGB § 51 Abs. 4 Anrechnung 1.

32 BGH NStZ **1985** 497.

33 KMR/*Paulus/Stöckel* 10.

34 KK/*Appl* 9; KMR/*Paulus/Stöckel* 10; Meyer-Goßner/*Schmitt* 5; *Bringewat* 7; *Röttle/Wagner* Rn. 169.

35 OLG Hamburg MDR **1976** 158; KG Beschluss vom 1.4.1999 – 5 Ws 186/99.

13 **5. Anrechnungsmaßstab.** Ob und in welchem Umfang eine im Ausland erlittene Freiheitsentziehung anzurechnen ist, richtet sich für das **Erkenntnisverfahren** nach § 51 Abs. 4 Satz 2 StGB. Danach liegt die Entscheidung im Ermessen des Gerichts. Um überprüfen zu können, ob und wie dieses sein **Ermessen** ausgeübt hat, muss das Urteil sich ausdrücklich mit der Anrechnung und des dabei zugrunde gelegten Maßstabes befassen.[36] Das Revisionsgericht hat auf die Sachrüge zu prüfen, ob dem Tatgericht bei seiner Entscheidung nach § 51 Abs. 4 Satz 2 StGB Rechtsfehler unterlaufen sind. Für das **Vollstreckungsverfahren** fehlt es, soweit es um die Anrechnung einer nach Rechtskraft des Urteils im Ausland erlittenen Freiheitsentziehung i. S. von § 450a geht, an einer vergleichbaren Regelung. Da das Problem jedoch das Gleiche ist wie im Fall des § 51 Abs. 4 Satz 2 StGB, gelten die dazu entwickelten Grundsätze bei der Frage der Anrechnung und des anzuwendenden Maßstabes sinngemäß.[37] In welchem **Umfang** die Freiheitsentziehung anzurechnen ist, entscheidet, weil es sich dabei um eine **Frage der Strafzeitberechnung** handelt, zunächst die Vollstreckungsbehörde.[38] Eine gerichtliche Entscheidung nach § 458 Abs. 1 ist auch hier erst zulässig, wenn die Vollstreckungsbehörde wegen eigener Zweifel eine solche beantragt oder der Verurteilte Einwendungen gegen den Anrechnungsmaßstab der Vollstreckungsbehörde erhoben hat.[39]

14 Die Vollstreckungsbehörde übt ihr **Ermessen** in zweifacher Weise aus: Zunächst wägt sie das mit der ausländischen Freiheitsentziehung verbundene Strafübel mit der ihr entsprechenden inländischen Freiheitsstrafe ab, wobei sie namentlich unterschiedliche **Sanktionsarten** miteinander vergleicht.[40] Alsdann berücksichtigt sie, wie die ausländische Freiheitsentziehung vollzogen worden ist. Denn nur bei in etwa **vergleichbaren Sanktionssystemen und Vollzugsbestimmungen** kommt ein Anrechnungsmaßstab von 1:1 in Betracht.[41] Sonst ist je nach Gewichtung und Wertung ein anderer Maßstab zugrunde zu legen.[42]

15 **6. Abschiebehaft.** Die von dem später Verurteilten im Ausland erlittene Abschiebehaft wird bei der Strafzeit in der Regel nicht angerechnet, und zwar selbst dann nicht, wenn der Abschiebung eine Straftat zugrunde liegt, wegen der die Vollstreckung betrieben werden soll.[43] Allerdings ist eine Anrechnung von Abschiebehaft entgegen dem Wortlaut von Absatz 1 Satz 2 immer dann geboten, wenn sie durch ein Auslieferungsersuchen deutscher Behörden veranlasst worden ist. Ist die Festnahme des Verurteilten im Ausland aufgrund eines internationalen Haftbefehls erfolgt, der aus Anlass des zu vollstreckenden Urteils erlassen worden ist, so liegt eine **funktionale Verfahrenseinheit** vor, auch wenn ein Auslieferungsverfahren in ein Abschiebeverfahren mündet.[44]

---

36 BGH NStZ **1982** 326; *wistra* **1984** 21.

37 OLG Karlsruhe Justiz **1983** 467; OLG Stuttgart MDR **1986** 779; OLG Frankfurt StV **1988** 26; OLG Koblenz GA **1989** 310; OLG Zweibrücken OLGSt § 450a StPO 1; LG Zweibrücken Beschl. vom 25.1.2011 – 2 AR 41/10; KK/*Appl* 8; Meyer-Goßner/*Schmitt* 3; SK/*Paeffgen* 6; vgl. LK/*Theune* § 51, 65.

38 LG Bochum StV **1993** 33; OLG Stuttgart MDR **1986** 779.

39 OLG Stuttgart MDR **1986** 779; KK/*Appl* 8; Meyer-Goßner/*Schmitt* 3; OLG Düsseldorf JMBlNRW **1988** 250; wistra **1991** 320.

40 BGHSt **30** 282; BGH NStZ **1986** 312; KG NStZ-RR **1997** 350; KK/*Appl* 8; *Bringewat* 12.

41 OLG Düsseldorf MDR **1994** 936; KG NStZ-RR **1997** 350; OLG Hamm wistra **2008** 120.

42 Vgl. zu den Maßstäben der Anrechnung hinsichtlich der im Ausland vollzogenen Auslieferungshaft in einzelnen Ländern *Fischer* § 51, 19 mit zahlreichen Rechtsprechungsnachweisen.

43 OLG Hamm NJW **1979** 2484; OLG Frankfurt NJW **1980** 537; OLG Koblenz GA **1981** 575; KK/*Appl* 4; Meyer-Goßner/*Schmitt* 2; HK/*Pollähne* 2; *Bringewat* 6.

44 BVerfG Beschl. vom 14.1.2005 – 2 BvR 1825/03 m. w. N.; BGH Beschl. vom 5.8.2020 – 3 StR 231/20; KK/*Appl* 4; MüKo/*Nestler* 4.

Ob eine funktionale Verfahrenseinheit gegeben ist, beurteilt sich nach den konkreten Umständen des Einzelfalles. Sie liegt etwa dann vor, wenn auf Betreiben der deutschen Strafverfolgungsbehörden zur Umgehung eines komplizierten Auslieferungsverfahrens von der zuständigen deutschen Auslandsvertretung passbeschränkende Maßnahmen vorgenommen werden, deren unausweichliche und vorhersehbare Folgen ein Verstoß des Verurteilten gegen die ausländerrechtlichen Bestimmungen des ausländischen Staates und seine Inhaftierung sowie Abschiebung nach Deutschland sind.[45] Ist die Abschiebehaft dagegen nicht auf das deutsche Strafverfahren zurückzuführen, sondern auf andere Umstände, so besteht für eine Anrechnung kein sachlicher Grund, denn ein Beschuldigter soll dann durch die Anrechnung ausländischer Haft nicht besser gestellt werden.[46]

III. Nichtanrechnung (Absatz 3)

1. Antrag der Staatsanwaltschaft. Nach dem dem § 51 Abs. 1 Satz 2 StGB **nachgebildeten § 450a Abs. 3 Satz 1** kann das Gericht – regelmäßig die Strafvollstreckungskammer[47] (§ 462 Abs. 1 Satz 1, § 462a Abs. 1 Satz 2, Abs. 2 Satz 1) – anordnen, dass die Anrechnung ganz oder teilweise unterbleibt. Geht es dagegen um die Feststellung der zu vollstreckenden Strafe aufgrund einer Bewilligungsbeschränkung bei der Einlieferung, dann ist das Gericht des ersten Rechtszugs zuständig.[48] 16

Verfahrensrechtliche Voraussetzung ist ein **Antrag der Staatsanwaltschaft** als Strafverfolgungsbehörde.[49] Soweit diese – wie z. B. nach §§ 82 ff. JGG – nicht Vollstreckungsbehörde ist, wirkt sie auf eine Prüfung hin, ob ein Antrag gestellt werden soll (§ 39a Abs. 2 StVollstrO).[50] Im Übrigen kommt in zeitlicher Hinsicht als Nichtanrechnungsgrund nur ein solches **Verhalten** des Verurteilten in Betracht, das **nach dem Erlass des Urteils** liegt, in dem die dem Urteil zugrunde liegenden tatsächlichen Feststellungen letztmalig geprüft werden konnten (vgl. § 55 Abs. 1 Satz 2 StGB), das also nicht mehr Gegenstand einer Nichtanrechnungsanordnung nach § 51 Abs. 1 Satz 2 StGB sein konnte. Ein vorangegangenes Verhalten, das noch vor Rechtskraft der Verurteilung eine Nichtanordnung der Freiheitsentziehung im Erkenntnisverfahren hätte rechtfertigen können, scheidet als Nichtanrechnungsgrund im Vollstreckungsstadium aus.[51] 17

2. Nicht gerechtfertigtes Verhalten. Als ein Verhalten, das die Anrechnung der ausländischen Freiheitsentziehung *nicht* gerechtfertigt erscheinen lässt, wird man die **bloße Flucht** ins Ausland, um sich der Strafvollstreckung zu entziehen, nicht ansehen können.[52] Vielmehr dürfte das gerade der typische Fall sein, der die automatische Anrechnung nach § 450a Abs. 1 begründet.[53] Genauso wenig wie sonst Fluchtvorbereitun- 18

---

45 OLG Jena Beschl. vom 17.12.2012 – 1 Ws 454/12; OLG Karlsruhe Beschl. vom 13.1.1998 – 1 Ws 314/97.
46 BGH Beschl. vom 5.8.2020 – 3 StR 231/20.
47 *Katholnigg* NStZ **1982** 195; KK/*Appl* 11; KMR/*Paulus*/*Stöckel* 13; SK/*Paeffgen* 9; Meyer-Goßner/*Schmitt* 6; *Bringewat* 13.
48 OLG Hamm NJW **1979** 603; Meyer-Goßner/*Schmitt* 6.
49 *Bringewat* 13; OLG Düsseldorf JMBlNRW **1988** 250.
50 *Pohlmann*/*Jabel*/*Wolf* § 39a, 10.
51 *Bringewat* 13.
52 OLG Koblenz GA **1986** 181 (Ls.); **1987** 310; OLG Zweibrücken GA **1983** 280; StV **1997** 84; OLG Stuttgart StV **2003** 629; OLG Bremen StV **1997** 371; Meyer-Goßner/*Schmitt* 6; *Bringewat* 14.
53 OLG Zweibrücken GA **1983** 280; OLG Karlsruhe MDR **1984** 165; **a. A.** OLG Hamburg MDR **1979** 603.

gen oder auch ein Fluchtversuch regelmäßig die Versagung der Anrechnung von Untersuchungshaft zu rechtfertigen vermögen, erscheint auch die Nichtanrechnung einer ausländischen Freiheitsentziehung nur dann vertretbar, wenn **erschwerende Umstände** hinzutreten, wie etwa ein gewalttätiger Ausbruch aus der Justizvollzugsanstalt, die Verbringung der Tatbeute ins Ausland,[54] eine böswillige Verschleppung des Strafvollstreckungsverfahrens,[55] etwa durch missbräuchliche Verwendung von Geld zur Fortsetzung der Flucht. Ob ein Missbrauch von Vollzugslockerungen und Absetzen ins Ausland für sich genommen eine volle Anrechnung der Auslieferungshaft auf die noch zu vollstreckende Freiheitsstrafe verbieten,[56] wird der Prüfung der Umstände des Einzelfalls vorbehalten bleiben müssen.[57] Die Nichtanrechnung ist auch dann gerechtfertigt, wenn sich der Verurteilte nach Erhalt eines Flugscheins in ein anderes Land absetzt, wo er wiederum in Auslieferungshaft genommen worden ist, wenn ihm ein deutsches Konsulat den Flugschein auf seine ausdrückliche Zusicherung gegeben hatte, er werde freiwillig zur weiteren Strafvollstreckung in die Bundesrepublik zurückkehren.[58]

19 **3. Gegenstand der Entscheidung nach Absatz 3 Satz 1** ist nur die Frage der Anrechnung oder Nichtanrechnung wegen des Verhaltens des Verurteilten. Die Frage, ob und in welchem Umfang eine Freiheitsentziehung i. S. des § 450a Abs. 1 vorliegt, gehört zur Strafzeitberechnung (§ 458 Abs. 1).

§ 451
Vollstreckungsbehörde

(1) Die Strafvollstreckung erfolgt durch die Staatsanwaltschaft als Vollstreckungsbehörde auf Grund einer von dem Urkundsbeamten der Geschäftsstelle zu erteilenden, mit der Bescheinigung der Vollstreckbarkeit versehenen, beglaubigten Abschrift der Urteilsformel.

(2) Den Amtsanwälten steht die Strafvollstreckung nur insoweit zu, als die Landesjustizverwaltung sie ihnen übertragen hat.

(3) [1]Die Staatsanwaltschaft, die Vollstreckungsbehörde ist, nimmt auch gegenüber der Strafvollstreckungskammer bei einem anderen Landgericht die staatsanwaltschaftlichen Aufgaben wahr. [2]Sie kann ihre Aufgaben der für dieses Gericht zuständigen Staatsanwaltschaft übertragen, wenn dies im Interesse des Verurteilten geboten erscheint und die Staatsanwaltschaft am Ort der Strafvollstreckungskammer zustimmt.

Schrifttum

Doller Organisation und Geschäftsgang der Strafvollstreckungskammern, DRiZ **1976** 169; *Engel* Zuständigkeit und Stellung des Staatsanwalts im Verfahren zur Bewährungsüberwachung, NStZ **1987** 110 und 499; *Jabel* Der Rechtspfleger in der Strafvollstreckung, Rpfleger **1983** 140; *Katholnigg* Zur Zuständigkeit der Staatsanwaltschaft in der Strafvollstreckung, NStZ **1982** 195; *ders.* Zuständigkeit und Stellung des

54 OLG Karlsruhe MDR **1984** 165; OLG Koblenz OLGSt StPO § 450a Nr. 2; KK/*Appl* 10; Meyer-Goßner/*Schmitt* 6; *Bringewat* 14.
55 OLG Zweibrücken GA **1983** 280.
56 OLG Hamburg MDR **1979** 603.
57 OLG Karlsruhe MDR **1984** 165.
58 OLG Koblenz OLGSt StPO § 450a, 2; *Bringewat* 14.

https://doi.org/10.1515/9783110275025-005

Staatsanwalts im Verfahren zur Bewährungsüberwachung – Erwiderung zum Beitrag von Engel, NStZ **1987** 112; *Lampe* Anlaufschwierigkeiten des neuen Strafverfahrensrechts (Streitfragen beim Ausschluß des Strafverteidigers und im Strafvollstreckungsrecht), MDR **1975** 529; *Linhart* Die Staatsanwaltschaft als Vollstreckungsorgan in Jugendstrafsachen, RpflStud. **1994** 33; *Lissner* Strafvollstreckung – eine Übersicht, RpflStud **2012** 148, 184; *Reiß* Nochmals – Der Rechtspfleger in der Strafvollstreckung, Rpfleger **1983** 243; *ders.* Der Rechtspfleger in der Jugendstrafvollstreckung, Rpfleger **1987** 54; *Schmidt-Mende* Die Rechtskraftbescheinigung im Strafverfahren, Diss. Münster 1965; *Treptow* Das Verfahren der Strafvollstreckungskammern, NJW **1975** 1105; *Unger* Zur Problematik der Vorschriften des § 451 über die Grundlage der Strafvollstreckung, Rpfleger **1957** 222.

Entstehungsgeschichte

Die Vorschrift hat ihre jetzige Bezeichnung durch die Bekanntmachung 1924 erhalten. Vor diesem Zeitpunkt lautete ihr Absatz 2: Den Amtsanwälten steht die Strafvollstreckung nicht zu. Erstmalig – wenn auch in beschränktem Umfang – übertragen wurde sie ihnen durch Art. VI § 1 des Gesetzes zur Entlastung der Gerichte vom 11.3.1921.[1] Die jetzige Fassung beruht auf der Bek. 1924. Durch Art. 21 Nr. 120 EGStGB 1974[2] wurden in Absatz 1 hinter „Staatsanwaltschaft" die Worte „als Vollstreckungsbehörde" eingefügt und der bisherige Absatz 3 („Für die zur Zuständigkeit der Amtsgerichte gehörenden Sachen kann durch Anordnung der Landesjustizverwaltung die Strafvollstreckung den Amtsrichtern übertragen werden") durch den jetzigen Absatz 3 ersetzt. Bezeichnung bis 1924: § 483.

Übersicht

1 RGBl. S. 229, 233.
2 BGBl. I S. 469, 502.

Alphabetische Übersicht

I. Begriff

Wegen des Begriffs der Strafvollstreckung und, soweit es sich um Freiheitsentziehung (Strafe, Jugendstrafe, freiheitsentziehende Maßregeln der Besserung und Sicherung) handelt, der Abgrenzung der Strafvollstreckung vom Strafvollzug s. Vor § 449, 1 ff.; 5 ff. Wegen Einzelheiten, insbesondere über die der Vollstreckungsbehörde bei der Vollstreckung von Freiheitsstrafen obliegende Strafberechnung, s. unten Rn. 61 ff. 1

II. Vollstreckungsbehörde (Absatz 1)

1. Grundsatz. Der Gedanke, die Tätigkeit der Gerichte grundsätzlich auf Rechtsprechungsaufgaben zu beschränken (§ 4 Abs. 1 DRiG), hat nach dem in § 36 Abs. 2 Satz 1 geregelten Grundsatz (§ 36, 14 ff.) dazu geführt, die Vollstreckung der Staatsanwaltschaft – und zwar, wie sich aus § 451 Abs. 2 ergibt, der Staatsanwaltschaft bei den Kollegialgerichten – zuzuweisen und den Gerichten im Stadium der Strafvollstreckung nur insoweit Aufgaben zu übertragen, als gerichtliche Nachtragsentscheidungen und Nachverfahren erforderlich sind (Vor § 449, 1; § 453, 3), um ursprüngliche gerichtliche Entscheidungen zu verwirklichen, abzuändern oder aufzuheben. Dazu gehören aber auch Entscheidungen in Bezug auf vollstreckungsrechtliche Zweifelsfragen (z. B. nach § 458 Abs. 1 1. Hs.), bei denen eine Klärung durch Entscheidung des unabhängigen Gerichts wünschenswert erscheint. Jedoch ist dieser Grundsatz in zwei Richtungen durchbrochen: 2

2. Ausnahmen

a) Entscheidung über Aufschub eines Berufsverbots sowie über Zahlungserleichterungen. Während die Entscheidung über Strafaufschub aus persönlichen Gründen nach § 456 zunächst der Vollstreckungsbehörde zusteht und eine gerichtliche Entscheidung nach § 458 Abs. 2 erst zulässig ist, wenn die Vollstreckungsbehörde ein entsprechendes Gesuch abgelehnt hat und der Verurteilte dagegen Einwendungen erhebt, kann nach § 456c schon bei Erlass des Urteils das Gericht das Wirksamwerden eines Berufsverbots aufschieben. Ebenso hat das Gericht dem Verurteilten eine Zahlungsfrist zu bewilligen und zu gestatten, eine Geldstrafe in bestimmten Teilbeträgen zu zahlen, wenn ihm nach seinen persönlichen oder wirtschaftlichen Verhältnissen nicht 3 zuzumuten ist, die Geldstrafe sofort zu zahlen (§ 42 StGB). Ferner kann das Gericht in Härtefällen anordnen, dass die Vollstreckung der Geldstrafe (§ 459d) oder die Vollstreckung der Ersatzfreiheitsstrafe (§ 459f) unterbleibt. Nach Rechtskraft des Urteils ist für solche Entscheidungen wiederum allein die Vollstreckungsbehörde zuständig (§ 459a Abs. 1).

4 **b) Überwachung der Lebensführung des Verurteilten.** Nach Strafaussetzung zur Bewährung (§§ 56 bis 58 StGB) obliegt die Vollstreckung, soweit sie in der Überwachung der Lebensführung des Verurteilten besteht, dem Gericht (§§ 453b, 454 Abs. 4). Hat das Gericht **Führungsaufsicht** angeordnet (§ 68 Abs. 1 StGB) oder ist diese kraft Gesetzes eingetreten (§ 68 Abs. 2 i. V. m. §§ 67b, 67c, 67d Abs. 2 bis 6 und § 68f StGB), so obliegt die Überwachung weder dem Gericht noch der Vollstreckungsbehörde, sondern der Aufsichtsstelle (§ 68a Abs. 3 StGB i. V. m. § 463a).

5 **3. Staatsanwaltschaft als Vollstreckungsbehörde.** Um deutlicher zu machen, dass Vollstreckungsbehörde i. S. der Strafprozessordnung nur die Staatsanwaltschaft ist – und nicht etwa auch die im Justizbeitreibungsgesetz (§ 459, 2, 4, 6) ebenso bezeichneten Stellen, die bei der Vollstreckung von Geldstrafen mitwirken –, ist in der durch Art. 21 Nr. 120 EGStGB 1974[3] ergänzten Fassung des § 451 Abs. 1 geregelt worden, dass die Strafvollstreckung „durch die Staatsanwaltschaft als Vollstreckungsbehörde" erfolgt.[4]

6 **4. Vollstreckungsbehörde nach dem Jugendgerichtsgesetz (§§ 82 bis 89b, § 110 JGG).** Das Jugendgerichtsgesetz hat mit Blick auf den Erziehungsgedanken dem Jugendrichter auch die Aufgaben der Vollstreckungsbehörde zugewiesen und ihm in dieser Eigenschaft die Bezeichnung **Vollstreckungsleiter** gegeben. Er vollstreckt insoweit auch die Entscheidungen, die gegen den Jugendlichen von einem Erwachsenengericht erlassen worden sind.[5] Für den Jugendarrest ist der Jugendrichter als Vollstreckungsleiter auch **Vollzugsleiter** (§ 85 Abs. 1, § 90 Abs. 2 Satz 2 JGG; § 2 JAVollzO). Bei dem Vollzug von Jugendstrafe ist zwar Vollzugsleiter der Leiter der Jugendvollzugsanstalt. Der Vollstreckungsleiter – der Jugendrichter eines in deren Nähe gelegenen Amtsgerichts (§ 85 Abs. 2 JGG) – hat sich aber nach Ziffer VI. Nr. 7 der Richtlinien zu §§ 82 bis 85 JGG mit der Wesensart der einzelnen Jugendlichen vertraut zu machen und deren Entwicklung im Vollzug zu verfolgen. Er hat mit der Anstaltsleitung und den Vollzugsbediensteten Fühlung zu halten und an Vollzugsangelegenheiten von größerer Bedeutung beratend teilzunehmen. Der Jugendrichter nimmt als Vollstreckungsleiter grundsätzlich Justizverwaltungsaufgaben wahr und ist insoweit weisungsgebunden (Ziffer II. Nr. 5 RiJGG zu §§ 82 bis 85 JGG).[6] § 83 Abs. 1, § 112c Abs. 2 JGG erklären jedoch gewisse besonders bedeutsame Entscheidungen des Vollstreckungsleiters zu **jugendrichterlichen Entscheidungen.** Diese Entscheidungen trifft also der Vollstreckungsleiter in richterlicher Unabhängigkeit.[7] Über Einwendungen gegen eine Entscheidung des Jugendrichters als Vollstreckungsleiter entscheidet, soweit nicht das Gericht dafür zuständig ist (§§ 458, 459o; § 83 Abs. 1 JGG), die Generalstaatsanwaltschaft (§ 147 Nr. 3 GVG, § 21 Abs. 1 Nr. 1

3 BGBl. I S. 469, 502.
4 Vgl. Begr. zu Art. 19 Nr. 110 des RegE BTDrucks. **7** 550.
5 OLG München MDR **1957** 437.
6 *Eisenberg/Kölbel* § 83, 2; Meyer-Goßner/*Schmitt* 9; *Pohlmann/Jabel/Wolf* § 21, 6.
7 *Eisenberg/Kölbel* § 83, 6.

StVollstrO).[8] Sind gegen denselben Verurteilten sowohl Jugendstrafe als auch Freiheitsstrafe zu vollstrecken, so sind für die Vollstreckung der Jugendstrafe der Jugendrichter als Vollstreckungsleiter und für die Vollstreckung der Freiheitsstrafe die Staatsanwaltschaft und die Strafvollstreckungskammer zuständig.[9]

5. Amtsanwälte (Absatz 2). Wie schon in der Entstehungsgeschichte ausgeführt, 7
waren die Amtsanwälte zunächst von jeder Strafvollstreckung ausgeschlossen. Nach den Motiven[10] war entscheidend die Erwägung, dass das Personal der Amtsanwaltschaft „vielleicht nicht überall die ausreichende Gewähr für eine angemessene Strafvollstreckung geben wird". Wegen der Unhaltbarkeit dieser Begründung hat der Gesetzgeber mit der Bekanntmachung 1924[11] zwar eine beschränkte Übertragung auf die Amtsanwälte vorgesehen. Jedoch haben nicht alle Landesjustizverwaltungen davon Gebrauch gemacht. Eine Übertragung auf Amtsanwälte ist wegen § 145 Abs. 2 GVG nur in den zur Zuständigkeit des Amtsgerichts gehörenden Sachen möglich.[12] Prozesserklärungen von Amtsanwälten gegenüber dem Landgericht sind grundsätzlich unwirksam, denn sie verstoßen gegen das für sie geltende gesetzliche Verbot, Verfahrensrechte der Staatsanwaltschaft vor den Landgerichten wahrzunehmen.[13] Amtsanwälten ist es daher in Amtsanwaltssachen versagt, gegen Entscheidungen der Strafvollstreckungskammer Rechtsmittel einzulegen oder zurückzunehmen.

III. Sachliche Zuständigkeit

Welche Staatsanwaltschaft sachlich als Vollstreckungsbehörde zuständig sein soll, 8
ist – von der negativen Vorschrift in § 451 Abs. 2 abgesehen – in der Strafprozessordnung nicht bestimmt, so dass insoweit die oberste Justizverwaltungsbehörde die Bestimmung treffen kann. Das ist in **§ 4 StVollstrO** geschehen. Danach ist Vollstreckungsbehörde

1. die Staatsanwaltschaft, soweit nichts Anderes bestimmt;
2. die Generalstaatsanwaltschaft, wenn das Oberlandesgericht im ersten Rechtszug entschieden hat und nicht ein Fall der Nummer 3 vorliegt;
3. der Generalbundesanwalt beim Bundesgerichtshof in Sachen, in denen im ersten Rechtszug in Ausübung von Gerichtsbarkeit des Bundes entschieden worden ist (Art. 96 Abs. 5 GG, §§ 120, 142a GVG).

Der **Jugendrichter** ist **als Vollstreckungsleiter**, auch wenn im **ersten Rechtszug** 9
gegen einen Jugendlichen oder Heranwachsenden ein **Oberlandesgericht** entschieden hat, nicht nur für die Vollstreckung der Jugendstrafe, sondern auch für die jugendrichterlichen Entscheidungen gemäß § 83 JGG sachlich zuständig. Die Regelung des § 462a Abs. 5 findet insoweit keine Anwendung. Für die Entscheidungen über Beschwerden gegen Entscheidungen des Jugendrichters als Vollstreckungsleiter ist das Oberlandesgericht zuständig. Die Aufgaben, die der Staatsanwaltschaft im Vollstreckungsverfahren zugewiesen sind, werden in einem solchen Fall vom Generalbundesanwalt wahrgenommen, sofern nicht eine Abgabe der Sache an die Landesstaatsanwaltschaft erfolgt war.[14]

---

8 *Pohlmann/Jabel/Wolf* § 21, 6.
9 BGHSt **28** 351.
10 *Hahn* Mat. **1** 253, 1123; **2** 1436.
11 RGBl. I S. 322.
12 KK/*Appl* 5; KK/*Mayr* § 145, 6 GVG; Meyer-Goßner/*Schmitt* 19.
13 OLG Bremen Beschl. vom 18.5.2020 – 1 Ws 49/20.
14 OLG Düsseldorf NStZ **2001** 616.

IV. Notzuständigkeit

10 Eine Durchbrechung der in § 4 StVollstrO bestimmten sachlichen Vollstreckungszuständigkeit (oben Rn. 8 f.) gestattet bei Dringlichkeit von Vollstreckungsmaßnahmen § 6 StVollstrO. Danach kann anstelle der Staatsanwaltschaft die Generalstaatsanwaltschaft dringende Strafvollstreckungsanordnungen treffen, wenn die sachlich zuständige Vollstreckungsbehörde nicht alsbald erreichbar ist.

11 § 6 StVollstrO enthält **keine abschließende Regelung,** sondern behandelt nur den praktisch wichtigsten Fall.[15] So kann z. B. nach dem Grundsatz des § 143 Abs. 2 GVG – er betrifft an sich nur die örtliche Zuständigkeit; jedoch ist er auch auf Fälle anwendbar, bei denen zur örtlichen Unzuständigkeit die sachliche hinzutritt[16] – die Generalstaatsanwaltschaft innerhalb ihres Bezirks bei Dringlichkeit die Vollstreckungsaufgaben des Generalbundesanwalts und der Staatsanwaltschaft, letztere (innerhalb ihres Bezirks) solche des Generalbundesanwalts wahrnehmen, während dem Generalbundesanwalt eine Notzuständigkeit für Aufgaben der Landesvollstreckungsbehörden nicht zukommt, da er insoweit nicht „innerhalb seines Bezirkes" i. S. des § 143 Abs. 2 GVG handeln kann. **Ausgeschlossen** ist auch eine Notzuständigkeit des Jugendrichters als Vollstreckungsleiter für Vollstreckungsaufgaben der Staatsanwaltschaft, da er auch in dieser Eigenschaft nicht die Rolle und Funktion der Staatsanwaltschaft i. S. von § 143 Abs. 2 GVG übernimmt. Aber auch die Staatsanwaltschaft ist nicht befugt, bei sonst möglicher Gefährdung des Vollstreckungszwecks an Stelle des Jugendrichters dringliche Vollstreckungsmaßnahmen anzuordnen. Eine solche Befugnis ist schon deshalb abzulehnen, weil sie dem jugendrichterlichen Prinzip der Einheit von Erkenntnis- und Vollstreckungsverfahren widerspräche.[17]

V. Örtliche Zuständigkeit

12 **1. § 7 StVollstrO.** Die örtliche Zuständigkeit der Vollstreckungsbehörden wird bestimmt durch § 7 StVollstrO. Nach § 7 Abs. 1 StVollstrO bestimmt sich die örtliche Zuständigkeit der Vollstreckungsbehörde nach dem Gericht des ersten Rechtzuges (§ 143 Abs. 1 GVG). Sofern das **Revisionsgericht** in den Fällen des § 354 Abs. 2, der §§ 354a und 355 eine Sache unter Aufhebung des Urteils zur Verhandlung und Entscheidung an ein anderes Gericht zurückverwiesen hat, bestimmt sich die Zuständigkeit der Vollstreckungsbehörde nach diesem Gericht. Ist im **Wiederaufnahmeverfahren** eine Entscheidung nach § 373 ergangen, so bestimmt sich die Zuständigkeit der Vollstreckungsbehörde in den Fällen des § 140a Abs. 1, 3 Satz 2 GVG nach dem Gericht, das die Entscheidung getroffen hat. Sofern die örtlich zuständige Vollstreckungsbehörde nicht alsbald erreichbar ist, so können dringende Vollstreckungsanordnungen auch eine örtlich unzuständige Vollstreckungsbehörde getroffen werden (vgl. § 143 Abs. 2 GVG).[18] Die örtliche Zuständigkeit zur Vollstreckung einer nachträglichen Gesamtstrafe richtet sich nach dem Gericht, das sie gebildet hat (§§ 460, 462, 462a Abs. 3).

---

15 *Pohlmann/Jabel/Wolf* § 6, 2; KK/*Appl* 10; *Bringewat* 10; *Röttle/Wagner* Rn. 19.

16 *Bringewat* Einl. 10, 11.

17 *Bringewat* Einl. 12; **a. A.** *Pohlmann/Jabel/Wolf* § 6, 3, wonach eine möglicherweise unzweckmäßige Eilmaßnahme der im Jugendstrafverfahren zur Vollstreckung nicht berufenen Staatsanwaltschaft eher hingenommen werden kann als das Fehlen einer Notzuständigkeit überhaupt.

18 Wegen weiterer Erläuterungen s. *Pohlmann/Jabel/Wolf* § 7, 4, 10 bis 13; *Röttle/Wagner* Rn. 22; KK/*Appl* 11; Meyer-Goßner/*Schmitt* 6; *Bringewat* 13 bis 24.

2. Einzelfragen. § 143 GVG regelt die örtliche Zuständigkeit der Staatsanwaltschaft für alle Aufgaben, die ihr die Strafprozessordnung zuweist, also auch für die Strafvollstreckung. Im Fall eines **Kompetenzkonflikts** zweier Vollstreckungsbehörden entscheidet die höhere Vollstreckungsbehörde,[19] d. h. regelmäßig die Generalstaatsanwaltschaft (§ 147 GVG, § 21 Abs. 1 Nr. 1 StVollstrO). Das gilt auch, soweit die Strafvollstreckung dem Rechtspfleger übertragen ist. Auch der Jugendrichter als Vollstreckungsleiter (§ 82 JGG) untersteht in dieser Eigenschaft der Dienstaufsicht der Generalstaatsanwaltschaft, es sei denn, dass er nach § 83 Abs. 1 JGG entscheidet.[20] Eine gerichtliche Entscheidung findet nicht statt. 13

Unanwendbar ist auch § 143 Abs. 3 GVG, der nur den Streit über die örtliche Zuständigkeit bei der *Verfolgung* betrifft und dem Generalbundesanwalt die Entscheidung zuweist, wenn kein gemeinsamer Vorgesetzter der sich streitenden Staatsanwaltschaften verschiedener Länder vorhanden ist.[21] Ein entsprechender Streit um die Vollstreckungszuständigkeit kann nur dadurch beigelegt werden, dass sich die betreffenden **Landesjustizverwaltungen** untereinander einigen. Die örtliche Notzuständigkeit aus § 7 Abs. 3 StVollstrO, § 143 Abs. 2 GVG kann (innerhalb der sachlichen Zuständigkeit – §§ 4, 6 StVollstrO – und innerhalb des Bezirks der eingreifenden Vollstreckungsbehörde, § 143 Abs. 2 GVG) auch zugunsten der örtlich zuständigen Vollstreckungsbehörde eines anderen Landes ausgeübt werden,[22] ohne dass es eines Ersuchens um Vollstreckungshilfe (Rn. 16) bedarf. 14

Die örtliche und sachliche Zuständigkeit der Strafvollstreckungsbehörde bei der Vollstreckung aus Urteilen deutscher Gerichte, an deren Sitz **deutsche Gerichtsbarkeit nicht mehr ausgeübt** wird, bestimmt sich nach § 17 Abs. 2 ZustErgG. Danach tritt bei der Strafvollstreckung, wenn die bisherige Strafvollstreckungsbehörde bei einem Gericht bestand, an dessen Sitz deutsche Gerichtsbarkeit nicht mehr ausgeübt wird, an deren Stelle die Strafvollstreckungsbehörde bei dem Landgericht, in dessen Bezirk der Verurteilte seinen Wohnsitz oder in Ermangelung eines im Bereich deutscher Gerichtsbarkeit gelegenen Wohnsitzes seinen gewöhnlichen Aufenthalt hat. Die Regelung des § 143 Abs. 2 GVG entspricht den in der Rechtsprechung anerkannten Grundsätzen.[23] 15

VI. Vollstreckungshilfe

1. Rechtsgrundlage. Rechtsgrundlage ist **§ 9 StVollstrO**. Soll eine Vollstreckungsanordnung außerhalb des Landes, in dem die Vollstreckungsbehörde ihren Sitz hat, durch eine Landesbehörde durchgeführt werden, so ist, sofern nicht durch die Vereinbarung der Länder der Bundesrepublik Deutschland zur Vereinfachung und zur Beschleunigung der Strafvollstreckung und der Vollstreckung anderer freiheitsentziehender Maßnahmen in Straf- und Bußgeldsachen vom 8.6.1999 eine einfachere und schnellere Durchführung ermöglicht wird, die hierfür örtlich zuständige Staatsanwaltschaft des anderen Landes um Vollstreckungshilfe zu ersuchen (§ 9 Abs. 1 Satz 1 StVollstrO). Die Zuständigkeit bestimmt sich bei Ersuchen um Vollstreckung von Freiheitsstrafen nach den §§ 162, 163 GVG. In den übrigen Fällen, insbesondere bei Anordnungen nach §§ 63, 64 16

19 *Bringewat* 17.
20 *Pohlmann/Jabel/Wolf* § 21, 6; KK/*Appl* 13; *Meyer-Goßner/Schmitt* 10; *Bringewat* 17.
21 *Röttle/Wagner* Rn. 23; KK/*Appl* 13; Meyer-Goßner/*Schmitt* 5, 10; *Bringewat* 18; *Pohlmann/Jabel/Wolf* § 7, 1 f.
22 *Röttle/Wagner* Rn. 22; KK/*Appl* 12; Meyer-Goßner/*Schmitt* 7.
23 OLG Celle NdsRpfl. **1955** 39; **1958** 219; OLG Hamm Rpfleger **1956** 339; OLG München MDR **1957** 53.

und 66 StGB, sind diese Bestimmungen nach § 9 Abs. 1 Satz 2 StVollstrO sinngemäß anzuwenden (§ 463 Abs. 1). Ist eine Maßregelvollzugseinrichtung eines anderen Landes für den Vollzug der Unterbringung nach §§ 63 oder 64 StGB zuständig, so ist die örtlich zuständige Staatsanwaltschaft dieses Landes um Vermittlung der Aufnahme in die Maßregelvollzugseinrichtung zu ersuchen. Die §§ 48 und 57 StVollstrO bleiben unberührt (§ 9 Abs. 1 Satz 4 StVollstrO). Der Generalbundesanwalt kann in den Fällen, in denen er Vollstreckungsbehörde ist, unmittelbar vollstrecken.

2. Verhältnis der §§ 162, 163 GVG zu anderen Vorschriften

17 **a) Vorschriften der Strafvollstreckungsordnung.** § 9 Abs. 1 StVollstrO befasst sich nur mit dem Fall, dass Vollstreckungsmaßnahmen **außerhalb des Landes**, in dem die Vollstreckungsbehörde ihren Sitz hat, durchgeführt werden sollen, und es hierzu der Mitwirkung einer anderen Vollstreckungsbehörde bedarf. Nach §§ 162, 163 GVG hat die Strafvollstreckungsbehörde, wenn es um die Vollstreckung einer Freiheitsstrafe geht und der Verurteilte sich **außerhalb ihres Bezirks** aufhält, gleichgültig ob in dem Land, dem die Vollstreckungsbehörde angehört, oder in einem anderen Land, die Wahl, ob der Vollzug in der für den Bezirk des Aufenthaltsorts oder in der für den Bezirk der Vollstreckungsbehörde nach dem Vollstreckungsplan (§ 22 StVollstrO) zuständigen Vollzugsanstalt durchgeführt werden soll. Im ersteren Fall ersucht sie die landgerichtliche Staatsanwaltschaft des Bezirks um die Vollstreckung der Strafe (§ 162 GVG), in dem sich der Verurteilte bei Einleitung der Vollstreckung befindet, im letzteren Fall ersucht sie diese nach § 163 GVG um Ergreifung und Überführung des Verurteilten in die für den Bezirk der Vollstreckungsbehörde zuständige Vollzugsanstalt.[24]

18 In diesen Rechtszustand greift die Strafvollstreckungsordnung ein. Nach **§ 24 Abs. 1 Satz 1 StVollstrO** richtet sich, wenn sich ein Verurteilter bei Einleitung der Strafvollstreckung **auf freiem Fuß** befindet, die **örtliche Zuständigkeit der Vollzugsanstalt** nach dem Gerichtsbezirk, in dem der Verurteilte wohnt oder sich aufhält oder bei behördlicher Verwahrung sich zuletzt aufgehalten hat. Damit ist die aus §§ 162, 163 GVG sich ergebende **Möglichkeit der Wahl** zwischen einer Vollstreckung in der für den Bezirk des Aufenthaltsorts oder in der für den Bezirk der Vollstreckungsbehörde zuständigen Vollzugsanstalt beseitigt. Das ist unbedenklich zulässig, denn die vorgesetzte Vollstreckungsbehörde (die Landesjustizverwaltung) kann die Strafvollstreckungsbehörde allgemein anweisen, die Wahlmöglichkeit in einem bestimmten Sinn auszuüben.[25] Im Übrigen geht § 24 Abs. 1 StVollstrO auch insofern über § 162 GVG hinaus, als letztere Vorschrift nur auf den Aufenthaltsort abstellt, während nach § 24 Abs. 1 StVollstrO der Aufenthaltsort gleichrangig neben dem Wohnort steht. Die Vollstreckungsbehörde kann sich also mit dem Ersuchen um Vollstreckungshilfe je nach **Zweckmäßigkeit** an die Staatsanwaltschaft des Aufenthalts- oder des Wohnorts wenden. Jedoch ist der Wohnort maßgebend, wenn durch den Vollzug in der Nähe der Heimat die Sorge für die Zeit nach der Entlassung und die Wiedereingliederung wesentlich erleichtert werden (§ 24 Abs. 2 StVollstrO). Auch diese Abweichung von § 162 GVG begegnet keinen Bedenken. Sie entspricht vielmehr seinem Zweck, nicht nur überflüssige Transporte zu vermeiden, sondern auch dem Verurteilten zu ersparen, dass er die Strafe weitab von dem bisherigen Bereich seiner Lebensbeziehungen verbüßen muss (vgl. die Erl. zu § 162 GVG).

19 Ist ein Verurteilter bei Einleitung der Vollstreckung **behördlich verwahrt** (z. B. in Untersuchungshaft oder in anderer Sache in Strafhaft), so ist nach § 24 Abs. 1 Satz 2

24 *Bringewat* 20, 21.

25 *Pohlmann* Rpfleger **1958** 215; *Pohlmann/Jabel/Wolf* § 24, 6 ff., 22 ff.; KK/*Appl* 15; *Bringewat* 12.

StVollstrO für die **örtliche Zuständigkeit** der Vollzugsanstalt der Verwahrungsort maßgebend, wenn es sich um eine Strafe mit einer Vollzugsdauer bis zu sechs Monaten handelt (§ 24 Abs. 2 StVollstrO). Anderenfalls richtet sich die Zuständigkeit nach dem Gerichtsbezirk des Wohnorts oder des letzten Aufenthaltsorts mit dem vorerwähnten Vorrang des Wohnorts bei wesentlicher Erleichterung der Resozialisierung. Wird eine Strafe mit einer Vollzugsdauer von mehr als sechs Monaten in einer für den Aufenthaltsort zuständigen Anstalt vollzogen, so ist der Verurteilte in die für den Wohnort zuständige Anstalt zu verlegen, wenn er es binnen zwei Wochen nach Vollzugsbeginn beantragt. Auf das Antragsrecht wird er bei Vollzugsbeginn hingewiesen (§ 24 Abs. 2 Satz 3 StVollstrO).

b) Ländervereinbarung 2001

aa) Ladung des auf freiem Fuß befindlichen Verurteilten. Befindet sich der Verurteilte auf freiem Fuß und liegt die nach § 24 Abs. 1 StVollStrO örtlich zuständige Vollzugsanstalt **innerhalb des Landes**, dem die Vollstreckungsbehörde angehört, so lädt ihn die Vollstreckungsbehörde **unmittelbar** zum Strafantritt in diese Vollzugsanstalt (§ 27 Abs. 1 StVollstrO). Es bedarf also der in §§ 162, 163 GVG vorgesehenen Inanspruchnahme der Vollstreckungshilfe der Staatsanwaltschaft des Aufenthalts- oder Wohnorts nicht, wenn dieser Ort zwar außerhalb des Bezirks der Strafvollstreckungsbehörde, aber im eigenen Land liegt.[26] Nach dieser Vorschrift wird auch verfahren, wenn der Verurteilte sich zwar außerhalb des Landes aufhält, sein Wohnort aber im Land der Vollstreckungsbehörde liegt und diese ihn gemäß § 24 Abs. 1 StVollstrO in die für den Wohnort örtlich zuständige Vollzugsanstalt lädt. 20

Befindet sich der Aufenthalts- oder **Wohnort** dagegen **außerhalb des eigenen Landes** und soll die Strafe in einer Vollzugsanstalt des anderen Landes vollzogen werden, so könnte die Vollstreckung an sich nur durch Ersuchen an die hierfür örtlich zuständige Staatsanwaltschaft des anderen Landes um Vollstreckungshilfe betrieben werden (§ 9 Abs. 1 StVollstrO). Nach der Ländervereinbarung zur Vereinfachung und Beschleunigung der Strafvollstreckung und der Vollstreckung anderer freiheitsentziehender Maßnahmen in Straf- und Bußgeldsachen[27] sind indessen die Strafvollstreckungsbehörden befugt, Verurteilte, die sich innerhalb eines anderen Landes auf freiem Fuß befinden, **unmittelbar** (also ohne die Amtshilfe einer anderen Vollstreckungsbehörde in Anspruch zu nehmen) **zum Strafantritt** in die nach dem Vollstreckungsplan des anderen Landes zuständige Vollzugsanstalt **zu laden** und durch ein Aufnahmeersuchen in diese einzuweisen (§ 29 Abs. 1 StVollstrO), sofern die Voraussetzungen der vorgenannten Vereinbarung vorliegen. Hat sich der Verurteilte auf die unmittelbare Ladung nicht gestellt und hat die Vollstreckungsbehörde deshalb einen Vorführungs- oder Vollstreckungshaftbefehl nach § 457 erlassen, so kann sie sogar die Polizeidienststellen eines anderen Bundeslandes unmittelbar um dessen Vollstreckung ersuchen (Nr. I Abs. 3 Ländervereinbarung). Zwar schließt § 33 Abs. 5 Satz 2 i. V. m. § 9 Abs. 1 StVollstrO eine solche **unmittelbare Inanspruchnahme** der Polizei eines anderen Bundeslandes aus, sieht vielmehr auch dafür die Einschaltung der örtlich zuständigen Staatsanwaltschaft vor, jedoch tritt diese Regelung gegenüber der in Nr. I Abs. 2 Ländervereinbarung zurück.[28] Die abweichenden Vorschriften der §§ 9, 33 Abs. 5 StVollstrO finden danach erst wieder Anwendung, wenn ein 21

26 KK/*Appl* 10. Wegen der Zulässigkeit eines solchen Verzichts auf Vollstreckungshilfe s. die Erl. zu § 163 GVG.
27 Vom 8.6.1999, abgedruckt bei *Pohlmann/Jabel/Wolf* im Anhang.
28 *Pohlmann/Jabel/Wolf* § 9, 23; *Bringewat* 24.

Land, wie dies nach Nr. IV Abs. 2 der Vereinbarung ermöglicht wird, diese kündigt.[29] Eine solche Kündigung berührt aber nicht die Fortgeltung der Vereinbarung zwischen den anderen Ländern, die an ihr festhalten. Die **Vereinbarung** findet **keine Anwendung** für die Vollstreckung **freiheitsentziehender Maßregeln der Besserung und Sicherung**.

22 **bb) Ladung des nicht auf freiem Fuß befindlichen Verurteilten.** Befindet sich der Verurteilte bei Einleitung der Strafvollstreckung nicht auf freiem Fuß, so richtet sich – je nach Vollzugsdauer der Freiheitsstrafe – die örtliche Zuständigkeit der Justizvollzugsanstalt und damit der um Vollstreckungshilfe zu ersuchenden Staatsanwaltschaft bei einem anderen Landgericht **desselben Landes** nach § 24 Abs. 1 Satz 2 und Abs. 2 bzw. nach § 24 Abs. 1 Satz 3 und 4 StVollstrO. Findet der Freiheitsentzug in einem **anderen Bundesland** statt, gelten die Ausführungen in Rn. 20 entsprechend. Auch in diesem Fall ist mithin die Strafvollstreckungsbehörde aufgrund Nr. I Abs. 1 Satz 1 Ländervereinbarung befugt, den Verurteilten **unmittelbar** nach § 28 Abs. 1, § 29 Abs. 1 StVollstrO in die nach dem Vollstreckungsplan des anderen Landes zuständige Vollzugsanstalt zu laden und in diese einzuweisen.[30] Ist der Vollzug unterbrochen worden, so wird er in derselben Vollzugsanstalt fortgesetzt, in der sich der Verurteilte bis zu diesem Zeitpunkt befunden hat.[31]

23 **c) Vollstreckung von Urteilen gegen Soldaten.** Urteile gegen Soldaten der Bundeswehr kann die Vollstreckungsbehörde im Rahmen des Art. 5 EGWStG ohne Rücksicht auf Landesgrenzen unmittelbar in einer Anstalt der Bundeswehr vollziehen lassen. Ein Ersuchen nach § 9 Abs. 1 StVollstrO ist nur erforderlich, wenn eine Vollstreckungsanordnung in einem anderen Bundesland durch eine Landesbehörde durchgeführt werden soll.[32]

24 **d) Freiheitsentziehende Maßregeln und andere Rechtsfolgen.** Die §§ 162, 163 GVG betreffen nur die Vollstreckungshilfe bei der Vollstreckung von Freiheitsstrafen.[33] Sie sind aber sinngemäß auch für die Vollstreckung der freiheitsentziehenden Maßregeln der Besserung und Sicherung anwendbar (§ 463 Abs. 1, § 9 Abs. 1 Satz 2 StVollstrO).[34] **Unanwendbar** ist § 9 StVollstrO dagegen bei der Vollstreckung von Geldstrafen und Nebenfolgen einer Tat, die zu einer Geldzahlung verpflichten,[35] und ebenso bei Einziehung, Unbrauchbarmachung oder Vernichtung, soweit diese einer Vollstreckung durch Wegnahme des Gegenstandes aus dem Besitz des Verurteilten bedarf, da hier die Anordnung durch unmittelbare Beauftragung des Vollziehungsbeamten vollstreckt wird (§ 160 GVG, § 459g, § 61 StVollstrO). Wegen der Vollstreckung von Ordnungs- und Zwangsmitteln und der erforderlichen Vollstreckungshilfe für den Fall von damit verbundenen Freiheitsstrafen s. § 88 StVollstrO.[36]

---

29 Von dieser Möglichkeit hat bisher kein Bundesland Gebrauch gemacht.

30 *Pohlmann/Jabel/Wolf* § 9, 19 bis 22; *Bringewat* 25.

31 *Pohlmann* Rpfleger **1963** 1; *Pohlmann/Jabel/Wolf* § 24, 15; BVerfG NStZ **1993** 300; *Jabel/Wolf* NStZ **1994** 63.

32 *Pohlmann/Jabel/Wolf* § 9, 10.

33 S. dazu die Erl. zu § 162 GVG.

34 *Pohlmann/Jabel/Wolf* § 9, 6; *Bringewat* 26.

35 S. § 9 Abs. 1 Satz 3, §§ 48, 57 StVollstrO sowie die Erl. zu § 163 GVG.

36 Näher dazu *Pohlmann/Jabel/Wolf* § 88, 6 ff.; *Röttle/Wagner* Rn. 511 ff.

e) Adressat des Vollstreckungshilfeersuchens ist stets die Staatsanwaltschaft 25
beim Landgericht.[37]

f) Generalbundesanwalt als Vollstreckungsbehörde (§ 4 Nr. 3 StVollstrO). Der 26
Generalbundesanwalt beim Bundesgerichtshof kann die in Ausübung von Gerichtsbarkeit des Bundes getroffenen Entscheidungen **unmittelbar** vollstrecken (§ 9 Abs. 2 StVollstrO). Die §§ 162, 163 GVG gelten für ihn nicht, da sein Bezirk als Strafvollstreckungsbehörde das ganze Bundesgebiet umfasst.[38] Solange der Bund keine eigenen Justizvollzugsanstalten hat, stehen dem Generalbundesanwalt die Vollzugsanstalten der Länder zur Verfügung, und zwar weist er – vorbehaltlich besonderer Vereinbarung mit einer Landesjustizverwaltung[39] – einen Verurteilten in die zuständige Vollzugsanstalt des Landes ein, in dem dieser zuletzt gewohnt oder sich aufgehalten hat (§ 24 Abs. 5 StVollstrO). In diese Anstalt kann der Generalbundesanwalt den auf freiem Fuß befindlichen Verurteilten unmittelbar zum Strafantritt laden. Um die Vollziehung eines Vollstreckungshaft- oder Vorführungsbefehls kann er die Polizeibehörden unmittelbar ersuchen. Insoweit hat § 9 Abs. 2 StVollstrO, dessen Fassung zwischen dem Bundesministerium der Justiz und für Verbraucherschutz und den Landesjustizverwaltungen abgestimmt ist, den Charakter einer Vereinbarung, die Art. 35 GG ergänzt.[40] Art. 35 GG allein könnte die Inanspruchnahme der Polizeibehörden eines Landes durch den Generalbundesanwalt nicht rechtfertigen. Der Generalbundesanwalt kann sich selbstverständlich auch der Staatsanwaltschaft eines Landes bedienen.

g) Jugendstrafe. Bei **Jugendstrafe** kann, wie aus § 85 Abs. 2 JGG zu folgern ist, der 27
Vollstreckungsleiter den Verurteilten unmittelbar in die zuständige Jugendstrafanstalt eines anderen Landes einweisen.[41]

VII. Wahrnehmung der Geschäfte der Vollstreckungsbehörde

1. Übertragung auf Rechtspfleger

a) Geschichtliche Entwicklung. Nach § 451 Abs. 1 obliegt die Strafvollstreckung der 28
Staatsanwaltschaft. Da das Amt der Staatsanwaltschaft von Staatsanwälten ausgeübt wird (§ 142 Abs. 1 Nr. 1, 2 und 3 1. Alt. GVG), folgt daraus, dass nur diese die Strafvollstreckungsaufgaben wahrnehmen können. Dass dies auch der Wille des Gesetzgebers war, ergibt sich aus der Entstehungsgeschichte. Die Regelung galt mehr als 40 Jahre. Ihre erste Änderung erfuhr sie durch Art. VI § 1 Nr. III des Gesetzes vom 11.3.1921,[42] der die Landesjustizverwaltungen zur Entlastung des Staatsanwalts und des Richters[43] ermächtigte zu bestimmen, dass an Stelle des Staatsanwalts Amtsanwälte oder andere Beamte bei der Staatsanwaltschaft, die nicht Staatsanwälte sind, selbständig die Befugnisse der Vollstreckungsbehörde wahrnehmen. Von der Übertragungsmöglichkeit machten in der Folgezeit die Landesjustizverwaltungen mehr oder weniger weitgehend Gebrauch.

37 Vgl. Erl. zu § 163 GVG.
38 *Pohlmann/Jabel/Wolf* § 9, 15 f.
39 Wegen weiterer Einzelheiten dazu s. *Pohlmann/Jabel/Wolf* § 24, 37.
40 *Pohlmann/Jabel/Wolf* § 9, 15.
41 *Pohlmann/Jabel/Wolf* § 9, 4.
42 RGBl. S. 229.
43 Soweit die Regelung auch den Richter betraf, ist sie gegenstandslos, weil die Zuständigkeit des Amtsrichters als Vollstreckungsbehörde seit dem 1.1.1980 entfallen ist.

29 Eine **reichseinheitliche Regelung** brachte § 6 StVollstrO 1935,[44] indem er den Kreis der übertragbaren Geschäfte festlegte und die Stellen bezeichnete, die die Übertragung und ihren Umfang anordneten. Für die Beamten, denen die selbständige Wahrnehmung von Aufgaben aufgrund des Entlastungsgesetzes vom 11.3.1921 übertragen war, bildete sich, soweit sie in Wahrnehmung dieser Befugnisse handelten, die Funktionsbezeichnung „Rechtspfleger" heraus. Das **Rechtspflegergesetz** vom 8.2.1957[45] regelte nur die Wahrnehmung richterlicher Aufgaben durch Rechtspfleger, befasste sich aber nicht mit der Wahrnehmung von Aufgaben der Vollstreckungsbehörde durch Rechtspfleger. Insoweit bildeten die Vorschriften in Art. VI § 1 Nr. III und § 3 Abs. 1 EntlG, die im Rechtspflegergesetz 1957 (§ 35 Abs. 1 Nr. 1 RpflG a. F., der inzwischen weggefallen ist) aufrechterhalten wurden, weiterhin die gesetzliche Grundlage für die Übertragung von Geschäften der Strafvollstreckung zur selbständigen Wahrnehmung auf Rechtspfleger. Einen weiteren Schritt der Entwicklung vollzog § 10 StVollstrO 1956, indem – abweichend von § 6 StVollstrO 1935 – die Übertragung nicht mehr von einer besonderen Anordnung in den einzelnen Oberlandesgerichtsbezirken abhängig war, die Geschäfte der Strafvollstreckung den Rechtspflegern vielmehr unmittelbar übertragen wurden.

30 **b) Abschluss der Entwicklung.** Mit dem Rechtspflegergesetz vom 5.11.1969[46] wurde in § 22 RpflG a. F.[47] geregelt, welche **gerichtlichen Geschäfte** in Straf- und Bußgeldverfahren Rechtspflegern übertragen sind. § 31 RpflG a. F.,[48] der die Übertragung von **Geschäften der Staatsanwaltschaft** regelt, übertrug in Absatz 2 allgemein die der Vollstreckungsbehörde in Straf- und Bußgeldsachen obliegenden Geschäfte dem Rechtspfleger, soweit nicht durch Rechtsverordnung des Bundesjustizministers einzelne Geschäfte von der Übertragung ausgenommen sind oder ihre Vorlage an den Staatsanwalt angeordnet ist.[49]

31 Durch Art. 9 Nr. 5 des 1. JuMoG vom 24.8.2004[50] wurde § 31 RpflG weitgehend neu gefasst und die Aufgaben des Rechtspflegers im Rahmen der Strafvollstreckung wurden erheblich ausgeweitet. Da das Gesetz zur Übertragung von Rechtspflegeraufgaben auf den Urkundsbeamten der Geschäftsstelle vom 16.7.2002[51] den Bundesländern die Möglichkeit eröffnet hatte, im Bereich der Geldstrafenvollstreckung einen Teil der bisherigen Aufgaben des Rechtspflegers auf den Urkundsbeamten der Geschäftsstelle zu übertragen, ist durch die Änderung des § 31 RpflG die Grundlage für eine Verlagerung der Aufgaben vom Staatsanwalt auf den Rechtspfleger geschaffen worden. Nach der Vorstellung des Gesetzgebers sollten die im Bereich der Staatsanwälte freiwerdenden Kapazitäten stärker für deren Ermittlungstätigkeit eingesetzt werden.[52] Die Aufrechterhaltung der in der Begrenzungsverordnung vom 26.6.1970,[53] zuletzt geändert durch Verordnung vom 16.2.1982[54] und der in § 31 Abs. 2 Satz 2 RpflG a. F. genannten Gründe für die Zuständigkeitsvorbehalte hat der Gesetzgeber mit Blick auf die Qualität der Ausbildung der Rechtspfleger und die weitere Übertragung von einigen Aufgaben im Jahre 2002[55] auf

---

44 Neu gefasst durch AV des RJM vom 13.9.1944, DJ **1944** 241.
45 BGBl. I S. 18.
46 BGBl. I S. 2065 mit späteren Änderungen, zuletzt durch Gesetz vom 25.10.1982 – BGBl. I S. 1425.
47 In der Fassung von Art. 94 Nr. 4 EGStGB 1974.
48 In der Fassung von Art. 94 Nr. 6 EGStGB 1974.
49 KK/*Appl* 7; *Bringewat* 31, 35.
50 BGBl. I S. 2198, 2205.
51 BGBl. I S. 1810.
52 BRDrucks. 378/03 S. 30.
53 BGBl. I S. 992.
54 BGBl. I S. 188.
55 BGBl. I S. 1810.

den Urkundsbeamten der Geschäftsstelle für weitestgehend nicht mehr zeitgemäß erachtet.[56] Lediglich Entscheidungen nach § 114 JGG (vgl. früher: § 1 Nr. 4 BegrenzungsVO) sind von der Übertragung auf den Rechtspfleger auch weiterhin ausgenommen geblieben (§ 31 Abs. 2 Satz 2 RpflG).

c) Regelung im Jugendgerichtsgesetz. Soweit es sich um die Vollstreckung aufgrund des Jugendgerichtsgesetzes handelt, waren die Rechtspfleger zunächst von Geschäften der Vollstreckung ausgeschlossen. Dagegen bestimmte II 6 der „Richtlinien" zu §§ 82 bis 85 JGG in der seit dem 1.1.1963 geltenden Fassung, dass dem Rechtspfleger die Geschäfte der Vollstreckung übertragen werden, durch die eine richterliche Vollstreckungsanordnung oder eine die Leitung der Vollstreckung nicht betreffende allgemeine Verwaltungsvorschrift ausgeführt wird. Das Nähere wurde durch eine Anordnung der Landesjustizverwaltung bestimmt. Diese Anordnung wurde in bundeseinheitlichem Wortlaut von den Landesjustizverwaltungen mit Wirkung vom 1.1.1963 gesondert erlassen. Auch nach der weitgehenden Übertragung der der Vollstreckungsbehörde in Straf- und Bußgeldsachen obliegenden Geschäfte auf den Rechtspfleger durch Art. 9 Nr. 5a des 1. JuMoG vom 24.8.2004 ist eine Übertragung der durch § 1 Nr. 4 BegrenzungsVO ausgenommenen Entscheidungen nach § 114 JGG ausdrücklich in § 31 Abs. 2 Satz RpflG auf den Rechtspfleger unterblieben, weil die insoweit vorzunehmende Prüfung sich in erster Linie auf Kriterien erstreckt, mit denen der Rechtspfleger aus seiner täglichen Tätigkeit kaum vertraut ist.[57] Nach Auffassung des Gesetzgebers hätte eine Zuständigkeitsänderung gerade in einem gesellschaftspolitisch wichtigen Bereich wie dem Jugendstrafrecht eher zu einem Kompetenz- und Erfahrungsverlust führen können.[58] 32

2. Aufhebung der Begrenzungsverordnung. Durch Art. 12 des 1. JuMoG vom 24.8.2004[59] wurde die Verordnung über die Begrenzung der Geschäfte des Rechtspflegers bei der Vollstreckung in Straf- und Bußgeldsachen vom 26.6.1970,[60] zuletzt geändert durch die Verordnung vom 16.2.1982,[61] aufgehoben.[62] Der Begrenzungsverordnung bedurfte es nach der umfassenden Übertragung der Aufgaben der Vollstreckungsbehörde in Straf- und Bußgeldsachen auf den Rechtspfleger nicht mehr (vgl. Rn. 31). Der Vorbehalt des früheren § 1 Nr. 4 BegrenzungsVO ist jedoch bestehen geblieben und jetzt in § 31 Abs. 2 Satz 2 RpflG gesetzlich geregelt. 33

3. Ergänzende Bemerkungen

a) Selbständige Wahrnehmung der Geschäfte. Nach § 10 StVollstrO 2011, geändert mit Wirkung vom 1.10.2017 durch Bekanntmachung vom 10.8.2017[63] gilt für die Wahrnehmung der Geschäfte der Strafvollstreckung durch den Rechtspfleger § 31 RpflG. Die in § 31 Abs. 1 und 2 RpflG ausgesprochene **Übertragung auf den Rechtspfleger** bedeutet, dass die Strafvollstreckung ohne weiteres von dem Rechtspfleger zu besorgen ist. Eine **Vorlagepflicht** an den **Staatsanwalt** besteht nur dann, wenn der Rechtspfleger 34

---

56 BRDrucks. 378/03 S. 78 ff.
57 BRDrucks. 378/03 S. 81 f.
58 BRDrucks. 378/03 S. 82.
59 BGBl. I S. 2198.
60 BGBl. I S. 992.
61 BGBl. I S. 188.
62 Zur früheren Rechtslage vgl. LR/*Wendisch*[25] 31 ff.
63 BAnz. AT 18.8.2017 B 6.

von einer ihm bekannten Stellungnahme des Staatsanwalts abweichen will (§ 31 Abs. 2a Nr. 1 RpflG). Ferner ist er zur Vorlage verpflichtet, wenn zwischen dem übertragenen Geschäft und einem vom Staatsanwalt wahrzunehmenden Geschäft ein so enger Zusammenhang besteht, dass eine getrennte Sachbearbeitung nicht sachdienlich ist (§ 31 Abs. 2a Nr. 2 RpflG). Hierdurch sollen vor allem einander widersprechende Entscheidungen des Staatsanwalts und des Rechtspflegers sowie eine Personalressourcen bindende Doppelbefassung vermieden werden. Schließlich hat der Rechtspfleger die ihm übertragene Sache dann dem Staatsanwalt vorzulegen, wenn dieser ein Ordnungs- oder Zwangsmittel verhängt hat und sich die Vorlage ganz oder teilweise vorbehalten hat (§ 31 Abs. 2a Nr. 3 RpflG). Damit ist letztlich die früher in § 2 BegrenzungsVO enthaltene Vorlagepflicht hinsichtlich der bisherigen Regelungen des § 2 Abs. 1 Nr. 1, 4 und 5 BegrenzungsVO auch nach Aufhebung der Begrenzungsverordnung inhaltlich beibehalten worden. Im Übrigen ist die Vorlagepflicht für den Rechtspfleger, soweit ihm die der Vollstreckungsbehörde in Straf- und Bußgeldsachen obliegenden Geschäfte nach § 31 Abs. 2 Satz 1 RpflG übertragen worden sind, der Vorlagepflicht bei der Parallelregelung in § 5 RpflG angepasst worden.[64]

35 Der Rechtspfleger kann die ihm nach § 31 Abs. 2 Satz 1 RpflG übertragene Sache dem Staatsanwalt vorlegen, wenn sich bei der Bearbeitung Bedenken gegen die Zulässigkeit der Vollstreckung ergeben (§ 31 Abs. 2b Nr. 1 RpflG). Ferner hat er die Möglichkeit zur Vorlage, wenn ein Urteil vollstreckt werden soll, das von einem Mitangeklagten mit der Revision angefochten ist (§ 31 Abs. 2b Nr. 2 RpflG). Damit hat der Gesetzgeber die frühere Vorlagepflicht in ein **Vorlagerecht** umgewandelt. Dabei hat die Überlegung eine Rolle gespielt, dass der Rechtspfleger aufgrund seiner Ausbildung in der Lage ist, im Einzelfall auftretende rechtliche Schwierigkeiten rechtzeitig zu erkennen und alsdann abzuwägen, ob er den Staatsanwalt mit der Sache befassen sollte.[65]

36 Der Staatsanwalt bearbeitet die vorgelegten Sachen, solange – und soweit – er es für erforderlich hält (§ 31 Abs. 2c Satz 1 RpflG). Er kann die Sachen dem Rechtspfleger zurückgeben (§ 31 Abs. 2c Satz 2 RpflG). Letzterer ist an eine dabei mitgeteilte Rechtsauffassung oder an eine erteilte Weisung des Staatsanwalts gebunden (§ 31 Abs. 2c Satz 3 RpflG).

37 **b) Weisungsgebundenheit.** Der Rechtspfleger ist weisungsgebunden.[66] Der Staatsanwalt, an dessen Stelle er tätig wird, kann ihm Weisungen nach § 31 Abs. 2c Satz 3 RpflG erteilen.[67] Gegen die Maßnahmen des Rechtspflegers ist der Rechtsbehelf statthaft, der nach den allgemeinen verfahrensrechtlichen Vorschriften zulässig ist (§ 31 Abs. 6 Satz 1 RpflG). Sofern hiernach ein Rechtsbehelf nicht gegeben ist, entscheidet über Einwendungen gegen die Entscheidung des Rechtspflegers der Staatsanwalt oder Richter, an dessen Stelle der Rechtspfleger tätig geworden ist, durch förmlichen Bescheid bzw. der Richter durch Beschluss.[68] Er kann dem Rechtspfleger Weisungen erteilen (§ 31 Abs. 6 Satz 3 RpflG). Nimmt der Staatsanwalt selbst ein übertragenes Geschäft wahr, so ist dieses wirksam. Die Befugnisse des Behördenleiters nach den §§ 145, 146 GVG bleiben unberührt (§ 31 Abs. 6 Satz 4 RpflG).

64 BRDrucks. 378/03 S. 83.
65 BRDrucks. 378/03 S. 83.
66 *Röttle/Wagner* Rn. 25.
67 KK/*Appl* 9.
68 KK/*Appl* 9; Meyer-Goßner/*Schmitt* Vor § 449, 9; *Bringewat* 37.

c) Keine Ablehnung. Die Vorschriften über die Ausschließung finden – anders als beim Rechtspfleger des Gerichts nach § 10 RpflG – auf den Rechtspfleger ebenso wie auf den Staatsanwalt bei Wahrnehmung von Strafvollstreckungsgeschäften keine Anwendung (§ 32 i. V. m. § 10 RpflG). 38

d) Vorbereitende Tätigkeiten. Die Heranziehung des Rechtspflegers zu vorbereitender Tätigkeit bei den von der Übertragung ausgenommenen Geschäften (Ermittlungen, Anfertigung des Entwurfs der Verfügung usw.) ist nicht ausgeschlossen.[69] Da durch § 31 Abs. 2 RpflG dem Rechtspfleger aber nunmehr in Straf- und Bußgeldsachen die der Vollstreckungsbehörde obliegenden Geschäfte umfassend übertragen worden sind, dürfte es hierfür in der Praxis kaum noch Raum geben. 39

e) Gnadenverfahren. Zur Mitwirkung im Gnadenverfahren ist der Rechtspfleger nicht berufen, da es sich hierbei nicht um Geschäfte der Strafvollstreckung handelt und die StVollstrO auf diesen Bereich keine Anwendung findet. Die Nebengeschäfte der Strafvollstreckung (Vor § 449, 29) gehören nicht zu den dem Rechtspfleger durch § 31 RpflG übertragenen Geschäften der Strafvollstreckung.[70] 40

f) Verzögerungen im Strafvollstreckungsverfahren. Verzögerungen im Vollstreckungsverfahren durch die Staatsanwaltschaft als Vollstreckungsbehörde berechtigen nicht zu einer Entschädigung nach §§ 198, 199 GVG. Insoweit liegt keine ausfüllungsbedürftige planwidrige gesetzliche Regelungslücke vor,[71] denn nach § 199 Abs. 1 GVG ist § 198 GVG nach Maßgabe der Absätze 2 bis 4 lediglich für das Verfahren auf Vorbereitung der öffentlichen Klage, nicht jedoch für das Vollstreckungsverfahren entsprechend anwendbar. 41

VIII. Vollstreckbarkeitsbescheinigung

1. Entscheidung des Urkundsbeamten. Nach § 451 Abs. 1 setzt die förmliche Vollstreckung eine **urkundliche Grundlage** voraus,[72] nämlich eine mit der Vollstreckbarkeitsbescheinigung versehene beglaubigte Abschrift der Urteilsformel (§ 268 Abs. 2 i. V. m. § 260 Abs. 4),[73] die der Urkundsbeamte der Geschäftsstelle erteilt. Die Erteilung dieser Bescheinigung ist zwar eine Voraussetzung, aber noch kein Bestandteil des Vollstreckungsverfahrens, vielmehr der letzte Akt des gerichtlichen Verfahrens.[74] Der Urkundsbeamte handelt als Organ des Gerichts. Daraus folgt, dass, wenn er die Erteilung ablehnt, die Vollstreckungsbehörde und, wenn er sie erteilt, der Verurteilte bei Gericht die Änderung der Entscheidung des Urkundsbeamten beantragen kann.[75] 42

---

69 Meyer-Goßner/*Schmitt* 2.

70 *Pohlmann/Jabel/Wolf* § 10, 4.

71 OLG Koblenz NStZ-RR **2017** 323.

72 OLG Braunschweig MDR **1950** 757; *Lindner* MDR **1948** 453; *Unger* Rpfleger **1957** 224; *H. W. Schmidt* NJW **1959** 1718; *Pohlmann/Jabel/Wolf* § 13, 33.

73 Die Beurkundung der vollständig abgefassten Urteilsgründe ist nicht erforderlich: KK/*Appl* 17; Meyer-Goßner/*Schmitt* 11; *Bringewat* 27.

74 *Kleinknecht* Rpfleger **1952** 210; *Schmidt-Mende* 28 ff.; KK/*Appl* 18; KMR/*Paulus/Stöckel* 41; *Bringewat* 31; *Pohlmann/Jabel/Wolf* § 13, 37.

75 *Eb. Schmidt* 14; KK/*Appl* 23; KMR/*Paulus/Stöckel* 45; Meyer-Goßner/*Schmitt* 17; *Röttle/Wagner* Rn. 56.

43 **2. Anfechtungsmöglichkeiten.** Die Entscheidung des Gerichts ist mit der einfachen **Beschwerde** anfechtbar.[76] Dem Verurteilten bleibt die Möglichkeit, wenn die Vollstreckungsbehörde aufgrund der erteilten Bescheinigung die Vollstreckung betreibt, **Einwendungen** dagegen **nach § 458 Abs. 1** zu erheben.[77] Gegen eine gerichtliche Entscheidung, die den Urkundsbeamten zur Erteilung der Bescheinigung anweist oder die ihn unter Aufhebung einer erteilten Bescheinigung anweist, sie künftig nur unter bestimmten Voraussetzungen zu erteilen, steht dem Urkundsbeamten keine Beschwerde zu.[78] Ein Recht, bei Zweifeln, ob die Voraussetzungen der Erteilung vorliegen, die Entscheidung des Gerichts herbeizuführen, hat der Urkundsbeamte nicht. Er kann sich nicht damit der ihm übertragenen Entscheidung entziehen.[79] Der Urkundsbeamte kann und muss die von ihm erteilte Bescheinigung widerrufen, wenn er nachträglich zu der Überzeugung gelangt, dass er sie zu Unrecht erteilt hat.[80]

44 **3. Wesen der Vollstreckbarkeitsbescheinigung.** Der Urkundsbeamte hat die Vollstreckbarkeitsbescheinigung zu erteilen, wenn die absolute Rechtskraft des Urteils eingetreten ist (§ 449) oder wenn ausnahmsweise vor Eintritt der absoluten Rechtskraft das Urteil vollstreckbar geworden ist (§ 346 Abs. 2 Satz 2; § 449, 12). In aller Regel ist also die **Vollstreckbarkeitsbescheinigung** identisch mit der **Rechtskraftbescheinigung.**[81] Das Vorliegen von Vollstreckungshindernissen (§ 449, 8 ff.) hat der Urkundsbeamte nicht zu prüfen.[82] Ist die Vollstreckung der Strafe im Urteil zur Bewährung ausgesetzt, so darf er naturgemäß nur die Rechtskraft des Urteils bescheinigen, nicht etwa zugleich bescheinigen, dass das Urteil „vollstreckbar" sei.[83] Wenn (andere) Vollstreckungshindernisse aus den Akten ersichtlich sind, so steht es ihm frei, die Vollstreckungsbehörde auf diese und die für die Strafzeitberechnung wichtigen Umstände (vgl. insbesondere § 450 Abs. 1) hinzuweisen, und er muss dies tun, wenn bei Erteilung der Vollstreckbarkeitsbescheinigung die Akten, aus denen allein die Hindernisse ersichtlich sind, der Vollstreckungsbehörde nicht übersandt werden.[84]

45 Die Vollstreckungsbehörde ist nicht verpflichtet, die Rechtskraftbescheinigung des Urkundsbeamten auf ihre **sachliche Richtigkeit** nachzuprüfen.[85] Die Prüfung, ob die Entscheidung rechtskräftig ist, soll ihr ja gerade durch die Rechtskraftbescheinigung abgenommen werden. Anders liegt es, wenn sie aus besonderen Gründen Veranlassung hat, an der Richtigkeit der Rechtskraftbescheinigung zu zweifeln. Dann muss sie eine

---

76 LG Göttingen Rpfleger **1956** 337; LG Hildesheim Rpfleger **1960** 215; KK/*Appl* 23; Meyer-Goßner/*Schmitt* 17; *Bringewat* 32; *Pohlmann/Jabel/Wolf* § 13, 51; **a. A.** LG Marburg NStZ-RR **2014** 112.

77 *Pohlmann/Jabel/Wolf* § 13, 51; *Bringewat* 32.

78 *Meikel* BayZ **1905** 57; *Pohlmann/Jabel/Wolf* § 13, 52 f.; Meyer-Goßner/*Schmitt* 16; *Bringewat* 32; **a. A.** KMR/*Paulus/Stöckel* 45.

79 *Pohlmann/Jabel/Wolf* § 13, 52; KK/*Appl* 22; Meyer-Goßner/*Schmitt* 16; **a. A.** *Schmidt-Mende* 36; KMR/*Paulus/Stöckel* 45.

80 *Pohlmann/Jabel/Wolf* § 13, 53; KK/*Appl* 22; Meyer-Goßner/*Schmitt* 16; KMR/*Paulus/Stöckel* 44; *Bringewat* 32.

81 KK/*Appl* 17; Meyer-Goßner/*Schmitt* 11.

82 LG Hildesheim Rpfleger **1960** 215; *Pohlmann/Jabel/Wolf* § 13, 47; Meyer-Goßner/*Schmitt* 18; *Röttle/Wagner* Rn. 54; KMR/*Paulus/Stöckel* 39.

83 LG Köln Rpfleger **1971** 227 mit Anm. *Pohlmann*; *Pohlmann/Jabel/Wolf* § 13, 47 f.; Meyer-Goßner/*Schmitt* 13.

84 LG Hildesheim Rpfleger **1960** 215; Meyer-Goßner/*Schmitt* 15; *Bringewat* 28.

85 *Schmidt-Mende* 84 ff.; *Pohlmann/Jabel/Wolf* § 13, 39; Meyer-Goßner/*Schmitt* 18; *Röttle/Wagner* Rn. 57 (keine generelle Verpflichtung); **a. A.** *Grau* Die Strafvollstreckung durch den preußischen Rechtspfleger (1929) 22, 180; *Bringewat* 39.

Überprüfung der Rechtskraftbescheinigung durch den Urkundsbeamten herbeiführen.[86] Die Entscheidung darüber, ob Vollstreckungshindernisse bestehen, obliegt aber nur der Prüfung der Vollstreckungsbehörde,[87] und gegen deren Entscheidung steht der Weg des § 458 Abs. 1 offen.

4. Ergänzende Vorschriften (§§ 13, 14 StVollstrO). Über die Ausstellung der Vollstreckbarkeitsbescheinigung enthalten die §§ 13, 14 StVollstrO ergänzende Vorschriften. Insoweit wird auf die Erläuterungen verwiesen.[88] 46

5. Verhältnis des § 451 Abs. 1 zu § 13 Abs. 2 StVollstrO. Nach § 451 Abs. 1 erfolgt die Vollstreckung aufgrund einer von dem Urkundsbeamten der Geschäftsstelle zu erteilenden, mit Vollstreckbarkeitsbescheinigung versehenen beglaubigten Abschrift der Urteilsformel.[89] Demgegenüber bezeichnet § 13 Abs. 2 StVollstrO als Vollstreckungsgrundlage die Urschrift oder eine beglaubigte Abschrift der (vollständigen) Entscheidung oder ihres erkennenden Teils. 47

a) Allgemeines. Zunächst sollte nicht zweifelhaft sein, dass § 13 Abs. 2 Satz 1 StVollstrO als Verwaltungsanweisung sich nicht mit der gesetzlichen Vorschrift des § 451 Abs. 1 in Widerspruch setzt, wenn er die mit Rechtskraftbescheinigung versehene beglaubigte Abschrift des **vollständigen Urteils** als Vollstreckungsgrundlage bezeichnet. Denn nach dem Sinn des § 451 Abs. 1 ist schon das Vorliegen einer beglaubigten Abschrift der Entscheidungsformel ausreichend, um mit der Vollstreckung beginnen zu können. Es muss nicht abgewartet werden, bis das vollständige (mit Gründen versehene) Urteil vorliegt. So kann z. B. bei Rechtsmittelverzicht aller Beteiligten unmittelbar nach Verkündung des Urteils die beglaubigte Abschrift der Entscheidungsformel auf der Grundlage des Sitzungsprotokolls hergestellt werden. Wenn also die Abschrift der Formel genügt, so ist eine beglaubigte Abschrift des vollständigen Urteils (das ja stets auch eine Entscheidungsformel enthält) erst recht eine dem § 451 Abs. 1 entsprechende urkundliche Grundlage der Vollstreckung.[90] 48

§ 451 Abs. 1 besagt aber auch nicht, dass die Vollstreckungsbehörde die Vollstreckung nur betreiben darf, wenn ihr eine **beglaubigte Abschrift** der Entscheidungsformel (oder der vollständigen Entscheidung) vorliegt.[91] Die Gesetzmäßigkeit der Vollstreckung hängt an sich lediglich davon ab, dass eine entsprechende rechtskräftige Entscheidung überhaupt vorhanden ist. Ist das der Fall, so könnte z. B. der Verurteilte keine Einwendungen gegen die Zulässigkeit der Vollstreckung (§ 458) mit der Begründung erheben, es liege zwar ein rechtskräftiges Urteil vor, der Urkundsbeamte habe aber der Vollstreckungsbehörde bisher noch keine mit Vollstreckbarkeitsbescheinigung versehene beglaubigte Abschrift erteilt. 49

---

86 *Pohlmann* Rpfleger **1960** 280; *Pohlmann/Jabel/Wolf* § 13, 39; KK/*Appl* 18; *Bringewat* 28; *Röttle/Wagner* Rn. 57.

87 OLG Jena GA **39** (1891) 365; OLG Schleswig SchlHA **1957** 314; *Unger* Rpfleger **1957** 222, 227; *Pohlmann* Rpfleger **1958** 108; **1960** 280; **1971** 227; *Pohlmann/Jabel/Wolf* § 13, 47; KMR/*Paulus/Stöckel* 39; *Bringewat* 28.

88 Vgl. Erläuterungen bei *Pohlmann/Jabel/Wolf* zu §§ 13, 14.

89 KK/*Appl* 17.

90 *Pohlmann* Rpfleger **1957** 123; *Pohlmann/Jabel/Wolf* § 13, 33.

91 OLG Hamm Rpfleger **1957** 213; *Unger* Rpfleger **1957** 223; *Pohlmann/Jabel/Wolf* § 13, 33; KMR/*Paulus/Stöckel* 9 ff.; *Röttle/Wagner* Rn. 53 ff.; **a. A.** LG Oldenburg Rpfleger **1956** 337.

50 Der **Sinn des § 451 Abs. 1** besteht darin, dass die Vollstreckungsbehörde, um die Vollstreckung betreiben zu können und zu dürfen, der zuverlässigen Kenntnis bedarf, dass ein rechtskräftiges Urteil vorliegt und welchen Inhalt es hat. Um ihr diese Kenntnis zu verschaffen, **verpflichtet** § 451 Abs. 1 den **Urkundsbeamten** („zu erteilenden"), der Vollstreckungsbehörde von Amts wegen eine beglaubigte Abschrift zu erteilen.[92] Es wäre ein unverständlicher Formalismus, wenn die Vollstreckungsbehörde mit der Vollstreckung erst beginnen dürfte, wenn ihr eine solche beglaubigte Abschrift übersandt ist und vorliegt, obwohl sie bereits vorher auf anderem Wege, nämlich durch Einsicht in die **Urschrift** der Entscheidung (oder der Entscheidungsformel), zuverlässige Kenntnis von Inhalt und Rechtskraft der Entscheidung erlangt hat. Denn die Rechtskraftbescheinigung auf der beglaubigten Abschrift bietet ja keine größere Gewähr für die Richtigkeit als die auf der Urschrift. Auch auf die gemäß § 451 Abs. 1 erteilte Bescheinigung hin darf die Vollstreckungsbehörde nicht unbesehen die Vollstreckung betreiben, sondern muss auftauchenden Bedenken nachgehen (oben Rn. 45).

51 **b) Bedeutung des § 13 Abs. 2 StVollstrO.** Die **Bedeutung des § 13 Abs. 2 StVollstrO** besteht also darin, dass er in Form einer Weisung an die Vollstreckungsbehörde das urkundliche Minimum[93] kennzeichnet, mit dem sich die Vollstreckungsbehörde zur Erlangung von zuverlässiger Kenntnis über Inhalt und Rechtskraft der Entscheidung bei Einleitung der Vollstreckung begnügen darf. Unberührt bleibt aber stets das Recht der Vollstreckungsbehörde, eine genau dem § 451 Abs. 1 entsprechende Vollstreckungsurkunde von dem Urkundsbeamten zu verlangen – eine solche ist aber auch (vgl. Rn. 45) die mit Rechtskraftbescheinigung versehene beglaubigte Abschrift der vollständigen Entscheidung –, und dessen Pflicht, diesem Verlangen zu entsprechen. Der Urkundsbeamte kann also keinesfalls die Vollstreckungsbehörde auf die mit Rechtskraftbescheinigung versehene *Urschrift* der Entscheidung oder der Formel verweisen.[94] Auch ein Recht des Urkundsbeamten, die Erteilung im Einzelfall abzulehnen, weil das Verlangen der Vollstreckungsbehörde missbräuchlich sei,[95] besteht nicht.

52 **6. Zuständigkeit zur Erteilung der Bescheinigung.** Die **Zuständigkeit zur Erteilung der Bescheinigung** regelt § 13 Abs. 4 StVollstrO. Danach ist grundsätzlich der Urkundsbeamte des Gerichts des ersten Rechtszugs zuständig, der Urkundsbeamte des Berufungsgerichts nur, wenn gegen das Urteil keine Revision eingelegt ist. Die in § 13 Abs. 5 StVollstrO vorgeschriebene Übersendung der Unterlagen durch den Urkundsbeamten der Geschäftsstelle des Revisionsgerichts soll dazu dienen, dem Urkundsbeamten des Gerichts erster Instanz die beschleunigte Ausstellung der Vollstreckbarkeitsbescheinigung zu ermöglichen. Die in § 13 Abs. 4 StVollstrO aus Zweckmäßigkeitsgründen getroffene Zuständigkeitsregelung begründet aber keine ausschließliche Zuständigkeit. Daher ist auch der Urkundsbeamte der Geschäftsstelle des Revisionsgerichts befugt, die Bescheinigung selbst zu erteilen, insbesondere wenn die rasche Erteilung durch den Urkundsbeamten des Gerichts erster Instanz auf Schwierigkeiten stößt.[96] Das LG Göttin-

92 OLG Hamm Rpfleger **1957** 213; LG Göttingen Rpfleger **1956** 337; LG Hildesheim Rpfleger **1960** 215 mit zust. Anm. *Pohlmann*; *Pohlmann* Rpfleger **1957** 123; *Pohlmann/Jabel/Wolf* § 13, 33, 46; KK/*Appl* 17; KMR/*Paulus*/Stöckel 41, 44; *Bringewat* 29; *Röttle/Wagner* Rn. 54.

93 *Bringewat* 29; *Pohlmann/Jabel/Wolf* § 13, 33.

94 OLG Hamm Rpfleger **1957** 213; *Pohlmann/Jabel/Wolf* § 13, 46.

95 LG Göttingen Rpfleger **1956** 337; **1960** 217; *Pohlmann* Rpfleger **1957** 123; *Bringewat* 30; **anders** wohl *Pohlmann/Jabel/Wolf* § 13, 46.

96 KMR/*Paulus/Stöckel* 41; Meyer-Goßner/*Schmitt* 12.

gen (Fn. 91) sieht darüber hinaus, wenn in mehreren Instanzen Urteile ergehen, mit Recht den Urkundsbeamten eines jeden befassten Gerichts, bei dem sich gerade die Akten befinden, als zuständig an, wenn es sich darum handelt, Zeitverluste zu vermeiden.

7. Vollstreckbarkeitsbescheinigung bei anderen Entscheidungen

a) Strafbefehl. § 451 gilt, obwohl er nur von Urteilen („Urteilsformel") spricht, auch für den rechtskräftigen Strafbefehl **und** für den einem **Urteil gleich gestellten Beschluss**, der Nebenfolgen zum Gegenstand hat (§§ 434, 438 Abs. 3, §§ 439, 444 Abs. 2 und 3) sowie für **gerichtliche Bußgeldentscheidungen.**[97] 53

b) Gesamtstrafenbeschluss. Nach einer früher im Schrifttum vertretenen Auffassung[98] soll es bei Gesamtstrafenbeschlüssen nach § 460 deshalb keiner Vollstreckbarkeitsbescheinigung bedürfen, weil die urkundliche Unterlage für die Vollstreckung bereits in Gestalt der Vollstreckbarkeitsbescheinigung für die Einzelstrafen vorliege. Dagegen bestehen Bedenken, denn der Gesamtstrafenbeschluss bildet einen selbständigen neuen, einem Urteil entsprechenden **Vollstreckungstitel**, für den nichts Anderes gelten kann als für ein Urteil gleichen Inhalts.[99] § 13 StVollstrO hat die Frage offen gelassen, entsprechend dem von der StVollstrO verfolgten Grundsatz, zu streitigen Fragen nach Möglichkeit nicht Stellung zu nehmen. Vom Zeitpunkt der Rechtskraft des Gesamtstrafenbeschlusses an bildet dieser die **Grundlage für die Strafvollstreckung.**[100] Bis dahin wird aus den einzelnen Urteilen vollstreckt, aus deren Einzelstrafen die – unter Umständen neue – Gesamtstrafe gebildet worden ist.[101] § 41 Abs. 2 StVollstrO weist jedoch die Vollstreckungsbehörde an, schon vor seiner Rechtskraft den Gesamtstrafenbeschluss der Strafzeitberechnung vorläufig zugrunde zu legen, wenn die Entscheidung dem Antrag der Staatsanwaltschaft entspricht oder diese von einer sofortigen Beschwerde absieht oder wenn das Strafende vor der Rechtskraft des Beschlusses eintritt. 54

c) Widerruf der Strafaussetzung. Wird die Aussetzung der Strafe oder eines Strafrestes zur Bewährung (§§ 56f, 57 Abs. 5 StGB) oder der Straferlass (§ 56g Abs. 2 StGB) widerrufen, so bildete nach **früherer Auffassung** zwar die Rechtskraft des mit der sofortigen Beschwerde anfechtbaren Widerrufsbeschlusses eine Voraussetzung für die Vollstreckung der Strafe oder des Strafrestes und der Widerrufsbeschluss auch eine zusätzlich erforderliche urkundliche Grundlage der Vollstreckungsmaßnahme. Jedoch sollte es einer Bescheinigung der Rechtskraft des Widerrufsbeschlusses nicht bedürfen, da er keinen eigenen vollstreckungsfähigen Inhalt habe, sondern nur die Hindernisse beseitige, die der Vollstreckung des verurteilenden Erkenntnisses entgegenstehen.[102] Die Vollstreckungsbehörde hat von diesem Standpunkt aus in eigener Verantwortung zu prüfen, ob die Rechtskraft des Widerrufsbeschlusses eingetreten ist. Andererseits sei es aber auch dem Urkundsbeamten der Geschäftsstelle nicht untersagt, eine Rechtskraftbeschei- 55

---

97 KK/*Appl* 20; *Meyer-Goßner/Schmitt* 13; *Bringewat* (Bildung der Gesamtstrafe) Rn. 356.

98 *Dalcke/Fuhrmann/Schäfer* § 460, 4.

99 LG Bochum NJW **1957** 194; *Knetsch* Rpfleger **1957** 74; *Eb. Schmidt* JZ **1962** 449 und § 460, 18; *Pohlmann/Jabel/Wolf* § 13, 12; § 19, 5 ff.; *Röttle/Wagner* Rn. 54; KK/*Appl* 20; *Bringewat* 34.

100 *Röttle/Wagner* Rn. 54; *Pohlmann/Jabel/Wolf* § 13, 63; KK/*Appl* 20; Meyer-Goßner/*Schmitt* 13; *Bringewat* 34.

101 OLG Frankfurt NJW **1956** 1932.

102 OLG Karlsruhe Rpfleger **1964** 145 mit Anm. *Pohlmann*; Kaiser NJW **1964** 1946; *Theuerkauf* MDR **1965** 179; *Hanack* JZ **1966** 50; KK/*Appl* 20.

gung zu erteilen. Geschieht dies, so brauche die Vollstreckungsbehörde ihre sachliche Richtigkeit nicht zu prüfen; sie habe aber keinen Anspruch auf eine solche Bescheinigung. § 14 StVollstrO 1956 nahm entsprechend der Tendenz der Strafvollstreckungsordnung, sich bei streitigen oder zweifelhaften Fragen einer Stellungnahme und einer Weisung an die Vollstreckungsbehörden zu enthalten, zu diesen Punkten keine Stellung.

56 Seither haben sich aber die Vorstellungen über die **Bedeutung des Widerrufsbeschlusses** gewandelt.[103] Nach **zutreffender Auffassung** beseitigt, wenn im Urteil die verhängte Freiheitsstrafe zur Bewährung ausgesetzt war, der Widerruf nicht ein der Vollstreckung aus dem Urteil entgegenstehendes Hindernis, sondern er verschafft dem Urteil erst die Vollstreckbarkeit, die ihm bis dahin durch die Aussetzung der Strafe zur Bewährung entzogen war. Erst der rechtskräftige Widerruf wandelt die bisherige „Aussetzungsstrafe" in eine „Vollstreckungsstrafe" um. Von diesem Standpunkt aus dient der Widerruf, was die Vollstreckung anbelangt, der Vervollständigung des bisher unvollständigen Urteils, und es muss folgerichtig auch der Widerrufsbeschluss mit einer Vollstreckbarkeitsbescheinigung (= Rechtskraftbescheinigung) i. S. des § 451 Abs. 1 versehen werden.[104]

57 **§ 14 StVollstrO** i. d. F. vom 1.4.2001 hat demgemäß die frühere Zurückhaltung aufgegeben und erklärt (§ 14 Abs. 2) die die Rechtskraftbescheinigung beim Urteil betreffenden Vorschriften des § 13 Abs. 2, 3 und 4 Satz 1 StVollstrO für entsprechend anwendbar. Das Gleiche gilt beim Widerruf der Aussetzung des Strafrestes zur Bewährung und beim Widerruf des Straferlasses (§ 14 Abs. 1 Nr. 2 StVollstrO). Hier wird zunächst durch den rechtskräftigen Aussetzungs- und Straferlassbeschluss dem Urteil die Vollstreckbarkeit entzogen, und es bedarf daher eines actus contrarius, um die Vollstreckbarkeit wieder zu schaffen. Es wird durch den rechtskräftigen Widerruf nicht nur ein der Vollstreckung entgegenstehendes Hindernis beseitigt, sondern die beendete Vollstreckbarkeit des Urteils wird wieder begründet, sodass **Urteil und Widerrufsbeschluss** zusammen die **Grundlage der Vollstreckbarkeit** bilden, die gemäß § 451 Abs. 1 bescheinigt werden muss. Entsprechende Erwägungen gelten für die übrigen in § 14 StVollstrO bezeichneten Entscheidungen.

58 **8. Vollstreckbarkeitsbescheinigung bei Aktenverlust.** Im Fall des Aktenverlustes kann nach dem in Rn. 37 Ausgeführten das Gericht den Urkundsbeamten der Geschäftsstelle anweisen, eine vollstreckbare Ausfertigung zu erteilen, falls die Feststellung ihres Inhalts möglich ist.[105]

IX. Herbeiführen des Vollzugs

59 Wie Vor § 449, 15 ausgeführt, gehört, soweit es sich um die Vollstreckung von Freiheitsstrafen handelt, zu den Aufgaben der Vollstreckungsbehörde die Herbeiführung des Vollzugs, eine Überwachung des Vollzugs jedoch nur in die Richtung, ob Art und Dauer der Strafhaft der zu vollstreckenden Entscheidung entsprechen. Bei der Herbeiführung des Vollzugs entscheidet die Vollstreckungsbehörde auch darüber, ob **Abweichungen**

---

103 OLG Karlsruhe Rpfleger **1964** 145 mit Anm. *Pohlmann*; LG Mannheim NJW **1963** 672; *Knetsch* Rpfleger **1957** 75; *Blösch* NJW **1963** 1296; *Hanack* JZ **1966** 50; *Schmidt-Mende* 47; *Pohlmann/Jabel/Wolf* § 14, 11; **a. A.** *Kaiser* NJW **1964** 1946.

104 *Pohlmann/Jabel/Wolf* § 14, 11; Meyer-Goßner/*Schmitt* 13, *Bringewat* 33.

105 OLG Hamm GA **62** (1915) 210; OLG Hamburg *Alsb.* E **1** 209; *Stuhlmann* DStRZ **6** (1919) 229; s. auch *Schmid* FS Lange 793.

vom Vollstreckungsplan in Betracht kommen (§ 26 StVollstrO) und ob Raum ist für eine **Sondervollzugsform.** Als solche kommt – nach der Beseitigung des früheren Wochenendvollzugs (§ 32 a.F. StVollzO) – der Vollzug an jungen Verurteilten in Betracht (§ 25 StVollstrO, § 114 JGG).

Nach **§ 114 JGG** darf in der Jugendvollzugsanstalt an Verurteilten, die das 24. Lebensjahr noch nicht vollendet haben und sich für den Jugendstrafvollzug eignen, auch Freiheitsstrafe vollzogen werden, die nach allgemeinem Strafrecht verhängt worden ist. Diese Vorschrift bezieht sich nicht nur auf Heranwachsende, die unter Anwendung des allgemeinen Strafrechts zur Freiheitsstrafe verurteilt worden sind, sondern auch auf Erwachsene, die vom Erwachsenengericht abgeurteilt wurden. Nach den **Richtlinien zu § 114 JGG**, auf die § 25 StVollstrO verweist, weist die Vollstreckungsbehörde zu Freiheitsstrafe Verurteilte unter 21 Jahren grundsätzlich in die Jugendvollzugsanstalt, solche im Alter von 21 bis 23 Jahren in der Regel in die Justizvollzugsanstalt für Erwachsene ein. Die Letzteren überweist der Anstaltsleiter, wenn er sie als geeignet für den Jugendstrafvollzug ansieht, in die Jugendvollzugsanstalt. Ausnahmsweise kann die Vollstreckungsbehörde einen solchen Verurteilten sogleich in die Jugendvollzugsanstalt einweisen, wenn seine Eignung für den Jugendstrafvollzug offenkundig ist. Der Rechtspfleger kann nach § 31 Abs. 2 Satz 2 RpflG die Entscheidung nach § 114 JGG, ob ein zu Freiheitsstrafe Verurteilter unter 24 Jahren in die Erwachsenen- oder in die Jugendvollzugsanstalt einzuweisen ist, nicht treffen. 60

X. Strafzeitberechnung

1. Rechtsgrundlagen. Die der Vollstreckungsbehörde obliegende Überwachung, dass die Vollzugsdauer der zu vollstreckenden Entscheidung entspricht, geschieht anhand der **Strafzeitberechnung** und der Mitteilungen der Vollzugsbehörde über Aufnahme und Beendigung des Vollzugs. Die besonders wichtige Frage der Strafzeitberechnung ist im Gesetz (§ 43 Satz 3, § 51 StGB, §§ 450, 450a) nur unvollkommen geregelt. Zur Ergänzung geben die **§§ 36, 37, 38, 39, 39a, 40 und 41 StVollstrO**[106] zahlreiche ergänzende Weisungen, die allerdings nur gelten, solange und soweit nicht im Einzelfall das Gericht gemäß § 458 über die Berechnung der Strafe entschieden hat. Die Staatsanwaltschaft ist als Vollstreckungsbehörde auch für die Entscheidung zuständig, ob die Zeit des im Maßregelvollzug erlittenen Freiheitsentzuges auf verfahrensfremde Freiheitsstrafen anzurechnen ist.[107] 61

2. Einzelheiten. Die vorgenannten Vorschriften sind bereits z.T. jeweils im Zusammenhang an anderen Stellen erörtert. Ergänzend ist zur Erläuterung noch Folgendes zu bemerken: 62

a) Natürliche Berechnungsweise. Eine dem § 37 Abs. 2 Satz 1 und 2 StVollstrO entsprechende Regelung enthielt bereits § 21 Abs. 2 StVollstrO 1935 i.d.F. der AV vom 21.1.1942 (DJ 86). Sie konnte sich je nach den Umständen des Einzelfalls günstig oder ungünstig für den Verurteilten auswirken. Erhielt z.B. bei einer Vollzugsdauer von mehr als einer Woche der Verurteilte **Urlaub aus der Strafhaft** vom 5.8. vormittags 8 Uhr bis 8.8. nachmittags 18 Uhr, so galt für die Strafzeitberechnung die Strafe als vom 5.8. null Uhr bis zum 8.8. null Uhr unterbrochen. Dies war für den Verurteilten günstig, da nur 63

106 Vgl. insoweit die Erläuterungen bei *Pohlmann/Jabel/Wolf* zu §§ 37 bis 41.
107 OLG Hamm Beschl. vom 24.3.2015 – 3 Ws 114-116/15.

drei Tage Unterbrechung gerechnet wurden, obwohl die Unterbrechung tatsächlich länger gedauert hatte. Begann dagegen der Urlaub aus der Strafhaft am 5.8. um 18 Uhr und endete er am 8.8. um 8 Uhr, so rechnete er ebenfalls vom 5.8. null Uhr bis zum 8.8. null Uhr, also drei Tage, obwohl die Dauer der Unterbrechung, nach Stunden gerechnet, keine drei Tage gedauert hatte. Das **OLG Bremen**[108] erklärte diese Berechnungsweise des § 21 Abs. 2 StVollstrO a. F. für unvereinbar mit § 19 Abs. 1 a. F. StGB.[109] Denn diese Vorschrift gehe von der sog. „natürlichen Berechnungsweise" aus, wonach Unterbrechungen nach Tagen und Stunden genau der zu verbüßenden Strafe hinzuzuzählen seien. Ob im Einzelfall die Berechnung nach der StVollstrO sich günstig oder ungünstig auswirke, sei für die Gesetzwidrigkeit der genannten Verwaltungsanweisung ohne Bedeutung.

64 Demgegenüber hält **§ 37 Abs. 2 StVollstrO** an der Regelung des § 21 Abs. 2 StVollstrO 1935 fest, jedoch mit der Maßgabe, dass statt Vorverlegung auf den Beginn des Tages, in dessen Lauf der für die Strafzeitberechnung maßgebende Umstand eintritt, eine Verlegung auf das Ende des Tages eintritt, wenn dies für den Verurteilten günstiger ist. In dem zweiten der oben angeführten Beispielsfälle wäre danach die Unterbrechung erst vom 5.8. 24 Uhr bis zum 8.8. null Uhr zu rechnen, so dass die Dauer der anzurechnenden Unterbrechung nur zwei Tage beträgt. Die Rechtfertigung dieser Regelung wird darin gesehen,[110] dass eine Kürzung der nach „natürlicher Berechnungsweise" zu verbüßenden Strafe durch eine dem Verurteilten günstige Strafzeitberechnungsmethode als **Erlass** des noch zu verbüßenden Strafrestes im **Weg der Gnade** aufzufassen sei. Der im Voraus ausgesprochene Erlass wäre dann darin zu sehen, dass die Landesjustizverwaltungen als die in der Regel zur Ausübung des Gnadenrechts ermächtigten Stellen die Strafvollstreckungsordnung vereinbart und jeweils für ihr Land erlassen haben. Eine solche Konstruktion erscheint vertretbar.

65 Eine andere Frage ist, ob es wirklich dieser etwas mühsamen Konstruktion bedarf, ob also der frühere § 20 StGB eine derartige Rechnung „auf Heller und Pfennig" erforderte[111] oder ob er sich nicht vielmehr mit einer **vereinfachten Berechnungsmethode** zufrieden gab, die aus beachtlichen praktischen Gründen geboten ist, die den Sinn des Strafausspruchs nicht verfälscht und den Verurteilten nicht in seinen Rechten verkürzt. Das OLG Köln (Fn. 106) spricht bei üblichen Abweichungen von der „natürlichen Berechnungsweise" von einem durch die StVollstrO bestätigten, die Regel abändernden Gewohnheitsrecht.[112]

66 **b) Änderung durch die Urlaubs- und Entlassungsregelung der Strafvollzugsgesetze.** Die an die Gewährung eines Urlaubs aus der Strafhaft anknüpfenden Strafzeitberechnungsfragen verloren mit dem 1.1.1977 im Wesentlichen dadurch ihre Bedeutung, dass **§§ 13, 15, 35, 134 StVollzG** die Gewährung von **Normalurlaub** aus der Haft und von **Sonderurlaub** zur Entlassungsvorbereitung und aus wichtigem Anlass vorsehen. Nach § 13 Abs. 5, § 15 Abs. 4, § 35 Abs. 1, § 134 StVollzG wird durch „den Urlaub" die Strafvollstreckung nicht unterbrochen.

67 Man wird diesem Willen des Gesetzgebers wohl zu entnehmen haben, dass jedenfalls eine **Überschreitung eines Teilurlaubs**, die sich noch im Rahmen eines Urlaubs

108 NJW **1951** 84.
109 Dem späteren § 20 StGB, der seit dem 1.1.1975 ersatzlos weggefallen ist; s. aber § 37 Abs. 4 StVollstrO und dazu BayObLG MDR **1976** 862.
110 OLG Stuttgart Rpfleger **1974** 113.
111 Verneinend OLG Köln JMBlNRW **1959** 33.
112 Dagegen *Pohlmann* Rpfleger **1959** 146.

von insgesamt 21 Tagen im Jahr (§ 13 Abs. 1 StVollzG) hält, die Anrechnung als Urlaub auf die Strafzeit nicht hindert, auch wohl – wie es scheint – nicht eine Überschreitung der insgesamt bewilligungsfähigen Urlaubszeit von 21 Tagen um „wenige Tage", während eine längere Überschreitung und gar eine Aufgabe des „animus revertendi" eine Unterbrechung des Strafvollzugs i. S. des § 40 StVollstrO darstellt.[113] Zu einer weiteren Vertiefung der Anrechnungsfrage an dieser Stelle besteht kein Anlass.

Anzufügen ist noch, dass die früher (bis zum 31.12.1976) in § 197 DVollzO geregelte Befugnis des Anstaltsleiters, bei Strafende unter bestimmten Voraussetzungen den Entlassungszeitpunkt (auf den Freitag bei Strafende am Sonnabend oder Sonntag) vorzuverlegen, wie auch die bisher im Gnadenweg erfolgte sogenannte Weihnachtsamnestie, wenn das Strafende in die Zeit vom 22.12. bis 2.1. fällt, in § 16 StVollzG eine in erweitertem Umfang vollzugsrechtliche Grundlage gefunden haben. Nach OLG Stuttgart[114] war in der Vorverlegung des Entlassungszeitpunkts nach § 197 DVollzO ein kraft Delegation ausgesprochener **Erlass des Strafrestes im Gnadenweg** zu erblicken, der an sich auf die Zeit bis zum errechneten Strafende entfiel. Mit dieser Konstruktion sollte erreicht werden, dass, wenn die Beendigung der Strafzeit durch Aussetzung des Strafrestes zur Bewährung eintrat, die bei einem späteren Widerruf der Aussetzung zu vollziehende Reststrafe nicht auch die durch die Vorverlegung des Entlassungszeitpunkts ersparten Tage umfasst. Dieser Konstruktion bedarf es nun nicht mehr. Die Tatsache, dass die Vorverlegung des Entlassungszeitpunkts mit dem Resozialisierungsgedanken, also mit dem Ziel des Vollzugs (§ 2 StVollzG) begründet worden ist, beseitigt jeden Zweifel, dass nach der Regelung des Gesetzes die Strafe als bis zum „eigentlichen" Entlassungszeitpunkt vollzogen anzusehen ist und diese fiktive Form des Vollzugs auch bei einem späteren Widerruf der Aussetzung des Strafrestes zur Bewährung ihre Bedeutung behält. 68

c) Unterbrechung des Laufs der Strafzeit. § 37 Abs. 2 Satz 5 StVollstrO stellt im Hinblick auf § 40 Abs. 1 StVollstrO klar, dass es bei einer Unterbrechung des Laufs der Strafzeit für die Anwendbarkeit von Satz 1 oder Satz 2 nicht auf die Dauer des noch zu vollziehenden Restes, sondern auf die Gesamtvollzugsdauer ankommt. Eine Berechnung nach Stunden findet also nur statt, wenn die Gesamtvollzugsdauer nicht mehr als eine Woche beträgt, während eine Berechnung nach Tagen auch dann stattfindet, wenn bei längerer Gesamtvollzugsdauer die Unterbrechung erst in der letzten Vollzugswoche erfolgt. 69

d) Unterbrechung wegen anderweitigen Vollzugs. In entsprechender Anwendung des § 38 Nr. 4 StVollstrO wird auch die Strafzeit berechnet, wenn eine Strafvollstreckung oder Unterbringung in einem psychiatrischen Krankenhaus nach § 63 StGB **zur Vollstreckung einer** in **anderer** Sache verhängten **Strafe unterbrochen** wird.[115] 70

e) Selbstgestellung des Verurteilten. Bei **Selbstgestellung des Verurteilten** wird nach § 38 Nr. 1 StVollstrO als Strafzeitbeginn der Zeitpunkt gerechnet, in dem er in einer Anstalt „in amtliche Verwahrung" genommen wird, während § 22a StVollstrO 1935 nur den Zeitpunkt der Aufnahme in eine – wenn auch nicht die zuständige – Justizvollzugsanstalt gelten lassen wollte. Es genügt also z. B. **auch die Aufnahme in ein Polizeigefängnis**, wenn die Anstalt bereit ist, den Verurteilten zu überführen oder ihn bis zur 71

113 **A. A.** – wenn auch mit Ausnahmen – *Pohlmann/Jabel/Wolf* § 40, 9: Überschreitung des Urlaubs hat grundsätzlich die Unterbrechung der Strafvollstreckung zur Folge.

114 Rpfleger **1974** 113.

115 OLG Hamm Rpfleger **1961** 354 mit Anm. *Pohlmann*; *Pohlmann/Jabel/Wolf* § 38, 22.

Abholung in die zuständige Justizvollzugsanstalt zu behalten. Die Vorschrift geht weiter als § 27 Abs. 5 StVollstrO, wonach Verurteilte, die offenbar nicht die Mittel haben, um von ihrem Wohn- oder Aufenthaltsort aus der Strafantrittsladung in die nach dem Vollstreckungsplan zuständige Vollzugsanstalt nachzukommen, in eine näher gelegene Anstalt geladen werden können. § 38 Nr. 1 StVollstrO ermöglicht es einem Verurteilten, der auch über die Mittel zur Reise in die nächstgelegene Vollzugsanstalt nicht verfügt, sich in der nächstgelegenen zur amtlichen Verwahrung geeigneten Anstalt zu stellen. Eine Verpflichtung, ihn aufzunehmen, ist aber für die Anstalt in § 38 Nr. 1 StVollstrO nicht ausgesprochen. Es kommt also; wenn der Verurteilte sich in einer nicht der Justizverwaltung angehörigen Anstalt meldet, darauf an, ob sie die amtliche Verwahrung zu übernehmen bereit ist.[116]

XI. Verfahrensbeteiligte Staatsanwaltschaft bei der Strafvollstreckungskammer in einem anderen Bezirk (Absatz 3)

72 **1. Grundgedanke.** Die Schaffung des § 451 Abs. 3 durch Art. 21 Nr. 120 EGStGB 1974[117] wurde durch die gleichzeitige Einrichtung der Strafvollstreckungskammern (§ 462a; §§ 78a, 78b GVG) erforderlich. Die örtliche Zuständigkeit der Staatsanwaltschaft als Vollstreckungsbehörde leitet sich aus ihrer Zuständigkeit im Vor- und Hauptverfahren ab und ändert sich im Stadium der Vollstreckung grundsätzlich nicht (§ 143 Abs. 1 GVG, § 7 Abs. 1 StVollstrO). Diese Staatsanwaltschaft gibt auch – nunmehr wieder als Strafverfolgungsbehörde – diejenigen Stellungnahmen ab und stellt diejenigen Anträge gegenüber dem Gericht, die sich im gerichtlichen Nachverfahren im Stadium der Strafvollstreckung nach der Strafprozessordnung aus ihrer Beteiligung an dem gerichtlichen Verfahren ergeben, und zwar ohne Rücksicht darauf, ob diese dem Landgericht des eigenen Bezirks oder einem anderen Landgericht angehört.[118]

73 Dagegen richtet sich die **örtliche Zuständigkeit der Strafvollstreckungskammer**, soweit sie für die Nachtragsentscheidungen zuständig ist, nach einem anderen örtlichen Anknüpfungspunkt, nämlich der Lage der Anstalt, in die der Verurteilte im Zeitpunkt der Befassung des Gerichts mit der Sache aufgenommen ist (§ 462a), so dass sich die Zuständigkeit der Vollstreckungsbehörde, die „die staatsanwaltschaftlichen Aufgaben" (die im Vollstreckungsstadium der Vollstreckungsbehörde als Strafverfolgungsbehörde obliegenden Aufgaben) vorzunehmen hat, und die Zuständigkeit der Strafvollstreckungskammer häufig nach unterschiedlichen örtlichen Anknüpfungspunkten richtet.

74 Für den **Gesetzgeber** stellte sich die Frage, welche Staatsanwaltschaft in einem solchen Fall gegenüber der Strafvollstreckungskammer die staatsanwaltschaftlichen Aufgaben wahrnehmen soll: die Staatsanwaltschaft, die nach den allgemeinen Vorschriften die örtlich zuständige Vollstreckungsbehörde ist, oder die – im Übrigen mit der Sache nicht befasste – Staatsanwaltschaft bei dem – u. U. auch einem anderen Bundesland angehörigen – Landgericht, bei dem die zuständige Strafvollstreckungskammer errichtet ist? Der Gesetzgeber hat sich in § 451 Abs. 3 für einen **Mittelweg** entschieden. Danach ist aus „Gründen der Praktikabilität"[119] grundsätzlich die erstgenannte Staatsanwaltschaft

116 Näher dazu *Pohlmann/Jabel/Wolf* § 38, 2 f.
117 BGBl. I S. 469, 502.
118 KMR/*Paulus/Stöckel* 16; *Bringewat* 41.
119 Begr. des RegE zu Art. 19 Nr. 10 – BTDrucks. **7** 550.

zuständig, die damit aus der früheren Sachbeteiligung gewonnenen Erfahrungen und Aktenkenntnis nutzbar machen kann.[120]

2. Aufgabenübertragung. Diese Staatsanwaltschaft kann aber ihre Aufgaben der Staatsanwaltschaft am Ort der Strafvollstreckungskammer übertragen, wenn es „im Interesse des Verurteilten geboten erscheint".[121] Ein solcher Übertragungsgrund kann auch in der unter Umständen besseren Erfahrung der letzteren Staatsanwaltschaft bestehen. Um Missbräuche auszuschließen, ist eine (die Staatsanwaltschaft am Ort der Strafvollstreckungskammer) **bindende** Wirkung der Übertragung ausgeschlossen und vorgesehen, dass die Übernahme nur durch Vereinbarung, also mit Zustimmung der um Übernahme angegangenen Staatsanwaltschaft, zulässig ist.[122] Während der Übernahme steht dann das Weisungsrecht der der übernehmenden Staatsanwaltschaft übergeordneten Stelle (§§ 146, 147 GVG) zu. Endet die Zuständigkeit der Strafvollstreckungskammer (§ 462a, 22),[123] so endet damit auch die durch Übernahme begründete Zuständigkeit der Staatsanwaltschaft am Ort der Strafvollstreckungskammer. Sie entfällt auch, soweit die Strafvollstreckungskammer gemäß § 462a Abs. 1 Satz 3 einzelne Entscheidungen an das Gericht des ersten Rechtszugs abgibt. Eine einverständliche Beendigung der Übernahme ist stets möglich, wohl aber auch eine einseitige **Rücknahme** der Übertragung durch die übertragende Staatsanwaltschaft, wenn ihr die Aufrechterhaltung der Übertragung nicht mehr im Interesse des Verurteilten geboten erscheint.[124] In der Praxis wird von der Übertragungsmöglichkeit kaum Gebrauch gemacht. Das ist grundsätzlich auch sachgerecht, denn die Staatsanwaltschaft, die die Ermittlungen geführt hat, kennt im Allgemeinen die Akten am besten. Im Falle der Übertragung müssten sich ein bisher mit dem Verfahren nicht vertrauter Staatsanwalt – und ggf. auch ein Rechtspfleger – unter Umständen in umfangreiches Aktenmaterial einarbeiten, um gegenüber der Strafvollstreckungskammer eine fundierte Stellungnahme begründen zu können. Von der Möglichkeit einer Übertragung sollte daher nur dann Gebrauch gemacht werden, wenn besondere Umstände der einzelnen Vollstreckungssache es im Interesse des Verurteilten ausnahmsweise als sachgerecht erscheinen lassen.[125] Letzteres kann etwa dann der Fall sein, wenn gegen einen Verurteilten mehrere Freiheitsstrafen für verschiedene Vollstreckungsbehörden zu vollstrecken sind. Auch wenn es in solchen Fällen im Interesse des Verurteilten und letztlich auch der beteiligten Vollstreckungsbehörden liegt, dass keine divergierenden Anträge der Vollstreckungsbehörden gestellt werden, wird von der Übertragungsmöglichkeit gerade auch in solchen Fällen in der Praxis nur sehr zurückhaltend Gebrauch gemacht. In der Regel scheitert eine Übertragung an der Zustimmung der um Übernahme ersuchten Staatsanwaltschaft. So kommt es in der Praxis nicht selten in derartigen Fällen nicht nur zu divergierenden Anträgen der beteiligten Staatsanwaltschaften, sondern auch zu – für einen Verurteilten kaum noch nachvollziehbaren – divergierenden Entscheidungen, z. B. wenn eine Staatsanwaltschaft gegen die Aussetzung des 75

120 LG Dortmund NStZ **1988** 384. Bedauert wird diese Entscheidung des Gesetzgebers von *Treptow* NJW **1975** 1105; MDR **1976** 101; *Doller* DRiZ **1976** 172; **1987** 267; *Peters* GA **1977** 107; *Stromberg* MDR **1979** 354; *Rotthaus* FS Blau 336.

121 KK/*Appl* 26; Meyer-Goßner/*Schmitt* 20; *Bringewat* 42.

122 *Katholnigg* NStZ **1982** 195; KK/*Appl* 26; KMR/*Paulus*/*Stöckel* 18; *Bringewat* 46.

123 BGHSt **26** 214, 217; KK/*Appl* 27; KMR/*Paulus*/*Stöckel* 18; *Bringewat* 45.

124 **A. A.** *Bringewat* 45.

125 **A. A.** LR/*Wendisch*[25] 72; KMR/*Paulus*/*Stöckel* 18 (Praxis erscheint sachwidrig); *Treptow* NJW **1975** 1105 (bedauerlicherweise keine „Vollzugsstaatsanwaltschaft" eingerichtet); MDR **1976** 101; *Doller* DRiZ **1976** 172; KK/*Appl* 26, 28; *Bringewat* 42 („sachwidriger Zuständigkeitswirrwarr").

Strafrestes zur Bewährung durch die Strafvollstreckungskammer erfolgreich sofortige Beschwerde einlegt, während eine andere Staatsanwaltschaft dies nicht tut.

76 **3. Beteiligte Staatsanwaltschaft im Beschwerdeverfahren.** Zu den Aufgaben der Staatsanwaltschaft als Vollstreckungsbehörde gehört nach Absatz 3 Satz 1 auch die **Einlegung der zulässigen Rechtsmittel gegen Entscheidungen der Strafvollstreckungskammer.** Aufgrund des Wegfalls der früheren § 306 Abs. 1 Satz 2 und § 311 Abs. 2 Satz 2 durch Art. 4 Nr. 1 des OWiGÄndG vom 7.7.1986,[126] wonach in dringenden Fällen die Beschwerde oder sofortige Beschwerde auch bei dem der Strafvollstreckungskammer im Instanzenzug übergeordneten Oberlandesgericht eingelegt werden konnte, das für die Beschwerdeentscheidung zuständig ist, ist die Einlegung seit dem 1.7.1987 nur noch beim Erstgericht zulässig. Absatz 3 Satz 1 gilt auch, wenn das Gericht des ersten Rechtszugs die nach § 453 zu treffende Entscheidung nach § 462a Abs. 2 Satz 2 abgibt.[127] Die weitere Beteiligung am Beschwerdeverfahren ist dann aber nach Wortlaut („gegenüber der Strafvollstreckungskammer") und Sinn des Absatzes 3 Satz 1 Sache der bei diesem Oberlandesgericht bestehenden Staatsanwaltschaft und nicht etwa der Staatsanwaltschaft, die der Beschwerde führenden Staatsanwaltschaft übergeordnet ist.[128]

77 **4. Reformvorschläge.** Reformvorschläge, die auf den bisher gemachten Erfahrungen beruhen, gehen dahin, unter Aufgabe der bisherigen Regelung zwecks Verfahrensbeschleunigung und -vereinfachung als Gegenstück zur Strafvollstreckungskammer eine **Vollstreckungsstaatsanwaltschaft** mit ausschließlicher Zuständigkeit zu schaffen, die bei einem Zuständigkeitswechsel der Strafvollstreckungskammer infolge Verlegung des Gefangenen ebenfalls wechselt. Von der Übertragungsmöglichkeit nach § 451 Abs. 3 Satz 2 sollte in solchen Fällen, in denen wenigstens zwei Staatsanwaltschaften in unterschiedlichen Vollstreckungssachen beteiligt sind, verstärkt Gebrauch gemacht werden.[129]

§ 452
Begnadigungsrecht

[1]In Sachen, in denen im ersten Rechtszug in Ausübung von Gerichtsbarkeit des Bundes entschieden worden ist, steht das Begnadigungsrecht dem Bund zu. [2]In allen anderen Sachen steht es den Ländern zu.

Schrifttum

Baltes Der Rechtsweg bei Gnadenentscheidungen, DVBl. **1972** 562; *Birkhoff/Lemke* Gnadenrecht (2012); *Brandt* Überlegungen zur gerichtlichen Überprüfbarkeit negativer Gnadenentscheidungen, DVBl. **1974** 925; *Dimoulis* Die Begnadigung in vergleichender Perspektive (1996); *Drews* Das deutsche Gnadenrecht (1971); *Freuding* Gnadenrecht – Ein Überblick über das Gnadenverfahren am Beispiel der Gnadenordnung für NRW, StraFo **2009** 491; *Geerds* Gnade, Recht und Kriminalpolitik (1960); *Geier* Einsichtnahme

126 BGBl. I S. 977.
127 *Katholnigg* NStZ **1982** 195; KK/*Appl* 20; Meyer-Goßner/*Schmitt* 20; *Bringewat* 46; LG Dortmund NStZ **1988** 381; **a. A.** LG München NStZ **1981** 453; *Engel* NStZ **1987** 110.
128 OLG Karlsruhe OLGSt § 451 Abs. 3 StPO 1; KK/*Appl* 26; KMR/*Paulus/Stöckel* 20; Meyer-Goßner/*Schmitt* 21; *Bringewat* 46; **a. A.** offenbar *Lampe* MDR **1979** 531.
129 Für eine generell häufigere Übertragung vgl. LR/*Wendisch*[25] 72; KMR/*Paulus/Stöckel* 18; *Treptow* NJW **1975** 1105; MDR **1976** 101; *Doller* DRiZ **1976** 172; KK/*Appl* 26; *Bringewat* 44.

https://doi.org/10.1515/9783110275025-006

in Gnadenakten, ZRP **1971** 174; *Graalmann-Scheerer* Zur Reform des bremischen Gnadenrechts, FS Lissau (2012) 167; *Grauhan* Der Bundespräsident – aktiv oder neutral? JR **1965** 379; *Hall* Überlegungen zur Prüfungskompetenz des Bundespräsidenten, JZ **1965** 305; *Held* Gnade und Recht, FS Odersky (1996) 413; *Huba* Gnade im Rechtsstaat? Staat **1990** 117; *Jekewitz* Verfassungsrechtliche Aspekte des strafrechtlichen Zugriffs auf Geldvermögen und seine Rückgängigmachung auf dem Gnadenweg, GA **1998** 276; *Kauther* Gnade vor Recht! Auch heute noch? VR **1978** 193; *Klein* Gnade – ein Fremdkörper im Rechtsstaat? (2001); *Knemeyer* Auf dem Wege zur Justitiabilität von Gnadenakten, DÖV **1970** 121; *Laband* Das Gnadenrecht in Finanzsachen nach preußischem Recht, AöR **7** 169; *Lemke* Widerruf eines Gnadenerweises, FS Strauda (2006) 375; *Maurer* Das Begnadigungsrecht im modernen Verfassungs- und Kriminalrecht (1979); *Merten* Rechtsstaatlichkeit und Gnade (1978); *Mickisch* Die Gnade im Rechtsstaat (1995); *Mittelbach* Zur Frage einer Neuregelung des Gnadenrechts, NJW **1951** 96; *Müller-Dietz* Recht und Gnade, DRiZ **1987** 474; *Oettle* Überlegungen zur gerichtlichen Überprüfbarkeit negativer Gnadenentscheidungen, DVBl. **1974** 927; *von Olshausen* Zur landesverfassungsrechtlichen Eröffnung des Rechtsweges gegen Gnadenentscheidungen der Länder und des Bundes, JZ **1974** 440; *Petersen* Gnadenakt und Rechtsweggarantie, JuS **1974** 502; *Pieper* Das Gnadenrecht des Bundespräsidenten – eine Bestandsaufnahme, FS Herzog (2009) 355; *von Preuschen* Rechtsschutz in Gnadensachen des § 452 StPO, Diss. Kiel 1968; *Rinio* Rechtsprechungsübersicht zum Widerruf von Gnadenerweisen, NStZ **2006** 438; *Schätzler* Gnade vor Recht, NJW **1975** 1249; *ders.* Handbuch des Gnadenrechts (1992); *Schall* Gnade vor Recht oder Recht vor Gnade? FS Herzberg (2008) 899; *Schenke* Rechtsschutz gegen Gnadenakte, JA **1981** 588; *Schmitz* Gnadenbringende Weihnachtszeit ...auch für sog. „Vollverbüßer"! StV **2007** 608; *Schütte* Gnade vor Recht? Eine Betrachtung zur Entwicklung des Gnadenrechts, UBWV **2007** 161; *Sonnen* Gnade, Gnade vor Recht, Gnadenrecht – auch in der Jugendkriminalrechtspflege, FS Streng (2017) 617; *Trautmann* Geltung der Rechtsweggarantie des Art. 19 Abs. 4 GG bei Gnadenentscheidungen? MDR **1971** 173; *Volckart* Zur Verrechtlichung der Gnade in Strafvollstreckung und Vollzug, NStZ **1982** 496; *Weyand* Wiederaufnahme rechtskräftig abgeschlossener Steuerstrafverfahren, PStR **2007** 189; *Wiontzek* Handhabung und Wirkungen des Gnadenrechts (2008).

Entstehungsgeschichte

Die Vorschrift hatte ursprünglich in § 484 RStGB folgenden Wortlaut: „In Sachen, in denen das Reichsgericht in erster Instanz erkannt hat, steht das Begnadigungsrecht dem Kaiser zu." Ihre spätere Bezeichnung erhielt sie durch die Bek. 1924, mit der zugleich das Wort „Kaiser" durch das Wort „Reiche" ersetzt wurde. Durch Art. 3 Nr. 186 VereinhG 1950 erhielt sie folgende Fassung: „In Sachen, in denen der Bundesgerichtshof im ersten Rechtszug entschieden hat, steht das Begnadigungsrecht dem Bunde, sonst den Ländern zu." Die jetzige Fassung beruht auf Art. 2 Nr. 16 StaatsschStrafsG 1969. Bezeichnung bis 1924: § 484.

Übersicht

Alphabetische Übersicht

I. Bedeutung und Reichweite der Vorschrift

1 **1. Bedeutung.** Eine Gnadenmaßnahme bedeutet eine Milderung oder Aufhebung einer Strafe oder Maßnahme als Einzelfallentscheidung der Exekutive nach Eintritt der Rechtskraft.[1] Das Gnadenrecht hat seine gesetzliche Grundlage in Art. 60 Abs. 2 GG, in den Landesverfassungen und den von den Justizministern der Länder erlassenen Gnadenordnungen.[2] Von einer Gnadenentscheidung ist eine Amnestie zu unterscheiden, bei der es sich um eine abstrakt-generelle gesetzliche Regelung handelt.[3] Bei einer Amnestie regelt der Gesetzgeber die Voraussetzungen, unter denen einem größeren Personenkreis Straffreiheit oder Strafermäßigung zu Teil wird, wobei eine Amnestie im Gegensatz zur Gnadenmaßnahme nicht auf rechtskräftig abgeurteilte Fälle beschränkt ist.

2 **2. Reichweite.** Das **Begnadigungsrecht** erstreckt sich nicht nur auf das **Strafverfahren**, sondern des Weiteren auch auf das **Ordnungswidrigkeitenverfahren** sowie

1 BVerfGE **25** 352, 358.
2 Vgl. Nachweise der Fundstellen für die Gnadenordnungen der Länder bei *Schönfelder* Deutsche Gesetze, § 452 Fn. 1 und Übersicht bei *Röttle/Wagner* Rn. 705; Texte der Gnadenordnungen des Bundes und der Länder bei *Birkhoff/Lemke* S. 202 bis 460.
3 BVerfGE **2** 213, 219.

auf **berufsgerichtliche Verfahren** und **Ordnungsmittel.** Im Strafverfahren setzt ein **Gnadenerweis** stets eine **rechtskräftige gnadenfähige Entscheidung** voraus. Der Verurteilte bzw. Betroffene muss durch die jeweilige **Einzelfallentscheidung beschwert** sein. Ferner muss die Beschwer fortbestehen. Das ist z. B. dann der Fall, wenn eine Strafe, Nebenstrafe, Nebenfolge oder Maßregel der Besserung und Sicherung – noch – nicht vollstreckt, erlassen oder verjährt ist.

Der Schuldspruch ist einer Gnadenmaßnahme nicht zugänglich. Das gilt gleichermaßen für Eintragungen in das Bundeszentral-, Fahreignungs- oder Erziehungsregister, für die Festsetzung von Zwangsgeldern und Erzwingungshaft, für den Verfall der Sicherheit (§ 124) sowie die Bekanntgabe der Verurteilung (§§ 165, 200 StGB) und auch für die retrograde Speicherung des DNA-Identifizierungsmusters in der DNA-Analyse-Datei (§ 81g Abs. 4). 3

II. Zuständigkeiten

1. Bund. Nach Art. 96 Abs. 5 GG kann ein Bundesgesetz mit Zustimmung des Bundesrates für Strafverfahren auf den folgenden Gebieten vorsehen, dass Gerichte der Länder Gerichtsbarkeit des Bundes ausüben: Völkermord, völkerstrafrechtliche Verbrechen gegen die Menschlichkeit, Kriegsverbrechen, andere Handlungen, die geeignet sind und in der Absicht vorgenommen werden, das friedliche Zusammenleben der Völker zu stören (Art. 26 Abs. 1 GG), auf dem Gebiet des Staatsschutzes. Durch das Gesetz vom 8.9.1969[4] wurde die frühere erstinstanzliche Zuständigkeit des Bundesgerichtshofs in Staatsschutzstrafsachen auf die Oberlandesgerichte übertragen (§ 120 GVG). Der Bundesgerichtshof ist insoweit Revisionsgericht (§ 135 GVG). Die Oberlandesgerichte, die Gerichte der Länder sind, üben im Wege der **Organleihe** nach § 120 Abs. 6 GVG insoweit Gerichtsbarkeit des Bundes i. S. des Art. 96 Abs. 5 GG aus, als für die Verfolgung die Zuständigkeit des Bundes nach § 142a GVG begründet ist, d. h. der Generalbundesanwalt die Anklage erhoben hat.[5] Soweit danach, weil „in Ausübung von Gerichtsbarkeit des Bundes entschieden worden ist", das Gnadenrecht dem Bund zusteht, übt es nach Art. 60 Abs. 2 GG der **Bundespräsident** aus.[6] Über die **Ausübung des Gnadenrechts bei Gesamtstrafen**, in die „Einzelstrafen verschiedener Gerichtsbarkeiten" einbezogen sind (d. h. Einzelstrafen, bei denen das Begnadigungsrecht nach § 452 teils dem Bund, teils einem Land, oder bei denen es mehreren Ländern zusteht), haben die Gnadenrechtsinhaber am 27.10.1971 eine Vereinbarung dahin getroffen,[7] dass das Gnadenrecht allein dem Staat zusteht, dessen Gerichtsbarkeit das Gericht bei der Entscheidung über die Gesamtstrafe ausgeübt hat.[8] 4

Das Begnadigungsrecht steht dem Bund gemäß Anlage I Kapitel III Sachgebiet A Abschnitt III Nr. 14 Buchst. i des **Einigungsvertrages** auch zu, wenn ein Gericht der früheren DDR in einer Sache entschieden hat, die in den alten Bundesländern der Gerichtsbarkeit des Bundes unterfallen würde. In allen anderen Sachen steht es den Ländern zu. 5

---

4 BGBl. I S. 1582.

5 Wegen weiterer Einzelheiten s. die Erl. zu § 12 GVG (Begnadigungsrecht).

6 Näher dazu die AO über die Ausübung des Begnadigungsrechts des Bundes vom 19.10.1965 – BGBl. I S. 1573 – mit Änderung vom 3.11.1970 – BGBl. I S. 1513.

7 Abgedruckt bei *Schätzler* (Handbuch) Abschnitt 2.4 S. 26.

8 KK/*Appl* 4; Meyer-Goßner/*Schmitt* 5; *Bringewat* 7.

6 **2. Länder.** Soweit der Bund die Gnadenbefugnis nicht innehat, liegt sie bei den Ländern. Nach den jeweiligen Landesverfassungen sind **Träger des Begnadigungsrechts** die **Ministerpräsidenten**, im Saarland die **Landesregierung** unter anderem bei lebenslangen Freiheitsstrafen und unbefristeter Sicherungsverwahrung, in den Stadtstaaten der **Senat**. Die Ausübung des Begnadigungsrechts ist in den Gnadenordnungen der Länder jedoch ganz überwiegend auf den Justizminister bzw. -senator mit einer **weiteren Delegationsbefugnis** auf ihm **unterstellte nachgeordnete Justizbehörden übertragen** worden. Die Justizminister bzw. -senatoren haben von der weiteren Delegationsbefugnis durchweg in den von ihnen als **Allgemeine Verfügungen** erlassenen **Gnadenordnungen** Gebrauch gemacht.

7 In den **Gnadenordnungen** werden die einzelnen **Gnadenkompetenzen** sowie der **Gang** des **Gnadenverfahrens** im Einzelnen geregelt. Die **Gnadenbefugnisse** werden regelmäßig bis auf **bedeutende Einzelfälle** (z. B. bei der lebenslangen Freiheitsstrafe) je nach Bedeutung und Art des Gnadenerweises auf den **Generalstaatsanwalt**, den **Leitenden Oberstaatsanwalt** und den **Jugendrichter als Vollstreckungsleiter** delegiert.

III. Gnadenverfahren

8 **1. Einleitung.** Das Gnadenverfahren kann **auf Antrag** von **Verurteilten**, **Dritten** oder **von Amts wegen** eingeleitet werden. Vor der Einleitung eines Gnadenverfahrens ist stets zu prüfen, ob die im Gnadenwege angestrebte Maßnahme auch durch eine Entscheidung des Gerichts, der Vollstreckungsbehörde oder der Vollzugsbehörde zu erreichen ist. Ist dies der Fall, so ist ein Gnadengesuch entsprechend auszulegen. Eine **Entscheidung** des **Gerichts**, der **Vollstreckungs-** oder **Vollzugsbehörde** ist gegenüber einer Gnadenmaßnahme **stets vorrangig**. Eine **Gnadenentscheidung** ist mithin **subsidiär**. Dies folgt aus dem **Ausnahmecharakter** von **Gnadenerweisen**.

9 **a) Antrag des Verurteilten.** In der Praxis wird ein Gnadenverfahren in der Regel durch einen **Antrag von Verurteilten** eingeleitet. Ein solcher **Antrag** ist **weder** an eine **Frist** noch an eine **Form gebunden**. Es empfiehlt sich jedoch die **Schriftform**. Sind Verurteilte des Schreibens oder der deutschen Sprache nicht hinreichend mächtig, so kann der Antrag zu **Protokoll** der **Rechtsantragsstelle** der Vollstreckungsbehörde gestellt werden, die das Gesuch alsdann an die zuständige Gnadenbehörde weiterleitet. Anträge, die nach ihrem Sinngehalt als Gnadengesuch auszulegen sind, sind, sofern sie bei einer nicht zur Entscheidung berufenen Stelle eingegangen sind, von dort an die zuständige Gnadenbehörde weiterzuleiten.

10 **b) Antrag von Dritten.** Für einen **Antrag von Dritten** gelten die vorstehenden Ausführungen entsprechend. Als **Dritter** kommt jede natürliche Person (z. B. Ehepartner, Lebenspartner, Lebensgefährte, Eltern, Bewährungshelfer), aber auch ein Verantwortlicher einer juristischen Person (z. B. Geschäftsführer einer GmbH als Arbeitgeber) in Betracht.

11 **c) Von Amts wegen. Von Amts wegen** wird ein Gnadenverfahren durch die zuständige Vollstreckungsbehörde eingeleitet und der Gnadenbehörde zur Entscheidung vorgelegt, wenn besondere Umstände einen Gnadenerweis nahelegen, denen durch gesetzliche Regelungen – wie etwa nach den §§ 455, 455a, 456, 456c, 459a, 459d, 459f, 459g – nicht hinreichend entsprochen werden könnte oder konnte. Dabei wird es sich regelmä-

ßig um solche Umstände handeln müssen, die das Gericht bei der Rechtsfolgenentscheidung nicht berücksichtigen konnte, weil diese im Zeitpunkt der letzten tatgerichtlichen Entscheidung nicht bekannt waren oder erst zu einem späteren Zeitpunkt eingetreten sind.

2. Aufklärungspflicht der Gnadenbehörde. Die Gnadenbehörde ist grundsätzlich gehalten, vor einem Gnadenerweis eine aktuelle Auskunft aus dem Bundeszentral-, ggf. dem Fahreignungsregister oder dem Erziehungsregister einzuholen und ggf. die Akten neuer Verfahren anzufordern und auszuwerten. Auch wenn es sich bei Gnadenentscheidungen um Ermessensentscheidungen handelt, die ganz überwiegend einer gerichtlichen Nachprüfung nicht zugänglich sind (vgl. Rn. 16 ff.), so ist die Gnadenbehörde dennoch verpflichtet, ihre Entscheidung auf eine ausreichende Tatsachengrundlage zu stützen und unter Umständen den Sachverhalt auch vorab näher aufzuklären. Dabei wird zunächst einmal der Antragsteller erforderliche Auskünfte zu erteilen oder Unterlagen beizubringen haben. Die Gnadenbehörde kann sich aber auch in entsprechender Anwendung des § 463d der Gerichtshilfe bedienen und diese um einen schriftlichen Bericht ersuchen. Die Gnadenordnungen der Länder sehen ferner die Anhörung des Gerichts des ersten Rechtszuges, ggf. des Berufungsgerichts, des Bewährungshelfers, des Leiters der Justizvollzugsanstalt und bei Jugendlichen des Jugendamtes vor. Hat ein Gnadengesuch offensichtlich keine Aussicht auf Erfolg, so haben derartige Ermittlungen zu unterbleiben. 12

3. Entscheidung. Die Entscheidung der Gnadenbehörde ergeht stets **schriftlich** und ist im **Gnadenheft** zu **dokumentieren.** 13

a) Gewährung eines Gnadenerweises. Bei **Gewährung** eines **Gnadenerweises** ist der Antragsteller über **Art** und **Inhalt** der getroffenen Entscheidung zu bescheiden. Ist der Antragsteller nicht der Verurteilte, so ist die Gnadenbehörde gehalten, vor beabsichtigter Erteilung eines Gnadenerweises dem Verurteilten als dem davon unmittelbar Betroffenen rechtliches Gehör zu gewähren.[9] Ein Gnadenerweis gegen dessen Willen wird regelmäßig nicht in Betracht kommen. Soweit ein gewährter Gnadenerweis Rechtsfolgen beseitigt, führt er insoweit zu einem **Vollstreckungshindernis**. Bei einer Abänderung einer getroffenen Rechtsfolgenentscheidung bildet die Gnadenentscheidung die **neue Vollstreckungsgrundlage.** 14

b) Ablehnung des Gnadengesuchs. Bei **Ablehnung** eines **Gnadengesuchs** ist der Antragsteller **schriftlich** zu bescheiden. Soweit die herrschende Meinung eine **Anwendung** des **§ 34** verneint,[10] kann dem nicht gefolgt werden. Eine Begründung ist vielmehr in **entsprechender Anwendung** des **§ 34** vorzunehmen. Bei einer ablehnenden Gnadenentscheidung handelt es sich um eine **Ermessensentscheidung**, die mit der sachlichen Dienstaufsichtsbeschwerde an die vorgesetzte Gnadenbehörde angefochten werden kann. Für die Gnadenentscheidung gelten insoweit die Grundsätze zur Begründung von Ermessensentscheidungen entsprechend.[11] 15

---

9 KK/*Appl* 1.
10 SK/*Paeffgen* 7; KMR/*Paulus*/*Stöckel* 11; *Röttle*/*Wagner* Rn. 706.
11 LR/*Graalmann-Scheerer* § 34, 11; *dies.* FS Lissau 167, 170 f., 175.

IV. Rechtsweg

16 **1. Unanfechtbare Gnadenentscheidungen.** Ablehnende und gewährende Gnadenentscheidungen unterliegen **keiner gerichtlichen Nachprüfung**. Sie unterfallen als rechtswegfreie Regierungsakte nicht der Rechtsweggarantie des Art. 19 Abs. 4 GG.[12]

17 **2. Anfechtbare Gnadenentscheidungen.** Hingegen unterfällt der **Widerruf** einer **positiven Gnadenentscheidung** der Rechtsweggarantie des Art. 19 Abs. 4 GG, weil dem Verurteilten durch die positive Gnadenentscheidung eine Rechtsstellung eingeräumt worden ist, die nicht mehr der Disposition der Exekutive unterliegen soll, sondern nur nach Maßgabe der Gnadenentscheidung selbst widerrufen werden kann. Der Widerruf ist insoweit rechtlich gebunden und damit der gerichtlichen Kontrolle zugänglich.[13] Daraus folgt, dass die **Widerrufsentscheidung** der Gnadenbehörde **stets** der **Begründung** bedarf. Ob die Gnadenbehörde den Gnadenerweis widerruft, steht in ihrem **Ermessen.**[14] Bei dem Widerruf einer positiven Gnadenentscheidung handelt es sich um eine Maßnahme auf dem Gebiet der Strafrechtspflege nach § 23 Abs. 1 Satz 1 EGGVG. Soweit nach den Gnadenordnungen der Länder gegen die Widerrufsentscheidung die sachliche Dienstaufsichtsbeschwerde an die vorgesetzte Gnadenbehörde statthaft ist, kann ein Antrag auf gerichtliche Entscheidung nach § 23 EGGVG erst nach vorausgegangenem Beschwerdeverfahren gestellt werden (§ 24 Abs. 2 EGGVG). Im Verfahren nach den §§ 23 ff. EGGVG darf das Gericht nicht sein eigenes Ermessen an die Stelle desjenigen der Gnadenbehörde setzen. Vielmehr obliegt dem Gericht lediglich die Überprüfung der Entscheidung der Gnadenbehörde auf Ermessensfehler.[15]

18 Bei einem **Widerruf** eines **Gnadenerweises** unterliegt auch das insoweit **vorbereitende Verfahren** im Gegensatz zur sonstigen Ausgestaltung des Gnadenverfahrens grundsätzlich der **gerichtlichen Kontrolle**. Es besteht in diesem Rahmen ein **Anspruch** auf **rechtliches Gehör** und **Akteneinsicht.**[16]

V. Reformüberlegungen

19 **1. Begründung ablehnender Gnadenentscheidung.** In den Gnadenordnungen der Länder sind die Regelungen zur Begründungspflicht einer ablehnenden Entscheidung der Gnadenbehörde unterschiedlich ausgestaltet. Während in einigen Ländern[17] eine ablehnende Entscheidung gegenüber dem Gesuchsteller bzw. Beschwerdeführer ausdrücklich nicht begründet wird, sondern die der Entscheidung zugrunde liegenden Erwägungen in einem zum Gnadenheft zu nehmenden gesonderten Vermerk niedergelegt werden, enthalten die übrigen Gnadenordnungen insoweit weitgehend keine Regelung.

---

12 BVerfGE **25** 352, 357 ff.; zum Streitstand LR/*Böttcher*[26] § 23 EGGVG, 36; SK/*Paeffgen* 8; KMR/*Paulus/Stöckel* 13; KK/*Appl* 6.

13 BVerfGE **30** 108; **49** 221; LR/*Böttcher*[26] § 23, 37 EGGVG; SK/*Paeffgen* 9; KMR/*Paulus/Stöckel* 14.

14 KG NStZ **1993** 54 mit Anm. *Eisenberg*.

15 KG NStZ **1993** 54; OLG Hamburg NStZ-RR **2004** 139; **2004** 223; *Lemke* FS Strauda 377; *Rinio* NStZ **2006** 438 mit Rechtsprechungsnachweisen zum Widerruf von Gnadenerweisen.

16 LR/*Böttcher*[26] § 23, 38 EGGVG.

17 Baden-Württemberg: § 19 Abs. 2 GnO, Die Justiz **2001** 506; Saarland: § 11 Abs. 1 GnO, ABl. **2006** 474, 530; Sachsen: § 19 Buchst. b GnO, Sächs. ABl. **2001** 1192; Sachsen-Anhalt: § 20 Abs. 3 Satz 2 GnO, JMBl. LSA **2004** 171; Thüringen JMBl. **2008** 58: § 16 Abs. 2 GnO; Hessen: § 15 Abs. 2 GnO, GVBl. **2009** S. 519; Mecklenburg-Vorpommern: § 11a Abs. 2 GnO, ABl. **1998** S. 1556; Nordrhein-Westfalen: § 17 GnO, GVNW. **1976** S. 16; Rheinland-Pfalz: Nr. 17.4, JBl. **1995** S. 229; **2009** S. 150.

Der Verzicht auf eine solche mag darauf beruhen, dass es sich von selbst versteht, in der Regel jedenfalls den tragenden Grund der getroffenen ablehnenden Entscheidung eines Gnadenerweises in dem Gnadenbescheid mitzuteilen. Denkbar sind aber auch Fälle, in denen es z. B. aus vollzuglichen oder therapeutischen Gründen nicht zweckmäßig erscheint, dem Gesuchsteller bzw. Beschwerdeführer eine Begründung zu geben.

Im Grundsatz ist dieser Auffassung zuzustimmen. Im Zuge von Reformüberlegungen 20
kann es aber durchaus bedenkenswert sein, eine Gnadenbehörde in der Regel zu verpflichten, ihre Entscheidung zu begründen. In besonders gelagerten Einzelfällen muss sie aber von dieser Regel abweichen und von einer Begründung absehen können. Eine grundsätzliche Pflicht zur Begründung von ablehnenden Gnadenentscheidungen würde dazu beitragen, dem nicht justiziablen Gnadenrecht zu etwas mehr Transparenz zu verhelfen.[18] Eine solche Verfahrensweise kann nicht nur zu einer höheren Akzeptanz der getroffenen Entscheidung beitragen; sie ermöglicht auch eine substantiierte (weitere) Beschwerdebegründung.

2. Unterrichtung von Behörden oder Stellen über die Gnadenentscheidung. 21
Nur wenige Gnadenordnungen der Länder enthalten Regelungen zur Unterrichtung von Behörden oder Stellen über die getroffene Gnadenentscheidung.[19] Während § 477 Abs. 2 Nr. 3 StPO die Übermittlung personenbezogener Daten aus Strafverfahren für Entscheidungen in Gnadensachen ausdrücklich gesetzlich regelt, ist eine umgekehrte Mitteilung aus dem Gnadenverfahren in den Gnadenordnungen nicht geregelt. Eine bereichsspezifische bundesgesetzliche Regelung in der Strafprozessordnung oder im EGGVG dürfte im Hinblick auf die Gnadenhoheit der Länder aus Rechtsgründen ausscheiden. Ebenso wenig kommen Art. 60 Abs. 2 GG oder die Landesverfassungen als Rechtsgrundlage für eine Datenübermittlung in Betracht. Ohne gesetzliche Grundlage ist eine Datenübermittlung, so sinnvoll sie auch gegenüber der Leitung der Justizvollzugsanstalt oder Maßregelvollzugseinrichtung, der Bewährungshilfe, dem eine Bewährungsaufsicht führenden Gericht oder der Führungsaufsichtsstelle auch sein mag, rechtlich nicht zulässig. Eine Regelung für eine Datenübermittlung in den Gnadenordnungen der Länder scheidet schon deshalb aus, weil es sich dabei nicht um förmliche Gesetze, sondern Verwaltungsvorschriften handelt.[20]

3. Akteneinsicht in den Gnadenvorgang. Die Gnadenordnungen der Länder sehen 22
überwiegend ausdrücklich keinen Anspruch auf Akteneinsicht in Gnadenvorgänge vor.[21] Der Verteidiger hat ein Einsichtsrecht in die Hauptakten, das Vollstreckungsheft sowie das Bewährungs- und Führungsaufsichtsheft. Das Gnadenheft sollte er jedoch dann einsehen können, wenn besondere Umstände des Einzelfalls dies nahelegen, wobei ein Akteneinsichtsrecht für den Gesuchsteller bzw. Beschwerdeführer oder dessen Verteidiger über die Vorschriften der Strafprozessordnung auch in den Gnadenordnungen der Länder nicht hinausgehen dürfte. Da ein Verurteilter auch im Gnadenverfahren einen Anspruch auf rechtliches Gehör hat, sind ihm bzw. seinem Verteidiger die Stellungnahmen angehörter Gerichte, Behörden oder sonstiger Stellen vor einer Entscheidung unter Fristsetzung mit der Gelegenheit zur Stellungnahme zur Kenntnis zu geben.[22]

18 *Graalmann-Scheerer* FS Lissau 171.

19 Mitteilungspflichten enthalten die Gnadenordnungen der Länder Sachsen-Anhalt (§ 20 GnO) und Sachsen (§ 22 GnO).

20 *Graalmann-Scheerer* FS Lissau 172.

21 *Graalmann-Scheerer* FS Lissau 172.

22 *Graalmann-Scheerer* FS Lissau 173.

23 Sofern Dritte (z. B. Ehepartner/in, Lebenspartner/in, Eltern, Geschwister, Arbeitgeber, Freunde, Medienvertreter) Gesuchsteller bzw. Beschwerdeführer sind, scheidet ein Anspruch auf Akteneinsicht in aller Regel schon deshalb aus, weil sie nicht Verfahrensbeteiligte sind und überwiegend auch im Strafverfahren nach den Vorschriften der Strafprozessordnung und des EGGVG kein Akteneinsichtsrecht haben.[23]

24 **4. Rücknahme eines Gnadenerweises.** Die meisten Gnadenordnungen der Länder enthalten keine Regelungen dazu, unter welchen Voraussetzungen ein Gnadenerweis zurückgenommen werden kann. Eine klare und für die Gnadenbehörde in der Praxis gut handbare Regelung sieht § 35 BayGnO vor mit einer obligatorischen Rücknahme eines Gnadenerweises, wenn dieser durch Zwang, arglistige Täuschung oder Bestechung herbeigeführt wurde.

25 Die Gnadenbehörde muss ferner einen Gnadenerweis dann zurücknehmen können, wenn sie von einer vor Gewährung desselben begangenen Tat keine Kenntnis gehabt hat. Solange keine Eintragung im Bundeszentralregister erfolgt ist, weiß die Gnadenbehörde in der Regel nichts von einer neuen Tat des Verurteilten. Von im Zeitpunkt der Gewährung eines Gnadenerweises anhängigen Ermittlungsverfahren hat sie üblicherweise keine Kenntnis, sofern nicht eine Zuständigkeit im eigenen Geschäftsbereich besteht, denn eine Auskunft aus dem Zentralen Staatsanwaltschaftlichen Verfahrensregister erhalten nach § 492 Abs. 3 Satz 2 grundsätzlich nur Strafverfolgungsbehörden und auch nur für Zwecke des Strafverfahrens. Gnadenbehörden bekommen hingegen keine Auskunft.[24] In der Praxis hat dies zur Folge, dass die Gnadenbehörde von einem neu eingeleiteten Ermittlungsverfahren gegen den Verurteilten, sofern er dies in seinem Gnadengesuch nicht selbst angibt, was die Regel sein dürfte, im Zeitpunkt der Gewährung eines Gnadenerweises oftmals keine Kenntnis hat. Für eine solche Konstellation sollten die Gnadenordnungen der Länder Regelungen für eine Rücknahme eines Gnadenerweises vorsehen. Denn wer schon in seinem Gnadengesuch nicht wahrheitsgemäß und vollständig vorträgt, ist grundsätzlich nicht gnadenwürdig.

26 Die **Zuständigkeit für die Rücknahme eines Gnadenerweises** sollte bei der Gnadenbehörde liegen, die den Gnadenerweis gewährt hat.

27 **5. Bestellung eines notwendigen Verteidigers im Gnadenverfahren.** Die **Bestellung eines notwendigen Verteidigers im Gnadenverfahren** in entsprechender Anwendung von § 140 Abs. 2 kommt im Hinblick auf den nach § 23 EGGVG eröffneten Rechtsweg in Betracht, wenn die Gnadenbehörde den Widerruf eines Gnadenerweises erwägt.[25]

28 Ferner wird eine Verteidigerbestellung analog § 140 Abs. 2 dann geboten sein, wenn besondere Gründe in der Person des Verurteilten (z. B. Alter, geringe Intelligenz, Sprachbarriere) in einem von Amts wegen eingeleiteten Gnadenverfahren sie nahelegen, weil nach Aktenlage nicht zu erwarten ist, dass der Verurteilte in der Lage sein wird, seine Interessen in einem Gnadenverfahren selbst sachgerecht wahrzunehmen.[26]

---

23 *Graalmann-Scheerer* FS Lissau 173.

24 LR/*Hilger*[26] § 492, 26.

25 LG Lübeck StraFo **2010** 293; Graalmann-Scheerer StV **2011** 696, 699; *dies.* FS Lissau 175; LR/*Jahn* § 137, 34; MüKo/*Thomas*/*Kämpfer* 9; SK/Wohlers 10.

26 *Graalmann-Scheerer* FS Lissau 175.

§ 453
Nachträgliche Entscheidung über Strafaussetzung zur Bewährung oder Verwarnung mit Strafvorbehalt

(1) [1]Die nachträglichen Entscheidungen, die sich auf eine Strafaussetzung zur Bewährung oder eine Verwarnung mit Strafvorbehalt beziehen (§§ 56a bis 56g, 58, 59a, 59b des Strafgesetzbuches), trifft das Gericht ohne mündliche Verhandlung durch Beschluß. [2]Die Staatsanwaltschaft und der Angeklagte sind zu hören. [3]§ 246a Absatz 2 und § 454 Absatz 2 Satz 4 gelten entsprechend. [4]Hat das Gericht über einen Widerruf der Strafaussetzung wegen Verstoßes gegen Auflagen oder Weisungen zu entscheiden, so soll es dem Verurteilten Gelegenheit zur mündlichen Anhörung geben. [5]Ist ein Bewährungshelfer bestellt, so unterrichtet ihn das Gericht, wenn eine Entscheidung über den Widerruf der Strafaussetzung oder den Straferlaß in Betracht kommt; über Erkenntnisse, die dem Gericht aus anderen Strafverfahren bekannt geworden sind, soll es ihn unterrichten, wenn der Zweck der Bewährungsaufsicht dies angezeigt erscheinen läßt.

(2) [1]Gegen die Entscheidungen nach Absatz 1 ist Beschwerde zulässig. [2]Sie kann nur darauf gestützt werden, daß eine getroffene Anordnung gesetzwidrig ist oder daß die Bewährungszeit nachträglich verlängert worden ist. [3]Der Widerruf der Aussetzung, der Erlaß der Strafe, der Widerruf des Erlasses, die Verurteilung zu der vorbehaltenen Strafe und die Feststellung, daß es bei der Verwarnung sein Bewenden hat (§§ 56f, 56g, 59b des Strafgesetzbuches), können mit sofortiger Beschwerde angefochten werden.

Schrifttum

Baumann Die Auflagenkataloge im Strafrecht, GA **1958** 193; *Blösch* Wann kann die Strafe nach dem Widerruf der Strafaussetzung vollstreckt werden? NJW **1963** 1296; *Boetticher* Zum Widerruf der Strafaussetzung zur Bewährung, NStZ **1991** 1; *Bringewat* Die mündliche Anhörung gemäß § 454 I 3 StPO – eine mündliche Verhandlung eigener Art, NStZ **1996** 17; *Bublies* Die Aussetzung des Restes der Ersatzfreiheitsstrafe (1989); *Dallinger* Das Dritte Strafrechtsänderungsgesetz – Gerichtsverfassung und Strafverfahren, JZ **1953** 432; *Dölling* Das Dreiundzwanzigste Strafrechtsänderungsgesetz – Strafaussetzung zur Bewährung, NJW **1987** 1041; *Doller* Organisation und Geschäftsgang der StVK, DRiZ **1976** 169; *ders.* Die mündliche Anhörung des Verurteilten durch die StVK, DRiZ **1977** 80; *Engel* Zuständigkeit und Stellung des Staatsanwalts im Verfahren zur Bewährungsüberwachung, NStZ **1987** 110; *Frommeyer* Aus der Rechtsprechung zum Widerruf der Strafaussetzung, StraFo **2018** 493; *Göke* Wann ist ein die bedingte Entlassung anordnender Beschluß zu vollziehen? NJW **1958** 1670; *Greger* Das 23. Strafrechtsänderungsgesetz, JR **1986** 353; *Hanack* Rechtliches Gehör, Vollstreckbarkeit und Verhaftung beim Widerruf der Strafaussetzung zur Bewährung, JZ **1966** 43; *Hillenbrand* Widerruf der Strafaussetzung zur Bewährung – Voraussetzungen und Verfahren, ZAP-Fach **22** 799; *ders.* Die Anhörung des Verurteilten im Widerrufsverfahren, StRR **2015** 444; *Horn* Der Aussetzungswiderruf und das Absehen davon, JR **1981** 5; *Kaetzler* Absprachen im Strafverfahren und Bewährungsauflagen, wistra **1999** 253; *Katholnigg* Zuständigkeit und Stellung des Staatsanwalts im Verfahren zur Bewährungsüberwachung – Erwiderung zum Beitrag von Engel, NStZ **1987** 112; *Krause* Widerruf der Strafaussetzung zur Bewährung bei unbekanntem Aufenthalt des Verurteilten, NJW **1977** 2249; *Maetzel* Anhörung vor der StVK ohne Benachrichtigung des Verteidigers? AnwBl. **1975** 420; *Miesen* „Verlängerung" der Bewährungszeit nach ihrem Ablauf (§§ 25 Abs. 2, 24 Abs. 2 Satz 2 StGB)? NJW **1974** 1493; *Oske* Formelle Rechtsfragen zum Widerruf der Strafaussetzung (§ 25 Abs. 2 StGB), MDR **1966** 290; *Pusinelli* Rechtsmittel gegen Ablehnung der Verkürzung der Bewährungszeit, NJW **1962** 902; *W. Schmidt* Die Vollstreckungskammern in der Praxis, NJW **1975** 1485 und NJW **1976** 224 (Replik zu Treptow NJW **1976** 222); *Schrader* Der Widerruf der Strafaussetzung nach Ablauf der Bewährungsfrist (§§ 25, 25a StGB), NJW **1973** 1832; *Theuerkauf* Untersuchungshaft bei Widerruf der Strafaussetzung zur Bewährung? MDR **1965** 179; *Treptow* Das Verfahren der Strafvollstreckungskammern, NJW **1975** 1485; *ders.* Die Vollstreckungskammern in der Pra-

https://doi.org/10.1515/9783110275025-007

xis, NJW **1976** 222 (Erwiderung zu W. Schmidt NJW **1975** 1485); *Wegener* Die mündliche Anhörung des Verurteilten vor der StVK, MDR **1981** 617.

Entstehungsgeschichte

Die Vorschrift des § 485 StPO 1877 hat ihre jetzige Bezeichnung durch die Bek. 1924 erhalten. Sie enthielt in ihrer ursprünglichen Fassung das Verbot, die Todesstrafe vor der Entschließung des Inhabers des Gnadenrechts über die Erteilung eines Gnadenerweises und das weitere Verbot, sie an schwangeren oder geisteskranken Personen zu vollstrecken. Sie wurde mit der Aufhebung der Todesstrafe durch Art. 102 GG gegenstandslos. Seinen neuen Inhalt erhielt § 453 durch das 3. StRÄndG 1953. Das 1. StrRG 1969 passte § 453 den Änderungen der materiell-rechtlichen Vorschriften über die Aussetzung der Strafe zur Bewährung an. Durch Art. 21 Nr. 121 EGStGB 1974 wurden Satz 3 des Absatzes 1 („Der Beschluß ist zu begründen") und Absatz 2 betreffend Zuständigkeit des Gerichts, dessen Inhalt in geänderter Form nach § 462a n. F. übernommen wurde, gestrichen und wurden die Absätze 1 und 2 um die auf die Verwarnung mit Strafvorbehalt sich beziehenden Nachtragsentscheidungen erweitert. Durch Art. 2 Nr. 2 des 23. StRÄndG 1986 ist Absatz 1 durch die Sätze 3 und 4 erweitert worden. Durch Art. 9 des Justizmitteilungsgesetzes vom 18.6.1997 (BGBl. I S. 1430) wurde in Absatz 1 in Satz 4 der letzte Halbsatz eingefügt. Durch Artikel 1 Nr. 12 des Gesetzes zur Stärkung der Rechte von Opfern sexuellen Missbrauchs (StORMG) vom 26.6.2013 (BGBl. I S. 1805) wurde in Absatz 1 ein neuer Satz 3 eingefügt und die bisherigen Sätze 3 und 4 wurden die Sätze 4 und 5.

Übersicht

Alphabetische Übersicht

I. Nachträgliche Entscheidungen (Absatz 1)

1 **1. Anwendungsbereich.** Nach § 260 Abs. 4 Satz 4 erfolgen die Aussetzung der Freiheitsstrafe zur Bewährung (§ 56 StGB) und die Verwarnung mit Strafvorbehalt (§ 59 StGB) im Urteil. Die Dauer der Bewährungszeit (§ 56a StGB), Bewährungsauflagen (§ 56b StGB), Bewährungsweisungen (§ 56c StGB) und Anordnungen von Bewährungshilfe (§ 56d StGB) werden durch **Beschluss** festgesetzt, der gleichzeitig mit dem Urteil zu verkünden ist (§ 268a). Gegen den Beschluss ist Beschwerde nach § 305a Abs. 1 statthaft, über die gegebenenfalls auch das Revisionsgericht als Tatsacheninstanz entscheidet (§ 305a Abs. 2). In gleicher Weise wird bei Verwarnung mit Strafvorbehalt gleichzeitig mit dem Urteil durch Beschluss nach § 268a über die Dauer der Bewährungszeit und über die Erteilung von Auflagen entschieden (§ 59a StGB).

2 Der **Anwendungsbereich** des § 453 wird erst dann eröffnet, wenn die zunächst durch den Beschluss nach § 268a getroffenen Entscheidungen (Dauer der Bewährungszeit, Anordnung von Auflagen, Erteilung von Weisungen, Unterstellung unter Aufsicht und Leitung eines Bewährungshelfers) wegen nachträglich hervorgetretener Umstände[1] zu ändern (§ 56a Abs. 2 Satz 2, § 56e i. V. m. §§ 56b bis 56d StGB) sind oder über den Widerruf der Strafaussetzung (§ 56f StGB), den Straferlass oder dessen Widerruf (§ 56g StGB) zu entscheiden ist, wenn bei der Verwarnung mit Strafvorbehalt die Änderung von Auflagen (§ 59a Abs. 2 StGB), die Verurteilung zu der vorbehaltenen Strafe oder der Ausspruch, dass es bei der Verwarnung sein Bewenden habe (§ 59b StGB), in Betracht kommt.

3 Für Entscheidungen nach § 453 ist erst **nach Rechtskraft des Urteils** Raum, denn die Bewährungszeit beginnt nach § 56a Abs. 2 Satz 1 StGB mit der Rechtskraft der Entscheidung über die Strafaussetzung.[2] Mit Beginn der Bewährungszeit obliegt dem für die Entscheidungen nach § 453 zuständigen Gericht die Überwachung der Lebensführung des Verurteilten (§ 453b). Für die an die Verwarnung mit Strafvorbehalt anknüpfende Bewährungszeit fehlt es zwar an einer ausdrücklichen Vorschrift über deren Beginn, doch gilt auch hier sinngemäß § 56a Abs. 2 Satz 1 StGB, da die Sachlage die gleiche ist.[3] Über das Verhältnis der Beschwerde nach § 453 Abs. 2 Satz 1 zur Beschwerde nach § 305a, wenn das Urteil rechtskräftig ist, vgl. die Erl. zu § 305a.

4 Die Frage, ob ein **versehentlich unterbliebener Bewährungsbeschluss** nach § 268a in entsprechender Anwendung von § 453 nachgeholt werden darf, ist umstritten. Die wohl noch herrschende Meinung geht nach Rechtskraft von einer entsprechenden Anwendung des § 453 aus.[4] Dieser Auffassung ist nur eingeschränkt zuzustimmen. Die

---

1 OLG Stuttgart NJW **1969** 1220; OLG Düsseldorf MDR **1991** 367; KK/*Appl* 1; *Bringewat* 4.

2 KK/*Appl* 2; *Bringewat* 5.

3 LK/*Hubrach* § 59a, 4; *Fischer* § 59a, 1; *Bringewat* 3.

4 KG NJW **1957** 275; OLG Celle MDR **1970** 68; NdsRpfl. **2007** 332; OLG Koblenz MDR **1981** 423; OLG Düsseldorf MDR **1982** 1042; OLG Köln NStZ **1991** 453; LG Osnabrück NStZ **1985** 378; KK/*Appl* 3; Meyer-Goßner/*Schmitt* 2; SK/*Paeffgen* 3; KMR/*Stöckel* 7; **a. A.** LG Kempten NJW **1978** 839; LG Freiburg StV **1993** 122; **1994** 534; OLG Düsseldorf VRS **113** (2007) 304; StV **2001** 225; OLG Hamm StV **1993** 121; NStZ-RR **2000** 126; OLG Köln NStZ-RR **2000** 338; OLG Dresden NJ **2001** 323 mit Anm. *König*.

Entscheidung über die verhängte Freiheitsstrafe oder die Verwarnung des Angeklagten mit Strafvorbehalt ist nach § 260 Abs. 4 Satz 4 in der Urteilsformel zum Ausdruck zu bringen. Die Urteilsgründe müssen ergeben, weshalb die Strafe zur Bewährung ausgesetzt worden ist. Entsprechendes gilt für die Verwarnung mit Strafvorbehalt. Sofern der versehentlich unterbliebene Bewährungsbeschluss nicht bis zur Rechtskraft des Urteils – etwa in der Berufungsinstanz durch das Berufungsgericht – nachgeholt worden ist – beginnt mit der Rechtskraft die gesetzliche Mindestdauer der Bewährungszeit von zwei Jahren (§ 56a Abs. 1 Satz 2 StGB) zu laufen,[5] und zwar auch dann, wenn sie nicht in einem Beschluss nach § 268a festgesetzt worden ist. Einer – deklaratorischen – Feststellung durch das nach Rechtskraft des Urteils zur Entscheidung berufene Gericht (§ 462a) bedarf es insoweit daher nicht. Treten in der Bewährungszeit Umstände ein, die es nahelegen, Entscheidungen nach den §§ 56b bis 56d StGB nachträglich zu treffen, so ist das Gericht nicht gehindert, dem Verurteilten nach Anhörung ggf. mit dessen Einwilligung Auflagen und/oder Weisungen zu erteilen sowie ihn der Aufsicht und Leitung eines Bewährungshelfers zu unterstellen.

Entsprechende Anwendung findet § 453 für die nach den **§ 67g** und **§§ 68a bis 68d StGB** (§ 463 Abs. 1 und 2) zu treffenden Entscheidungen. 5

Für die Entscheidung, ob eine Strafe nach Nr. 6 des Amnestiebeschlusses der DDR vom 6.12.1989[6] zu vollstrecken ist, soll § 453 ebenfalls **entsprechend** anwendbar sein.[7] Praktisch dürfte diese Frage allerdings inzwischen keine Bedeutung mehr haben. 6

Im Widerrufsverfahren nach den §§ 26, 58 JGG ist § 453 nicht entsprechend anwendbar.[8] 7

2. Wesen. Nach früherer Betrachtungsweise wurde Recht „im eigentlichen Sinn" nur im Erkenntnisverfahren, endend mit der Rechtskraft des Urteils, gesprochen. **Dogmatische Probleme** entstanden, als mit der Einführung der gerichtlichen Aussetzung von Strafen und Strafresten zur Bewährung in der Zeit nach rechtskräftigem Abschluss des Erkenntnisverfahrens die in Rn. 1 bezeichneten nachträglichen Entscheidungen anfielen. Nach einer auch in diesem Kommentar[9] vertretenen Meinung stand begrifflich nichts im Weg, das Stadium des Laufs der Bewährungszeit als das der Vollstreckung der „Aussetzungsstrafe" anzusehen und in diesem Sinn das **Gericht als Vollstreckungsbehörde** im weiteren Sinn anzusprechen, und zwar nicht nur, soweit es belehrt (§ 453a) oder die Lebensführung des Verurteilten überwacht (§ 453b), sondern auch, soweit es die „nachträglichen Entscheidungen" i. S. des § 453 erlässt. Das Gericht wird danach als „Vollstreckungsgericht" tätig.[10] Dabei wurde nicht verkannt, dass diese „Vollstreckungstätigkeit" sich von der die „Vollstreckungsstrafe" betreffenden, der Vollstreckungsbehörde nach § 451 obliegenden Vollstreckung entscheidend dadurch unterscheidet, dass sie in vollem Umfang nicht weisungsgebunden ist, sondern unter richterlicher Unabhängig- 8

5 KK/*Appl* 3; SK/*Paeffgen* 3; KMR/*Stöckel* 7; OLG Dresden NJ **2001** 323 mit Anm. *König*.

6 GBl. I S. 266.

7 OLG Koblenz MDR **1992** 1175; OLG Stuttgart NStZ **1993** 359; BezG Chemnitz DtZ **1991** 217; **a. A.** OLG Dresden NStZ **1993** 557; OLG Rostock MDR **1993** 1231, wonach die Staatsanwaltschaft zur Entscheidung berufen sein soll.

8 LG Frankfurt MDR **1966** 353; LG Krefeld NJW **1974** 1476; LG München NJW **1960** 1217; LG Potsdam NStZ-RR **1996** 285; **a. A.** LG Osnabrück NStZ **1991** 533 mit Anm. *Brunner*; LG Hamburg NStZ **1996** 250 mit abl. Anm. *Sieveking/Eisenberg*.

9 Vgl. LR/*Schäfer*[22] § 453 Anm. I 2.

10 So OLG Karlsruhe Rpfleger **1964** 145 mit Anm. *Pohlmann*; *Kleinknecht/Meyer*[37] 1; **a. A.** *Hanack* JZ **1966** 44, 50.

keit ausgeübt wird. Zur Kennzeichnung dieses Unterschieds wurde die richterliche Tätigkeit als „Rechtsprechung im weiteren Sinn“ oder als „justizförmiger Verwaltungsakt“ charakterisiert.[11]

9 Indessen kann diese strenge **qualitative Unterscheidung** zwischen Entscheidungen im Erkenntnisverfahren und den nachträglichen Entscheidungen – unbeschadet mancher Unterschiede, insbesondere nach der Form der Entscheidung und der Beweisgrundlage, auf denen sie aufbaut – nicht aufrechterhalten werden. Das wird besonders deutlich seit der Einführung der **Verwarnung mit Strafvorbehalt** (§ 59 StGB). Streng genommen ist das rechtskräftige auf Verwarnung lautende Urteil nur ein Torso. Erst die an den Verlauf der Bewährungszeit anknüpfende „Nachtragsentscheidung“ vervollständigt das Urteil, indem sie ihm mit der „Verurteilung zu der vorbehaltenen Strafe“ Vollstreckbarkeit im engeren Sinn verleiht oder mit der „Feststellung, dass es bei der Verwarnung sein Bewenden hat“, dem Verwarnungsurteil dic Qualität eines das Verfahren endgültig abschließenden Urteils verschafft. Ebenso liegt es bei der **Strafaussetzung zur Bewährung**. Erst die in dem Verlauf der Bewährungszeit Rechnung tragende, auf Widerruf oder Erlass der Strafe lautende Nachtragsentscheidung vervollständigt das Urteil, dessen Gehalt zunächst in der Schwebe bleibt (§ 451, 55 f.). In prozessual veränderter Gestalt wird das Erkenntnisverfahren im Vollstreckungsstadium fortgesetzt.[12] Daher kann man das Gericht, das die Nachtragsentscheidungen trifft, als „Vollstreckungsgericht“ bezeichnen, darf es aber jedenfalls nicht als eine Art Vollstreckungsorgan „im weiteren Sinn“ charakterisieren.

10 **3. Gerichtliche Zuständigkeit.** Wegen der (je nach Lage des Falls wechselnden) Zuständigkeit des Gerichts vgl. § 462a, 20 ff. Wird gegen den Verurteilten Freiheitsstrafe vollstreckt, so ist für die Entscheidung über den Widerruf der Strafaussetzung zur Bewährung nach § 462a Abs. 1 Satz 1 die Strafvollstreckungskammer zuständig, in deren Bezirk im Zeitpunkt der zu treffenden Entscheidung die Freiheitsstrafe vollstreckt wird. Dies gilt auch dann, wenn das Gericht des ersten Rechtszuges schon mit der Entscheidung über den Widerruf befasst war. Die Zuständigkeit der Strafvollstreckungskammer verdrängt stets die Zuständigkeit des Gerichts des ersten Rechtszuges. Es gibt insoweit keine Zuständigkeitsfixierung durch Befasstsein des Tatgerichts.[13]

II. Verfahren

11 **1. Aufklärungspflicht des Gerichts.** Das Gericht leitet das Verfahren über die nachträglichen Entscheidungen in der Regel auf einen **Antrag der Staatsanwaltschaft**, die Strafaussetzung zur Bewährung zu widerrufen (§ 56f StGB), die Bewährungszeit zu verlängern (§ 56f Abs. 2 StGB), Anordnungen über Auflagen oder Weisungen nachträglich zu treffen, ändern oder aufzuheben (§§ 56b, 56c, 56e StGB) oder eine Entscheidung über die Unterstellung des Verurteilten unter die Aufsicht und Leitung eines Bewährungshelfers zu treffen, ein. Die Staatsanwaltschaft hat die Tatsachen zur Begründung ihres Antrags dem Gericht mitzuteilen. Das Gericht hat **von Amts wegen** zu prüfen, ob das Ver-

---

11 Vgl. LR/*Schäfer*[24] Einl. Kap. 8 Abschnitt IV.

12 Das alles gilt auch für die Befugnis der Strafvollstreckungskammer (§§ 462a, 463) bei Vollzug von Freiheitsstrafen und freiheitsentziehenden Maßregeln der Besserung und Sicherung, die die Anpassung der im Urteil festgesetzten Rechtsfolgen an die Ergebnisse und Ziele des Resozialisierungs- und Behandlungsvollzugs zum Gegenstand haben.

13 BGH NStZ-RR **2019** 160 Ls.

fahren über nachträgliche Entscheidungen einzuleiten ist, wenn ihm Umstände bekannt werden, die eine nachträgliche Entscheidung gebieten können. Das ist etwa dann der Fall, wenn das Gericht durch Dritte (z. B. Verletzte, eine gemeinnützige Einrichtung, den Bewährungshelfer) Kenntnisse über einen Verstoß gegen Auflagen oder Weisungen erlangt oder wenn der Bewährungshelfer in einem Bericht neue Tatsachen mitteilt, die eine nachträgliche Entscheidung erforderlich machen können. Dem Gericht obliegt eine **umfassende Pflicht zur Aufklärung** aller für die eventuell zu treffende nachträgliche Entscheidung erforderlichen Tatsachen.[14] Der Aufklärungspflicht sind jedoch Grenzen gesetzt. So sind Durchsuchungs- und Beschlagnahmeanordnungen (§§ 94, 102) zur Sachaufklärung im Verfahren nach § 453 Abs. 1 nicht zulässig.[15] Zwar gestattet § 457 Abs. 3 auch im **Vollstreckungsverfahren** strafprozessuale Zwangsmaßnahmen. Diese müssen aber der Festnahme des Verurteilten dienen.[16]

Die **Aufklärungspflicht** obliegt dem Gericht, das die Bewährungsaufsicht führt. 12
Zwar kann das Gericht die Staatsanwaltschaft um Hilfe ersuchen, wenn zu erwarten ist, dass diese über bessere Erkenntnismöglichkeiten verfügt. Es ist aber nicht zulässig, die Bewährungsaufsicht faktisch der Staatsanwaltschaft zu übertragen. Zur Vorbereitung seiner Entscheidung kann sich das Gericht der Gerichtshilfe (§ 463d) bedienen. Dies ist insbesondere vor einer den Verurteilten belastenden nachträglichen Entscheidung in den Fällen angezeigt, in denen kein Bewährungshelfer bestellt ist (§ 463d 2. Hs.).[17]

2. Zulässigkeit mündlicher Verhandlung. Die nachträglichen Entscheidungen er- 13
gehen durch Beschluss, der nach § 34 zu begründen ist, **ohne mündliche Verhandlung**. Die entsprechende Vorschrift in § 309, wonach das Beschwerdegericht über eine Beschwerde ohne mündliche Verhandlung entscheidet, wird z. T. dahin verstanden, dass eine mündliche Verhandlung grundsätzlich nicht stattfinden dürfe.[18] Ob diese Auslegung zutrifft, kann dahingestellt bleiben. Jedenfalls kann sie für § 453 nicht gelten. Er besagt nur, dass es einer der mündlichen Hauptverhandlung im Erkenntnisverfahren mit den ihr eigenen Förmlichkeiten entsprechenden mündlichen Verhandlung nicht bedarf.[19] Denn es kann dem Gericht nicht verwehrt sein, insbesondere bei einer so entscheidenden Maßnahme wie dem Widerruf, durch mündliche Erörterung mit den Beteiligten ein klares Bild über die zu treffende Entscheidung zu erstreben, wenn ihm der Akteninhalt nicht ausreichend zu sein scheint.[20] Dies gebietet unter Umständen schon die dem Gericht obliegende Aufklärungspflicht.

3. Anhörung (Absatz 1 Satz 2)

a) Grundsatz (Satz 2). Satz 2 schreibt zwingend vor, dass der **Angeklagte** und die 14
Staatsanwaltschaft zu hören sind.[21] Die Staatsanwaltschaft wird als Strafverfolgungs-,

---

14 So auch SK/*Paeffgen* 6.
15 KG NJW **1999** 2979.
16 LR/*Menges* Vor § 94, 21; LR/*Graalmann-Scheerer* § 457, 24, 27 ff.
17 *Röttle/Wagner* Rn. 863, 890.
18 So z. B. KK/*Zabeck* § 309, 2; einschränkend Meyer-Goßner/*Schmitt* § 309, 1; LR/*Matt*[26] § 309, 1 ff.; vgl. auch BayObLGSt **1953** 202 = NJW **1954** 204.
19 KK/*Appl* 3; *Bringewat* 9.
20 *Dallinger* JZ **1953** 435; *Eb. Schmidt* Nachtr. I 4; KK/*Appl* 5; KMR/*Stöckel* 16; Meyer-Goßner/*Schmitt* 3; SK/*Paeffgen* 7; weitergehend *Bringewat* (Rn. 10): Bei Widerruf soll das Gericht aufgrund des Fairnessgebots zu einer mündlichen Erörterung verpflichtet sein; vgl. auch Rn. 16 ff.
21 KK/*Appl* 5; *Bringewat* 11.

nicht als Strafvollstreckungsbehörde tätig.[22] Der Begriff „Angeklagter" wird hier nicht im Sinne von § 157 gebraucht, sondern als **zusammenfassender Begriff,** und zwar für den Verurteilten, soweit es sich um die Strafaussetzung zur Bewährung handelt, für den „Verwarnten" (§ 59b Abs. 2 StGB), der – unbeschadet des § 465 Abs. 1 Satz 2 – nicht „Verurteilter" ist,[23] solange er nicht zu der vorbehaltenen Strafe rechtskräftig verurteilt ist. Zu den Anhörungsberechtigten gehören nicht der Nebenkläger und der beauftragte Gerichtshelfer.[24] Vor Entscheidungen, die infolge der Aussetzung der Jugendstrafe erforderlich werden (§§ 22, 23, 24, 26, 26a JGG) ist auch der Bewährungshelfer zu hören (§ 58 Abs. 1 Satz 2 JGG).

15 **Hören** bedeutet hier – wie auch sonst – nur, dass dem Gehörsberechtigten von dem der Entscheidung zugrunde liegenden Sachverhalt Kenntnis und ihm darüber hinaus Gelegenheit zu geben ist, sich dazu zu äußern.[25] In einer Hauptverhandlung wird sich der Berechtigte regelmäßig mündlich äußern; in Verfahren, die ohne mündliche Verhandlung durch Beschluss beendet werden, wird er seinen Standpunkt dagegen im Allgemeinen schriftlich darlegen. Der Verurteilte muss dem Anhörungsschreiben des Gerichts eindeutig entnehmen können, welche konkrete Entscheidung es zu treffen beabsichtigt. Die bloße Angabe mehrerer Aktenzeichen des Gerichts reicht nicht aus, sofern sich nicht aus dem Inhalt des Anhörungsschreibens für den Verurteilten eindeutig ergibt, dass eine Anhörung zu allen mit Aktenzeichen aufgeführten Bewährungssachen mit dem betreffenden Schreiben erfolgt.[26]

b) Mündliche Anhörung (Satz 4)

16 **aa) Grundsatz.** Nach Absatz 1 Satz 4, der durch das 23. StRÄndG[27] eingefügt worden ist, soll das Gericht, sofern es über einen Widerruf der Strafaussetzung wegen Verstoßes gegen Auflagen oder Weisungen zu entscheiden hat, dem Verurteilten Gelegenheit zur mündlichen Anhörung geben. Der Gesetzgeber hat mit der Einführung der Sollvorschrift die Erwartung verbunden, dass es bei einem Auflagen- oder Weisungsverstoß fortan aufgrund der mit der mündlichen Anhörung des Verurteilten verbundenen Aufklärungsmöglichkeit seltener als bis dahin zum Widerruf der Aussetzung nach § 56f Abs. 1 Nr. 2 und 3 StGB kommt.[28] Zwar steht es grundsätzlich im **Ermessen** des Gerichts, ob es dem Verurteilten rechtliches Gehör durch unmittelbare Anhörung oder auf andere Weise gewährt. Allerdings führt die Sollvorschrift regelmäßig zu einer **Ermessensreduzierung auf Null,** wenn und soweit nicht ausgeschlossen werden kann, dass eine mündliche Anhörung des Verurteilten zur Aufklärung des Sachverhalts beitragen wird.[29] Da Letzteres in aller Regel der Fall sein dürfte, ist die mündliche Anhörung des Verurteilten **zwin-**

---

22 LG München NStZ **1981** 453; LG Dortmund NStZ **1988** 381; *Katholnigg* NStZ **1982** 195; *Engel* NStZ **1987** 110; KK/*Appl* 5; KMR/*Stöckel* 11; Meyer-Goßner/*Schmitt* 5; SK/*Paeffgen* 5; *Bringewat* 12.

23 Vgl. auch KK/*W. Müller*[2] 2.

24 KMR/*Stöckel* 11; Meyer-Goßner/*Schmitt* 3; SK/*Paeffgen* 5; *Bringewat* 12; *Rahn* NJW **1976** 838.

25 BVerfGE **34** 7; *Wendisch* JR **1989** 169.

26 OLG Hamm NStZ-RR **2015** 182.

27 BGBl. 1986 I S. 1986.

28 BTDrucks. **10** 2720 S. 14; vgl. zur Neuregelung *Greger* JR **1986** 354 f.; *Dölling* NJW **1987** 1048; OLG Düsseldorf StV **1987** 257; OLG Stuttgart MDR **1987** 342; KG JR **1988** 39.

29 OLG Frankfurt NStZ-RR **1996** 92 mit Anm. *Kropp* NStZ **1998** 536; NStZ-RR **2003** 199; OLG Hamm NStZ **1987** 247; LG Freiburg StV **1987** 540; LG Bonn NStZ **1986** 574; KG JR **1988** 39; LG Berlin NStZ **1989** 245; OLG Stuttgart NStZ **1987** 43; OLG Düsseldorf NStZ **1988** 243; LG Zweibrücken StV **2000** 213; LG Hamburg StraFo **2002** 275; OLG Karlsruhe StV **2003** 344; VRS **101** (2001) 433; OLG Schleswig SchlHA **2007** 292; **2003** 194.

gend,[30] es sei denn, dass besondere schwerwiegende Gründe im Einzelfall entgegenstehen.[31] Der Verurteilte ist auch dann mündlich anzuhören, wenn das Gericht erwägt, einen Widerrufsantrag der Staatsanwaltschaft abzulehnen. Denn auch in einem solchen Fall kann nicht ausgeschlossen werden, dass eine mündliche Anhörung zur weiteren Aufklärung des Sachverhalts beitragen und zu einer anderen als der ursprünglichen rechtlichen Bewertung führen wird.[32] Die Entscheidung über den Widerruf der Strafaussetzung zur Bewährung wegen eines Auflagen- bzw. Weisungsverstoßes ohne Durchführung einer mündlichen Anhörung des Verurteilten stellt einen schwerwiegenden Verfahrensmangel dar, der zur Aufhebung der angefochtenen Entscheidung und zur Zurückverweisung führt.[33]

bb) Absehen von der mündlichen Anhörung. Ein **Absehen von der mündlichen Anhörung** des Verurteilten ist dann zulässig, wenn er unbekannten Aufenthaltes oder untergetaucht ist.[34] Allerdings ist das Gericht zunächst gehalten, zumutbare Nachforschungen nach dessen aktuellem Aufenthaltsort anzustellen. Eine Nachfrage bei dem Einwohnermeldeamt des letzten bekannten Wohnsitzes des Verurteilten reicht regelmäßig nicht aus. Das Gericht wird vielmehr ggf. über die Staatsanwaltschaft als Strafverfolgungsbehörde zu klären haben, ob neue Ermittlungsverfahren gegen den Verurteilten im Bundesgebiet anhängig sind und nach Mitteilung der Aktenzeichen neuer Ermittlungsverfahren, die die Staatsanwaltschaft durch die Einholung einer Auskunft aus dem länder- übergreifenden staatsanwaltschaftlichen Verfahrensregister festgestellt hat, die entsprechenden Akten anzufordern und auszuwerten haben,[35] um Erkenntnisse über eine ladungsfähige Anschrift des Verurteilten zu erlangen. Die Staatsanwaltschaft darf die Aktenzeichen neuer Ermittlungsverfahren, nicht aber die von ihr eingeholte Auskunft aus dem zentralen staatsanwaltschaftlichen Verfahrensregister dem Gericht mitteilen, denn ansonsten würde § 492 Abs. 3 Satz 2 unterlaufen werden.[36] 17

Ein Absehen von der mündlichen Anhörung ist des Weiteren dann zulässig, wenn der Verstoß gegen Auflagen oder Weisungen als Widerrufsgrund (§ 56f Abs. 1 Nr. 2 und 3 StGB) neben der Begehung einer neuen Straftat des Verurteilten in der Bewährungszeit (§ 56f Abs. 1 Nr. 1 StGB) oder in dem Zeitraum nach § 56f Abs. 1 Satz 2 StGB nicht ins Gewicht fällt.[37] 18

Auch bei einem eindeutig und uneingeschränkt erklärtem **wirksamen Verzicht** des **Verurteilten** auf sein Anhörungsrecht darf das Gericht **ausnahmsweise** von der mündlichen Anhörung absehen.[38] Bei Zweifeln, ob ein wirksamer Verzicht des Verurteilten vorliegt, muss sich das Gericht die Überzeugung verschaffen, ob der Verurteilte tatsächlich nicht mündlich angehört werden will.[39] Lassen sich bestehende Zweifel nicht sicher ausräumen, so ist die mündliche Anhörung des Verurteilten geboten. Eine einseitige 19

---

30 OLG Hamm Beschl. vom 28.3.2017 – III–2 Ws 38/17.

31 OLG München StV **2009** 540 zu Weisungs- und Auflagenverstößen; LG Kleve Beschl. vom 20.8.2012 – 120 Qs 71/12; OLG Stuttgart Beschl. vom 29.1.2019 – 4 Ws 12/19; OLG Hamburg StV **2015** 230 Ls.; KG StV **2018** 360 Ls.; OLG Hamm Beschl. vom 28.2.2017 – 1 Ws 111-113/17.

32 OLG Jena NStZ **1998** 216.

33 OLG Hamm Beschl. vom 28.3.2018 – III–2 Ws 38/17.

34 OLG Bremen MDR **1976** 865; OLG Düsseldorf NStZ **1996** 152.

35 LR/*Hilger*[25] § 492, 40.

36 LR/*Hilger*[25] § 492, 26.

37 OLG Hamm NStZ **1987** 247; OLG Stuttgart NStZ **1987** 43; OLG Düsseldorf NStZ **1988** 243; OLG Koblenz MDR **1988** 992; LG Bonn NStZ **1986** 574; LG Berlin NStZ **1989** 245.

38 OLG Karlsruhe StV **2003** 344; LG Zweibrücken VRS **120** (2011) 338.

39 OLG Düsseldorf NStZ **1988** 243; OLG Frankfurt NStZ-RR **1996** 91; OLG Karlsruhe StV **2003** 344.

Ankündigung des Gerichts zum Verfahrensablauf, auf den der Verurteilte keinen Einfluss nehmen kann, genügt nicht, um einen ausdrücklichen Verzicht auf das Anhörungsrecht annehmen zu können.[40]

20 Das Gericht **darf** von der mündlichen Anhörung auch **nicht** deshalb **absehen**, weil es schon einmal eine Anhörung vorgenommen hat, wenn seither ein längerer Zeitraum verstrichen ist. Das gilt gleichermaßen, wenn dem Verurteilten im Rahmen seiner mündlichen Anhörung vor der Entscheidung über den Widerruf wegen Auflagen- oder Weisungsverstoßes eine Frist zur Erfüllung von Bewährungsauflagen nachgelassen wird und die erteilte Auflage wiederum nicht erfüllt wurde.[41] Ergeben sich entscheidungserhebliche neue Tatsachen nach bereits erfolgter mündlicher Anhörung, so darf das Gericht diese seiner Entscheidung nicht zugrunde legen, ohne den Verurteilten erneut hierzu mündlich angehört zu haben.[42] Das gilt umso mehr, wenn das Verhalten nach der früheren mündlichen Anhörung bei der Entscheidung berücksichtigt werden soll.[43] Schließlich kann die mündliche Anhörung auch nicht davon abhängig gemacht werden, dass der Verurteilte der Aufforderung des Gerichts, einen eventuellen Wunsch auf mündliche Anhörung dem Gericht mitzuteilen, nicht nachgekommen ist.[44]

21 **cc) Ladung.** Das Gericht hat den Verurteilten zu dem Termin zu seiner mündlichen Anhörung zu **laden.**[45] Es reicht nicht aus, dem Verurteilten Gelegenheit zur schriftlichen Äußerung oder Stellung eines schriftlichen Antrags auf eine mündliche Anhörung binnen einer vom Gericht bestimmten Frist zu geben.[46] Es reicht auch nicht aus, dem Verurteilten unter Angabe von Anschrift und Telefonnummer der Geschäftsstelle des Gerichts mitzuteilen, er könne innerhalb einer Frist einen Termin für eine mündliche Anhörung vereinbaren.[47] Zwar schreibt das Gesetz für die Ladung **keine Form** vor. Es versteht sich aber von selbst, dass eine Ladung zum Termin zur mündlichen Anhörung **schriftlich** zu erfolgen hat. Wenn auch die Ladung nicht nach § 35 Abs. 2 Satz 1 der Zustellung bedarf, so empfiehlt es sich gleichwohl, diese dem Verurteilten zuzustellen und nicht bloß formlos mitzuteilen. Denn dem Verfahrenserfordernis der mündlichen Anhörung des Verurteilten ist nach Absatz 1 Satz 4 nur dann genüge getan, wenn der Verurteilte auch tatsächlich Kenntnis von dem Termin nehmen konnte. Dieser Nachweis kann in aller Regel nur durch eine Zustellung der Ladung erbracht werden. Bleibt der Verurteilte im Falle einer ordnungsgemäßen – zugestellten – Ladung sodann dem Anhörungstermin fern, so ist dem Erfordernis von Absatz 1 Satz 4 hinreichend Rechnung getragen worden. Legt der Verurteilte dem Gericht eine aktuelle Arbeitsunfähigkeitsbescheinigung oder eine sonstige ärztliche Bescheinigung rechtzeitig vor, aus der hervorgeht, dass er infolge einer Erkrankung den anberaumten Anhörungstermin nicht wird wahrnehmen können, so darf das Gericht nicht in der Sache entscheiden, sondern muss einen neuen Anhörungstermin festsetzen.[48]

---

40 LG Saarbrücken StV **2011** 169.
41 OLG München StV **2012** 481 Ls.
42 KG StV **2018** 360 Ls.; OLG Stuttgart Beschl. vom 29.1.2019 – 4 Ws 12/19.
43 OLG Düsseldorf VRS **84** (1993) 345; OLG Stuttgart Beschl. vom 29.1.2019 – 4 Ws 12/19; OLG München StV **2014** 493 Ls.
44 LG Berlin NStZ **1989** 245; OLG Hamburg StV **2015** 230 Ls.
45 LG Saarbrücken StV **2000** 564; OLG Karlsruhe StV **2003** 344.
46 LG Hamburg StraFo **2002** 275.
47 OLG Hamburg StV **2015** 230 Ls.
48 LG Zweibrücken VRS **105** (2003) 220.

dd) Teilnahmeberechtigte. Hat der Verurteilte einen gewählten oder bestellten[49] **Verteidiger**, so ist das Gericht gehalten, diesen von dem anberaumten Termin zur mündlichen Anhörung des Verurteilten zu **benachrichtigen**, damit er Gelegenheit hat, seinem Mandanten bei der mündlichen Anhörung mit anwaltlichem Rat beizustehen. Auch der **Staatsanwaltschaft** ist der Termin zur mündlichen Anhörung rechtzeitig mitzuteilen, denn deren Teilnahme kann im Einzelfall durchaus angebracht sein. 22

Ob die Teilnahme des **Bewährungshelfers** an der mündlichen Anhörung sinnvoll ist, hat das Gericht im Einzelfall zu entscheiden. Eine Teilnahme liegt insbesondere dann nahe, wenn das Gericht sich von ihm weitere **Aufklärung** erwartet und seine **Unterstützung** bei einer erwogenen nachträglichen Anordnung oder Abänderung von weiteren Auflagen oder Weisungen (§§ 56e, 56f Abs. 2 Nr. 1 StGB) erforderlich werden wird. 23

Die Ladung von **Dritten** (z. B. Angehörigen, Lebensgefährten, Arbeitgeber, Betreuer) kann in Betracht kommen, sofern sie zur weiteren **Aufklärung** mutmaßlich beitragen können.[50] Hat das Gericht Anhaltspunkte aus den Akten, etwa durch einen schriftlichen Bericht des Bewährungshelfers oder durch entsprechendes Vorbringen des Verurteilten oder seines Verteidigers, so wird es sich damit nicht begnügen dürfen, sondern sich selbst ein vollständiges Bild über den Verlauf der Bewährung machen müssen.[51] 24

ee) Ausbleiben. Kommt der Verurteilte einer Ladung zur mündlichen Anhörung nicht nach, kann das Gericht sein Erscheinen nicht erzwingen. Eine **Vorführung** ist nicht zulässig.[52] Zwar sah der Regierungsentwurf eine solche Möglichkeit in einem Satz 4 ausdrücklich vor.[53] Jedoch hat der Rechtsausschuss von der Übernahme dieses Vorschlags abgesehen, weil er eine solche Zwangsmaßnahme für nicht angemessen hielt.[54] Für die Frage, ob für das Ausbleiben des Verurteilten im Termin zur mündlichen Anhörung beachtliche Gründe vorgetragen oder solche erkennbar sind, kommt es nicht darauf an, dass sich der Verurteilte selbst genügend entschuldigt hat, sondern dass er tatsächlich entschuldigt ist. Das Gericht ist im Rahmen der ihm obliegenden Aufklärungspflicht verpflichtet, bei entsprechenden Anhaltspunkten Nachforschungen anzustellen.[55] 25

4. Zuziehung eines Sachverständigen (Absatz 1 Satz 3) zur Stärkung der Rechte von Opfern sexuellen Missbrauchs

a) Zweck der Regelung. Der Referentenentwurf des BMJ und auch der Gesetzentwurf der Bundesregierung[56] sahen keine Änderung des § 453 vor. Erst auf die Beschlussempfehlung des BTRAussch. wurden § 246a und in dessen Folge für das Verfahren über nachträgliche Entscheidungen über die Strafaussetzung zur Bewährung oder Verwarnung mit Strafvorbehalt § 453 Abs. 1 geändert. Nach dem neuen § 246a Abs. 2 soll ein Sachverständiger über den Zustand des Angeklagten und dessen Behandlungsaussichten vernommen wer- 26

---

49 Vgl. zu den Voraussetzungen im Widerrufsverfahren LR/*Jahn* § 140, 115 ff., 118, 121.

50 *Boetticher* NStZ **1991** 1, 3 ff.

51 *Boetticher* NStZ **1991** 1, 5.

52 OLG Hamm MDR **1975** 775; OLG Düsseldorf NStZ **1987** 524; **1988** 243; OLG Celle StV **1988** 259; *Wegener* MDR **1981** 620; KK/*Appl* 3; *Bringewat* 16.

53 Er lautete: Ist der Verurteilte zur mündlichen Anhörung unter der Androhung geladen, dass im Falle des Ausbleibens seine Vorführung erfolgen werde, so kann das Gericht die Vorführung des nicht erschienenen Verurteilten anordnen.

54 Beschlussempfehlung und Bericht des Rechtsausschusses vom 27.11.1985, BTDrucks. **10** 4391: Zu Art. 2 Nr. 1 (§ 453 Abs. 1 StPO), S. 19.

55 LG Braunschweig Beschl. vom 11.12.2017 – 8 Qs 802 Js 7817/14 (197/17).

56 BTDrucks. **17** 6261.

den, soweit dies erforderlich ist, um festzustellen, ob der Angeklagte einer solchen Betreuung und Behandlung bedarf, wenn Anklage wegen einer in § 181b StGB genannten Straftat – also wegen einer Straftat nach den §§ 174 bis 174c, 176 bis 180, 181a und 182 StGB – zum Nachteil eines Minderjährigen erhoben worden ist und die Erteilung einer Therapieweisung in Betracht kommt. Durch den Verweis in Absatz 1 Satz 3 auf § 246a Abs. 2 findet diese Regelung auch in Verfahren bei nachträglichen Entscheidungen über die Strafaussetzung zur Bewährung oder Verwarnung mit Strafvorbehalt entsprechende Anwendung.[57]

27 **b) Voraussetzungen für die Einholung eines Sachverständigengutachtens.** Die Regelung des Absatzes 1 Satz 3 soll sicherstellen, dass die Soll-Vorschrift des § 246a Abs. 2 auch für die **Begutachtung von Verurteilten** gilt, die wegen einer in § 181b StGB genannten Straftat zum Nachteil eines Minderjährigen verurteilt wurden und für die eine **nachträgliche Therapieweisung** im Rahmen einer **laufenden Bewährung** (Absatz 1 Satz 1) oder im Hinblick auf eine bestehende, insbesondere kraft Gesetzes angeordnete **Führungsaufsicht** (§ 463 Abs. 2 i. V. m. § 453 Abs. 1) in Betracht kommt. Der **Anwendungsbereich des Absatzes 1 Satz 3** ist damit erst dann eröffnet, wenn die zunächst durch den Beschluss nach § 268a getroffenen Entscheidungen wegen **nachträglich eingetretener Umstände zu ändern** sind oder über den Widerruf der Strafaussetzung (§ 56f Abs. 1 und 2 StGB), den Straferlass oder dessen Widerruf (§ 56g StGB) zu entscheiden ist oder wenn bei einer Verwarnung mit Strafvorbehalt die Änderung von Weisungen (§ 59a Abs. 2 StGB) zu entscheiden ist. **Hauptanwendungsfälle** werden die **nachträgliche Erteilung einer Therapieweisung nach § 56c StGB** in Fällen der Strafaussetzung zur Bewährung (Absatz 1), **der Strafrestaussetzung** (§ 454 Abs. 4 Satz 1 i. V. m. § 453 Abs. 1 Satz 3) sowie im Rahmen der **Führungsaufsicht** (§ 463 Abs. 2 i. V. m. § 453 Abs. 1 Satz 3) sein. Die **Neuregelung** in Absatz 1 Satz 3 führt für das Gericht eine **Pflicht zur Einholung eines Sachverständigengutachtens vor** einer **nachträglichen Therapieweisung** in **allen Fällen** ein, in denen der Verurteilte wegen einer in § 181b StGB genannten Straftat zum Nachteil eines Minderjährigen verurteilt worden ist. Dabei stehen **spezialpräventive Erwägungen** im Vordergrund, denn mit Hilfe des Sachverständigen soll das Gericht klären, ob der Verurteilte einer Betreuung und Behandlung im Rahmen einer Therapieweisung während der Bewährungszeit bedarf.[58]

28 **aa) Anklage wegen einer in § 181b StGB genannten Straftat zum Nachteil eines Minderjährigen.** Während § 246a Abs. 2 auf eine **Anklageerhebung** wegen einer in § 181b StGB genannten Straftat zum Nachteil eines Minderjährigen als Voraussetzung für die Vernehmung eines Sachverständigen abstellt, stellt sich in Fällen von Absatz 1 Satz 3 die Frage, ob in dem Verfahren, in dem die Strafaussetzung zur Bewährung gewährt worden ist, Voraussetzung eine **Verurteilung wegen einer in § 181b StGB genannten Straftat** ist oder ob eine entsprechende Anwendung von § 246a Abs. 2 auch solche Fälle erfasst, in denen keine Verurteilung wegen einer Anlasstat nach § 181b StGB vorliegt, gegen den Verurteilten aber während des Laufs der Bewährungszeit in einem neuen Verfahren Anklage wegen einer in § 181b StGB genannten Straftat erhoben worden ist. Der Wortlaut von Absatz 1 Satz 3 steht einer solchen Auslegung nicht entgegen. Allerdings kann der Beschlussempfehlung des BTRAussch. nichts dafür entnommen werden, dass der Gesetzgeber diese Fallkonstellation im Blick hatte.[59] Der Normzweck hingegen legt es nahe, die Soll-Regelung des § 246a Abs. 2 auch auf diese Fallkonstellationen zu

57 BTDrucks. **17** 6261 S. 22.
58 BTDrucks. **17** 12735 S. 21.
59 BTDrucks. **17** 12735 S. 22.

erstrecken. Dessen ungeachtet hat das die Bewährungsaufsicht führende Gericht aber ohnehin aufgrund der ihm obliegenden **umfassenden Pflicht zur Aufklärung**[60] bei der eventuell zu treffenden nachträglichen Entscheidung, ob die Einholung eines Sachverständigengutachtens geboten ist, weil ggf. eine **Therapieweisung** in Betracht kommt, von Amts wegen alle erforderlichen Umstände stets zu prüfen.

bb) Erforderlichkeit. Der Einholung eines Sachverständigengutachtens bedarf es bei **Vorliegen einer (neuen) Anlasstat** nur dann, soweit dies erforderlich ist, um festzustellen, ob der Verurteilte einer psychiatrischen, psycho- oder sozialtherapeutischen Betreuung und Behandlung (**Therapieweisung**) bedarf. Der Sachverständige soll dem Gericht Rat und Hilfe geben, ob eine solche Weisung überhaupt angezeigt ist und wie sie ggf. ausgestaltet sein sollte, um eine bestmögliche Betreuung und Behandlung für den Verurteilten zu gewährleisten. 29

cc) Zeitpunkt für die Beauftragung des Sachverständigen. Einen bestimmten Zeitpunkt für die Beauftragung des Sachverständigen schreibt das Gesetz nicht vor. Nach dem Sinn und Zweck von § 246a Abs. 2 StGB und mit Blick auf die ihm obliegende Aufklärungspflicht ist das Gericht gehalten, einen Sachverständigen zu beauftragen, sobald Anlass für die Prüfung besteht, ob dem Verurteilten eine nachträgliche **Therapieweisung** erteilt werden soll. Ein solcher Anlass muss sich aufgrund **bestimmter Tatsachen** ergeben (z. B. Bericht des Bewährungshelfers, eigene Angaben des Verurteilten, neues (einschlägiges) Ermittlungsverfahren). 30

dd) Anhörung des Sachverständigen (Absatz 1 Satz 3 i. V. m. § 454 Abs. 2 Sätze 3 und 4). Der Sachverständige ist **grundsätzlich** bei nachträglichen Entscheidungen über die Strafaussetzung zur Bewährung oder Verwarnung mit Strafvorbehalt **mündlich zu hören**. Eine schriftliche Gutachtenerstattung reicht nicht aus. Vielmehr ist das Gericht verpflichtet, ihn – ebenso wie die Staatsanwaltschaft und den Verurteilten (Absatz 1 Satz 2) – **mündlich zu hören** (Absatz 1 Satz 3 i. V. m. § 454 Abs. 2 Satz 3). Nur wenn der Verurteilte, sein Verteidiger **und** die Staatsanwaltschaft auf eine **mündliche Anhörung des Sachverständigen verzichten**,[61] darf das Gericht ausnahmsweise davon absehen. Es ist dazu aber nicht verpflichtet. Sofern es die Anhörung des Sachverständigen trotz eines wirksamen Verzichts im Rahmen der Aufklärungspflicht für geboten hält, hört es ihn mündlich an, wobei dann auch dem Verurteilten, dessen Verteidiger und der Staatsanwaltschaft Gelegenheit zur Teilnahme zu geben ist. 31

c) Verfahrensmängel im Zusammenhang mit der Beauftragung und Anhörung des Sachverständigen nach Absatz 1 Satz 3 i. V. m. § 246a Abs. 2, § 454 Abs. 2 Satz 3 und 4 können auf eine (sofortige) Beschwerde des Verurteilten oder der Staatsanwaltschaft (Absatz 2) zur Aufhebung des angefochtenen Beschlusses sowie zur Zurückverweisung führen. Ein solcher Verfahrensmangel kann dann vorliegen, wenn das Gericht zu Unrecht eine Anlasstat angenommen hat oder von der Einschaltung eines Sachverständigen nach Absatz 1 Satz 3 i. V. m. § 246a Abs. 2 abgesehen hat, obwohl es dazu verpflichtet gewesen wäre. Ebenso stellt eine unterlassene mündliche Anhörung des Sachverständigen ohne wirksame Verzichtserklärung des Verurteilten, seines Verteidigers und der Staatsanwaltschaft stets einen Verfahrensmangel dar, der das Beschwerdegericht zur Aufhebung der angefochtenen Entscheidung und zur Zurückverweisung nötigt. 32

---

60 Rn. 11.

61 BTDrucks. **17** 12735 S. 22; vgl. § 454, 62 f. zur Wirksamkeit von Verzichtserklärungen.

5. Unterrichtung des Bewährungshelfers (Absatz 1 Satz 5)

33 **a) Zweck.** Der **Zweck der Erweiterung** des Satzes 5 besteht darin, dass das Gericht die ihm aus anderen Strafverfahren bekannt gewordenen Erkenntnisse dem zuständigen Bewährungshelfer mitteilen soll, wenn dies für den Zweck der Bewährungsaufsicht angezeigt erscheint. Durch die Ergänzung des Satzes 5 wird klargestellt, dass auch die nach § 477 Abs. 2 Nr. 1 und 3 übermittelten personenbezogenen Informationen, die dem für die Überwachung des Verurteilten während der Bewährungsaufsicht zuständigen Gericht übermittelt werden, der Zweckbindung des § 477 Abs. 1 unterliegen. Sie dürfen daher nur für die von dem Gericht zu treffenden Entscheidungen verwendet werden.[62] Die Erweiterung ist erforderlich geworden, weil nach der bisherigen Regelung für das Gericht gegenüber dem bestellten Bewährungshelfer nur dann eine Pflicht zur Unterrichtung bestand, wenn eine Entscheidung über den Widerruf der Strafaussetzung oder den Straferlass in Betracht kam, nicht aber in solchen Fällen, in denen eine Unterrichtung des Bewährungshelfers aufgrund des Zwecks der Bewährungsaufsicht im Übrigen angezeigt war. Eine möglichst frühzeitige Unterrichtung des Bewährungshelfers über bewährungsrelevante Erkenntnisse ist aber angebracht, um unter Umständen zeitgerecht intervenieren zu können und ggf. durch Änderung von Auflagen oder Weisungen einen ansonsten wahrscheinlichen Bewährungswiderruf zu vermeiden.

b) Umfang der Unterrichtung

34 **aa) Erkenntnisse aus anderen Verfahren.** Die Pflicht zur Unterrichtung des Bewährungshelfers durch das Gericht bezieht sich auf **Erkenntnisse aus anderen Strafverfahren.** Unter dem Begriff „Strafverfahren" ist das gesamte Verfahren einschließlich der Vollstreckung zu verstehen.[63] Die Unterrichtungspflicht umfasst mithin alle für den Zweck der Bewährungsaufsicht bedeutsamen Vorgänge, unabhängig von deren Verfahrensstand. Es dürfen damit Erkenntnisse aus jeder Lage eines anderen Verfahrens, von der Einleitung des Ermittlungsverfahrens bis zum Abschluss des Vollstreckungsverfahrens dem Bewährungshelfer übermittelt werden. Über Änderungen der persönlichen oder wirtschaftlichen Verhältnisse des Verurteilten, neue Ermittlungsverfahren gegen ihn, Umstände, aus denen sich ein Verstoß gegen eine Auflage nach § 56b StGB oder gegen eine Weisung nach § 56c StGB ergeben, soll das Gericht den Bewährungshelfer in Kenntnis setzen.

35 **bb) Zweckbindung.** Die Unterrichtung über Erkenntnisse aus anderen Strafverfahren an den Bewährungshelfer unterliegt einer engen **Zweckbindung.** Das Gericht soll ihn nur dann unterrichten, wenn der Zweck der Bewährungsaufsicht dies angezeigt erscheinen lässt. Damit wird klargestellt, dass nicht jede Information aus anderen Verfahren an den Bewährungshelfer weitergegeben werden darf, sondern nur eine solche, die den Zweck der Bewährungsaufsicht berührt. Dieser besteht darin, den Verurteilten von (neuen) Straftaten abzuhalten (§ 56d Abs. 1 StGB), wobei der Bewährungshelfer seine Funktion der Aufsicht und Leitung in erster Linie so ausübt, dass er dem Verurteilten helfend und betreuend zur Seite steht (§ 56d Abs. 3 StGB). Das Gericht soll daher den Bewährungshelfer über alle diejenigen Erkenntnisse unterrichten, die dieser im Rahmen seines gesetzlichen Auftrags für die fürsorgerische Betreuung des Verurteilten (z. B. hinsichtlich der Familien- oder Wohnungssituation, des Arbeitsplatzes, der Ausbildung) sowie für die Überwachung der Erfüllung von Auflagen oder Weisungen sowie Anerbieten und Zusagen benötigt.

---

62 BTDrucks. **13** 4709 S. 30.
63 BTDrucks. **13** 4709 S. 30.

c) Zeitpunkt der Unterrichtung. Zu dem **Zeitpunkt der Unterrichtung** verhält sich das Gesetz nicht. Es versteht sich von selbst, dass das Gericht alsbald nach Erlangung der bewährungsrelevanten Erkenntnisse aus anderen Strafverfahren den Bewährungshelfer unterrichten soll. Nur durch eine zeitnahe Unterrichtung wird hinreichend sichergestellt, dass die gewonnenen Erkenntnisse im Rahmen der Bewährungsaufsicht frühzeitig berücksichtigt werden können. 36

d) Form der Unterrichtung. Satz 5 schreibt keine bestimmte **Form der Unterrichtung** vor. Die Unterrichtung erfolgt daher formlos. Sie kann mündlich oder fernmündlich vorgenommen werden. Allerdings dürfte es sich empfehlen, die Unterrichtung **schriftlich** vorzunehmen, um zum einen die übermittelten Erkenntnisse in den Akten zu dokumentieren und um zum anderen Missverständnisse bei der Unterrichtung zu vermeiden. Die Unterrichtung kann auch durch Übersendung einer Ablichtung aus den Akten eines anderen Strafverfahrens erfolgen, soweit sich daraus die bewährungsrelevanten Umstände ergeben. 37

e) Unterlassene Unterrichtung. Eine **unterlassene Unterrichtung** des Bewährungshelfers über Erkenntnisse aus anderen Verfahren hat keine verfahrensrechtlichen Auswirkungen. Sofern eine Entscheidung über den Widerruf der Strafaussetzung in Betracht kommt, ist eine Unterrichtung des Bewährungshelfers obligatorisch. 38

III. Entscheidung

1. Beschleunigungsgebot. Im Verfahren über den Widerruf ist der Verurteilte stets **zeitnah** zur Entscheidung des Gerichts zu hören. Es gilt auch in diesem Verfahren das **Beschleunigungsgebot**. Liegen zwischen der Anhörung des Verurteilten und der Entscheidung des Gerichts mehr als vier Monate, so kann die Anhörung nicht mehr Grundlage für die gerichtliche Entscheidung sein.[64] Im Einzelfall kann auch ein kürzerer Zeitraum zwischen (mündlicher) Anhörung und Entscheidung des Gerichts schon eine erneute Gewährung rechtlichen Gehörs erforderlich machen, denn es kann regelmäßig nicht ausgeschlossen werden, dass sich in dem Zeitraum zwischen der Anhörung des Verurteilten und der Entscheidung des Gerichts neue Umstände ergeben haben, die eine andere Entscheidung gebieten können. Eine Verletzung des Beschleunigungsgebots führt daher im Falle einer Anfechtung der Entscheidung in aller Regel zu deren Aufhebung und zur Zurückverweisung an das Erstgericht, das hinsichtlich der zwischenzeitlich eingetretenen Entwicklung des Verurteilten den Sachverhalt aufzuklären haben und ihn hierzu erneut anzuhören haben wird. 39

2. Begründungserfordernisse. Die nachträglichen Entscheidungen ergehen stets durch **Beschluss** (Absatz 1 Satz 1). Dieser ist mit Gründen zu versehen (§ 34). Die konkreten **inhaltlichen Anforderungen** ergeben sich aus dem jeweiligen Entscheidungsgegenstand.[65] Die Begründung muss den Verurteilten und die Staatsanwaltschaft als **Anfechtungsberechtigte** (§ 296 Abs. 1) in die Lage versetzen, ihr weiteres Prozessverhalten auf die Meinung des Gerichts einzustellen. Ferner muss die Begründung dem Beschwerdegericht ermöglichen, nachzuprüfen, ob das Gericht von zutreffenden Erwägungen ausgegangen ist. Die Tatsachen, die belegen sollen, dass der Verurteilte durch die Bege- 40

64 OLG Hamm StV **2001** 413.
65 LR/*Graalmann-Scheerer* § 34, 10.

hung einer neuen Straftat in der Bewährungszeit die Erwartung, die der Strafaussetzung zugrunde lag, nicht erfüllt hat (§ 56f Abs. 1 Nr. 1 StGB) bzw. dass er bei dem Widerrufsgrund des § 56f Abs. 1 Nr. 2 StGB durch einen gröblichen oder beharrlichen Verstoß gegen Weisungen oder bei beharrlicher Entziehung der Aufsicht und Leitung des Bewährungshelfers Anlass zu der Besorgnis neuer Straftaten gibt, sind auf den Einzelfall bezogen konkret darzulegen. Gegen die Verwendung von Vordrucken und Dokumentvorlagen bestehen grundsätzlich keine Bedenken.[66] Allerdings dürfen sich die Entscheidungsgründe nicht auf die bloße Wiedergabe des Gesetzestextes[67] oder allgemeine oder formelhafte Ausführungen ohne Fallbezug beschränken.

41 **Mängel der Begründung** führen, soweit der Sachverhalt hinreichend aufgeklärt und das Verfahren im Übrigen nicht mit Fehlern behaftet ist, nur ausnahmsweise zur Aufhebung und Zurückverweisung durch das Beschwerdegericht.[68] Grundsätzlich hebt das Beschwerdegericht eine mangelhaft begründete Entscheidung auf die – sofortige – Beschwerde hin zwar auf, setzt aber seine eigene Entscheidung an ihre Stelle (§ 309 Abs. 2). Ist die Entscheidung im Ergebnis nicht zu beanstanden, jedoch die Begründung rechtsfehlerhaft, so nimmt das Beschwerdegericht unter Verwerfung des Rechtsmittels einen **Austausch** der **Begründung** vor.

IV. Rechtsmittel (Absatz 2)

1. Einfache Beschwerde (Sätze 1 und 2)

42 **a) Allgemeines.** Gegen die in Absatz 1 bezeichneten nachträglichen Anordnungen ist nach Absatz 2 Satz 1 **Beschwerde** zulässig. Satz 2 beschränkt diese jedoch dahin, dass mit ihr nur die **Gesetzwidrigkeit** der getroffenen Anordnung oder die **nachträgliche Verlängerung** der Bewährungszeit gerügt werden kann. Der **Grund** für diese Einschränkung ergibt sich aus folgender **Überlegung:** Absatz 2 Satz 2 stimmt – bis auf die Worte „oder daß die Bewährungszeit nachträglich verlängert worden ist" – wörtlich mit § 305a Abs. 1 Satz 2 überein, der die Anfechtbarkeit des Beschlusses regelt, in dem erstmals die auf die Aussetzung zur Bewährung sich beziehenden Anordnungen getroffen worden sind (§ 268a; §§ 56a bis 56d, 59a StGB). Der Sinn des § 453 Abs. 2 Satz 2 geht also dahin, die nachträglichen Änderungen des Auflagenbeschlusses hinsichtlich der Anfechtbarkeit in gleicher Weise zu behandeln wie die ursprünglich im Auflagenbeschluss getroffenen Einzelanordnungen.[69] Die Anfechtbarkeit ist in gleicher Weise beschränkt, als seien die nachträglichen Änderungen bereits im Beschluss nach § 268a enthalten gewesen.

b) Gesetzwidrigkeit (Satz 2, 1. Alt.)

43 **aa) Grundsatz.** Gesetzwidrig ist eine Anordnung, wenn sie im Gesetz nicht vorgesehen, unverhältnismäßig oder unzumutbar ist.[70] Satz 2 gilt, soweit er die Beschwerde auf die Rüge der **Gesetzwidrigkeit der Anordnung** beschränkt, für die nachträgliche Verkürzung der Bewährungszeit bis auf das Mindestmaß (§ 56a Abs. 2 Satz 2 StGB), für

---

66 LR/*Graalmann-Scheerer* § 34, 10 m. w. N.
67 OLG Hamm StV **2001** 413.
68 LR/*Matt*[25] § 309, 14 ff.
69 OLG Düsseldorf MDR **1985** 784.
70 OLG Hamm MDR **1975** 1041; VRS **104** (2003) 372, 374; JMBlNRW **1977** 256; OLG Schleswig SchlHA **1985** 120; OLG Düsseldorf MDR **1990** 743; OLG Dresden StV **2008** 317; OLG Frankfurt NStZ-RR **2006** 327; KK/*Appl* 8; KMR/*Stöckel* 35; Meyer-Goßner/*Schmitt* 12; *Bringewat* 33.

die Nachtragsentscheidungen nach § 56e StGB, die den ursprünglichen mit dem Urteil verkündeten Beschluss des § 268a nachträglich ändern oder aufheben, sowie für Abänderungen, die die Art und Weise der Anrechnung nach § 56f Abs. 2 StGB betreffen.[71]

Die Aufhebung oder Einschränkung von Auflagen, Weisungen und Bewährungshilfe ist, von Verfahrensverstößen abgesehen, **praktisch unanfechtbar.**[72] Die Erteilung von Weisungen und Unterstellung unter einen Bewährungshelfer ist zwar nach dem Gesetzeswortlaut („erteilt Weisungen", § 56c StGB; „unterstellt der Aufsicht ...", § 56d StGB) obligatorisch. Tatsächlich handelt es sich aber nach der Umschreibung der Voraussetzungen („wenn er dieser Hilfe bedarf...", § 56c StGB, „wenn dies angezeigt ist, um.", § 56d StGB) um Ermessensausübung, die nur unter dem Gesichtspunkt der Ermessensüberschreitung (Willkür, Missbrauch) gesetzwidrig sein könnte.[73] Ferner bedarf es der Prüfung, ob der Grundsatz der Verhältnismäßigkeit[74] und der Bestimmtheitsgrundsatz[75] beachtet worden sind. 44

bb) Ergebnis. Praktisch beschränkt sich die Zulässigkeit der **einfachen Beschwerde** wegen materieller Gesetzwidrigkeit auf die nachträgliche Erstanordnung oder die Erweiterung (Verschärfung) bereits angeordneter Bewährungsmaßnahmen. Hier kann z. B. gerügt (die Beschwerde darauf „gestützt")[76] werden, dass die allgemeine Voraussetzung einer nachträglichen Entscheidung – eine gegenüber der Ausgangslage eingetretene oder hervorgetretene Veränderung der Umstände – fehle, dass eine Verschärfung der zunächst getroffenen Maßnahmen zuungunsten des Verurteilten nicht oder nur mit Einschränkungen zulässig sei,[77] dass die Auflage oder Weisung unzumutbar sei (§ 56b Abs. 1 Satz 2, § 56c Abs. 1 Satz 2 StGB), dass der Begriff des Schadens, dessen Wiedergutmachung dem Verurteilten obliegt, verkannt sei (§ 56b Abs. 1 Nr. 1 StGB), dass die nach § 56c Abs. 3 StGB zur Erteilung der Weisung erforderliche Einwilligung des Verurteilten fehle, dass die getroffene Entscheidung grundgesetzwidrig sei, z. B. eine die Berufungsausübung beschränkende Weisung (§ 56c Abs. 2 Nr. 1 StGB) mit Art. 12 GG nicht vereinbar sei.[78] Unberührt bleibt stets die Möglichkeit, wegen Verletzung wesentlicher Verfahrensvorschriften (fehlende Zuständigkeit bei Teilzuständigkeitsübertragung usw.) Beschwerde einzulegen, denn auch sie machen die Anordnung gesetzwidrig. Soweit der Verurteilte gegen Nachtragsentscheidungen Beschwerde einlegen kann, steht dieses Recht auch der Staatsanwaltschaft zu, und zwar wegen Gesetzwidrigkeit zu seinen Gunsten wie zu seinen Ungunsten, im Übrigen zu seinen Gunsten (§ 296 Abs. 2). 45

c) Nachträgliche Verlängerung der Bewährungszeit (Satz 2, 2. Alt.). Die Beschwerde gegen die Verlängerung der Bewährungszeit kann sowohl auf Gesetzesverstöße (z. B. Verlängerung unter Überschreitung des Höchstmaßes) wie auch darauf gestützt werden, dass ein die Verlängerung rechtfertigender Grund überhaupt nicht vorliege.[79] 46

---

71 OLG Stuttgart MDR **1980** 1037; OLG Celle NdsRpfl. **1982** 222; **a. A.** LG Stuttgart MDR **1981** 335; OLG Hamburg MDR **1983** 953; OLG Düsseldorf MDR **1985** 784.

72 *Bringewat* 31.

73 OLG Stuttgart NStZ-RR **2004** 89; OLG Hamm VRS **104** (2003) 372.

74 OLG Hamm JMBlNRW **1977** 256; OLG Schleswig SchlHA **1985** 120.

75 OLG Jena NStZ **2006** 39; StV **2008** 88; OLG Dresden StV **2008** 317.

76 OLG München NStZ **1989** 524.

77 *Fischer* § 56e, 3; *Wittschier* Das Verbot der reformatio in peius im strafprozessualen Beschlussverfahren (1985), 152 ff.

78 OLG Hamburg NJW **1972** 168 m. w. N.

79 *Bringewat* 30.

Ebenso kann die Beschwerde gegen die Ermessensentscheidung nach § 56g Abs. 2 StGB auf **fehlerhafte Ermessensausübung** gegründet werden. In diesen Fällen ist das Beschwerdegericht unabhängig von der Beschwerdebegründung zur umfassenden Überprüfung der angefochtenen Entscheidung berufen und dabei – wie auch sonst bei Beschwerden – in seiner Entscheidungskompetenz nicht beschränkt.[80]

47 **d) Ablehnung von Anordnungen.** Die **Ablehnung von Anordnungen** unterliegt den Anfechtungsvoraussetzungen wie die Anordnung selbst.[81] Entscheidungen, durch die Anträge auf Anordnungen nach § 56a Abs. 2 Satz 2, §§ 56e, 56f, 56g Abs. 2 StGB abgelehnt worden sind, unterliegen, weil die begehrte Entscheidung (wenn sie antragsgemäß ergangen wäre) nur eingeschränkt anfechtbar ist, auch den in Satz 2 angeführten Beschränkungen.[82] Dem steht nicht entgegen, dass bei einer abgelehnten Entscheidung an sich keine Anordnung getroffen wird. Die unbeschränkte einfache Beschwerde muss dem Verurteilten gleichwohl versagt bleiben, weil die abgelehnte Anordnung materiell stets in einem unauflösbaren Wechselwirkungsverhältnis mit der Ursprungsentscheidung nach § 268a steht.[83]

2. Sofortige Beschwerde (Satz 3)

48 **a) Allgemeines.** Absatz 1 Satz 3 sieht von der in den Rn. 42 bis 47 erörterten Regelung **fünf Ausnahmen** vor, indem er gegen den Widerruf der Aussetzung (§ 56f StGB), den Erlass der Strafe (§ 56g Abs. 1 StGB), den Widerruf des Erlasses (§ 56g Abs. 2 StGB), die Verurteilung zu der vorbehaltenen Strafe (§ 59b Abs. 1 StGB) und die Feststellung, dass es bei der Verwarnung sein Bewenden hat (§ 59b Abs. 2 StGB), die sofortige Beschwerde eröffnet. In diesen Fällen darf die Vollstreckung mithin erst beginnen, wenn die Aussetzungswirkung der vorangegangenen Entscheidung beseitigt, d. h. der Beschluss nach Absatz 1 rechtskräftig ist.[84] Dem entspricht die Regelung in § 453c, wonach der Sicherungshaftbefehl bis zur Rechtskraft des Widerrufsbeschlusses zulässig ist.[85]

b) Widerruf der Aussetzung (Satz 3, 1. Fall)

49 **aa) Grundsatz.** Der Widerruf der Aussetzung ist nach Absatz 2 Satz 3 mit der sofortigen Beschwerde anfechtbar, es sei denn, dass das Gericht den Widerruf erst in zweiter Instanz auf Beschwerde der Staatsanwaltschaft angeordnet hat. Denn auch § 453 Abs. 2 Satz 3 eröffnet keinen über die Regelung des § 310 hinausgehenden Rechtsmittelzug.[86] Die Beschwerde kann, da hier die Beschränkung der Beschwerdegründe nicht gilt, von dem Verurteilten wie von der Staatsanwaltschaft (zu Gunsten des Verurteil-

---

80 KK/*Appl* 9; Meyer-Goßner/*Schmitt* 11; *Bringewat* 36.

81 OLG Nürnberg Beschl. vom 11.1.2019 – 2 Ws 855/18.

82 OLG Celle NStZ **1983** 430; OLG München NStZ **1988** 524; KK/*Appl* 8; Meyer-Goßner/*Schmitt* 11; **a. A.** OLG Braunschweig NJW **1954** 364; OLG Hamburg NJW **1963** 1166; OLG Hamm NJW **1963** 1165; LG Mainz NJW **1956** 1249.

83 OLG Celle NStZ **1983** 430; *Bringewat* 35.

84 OLG Karlsruhe NJW **1964** 1085; OLG Hamm NStZ **1983** 459 mit zust. Anm. *Müller-Dietz*; *Hanack* JZ **1966** 50; KK/*Appl* 10; Meyer-Goßner/*Schmitt* 16; *Bringewat* 37; *Katzenstein* StV **2003** 362.

85 KK/*Appl* 10; *Bringewat* 37.

86 OLG Düsseldorf NStZ **1982** 395; OLG Bremen NStZ **1986** 524; s. auch OLG Hamm GA **1976** 58; OLG Celle MDR **1977** 74; Meyer-Goßner/*Schmitt* 13; *Bringewat* 38.

ten) darauf gestützt werden, dass die in § 56f Abs. 1 StGB bezeichneten Voraussetzungen nicht vorliegen oder eine mildere Maßnahme nach § 56f Abs. 2 StGB ausreicht.[87] Die **Rechtskraft des Widerrufsbeschlusses** steht einer erneuten Nachprüfung im Verfahren nach § 458 Abs. 1, § 462 nicht entgegen, wenn Tatsachen geltend gemacht werden, die die Wiederaufnahme eines rechtskräftig abgeschlossenen Verfahrens zulassen würden.[88]

bb) Erweiterung. Nach seinem Wortlaut sieht Satz 3 die sofortige Beschwerde nur 50
für den Fall der Anordnung des Widerrufs der Aussetzung vor. Jedoch neigt die neuere Rechtsprechung dazu, sie auch auf den Fall zu erstrecken, dass das Gericht einen **Widerrufsantrag der Staatsanwaltschaft** abgelehnt hat. Dieser Ansicht ist zuzustimmen. Denn was für den Widerruf ausdrücklich vorgesehen ist, muss auch für entsprechende **Negativentscheidungen** gelten, zumal wenn für diese hinsichtlich der Qualität des Rechtsmittels die gleichen Erwägungen bedeutsam sind wie im Fall eines ausgesprochenen Widerrufs.[89] Das muss selbst dann gelten, wenn das Gericht aufgrund einer Abwägung zwischen dem beantragten Widerruf der Strafaussetzung und einer noch zulässigen Verlängerung der Bewährungszeit sich für die letztere Maßnahme entscheidet. Denn auch dann geht es darum, eine rechtskräftige Entscheidung darüber herbeizuführen, ob gegen den Verurteilten eine Freiheitsstrafe zu vollstrecken ist oder nicht.[90] Diese Frage darf nicht längere Zeit in der Schwebe bleiben.[91]

cc) Prüfungsumfang. Das Beschwerdegericht prüft die Entscheidung in **vollem** 51
Umfang, auch soweit sie im Ermessen des Gerichts steht.[92] Es kann den Widerruf auch auf andere Gründe stützen, sofern es dem Verurteilten zuvor rechtliches Gehör gewährt hat.[93] Wie auch sonst entscheidet es regelmäßig in der Sache selbst. Ist die mündliche Anhörung jedoch ohne rechtfertigenden Grund unterblieben, hebt das Beschwerdegericht die angefochtene Entscheidung auf und verweist die Sache an die Vorinstanz zurück.[94]

---

87 Wegen vorläufiger Maßnahmen zur Sicherung der Vollstreckung, wenn Widerruf der Aussetzung in Betracht kommt, vgl. Erl. zu § 453c.

88 OLG Oldenburg NJW **1962** 1169; LG Bremen StV **1990** 311; LG Hamburg NStZ **1991** 149; anders noch MDR **1975** 246; *H. W. Schmidt* SchlHA **1963** 109; *Hanack* JR **1974** 115; *Lemke* ZRP **1978** 281; *Groth* ZRP **1979** 308 und MDR **1980** 595; KK/*Appl* 11; Meyer-Goßner/*Schmitt* 17; *Bringewat* 39; **a. A.** LG Freiburg JR **1979** 191 mit krit. Anm. *Peters*; AG Gießen MDR **1980** 595 mit abl. Anm. *Groth*.

89 OLG Hamm NStZ **1988** 291 mit abl. Anm. *Funck* NStZ **1989** 46; NStZ **2010** 105; OLG Düsseldorf MDR **1989** 666; aufgegeben JMBlNRW **1994** 142 = (gekürzt) MDR **1994** 531; erneut aufgegeben: sofortige Beschwerde bei Ablehnung des Widerrufsantrags für die Staatsanwaltschaft nunmehr zulässig: OLG Düsseldorf NStZ-RR **2002** 28; OLG Hamburg MDR **1990** 504 unter Aufgabe seiner Ansicht in MDR **1980** 606; OLG Saarbrücken MDR **1992** 505; OLG Stuttgart MDR **1994** 195; aufgegeben NStZ **1995** 53; NStZ **2000** 500 (wenn die Staatsanwaltschaft gegen die Ablehnung des Widerrufsantrags vorgehen will); StraFo **2012** 160; LG Bückeburg NStZ **2005** 168; (für das Jugendstrafverfahren) mit Anm. *Heinrich* NStZ **2006** 417; OLG Zweibrücken StV **1998** 562 (unter Aufgabe der bisherigen Rechtsprechung); Meyer-Goßner/*Schmitt* 13; *Bringewat* 37; *Funck* NStZ **1995** 568; *Artkämper* NJ **2002** 102; **a. A.** nunmehr auch OLG Köln NStZ **1995** 476 mit abl. Anm. *Bringewat*; LG Mainz NJW **1956** 1249; LG Potsdam NStZ-RR **1996** 285 (für das Jugendstrafverfahren); KK/*Appl* 10.

90 OLG Düsseldorf MDR **1989** 666; OLG Saarbrücken MDR **1992** 505.

91 OLG Hamburg MDR **1990** 564.

92 OLG Braunschweig NJW **1954** 364; KK/*Appl* 10; Meyer-Goßner/*Schmitt* 14; *Bringewat* 38.

93 OLG Düsseldorf MDR **1983** 68.

94 OLG Düsseldorf StV **1987** 257; Meyer-Goßner/*Schmitt* 15.

c) Erlass der Strafe und dessen Widerruf (Satz 3, 2. Fall)

52 **aa) Anfechtbarkeit.** Der Erlass der Strafe war vor dem 1. StrRG hinsichtlich des sachlichen Inhalts der Entscheidung nicht anfechtbar. Da dieses Gesetz aber in § 25a Abs. 2 (jetzt: § 56g Abs. 2 StGB) den Widerruf des Erlasses zuließ, war es zwangsläufig, der **Staatsanwaltschaft** das Recht der sofortigen Beschwerde zu geben. Andernfalls hätte sie, wenn ihr alsbald nach dem Ergehen des Straferlasses ein Widerrufsgrund bekannt werden würde, das (als Ausnahmeregelung gedachte) Widerrufsverfahren betreiben müssen. Das Recht zur sofortigen Beschwerde ist aber nicht auf den Fall des Hervortretens eines Widerrufsgrundes i. S. des § 56g Abs. 2 StGB beschränkt.[95] Die **sofortige Beschwerde** kann auch darauf gestützt werden, dass das Gericht zu Unrecht die Strafe erlassen habe, statt die Aussetzung nach § 56f Abs. 1 StGB zu widerrufen oder eine mildere Maßnahme nach § 56f Abs. 2 StGB zu beschließen. Auch schwerwiegende Verfahrensverstöße – Straferlass vor Ablauf der Bewährungszeit, Straferlass durch das Amtsgericht, dem die Zuständigkeit nach § 462a Abs. 2 Satz 2 nur teilweise übertragen wurde, indem sich das übertragende Gericht den Straferlass vorbehielt, Entscheidungen ohne Anhörung der Staatsanwaltschaft – können nur mit sofortiger Beschwerde geltend gemacht werden. Sofortige Beschwerde ist auch gegeben, wenn das Gericht einen Antrag der Staatsanwaltschaft auf Widerruf ablehnt oder statt des Widerrufs Maßnahmen gemäß § 56f Abs. 2 StGB beschließt.[96]

53 **bb) Beschwerdeberechtigte.** Daraus, dass nach Absatz 1 Satz 2 außer dem Angeklagten nur die Staatsanwaltschaft zu hören ist, ist zu folgern, dass das Recht der sofortigen Beschwerde gegen den Erlass der Strafe nur der Staatsanwaltschaft, nicht etwa auch dem Privat- oder Nebenkläger, zusteht.

54 **cc) Wirkung.** Der rechtskräftig gewordene Beschluss über den Erlass der Strafe bezieht sich nur auf die ausgesetzte Freiheitsstrafe, nicht auch auf Kosten und Nebenfolgen.

V. Rechtskraft des Widerrufsbeschlusses als Vollstreckungsvoraussetzung

55 Es fragt sich, welche **Rechtsfolgen** die Anfechtbarkeit in der Zeit vom Erlass des Widerrufsbeschlusses und vor Eintritt seiner Rechtskraft hat. Die früher herrschende Meinung[97] wertete den Widerruf als die Beseitigung eines der Vollstreckung entgegenstehenden Hindernisses, die mit dem Erlass des Widerrufsbeschlusses wirksam werde und es trotz Anfechtung bleibe, soweit nicht das Beschwerdegericht die Vollziehung aussetzte (§ 307). Zur Erzwingung des Strafantritts könne danach die Vollstreckungsbehörde die in § 457 bezeichneten Maßnahmen ergreifen. Diese Betrachtungsweise ist mit Recht von der heute herrschenden Meinung aufgegeben (Rn. 4 f.). Danach enthält das auf Strafaussetzung zur Bewährung erkennende rechtskräftige Urteil – insoweit der Verwarnung im Strafvorbehalt (§ 59 StGB) vergleichbar – zunächst noch keinen der Vollstre-

---

95 Meyer-Goßner/*Schmitt* 13.

96 OLG Hamm NStZ **1988** 291; OLG Düsseldorf MDR **1989** 666; OLG Hamburg StV **1990** 370; OLG Saarbrücken MDR **1992** 505; KK/*Appl* 10; Meyer-Goßner/*Schmitt* 13; *Bringewat* 37; **a. A.** OLG Hamburg MDR **1980** 60; LG Mainz NJW **1956** 1249; *Funck* NStZ **1989** 46.

97 Sie wurde noch von LR/*Schäfer*[21] § 453 Anm. IX 5 vertreten; weitere Nachweise finden sich bei *Hanack* JZ **1966** 43 Fn. 3.

ckung fähigen Strafausspruch. Die Vollstreckbarkeit des Strafausspruchs wird dem Urteil vielmehr erst durch den **gestaltenden Akt des Widerrufs** der Strafaussetzung zuteil, der seinerseits nach dem Grundgedanken des § 449 den Strafausspruch erst vollstreckungsfähig macht, wenn der Widerrufsbeschluss rechtskräftig geworden ist.[98]

Für diese Auffassung spricht, dass der Grundsatz, ein rechtskräftiger Urteilsspruch, eine rechtskräftig erkannte, aber zur Bewährung ausgesetzte Strafe sei sinnvollerweise bis auf Weiteres nicht zu vollziehen, erst dann hinfällig wird, wenn eine spätere Entscheidung, die die Vollstreckbarkeit begründet, ihrerseits rechtskräftig geworden ist. Das entspricht sowohl dem **Grundrecht des Schutzes der persönlichen Freiheit** (Art. 2, 104 GG) wie dem Grundgedanken des § 449, der – richtig verstanden – wegen der Schwere des Eingriffs in die persönliche Freiheit die Vollstreckung der Freiheitsstrafe grundsätzlich erst zulässt, wenn nicht nur der Strafausspruch, sondern auch dessen Vollziehbarkeit rechtskräftig festgestellt ist, sofern es zusätzlich zur rechtskräftigen Bestimmung der Strafe einer besonderen Entscheidung bedarf, die die Vollstreckung erst zulässt. Andernfalls verlöre die in § 453 Abs. 2 Satz 3 statuierte Anfechtbarkeit des Widerrufsbeschlusses mit sofortiger Beschwerde ihre Bedeutung. Aus § 307 Abs. 1 kann nichts Gegenteiliges hergeleitet werden. Denn diese Vorschrift enthält die immanente Einschränkung, dass sie unanwendbar ist, wenn nach Sinn und Zweck der die Anfechtbarkeit regelnden Vorschrift eine beschwerdefähige Entscheidung Rechtswirkung erst entfalten soll, falls sie ihrerseits die Rechtskraft erlangt hat.[99] So liegt es aber bei dem **Widerrufsbeschluss**: Indem er das rechtskräftige Urteil, soweit es in Form der Strafaussetzung die Nichtvollstreckbarkeit anordnet, widerruft, stellt er sich als **urteilsähnliche Entscheidung** dar, die die Vollstreckbarkeit des Strafausspruchs erst schafft. Erst jetzt liegt ein der Vollstreckung fähiges Strafurteil i. S. des § 449 vor. Nach § 14 Abs. 1 Nr. 2, Abs. 2 StVollstrO ist die mit Rechtskraftbescheinigung versehene Urschrift oder eine beglaubigte Abschrift des erkennenden Teils des Widerrufsbeschlusses weitere urkundliche Grundlage der Vollstreckung i. S. des § 451 (dort Rn. 55 ff.). 56

VI. Öffentliche Zustellung des Widerrufsbeschlusses

Nach § 453 Abs. 1 Satz 2 i. V. m. § 33 Abs. 3 ist vor dem Erlass des Widerrufsbeschlusses der Angeklagte zu hören. Nach bisher herrschender Meinung hindert dies aber rechtlich nicht, den Widerrufsbeschluss ohne vorherige Anhörung zu erlassen und öffentlich zuzustellen, um die Beschwerdefrist in Lauf zu setzen, wenn der Verurteilte flüchtig ist oder sich verborgen hält,[100] weil derjenige, der durch sein Verhalten seine vorherige Anhörung schuldhaft unmöglich macht, das Recht auf vorheriges rechtliches Gehör verwirkt (§ 33, 37).[101] Der Verurteilte hätte es sonst in der Hand, durch Vereitelung der vorherigen Anhörung den Erlass des Widerrufsbeschlusses unmöglich zu machen. Allerdings setzt ein solches Verfahren voraus, dass sich das Gericht aller ihm zu Gebote 57

98 So – von Einzelheiten der Begründung abgesehen – LG Mannheim NJW **1963** 673; **1964** 415; OLG Karlsruhe NJW **1964** 1085; **1972** 2008 und – im Ergebnis – auch OLG Braunschweig NJW **1971** 1710; im Schrifttum mit ausführlicher Begründung *Hanack* JR **1966** 45, 50 m. w. N.

99 Ebenso LR/*Matt*[26] § 307, 3; KK/*Zabeck* § 307, 1; Meyer-Goßner/*Schmitt* § 307, 1.

100 OLG Bremen MDR **1976** 865; OLG Düsseldorf VRS **75** (1988) 50; KK/*Appl* 6; Meyer-Goßner/*Schmitt* 4; SK/*Paeffgen* 14; *Bringewat* 24.

101 BVerfGE **5** 10; **15** 267; OLG Köln NJW **1963** 875; OLG Düsseldorf JR **1989** 167; zu § 454 Abs. 1 Satz 4 OLG Hamm MDR **1989** 75.

stehenden zumutbaren Mittel zur Erforschung des Aufenthalts des Zustellungsadressaten bedient hat und diese Bemühungen erfolglos waren.[102]

VII. Nachverfahren

58 **1. Zulässigkeit.** Ist durch wirksame öffentliche Zustellung die Beschwerdefrist in Lauf gesetzt worden, und wird der Verurteilte nach ihrem ungenutzten Ablauf ergriffen, so bleibt sein **Anspruch auf rechtliches Gehör** insofern gewahrt, als er trotz Rechtskraft des Widerrufsbeschlusses nachträglich Einwendungen gegen diesen vorbringen kann. Insoweit besteht allgemeines Einverständnis.[103] Über die Möglichkeit eines solchen „Nachverfahrens" wird der Ergriffene spätestens bei seiner Aufnahme in die Vollzugsanstalt belehrt (§ 29 Abs. 3 StVollstrO).[104]

59 **2. Zuständigkeit.** Zuständig für die Durchführung des Nachverfahrens ist stets das **Gericht des ersten Rechtszugs** (nicht: die Strafvollstreckungskammer), auch wenn sich der Verurteilte bereits in Strafhaft befindet, da es sich nur um die Nachholung des rechtlichen Gehörs handelt, das zu gewähren dem Gericht an sich vor dem Widerrufsbeschluss oblag.[105] Streitig ist nur die Art der Durchführung des Nachverfahrens.

3. Rechtsbehelfe

60 **a) Wiedereinsetzung in den vorigen Stand?** In aller Regel werden bei dem Verurteilten, der seine vorherige Anhörung selbst vereitelt hat, die Voraussetzungen einer Wiedereinsetzung in den vorigen Stand gegen die Versäumung der Beschwerdefrist nicht vorliegen, weil er nicht ohne Verschulden (§ 44) an der Einhaltung der Frist gehindert war.[106]

61 **b) Sofortige Beschwerde?** Gleichwohl wird zum Teil dem Ergriffenen das Recht zugebilligt, mit der sofortigen Beschwerde eine Überprüfung des Widerrufsbeschlusses herbeizuführen. Die Begründung ist verschieden. Nach **OLG Braunschweig**[107] gehört zu einer ausreichenden nachträglichen Gewährung des rechtlichen Gehörs die Eröffnung des Rechtsmittelwegs in der Weise, dass der Verurteilte binnen einer Woche nach seiner Ergreifung noch sofortige Beschwerde gegen den rechtskräftigen Widerrufsbeschluss einlegen kann; die mit einer solchen nachträglichen Überprüfung des Widerrufsbeschlusses verbundene Einschränkung der Rechtskraft rechtfertige sich aus dem höher zu bewertenden Interesse an der materiellen Richtigkeit der Entscheidung und entspreche dem Grundgedanken der §§ 33a, 311a Abs. 1. Nach anderer Auffassung bedarf es

---

102 OLG Hamm MDR **1972** 259; JMBlNRW **1974** 106; OLG Stuttgart MDR **1973** 950 und – betr. öffentliche Zustellung an einen Ausländer – Justiz **1976** 305; OLG Celle MDR **1976** 948; vgl. dazu auch die Kritik von *Hanack* JR **1974** 114, dass bei unbekanntem Aufenthalt vielfach zu schnell und im Widerspruch zum geltenden materiellen Recht widerrufen werde.

103 Vgl. etwa *Hanack* JZ **1966** 51; JR **1974** 113; *Theuerkauf* MDR **1965** 179; *Weiß* JZ **1967** 584; *Kallmann* NJW **1972** 1478; KK/*Appl* 6.

104 *Pohlmann/Jabel/Wolf* § 29, 2 f.; KK/*Appl* 6.

105 OLG Koblenz MDR **1976** 598 unter Aufgabe von OLGSt § 33a StPO, 13; KK/*Appl* 6; *Bringewat* 26.

106 OLG Stuttgart NJW **1974** 284; Justiz **1975** 276 m. w. N.; *Bringewat* 25; vgl. aber *Pohlmann/Jabel*[6] § 29, 4 a. E: kein Verschulden, wenn die öffentliche Zustellung unzulässig war.

107 OLG Braunschweig NJW **1971** 1710.

zwar einer Wiedereinsetzung in den vorigen Stand, aber es stehe einem Wiedereinsetzungsgrund i. S. des § 44 gleich, wenn der Widerrufsbeschluss ohne vorheriges Gehör erlassen und öffentlich zugestellt sei, weil der verfassungsmäßige Grundsatz des rechtlichen Gehörs eine Berücksichtigung des Beschwerdevorbringens in der Sache selbst fordere.[108]

c) Nachträgliche Anhörung? Dagegen ist nach überwiegend vertretener Auffassung der Grundsatz des rechtlichen Gehörs genügend gewahrt, wenn in **entsprechender Anwendung des § 33a** dem Verurteilten nachträglich die Anhörung durch das Gericht eröffnet wird, das den Widerruf beschlossen hat.[109] Der Überprüfungsbeschluss unterliegt dann grundsätzlich keiner Anfechtung, denn da § 33a nur Beschlüsse betrifft, die nicht mit der Beschwerde oder einem anderen Rechtsmittel anfechtbar sind, kann auch die in Anwendung dieser Vorschrift ergehende Nachprüfungsentscheidung keinem Rechtsmittel unterliegen.[110] 62

Wer die **Beschwerdefrist nicht gewahrt** hat und die Folgen der Versäumung nicht durch Bewilligung von Wiedereinsetzung beseitigen kann, dem können die alsdann verloren gegangenen Rechte nicht auf dem Umweg über die nach § 33a getroffene, den Widerruf bestätigende Entscheidung wieder eingeräumt werden. Denn § 33a soll ausschließlich sicherstellen, dass einem Anhörungsberechtigten rechtliches Gehör gewährt wird. Eine darüberhinausgehende weiterreichende Wirkung sollte die Vorschrift nicht haben. Ansonsten würde der Betroffene gegenüber anderen Verfahrensbeteiligten besser gestellt, indem ihm gewissermaßen trotz des von ihm **verschuldeten Rechtsmittelverlusts** eine weitere gesetzlich nicht zugelassene weitere Beschwerde eröffnet werden würde.[111] 63

d) Ergebnis

aa) In Bezug auf den Verurteilten. Der zuletzt genannten Auffassung ist **grundsätzlich zuzustimmen.** Sie vermeidet die deutliche Hinwegsetzung über die Voraussetzungen des § 44 und trägt in angemessener Weise dem Gehörsanspruch dessen, der sich den Verlust vorgängigen Gehörs selbst zuzuschreiben hat, Rechnung. Wegen der Frage, wann ausnahmsweise ein Bedürfnis für eine Überprüfung der im Nachverfahren ergehenden Entscheidung im Weg der **einfachen Beschwerde** besteht, vgl. § 33a, 26 sowie *Hanack*[112] und *Bringewat.*[113] Der Bundesgerichtshof[114] hat diese Frage offen gelassen. 64

108 OLG Frankfurt NJW **1972** 1095; OLG Koblenz MDR **1972** 965; OLG Celle NJW **1972** 2097; OLG Hamburg MDR **1974** 417.

109 So BGHSt **26** 127; OLG Hamburg NJW **1972** 219; **1973** 2306 – anders noch NJW **1968** 1391; OLG Oldenburg NdsRpfl. **1972** 245; OLG Celle JR **1974** 112 mit zust. Anm. *Hanack*; MDR **1976** 948; OLG Saarbrücken NJW **1974** 283; OLG Karlsruhe MDR **1974** 685; GA **1985** 284; Justiz **2003** 272; OLG Braunschweig NJW **1974** 284; OLG Stuttgart Justiz **1975** 276; OLG Koblenz MDR **1975** 595; KK/*Appl* 6; *Bringewat* 26; **a. A.** *Kallmann* NJW **1972** 1478.

110 § 33a, 26; OLG Karlsruhe GA **1975** 284; OLG Hamm NJW **1977** 61.

111 BGHSt **26** 129 unter Hinw. auf OLG Hamburg NJW **1972** 219; OLG Düsseldorf GA **1975** 284; JR **1993** 125; OLG Celle JR **1974** 113 mit zust. Anm. *Hanack*; OLG Saarbrücken NJW **1974** 283; OLG Karlsruhe MDR **1974** 685; OLG Koblenz GA **1975** 315; OLG Hamm NJW **1977** 61; aber auch schon KG NJW **1966** 991; **a. A.** (noch) OLG Braunschweig NJW **1971** 1710; OLG Frankfurt NJW **1972** 1095; OLG Stuttgart NJW **1974** 284; *Kallmann* NJW **1972** 1478; *Bringewat* 27.

112 JR **1974** 114 f.

113 *Bringewat* 38.

114 BGHSt **26** 131.

OLG Hamm[115] lässt einfache Beschwerde (nur) zur Nachprüfung des Verfahrens nach § 33a zu.

65 **bb) In Bezug auf die Staatsanwaltschaft.** Für die **Staatsanwaltschaft** gilt der angeführte Grundsatz der Unanfechtbarkeit der Überprüfungsentscheidung nicht, da sie – wie unter § 33a, 8 näher ausgeführt – nicht zu den Beteiligten dieser Vorschrift gehört. Daraus folgt dann aber auch, dass die aus deren Anwendung abgeleiteten Rechte und Beschränkungen die gerichtsverfassungsmäßige Stellung der Staatsanwaltschaft unberührt lassen, d. h. die ihr nach allgemeinem Verfahrensrecht zustehenden Rechte weder erweitern noch beschränken. Da der Staatsanwaltschaft gegen die Ablehnung des Widerrufs einer Strafaussetzung zur Bewährung die **sofortige Beschwerde** nach Absatz 2 Satz 3 zusteht, muss daher dieses Recht ipso iure wieder aufleben, wenn das Gericht den zunächst rechtskräftig gewordenen Widerrufsbeschluss zufolge entsprechender Anwendung des § 33a wieder aufhebt.[116] Zu dem gleichen Ergebnis gelangt auch *Hanack* mit der Begründung, dass gegenüber der Staatsanwaltschaft – anders als bei dem Verurteilten – kein Anlass bestehe, „ihr ein Rechtsmittel zu nehmen, das sie auch haben würde, wenn das Gericht erster Instanz den Widerruf von vornherein abgelehnt hätte".[117]

66 **4. Änderung der Rechtslage aufgrund der Einfügung des § 453c?** An dieser Rechtslage hat die Einfügung des § 453c durch Art. 1 Nr. 110 des 1. StVRG nichts geändert. Zwar eröffnet diese Vorschrift nunmehr die Möglichkeit, sich durch Erlass eines Sicherungshaftbefehls, der auch ohne vorherige Anhörung erlassen werden kann (§ 453c Abs. 2 Satz 2, § 33 Abs. 4 Satz 1), der Person des Verurteilten zu versichern. Jedoch kann daraus nicht geschlossen werden, seit dem Inkrafttreten des § 453c sei der Erlass eines Widerrufs ohne vorherige Anhörung des Verurteilten sowie die öffentliche Zustellung des Beschlusses unzulässig.[118] Eine solche Folgerung findet weder im Wortlaut des § 453c noch in den Materialien zu dieser Vorschrift eine Stütze. Nach seinem **Wortlaut** regelt § 453c in erster Linie vorläufige Maßnahmen (vgl. dazu § 453c, 4), um sich der Person des Verurteilten zu versichern. Den Erlass eines Haftbefehls sieht er nur *notfalls* vor. Das Gericht kann so verfahren, ohne dazu verpflichtet zu sein. Ausdrücklich schreibt das Gesetz keine Maßnahme vor. Nach der Begründung[119] war für die Einfügung des § 453c entscheidend: „Die bei einer Flucht des Verurteilten notwendig werdende öffentliche Zustellung des Widerrufsbeschlusses sowie Fahndungsmaßnahmen könnten das Vollstreckungsverfahren erheblich verzögern, insbesondere unmittelbar vor und nach Erlass des Widerrufsbeschlusses könnten Maßnahmen gegen den Verurteilten erforderlich sein, um sich seiner Person zu versichern. Die Einfügung des § 453c soll diese Lücke schließen und damit zu einer Verfahrensbeschleunigung beitragen". Von einer obligatorischen Verhaftung eines den Widerruf befürchten müssenden Verurteilten ist nirgendwo die Rede. Gesetzeswortlaut und Begründung lassen vielmehr eindeutig erkennen, dass der Widerruf – wie auch früher – auch ohne Erlass eines

---

115 NJW **1977** 61.

116 **A. A.** OLG Düsseldorf JR **1993** 125 mit abl. Anm. *Wendisch*; wie hier LG Aachen MDR **1992** 790.

117 JZ **1966** 48.

118 So aber OLG Hamburg NJW **1976** 1326; JR **1978** 390; OLG Frankfurt StV **1983** 113; OLG Koblenz OLGSt § 453c StPO, 5; OLG Schleswig OLGSt § 40 StPO, 1; OLG Celle NdsRpfl. **1985** 48; StV **1987** 30; LG München II NJW **1975** 2307; *Hanack* JR **1974** 113; *Krause* NJW **1977** 2249; *Burmann* StV **1988** 163.

119 Vgl. BTDrucks. **7** 551: Begr. zu Art. 1 Nr. 117 (§ 453c), S. 96.

Sicherungshaftbefehls gegen den untergetauchten Verurteilten ausgesprochen werden kann.[120]

VIII. Bescheidung von Anträgen Nichtverfahrensbeteiligter

Anträge Verfahrensbeteiligter auf nachträgliche Anordnungen, z. B. der Staatsanwaltschaft auf Widerruf der Strafaussetzung oder des Verurteilten auf sofortigen Straferlass nach Ablauf der Bewährungszeit, während nach Auffassung des Gerichts die Ermittlungen noch nicht abgeschlossen sind, muss das Gericht durch **Beschluss** bescheiden. Einer förmlichen Entscheidung bedarf es nicht, wenn ein **Nichtverfahrensbeteiligter** (etwa ein Angehöriger eines volljährigen Verurteilten) einen Antrag (z. B. auf Abkürzung der Bewährungsfrist) stellt. Ein solcher „Antrag" ist lediglich eine Anregung, bei der formlose Bescheidung genügt, und bei der dem Antragsteller auch dann die Beschwerde nach § 453 Abs. 2 Satz 1 nicht zusteht, wenn das Gericht statt formloser Bescheidung die Form des Gerichtsbeschlusses gewählt hat.[121] 67

IX. Erweiterte und entsprechende Anwendung des § 453

1. Bedeutung für Entscheidungen nach §§ 68a bis 68d StGB. Wegen der Bedeutung des § 453 für die nach §§ 68a bis 68d StGB zu treffenden Entscheidungen vgl. die Erläuterungen zu § 463 Abs. 2. 68

2. Bedeutung für die Berufungsinstanz. Nach überwiegend vertretener Auffassung wird, wenn gegen ein Urteil Berufung eingelegt wird, in dem die erkannte Strafe zur Bewährung ausgesetzt war, der erstinstanzliche Auflagenbeschluss mit der die Strafaussetzung zur Bewährung anordnenden Entscheidungen des Berufungsgerichts hinfällig. Das Berufungsgericht muss über etwaige Auflagen neu entscheiden. Hat es dies versäumt, so muss es die **Entscheidung** in entsprechender Anwendung des § 453 **nachholen.**[122] Allerdings gilt diese Regelung nur, solange das Urteil noch nicht rechtskräftig ist. Nach Eintritt der Rechtskraft ist dagegen § 462a anzuwenden. Nach dessen Absatz 2 Satz 1 ist jedoch für die Nachholung der Entscheidung – auch soweit das Berufungsgericht hätte entscheiden müssen – das Gericht erster Instanz zuständig, da zufolge Fehlens der Voraussetzungen von § 462a Abs. 1 die Zuständigkeit der Strafvollstreckungskammer ausscheidet.[123] 69

---

120 So mit Recht OLG Bremen MDR **1976** 865; OLG Celle MDR **1976** 948; KG JR **1976** 424; OLG Hamm JMBlNRW **1977** 200; OLG Frankfurt MDR **1978** 71; OLG Karlsruhe Justiz MDR **1981** 159; OLG Hamburg StV **1988** 161 mit krit. Anm. *Burmann* = NStZ **1988** 292 mit krit. Anm. *Johann/Johnigk*; ähnlich auch OLG Düsseldorf JR **1989** 167 mit zust. Anm. *Wendisch*; KK/*Appl* 7; Meyer-Goßner/*Schmitt* § 453c, 11; *Bringewat* 29 bis 31; *Pohlmann/Jabel*[6] § 14, 4, der zusätzlich darauf hinweist, dass auch § 29 Abs. 3 StVollstrO von dieser Rechtslage ausgeht und im Ergebnis auch *Pohlmann/Jabel/Wolf* § 14, 4.

121 KG JR **1954** 272; OLG München MDR **1955** 248; OLG Schleswig SchlHA **1958** 288.

122 KG VRS **11** (1956) 357, 365; OLG Celle MDR **1970** 68; OLG Hamm GA **1970** 88; OLG Koblenz MDR **1981** 423; OLG Düsseldorf MDR **1982** 1042; LG Osnabrück NStZ **1985** 378; KK/*Appl* 4; Meyer-Goßner/*Schmitt* 2; einschr. OLG Frankfurt StV **1983** 24: nur wenn Urteilsgründe eine Entscheidungsgrundlage bieten.

123 OLG Köln JR **1991** 473, 476 mit Anm. *Horn*; KK/*Appl* § 462a, 29 f.; Meyer-Goßner/*Schmitt* § 268a, 4.

§ 453a
Belehrung bei Strafaussetzung oder Verwarnung mit Strafvorbehalt

(1) [1]Ist der Angeklagte nicht nach § 268a Abs. 3 belehrt worden, so wird die Belehrung durch das für die Entscheidungen nach § 453 zuständige Gericht erteilt. [2]Der Vorsitzende kann mit der Belehrung einen beauftragten oder ersuchten Richter betrauen.

(2) Die Belehrung soll außer in Fällen von geringer Bedeutung mündlich erteilt werden.

(3) [1]Der Angeklagte soll auch über die nachträglichen Entscheidungen belehrt werden. [2]Absatz 1 gilt entsprechend.

Entstehungsgeschichte

§ 453a wurde durch das 3. StRÄndG 1953 eingefügt. Die Änderung des Absatzes 1 Satz 1 (früher „durch das nach § 453 Abs. 2 zuständige ...") beruht auf Art. 21 Nr. 122 EGStGB 1974, die des Absatzes 1 Satz 2 (früher „Belehrung ein Mitglied des Gerichts beauftragen oder einen Amtsrichter darum ersuchen") auf Art. 1 Nr. 109 des 1. StVRG 1974.

1 **1. Nachträgliche Belehrung.** Nach § 268a erfolgt in der **Regel** im Anschluss an die Verkündung des Beschlusses, der die auf die Aussetzung von Strafe (§§ 56, 57, 57a StGB) oder Maßregel (§ 67b StGB) zur Bewährung und die Verwarnung mit Strafvorbehalt (§ 59 StGB) sich beziehenden Anordnungen enthält, durch den Vorsitzenden die Belehrung des Angeklagten, deren Inhalt § 268a Abs. 3 im Einzelnen bezeichnet. Ist diese Belehrung versehentlich (etwa nach einer umfangreichen Urteilsbegründung), aus Zweckmäßigkeitsgründen (z. B. wegen mangelnder Aufnahmefähigkeit des Angeklagten) oder wegen Unmöglichkeit (zufolge Abwesenheit des Angeklagten)[1] unterblieben, so ist sie durch das nach § 462a Abs. 1, 2 zuständige Gericht nachzuholen.

2 Die **Belehrung** erfolgt grundsätzlich **mündlich** (Absatz 2) durch den Vorsitzenden, einen beauftragten Richter (ein Mitglied des Kollegialgerichts) oder im Weg der Rechtshilfe (§ 157 GVG) durch den ersuchten Richter beim Amtsgericht, also immer durch einen Richter. Eine Delegierung auf die Staatsanwaltschaft, Gemeindebehörde oder einen Bewährungs- bzw. Gerichtshelfer ist unzulässig.[2] Wegen ihrer Bedeutung ist die Belehrung stets aktenkundig zu machen[3] und hat auch in einer für den Angeklagten verständlichen Sprache zu erfolgen. Wird durch Strafbefehl auf Verwarnung mit Strafvorbehalt erkannt, so wird es sich im Allgemeinen um einen **Fall von geringer Bedeutung** i. S. d. § 453a Abs. 2 handeln. In einem solchen Fall kann daher mit dem Strafbefehl eine schriftliche Belehrung verbunden werden.[4] Ist dies unterblieben, so ist ebenfalls nach § 453a zu verfahren. Die Unterlassung der Belehrung, aber auch eine ungenügende oder nichtrichterliche,[5] zieht keine Rechtsfolgen nach sich. Steht aber ein Widerruf nach § 56f StGB in Frage, so kann für die zu treffende Entscheidung von Bedeutung sein, ob bei dem Verur-

---

1 KK/*Appl* 2; KMR/*Stöckel* 2; Meyer-Goßner/*Schmitt* 1; *Bringewat* 1.
2 KMR/*Stöckel* 5; *Bringewat* 4.
3 KMR/*Stöckel* 4; SK/*Paeffgen* 5; *Bringewat* 1.
4 *Pentz* NJW **1954** 142; KMR/*Stöckel* 4; KK/*Appl* 2; *Bringewat* 2.
5 KMR/*Stöckel* 2; Meyer-Goßner/*Schmitt* 2; *Bringewat* 1.

https://doi.org/10.1515/9783110275025-008

teilten die Erkenntnis der Bedeutung seines Verhaltens nicht durch fehlende Belehrung beeinträchtigt war.[6]

Die **Anordnung der Vorführung** (§ 457 Abs. 1) des Verurteilten zwecks Belehrung über die Bedeutung der Strafaussetzung ist unzulässig.[7] Erscheint er nicht, so kann nur schriftlich belehrt werden. Das Schreiben mit der schriftlichen Belehrung sollte aus Gründen der Rechtssicherheit zugestellt werden, damit die erfolgte Belehrung aktenkundig ist. 3

Die Klarstellung des Charakters einer Weisung als strafbewehrt im **Führungsaufsichtsbeschluss** kann nicht durch eine mündliche Belehrung nach § 453a ersetzt werden.[8] 4

2. Absatz 3. Absatz 3 schreibt eine Belehrung auch bei den **nachträglichen Entscheidungen nach §§ 56e, 59a Abs. 2 StGB** vor. Absatz 3 ist aber nur eine **Sollvorschrift.** Das bedeutet, dass eine weitere Belehrung, nachdem der Vorsitzende den Verurteilten über die Bedeutung der Strafaussetzung bereits belehrt hat, nur insoweit geboten ist, als ein Bedürfnis besteht, dem Verurteilten die Tragweite der neuen Anordnungen vor Augen zu führen. Bei der Aufhebung von Auflagen und Verkürzung der Bewährungszeit bedarf es demgemäß keiner Belehrung. Dagegen besteht bei **Verlängerung der Bewährungszeit** besonderer Anlass, den Verurteilten mit Nachdruck darauf hinzuweisen, dass ihm damit eine Möglichkeit gegeben wird, den Widerruf der Strafaussetzung abzuwenden.[9] Durch die Begründung des Nachtragsbeschlusses (§§ 34, 453 Abs. 2 Satz 1) kann die Belehrung ersetzt werden, wenn in den Gründen nicht nur ausgesprochen wird, warum eine Verschärfung von Auflagen erforderlich war und welche Tragweite die neuen Anordnungen haben, sondern auch auf die Folgen ihrer Nichtbefolgung hingewiesen wird.[10] Die Belehrung geschieht gemäß Absatz 3 Satz 2 auch hier stets durch den Richter. Der Richter kann sie, da Absatz 2 nicht für entsprechend anwendbar erklärt ist, nach freiem Ermessen schriftlich oder mündlich erteilen.[11] Bei Widerruf der Aussetzung, Erlass der Strafe und Widerruf des Erlasses, Verurteilung zu der vorbehaltenen Strafe und Feststellung, dass es bei der Verwarnung sein Bewenden hat, kommt eine Belehrung nicht in Betracht, da diese ja nur das Verhalten des Verurteilten während einer Bewährungszeit zum Gegenstand hat.[12] 5

Gibt das Gericht die nach § 453 zu treffenden Entscheidungen ganz oder zum Teil an das **Amtsgericht des Wohnsitzes oder Aufenthaltsortes** des Verurteilten ab (§ 462a Abs. 2 Satz 2), so obliegt diesem nicht nur die Belehrung über die nachträglich von ihm getroffenen Anordnungen (§ 453a Abs. 3), sondern auch eine bisher unterbliebene Belehrung nach § 453a Abs. 1.[13] Das ergibt sich ohne weiteres daraus, dass § 453a Abs. 1 Satz 1 wegen der Zuständigkeit zur Belehrung allgemein auf die Zuständigkeitsregelung in § 462a, also auch auf dessen Absatz 2 Satz 2, verweist. 6

6 KK/*Appl* 1; Meyer-Goßner/*Schmitt* 1; *Bringewat* 1.
7 OLG Celle MDR **1963** 523; KK/*Appl* 3; Meyer-Goßner/*Schmitt* 2; *Bringewat* 3.
8 BGH StraFo **2015** 471; OLG Saarbrücken NStZ-RR **2016** 243 f. m. w. N.
9 KK/*Appl* 4; Meyer-Goßner/*Schmitt* 3; *Bringewat* 5.
10 KK/*Appl* 4.
11 KMR/*Stöckel* 8; Meyer-Goßner/*Schmitt* 3; SK/*Paeffgen* 6; **a. A.** *Bringewat* 6.
12 *Bringewat* 5.
13 KMR/*Stöckel* 5; Meyer-Goßner/*Schmitt* 1; *Bringewat* 4.

§ 453b
Bewährungsüberwachung

(1) Das Gericht überwacht während der Bewährungszeit die Lebensführung des Verurteilten, namentlich die Erfüllung von Auflagen und Weisungen sowie von Anerbieten und Zusagen.

(2) Die Überwachung obliegt dem für die Entscheidungen nach § 453 zuständigen Gericht.

Schrifttum

Cornel Rechtliche Aspekte der Wahrnehmung der Dienst- und Fachaufsicht im Bereich der Bewährungshilfe, GA **1990** 55; *Engel* Zuständigkeit und Stellung des Staatsanwalts im Verfahren zur Bewährungsüberwachung, NStZ **1987** 110; *Unger* Gehört es zu den Aufgaben der Staatsanwaltschaft als Vollstreckungsbehörde, die Erfüllung der nach § 24 StGB angeordneten Bewährungsauflagen zu überwachen? Rpfleger **1955** 304.

Entstehungsgeschichte

Die Vorschrift wurde durch Art. 10 Nr. 10 StPÄG 1964 eingefügt. Durch das 1. StrRG 1969 wurde der Wortlaut des Absatzes 1 („namentlich die Erfüllung ... Zusagen") den Änderungen der materiell-rechtlichen Vorschriften über die Aussetzung zur Bewährung angepasst. Durch Art. 21 Nr. 123 EGStGB 1974 wurde der bisherige Absatz 2 („§ 453 Abs. 2 gilt entsprechend") durch den jetzt geltenden Absatz 2 ersetzt.

Übersicht

1 **1. Bedeutung der Vorschrift.** 453 regelt die Zuständigkeit des Gerichts ausdrücklich nur für Entscheidungen, die sich auf eine Strafaussetzung zur Bewährung oder Verwarnung mit Strafvorbehalt beziehen. Der enge Wortlaut führte zu der Zweifelsfrage, wem – dem Gericht oder der Strafvollstreckungsbehörde? – die **Überwachung** der Lebensführung des Verurteilten während der Bewährungszeit obliegt. Sie wurde ganz überwiegend[1] dahin beantwortet, dass die Überwachung Sache des Gerichts ist, weil es sich dabei um eine richterliche und nicht vollstreckungsrechtliche Aufgabe handelt.[2] Doch fehlte es nicht an vereinzelten Gegenstimmen in Rechtsprechung und Schrifttum.[3] § 453b bereinigt die Streitfrage im Sinn der schon früher herrschenden Meinung.

2 **2. Umfang der Überwachung.** Die Überwachung hat die **Lebensführung** des Verurteilten – also sein gesamtes Verhalten während der Bewährungszeit – zum Gegenstand, soweit dieses geeignet ist, den Widerruf der Bewährung nach § 56f Abs. 1 StGB, die Verurteilung zu der vorbehaltenen Strafe nach § 59b StGB oder nachträgliche Maß-

1 BGHSt **10** 288; OLG Frankfurt Rpfleger **1955** 318; OLG Köln JMBlNRW **1957** 67.
2 *Engel* NStZ **1987** 110; *Bringewat* 5.
3 Z. B. OLG Düsseldorf Rpfleger **1957** 304; NJW **1958** 1007; *Unger* Rpfleger **1955** 304; **1956** 190.

https://doi.org/10.1515/9783110275025-009

nahmen nach § 56e StGB zu rechtfertigen.[4] Nach der Entstehungsgeschichte und der systematischen Stellung der Vorschrift handelte es sich ursprünglich nur um die mit der Aussetzung der ganzen Strafe oder eines Strafrestes zur Bewährung beginnende Bewährungszeit. Da das Gesetz jetzt aber auch die Aussetzung der **Vollstreckung freiheitsentziehender Maßregeln** der Besserung und Sicherung zur Bewährung (§§ 67b, 67c, 67d Abs. 2, § 67e StGB) und die Aussetzung des Berufsverbots zur Bewährung (§ 70a StGB) kennt, gilt § 453b gemäß § 463 auch für diese Bewährungszeiten. Ist jedoch die Strafaussetzung oder Aussetzung des Strafrestes angeordnet oder das Berufsverbot zur Bewährung ausgesetzt und steht der Verurteilte (wegen derselben oder einer anderen Tat) zugleich unter **Führungsaufsicht,** so gelten nach § 68g Abs. 1 StGB „für die Aufsicht und Erteilung von Weisungen nur die §§ 68a und 68b StGB", d. h., dass für die Aufsicht ausschließlich § 68a StGB (nicht: § 56d StGB; § 453b) und für etwaige Weisungen nur § 68b StGB (und nicht: § 56c StGB) gilt.[5]

Beginn und Ende der Überwachungspflicht richten sich nach Beginn und Ende 3
der Bewährungszeit. Es beginnt z. B. bei der Strafaussetzung zur Bewährung die Überwachungspflicht mit der Rechtskraft der Entscheidung über die Aussetzung (§ 56a Abs. 2 Satz 1 StGB), bei der Verwarnung mit Strafvorbehalt mit der Rechtskraft der Verwarnungsentscheidung. Sie endet bei der Strafaussetzung zur Bewährung mit dem Ablauf der – ggf. nach § 56a Abs. 2 StGB verlängerten – Bewährungszeit. Sie lebt wieder auf, wenn die Bewährungszeit erst nach ihrem Ablauf verlängert wird.[6] Die **Überwachung**, ob nach Straferlass die Voraussetzungen eines Widerrufs (§ 56g Abs. 2) gegeben sind, ist nicht mehr Sache des Gerichts nach § 453b. Wegen „Anerbieten und Zusagen" vgl. § 265a sowie § 56b Abs. 2, § 56c Abs. 4, § 56d Abs. 3, § 56f Abs. 3 StGB.

3. Mitwirkung anderer Stellen bei der Überwachung. Die **Staatsanwaltschaft** ist 4
an der Überwachung selbst nicht beteiligt.[7] Dass sie, wenn sie von Umständen Kenntnis erhält, die den Widerruf der Aussetzung zur Bewährung (§ 56f StGB), die Verurteilung zu der vorbehaltenen Strafe (§ 59b StGB) oder nachträgliche Entscheidungen nach § 56e StGB begründen können, diese dem Gericht bekanntzugeben hat, ergibt sich aus ihrer Amtspflicht, soweit sie im Fall des Widerrufs selbst die Strafe zu vollstrecken hätte (§ 477 Abs. 2 Nr. 3).[8] Die Mitwirkung des **Bewährungshelfers** regelt § 56d Abs. 3 Satz 2 bis 3, Abs. 4 Satz 2 StGB; die Inanspruchnahme der **Gerichtshilfe** § 463d. Für das Zusammenwirken von Gericht, Bewährungshelfer und Aufsichtsstelle, wenn der Verurteilte unter Führungsaufsicht steht, gilt § 68a StGB. Eine gerichtliche Anordnung der Durchsuchung und Beschlagnahme (§§ 94, 102) zur Überprüfung der Lebensführung des Verurteilten in der Bewährungszeit ist nicht zulässig.[9]

4. Zuständigkeit des Gerichts. Wegen der **Zuständigkeit des Gerichts** vgl. § 462a 5
Abs. 2. Danach ist bei Aussetzung der verhängten Freiheitsstrafe (§ 56 StGB) und bei Verwarnung mit Strafvorbehalt (§ 59 StGB) für die Überwachung der Lebensführung während der Bewährungszeit nach § 462a Abs. 2 das **Gericht des ersten Rechtszugs** zuständig.[10] Die Strafvollstreckungskammer, die den Strafrest zur Bewährung ausgesetzt

---

4 Meyer-Goßner/*Schmitt* 3; *Bringewat* 1, 2.
5 KK/*Appl* 1; KMR/*Stöckel* 5; *Bringewat* 4; *Fischer* § 68g, 6.
6 OLG Hamm NJW **1971** 719 im Anschluss an OLG Oldenburg NJW **1964** 2434; *Bringewat* 3.
7 *Engel* NStZ **1987** 110, 499; Meyer-Goßner/*Schmitt* 4.
8 *Engel* NStZ **1987** 110; *Bringewat* 6.
9 KG NJW **1999** 2979.
10 OLG Hamburg MDR **1975** 774; KK/*Appl* 1b; Meyer-Goßner/*Schmitt* 5; *Bringewat* 8.

hat, überwacht auch die Lebensführung. Wird aber ein ausgesetzter Strafrest danach mit einer anderen Freiheitsstrafe auf eine Gesamtstrafe zurückgeführt und diese zur Bewährung ausgesetzt, so ist für die Überwachung und die die ausgesetzte Gesamtstrafe betreffenden Folgeentscheidungen das **erkennende Gericht** zuständig, das die Gesamtstrafe ausgesprochen hat.[11] Für die Überwachung der Lebensführung des Verurteilten in der Bewährungszeit und die insoweit nachträglichen Entscheidungen ist auch im **Jugendstrafverfahren** grundsätzlich das Gericht zuständig, das die bedingte Aussetzung der Vollstreckung für die Strafe oder die Maßregel bewilligt hat, mithin entweder das Gericht des ersten Rechtszuges oder im Falle des § 66 Abs. 2 Satz 4 JGG der Jugendrichter als Vollstreckungsleiter.[12]

6 Sind die durch **Urteile verschiedener Gerichte** erkannten Strafen zur Bewährung ausgesetzt, so ist nach § 462a Abs. 4 nur eines von ihnen zur Überwachung zuständig. Und zwar wird die nach § 462a Abs. 1 zuständige Strafvollstreckungskammer spätestens dann, wenn sie in einem dieser Verfahren mit einer Entscheidung über die bedingte Entlassung des Verurteilten befasst war (§ 462a, 14), auch für die Bewährungsaufsicht in einem anderen Verfahren zuständig, wenn die zunächst vollstreckte Strafe voll verbüßt ist. In entsprechender Anwendung des § 462a Abs. 4, namentlich des Satzes 3, ist nur die Strafvollstreckungskammer als zur Überwachung zuständig anzusehen, wenn der Verurteilte nicht von verschiedenen Gerichten, sondern zweimal von demselben Gericht verurteilt wurde und an sich für die Überwachung in der einen Sache die Strafvollstreckungskammer, in der anderen das Gericht des ersten Rechtszugs zuständig wäre. Damit wird dem Gedanken der **Einheitlichkeit der Resozialisierungsmaßnahmen** (§ 462a Abs. 4 Satz 1) und des **Vorrangs der Strafvollstreckungskammer** (Satz 4) Rechnung getragen.[13]

7 **5. Strafaussetzung im Wege der Gnade.** § 453b gilt nicht bei einer **Strafaussetzung im Wege der Gnade.** Hier obliegt die Überwachung nicht der Vollstreckungsbehörde, sondern der Gnadenbehörde. Diese nimmt die Belehrung des Verurteilten (z. B. zur Bedeutung einer gnadenweisen Aussetzung, über Auflagen, Weisungen, einen möglichen Widerruf oder die Rücknahme einer bewilligten Aussetzung) vor und sollte, soweit sie die Belehrung mit dem Gnadenerweis vornimmt, die Gnadenentscheidung zustellen, um die erfolgte Belehrung im Gnadenheft zu dokumentieren.[14]

§ 453c
Vorläufige Maßnahmen vor Widerruf der Aussetzung

(1) Sind hinreichende Gründe für die Annahme vorhanden, daß die Aussetzung widerrufen wird, so kann das Gericht bis zur Rechtskraft des Widerrufsbeschlusses, um sich der Person des Verurteilten zu versichern, vorläufige Maßnahmen treffen, notfalls, unter den Voraussetzungen des § 112 Abs. 2 Nr. 1 oder 2 oder wenn bestimmte Tatsachen die Gefahr begründen, daß der Verurteilte erhebliche Straftaten begehen werde, einen Haftbefehl erlassen.

---

11 OLG Hamm NJW **1976** 258; OLG Schleswig NStZ **1983** 480; OLG Zweibrücken NStZ **1985** 525; *Doller* MDR **1977** 272; KK/*Appl* 1c; Meyer-Goßner/*Schmitt* 5; *Bringewat* 11.

12 BGH NStZ **1997** 100.

13 OLG Hamburg MDR **1975** 952.

14 *Röttle/Wagner* Rn. 706.

https://doi.org/10.1515/9783110275025-010

(2) [1]Die auf Grund eines Haftbefehls nach Absatz 1 erlittene Haft wird auf die zu vollstreckende Freiheitsstrafe angerechnet. [2]§ 33 Abs. 4 Satz 1 sowie die §§ 114 bis 115a, 119 und 119a gelten entsprechend.

Schrifttum

Burmann Die Sicherungshaft gemäß § 453c StPO (1980); *ders.* Zur Parallelität vorläufiger Freiheitsentziehungen im Erkenntnisverfahren und im Widerspruchsverfahren, StV **1986** 80; *Ellersiek* Die Beschwerde im Strafprozeß (1981); *Frommeyer* Aus der Rechtsprechung zum Widerruf der Strafaussetzung, StraFo **2020** 474; *Hamann* Das Strafverfahrensänderungsgesetz 1979 in seinen Auswirkungen für die Strafvollstreckung, Rpfleger **1979** 125; *Hillenbrand* Widerruf der Strafaussetzung zur Bewährung – Voraussetzungen und Verfahren, ZAP Fach **22** 799; *Klinger* Der Sicherungshaftbefehl gem. § 453c StPO im Lichte der Rechtsprechung des EGMR zum Widerruf der Strafaussetzung, NStZ **2012** 70; *Krause* Widerruf der Strafaussetzung zur Bewährung bei unbekanntem Aufenthalt des Verurteilten, NJW **1977** 2249; *Ostendorf* Bewährungswiderruf bei eingestandenen, aber nicht rechtskräftig verurteilten Straftaten? StV **1992** 288; *Rieß* Der Hauptinhalt des Ersten Gesetzes zur Reform des Strafverfahrensrechts (1. StVRG), NJW **1975** 81; *ders.* Das Strafverfahrensänderungsgesetz 1979, NJW **1978** 2265; *Steinböck/Schlie* Krisenintervention gemäß § 67h StGB – Auswirkungen in der Praxis, RuP **2015** 132.

Entstehungsgeschichte

Die Vorschrift wurde 1974 durch Art. 1 Nr. 110 des 1. StVRG eingefügt. Durch Art. 1 Nr. 33 StVÄG 1979 sind in Absatz 1 hinter der Verweisung „§ 112 Abs. 1 Nr. 1 oder 2" die Worte „oder wenn ... begehen werde" eingefügt worden. Durch das Gesetz zur Änderung des Untersuchungshaftrechts vom 29.7.2009 wurden in Absatz 2 Satz 2 die Worte „und § 119" durch „119 und 119a" ersetzt.

Übersicht

Alphabetische Übersicht

I. Bedeutung der Vorschrift

1 Vor Einfügung des § 453c bestand im Erwachsenenstrafrecht (im Gegensatz zum Jugendstrafverfahren, § 61 a. F. JGG) keine Möglichkeit, bei zu erwartendem Widerruf der Strafaussetzung zur Bewährung oder der Aussetzung eines Strafrestes schon vor Rechtskraft des Widerrufsbeschlusses Maßnahmen zu treffen, die den Verurteilten daran hindern konnten, sich der drohenden Strafverbüßung durch Flucht zu entziehen,[1] denn Vollstreckungsmaßnahmen (§ 451) waren wegen der Aussetzung der Vollstreckung nicht möglich. Der Erlass eines Untersuchungshaftbefehls aber wurde – trotz vereinzelter Gegenstimmen im Schrifttum[2] – deshalb als unzulässig angesehen, weil er nur bis zur Rechtskraft des Urteils möglich sei. Die bei einer Flucht des Verurteilten zur Herbeiführung der Rechtskraft notwendig werdende **öffentliche Zustellung** des Widerrufsbeschlusses sowie Fahndungsmaßnahmen konnten jedoch das Vollstreckungsverfahren erheblich verzögern. Die so bestehende Lücke sollte durch § 453c in Anlehnung an § 61 JGG a. F., auch im Interesse der Verfahrensbeschleunigung, geschlossen werden.[3] § 453c gilt auch im Jugendstrafverfahren (§ 58 Abs. 2 JGG); der frühere § 61 JGG wurde als entbehrlich durch Art. 3 Nr. 6 des 1. StVRG[4] aufgehoben.

II. Anwendungsbereich (Absatz 1)

2 **1. Begriff der Aussetzung.** Nach dem Wortlaut des Absatzes 1 kommt § 453c in denjenigen Fällen in Betracht, in denen eine „Aussetzung" widerrufen werden kann. Aus dem Zusammenhang der Vorschrift ergibt sich, dass unter „Aussetzung" nur die Aussetzung der Vollstreckung einer verhängten Rechtsfolge der Straftat zur Bewährung zu verstehen ist. Eine weitere Begrenzung folgt daraus, dass vorläufige Maßnahmen zugelassen sind, um sich der **Person** des Verurteilten zu versichern. Es ist also nur an die Fälle gedacht, in denen eine rechtskräftig erkannte und bisher ganz oder teilweise zur Bewährung ausgesetzte Rechtsfolge (Freiheitsstrafe oder freiheitsentziehende Maßregel) nach Rechtskraft eines Widerrufsbeschlusses an dem Verurteilten **körperlich** vollzogen werden kann. Damit scheidet die Aussetzung eines **Berufsverbots** zur Bewährung (§§ 70a, 70b StGB) aus dem Bereich des § 453c aus.[5] Das Gleiche gilt für die **Verwarnung mit Strafvorbehalt.** Bei dieser wird nicht die Vollstreckung, sondern die Verhängung der bestimmten Strafe ausgesetzt, und insofern stellt sie zwar eine „Aussetzung" zur Bewäh-

1 *Rieß* NJW **1975** 90; *Bringewat* 1.
2 LR/*Schäfer*[22] § 453 IV 3c, bb.
3 OLG Karlsruhe NStZ **1983** 92; LG Freiburg NStZ **1989** 387; *Brunner* JR **1983** 518; *Eisenberg/Kölbel* § 58, 15; *Fischer* NStZ **1990** 53; **a. A.** *Burmann* (Sicherungshaft) 60 ff.
4 BGBl. I 1974 S. 3393, 3533.
5 KK/*Appl* 1; Meyer-Goßner/*Schmitt* 1; *Bringewat* 2.

rung dar (§ 59a StGB), wobei dem Widerruf die Verurteilung zu der vorbehaltenen Strafe entspricht (§ 59b Abs. 1 StGB). Für die im Fall der Verurteilung allein in Betracht kommende Vollstreckung der **Geldstrafe** bedarf es aber keiner Maßnahme, die darauf gerichtet ist, „sich der Person des Verurteilten zu versichern". In Betracht kommt danach nur die Aussetzung von Freiheitsstrafen (§§ 56 ff., § 183 Abs. 3 und 4 StGB, §§ 20 ff. JGG, § 14a WStG) und Restfreiheitsstrafen (§§ 57, 57a StGB, § 454 Abs. 1 und 4), sowie die Aussetzung der Vollstreckung freiheitsentziehender Maßnahmen der Besserung und Sicherung zur Bewährung (§§ 67b, 67c, 67d Abs. 2, 67g StGB, § 463 Abs. 1).[6] Liegen die Voraussetzungen für eine befristete Wiederinvollzugsetzung einer ausgesetzten Unterbringung nach § 63 StGB oder § 64 StGB im Rahmen einer **Krisenintervention** nach § 67h StGB vor, so ist diese Maßnahme gegenüber dem Erlass eines Sicherungshaftbefehls vorrangig[7] und schließt letzteres aus.[8]

2. Aussetzung im Gnadenweg. Eine Aussetzung von Freiheits- und Restfreiheits- 3
strafen kann unter Bestimmung einer Bewährungszeit auch im Weg der **Gnade** bewilligt werden. Auch eine solche Aussetzung bewirkt ein Vollstreckungshindernis, das erst durch Widerruf seitens der Gnadenbehörde entfällt. Es fragt sich, ob auch diese Fälle von § 453c erfasst werden. Eine unmittelbare Anwendung der Vorschrift scheidet aus, da sie sich nach ihrer Stellung und dem Zusammenhang der Vorschriften deutlich auf die Fälle gerichtlicher Aussetzung von Freiheitsstrafen (und freiheitsentziehenden Maßregeln der Besserung und Sicherung) bezieht, so dass allenfalls eine **entsprechende Anwendung des § 453c** in Betracht käme, und zwar in der Weise, dass dem zu erwartenden gerichtlichen Widerrufsbeschluss die Mitteilung der Gnadenbehörde von einem zu erwartenden Widerruf entspräche, dessen Voraussetzung in den Gnadenordnungen weitgehend den gesetzlichen Widerrufsvoraussetzungen bei der Aussetzung nach §§ 56 ff. StGB nachgebildet sind. Die Frage wird aber **zu verneinen** sein.[9] Denn die Befugnis zum Erlass vorläufiger Sicherungsmaßnahmen nach § 453c stellt sich als Folgerung aus der dem Gericht nach § 453b obliegenden Überwachung der Lebensführung des Verurteilten während der Bewährungszeit dar. Die Entscheidung über die bedingte Aussetzung, die Überwachung (§ 453b Abs. 2), die Anordnung vorläufiger Sicherungsmaßnahmen und der Widerruf der Aussetzung sollen grundsätzlich dem gleichen Gericht zustehen. Die entsprechende Anwendung des § 453c in den Fällen einer von der Gnadenbehörde bewilligten Strafaussetzung zur Bewährung würde dagegen bedeuten, dass das Gericht, indem es vorläufige Sicherungsmaßnahmen anordnet, eine Prognoseentscheidung in einer Angelegenheit trifft, in der letztlich die an gesetzliche Vorschriften nicht gebundene Gnadenbehörde frei darüber entscheidet, ob sie den Widerruf aussprechen will oder nicht.

III. Vorläufige Maßnahmen

Das Gesetz begnügt sich damit, das Gericht zu vorläufigen Maßnahmen zu ermächti- 4
gen, die geeignet sind, „sich der Person des Verurteilten zu versichern", ohne diese im Einzelnen zu nennen. Ein Haftbefehl (Rn. 7) kommt nur „notfalls" in Betracht, d. h. –

---

6 Von dieser Betrachtungsweise geht auch die Begründung des RegE des 1. StVRG aus – BTDrucks. 7 551 zu Art. 1 Nr. 117 S. 97; vgl. auch *Burmann* 15, 46; KK/*Appl* 1.

7 LG Saarbrücken Beschl. vom 10.12.2008 – 1 BRs 4/08 – mit Anm. *Peglau* jurisPR-StrafR 6/**2009** Anm. 2.

8 OLG Nürnberg Beschl. vom 8.10.2008 – 2 Ws 443/08 – mit Anm. *Peglau* jurisPR-StrafR 2/**2009** Anm. 2; OLG Braunschweig Beschl. vom 11.9.2013 – 1 Ws 258/13.

9 KK/*Appl* 1; Meyer-Goßner/*Schmitt* 2; *Bringewat* 3, 11.

nach dem Verhältnismäßigkeitsgrundsatz – nur ausnahmsweise als ultima ratio, wenn das Gericht nach sorgfältiger Prüfung aller Umstände zu dem Ergebnis kommt, dass minder schwere Maßnahmen nicht gegeben oder nicht ausreichend sind, um die Vollstreckung im Fall des mit Wahrscheinlichkeit zu erwartenden rechtskräftigen Widerrufs zu sichern.[10] Als solche **mildere Maßnahmen** kommen z. B. die Auferlegung einer Meldepflicht (§ 56c Abs. 2 Nr. 2 StGB; s. auch § 116 Abs. 1) und solche Fahndungsmaßnahmen in Betracht, die lediglich der Ermittlung des Aufenthalts dienen.[11] Ist der Widerruf der Strafaussetzung nach § 56f Abs. 1 Satz 1 Nr. 1 StGB zu erwarten, aber weder im Erkenntnisverfahren ein Urteil ergangen noch im Widerrufsverfahren ein Widerrufsbeschluss erlassen worden, so kann sowohl ein Untersuchungshaftbefehl (wegen der neuen Tat) nach §§ 112 ff. als auch ein Sicherungshaftbefehl (wegen des zu erwartenden Widerrufs) nach § 453c erlassen werden.[12]

IV. Voraussetzungen für die Anordnung

5 **1. Bei gröblichen oder beharrlichen Verstößen (§ 56f Abs. 1 Satz 1 Nr. 2 und 3 StGB).** Vorläufige Maßnahmen dürfen erst angeordnet werden, wenn hinreichende Gründe für die Annahme vorhanden sind, dass die Aussetzung widerrufen wird.[13] Durch diese dem § 203 („hinreichend verdächtig erscheint") angeglichene Fassung soll sichergestellt werden, dass erst dann Maßnahmen gegen einen Verurteilten ergriffen werden, wenn ein **hoher Wahrscheinlichkeitsgrad** für den Erlass eines Widerrufsbeschlusses spricht.[14] Das Gericht hat also, ggf. unter Inanspruchnahme auch der **Gerichtshilfe** (§ 463d), zu prüfen, ob mit Wahrscheinlichkeit die gesetzlichen Voraussetzungen eines Widerrufs einschließlich der subjektiven Voraussetzungen des „gröblichen oder beharrlichen" Verstoßes gegen Weisungen und Auflagen oder des „beharrlichen" Sichentziehens gegenüber der Aufsicht und Leitung des Bewährungshelfers (§ 56f Abs. 1 Satz 1 Nr. 2 und 3, § 57 Abs. 5, § 67g StGB) gegeben sind.[15] Das wäre z. B. nicht der Fall, wenn wahrscheinlich ist, dass das über den Widerruf entscheidende Gericht gemäß § 56f Abs. 2 StGB von einem Widerruf absieht, weil mildere Maßnahmen ausreichen.[16] Die Voraussetzungen für einen Sicherungshaftbefehl (§ 463 Abs. 1 i. V. m. § 453c) liegen nicht (mehr) vor, wenn einer Krise des Untergebrachten durch eine befristete Invollzugsetzung der Unterbringung im Rahmen einer **Krisenintervention** (§ 67h StGB) begegnet werden kann.[17]

6 **2. Bei Begehung einer neuen Straftat (§ 56f Abs. 1 Satz 1 Nr. 1 StGB).** Streitig ist, ob ein Widerrufsbeschluss schon erlassen werden darf, wenn wegen der neuen Straftat, die an sich einen Widerruf rechtfertigt, noch kein rechtskräftiges Urteil ergangen ist. Das

---

10 *Burmann* (Sicherungshaft) 76; KK/*Appl* 4; Meyer-Goßner/*Schmitt* 9; *Bringewat* 4, 7.

11 KK/*Appl* 4; Meyer-Goßner/*Schmitt* 6; *Bringewat* 4; OLG Celle NStZ **2004** 627; LG Nürnberg StV **2018** 341.

12 *Burmann* StV **1986** 80; Meyer-Goßner/*Schmitt* 9; *Bringewat* 15.

13 OLG Zweibrücken OLGSt § 453c StPO, 1; *Burmann* (Sicherungshaft) 59; KK/*Appl* 3; Meyer-Goßner/*Schmitt* 3.

14 Begr. zu Art. 1 Nr. 117 Entw. 1. StVRG – BTDrucks. **7** 551 S. 97; KK/*Appl* 6; Meyer-Goßner/*Schmitt* 3; *Bringewat* 9; OLG Oldenburg StRR **2014** 154, OLG Celle NdsRpfl. **2020** 100.

15 OLG Oldenburg StRR **2014** 154.

16 Meyer-Goßner/*Schmitt* 3; *Bringewat* 10.

17 OLG Braunschweig Beschl. vom 11.9.2013 – 1 Ws 258/13.

OLG Celle verneint diese Frage unter Hinweis auf den Grundgedanken des **Art. 6 Abs. 2 EMRK**, wonach „bis zum gesetzlichen Nachweis seiner Schuld" vermutet werde, „dass der wegen der Straftat Angeklagte unschuldig sei".[18] Seiner Ansicht hat sich das OLG München mit der Einschränkung angeschlossen, dass der Widerruf die rechtskräftige Verurteilung grundsätzlich voraussetze.[19] Das OLG Schleswig ist ihr sogar mit der Feststellung gefolgt, dass selbst ein vor dem Richter abgelegtes glaubwürdiges Geständnis keine Ausnahme rechtfertige.[20] Inzwischen hat es seinen Standpunkt allerdings dahin modifiziert, dass eine **Ausnahme** von diesem Grundsatz zulässig sei, wenn das Schuldeingeständnis für den Widerrufsrichter glaubhaft, im Beisein eines Verteidigers vor einem Richter abgegeben und bis zur gerichtlichen Widerrufsentscheidung nicht begründet widerrufen worden sei.[21] Damit hat es sich letztlich der bisher in Rechtsprechung und Lehre **überwiegenden Auffassung** angeschlossen, dass es für den Widerruf ausreicht, wenn das Gericht aufgrund zweifelsfreier Tatsachen in einer jeden vernünftigen Zweifel ausschließenden Weise zu der festen Überzeugung gelangt ist, dass der Betroffene die neue Tat begangen hat.[22] Das wird auf jeden Fall anzunehmen sein, wenn das Widerrufsgericht aufgrund eigenständiger Beurteilung in einer „Quasi-Hauptverhandlung" unter besonderer Wahrung der Rechte und insbesondere des rechtlichen Gehörs von der Tatbegehung des Verurteilten überzeugt ist.[23]

Der **herrschenden Ansicht** ist aufgrund folgender Erwägungen zuzustimmen: 7
Art. 6 Abs. 2 EMRK enthält zwar eine **gesetzliche Unschuldsvermutung**, jedoch schließt diese – wie die Möglichkeit, einen Haftbefehl zu erlassen, bestätigt – einen Freiheitsentzug nicht generell aus. Namentlich gibt es keine Bestimmung, wonach die Vermutung nicht widerlegt werden kann oder die **Widerlegung** eine rechtskräftige Verurteilung voraussetzt. Für diese Ansicht dürfte auch die Fassung des § 56f Abs. 1 Satz 1 Nr. 1 StGB sprechen. Denn dieser stellt für den Widerruf lediglich auf die **Begehung einer neuen Straftat** ab, wenn auch in Verbindung mit der Feststellung, dass sich die Erwartung, die der Strafaussetzung zugrunde lag, nicht erfüllt hat. Eine rechtskräftige Verurteilung verlangt er hingegen ausdrücklich nicht.[24] Das **Bundesverfassungsgericht** hat diese Ansicht – auch unter verfassungsrechtlichen Gesichtspunkten – gebilligt.[25] Schließlich hat selbst der **Europäische Gerichtshof für Menschenrechte** entschieden,

18 StV **1990** 504; ferner OLG Bamberg StV **1991** 174; OLG Koblenz NStZ **1991** 253; OLG Jena StV **2003** 574; ebenso in der Literatur *Frowein/Peukert* MRK Art. 6, 5 (S. 152 f.); *Mrozynski* JZ **1978** 255; *Vogler* NStZ **1987** 127; *ders.* FS Tröndle 423; *ders.* FS Kleinknecht 442; *Ostendorf* StV **1990** 230; **1992** 288; *Boetticher* NStZ **1991** 4; *Blumenstein* NStZ **1992** 132; KK/*Appl* 3 sowie – mit nicht ganz eindeutiger Begründung *Bringewat* 10; *Fischer* § 56f, 6 m. w. N.

19 NJW **1991** 2302.

20 NJW **1991** 2303.

21 NJW **1992** 2646 = JR **1993** 39 mit teilw. krit. Anm. *Stree*; zust. *Ostendorf* StV **1992** 289, 292; AG Bremen StraFo **2008** 41.

22 OLG Bremen StV **1984** 382; **1986** 165; OLG Zweibrücken StV **1985** 465; OLG Düsseldorf StV **1986** 346; NStZ **1991** 131 mit abl. Anm. *Blumenstein*; **1992** 300; KG StV **1988** 288; OLG Hamburg JR **1979** 379; NStZ **1992** 130; OLG Köln NJW **1991** 505; OLG Hamm NStZ **1992** 350; LG Osnabrück NStZ **1991** 533 mit zust. Anm. *Brunner*; LG Kiel SchlHA **1991** 205; Meyer-Goßner/*Schmitt* 4; LK/*Hubrach* § 56f, 6 ff.; *Fischer* § 56f, 4 ff. m. w. N.

23 OLG Düsseldorf NJW **1992** 1280; so auch *Ostendorf* (StV **1992** 288, 292), der zwar für den Widerruf einer Strafaussetzung wegen einer neuen Straftat weiterhin grundsätzlich eine rechtskräftige Verurteilung für erforderlich hält, ausnahmsweise aber auch ein unter den in Rn. 6 angeführten Bedingungen zustande gekommenes Geständnis für ausreichend erachtet.

24 Näher dazu *Stree* NStZ **1992** 153; *Wendisch* JR **1992** 127.

25 NStZ **1987** 118; **1988** 21; **1991** 30; NJW **1994** 377; krit. dazu *Boetticher* NStZ **1991** 4.

dass bei Beachtung der vorstehend erörterten Grundsätze in keiner Weise auf eine Verletzung der Unschuldsvermutung, wie sie nach Art. 6 Abs. 2 EMRK garantiert ist, geschlossen werden könne.[26]

V. Zeitliche Grenzen

8 Für Anordnungen nach § 453c bestehen zeitliche Grenzen insofern, als diese nur bis zur Rechtskraft des Widerrufsbeschlusses getroffen werden können. Damit ist klargestellt, dass der Eintritt der Rechtskraft nur den **Endzeitpunkt** bezeichnet, bis zu dem vorläufige Sicherungsmaßnahmen ergriffen werden können, und dass nicht etwa der vorherige Erlass eines Widerrufsbeschlusses Zulässigkeitsvoraussetzung für Sicherungsmaßnahmen, insbesondere den Erlass eines Sicherungshaftbefehls bildet.[27] Diese Regelung beruht auf der Erwägung, dass gerade unmittelbar vor und nach dem Erlass des Widerrufsbeschlusses Maßnahmen gegen den Verurteilten erforderlich sein können, um sich seiner Person zu versichern. Das Gesetz bekräftigt damit – unter Klarstellung einer zu § 61 a. F. JGG entstandenen Streitfrage – die Auffassung, dass nicht schon der Erlass des Widerrufsbeschlusses wegen seiner sofortigen Vollziehbarkeit (§ 307 Abs. 1), sondern erst dessen Rechtskraft die Einleitung von Vollstreckungsmaßnahmen ermöglicht. Maßnahmen nach § 453c können also auch **gleichzeitig** im oder mit dem Widerrufsbeschluss angeordnet werden, wie z. B. der Erlass eines Sicherungshaftbefehls, wenn der Verurteilte vor dem Erlass des Widerrufsbeschlusses flüchtig wird oder sich verborgen hält und es der öffentlichen Zustellung des Widerrufsbeschlusses bedarf (§ 453, 57).[28] Sobald der Widerrufsbeschluss rechtskräftig geworden ist, kann ein Bedürfnis für Maßnahmen nach § 453c nicht mehr bestehen, da nunmehr Maßnahmen nach § 457 zu treffen sind.[29]

VI. Sicherungshaftbefehl

9 **1. Flucht oder Fluchtgefahr.** Der Sicherungshaftbefehl hat, da er erst nach rechtskräftigem Abschluss des Strafverfahrens ergeht, begrifflich nichts mit dem Untersuchungshaftbefehl zu tun, technisch sind aber seine **Voraussetzungen und** seine **Durchführung** durch Verweisung auf bestimmte Vorschriften über den Untersuchungshaftbefehl geregelt. Der ergriffene Verurteilte wird demgemäß vor der Rechtskraft des Widerrufsbeschlusses wie ein Untersuchungshaftgefangener behandelt.[30] Die Verweisung auf den entsprechend anwendbaren § 112 Abs. 2 Nr. 1 oder 2 ergibt, dass ein Sicherungshaftbefehl bei Flucht oder Fluchtgefahr zulässig ist. Bereits vor Verkündung eines Sicherungshaftbefehls können aber die Gründe für seinen Erlass entfallen, etwa wenn der Verurteilte wieder selbst Kontakt zu seinem Bewährungshelfer aufnimmt. Angesichts solcher Umstände sind dann Maßnahmen zur Sicherung der Strafvollstreckung und der Verhinderung der Flucht des Verurteilten vor Rechtskraft eines Widerrufsbeschlusses in der Regel nicht mehr angezeigt[31] mit der Folge, dass der Sicherungshaftbefehl von Amts wegen aufzuheben ist. Die drohende Vollstre-

26 StV **1992** 283; NJW **2004** 43.
27 LG München NJW **1975** 2306, 2307.
28 Wegen des Verhältnisses von § 453c zu § 40 LR/*Graalmann-Scheerer* § 40, 3 f. sowie § 453, 57.
29 KK/*Appl* 6; Meyer-Goßner/*Schmitt* 14.
30 KK/*Appl* 6; Meyer-Goßner/*Schmitt* 13; SK/*Paeffgen* 12.
31 LG Magdeburg NJ **2016** 40.

ckung einer Restfreiheitsstrafe aus einem anderen Urteil vermag die Annahme der Fluchtgefahr im Widerrufsverfahren nicht zu begründen, wenn die Straferwartung wegen der den Gegenstand des Sicherungshaftbefehls bildenden Tat alleine nicht die Annahme von Fluchtgefahr rechtfertigt.[32] Dem **Erlass** und **Vollzug** eines Sicherungshaftbefehls steht nach Überstellung des Verfolgten in einer nicht von der Auslieferungsbewilligung umfassten Sache die Spezialitätsbindung des Art. 14 EuAlÜbk entgegen.[33] Ein Sicherungshaftbefehl kommt ferner bei Gefahr der Begehung weiterer Straftaten (vgl. dazu Rn. 10 und 11) in Betracht.[34] Zweck der Sicherungshaft ist es dagegen nicht, die Gewährung rechtlichen Gehörs zu sichern.[35]

2. Erweiterte Haftbefehlsvoraussetzungen

a) Allgemeines. Die erst im BTRAussch. eingefügte Ergänzung des § 453c Abs. 1 10
durch das StVÄG 1979 entspricht einem Vorschlag des Bundesrats, dem die Bundesregierung zugestimmt hatte.[36] Nach der Begründung des Ergänzungsvorschlags hat die Praxis gezeigt, dass ein dringendes Sicherungsbedürfnis auch in den Fällen bestehen kann, in denen der Proband zwar nicht flüchtig ist oder sich verborgen hält oder Fluchtgefahr besteht, in denen aber bestimmte Tatsachen die Gefahr begründen, dass der Proband neue erhebliche Straftaten begehen werde (dazu § 56f Abs. 1 Nr. 2 StGB). Gemäß § 463 Abs. 1 gilt die Ergänzung des § 453c Abs. 1 auch in den Fällen, in denen der Widerruf der Aussetzung einer **freiheitsentziehenden Maßregel der Besserung und Sicherung** zu erwarten ist und bestimmte Tatsachen die Gefahr begründen, dass der Proband erhebliche rechtswidrige Taten begehen werde.[37] Gerade hier war es schon von Anfang an als eine **Lücke der Ursprungsfassung** empfunden worden, dass bei der Aussetzung der Unterbringung in einem psychiatrischen Krankenhaus oder in einer Entziehungsanstalt nach § 67g Abs. 2 StGB die Aussetzung auch zu widerrufen ist, wenn sich ergibt, dass von dem Verurteilten infolge seines Zustandes rechtswidrige Taten zu erwarten sind und deshalb der Zweck der Maßregel seine Unterbringung erfordert, der Erlass eines Sicherungshaftbefehls aber nur möglich war, wenn zugleich die Voraussetzungen der Flucht oder Fluchtgefahr vorlagen.[38] Dem Vorschlag,[39] die Lücke in der Zeit bis zur Rechtskraft des Widerrufsbeschlusses durch eine Unterbringung nach Maßgabe der landesrechtlichen Unterbringungsvorschriften zu schließen, wurde – zu Recht – entgegengehalten, dass auf diese Weise Abhilfe nur in Ausnahmefällen möglich sei.[40]

b) Gefahr der Begehung erheblicher Straftaten. Rechtsstaatlichen Grundsätzen 11
entsprechend ist der erweiterte Haftgrund der Gefahr der Begehung neuer Straftaten oder rechtswidriger Taten – abweichend von den solche Gefahren betreffenden materiellrechtlichen Widerrufsgründen des § 56f Abs. 1 Nr. 2, § 57 Abs. 5 Satz 1, § 67g Abs. 2

32 OLG Oldenburg StV **1987** 110.
33 OLG Karlsruhe NJW **1992** 3115.
34 KK/*Appl* 5; Meyer-Goßner/*Schmitt* 10; *Bringewat* 11.
35 OLG Bremen MDR **1976** 865; OLG Celle MDR **1976** 984; OLG Karlsruhe MDR **1977** 600; GA **1992** 571; OLG Frankfurt MDR **1978** 71; *M. J. Schmid* MDR **1978** 99; KK/*Appl* 7; Meyer-Goßner/*Schmitt* 8; **a. A.** OLG Hamburg NJW **1976** 1327.
36 Vgl. BTDrucks. **8** 976 S. 102, 110.
37 *Bringewat* 12.
38 Vgl. *Rieß* NJW **1975** 91; **1978** 2272.
39 LR/*Schäfer*[23] § 453c, 7.
40 Begründung zu Art. 1 Nr. 33a – neu – (§ 453c Abs. 1 StPO) Entwurf StVÄG 1979 – BTDrucks. **8** 976.

StGB – dadurch beschränkt, dass die Gefahr durch **bestimmte Tatsachen** begründet sein muss, und dass nur die Gefahr der Begehung neuer **erheblicher** Straftaten (rechtswidriger Taten) ausreicht.[41] Damit ist § 453c Abs. 1 dem § 112a Abs. 1 („... und bestimmte Tatsachen ... weitere erhebliche Straftaten ...") angeglichen. Auch der Begriff der „erheblichen rechtswidrigen Taten" ist der Gesetzessprache geläufig (vgl. z. B. §§ 63, 64, 70 Abs. 1, § 70a Abs. 1 StGB). Insoweit wird auf die Erläuterungswerke, in denen diese Begriffe erörtert werden, verwiesen.[42] Es ist nicht erforderlich, dass es sich bei den neuen erheblichen Straftaten (rechtswidrigen Taten) um solche gleicher Art handelt, wie sie der Verurteilung (Anordnung der Unterbringung) zugrunde liegen.[43]

12 **3. Vollstreckung des Sicherungshaftbefehls.** Die **Vollstreckung des Sicherungshaftbefehls** gehört mangels Vollstreckbarkeitsbescheinigung noch nicht zur Vollstreckung i. S. des § 451 Abs. 1. Mangels besonderer Regelung gilt daher für die Vollstreckung § 36 Abs. 2.[44] Jedoch setzt die Aufnahme in die Haftanstalt – wie bei Verhaftung vor Abschluss des Erkenntnisverfahrens – ein schriftliches Aufnahmeersuchen des Haftrichters voraus.[45] Da die Vollstreckung des Sicherungshaftbefehls stets vor Rechtskraft des Widerrufsbeschlusses erfolgt, ist der Rechtspfleger nicht zuständig,[46] denn seine Zuständigkeit setzt erst mit der Rechtskraft des Widerrufsbeschlusses ein.

13 **4. Anrechnung der Sicherungshaft (Absatz 2 Satz 1).** § 453c Abs. 2 Satz 1, der die **Anrechnung** der aufgrund eines Sicherungshaftbefehls erlittenen Haft auf die zu vollstreckende Freiheitsstrafe und – über § 463 Abs. 1 – auf die Höchstfrist (§ 67d StGB) der zu vollstreckenden freiheitsentziehenden Maßregel der Besserung und Sicherung vorschreibt,[47] ist ein Gegenstück zu § 51 StGB und zu § 450a, unterscheidet sich aber von diesen Vorschriften dadurch, dass die **Anrechnung** stets stattfindet.[48] Dem Gericht ist also nicht die Befugnis eingeräumt, ausnahmsweise die Nichtanrechnung anzuordnen. **Haft i. S.** der Vorschrift ist jede aufgrund des Haftbefehls erlittene Freiheitsentziehung, also auch eine aufgrund des Haftbefehls erlittene polizeiliche Haft, die der Aufnahme des Verurteilten in eine Justizvollzugsanstalt vorausgeht (§ 38 Nr. 2 StVollstrO).[49] Die Haft wird vom errechneten Ende der Strafzeit nach vollen Tagen rückwärts abgerechnet (§ 39 Abs. 4 StVollstrO).[50] Ein möglicher früherer Entlassungszeitpunkt ist nicht zu berücksichtigen.[51] Andere Maßnahmen können nicht angerechnet werden.

14 **5. Verweisungen (Absatz 2 Satz 2).** Im Übrigen verweist Absatz 2 Satz 2 auf die entsprechend anwendbaren Vorschriften der §§ 114 bis 115a und wegen des Vollzugs der Sicherungshaft auf § 119 sowie § 119a. Dem Verurteilten, der die deutsche Sprache nicht

---

41 KK/*Appl* 5; SK/*Paeffgen* 9; Meyer-Goßner/*Schmitt* 8 bis 11; *Bringewat* 13.

42 Vgl. z. B. wegen der Gefahr zur Begehung erheblicher rechtswidriger Taten *Fischer* § 63, 16 ff.; LK/*Schöch* § 63, 79 ff.

43 *Bringewat* 13.

44 KK/*Appl* 7; Meyer-Goßner/*Schmitt* 13; *Bringewat* 16.

45 KK/*Appl* 7; Meyer-Goßner/*Schmitt* 13; *Bringewat* 16.

46 KK/*Appl* 7; Meyer-Goßner/*Schmitt* 13; *Röttle/Wagner* Rn. 201; *Bringewat* 16.

47 Zum Verhältnis von Sicherungsunterbringung aufgrund eines Sicherungsunterbringungsbefehls und Kriseninterventionnach § 67h StGB sowie der Dauer der Sicherungsunterbringung vgl. OLG Braunschweig Beschl. vom 25.8.2020 – 1 Ws 192/20.

48 KK/*Appl* 7a; Meyer-Goßner/*Schmitt* 15; *Bringewat* 17.

49 KK/*Appl* 11; **a. A.** *Pohlmann/Jabel/Wolf* § 38, 7.

50 **A. A.** *Bringewat* 17; *Röttle/Wagner* Rn. 190.

51 BGHSt **34** 318; KK/*Appl* 11a; **a. A.** OLG Koblenz NStZ **1985** 177 mit zust. Anm. *Gallandi*.

hinreichend mächtig ist, ist danach nach § 114a Satz 1 2. Hs. eine Übersetzung des Sicherungshaftbefehls in einer für ihn verständlichen Sprache auszuhändigen. Da den Strafakten in aller Regel der Umfang der deutschen Sprachkenntnisse des Verurteilten zu entnehmen sein wird, hat das Gericht, wenn der Verurteilte nach Aktenlage nicht über hinreichende deutsche Sprachkenntnisse verfügt, einen erlassenen Sicherungshaftbefehl sogleich in eine für den Verurteilten verständliche Sprache übersetzen zu lassen. Die Übersetzung des Sicherungshaftbefehls darf in einem solchen Fall nicht erst nach der Festnahme des Verurteilten nachgeholt werden. Auch die Belehrung über die Rechte (§ 453c Abs. 2 Satz 2 i. V. m. § 114b) muss unverzüglich und in einer für den Verurteilten verständlichen Sprache erfolgen. Wegen der Einzelheiten wird auf die Erläuterungen zu den §§ 114 bis 115a, 119 und 119a verwiesen. Kraft der Verweisung in § 115 Abs. 4 gelten auch § 117 Abs. 1, 2 und § 118 Abs. 1.[52] Diese Aufzählung der entsprechend anwendbaren Vorschriften des Rechts der Untersuchungshaft ist grundsätzlich abschließend.[53] Insbesondere sind daher §§ 116, 116a – der Erlass des Sicherungshaftbefehls setzt ja gerade („notfalls") voraus, dass mildernde Sicherungsmaßregeln nicht ausreichen – sowie § 117 Abs. 5[54] und § 121 (Sechsmonatsprüfung von Amts wegen) unanwendbar. Dagegen wird wegen Gleichartigkeit der Interessenlage eine Ausschreibung zur Festnahme (§ 131) als zulässig anzusehen sein.[55] Stets anwendbar ist aber der allgemein geltende **Grundsatz der Verhältnismäßigkeit**. Aus ihm ergibt sich, dass die Sicherungshaft nicht länger dauern darf als der bei Widerruf noch zu verbüßende Strafrest[56] oder dass der Haftbefehl aufzuheben ist, wenn seine Voraussetzungen entfallen, insbesondere deshalb, weil nunmehr mildere Maßnahmen ausreichen.[57]

6. Dauer der Sicherungshaft. Die Sicherungshaft dauert bis zur Rechtskraft des 15
Widerrufsbeschlusses. Bis zu diesem Zeitpunkt wird der verhaftete Verurteilte wie ein Untersuchungsgefangener behandelt.[58] Mit der Rechtskraft des Widerrufsbeschlusses verliert der Sicherungshaftbefehl seine Bedeutung und die Sicherungshaft geht in die dem rechtskräftigen Urteil entsprechende Freiheitsentziehung über.[59] Damit endet auch die Kompetenz des Gerichts nach § 453c (Rn. 16) und beginnt die Zuständigkeit der Vollstreckungsbehörde nach § 451.[60] Führt jedoch der Vollzug der Sicherungshaft aufgrund Anrechnung zu einer vollständigen Verbüßung der Freiheitsstrafe, so hat dies nicht automatisch die Erledigung der laufenden Bewährung zur Folge. In einem solchen Fall gebietet es der Grundsatz der Verhältnismäßigkeit, nachträglich bis zum Entscheidungszeitpunkt die Bewährungszeit zu verkürzen und sodann die – schon vollständig verbüßte –Strafe zu erlassen.[61]

52 OLG Hamburg NStZ-RR **2002** 381; OLG Karlsruhe Justiz **2002** 23; *Burmann* (Sicherungshaft) 121; *Fuchs* NStZ **1983** 388; *Paeffgen* NStZ **1989** 250; *Eisenberg/Kölbel* § 58, 30; **a. A.** LG Freiburg NStZ **1989** 387; NStZ **1990** 52 mit Anm. *Fischer* NStZ **1990** 53 und Anm. *Fuchs* NStZ **1989** 388 (keine Haftprüfung nach § 117 Abs. 1 bei Sicherungshaftbefehl); KK/*Graf* § 117, 2; KK/*Appl* 6; Meyer-Goßner/*Schmitt* 16; *Bringewat* 15.

53 **A. A.** *Bringewat* 16.

54 OLG Karlsruhe Justiz **1974** 101; *Burmann* (Sicherungshaft) 122, 125; KK/*Appl* 6; Meyer-Goßner/*Schmitt* 16; *Bringewat* 15; **a. A.** LG Flensburg Rpfleger **1984** 112.

55 Meyer-Goßner/*Schmitt* 16; *Bringewat* 15; **a. A.** *Eisenberg/Kölbel* § 58, 29.

56 Meyer-Goßner/*Schmitt* 8.

57 *Bringewat* 5, 8; OLG Celle NStZ-RR **2011** 122.

58 KK/*Appl* 6; Meyer-Goßner/*Schmitt* 13; *Bringewat* 14 f.; ausführlich dazu *Burmann* (Sicherungshaft) 49, 56.

59 Meyer-Goßner/*Schmitt* 14; vgl. – als Parallele – auch § 450, 8.

60 KK/*Appl* 7; *Bringewat* 16; *Röttle/Wagner* Rn. 201.

61 OLG Celle NStZ-RR **2011** 122.

VII. Zuständiges Gericht

16 **1. Erwachsenenstrafrecht.** Im **Erwachsenenstrafrecht** entscheidet über Maßnahmen nach § 453c das für die Überwachung der Lebensführung nach § 453b zuständige Gericht (§ 453b, 5).[62]

17 **2. Jugendstrafrecht.** Der durch Art. 3 Nr. 5 Buchst. a StVÄG 1979[63] eingefügte Absatz 2 des § 58 JGG bestimmt, dass der Jugendrichter auch die Vollstreckung der vorläufigen Maßnahmen nach § 453c StPO leitet.[64] Die neue Vorschrift dient der Klarstellung der nach Schaffung des § 453c in der Praxis streitig gewordenen Frage, ob im Jugendstrafverfahren für die Vollstreckung vorläufiger Maßnahmen der Jugendrichter oder, wie im Erwachsenenstrafverfahren, die Staatsanwaltschaft zuständig ist.[65]

VIII. Rechtsmittel

18 Gegen die Anordnung der vorläufigen Maßnahmen ist **einfache Beschwerde** zulässig.[66] Ob auch die **weitere Beschwerde** (§ 310) statthaft ist, ist umstritten.[67] Die **herrschende Meinung** verneint das mit der Begründung, dass zum einen durch § 453c eine Lücke entsprechend der im Jugendstrafrecht bewährten Regelung des § 61 JGG geschlossen werden sollte, der eine dem besonderen Anliegen des Jugendstrafrechts entsprechende Ergänzung der Vorschrift über den Vollstreckungshaftbefehl des § 457 sei.[68] Darüber hinaus sei aber unter Verhaftung i. S. des § 310 Abs. 1 nur die Freiheitsentziehung in einem Strafverfahren vor Rechtskraft des Urteils, d. h. Untersuchungshaft nach §§ 112 ff. oder ihr entsprechende Haftentscheidungen nach § 230 Abs. 2 und § 236, zu verstehen, eine zum Zweck der Strafvollstreckung angeordnete Sicherungshaft falle mithin nicht unter diese Vorschrift.[69] **Dieser Ansicht** kann nicht zugestimmt werden. Ihr ist namentlich **entgegenzuhalten**, dass § 453c die Regelung des § 61 JGG a. F. nur im Grundsatz übernommen hat, diesen jedoch in mehrfacher Hinsicht durch Einschränkungen, Verschärfungen und strengere Förmlichkeiten entsprechend den Regeln für die Un-

---

62 KK/*Appl* 5a; Meyer-Goßner/*Schmitt* 12; *Bringewat* 18; weitgehend OLG Düsseldorf MDR **1982** 958: auch das nach § 462a zuständige Gericht.

63 BGBl. I 1978 S. 1645.

64 KK/*Appl* 8; Meyer-Goßner/*Schmitt* 12; *Bringewat* 18.

65 *Röttle/Wagner* Rn. 201; OLG Karlsruhe NStZ **1983** 92 mit Anm. *Brunner* JR **1983** 518; vgl. im Einzelnen Erl. zu § 58 JGG bei Diemer/Schatz/Sonnen/*Schatz* und *Eisenberg/Kölbel*.

66 *Burmann* (Sicherungshaft) 118 ff.; *Fischer* NStZ **1990** 53; *Paeffgen* NStZ **1990** 536; *Bringewat* 20; KK/*Appl* 10.

67 Verneinend: OLG Stuttgart MDR **1975** 951; OLG Bamberg NJW **1975** 1526; OLG Frankfurt NStZ-RR **2002** 15; OLG Düsseldorf NJW **1977** 968; OLG Köln JMBlNRW **2004** 250; Beschl. vom 23.12.2010 – 2 Ws 845/10; OLG Karlsruhe NStZ **1983** 92; OLG Braunschweig NStZ-RR **2013** 317 Ls.; KK/*Appl* 10; bejahend: OLG Braunschweig NStZ **1993** 604; OLG Hamburg NStZ-RR **2002** 381; SK/*Paeffgen* 15; LR/*Matt*[26] § 310, 44; *Paeffgen* NStZ **1990** 531, 536.

68 OLG Hamburg NJW **1964** 605: dass für ersteren der Richter, für Letzteren der Staatsanwalt zuständig ist, soll keinen Unterschied machen; OLG Düsseldorf NJW **1964** 69; KK/*Appl* 10; Meyer-Goßner/*Schmitt* 17.

69 BGHSt **25** 120; OLG Hamm NJW **1974** 511; OLG Karlsruhe Justiz **1974** 101; NStZ **1983** 92; OLG Stuttgart MDR **1975** 951; OLG Bamberg NJW **1975** 1526; OLG Düsseldorf NJW **1977** 968; NStZ **1990** 251; Kaiser NJW **1963** 672; **1964** 1946; KK/*Zabeck* § 310, 10; KK/*Appl* 10; KMR/*Stöckel* 27; Meyer-Goßner/*Schmitt* 17; *Röttle/Wagner* Rn. 201; **a. A.** OLG Braunschweig NStZ **1993** 604; *Blösch* NJW **1963** 1296; *Theuerkauf* MDR **1965** 179; *Ellersiek* 96 f.; *Eisenberg/Kölbel* § 58, 25; LR/*Matt*[26] § 310, 44.

tersuchungshaft modifiziert.[70] Durch Verweisung auf § 119 stellt er klar, dass der in Haft Genommene wie ein Untersuchungsgefangener zu behandeln ist.[71] Diese Gleichstellung gebietet es dann aber auch, ihm die gleichen Anfechtungsmöglichkeiten wie einem Untersuchungsgefangenen zu geben mit der Folge, dass die weitere Beschwerde statthaft sein muss.[72]

IX. Entschädigung

Auch wenn das Gericht später einen Widerruf rechtskräftig ablehnt, weil es dessen Voraussetzungen als von vornherein nicht gegeben ansah, ist für die erlittene Sicherungshaft im StrEG **keine** Entschädigung vorgesehen. Denn die Sicherungshaft ist weder Untersuchungshaft i. S. des § 2 Abs. 1 StrEG, noch fällt sie in den Katalog der „anderen Strafverfolgungsmaßnahmen" i. S. des § 2 Abs. 2 StrEG.[73] Zu denken wäre an eine entsprechende Anwendung des § 2 Abs. 1 StrEG. Dem steht aber entgegen, dass § 453c nur in bestimmtem Umfang die für die Untersuchungshaft geltenden Vorschriften für entsprechend anwendbar erklärt und nach Art. 8 II Nr. 1 des 1. StVRG 1974[74] zwar der § 2 Abs. 1 StrEG neu gefasst wurde, diese Vorschrift aber gerade in dem hier in Frage stehenden Punkt unverändert geblieben ist.[75] 19

X. Weitere Hinweise

Wegen der **Berechnung der Strafzeit** bei Anrechnung der erlittenen Sicherungshaft auf die zu vollstreckende Freiheitsstrafe vgl. die Erläuterungen zu § 451; wegen der **Zulässigkeit der öffentlichen Zustellung** eines Widerrufsbeschlusses vgl. Erläuterungen zu § 40, 3 f. 20

§ 454
Aussetzung des Restes einer Freiheitsstrafe zur Bewährung

(1) [1]Die Entscheidung, ob die Vollstreckung des Restes einer Freiheitsstrafe zur Bewährung ausgesetzt werden soll (§§ 57 bis 58 des Strafgesetzbuches) sowie die Entscheidung, daß vor Ablauf einer bestimmten Frist ein solcher Antrag des Verurteilten unzulässig ist, trifft das Gericht ohne mündliche Verhandlung durch Beschluß. [2]Die Staatsanwaltschaft, der Verurteilte und die Vollzugsanstalt sind zu hören. [3]Der Verurteilte ist mündlich zu hören. [4]Von der mündlichen Anhörung des Verurteilten kann abgesehen werden, wenn

70 Vgl. BTDrucks. **7** 551 S. 97: Begründung zu Art. 1 Nr. 117 (§ 453c StPO); näher dazu LR/*Wendisch*[24] § 114, 46 und auch LR/*Hilger*[26] § 112, 13 und OLG Braunschweig NStZ **1993** 604.

71 Wovon auch KK/*Appl* 6 und Meyer-Goßner/*Schmitt* 4 ausgehen; ebenso *Boetticher* NStZ **1991** 4.

72 Wegen weiterer Einzelheiten s. *Wendisch* FS Dünnebier 243 ff. sowie OLG Braunschweig NStZ **1993** 604.

73 *Burmann* StV **1986** 81; OLG Schleswig SchlHA **2004** 272; *Katzenstein* StV **2003** 359; KK/*Appl* 11; Meyer-Goßner/*Schmitt* 15.

74 BGBl. I S. 3393, 3533.

75 OLG Karlsruhe MDR **1977** 600; Justiz **1979** 338; KG JR **1981** 87; OLG Düsseldorf MDR **1982** 958; **a. A.** *von Meding* NJW **1977** 914; *Bringewat* 21.

https://doi.org/10.1515/9783110275025-011

1. die Staatsanwaltschaft und die Vollzugsanstalt die Aussetzung einer zeitigen Freiheitsstrafe befürworten und das Gericht die Aussetzung beabsichtigt,
2. der Verurteilte die Aussetzung beantragt hat, zur Zeit der Antragstellung
a) bei zeitiger Freiheitsstrafe noch nicht die Hälfte oder weniger als zwei Monate,
b) bei lebenslanger Freiheitsstrafe weniger als dreizehn Jahre der Strafe verbüßt hat und das Gericht den Antrag wegen verfrühter Antragstellung ablehnt oder
3. der Antrag des Verurteilten unzulässig ist (§ 57 Abs. 7, § 57a Abs. 4 des Strafgesetzbuches).

[5]Das Gericht entscheidet zugleich, ob eine Anrechnung nach § 43 Abs. 10 Nr. 3 des Strafvollzugsgesetzes ausgeschlossen wird.

(2) [1]Das Gericht holt das Gutachten eines Sachverständigen über den Verurteilten ein, wenn es erwägt, die Vollstreckung des Restes
1. der lebenslangen Freiheitsstrafe auszusetzen oder
2. einer zeitigen Freiheitsstrafe von mehr als zwei Jahren wegen einer Straftat der in § 66 Abs. 3 Satz 1 des Strafgesetzbuches bezeichneten Art auszusetzen und nicht auszuschließen ist, daß Gründe der öffentlichen Sicherheit einer vorzeitigen Entlassung des Verurteilten entgegenstehen.

[2]Das Gutachten hat sich namentlich zu der Frage zu äußern, ob bei dem Verurteilten keine Gefahr mehr besteht, daß dessen durch die Tat zutage getretene Gefährlichkeit fortbesteht. [3]Der Sachverständige ist mündlich zu hören, wobei der Staatsanwaltschaft, dem Verurteilten, seinem Verteidiger und der Vollzugsanstalt Gelegenheit zur Mitwirkung zu geben ist. [4]Das Gericht kann von der mündlichen Anhörung des Sachverständigen absehen, wenn der Verurteilte, sein Verteidiger und die Staatsanwaltschaft darauf verzichten.

(3) [1]Gegen die Entscheidungen nach Absatz 1 ist sofortige Beschwerde zulässig. [2]Die Beschwerde der Staatsanwaltschaft gegen den Beschluß, der die Aussetzung des Strafrestes anordnet, hat aufschiebende Wirkung.

(4) [1]Im Übrigen sind § 246a Absatz 2, § 268a Absatz 3, die §§ 268d, 453, 453a Absatz 1 und 3 sowie die §§ 453b und 453c entsprechend anzuwenden. [2]Die Belehrung über die Aussetzung des Strafrestes wird mündlich erteilt; die Belehrung kann auch der Vollzugsanstalt übertragen werden. [3]Die Belehrung soll unmittelbar vor der Entlassung erteilt werden.

Schrifttum

Baier Probleme bei Vollstreckung und Vollzug der Sicherungsverwahrung, StraFo **2014** 397; *Birkhoff* Probleme des Strafverteidigers mit Prognosegutachten, StraFo **2001** 401; *Bock* Das Elend der klinischen Kriminalprognose, StV **2007** 269; *ders.* Die Verwalter der Gefährlichkeit – eine Skizze zum forensischen Gutachterwesen, FS Heinz (2012) 609; *Böhm* Ausgewählte Fragen des Maßregelrechts, FS Schöch (2010) 755; *Böhm/Boetticher* Unzureichende Begutachtung gefährlicher Gewalt- und Sexualstraftäter im Strafverfahren, ZRP **2009** 134; *Boetticher/Dittmann/Nedopil/Nowara/Wolf* Zum richtigen Umgang mit Prognoseinstrumenten durch psychiatrische und psychologische Sachverständige und Gerichte, NStZ **2009** 478; *Boetticher/Koller/Böhm/Brettel/Dölling/Höffler/Müller-Metz/Pfister/Schneider/Schöch/Wolf* Empfehlungen für Prognosegutachten – Rechtliche Rahmenbedingungen für Prognosen im Strafverfahren, NStZ **2019** 553; *Boetticher/Kröber/Müller-Isberner/Böhm/Müller-Metz/Wolf* Mindestanforderungen für Prognosegutachten, NStZ **2006** 537; *Bringewat* Die mündliche Anhörung gem. § 454 I 3 StPO – eine mündliche Anhörung eigener Art? NStZ **1996** 17; *Bublies* Die Aussetzung des Restes der Ersatzfreiheitsstrafe (1989); *Dahle/Schneider/Ziethen* Standardisierte Instrumente zur Kriminalprognose, ForensPsychiatrPsycholKriminol **2007** 15; *Dehne/Niemann* Ist die Entscheidung über die Aussetzung einer Restjugendstrafe (§ 88 JGG) bei erwachsenen Verurteilten nach den Kriterien des § 57 StGB zu treffen? (§ 88 JGG), StraFo **2020** 267; *Dittmann* Was kann die Kriminalprognose heute leisten? in: Häßler/Rebering/Schnoor/Schläfke/Fegert Forensische Kinder-, Jugend- und Erwachsenenpsychiatrie – Aspekte der forensischen Begutachtung (2003) 173; *Doleisch von Dolsperg* Strafaussetzung zur Bewährung – Probleme aus der Praxis, StraFo **2005** 45; *Doller* Organisation und Geschäftsgang der Strafvollstreckungskammern, DRiZ **1976** 169; *ders.* Die mündliche Anhörung des Verurteilten durch die Strafvollstreckungskammer, DRiZ **1977** 80; *ders.* Entlassung des Verurteilten vor Rechtskraft des Aussetzungsbeschlusses? NJW **1977** 2153; *ders.* Reststrafaussetzung bei Ersatzfreiheitsstrafe? NJW **1977** 288; *Dreher* Richterliche Aussetzung des Strafrestes auch bei lebenslanger Freiheitsstrafe, FS Lange (1976) 323; *Eichinger* Videokonferenz in der Strafvollstreckung (2015); *Elf* Die Relativierung der lebenslangen Freiheitsstrafe für Mord durch rechtsgestaltende Wirkung der Rechtsprechung des BVerfG und der Strafgerichte, NStZ **1992** 468; *Erdmann/Degenhardt* Ermessenseinschränkung und Begutachtungspflicht bei Aussetzung des Strafrestes zur Bewährung nach § 88 III n. F. JGG? SchlHA **1999** 293; *Esser* Videoanhörungen im Verfahren der Strafrestaussetzung, NStZ **2003** 464; *Foth* Zur Fristberechnung, wenn mehrere Freiheitsstrafen zu verbüßen sind, DRiZ **1976** 277; *Franke* Die Besetzung der Großen Strafvollstreckungskammer bei der mündlichen Anhörung nach § 454 I 3 StPO, JZ **1977** 125; *Frisch* Dogmatische Grundfragen der bedingten Entlassung und der Lockerung des Vollzugs von Strafen und Maßregeln, ZStW **102** (1990) 707; *Geis* Die pragmatische Sanktion der „verfassungskonformen Analogie": Kritische Anmerkung zur neuesten „Lebenslänglich-Entscheidung" des BVerfG, NJW **1992** 2938; *Göke* Wann ist ein die bedingte Entlassung anordnender Beschluss zu vollziehen? NJW **1958** 1670; *Groß* Die Einwilligung des Verurteilten zu Weisungen und zur Reststrafenaussetzung, FS Rieß (2002) 691; *Heinrich* Die Strafrestaussetzung nach Abgabe der Vollstreckung gem. § 85 VI JGG, NStZ **2002** 182; *Herkmann* Entlassung des Verurteilten bei Aussetzung des Strafrestes zur Bewährung, Rpfleger **1976** 424; *Herzog* Dauer der Zuständigkeit der Strafvollstreckungskammer, NJW **1976** 1077; *Immel* Die Einholung und Verwertung von Prognosegutachten gemäß § 454 II StPO, JR **2007** 183; *Konrad* Bemerkungen zur Stellungnahme des Psychologen im Strafvollzug nach dem Psychotherapeutengesetz, R&P **2006** 13; *Krahforst* Zur Kooperation bei der Entlassungsvorbereitung nach § 57, DRiZ **1976** 132; *Kröber* Gang und Gesichtspunkte der kriminalprognostischen psychiatrischen Begutachtung, NStZ **1999** 593; *ders.* Leugnen der Tat und Tatbearbeitung in der prognostischen Begutachtung, FPPK **2010** 32; *ders.* Praxis der kriminalprognostischen Begutachtung: handwerkliche Mindeststandards und kasuistische Illustration, in: Kröber/Dölling/Leygraf/Sass Handbuch der Forensischen Psychiatrie, Band 3 Psychiatrische Kriminalprognose und Kriminaltherapie 173; *ders.* Externe und interne Gutachten im psychiatrischen Maßregelvollzug, in: Häßler/Rebering/Schnoor/Schläfke/Fegert Forensische Kinder-, Jugend- und Erwachsenenpsychiatrie – Aspekte der forensischen Begutachtung (2003) 188; *Kröber/Brettel/Rettenberger/Stübner* Empfehlungen für Prognosegutachten – Erfahrungswissenschaftliche Empfehlungen für kriminalprognostische Gutachten, NStZ **2019** 574; *Kudlich* Verschobener Reststrafenzeitpunkt und Härteausgleich bei Unmöglichkeit nachträglicher Gesamtstrafenbildung, FS Schöch (2010) 669; *Kulisch* Psychiater oder Psychologe? StraFo **2001** 337; *Kunert* Gerichtliche Aussetzung des Restes der lebenslangen Freiheitsstrafe kraft Gesetzes, NStZ **1982** 89; *Laubenthal* Die Einwilligung des Verurteilten in die Strafaussetzung zur Bewährung, JZ **1988** 951; *Leipold* Vorzeitige Haftentlassung, NJW-Spezial **2006** 519; *Lesting* Die Neuregelung der zivilrechtlichen Haftung des gerichtlichen Sachverständigen für ein unrichtiges Gutachten, RuP **2002** 224; *Leygraf* Die Begutachtung der Gefährlichkeitsprognose, in: Venzlaff/Foerster Psychiatrische Begutachtung (2009) 483; *Maatz* Die „Erstverbüßer-Regelung" im Regierungsentwurf eines neuen § 57 Abs. 2 StGB, MDR **1985** 787; *ders.* Noch einmal: Zur Erstverbüßer-Regelung des neuen § 57 II Nr. 1 StGB, NStZ **1988** 114; *Maetzel* Anhörung vor der Vollstreckungskammer ohne Benachrichtigung des Verteidigers? AnwBl. **1975** 421; *Meurer* Strafaussetzung durch Strafzumessung bei lebenslanger Freiheitsstrafe, JR **1992** 441; *D. Meyer* Immer noch keine Zusammenrechnung mehrerer nacheinander zu verbüßender Freiheitsstrafen? NJW **1976** 939; *Müller* Vergleich externer und interner Prognosegutachten im Maßregelvollzug Sachsen-Anhalts, R&P **2006** 174; *Nedopil* Prognosen in der Forensischen Psychiatrie – Ein Handbuch für die Praxis (2005); *ders.* Rückfallprognosen bei Straftätern – Neue Gesichtspunkte für eine alte Fragestellung, in: Rode/Kammeier/Leipert Prognosen im Strafverfahren und bei der Vollstreckung (2004) 83; *ders.* Prognosebegutachtungen bei zeitlich begrenzter Freiheitsstrafen – eine sinnvolle Lösung für problematische Fragestellungen? NStZ **2002** 344; *Neubacher* Die Einholung eines Sachverständigengutachtens bei der Entscheidung über die Aussetzung des Strafrestes gemäß § 57 I StGB, § 454 II StPO, NStZ **2001** 449; *ders.* Die Aussetzung des Strafrestes zur Bewährung nach Abgabe der Vollstreckung gemäß § 85 VI JGG, GA **2006** 737; *Neumann* Zur Bindungswirkung einer Sperrfrist, NJW **1985** 1889; *Northoff* Strafvollstreckungskammer. Anspruch auf Wirklichkeit (1985); *Ostendorf* Neue Rechtsprobleme bei der Entlassung auf Bewährung aus dem Jugendvollzug, NJW **2000** 1090; *Pohlreich* Besonderheiten im Recht der Strafvollstreckung und des Strafvollzugs bei ausländischen Straftätern, ZStW **127** (2015) 410; *Pollähne* Kriminalprognostik zwischen richtigen Basisraten und falschen Positiven, in: Barton (Hrsg.) „weil er für die Allgemeinheit gefährlich ist" (2006) 221; *ders.* Kriminalprognostik (2011); *ders.* Sonderregelungen für Vollstreckung und Vollzug lebenslanger Freiheitsstrafen, FS Ostendorf (2015) 687; *Rose* Qualitätsstandards der Begutachtung bei Sexualstraftätern, StV **2003** 101; *Rotthaus* Neue Aufgaben für den Strafvollzug bei der Bekämpfung von Sexualdelikten und anderen gefährlichen Straftaten, NStZ **1998** 597; *ders.* Die Pflichtverteidigung in Verfahren zur Strafrestaussetzung, NStZ **2000** 350; *ders.* Strafrestaussetzung einst und jetzt. Vom vertraulichen Gnadenweg zur großen Anhörung nach § 454 Abs. 2 Satz 3 StPO, FS Walter (2014) 773; *Sandermann* Setzt die Aussetzung des Strafrestes nach § 57 (§ 26 a. F.) StGB ein rechtskräftiges Urteil voraus? JZ **1975** 628; *Schall/Schreibauer* Prognose und Rückfall bei Sexualstraftätern, NJW **1997** 2412; *Schatz* Strafrestaussetzung zur Bewährung: Auch bei Ersatzfreiheitsstrafen, ZRP **2002** 438; *W. Schmidt* Die Strafvollstreckungskammern in der Praxis, NJW **1975** 1485 und (Replik) NJW **1976** 224; *Schneider* Prognosevoraussetzungen und Rückwirkungsverbot bei der Strafrestaussetzung zur Bewährung – eine (noch) ungeklärte Problematik. Zugleich eine Besprechung von OLG Hamm, Beschluss vom 11.2.1999 – 2 Ws 42/99 StV 1999 216, BewHi. **1999** 310; *H. Schneider* Das Leugnen der Tat bei der Entscheidung über die Aussetzung der Reststrafe, FPPK **2010** 23; *Schöch* Mindestanforderungen für Schuldfähigkeits- und Prognosegutachten, FS Widmaier (2008) 967; *Schwind/Blau* Strafvollzug in der Praxis (1976) 364; *Seifert* Gefährlichkeitsprognosen – Eine empirische Untersuchung über Patienten des psychiatrischen Maßregelvollzugs (2007); *Sonnen* Die Bedeutung sozialtherapeutischer Maßnahmen für die Sozialprognose, JuS **1976** 364; *Stree* Neue Probleme der Aussetzung einer lebenslangen Freiheitsstrafe, NStZ **1992** 464; *Stromberg* Die Strafvollstreckungskammern der Landgerichte, MDR **1979** 353; *Tondorf* Behandler sind keine Sachverständigen, StV **2000** 171; *ders.* Psychologische und psychiatrische Sachverständige im Strafverfahren. Verteidigung bei Schuldfähigkeits- und Prognosebegutachtung (2005); *Treptow* Das Verfahren der Strafvollstreckungskammer, NJW **1975** 1105 und (Eine Erwiderung) NJW **1976** 222; *Tröndle* Unsere gesellschaftliche Wirklichkeit als Widersacherin der Resozialisierung, Justiz **1976** 88; *Ullenbruch* Vollstreckung und erneute Aussetzung eines Strafrestes nach Bewährungswiderruf, NStZ **1999** 8; *Voigtel* Zum Freibeweis bei Entscheidungen der Strafvollstreckungskammer (1998); *Volckart* Die Aussetzungsprognosen nach neuem Recht, RuP **1998** 3; *Weber* Die Aussetzung des Restes der Ersatzfreiheitsstrafe nach § 57 StGB, GedS Schröder (1978) 175; *Wegener* Die mündliche Anhörung des Verurteilten vor der Strafvollstreckungskammer, MDR **1981** 617; *Wittschier* Die Festsetzung einer Sperrfrist gemäß den §§ 57 V, 57a IV StGB und ihre Folgen, NStZ **1986** 112; *Wohlers* Zur gerichtlichen Beiordnung eines Rechtsbeistands in Strafvollstreckungs- und Strafvollzugssachen, FS Seebode (2008) 573; *W. Wolf* Form des antraglosen negativen Gerichtsentscheids gem. § 57 Abs. 1 StGB, NJW **1975** 1962.

Entstehungsgeschichte

Die Vorschrift des § 486 StPO 1877 hat ihre jetzige Bezeichnung durch die Bek. 1924 erhalten. Sie betraf ursprünglich die Vollstreckung der Todesstrafe. Durch Art. 3 Nr. 187 VereinhG wurde sie aufgehoben. Ihren Inhalt erhielt sie 1953 durch Art. 4 Nr. 49 des 3. StRÄndG. Durch Art. 10 Nr. 11 StPÄG 1964 und Art. 9 Nr. 22 des 1. StrRG im Jahre 1969 wurden die Absätze 1 und 3 Änderungen des Strafgesetzbuches und der Strafprozessordnung angepasst. Durch Art. 21 Nr. 124 EGStGB 1974 wurde die Vorschrift neu gefasst. Durch Art. 6 Nr. 2 Buchst. a des Gesetzes zur Bekämpfung von Sexualdelikten und anderen gefährlichen Straftaten vom 26.1.1998 (BGBl. I S. 160) wurde der frühere Absatz 1 Satz 5 aufgehoben. Durch Art. 2 des Fünften Gesetzes zur Änderung des Strafvollzuggesetzes vom 27.12.2000 (BGBl. I S. 2053) wurde ein neuer Satz 5 dem Absatz 1 angefügt, der vorschreibt, dass das Gericht zugleich mit der Aussetzungsentscheidung nach Absatz 1 Satz 1 entscheidet, ob eine Anrechnung nach § 43 Abs. 10 Nr. 3 StVollzG ausgeschlossen wird. Durch Art. 6 Nr. 2 Buchst. b des Gesetzes zur Bekämpfung von Sexualdelikten und anderen gefährlichen Straftaten ist ein neuer Absatz 2 eingefügt worden, wonach eine bedingte Entlassung durch Einholung eines Sachverständigengutachtens an erhöhte Anforderungen geknüpft wird. Die bisherigen Absätze 2 und 3 sind sachlich unverändert Absätze 3 und 4 geworden. Durch Art. 2 Nr. 5 des Gesetzes zur Einführung der vorbehaltenen Sicherungsverwahrung vom 21.8.2002 (BGBl. I S. 3344) wurde Absatz 2 Sätze 3 bis 6 durch einen neuen Satz 3 ersetzt. Absatz 2 Satz 7 wurde infolgedessen unverändert Absatz 2 Satz 4. Durch Art. 2 Nr. 5 des Gesetzes zur Neuordnung des Rechts der Sicherungsverwahrung und zu begleitenden Regelungen vom 22.12.2010 (BGBl. I S. 2300) wurde Absatz 4 Satz 1 ergänzt. Durch Art. 1 Nr. 13 des Gesetzes zur Stärkung der Rechte von Opfern sexuellen Missbrauchs (StORMG) vom 26.6.2013 (BGBl. I S. 1805) wurde in Absatz 4 Satz 1 nach dem Wort „sind" die Angabe „§ 246a Absatz 2" eingefügt.

Übersicht

Alphabetische Übersicht

I. Anwendungsbereich

Absatz 1 regelt das Verfahren bei **zwei Fällen** von Entscheidungen: **a)** ob die Vollstreckung des Restes einer Freiheitsstrafe zur Bewährung ausgesetzt werden soll, ob also die Voraussetzungen einer Aussetzung nach §§ 57 bis 58 StGB oder nach § 67 Abs. 5 StGB, der auf § 57 Abs. 1 verweist, vorliegen; **b)** dass vor Ablauf einer bestimmten Frist ein Antrag des Verurteilten auf Aussetzung zur Bewährung unzulässig ist. Dies dient der Durchführung des § 57 Abs. 7 und des § 57a Abs. 4 StGB, wonach das Gericht Fristen von höchstens sechs Monaten bzw. von höchstens zwei Jahren festsetzen kann, vor deren Ablauf ein Aussetzungsantrag des Verurteilten unzulässig ist.[1] Nach § 463 Abs. 3 gilt § 454 auch für die in der erstgenannten Vorschrift angeführten, die Maßregeln der Besserung und Sicherung betreffenden Entscheidungen. Absatz 1 Sätze 2 bis 4 regeln das Verfahren für Entscheidungen nach Satz 1. 1

Absatz 2 regelt die Voraussetzungen für die Einholung eines Sachverständigengutachtens über den Verurteilten und das Verfahren insoweit. Die Anfechtbarkeit von Entscheidungen nach Absatz 1 ist in **Absatz 3** geregelt. 2

Absatz 4 erweitert die Voraussetzungen für die Einholung eines Sachverständigengutachtens, wenn Anklage wegen einer in § 181b StGB genannten Straftat zum Nachteil von Minderjährigen erhoben worden ist und die Erteilung eine Therapieweisung in Be- 3

1 *Bringewat* 3.

tracht kommt. Ferner regeln die Sätze 2 und 3 das Verfahren für die Belehrung über die Aussetzung des Strafrestes.

II. Zuständiges Gericht

4 Welches Gericht für Entscheidungen nach § 454 zuständig ist, **regelt § 462a.** Nach dessen Absatz 1 ist regelmäßig die Strafvollstreckungskammer zuständig, in deren Bezirk der Verurteilte die Strafe verbüßt. Das erkennende Gericht setzt den Strafrest nur aus, wenn der Verurteilte den nach § 57 Abs. 1 und 2 StGB maßgebenden Zeitpunkt durch Untersuchungshaft erreicht hat und sich bei Urteilsrechtskraft auf freiem Fuß befindet.[2] Wegen weiterer Einzelheiten siehe die Erl. zu § 462a.

III. Materiell-rechtliche Voraussetzungen

5 Die materiell-rechtlichen Voraussetzungen (§§ 57 bis 58 StGB) einer Entscheidung nach Absatz 1 sind hier nicht zu erörtern, insoweit wird auf die Erläuterungswerke zum StGB verwiesen. Dies gilt z. B. für die Umschreibung der Prognose in § 57 Abs. 1 Satz 1 Nr. 2 und § 57a Abs. 1 Satz 1 Nr. 3 StGB.[3]

IV. Einleitung des Verfahrens zur Entscheidung über die Aussetzung des Strafrestes (Absatz 1)

1. Notwendigkeit der Entscheidung

6 **a) Auf Antrag?** Nach § 26 a. F. StGB stand die bedingte Entlassung im Ermessen des Gerichts („kann"). Bei dieser Sachlage wurde allgemein angenommen, dass das Gericht, wenn es den Verurteilten bedingt entlassen wollte, **von Amts wegen** – also ohne einen Antrag abzuwarten – tätig werden könne. Es war aber nicht verpflichtet, bei jedem Verurteilten, bei dem die formellen Voraussetzungen einer bedingten Entlassung (Verbüßung von zwei Dritteln der Strafe) vorlagen, auch die materiellen Voraussetzungen (günstige Prognose für die Zukunft) von Amts wegen zu überprüfen, sondern es konnte abwarten, ob der Verurteilte oder ein anderer Verfahrensbeteiligter einen **Antrag** auf bedingte Entlassung stellte.[4] Durch Art. 1 Nr. 9 des 1. StrRG[5] von 1969 wurde in § 26 Abs. 1 StGB (= jetzt § 57 Abs. 1 StGB) für den Normalfall (Verbüßung von zwei Dritteln) die Kann-Vorschrift in eine **Muss-Vorschrift** umgewandelt („setzt die Vollstreckung ... aus"). Nur für den Ausnahmefall des § 57 Abs. 2 StGB (Aussetzung des Restes schon nach Verbüßung der Hälfte der Strafe) und den Fall des § 67 Abs. 5 StGB ist es bei der Kann-Vorschrift geblieben.

7 **b) Von Amts wegen?** Die **Umgestaltung** des § 57 Abs. 1 StGB in eine **Muss-Vorschrift** führte zu der Frage, ob – wie vorher – eine Pflicht zur Entscheidung über das Vorliegen der Aussetzungsvoraussetzungen nur besteht, wenn der Verurteilte, dessen Einwilligung in die Aussetzung erforderlich ist, oder ein sonstiger Verfahrensbeteiligter einen Aussetzungsan-

---

2 OLG Hamm NStZ **2002** 223.

3 Vgl. dazu *Tröndle* Justiz **1976** 88.

4 OLG Hamm JMBlNRW **1981** 238; **1982** 32; OLG Düsseldorf NStZ **1982** 467; MDR **1984** 182; *Dreher/Tröndle*[42] § 57, 5a; zu weiteren Einzelheiten vgl. *Jabel* MDR **1980** 718 und *Pohlmann/Jabel/Wolf*[8] § 43, 20 ff.

5 BGBl. I S. 645.

trag stellt oder ob das Gericht rechtzeitig vor Verbüßung von zwei Dritteln **von Amts wegen** zu entscheiden hat, ob die materiell-rechtlichen Aussetzungsvoraussetzungen des § 57 Abs. 1 Satz 1 Nr. 2 StGB gegeben sind. Nach Ansicht einiger Oberlandesgerichte ist auch nach der Rechtsänderung bei fehlendem Antrag das Gericht zu einer Prüfung von Amts wegen nicht verpflichtet, freilich an einer solchen auch nicht gehindert, wenn es sie aus irgendwelchen Gründen für geboten hält.[6] Die in Rechtsprechung[7] und im Schrifttum[8] einhellig vertretene Auffassung geht jedoch im Hinblick auf die Regelung des § 454b und die Bedeutung der Aussetzung des Strafrestes für die Resozialisierung des Verurteilten mit Recht von einer **Pflicht** des Gerichts zur **Prüfung von Amts wegen** aus.

Von Amts wegen zu entscheiden ist auch, wenn der Verurteilte die Strafe nur auf- 8
grund der **Erstverbüßerregelung** des § 57 Abs. 2 Nr. 1 StGB zu verbüßen hat. Das folgt aus § 454b Abs. 2 Satz 1, wonach bei Vollstreckung mehrerer Freiheitsstrafen die Vollstreckung der unter § 57 Abs. 2 Nr. 1 StGB fallenden Strafen nach Verbüßung der Hälfte der Strafen zu unterbrechen ist, um die einheitliche Entscheidung über die Aussetzung der Vollstreckung der Reste aller Strafen nach § 454b Abs. 2 zu gewährleisten.[9] Die Prüfung von Amts wegen unterbleibt mithin nur in den Fällen des § 57 Abs. 2 Nr. 2 StGB oder wenn der Verurteilte die nach § 57 Abs. 1 Satz 1 Nr. 3, § 57a Abs. 1 Satz 1 Nr. 3 StGB erforderliche Einwilligung in die Strafaussetzung verweigert.[10]

Hat das Gericht die Aussetzungsvoraussetzungen nach § 57 Abs. 2 Nr. 1 StGB von 9
Amts wegen geprüft und eine ablehnende Entscheidung getroffen, muss es gleichwohl anschließend die **Aussetzungsvoraussetzungen nach § 57 Abs. 1 StGB** erneut von Amts wegen prüfen und darüber wiederum durch förmlichen Beschluss entscheiden.[11] Dem Sinn und Ziel der §§ 57 ff. StGB zufolge befreit die Prüfung wegen der Aussetzungsvoraussetzungen des § 57 Abs. 2 Nr. 1 StGB von Amts wegen nicht von einer erneuten Prüfung von Amts wegen im Zweidrittel-Zeitpunkt.[12]

2. Bedeutung der Streitfrage. Der Streit (Rn. 6 f.) ist praktisch durch § 454b Abs. 3, 10
§ 36 Abs. 2 StVollstrO ohne Bedeutung. Denn wenn die Vollstreckungsbehörde nach § 36 Abs. 2 StVollstrO von Amts wegen zu prüfen hat, ob die Aussetzung des Restes einer oder mehrerer Strafen in Betracht kommt (§ 57 Abs. 1, 2 Nr. 1, § 57a Abs. 1 StGB, § 454b Abs. 3), hat sie ferner darüber zu wachen, dass sich die Justizvollzugsanstalt rechtzeitig vor Ablauf der Mindestverbüßungszeit ihr gegenüber oder, wenn die Vollstreckung von einer ersuchten Staatsanwaltschaft betrieben wird, dieser gegenüber zur Aussetzung des Strafrestes äußert. Die ersuchte Staatsanwaltschaft leitet die Stellungnahme der Justizvollzugsanstalt – gegebenenfalls mit den Akten – unverzüglich der Vollstreckungsbehörde zu (§ 36 Abs. 2 Satz 2 StVollstrO). Diese oder die ersuchte Staatsanwaltschaft holt, falls im Einzelfall erforderlich, eine Stellungnahme der Gerichtshilfe (§ 463d) ein (§ 36 Abs. 2 Satz 3 StVollstrO). Die Vollstreckungsbehörde gibt dann die Akten mit einem Ver-

6 KG JR **1972** 430; **1973** 120 mit Anm. *Peters*; OLG Bamberg MDR **1971** 943; *Bringewat* 5.

7 BVerfG NStZ **1993** 431; BGHSt **27** 302, 304; OLG Celle NJW **1972** 2054; OLG Hamm NJW **1973** 337; OLG Zweibrücken MDR **1974** 329; OLG München MDR **1987** 84; LG Bremen MDR **1975** 246; OLG Rostock NStZ **2001** 278.

8 *Kunert* MDR **1969** 711; *Nöldeke* MDR **1972** 479; *Peters* JR **1973** 120; *Fischer* § 57, 10; KK/*Appl* 5; KMR/*Stöckel* 18; Meyer-Goßner/*Schmitt* 5; SSW/*Hanft* 5; *Bringewat* 6; *Pohlmann*/*Jabel*/*Wolf* § 36, 12 bis 14.

9 OLG Oldenburg StV **1987** 70; *Maatz* StV **1987** 73; NStZ **1987** 114; KK/*Appl* 6; Meyer-Goßner/*Schmitt* 5; *Bringewat* 7; **a. A.** OLG München MDR **1987** 84.

10 Meyer-Goßner/*Schmitt* 6; KK/*Appl* 7; BGH StV **2017** 86; OLG Celle NdsRpfl. **2017** 312; OLG Jena StV **2018** 362 Ls.

11 *Bringewat* 9; **a. A.** OLG Oldenburg StV **1987** 70.

12 *Maatz* StV **1987** 73; *Bringewat* 9; **a. A.** Meyer-Goßner/*Schmitt* 5.

merk darüber, wann die Hälfte oder zwei Drittel der Strafe oder bei lebenslanger Freiheitsstrafe fünfzehn Jahre verbüßt sein werden, an die Strafverfolgungsbehörde weiter (§ 36 Abs. 2 Satz 4 StVollstrO). Die Vollstreckungsbehörde hat dabei darauf zu achten, dass die Akten dem Gericht so rechtzeitig vorgelegt werden können, dass bei Bewilligung der Strafaussetzung die erforderlichen Maßnahmen zur Vorbereitung der Entlassung der verurteilten Person durchgeführt werden können (§ 36 Abs. 2 Satz 5 StVollstrO).

11 Die Justizvollzugsanstalten sind ihrerseits durch Anordnungen der Landesjustizverwaltungen angewiesen, der Vollstreckungsbehörde rechtzeitig die **Stellungnahme** des Anstaltsleiters zur Aussetzungsfrage selbst dann zuzuleiten, wenn der Verurteilte keinen Antrag stellt, aber in die Strafaussetzung einwilligt. Dass die Staatsanwaltschaft als Strafverfolgungsbehörde die Vorgänge mit eigener Stellungnahme, in der sie durch einen bestimmten Antrag die Voraussetzungen für eine Aussetzung befürwortet oder ihr entgegentritt, an das Gericht weiterleitet, konnte zwar in der lediglich an die Vollstreckungsbehörden gerichteten Strafvollstreckungsordnung nicht bestimmt werden, wurde aber offenbar als selbstverständlich vorausgesetzt, denn § 36 Abs. 2 StVollstrO wurde gerade zu dem Zweck geschaffen sicherzustellen, dass das Gericht die nach § 57 Abs. 1 StGB gebotene Entscheidung über die Aussetzung eines Strafrestes rechtzeitig treffen kann.[13] Zu diesem Zweck kann die Staatsanwaltschaft **zusätzliche Ermittlungen** anstellen, z. B. Stellungnahmen des Bewährungshelfers oder der Gerichtshilfe anfordern, um auf diese Weise den sozialen Hintergrund des Verurteilten, namentlich stabilisierende Faktoren wie Wohnung, Arbeit, Angehörige usw. abzuklären.[14]

12 **3. Form der gerichtlichen Entscheidung (Satz 1).** Ein weiterer Zweifel betrifft das Verfahren des Gerichts, wenn ein förmlicher Antrag auf Aussetzung des Strafrestes von einem Verfahrensbeteiligten (vgl. Rn. 14) nicht gestellt ist, möglicherweise auch eine eindeutige Einwilligungserklärung des Verurteilten (§ 57 Abs. 1 Satz 1 Nr. 3 StGB) nicht vorliegt. **Gegen** eine Verpflichtung des Gerichts, von Amts wegen förmlich durch Beschluss über die Aussetzungsvoraussetzungen zu entscheiden, war für den Fall fehlender Einwilligung u. a. geltend gemacht worden,[15] dann müsse zuvor der Verurteilte nach seiner **Einwilligung** gefragt werden, wodurch oft vergebliche Hoffnungen erweckt würden. Eine ablehnende mit Gründen versehene Entscheidung belaste den Verurteilten, wenn er später selbst einen Antrag stelle. Im Übrigen sei ein Bedürfnis, von Amts wegen die Einwilligungsfrage zu klären, zu verneinen, weil ein Verurteilter, der den Wunsch und auch die geringste Hoffnung auf Aussetzung des Strafrestes habe, in aller Regel selbst einen Antrag stellen oder seine Stellung veranlassen werde.

13 Ein Weg, solchen Bedenken Rechnung zu tragen, wird z. T. darin gesehen, dass bei **Ablehnung** der Aussetzung des Strafrestes ein **förmlicher**, mündliche Anhörung des Verurteilten voraussetzender, begründungs- und zustellungsbedürftiger Beschluss nur erforderlich sei, wenn ein auf Aussetzung gerichteter Antrag eines Antragsberechtigten vorliege, während es bei Fehlen eines solchen Antrags genüge, dass das Gericht seine Entscheidung formlos in einem Aktenvermerk niederlegt.[16] Da indessen § 454 bei allen Entscheidungen zu der Frage, ob die Vollstreckung ausgesetzt werden soll, die Beschlussform vorschreibt und keinen Unterschied macht, ob sie auf Aussetzung oder Ablehnung lauten, und ob ein Aussetzungsantrag vorliegt oder von Amts wegen entschie-

---

13 *Pohlmann/Jabel/Wolf* § 36, 12.
14 Meyer-Goßner/*Schmitt* 7; *Bringewat* 8.
15 OLG Bamberg und LG Hof MDR **1971** 943.
16 OLG Düsseldorf NStZ **1994** 454; OLG Zweibrücken NStZ-RR **2001** 311; *Arnoldi* NStZ **2001** 503; **a. A.** KG JR **1973** 120 mit Anm. *Peters*; OLG Celle MDR **1973** 695; OLG Hamm NJW **1973** 337.

den wird, lässt sich eine **Umgehung der Beschlussform** durch einen **Aktenvermerk nicht rechtfertigen.**[17] Vielmehr bedarf es der Entscheidung des Gerichts durch Beschluss, der nach § 34 zu begründen und dem Verurteilten im Hinblick auf § 454 Abs. 3 mit Rechtsmittelbelehrung (§ 35a Satz 1) bekannt zu machen ist (§ 35 Abs. 2 Satz 1). Bei fehlendem oder bei – als Ergebnis der Anhörung – zurückgenommenem Antrag kann der Beschlusstenor dahingehend lauten, dass „die Aussetzung des Strafrestes zur Bewährung abgelehnt wird“.

4. Anträge Nichtverfahrensbeteiligter. Der Antrag eines **Nichtverfahrensbeteiligten** – dazu gehören auch der Privat- und Nebenkläger[18] – hat nur die Bedeutung einer Anregung, von Amts wegen zu entscheiden. Das in § 453, 53 Gesagte gilt auch hier. 14

5. Zeitpunkt der Entscheidung. Die Entscheidung kann schon ergehen, bevor der Verurteilte zwei Drittel (§ 57 Abs. 1 StGB), die Hälfte (§ 57 Abs. 2 StGB) oder fünfzehn Jahre (§ 57a Abs. 1 Satz 1 Nr. 1 StGB) der Strafe verbüßt hat.[19] Es ist auch nicht erforderlich, dass sich der Verurteilte im Zeitpunkt der Entscheidung im Strafvollzug befindet. Eine Entscheidung kann vielmehr auch ergehen, wenn er auf freiem Fuß ist.[20] Eine Verletzung des Beschleunigungsgebots kommt im Verfahren über die Aussetzung des Restes einer Freiheitsstrafe zur Bewährung nur dann in Betracht, wenn das Freiheitsrecht des Verurteilten nach den Umständen des Einzelfalls gerade durch eine sachwidrige Verzögerung der Entscheidung unangemessen weiter beschränkt wird. Ob die Verfahrensdauer noch angemessen ist, ist nach den Umständen des Einzelfalls zu beurteilen.[21] 15

6. Einwilligung des Verurteilten. Die nach § 57 Abs. 1 Satz 1 Nr. 3, § 57a Abs. 1 Satz 1 Nr. 3 StGB erforderliche Einwilligung des Verurteilten zu einer Anordnung der Aussetzung des Strafrestes muss noch im **Zeitpunkt der Rechtskraft** des Aussetzungsbeschlusses vorliegen. Die Einwilligung muss eindeutig sein.[22] Sie ist nicht formgebunden, bedarf daher nicht der **Schriftform** und kann auch mündlich, und zwar telefonisch gegenüber dem zuständigen Gericht erklärt und auch zurückgenommen werden.[23] Führt die vorbereitende Befragung des Verurteilten durch Mitarbeiter der Justizvollzugsanstalt zur Frage der Einwilligung in eine Reststrafenaussetzung nach § 57 Abs. 1 Satz 1 Nr. 3 StGB zu keinem eindeutigen Ergebnis und erschöpft sich das Erklärungsverhalten des Verurteilten in einer bloßen Weigerung, sich gegenüber den fragenden Personen abschließend zur Frage der Einwilligung zu erklären, so muss im Rahmen der gesetzlichen Vorgaben (Absatz 1 Satz 3) die gerichtliche Anhörung durchgeführt werden.[24] Der Verurteilte kann eine zunächst verweigerte Einwilligung mithin noch mit einer sofortigen Beschwerde nachholen.[25] Er kann aber auch eine zunächst erklärte Einwilligung bis zur 16

---

17 KG JR **1973** 120; **1994** 372; OLG Hamm NJW **1973** 337; OLG Zweibrücken MDR **1974** 329; LG Bremen MDR **1975** 241; *Peters* JR **1973** 121; *W. Schmidt* NJW **1975** 1487; *Laubenthal* JZ **1988** 955; Meyer-Goßner/*Schmitt* 39; *Bringewat* 12; LK/*Hubrach* § 57, 22.

18 *Oske* MDR **1964** 726; KK/*Appl* 4; KMR/*Stöckel* 16; Meyer-Goßner/*Schmitt* 4; SSW/*Hanft* 4; *Bringewat* 5.

19 OLG Braunschweig NdsRpfl. **1954** 110.

20 OLG Düsseldorf NJW **1954** 485; OLG Hamm JMBlNRW **1954** 180; OLG München NJW **1956** 2110.

21 BVerfG NStZ **2002** 53.

22 OLG Celle NdsRpfl. **2017** 312.

23 OLG Celle Beschl. vom 25.8.2016 – 1 Ws 373-375/16 mit Anm. *Schulz-Merkel* jurisPR-StrafR 4/**2017** Anm. 5.

24 OLG Jena Beschl. vom 25.8.2016 – 1 Ws 358/16.

25 OLG Karlsruhe MDR **1977** 333; Justiz **1980** 91; KK/*Appl* 9; Meyer-Goßner/*Schmitt* 6; *Bringewat* 11.

Rechtskraft des Beschlusses widerrufen.[26] Nach Rechtskraft des Aussetzungsbeschlusses ist ein Widerruf unbeachtlich.[27]

V. Anhörung von Verfahrensbeteiligten (Absatz 1 Satz 2)

17 **1. Staatsanwaltschaft.** Die Pflicht des Gerichts, die Staatsanwaltschaft zu hören, folgt bereits aus § 33 Abs. 2.[28] Äußerung und Antragstellung obliegen ihr nicht als Vollstreckungs-, sondern als **Strafverfolgungsbehörde**, zumal da es sich bei der Entscheidung um eine Ergänzung des erkennenden Verfahrens handelt. Aus diesem Grund kann der Staatsanwalt diese Aufgabe auch nicht auf den Rechtspfleger übertragen.[29] Da die Staatsanwaltschaft eine bestimmte Entscheidung beantragen soll, wird sie ihren Antrag regelmäßig erst dann stellen, nachdem die sonstigen Beteiligten zuvor gehört worden sind.[30] Sie kann auch eigene Ermittlungen anstellen, um ihren Antrag auf eine bessere Tatsachengrundlage stellen zu können.[31]

18 **2. Justizvollzugsanstalt.** Außer der am Verfahren beteiligten Staatsanwaltschaft (§ 451 Abs. 3) ist auch die Justizvollzugsanstalt **stets zu hören**. Da das Gesetz – vom Fall eines unzulässigen Antrags (Absatz 1 Satz 4 Nr. 3) abgesehen – keine Ausnahmen vorsieht, ist die Anhörung auch dann erforderlich, wenn es nach den Umständen der Tat und der Persönlichkeit des Täters äußerst unwahrscheinlich ist, dass auch eine sehr günstige Stellungnahme der Vollzugsanstalt noch Einfluss auf die zu treffende Entscheidung haben könnte.[32] Die Justizvollzugsanstalt gibt grundsätzlich ihre Stellungnahme durch ihren Leiter und bei dessen Verhinderung durch dessen Vertreter ab.[33] Bei größeren Justizvollzugsanstalten kann der Anstaltsleiter auch eine Delegation auf den jeweiligen Vollzugsabteilungsleiter vornehmen, denn dieser dürfte in aller Regel am besten Auskunft über das Vollzugsverhalten des Verurteilten geben können. **Örtlich zuständig** ist die Justizvollzugsanstalt, in die der Verurteilte zu dem Zeitpunkt, in dem das Gericht mit der Sache befasst wird, aufgenommen ist oder, wenn der Verurteilte infolge Unterbrechung des Vollzugs sich auf freiem Fuß befindet, zuletzt einsaß.[34] Hat bei Verbüßung einer längeren Freiheitsstrafe die Justizvollzugsanstalt gewechselt und sitzt in dem Zeitpunkt, in dem die Vollzugsanstalt zu hören ist, der Verurteilte erst kurze Zeit in dieser Anstalt ein, so muss auch eine Äußerung von der Anstalt eingeholt werden, in der er den wesentlichen oder wenigstens einen längeren Teil der Strafe verbüßt hat, da nur sie aufgrund der im Vollzug gewonnenen Eindrücke in der Lage ist, eine **fundierte Stellungnahme** über sein Verhalten im Vollzug und über die Prognose i. S. des § 57 Abs. 1 Satz 1 Nr. 2, Satz 2 StGB abzugeben.[35] Beruht der Strafrest nur auf angerechneter Frei-

---

26 OLG Celle NJW **1956** 1608; OLG Koblenz MDR **1981** 425; Meyer-Goßner/*Schmitt* 6; KK/*Appl* 8; *Fischer* § 57, 19a.

27 **A. A.** AG Schwäbisch-Hall Rpfleger **1972** 313 mit abl. Anm. *Pohlmann.*

28 KK/*Appl* 12; KMR/*Stöckel* 38; Meyer-Goßner/*Schmitt* 9; *Bringewat* 17.

29 KK/*Appl* 12; Meyer-Goßner/*Schmitt* 9; *Bringewat* 17.

30 *Bringewat* 19.

31 KK/*Appl* 12; *Bringewat* 18.

32 OLG Hamm MDR **1974** 1038; enger NJW **1980** 2090; KK/*Appl* 11; KMR/*Stöckel* 39 ff.; Meyer-Goßner/*Schmitt* 11, *Bringewat* 23.

33 Nach Meyer-Goßner/*Schmitt* 12 soll es genügen, die Stellungnahme durch einen dafür besonders beauftragten Beamten abgeben zu lassen.

34 OLG Hamm **1978** 592; KK/*Appl* 11; KMR/*Stöckel* 41; Meyer-Goßner/*Schmitt* 11; *Bringewat* 22.

35 OLG Hamburg MDR **1957** 311; KK/*Appl* 11; Meyer-Goßner/*Schmitt* 11; *Bringewat* 22.

heitsentziehung (§ 57 Abs. 4 StGB), ist die Justizvollzugsanstalt, in welcher der Verurteilte eingesessen hatte, gleichwohl zu hören,[36] es sei denn, dass sich der Verurteilte schon längere Zeit auf freiem Fuß befindet.[37] Die Stellungnahme der Justizvollzugsanstalt ist kein Verwaltungsakt und kann daher nicht nach § 23 EGGVG angefochten werden.[38]

3. Verteidiger. Der Grundsatz des Absatzes 1 Satz 2 gilt nach § 33 Abs. 3 (vgl. dazu § 33, 39) auch für den Verteidiger, d. h. auch ihm ist **Gelegenheit zur Stellungnahme** zu geben. Da es sich – anders als im Fall des § 168c – bei der Anhörung nicht um eine Vernehmung oder mündliche Verhandlung oder eine sonstige richterliche Untersuchungshandlung handelt, hatten Rechtsprechung und Literatur überwiegend den Standpunkt vertreten, dass dem Verteidiger *kein* **Anwesenheitsrecht** zustehe und er deshalb auch von dem Anhörungstermin nicht benachrichtigt zu werden brauche,[39] was allerdings nicht ausschließe, die Anwesenheit des Verteidigers aus fürsorglichen Gründen zu gestatten.[40] Grundsätzlich sei es jedoch hinreichend, aber auch notwendig, dass dem Verteidiger Gelegenheit gegeben werde, für den Verurteilten schriftlich Stellung zu nehmen.[41] Nachdem das **Bundesverfassungsgericht** wegen des Grundrechts auf ein faires Verfahren Bedenken gegen diese Verfahrensweise erhoben hatte,[42] schränkte das OLG Düsseldorf seinen bisherigen Standpunkt dahin ein, dass die Anwesenheit eines Verteidigers jedenfalls dann geboten sei, wenn dieser von sich aus zum mündlichen Anhörungstermin des Beschuldigten erschienen sei, zumal wenn es sich dabei um einen Pflichtverteidiger handle.[43] Inzwischen hat das Bundesverfassungsgericht durch eine weitere Entscheidung[44] klargestellt, dass der im Rechtsstaatsprinzip wurzelnde **Grundsatz des fairen Verfahrens** dem Verurteilten (ohne Einschränkung) das Recht gibt, zu seiner mündlichen Anhörung im Verfahren zur Aussetzung eines Strafrestes einen Rechtsbeistand seines Vertrauens hinzuzuziehen.[45] Eine Verpflichtung des Gerichts, diesen alsdann auch von dem Anhörungstermin zu benachrichtigen, verneint es jedoch mit dem Hinweis, dass das nicht Aufgabe des Gerichts sei.[46] Nur bei einer kurzfristig anberaumten Anhörung soll das Gericht gehalten sein, den Verteidiger des Verurteilten 19

36 OLG Düsseldorf MDR **1975** 863; **1977** 424; JMBlNRW **1978** 107; KMR/*Stöckel* 41; Meyer-Goßner/*Schmitt* 11; **a. A.** OLG Köln JMBlNRW **1960** 107; OLG Karlsruhe MDR **1978** 1046; KK/*Appl* 11; *Fischer* § 57, 15.

37 OLG Düsseldorf GA **1977** 151; Meyer-Goßner/*Schmitt* 11.

38 OLG Karlsruhe NJW **1965** 1454; Meyer-Goßner/*Schmitt* 14.

39 OLG Karlsruhe MDR **1976** 512; OLG Düsseldorf NJW **1976** 158; GA **1983** 566; **1989** 570; StV **1989** 355 mit Anm. *Frank*; OLG Schleswig SchlHA **1985** 137; *Treptow* NJW **1975** 1105; **1976** 222; *Rieß* JR **1976** 118; LR/*Wendisch*[24] 16; KK/*Appl* 19; KMR/*Stöckel* 48; Meyer-Goßner/*Schmitt* 36; *Bringewat* 25, 31; **a. A.** *W. Schmidt* NJW **1975** 1486; *Maetzel* AnwBl. **1975** 421; *Homann* StV **1990** 413.

40 OLG Düsseldorf NStZ **1989** 291; StV **1989** mit Anm. *Frank*; LR/*Wendisch*[24] 16; KK/*Appl* 19; Meyer-Goßner/*Schmitt* 36; *Bringewat* 32, 33.

41 OLG Karlsruhe MDR **1976** 512; OLG Düsseldorf NJW **1976** 158; GA **1983** 566; *Treptow* NJW **1975** 1105; NJW **1976** 222; LR/*Wendisch*[24] 16.

42 BVerfGE **70** 297.

43 OLG Düsseldorf StV **1989** 355.

44 NStZ **1993** 355 mit Anm. *Homann* NStZ **1993** 555; NStZ **1994** 552; OLG Zweibrücken StV **1993** 315; *Bringewat* MDR **1996** 17.

45 OLG Saarbrücken NStZ **2011** 478.

46 So auch OLG Saarbrücken NStZ **2011** 478; OLG Nürnberg Beschl. vom 2.12.2015 – 1 Ws 546/15; zu Recht kritisch *Homann* NStZ **1993** 556; ähnlich *Bringewat* MDR **1996** 18, der (S. 19 a. E.) einen Widerspruch gleichwohl verneint.

zu benachrichtigen, weil ansonsten der Anspruch auf eine faire Verfahrensgestaltung nicht durchsetzbar ist.[47] Dem kann so nicht zugestimmt werden.

20 Der **Grundsatz** des **fairen Verfahrens** gebietet es, nicht nur in Fällen der notwendigen Verteidigung im Vollstreckungsverfahren, sondern auch regelmäßig dann, wenn der Verurteilte einen Wahlverteidiger mit seiner Verteidigung beauftragt und bevollmächtigt hat, diesen zum Anhörungstermin zu laden.[48] Über einen Antrag des Verurteilten oder seines Verteidigers auf Verlegung eines anberaumten Anhörungstermins hat das Gericht nach pflichtgemäßem Ermessen unter Berücksichtigung der eigenen Terminplanung, der Gesamtbelastung des Gerichts, des Beschleunigungsgebots, aber auch und gerade mit Rücksicht auf das Interesse und den Anspruch des Verurteilten auf eine effektive Verteidigung durch den bestellten Verteidiger oder durch den gewählten Verteidiger seines Vertrauens zu entscheiden.[49] Ist ein **Verlegungsantrag** rechtzeitig gestellt und ist dem Verurteilten die Durchführung der mündlichen Anhörung wegen der Bedeutung der Sache oder aufgrund tatsächlicher oder rechtlicher Schwierigkeiten nicht zumutbar und liegen wichtige entgegenstehende Interessen an einer sofortigen Anhörung nicht vor, so darf das Gericht einen Verlegungsantrag des Verteidigers nicht ablehnen.[50] Insbesondere reicht es nicht aus, dem Verteidiger das Protokoll der Anhörung mit Gelegenheit zur Stellungnahme zu übermitteln. Eine derartige Verfahrensweise ist nicht geeignet, den Verstoß gegen das Gebot des fairen Verfahrens zu heilen,[51] sondern trägt vielmehr noch zur Verzögerung der Entscheidung bei.

VI. Mündliche Anhörung des Verurteilten (Absatz 1 Satz 3)

21 **1. Zweck der Vorschrift.** Nach § 454 Abs. 1 in der bis zum 31.12.1974 geltenden Fassung war eine Anhörung des Verurteilten nicht vorgeschrieben. Aus dem Grundsatz des rechtlichen Gehörs (Art. 103 Abs. 1 GG) wurde damals lediglich gefolgert, dass aufgrund einer ungünstigen Stellungnahme der Justizvollzugsanstalt die Aussetzung des Strafrestes nicht abgelehnt werden dürfe, ohne dass zuvor dem Verurteilten **Gelegenheit zur Stellungnahme** gegeben war.[52] Durch die jetzt grundsätzlich zwingend vorgeschriebene mündliche Anhörung[53] als einer besonders hervorgehobenen **Form des rechtlichen Gehörs** soll nach der Begründung des RegE[54] erreicht werden, dass die Strafvollstreckungskammer den unmittelbaren Kontakt mit dem Verurteilten in der Anstalt aufnimmt, worin auch eine der wesentlichen kriminalpolitischen Zielsetzungen der Einrichtung der Strafvollstreckungskammer liegt.[55] Daraus folgt, dass dem Erfordernis der **mündlichen** Anhörung nicht schon dadurch genügt ist, dass der Verurteilte von der Justizvollzugsanstalt mündlich gehört wird und diese die Niederschrift über die mündliche Anhörung an das Gericht weiterleitet, es bedarf vielmehr einer **richterlichen Anhörung.**[56]

---

47 BVerfG NJW **1993** 355.

48 Wie hier SK/*Paeffgen* 28.

49 OLG Frankfurt NJW **2004** 1680; OLG Oldenburg NStZ-RR **2007** 156; KK/*Appl* 19.

50 OLG Frankfurt NJW **2004** 1680.

51 OLG Oldenburg NStZ-RR **2007** 156; OLG Köln StV **2006** 430.

52 BVerfGE **19** 198.

53 Wegen der Ausnahmen siehe Rn. 41 ff.

54 BTDrucks. **7** 550 S. 309.

55 BGHSt **28** 138, 141 = JR **1979** 389 mit Anm. *Peters*; OLG Schleswig NJW **1975** 1131; OLG Hamm MDR **1980** 870; OLG Düsseldorf StV **1983** 511; OLG Celle StV **1988** 259; *Rieß* JR **1976** 118; *Wegener* MDR **1981** 620; Meyer-Goßner/*Schmitt* 16; *Bringewat* 27.

56 OLG Düsseldorf MDR **1975** 597; Meyer-Goßner/*Schmitt* 20; *Bringewat* 27.

Zur Anhörung gehört es an sich auch, dass der Verurteilte Beweisanträge (z. B. zur Entkräftung einer ihm ungünstigen Stellungnahme der Vollzugsanstalt) stellen kann (entsprechende Anwendung des § 163a Abs. 2).[57] Der Verurteilte hat aber kein förmliches Beweisantragsrecht i. S. des nur für die Hauptverhandlung geltenden § 244 Abs. 3 bis 6,[58] denn die Entscheidung ergeht im Beschlussverfahren ohne mündliche Verhandlung, in dem Beweise grundsätzlich nach den Regeln des **Freibeweises** erhoben werden, mit der einzigen Einschränkung, dass dem Verurteilten nicht nur Gelegenheit zur Stellungnahme in irgendeiner Form zu geben ist, sondern dass die Gewährung des rechtlichen Gehörs grundsätzlich in der Form der mündlichen Anhörung erfolgen muss, ohne dass dadurch im Übrigen das Wesen des Beschlussverfahrens ohne mündliche Verhandlung beeinträchtigt würde. 22

2. Form (Satz 3)

a) Allgemeines. Da die Strafvollstreckungskammer nach § 78b Abs. 1 GVG bei ihrer Entscheidung entweder in der Besetzung mit nur einem Richter (kleine Kammer) oder mit drei Richtern (große Kammer) entscheidet, stellt sich die Frage, ob sie im zuletzt genannten Fall, d. h. wenn sie die endgültige Entscheidung als Große Strafvollstreckungskammer trifft, auch die mündliche Anhörung des Verurteilten in dieser Besetzung vornehmen muss oder ob es auch zulässig ist, sie durch einen beauftragten Richter (Mitglied der Kammer) durchführen zu lassen[59] und ob die Anhörung des Verurteilten durch den beauftragten oder ersuchten Richter im Verfahren nach Absatz 1 Satz 3 nur zulässig ist, wenn dieser Richter im Einzelfall durch Entscheidung der Strafvollstreckungskammer in der Besetzung gemäß § 78b Abs. 1 Nr. 1 GVG bestimmt wird.[60] Weiter geht es darum, ob unter bestimmten Voraussetzungen sowohl bei der mit drei Richtern wie bei der mit einem Richter besetzten Strafvollstreckungskammer die Anhörung durch einen ersuchten Richter (§ 156 GVG) ausreicht. 23

b) Anhörung durch die vollbesetzte Kammer? Nach der strengsten Auffassung muss, soweit die Große Strafvollstreckungskammer zur Entscheidung berufen ist, diese den Verurteilten in voller Besetzung[61] anhören mit der Folge, dass die **Anhörung wiederholt** werden muss, wenn ein ausgeschlossener Richter mitgewirkt hat[62] oder die spätere Entscheidung nur von den an der Anhörung beteiligten Richtern getroffen werden kann. Diese strenge Auffassung geht davon aus, dass das Beschlussverfahren nach § 454 Abs. 1 Satz 3, soweit es um die Anhörung gehe, gewissermaßen der Hauptverhandlung angeglichen worden sei. In gleicher Weise wie dort dem Angeklagten solle auch hier dem Verurteilten die Möglichkeit gegeben werden, seine Persönlichkeit darzulegen. Die Anhörung durch die vollbesetzte Kammer entspreche mithin am ehesten dem **Zweck** 24

57 Anders *Bringewat* 37: Folge der „Erörterungsfunktion“ der mündlichen Anhörung.
58 KK/*Appl* 18; Meyer-Goßner/*Schmitt* 34; *Bringewat* 37; **a. A.** *Sonnen* JuS **1976** 367.
59 Vgl. dazu ausführlich *Wegener* MDR **1981** 617.
60 OLG München StV **2014** 159 Ls.; OLG Jena OLGSt GVG § 78b Nr 6; Beschl. vom 8.12.2015 – 1 Ws 449/15.
61 So z. B. OLG Schleswig NJW **1975** 1131; OLG Stuttgart NJW **1975** 2355; **1976** 2274; Justiz **1975** 397; OLG Köln NJW **1975** 1527; OLG Celle NJW **1975** 2254; OLG Nürnberg MDR **1975** 684; OLG Hamm JMBlNRW **1975** 191; **1975** 225; GA **1977** 221; NJW **1978** 284; OLG Koblenz JR **1976** 117 mit zust. Anm. *Rieß*; NJW **1977** 1071; MDR **1980** 956; GA **1981** 91; OLG Frankfurt StV **2009** 303 (Anhörung durch die gesamte Kammer bei wahrscheinlicher Fehleinweisung nach § 63 StGB); *Franke* JZ **1977** 126 f. (Abschn. III), vgl. aber auch 127 (Abschnitt IV); grundsätzlich auch *Wegener* MDR **1981** 618 r. Sp.
62 OLG Köln NJW **1975** 1527.

der Bestimmung, dass sich alle Mitglieder des Gerichts jeweils einen eigenen persönlichen Eindruck von dem Anzuhörenden verschaffen könnten.[63] Aus diesem Grunde müssten auch **Unzuträglichkeiten** wie etwa Zeitverlust durch eine längere Reise einer weiterhin zuständigen Strafvollstreckungskammer in eine entfernt gelegene Justizvollzugsanstalt oder wenig aussichtsreiche Anhörungen eines Untergebrachten hingenommen werden.[64]

25 **c) Anhörung durch den beauftragten Richter?** Nach anderer Auffassung[65] genügt die mündliche Anhörung durch einen beauftragten Richter, ein vom Vorsitzenden zum Berichterstatter bestelltes Mitglied der Kammer, das das Ergebnis der Anhörung in das Beschlussverfahren einbringt. Allerdings soll nach OLG München[66] diese Form der Anhörung nur genügen, wenn der anhörende Richter auch an der späteren Beratung teilnimmt.[67] Ferner muss er an der Entscheidung dann auch mitwirken.[68]

26 Gegen die **Vergleichbarkeit** der mündlichen Anhörung mit der mündlichen Vernehmung des Angeklagten vor dem erkennenden Gericht (§ 243 Abs. 5 Satz 2) wird geltend gemacht, dass die Entscheidung über die Aussetzung des Strafrestes gerade nicht in einem der Hauptverhandlung angeglichenen Verfahren, sondern nach § 454 Abs. 1 Satz 1 im grundsätzlich schriftlichen Beschlussverfahren getroffen werde. Dieses solle dem Verurteilten die Möglichkeit verschaffen, sich unbefangen dem Gericht gegenüber zu äußern und auf entscheidungserhebliche Fragen zu antworten. Dazu genüge aber die mündliche Anhörung durch eines der mitentscheidenden Mitglieder der Kammer.[69]

27 **d) Anhörung durch den ersuchten Richter?** Schließlich wird in den Fällen, in denen die Große oder Kleine Strafvollstreckungskammer kraft Befassung mit der Sache auch zuständig bleibt, wenn der Verurteilte nach Eingang der Sache und vor seiner Anhörung in eine weit entfernte Justizvollzugsanstalt in einem anderen Landgerichtsbezirk verlegt worden ist (Rn. 24), auch die mündliche Anhörung durch den **ersuchten Richter (§ 156 GVG) am Ort der neuen Vollzugsanstalt** als ausreichend angesehen.

28 Begründet wird die **Zulässigkeit der mündlichen Anhörung im Wege der Rechtshilfe** namentlich damit, dass diese Form – wenn auch in Ausnahmefällen – aus **zwingenden praktischen Gründen** geboten sein muss.[70] Verlegungen des Gefangenen in

---

63 OLG Celle NJW **1975** 2254.

64 OLG Nürnberg MDR **1975** 684; OLG Celle NJW **1975** 2255. Wegen weiterer Einzelheiten zu dieser Auffassung siehe LR/*Wendisch*[24] § 454, 21 bis 23, aber auch *Bringewat* 38.

65 OLG Schleswig SchlHA **1975** 115; OLG Düsseldorf NJW **1976** 158; **1976** 256; OLG Karlsruhe MDR **1976** 513; Justiz **1976** 37: – anders bei Anhörung wegen Aussetzung einer lebenslangen Freiheitsstrafe: Justiz **1983** 161; OLG München NJW **1976** 254; OLG Koblenz MDR **1977** 160; offen gelassen JR **1976** 117: Entscheidung betraf einen ersuchten Richter; *Peters* JR **1977** 397, 399; **1979** 391; GA **1977** 97, 104 f.; *Wegener* MDR **1981** 627; Meyer-Goßner/*Schmitt* 22; ohne eigene Stellungnahme KK/*Appl* 15 f.

66 NJW **1976** 254.

67 Ebenso *Bringewat* 43.

68 OLG Hamburg NStZ **2003** 389; OLG Nürnberg NStZ-RR **2004** 318; OLG Rostock NStZ **2002** 109; OLG Schleswig SchlHA **2003** 205.

69 OLG München NJW **1976** 254. Wegen weiterer Einzelheiten zu dieser Auffassung siehe LR/*Wendisch*[24] § 454, 25 und *Bringewat* 38, 41: nur, wenn ganz bestimmte Ausnahmekriterien vorliegen, und bei Entscheidungen nach § 57a StGB.

70 BGHSt **28** 142; OLG Düsseldorf NJW **1976** 256; NStZ **1981** 454; **1985** 94; OLG Schleswig MDR **1979** 518; OLG Hamm NJW **1980** 2090; OLG Stuttgart MDR **1987** 324; *Herzog* NJW **1976** 1077; Meyer-Goßner/*Schmitt* 23; Bedenken dagegen OLG München NJW **1976** 254; OLG Karlsruhe MDR **1976** 513; OLG Koblenz JR **1976** 117 mit zust. Anm. *Rieß*; OLG Hamm MDR **1977** 952; NJW **1978** 284; *Peters* GA **1977** 105; *Bringewat* 42.

eine andere weit entfernte Justizvollzugsanstalt, die nach Befassung der Strafvollstreckungskammer mit der Sache deren fortdauernde Zuständigkeit unberührt lasse, machten es „in der Praxis fast undurchführbar", den Verurteilten zwecks Anhörung durch die Strafvollstreckungskammer zurückverlegen zu lassen. Das verbiete sich schon wegen des erheblichen Zeitaufwands und der damit verbundenen Verzögerung der Entscheidung, der selbst bei Einzel-, erst recht aber bei Sammelverlegung entstehe.[71] Zwar entfalle bei einer Anhörung durch den ersuchten Richter die Möglichkeit einer unmittelbaren Kontaktaufnahme durch die entscheidende Strafvollstreckungskammer und damit die Gewinnung eines persönlichen Eindrucks von dem Verurteilten. Jedoch träten bei einer notwendigen Abwägung diese Nachteile gegenüber denen zurück, die sich für den Verurteilten selbst, aber auch für das Gericht ergäben, wenn die Inanspruchnahme eines ersuchten Richters nicht möglich wäre.[72]

3. Weitere Ansichten

a) Rechtsprechung des Bundesgerichtshofs. Der BGH fordert eine an bestimmten 29
Kriterien orientierte Einzelfallentscheidung. Je nach Sach- und Verfahrenslage kann danach die mündliche Anhörung des Verurteilten vor der Entscheidung über die Aussetzung des Strafrestes auch vor dem beauftragten oder ersuchten Richter stattfinden.[73] Zwar lasse sich die mit der zwingend vorgeschriebenen mündlichen Anhörung des Verurteilten verfolgte kriminalpolitische Zielsetzung am besten verwirklichen, wenn der vollbesetzte Spruchkörper den Verurteilten selbst anhöre. Jedoch gebe es Sachverhalte, bei denen es auch unter Berücksichtigung des kriminalpolitischen Anliegens des Gesetzes ausreiche, wenn ein **beauftragter** Richter den Verurteilten anhöre, weil dem persönlichen Eindruck des Gerichts nach Lage des Falls nur geringe Bedeutung zukomme.[74] Darüber hinaus gebe es sogar Fälle, in denen die Anhörung sogar durch den **ersuchten** Richter namentlich im Hinblick auf die Entfernung zwischen dem Sitz der Strafvollstreckungskammer und der Vollzugsanstalt allein angemessen erscheint. Maßgebend sei stets der Einzelfall. Entscheidend sollen danach vor allem die Entfernung und die Verkehrsverbindung zwischen Gericht und Vollzugsanstalt, die Bedeutung der Sache und die Schwierigkeit der Entscheidung sein.[75]

b) Schrifttum. *Wegener*,[76] an sich ein Anhänger der strengen Auffassung, nach der 30
die Anhörung stets durch den entscheidenden Spruchkörper zu erfolgen hat, räumt ein, dass die praktischen Konsequenzen dieser Meinung kaum tragbar sind.[77] Er schlägt als

---

71 Näher dazu *Doller* DRiZ **1976** 169; **1987** 269.

72 Wegen weiterer Einzelheiten zu dieser Auffassung s. LR/*Wendisch*[24] § 454, 27 bis 29.

73 So der Leitsatz BGHSt **28** 138 = JR **1979** 389 mit krit. Anm. *Peters*; ebenso OLG Stuttgart MDR **1987** 342.

74 BGHSt **38** 138, 141. Als Beispiele dafür führt der Senat an, dass die Strafvollstreckungskammer den Verurteilten schon einmal in voller Besetzung gehört habe und er alsbald danach mangels Bestimmung einer Sperrfrist einen neuen Antrag auf Aussetzung des Strafrestes gestellt habe; dass es um die Anhörung eines in einem psychiatrischen Krankenhaus Untergebrachten gehe, mit dem eine Verständigung nicht möglich sei, oder dass es sich um Fälle aus dem Bereich des § 57 Abs. 2 StGB handele, bei denen nach dem Urteil keine besonderen Umstände in der Tat oder in der Persönlichkeit des Täters vorlägen.

75 So auch OLG Koblenz GA **1981** 93 und – unter Aufgabe seiner früheren Ansicht (NJW **1975** 1131) – nunmehr auch der 1. Strafsenat des OLG Schleswig MDR **1979** 518 und – auch für den Fall des § 453 Abs. 1 Satz 3 OLG Stuttgart MDR **1987** 342.

76 MDR **1981** 617 ff.

77 *Wegener* MDR **1981** 619.

Ausweg vor, in den Fällen, in denen die Anhörung vor dem beauftragten oder ersuchten Richter erwogen werde, dazu die vorherige **schriftliche Zustimmung** des Verurteilten einzuholen.[78] Er hält diesen Lösungsweg für vereinbar mit ungeschriebenen Verfassungsgrundsätzen, hier des fairen Verfahrens und des Resozialisierungsanspruchs des Strafgefangenen,[79] zumal da die Entscheidung, wie das Recht der mündlichen Anhörung verwirklicht werden solle, stets der Inhaber dieser Rechte treffe. Bestehe dieser auf seinem Recht auf Anhörung durch die vollbesetzte Kammer, müsse letztere entweder zur Justizvollzugsanstalt fahren oder müsse der Verurteilte zum Gericht gebracht werden; verzichte er darauf, könne er durch den beauftragten oder auch ersuchten Richter – je nachdem welcher Anhörungsart er zustimme – angehört werden.[80]

4. Würdigung

31 **a) Anhörung durch den beauftragten oder ersuchten Richter.** Die **Anhörung** des Verurteilten **durch** den **beauftragten Richter** oder **ersuchten Richter** begegnet **keinen rechtlichen Bedenken.**[81] Sie ist nur dann zulässig, wenn dieser im Einzelfall durch Entscheidung der Strafvollstreckungskammer in der Besetzung gemäß § 78b Abs. 1 Nr. 1 GVG damit beauftragt oder ersucht wurde.[82] Die Beauftragung kann nicht allgemein durch eine kammerinterne Geschäftsverteilung für das jeweilige Geschäftsjahr erfolgen.[83] Eines förmlichen Beschlusses für die Beauftragung oder das Ersuchen bedarf es nicht. Die Beauftragung kann auch durch die Strafvollstreckungskammer mündlich angeordnet werden. In einem solchen Fall ist aber eine ausreichende Dokumentation in den Akten erforderlich.[84] Zwar soll nach der Begründung des RegE[85] mit dem Erfordernis der mündlichen Anhörung erreicht werden, dass die Strafvollstreckungskammer den unmittelbaren Kontakt mit dem Verurteilten aufnimmt. Das bedeutet aber nicht, dass diese Kontaktaufnahme durch eine Anhörung in Gegenwart aller drei Mitglieder erfolgen muss. Hätte der Gesetzgeber dies gewollt, so müsste folgerichtig z. B., wenn die vollbesetzte Kammer die Anhörung in der Justizvollzugsanstalt durchgeführt hat, Beratung und Entscheidung aber erst am nächsten Tag im Gerichtsgebäude erfolgen soll und an diesem Tage ein Mitglied durch Erkrankung oder Unfall auf längere Zeit ausfällt, die Entscheidung entweder bis zum Wiedereintritt dieses Mitglieds ausgesetzt werden, was sich im Interesse des Verurteilten und mit Blick auf das Beschleunigungsgebot verbietet oder es müsste die Anhörung alsbald nochmals in Gegenwart des Vertreters durchgeführt werden, obwohl sich nach aller Wahrscheinlichkeit an der zu treffenden Entscheidung nichts ändert und ein u. U. beträchtlicher Kosten- und Zeitaufwand nutzlos vertan ist. Aus diesen Erwägungen folgt aber auch, dass damit der Grundsatz, die Anhörung durch die vollbesetzte Kammer durchführen zu lassen, auf keinen Fall aus rein arbeitsökonomischen oder gar Bequemlichkeitsgründen beiseitegedrängt werden darf.

32 Weitere **Argumente für diese Auffassung** ergeben sich aus der **Entstehungsgeschichte der §§ 454, 462a.** Denn diese zeigt, dass der Rückgriff auf einen Willen des

78 *Wegener* MDR **1981** 619.
79 *Wegener* MDR **1981** 620.
80 *Wegener* MDR **1981** 621.
81 OLG Jena OLGSt GVG § 78b Nr 6.
82 OLG München StV **2014** 159; OLG Düsseldorf NStZ-RR **2015** 20.
83 OLG München StraFo **2011** 371.
84 OLG München NStZ **2011** 716; OLG Jena Beschl. vom 8.12.2015 – 1 Ws 449/15.
85 Vgl. BTDrucks. **7** 550 S. 309 sowie BGHSt **28** 141; OLG Schleswig NJW **1975** 1131; OLG Nürnberg MDR **1975** 684 und *Rieß* JR **1976** 118.

Gesetzgebers wonach stets die Anhörung durch den vollbesetzten Spruchkörper geboten sei, nicht zutreffend ist.[86] Nach § 462a Abs. 5 ist für die nach § 454 zu treffenden Entscheidungen an Stelle der Strafvollstreckungskammer das **Oberlandesgericht** zuständig, wenn das Urteil von ihm im ersten Rechtszug erlassen ist. Es hat dann auch den Verurteilten nach § 454 Abs. 1 Satz 3 mündlich zu hören, wenn es nicht vorzieht, nach § 462a Abs. 5 Satz 2 die Entscheidung über die Aussetzung des Strafrestes an die Strafvollstreckungskammer abzugeben. In dem in der 6. Wahlperiode eingebrachten RegE des EGStGB waren in § 462a Abs. 5 weitere Fälle (u. a., wenn lediglich eine Ersatzfreiheitsstrafe vollstreckt wird) vorgesehen, in denen anstelle der Strafvollstreckungskammer das Gericht des ersten Rechtszugs zuständig sein sollte. Bei ihnen sollte wegen der mitunter großen Entfernung zwischen dem Sitz des Gerichts des ersten Rechtszugs und der Justizvollzugsanstalt von der mündlichen Anhörung abgesehen werden können. Das Oberlandesgericht als Gericht des ersten Rechtszugs aber sollte nicht von der mündlichen Anhörung absehen können, weil sich hier die zwingende mündliche Anhörung des Verurteilten **durch ein Mitglied des Strafsenats** oder sogar den ganzen Senat empfehle.[87] Diese weitergehenden Vorschläge einer Zuständigkeit des erstinstanzlichen Gerichts anstelle der Strafvollstreckungskammer sind zwar in dem erneut eingebrachten RegE nicht aufrechterhalten worden. Demgemäß enthält die Begründung dieses Entwurfs[88] keine die mündliche Anhörung bei erstinstanzlicher Verurteilung durch das Oberlandesgericht betreffenden Ausführungen mehr. Gleichwohl kann aus dieser Entstehungsgeschichte als Absicht des Gesetzgebers aber gefolgert werden, dass, wenn das Oberlandesgericht als Gericht des ersten Rechtszugs anstelle der Strafvollstreckungskammer entscheidet, die mündliche Anhörung des Verurteilten auch durch ein beauftragtes Mitglied des Strafsenats erfolgen kann. Es ist daher kein Grund ersichtlich, warum für die mündliche Anhörung durch die Strafvollstreckungskammer andere Grundsätze gelten sollten als bei Anhörung durch das Oberlandesgericht als Gericht des ersten Rechtszugs in Wahrnehmung der Aufgaben der Strafvollstreckungskammer.

b) Notwendigkeit der Mitwirkung des mit der Anhörung beauftragten Richters bei der Entscheidung. Die Auffassung des Oberlandesgerichts München,[89] dass im Fall einer Anhörung durch den beauftragten Richter eine dem Gesetz entsprechende mündliche Anhörung nur vorliege, wenn dieser Richter auch an der Beratung und Entscheidung teilnehme, ist überzeugend.[90] Denn der **Zweck der mündlichen Anhörung** besteht gerade darin, dass der Betroffene sich unbefangen und ohne Behinderung durch die Umstände des Freiheitsentzugs dem sachkundigen beauftragten Richter als dem Repräsentanten der Strafvollstreckungskammer gegenüber äußern kann. Zwar kann eine Übermittlung des Inhalts der mündlichen Anhörung auch durch eine ausführliche Protokollierung der Angaben des Verurteilten erfolgen. In ihr lässt sich aber regelmäßig der gewonnene persönliche Eindruck des beauftragten Richters von dem Verurteilten nicht so detailgenau abbilden wie durch Ausführungen des beauftragten Richters gegenüber den übrigen Mitgliedern der Strafvollstreckungskammer in der Beratung. 33

---

86 So im Ergebnis auch BGHSt **28** 140, 142; Meyer-Goßner/*Schmitt* 22 f.; *Franke* JZ **1977** 125 ff.; *Wegener* MDR **1981** 617 ff.

87 BTDrucks. **6** 3250, Begründung zu Art. 19 Nr. 11 – §§ 462, 462a – S. 300.

88 BTDrucks. **7** 550, Begründung zu Art. 19 – §§ 462, 462a – S. 314.

89 NJW **1976** 354; ebenso OLG Hamburg NJW **1977** 1071; OLG Karlsruhe MDR **1976** 512; *Bringewat* 39.

90 So auch BVerfGE **86** 288 ff. Rn. 162; BVerfG NJW **2012** 516 Rn. 23; OLG Nürnberg StraFo **2008** 440; OLG Bremen StV **2015** 231; OLG Stuttgart NStZ-RR **2015** 230; **a.A.** LR/*Wendisch*[25] 33.

34 **c) Anhörung durch den ersuchten Richter.** Eine Anhörung durch den ersuchten Richter ist in engen Grenzen zulässig.[91] Eine solche kann insbesondere bei einer **sehr großen Entfernung** des Aufenthaltsorts des Verurteilten vom Sitz der Strafvollstreckungskammer in Betracht kommen, wenn die Anhörung durch das Gericht entweder für den Anzuhörenden einen – ihm ggf. selbst aus beachtlichen Gründen unerwünschten – tage- oder gar wochenlangen Hin- und Rücktransport oder für das Gericht eine lange Dienstreise mit der Folge des Ruhens des übrigen Dienstbetriebs zur Folge hätte und dieser Aufwand in keinem angemessenen Verhältnis zu der vielfach nur kurze Zeit dauernden Anhörung steht.[92]

35 Das Gesetz fordert mithin nicht unter allen Umständen zwingend eine mündliche Anhörung durch die Strafvollstreckungskammer, sondern lässt in Ausnahmefällen Raum für eine andere Handhabung, wenn nur wenigstens eine **mündliche Anhörung durch** einen **Richter** vor der Entscheidung der Strafvollstreckungskammer erfolgt.[93] Es begegnet keinen rechtlichen Bedenken, wenn in den gedachten Ausnahmefällen der Gedanke der Entscheidungsnähe des Gerichts, der ja jedenfalls sachlich bei der Entscheidung selbst kraft der Sachkunde der Spezialkammer ungeschmälert bleibt, in seiner örtlichen Bedeutung bei der Anhörung zurücktritt gegenüber dem Bestreben, unnötige Belastungen für den Verurteilten und (oder) einen übermäßigen Zeit- und Kostenaufwand für das Gericht in einer Zeit zu vermeiden, in der Verfahrensbeschleunigung eine herausragende Bedeutung in jedem Verfahrensstadium zukommt.

VII. Durchführung der mündlichen Anhörung des Verurteilten

36 **1. Gestaltung.** Mangels gesetzlicher Bestimmungen ist die Durchführung der mündlichen Anhörung im Rahmen des schriftlichen Beschlussverfahrens dem pflichtgemäßen richterlichen Ermessen überlassen.[94] Dies gilt insbesondere für die Frage, **an welchem Ort** (in der Justizvollzugsanstalt oder im Gerichtsgebäude), aber auch **in welcher Form**[95] die Anhörung stattfindet. Aus den Gedanken der „unmittelbaren Kontaktaufnahme" und der „Entscheidungsnähe" ergibt sich nicht, dass der Anhörung in der Vollzugsanstalt grundsätzlich der Vorzug gebührt.[96] Nach *W. Schmidt*[97] sollte mit Rücksicht auf die Sicherheit und die Entlastung der Polizei von vermeidbaren Vorführungsdiensten und auch im Interesse der „Vollzugsnähe" die Anhörung in der Justizvollzugsanstalt erfolgen. Nach *Treptow*[98] soll dagegen die Gerichtsstelle in der Regel der geeignete Anhörungsort sein. Wurde der Verurteilte mündlich nach Absatz 1 Satz 3 gehört, so genügt es, wenn er zu einer kurz nach der mündlichen Anhörung eingegangenen – weiteren – Stellungnahme der Justizvollzugsanstalt vor der Entscheidung hierzu schriftlich Gelegenheit zum rechtlichen Gehör erhält.[99]

91 **Anders** *Bringewat* 42: unter keinem Gesichtspunkt vertretbar und deshalb ausgeschlossen.
92 *Doller* DRiZ **1976** 170.
93 *Wegener* MDR **1981** 618.
94 OLG Nürnberg MDR **1975** 684; *Doller* DRiZ **1977** 80; KK/*Appl* 17; Meyer-Goßner/*Schmitt* 34; *Bringewat* 28.
95 Z. B. früher mit Einwilligung des Verurteilten in Form der audiovisuellen Anhörung (Videokonferenz) OLG Karlsruhe NJW **2005** 3013; OLG Frankfurt NStZ-RR **2006** 357; *Esser* NStZ **2003** 464; vgl. nun aber Erl. zu § 463e.
96 *Treptow* NJW **1975** 1105; KK/*Appl* 17; Meyer-Goßner/*Schmitt* 33; *Bringewat* 29.
97 NJW **1975** 1486.
98 NJW **1976** 223.
99 OLG Hamm Beschl. vom 27.1.2014 – III – 1 Ws 600/13.

Die **mündliche Anhörung** des Verurteilten nach Absatz 1 Satz 3 in Form einer **audiovisuellen Anhörung** ist unter den Voraussetzungen des § 463e **zulässig** (vgl. Erl. zu § 463e).[100] Eine nur **telefonische Anhörung** (im Hinblick auf die Corona-Pandemie) genügt grundsätzlich **nicht** den Anforderungen an eine mündliche Anhörung nach Absatz 1 Satz 3.[101] 37

2. Anwesenheit der übrigen Verfahrensbeteiligten. Wegen der Anwesenheit der übrigen Verfahrensbeteiligten vgl. Rn. 17 ff. 38

3. Gegenstand der Anhörung. Was im Einzelnen Gegenstand der mündlichen Anhörung ist, richtet sich nach den allgemeinen Grundsätzen über die Gewährung des rechtlichen Gehörs[102] sowie nach dem Gebot der bestmöglichen Sachaufklärung. Der Verurteilte muss danach Gelegenheit erhalten, unbefangen und ausführlich darzutun, was nach seiner Auffassung eine Aussetzung nach § 57 StGB rechtfertigt und dabei auch über seine Zukunftserwartungen, seine Pläne und ihre Verwirklichungsmöglichkeiten zu sprechen.[103] Die mündliche Anhörung eines Verurteilten nach Absatz 1 Satz 3 hat auch dann zu erfolgen, wenn das Gericht ihn erst wenige Monate zuvor im Verfahren nach § 57 Abs. 2 Nr. 2 StGB mündlich angehört hatte.[104] Das Gericht hat nämlich im Rahmen der ihm obliegenden bestmöglichen Sachaufklärung dem Verurteilten zu dessen Entwicklung seit der letzten mündlichen Anhörung Gelegenheit zur Stellungnahme zu geben und ihn deshalb in dem neuen Verfahren nach § 57 Abs. 1 StGB erneut mündlich anzuhören. Dazu gehört auch, entsprechend dem vor dem 1.1.1975 bestehenden Rechtszustand,[105] dass er jeweils Gelegenheit erhält, sich zu einer ihm **ungünstigen Stellungnahme** der Justizvollzugsanstalt zu äußern und diese gegebenenfalls zu widerlegen oder zu entkräften.[106] In diesem Bereich hat auch die frühere Rechtsprechung ihre Bedeutung behalten, dass ausnahmsweise eine Bekanntgabe der ungünstigen Stellungnahme der Vollzugsanstalt unterbleiben oder beschränkt werden kann, wenn sie nach den besonderen Umständen des Einzelfalls den Strafzweck (die Erreichung der Vollzugszwecke bei Fortsetzung des Vollzugs nach Ablehnung der Aussetzung des Strafrestes) vereiteln oder ernstlich gefährden würde.[107] 39

4. Dokumentation des Anhörungsergebnisses. Da die Anhörung im Stadium der Strafvollstreckung keine richterliche Untersuchungshandlung, namentlich keine Vernehmung i. S. des § 168 ist, bedarf es weder der **Zuziehung eines Urkundsbeamten** noch der Anfertigung eines **förmlichen Protokolls.**[108] Auch fehlt es an den Vorausset- 40

---

100 OLG Karlsruhe NJW **2005** 3013, OLG Frankfurt NStZ-RR **2006** 357; OLG Stuttgart StV **2012** 613; *Esser* NStZ **2003** 464; kritisch KK/*Appl* 17a; *Glauch* StraFo **2016** 407.

101 OLG Karlsruhe Beschl. vom 5.5.2020 – 2 Ws 84/20 (ausnahmsweise); OLG Brandenburg NJ **2020** 511 (telefonische Anhörung genügt nicht dem Erfordernis einer mündlichen Anhörung des Verurteilten nach Absatz 1 Satz 3).

102 Vgl. dazu die Erl. bei LR/*K. Schäfer*[24] Einl. Kap. **13** Abschnitt XI.

103 OLG Jena NJW **2006** 3794; vgl. dazu *Doller* DRiZ **1976** 170 mit Angaben über die durchschnittliche Dauer der Anhörungen.

104 OLG Bremen NStZ **2010** 106; OLG Hamm Beschl. vom 6.3.2014 – III – 1 Ws 129/14.

105 Vgl. LR/*Schäfer*[22] § 454 Anm. II 4b.

106 OLG Hamm MDR **1960** 424; OLG Karlsruhe Justiz **1968** 146; Beschl. vom 3.8.2017 – 2 Ws 225/17; KK/*Appl* 18; *Bringewat* 36.

107 BVerfGE **17** 139, 144; **19** 198 202; OLG Hamm JMBlNRW **1962** 294; OLG Nürnberg StV **2003** 683; Meyer-Goßner/*Schmitt* 18; *Bringewat* 37.

108 OLG Celle StV **2020** 509 Ls.; KG BeckRS **2020** 40652.

zungen für eine entsprechende Anwendung dieser Vorschriften.[109] Eine andere Frage ist, ob sich der Richter unter Verzicht auf einen Urkundsbeamten mit einem bloßen Aktenvermerk über die Aussagen des Verurteilten begnügen soll, wenn er sich dadurch späteren Behauptungen des Verurteilten aussetzt, der Aktenvermerk gebe seine Äußerungen unrichtig, entstellt oder unvollständig wieder oder ob er sich nicht besser dagegen wenigstens dadurch schützen soll, dass er einen möglichst ausführlich gehaltenen **Vermerk über die Anhörung** an Ort und Stelle anfertigt, vorliest und unterschreiben lässt.[110] Auch wenn ein förmliches Protokoll über die mündliche Anhörung nach Absatz 1 nicht vorgeschrieben ist, so ist zumindest ein – ausführlicher – Aktenvermerk zu erstellen, aus dem sich die von dem Verurteilten vorgebrachten Gesichtspunkte entnehmen lassen[111] oder eine Wiedergabe der wesentlichen Ausführungen anlässlich der mündlichen Anhörung (auch des Sachverständigen) in den Beschlussgründen erforderlich.[112] Ansonsten ist auch ein Beschwerdegericht nicht in der Lage zu prüfen, ob das Gericht seiner Entscheidung zutreffende Tatsachen und Erwägungen zugrunde gelegt hat.[113] **De lege ferenda** erscheint es erwägenswert, in Absatz 1 eine **Protokollierungspflicht** für das Gericht gesetzlich zu regeln.

VIII. Absehen von der mündlichen Anhörung des Verurteilten (Absatz 1 Satz 4)

41 **1. Absehensgründe.** § 454 Abs. 1 Satz 4 zählt in den Nummern 1 bis 3 die Gründe auf, aus denen die sonst zwingend vorgeschriebene **mündliche** Anhörung (nicht die Anhörung selbst in anderer Form) unterbleiben kann. Auch wenn die mündliche Anhörung des Verurteilten in jedem Fall einen für spätere Entscheidungen unter Umständen nützlichen Kontakt zwischen Richter und Verurteiltem schafft, so sollte sie jedoch nicht zwingend vorgeschrieben werden, wenn etwa die Möglichkeit naheliegt, dass sie für die Entscheidung ohne Bedeutung ist (Absatz 1 Satz 4). Das gilt in besonderem Maße für die Fälle der Nummern 2 und 3, in denen für eine Aussetzung von vornherein kein Raum ist. Auch in diesen Fällen mag es sich im Einzelfall empfehlen, dass der Richter den Verurteilten im Hinblick auf eine zukünftige Aussetzung anhört. Hieran ist er auch nicht gehindert. Auf jeden Fall sollte aber vermieden werden, dass die Anhörung dadurch, dass sie in derartigen Fällen zwingend vorgeschrieben wird, zu einer inhaltlosen Formalie herabsinkt.[114] In Anlehnung an § 57 Abs. 7 StGB wird daher ein maximaler Zeitraum von sechs Monaten nach der letzten mündlichen Anhörung für ein Absehen von der mündlichen Anhörung für zulässig erachtet, wenn neue Gesichtspunkte für die Entscheidung nicht ersichtlich sind und der gewonnene persönliche Eindruck aus der früheren Anhörung fortdauert.[115]

109 OLG Nürnberg MDR **1975** 684; OLG Düsseldorf NJW **1976** 158; *Treptow* NJW **1975** 1105; **1976** 223; KK/*Appl* 20; Meyer-Goßner/*Schmitt* 35; *Bringewat* 34.

110 KK/*Appl* 20.

111 KG StraFo **2014** 306; BeckRS **2020** 40652; OLG Celle StV **2020** 509 Ls. (kurze zusammenfassende Darstellung ist unerlässlich).

112 KG BeckRS **2020** 40652; OLG Celle StV **2020** 509 Ls.

113 KG NStZ **2007** 119; OLG Stuttgart StraFo **2005** 17; **2005** 127; OLG Hamm NStZ-RR **2004** 383.

114 OLG Celle NStZ **2019** 364, 365.

115 OLG Celle NStZ **2019** 364, 365; OLG Stuttgart NStZ **1986** 574 (bereits nach drei Monaten); OLG Zweibrücken Beschl. vom 24.8.1989 – 1 Ws 439/89 – (nach mehr als sechs Monaten).

2. Zulässigkeit einer erweiternden Auslegung. Die **enumerative Aufzählung** der Gründe für das Absehen von der mündlichen Anhörung könnte dahin gedeutet werden, dass in Absatz 1 Satz 4 die Umstände, unter denen die mündliche Anhörung unterbleiben darf, **abschließend** aufgeführt sind. Wenn indessen in der Begründung als ratio des Absatzes 1 Satz 4 angeführt wird, eine zwingende Anhörung solle entfallen, wo sie zur Formalie herabsinkt, weil die Möglichkeit nahe liegt, dass sie für die Entscheidung ohne Bedeutung ist, so muss eine wenn auch vorsichtig erweiternde Auslegung oder entsprechende Anwendung des Absatzes 1 Satz 4 auf andere Fälle zulässig sein, in denen die mündliche Anhörung für die Entscheidung ohne Bedeutung ist.[116] Auch in anderen als den im Gesetz genannten Fällen kann von einer mündlichen Anhörung des Verurteilten daher ausnahmsweise abgesehen werden.[117] 42

3. Einzelerörterungen

a) Absatz 1 Satz 4 Nr. 1. Nach dieser Vorschrift kann bei der Entscheidung über die Aussetzung einer zeitigen – nicht auch einer lebenslangen[118] – Freiheitsstrafe von der mündlichen Anhörung abgesehen werden, wenn Staatsanwaltschaft und Justizvollzugsanstalt die Aussetzung befürworten und das Gericht sie beabsichtigt (und auch tatsächlich beschließt). Eine solche **Übereinstimmung** liegt nicht vor, wenn das Gericht einer gleich lautenden Befürwortung der Aussetzung des Strafrestes durch Staatsanwaltschaft und Vollzugsbehörde nur in Verbindung mit einer Geldbuße entsprechen will.[119] Nach *Krahforst*[120] soll es sich bei beabsichtigter Unterstellung unter Bewährungsaufsicht in der Praxis als zweckmäßig erwiesen haben, den Verurteilten, wenn möglich, unter Zuziehung des voraussichtlich beizuordnenden Bewährungshelfers, mündlich zu hören. 43

b) Absatz 1 Satz 4 Nr. 2. Nach **Absatz 1 Satz 4 Nr. 2** kann die mündliche Anhörung unterbleiben, wenn der Verurteilte im Zeitpunkt der beantragten Aussetzung, nicht schon der Antragstellung,[121] noch nicht die **Hälfte** der zeitigen oder bei lebenslanger **Freiheitsstrafe** weniger als dreizehn Jahre der Strafe verbüßt hat und das Gericht den Antrag wegen verfrühter Stellung ablehnt. Im Einzelfall kann bei lebenslanger Freiheitsstrafe eine Entscheidung über den Zeitpunkt der Aussetzung auch schon vor Ablauf von dreizehn Jahren Verbüßungsdauer erforderlich sein. In einem Antrag auf entsprechend frühzeitige Entscheidung hat der Verurteilte dann aber konkret und nachvollziehbar darzulegen, warum andernfalls seine Chance auf eine frühestmögliche Entlassung nach Ablauf der Mindestverbüßungsdauer von fünfzehn Jahren in Gefahr geriete.[122] Damit zieht das Gesetz die Folgerung aus § 57 Abs. 2 Nr. 1 und § 57a Abs. 1 Satz 1 Nr. 1 StGB, wonach vor Verbüßung der Hälfte einer zeitigen Freiheitsstrafe eine gerichtliche Aussetzung des Strafrestes zur Bewährung unzulässig ist. Über diese Vorschrift hinausgehend soll gemäß der ratio legis auch dann die mündliche Anhörung unterbleiben können, wenn der 44

---

116 BGH NStZ **1995** 610; NJW **2000** 1663; OLG Düsseldorf NStZ **1982** 437; **1987** 524; OLG Karlsruhe MDR **1991** 661; OLG Frankfurt NStZ-RR **1997** 28; KK/*Appl* 26 ff.; Meyer-Goßner/*Schmitt* 24, 29; **a. A.** *Bringewat* 44.

117 BGH StraFo **2015** 482.

118 KK/*Appl* 44.

119 OLG Düsseldorf MDR **1985** 868; KK/*Appl* 22; Meyer-Goßner/*Schmitt* 26; *Bringewat* 52.

120 DRiZ **1976** 134; ebenso *Bringewat* 52.

121 OLG Stuttgart Justiz **1976** 396; KK/*Appl* 23; *Bringewat* 53. Zur Frage des angemessenen Zeitpunkts der Entscheidung siehe OLG Karlsruhe MDR **1994** 390 und OLG Hamburg JR **1995** 299 sowie JR **1996** 247 mit Anm. *Kintzi*.

122 KG Beschl. vom 31.7.2019 – 5 Ws 135/19.

Verurteilte schon mehr als die Hälfte, im Zeitpunkt der beantragten Aussetzung aber noch nicht zwei Drittel der Strafe (§ 57 Abs. 1 Satz 1 Nr. 1 StGB) verbüßt hat, sofern sich aus den für die Strafvollstreckungskammer verbindlichen Feststellungen des zugrunde liegenden Urteils zur Tat und ihren Umständen **zweifelsfrei** ergibt, dass **besondere Umstände** in der Tat und in der Persönlichkeit des Verurteilten, wie sie nach § 57 Abs. 2 Nr. 2 StGB neben der Entwicklung während des Strafvollzugs als Voraussetzung einer Aussetzung des Strafrestes vor Verbüßung von zwei Dritteln der Strafe gegeben sein müssen, nicht vorliegen.[123] Nur dann, wenn das Urteil eine abschließende Beurteilung zur Frage besonderer Umstände in der Tat und in der Persönlichkeit des Täters nicht zulasse, sei die mündliche Anhörung geboten. Diese Entscheidungen sind auf Ablehnung gestoßen,[124] doch dürfte ihnen angesichts des sehr engen Bereichs, in dem sie ein Absehen von der mündlichen Anhörung für zulässig halten, zuzustimmen sein. Zweifellos bedarf es – der Wortlaut des § 454 Abs. 1 Satz 4 Nr. 2 ist offenbar zu eng – dann keiner mündlichen Anhörung, wenn der Verurteilte im Zeitpunkt der beantragten Entlassung zwar die Hälfte der Strafe, aber noch nicht sechs Monate (§ 57 Abs. 2 Nr. 1 StGB) verbüßt hat.[125]

45 **c) Absatz 1 Satz 4 Nr. 3.** Nach **Absatz 1 Satz 4 Nr. 3** kann von der mündlichen Anhörung auch abgesehen werden, wenn der Antrag unzulässig ist. Das ist der Fall, wenn das Gericht bei seiner letzten ablehnenden Entscheidung über die Aussetzung einer zeitigen Freiheitsstrafe eine Frist von höchstens sechs Monaten (§ 57 Abs. 7 StGB) – bei einer lebenslangen Freiheitsstrafe eine solche von höchstens zwei Jahren (§ 57a Abs. 4 StGB) – festgesetzt und bestimmt hat, dass **vor Ablauf dieser Frist** ein erneuter Antrag unzulässig ist, der Verurteilte aber gleichwohl einen solchen Antrag gestellt hat,[126] wenn der Verurteilte schon nach Verbüßung der Hälfte einer Freiheitsstrafe von nicht mehr als einem Jahr[127] einen Antrag stellt oder wenn es im wohlverstandenen eigenen Interesse des geistig erkrankten Verurteilten ist, von dessen Anhörung ohnehin keine Beeinflussung der zu treffenden Entscheidung zu erwarten ist.[128]

46 **d) Kurzfristige Antragswiederholung und verfrühte Antragstellung.** Hat die Strafvollstreckungskammer einen Entlassungsantrag nach vorheriger mündlicher Anhörung abgelehnt und wiederholt der Verurteilte in aller Kürze darauf seinen Antrag, so ist, auch wenn das Gericht keine Frist nach § 57 Abs. 7 oder § 57a Abs. 4 StGB bestimmt hat, keine erneute mündliche Anhörung erforderlich, sofern der persönliche Eindruck fortwirkt[129] und weder einer Auffrischung bedarf noch – da der Verurteilte nicht Neues vorbringt – ergänzungsbedürftig ist.[130] In einem solchen Fall würde eine erneute münd-

---

123 OLG Karlsruhe NJW **1976** 302 mit abl. Anm. *Kuckuk* NJW **1976** 815; OLG Hamburg MDR **1978** 331; OLG Hamm NJW **1980** 2090; OLG Stuttgart OLGSt § 462a StPO, 10; KK/*Appl* 23.

124 OLG Hamm NJW **1976** 1907; OLG Stuttgart Justiz **1976** 396; OLG Düsseldorf NStZ **1981** 454; OLG Frankfurt NStZ **1981** 454; OLG Hamburg MDR **1981** 599; OLG Koblenz OLGSt § 454 StPO, 1; OLG Schleswig bei *Ernesti/Lorenzen* SchlHA **1984** 84; KK/*Appl* 23.

125 OLG Düsseldorf GA **1977** 120; NStZ **1981** 454; OLG Stuttgart MDR **1976** 1041; *Treptow* NJW **1976** 222; KK/*Appl* 23; Meyer-Goßner/*Schmitt* 27; **a. A.** OLG Düsseldorf GA **1982** 88; OLG Frankfurt NStZ **1981** 454 Ls.

126 Wegen des Beginns der Frist s. Rn. 103.

127 OLG Düsseldorf GA **1977** 120.

128 OLG Düsseldorf NStZ **1985** 94; Meyer-Goßner/*Schmitt* 32.

129 OLG Düsseldorf StV **1996** 558.

130 OLG Stuttgart Justiz **1975** 478; NStZ **1986** 574; OLG Düsseldorf NStZ **1982** 437; **1988** 95; StV **1996** 44; VRS **80** (1991) 285; einschränkend StV **1983** 115: bis zu 4 1/2 Mon.; OLG Zweibrücken StV **1990** 412: allenfalls bis zu 6 Mon.; KK/*Appl* 25; Meyer-Goßner/*Schmitt* 31.

liche Anhörung einer reinen Formalie gleichkommen.[131] Das gilt gleichermaßen im Falle einer deutlich verfrühten Antragstellung bzw. Aktenvorlage.[132] In diesem Fall bedarf es auch keiner erneuten Stellungnahme der Justizvollzugsanstalt.[133] Einer gerichtlichen Entscheidung bedarf es auch in diesen Fällen.[134] Ein zunächst unzulässiger Antrag wird nachträglich zulässig, wenn die Frist während des gerichtlichen Verfahrens abläuft.[135] Wird der Antrag erst während des Beschwerdeverfahrens zulässig, ist die angefochtene Entscheidung aufzuheben und die Sache an die Vorinstanz zurückzuverweisen.

e) Fehlende Einwilligung. Nach § 57 Abs. 1 Satz 1 Nr. 3 und § 57a Abs. 1 Satz 1 Nr. 3 StGB kann das Gericht die Aussetzung des Strafrestes nur beschließen, wenn der Verurteilte einwilligt. Eine mündliche Anhörung bei der von Amts wegen (Rn. 5) vorzunehmenden Prüfung, ob eine bedingte Entlassung nach § 57 Abs. 1 StGB in Betracht kommt, kann daher unterbleiben, wenn der Verurteilte kurz vor Verbüßung von zwei Dritteln der Strafzeit zu Protokoll der Justizvollzugsanstalt erklärt, er sei mit einer Aussetzung des Strafrestes nicht einverstanden.[136] Die bloße fernmündliche Mitteilung eines Vollzugsbeamten, dass der Verurteilte auf eine mündliche Anhörung verzichte, genügt nicht.[137] Erst recht erübrigt sich eine mündliche Anhörung, wenn der Verurteilte eine mündliche Anhörung, deren Termin bereits anberaumt war, **ausdrücklich und eindeutig** abgelehnt hat[138] oder eine Vorführung zur Anhörung verweigert.[139] Denn das Gericht ist nicht verpflichtet, eine mündliche Anhörung **gegen den Willen** des Verurteilten zu erzwingen. Dem Verurteilten ist in diesen Fällen die mündliche Anhörung angeboten worden. Er hat keinen Anspruch, auf andere Weise gehört zu werden.[140] Dagegen entbindet eine bloße Weigerung des Verurteilten auf Vorführung zum Gericht die Strafvollstreckungskammer grundsätzlich nicht von der Pflicht, diesen mündlich anzuhören,[141] und auch dann nicht, wenn er den Anhörungstermin versehentlich versäumt hat.[142] Eine solche Weigerung ist nämlich noch nicht als Verzicht auszulegen. Das Schweigen des Verurteilten und/oder seines Verteidigers auf eine Ladung zum Anhörungstermin mit 47

131 BGHR StPO § 454 Anhörung 1; OLG Hamm StraFo **1998** 354; OLG Düsseldorf NStZ **1988** 95; OLG Bremen NStZ **2010** 106; KG Beschl. vom 19.9.2012 – 2 Ws 269/12.

132 KG Beschl. vom 13.12.2013 – 2 Ws 579/13 (2 Jahre vor Ablauf der Mindestverbüßungsdauer).

133 OLG Düsseldorf NStZ **1988** 95; Meyer-Goßner/*Schmitt* 14.

134 KG JR **1973** 120 mit zust. Anm. *Peters*; OLG Celle MDR **1973** 695; OLG Hamm NJW **1973** 337; OLG Zweibrücken MDR **1974** 329; OLG Düsseldorf MDR **1979** 956; AG Bremerhaven MDR **1975** 241; Meyer-Goßner/*Schmitt* 39; *Bringewat* 10, 51; **a. A.** OLG Celle NJW **1972** 2054; OLG Hamburg MDR **1979** 516; LG Mainz MDR **1974** 857; LG Zweibrücken MDR **1991** 173; *Nöldeke* MDR **1971** 479; *W. Schmidt* NJW **1975** 1487; *Wolf* NJW **1975** 1962; KK/*Appl* 7.

135 KG NStZ **1985** 523; KK/*Appl* 24.

136 OLG Hamburg MDR **1979** 956; OLG Düsseldorf MDR **1981** 1039; **1986** 255; *Treptow* NJW **1976** 222; *Doller* DRiZ **1977** 80; KK/*Appl* 26; Meyer-Goßner/*Schmitt* 39; *Fischer* § 57, 19a; **a. A.** OLG Koblenz GA **1977** 246; MDR **1985** 426; *W. Schmidt* NJW **1975** 1485; *Laubenthal* JZ **1988** 955; *Bringewat* 45.

137 OLG Düsseldorf StV **1996** 558.

138 BGH NStZ **1995** 610; NJW **2000** 1663; StV **2018** 345; OLG Hamburg NJW **2000** 2758; OLG Hamm MDR **1975** 775; **1980** 870; **1982** 692; OLG Oldenburg NdsRpfl. **1976** 221; OLG Düsseldorf MDR **1981** 1039; NStZ **1987** 524; **1988** 243; StV **1983** 115; VRS **88** (1995), 370; OLG Celle NStZ **1994** 205; BerlVerfGH NJW **2018** 2252; KK/*Appl* 27; Meyer-Goßner/*Schmitt* 30.

139 BGH NStZ **2000** 279 m. abl. Anm. *Bung/Romund* StV **2018** 346 ff.; BerlVerfGH NJW **2018** 2252; OLG Hamm NStZ-RR **2009** 223, 224 m. w. N.

140 Meyer-Goßner/*Schmitt* 30.

141 OLG Hamm MDR **1980** 870; OLG Düsseldorf StV **1995** 538; *Wegener* MDR **1981** 617; KK/*Appl* 27; Meyer-Goßner/*Schmitt* 38; *Bringewat* 48; enger OLG Düsseldorf StV **1983** 511.

142 OLG Celle StV **1988** 259; KK/*Appl* 27; Meyer-Goßner/*Schmitt* 30.

dem Zusatz, dass von einem Verzicht auf die mündliche Anhörung ausgegangen wird, sofern der Termin nicht binnen einer gesetzten Frist bestätigt wird, reicht für die Annahme eines konkludenten Verzichts nicht aus. Je nach den Umständen des Einzelfalls kann die im Verfahren nach § 454 geltende Aufklärungspflicht es gebieten, den Gründen für eine Weigerung nachzugehen.[143]

48 **f) Missbrauch der Anhörung.** Schließlich darf eine mündliche Anhörung auch dann unterbleiben, wenn nach dem vorangegangenen eindeutigen Verhalten des Verurteilten, namentlich bei früheren Anhörungen, offenbar nichts anderes zu erwarten ist, als dass der Verurteilte seinen Anhörungstermin missbraucht, sich z. B. nur in Schimpfkanonaden, Hetzreden oder anderen unsachlichen Unmutsäußerungen ergehen wird.[144] Denn wenn selbst im Erkenntnisverfahren unter solchen Umständen das Anhörungs- und Anwesenheitsrecht des Angeklagten Beschränkungen unterliegt,[145] kann für das Vollstreckungsverfahren bei § 454 wohl nichts Anderes gelten.[146]

49 **g) Verwirkung.** Auf eine mündliche Anhörung kann auch verzichtet werden, wenn der Verurteilte sein Anhörungsrecht aus sonstigen ihm zuzurechnenden Gründen verwirkt hat.[147] Hat der Verurteilte vor dem Anhörungstermin ausdrücklich und eindeutig erklärt, nicht mündlich angehört werden und deshalb an der Anhörung nicht teilnehmen zu wollen, so hat er sein Recht auf eine mündliche Anhörung verwirkt.[148] Dass ein solcher Fall schon anzunehmen ist, wenn sich ein Verurteilter weigert, sich bei der Vorführung Fesseln anlegen zu lassen,[149] oder es entgegen einer aus berechtigten Gründen ergangenen Hausverfügung des Anstaltsleiters ablehnt, seine Sportkleidung zu wechseln und die Anstaltskleidung zu tragen,[150] erscheint zumindest fraglich. Ein Verzicht auf Teilnahme an der mündlichen Anhörung liegt dann nicht vor, wenn der Verurteilte der Strafvollstreckungskammer mitteilt, er könne die Reisekosten nicht aufbringen. In einem solchen Fall ist zur Gewährleistung des rechtlichen Gehörs ein Reisegutschein auszustellen und ggf. der Anhörungstermin zu verschieben.[151] Sofern der Verurteilten sich weigert, zum Anhörungstermin zu erscheinen, weil er erkennbar irrtümlich davon ausgeht, es solle noch nicht über die Aussetzung aller Strafreste entschieden werden, ist seine mündliche Anhörung nicht entbehrlich.[152]

50 **h) Sonstige Fälle.** Von einer mündlichen Anhörung des Verurteilten kann ferner dann abgesehen werden, wenn diese aus tatsächlichen Gründen nicht durchgeführt werden kann, etwa wenn der Verurteilte aus Deutschland ausgewiesen worden und ihm seine

---

143 OLG Düsseldorf StV **1983** 511; OLG Karlsruhe NStZ **1996** 302; OLG Frankfurt NStZ **2003** 59; OLG Hamm NStZ-RR **2009** 223; KK/*Appl* 27; SK/*Paeffgen* 29; KMR/*Stöckel* 66; **a. A.** Meyer-Goßner/*Schmitt* 30; KG Beschl. vom 18.8.2014 – 5 Ws 2/14.

144 OLG Düsseldorf NStZ **1987** 524; **1988** 243; KK/*Appl* 27; Meyer-Goßner/*Schmitt* 32.

145 Vgl. § 231b sowie LR/*Schäfer*[24] Einl. Kap. 10 Abschn. III.

146 KK/*Appl* 28; Meyer-Goßner/*Schmitt* 32.

147 OLG Hamm MDR **1988** 75.

148 OLG Düsseldorf Beschl. vom 1.4.2019 – 5 Ws 50/19; BGH NStZ **2000** 279; StraFo **2015** 482; StV **2018** 345 m. abl. Anm. *Bung/Romund* StV **2018** 346 ff.

149 OLG Hamm MDR **1978** 692.

150 OLG Hamm MDR **1990** 653; NStZ **1996** 303 a. E.; Meyer-Goßner/*Schmitt* 30.

151 OLG Köln Beschl. vom 21.12.2015 – III 2 Ws 786/15.

152 OLG Celle NdsRpfl. **2015** 98 f.

Einreise wegen der drohenden weiteren Vollstreckung (§ 456a) nicht zuzumuten ist.[153] Im Rahmen der Sachaufklärungspflicht hat die Strafvollstreckungskammer in derartigen Fällen aber grundsätzlich die Frage der Einreisebereitschaft des Verurteilten aufzuklären und die Entscheidung bis zum Eingang einer entsprechenden Erklärung zurückzustellen. Auch die Prüfung, inwieweit Fragen einer Aufhebung oder Aussetzung eines bestehenden Vollstreckungshaftbefehls oder freien Geleits berührt werden, obliegt der Strafvollstreckungskammer[154] und nicht der Staatsanwaltschaft. Sie hat zu entscheiden, ob es Sache des Verurteilten ist, bei der Vollstreckungsbehörde die Aufhebung oder Aussetzung des Vollstreckungshaftbefehls für die Dauer des Aussetzungsverfahrens zu erwirken, sofern er das Risiko seiner Verhaftung bei der Einreise nicht in Kauf nehmen will.[155] Der Umstand, dass die bisher verbüßte Strafe nur aus angerechneter Untersuchungshaft besteht und der Verurteilte sich im Zeitpunkt der Entscheidung über die Strafrestaussetzung auf freiem Fuß befindet, rechtfertigt hingegen ein Absehen von der mündlichen Anhörung nicht.[156] Eine erneute mündliche Anhörung des Verurteilten hat jedoch zur Gewährleistung des rechtlichen Gehörs dann zu erfolgen, wenn der Strafvollstreckungskammer nach erfolgter mündlicher Anhörung, aber vor der Entscheidung über die Strafrestaussetzung, neue, entscheidungserhebliche Tatsachen (z. B. Drogenkonsum in der Justizvollzugsanstalt, Missbrauch von Vollzugslockerungen) bekannt werden,[157] denn in diesem Fall greift § 57 Abs. 5 StGB nicht, weil ein Widerruf lediglich auf eine in der Zeit zwischen der Verurteilung und der Entscheidung über die Strafaussetzung begangene neue Straftat abstellt, nicht aber auf ein sonstiges prognoserelevantes Fehlverhalten des Verurteilten.

IX. Anwendungsbereich des Absatzes 2

1. Zweck der Regelung. Das frühere Recht sah nur für das Verfahren über die Aussetzung des Restes einer lebenslangen Freiheitsstrafe die obligatorische Einholung eines Sachverständigengutachtens vor. Die Einholung eines Gutachtens war jedoch auch in anderen Fällen möglich und in einigen Bundesländern bei besonderen Tätergruppen (z. B. bei Vollstreckung mehrjähriger Freiheitsstrafe und/oder bei schwerwiegenden Sexualstraftaten) auf der Grundlage ministerieller Weisungen sogar die Regel. Eine entsprechende bundesweite Übung bestand aber nicht. Vor diesem Hintergrund sollte die Neuregelung die Begutachtung des Verurteilten nicht nur im Falle der vorzeitigen Entlassung bei Verbüßung einer lebenslangen Freiheitsstrafe, sondern nunmehr bei allen Tätern gesetzlich verankern, bei denen nicht auszuschließen ist, dass Gründe der öffentlichen Sicherheit einer vorzeitigen Entlassung des Verurteilten entgegenstehen.[158] Da das Gericht im Aussetzungsverfahren alle ihm möglichen Erkenntnisquellen über eine etwa fortbestehende Gefährlichkeit des Verurteilten ausschöpfen muss, wäre es ohne eine sachverständige Beratung, abgesehen von den Stellungnahmen der Verfahrensbeteiligten, nur auf sei- 51

153 OLG Düsseldorf NStZ **2000** 333, KG Beschl. vom 18.8.2014 – 5 Ws 2/14; OLG Saarbrücken Beschl. vom 18.12.2014 – 1 Ws 164/14.

154 OLG Hamm NStZ-RR **2010** 339; **a. A.** OLG Bamberg StV **2011** 421; OLG Karlsruhe NStZ-RR **2005** 223; KG Beschl. vom 13.9.2013 – 2 Ws 445/13 (Klärung ist Sache des Verurteilten).

155 OLG Bamberg StV **2011** 421; OLG Karlsruhe NStZ-RR **2005** 223; OLG Köln StV **2009** 261; KG Beschl. vom 18.8.2013 – 5 Ws 2/14; OLG Bremen NStZ **2010** 718 f. (bei Reststrafengesuch keine Benachteiligung des nach § 456a abgeschobenen Verurteilten).

156 OLG München StV **2000** 213.

157 LG Traunstein Beschl. vom 2.1.2018 – 1 Ws 1159/17.

158 BTDrucks. **13** 9062 S. 14.

ne Berufserfahrung und seine subjektive Menschenkenntnis angewiesen. Ein wissenschaftlich begründetes (psychiatrisches, psychologisches, kriminologisches oder soziologisches) Gutachten kann es dem Gericht ermöglichen, die Art der von dem Verurteilten zu erwartenden Straftaten und das mit einer vorzeitigen Entlassung verbundene Risiko für die Allgemeinheit wesentlich zuverlässiger einzuschätzen.[159] Ob diese Erwartung in der Praxis tatsächlich auch erfüllt wird, ist bislang empirisch nicht nachgewiesen,[160] denn es fehlt an Langzeitstudien zur Rückfälligkeit von nach Absatz 2 begutachteten Verurteilten, denen Sachverständige und Gericht eine günstige Prognose gestellt haben.

52 **2. Aussetzung der Vollstreckung lebenslanger Freiheitsstrafe.** Erwägt das Gericht die **Aussetzung der Vollstreckung lebenslanger Freiheitsstrafe**, so muss es nach Absatz 2 Satz 1 Nr. 1 das Gutachten eines Sachverständigen einholen. Der neue Absatz 2 Satz 1 Nr. 1 entspricht damit insoweit dem aufgehobenen Absatz 1 Satz 5, als er die Aussetzung der Vollstreckung lebenslanger Freiheitsstrafe von der vorherigen Einholung eines Sachverständigengutachtens abhängig macht, das nach Absatz 2 Satz 2 bestimmten inhaltlichen Anforderungen genügen muss (vgl. Rn. 59).

53 **3. Aussetzung der Vollstreckung zeitiger Freiheitsstrafe.** Soweit das Gericht erwägt, die Aussetzung der Vollstreckung zeitiger Freiheitsstrafe von mehr als zwei Jahren wegen einer Straftat der in § 66 Abs. 3 Satz 1 StGB bezeichneten Art auszusetzen und nicht auszuschließen ist, dass Gründe der öffentlichen Sicherheit einer vorzeitigen Entlassung des Verurteilten entgegenstehen, muss es das Gutachten eines Sachverständigen einholen. Die Verpflichtung des Gerichts beschränkt sich damit nicht auf – ggf. zu einer mehrjährigen Freiheitsstrafe verurteilte – Sexualstraftäter. Dem erhöhten Sicherheitsbedürfnis der Allgemeinheit soll vielmehr bei all jenen mutmaßlich gefährlichen Verurteilten Rechnung getragen werden, die wegen schwerwiegender Straftaten der in § 66 Abs. 3 Satz 1 StGB bezeichneten Art zu Freiheitsstrafe von mehr als zwei Jahren verurteilt worden sind. Die Neuregelung des Absatzes 2 Satz 1 Nr. 2 entspricht damit der Beschlussempfehlung des Rechtsausschusses des Deutschen Bundestages,[161] die eine Kompromisslösung darstellt zwischen dem Gesetzentwurf der Bundesregierung,[162] in dem bewusst davon abgesehen wurde, die Verpflichtung zur Einholung eines Sachverständigengutachtens auf eine bestimmte Strafhöhe und bestimmte Straftatbestände zu beschränken und dem Gesetzentwurf des Bundesrates,[163] der die obligatorische Einholung eines Sachverständigengutachtens bei Aussetzung der Vollstreckung des Restes von Freiheitsstrafen von mehr als zwei Jahren wegen Sexualstraftaten sowie in Fällen der Sicherungsverwahrung vorsah.

X. Voraussetzungen für die Einholung eines Sachverständigengutachtens (Absatz 2 Satz 1)

54 **1. Erwägung einer Aussetzung der Vollstreckung des Strafrestes.** Nur bei **Erwägung einer Aussetzung der Vollstreckung des Strafrestes** ist das Gericht verpflichtet, das Gutachten eines Sachverständigen einzuholen. Nicht jede Prüfung, ob der Rest einer

159 BTDrucks. **13** 9062 S. 14.
160 KK/*Appl* 2b.
161 BTDrucks. **13** 8989 S. 8 und Bericht des Rechtsausschusses BTDrucks. **13** 9062 S. 14.
162 BTDrucks. **13** 8586 S. 5, 10.
163 BTDrucks. **13** 7559 S. 3, 6, 13 f.

Freiheitsstrafe zur Bewährung auszusetzen ist, löst daher die Pflicht zur Begutachtung des Verurteilten aus. Vielmehr ergibt sich aus dem Sinn und Zweck der Einschaltung eines Sachverständigen sowie den Gesetzesmaterialien,[164] dass das Gericht ein Gutachten nur dann einholen muss, wenn es überhaupt erwägt, den Strafrest zur Bewährung auszusetzen,[165] nicht jedoch, wenn wegen besonderer Umstände eine Strafrestaussetzung offensichtlich nicht verantwortet werden kann und das Gericht sie daher auch nicht in Betracht zieht. Das Sachverständigengutachten soll es dem Gericht im Hinblick auf das verfassungsrechtliche Gebot bestmöglicher Sachaufklärung nämlich ermöglichen, die von dem Verurteilten ausgehende Gefahr für die Allgemeinheit im Falle einer beabsichtigten Strafrestaussetzung zur Bewährung zuverlässiger einschätzen zu können. Wenn aufgrund besonderer Umstände im Einzelfall eine Aussetzung der Reststrafe offensichtlich nicht in Betracht kommt, ist eine Beurteilung der von dem Verurteilten ausgehenden Gefahr mit Hilfe eines Sachverständigengutachtens nicht erforderlich.[166] Ohne Einholung eines Gutachtens kann das Gericht die Strafrestaussetzung auch ablehnen, wenn schon die formellen Voraussetzungen des § 57 Abs. 1 Satz 1 Nr. 1 oder 3 StGB nicht erfüllt sind.[167] Ob es der Einholung eines Gutachtens auch dann nicht bedarf, wenn eine Begutachtung aussichtslos erscheint, weil der Verurteilte sich weigert, daran mitzuwirken,[168] dürfte zweifelhaft sein. Zwar ist eine Mitwirkung des Verurteilten wünschenswert. Eine Weigerung darf für sich genommen aber wohl nicht zur Verneinung der materiell-rechtlichen Aussetzungsvoraussetzungen führen, denn auch ohne Mitwirkung des Verurteilten ist für einen Sachverständigen eine Gutachtenerstattung, etwa durch Auswertung der Straf- und Gefangenenpersonalakten, wenn auch eingeschränkt, möglich. Von der Einholung eines Sachverständigengutachtens kann das Gericht schließlich dann ausnahmsweise absehen, wenn nach Aktenlage, insbesondere aufgrund der Stellungnahmen der Staatsanwaltschaft und der Justizvollzugsanstalt hinreichend sicher erkennbar ist, dass der Verurteilte dem Vollzugsziel der Resozialisierung nicht näher gekommen ist und deshalb für den Fall der Strafrestaussetzung nicht unerhebliche Straftaten von ihm zu befürchten sind[169] und damit zweifelsfrei Gründe der öffentlichen Sicherheit einer vorzeitigen Entlassung des Verurteilten entgegenstehen. Haben aber sowohl die Justizvollzugsanstalt als auch die Staatsanwaltschaft eine Strafrestaussetzung befürwortet, bedarf es bei Vorliegen der sonstigen formellen Voraussetzungen grundsätzlich der Einholung eines Gutachtens. Nur wenn die Möglichkeit einer Strafrestaussetzung völlig fernliegend und von vornherein ausgeschlossen erscheint, darf das Gericht von der Einholung eines Gutachtens absehen.[170]

---

164 BTDrucks. **13** 8586 S. 10.

165 So auch *Neubacher* NStZ **2001** 453; BVerfGE **109** 133, 163; BGH NStZ **2000** 279; NJW **2000** 1663, 1664; BeckRS **2020** 36456; OLG Frankfurt NStZ **1998** 639 mit abl. Anm. *Cramer*, der dem Gericht eine Vorprüfungspflicht auferlegen will; NStZ-RR **2008** 237; OLG Hamm NJW **1999** 2453; OLG Zweibrücken NJW **1999** 1124; OLG Karlsruhe NStZ-RR **2004** 61; OLG Bremen StV **2015** 233; OLG Koblenz Beschl. vom 25.3.2019 – 2 Ws 156/19.

166 BVerfG NJW **2002** 2773; NStZ-RR **2003** 251; BGH NStZ **2000** 279; OLG Celle NStZ-RR **1999** 179; OLG Köln StV **2001** 31; OLG Jena StV **2001** 26; *Immel* JR **2007** 183, 185 ff.; OLG Bremen StV **2015** 233; OLG Frankfurt Beschl. vom 12.11.2013 – 3 Ws 053/13; OLG Braunschweig Beschl. vom 14.7.2014 – 1 Ws 191/14; OLG Celle StV **2018** 344; **a. A.** OLG Celle NStZ **1999** 159; OLG Koblenz StV **1999** 496.

167 *Neubacher* NStZ **2001** 453.

168 *Neubacher* NStZ **2001** 453.

169 *Neubacher* NStZ **2001** 453.

170 OLG Dresden NJW **2009** 3315; OLG Jena StV **2001** 26; OLG Karlsruhe NStZ-RR **2016** 189.

55 **2. Aussetzung lebenslanger Freiheitsstrafe (Absatz 2 Satz 1 Nr. 1).** Bei der **Aussetzung lebenslanger Freiheitsstrafe (Absatz 2 Satz 1 Nr. 1)** ist die Regelung des früheren Absatzes 1 Satz 5 vollinhaltlich in der Neufassung des Absatzes 2 Satz 1 Nr. 1 aufgegangen. Absatz 2 Satz 1 Nr. 1 stellt klar, dass von der Anhörung eines Sachverständigen abgesehen werden kann, wenn das Gericht, aus welchen Gründen auch immer, die Aussetzung ablehnen möchte.[171] Erst wenn die Strafvollstreckungskammer zu der Auffassung gelangt, das Verhalten des Verurteilten innerhalb und außerhalb des Vollzugs lasse eine Aussetzung verantwortbar erscheinen, hat sie seine Begutachtung zu veranlassen, um die dann noch von ihm ausgehende Gefahr zuverlässig einschätzen zu können.[172] Bei einer erstmaligen Prognoseentscheidung im Rahmen der Prüfung einer Aussetzung des Strafrestes bei lebenslanger Freiheitsstrafe (§§ 57a, 57 StGB) nach einer Mindestverbüßungszeit von 15 Jahren darf das Gericht nur ausnahmsweise von der Einholung eines Gutachtens absehen, da es nach einem solch langen Zeitraum in der Regel an ausreichenden Beurteilungsgrundlagen fehlt, die es ihm erlauben, ohne sachverständige Beratung eine gesicherte Prognose darüber abzugeben, ob die durch die Tat zutage getretene Gefährlichkeit fortbesteht.[173] Gebietet die besondere Schwere der Schuld zweifelsfrei die weitere Vollstreckung der lebenslangen Freiheitsstrafe, so bedarf es der Einholung eines Sachverständigengutachtens nicht.

56 **3. Straftat der in § 66 Abs. 3 Satz 1 StGB bezeichneten Art (Absatz 2 Satz 1 Nr. 2).** Bei Verurteilung zu einer zeitigen Freiheitsstrafe von mehr als zwei Jahren wegen einer Straftat der in § 66 Abs. 3 Satz 1 StGB bezeichneten Art ist die Strafvollstreckungskammer nach Absatz 2 Satz 1 Nr. 2 verpflichtet, das Gutachten eines Sachverständigen über den Verurteilten einzuholen, wenn es die Aussetzung der Vollstreckung des Strafrestes erwägt und nicht auszuschließen ist, dass Gründe der öffentlichen Sicherheit einer vorzeitigen Entlassung entgegenstehen. Die Verpflichtung des Gerichts zur Einholung eines Sachverständigengutachtens beschränkt sich nicht auf Sexualstraftäter, sondern erfasst alle diejenigen Straftäter, die wegen eines Verbrechens oder wegen einer Straftat nach den § 89a Abs. 1 bis 3, § 89c Abs. 1 bis 3, § 129a Abs. 5 Satz 1 1. Alt., auch i. V. m. § 129b Abs. 1, §§ 174 bis 174c, 176, 177 Abs. 2 Nr. 1, Abs. 3 und 6, §§ 180, 182, 224, 225 Abs. 1 oder 2 oder einer vorsätzlichen Straftat nach § 323a StGB, soweit die im Rausch begangene Tat eine der vorgenannten rechtswidrigen Taten ist, zu einer Freiheitsstrafe von mehr als zwei Jahren verurteilt worden sind. Die Begehung eines Verbrechens oder einer der anderen in § 66 Abs. 3 Satz 1 StGB genannten Straftaten wird als Indiz für die Gefährlichkeit des Verurteilten gewertet,[174] das das Gericht bei Vorliegen der übrigen Voraussetzungen des Absatzes 2 Satz 1 Nr. 2 zur Einholung eines Sachverständigengutachtens grundsätzlich verpflichtet.

57 **4. Höhe der zeitigen Freiheitsstrafe (Absatz 2 Satz 1 Nr. 2).** Von der Höhe der zeitigen Freiheitsstrafe (Absatz 2 Satz 1 Nr. 2) hängt es unter anderem ab, ob das Gutachten eines Sachverständigen einzuholen ist. Dabei ist nicht auf die Höhe der verhängten oder nachträglichen gebildeten Gesamtfreiheitsstrafe, sondern auf die Höhe der Einzelfreiheitsstrafe wegen einer in § 66 Abs. 3 Satz 1 StGB bezeichneten Straftat abzustellen. Eine Verpflichtung zur Einholung eines Sachverständigengutachtens nach

---

171 BTDrucks. **13** 9062 S. 14; BGH NJW **2000** 1663; OLG Hamburg NJW **2000** 2758; OLG Celle NStZ-RR **1999** 179.

172 OLG Celle NStZ-RR **1999** 179.

173 OLG Hamm Beschl. vom 27.6.2017 – 1 Vollz (Ws) 190/17.

174 BTDrucks. **13** 9062 S. 14.

Absatz 2 Satz 1 Nr. 2 besteht mithin bei Vollstreckung einer zwei Jahre übersteigenden Gesamtfreiheitsstrafe nur dann, wenn mindestens eine der dieser Gesamtfreiheitsstrafe zugrunde liegenden Einzelstrafen, die für die Begehung einer Straftat der in § 66 Abs. 3 Satz 1 StGB bezeichneten Art verhängt wurde, zwei Jahre übersteigt.[175] Erwägt das Gericht die Aussetzung der Reststrafenvollstreckung aus einer Jugendstrafe von mehr als zwei Jahren wegen einer der in § 66 Abs. 3 Satz 1 StGB bezeichneten Art, ist in der Regel zumindest dann ein Sachverständigengutachten über die Gefährlichkeit des Verurteilten einzuholen, wenn der Vollstreckungsleiter die weitere Vollstreckung an die nach den allgemeinen Vorschriften zuständige Vollstreckungsbehörde abgegeben hat.[176]

5. Fehlen entgegenstehender Gründe der öffentlichen Sicherheit. Umstritten ist, ob das Gericht auch dann zur Einholung eines Sachverständigengutachtens verpflichtet ist, wenn entgegenstehende Gründe der öffentlichen Sicherheit (Absatz 2 Satz 1 Nr. 2) nicht vorliegen.[177] Die Einholung eines Sachverständigengutachtens nach Absatz 2 Satz 1 Nr. 2 setzt voraus, dass 1. das Gericht die Aussetzung der Vollstreckung des Restes einer zeitigen Freiheitsstrafe erwägt, 2. die zeitige (Einzel-)Freiheitsstrafe mehr als zwei Jahre beträgt, 3. die Verurteilung wegen einer Straftat der in § 66 Abs. 3 Satz 1 StGB bezeichneten Art erfolgt ist und 4. nicht auszuschließen ist, dass Gründe der öffentlichen Sicherheit einer vorzeitigen Entlassung des Verurteilten entgegenstehen. Liegt auch nur eine dieser Voraussetzungen nicht vor, so bedarf es einer Einholung eines Sachverständigengutachtens nicht. Bei der verfahrensrechtlichen Prüfung, ob nicht auszuschließen ist, dass (nicht: ob) Gründe der öffentlichen Sicherheit einer vorzeitigen Entlassung des Verurteilten entgegenstehen, darf das Gericht keine vorweggenommene Prognoseentscheidung nach § 57 Abs. 1 und 2 StGB treffen. Bei der Prüfung der Voraussetzungen des Absatzes 2 Satz 1 Nr. 2 kommt es auf die sich aus der als Indiz für die Gefährlichkeit begangene Straftat der in § 66 Abs. 3 Satz 1 StGB bezeichneten Art an. Liegt der Verurteilung eine zeitige Freiheitsstrafe von mehr als zwei Jahren wegen einer derartigen Straftat zugrunde, so ist schon dadurch in aller Regel indiziert, dass nicht auszuschließen ist, dass Gründe der öffentlichen Sicherheit einer vorzeitigen Entlassung des Verurteilten entgegenstehen. Dem insoweit missverständlichen Wortlaut der gesetzlichen Regelung steht der eindeutige Wille des Gesetzgebers gegenüber.[178] Die Voraussetzungen, unter denen das Gericht von der Einholung eines Gutachtens absehen kann, sind damit enger als diejenigen, unter denen eine Aussetzung der Vollstreckung des Strafrestes nach § 57 StGB möglich ist.[179] In der Praxis ist daher grundsätzlich bei Vorliegen der sonstigen Voraussetzungen das Gutachten eines Sachverständigen einzuholen. Nur in besonders begründeten Ausnahmefällen[180] wird davon abgesehen werden können. 58

175 OLG Stuttgart StV **1999** 385; NStZ-RR **2000** 86; OLG Zweibrücken StV **1999** 218; *Immel* JR **2007** 183.

176 OLG Celle StraFo **2008** 310; **a. A.** OLG Frankfurt NStZ-RR **1999** 310.

177 Entbehrlichkeit des Prognosegutachtens: OLG Karlsruhe StV **2000** 156; OLG Zweibrücken NJW **2005** 3439; OLG Köln StV **2000** 155; *Rotthaus* NStZ **1998** 599; Erforderlichkeit des Prognosegutachtens: OLG Frankfurt NStZ **1998** 640; OLG Zweibrücken NJW **1999** 1124; KG NStZ **1999** 319 (in seltenen Fällen aber wohl doch nicht); OLG Hamm NJW **1999** 2453; OLG Koblenz StV **1999** 496.

178 BTDrucks. **13** 9062 S. 14; OLG Frankfurt NStZ **1998** 640; OLG Hamm NJW **1999** 2453; KG NStZ **1999** 319; OLG Zweibrücken NJW **1999** 1124.

179 Vgl. aber OLG Hamm Beschluss 3 Ws 635/07 vom 5.11.2007.

180 KG NStZ **1999** 319.

XI. Sachverständigengutachten

59 **1. Inhaltliche Anforderungen.** Nach Absatz 2 Satz 2 muss das Gutachten bestimmten inhaltlichen Anforderungen genügen.[181] Es hat sich namentlich zu der Frage zu äußern, ob bei dem Verurteilten keine Gefahr mehr besteht, dass dessen durch die Tat zutage getretene Gefährlichkeit fortbesteht. Für die Ermittlung der tatsächlichen Grundlagen der zu treffenden Prognoseentscheidung gilt von Verfassungs wegen das Gebot bestmöglicher Sachaufklärung.[182] Das Gutachten erfordert daher eine umfassende und nachvollziehbare Darstellung des Erkenntnis- und Wertungsprozesses.[183] Hierzu gehören unter anderem Angaben zu den von dem Sachverständigen herangezogenen und ausgewerteten Erkenntnismitteln sowie die Darstellung der für das Gutachten relevanten Anknüpfungstatsachen. Dabei sind die Feststellungen des tatgerichtlichen Urteils, das der Vollstreckung zugrunde liegt, für den Sachverständigen – ebenso wie für die Strafvollstreckungskammer – grundsätzlich bindend. Soweit die tatrichterlichen Feststellungen sich zu den Hintergründen und der Dynamik der Tat nicht verhalten, ist es dem Sachverständigen allerdings nicht verwehrt, seine in der Exploration hiervon gewonnenen Erkenntnisse in seinem Gutachten mitzuteilen und seiner Prognose zugrunde zu legen, sofern sie nicht im Widerspruch zu den Urteilsfeststellungen stehen. Hierin liegt keine – unzulässige – Ergänzung des Urteils, sondern die zur Absicherung der Prognose gebotene, genauere Herausarbeitung der strafrechtlichen Delinquenz des Verurteilten im Kontext seiner damaligen Lebenssituation.[184] Bei Prognosegutachten bedarf es der Mitteilung der prognoserelevanten Daten, insbesondere detaillierter Angaben zu (einschlägigen) Vorstrafen, der Darstellung und der Entwicklung der Tatmodalitäten, der Ergebnisse früherer Begutachtungen und von Auffälligkeiten während des Vollzuges. Das mit dem Verurteilten geführte Untersuchungsgespräch sollte thematisch strukturiert wiedergegeben werden. Untersuchungsbefunde sollten getrennt aufgeführt werden. Mit den Ergebnissen früherer Gutachten hat sich der Sachverständige auseinanderzusetzen und dabei die weitere Entwicklung des Verurteilten, namentlich weitere einschlägige Straftaten, Therapieversuche und -erfolge, Verhalten im (Maßregel-)Vollzug sowie sonstige soziale und persönliche Rahmenbedingungen wie den sozialen Empfangsraum und mögliche Risikofaktoren für einen Rückfall zu betrachten.[185] Die gutachterliche Beurteilung muss aus den Anknüpfungstatsachen und dem Explorationsinhalt ableitbar und inhaltlich nachvollziehbar dargestellt werden. Nur ein solchen inhaltlichen Anforderungen genügendes Gutachten ermöglicht es dem Gericht, im Rahmen der ihm obliegenden umfassenden Sachaufklärungspflicht im Aussetzungsverfahren den Sachverständigen zu kontrollieren, der eigenen Entscheidungsverantwortung gerecht zu werden und auf der Grundlage der Wahrscheinlichkeitsaussage die Rechtsfrage zu beantworten, ob eine Aussetzung der Vollstreckung zur Bewährung zu

---

181 *Boetticher/Kröber/Müller-Isberner/Böhm/Müller-Metz/Wolf* NStZ **2006** 537; *Boetticher/Koller/Böhm/Brettel/Dölling/Höffler/Müller-Metz/Pfister/Schneider/Schöch/Wolf* NStZ **2019** 553; *Kröber* Praxis der kriminalprognostischen Begutachtung: handwerkliche Mindeststandards und kasuistische Illustration, in: *Kröber/Dölling/Leygraf/Sass* Handbuch der Forensischen Psychiatrie, Band 3 Psychiatrische Kriminalprognosen und Kriminaltherapie (2006) 173; *Kröber/Brettel/Rettenberger/Stübner* NStZ **2019** 574; *Dittmann* 173.

182 BVerfGE **70** 297, 309; OLG Hamm Beschl. vom 14.8.2018 – 3 Ws 355/18.

183 OLG Koblenz StV **1999** 497; KG NJW **1999** 1797; OLG Zweibrücken NStZ **2018** 605.

184 KG NStZ-RR **2009** 323.

185 OLG Hamm Beschl. vom 14.8.2018 – 3 Ws 346/18; OLG Karlsruhe NStZ-RR **2016** 189 mit Anm. *Kubiciel* und *Peglau* jurisPR-StrafR 13/**2016** Anm. 2; BVerfG NJW **2017** 1933.

verantwortet ist.[186] Eine bloße Zusammenfassung von Vorstrafen oder ein Bericht über den Verlauf des Vollzuges unter Hervorhebung gewisser Verhaltensauffälligkeiten des Verurteilten und erlittener Rückschläge wird danach den an ein (Prognose-)Gutachten zu stellenden inhaltlichen Anforderungen nicht gerecht.[187] Ebenso wenig reicht eine Untersuchung der diagnostischen und prognostischen Einschätzung der den Verurteilten behandelnden Ärzte und Psychotherapeuten zu den entscheidenden Fragen auf Fehler aus.[188] Es gehört auch nicht zu den Qualitätsstandards einer Begutachtung, Rückfallrisiken in Prozentzahlen zu beziffern. Vielmehr reicht es aus, ist aber auch erforderlich, dass ein forensisch-psychiatrisches Gutachten alle an ein Prognosegutachten zu stellenden Anforderungen erfüllt.[189]

2. Auswahl des Sachverständigen. Die Auswahl des Sachverständigen ist Sache 60
des Gerichts (§ 73 Abs. 1).[190] Einem gerichtlich bestellten Sachverständigen ist es zwar gestattet, Hilfskräfte und Mitarbeiter zu einzelnen Untersuchungen hinzuziehen. Es ist jedoch nicht zulässig, wenn der bestellte Sachverständige faktisch den ihm erteilten Gutachtenauftrag an einen unterstellten Mitarbeiter weitergibt und dessen Untersuchung und Beurteilung ohne eigene Prüfung billigt und abzeichnet.[191] Von einer gesetzlichen Festlegung zur Einschaltung eines externen Sachverständigen ist im Gesetzgebungsverfahren bewusst abgesehen worden,[192] weil hierdurch nicht zwingend die Prognosesicherheit erhöht werden kann. Ob die Beauftragung eines externen Sachverständigen im Rahmen der dem Gericht obliegenden umfassenden Sachaufklärungspflicht angezeigt erscheint, hängt von den jeweiligen Umständen des Einzelfalles ab.[193] Bei langer Vollzugsdauer wird regelmäßig eine Begutachtung durch einen externen Sachverständigen zu erwägen sein.[194] In derartigen Fällen kann nämlich nicht ausgeschlossen werden, dass bei einem internen Sachverständigen, der zugleich der Behandler des Verurteilten im Vollzug war, ein Vorverständnis aufgrund des Behandlungsprozesses erzeugt worden ist, das einer unvoreingenommenen Begutachtung entgegensteht.[195] Der Umstand, dass externe Sachverständige für die Erstattung von Prognosegutachten nicht in ausreichender Zahl zur Verfügung stehen,[196] rechtfertigt es für sich genommen nicht, von vornherein von der Beauftragung eines solchen Sachverständigen abzusehen. Vielmehr hat das Gericht im Rahmen seiner Sachaufklärungspflicht im Aussetzungsverfahren alle nur

186 KG NJW **1999** 1797; OLG Hamm RuP **2004** 42 mit Anm. *Pollähne*; vgl. auch BGHSt **8** 113; BVerfGE **58** 208 und **70** 297, 313; BVerfG Beschl. vom 26.8.2013 – 2 BvR 371/12; BVerfGE **109** 133, 165.

187 OLG Koblenz StV **1999** 497.

188 OLG Koblenz StV **2003** 686.

189 OLG Karlsruhe Beschl. vom 5.1.2018 – 2 Ws 379/17 = StV **2018** 364 Ls.

190 Wegen der dazu entwickelten allgemeinen Auswahlkriterien s. LR/*Krause* § 73, 9 ff. sowie BGH JR **1994** 30.

191 OLG Nürnberg StV **2007** 596.

192 Begründung RegE BTDrucks. **13** 8586 S. 5 f.; Beschlussempfehlung des Rechtsausschusses BTDrucks. **13** 8989 S. 8; Bericht des Rechtsausschusses BTDrucks. **13** 9062 S. 14; demgegenüber Gesetzentwurf des Bundesrates BTDrucks. **13** 7559 S. 3, 6, 14.

193 Zur Problematik allgemein *Kröber* Externe und interne Gutachten im psychiatrischen Maßregelvollzug, in: *Häßler/Rebering/Schnoor/Schläfke/Fegert* Forensische Kinder-, Jugend- und Erwachsenenpsychiatrie – Aspekte der forensischen Begutachtung (2003) 188.

194 OLG Koblenz StV **1999** 497; OLG Karlsruhe NStZ **1999** 254; BVerfG Beschl. vom 8.7.2010 – 2 BvR 1771/09.

195 *Neubacher* NStZ **2001** 454.

196 BTDrucks. **13** 9062 S. 14; *Eisenberg/Hackethal* ZfStrVo **1998** 201; *Rotthaus* NStZ **1998** 600.

denkbaren Anstrengungen zu unternehmen, um einen für den Einzelfall hinreichend qualifizierten Sachverständigen rechtzeitig zu finden.

61 Die Erstattung des Gutachtens durch einen **internen Sachverständigen** wird von der Rechtsprechung für zulässig erachtet.[197] Im Grundsatz ist dem zuzustimmen. Der Gesetzgeber ist bewusst dem Entwurf des Bundesrates[198] nicht gefolgt, der vorsah, dass der Gutachter im Rahmen des Vollzuges nicht mit der Behandlung des Verurteilten befasst gewesen sein sollte. Nach dem Gesetzentwurf des Bundesrates war damit die Erstattung des Gutachtens durch einen internen Sachverständigen aber nicht von vornherein ausgeschlossen, sondern nur in solchen Fällen, in denen der Gutachter im Vollzug mit der Behandlung des Verurteilten betraut war. Zu Recht hat der Gesetzgeber von einer derartigen gesetzlichen Regelung Abstand genommen, denn es bedurfte ihrer nicht. Ein Sachverständiger kann nämlich nach § 74 Abs. 1 Satz 1 aus denselben Gründen, die zur Ablehnung eines Richters berechtigen, abgelehnt werden, d. h. auch wegen Besorgnis der Befangenheit (§ 74 Abs. 1 Satz 1, § 24 Abs. 1). Dabei ist es nicht entscheidend, ob er wirklich befangen ist. Es kommt vielmehr darauf an, ob vom Standpunkt des Ablehnenden aus verständlicherweise ein Misstrauen gegen die Unparteilichkeit des Sachverständigen gerechtfertigt erscheint.[199] Allein der Umstand, dass ein interner Sachverständiger den Verurteilten im Vollzug ärztlich oder psychologisch behandelt oder betreut hat, vermag eine Befangenheit noch nicht zu rechtfertigen. Es wird vielmehr auf die Art der Behandlung und Betreuung im Einzelfall ankommen. Eine Behandlung durch einen Anstaltspsychiater oder Anstaltspsychologen dürfte jedoch in aller Regel deren Befangenheit aufgrund des sich aus der Patientenbeziehung ergebenden besonderen Vertrauensverhältnisses begründen. Von der Beauftragung eines Anstaltspsychiaters und/oder Anstaltspsychologen sollte daher jedenfalls dann Abstand genommen werden, wenn sie den Verurteilten, auch bei früheren Verbüßungen, im Vollzug psychiatrisch oder psychologisch behandelt oder betreut haben.[200] Ob es im Rahmen der dem Gericht obliegenden umfassenden Aufklärungspflicht ausreicht, anstelle eines Psychiaters einen forensisch erfahrenen Psychologen mit der Erstattung des Prognosegutachten zu beauftrage, ist aufgrund der konkreten Umstände des Einzelfalls zu beurteilen. Es ist jedenfalls nicht von vornherein unzulässig.[201]

XII. Verfahren

62 **1. Zeitpunkt für die Einholung des Sachverständigengutachtens.** Einen bestimmten **Zeitpunkt für die Einholung des Sachverständigengutachtens** schreibt das Gesetz nicht vor. Entscheidend ist, welcher Zeitraum für die Erstattung des Gutachtens nach den Umständen des Einzelfalls voraussichtlich benötigt werden wird. Mit dem verfassungsrechtlichen **Beschleunigungsgebot**, das auch im Aussetzungsverfahren gilt,[202] ist es nicht vereinbar, wenn das Gericht den Sachverständigen erst unmittelbar vor dem möglichen Entlassungszeitpunkt beauftragt. Eine solche Sachbehandlung führt in aller Regel zu einer sachwidrigen Verzögerung der Entscheidung. Mit welchem zeitlichen Vor-

---

197 OLG Celle NStZ **1999** 160; OLG Hamm NJW **1999** 2453; KG NJW **1999** 1797; OLG Karlsruhe StV **1999** 495; OLG Zweibrücken NJW **1999** 1125.

198 BTDrucks. **13** 7559 S. 6, 14.

199 LR/*Krause* § 74, 11.

200 *Tondorf* StV **2000** 173; *Neubacher* NStZ **2001** 454; *Endres* ZfStrVo **2000** 81; KG NJW **1999** 1797.

201 OLG Hamm StV **2006** 424; OLG Karlsruhe NStZ-RR **2000** 125.

202 BVerfG NStZ **2001** 502; StV **2016** 375 Rn. 14, 16 f.

lauf das Gericht den Sachverständigen mit der Gutachtenerstattung beauftragen sollte, um dem Beschleunigungsgebot Genüge zu tun, hängt von den Umständen des Einzelfalls ab. Dabei werden Art, Umfang und Schwierigkeit des von dem Sachverständigen auszuwertenden Aktenmaterials, die Persönlichkeit des zu untersuchenden Verurteilten sowie eine dem Gericht bekannte Belastungssituation des Sachverständigen zu berücksichtigen sein. Eine Zeitspanne von mehr als vier bis fünf Monaten für die Erstattung eines Gutachtens erscheint im Hinblick auf das Beschleunigungsgebot ausnahmsweise dann vertretbar, wenn kein anderer gleichermaßen qualifizierter Sachverständiger in einem angemessenen Zeitraum zur Gutachtenerstattung in der Lage ist und insbesondere Umstände die Beauftragung gerade dieses Sachverständigen, etwa dessen besondere Sachkunde[203] bei der Begutachtung von bestimmten Tätergruppen, angezeigt erscheinen lassen. Das Gericht ist nach § 73 Abs. 1 Satz 2 gehalten, mit dem Sachverständigen eine Absprache zu treffen, innerhalb welcher Frist das Gutachten erstattet werden kann.[204]

2. Mündliche Anhörung des Sachverständigen (Absatz 2 Satz 3). Nach Absatz 2 63
Satz 3 ist die **mündliche Anhörung des Sachverständigen obligatorisch.**[205] Das Gericht kann aber ausnahmsweise nach Absatz 2 Satz 4 aus Gründen der Verfahrensbeschleunigung[206] von der mündlichen Anhörung des Sachverständigen absehen, wenn der Verurteilte, sein Verteidiger und die Staatsanwaltschaft **unmissverständlich und ausdrücklich** darauf verzichten.[207] Eine übereinstimmende **Verzichtserklärung** bindet das Gericht jedoch nicht. Vielmehr steht es ihm frei, den Sachverständigen trotz übereinstimmender Verzichtserklärungen gleichwohl mündlich zu hören, wenn es dies etwa aus Gründen der Sachaufklärungspflicht im Aussetzungsverfahren für geboten hält.[208]

Soweit der Verurteilte, sein Verteidiger und die Staatsanwaltschaft auf die mündli- 64
che Anhörung des Sachverständigen verzichten (Absatz 2 Satz 4), muss ihre Erklärung eindeutig sein.[209] Der Verzicht auf die mündliche Anhörung des Sachverständigen ist eine bedingungsfeindliche Prozesshandlung. Eine Äußerung der Staatsanwaltschaft, dass sie eine eingeholte Stellungnahme der Justizvollzugsanstalt für nichtssagend erachte und die Einholung eines Sachverständigengutachtens anheimstelle, stellt keinen Verzicht auf die mündliche Anhörung dar.[210] Das bloße Schweigen des Verurteilten auf eine Zuschrift des Gerichts, das ohne ausdrücklichen Antrag von einer stillschweigenden Verzichtserklärung ausgehen will, stellt keinen wirksamen Verzicht auf die mündliche Anhörung des Sachverständigen dar.[211] Die Verzichtserklärung des Verteidigers ersetzt diejenige des Verurteilten grundsätzlich nicht.[212] Die Teilnahme des Verteidigers an der mündlichen Anhörung des Verurteilten stellt keinen konkludenten Verzicht auf die An-

203 OLG Karlsruhe StV **1999** 496.
204 LR/*Krause* § 73, 29 ff.
205 OLG Koblenz StraFo **2009** 394; KG StV **2014** 359 Ls.; OLG Jena Beschl. vom 8.12.2015 – 1 Ws 449/15; OLG Hamm NStZ-RR **2011** 190; KG StraFo **2014** 36.
206 BTDrucks. **13** 906 S. 14.
207 OLG Jena NStZ **2007** 421; OLG Hamm NStZ-RR **2008** 189; KG StraFo **2014** 36; KG StV **2018** 340 Ls. und Beschl. vom 9.9.2019 – 2 Ws 141/19.
208 BTDrucks. **13** 9062 S. 14; OLG Jena StV **2018** 376 Ls.
209 KG Beschl. vom 22.11.2013 – 2 Ws 558/13; Beschl. vom 25.7.2017 – 2 Ws 131/17; Beschl. vom 9.9.2019 – 2 Ws 141/19; StV **2018** 340 Ls.; OLG Hamm NStZ-RR **2008** 189.
210 KG NStZ **1999** 319.
211 OLG Hamm NStZ-RR **2008** 189; OLG Hamm Beschl. vom 30.8.2018 – 3 Ws 363/18; KG Beschl. vom 22.11.2013 – 2 Ws 558/13.
212 OLG Jena NStZ-RR **2007** 421.

hörung des Sachverständigen dar.[213] Zweifel an der Eindeutigkeit und Wirksamkeit der Verzichtserklärung kann das Gericht im Wege des Freibeweises aufklären. Verbleiben Zweifel, ob eine Verzichtserklärung eindeutig und wirksam ist, so ist der Sachverständige mündlich zu hören.

65 **3. Gelegenheit zur Mitwirkung von Verfahrensbeteiligten (Absatz 2 Satz 3).** Absatz 2 Satz 3 verpflichtet das Gericht, der Staatsanwaltschaft, dem Verurteilten, seinem Verteidiger und der Vollzugsanstalt Gelegenheit zur Mitwirkung bei der mündlichen Anhörung des Sachverständigen zu geben. Das gilt unter dem Gesichtspunkt des fairen Verfahrens auch für einen von dem Verurteilten beauftragten Privatsachverständigen.[214] Diese Formulierung lehnt sich an die in § 255a Abs. 2 Satz 1 an. Die insoweit zu § 255a Abs. 2 Satz 1 entwickelten Grundsätze[215] sind entsprechend anzuwenden. Die Staatsanwaltschaft, der Verurteilte, sein Verteidiger und die Justizvollzugsanstalt sind von dem Termin zur mündlichen Anhörung des Sachverständigen zu benachrichtigen. Die Benachrichtigung ist von Gesetzes wegen an keine Frist und auch an keine Form gebunden. Das auch im Aussetzungsverfahren geltende Beschleunigungsgebot verpflichtet das Gericht jedoch, unverzüglich nach der Vorlage des Sachverständigengutachtens Termin zur mündlichen Anhörung anzuberaumen und die Verfahrensbeteiligten hiervon zu unterrichten. Einer förmlichen Ladung bedarf es nicht, weil die Staatsanwaltschaft, der Verurteilte, sein Verteidiger und die Justizvollzugsanstalt zwar berechtigt, aber nicht verpflichtet sind, an der mündlichen Anhörung teilzunehmen und aus einer Nichtteilnahme für sie keine Folgen erwachsen. Die Benachrichtigung sollte in aller Regel schriftlich erfolgen. Sie kann aber auch mündlich oder fernmündlich oder per Mail vorgenommen werden, etwa wenn dies aus Gründen der Verfahrensbeschleunigung geboten erscheint.

66 **4. Durchführung der mündlichen Anhörung (Absatz 2 Satz 3).** Die Durchführung der mündlichen Anhörung des Sachverständigen regelt Absatz 2 Satz 3 im Gegensatz zu der früheren gesetzlichen Regelung im Einzelnen nicht mehr. Die Staatsanwaltschaft, der Verurteilte, sein Verteidiger und die Justizvollzugsanstalt sind zwar zur Teilnahme berechtigt, aber nicht verpflichtet. Auf die Verlegung eines anberaumten Anhörungstermins haben sie keinen Anspruch.[216] Im Rahmen des ihm obliegenden pflichtgemäßen Ermessens kann das Gericht aber stets von Amts wegen bei Verhinderung eines Verfahrensbeteiligten einen bereits festgesetzten Anhörungstermin verlegen, wenn es aus Gründen der Sachaufklärungspflicht oder wegen des Gebots des fairen Verfahrens die Teilnahme eines ganz bestimmten Verfahrensbeteiligten bei der Anhörung des Sachverständigen für geboten erachtet. Die mündliche Anhörung des Sachverständigen ist auch dann nicht entbehrlich, wenn dieser schriftlich lediglich eine ergänzende gutachterliche Stellungnahme zu einem von ihm erstellten früheren Gutachten zu dem Verurteilten vorgelegt hat und zwischen jenem Gutachten und der Anhörung ein Zeitraum von fast zwei Jahren und die ergänzende Stellungnahme eigenständige und bedeutende Aussagen grundlegender Art enthält.[217] Wird im Rahmen der Aussetzungsentscheidung nach Ab-

---

213 KG Beschl. vom 16.9.2019 – 2 Ws 144/19; OLG Hamm NStZ-RR **2016** 319; OLG Düsseldorf NStZ **2011** 716 (für von der Vollzugseinrichtung eingeholtes externes Gutachten); ebenso OLG Braunschweig NStZ **2011** 125.

214 OLG Hamm NStZ-RR **2016** 319; OLG Düsseldorf NStZ **2011** 716; ebenso OLG Braunschweig NStZ **2011** 125.

215 KK/*Diemer* § 255a, 10; Meyer-Goßner/*Schmitt* § 255a, 8a.

216 BTDrucks. **14** 8586 S. 14.

217 OLG Celle Beschl. vom 18.2.2019 – 2 Ws 21/19.

satz 2 ein Sachverständigengutachten verwandt, so ist der Sachverständige auch dann mündlich anzuhören, wenn es sich um ein in einem früheren Verfahren erstattetes Gutachten handelt.[218]

Die mündliche Erörterung des Sachverständigengutachtens in Anwesenheit der Verfahrensbeteiligten soll Letzteren Gelegenheit zur Mitwirkung im Anhörungstermin bieten und insbesondere ermöglichen, das Sachverständigengutachten eingehend zu diskutieren, das Votum des Sachverständigen zu hinterfragen[219] und zu dem Gutachten Stellung zu nehmen. Es ist stets derjenige Sachverständige mündlich zu hören, der das Gutachten erstattet hat. Die vorangegangene mündliche Anhörung des Sachverständigen durch andere Richter genügt der gesetzlichen Vorgabe nicht, weil die Verpflichtung, den Sachverständigen mündlich zu hören, nicht nur der Verwirklichung des Anspruchs des Verurteilten auf rechtliches Gehör dient, sondern vor allem die Entscheidung der Strafvollstreckungskammer vorbereiten und ihre materielle Richtigkeit gewährleisten soll. Das setzt voraus, dass die zur Entscheidung berufenen Richter den Sachverständigen mündlich anhören.[220] Hat das Gericht bei Zweifeln an der Tragfähigkeit des Prognosegutachtens einen weiteren Sachverständigen beauftragt, so sind beide Sachverständige mündlich zu hören.[221] Die mündliche Anhörung des Sachverständigen kann trotz eines wirksamen Verzichts aller Verfahrensbeteiligten zur Sachaufklärung insbesondere dann geboten sein, wenn das Gericht erwägt, die Vollstreckung eines Strafrestes trotz eines entgegenstehenden schriftlichen Prognosegutachtens zur Bewährung auszusetzen.[222] Was im Einzelnen zum Gegenstand der mündlichen Anhörung gemacht werden kann, bestimmt sich nach den allgemeinen Grundsätzen über die Gewährung rechtlichen Gehörs[223] sowie nach der dem Gericht obliegenden umfassenden Verpflichtung, alle ihm möglichen Erkenntnisquellen über eine etwa fortbestehende Gefährlichkeit des Verurteilten auszuschöpfen.[224] Eine mündliche Anhörung des Sachverständigen ist im Verfahren nach § 57 Abs. 1 StGB auch dann erforderlich, wenn das Gericht ihn nur wenige Monate zuvor im Verfahren nach § 57 Abs. 2 Nr. 2 StGB mündlich angehört hatte.[225] Die Sachaufklärungspflicht gebietet es nämlich, alle für die zu treffende Prognose relevanten Tatsachen für die Entscheidung zu erheben, zu bewerten und einzubeziehen. Zur Durchführung der mündlichen Anhörung des Sachverständigen im Wege der Bild- und Tonübertragung vgl. Erl. zu § 463e, 10. 67

Zur Durchführung der Anhörung des Sachverständigen bedarf es weder der Zuziehung eines Urkundsbeamten noch der Anfertigung eines förmlichen Protokolls.[226] Aus Gründen der Aktenvollständigkeit, insbesondere im Hinblick auf eine mögliche Ablehnung des Sachverständigen wegen Besorgnis der Befangenheit (§ 74 Abs. 1, § 24), erscheint es aber angebracht, einen hinreichend ausführlich verfassten Vermerk über die Anhörung an Ort und Stelle anzufertigen und zu den Akten zu nehmen, in dem die von den Verfahrensbeteiligten an den Sachverständigen gerichteten Fragen und dessen Antworten sowie abgegebene Erklärungen und sonstige Reaktionen festgehalten werden. Ansonsten kann auch das Beschwerdegericht auf eine sofortige Beschwerde des 68

218 OLG Brandenburg StV **2020** 509 Ls.
219 BTDrucks. **13** 9062 S. 14.
220 KG StraFo **2014** 36.
221 OLG Frankfurt NStZ-RR **2003** 315.
222 OLG Celle NdsRpfl. **2003** 324.
223 BTDrucks. **13** 9062 S. 14.
224 BTDrucks. **13** 9062 S. 14.
225 OLG Bremen NStZ **2010** 106.
226 Vgl. Rn. 39.

Verurteilten oder der Staatsanwaltschaft nicht prüfen, ob die Entscheidungsgründe nach dem Ergebnis der mündlichen Anhörung des Sachverständigen und des Verurteilten tragen.[227]

69 **5. Pflichtverteidigerbestellung.** Ob die Bestellung eines Pflichtverteidigers im Erkenntnisverfahren im Vollstreckungsverfahren fortwirkt und ob verneinendenfalls § 140 Abs. 2 direkt oder analog im Vollstreckungsverfahren anwendbar ist,[228] ist umstritten. Die – vornehmlich im Schrifttum geführte – Diskussion führt letztlich nicht weiter. Im Vollstreckungsverfahren ist in entsprechender Anwendung von § 140 Abs. 2 die Bestellung eines Verteidigers stets dann geboten, wenn die Sach- oder Rechtslage dessen Mitwirkung erforderlich erscheinen lässt oder wenn ersichtlich ist, dass sich der Verurteilte – aus welchen Gründen auch immer – nicht selbst verteidigen kann.[229]

70 Im Verfahren nach § 454 Abs. 2 ist die Bestellung eines Verteidigers grundsätzlich geboten, sofern der Verurteilte einen Verteidiger nicht bereits gewählt hat.[230] Angesichts der Komplexität des Verfahrens nach § 454 Abs. 2 ist der Anspruch eines Verurteilten auf ein faires Verfahren (Art. 2 Abs. 1 GG i. V. m. dem Rechtsstaatsprinzip) nur bei Bestellung eines Verteidigers hinreichend sichergestellt, denn bei dem Überprüfungsverfahren nach Absatz 2 ist regelmäßig von einer besonderen Schwierigkeit der Sach- oder Rechtslage auszugehen. Demgemäß wird in der Praxis kaum Raum für die Bestellung eines Verteidigers nach § 140 Abs. 2 1. Alt. (wegen der Schwere der Tat) und 3. Alt. (Verteidigungsunfähigkeit des Verurteilten) bestehen. Allerdings werden Gesichtspunkte, die danach die Bestellung eines Verteidigers gebieten würden, auch bei der Frage, ob die vollstreckungsrechtliche Sach- oder Rechtslage schwierig ist, eine Rolle spielen (z. B. Alter, intellektuelle Fähigkeiten, mangelnde deutsche Sprachkenntnisse).[231]

71 Ihren Zweck, den Anspruch des Verurteilten auf ein faires Verfahren im Vollstreckungsverfahren zu sichern, wird die Bestellung eines Verteidigers nur dann gerecht, wenn sie zeitgerecht erfolgt. Das bedeutet, dass sie rechtzeitig vor der Einleitung des Überprüfungsverfahrens anzuordnen ist. Der bestellte Verteidiger muss nämlich in die Lage versetzt werden, die oftmals umfangreichen Akten (einschließlich Vollstreckungsheft) einzusehen und Gelegenheit erhalten, sich zu der Auswahl des Sachverständigen dem Gericht gegenüber zu äußern.[232]

72 Das Gericht ist aufgrund des auch im Vollstreckungsverfahren geltenden Anspruchs auf ein faires Verfahren gehalten, den übrigen am Überprüfungsverfahren Beteiligten, namentlich dem Verurteilten, seinem – bestellten – Verteidiger und der Staatsanwaltschaft vor Beauftragung des Sachverständigen Gelegenheit zur Stellungnahme zur Auswahl des Sachverständigen zu geben.

---

227 KG NStZ **2007** 119; OLG Hamm RuP **2004** 42 mit Anm. *Pollähne.*

228 **Direkte Anwendung**: LR/*Jahn* § 140, 115; *Laubenstein* Verteidigung im Strafvollzug, Diss. Frankfurt/M. 1984, 183; *Hartmann-Hilter* StV **1988** 312; *Litwinski/Bublies* Strafverteidigung im Strafvollzug (1989) 146 ff.; **analoge Anwendung**: KK/*Willnow* § 141, 11; Meyer-Goßner/*Schmitt* § 140, 33.

229 OLG Schleswig NStZ-RR **2008** 253; OLG Karlsruhe NStZ-RR **2004** 19; KG StV **2007** 94.

230 Zurückhaltender KK/*Willnow* § 141, 11; Meyer-Goßner/*Schmitt* § 140, 33, 33a m. w. N.

231 OLG Frankfurt StV **2015** 229; KG NStZ-RR **2006** 284 f.; StraFo **2006** 342; OLG Hamm StraFo **2005** 391 f.; Beschl. vom 9.12.2014 – III – 3 Ws 432/12 mit Anm. *Janssen/Rueber-Unkelbach* jurisPR-StrafR 16/**2015** Anm. 4; OLG München StV **2015** 49; bei dissozial-narzistischer Persönlichkeitsstörung OLG Hamburg StraFo **2018** 86 f.; OLG Zweibrücken Beschl. vom 18.8.2016 – 1 Ws 198/16; umfassende Kasuistik bei LR/*Jahn* § 140, 118 m. w. N.

232 OLG Braunschweig StV **2008** 590 mit zust. Anm. *Steck-Bromme.*

6. Verfahrensmängel. Verfahrensmängel im Zusammenhang mit der **Einholung eines Sachverständigengutachtens** können auf eine sofortige Beschwerde des Verurteilten oder der Staatsanwaltschaft (§ 454 Abs. 3) zur Aufhebung des angefochtenen Beschlusses sowie zur Zurückverweisung an die Strafvollstreckungskammer führen.[233] Ein derartiger Verfahrensmangel liegt etwa dann vor, wenn das Gericht von der Einholung eines Gutachtens absieht, obwohl es hierzu nach Absatz 2 Satz 1 Nr. 1 oder Absatz 2 Satz 1 Nr. 2 verpflichtet gewesen wäre.[234] Die Heilung des Mangels im Beschwerdeverfahren ist zwar im Hinblick auf § 308 Abs. 2 nicht von vornherein ausgeschlossen, denn danach kann das Beschwerdegericht Ermittlungen anordnen oder selbst vornehmen.[235] Nach Einholung eines Sachverständigengutachtens ist das Beschwerdegericht nach dessen Eingang jedoch nicht in der Lage, die Entscheidung in der Sache selbst (§ 309 Abs. 2) zu treffen. Vielmehr müsste es die mündliche Anhörung des Sachverständigen nach Absatz 2 Satz 3 selbst durchführen. Dabei handelt es sich gerade nicht um Ermittlungen, die das Beschwerdegericht nach § 308 Abs. 2 anordnen oder selbst vornehmen kann, sondern vielmehr um eine gesetzlich verankerte Pflicht für die Strafvollstreckungskammer.[236] Eine unterlassene Einholung eines Sachverständigengutachtens trotz Vorliegens der Voraussetzungen des Absatzes 2 Satz 1 stellt daher einen Verfahrensmangel dar, der auf eine sofortige Beschwerde stets zur Aufhebung der angefochtenen Entscheidung und zur Zurückverweisung der Sache an die Strafvollstreckungskammer führt.[237] Soweit die Strafvollstreckungskammer eine Prognoseentscheidung trifft, die von einem zeitnah erstellten Sachverständigengutachten abweicht, hat sie sich grundsätzlich nach mündlicher Anhörung des Sachverständigen mit dem Gutachten in den Beschlussgründen auseinanderzusetzen.[238] Unterlässt die Strafvollstreckungskammer die mündliche Anhörung des Sachverständigen, so führt dies im Beschwerdeverfahren regelmäßig zur Aufhebung der angefochtenen Entscheidung und zur Zurückverweisung, selbst wenn alle Verfahrensbeteiligten wirksam auf dessen mündliche Anhörung verzichtet hatten. Nach Durchführung eines gesetzlich gebotenen Anhörungstermins durch die Strafvollstreckungskammer ist es erforderlich, dass die an der Anhörung teilnehmenden Richter die nachfolgende Entscheidung auch selbst treffen.[239] 73

Eine **unterlassene Verteidigerbestellung** im Überprüfungsverfahren nach Absatz 2 stellt regelmäßig einen **schwerwiegenden Verfahrensmangel** dar, der auf eine sofortige Beschwerde zur Aufhebung der angefochtenen Entscheidung und zur Zurückverweisung der Sache an die Strafvollstreckungskammer führt.[240] Die Bestellung eines Verteidigers ist nach § 140 Abs. 2 im Vollstreckungsverfahren bei Entscheidungen über die 74

---

233 LG Zweibrücken StV **2002** 434.
234 Zu einzelnen Verfahrensmängeln, vgl. OLG Köln NStZ-RR **2000** 317; OLG Hamm Beschl. vom 14.8.2018 – 3 Ws 355/18; OLG Naumburg Beschl. vom 17.11.2017 – 1 Ws(s) 328/17 (Weigerung der Mitwirkung des Verurteilten an der Begutachtung); OLG Bremen StV **2015** 233 f. (Berücksichtigung eines von der Justizvollzugsanstalt in Auftrag gegebenen Gutachtens); OLG Celle StraFo **2017** 344 (Absehen von der Einholung eines Prognosegutachtens nach § 454 Abs. 2 Satz 1 Nr. 2 nach Absehen von der weiteren Vollstreckung nach § 456a Abs. 1); BGH NStZ-RR **2012** 8 (Zugrundelegung eines 1 ½ Jahre alten Prognosegutachtens ohne mündliche Anhörung des Sachverständigen oder Einholung eines neuen Gutachtens); OLG Zweibrücken NStZ **2018** 605 (bei erheblichen Mängeln des Sachverständigengutachtens).
235 LR/*Matt*[26] § 309, 1, 12; KK/*Zabeck* § 309, 2.
236 BTDrucks. **13** 9062 S. 14.
237 Einschränkend OLG Köln NStZ-RR **2000** 317.
238 KG StraFo **2014** 306.
239 KG StraFo **2014** 437.
240 OLG Bremen StV **2008** 531.

Aussetzung des Strafrestes nach § 57 StGB zulässig,[241] bei Entscheidungen über die Aussetzung einer lebenslangen Freiheitsstrafe nach § 57a StGB sogar in aller Regel geboten.[242] Im Überprüfungsverfahren nach Absatz 2 gebietet das Gebot des fairen Verfahrens die Bestellung eines Verteidigers, sofern der Verurteilte selbst einen solchen nicht gewählt hat, ohne dass es eines förmlichen Antrags des Verurteilten insoweit bedarf. Bei der obligatorischen Anhörung eines Sachverständigen nach Absatz 2 Satz 3, die der mündlichen Erörterung des Gutachtens dient und die in der Praxis mit der Anhörung des Verurteilten nach Absatz 1 Satz 3 überwiegend zusammen durchgeführt wird, kann Letzterer die gesetzlich geregelte Gelegenheit zur Mitwirkung in aller Regel nur mit Hilfe eines Verteidigers sachgerecht wahrnehmen. Einer dem Gericht nach Erhalt der Ladung mitgeteilten Verhinderung des Verteidigers im Anhörungstermin wird das Gericht in der Regel durch Anberaumung eines neuen Termins Rechnung zu tragen haben,[243] sofern nicht wichtige Gründe entgegenstehen. Vor Anberaumung eines neuen Anhörungstermins empfiehlt sich eine in den Akten zu dokumentierende Terminabsprache mit dem Verteidiger, der Staatsanwaltschaft und dem Sachverständigen sowie der Justizvollzugsanstalt, um unnötige Terminkollisionen von vornherein zu vermeiden. Denn nach den Intentionen des Gesetzgebers soll der Anhörungstermin den Verfahrensbeteiligten gerade die Gelegenheit geben, das Sachverständigengutachten eingehend zu diskutieren und auch das Votum des Sachverständigen zu hinterfragen.[244] Dass der von dem Gutachten über seine Person unmittelbar betroffene Verurteilte zu einer distanzierten Auseinandersetzung nur schwerlich in der Lage sein dürfte, liegt auf der Hand.

XIII. Änderung durch Art. 1 Nr. 13 des Gesetzes zur Stärkung der Rechte von Opfern sexuellen Missbrauchs (Absatz 4 Satz 1)

75 **1. Zweck der Regelung.** Der Referentenentwurf des BMJ und auch der Gesetzentwurf der Bundesregierung[245] sahen keine Änderung des § 454 vor. Erst auf die Beschlussempfehlung des BTRAussch. wurden § 246a und in dessen Folge für das Verfahren über die Aussetzung der Restfreiheitsstrafe zur Bewährung § 454 geändert. Nach dem neuen § 246a Abs. 2 soll ein Sachverständiger über den Zustand des Angeklagten und die Behandlungsaussichten vernommen werden, soweit dies erforderlich ist, um festzustellen, ob der Angeklagte einer solchen Betreuung und Behandlung bedarf, wenn Anklage wegen einer in § 181b StGB genannten Straftat – also wegen einer Straftat nach den §§ 174 bis 174c, 176 bis 180, 181a und 182 StGB – zum Nachteil eines Minderjährigen erhoben worden ist und die Erteilung einer Therapieweisung in Betracht kommt. Durch den Verweis in Absatz 4 Satz 1 auf § 246a Abs. 2 findet diese Regelung auch im Verfahren über die Vollstreckung von Restfreiheitsstrafe zur Bewährung entsprechende Anwendung.[246]

76 Der Regelung in Absatz 4 Satz 1 hätte es nicht bedurft, denn durch den darin bereits enthaltenen Verweis auf § 453 wäre § 246a Abs. 2 ohnehin im Verfahren über die Aussetzung der Vollstreckung der Restfreiheitsstrafe zur Bewährung entsprechend anwendbar

---

241 OLG Hamm NStZ-RR **1999** 319; KG StV **2007** 94; *Rotthaus* NStZ **2000** 350.

242 BVerfG NJW **1992** 2947, 2954.

243 OLG Köln StV **2006** 430; OLG Frankfurt NJW **2004** 1680 Ls. = StV **2005** 279 Ls. für den Antrag auf Verlegung des Anhörungstermins nach § 454 Abs. 1 Satz 3; OLG Oldenburg NStZ-RR **2007** 156.

244 BTDrucks. **13** 9062 S. 14.

245 BTDrucks. **17** 6261.

246 BTDrucks. **17** 6261 S. 22.

gewesen. Die jetzige Regelung **hebt aber noch einmal** die entsprechende Anwendung von § 246a Abs. 2 ausdrücklich hervor.

2. Voraussetzungen für die Einholung eines Sachverständigengutachtens (Absatz 4 Satz 1 i. V. m. § 453). Die Regelung des Absatzes 4 Satz 1 erweitert die Voraussetzungen, unter denen ein Sachverständigengutachten eingeholt wird. Nach dem bisherigen Recht war das Gericht nur unter den Voraussetzungen von Absatz 2 Satz 1 verpflichtet, das Gutachten eines Sachverständigen einzuholen, wenn es erwägt, die Vollstreckung des Restes einer lebenslangen Freiheitsstrafe oder einer zeitigen Freiheitsstrafe wegen einer Straftat der in § 66 Abs. 3 Satz 1 StGB bezeichneten Art auszusetzen und nicht auszuschließen ist, dass Gründe der öffentlichen Sicherheit einer vorzeitigen Entlassung des Verurteilten entgegenstehen. Die **Neuregelung** in Absatz 4 Satz 1 **erweitert** die **Pflicht zur Einholung eines Sachverständigengutachtens** auf **alle Fälle**, in denen der Verurteilte wegen einer in § 181b StGB genannten Straftat zum Nachteil eines Minderjährigen verurteilt worden ist. Auf die Höhe der verhängten Freiheitsstrafe kommt es nicht mehr an. Damit besteht über die Pflicht zur Einholung eines Sachverständigengutachten aus **generalpräventiven Erwägungen** („Gründe der öffentlichen Sicherheit") nach Absatz 2 Satz 1 hinaus jetzt die Pflicht („... soll ein Sachverständiger ... vernommen werden ..."), einen Sachverständigen dann zu vernehmen, wenn der Verurteilte zu einer Freiheitsstrafe bis zu zwei Jahren wegen einer in § 181b StGB genannten Straftat zum Nachteil eines Minderjährigen verurteilt worden und eine Aussetzung der Restfreiheitsstrafe nach Absatz 1 zu prüfen ist. In diesen Fällen stehen **spezialpräventive Erwägungen** im Vordergrund, denn mit Hilfe des Sachverständigen soll das Gericht klären, ob der Verurteilte einer Betreuung und Behandlung im Rahmen einer Therapieweisung bedarf.[247] 77

a) Anklage wegen einer in § 181b StGB genannten Straftat zum Nachteil von Minderjährigen. Während § 246a Abs. 2 auf eine **Anklageerhebung** wegen einer in § 181b StGB genannten Straftat zum Nachteil eines Minderjährigen als Voraussetzung für die Vernehmung eines Sachverständigen abstellt, bedarf es bei der Prüfung, ob die weitere Vollstreckung der zeitigen Freiheitsstrafe zur Bewährung ausgesetzt wird, einer **Verurteilung** wegen einer solchen Straftat. Sofern es im Erkenntnisverfahren – aus welchen tatsächlichen oder rechtlichen Gründen auch immer – nicht zu einer entsprechenden rechtskräftigen Verurteilung gekommen ist, besteht jedenfalls nach Absatz 4 Satz 1 i. V. m. § 453 keine Pflicht, aus spezialpräventiven Erwägungen einen Sachverständigen nach § 246a Abs. 2 hinzuziehen. Vielmehr hat das Gericht aufgrund der ihm im **Vollstreckungsverfahren obliegenden Sachaufklärungspflicht** stets auch über Absatz 2 Satz 1 und Absatz 4 Satz 1 i. V. m. § 453 hinaus **von Amts wegen unabhängig von der der Verurteilung zugrunde liegenden Straftat** zu prüfen, ob die Einholung eines Sachverständigengutachtens angezeigt erscheint. 78

b) Erforderlichkeit. Der Einholung eines Sachverständigengutachtens bedarf es bei **Vorliegen einer Anlasstat** nur dann, soweit dies erforderlich ist, um festzustellen, ob der Verurteilte einer psychiatrischen, psycho- oder sozialtherapeutischen Betreuung und Behandlung (Therapieweisung) bedarf. Der Sachverständige soll dem Gericht Rat und Hilfe leisten, ob eine Therapieweisung überhaupt angezeigt ist und wie sie ggf. ausgestaltet sein sollte, um eine bestmögliche Betreuung und Behandlung des Verurteilten zu gewährleisten. Ist es aufgrund der Anlasstat und/oder des Verhaltens des Verurteilten 79

247 BTDrucks. **17** 12735 S. 21.

im Vollzug **offenkundig**, dass dieser eine entsprechende Betreuung und Behandlung im Rahmen einer Therapieweisung benötigt, so kann ein Sachverständiger dem Gericht allenfalls noch bei der Frage der Ausgestaltung der Betreuung beratend zur Seite stehen.

80 **c) Anhörung des Sachverständigen (Absatz 4 Satz 1 i. V. m. § 453 Abs. 1 Satz 2, § 454 Abs. 2 Satz 4).** Der Sachverständige ist **grundsätzlich** im Aussetzungsverfahren **mündlich zu hören.** Es reicht nicht aus, dass der Sachverständige sein Gutachten schriftlich erstattet. Nur wenn der Verurteilte, sein Verteidiger **und** die Staatsanwaltschaft auf eine **mündliche Anhörung** des Sachverständigen **verzichten,**[248] kann das Gericht ausnahmsweise davon absehen. Es ist dazu aber nicht verpflichtet. Hält das Gericht vielmehr eine mündliche Anhörung des Sachverständigen zur Aufklärung im Aussetzungsverfahren für geboten, so hört es den Sachverständigen an, wobei es aber dann auch dem Verurteilten, seinem Verteidiger, der Staatsanwaltschaft und Vollzugsanstalt Gelegenheit zur Mitwirkung geben sollte, auch wenn dies für den Verteidiger und die Vollzugsanstalt nicht gesetzlich vorgeschrieben ist, da Absatz 2 Satz 3 nicht entsprechend anwendbar ist.

81 **3. Verfahrensmängel. Verfahrensmängel** im Zusammenhang mit der Anhörung des Sachverständigen nach Absatz 4 Satz 1 i. V. m. § 246a Abs. 2, §§ 453, 454 Abs. 2 Satz 4 können auf eine sofortige Beschwerde des Verurteilten oder der Staatsanwaltschaft (Absatz 3) zur Aufhebung des angefochtenen Beschlusses sowie zur Zurückverweisung an die Strafvollstreckungskammer führen. Ein solcher Verfahrensmangel kann dann vorliegen, wenn das Gericht von der Einschaltung eines Sachverständigen nach Absatz 4 Satz 1 i. V. m. § 246a Abs. 2 abgesehen hat, obwohl es dazu verpflichtet gewesen wäre. Ebenso stellt eine unterlassene mündliche Anhörung des Sachverständigen ohne wirksame Verzichtserklärung des Verurteilten, seines Verteidigers und der Staatsanwaltschaft stets einen Verfahrensmangel dar, der das Beschwerdegericht zur Aufhebung der angefochtenen Entscheidung nötigt.

XIV. Entscheidung über die Anrechnung der Freistellung nach § 43 Abs. 10 Nr. 3 StVollzG (Absatz 1 Satz 5)

82 Zugleich mit der Aussetzungsentscheidung nach Absatz 1 Satz 1 hat das Gericht die Entscheidung über die Anrechnung der Freistellung nach § 43 Abs. 10 Nr. 3 StVollzG nach Absatz 1 Satz 5 zu treffen. Nach § 43 Abs. 6 Satz 1 StVollzG wird ein Gefangener nach zweimonatiger zusammenhängender zugewiesener Tätigkeit auf Antrag einen Werktag von der Arbeit freigestellt. Stellt der Gefangene keinen Freistellungsantrag oder kann die Freistellung nicht gewährt werden, so wird die Freistellung nach § 43 Abs. 6 Satz 1 StVollzG von der Justizvollzugsanstalt auf den Entlassungszeitpunkt des Gefangenen angerechnet (§ 43 Abs. 9 StVollzG). Eine Anrechnung ist jedoch unter anderem dann ausgeschlossen, wenn dies vom Gericht angeordnet wird, weil bei einer Aussetzung der Vollstreckung des Restes einer Freiheitsstrafe zur Bewährung die Lebensverhältnisse des Gefangenen oder die Wirkungen, die von der Aussetzung für ihn zu erwarten sind, die Vollstreckung bis zu einem bestimmten Zeitpunkt erfordern (§ 43 Abs. 10 Nr. 3 StVollzG). Das Gericht entscheidet damit zugleich mit der Entscheidung nach Absatz 1 Satz 1 darüber, ob dem Verurteilten während des Strafvollzuges erworbene Ansprüche auf nicht-

248 BTDrucks. **17** 12735 S. 22.

monetäre Vorteile nachträglich wieder entzogen werden und der Verurteilte damit auf die Möglichkeit der Ausgleichsentschädigung nach § 43 Abs. 11 StVollzG verwiesen wird.

83 Das Gericht ist nach Absatz 1 Satz 5 verpflichtet, zugleich mit der Aussetzungsentscheidung darüber zu befinden, ob eine Anrechnung nach § 43 Abs. 10 Nr. 3 StVollzG ausgeschlossen ist. Sofern die Voraussetzungen von § 43 Abs. 10 Nr. 3 StVollzG vorliegen, ist ein Ausschluss der Anrechnung obligatorisch. In einem solchen Fall kommt in aller Regel eine Aussetzung der Vollstreckung des Restes einer Freiheitsstrafe zur Bewährung nicht in Betracht. Die fehlende Kompatibilität der Voraussetzungen von Haftverkürzung nach § 43 Abs. 9 StVollzG einerseits und Strafrestaussetzung nach §§ 57 ff. StGB[249] andererseits schließt jedoch bei gleichzeitigem Ausschluss der Anrechnung nach § 43 Abs. 10 Nr. 3 StVollzG nicht zwingend auch eine Strafrestaussetzung aus, wenngleich dies in der Praxis nur in besonders gelagerten Einzelfällen in Betracht kommen dürfte.

84 Nach § 43 Abs. 9 StVollzG wird die Freistellung des Gefangenen von der Arbeit (§ 43 Abs. 6 Satz 1 StVollzG) bereits von der Justizvollzugsanstalt auf den Entlassungszeitpunkt des Gefangenen angerechnet. Ordnet das Gericht zugleich mit der Aussetzungsentscheidung an, dass eine Anrechnung nach § 43 Abs. 10 Nr. 3 StVollzG ausgeschlossen ist, so ist die Strafzeit unter Ausschluss der Anrechnung der Freistellung neu zu berechnen.

85 Die Entscheidung nach Absatz 1 Satz 5, die stets zugleich mit der Aussetzungsentscheidung nach Absatz 1 Satz 1 ergeht, kann nur mit ihr zusammen angefochten werden, denn es handelt sich um eine einheitliche Entscheidung.

XV. Anhörung bei Aussetzung des Strafrestes vor Rechtskraft des Urteils

86 Über die Aussetzung des Strafrestes kann ausnahmsweise schon vor der absoluten Rechtskraft des die Freiheitsstrafe festsetzenden Urteils entschieden werden, nämlich dann, wenn infolge von Anrechnung – meist von Untersuchungshaft, aber auch sonstigen Freiheitsentziehungen oder Geldstrafen – ein Teil der festgesetzten Freiheitsstrafe erledigt ist und dieser Teil als verbüßte Strafe i. S. von § 57 Abs. 1 bis 3 StGB gilt (§ 57 Abs. 4 StGB) und durch Rechtsmittelverzicht der Staatsanwaltschaft relative Rechtskraft eingetreten ist. In diesem Fall kann das erkennende Gericht im Anschluss an die Urteilsverkündung durch Beschluss die Aussetzung des Strafrestes anordnen.[250] Hat der Angeklagte in der Hauptverhandlung beantragt, den Strafrest zur Bewährung auszusetzen, so genügt das Gericht seiner Pflicht, die Staatsanwaltschaft zu hören, dadurch, dass es dem Sitzungsvertreter Gelegenheit gibt, zu dem Antrag Stellung zu nehmen. Einer Anhörung der Vollzugsanstalt bedarf es in diesem Fall nicht.[251]

XVI. Entscheidung

87 **1. Zeitpunkt.** Das Verfahren nach den Absätzen 1 und 2 hat das Gericht so rechtzeitig einzuleiten, dass dem auch im Aussetzungsverfahren geltenden Beschleunigungsge-

---

249 *Radtke* ZfStrVo **2001** 9.

250 BGH MDR **1959** 1022; OLG Köln NJW **1954** 205; OLG Koblenz MDR **1975** 666; *Sandermann* JZ **1975** 628; **a. A.** OLG Schleswig SchlHA **1976** 44; OLG Düsseldorf JMBlNRW **1972** 214; JR **1976** 31, wonach zur Entscheidung über die Aussetzung des Strafrestes die Strafvollstreckungskammer des Bezirks zuständig ist, in dem sich die Untersuchungshaftanstalt befindet, und der Verurteilte vor dieser Strafvollstreckungskammer zu hören ist. Dagegen mit Recht *Peters* JR **1976** 32.

251 OLG Köln JMBlNRW **1960** 107.

bot genüge getan wird. Dabei kommt es hinsichtlich des genauen Zeitpunkts der Einleitung des Aussetzungsverfahrens auf die Umstände des Einzelfalls an.

88 **2. Form.** Die Entscheidung ergeht im schriftlichen Verfahren durch förmlichen Beschluss.[252] Die Verkündung im Anhörungstermin ist unzulässig. § 35 Abs. 1 Satz 1 ist mithin nicht anwendbar.[253] Auf diese Weise wird sichergestellt, dass der Verurteilte und die Justizvollzugsanstalt gleichzeitig Kenntnis davon erlangen, ob der Vollzug fortzusetzen ist oder ob Entlassungsvorbereitungen beschleunigt eingeleitet werden müssen.

3. Inhalt

89 **a) Allgemeines.** Zu einer umfassenden Wertung ist grundsätzlich die Kenntnis der Hauptakten (nicht nur die des Vollstreckungshefts) erforderlich.[254] Der nach Absatz 3 Satz 1 mit sofortiger Beschwerde anfechtbare schriftliche **Beschluss ist zu begründen** (§ 34). Er muss, sofern sich das Vorbringen des Verurteilten nicht schon aus einem entsprechenden Aktenvermerk ergibt, die wesentlichen Gesichtspunkte wiedergeben, die der Verurteilte für eine vorzeitige Aussetzung des Strafrestes vorgebracht hat.[255] Formelhafte Wendungen ohne Eingehen auf den konkreten Sachverhalt genügen nicht zur Begründung.[256] Die Verwendung von Vordrucken oder Dokumentvorlagen erfordert Umsicht.[257] Es reicht nicht aus, sich formelhaft auf ein eingeholtes Sachverständigengutachten, eine (ablehnende) Stellungnahme der Justizvollzugsanstalt[258] oder einen unzureichend begründeten Antrag der Staatsanwaltschaft zu beziehen. Das Gericht hat vielmehr die seine Entscheidung tragenden Gründe mitzuteilen. Andernfalls kann im Falle einer sofortigen Beschwerde das Beschwerdegericht die gerichtliche Entscheidung nicht hinreichend prüfen. Tatsächlich sind aber knappe und formelhafte Beschlussbegründungen nicht selten.[259] Die die Aussetzung des Strafrestes ablehnende Entscheidung kann mit einer Antragssperre (Rn. 103 f.) verbunden werden.[260]

90 **b) Besonderheiten bei Aussetzung einer lebenslangen Freiheitsstrafe.** Die für die Entscheidung über die Aussetzung einer lebenslangen Freiheitsstrafe bedeutsame Frage, ob eine **besondere Schwere der Schuld** vorliegt, hat zufolge des Prozessgrundrechts auf ein faires und rechtsstaatliches Verfahren nicht die Strafvollstreckungskammer, sondern das Schwurgericht in der Hauptverhandlung zu treffen.[261] Dieses muss – entgegen der früheren Rechtsprechung, wonach die Verhängung einer absoluten (lebenslangen) Freiheitsstrafe keine ins Einzelne gehende Schuldabwägung erforderte – die für die Bewertung der Schuld erheblichen Tatsachen nach § 57a Abs. 1 Satz 1 Nr. 2 StGB, und zwar **mit** für das Vollstreckungsgericht **bindender Wirkung**, bereits im Er-

252 KK/*Appl* 31; Meyer-Goßner/*Schmitt* 38.
253 Meyer-Goßner/*Schmitt* 40; KMR/*Stöckel* 69; SK/*Paeffgen* 38; OLG München NJW **1976** 254; *Treptow* NJW **1975** 1105.
254 OLG Karlsruhe Justiz **1976** 132; OLG Saarbrücken StraFo **2007** 390.
255 OLG Düsseldorf NJW **1975** 1526; *Bringewat* 59.
256 OLG Düsseldorf StV **1995** 538; OLG Hamburg StV **2010** 83.
257 OLG Hamm GA **1970** 220; *Bringewat* 59.
258 BVerfG NJW **1998** 2202; StV **2003** 677.
259 Vgl. dazu und wegen der Gründe und Nachteile eines solchen Verfahrens *Doller* DRiZ **1976** 170.
260 Meyer-Goßner/*Schmitt* 41; *Bringewat* 59.
261 BVerfGE **86** 288.

kenntnisverfahren feststellen und im Urteil würdigen.[262] Wenn danach auch die eigentliche Schuldgewichtung dem erkennenden Gericht obliegt, so verbleibt der Strafvollstreckungskammer gleichwohl auch weiterhin eine eigene auf den Entscheidungszeitpunkt bezogene **vollstreckungsrechtliche Gesamtwürdigung**. Sie muss weiterhin prüfen, ob die vom Schwurgericht festgestellte besondere Schuldschwere mit Rücksicht auf den Schutzzweck des Strafrechts die weitere Vollstreckung der Strafe noch gebietet.[263] Dabei darf sie auch tatirrelevante sowie in der Person des Verurteilten liegende Umstände berücksichtigen.[264]

Soweit die Vollstreckungsgerichte über Aussetzungsanträge von Verurteilten zu ent- **91**
scheiden hatten, die vor dem 3.6.1992 ergangen waren und in denen das Tatgericht die Schuld des Angeklagten noch nicht in der nunmehr geforderten Weise gewichtet hatte **(Altfälle)**, hat das Bundesverfassungsgericht eine dahingehende **Übergangsregelung** – diese konnte einen Zeitraum bis zum Jahre 2007 umfassen – getroffen, dass das Vollstreckungsgericht **zu Lasten** des Verurteilten nur das dem Urteil zugrunde liegende Tatgeschehen und nur solche Umstände berücksichtigen darf, die einer revisionsrechtlichen Überprüfung zugänglich sind. Ausführungen über Beweggründe, Ziele und Gesinnung des Täters hatten mithin, falls sie nicht der Annahme eines Mordmerkmals dienten, außer Betracht zu bleiben.[265] Für die **Schuld mindernde** Gesichtspunkte galt diese Einschränkung nicht.[266]

In allen Fällen (Verurteilung vor oder nach dem 3.6.1992) verlangt das Bundesver- **92**
fassungsgericht in verfassungskonformer Auslegung des § 454 darüber hinaus,[267] dass die Strafvollstreckungskammer im Falle der Ablehnung der Strafaussetzung bestimmt, bis wann die Vollstreckung fortzusetzen ist. Der **Entlassungszeitpunkt** muss so rechtzeitig festgelegt werden, dass die bedingte Entlassung durch die Vollzugsbehörde nicht verzögert wird.[268]

4. Zeitpunkt der Wirksamkeit des Aussetzungsbeschlusses. Streitig ist, ob der **93**
die Aussetzung des Strafrestes anordnende Beschluss mit seinem Erlass oder, wenn ein bestimmter Entlassungstag festgesetzt ist, mit dessen Erreichung wirksam wird – mit der Folge, dass der Verurteilte ggf. alsbald zu entlassen ist[269] – oder ob die Wirksamkeit erst mit der **Rechtskraft des Beschlusses** eintritt und eine Entlassung vor Rechtskraft nur in Betracht kommt, wenn die Staatsanwaltschaft eindeutig zu erkennen gegeben hat, dass sie keine sofortige Beschwerde einlegen werde.[270] Den Vorzug verdient die

---

262 BVerfGE **86** 318; OLG Frankfurt NStZ **1992** 54; *Meurer* (Zusammenfassung der Leitsätze) JR **1992** 443 I 1 bis 9, (Kritik namentlich zur Bewertung der Schuldschwere und deren revisionsrechtliche Überprüfung) 446 II 6; *Stree* NStZ **1992** 464 f; *Elf* NStZ **1992** 470; KK/*Appl* 45; Meyer-Goßner/*Schmitt* 41a; *Fischer* § 57a, 14 ff.

263 BVerfGE **86** 323; *Stree* NStZ **1992** 466 f.; *Elf* NStZ **1992** 459 I B 2; *Bringewat* 59; *Fischer* § 57a, 14 ff.

264 BVerfGE **72** 116; OLG Karlsruhe NStZ **1983** 75; **1990** 338; **1991** 38; StV **1984** 26; MDR **1991** 893; JR **1988** 163 mit Anm. *Müller/Dietz*; OLG Frankfurt NJW **1986** 598; NStZ **1987** 329; OLG Hamm NStZ **1986** 315; OLG Düsseldorf NStZ **1990** 510; *Fischer* § 57a, 7.

265 BVerfG NJW **1993** 1124; *Meurer* JR **1992** 449 II 10; *Stree* NStZ **1992** 668; KK/*Appl* 47; Meyer-Goßner/*Schmitt* 41a; *Fischer* § 57a, 9.

266 OLG Frankfurt NStZ **1994** 54; *Meurer* JR **1992** 450 II 10d; *Stree* NStZ **1992** 467.

267 Kritisch dazu *Geis* NJW **1992** 2938.

268 BVerfGE **86** 331 ff.; zum Zeitpunkt der Antragstellung OLG Karlsruhe StV **1984** 29; OLG Hamm NStZ **1993** 452; LG Marburg StV **1994** 196.

269 So *Göke* NJW **1958** 1671; *Pohlmann/Jabel/Wolf* § 37, 34.

270 So OLG Saarbrücken JBl. Saar **1961** 147; OLG Karlsruhe NJW **1976** 814; *Krause* SchlHA **1961** 43; *Doller* NJW **1977** 2153; *Eb. Schmidt* 21 und Nachtr. 18; KK/*Appl* 31; *Bringewat* 60.

letztere Auffassung, weil die Entlassung vor Rechtskraft und bei noch ausstehender Entschließung der Staatsanwaltschaft über die Beschwerde den Verurteilten in schwierige Lagen bringen kann. Denn abweichend von § 307 hat eine sofortige Beschwerde der Staatsanwaltschaft aufschiebende Wirkung (§ 454 Abs. 3 Satz 2).[271] Es soll dadurch vermieden werden, dass der Verurteilte aufgrund des angefochtenen Beschlusses in Freiheit gesetzt, aufgrund einer die Aussetzung des Strafrestes versagenden Beschwerdeentscheidung aber wieder in den Strafvollzug überführt wird. Ist der Verurteilte vor Einlegung der sofortigen Beschwerde der Staatsanwaltschaft bereits entlassen worden, so bewirkt der Suspensiveffekt, dass bis zur Entscheidung des Beschwerdegerichts die Vollstreckungsbehörde den auf freien Fuß befindlichen Verurteilten wieder in Haft nehmen kann.[272]

94 **5. Anordnung der Zustellung der Entscheidung.** Der Beschluss ist zuzustellen, und zwar stets auch dem Verurteilten.[273] § 36 Abs. 2 Satz 1 gilt nicht. Die Zustellung hat mithin der Vorsitzende des Gerichts anzuordnen (§ 36, 22).[274]

XVII. Rechtsmittel (Absatz 3)

95 **1. Allgemeines.** Gegen den Beschluss, der förmlich auf Versagung oder auf Anordnung der Aussetzung des Strafrestes lautet, ist nach Absatz 2 Satz 1 **sofortige Beschwerde** statthaft. **Beschwerdeberechtigt** sind der Verurteilte und die Staatsanwaltschaft, nicht auch ein Dritter[275] und auch nicht die Vollzugsbehörde.[276] Vorbereitende Entscheidungen – wie die Einholung eines Gutachtens – unterliegen in entsprechender Anwendung des § 305 Satz 1 nicht gesondert der sofortigen Beschwerde. Sie können aber mit der gegen die Entscheidung selbst eingeleiteten sofortigen Beschwerde beanstandet werden.[277] Die an Entscheidungen über die Aussetzung der Restfreiheitsstrafe mitwirkenden Richter sind keine erkennenden Richter mit der Folge, dass gegen die Ablehnung eines gegen sie gerichteten **Befangenheitsgesuchs** die sofortige Beschwerde statthaft ist.[278]

96 Die sofortige Beschwerde[279] **unterliegt** naturgemäß **nicht den Beschränkungen** nach § 453 Abs. 2 Satz 2 und kann insbesondere auch darauf gestützt werden, dass die gebotene mündliche Anhörung des Verurteilten unterblieben oder zu Unrecht als nicht erforderlich angesehen worden sei oder dass sie, weil dies nicht genüge, nur durch einen beauftragten oder ersuchten Richter (vgl. Rn. 24 f.) durchgeführt worden sei. Die Verweisung in Absatz 3 auf § 453 betrifft, soweit sie sich auf § 453 Abs. 2 Satz 2 bezieht, nur die Anfechtung der bei Anordnung der Aussetzung gemachten Bewährungsauflagen usw. und die Dauer der Bewährungsfrist (§ 57 Abs. 3, § 57a Abs. 3 StGB). Die Entschei-

271 KK/*Appl* 33; *Bringewat* 67.

272 OLG Köln NJW **1954** 206; OLG München NJW **1956** 1210; OLG Karlsruhe MDR **1976** 620; *Bringewat* 67; **a. A.** *Göke* NJW **1958** 1671; *Herkmann* Rpfleger **1976** 424.

273 OLG Celle MDR **1978** 71; KK/*Appl* 31.

274 Näher dazu *Wendisch* JR **1978** 445; Meyer-Goßner/*Schmitt* 40.

275 KG JR **1954** 272; **1972** 430; OLG München MDR **1955** 248; OLG Schleswig SchlHA **1958** 288; KK/*Appl* 34; Meyer-Goßner/*Schmitt* 44.

276 OLG Koblenz StraFo **2017** 345.

277 OLG Hamm NStZ **1987** 93; Meyer-Goßner/*Schmitt* 43; *Bringewat* 64.

278 OLG Hamm StV **2008** 530.

279 Wegen der Beschwerdehäufigkeit und Erfolgsquote vgl. die statistischen Angaben bei *Doller* DRiZ **1976** 170.

dung über die Gewährung oder Versagung der Aussetzung des Strafrestes aber ist in gleicher Weise ohne inhaltliche Beschränkung anfechtbar wie die über die Strafaussetzung nach § 56 StGB.[280]

Ficht die **Staatsanwaltschaft** eine ohne Bewährungsauflagen (§ 56b StGB) angeordnete Aussetzung des Strafrestes **an**, weil sie nur eine solche unter Bewährungsauflagen für vertretbar hält, so liegt – weil es sich um eine unterlassene Anordnung handelt – eine sofortige Beschwerde i. S. des Absatzes 3 vor, die ohne Beschränkung zulässig ist.[281] Wird die Ablehnung der Aussetzung des Strafrestes mit einer Frist nach § 57 Abs. 7, § 57a Abs. 4 StGB, (§ 454 Abs. 1 Satz 1, Abs. 2) verbunden und will der **Verurteilte nur die Fristsetzung** anfechten, so ist ebenfalls nur sofortige Beschwerde zulässig, denn die Fristsetzung gehört zu den „Entscheidungen nach Absatz 1". Dies ist aus der Erwägung gerechtfertigt, dass mit der Fristsetzung gewissermaßen bereits die während der Frist gestellten Entlassungsanträge im Voraus abgelehnt sind. 97

Wegen **fehlenden Rechtsschutzbedürfnisses** ist die sofortige Beschwerde gegen den die Aussetzung des Strafrestes ablehnenden Beschluss **unzulässig**, wenn der Beschwerdeführer sich nicht gegen die Ablehnung, sondern lediglich gegen die von ihm als diskriminierend empfundenen Gründe der Ablehnung wendet.[282] Nichts Anderes gilt für den Fall, dass der Verurteilte sich nicht gegen die Versagung der Aussetzung als solche wehrt, sondern nur die verfrühte Prüfung rügt;[283] wenn der Entscheidungsmangel aus tatsächlichen oder rechtlichen Gründen nicht mehr rückgängig gemacht werden kann[284] oder wenn der Verurteilte noch während des Rechtsmittelverfahrens nach Verbüßung der vollen Strafe aus dem Strafvollzug entlassen wird.[285] 98

2. Wirkung des Rechtsmittels

a) Staatsanwaltschaft. Soweit die sofortige Beschwerde der Staatsanwaltschaft sich gegen den Beschluss richtet, der die Aussetzung des Strafrestes anordnet, hat sie **aufschiebende Wirkung**. Hat das Gericht für mehrere Freiheitsstrafen eine Strafaussetzung angeordnet, erfasst die sofortige Beschwerde der Staatsanwaltschaft nur die von ihr angefochtene Entscheidung, so dass es bei der Aussetzung der übrigen verbleibt.[286] 99

b) Verurteilter. Die **gleiche Wirkung** wird man trotz der Beschränkung des Suspensiveffekts auf die Beschwerde der Staatsanwaltschaft umgekehrt auch einer sofortigen Beschwerde des Verurteilten einräumen müssen, mit der dieser sich ausnahmsweise – etwa mit der Begründung, dass seine Aussichten auf Unterkunft und Arbeitsplatz für die Zeit nach seiner Entlassung sich zerschlagen hätten – gegen den die Aussetzung anordnenden Beschluss wendet. Denn eine solche Beschwerde enthält einen – bis zur Rechtskraft des Aussetzungsbeschlusses möglichen[287] – Widerruf seines Einverständnisses, der zum Erfolg seiner Beschwerde führen muss. 100

---

280 OLG Braunschweig NJW **1954** 364; *Bringewat* 64.
281 KK/*Appl* 38; *Bringewat* 69.
282 OLG Stuttgart Justiz **1971** 146; LG Mainz MDR **1974** 857.
283 OLG Düsseldorf JMBlNRW **1982** 70; KK/*Appl* 36.
284 BGH NJW **1973** 2035.
285 KK/*Appl* 36; Meyer-Goßner/*Schmitt* 45; *Bringewat* 69.
286 OLG Stuttgart NStZ **1984** 363 mit Anm. *Ruß*; OLG Bamberg Beschl. vom 16.3.2021 – 1 Ws 75/21; *Bringewat* 67.
287 OLG Celle NJW **1956** 1608; OLG Koblenz MDR **1981** 425; KK/*Appl* 34; *Bringewat* 67.

101 **3. Beschwerdeverfahren.** Absatz 1 Satz 3, der die mündliche Anhörung des Verurteilten vorschreibt, gilt, was mit dem Grundgesetz vereinbar ist,[288] nicht in der Beschwerdeinstanz,[289] und zwar auch dann nicht, wenn das Oberlandesgericht auf Beschwerde der Staatsanwaltschaft gegen den die Aussetzung des Strafrestes gewährenden Beschluss der Strafvollstreckungskammer die Aussetzung versagen will. Im Einzelfall kann zwar eine mündliche Anhörung zweckmäßig oder sogar geboten sein, so z. B. wenn die Strafvollstreckungskammer schon eine Anhörung vorgenommen hat, das Beschwerdegericht sich aber von einer erneuten mündlichen Anhörung weitere wesentliche entscheidungserhebliche Gesichtspunkte verspricht.[290] Im Übrigen gilt aber, dass das Ergebnis der mündlichen Anhörung bereits seinen Niederschlag in den Gründen des erstinstanzlichen Beschlusses gefunden hat und das Gesetz keine Bestimmung enthält, die das Beschwerdegericht zu einer **Wiederholung der mündlichen Anhörung** zwingt.[291] Ist die ordnungsgemäße mündliche Anhörung zu Unrecht in der Vorinstanz unterblieben, so ist es nicht Sache des Beschwerdegerichts, sie selbst nachzuholen. Es liegt vielmehr ein schwerer Verfahrensverstoß vor, der dazu führt, die Sache – abweichend von der Regel des § 309 Abs. 2 – an die Vorinstanz zurückzuverweisen.[292] Die angefochtene Entscheidung ist aufzuheben und die Sache zur erneuten Entscheidung zurückzuverweisen, wenn sie objektiv willkürlich ist. Das ist etwa dann der Fall, wenn die Entscheidung durch ein sachlich oder örtlich unzuständiges Gericht ergangen ist. Auch wenn die Anhörung nicht von dem erkennenden Gericht durchgeführt worden ist,[293] kann eine Aufhebung und Zurückverweisung in Betracht kommen. Die Mitwirkung eines befangenen Richters führt ebenfalls regelmäßig zur Aufhebung und Zurückverweisung.[294] Eine rechtsfehlerhaft unterlassene Beauftragung eines Sachverständigen führt in aller Regel aufgrund unzureichender Aufklärung zur Aufhebung der angefochtenen Entscheidung und Zurückverweisung.[295]

XVIII. Rechtskraft ablehnender Entscheidung

102 **1. Wirkung.** Nach prozessualen Grundsätzen besagt ein Beschluss, der die Aussetzung des Strafrestes aus tatsächlichen Ermessensgründen versagt und infolge Nichtanfechtung oder Verwerfung der sofortigen Beschwerde rechtskräftig wird, nur, dass im **Zeitpunkt der Entscheidung** die Voraussetzungen für eine Entlassung zur Bewährung nicht gegeben seien. Dies würde auch gelten, wenn in den Gründen ausgeführt wird, dass eine Entlassung erst erheblich später in Betracht kommt oder überhaupt nicht ge-

288 BVerfG NStZ **1988** 21.

289 BVerfG NJW **1988** 1715; OLG Hamm NJW **1975** 701; OLG Koblenz GA **1985** 235; OLG Düsseldorf NJW **1989** 2339; KK/*Appl* 37; Meyer-Goßner/*Schmitt* 46; *Bringewat* 66.

290 OLG Düsseldorf NStZ **1993** 407; KK/*Appl* 37.

291 OLG Hamm NJW **1975** 1131; KK/*Appl* 37; Meyer-Goßner/*Schmitt* 46; *Bringewat* 66; **a. A.** *Rieß* JR **1976** 118: bei abändernder Sachentscheidung ist mündliche Verhandlung notwendig.

292 BGH NStZ **1995** 611; OLG Karlsruhe Justiz **1975** 477; **1980** 91; **1981** 365; OLG Düsseldorf NStZ **1981** 454; **1993** 407; StV **1995** 538; StV **1996** 221; OLG Hamburg StV **2010** 83; OLG Braunschweig StV **2014** 158; KG NStZ-RR **2015** 323; KK/*Appl* 10, 37; Meyer-Goßner/*Schmitt* 47; *Bringewat* 66.

293 OLG Rostock NStZ-RR **2000** 14.

294 OLG Brandenburg NStZ **2005** 296; dagegen OLG Hamm StV **2008** 530 (Richter der Strafvollstreckungskammer sind keine erkennenden Richter mit der Folge der isolierten Anfechtbarkeit der Ablehnung eines Befangenheitsgesuchs nach § 28 Abs. 2 Satz 1).

295 BGH NStZ-RR **2012** 8; OLG Köln NStZ-RR **2000** 317; OLG Stuttgart Justiz **2004** 123; OLG Celle NStZ-RR **2012** 29; KG StraFo **2014** 306.

rechtfertigt und volle Verbüßung der Strafe erforderlich ist. Denn diese Gründe nehmen an der Rechtskraft nicht teil. Daraus wurde früher ganz überwiegend[296] die Folgerung gezogen, die rechtskräftige Ablehnung der Aussetzung des Strafrestes hindere die alsbaldige Erneuerung eines solchen Antrags nicht, und zwar unabhängig davon, ob der Beschluss die Aussetzung des Strafrestes nur allgemein als verfrüht oder ob er einen bestimmten frühesten Entlassungszeitpunkt bezeichnet und ob der Verurteilte zur Begründung seines Antrags neue Umstände geltend macht.

2. Sperrfrist für erneute Aussetzungsanträge. Um eine zwecklose Befassung des Gerichts mit alsbald wiederholten aussichtslosen Aussetzungsanträgen auszuschließen, sehen § 57 Abs. 7 und § 57a Abs. 4 StGB vor, dass das Gericht im Versagungsbeschluss – das Gleiche gilt für einen Widerrufsbeschluss – Fristen von höchstens sechs Monaten bzw. zwei Jahren festsetzen kann, vor deren Ablauf ein erneuter Aussetzungsantrag des Verurteilten unzulässig ist. An diese Vorschrift knüpft Absatz 1 Satz 1 an.[297] Im Fall **der Ablehnung der Aussetzung einer lebenslangen Freiheitsstrafe** hat die Strafvollstreckungskammer dabei – unbeschadet sonstiger Voraussetzungen und Möglichkeiten ihrer Aussetzung – zufolge der verfassungsmäßigen Auslegung des § 454 Abs. 1 aus dem Gebot der Rechtssicherheit und der Aufgabe der Wiedereingliederung des Verurteilten den Gesichtspunkt der besonderen Schuldschwere zu berücksichtigen und danach zu entscheiden, bis wann die Vollstreckung fortzusetzen ist.[298] Die Frist beginnt mit dem Erlass des Beschlusses, nicht erst mit seiner Rechtskraft.[299] Bei wesentlich **veränderten Umständen** kann das Gericht die **Frist abkürzen** oder die Fristbestimmung aufheben.[300] 103

Einer förmlichen Verwerfung des während des Fristablaufs gestellten unzulässigen Antrags bedarf es nicht.[301] Sinngemäß bedarf es auch keiner Nachprüfung der von nicht antragsberechtigten Dritten während der Frist gestellten Anträge. Ein aus besonderem Anlass gestellter früherer Antrag der Staatsanwaltschaft wird durch die Fristbestimmung nicht ausgeschlossen. Richtet der Verurteilte nach gerichtlicher Ablehnung seines Entlassungsantrags eine ausdrücklich als **Gnadengesuch** bezeichnete Eingabe an die Staatsanwaltschaft, so darf das Gericht sie nicht als erneuten Antrag auf Aussetzung des Strafrestes behandeln.[302] Wird der Verurteilte nach einer Fristbestimmung gemäß § 57 Abs. 7 oder § 57a Abs. 4 StGB in den Bezirk einer anderen Strafvollstreckungskammer verlegt, so ist diese an die Fristbestimmung nicht gebunden, da sie unter der selbstverständlichen Voraussetzung getroffen wurde, dass sich an der bisherigen Zuständigkeit des Gerichts nichts ändert.[303] 104

---

296 Nachweise bei LR/*Schäfer*[21] § 454, 4; *Katholnigg* NStZ **1982** 397; *Wittschier* NStZ **1986** 112; s. auch KK/*Appl* 33; *Bringewat* 63.

297 Zu den Grenzen eines solchen Beschlusses – kein Zusammentreffen des Fristendes mit dem Strafende oder starke Annäherung des Fristendes an das Strafende – s. OLG Stuttgart Justiz **1976** 212.

298 BVerfGE **86** 332.

299 OLG Hamm NJW **1971** 949; MDR **1976** 159; OLG Braunschweig NJW **1975** 1847; OLG Stuttgart Justiz **1976** 212; OLG Düsseldorf MDR **1983** 247; *Wittschier* NStZ **1986** 113; KK/*Appl* 24; *Bringewat* 55; *Fischer* § 57, 35; zu der entspr. Vorschrift in § 67e Abs. 3 Satz 2 StGB: OLG Hamm MDR **1976** 159.

300 OLG Hamm JMBlNRW **1976** 93; OLG Schleswig SchlHA **1984** 85; OLG München MDR **1987** 783; *Wittschier* NStZ **1986** 112; KK/*Appl* 24; *Bringewat* 56; **a. A.** Neumann NJW **1985** 1889.

301 **A. A.** Meyer-Goßner/*Schmitt* 3; *Bringewat* 10, 57.

302 OLG Koblenz NJW **1957** 113; *Wittschier* NStZ **1986** 113; *Bringewat* 57.

303 BGHSt **26** 278; *Neumann* NJW **1985** 1889; *Wittschier* NStZ **1986** 113; KK/*Appl* 24; *Bringewat* 57; *Fischer* § 57, 35; **a. A.** OLG Zweibrücken NJW **1976** 258.

XIX. Entsprechende Anwendbarkeit der § 246a Abs. 2, § 268a Abs. 3, § 268d, §§ 453, 453a Abs. 1 und 3 sowie der §§ 453b, 453c (Absatz 4 Satz 1)

105 **1. Zweck der Regelung.** Zum Zweck der Regelung vgl. Erl. Rn. 75 f. Der Gesetzentwurf der Fraktionen der CDU/CSU und der FDP[304] sah eine Ergänzung des Absatzes 4 Satz 1 um § 268d zunächst nicht vor. Erst die Beratungen im Rechtsausschuss des Bundestages haben zu der Ergänzung des Absatzes 4 Satz 1 geführt.[305] Danach werden die Regelungen zu den Belehrungspflichten in Absatz 4 Satz 1 um eine Belehrung zur Fortdauer des Vorbehalts der Unterbringung in der Sicherungsverwahrung (§ 66a Abs. 1 StGB) bei zwischenzeitlicher Strafrestaussetzung ergänzt. Erfolgt die Aussetzung des Strafrestes der gegen den Verurteilten verhängten Freiheitsstrafe, neben der im Urteil der Vorbehalt der Unterbringung in der Sicherungsverwahrung angeordnet worden ist, so ist der Verurteilte im Falle der Aussetzung des Strafrestes neben der Belehrung über die Bedeutung der Strafrestaussetzung auch über das Fortbestehen des Vorbehalts nach § 66a Abs. 1 StGB und die Möglichkeit, die Sicherungsverwahrung im Falle des Widerrufs der Strafrestaussetzung anzuordnen, zu belehren. Die Belehrungspflicht bei Vorbehalt der Entscheidung über die Sicherungsverwahrung nach § 268d im Zusammenhang mit der Urteilsverkündung wird mit der Regelung des Absatzes 4 Satz 1 für das Vollstreckungsverfahren fortgeschrieben. Der Gesetzgeber hat insoweit nach sachverständiger Beratung im BTRAussch. Anregungen der Praxis[306] aufgegriffen und sich gegen einen Verbrauch des Vorbehalts im Falle einer Aussetzung der Vollstreckung des Strafrestes zur Bewährung entschieden.[307] Die Belehrung entsprechend § 268d nach Absatz 4 Satz 1 soll dem Verurteilten verdeutlichen, dass trotz der Aussetzung der Vollstreckung des Strafrestes der Vorbehaltsausspruch bestehen bleibt und er bei einem schwerwiegenden Bewährungsversagen, namentlich bei Begehung einschlägiger Straftaten und sich dadurch verdeutlichender prognosewidrig fortdauernder Gefährlichkeit, nicht nur mit einem Bewährungswiderruf, sondern auch noch mit der Anordnung der Sicherungsverwahrung rechnen muss.

106 **2. Belehrung über die Aussetzung des Strafrestes (Satz 2).** Der Verurteilte ist – abweichend von § 453a Abs. 2 – über die Aussetzung des Strafrestes stets **mündlich** zu belehren. Mit der Belehrung kann der Vorsitzende ein Mitglied des Spruchkörpers beauftragen. Er kann aber auch das Amtsgericht nach § 157 GVG darum ersuchen oder sie sogar der Justizvollzugsanstalt übertragen (Satz 2 letzter Hs.). Letzteres wird sich namentlich dann empfehlen, wenn das Gericht die Aussetzung zu einem späteren Zeitpunkt angeordnet hat, zumal da nach Absatz 4 Satz 3 die Belehrung (möglichst) unmittelbar vor der Entlassung erteilt werden soll.[308]

107 Die **vor dem 1.1.1975 geltende Fassung** der Vorschrift lautete dahin, dass die Belehrung auch dem Leiter der Justizvollzugsanstalt übertragen werden könne. Dies wurde dahin verstanden, dass der Leiter der Vollzugsbehörde – bei Verhinderung sein ständiger Vertreter – sich dieser Aufgabe persönlich zu unterziehen habe und sie nicht auf

---

304 BTDrucks. **17** 3403 S. 7.

305 BTDrucks. **17** 4062 S. 3, 15 f.

306 Vgl. Stellungnahme von *Wankel* S. 3 f.; Stellungnahme des Deutschen Richterbundes Nr. 38/10 S. 12 und Nr. 45/10 S. 5.

307 So noch BTDrucks. **17** 3403 S. 41.

308 KK/*Appl* 41: weil sie dann nachhaltiger wirkt, was *Bringewat* (72) für fraglich hält; Meyer-Goßner/*Schmitt* 50.

einen anderen Beamten der Justizvollzugsanstalt abwälzen könne.[309] Nach der Begründung des Regierungsentwurfs[310] trägt die jetzige **elastischere Fassung** der Organisation großer Justizvollzugsanstalten Rechnung. Es kann darauf vertraut werden, dass die Justizverwaltungen nur Personen mit diesen Aufgaben betrauen, deren Ausbildung und Erfahrungen denen eines Leiters einer kleineren Vollzugsanstalt entsprechen.[311] Hat die Belehrung ein nicht von der Justizverwaltung damit betrauter Beamter vorgenommen oder ist sie gar unterblieben,[312] so steht dies dem Widerruf aus den in § 57 Abs. 5 Satz 1, § 57a Abs. 3 Satz 2, § 56f Abs. 1 StGB bezeichneten Gründen nicht entgegen. Eine unzulängliche oder unterbliebene Belehrung kann höchstens die Wirkung haben, dass der Entlassene sein Verhalten nicht als gröbliche Verletzung der Bewährungsauflagen und weisungen (§ 56f Abs. 1 Satz 1 Nr. 2, 3 StGB) erkennen konnte.[313]

3. Belehrung entsprechend § 268d. Nach § 268d belehrt der Vorsitzende den Angeklagten, sofern in dem Urteil die Anordnung der Sicherungsverwahrung nach § 66a Abs. 1 oder 2 StGB vorbehalten ist, im Anschluss an die Urteilsverkündung, aber vor der Rechtsmittelbelehrung, über die Bedeutung des Vorbehalts sowie über den Zeitraum, auf den sich der Vorbehalt erstreckt. Absatz 4 Satz 1 schreibt vor, dass § 268d im Verfahren über die Aussetzung der Vollstreckung des Strafrestes entsprechend anzuwenden ist. Das bedeutet, dass nunmehr der Verurteilte (nicht mehr der Angeklagte) über die Fortdauer der Anordnung des Vorbehalts der Unterbringung in der Sicherungsverwahrung im Verfahren über die Aussetzung der Vollstreckung des Strafrestes zur Bewährung ein weiteres Mal zu belehren ist. 108

a) Belehrungspflicht. Die **Belehrung** entsprechend § 268d ist – wie auch die sonstigen Belehrungen nach Absatz 4 Satz 1 – **obligatorisch.**[314] 109

b) Inhalt. Mit dem Beschluss nach Absatz 1 Satz 1 belehrt der Vorsitzende des Gerichts des ersten Rechtszuges (§ 462a Abs. 2 Satz 3) den Verurteilten über die **Bedeutung des Vorbehalts nach § 66a Abs. 1 und 2 StGB** sowie über den **Zeitraum**, auf den sich der **Vorbehalt der Unterbringung in der Sicherungsverwahrung (noch) erstreckt** (§ 268d). Der Vorsitzende muss den Verurteilten darüber in Kenntnis setzen, dass mit der **Strafrestaussetzung noch nicht über die Anordnung der Sicherungsverwahrung nach § 66a Abs. 3 StGB entschieden** wird, weil für das Gericht nicht mit hinreichender Sicherheit feststeht, dass der Verurteilte eine **Gefahr für die Allgemeinheit** darstellt und dass das Gericht des ersten Rechtszuges zu einem **späteren Zeitpunkt** bis zur **vollständigen Vollstreckung der verhängten Freiheitsstrafe** darüber entscheiden kann (§ 66a Abs. 3 Satz 1 StGB). Die Belehrung muss den Hinweis enthalten, dass das Gericht die Sicherungsverwahrung anordnet, wenn die **Gesamtwürdigung des Verurteilten, seiner Tat oder Taten** und ergänzend **seiner Entwicklung**, insbesondere **in der Bewährungszeit** bis zur **vollständigen Vollstreckung der Freiheitsstrafe**, ergibt, dass von ihm erhebliche Straftaten zu erwarten sind, durch welche die Opfer seelisch oder körperlich schwer geschädigt werden. Dem Verurteilten muss mit der Belehrung deutlich gemacht werden, dass er bei einem **Bewährungsversagen** und einem **Widerruf der** 110

---

309 OLG Celle NJW **1958** 1009; LR/*Schäfer*[22] § 454 Anm. V 3.
310 BTDrucks. **7** 550, Begründung zu Nr. 114 – § 454 StPO – S. 309.
311 *Bringewat* (73) hält diese Begründung nicht für überzeugend.
312 OLG Dresden Rpfleger **2019** 421.
313 OLG Celle NJW **1958** 1009; OLG Dresden Rpfleger **2019** 421 Rn. 31 f.; *Bringewat* 73.
314 Vgl. Erl. zu § 268d.

Strafrestaussetzung mit der Prüfung der Anordnung der Unterbringung in der Sicherungsverwahrung nach § 66a Abs. 3 StGB rechnen muss. Er muss weiter darüber belehrt werden, dass das Gericht über die vorbehaltene Anordnung der Sicherungsverwahrung spätestens **sechs Monate** vor der vollständigen Vollstreckung der Freiheitsstrafe entscheidet (§ 275a Abs. 5).

111 **c) Form.** § 268d schreibt **keine Form** für die **Belehrung** vor. Die Entscheidung nach Absatz 1 Satz 1 ergeht im **schriftlichen Verfahren** durch **Beschluss.** Die Verkündung im Anhörungstermin ist nicht zulässig.[315] Die **Belehrung** entsprechend § 268d hat demgemäß mit der **Bekanntmachung der Entscheidung** nach Absatz 1 Satz 1 (§ 35 Abs. 2 Satz 1) **schriftlich** zu erfolgen. Durch die Zustellung des Beschlusses nebst Rechtsmittelbelehrung und Belehrung nach § 268d befindet sich ein Nachweis über die erfolgte Belehrung entsprechend § 268d in den Akten.

112 Die Belehrung darf das Gericht (§ 462a Abs. 2 Satz 3) **nicht** auf die **Vollzugsanstalt** übertragen, denn nach Absatz 4 Satz 2 2. Hs. kann nur die Belehrung über die Aussetzung des Strafrestes der Vollzugsanstalt übertragen werden.

113 Die Belehrung sollte in der **Praxis** mittels eines Vordrucks erfolgen, dessen Inhalt in den RiStBV vorgegeben werden könnte, um eine einheitliche Belehrung im Vollstreckungsverfahren möglichst zu gewährleisten. Der Vorsitzende des Gerichts des ersten Rechtszuges ist an eine solche Vorgabe nicht gebunden; sie stellt nur eine mögliche Arbeitshilfe dar.

114 **d) Zeitpunkt.** Die Belehrung entsprechend § 268d hat das Gericht (§ 462a Abs. 2 Satz 3) zeitgleich mit der Bekanntmachung der Entscheidung über die Strafrestaussetzung (Absatz 1 Satz 1) vorzunehmen. Ist die Belehrung versehentlich unterblieben, so ist sie unverzüglich im schriftlichen Verfahren nachzuholen.

115 **e) Zuständigkeit.** Die Erteilung der Belehrung obliegt dem **Gericht des ersten Rechtszuges** (§ 462a Abs. 2 Satz 3). Letzteres ist demnach nicht nur zur Entscheidung über die Strafrestaussetzung, sondern auch zu den nachfolgenden Vollstreckungsentscheidungen berufen.[316] Diese Regelung, die auf einen Vorschlag des BTRAussch. zurückgeht, hat der Gesetzgeber vor allem deswegen als sachgerecht angesehen, weil auch die nachfolgenden Entscheidungen (z. B. Widerruf der Strafrestaussetzung nach § 57 Abs. 5 Satz 1, § 56f Abs. 1 StGB; § 57 Abs. 5 Satz 1, § 56f Abs. 2, § 56g StGB) unmittelbare Auswirkungen auf einen im Urteil angeordneten Vorbehalt der Unterbringung in der Sicherungsverwahrung haben.[317] Die Zuständigkeit des Gerichts des ersten Rechtszuges endet erst dann, wenn die Anordnung der Unterbringung in der Sicherungsverwahrung nach § 66a Abs. 3 Satz 1 StGB nicht mehr möglich ist, was nach vollständiger Vollstreckung der Freiheitsstrafe der Fall ist.[318]

XX. Aussetzung des Strafrestes durch die Gnadenbehörde

116 Die Ablehnung der Aussetzung des Strafrestes durch das Gericht schließt an sich nicht aus, dass die Gnadenbehörde die Vollstreckung des Strafrestes zur Bewährung aus-

---

315 § 454, 88.
316 BTDrucks. **17** 4062 S. 16.
317 BTDrucks. **17** 4062 S. 16.
318 BTDrucks. **17** 4062 S. 16.

setzt.[319] Die Gnadenbefugnisse der Gnadenrechtsinhaber auszuschließen lag nicht in der Macht des Bundesgesetzgebers. Es mag sein, dass es ganz ausnahmsweise Fälle geben kann, die einen Gnadenerweis aus Gründen rechtfertigen, deren Berücksichtigung im Rahmen der §§ 57, 57a StGB dem Gericht nicht möglich ist. Grundsätzlich wäre es aber eine unerträgliche **Missachtung der richterlichen Gewalt** und ein **Missbrauch der Gnade**, die mit rechtsstaatlichen Grundsätzen nicht zu vereinbaren wäre, wenn die Gnadenbehörde, weil ihr gerichtliche Entscheidungen nicht gefallen, etwa zu hart erscheinen, diese im Wege der Gnade „korrigieren" wollte.[320] Der **Sinn der Regelung der Aussetzung des Strafrestes im Strafgesetzbuch** besteht gerade darin, diese Entscheidungen aus dem Bereich der Gnade herauszunehmen und umzugestalten. Damit ist, von Ausnahmefällen abgesehen, grundsätzlich ein Gnadenerweis in derartigen Fällen nicht zu rechtfertigen, und schon gar nicht, wenn mehr oder weniger ausgesprochen i. S. einer Korrektur die Außerkraftsetzung der gerichtlichen Entscheidung bezweckt wird. Für einen – ausnahmsweise – zu gewährenden Gnadenerweis werden daher regelmäßig **neue**, nunmehr eine Aussetzung des Strafrestes im Gnadenwege rechtfertigende **besondere Umstände** vorliegen müssen.

XXI. Entlassungszeitpunkt

Bei der Bewilligung der Aussetzung des Strafrestes kann das Gericht so verfahren, 117 dass es die Entlassung „nach Verbüßen von zwei Dritteln der Strafe" (oder eines kleineren – § 57 Abs. 2 StGB – oder größeren Bruchteils) anordnet. Empfehlenswert ist das jedoch nicht, da die Berechnung des Entlassungstags Schwierigkeiten bereiten kann.[321] Vielmehr kommt entweder die **Festsetzung eines** kalendermäßig **bestimmten Entlassungstags**[322] oder die Anordnung in Betracht, dass der Verurteilte mit Rechtskraft des Beschlusses zu entlassen ist.[323]

Zweckmäßigerweise sollte der **Entlassungszeitpunkt** so gewählt werden, dass der 118 Justizvollzugsanstalt noch genügend Zeit für notwendige Entlassungsvorbereitungen bis zu diesem Zeitpunkt bleibt. Allerdings darf dieses berechtigte Anliegen nicht dazu führen, dass der an sich mögliche Termin deshalb hinausgeschoben wird. Das kann vermieden werden, wenn die Staatsanwaltschaft ihre Anträge mit den Akten so rechtzeitig – in Normalfällen zwischen sechs Wochen und drei Monaten (vgl. § 454a Abs. 1) vor Ablauf der Zweidrittelfrist – stellt, so dass Entscheidung und Entlassungsvorbereitungen fristgemäß ergehen und ordnungsgemäß abgewickelt werden können.[324] Das gilt namentlich auch bei Entscheidungen über die Aussetzung einer lebenslangen Freiheitsstrafe.[325]

XXII. Aussetzung des Restes einer Jugendstrafe

Ist ein **Jugendlicher** oder ein **Heranwachsender** zu Jugendstrafe verurteilt, so ent- 119 scheidet über die Aussetzung der Jugendstrafe zur Bewährung (§§ 88, 110 JGG) der Jugend-

---

319 KK/*Appl* 41.
320 **A. A.** KK/*Appl* 41.
321 Zur Frage der zweckmäßigsten Berechnungsmethode in einem solchen Fall s. *Pohlmann/Jabel/Wolf* § 37, 39 ff.
322 KK/*Appl* 32.
323 *Göke* NJW **1958** 1672.
324 *Bringewat* 61.
325 BVerfG bei *Berkemann* JR **1992** 451; Meyer-Goßner/*Schmitt* 41a; *Bringewat* 63.

richter als Vollstreckungsleiter, nicht die Strafvollstreckungskammer nach § 57 StGB, §§ 454, 462a StPO,[326] und zwar gleichgültig, ob ein Jugend- oder ein Erwachsenengericht die Strafe verhängt hat (§§ 102, 103, 112 JGG). Nach Aussetzung des Restes einer Jugendstrafe entscheidet der **Jugendrichter** auch dann über den Widerruf **als Vollstreckungsleiter** – und nicht die Strafvollstreckungskammer –, wenn sich der Verurteilte bei Stellung des Widerrufsantrags der Staatsanwaltschaft in anderer Sache in Strafhaft befindet. Die Zuständigkeitsvorschriften in § 88, §§ 26, 82 Abs. 1, § 83 Abs. 1, § 84 Abs. 1 JGG stellen sich als eine den §§ 462a, 463 StPO vorgehende **Sonderregelung** für solche Entscheidungen dar, die im Zusammenhang mit der Vollstreckung einer Jugendstrafe zu treffen sind.[327] Soweit der Vollstreckungsleiter die Vollstreckung einer nach den Vorschriften des Strafvollzugs für Erwachsene vollzogenen Jugendstrafe nach § 85 Abs. 6 Satz 1 JGG an die nach den allgemeinen Vorschriften zuständige Vollstreckungsbehörde abgegeben hat, hat der BGH die in der obergerichtlichen Rechtsprechung und im Schrifttum viele Jahre umstrittene Frage der Zuständigkeit dahingehend entschieden, dass die Entscheidung über die Aussetzung der Vollstreckung einer Restjugendstrafe auch dann nach § 88 JGG zu treffen ist, wenn die Jugendstrafe gemäß § 89b JGG nach den Vorschriften des Strafvollzugs für Erwachsene vollzogen wird und ihre Vollstreckung gemäß § 85 Abs. 6 Satz 1 JGG an die nach den allgemeinen Vorschriften zuständige Vollstreckungsbehörde abgegeben worden ist.[328]

XXIII. Aussetzung freiheitsentziehender Maßregeln

120 Wegen der Anwendung des § 454 auf Entscheidungen, die die Aussetzung freiheitsentziehender Maßregeln der Besserung und Sicherung zur Bewährung und andere Vollstreckungsmaßnahmen betreffen, vgl. § 463 Abs. 3.

§ 454a
Beginn der Bewährungszeit; Aufhebung der Aussetzung des Strafrestes

(1) Beschließt das Gericht die Aussetzung der Vollstreckung des Restes einer Freiheitsstrafe mindestens drei Monate vor dem Zeitpunkt der Entlassung, so verlängert sich die Bewährungszeit um die Zeit von der Rechtskraft der Aussetzungsentscheidung bis zur Entlassung.

(2) [1]Das Gericht kann die Aussetzung der Vollstreckung des Restes einer Freiheitsstrafe bis zur Entlassung des Verurteilten wieder aufheben, wenn die Aussetzung aufgrund neu eingetretener oder bekanntgewordener Tatsachen unter Berücksichtigung des Sicherheitsinteresses der Allgemeinheit nicht mehr verantwortet werden kann; § 454 Abs. 1 Satz 1 und 2 sowie Abs. 3 Satz 1 gilt entsprechend. [2]§ 57 Abs. 5 des Strafgesetzbuches bleibt unberührt.

Schrifttum

Greger Das 23. Strafrechtsänderungsgesetz, JR **1986** 353; *Hamann* Neuordnung der Strafaussetzung zur Bewährung, Rpfleger **1986** 354; *Maatz* Aufhebung eines Aussetzungsbeschlusses wegen „neuer" Tat-

326 OLG München MDR **1957** 437.
327 OLG Stuttgart Justiz **1975** 478.
328 BGHSt **64** 273 ff. m. w. N. zu dem früheren Streitstand.

https://doi.org/10.1515/9783110275025-012

sachen – zugleich Anmerkung zu OLG Schleswig, Beschl. vom 15.2.1988 – 2 Ws 63/88 –, StV **1989** 39; *Reichenbach* Die Erzwingung von Vollzugslockerungen zur Vorbereitung einer bedingten Entlassung aus dem Strafvollzug. Besprechung von BVerfG, Beschl. vom 30.04 2009 – 2 BvR 2009/13, NJW **2009** 1941.

Entstehungsgeschichte

Die Vorschrift war schon Gegenstand des Regierungsentwurfs eines 23. Strafrechtsänderungsgesetzes.[1] Allerdings bestand sie damals nur aus einem Absatz. Die Unterteilung der Vorschrift in zwei Absätze beruht auf einem Änderungsantrag des Bundesrats,[2] mit dem dieser das Ziel verfolgte, dem Gericht auch in den Fällen, in denen es die Aussetzung früher als drei Monate vor dem Entlassungstag beschlossen hat, die Aufhebung zu ermöglichen. Die Möglichkeit, die Aussetzung des Strafrestes wieder aufzuheben, wenn aufgrund neuer Tatsachen nicht mehr verantwortet werden kann zu erproben, ob der Verurteilte außerhalb des Strafvollzugs keine Straftaten mehr begehen wird, sollte nicht von dem mehr oder weniger zufälligen Zeitpunkt der Entscheidung abhängen. Die Bundesregierung hat diesem Vorschlag zugestimmt.[3] Die Vorschrift wurde durch Art. 2 Nr. 4 des 23. StRÄndG vom 13.4.1986 eingefügt. Durch Art. 6 des Gesetzes zur Bekämpfung von Sexualdelikten und anderen gefährlichen Straftaten vom 26.1.1998 (BGBl. I S. 160) wurde in Absatz 2 der erste Halbsatz neu gefasst. Dabei handelt es sich nicht nur um eine Folgeänderung zu Art. 1 Nr. 2a. Vielmehr werden die Voraussetzungen für die Aufhebung der Aussetzungsentscheidung erweitert. Absatz 2 Satz 2 wurde durch Art. 14 Nr. 8 des 2. JuMoG vom 22.12.2006 (BGBl. I S. 3416) durch Ersetzung der Angabe „§ 57 Abs. 3 Satz 1 in Verbindung mit § 56f" durch die Angabe „§ 57 Abs. 5" redaktionell der Neufassung des § 57 Abs. 5 StGB angepasst.

Übersicht

Alphabetische Übersicht

---

1 Vgl. BTDrucks. **10** 2720, Art. 2 Nr. 3, S. 6; vgl. auch *Greger* JR **1986** 354.
2 Siehe Anl. 2 zu BTDrucks. **10** 2720 (Stellungnahme des Bundesrates) Nr. 17: zu Art. 2 Nr. 3, S. 25.
3 Siehe Anl. 3 zu BTDrucks. **10** 2720 (Gegenäußerung der Bundesregierung zur Stellungnahme des Bundesrates): zu Nr. 17, S. 30; s. auch *Dölling* NJW **1987** 1048.

I. Bedeutung der Vorschrift

1 Mit der Vorschrift will der Gesetzgeber die **rechtzeitige** Vorbereitung der Entlassung des Verurteilten erleichtern,[4] ohne dass diesem damit etwa ein Anspruch auf eine möglichst frühzeitige Entlassung oder ein sonstiger ungerechtfertigter Vorteil gewährt wird.[5] Dafür ist auf jeden Fall nicht nur die Kenntnis des **Entlassungszeitpunkts,**[6] **sondern in den Fällen der §§ 57 und 57a StGB auch eine möglichst frühzeitige Entscheidung**[7] **über die Aussetzung des Strafrestes erforderlich.**[8] Die Vorschrift ermöglicht es damit den Vollstreckungsgerichten, dem Freiheitsgrundrecht des Verurteilten über eine effektive Begrenzung der nachteiligen Folgen des Prognosedefizits praktische Wirksamkeit zu verleihen, ohne damit unverantwortbare Risiken auf die Allgemeinheit zu verlagern. Vielmehr kann das Gericht die Aussetzung des Strafrestes zur Bewährung anordnen, ohne dass dies zur sofortigen Entlassung des Verurteilten führt. Die Regelung erlaubt dem Gericht, den Entlassungszeitpunkt so festzulegen, dass der Vollzugseinrichtung ein angemessener Zeitraum für die Erprobung des Verurteilten in **Vollzugslockerungen** bleibt.[9] Dadurch wird zum einen eine sachgerechte, die soziale Wiedereingliederung des Verurteilten fördernde Entlassungsvorbereitung ermöglicht und zum anderen die Justizvollzugsanstalt besser in die Lage versetzt, auf der Grundlage dieser Entscheidung die notwendigen Entlassungsvorbereitungen und ggf. zusätzliche Vollzugslockerungen durchzuführen.[10] Die Vorschrift gilt für freiheitsentziehende Maßregeln der Besserung und Sicherung entsprechend (§ 463 Abs. 1).

II. Frühzeitige Aussetzungsentscheidung und Dauer der Bewährungszeit (Absatz 1)

2 **1. Entscheidungszeitpunkt.** Die Fassung des Absatzes 1, die bewusst von der Zulässigkeit frühzeitiger Entlassungsentscheidungen ausgeht bzw. diese voraussetzt, sieht

4 BVerfG NJW **2001** 2247; OLG Celle NStZ **2016** 99.
5 Meyer-Goßner/*Schmitt* 1; *Bringewat* 3.
6 OLG Düsseldorf MDR **1987** 1046.
7 OLG Zweibrücken NStZ **1991** 207; **1992** 148.
8 BTDrucks. **10** 2720, Begründung zu Art. 2 Nr. 3, S. 15; *von Bülow* BewHi. **1968** 264, 267; KK/*Appl* 2; Meyer-Goßner/*Schmitt* 1; *Bringewat* 1, 2.
9 BVerfG NJW **1998** 2202, 2204; StV **2012** 543 Rn. 36; kritisch hierzu KK/*Appl* 2.
10 BVerfG NJW **1998** 2202, 2204; OLG Hamm Beschl. vom 11.2.2010 – 1 Ws (L) 479/09 Rn. 61; OLG Celle StV **1995** 90; NStZ **2016** 99.

gleichwohl von einer *gesetzlichen* **Festlegung** des Entscheidungszeitpunkts ab.[11] Das mag zunächst überraschen, zumal da namentlich bei Verurteilten, die eine längere oder sogar eine lebenslange Freiheitsstrafe zu verbüßen haben, ein **besonderes Bedürfnis** für eine möglichst frühzeitige Entscheidung durchaus besteht, wird aber verständlich, wenn man den nicht völlig von der Hand zuweisenden Gesichtspunkt berücksichtigt, dass bei einer zu frühen Entscheidung das Verhalten des Gefangenen für einen längeren Zeitraum nicht mehr für die Prognose verwertet werden kann, obwohl dieses gerade mit fortschreitender Vollzugsdauer und in den letzten Monaten vor dem Entlassungszeitpunkt häufig einen besonders guten Aufschluss über den Erfolg der Strafverbüßung geben kann.[12] Daher sollte von der gesetzlichen Möglichkeit, die Aussetzung schon mehrere Monate vor der Entlassung des Verurteilten zu beschließen, vor allem dann Gebrauch gemacht werden, wenn die Justizvollzugsanstalt es bis dahin abgelehnt hat, die Aussetzung der Vollstreckung durch Vollzugslockerungen vorzubereiten, denn dadurch werden ihr solche Maßnahmen besonders nahe gelegt.[13] Auch bei einem über viele Jahre andauernden Vollzug kann eine frühzeitige Entscheidung geboten sein, weil in derartigen Fällen die für eine erfolgreiche Wiedereingliederung des Verurteilten erforderlichen Maßnahmen in aller Regel einen größeren und längeren Aufwand erfordern.[14]

Diese Erfahrung lässt es angemessen erscheinen, den Entscheidungszeitpunkt nicht 3 in der Strafprozessordnung durch Festlegung bestimmter fester Zeitabschnitte zu regeln, ihn vielmehr durch eine dem Einzelfall besser Rechnung tragende *flexiblere* Regelung zu bestimmen.[15] Am einfachsten kann das durch **Richtlinien** an die Vollstreckungsbehörde erreicht werden, die diese etwa verpflichten, die Akten mit der Stellungnahme der Justizvollzugsanstalt dem Gericht so rechtzeitig vorzulegen, dass dieses die Entscheidung über die Aussetzung des Strafrestes frühzeitig genug treffen kann, um der Justizvollzugsanstalt die rechtzeitige Durchführung der für die Vorbereitung des Gefangenen auf sein Leben nach der Entlassung erforderlichen Maßnahmen zu ermöglichen. Nach den derzeitigen Erfahrungen wird die **Zeitspanne** für eine gewissenhafte Vorbereitung der Entlassung bei Freiheitsstrafen bis zu drei Jahren mit etwa drei Monaten, bei höheren Freiheitsstrafen mit bis zu sechs Monaten angesetzt werden können.[16] Davon scheint auch der Gesetzgeber auszugehen, wie sich aus der Formulierung des Absatzes 1 ergibt, die dafür spricht, dass das Gericht die Entscheidung regelmäßig etwa drei Monate vor dem Zeitpunkt der Entlassung treffen wird, was nicht ausschließt, dass in Einzelfällen auch eine frühere Entscheidung zulässig und sinnvoll sein kann.[17] Das Gericht ist dabei aber nicht berechtigt, der Vollzugseinrichtung bindende Weisungen für die Gewährung von Vollzugslockerungen zu erteilen.[18] Empfehlungen hingegen sind zulässig. Im Zeitpunkt der Entscheidung nach Absatz 1 muss eine günstige Sozialprognose bestehen.[19] Aller-

---

11 *Bringewat* 1; BVerfG NJW **2009** 1941, 1945; KG NStZ-RR **2006** 354 Ls.; OLG Frankfurt NStZ-RR **2001** 311.

12 Näher dazu *Maatz* StV **1989** 39, 42; *Bringewat* 3 (kontrollierte Vorbewährung).

13 BVerfG NJW **1998** 2202, 2204; StV **2012** 543 Rn. 36; OLG Celle StV **1995** 90; NStZ **2016** 99.

14 OLG Zweibrücken StV **1992** 26.

15 BVerfG NJW **2009** 1941, 1945; OLG Celle NStZ **2016** 99 Rn. 67.

16 LG Traunstein NStZ-RR **1996** 94 (in einfach gelagerten Fällen Entscheidung bis zu drei Monate vor der Entlassung aus dem Justizvollzug; in schwierigen Fällen bis zu sechs Monate vorher); OLG Düsseldorf NStZ **1993** 406.

17 OLG Düsseldorf MDR **1987** 1046; OLG Zweibrücken (bis zu 9 Monate vor Zweidrittelzeitpunkt) NStZ **1991** 207; StV **1992** 26; *Bringewat* 2.

18 OLG Frankfurt FS **2013** 328 ff.

19 OLG Braunschweig Beschl. vom 14.7.2014 – 1 Ws 191/14; OLG Frankfurt FS **2013** 328 ff.; NStZ-RR **2001** 311.

dings kann aus verfassungsrechtlichen Gründen ausnahmsweise eine Anwendung des Absatzes 1 auch ohne gesicherte günstige Prognose dann in Betracht kommen, wenn diese nur von der Bewährung des Verurteilten in Vollzugslockerungen abhängt und ihm solche zu Unrecht durch die Vollzugsbehörden verweigert wurden.[20] Zu einer eigenen Anordnung von Vollzugslockerungen ist das Gericht im Verfahren nach Absatz 1 mangels Rechtsgrundlage nicht berechtigt.[21]

4 **2. Aussetzungsentscheidung.** Nach § 56a Abs. 2 Satz 1 StGB, der nach § 57 Abs. 3 Satz 1, § 57a Abs. 3 Satz 2 StGB auch für die Aussetzung des Restes einer Freiheitsstrafe gilt, beginnt die Bewährungszeit bei einer Verurteilung zu einer Bewährungsstrafe mit der **Rechtskraft** dieser Entscheidung, bei einer Entscheidung über die Aussetzung des Strafrestes mit der Rechtskraft des Aussetzungsbeschlusses.[22] Absatz 1 ändert an dieser Rechtslage nichts, nimmt namentlich nicht zu der Rechtsmeinung Stellung, ob und wie das Verhalten des Verurteilten oder Gefangenen zwischen Erlass und Rechtskraft der Aussetzungsentscheidung zu bewerten ist.[23] Bei ihm geht es *allein* um die Frage, ob und in welchem Umfang die **Zeit zwischen** der (frühzeitigen) **Entscheidung** über die Aussetzung des Strafrestes **und** der tatsächlichen **Entlassung** des Gefangenen auf die Bewährungszeit anzurechnen ist.

5 **3. Entlassungszeitpunkt.** Es ist unangebracht, die Bewährungszeit erst mit dem tatsächlichen Entlassungszeitpunkt beginnen zu lassen, weil auch Taten, die der Verurteilte in der die Entlassung vorbereitenden Phase begangen hat, den Widerruf der Aussetzung nach § 56f Abs. 1 Satz 1 Nr. 1 StGB auslösen können.[24] Auch kann es im Einzelfall durchaus sinnvoll sein, den im Rahmen der Entlassungsvorbereitungen beurlaubten oder als Freigänger eingesetzten Gefangenen schon durch einen Bewährungshelfer betreuen zu lassen.[25] Das ist aber nur während des Laufs einer Bewährungszeit möglich.

6 **4. Bedeutung für die Bewährungszeit.** Der Gesetzgeber entscheidet die Frage der **Dauer** der Bewährungszeit dahin, dass diese sich, wenn das Gericht die Aussetzung der Vollstreckung des Restes der Freiheitsstrafe *mindestens* drei Monate vor dem Zeitpunkt der Entlassung beschließt, um die Zeit von der Rechtskraft der Aussetzungsentscheidung bis zur Entlassung verlängert, d. h. die Bewährungszeit erst mit der Entlassung des Verurteilten aus der Strafhaft beginnt.[26] Mit dem Begriff „beschließt" i. S. v. Absatz 1 ist der Zeitpunkt der Rechtskraft des (vorzeitigen) Beschlusses über die Aussetzung der Vollstreckung des Strafrestes gemeint.[27] Durch die Worte „mindestens drei Monate" wird klargestellt, dass die **Verlängerung** auch solche Entscheidungen erfasst, die das Gericht *länger* als drei Monate vor der Entlassung getroffen hat,[28] nicht dagegen Entscheidungen, die *bis* zu drei Monaten vor dem Entlassungszeitpunkt rechtskräftig geworden sind.

---

20 OLG Braunschweig Beschl. vom 14.7.2014 – 1 Ws 191/14; BVerfG StV **2012** 543 Rn. 35; NJW **1998** 2202, 2204.
21 KK/*Appl* 2; **a. A.** OLG Hamm NStZ **2014** 541 mit zust. Anm. *Ahmed*.
22 BVerfG NJW **2009** 1941, 1945; LK/*Hubrach* § 56a, 3; *Fischer* § 56a, 2.
23 Vgl. dazu OLG Celle NJW **1957** 113; OLG Zweibrücken MDR **1976** 333 m. w. N.
24 KK/*Appl* 3; Meyer-Goßner/*Schmitt* 2; *Bringewat* 5.
25 BTDrucks. **10** 2720; Begr. zu Art. 2 Nr. 3 S. 15.
26 **A. A.** KK/*Appl* 4: Tag der Beschlussfassung; gleichwohl legt auch er für die Frist der Verlängerung die Zeit zwischen Eintritt der Rechtskraft und dem Entlassungstag zugrunde.
27 OLG Frankfurt NStZ-RR **2013** 293.
28 OLG Koblenz Rpfleger **1994** 381.

Diese Regelung erschien dem Gesetzgeber „angemessen".[29] Aufgrund der vorhergehenden Ausführungen ist sie auch durchaus vertretbar, zumal da sie mit dem Mindestabstand von drei Monaten einen zusätzlichen Anreiz zu einer früheren Entlassungsentscheidung schafft. Wegen der Berechnung der Frist vgl. § 43, 2 ff.

III. Aufhebung der Aussetzungsentscheidung (Absatz 2 Satz 1)

1. Zweck der Regelung. Die in Rechtsprechung[30] und Schrifttum[31] umstritten gewesene Frage, ob auch solche Tatsachen bei der Aufhebung der Aussetzungsentscheidung nach Absatz 2 Satz 1 berücksichtigt werden dürfen, die schon vor Erlass des Aussetzungsbeschlusses eingetreten, aber dem Gericht im Zeitpunkt der Entscheidung nicht bekannt waren, wird durch die Änderung des Absatzes 2 Satz 1 klargestellt. Der Gesetzentwurf des Bundesrats[32] sah keine entsprechende gesetzliche Regelung vor. Nach dem Regierungsentwurf[33] sollte der erste Halbsatz des zweiten Absatzes als reine Folgeänderung der beabsichtigten Änderung in § 57 Abs. 1 StGB angepasst werden. Erst aufgrund der Beschlussempfehlungen des Rechtsausschusses des Bundestages[34] ist Absatz 2 Satz 1 neu gefasst worden. Damit ist dem Anliegen, bei veränderter Beurteilungsgrundlage die mehr oder weniger lange vor dem vorgesehenen Entlassungszeitpunkt gestellte und später als falsch erkannte Prognose vor der Entlassung des Verurteilten zu revidieren und dem aktuellen Erkenntnisstand anzupassen, Rechnung getragen worden. Nunmehr sind bei der Entscheidung über die Aufhebung einer bereits angeordneten Aussetzung der Vollstreckung des Strafrestes auch solche Tatsachen zu berücksichtigen, die im Zeitpunkt der Aussetzungsentscheidung zwar schon vorgelegen haben, dem Gericht aber erst nachträglich bekannt geworden sind.[35] 7

2. Voraussetzungen für die Aufhebung der Aussetzungsentscheidung (Absatz 2 Satz 1)

a) Neu eingetretene Tatsachen. Mit dem Begriff der **neu eingetretenen** oder bekanntgewordenen Tatsachen hat der Gesetzgeber die bereits in § 88 Abs. 3 Satz 2 JGG seit dem 1. JGG-Änderungsgesetz vom 30.8.1990[36] bestehende Formulierung übernommen und die Voraussetzungen für eine Aufhebungsentscheidung nach Absatz 2 Satz 1 weitgehend denen des § 88 Abs. 3 Satz 2 JGG angepasst. Das Gericht kann die schon angeordnete Aussetzung der Vollstreckung des Restes einer Freiheitsstrafe wieder aufheben, wenn die Aussetzung durch neu eingetretene Tatsachen unter Berücksichtigung des Sicherheitsinteresses der Allgemeinheit nicht mehr verantwortet werden kann. Neu eingetretene Tatsachen sind solche, die erst nach der Aussetzungsentscheidung, aber 8

---

29 BTDrucks. **10** 2720, Begründung zu Art. 2 Nr. 3, S. 15 1. Sp.; siehe auch OLG Düsseldorf GA **1987** 511; Meyer-Goßner/*Schmitt* 2; *Bringewat* 6; **a. A.** KK/*Appl* 4: von dem im Rubrum des Beschlusses genannten Tag an.

30 OLG Schleswig NStZ **1988** 243 und 293; OLG Karlsruhe Justiz **1989** 31; OLG Stuttgart MDR **1989** 1016; OLG Hamm StraFo **1998** 69; **a. A.** LG Köln StV **1986** 542.

31 *Greger* JR **1986** 357; *Maatz* StV **1989** 39; Meyer-Goßner/*Schmitt* 4; KK/*Appl* 5.

32 BTDrucks. **13** 7559.

33 BTDrucks. **13** 8556 S. 10.

34 BTDrucks. **13** 8989 S. 8; BTDrucks. **13** 9062 S. 15.

35 BTDrucks. **13** 9062 S. 15.

36 BGBl. I S. 1853.

vor der Entlassung des Verurteilten, eingetreten sind und die, hätten sie im Zeitpunkt der Aussetzungsentscheidung schon vorgelegen, zur Versagung der Strafrestaussetzung geführt hätten.[37] Der Verurteilte ist nämlich sogleich mit der Aussetzungsentscheidung verpflichtet, durch sein Verhalten zu zeigen, dass die ihm gestellte günstige Prognose gerechtfertigt war.

9 Es muss sich um Tatsachen handeln. Tatsachen sind alle gegenwärtigen oder vergangenen Verhältnisse, Zustände oder Geschehnisse. Vermutungen oder Schlussfolgerungen stellen keine Tatsachen dar. Als neu eingetretene Tatsachen kommen namentlich der Missbrauch von Vollzugslockerungen, etwa Nichtrückkehr aus dem Urlaub oder Ausgang aus der Strafhaft, Alkohol- und/oder Betäubungsmittelkonsum in der Strafhaft oder während Vollzugslockerungen in Betracht. Ob von dem Verurteilten nicht zu vertretende neue Tatsachen, wie etwa Verlust des künftigen Arbeitsplatzes aus betriebsbedingten Gründen oder infolge von Insolvenz des Arbeitgebers, Verweigerung der Aufnahme in einem Männerwohnheim,[38] Verweigerung des Krankenversicherungsschutzes durch eine gesetzliche Krankenversicherung,[39] Ablehnung der Kostenübernahme für eine Heimunterbringung,[40] Trennung seitens der Ehefrau oder Lebensgefährtin und damit einhergehender Verlust eines festen Wohnsitzes nach der Entlassung, ausreichen, um die Aussetzungsentscheidung aufzuheben, erscheint zweifelhaft. Derartige neue Tatsachen vermögen für sich genommen in aller Regel das Sicherheitsinteresse der Allgemeinheit nicht zu beeinträchtigen, können aber im Einzelfall eine andere Beurteilung rechtfertigen.

10 **b) Neu bekanntgewordene Tatsachen.** Von neu eingetretenen Tatsachen sind **neu bekanntgewordene Tatsachen** zu unterscheiden. Bei den neu bekannt gewordenen Tatsachen handelt es sich um solche, die im Zeitpunkt der Aussetzungsentscheidung zwar bereits vorlagen, dem Gericht aber erst nachträglich bekannt geworden sind.[41] Neu bekanntgewordene Tatsachen können insbesondere neue Straftaten sein, die der Verurteilte während Vollzugslockerungen vor der Aussetzungsentscheidung begangen hat und die dem Gericht im Zeitpunkt der Entscheidung nicht bekannt waren. In derartigen Fällen kommt ein – vorrangig zu prüfender – Widerruf der Aussetzung des Strafrestes nach § 57 Abs. 5, § 56f Abs. 1 Satz 1 Nr. 1 StGB nicht in Betracht, weil die neue Straftat nicht in der Bewährungszeit begangen ist, die erst mit der Rechtskraft der Entscheidung über die Strafrestaussetzung beginnt (§ 57 Abs. 3, § 56a Abs. 2 Satz 1 StGB). Ein Widerruf der Strafrestaussetzung nach § 57 Abs. 5, § 56f Abs. 1 Satz 2 StGB scheidet aus, weil die neue Straftat nicht in der Zeit zwischen der Entscheidung über die Strafrestaussetzung und deren Rechtskraft begangen ist. Für eine Aufhebung des Aussetzungsbeschlusses reicht es aus, dass eine Wahrscheinlichkeit für die Begehung einer neuen Straftat besteht. Absatz 2 Satz 1 setzt nicht voraus, dass der sichere Nachweis einer neuen Straftat geführt ist, ein hinreichender oder dringender Tatverdacht besteht oder gar eine rechtskräftige Aburteilung insoweit vorliegt,[42] denn bei Prognoseentscheidungen kommt die

37 OLG Köln OLGSt StPO § 454a Nr. 5; OLG Nürnberg OLGSt StPO § 454a Nr. 6.

38 BVerfG Beschl. vom 14.12.2011 – 2 BvR 68/11.

39 OLG Nürnberg OLGSt StPO § 454a Nr. 6.

40 OLG Nürnberg OLGSt StPO § 454a Nr. 6.

41 BTDrucks. **13** 9062 S. 15.

42 OLG Jena NStZ-RR **2007** 283; OLG Schleswig SchlHA **1999** 186; BVerfG NJW **1994** 377 (kein Verstoß gegen die Unschuldsvermutung durch ungünstige Sozialprognose wegen Verdachts einer strafbaren Handlung während der Strafvollstreckung).

Unschuldsvermutung nicht zum Tragen.[43] Auch aufgrund jeden sonstigen Missbrauchs von Vollzugslockerungen kann das Gericht die Aussetzungsentscheidung bis zur Entlassung des Verurteilten wieder aufheben, wenn letztere aufgrund der neu bekanntgewordenen Tatsachen unter Berücksichtigung des Sicherheitsinteresses der Allgemeinheit nicht mehr verantwortet werden kann. Eine anderweitige Nutzung eines zweckgebundenen Ausgangs aus der Strafhaft zur Teilnahme an einer ambulanten Therapie oder der Verstoß gegen eine erteilte Weisung kann, sofern der Missbrauch der Lockerung zwischen Aussetzungsentscheidung und Entlassung des Verurteilten bekannt wird, zur Aufhebung der Aussetzungsentscheidung führen.

c) Berücksichtigung des Sicherheitsinteresses der Allgemeinheit. Die Neufassung des ersten Halbsatzes im Übrigen ist eine Folgeänderung, die sich aufgrund der Änderung des § 57 Abs. 1 Nr. 2 StGB durch Art. 1 Nr. 2a des Gesetzes zur Bekämpfung von Sexualdelikten und anderen gefährlichen Straftaten ergibt.[44] Aufgrund der neu eingetretenen oder neu bekanntgewordenen Tatsachen muss danach die Aussetzung der Vollstreckung des Strafrestes unter **Berücksichtigung des Sicherheitsinteresses der Allgemeinheit** nicht mehr verantwortet werden können. Durch die Änderung wird klargestellt, dass bei der nach Absatz 2 Satz 1 zu treffenden Entscheidung eine Abwägung zwischen dem Resozialisierungsinteresse des Verurteilten und dem Sicherheitsinteresse der Allgemeinheit vorzunehmen ist. Dabei wird insbesondere darauf abgestellt, dass es von dem Gewicht des bei einem Rückfall bedrohten Rechtsguts und dem Sicherheitsbedürfnis der Allgemeinheit abhängig ist, welches Maß an Erfolgswahrscheinlichkeit zu verlangen ist.[45] Bei der vorzunehmenden Abwägung sind die Grundsätze entsprechend anwendbar, die von der obergerichtlichen Rechtsprechung und im Schrifttum zu der inhaltsgleichen Voraussetzung des § 57 Abs. 1 Satz 1 Nr. 2 StGB entwickelt worden sind.[46] 11

d) Nichtverantwortbarkeit der Aussetzung. Aufgrund der neu eingetretenen oder bekanntgewordenen Tatsachen muss sich unter Berücksichtigung des Sicherheitsinteresses der Allgemeinheit die **Nichtverantwortbarkeit der Aussetzung** ergeben. Die neu eingetretenen oder bekanntgewordenen Tatsachen müssen von einem solchen Gewicht sein, dass ein bei der Aussetzungsentscheidung noch verbleibendes Restrisiko[47] nicht mehr verantwortet werden kann. Verstöße mit objektivem Bagatellcharakter im Zusammenhang mit der Gewährung von Vollzugslockerungen reichen in aller Regel nicht aus, um die Aussetzungsentscheidung aufzuheben. 12

e) Ermessen. Nach dem Wortlaut des Absatzes 2 Satz 1 kann das Gericht die schon getroffene Entscheidung über die Aussetzung der Vollstreckung des Restes einer zeitigen Freiheitsstrafe aufheben. Dem Gericht wird damit ein **Ermessen** eingeräumt. Sofern die Voraussetzungen für eine Aufhebung der Aussetzungsentscheidung vorliegen, wird jedoch ein Ermessenspielraum für das Gericht kaum noch denkbar sein. Macht das Gericht gleichwohl von seinem Ermessen in der Weise Gebrauch, dass es entgegen einem Antrag 13

43 BVerfG NJW **1994** 377; OLG Jena NStZ-RR **2007** 283; OLG Hamm NStZ-RR **2005** 154; OLG Frankfurt NStZ-RR **2005** 248; KK/*Appl* 5; Meyer-Goßner/*Schmitt* 4.

44 BGBl. I S. 160.

45 BTDrucks. **13** 8586 S. 8; BTDrucks. **13** 9062 S. 9 m. w. N.

46 *Fischer* § 57, 12 ff.

47 BVerfG NJW **1998** 2202 mit abl. Anm. *Th. Wolf* NStZ **1998** 590; KG NJW **1999** 1797; OLG Hamm NJW **1999** 438 und 439.

der Staatsanwaltschaft trotz Vorliegens der formellen Voraussetzungen eine Aufhebung der Aussetzungsentscheidung ablehnt, so unterliegt die Entscheidung einem erhöhten Begründungsbedarf. Eine rechtskräftige Entscheidung über das Entfallen der Führungsaufsicht gemäß § 68f Abs. 2 StGB kann im Hinblick auf eine Änderung der Tatsachengrundlage zwischen Entscheidung und vollständiger Vollstreckung der Strafe nicht aufgehoben werden, denn Absatz 2 (i. V. m. § 463 Abs. 1) ist insoweit nicht entsprechend anwendbar.[48]

14 **3. Verfahren (Absatz 2 2. Hs.).** Nach Absatz 2 2. Hs. gilt hinsichtlich des Verfahrens § 454 Abs. 1 Satz 1 und 2 sowie Absatz 3 Satz 1 entsprechend. Die Entscheidung, ob die Aussetzungsentscheidung nach Absatz 2 Satz 1 wieder aufgehoben wird, trifft das Gericht ohne mündliche Verhandlung durch Beschluss. Der Verweis in Absatz 2 2. Hs. auf § 454 Abs. 1 Satz 2 verpflichtet das Gericht, die Staatsanwaltschaft, den Verurteilten und die Vollzugsanstalt zu hören. Die Anhörung erfolgt schriftlich. Allerdings kann sich aufgrund besonderer Umstände des Einzelfalls die mündliche Anhörung des Verurteilten und/oder der Justizvollzugsanstalt empfehlen.[49] Im Falle einer mündlichen Anhörung sind die Beteiligten sowie der wesentliche Inhalt der Anhörung zu protokollieren. Diese Protokollierungspflicht ergibt sich aus dem Grundsatz der Aktenvollständigkeit und dem Umstand, dass die auf das Ergebnis einer mündlichen Anhörung gestützte Entscheidung des Gerichts für das Beschwerdegericht nachprüfbar sein muss.

15 **4. Aufhebung der Aussetzungsentscheidung.** Das Aufhebungsverfahren nach Absatz 2 Satz 1 setzt eine rechtskräftige Aussetzungsentscheidung voraus;[50] es ist bis zur Rechtskraft der Entscheidung nach § 57 StGB über die Aussetzung der Vollstreckung des Strafrestes zur Bewährung gegenüber der Möglichkeit der sofortigen Beschwerde nach § 454 Abs. 3 Satz 1 StPO subsidiär.[51] Die Aufhebung der Aussetzungsentscheidung durch das Gericht setzt keinen entsprechenden Antrag der Staatsanwaltschaft voraus. Allerdings sollte Letztere im Rahmen der (schriftlichen) Anhörung zu der von dem Gericht erwogenen Aufhebung der Aussetzungsentscheidung Stellung nehmen und detailliert begründen, ob und aus welchen Erwägungen sie die Voraussetzungen von Absatz 2 Satz 1 für gegeben erachtet. Selbstverständlich steht es der Staatsanwaltschaft frei, von sich aus jederzeit einen Antrag auf Aufhebung der Aussetzungsentscheidung bei Gericht zu stellen, wenn sie die Voraussetzungen für gegeben erachtet. Mit der Aufhebung der Aussetzungsentscheidung wird zugleich die Aussetzung der Vollstreckung des Strafrestes abgelehnt.[52] Einer Anordnung der weiteren Vollstreckung der Freiheitsstrafe bedarf es daher nicht. Hat das Gericht von der Möglichkeit Gebrauch gemacht, die Aussetzung der Vollstreckung des Strafrestes wegen der nach der Entscheidung neu eingetretenen oder bekanntgewordenen Tatsachen und des darin zutage getretenen Fehlverhaltens des Verurteilten wieder aufzuheben, so wird es erneut über die Aussetzung der Vollstreckung des Strafrestes entscheiden müssen, sobald die Voraussetzungen dafür wieder vorliegen. Allerdings kann das Gericht mit der Aufhebungsentscheidung, da diese zu-

48 OLG Stuttgart Beschl. vom 6.3.2018 – 6 Ws 29/17.

49 So auch KK/*Appl* 6; Meyer-Goßner/*Schmitt* 5.

50 OLG Saarbrücken NStE Nr. 4 zu § 454a; OLG Frankfurt NStZ-RR **2013** 293; OLG Bremen StV **2015** 245 Ls.; OLG Hamburg StV **2018** 350 Ls.

51 KG Beschl. vom 25.11.2003 – 5 Ws 560/03; OLG Bamberg Beschl. vom 20.1.2021 – 1 Ws 32/21.

52 Ebenso KK/*Appl* 8; **a. A.** LR/*Wendisch*[25] § 454a, 11.

gleich eine Ablehnung der Strafrestaussetzung enthält, Fristen nach § 57 Abs. 7 StGB festsetzen, vor deren Ablauf ein Antrag des Verurteilten, den Strafrest zur Bewährung auszusetzen, unzulässig ist.[53]

Das Gericht kann die Aufhebung der Aussetzungsentscheidung nur bis zur Entlassung des Verurteilten[54] treffen. Erlangt das Gericht unmittelbar vor der Entlassung erst Kenntnis von neu eingetretenen Tatsachen oder werden ihm zu diesem Zeitpunkt erstmals neue Tatsachen bekannt, so kann es, wenn eine ausreichende Klärung bis zu dem vorgesehenen Entlassungszeitpunkt nicht herbeigeführt werden kann, auch einen vorläufigen Aufschub der Haftentlassung jedenfalls dann anordnen, wenn noch ungeklärt ist, ob vorrangig ein Widerruf der Strafrestaussetzung anstelle einer Aufhebung der Aussetzungsentscheidung auszusprechen ist.[55] 16

5. Verhältnis zu § 57 Abs. 5 StGB (Absatz 2 Satz 2). Nach Absatz 2 Satz 2 bleibt § 57 Abs. 5 StGB unberührt. Danach wird nicht nur klargestellt, dass statt der Aufhebung der Aussetzungsentscheidung auch der Widerruf der Aussetzung des Strafrestes zulässig ist, sondern zugleich entschieden, dass letzterer vorrangig zu prüfen ist.[56] Liegen die Voraussetzungen für einen Widerruf unter Beachtung der vom EGMR[57] und Bundesverfassungsgericht[58] entwickelten Grundsätze vor, etwa weil der Gefangene während der Zeit der Entlassungsvorbereitungen eine neue Straftat begangen und dadurch gezeigt hat, dass die Erwartung, die der Aussetzung des Strafrestes zugrunde lag, sich nicht erfüllt hat, so ist das Gericht verpflichtet, die Strafrestaussetzung nach § 57 Abs. 5 Satz 1, § 56f Abs. 1 Satz 1 Nr. 1 StGB zu widerrufen, es sei denn, dass die Voraussetzungen für ein Absehen vom Widerruf nach § 57 Abs. 5 Satz 1, § 56f Abs. 2 StGB vorliegen. Das Gericht darf nicht etwa seine Aussetzungsentscheidung (nur) deshalb aufheben, weil die Begehung der neuen Straftat zugleich erwiesen hat, dass nunmehr ernsthafter Anlass besteht, an einer günstigen Sozialprognose für den Gefangenen zu zweifeln. Dies folgt schon aus der Ergänzung des nach § 57 Abs. 5 Satz 1 StGB entsprechend anwendbaren § 56f Abs. 1 StGB um Satz 2, wonach das Gericht jetzt die Strafaussetzung widerruft, wenn der Verurteilte die – neue – Tat in der Zeit zwischen der Entscheidung über die Strafrestaussetzung und deren Rechtskraft begangen hat oder die Voraussetzungen von § 57 Abs. 5 Satz 2 StGB vorliegen.[59] Zum vorläufigen Aufschub der Haftentlassung bei Unklarheit hinsichtlich des Vorrangs der Widerrufsentscheidung vgl. Rn. 16. 17

6. Rechtsmittel. Nach Absatz 2 Satz 1 2. Hs. gilt § 454 Abs. 3 Satz 1 entsprechend. Die Aufhebungsentscheidung ist danach für den Verurteilten mit dem **Rechtsmittel** der **sofortigen Beschwerde** anfechtbar. Gegen die Ablehnung eines Antrags auf Auf- 18

53 Ebenso KK/*Appl* 8; **a. A.** LR/*Wendisch*[25] § 454a, 11.

54 Zum Begriff der Entlassung BVerfG NJW **2001** 2247; demgegenüber die vom BVerfG überprüfte Entscheidung OLG Dresden NStZ **2000** 614; OLG Hamm NStZ-RR **1996** 30; OLG Nürnberg OLGSt StPO § 454a Nr. 6; OLG Rostock Beschl. vom 11.1.2017 – 20 Ws 8/17.

55 OLG Hamburg NStZ **1999** 55; OLG Nürnberg OLGSt StPO § 454a Nr. 6; OLG Rostock Beschl. vom 11.1.2017 – 20 Ws 8/17.

56 OLG Düsseldorf NJW **1993** 1282; OLG Saarbrücken NStE Nr. 4 zu § 454a; OLG Frankfurt NStZ-RR **199** 176; LG Kleve Beschl. vom 12.2.2014 – 182 StVK 31/12; *Maatz* StV **1989** 41; KK/*Appl* 7; Meyer Goßner/*Schmitt* 4; im Ergebnis ebenso *Hamann* Rpfleger **1986** 358 (im Grundsatz vorzuziehen); *Bringewat* 12 (ein über die Aufhebung einer Strafaussetzung und neben ihr bestehendes Mittel).

57 NJW **2004** 43.

58 NJW **2005** 817.

59 KK/*Appl* 7; Meyer-Goßner/*Schmitt* 4.

hebung der Strafrestaussetzung steht der Staatsanwaltschaft ebenfalls die sofortige Beschwerde zu. Weder die sofortige Beschwerde des Verurteilten noch die der Staatsanwaltschaft hat aufschiebende Wirkung. Da Absatz 2 Satz 1 2. Hs. lediglich auf § 454 Abs. 3 Satz 1 und nicht auch auf Satz 2, wonach die Beschwerde der Staatsanwaltschaft aufschiebende Wirkung hat, verweist, kann die aufschiebende Wirkung der sofortigen Beschwerde weder bei Einlegung durch den Verurteilten noch durch die Staatsanwaltschaft auf Absatz 2 Satz 1 2. Hs. i. V. m. § 454 Abs. 3 Satz 2 gestützt werden. Vielmehr finden die allgemeinen Vorschriften über die sofortige Beschwerde Anwendung. Nach § 311 Abs. 1 gelten für die Fälle der sofortigen Beschwerde die dort nachfolgenden besonderen Vorschriften. Für das Verfahren gelten die §§ 307, 308 Abs. 2 und § 309 Abs. 2 entsprechend (§ 311a Abs. 2). Das bedeutet für die Einlegung der **sofortigen Beschwerde** durch den Verurteilten gegen die Aufhebungsentscheidung, dass der **Vollzug der angefochtenen Entscheidung** nach § 307 Abs. 1 nicht gehemmt wird. Der Verurteilte kann mithin durch die Einlegung der sofortigen Beschwerde seine vorzeitige Entlassung aus der Strafhaft nicht erreichen. Soweit die Staatsanwaltschaft vor der Entlassung des Verurteilten einen **Antrag auf Aufhebung des Aussetzungsbeschlusses** gestellt und das Gericht diesen als unbegründet zurückgewiesen hat, steht der Staatsanwaltschaft gegen diese Entscheidung die sofortige Beschwerde zu. Da nach § 307 Abs. 1 durch deren Einlegung der Vollzug der angefochtenen Entscheidung nicht gehemmt wird, ist **zugleich** mit der **Einlegung der sofortigen Beschwerde** ein **Antrag nach § 307 Abs. 2 auf Aussetzung der Vollziehung** der angefochtenen Entscheidung bei Gericht zu stellen. Stellt die Staatsanwaltschaft einen solchen Antrag nicht oder lehnt das Gericht ihn ab, so ist der Verurteilte zum Entlassungszeitpunkt aus der Strafhaft zu entlassen, auch wenn das Verfahren zur Entscheidung über die sofortige Beschwerde der Staatsanwaltschaft gegen die Ablehnung der Aufhebung der Aussetzungsentscheidung noch nicht abgeschlossen ist. Da das Aufhebungsverfahren nach Absatz 2 bis zur Rechtskraft der Entscheidung nach § 57 StGB über die Aussetzung der Vollstreckung des Strafrestes nach § 454 Abs. 3 Satz 1 subsidiär ist, ist ein innerhalb der Beschwerdefrist des § 311 Abs. 2 gestellter Antrag der Staatsanwaltschaft auf Aufhebung des Bewährungsbeschlusses als sofortige Beschwerde gegen die Entscheidung über die Aussetzung der Vollstreckung des Strafrestes zur Bewährung auszulegen (§ 300).[60] Das Unterlassen der Anhörungen nach Absatz 2 Satz 1 2. Hs. oder einer im Aufhebungsverfahren nach Absatz 2 gebotenen Tatsachenaufklärung stellt regelmäßig einen derart schweren Verfahrensmangel dar, dass eine eigene Sachentscheidung des Beschwerdegerichts nach § 309 Abs. 2 im Verfahren nach Absatz 2 ausscheidet und die angefochtene Entscheidung aufzuheben ist.[61]

19 Die zugleich mit der Aufhebung der Aussetzungsentscheidung zulässige Anordnung einer Sperrfrist nach § 57 Abs. 7 StGB[62] kann der Verurteilte nicht isoliert, sondern nur mit der Aufhebungsentscheidung zusammen mit der sofortigen Beschwerde anfechten, denn die Fristsetzung ist Bestandteil der Aufhebungsentscheidung.[63]

20 **7. Zuständigkeit.** Wegen der Zuständigkeit siehe die Erläuterungen zu § 462a.

---

60 OLG Bamberg Beschl. vom 20.1.2021 – 1 Ws 32/21.

61 OLG Hamburg StV **2018** 350 Ls.

62 KK/*Fischer*[4] 8; KMR/*Stöckel* 9; **a. A.** KK/*Appl* 8; Meyer-Goßner/*Schmitt* 5; LR/*Wendisch*[25] 13; SK/*Paeffgen* 8.

63 Vgl. § 454, 97.

§ 454b
Vollstreckungsreihenfolge bei Freiheits- und Ersatzfreiheitsstrafe; Unterbrechung

(1) Freiheitsstrafen und Ersatzfreiheitsstrafen sollen unmittelbar nacheinander vollstreckt werden.

(2) [1]Sind mehrere Freiheitsstrafen oder Freiheitsstrafen und Ersatzfreiheitsstrafen nacheinander zu vollstrecken, so unterbricht die Vollstreckungsbehörde die Vollstreckung der zunächst zu vollstreckenden Freiheitsstrafe, wenn
1. unter den Voraussetzungen des § 57 Abs. 2 Nr. 1 des Strafgesetzbuches die Hälfte, mindestens jedoch sechs Monate,
2. im übrigen bei zeitiger Freiheitsstrafe zwei Drittel, mindestens jedoch zwei Monate, oder
3. bei lebenslanger Freiheitsstrafe fünfzehn Jahre
der Strafe verbüßt sind. [2]Dies gilt nicht für Strafreste, die auf Grund Widerrufs ihrer Aussetzung vollstreckt werden. [3]Treten die Voraussetzungen für eine Unterbrechung der zunächst zu vollstreckenden Freiheitsstrafe bereits vor Vollstreckbarkeit der später zu vollstreckenden Freiheitsstrafe ein, erfolgt die Unterbrechung rückwirkend auf den Zeitpunkt des Eintritts der Vollstreckbarkeit.

(3) Auf Antrag des Verurteilten kann die Vollstreckungsbehörde von der Unterbrechung der Vollstreckung von Freiheitsstrafen in den Fällen des Absatzes 2 Satz 1 Nummer 1 oder Nummer 2 absehen, wenn zu erwarten ist, dass nach deren vollständiger Verbüßung die Voraussetzungen einer Zurückstellung der Strafvollstreckung nach § 35 des Betäubungsmittelgesetzes für eine weitere zu vollstreckende Freiheitsstrafe erfüllt sein werden.

(4) Hat die Vollstreckungsbehörde die Vollstreckung nach Absatz 2 unterbrochen, so trifft das Gericht die Entscheidungen nach den §§ 57 und 57a des Strafgesetzbuches erst, wenn über die Aussetzung der Vollstreckung der Reste aller Strafen gleichzeitig entschieden werden kann.

Schrifttum

Eisenberg Auslegungsprobleme des § 57 II Nr. 1 StGB n. F., NStZ **1987** 167; *Graul* Zur Fiktion der rückwirkenden Vollstreckungsunterbrechung, GA **1991** 11; *Greger* Das 23. Strafrechtsänderungsgesetz, JR **1986** 353; *Jabel* Vollstreckung und Vollzug mehrerer Freiheitsstrafen nacheinander, MDR **1980** 718; *Maatz* Die „Erstverbüßer-Regelung" im Regierungsentwurf eines neuen § 57 Abs. 2 StGB, MDR **1985** 797; *ders.* Noch einmal: Zur Erstverbüßer-Regelung des § 57 II Nr. 1 StGB, NStZ **1988** 114; *ders.* Die Folgenbeseitigung verspäteter oder unterlassener Unterbrechung der Vollstreckung (§ 454b II 1 StPO), NStZ **1990** 219; *D. Meyer* Immer noch keine Zusammenrechnung mehrerer nacheinander zu verbüßender Freiheitsstrafen? NJW **1976** 939; *Sonnen* Die zeitlichen Voraussetzungen der Aussetzung des Strafrests zur Bewährung bei mehreren selbständigen Freiheitsstrafen, NJW **1977** 614; *Treptow* Die Berechnung der Fristen des § 57 StGB bei mehreren nacheinander zu verbüßenden Freiheitsstrafen, MDR **1976** 99; *Wolf* Die Nichtbeachtung des Zwei-Drittel-Zeitpunkts in der Vollstreckung des strafgerichtlichen Freiheitsentzugs, KrimStudien Bd. **7** (1988) 65 (Nichtbeachtung); *ders.* „Folgenbeseitigung" bei Mißachtung des § 454b II StPO – zu Ende gedacht, NStZ **1990** 575; *Zeitler* Vollstreckungsreihenfolge bei Freiheitsstrafen und freiheitsentziehenden Maßregeln, Rpfleger **2011** 10.

Entstehungsgeschichte

Die Vorschrift wurde durch Art. 2 Nr. 4 des 23. StRÄndG vom 13.4.1986 eingefügt. Durch Art. 14 Nr. 9 des 2. JuMoG vom 22.12.2006 wurde in Absatz 2 der Satz 3 angefügt.

https://doi.org/10.1515/9783110275025-013

Durch Artikel 3 Nr. 36 Buchst. a des Gesetzes zur effektiveren und praxistauglicheren Ausgestaltung des Strafverfahrens vom 17.8.2017 (BGBl. I S. 3202, 3210) wurde nach Absatz 2 ein neuer Absatz 3 eingefügt und der bisherige Absatz 3 wurde nach Artikel 3 Nr. 36 Buchst. b zu Absatz 4 (BGBl. I S. 3630).

Übersicht

Alphabetische Übersicht

I. Vollstreckung mehrerer Freiheits- und Ersatzfreiheitsstrafen

1. Früherer Rechtszustand. Die Frage, was zu geschehen hat, wenn gegen den Verurteilten mehrere selbständige rechtskräftig verhängte Freiheits- oder Ersatzfreiheitsstrafen zu vollstrecken sind, war bis 1986 ausschließlich in der Strafvollstreckungsordnung geregelt. Maßgebend für die Vollstreckung von Freiheitsstrafen war § 43 StVollstrO. Nach § 50 Abs. 1 StVollstrO galt § 43 StVollstrO auch für die Vollstreckung von Ersatzfreiheitsstrafen. 1

§ 43 Abs. 1 StVollstrO a. F. wiederholte den Grundsatz des § 454b Abs. 1, dass mehrere gegen denselben Verurteilten erkannte Freiheitstrafen, die nicht auf eine Gesamtstrafe zurückgeführt werden können, in unmittelbarem Anschluss nacheinander zu vollstrecken sind. Nach **§ 43 Abs. 2 StVollstrO a. F.** sollten ohne Rücksicht auf den Zeitpunkt der Verurteilung alle gegen denselben Verurteilten erkannten und zu vollstreckenden Freiheitsstrafen in der Reihenfolge ihrer Dauer, und zwar kürzere grundsätzlich vor längeren, vollstreckt werden. 2

Die Regelung in **Absatz 3** des **§ 43 StVollstrO a. F.** ging auf die seit Jahren in Rechtsprechung und Lehre strittige Frage zurück, ob bei mehreren nacheinander zu vollstreckenden Freiheitsstrafen für *jede gesondert* über eine Aussetzung des Strafrestes nach § 57 StGB zu entscheiden sei oder ob die einzelnen Freiheitsstrafen für die Berechnung des Zwei-Drittel-Zeitpunkts und des Entscheidungszeitpunkts *zusammenzurechnen* seien. Während die Verfechter der letzten Ansicht den Standpunkt vertraten, im Interesse einer spezialpräventiv einheitlichen Behandlung des Verurteilten sei es geboten, die einzelnen Strafen zusammenzurechnen und über die Aussetzung des Strafrestes erst nach Ablauf von zwei Dritteln der gesamten Strafzeit zu entscheiden,[1] meinten die Vertreter der anderen, dass die Strafvollstreckungskammer auch in diesem Fall[2] die Entscheidung für jede einzelne Freiheitsstrafe gesondert zu treffen habe,[3] dass es allerdings zulässig sei, die Vollstreckung der einzelnen Freiheitsstrafen zunächst jeweils zum Zwei-Drittel-Zeitpunkt zu *unterbrechen* und die endgültige Aussetzungsentscheidung erst zum Zwei- 3

1 Sog. Ganzheitsmodell: Vgl. dazu OLG Hamm – 4. StS – MDR **1975** 1043; **1976** 159; *D. Meyer* MDR **1974** 540; NJW **1976** 939; *Treptow* NJW **1975** 1105; **1976** 222; MDR **1976** 99; *Ruß* JR **1975** 336; *Foth* DRiZ **1976** 277; *Sonnen* NJW **1977** 614; *Peters* GA **1977** 97, 104; JR **1977** 397, 399; *Doller* ZRP **1978** 55; *Fischer* § 57, 1.

2 Nämlich der Vollstreckung mehrerer Freiheitsstrafen.

3 Vgl. OLG Hamm – 1. StS – NJW **1979** 2259; – 3. StS – NJW **1975** 1714; – 5. StS – JMBlNRW **1975** 222; OLG Düsseldorf JMBlNRW **1975** 283; OLG Bremen NJW **1975** 2031; **1976** 69; OLG Schleswig SchlHA **1976** 12; *W. Schmidt* NJW **1975** 1485.

Drittel-Zeitpunkt der letzten zu vollstreckenden Freiheitsstrafe, aber nunmehr für alle noch nicht endgültig vollstreckten Strafen, zu treffen.[4] Diese Auffassung hatte sich mehr und mehr durchgesetzt.[5] Einige Landesjustizverwaltungen übernahmen sie ausdrücklich in besonderen Anordnungen an ihre Vollstreckungsbehörden. Seinen endgültigen Durchbruch erzielte das **Unterbrechungsmodell** (Fn. 6), als es im Januar 1980 als Absatz 3 in § 43 StVollstrO eingestellt und zugleich vorgeschrieben wurde, dass die Vollstreckungsbehörde die Vollstreckung der einzelnen Freiheitsstrafen so rechtzeitig zu unterbrechen hat, dass die Strafvollstreckungskammer nach Teilverbüßung der letzten Strafe über die Aussetzung für alle Strafen einheitlich entscheiden kann.[6] Dieses Verfahren ist auch heute noch als herrschend anzusehen.[7]

4 **§ 43 Abs. 4 StVollstrO a. F.** enthielt Bestimmungen über die sachliche Vollzugszuständigkeit bei mehreren Freiheitsstrafen; **§ 43 Abs. 5 StVollstrO a. F.** traf eine Regelung für den Fall, dass mehrere Vollstreckungsbehörden sich nicht über die Reihenfolge der Vollstreckung einigen konnten.

5 **2. Jetziger Rechtszustand. § 454b** greift insoweit in den früheren Rechtszustand ein, als er **Teilbereiche** des früheren § 43 StVollstrO, nämlich dessen Absätze 1 und 3, wenn auch in teilweise abgeänderter Form, in die StPO übernimmt, die übrigen Regelungen dagegen – so zur Reihenfolge der Vollstreckung (Absatz 2) und zur Vollstreckungs- und Vollzugszuständigkeit (Absätze 5 und 7) – unberührt lässt. Warum der Gesetzgeber diesen Weg gewählt hat, ist den Materialien nicht zu entnehmen. Dass er ihn aufgrund gerichtsverfassungsrechtlicher Bedenken hätte beschreiten müssen oder dass sich eine gesetzliche Regelung aus anderen Gründen aufgedrängt hätte, kann nicht festgestellt werden. Sowohl die Reihenfolge der Vollstreckung als auch die Frage der Unterbrechung der Vollstreckung betreffen zunächst **Gebote an die Strafvollstreckungsbehörde** und nicht an das Gericht, was an sich für eine Regelung in der Strafvollstreckungsordnung sprechen könnte. Schließlich hätte eine solche Lösung gegenüber der neuen gesetzlichen Regelung sogar gewisse Vorteile. Denn zum einen können Verwaltungsvorschriften leichter an neue Sachverhalte angepasst werden, und zum anderen sind – anders als bei der Regelung in der StPO – die Anfechtungsmöglichkeiten gegen Maßnahmen aufgrund verwaltungsmäßiger Anordnungen nur beschränkt nachprüfbar.[8] Wenn es dem Gesetzgeber gleichwohl geboten erschien, einer gesetzlichen Regelung den Vorzug zu geben, dann ist das aus rechtsstaatlichen Gründen durchaus zu begrüßen. Zu fragen ist allerdings, warum er sie dann auf zwei Teilbereiche beschränkte. Es erscheint nicht gerade sinnvoll, die Unterbrechung der Vollstreckung gesetzlich, die damit zusammenhängende ebenso wichtige Frage zur Reihenfolge der Vollstreckung dagegen – abgesehen von der Aufnahme des Grundsatzes – in ihren Einzelheiten wie bisher durch eine Verwaltungsanordnung zu regeln.

---

4 Sog. Unterbrechungsmodell: Vgl. dazu OLG Karlsruhe MDR **1975** 1039; Justiz **1980** 479. Es begründet seinen Standpunkt mit dem Hinweis auf § 43 Abs. 2 Satz 3 (jetzt Absatz 4) StVollstrO a. F., wonach die Vollstreckungsbehörde aus wichtigem Grund eine andere Reihenfolge der Vollstreckung bestimmen kann.

5 OLG Hamm – 4. StS – NJW **1979** 1053 unter Aufgabe seines früheren Standpunkts; ausführlich mit der Frage befassen sich *Doller* ZRP **1978** 55 und *Jabel* MDR **1980** 718; aber auch *Pohlmann/Jabel/Wolf* § 43, 30 ff.

6 Vgl. zur Entwicklungsgeschichte des § 43 Abs. 3 StVollstrO a. F. *Jabel* MDR **1980** 718 sowie OLG Karlsruhe Justiz **1981** 322; NStZ **1982** 396 mit krit. Anm. *Katholnigg*.

7 Vgl. OLG Hamm JMBlNRW **1981** 238; **1982** 32; OLG Düsseldorf MDR **1981** 246; NStZ **1982** 467; **1983** 286; MDR **1984** 162; LK/*Hubrach* § 57, 46 ff.; *Fischer* § 57, 10.

8 Sie setzt nach § 24 EGGVG eine Rechtsverletzung voraus, die nach § 454b nicht erforderlich ist.

II. Reihenfolge (Absatz 1)

1. Allgemeines. Absatz 1 betont – wie § 43 Abs. 1 StVollstrO – den **Grundsatz**, dass Freiheits- und Ersatzfreiheitsstrafen unmittelbar nacheinander zu vollstrecken sind. Obwohl das Gesetz es nicht besonders erwähnt, erfasst die Vorschrift nur Freiheitsstrafen, die *nicht* auf eine **Gesamtstrafe** zurückgeführt werden können. Die Vollstreckungsbehörde hat daher, wenn mehrere Strafen zu vollstrecken sind, zunächst zu prüfen, ob aus ihnen eine Gesamtstrafe gebildet werden kann.[9] Mit dieser Prüfung soll verhindert werden, dass der Verurteilte zu seinem Nachteil mehrere für eine Gesamtstrafenbildung geeignete Strafen einzeln verbüßt. Nach Absatz 1 ist mithin immer erst dann zu verfahren, wenn die Voraussetzungen für eine Gesamtstrafenbildung nicht vorliegen. 6

Die **Jugendstrafe** ist *keine* Freiheitsstrafe i. S. der Vorschrift.[10] Ihre Vollstreckung richtet sich nach §§ 84, 85, 89a JGG. Danach ist für die Vollstreckung von Jugendstrafe der Jugendrichter als Vollstreckungsleiter zuständig. An dieser Zuständigkeit ändert sich auch dann nichts, wenn Jugendstrafe gegen einen Heranwachsenden verhängt (§ 110 Abs. 1 JGG) und nach § 89b JGG nach den Vorschriften des Erwachsenenvollzugs vollzogen wird[11] oder wenn gegen den Verurteilten neben einer Jugendstrafe Freiheitsstrafe zu vollstrecken ist. Der Gesetzgeber hat bei der Neufassung des § 462a durch Art. 21 Nr. 132 EGStGB 1974[12] davon **abgesehen**, auch die Vollstreckung von Freiheits- und Jugendstrafe in einer Hand **zu konzentrieren.**[13] Mangels einer solchen Konzentrationsregelung hat der Bundesgerichtshof[14] entschieden, dass – wenn Freiheits- und Jugendstrafe gegen denselben Verurteilten zu vollstrecken sind – für die Vollstreckung der Jugendstrafe der Jugendrichter als Vollstreckungsleiter und für die Vollstreckung der Freiheitsstrafe die Staatsanwaltschaft und die Strafvollstreckungskammer zuständig sind. 7

Dieser **Rechtszustand** ist durch die Einfügung des § 454b **nicht geändert** worden.[15] Zwar enthält dieser im Gegensatz zum früheren § 43 Abs. 3 StVollstrO a. F. in seinen Absätzen 1 und 2 nicht mehr den Klammerzusatz „§ 38 StGB", mit dem klargestellt werden sollte, dass die Unterbrechung nur für Freiheitsstrafen i. S. dieser Vorschrift, nicht aber auch für Ersatzfreiheitsstrafen zulässig sein sollte.[16] Nachdem § 454b nunmehr die Ersatzfreiheitsstrafe ausdrücklich in seine Regelung einbezieht, musste der Klammerzusatz mithin allein deshalb entfallen. Eine **Erweiterung** im sachlichen Geltungsbereich durch Einbeziehung auch der Jugendstrafe war dagegen **nicht beabsichtigt.** Erhärtet wird dieser Standpunkt durch die Regelung in Absatz 4, wonach das Gericht, und zwar eine Vollstreckungskammer (§ 78a Abs. 1 Satz 3 GVG), in den Fällen, in denen die Vollstreckungsbehörde die Vollstreckung nach Absatz 2 unterbrochen hat, die Entscheidungen nach §§ 57, 57a StGB zu treffen hat. Wenn die Vollstreckungskammer aber für die Vollstreckung von Jugendstrafe in keinem Fall zuständig ist, ist auch für die Qualifizierung der Jugendstrafe als Freiheitsstrafe i. S. dieser Vorschrift kein Raum. Bei Zusam 8

---

9 Vgl. § 460, 1 ff. sowie KK/*Appl* 2; *Bringewat* 4; *Pohlmann/Jabel/Wolf* § 43, 2 ff.

10 OLG Düsseldorf GA **1987** 511; MDR **1990** 744; OLG Stuttgart Justiz **1987** 436; OLG Frankfurt NStZ-RR **2000** 95; *Maatz* NStZ **1990** 21; KK/*Appl* 3; Meyer-Goßner/*Schmitt* 1; *Bringewat* 5.

11 *Eisenberg* NStZ **1987** 167, 169; KK/*Appl* 3; OLG Düsseldorf MDR **1988** 79.

12 BGBl. I S. 469, 502.

13 *Eisenberg/Kölbel* § 85, 11.

14 BGHSt **28** 351; BGH NStZ **1985** 92; BGH NStZ-RR **2007** 190; ebenso OLG Düsseldorf MDR **1988** 80; **1990** 744; KK/*Appl* 3; Meyer-Goßner/*Schmitt* 1; *Bringewat* 5; so auch schon zu § 43 Abs. 3 StVollstrO a. F. OLG Hamburg NStZ **1986** 336 mit zust. Anm. *Jabel*; *Böhm* NStZ **1981** 252.

15 OLG Düsseldorf MDR **1988** 80; OLG Frankfurt NStZ-RR **2000** 95.

16 Vgl. dazu *Jabel* MDR **1980** 719; *Pohlmann/Jabel/Wolf* § 23, 14; § 43, 21.

mentreffen von Jugendstrafe und Freiheitsstrafe und Abgabe der Vollstreckung durch den Jugendrichter als Vollstreckungsleiter an die Staatsanwaltschaft nach § 89a Abs. 3, § 85 Abs. 6 JGG hat im Falle der Anschlussvollstreckung die hierfür zuständige Strafvollstreckungskammer nach dem Grundsatz der Einheitlichkeit der Entscheidung rechtzeitig vor dem nach § 89a Abs. 1 JGG, § 454b Abs. 2 und 4 zu bestimmenden Termin über die Strafaussetzung zu entscheiden.[17] Die Vollstreckung der Jugendstrafe ist in einem solchen Fall nach § 89a Abs. 1 Satz 2 JGG spätestens nach Verbüßung der Hälfte dieser Strafe zu unterbrechen.[18]

2. Anwendungsbereich

9 **a) Freiheitsstrafen.** Wie unter Rn. 6 ausgeführt, gebietet Absatz 1 nur, Freiheits- und Ersatzfreiheitsstrafen nacheinander zu vollstrecken, ohne festzulegen, nach welchen **Gesichtspunkten** die Reihenfolge zu bestimmen ist. Sie sind weiterhin § 43 Abs. 2 StVollstrO zu entnehmen.[19] Nach dessen Absatz 2 Nr. 1 sollen die Strafen in der Reihenfolge ihrer Dauer, und zwar die kürzere vor der längeren, gleich lange in der Reihenfolge, in der die Rechtskraft eingetreten ist, vollstreckt werden.[20] Beim Zusammentreffen von Freiheitsstrafen und freiheitsentziehenden Maßregeln der Besserung und Sicherung bestimmt sich die Reihenfolge der Vollstreckung weiterhin nach §§ 44, 44a, 44b StVollstrO.[21]

10 **b) Zusammentreffen von Freiheits- und Ersatzfreiheitsstrafen.** Nach **§ 50 Abs. 1 StVollstrO** gelten für die Vollstreckung von Ersatzfreiheitsstrafen zwar die Bestimmungen des II. Abschnitts (§§ 22 bis 47 StVollstrO), mithin auch die §§ 43 ff. StVollstrO. Bis zur Neufassung des § 43 Abs. 2 Nr. 2 StVollstrO durch die Bekanntmachung vom 28.3.2001 stand damit zwar die Reihenfolge der Vollstreckung beim Zusammentreffen unterschiedlich langer Ersatzfreiheitsstrafen fest, wurde aber nichts zu der Frage gesagt, in welcher Reihenfolge bei einem Zusammentreffen von Freiheits- und Ersatzfreiheitsstrafen diese zu vollstrecken sind, d. h. ob die Ersatzfreiheitsstrafe *vor* oder *nach* der Freiheitsstrafe zu vollstrecken oder ob diese nach Vollzugsbeginn ganz allgemein wie eine Freiheitsstrafe zu behandeln ist.

11 Um diese Frage abschließend und eindeutig zu klären, hatte der Bundesrat beantragt, Absatz 1 Satz 1 um folgenden Satz 2 zu ergänzen: „Ersatzfreiheitsstrafen sollen nach Freiheitsstrafen vollstreckt werden". Begründet hatte er den Antrag mit der Erwägung, dass der Verurteilte auch während des Vollzugs die **Vollstreckung** von Ersatzfreiheitsstrafen noch häufig durch Entrichten der Geldstrafe **abwende**, der Gesetzesvorschlag mithin in einem gewissen Umfang auch dazu beitrage, die Justizvollzugsanstalten zu entlasten.[22]

12 Die Bundesregierung hat die Anregung aber nicht aufgegriffen, sondern sie vielmehr mit der Begründung abgelehnt, dass die Reihenfolge der Vollstreckung mehrerer Strafen schon nach bisherigem Recht im Verwaltungsweg i. S. des Anliegens des Bundesrats erreicht werden könne und es aus **systematischen Erwägungen** nicht angezeigt

---

17 OLG Dresden NStZ-RR **2000** 381; OLG Jena NStZ **2005** 167.

18 OLG Dresden NStZ-RR **2000** 381.

19 OLG Hamm NStZ **1987** 343; OLG Karlsruhe NStZ **1992** 302; OLG Hamburg MDR StV **1993** 256.

20 Wegen der Ausnahme von diesem Grundsatz siehe *Pohlmann/Jabel/Wolf* § 43, 20 bis 24.

21 *Bringewat* 5.

22 BTDrucks. **10** 2720, Anl. 2 (Stellungnahme des Bundesrats) Nr. 18: Zu Art. 2 Nr. 3, S. 26; seiner Auffassung neigt auch Meyer-Goßner/*Schmitt* zu (Rn. 1).

sei, aus dem Gesamtkomplex „Vollstreckungsreihenfolge" eine Einzelfrage gesetzlich zu regeln.[23] Dass der Rechtsausschuss sich noch einmal mit der Frage befasst hätte, ist weder dem Sitzungsprotokoll noch dem abschließenden Bericht zu entnehmen.[24] Die Frage ist nunmehr dahin geregelt, dass Ersatzfreiheitsstrafen nach Freiheitsstrafen vollstreckt werden (§ 43 Abs. 2 Nr. 2, 1. Hs. StVollstrO) und beim Zusammentreffen mehrerer Ersatzfreiheitsstrafen hinsichtlich der Reihenfolge der Vollstreckung die Regelung für Freiheitsstrafe entsprechend gilt (§ 43 Abs. 2 Nr. 2 letzter Hs. StVollstrO).

III. Unterbrechung (Absatz 2)

1. Allgemeines. Der Grundsatz, dass Freiheits- und Ersatzfreiheitsstrafen unmittelbar nacheinander vollstreckt werden sollen (Absatz 1), schließt es nicht aus, die Vollstreckung in Einzelfällen aus wichtigem Grund zu unterbrechen, eine andere Reihenfolge zu bestimmen (§ 43 Abs. 4 StVollstrO) oder gar von der weiteren Vollstreckung abzusehen, wenn dies gesetzlich bestimmt (§§ 57, 57a StGB) oder sachlich geboten ist. Insoweit bestand in Rechtsprechung und Lehre von jeher Einigkeit. Streitig war allein die Frage, wie dieses Problem am besten gelöst werden kann, nämlich durch eine gesetzliche Regelung, sei es im StGB[25] oder in der StPO,[26] oder auf andere Weise durch bundeseinheitliche Regelung in der StVollstrO.[27] Solange eine gesetzliche Regelung fehlte, musste der letztere, an die prozessrechtliche Lösung anknüpfende Weg beschritten werden. Nachdem der Gesetzgeber nunmehr eine gesetzliche (Teil-)Lösung getroffen hat, ist die Regelung in dem früheren **§ 43 Abs. 3 StVollstrO a. F. insoweit gegenstandslos** geworden. 13

2. Gesetzgebungsgang

a) Vorschlag der Bundesregierung. § 454b Abs. 2 Satz 1 des Regierungsentwurfs enthielt in seiner **ursprünglichen Fassung** nur die jetzigen Nummern 2 und 3. Obwohl die Bundesregierung die Aufnahme der Unterbrechungsvorschriften mit der Erwägung begründet, damit den Vorschriften des materiellen Strafrechts über die Aussetzung der Vollstreckung des Strafrestes Genüge zu tun,[28] glaubte der Entwurf – ohne das allerdings näher zu begründen –, die Unterbrechung auf die zwingend vorgeschriebenen Aussetzungsfälle des § 57 Abs. 1 Satz 1[29] und § 57a Abs. 1 StGB[30] beschränken zu sollen. Das wäre vertretbar gewesen, wenn der Gesetzgeber nicht auch die Fassung des bisherigen § 57 Abs. 2 StGB[31] geändert hätte, zumal da diese die Aussetzung des Strafrestes schon nach Verbüßung der Hälfte der Strafe zur seltenen Ausnahme machte. 14

Zwar unterscheidet sich auch die **neue Fassung** des § 57 Abs. 2 Nr. 1 StGB dadurch weiterhin von der in § 57 Abs. 1 Satz 1 und § 57a Abs. 1 StGB, dass der Gesetzgeber sie 15

---

23 BTDrucks. **10** 2720, Anl. 3 (Gegenäußerung der Bundesregierung): Zu Nr. 18, S. 30.

24 BTDrucks. **10** 4391 (Bericht): Zu Art. 2 Nr. 3, S. 19; vgl. auch *Greger* JR **1986** 357, der – ohne Begründung – von der Rechtslage ausgeht, die dem gerade nicht Gesetz gewordenen Vorschlag des Bundesrats entspricht.

25 Sog. materiell-rechtliche Lösung i. S. einer Einheitsstrafe nach dem Vorbild des § 31 JGG.

26 Sog. prozessrechtliche Lösung durch Bildung einer Art unechten Gesamtstrafe durch Addition der einzelnen Freiheitsstrafen.

27 So die frühere Fassung des § 43 Abs. 3 StVollstrO a. F.

28 BTDrucks. **10** 2720, Begr. zu Art. 2 Nr. 3, S. 15.

29 Aussetzung des Strafrestes einer zeitigen Freiheitsstrafe nach Verbüßung von zwei Dritteln der Strafe.

30 Aussetzung einer lebenslangen Freiheitsstrafe nach Verbüßung von fünfzehn Jahren der Strafe.

31 Aussetzung einer zeitigen Freiheitsstrafe nach Verbüßung der Hälfte der Strafe.

im Gegensatz zu letzteren Vorschriften nicht als Muss-, sondern als **Kann-Vorschrift** ausgestaltet hat. Jedoch dürfte es dieser Umstand nicht mehr ausschließen, § 57 Abs. 2 Nr. 1 StGB gleichwohl in die Unterbrechungsregelung einzubeziehen, nachdem die (erleichterte) Aussetzung des Strafrestes nach Verbüßung der Hälfte der Strafe ohnehin die Verbüßung von sechs Monaten voraussetzt und – im Gegensatz zur früheren Regelung – nunmehr auf Erstverbüßer beschränkt ist.[32]

16 **b) Prüfungsempfehlung des Bundesrats.** Der Bundesrat hat seine Empfehlung, auch den Fall des § 57 Abs. 2 Nr. 1 StGB in die Unterbrechungsregelung einzubeziehen, namentlich damit begründet, dass das Gericht bei einem **Erstverbüßer** mit günstiger Sozialprognose die weitere Vollstreckung ohnehin regelmäßig nach Verbüßung der Hälfte der Strafe aussetzen werde. Da eine Ablehnung der Halbzeitentlassung aus generalpräventiven Gründen hier die Ausnahme sein werde, sei es angezeigt, diesen Fall in die Unterbrechungsregelung des § 454b Abs. 2 aufzunehmen, zumal da mit seiner Einbeziehung sichergestellt werde, dass auch dieser Fall bei der einheitlichen Entscheidung der Strafvollstreckungskammer über die Aussetzung aller Strafreste berücksichtigt werde.[33] Die Bundesregierung hat die empfohlene Prüfung im weiteren Verlauf des Gesetzgebungsverfahrens durchgeführt.[34] Der Rechtsausschuss des Bundestags hat sie mit geringen redaktionellen Abänderungen in der Formulierung übernommen.[35]

3. Unterbrechungsfälle (Satz 1)

17 **a) Allgemeines.** Die Vorschrift bestimmt, dass die Vollstreckungsbehörde die Vollstreckung der zunächst zu vollstreckenden Freiheitsstrafe unter den in den in Satz 1 unter Nr. 1 bis 3 angeführten Voraussetzungen unterbrechen *muss*.[36] Mit der zwingend vorgeschriebenen Strafunterbrechung soll dem Verurteilten hinsichtlich aller Strafen die Chance zur Restaussetzung erhalten bleiben. Unter **zunächst zu vollstreckende Freiheitsstrafe** ist die unter Berücksichtigung der nach § 43 Abs. 2 StVollstrO festgelegten Reihenfolge jeweils vollstreckte Freiheitsstrafe zu verstehen.[37] Ausgeschlossen ist es, die Vollstreckung nur zum Vollzug von Untersuchungshaft zu unterbrechen.[38] Die Vollstreckungsbehörde hat die Freiheitsstrafe selbst dann zu unterbrechen, wenn eine Aussetzung des Strafrestes dieser Strafe unter keinem rechtlichen Gesichtspunkt denkbar ist. Denn diese Frage hat allein die Strafvollstreckungskammer, und zwar erst im Zeitpunkt ihrer abschließenden Entscheidung nach Absatz 3, zu treffen. Eine Unterbrechung der Vollstreckung einer Freiheitsstrafe sowohl zum Halbstrafenzeitpunkt als auch zum Zweidrittelzeitpunkt ist bei Erstverbüßern nicht vorgesehen. In den Fällen des § 57 Abs. 2 Nr. 1 StGB ersetzt die Prüfung von Amts wegen nach Verbüßung der Hälfte die Prüfung nach Verbüßung von zwei Dritteln der Freiheitsstrafe und tritt nicht neben sie. Eine Prüfung von Amts wegen hat daher nur einmal zu erfolgen.[39] Hat ein Verurteilter mehrere Freiheitsstrafen von jeweils nicht mehr als sechs Monaten zu verbüßen, so kommt eine Aussetzung des Strafrestes nach Verbüßung der Hälfte nach § 57 Abs. 2 StGB nicht

32 BTDrucks. **10** 2720, Begr. zu Art. 1 Nr. 7a, S. 11.
33 BTDrucks. **10** 2720, Anl. 2 (Stellungnahme des Bundesrats) Nr. 19: Zu Art. 2 Nr. 3, S. 26.
34 BTDrucks. **10** 2720, Anl. 3 (Gegenäußerung der Bundesregierung): Zu 19, S. 30.
35 BTDrucks. **10** 4391 (Bericht): Zu Art. 2 § 454b, S. 19.
36 BVerfG NStZ **1988** 474; OLG Dresden NStZ **2016** 109.
37 OLG München MDR **1988** 601.
38 OLG Düsseldorf VRS **81** (1991) 120.
39 OLG Oldenburg StV **1987** 70; NStZ **1998** 271, 272; OLG Karlsruhe NStZ-RR **2016** 125.

in Betracht, weil nach der gesetzlich vorgeschriebenen Mindestverbüßungszeit nach Absatz 2 Satz 1 Nr. 1 von sechs Monaten kein Strafrest mehr übrig bleibt. Es ist nicht zulässig, für die Berechnung der Mindestverbüßungszeit die einzelnen Freiheitsstrafen zusammenzurechnen.[40] Absatz 2 schafft auch nicht die Grundlage, die Strafvollstreckung zur Ermöglichung einer Therapie nach Zurückstellung der Strafvollstreckung nach § 35 BtMG zu unterbrechen.[41] Vielmehr stellt eine nach Absatz 2 unterbrochene, nicht nach § 35 BtMG zurückstellungsfähige Strafe eine im Sinne des § 35 Abs. 6 Nr. 2 BtMG zu vollstreckende Strafe dar, die die Zurückstellung einer weiteren Strafe nach § 35 BtMG hindert.[42]

b) Zeitige Freiheitsstrafen. Für zeitige Freiheitsstrafen bestimmt das Gesetz zwei 18
unterschiedliche Unterbrechungszeitpunkte. Nach Absatz 2 Satz 1 Nr. 1 hat die Vollstreckungsbehörde eine Freiheitsstrafe bis zu zwei Jahren nach Verbüßen der Hälfte der Strafe, mindestens aber von sechs Monaten, zu unterbrechen, wenn der Verurteilte erstmals eine Strafe verbüßt.[43]

aa) Erstverbüßer. In Rechtsprechung und Lehre umstritten ist die Frage, was unter 19
dem **Begriff** Erstverbüßung i. S. von § 57 Abs. 2 Nr. 1 StGB zu verstehen ist. Nach einer Meinung gilt die Erstverbüßerregelung für Verurteilte, die sich erstmalig im Strafvollzug befinden, *nur* hinsichtlich der in der **Reihenfolge der Vollstreckung** an erster Stelle stehenden Strafe.[44] Nach anderer inzwischen eindeutig überwiegender Ansicht, die auf der vollstreckungsrechtlichen Selbständigkeit der einzelnen Strafen aufbaut,[45] wird die Erstverbüßung unabhängig von der Reihenfolge der Vollstreckung *allein* durch die Tatsache begründet, dass der Verurteilte **erstmals Strafe verbüßt** mit der Folge, dass die Halbstrafenunterbrechung auch bei mehreren nacheinander zu vollstreckenden Freiheitsstrafen für jede einzelne dieser Strafen gilt.[46]

Dieser Ansicht ist schon deshalb zuzustimmen, weil sie für die Unterbrechungsent- 20
scheidung allein darauf abstellt, ob die erstmalige Strafverbüßung den Verurteilten so beeindruckt, dass sie eine **günstige Prognose** erlaubt und damit eine mögliche Halbstrafenaussetzung rechtfertigt. Eine solche Möglichkeit ist trotz der Tatsache, dass gegen den Verurteilten eine weitere Freiheitsstrafe vollstreckt wird, weil er sich durch die erste Verurteilung zu einer Bewährungsstrafe nicht von der Begehung einer neuen Straftat hat abhalten lassen, nicht von vornherein auszuschließen.[47] Eine **Ausnahme** ist allerdings für den Fall anzuerkennen, dass die mehreren Freiheitsstrafen nicht in eine fortlaufende Anschlussvollstreckung einbezogen sind, sondern mit vollstreckungsfreien Zwischenphasen vollzogen werden. In einem solchen Fall liegen allerdings die Voraussetzungen

---

40 OLG Hamm NStZ-RR **2013** 61 Ls.
41 BGH StraFo **2010** 473.
42 BGH StraFo **2010** 473; BGHSt **55** 243 ff.
43 OLG Karlsruhe NStZ-RR **2016** 125.
44 OLG Hamm NStZ **1987** 367; NStZ-RR **2010** 60 Ls.; *Greger* JR **1986** 356; NStZ **1986** 573; *Fischer* § 57, 25.
45 BGHSt **34** 159, 161; KK/*Appl* 10; Meyer-Goßner/*Schmitt* 3; **a. A.** *Eisenberg* NStZ **1987** 167.
46 OLG Oldenburg NdsRpfl. **1986** 279; MDR **1987** 602; StV **1987** 70 mit Anm. *Maatz*; OLG Zweibrücken NStZ **1986** 572 mit Anm. *Greger*; StV **1987** 70 mit Anm. *Maatz*; OLG Karlsruhe Justiz **1987** 319; OLG Stuttgart NStZ **1988** 128; **2000** 593; OLG München MDR **1988** 601; OLG Düsseldorf StV **1989** 215; OLG Celle StV **1990** 271; OLG Köln StraFo **2007** 479; LG Heilbronn StV **1986** 346; *Maatz* MDR **1985** 797, 800; NStZ **1988** 144; OLG Bremen StV **2009** 260; *Bringewat* 13; KK/*Appl* 11 ff.; Meyer-Goßner/*Schmitt* 3.
47 OLG München MDR **1988** 601; *Maatz* StV **1987** 71; KK/*Appl* 12; **a. A.** OLG Hamm GA **1987** 269.

für die Annahme einer Erstverbüßung nur hinsichtlich der zuerst vollstreckten Freiheitsstrafe vor.[48]

21 *Keine* Erstverbüßung liegt mehr vor, wenn der Verurteilte zufolge einer strafgerichtlichen Entscheidung bereits einmal einen Freiheitsentzug erlitten hat, sei es durch **Verbüßung einer Jugendstrafe,**[49] oder **Verbüßung von Strafarrest** (vgl. §§ 9, 14 WStG).[50] Erstverbüßung ist auch dann zu verneinen, wenn der Verurteilte eine von einem früheren DDR-Gericht verhängte Freiheitsstrafe wegen einer Straftat verbüßt hat, die auch nach Bundesrecht strafbar gewesen wäre, es sei denn, dass die frühere Verurteilung nicht mit rechtsstaatlichen Grundsätzen zu vereinbaren ist.[51] Die Frage, ob auch **angerechnete Untersuchungshaft** und **Auslieferungshaft** als Erstverbüßung anzusehen ist, ist umstritten.[52] Diese Frage wird zu verneinen sein, denn weder erlittene Untersuchungshaft noch Auslieferungshaft sind in ihrer Wirkung auf den Beschuldigten vergleichbar mit der Verbüßung von Freiheitsstrafe, Jugendstrafe oder Strafarrest. Der Vollzug von Untersuchungs- oder Auslieferungshaft hindert mithin die Anwendung der Erstverbüßerregelung nicht.[53] Die **Vorverbüßung einer Ersatzfreiheitsstrafe**[54] führt ebenfalls nicht zum Ausschluss der Erstverbüßerregelung nach § 57 Abs. 2 Nr. 1 StGB. Ihre Einbeziehung in § 57 Abs. 2 Nr. 1 StGB würde für einen mittellosen Verurteilten eine besondere Härte bedeuten.

22 **bb) Andere Fälle.** In **anderen Fällen** (höhere Freiheitsstrafe als zwei Jahre oder wiederholte Strafverbüßung) darf – muss sie dann allerdings auch – die Vollstreckungsbehörde die Vollstreckung der Freiheitsstrafe erst mit dem Ablauf des Tages unterbrechen, an dem der Verurteilte zwei Drittel der Strafe, mindestens jedoch zwei Monate, verbüßt hat (Nr. 2). Damit steht fest, dass eine Freiheitsstrafe, die **zwei Monate oder weniger** beträgt, stets voll zu vollstrecken ist und kann es auch nicht zweifelhaft sein, dass schon eine Strafe von zwei Monaten und einer Woche nach Ablauf von zwei Monaten, mithin wegen der verbleibenden einen Woche, zu unterbrechen ist. Nach dem klaren Wortlaut der Gesetzesfassung ist es nicht erforderlich, dass die zwei Monate auch zwei Drittel der verhängten Strafe ausmachen müssen, d. h. diese nicht auf mindestens drei Monate lauten muss.[55] Aus dieser Beschränkung folgt zugleich, dass Absatz 2 Satz 1 Nr. 2 Halbstrafenunterbrechungen nach § 57 Abs. 2 Nr. 2 StGB, für die im Übrigen weiterhin ein Antrag vorausgesetzt wird,[56] ausschließt.[57] Für sie gilt auch nicht die Entscheidungskonzentration nach Absatz 3.[58]

---

48 *Bringewat* 13; KK/*Appl* 13.

49 OLG Stuttgart MDR **1988** 251; OLG Karlsruhe NStZ **1989** 323; OLG Düsseldorf MDR **1990** 744; *Fischer* § 57, 23; LK/*Hubrach* § 57, 30; KK/*Appl* 14; Meyer-Goßner/*Schmitt* 3; MüKo-StGB/*Groß* § 57, 25; Bringewat 13.

50 KK/*Appl* 14; LK/*Hubrach* § 57, 30; **a. A.** MüKo-StGB/*Groß* § 57, 25.

51 OLG Zweibrücken MDR **1992** 175; KK/*Appl* 13a.

52 Gilt nicht als Erstverbüßung: KK/*Appl* 14; *Fischer* § 57, 24 ff. m. w. N.; OLG Stuttgart NStZ **1990** 103; OLG Düsseldorf NStZ-RR **1996** 186; OLG Zweibrücken StV **1998** 670; OLG Braunschweig NStZ **1999** 532; OLG Bremen StV **2009** 260; *Maatz* MDR **1985** 800; **a. A.** OLG Karlsruhe MDR **1989** 1012; LR/*Wendisch*[25] 21.

53 OLG Bremen StV **2009** 260; KK/*Appl* 14.

54 OLG Zweibrücken MDR **1988** 984; OLG Stuttgart StV **1994** 250; *Fischer* § 57, 23; LK/*Hubrach* § 57, 30; KK/*Appl* 14; **a. A.** OLG Karlsruhe Justiz **1987** 319; OLG Stuttgart Justiz **1988** 376; NStZ **1988** 128; JZ **1987** 185.

55 OLG Köln NJW **1959** 783; StK b. d. AG Bremerhaven MDR **1975** 241; LK/*Hubrach* § 57, 7; *Fischer* § 57, 6.

56 OLG München MDR **1987** 74.

57 OLG Oldenburg MDR **1987** 75; *Bringewat* 14; Meyer-Goßner/*Schmitt* 18; **a. A.** OLG Zweibrücken JR **1990** 212 mit abl. Anm. *Wendisch*.

58 OLG Oldenburg MDR **1987** 75; OLG Düsseldorf NStZ **1991** 103; LG Hamburg MDR **1991** 666; *Bringewat* 14, 24.

c) Lebenslange Freiheitsstrafen. Die Vollstreckung **lebenslanger Freiheitsstrafen** darf erst nach Verbüßung von 15 Jahren unterbrochen werden (Nr. 3). Dem eindeutigen Wortlaut des Absatzes 2 („unterbricht die Vollstreckungsbehörde die Vollstreckung der noch zu vollstreckenden Freiheitsstrafe, wenn ... 3. bei lebenslanger Freiheitsstrafe fünfzehn Jahre der Strafe verbüßt sind") steht es entgegen, bei Zusammentreffen von zum Zweidrittelzeitpunkt zu unterbrechender zeitiger Freiheitsstrafe und lebenslanger Freiheitsstrafe mit Feststellung der besonderen Schwere der Schuld auf den Ablauf der von der Strafvollstreckungskammer festgesetzten erhöhten Mindestverbüßungszeit abzustellen.[59] Das kann zu unterschiedlichen Entscheidungen führen.[60] Abhilfe kann insoweit nur der Gesetzgeber schaffen. Trifft eine lebenslange mit einer zeitigen oder treffen **mehrere zeitige** Freiheitsstrafen zusammen, sind die Voraussetzungen der §§ 57, 57a StGB für jede von ihnen gesondert zu prüfen.[61] Um sicherzustellen, dass auch in diesen Fällen eine gleichzeitige und einheitliche Entscheidung gegen Ende der Anschlussvollstreckung getroffen werden kann, ist die Vollstreckung der zunächst zu vollstreckenden zeitigen Freiheitsstrafe auch hier nach Absatz 2 Satz 1 zu unterbrechen, sobald die zeitlichen Voraussetzungen des § 57 Abs. 1 oder § 57a Abs. 1 StGB oder – bei Erstverbüßern – des § 57 Abs. 2 Nr. 1 StGB (nicht auch des § 57 Abs. 2 Nr. 2 StGB) erfüllt sind.[62] Sind mehrere lebenslange Freiheitsstrafen aus verschiedenen Urteilen nacheinander zu vollstrecken und wurde die zunächst vollstreckte lebenslange Freiheitsstrafe nach Absatz 2 Satz 1 Nr. 3 unterbrochen, so hat das Gericht die Entscheidung nach § 57a StGB für beide Strafen gleichzeitig zu treffen.[63] 23

d) Freiheitsstrafen und Maßregeln der Besserung und Sicherung. Die unter Rn. 18 bis 23 erörterten Grundsätze gelten zufolge der Verweisung in § 463 Abs. 1 auch, wenn das erkennende Gericht neben einer oder auch mehreren der nacheinander zu vollstreckenden Freiheitsstrafen freiheitsentziehende Maßregeln der Besserung und Sicherung angeordnet hat.[64] Beim Zusammentreffen von Freiheitsstrafe und freiheitsentziehender Maßregel aus verschiedenen Urteilen ist für die Entscheidung über die Reihenfolge der Vollstreckung nicht die Strafvollstreckungskammer, sondern die Staatsanwaltschaft als Vollstreckungsbehörde zuständig.[65] Bei der **Sicherungsverwahrung** folgt das schon daraus, dass diese stets zuletzt vollstreckt wird (§ 44 Abs. 1 und 2 StVollstrO). Damit wird der Strafvollstreckungskammer die Möglichkeit gegeben, im Zeitpunkt ihrer Entscheidung nach Absatz 4 außer über die Aussetzung der Vollstreckung der Reste aller Strafen zugleich auch darüber zu entscheiden, ob der Zweck der Maßregel die Unterbringung in der Sicherungsverwahrung nach § 67c Abs. 1 StGB noch erfordert.[66] § 454b bleibt auch bei einer Anordnung eines Vorbehalts der Unterbringung in der Sicherungsverwahrung nach § 66a Abs. 1 StGB unberührt. Da die gleichen Erwägungen auch für den Fall gelten, in dem das Gericht die Vollstreckung der Strafe *vor* einer an sich zunächst zu vollziehenden Maßregel nach §§ 63, 64 StGB angeordnet hat 24

59 So *Widmaier* NStZ **2010** 593; OK-StPO/*Coen* 6.
60 OLG Jena StraFo **2012** 242, 244; Meyer-Goßner/*Schmitt* 18.
61 OLG Hamm NJW **1979** 1053; OLG Düsseldorf NStZ **1982** 467; Meyer-Goßner/*Schmitt* 2; *Bringewat* 14.
62 OLG Oldenburg MDR **1987** 75; OLG Hamm MDR **1993** 262; LG Hamburg MDR **1991** 666; Meyer-Goßner/*Schmitt* 2 und 18; **a. A.** LG Itzehoe SchlHA **1989** 144; zweifelnd OLG Zweibrücken JR **1990** 211 mit abl. Anm. *Wendisch*; OLG Karlsruhe Beschl. vom 15.8.2018 – 2 VAs 37/18.
63 OLG Nürnberg NStZ **1999** 269.
64 OLG Karlsruhe Justiz **1988** 602.
65 OLG Celle NStZ **1983** 188.
66 KK/*Appl* 20 f.; OLG Hamburg OLGSt EGStGB Art 316e Nr 1.

(§ 67 Abs. 2 StGB), besteht auch keine Veranlassung, die Frage der Unterbrechung der Vollstreckung hier anders zu behandeln. Aber auch dann, wenn die Maßregel der **Unterbringung** in einem **psychiatrischen Krankenhaus** (§ 63 StGB) oder in einer **Entziehungsanstalt** (§ 64 StGB) entsprechend dem Grundsatz des § 67 Abs. 1 StGB vor der Strafe vollzogen wird, bestehen keine Bedenken, die Maßregel wie eine Freiheitsstrafe zu behandeln, zumal da sie ohnehin auf die Strafe anzurechnen ist (§ 67 Abs. 4 StGB) und die Vollstreckungskammer bei Erreichen des Maßregelzwecks den nach der Anrechnung der Zeit des bisherigen Maßregelvollzugs noch verbleibenden Strafrest sogar aussetzen kann, wenn zufolge der Anrechnung die Hälfte der Strafe erledigt ist (§ 67 Abs. 5 Satz 1 StGB). Das gilt auch dann, wenn freiheitsentziehende Maßregeln aufgrund verschiedener Entscheidungen zu vollstrecken sind.[67]

4. Verspätete Vollstreckungsunterbrechung

25 **a) Allgemeines.** Das Unterbrechungsgebot des Satzes 1 ist strikt zu beachten. Es gilt auch, wenn das Gericht die Aussetzung nach § 57 oder § 57a StGB bereits abgelehnt hatte, sich aber dann herausstellt, dass eine weitere Strafe zu vollstrecken ist.[68] Ein **Verschulden der Vollstreckungsbehörde** darf dem Verurteilten nicht zum Nachteil gereichen, da die grundrechtliche Verbürgung der Freiheit der Person es in verfassungsrechtlicher Hinsicht gebietet, dass die Vollstreckungsbehörde bei mehreren nacheinander zu vollstreckender Freiheitsstrafen die ihr gemäß § 454b Abs. 2 Satz 1 StPO von Amts wegen auferlegte Verpflichtung zur Unterbrechung strikt beachtet.[69] Streitig ist, ob und wie ein **zurechenbarer**[70] Fehler der Vollstreckungsbehörde beseitigt werden kann. Dass er entgegen der früheren Auffassung der obergerichtlichen Rechtsprechung, die eine Heilung weder für erforderlich noch tatsächlich und rechtlich für möglich hielt,[71] beseitigt werden muss, was heute auch nicht mehr in Frage gestellt wird, ergibt sich aus der Begründung des Bundesverfassungsgerichts. Denn wenn ein Fehler dem Verurteilten nicht zum Nachteil gereichen darf, muss er so gestellt werden, als sei der Fehler nicht geschehen, d. h. muss der Verurteilte so behandelt werden, als ob die Behörde rechtzeitig unterbrochen hätte.[72]

26 **b) Rückwirkungsmodell. Gegensätzliche Auffassungen** bestehen allerdings hinsichtlich der Frage, auf welche Weise die Fehlerbeseitigung zu geschehen hat. Rechtsprechung und Lehre haben dazu zwei Modelle entwickelt, das auf einer vollstreckungsrechtlichen Lösung aufbauende **Rückwirkungsmodell**[73] und das auf einer materiellrechtlichen Lösung beruhende **Anrechnungsmodell.** Ersteres[74] will im Fall des Auseinanderfallens des rechtlich möglichen und des tatsächlichen Unterbrechungszeitpunkts den Unterbrechungsfehler durch eine rückwirkende Korrektur beseitigen, nämlich durch eine nachträgliche auf den rechtlich gebotenen Unterbrechungszeitpunkt rückdatierte

---

67 KK/*Appl* 22; OLG Hamm – 3. StS – Rpfleger **2008** 332; **a. A.** OLG Hamm NStZ **1988** 430.

68 OLG Hamm NStZ **1985** 144; OLG Düsseldorf StV **1990** 121; OLG Karlsruhe StV **1996** 220; *Maatz* NStZ **1990** 218; Meyer-Goßner/*Schmitt* 3.

69 BVerfG NStZ **1988** 474; OLG Naumburg NStZ **1997** 56; *Maatz* NStZ **1990** 214; *Wolf* NStZ **1990** 575; *Graul* GA **1991** 11; KK/*Appl* 5; Meyer-Goßner/*Schmitt* 2; *Bringewat* 11.

70 Den das Bundesverfassungsgericht allerdings schon dann bejaht (NStZ **1988** 475), wenn die Ursachen der Verzögerung „allein im Verantwortungsbereich der Staatsanwaltschaft" liegen.

71 OLG Zweibrücken JR **1977** 292; OLG Stuttgart Justiz **1981** 322; MDR **1985** 160; Justiz **1987** 437.

72 *Graul* GA **1991** 14.

73 Von *Graul* auch als Rückdatierungsmodell bezeichnet.

74 OLG Frankfurt NStZ **1990** 254; KG StraFo **2011** 108 Rn. 17; *Graul* GA **1991** 11.

und auf diesen Zeitpunkt **zurückwirkende Anordnung** erreichen. Das OLG Frankfurt sieht darin keinen unzulässigen Versuch, ein tatsächliches Geschehen (Freiheitsentziehung durch Strafvollzug) nachträglich zu beseitigen, sondern nur eine Änderung in der Bezeichnung des weiterhin andauernden Strafvollzugs, nämlich die Ersetzung des „Etiketts Strafe aus dem Urteil A durch Strafe aus dem Urteil B".[75]

c) Anrechnungsmodell. Die Anhänger des **Anrechnungsmodells** meinen dagegen, 27
dass die Folgen einer von der Vollstreckungsbehörde zu vertretenen Versäumung des Unterbrechungszeitpunkts und damit des Widerspruchs zwischen § 454b Abs. 2 Satz 1 und den §§ 57, 57a StGB nur durch eine korrigierende Auslegung der Voraussetzungen für die Strafaussetzung in den materiell-rechtlichen Strafvorschriften behoben werden können.[76] Eindeutig erreicht werde das dadurch, dass die zeitlichen Voraussetzungen der §§ 57, 57a StGB für die Anschlussstrafe um die Dauer der verspäteten Unterbrechung gemindert würden.[77]

Einen **weiteren Lösungsweg** schlägt *Maatz* vor. Obwohl er an sich eine vollstre- 28
ckungsrechtliche Lösung für wünschenswert hält, betrachtet er diesen Weg deshalb als nicht begehbar, weil einmal verbüßte Strafhaft de facto nicht wieder rückgängig gemacht werden kann, darüber hinaus die Zulassung einer rückwirkenden Anordnung der Vollstreckungsunterbrechung mit der vollstreckungsrechtlichen Selbständigkeit der einzelnen Strafe unvereinbar sei.[78] Nach seiner Ansicht könnte der Fehler am besten dadurch beseitigt werden, „dass die Vollstreckungsbehörde den frühestmöglichen *Entlassungszeitpunkt* nach **Maßgabe fingierter (!) Unterbrechung** entsprechend der gesetzlichen Bestimmung des § 454b Abs. 2 StPO neu berechnet und die Vorgänge dem Vollstreckungsgericht rechtzeitig zur einheitlichen Entscheidung nach § 454b Abs. 4 StPO zuleitet".[79]

d) Bevorzugte Lösung. Beide Modelle bezwecken das **gleiche Ergebnis**. Sie wollen 29
sicherstellen, dass die für den Verurteilten nachteilige verspätete Unterbrechung dadurch wieder beseitigt wird, dass von der Zweitstrafe mehr als verbüßt gilt, als tatsächlich verbüßt wurde. Beide Modelle bauen mithin auf einer **Fiktion** auf, indem sie zur Beseitigung des Nachteils den gegebenen Fall der verspäteten Vollstreckungsunterbrechung mit dem nicht vorliegenden, gedachten, Fall der rechtzeitigen Unterbrechung (zumindest partiell) gleichsetzen.[80] Mit dieser Rechtskonstruktion entfallen die Bedenken, die gegen die rückwirkende Beseitigung einer einmal verbüßten Freiheitsstrafe erhoben werden.[81] Denn diese beruhen auf dem selbstverständlich nicht angreifbaren Satz, dass in tatsächlicher Hinsicht Vergangenes nicht beseitigt werden kann. Einer aufgrund einer Fiktion rechtlich zulässigen rechtlichen Umgestaltung steht sie dagegen nicht entgegen. Sind aber **beide Lösungswege denkbar**, sollte man sich für das einfachere und prakti-

---

75 Ähnlich OLG Celle JR **1991** 77 (2a aa) mit insoweit zust. Anm. *Müller-Dietz*.

76 OLG Zweibrücken JR **1977** 292; OLG Stuttgart Justiz **1981** 321; **1987** 436; MDR **1985** 160; NStZ **1991** 150; OLG Düsseldorf StV **1993** 88; OLG Hamburg StV **1994** 195; LG Marburg NStZ **1988** 273; *Maatz* NStZ **1990** 216; KK/*Appl* 6; Meyer-Goßner/*Schmitt* 2.

77 OLG Stuttgart NStZ **1991** 150; OLG Karlsruhe StV **1996** 220; KK/*Appl* 6.

78 NStZ **1990** 216 r. Sp.; ähnlich OLG Karlsruhe StV **1996** 220.

79 NStZ **1990** 217 l. Sp.; seine Lösung dürfte daher im Ergebnis als ein Unterfall des Anrechnungsmodells einzustufen sein.

80 *Graul* GA **1991** 16; ähnlich *Wolf* NStZ **1990** 575 r. Sp. oben.

81 Besonders deutlich OLG Stuttgart Justiz **1981** 322, aber auch OLG Zweibrücken JR **1977** 292; LG Marburg NStZ **1988** 273 sowie *Maatz* NStZ **1990** 216; *Wolf* (Nichtbeachtung) S. 125 bis 127; *Hamann* Rpfleger **1986** 358; s. auch *Pohlmann/Jabel/Wolf* § 39, 11 ff.

kablere Modell entscheiden.[82] Das ist aber das vom OLG Frankfurt in der in Fn. 74 genannten Entscheidung vertretene Rückwirkungsmodell. Ihm ist daher auch der Vorzug zu geben, weil es die eigenverantwortliche und originäre Entscheidungszuständigkeit der Vollstreckungsbehörde nach § 454b Abs. 2 unberührt lässt. Das hat der Gesetzgeber letztlich auch so gesehen. Mit der Anfügung des Satzes 3 in Absatz 2 hat sich der **Gesetzgeber** inzwischen nämlich nach vorheriger Praxisbefragung[83] für das **Rückwirkungsmodell** entschieden, weil es sich dabei um die überwiegend gehandhabte und bewährte Praxis handelt.

30 **e) Weitere Voraussetzung.** Weitere Voraussetzung für die Unterbrechung einer laufenden Vollstreckung wegen eines weiteren auf unbedingte Freiheitsstrafe lautenden Urteils ist auf jeden Fall dessen **Rechtskraft** (§ 449). Vor diesem Zeitpunkt scheidet sie schon deshalb aus, weil die Vollstreckung erst dann unterbrochen werden kann, wenn die in §§ 57, 57a StGB bestimmten **Mindestverbüßungszeiten** erreicht *und* die **weitere Freiheitsstrafe vollstreckbar** ist. Ein Fall des Anschlussvollzugs liegt auch dann vor, wenn der Rechtsfolgenausspruch des weiteren Straferkenntnisses nur teilweise, nämlich hinsichtlich des Schuldspruchs und der verhängten unbedingten Freiheitsstrafe, nicht aber hinsichtlich des Maßregelausspruchs rechtskräftig ist.[84] Ist auch nur eine dieser Voraussetzungen zu verneinen, kann die Vollstreckungsbehörde die laufende Vollstreckung nicht nach § 454b unterbrechen. Wird die weitere Strafe erst nach Ablauf der gesetzlichen Mindestverbüßungszeit in der ersten Sache rechtskräftig, ist mithin eine Unterbrechung erst zu diesem Zeitpunkt möglich,[85] dann aber auch vorzunehmen, weil anderenfalls die gemeinsame Aussetzung der Reststrafen zum frühestmöglichen Zeitpunkt ausgeschlossen wäre. Tritt die Rechtskraft erst nach Vollverbüßung der ersten Strafe ein, kommt eine Folgenbeseitigung durch Rück- oder Anrechnung nicht mehr in Betracht. Dem Verurteilten bleibt dann allenfalls die Möglichkeit, einen Entschädigungsanspruch geltend zu machen.[86]

IV. Ausnahmen

1. Strafreste aufgrund Widerrufs einer Aussetzung (Satz 2)

31 **a) Gesetzgebungsgang.** Satz 2 war schon im Regierungsentwurf enthalten,[87] fehlte dann aber in der Beschlussempfehlung des Rechtsausschusses.[88] Das Versäumnis dürfte auf ein Missverständnis über die Reichweite der Formulierungshilfe vom 9.9.1985 zurückzuführen sein, in der das Bundesministerium der Justiz diese – weil nur das während der Beratungen des 6. Ausschusses streitig gewesen war – auf § 454b Abs. 1 und 2 beschränkt hatte. Das Versäumnis wurde auch während der zweiten und dritten Lesung des Bundestags nicht bemerkt[89] und konnte erst im Rahmen der Anrufung des Vermitt-

---

82 Dazu näher *Graul* GA **1991** 18 ff., 25 f.; vgl. OLG Hamburg StV **1994** 196. Das OLG Naumburg (NStZ **1997** 56) will offenbar beide Möglichkeiten zulassen.
83 BTDrucks. **16** 3038 S. 50.
84 OLG Karlsruhe Justiz **1988** 602.
85 *Maatz* NStZ **1990** 217; OLG Karlsruhe StV **1996** 220.
86 *Wolf* NStZ **1990** 575; KK/*Appl* 8; Meyer-Goßner/*Schmitt* 2.
87 BTDrucks. **10** 2720, Art. 2 Nr. 3, § 454b Abs. 2 Satz 2, S. 6.
88 BTDrucks. **10** 4391, zu Art. 2 Nr. 3 (§ 454b), S. 10, 19.
89 S. Sitzungsprotokoll – 10. Wahlp. 181. Sitzung – v. 5.12.1985 Nr. 13793 (A) bis (C) sowie Gesetzesbeschluss des Deutschen Bundestags vom 5.12.1985 – BRDrucks. 5/86, Art. 2 Nr. 4.

lungsausschusses durch den Bundesrat[90] durch jenen noch wieder gutgemacht werden.[91]

b) Inhalt. Satz 2 schließt eine (nochmalige) Unterbrechung von Strafresten aus, die aufgrund Widerrufs ihrer Aussetzung vollstreckt werden.[92] Diese sind mithin voll, und zwar an erster Stelle zu vollstrecken.[93] Die **Grundlage** dafür bildet § 43 Abs. 2 Nr. 1 Satz 2 StVollstrO mit der weiteren Folge, dass gegen die ablehnende Entscheidung der Vollstreckungsbehörde, die Vollstreckung zum Zweidrittel-Zeitpunkt nochmals zu unterbrechen, (nur) der Rechtsweg nach § 23 EGGVG gegeben ist.[94] Unter **„Strafreste"** i. S. dieser Vorschrift sind – wie sich schon aus der Paragrafenfolge und deren Standort ergibt – nur solche Teile einer nach Rechtskraft vollstreckten Freiheitsstrafe zu verstehen, die aufgrund der Aussetzung der weiteren Vollstreckung nach Verbüßung entweder der Hälfte, von zwei Dritteln oder von 15 Jahren (§ 454 Abs. 1 Satz 1 i. V. m. §§ 57, 57a StGB) bisher nicht vollstreckt worden, nunmehr aber aufgrund eines Widerrufs durch die Strafvollstreckungskammer (§ 453 Abs. 1 i. V. m. § 57 Abs. 5, § 57a Abs. 3 [§ 56f] StGB) zu vollstrecken sind. Zu ihnen zählen auch solche Strafreste, die eine Gnadenbehörde nach Strafantritt ausgesetzt hat, die dann aber widerrufen worden sind. 32

Strafreste, deren **Aussetzung** das Gericht bereits **rechtskräftig abgelehnt** hat, fallen nicht darunter, da die Ablehnung, einen Strafrest auszusetzen, nicht dem Widerruf einer Aussetzung gleichzusetzen ist.[95] Ihre erneute Aussetzung ist allerdings wegen ihres Vorwegvollzugs nach § 43 Abs. 2 Nr. 1 Satz 2 StVollstrO praktisch ausgeschlossen,[96] da die erneute Prüfung der Reststrafenaussetzung in diesen Fällen *nur und erst* im Zweidrittel- oder Halbstrafenzeitpunkt der Anschlussvollstreckung in Betracht kommt.[97] Soweit in solchen Fällen ausnahmsweise die **Prüfung der erneuten Aussetzung** erwogen werden sollte, kann nur die Vollstreckungsbehörde nach § 43 Abs. 4 StVollstrO durch Änderung der Vollstreckungsreihenfolge aus wichtigem Grund abhelfen.[98] Dieses Ergebnis kann weder als unbefriedigend bezeichnet werden, noch rechtfertigt es den Schluss, dass die Vorwegvollstreckung solcher Strafreste unzulässig sei.[99] 33

---

90 Anl. zu BRDrucks. 5/86, Nr. 2; zu Art. 2 Nr. 4 (§ 454b Abs. 2 StPO).

91 Beschlussempfehlung v. 20.2.1986, BTDrucks. **10** 5061, Anl. zu ... Strafrechtsänderungsgesetz – Strafaussetzung zur Bewährung – (StRÄndG), Nr. 2.

92 BGH NStZ **1991** 205; BGHSt **57** 155; OLG Hamburg StV **1993** 256; OLG Hamm MDR **1993** 262; OLG Düsseldorf StV **1993** 257; LG Heilbronn NStZ **1988** 291 mit zust. Anm. *Wendisch*; OLG Braunschweig Beschl. vom 17.1.2014 – 1 Ws 400/13; OLG Jena Beschl. vom 23.1.2014 – 1 Ws 1/14; KK/*Appl* 19; Meyer-Goßner/*Schmitt* 7; *Bringewat* 21; **a. A.** LG Hamburg NStZ **1992** 253 mit zust. Anm. *Volckart* 254 und abl. Anm. *Funck* 511.

93 BGHSt **57** 155 Rn. 9.

94 BGH NStZ **1991** 205; OLG Hamburg MDR **1993** 261; KK/*Appl* 28; Meyer-Goßner/*Schmitt* 7; *Bringewat* 28.

95 OLG Hamm NStZ **1985** 144; OLG Oldenburg StV **1985** 68, 69; OLG Düsseldorf StV **1990** 121; *Maatz* NStZ **1990** 218; Meyer-Goßner/*Schmitt* 7; zum früheren Rechtszustand OLG Karlsruhe NStZ **1982** 396 mit krit. Anm. *Katholnigg*; *Volckart* StV **1982** 32; **a. A.** zum früheren Rechtszustand OLG München StV **1982** 30.

96 KK/*Appl* 17; Meyer-Goßner/*Schmitt* 7.

97 *Bringewat* 21.

98 OLG Hamburg StV **1993** 256; OLG Hamm MDR **1993** 262; LG Heilbronn NStZ **1988** 291 mit zust. Anm. *Wendisch*; **a. A.** OLG Düsseldorf StV **1993** 257; LG Hamburg NStZ **1992** 253 mit zust. Anm. *Volckart* (254) und abl. Anm. *Funck* (511).

99 *Bringewat* 21.

2. Sonderfälle

34 **a) Widerruf einer Strafaussetzung zur Bewährung (§ 56 StGB).** *Keine* Strafreste i. S. von Satz 2 sind Strafen, die das *erkennende* Gericht zur Bewährung ausgesetzt hat (§ 56 StGB),[100] und zwar selbst dann nicht, wenn der Verurteilte bei einem Widerruf (zufolge Anrechnung von Untersuchungshaft) tatsächlich nur noch einen Strafrest verbüßen müsste. Einmal steht der Widerruf einer Strafaussetzung zur Bewährung (§§ 56, 56f StGB) der Aussetzung des Strafrestes nach § 57 StGB nicht entgegen.[101] Denn der Widerrufsbeschluss nach § 56f StGB i. V. m. § 56 StGB hat nicht die Wirkung, dass die ursprünglich verhängte Strafe auf jeden Fall voll verbüßt werden muss. Abgesehen davon, dass die **Aussetzungsvoraussetzungen** in beiden Fällen **verschieden** sind, können sich – wie die Erfahrung zeigt – die Verhältnisse beim Verurteilten seit dem Widerruf aufgrund des Behandlungsvollzugs in der Justizvollzugsanstalt so erheblich zu seinen Gunsten verändert haben, dass die Voraussetzungen des § 57 StGB nach Ablauf der dort angegebenen Zeiten durchaus zu bejahen sind. Ist aber die Aussetzung zulässig, muss auch die Unterbrechung möglich sein, zumal da diese der Vorbereitung jener Entscheidung dient.

35 **b) Widerruf einer Zurückstellung der Vollstreckung (§ 35 Abs. 5 BtMG).** Nach § 35 Abs. 1 BtMG kann die Vollstreckungsbehörde (mit Zustimmung des Gerichts) die **Vollstreckung** gegen einen Verurteilten für längstens zwei Jahre **zurückstellen**, wenn dieser wegen einer Straftat, die er aufgrund einer **Betäubungsmittelabhängigkeit** begangen hat, zu einer Freiheitsstrafe bis zu zwei Jahren verurteilt worden ist, sich in einer seiner Rehabilitation dienenden Behandlung seiner Abhängigkeit befindet oder zugesagt hat, sich einer solchen Behandlung zu unterziehen. Das Institut der Zurückstellung *ergänzt* mithin das der (vorrangigen) Strafaussetzung zur Bewährung. Es erlaubt der Vollstreckungsbehörde, bei einem betäubungsmittelabhängigen Verurteilten die Vollstreckung trotz zweifelhafter Prognose aufzuschieben oder nach Teilverbüßung zu unterbrechen.

36 Die Vollstreckungsbehörde muss die **Zurückstellung widerrufen**, wenn der Verurteilte die Behandlung nicht begonnen, nicht fortgeführt oder die alsbaldige Aufnahme und Fortführung der Behandlung nicht zu erwarten ist oder der Nachweis über die Aufnahme oder Fortführung der Behandlung nicht erbracht worden ist, wenn bei nachträglicher Bildung einer Gesamtstrafe nicht auch deren Vollstreckung zurückgestellt wird oder wenn gegen den Verurteilten eine weitere Freiheitsstrafe oder freiheitsentziehende Maßregel zu vollstrecken ist (§ 35 Abs. 5, 6 BtMG).[102] Hat die Vollstreckungsbehörde die Zurückstellung widerrufen, muss sie die **Vollstreckung** der Strafe oder des Strafrestes **einleiten**. Eine erneute Zurückstellung der Vollstreckung bleibt möglich.

37 Aus dieser Darstellung der **Verfahrensmöglichkeiten** bei der Zurückstellung der Vollstreckung sowie ihres Widerrufs, aber auch der Zulässigkeit einer erneuten Zurückstellung ergibt sich eindeutig, dass dieses Institut mit dem der Aussetzung des Strafrestes nach § 57 StGB nicht vergleichbar ist mit der Folge, dass es auch nicht der Ausnahmeregelung des § 454b Abs. 2 Satz 2 unterstellt werden kann.[103]

---

100 OLG Frankfurt NStZ-RR **2000** 282; **2002** 28.

101 OLG Bremen MDR **1958** 263; OLG München MDR **1959** 324; LK/*Hubrach* § 57, 14; *Fischer* § 57, 14; KK/*Appl* 19; *Bringewat* 22.

102 OLG Bamberg StraFo **2014** 261.

103 KK/*Appl* 19; *Bringewat* 23.

c) Widerruf der Aussetzung des Strafrestes im Anschluss an eine Therapie (§ 36 Abs. 4 BtMG). Obwohl das Gesetz hier von dem Widerruf der Aussetzung des Strafrestes spricht, wird auch dieser Fall nicht von der Ausnahmeregelung des § 454b Abs. 2 Satz 2 erfasst. Zwar trifft die Entscheidung über die Aussetzung des Strafrestes nach § 36 Abs. 3 i. V. m. Abs. 4 BtMG – anders als im Fall des § 35 Abs. 1 BtMG – nicht die Vollstreckungsbehörde, sondern das Gericht. In diesem Zusammenhang streitig ist allerdings die Frage, welches Gericht – das des ersten Rechtszugs oder die Strafvollstreckungskammer – für die Widerrufsentscheidung zuständig ist. Inzwischen hat sich in Rechtsprechung und Lehre die Auffassung durchgesetzt, dass bei dem in Freiheit befindlichen Verurteilten zufolge der Verweisung in § 36 Abs. 4 BtMG auf die §§ 56a bis 56g StGB das **Gericht des ersten Rechtszugs** zuständig ist. Begründet wird dieser Standpunkt mit der Erwägung, dass dieser Fall inhaltlich eher dem des § 56 StGB entspricht.[104] Anders ist die Zuständigkeit jedoch zu beurteilen, wenn sich der Verurteilte im Entscheidungszeitpunkt in Haft befindet, zumal da die nach der Strafaussetzung zur Bewährung zu treffenden Entscheidungen nicht in § 36 Abs. 5 BtMG, sondern in dessen Absatz 4 angesprochen sind, so dass schon deshalb kein Anlass besteht, von der regelmäßigen **Zuständigkeit der Strafvollstreckungskammer** abzuweichen.[105] 38

V. Absehen von der Unterbrechung der Vollstreckung (Absatz 3)

1. Zweck der Regelung. Absatz 2 ermöglicht eine Unterbrechung der Vollstreckung der Freiheitsstrafe zum Zweidrittelzeitpunkt lediglich zum Zweck der Vollstreckung weiterer Freiheitsstrafen. Die Vorschrift schafft hingegen nicht die Grundlage, die Strafvollstreckung zu unterbrechen, um eine Therapie nach Zurückstellung der Strafvollstreckung nach § 35 BtMG zu ermöglichen. Ein Verurteilter, der sich nach § 35 BtMG einer Therapie unterzieht, befindet sich nicht mehr Strafvollzug, wie sich aus dem insoweit eindeutigen Wortlaut von § 35 Abs. 1 BtMG ergibt, denn danach wird die Vollstreckung der Strafe „zurückgestellt", also die Strafe gerade nicht vollstreckt. Die Therapiezeit stellt mithin keine Strafvollstreckung dar. Sie ist unter den Voraussetzungen von § 36 BtMG lediglich auf die Strafe anzurechnen. Demgegenüber belässt die Unterbrechung der Vollstreckung nach Absatz 2 die betreffende Strafe weiterhin im Stadium der Vollstreckung und stellt damit eine zu vollstreckende Strafe i. S. d. § 35 Abs. 6 Nr. 2 BtMG dar, die eine Zurückstellung der Strafvollstreckung nach § 35 BtMG hindert.[106] Eine vollständige Vorabvollstreckung einer nicht zurückstellungsfähigen Strafe, um eine Therapie zu ermöglichen, ist nach Absatz 2 nicht zulässig. Bis zu der neuen gesetzlichen Regelung in Absatz 3 hat sich die Praxis damit beholfen, mit Einverständnis des Verurteilten zunächst die nicht mit der Drogenabhängigkeit zusammenhängende Freiheitsstrafe vollständig vorab zu vollstrecken, um dann die Voraussetzungen für eine Zurückstellung der Strafvollstreckung zu schaffen. Teilweise wurde aber auch die Vollstreckung der nicht zurückstellungsfähigen Strafe zum Zweidrittelzeitpunkt unterbrochen und bereits zu diesem Zeitpunkt eine Zurückstellung der Strafvollstreckung nach § 35 BtMG gewährt. Nach erfolgreich absolvierter Therapie wurden dann die Freiheitsstrafen nach § 57 Abs. 1 StGB oder § 36 Abs. 1 Satz 3 BtMG zur Bewährung ausgesetzt. Diesen Vorgehensweisen in der Praxis hat der BGH allerdings schon im Jahre 2010 eine Absage erteilt mit der 39

104 BGHSt **32** 58; OLG Düsseldorf MDR **1987** 520; **1993** 464; KK/*Appl* 19; *Bringewat* 23.

105 Wegen weiterer Einzelheiten s. § 462a, 26 bis 28 und die dort angegebene Rechtsprechung und Lehre; BGHSt **37** 338 f.; BGH JR **2004** 81 mit Anm. *Immel*.

106 BGHSt **55** 243, 246; OLG München NStZ **2000** 223.

Folge, dass der bis dahin beschrittene Weg in der Folgezeit versperrt war. Erst mit der Einfügung des neuen Absatzes 3 hat der Gesetzgeber etwa sieben Jahre nach der Entscheidung des BGH eine von diesem für erforderlich gehaltene gesetzliche Regelung[107] geschaffen.

2. Voraussetzungen

40 **a) Anwendungsbereich.** Mit Absatz 3 wird für die Vollstreckungsbehörde die Möglichkeit geschaffen, von der Unterbrechung der Strafvollstreckung zum Halb- bzw. Zweidrittelzeitpunkt abzusehen, wenn zu erwarten ist, dass nach der vollständigen Verbüßung der Freiheitsstrafe für eine weitere Freiheitsstrafe die Voraussetzungen für eine Zurückstellung der Strafvollstreckung nach § 35 BtMG erfüllt sein werden.[108]

41 **b) Antrag des Verurteilten.** Das Absehen von der Unterbrechung der Vollstreckung setzt einen **Antrag des Verurteilten** voraus. Zu der Form des Antrags verhalten sich weder der Wortlaut des Absatzes 3 noch die Gesetzesmaterialien.[109] Der Antrag sollte möglichst **schriftlich** gestellt werden, um der Dokumentationspflicht im Vollstreckungsheft zu genügen. Es reicht aber auch aus, den Antrag **fernmündlich** zu stellen. In einem solchen Fall bedarf es aber der Dokumentation durch einen zu den Akten zu nehmenden Vermerk desjenigen, demgegenüber der Antrag gestellt worden ist. Dies kann ein Mitarbeiter der Serviceeinheit der Vollstreckungsbehörde, aber auch der zuständige Vollstreckungsrechtspfleger oder auch der Staatsanwalt sein. An eine **Frist** ist der Antrag zwar von Gesetzes wegen nicht gebunden. Er sollte aber rechtzeitig vor den nach Absatz 2 Nr. 1 oder 2 erforderlich werdenden Entscheidungen angebracht werden.

42 **c) Prognose.** Der **Antrag** ist zu **begründen**, denn nur so kann die Vollstreckungsbehörde prüfen, ob zu erwarten ist, dass nach vollständiger Verbüßung der Freiheitsstrafen die Voraussetzungen einer Zurückstellung der Strafvollstreckung nach § 35 BtMG für eine weitere zu vollstreckende Freiheitsstrafe erfüllt sein werden.[110] Die Voraussetzungen müssen im Zeitpunkt der Entscheidung der Vollstreckungsbehörde über das Absehen von der Unterbrechung einer nicht zurückstellungsfähigen Freiheitsstrafe zwar noch nicht sicher feststehen. Es reicht aus, wenn ihre Erfüllung erwartet werden kann.[111] Bemühungen des Verurteilten während des Vollzuges um einen Therapieplatz und Teilnahme an Therapieangeboten der Justizvollzugsanstalt zur Vorbereitung auf eine beabsichtigte Therapie können einen Indiz für eine günstige Prognose sein.

3. Verfahren

43 **a) Ermessen der Vollstreckungsbehörde.** Die Entscheidung über das Absehen von der Unterbrechung der Strafvollstreckung steht im **Ermessen** der Vollstreckungsbehörde. Hiermit soll insbesondere eine flexible Regelung erreicht und ein Missbrauch möglichst vermieden werden. Eine **Ablehnung** des Antrags kommt etwa dann in Betracht, wenn der Verurteilte das Verfahren nach Absatz 3 schon mehrfach in Anspruch genommen hat, aber die beabsichtigten Therapien tatsächlich nie angetreten hat. Vorrangig ist

107 BGHSt **55** 243, 247.
108 BTDrucks. **18** 11272 S. 34.
109 BTDrucks. **18** 11272 S. 34.
110 BTDrucks. **18** 11272 S. 34.
111 BTDrucks. **18** 11272 S. 34.

aber zu prüfen, ob zu erwarten ist, dass nach der vollständigen Verbüßung der Freiheitsstrafe die Voraussetzungen für eine Zurückstellung der Strafvollstreckung nach § 35 BtMG vorliegen werden. Ist dies nicht zu erwarten, so sind die Voraussetzungen nach Absatz 3 nicht erfüllt mit der Folge, dass der Antrag abzulehnen ist.

b) Gesonderter Beschluss über die Aussetzung der vorab zu verbüßenden Freiheitsstrafe zur Bewährung. Im Falle des Absehens von der Unterbrechung der Strafvollstreckung ist eine gleichzeitige Entscheidung über die Strafrestaussetzung zur Bewährung nach § 57 StGB für sämtliche zu verbüßenden Freiheitsstrafen nicht mehr möglich. Daher muss über die Aussetzung der vorab zu verbüßenden Freiheitsstrafe zur Bewährung ein **gesonderter Beschluss** nach § 57 StGB ergehen. Eine Entscheidung ist nur dann entbehrlich, wenn der Verurteilte die hierzu nach § 57 Abs. 1 Satz 1 Nr. 3 StGB erforderliche Einwilligung nicht erteilt. Ein vorheriger Verzicht des Verurteilten auf die Entscheidung nach § 57 StGB zum Zeitpunkt der Entscheidung der Vollstreckungsbehörde über das Absehen von der Unterbrechung der Vollstreckung nach Absatz 3 ist aber nicht statthaft.[112] 44

c) Verteidigerbestellung. Für die Durchführung des Verfahrens nach Absatz 3 ist es regelmäßig geboten, dem Verurteilten wegen der **Schwierigkeit der Sach- und Rechtslage** nach § 140 Abs. 2 StPO einen **Verteidiger** zu bestellen.[113] Ein Verurteilter wird in aller Regel nicht ohne anwaltliche Beratung in der Lage sein zu beurteilen, ob ein Antrag auf Absehen von der Unterbrechung der Vollstreckung im konkreten Einzelfall zweckmäßig ist. Dabei wird unter anderem zu berücksichtigen sein, dass eine Vorabvollstreckung auch für den Verurteilten nachteilig sein kann, wenn nämlich eine Zurückstellung der Strafvollstreckung doch nicht gewährt werden kann, weil etwa der Therapiebeginn infolge Ablehnung der Finanzierung der Therapie durch den Sozialversicherungs- oder Sozialhilfeträger nicht gewährleistet ist. 45

VI. Zeitpunkt der Aussetzungsentscheidung (Absatz 4)

1. Gleichzeitige Entscheidung. Absatz 4 schreibt vor, dass das Gericht die Entscheidungen nach §§ 57, 57a StGB erst trifft, wenn über die Aussetzung der Vollstreckung aller Strafen gleichzeitig entschieden werden kann.[114] Das ist erst dann der Fall, wenn der Zeitpunkt für die Aussetzung des Strafrestes auch in Bezug auf die zuletzt vollstreckte Freiheitsstrafe – bei Bestehen einer Sperrfrist nach deren Ablauf – gegeben ist.[115] § 78a Abs. 1 Satz 3 und § 78b Abs. 1 Nr. 1 letzter Hs. GVG,[116] die ihn ergänzen, stellen klar, dass für diese gleichzeitigen Entscheidungen nur *eine* **Strafvollstreckungskammer** zustän- 46

112 BTDrucks. **18** 11272 S. 35.

113 BTDrucks. **18** 11272 S. 35.

114 KG NStZ-RR **2011** 260 mit Anm. *Deutscher* jurisPR-StrafR 8/**2011** Anm. 4; OLG Frankfurt NStZ-RR **2012** 189; OLG Düsseldorf RuP **2014** 108 Ls.; KG Beschl. vom 10.9.2014 – 2 Ws 326/14 mit Anm. *Peglau* jurisPR-StrafR 5/**2015** Anm. 3.

115 OLG München MDR **1987** 782; StV **2000** 264; OLG Hamburg NStZ-RR **2004** 134; OLG Schleswig SchlHA **2003** 173 (zur Zurückstellung der Strafvollstreckung gegen einen betäubungsmittelabhängigen Verurteilten bei Notierung einer Anschlussvollstreckung); OLG Stuttgart NStZ-RR **2003** 253 (Grundsatz der Entscheidungskonzentration nach § 454b Abs. 4 gilt auch für Halbstrafenentscheidungen); OLG Düsseldorf NStZ **1991** 103; *Meyer-Goßner/Schmitt* 6.

116 Eingefügt durch Art. 3 Nr. 1 und 2 des 23. StRÄndG (BGBl. 1986 I S. 393).

dig ist.[117] Dass mit der Bestimmung der Zuständigkeit nur einer Strafvollstreckungskammer für alle Aussetzungsentscheidungen der Verfahrensaufwand verringert wird, ist unbestreitbar. Fraglich ist jedoch, ob dieser insgesamt zu einer spürbaren Verringerung[118] führt, zumal da es – abgesehen von der Möglichkeit der Übertragung der Zuständigkeit nach § 451 Abs. 3 Satz 2 (§ 451, 72 ff.) – für die Staatsanwaltschaft als Vollstreckungsbehörde an einer entsprechenden gesetzlichen Zuständigkeitsregelung fehlt. Zwar hatte der **Arbeitsentwurf** eines ... Strafrechtsänderungsgesetzes eine solche Anpassung durch Einfügung eines Absatzes 2 in § 451 vorgesehen.[119] Jedoch hatten sowohl die Strafprozess- als auch die Strafvollstreckungsreferenten der Landesjustizverwaltungen den Vorschlag, dessen Zielvorstellungen sie durchaus als richtig anerkannten, abgelehnt, weil das Problem einer ausschließlichen Zuständigkeit nur einer Staatsanwaltschaft als Vollstreckungsbehörde prozessual nicht lösbar sei.[120]

47 **2. Rechtzeitigkeit vorbereitender Maßnahmen.** Wegen der erforderlichen Maßnahmen zur Vorbereitung der Entlassung des Gefangenen s. § 454a, 2 ff. Danach muss die Strafverfolgungsbehörde die **Stellungnahme der Justizvollzugsanstalt** so rechtzeitig einholen und die Akten der Strafvollstreckungskammer so rechtzeitig vorlegen, dass diese ihre und im Fall einer Ablehnung der Aussetzung das Beschwerdegericht seine Entscheidung frühzeitig genug treffen kann, um eine gewissenhafte und zeitlich angemessene Entlassungsvorbereitung durch die Vollzugsanstalt zu gewährleisten.[121]

48 **3. Entscheidungsinhalt.** Wie bereits ausgeführt, trifft das Gericht die Entscheidungen zwar gleichzeitig,[122] aber für jede der aufgrund der Unterbrechung der Vollstreckung teilweise verbüßten Strafen getrennt.[123] Daraus folgt, dass das Gericht, wenn die Voraussetzungen für eine gleichzeitige Entscheidung gegeben sind, diese auch treffen muss. Es ist ihm auf jeden Fall versagt, sie hinsichtlich einer der Reststrafen ausdrücklich oder stillschweigend zurückzustellen.[124]

49 Die Entscheidung kann wohl in *einem* Beschluss ergehen, muss allerdings die verschiedenen Aussetzungsfälle **einzeln** behandeln. Auch wenn es die Aussetzung des Strafrestes in allen anstehenden Fällen anordnen will, befreit dieser Umstand das Gericht nicht von dieser Verpflichtung. Das ergibt sich daraus, dass das Gericht nicht nur zwei **Möglichkeiten** hat, nämlich die Aussetzung des Strafrestes der mehreren verbüßten Strafen anzuordnen oder sie abzulehnen, sondern die Aussetzung vielmehr auch auf eine der nacheinander vollstreckten Strafen beschränken kann mit der Folge, dass die übrigen aufgrund der Unterbrechung zunächst teilverbüßten Strafen weiter zu vollstre-

117 BTDrucks. **10** 2720, Begr. zu Art. 3 Nr. 1 und 2, S. 17.

118 So die Begr. zu Art. 2 Nr. 3 BTDrucks. **10** 2720 S. 15; OLG Düsseldorf StV **1990** 122; **1993** 257; OLG Rostock StV **1994** 194.

119 Er sollte folgenden Wortlaut haben: Sind gegen einen Verurteilten mehrere Freiheitsstrafen zu vollstrecken, so übernimmt die Vollstreckung aller Freiheitsstrafen diejenige Staatsanwaltschaft als Vollstreckungsbehörde, die die längste Strafe, bei gleichlangen Strafen diejenige, die die zuerst rechtskräftig gewordene Strafe zu vollstrecken hat. Die Vollstreckung anderer Strafen kann ihr mit ihrem Einverständnis übertragen werden.

120 OLG Düsseldorf MDR **1995** 194.

121 Meyer-Goßner/*Schmitt* 5; *Bringewat* 27.

122 KG Beschl. vom 10.9.2014 – 2 Ws 326/14 mit Anm. *Peglau* jurisPR-StrafR 5/**2015** Anm. 3.

123 OLG Hamm MDR **1987** 512; OLG Düsseldorf StV **1993** 257; *Maatz* MDR **1985** 801; NStZ **1990** 216; *Greger* JR **1986** 356; KK/*Appl* 24; Meyer-Goßner/*Schmitt* 6; *Bringewat* 3, 24; *Fischer* § 57, 10.

124 OLG Düsseldorf NStZ **1983** 286; StV **1989** 315; **1990** 122; **1993** 257; OLG Hamm MDR **1985** 248; Meyer-Goßner/*Schmitt* 6; *Bringewat* 24; JR **1994** 349.

cken sind.[125] Allerdings kann der Verurteilte wegen eines abgelehnten Falls die **erneute Aussetzung** beantragen. Lehnt das Gericht die Aussetzung in allen Fällen ab, weil es der Ansicht ist, es könne noch nicht verantwortet werden zu erproben, ob der Verurteilte außerhalb des Strafvollzugs keine Straftaten mehr begehen werde, und hält es auch in näherer Zeit eine günstige Veränderung der Prognose nicht für wahrscheinlich, dann kann das Gericht auch in diesem Fall eine **Sperrfrist** nach § 57 Abs. 7, § 57a Abs. 4 StGB festsetzen.[126] Die noch nicht verbüßten Strafreste sind alsdann entsprechend der ursprünglichen Reihenfolge weiter zu vollstrecken.[127]

VII. Weitere Verfahrensfragen

50 **1. Rechtsbehelfe.** Der Verurteilte kann die Unterbrechung der Vollstreckung **nicht anfechten**, da er durch sie in keinem Fall beschwert ist, und zwar selbst dann nicht, wenn er eine Aussetzung des Strafrestes grundsätzlich ablehnt.[128] Zwar kann das Gericht den Strafrest nur mit Einwilligung des Verurteilten aussetzen (§ 57 Abs. 1 Satz 1 Nr. 3, § 57a Abs. 1 Satz 2 StGB), muss die Aussetzung daher im Entscheidungszeitpunkt ablehnen, wenn der Verurteilte nicht einwilligt (vgl. § 454, 11, 16, 47). Da die vorhergehende **gesetzlich vorgeschriebene** Entscheidung über die Unterbrechung der Vollstreckung durch die Vollstreckungsbehörde, und zwar nach § 31 Abs. 2 Satz 1 RpflG durch den Rechtspfleger,[129] diese Regelung unberührt lässt,[130] ist es weder erforderlich, den Verurteilten zuvor zu hören, noch die Unterbrechung von dessen Zustimmung abhängig zu machen, zumal da nicht ausgeschlossen werden kann, dass der Verurteilte seine Meinung bis zur Entscheidung über die Aussetzung noch ändert. Wohl aber kann der Verurteilte **Einwendungen gegen die Reihenfolge** der Vollstreckung, die Ablehnung der Unterbrechung oder die Berechnung des Unterbrechungszeitpunkts geltend machen, über die alsdann das Gericht zu entscheiden hat (§ 458 Abs. 2 i. V. m. § 454b Abs. 1 und 2).[131] Hat die Strafvollstreckungskammer mehrere Reststrafen zur Bewährung ausgesetzt, für die verschiedene Staatsanwaltschaften als Vollstreckungsbehörde zuständig sind, so ist nur die betroffene Staatsanwaltschaft zur Anfechtung, und zwar nur hinsichtlich „ihrer" Reststrafe, berechtigt und muss das Gericht über die Anfechtung der Aussetzung dieser Reststrafe gesondert entscheiden.[132]

51 Einer vorherigen Nichtabhilfeentscheidung durch den Staatsanwalt – wie nach § 31 Abs. 6 Satz 1 RpflG a. F. – bedarf es nicht mehr.[133] Nach § 31 Abs. 6 Satz 1 RpflG ist vielmehr der Rechtsbehelf gegeben, der nach den allgemeinen verfahrensrechtlichen Vor-

125 **A. A.** *Greger* JR **1986** 357: nur einheitliche Entscheidung möglich, weil die Prognose stets dieselbe sei; ebenso OLG Düsseldorf StV **1993** 257; KK/*Appl* 24; Meyer-Goßner/*Schmitt* 6; *Bringewat* 24.

126 KK/*Appl* 25; *Bringewat* 26.

127 Zur Strafzeitberechnung bei unmittelbarer Anschlussvollstreckung s. OLG Karlsruhe NStZ **1992** 407; zur Frage der Zulässigkeit einer entsprechenden Anwendung des Absatzes 3 a. F. auf Fälle, in denen eine Unterbrechung der Vollstreckung nach Absatz 2 Satz 1 nicht stattgefunden hat, vielmehr nach der derzeit vollstreckten Freiheitsstrafe weitere Strafreste nach Widerruf der für sie ursprünglich gewährten Aussetzung zur Bewährung zur Vollstreckung anstehen, s. OLG Düsseldorf JR **1994** 347 mit krit. Anm. *Bringewat.*

128 OLG Düsseldorf MDR **1994** 934; KK/*Appl* 26; Meyer-Goßner/*Schmitt* 2; *Bringewat* 11, 28; *Neuhaus/Putzke* ZAP **2008** 389, 391.

129 *Müller-Dietz* JR **1991** 79; KK/*Appl* 23; Meyer-Goßner/*Schmitt* 5.

130 *Bringewat* 11.

131 KK/*Appl* 26; Meyer-Goßner/*Schmitt* 5; *Bringewat* 28.

132 OLG Düsseldorf MDR **1995** 194.

133 BTDrucks. **15** 1508 S. 35.

schriften zulässig ist. Das ist vorliegend die gerichtliche Entscheidung nach §§ 458 Abs. 2, 462. Durch die Änderung des § 31 Abs. 6 Satz 1 RpflG durch das 1. JuMoG vom 24.8.2004 sollte das Rechtsbehelfsverfahren im Vollstreckungsverfahren gestrafft werden.[134]

52 Nach der herrschenden Meinung ist der Rechtsbehelf nach **§ 23 EGGVG** und nicht der nach § 458 Abs. 2 gegeben, wenn die Vollstreckungsbehörde es ablehnt, die Vollstreckung einer Freiheitsstrafe zum **Halbstrafenzeitpunkt** mit dem Ziel zu unterbrechen, zu einer **Strafrestaussetzung nach § 57 Abs. 2 Nr. 2 StGB** zu kommen.[135] Der Antrag nach § 23 EGGVG und nicht die Einwendung nach § 458 Abs. 2 ist ferner eröffnet, wenn die Vollstreckungsbehörde es abgelehnt hat, die Vollstreckung eines widerrufenen Strafrestes zum Zwecke nochmaliger Aussetzung zu unterbrechen.[136]

53 **2. Rechtsmittel.** Der Verurteilte kann die Entscheidung des Gerichts, mit der dieses seine **Einwendungen nach § 458 Abs. 2** zurückgewiesen hat, mit **sofortiger Beschwerde** anfechten.[137] Ordnet das Gericht entgegen einer Entscheidung der Strafvollstreckungsbehörde aufgrund einer Einwendung des Verurteilten die Unterbrechung der zunächst zu vollstreckenden Freiheitsstrafe an, so steht der **Staatsanwaltschaft** gegen diese Entscheidung die **sofortige Beschwerde** zu. Nach § 462 Abs. 3 Satz 2 hat sie aufschiebende Wirkung.[138]

54 **3. Zuständigkeit.** Wegen der gerichtlichen Zuständigkeit bei Entscheidungen über **Einwendungen gegen Anordnungen** über die Reihenfolge oder die Unterbrechung der Vollstreckung nach § 454b Abs. 1 und 2 s. die Erl. zu § 458 Abs. 2 i. V. m. § 462; wegen der Zuständigkeit für Entscheidungen nach Absatz 4 siehe die Ausführungen zu § 462a, 77 ff.[139]

§ 455
Strafausstand wegen Vollzugsuntauglichkeit

(1) Die Vollstreckung einer Freiheitsstrafe ist aufzuschieben, wenn der Verurteilte in Geisteskrankheit verfällt.

(2) Dasselbe gilt bei anderen Krankheiten, wenn von der Vollstreckung eine nahe Lebensgefahr für den Verurteilten zu besorgen ist.

(3) Die Strafvollstreckung kann auch dann aufgeschoben werden, wenn sich der Verurteilte in einem körperlichen Zustand befindet, bei dem eine sofortige Vollstreckung mit der Einrichtung der Strafanstalt unverträglich ist.

(4) [1]Die Vollstreckungsbehörde kann die Vollstreckung einer Freiheitsstrafe unterbrechen, wenn
1. **der Verurteilte in Geisteskrankheit verfällt,**
2. **wegen einer Krankheit von der Vollstreckung eine nahe Lebensgefahr für den Verurteilten zu besorgen ist oder**

134 BTDrucks. **15** 1508 S. 35.

135 LR/*Böttcher*[26] § 23, 103 EGGVG m. w. N.; OLG Hamm NStZ **1999** 56; StraFo **2003** 276; OLG Celle Beschl. vom 20.11.2015 – 2 Ws 194/15; OLG Dresden NStZ **2016** 109; OLG Karlsruhe NStZ **2017** 116.

136 LR/*Böttcher*[26] § 23, 103 EGGVG m. w. N.; KK/*Appl* 28; OLG Karlsruhe StV **2003** 348.

137 KK/*Appl* 27; *Bringewat* 28.

138 BTDrucks. **10** 2720, Begr. zu Art. 2 Nr. 9, S. 17; *Greger* JR **1986** 357; KK/*Appl* 27; *Bringewat* 28.

139 Wegen der Zuständigkeit der Vollstreckungsbehörde s. *Pohlmann/Jabel/Wolf* § 23, 4 ff.; § 43, 40, 41.

https://doi.org/10.1515/9783110275025-014

3. der Verurteilte sonst schwer erkrankt und die Krankheit in einer Vollzugsanstalt oder einem Anstaltskrankenhaus nicht erkannt oder behandelt werden kann

und zu erwarten ist, daß die Krankheit voraussichtlich für eine erhebliche Zeit fortbestehen wird. [2]Die Vollstreckung darf nicht unterbrochen werden, wenn überwiegende Gründe, namentlich der öffentlichen Sicherheit, entgegenstehen.

Schrifttum

Altenhain Die Rechtsprechung der Strafsenate zum Rechtsschutz im Strafvollzug, JVBl. **1964** 158; **1965** 265; *ders.* Die strafgerichtliche Rechtsprechung zum Rechtsschutz gegen Justizverwaltungsakte, JZ **1965** 756; *ders.* Die Rechtsprechung der Strafsenate zum Rechtsschutz gegen Justizverwaltungsakte auf dem Gebiet des Strafrechts, DRiZ **1970** 105; *Burghardt* Die Strafsache „Oskar Gröning" vor dem Bundesgerichtshof, ZIS **2019** 21; *Gatzweiler* Haftunfähigkeit – Chancen und Versagen von Strafverteidigung und Strafvollzug, StV **1996** 283; *Heischel* § 455 StPO – Die Haftverschonung aus Gesundheitsgründen in ihren rechtlichen Grundlagen und in der Praxis, Diss. Aachen 1998; *ders.* „Haftverschonung" aus Gesundheitsgründen gemäß § 455 StPO, ZfStrVo **1998** 40; *Kaltenhäuser* Privilegierung aufgrund Alters, HRRS **2018** 104; *Kiesecker* Arzt und Gewahrsam/Haftfähigkeit, MedR **1999** 51; *Lesting* Wohin mit den psychisch kranken Strafgefangenen, R&P **1992** 81; *Olbricht* Verhältnis mehrerer gleichzeitiger Haftbefehle zueinander und zur Strafvollstreckung, GA **48** (1901) 393; *Rixen* Wann liegt eine rechtsgültige Aussetzung der Strafhaft (Strafunterbrechung) bei Verfall eines Strafgefangenen in Geisteskrankheit vor? MSchrKrimPsych. **11** (1914/18) 542; *Spitzner* Sind die Behörden der inneren Verwaltung befugt, in ihren Anstalten vollstreckte Strafen zu unterbrechen? GA **64** (1917) 87; *Zilkens* Datenschutz im öffentlichen Gesundheitsdienst, RDV **2008** 103.

Entstehungsgeschichte

Die Vorschrift hat ihre jetzige Bezeichnung durch die Bek. 1924 (RGBl. I (1923) S. 322) erhalten. Sie bestand ursprünglich nur aus den Absätzen 1 bis 3. Absatz 4 ist durch Art. 2 Nr. 5 des 23. StRÄndG vom 13.4.1986 eingefügt worden. Bezeichnung bis 1924: § 487.

Übersicht

Alphabetische Übersicht

I. Anwendungsbereich

1 Bis zum Inkrafttreten des 23. StRÄndG am 1.5.1986 regelte § 455 *nur* den **Aufschub** der Vollstreckung einer Freiheitsstrafe **wegen Vollzugsuntauglichkeit** (Absatz 1 bis 3). Aufgrund der Verweisung in § 463 Abs. 1 gilt er grundsätzlich **auch** für die Vollstreckung von **Maßregeln der Besserung und Sicherung** (hier: von freiheitsentziehenden Maßregeln; vgl. § 463, 1 ff.), soweit nicht dessen Absatz 5 Satz 1 den Aufschub für den Fall ausschließt, dass der Verurteilte in einem psychiatrischen Krankenhaus untergebracht ist und Satz 2 weiter bestimmt, dass der nachträgliche Verfall in Geisteskrankheit – anders als nach § 455 Abs. 1 – kein zwingender Aufschubgrund ist, der Aufschub der freiheitsentziehenden Maßregel vielmehr in das Ermessen der Vollstreckungsbehörde gestellt ist.

2 Dagegen war die **Unterbrechung** der Vollstreckung wegen Vollzugsuntauglichkeit früher nicht gesetzlich, sondern in §§ 45, 46 StVollstrO geregelt. Da die Unterbrechung aus Gründen der Vollzugsorganisation bereits eine gesetzliche Grundlage in § 455a (vgl. Rn. 22) erhalten hatte[1] und nunmehr auch die Unterbrechung bei Vollstreckung mehrerer Freiheitsstrafen in § 454b geregelt wurde,[2] hielt es der Gesetzgeber für geboten, auch den dritten Fall, die **Unterbrechung wegen Krankheit**, gesetzlich zu regeln und dadurch zugleich den Grundsatz deutlicher als bisher zum Ausdruck zu bringen, dass Strafen zu vollstrecken sind, soweit nicht das Gesetz etwas anderes vorschreibt oder zulässt.[3] Die Neufassung der §§ 45, 46 StVollstrO trägt der geänderten Rechtslage dadurch

1 Eingeführt durch § 181 StVollzG.
2 Eingefügt durch Art. 2 Nr. 4 23. StRÄndG (BGBl. 1986 I S. 393).
3 BTDrucks. **10** 2720, Begr. zu Art. 2 Nr. 4. Wegen weiterer Einzelheiten zum Gesetzgebungsgang s. Rn. 15.

Rechnung, dass sie sich jetzt auf technische Regelungen in Bezug auf die Voraussetzungen (§ 45 StVollstrO) und das Verfahren (§ 46 StVollstrO) beschränkt.

Für den **Vollzug der Untersuchungshaft** gilt § 455 nicht.[4] Bei dem **Vollzug der** 3
Abschiebehaft sollen die Grundsätze zu § 455 entsprechend gelten.[5]

II. Begriffsbestimmungen

Terminologisch ist zu unterscheiden zwischen Strafausstand, Strafaufschub und 4
Strafunterbrechung. Der Oberbegriff **Strafausstand** umfasst jede vorübergehende Aussetzung der Strafvollstreckung. **Strafaufschub** ist die vor Beginn des Vollzugs, **Strafunterbrechung** die nach Vollzugsbeginn angeordnete Aussetzung der Vollstreckung.[6] Die Vorschriften über den Strafaufschub finden auch Anwendung, wenn bereits ein Teil der Strafe vollstreckt war und nach einer Unterbrechung die Fortsetzung der Vollstreckung des Strafrestes in Frage steht.[7]

III. Strafaufschub (Absätze 1 bis 3)

1. Allgemeines. Die Absätze 1 bis 3 behandeln den Strafaufschub. Sie regeln mithin, 5
in welchen Fällen der Beginn der Vollstreckung einer – zeitigen, aber auch lebenslangen – Freiheitsstrafe wegen Erkrankung aufzuschieben ist oder aufgeschoben werden kann. Das Gebot, den staatlichen Strafanspruch durchzusetzen,[8] findet nämlich seine Grenzen im Grundrecht des Verurteilten auf Leben und körperliche Unversehrtheit (Art. 2 Abs. 2 Satz 1 GG). Das insoweit bei Gesundheitsgefährdungen des Verurteilten entstehende Spannungsverhältnis ist dabei nach dem Grundsatz der Verhältnismäßigkeit durch Abwägung der widerstreitenden Interessen aufzulösen. Die Vollstreckungsbehörde hat im Rahmen ihrer Entscheidungskompetenz die Würde des Menschen zu achten und zu schützen. Darüber hinaus ist die Vollstreckungsbehörde nach Art. 1 Abs. 1 GG verpflichtet, die Würde des Menschen in allen ihren Erscheinungsformen zu achten und zu schützen. Mit der Menschenwürde ist es unvereinbar, die vom BVerfG in ständiger Rechtsprechung geforderte konkrete und grundsätzlich auch realisierbare Chance, die Freiheit wieder zu erlangen, auf einen von Siechtum und Todesnähe gekennzeichneten Rest des Lebens zu reduzieren.[9] § 455 trägt damit dem Spannungsverhältnis zwischen der Pflicht des Staates zur Durchsetzung seines Strafanspruchs einerseits und dem Interesse des Verurteilten an der Wahrung seiner Gesundheit und der Erhaltung seiner Lebenstüchtigkeit andererseits Rechnung.[10] Ein Vollstreckungsaufschub setzt insoweit

4 KK/*Appl* 1.

5 OLGR Zweibrücken **2008** 853.

6 *Röttle/Wagner* Rn. 673 ff.; KK/*Appl* 2; *Bringewat* 1 bezeichnet diese Terminologie als ungenau und irreführend; da beide Fälle die Vollstreckung betreffen, kennzeichnet er sie als Vollstreckungsaufschub bzw. -unterbrechung.

7 OLG Hamm NJW **1973** 2075; OLG Schleswig MDR **1983** 865; KK/*Appl* 4; Meyer-Goßner/*Schmitt* 1 und § 456, 3; **a. A.** OLG Oldenburg NStZ **1983** 139; OLG München NStZ **1988** 295; KMR/*Stöckel* 2; *Bringewat* 2.

8 BVerfGE **51** 324, 343 f.; BVerfG NStZ-RR **2003** 345.

9 BVerfGE **72** 105, 116 f.; BVerfGK **17** 133 ff.; BVerfG Beschl. vom 6.6.2011 – 2 BvR 1083/11; OLG Köln OLGSt GVG § 78b Nr 5 Rn. 30 ff., 39.

10 BVerfG NJW **2018** 289 (Fall Oskar Gröning) mit Anm. *Bertlings* jurisPR-Strafrecht 6/**2018** Anm. 3; BVerfG Beschl. vom 6.6.2011 – 2 BvR 1083/11; BVerfGK **17** 133; OLG Celle StraFo **2010** 351 mit Anm. *Schäfer* jurisPR-Strafrecht 17/**2010** Anm. 2.

eine mangelnde gesundheitliche Verfassung voraus, dass der Verurteilte weder in der Justizvollzugsanstalt noch ambulant außerhalb der Anstalt noch in einem Anstaltskrankenhaus in der erforderlichen Weise behandelt werden kann.[11] Wegen der Zulässigkeit des Strafaufschubs aufgrund dem Verurteilten oder seiner Familie bei einer sofortigen Vollstreckung drohenden, außerhalb des Strafzwecks liegenden Nachteile vgl. § 456.

6 Die in den **Absätzen 1 und 2** bezeichneten Umstände machen einen Aufschub der Vollstreckung notwendig und begründen für den Verurteilten ein **Recht** darauf. Der Aufschub aus den Gründen des **Absatzes 3** – aber auch der nach § 456 – ist hingegen in das **Ermessen** der **Vollstreckungsbehörde** gestellt.[12] Die Absätze 1 bis 3 sowie § 456 enthalten **keine erschöpfende Regelung** des Strafaufschubs. Sie bestimmen nur, wann aus **Gründen**, die **in der Person des Verurteilten** liegen, ein Strafaufschub notwendig oder zulässig ist. Gründe, aus denen im öffentlichen Interesse Strafaufschub gewährt werden kann, und zwar teils vom Gericht, teils von der Vollstreckungsbehörde, ergeben sich aus § 47 Abs. 2, § 307 Abs. 2, § 360 Abs. 2; §§ 455a, 456a.

7 Darüber hinaus kann die Vollstreckungsbehörde aufgrund der aus dem Vollstreckungsauftrag (§ 451) sich ergebenden Befugnisse aus **Gründen des öffentlichen Interesses** den Beginn der Strafvollstreckung hinausschieben,[13] z. B. wenn bei Soldaten der Bundeswehr zwingende dienstliche Gründe (Teilnahme an einer größeren Truppenübung) der alsbaldigen Vollstreckung entgegenstehen, wenn der Verurteilte unmittelbar vor dem Abschluss eines Universitätsexamens oder einer sonstigen Ausbildung steht oder wenn nach Auffassung der Vollstreckungsbehörde mit dem Erfolg eines eingereichten Gnadengesuchs mit hoher Wahrscheinlichkeit zu rechnen ist,[14] wenn die Verkündung einer vom Parlament beschlossenen Amnestie in Kürze bevorsteht oder wenn zu erwarten ist, dass sich die Aufhebung des Urteils auf Revision hin auf den bereits rechtskräftig abgeurteilten Mitangeklagten erstrecken wird (Rn. 27). Eine solche Befugnis entspricht dem Grundgedanken, auf dem die Aufschubbefugnis des Gerichts nach § 47 Abs. 2, § 307 Abs. 2, § 360 Abs. 2 beruht. Hier handelt es sich aber um Ermessensentscheidungen, die nicht der gerichtlichen Nachprüfung nach § 458 unterliegen.[15]

8 **2. Kein Antragserfordernis.** In den Fällen der Absätze 1 bis 3 ist der Aufschub der Vollstreckung **von Amts wegen** zu verfügen. Ein Antrag des Verurteilten ist nicht erforderlich. Andererseits gilt das Vollstreckungsverbot auch dann, wenn der Verurteilte die Vollstreckung selbst wünschen sollte, etwa um sie endlich hinter sich zu bringen.[16] Wegen des Antragserfordernisses in § 456 Abs. 1 vgl. die dort. Erläuterungen.

3. Gesetzliche Aufschubgründe

9 **a) Verfall in Geisteskrankheit (Absatz 1).** Darunter ist ein solcher Grad von Geisteskrankheit zu verstehen, dass der Verurteilte für die Zwecke der Strafvollstreckung nicht mehr ansprechbar ist.[17] Bei geringeren Graden kann die Einweisung in eine Justiz-

---

11 OLG München MDR **1981** 426; *Bringewat* 5.

12 *Bringewat* 5; OLG Koblenz Beschl. vom 17.2.2014 – 2 Ws 22/14.

13 *Bringewat* 7; **ablehnend** KK/*Appl* 5 (abschließende Regelung); ebenso KMR/*Stöckel* 3; SK/*Paeffgen* 3.

14 Allerdings ist die Entscheidung über die Einstellung der Vollstreckung aus Anlass eines Gnadengesuchs in erster Linie Sache der Gnadenbehörde.

15 *Bringewat* 7; **a. A.** KK/*Appl* 5.

16 Meyer-Goßner/*Schmitt* 15; *Bringewat* 6.

17 OLG München NStZ **1981** 240; **2013** 127; KK/*Appl* 6; KMR/*Stöckel* 11; Meyer-Goßner/*Schmitt* 4; *Bringewat* 8.

vollzugsanstalt mit entsprechenden Behandlungsmöglichkeiten in Betracht kommen (vgl. § 152 Abs. 2 StVollzG). Bei Geisteskrankheit, die in Schüben auftritt, kommt ein Aufschub nur für die Dauer eines Schubs in Betracht.[18]

b) Besorgnis naher Lebensgefahr (Absatz 2). An die **Besorgnis naher Lebensgefahr (Absatz 2),** die aus einer anderen Krankheit im Fall einer Vollstreckung droht, sind **strenge Anforderungen** zu stellen. Keinesfalls genügt es, wenn sich nur die Möglichkeit nicht ausschließen lässt, dass die Krankheit sich durch den Vollzug lebensbedrohlich verschlechtert.[19] Vielmehr ist dafür ein höherer Grad an Wahrscheinlichkeit erforderlich. Die Vollstreckung der Freiheitsstrafe muss darüber hinaus für die zu besorgende Lebensgefahr ursächlich sein.[20] Krankheitsbedingte Vollzugsuntauglichkeit scheidet daher auch aus, wenn die sich aus der Krankheit ergebenden Gefahren durch den Vollzug nicht erhöht werden, sondern außerhalb des Vollzugs in gleicher Weise bestehen würden.[21] Schon bei Vollzugsbeginn wird der Gefangene von Amts wegen alsbald ärztlich untersucht. Die Gefahr, dass sich ein Verurteilter selbst tötet, ist im Allgemeinen kein Grund für einen Strafaufschub, denn ihr kann regelmäßig durch geeignete Maßnahmen im Strafvollzug begegnet werden.[22] Die Suizidankündigung naher Angehöriger des Verurteilten rechtfertigt schon deshalb keinen Vollstreckungsaufschub, weil dadurch keine nahe Lebensgefahr für den Verurteilten zu besorgen ist.[23] Eine HIV-Infektion ohne Ausbruch der Krankheit rechtfertigt einen Vollstreckungsaufschub regelmäßig nicht.[24] 10

c) Körperlicher Zustand (Absatz 3). Die Vorschrift bezweckt in erster Linie, den Justizvollzugsanstalten Schwierigkeiten zu ersparen, die eine geordnete Durchführung des Vollzugs unmöglich machen.[25] Sie ist aber **auch im Interesse des Verurteilten** geschaffen worden,[26] der im Vollzug nicht die notwendige Rücksichtnahme auf seinen Zustand erwarten kann, weil der Anstalt die nötigen Mittel nicht zur Verfügung stehen.[27] Eine Behinderung vom Schweregrad einer Querschnittlähmung sowie einer Blasen- und Mastdarmlähmung führt nicht per se zur Vollzugsuntauglichkeit.[28] Der Verurteilte kann deshalb auch in seinem Interesse den Aufschub beantragen und bei Versagung die Entscheidung nach § 458 herbeiführen.[29] 11

---

18 KK/*Appl* 6a; Meyer-Goßner/*Schmitt* 4.

19 OLG Hamm MDR **1976** 778; OLG München NStZ **1981** 240; OLG Düsseldorf NStZ **1991** 151; OLG Schleswig SchlHA **2007** 292; KK/*Appl* 7; KMR/*Stöckel* 12; Meyer-Goßner/*Schmitt* 5; *Bringewat* 9.

20 OLG Düsseldorf NStZ **1991** 151 KG Beschl. vom 7.9.2020 – 5 Ws 97/20 und 5 Ws 105/20.

21 OLG Düsseldorf NStZ **1991** 151; KG Beschl. vom 7.9.2020 – 5 Ws 97/20 und 5 Ws 105/20 zu Infektion mit dem Virus SARS-CoV-2; LG Ellwangen NStZ **1988** 331: zur Frage der Vollstreckung bei einem Aids-Kranken; KK/*Appl* 7, 13; Meyer-Goßner/*Schmitt* 10; *Bringewat* 9.

22 KG NStZ **1994** 255; OLG Schleswig SchlHA **2007** 292; KK/*Appl* 7; Meyer-Goßner/*Schmitt* 4; *Bringewat* 8. Auch die Drohung eines nahen Angehörigen, sich im Fall der Verweigerung eines Aufschubs zu töten, scheidet als Aufschubgrund aus: OLG Köln MDR **1985** 695; OLG Hamm NStZ-RR **2010** 191; OLG Koblenz StRR **2015** 387.

23 OLG Köln NStZ **1985** 381.

24 LG Ellwangen NStZ **1988** 330.

25 OLG Celle StraFo **2011** 524.

26 BVerfGE **51** 324; KK/*Appl* 8; Meyer-Goßner/*Schmitt* 6; *Bringewat* 10.

27 BGHSt **19** 150.

28 OLG Köln Beschl. vom 7.8.2012 – III – 2 Ws 575-576/12.

29 *Bringewat* 5.

12 **Schwangere**, Frauen, die unlängst entbunden haben und stillende Mütter fallen in der Regel nicht unter Absatz 3.[30] Die in solchen Fällen nach den Vollstreckungsplänen zuständigen Justizvollzugsanstalten dürften meistens über die Möglichkeit verfügen, den besonderen Anforderungen, die sich aus diesem Zustand ergeben, ausreichend Rechnung zu tragen. Doch sollte die Justizvollzugsanstalt sich selbst stellende Frauen, deren Schwangerschaft bereits bis zum sechsten Monat fortgeschritten ist, sowie solche bis zum Ablauf von sechs Wochen nach der Entbindung und stillende Mütter nur aufnehmen, wenn die Vollstreckungsbehörde in Kenntnis des Zustands der Frau um Aufnahme ersucht.[31] An dieser Regelung sollte – auch aus Kostengründen – festgehalten werden.

13 **4. Sonstige Krankheiten.** Bei Krankheiten, die nicht unter Absatz 2 fallen, kann **Vollzugsuntauglichkeit** in Betracht kommen, wenn die notwendige ärztliche Behandlung in der Justizvollzugsanstalt nicht möglich ist,[32] gegebenenfalls können entsprechende Bedenken durch die Aufnahme in eine geeignete Justizvollzugsanstalt unter Abweichung vom Vollstreckungsplan (§ 26 StVollstrO) behoben werden.[33] Bei der Frage der Vollzugstauglichkeit sind auch die **Zumutbarkeit des Vollzugs** unter den gegebenen Umständen und das öffentliche Interesse an beschleunigter Vollstreckung zu berücksichtigen.

14 **5. Dauer.** Anders als nach § 456 Abs. 2 ist die Dauer des Aufschubs hier schon der Natur der Sache nach nicht auf einen bestimmten Zeitraum beschränkt. Seine **Dauer** hängt von dem Aufhören oder Fortbestehen **des** der Strafvollstreckung entgegenstehenden **Hindernisses**, d. h. dem Wiedereintritt der Vollzugstauglichkeit, ab.[34] Es ist daher unter Umständen auch ein neuer und mehrmaliger Aufschub statthaft. Gegen die Ablehnung eines solchen kann der Verurteilte wiederum das Gericht nach § 458 Abs. 2 anrufen.[35] Dauert das Hindernis ununterbrochen fort und ist es unmöglich, es zu beseitigen, so kann die Vollstreckung einer Freiheitsstrafe tatsächlich unmöglich werden. Während des Strafaufschubs ruht die Vollstreckungsverjährung (§ 79a Nr. 2 Buchst. a StGB).

IV. Strafunterbrechung (Absatz 4)

15 **1. Einführung.** Wie unter Rn. 1 ausgeführt, enthielt die Strafprozessordnung bis zum Inkrafttreten des 23. StRÄndG keine allgemeinen Vorschriften über die Unterbrechung einer schon begonnenen Strafvollstreckung. Nur einzelne Fälle waren geregelt. So gestattet **§ 455a** die Unterbrechung der Vollstreckung von Freiheitsstrafen und freiheitsentziehenden Maßregeln der Besserung und Sicherung aus den dort genannten Gründen (Rn. 2). **§ 456a** lässt es zu, dass die Vollstreckungsbehörde unter den dort bezeichneten Voraussetzungen sich auch mit der Vollstreckung eines Teils der Strafe begnügen und zu diesem Zweck die Strafvollstreckung unterbrechen kann. **§ 456c Abs. 2** gibt der Vollstreckungsbehörde das Recht, ein Berufsverbot auszusetzen, also auch zu

---

30 Meyer-Goßner/*Schmitt* 7; *Bringewat* 12.

31 Besondere Vorschriften für den Frauenstrafvollzug enthalten nunmehr §§ 76 ff. StVollzG sowie die Strafvollzugsgesetze der Länder.

32 BGHSt **19** 148; OLG Hamm NJW **1973** 2076; KK/*Appl* 8; Meyer-Goßner/*Schmitt* 6; *Bringewat* 11.

33 *Bringewat* 12.

34 KK/*Appl* 9; Meyer-Goßner/*Schmitt* 2; *Bringewat* 6.

35 Meyer-Goßner/*Schmitt* 2; *Bringewat* 6.

unterbrechen. Ferner ist in **§ 458 Abs. 3** neben dem Aufschub auch die Unterbrechung erwähnt. Jedoch ist dort, abgesehen von den besonderen Fällen des § 458 Abs. 1, Voraussetzung, dass ein Aufschub des Beginns der Vollstreckung beantragt war und vor der endgültigen Erledigung dieses Antrags der Strafvollzug angefangen hatte. Diesem unbefriedigenden Zustand – teilweise Regelung in der Strafprozessordnung, teilweise in der Strafvollstreckungsordnung – wollte der Gesetzgeber abhelfen. Allerdings gelang das erst nach Ausschöpfung aller für ein Gesetzgebungsverfahren vorgesehenen Möglichkeiten.

2. Gesetzgebungsgang. Absatz 4 war bereits im Regierungsentwurf eines StrÄndG enthalten.[36] Auch der Bundesrat hatte keine Bedenken gegen seine Aufnahme in § 455. Dagegen hatte der Rechtsausschuss des Bundestags empfohlen, die Vorschrift zu streichen, weil er sie im Hinblick auf die Regelung der Materie in der Strafvollstreckungsordnung für entbehrlich hielt.[37] Der Bundestag folgte der Empfehlung. Das am 5.12.1985 beschlossene 23. StRÄndG enthielt also keinen Absatz 4.[38] Auf Vorschlag *seines* Rechtsausschusses beschloss alsdann der Bundesrat, den **Vermittlungsausschuss** auch mit dem Ziel anzurufen, die Streichung der schon im Regierungsentwurf enthaltenen und auch vom Bundesrat gebilligten Strafunterbrechung aus Gesundheitsgründen wieder rückgängig zu machen. Zum einen sei die Aufnahme dieses Unterbrechungsgrundes in die Strafprozessordnung aus rechtsdogmatischen Gründen angezeigt; zum anderen bleibe nach der Übernahme des § 43 StVollstrO in die Strafprozessordnung (§ 454b Abs. 2) sonst nur dieser Unterbrechenstatbestand, dem große praktische Bedeutung zukomme, ohne gesetzliche Regelung.[39] Nachdem der Vermittlungsausschuss dem Antrag des Bundesrats gefolgt war,[40] billigte auch der Bundestag die Aufnahme der Strafunterbrechung in § 455 als Absatz 4.[41] 16

3. Allgemeines. Zwischen einer Unterbrechung und einem Aufschub der Strafvollstreckung besteht ein wesentlicher **Unterschied**. Er schließt es aus, die Vorschriften über den Aufschub auf die Unterbrechung entsprechend anzuwenden, macht es vielmehr erforderlich, sie eigenständig zu gestalten.[42] Daher kann die Ablehnung eines Vollstreckungsaufschubs nach Absatz 3 wegen krankheitsbedingter Vollzugsuntauglichkeit nicht darauf gestützt werden, dass der Verurteilte zum Strafantritt in ein Anstaltskrankenhaus geladen sei, wo er medizinisch betreut werden könne. Damit würde nämlich die Ablehnung des Vollstreckungsaufschubs auf einen Grund gestützt, den das Gesetz nur für die Ablehnung einer Vollstreckungsunterbrechung nach Absatz 4 Satz 1 Nr. 3 vorsieht.[43] Wäre es anders, müsste die Vollstreckung bei Vollzugsuntauglichkeit in jedem Fall unterbrochen werden. Dieses Ergebnis will Absatz 4 – auch im Interesse des 17

---

36 Vgl. BTDrucks. **10** 2720, Art. 2 Nr. 4, S. 6.

37 BTDrucks. **10** 4391 – Beschlussempfehlung und Bericht des Rechtsausschusses vom 27.11.1985: Zu Art. 2 Nr. 4 (§ 455), S. 19. Wie schwer dem Rechtsausschuss die Entscheidung gefallen ist, erhellt sich auch daraus, dass er in seiner 63. Sitzung am 23.10.1985 der Fassung des Regierungsentwurfs bei nur einer Enthaltung zugestimmt hatte – Prot. 63/17 –, sie dann aber in der folgenden Sitzung einstimmig abgelehnt hatte – Prot. 64/10 –.

38 Vgl. BRDrucks. 5/86 – Art. 2 Nr. 4 und 5.

39 BRDrucks. 5/86 – Beschluss vom 31.1.1986.

40 Vgl. BTDrucks. **10** 5061 – Anl. zum Beschluss vom 20.2.1986; Nr. 3: Zu Art. 2 Nr. 4a – neu – (§ 455 Abs. 4 StPO).

41 BTDrucks. **10** 5061 vom 20.2.1986 – BRDrucks. 107/86 vom 28.2.1986.

42 OLG Celle StraFo **2011** 524.

43 OLG Celle StraFo **2011** 524.

Verurteilten – vermeiden. Er baut auf dem Regelfall auf, dass eine einmal begonnene Strafvollstreckung zu Ende geführt und im Allgemeinen nicht unterbrochen wird[44] und stellt eine **abschließende** Regelung dar, unter welchen Voraussetzungen eine Strafunterbrechung aus in der Person des Verurteilten liegenden Gründen möglich ist.[45] In besonders gelagerten Einzelfällen kann ausnahmsweise bei der Auslegung von Absatz 4 im Hinblick auf eine Schwerstpflegebedürftigkeit eines Strafgefangenen eine Vollstreckungsunterbrechung über den Wortlaut der Norm hinaus in Betracht kommen, um den Grundrechtsschutz aus Art. 2 Abs. 1 Satz 1 und Artikel 1 Abs. 1 GG zu gewährleisten. Auch wenn keine akute Lebensgefahr besteht, sind die Fragen der verbleibenden Lebenserwartung sowie die der aktuell bestehenden Gefährlichkeit zu prüfen.[46]

4. Unterbrechungsgründe (Satz 1)

18 **a) Verfall in Geisteskrankheit (Nr. 1) und Besorgnis naher Lebensgefahr (Nr. 2).** Die Nummern 1 und 2 schließen sich materiell eng an die Voraussetzungen für den Aufschub der Strafvollstreckung an, soweit diese zwingend sind und für die Strafunterbrechung Bedeutung haben können.[47] Wegen der sachlichen Voraussetzungen kann daher auf die Ausführungen unter Rn. 8 f. sowie auf § 461, 10 verwiesen werden.

19 **b) Sonstige schwere Erkrankung (Nr. 3).** Die Regelung in Nummer 3 knüpft statt an die Aufschubregelung in Absatz 3 an die **Voraussetzungen für die Verlegung** in ein Krankenhaus außerhalb des Vollzugs (§ 65 Abs. 2 StVollzG bzw. die entsprechenden landesrechtlichen Regelungen) an.[48] Damit schließt der Gesetzgeber nicht nur leichtere Krankheitsfälle von vornherein als Unterbrechungsgründe aus, sondern stellt zugleich auch sicher, dass selbst schwere Krankheitsfälle eine Unterbrechung nur dann rechtfertigen, wenn sie nicht in einem Anstaltskrankenhaus oder in einer Justizvollzugsanstalt mit entsprechender Krankenabteilung behandelt oder erkannt werden können.[49] Ein solcher Fall ist auch anzunehmen, wenn gegenwärtig die Haftfähigkeit zwar nicht tangiert ist, es sich aber um eine schwere Erkrankung handelt, die langfristig mit **Erfolgsaussichten** nur außerhalb des Strafvollzugs behandelt werden kann.[50] Eine Strafunterbrechung nach Absatz 4 Satz 1 Nr. 3 zur Durchführung einer schweren Herzoperation ist nicht von vornherein ausgeschlossen, auch wenn eine Verlegung in ein Krankenhaus außerhalb des Vollzugs nach § 65 Abs. 2 StVollzG grundsätzlich möglich wäre. Eine Verlegung in ein Hochleistungskrankenhaus, in dem ein entsprechender Eingriff durchgeführt werden kann, kommt regelmäßig nicht in Betracht, da dort ein Patient mit Gefangenenstatus und entsprechender vollzuglicher Begleitung das therapeutische Klima empfindlich stören würde.[51] Absatz 4 Satz 1 Nr. 3 stellt keine gesetzliche Grundlage für

---

44 OLG München NStZ **1988** 294; OLG Karlsruhe NStZ **1991** 54; KK/*Appl* 10; *Bringewat* 14; zur Frage der Zulässigkeit einer Überweisung eines Lebenslänglichen wegen paranoid-halluzinatorischer Schizophrenie in den Maßregelvollzug s. OLG Karlsruhe NStZ **1991** 302.

45 OLG Hamm NStZ-RR **2011** 221.

46 BVerfG Beschl. vom 6.6.2011 – 2 BvR 1083/11; OLG Celle StV **2018** 350 Ls.; OLG Celle StraFo **2010** 351 mit Anm. *Schäfer* jurisPR-StrafR 17/**2010** Anm. 2; OLG Köln Beschl. vom 2.8.2012 – III 2 Ws 523/12.

47 BTDrucks. **10** 2720, Begr. zu Art. 2 Nr. 4, S. 16, dritter Absatz.

48 BTDrucks. **10** 2720, Begr. zu Art. 2 Nr. 4, S. 16, vierter Absatz; BVerfG NStZ-RR **2003** 345; OLG München StV **1997** 262; KG Beschl. vom 5.2.2013 – 2 Ws 4/13.

49 OLG Karlsruhe NStZ **1991** 54; LG Ellwangen NStZ **1988** 331; KG Beschl. vom 22.7.2016 – 2 Ws 185/16; KK/*Appl* 13; Meyer-Goßner/*Schmitt* 10; *Bringewat* 19.

50 OLG Stuttgart StV **1991** 478. Wegen weiterer Beispiele s. *Gatzweiler* StV **1996** 284 f.

51 OLG Stuttgart StV **1991** 478.

eine Ablehnung eines auf eine schon bestehende Erkrankung gestützten Gesuchs um Vollstreckungsaufschub dar, denn einen Strafantritt in einem Vollzugskrankenhaus oder in einer Justizvollzugsanstalt zum Zwecke der sofortigen Verlegung in ein (Vollzugs-)Krankenhaus sieht das Gesetz nicht vor.[52] Dass der Gesetzgeber den unbestimmten Rechtsbegriff „schwere Erkrankung" nicht besonders definiert, schadet nicht, zumal da dieser nicht absolut bestimmt und die Vollstreckung auch dann unterbrochen werden kann, wenn es zwar ein für die Behandlung der schweren Krankheit geeignetes Anstaltskrankenhaus gibt, der Gefangene aber – etwa weil seine Krankheit keinen längeren Transport erlaubt – wegen zu großer Entfernung nicht dorthin verlegt werden kann. Die Frage einer internen Verlegung (§ 65 Abs. 1 StVollzG) ist daher stets vorrangig zu prüfen. Ist sie möglich, entfällt eine Unterbrechung der Vollstreckung schon deshalb.[53]

c) Dauer der Erkrankung. Die Vollstreckung darf in allen Fällen nur unterbrochen 20 werden, wenn die Krankheit voraussichtlich für eine **erhebliche Zeit** fortbesteht. Der Gesetzgeber verzichtet auch hier auf eine gesetzliche Definition dieses Begriffs.[54] Auch das erscheint sachgerecht, zumal da auch diese Frage stets aufgrund der Umstände des Einzelfalls zu entscheiden sein wird und die Entscheidung darüber hinaus auch von der Dauer der noch zu verbüßenden Strafe abhängen kann. Sie mag bei einem nur noch kurzen Strafrest kürzer zu bemessen sein. Bei längerer Strafdauer wird sie dagegen eine längere Zeitspanne erfordern.[55] Eine absolute Grenze festzusetzen, ist nicht möglich. Sie endet jedoch, sobald Maßnahmen getroffen werden, die dazu dienen, den Verurteilten wieder unter die Verfügungsgewalt der Justizvollzugsanstalt zu bringen.[56]

d) Ermessensentscheidung. Absatz 4 Satz 1 ist nach dem Vorbild des § 45 Abs. 1 21 StVollstrO als Ermessensregelung ausgestaltet.[57] Der Gefangene hat also *kein* **Recht auf Unterbrechung**, wohl aber darauf, dass das Ermessen fehlerfrei ausgeübt wird.[58] Im Rahmen dieses Ermessens muss im Einzelfall unter Abwägung der in Rn. 18 f. aufgeführten Gesichtspunkte eine Unterbrechung vertretbar sein. Bei der Prüfung, ob die Voraussetzungen für eine Strafunterbrechung nach Absatz 4 vorliegen, hat die Vollstreckungsbehörde auf der Grundlage sämtlicher ihr im Entscheidungszeitpunkt vorliegenden Erkenntnisse eine Gesamtabwägung vorzunehmen, bei der die Durchsetzung des staatlichen Strafanspruchs einerseits und das Interesse des Verurteilten an der Wahrung seiner verfassungsmäßig verbürgten Rechte, insbesondere seiner durch Art. 2 Abs. 2 Satz 1 GG geschützten Gesundheit sowie die Achtung seiner Menschenwürde (Art. 1 Abs. 1 GG) andererseits gegenüberzustellen sind und unter Beachtung des Verhältnismäßigkeitsgrundsatzes nach zureichender Sachaufklärung[59] ein Interessenausgleich herbeizuführen ist.[60] Die Vollstreckungsbehörde hat sich daher (vgl. Rn. 5 m. w. N.) in ihrer Entschei-

52 OLG Koblenz StraFo **2003** 434.

53 OLG Karlsruhe NStZ **1991** 53; **1991** 302; KK/*Appl* 13.

54 BTDrucks. **10** 2720, Begr. zu Art. 2 Nr. 4, S. 16, zweiter Absatz; zu den Unterbrechungsgründen s. auch *Dölling* NJW **1987** 1048; KK/*Appl* 14; Meyer-Goßner/*Schmitt* 11; *Bringewat* 15.

55 OLG München StraFo **2003** 323.

56 OLG Celle NStZ **1987** 552; OLG Stuttgart MDR **1989** 1124; KK/*Appl* 11.

57 KG Beschl. vom 22.7.2016 – 2 Ws 185/16.

58 KK/*Appl* 10; Meyer-Goßner/*Schmitt* 1, 7; OLG Hamm NStZ-RR **2009** 189; KG Beschl. vom 5.12.2013 – 2 Ws 555/13.

59 BVerfGE **70** 297, 308; **109** 133, 162; BVerfG Beschl. vom 6.6.2011 – 2 BvR 1083/11; BVerfGK **17** 133; OLG Celle StraFo **2010** 351.

60 BVerfG NStZ **2003** 345; StV **2008** 87; OLG Hamburg StV **2008** 86 = ZfStrVo **2006** 244 mit Anm. *Fiedeler* ZfStrVo **2006** 245; KG Beschl. vom 22.7.2016 – 2 Ws 185/16.

dung zu der Schwere der Erkrankung des Verurteilten, der Dauer und der Art und Weise der erforderlichen Behandlung, der Möglichkeit der Behandlung in einer Justizvollzugsanstalt oder einem Anstaltskrankenhaus sowie über die Erwartung der Fortdauer der Erkrankung für eine erhebliche Zeit im Einzelnen zu verhalten,[61] um dem Gericht die Überprüfung der Ermessensentscheidung zu ermöglichen. In der amtlichen Begründung wird besonders darauf hingewiesen, dass dazu auch die Prüfung gehört, ob Maßnahmen nach § 65 Abs. 1 oder 2 StVollzG ausreichen oder – etwa unter Sicherheitsgesichtspunkten – erforderlich sind oder ob im Interesse des Verurteilten von einer Unterbrechung abgesehen werden soll, dem die Zeit der Unterbrechung nicht auf die Strafzeit angerechnet wird, während die ohne Unterbrechung in einem Krankenhaus außerhalb des Vollzugs nach § 65 Abs. 2 StVollzG verbrachte Zeit grundsätzlich nach § 461 StPO in die Strafzeit eingerechnet wird.[62] Wegen des Verfahrens vgl. § 46 StVollstrO.

22 **5. Ausnahme (Satz 2).** Satz 2 enthält eine **zwingende Einschränkung.** Die Vollstreckung darf, auch wenn die Voraussetzungen des Satzes 1 Nr. 1 bis 3 gegeben sind, nicht unterbrochen werden, wenn **überwiegende Gründe**, namentlich der **öffentlichen Sicherheit**, entgegenstehen. Die Fassung lehnt sich an den Hinderungsgrund des § 455a Abs. 1 letzter Hs. bei der Unterbrechung aus Gründen der Vollzugsorganisation an. Er geht in seinem **Umfang** weiter als § 455a, der eine Unterbrechung nur bei überwiegenden Gründen der öffentlichen Sicherheit ausschließt (§ 455a, 3), während § 455 Abs. 4 Satz 2 – wie sich aus der Formulierung „namentlich" ergibt – auch andere Gründe, namentlich solche zulässt, die über die Zwecke der Regelvollstreckung hinaus trotz der für längere Zeit erwarteten Vollzugsuntauglichkeit die durchgängige Strafvollstreckung gebieten.[63] Im Ergebnis entspricht seine Regelung der des früheren § 45 Abs. 4 StVollstrO, so dass sowohl die Gefahr der Begehung neuer schwerwiegender Straftaten als auch Fluchtgefahr[64] die Unterbrechung ausschließen können.[65]

23 **6. Besonderheiten bei Vollzug durch Bundeswehrbehörde (Art. 6 WStrGEG).** Für Fälle, in denen **Strafarrest** – nicht Jugendarrest[66] – oder **Freiheitsstrafe bis zu sechs Monaten** (Art. 5 Abs. 2 WStrGEG) von einer Behörde der Bundeswehr vollzogen wird, enthält Art. 6 WStrGEG[67] in Bezug auf die Unterbrechensregelung in Absatz 4 ergänzende Bestimmungen. Nach Artikel 6 Abs. 1 WStrGEG unterbricht die Vollstreckungsbehörde die Vollstreckung eines Strafarrestes und einer Freiheitsstrafe, die durch Behörden der Bundeswehr vollzogen wird, wenn der Unterbrechung keine überwiegenden Gründe entgegenstehen und der Verurteilte in Geisteskrankheit verfällt oder wenn von der Vollstreckung eine nahe Lebensgefahr für den Verurteilten zu besorgen ist oder er in einer Sanitätseinrichtung der Bundeswehr oder in einer anderen Krankenanstalt stationär aufgenommen wird. Nach Art. 6 Abs. 2 WStrGEG ist § 458 Abs. 2, Abs. 3 Satz 1 anzuwenden.

24 Bei einem Vergleich mit § 455 Abs. 4 sind namentlich folgende **Unterschiede** festzustellen: Art. 6 Satz 1 WStrGEG schreibt in den Nummern 1 und 2 die Unterbrechung der

---

61 OLG Jena StV **2004** 84; **2011** 680 Ls.

62 BTDrucks. **10** 2720; Begr. zu Art. 2 Nr. 4, S. 16, sechster Absatz.

63 *Bringewat* 17.

64 OLG Köln OLGSt GVG § 78b Nr. 5 Rn. 43.

65 KK/*Appl* 15; Meyer-Goßner/*Schmitt* 12; *Pohlmann*/*Jabel*/*Wolf* § 45, 11; OLG Karlsruhe NStZ **2000** 279.

66 Für den Jugendarrest verbleibt es bei den sich aus dem Jugendgerichtsgesetz ergebenden Regelungen.

67 Eingeführt durch Art. 6 des 23. StRÄndG (BGBl. I S. 393). Wegen des Gesetzgebungsgangs wird auf die Ausführungen zu Rn. 16 verwiesen.

Vollstreckung für den Regelfall vor, wenn eine der in § 455 Abs. 1 und 2 bezeichneten **schweren Erkrankungen** eintritt, auch wenn dies ausnahmsweise nicht zu einem Krankenhausaufenthalt führen sollte. In Nummer 2 wird darüber hinaus auch auf solche Fälle von **Lebensgefahr** abgestellt, die medizinisch nicht als Krankheit gewertet werden. Damit berücksichtigt der Gesetzgeber, dass der Bundeswehr im Gegensatz zum Strafvollzug geeignete Unterbringungs- und Behandlungsmöglichkeiten für solche Verurteilte fehlen (vgl. Rn. 9). Nummer 3 erfasst die Fälle, in denen der erkrankte Verurteilte innerhalb oder außerhalb der Bundeswehr **stationär** untergebracht wird.

Der **Unterschied zur Ermessensregelung** in § 455 Abs. 4 hängt mit den besonderen **Gegebenheiten im Bundeswehrvollzug** zusammen. Der Vollzug der Strafe ist auf eine Teilnahme am militärischen Dienst ausgerichtet. Wird ein Bundeswehrsoldat in eine Krankenabteilung verlegt, hat die weitere Fingierung des Vollzugs mithin keinen Sinn mehr. 25

Art. 6 WStrGEG knüpft nicht mehr an die **Vollzugsuntauglichkeit** an, nachdem dieser Begriff auch im Strafvollzugsgesetz nicht mehr verwendet wird. Aus **überwiegenden Gründen** kann die Vollstreckungsbehörde von der Unterbrechung absehen, wenn etwa der Rest der Freiheitsstrafe für sich genommen im Verhältnis zum verbüßten Teil unerheblich ist. Im Gegensatz zu § 455 Abs. 4 Satz 2 werden dabei Gründe der öffentlichen Sicherheit im Allgemeinen nicht im Vordergrund stehen. Satz 2 sieht die Anfechtungsmöglichkeit nach § 458 mit den an sie anknüpfenden Verfahrens- und Zuständigkeitsregelungen in §§ 462, 462a auch hier vor.[68] 26

7. Unterbrechung nach § 19 StVollstrO. Die Vorschrift regelt einen **Sonderfall.** Sie sieht den Aufschub oder die Unterbrechung der Strafvollstreckung vor, wenn von mehreren Verurteilten nur Einzelne Revision eingelegt haben, während das Urteil gegen die übrigen rechtskräftig geworden und wenn zu erwarten ist, dass das Revisionsgericht die Aufhebung auf einen der Letzteren, der sich schon im Vollzug befindet, erstrecken wird (§ 357).[69] Nachdem der Gesetzgeber durch das 23. StrÄndG die Unterbrechung beim Zusammentreffen mehrerer Freiheitsstrafen nunmehr in § 454b selbständig und abschließend geregelt hat, kann § 19 StVollstrO für diese Fälle nicht mehr – auch nicht entsprechend – herangezogen werden.[70] Die Pflicht der Staatsanwaltschaft, jeweils vor Verbüßung von zwei Dritteln der einzelnen Strafen die Vollstreckung zu unterbrechen und anschließend die nächste Strafe zu vollstrecken, um vor Erreichen von zwei Dritteln der letzten Strafe eine einheitliche Entscheidung über die Restaussetzung zur Bewährung bei allen Strafen zu ermöglichen, folgt nunmehr unmittelbar aus § 454b Abs. 2 (vgl. dort. Rn. 13 ff.). Wegen der Unterbrechung durch Gnadenakt vgl. Rn. 35. 27

8. Gewaltsame Strafunterbrechung. Eine Strafunterbrechung im technischen Sinn liegt nicht vor, wenn Strafgefangene durch Gewalt oder Drohung mit Gewalt freigepresst werden, wenn etwa Terroristen die Tötung entführter Geiseln oder die Verübung anderer Gewaltakte für den Fall androhen, dass ihrem Verlangen nach Freilassung bestimmter Strafgefangener nicht stattgegeben werde. Beschließen die zuständigen Regierungsorgane, einer solchen Forderung aus wohlerwogenen Gründen stattzugeben, um Schlimmeres zu vermeiden, so kommt es auf eine Unterbrechensanordnung der Strafvollstreckungsbehörde nicht an und liegt noch weniger ein Gnadenakt vor. Es tritt vielmehr eine **faktische Beendigung** des Vollzugs ein, die den staatlichen Strafvollstreckungsan- 28

68 BTDrucks. **10** 2720, Begr. zu Art. 7, S. 19.
69 Vgl. dazu § 449, 19 f.; § 455a, 6 (keine abschließende Regelung der in Betracht zu ziehenden Fälle).
70 So noch LR/*Schäfer*[23] § 455, 10.

spruch nicht berührt. Die veranlassenden Regierungsorgane sind ihrerseits durch § 34 StGB gedeckt.[71]

29 **9. Kosten.** Die Auslagen eines zur Überprüfung der Haftfähigkeit eingeholten medizinischen Sachverständigengutachtens sind **keine Kosten des Verfahrens,**[72] denn die Vollstreckung einer Freiheitsstrafe ist Aufgabe der Justizverwaltung, so dass die damit verbundenen Kosten und Auslagen nur nach der Justizverwaltungskostengesetz festgesetzt werden dürfen. Dieses aber sieht die Erhebung von Gebühren oder Auslagen für Amtshandlungen, die durch Anträge in Angelegenheiten der Strafvollstreckung veranlasst werden, nicht vor (§ 3 Nr. 1 JVKostG).

V. Zuständigkeit

30 **1. Vollstreckungsbehörde.** Zuständig für die Entscheidung über einen Strafaufschub oder eine Strafunterbrechung (§§ 455, 456) – im letzteren Fall, soweit es um die Vollstreckung von Freiheitsstrafen oder freiheitsentziehenden Maßregeln geht – ist kraft der sich aus § 451 ergebenden Befugnisse die Vollstreckungsbehörde, nach der Aufhebung der Verordnung über die Begrenzung der Geschäfte des Rechtspflegers bei der Vollstreckung in Straf- und Bußgeldsachen vom 26.6.1970[73] durch Art. 12 des 1. JuMoG vom 24.8.2004 dort der Rechtspfleger (§ 31 Abs. 2 Satz 1 RpflG).

31 **2. Gericht.** Das **Gericht** kann den Aufschub oder die Unterbrechung einer Vollstreckung nur anordnen, wenn dies in gesetzlichen Vorschriften ausdrücklich vorgesehen ist.[74]

VI. Rechtsbehelfe

32 **1. Entscheidung nach § 458 Abs. 2, 3.** Ob eine der Voraussetzungen des § 455 vorliegt, entscheidet zunächst die Vollstreckungsbehörde. Werden gegen eine Ablehnung Einwendungen erhoben, so hat die Vollstreckungsbehörde die Entscheidung des Gerichts herbeizuführen (§ 458 Abs. 2).[75] Während Entscheidungen nach Absatz 1 und 2 in vollem Umfang der Überprüfung unterliegen, werden solche nach Absatz 3 und Absatz 4 Satz 1 nur auf Ermessensfehler überprüft,[76] insbesondere, ob die Staatsanwaltschaft die Grenzen des Ermessens eingehalten und alle hierfür maßgeblichen Gesichtspunkte berücksichtigt hat.[77] Betreffen die Einwendungen einen Strafaufschub, entscheidet das nach §§ 462, 462a zuständige Gericht auch dann, wenn zwischenzeitlich die Vollstre-

---

71 Vgl. LR/*Schäfer*[24] Einl. Kap. **10** Abschn. V 5; *Krey* ZRP **1975** 97.

72 OLG Koblenz NStZ **1997** 256.

73 BGBl. I S. 992.

74 Wie z. B. in § 47 Abs. 2: Aufschub der Vollstreckung; § 307 Abs. 2: Aussetzung der Vollziehung; § 360 Abs. 2, § 458 Abs. 3 Satz 1 letzter Hs.: Aufschub oder Unterbrechung der Vollstreckung.

75 OLG Karlsruhe NStZ **1988** 525; KK/*Appl* 17; *Bringewat* 5, 20.

76 KG NStZ **1994** 255; Beschl. vom 7.9.2020 – 5 Ws 97/20 und 5 Ws 105/20; OLG Jena StV **2004** 84; zur Ermessensreduzierung bei todkranken Strafgefangenen OLG Hamburg NStZ-RR **2006** 285.

77 KG NStZ **1994** 255; OLG Jena StV **2004** 84; OLG Hamm NStZ-RR **2009** 189; OLG Celle StraFo **2011** 524.

ckung bereits begonnen hat.[78] Im Fall einer Strafunterbrechung hat die sofortige Beschwerde der Staatsanwaltschaft aufschiebende Wirkung (§ 462 Abs. 3 Satz 2).

2. Entscheidung nach §§ 23 ff. EGGVG. Auf eine Entscheidung der Strafvollstreckungsbehörde, durch die sie eine Unterbrechung nach § 19 StVollstrO (Rn. 27) abgelehnt hat, ist § 458 nicht anwendbar. Der Gefangene kann also eine solche ablehnende Unterbrechungsentscheidung nur nach den §§ 23 ff. EGGVG anfechten.[79] Die Rechtmäßigkeit der Ladung zum Strafantritt ist nicht in dem Verfahren nach § 458, sondern nach Durchführung des Vorschaltbeschwerdeverfahrens nach § 21 StVollstrO nach §§ 23 ff. EGGVG zu überprüfen.[80] 33

3. Dienstaufsichtsbeschwerde. Der Verurteilte kann stets den Weg der Dienstaufsichtsbeschwerde beschreiten. Eine gerichtliche Entscheidung geht allerdings einer im Dienstaufsichtsweg getroffenen vor. Schließlich kann der Verurteilte, wenn Gericht oder Dienstaufsichtsbehörde das Vorliegen eines gesetzlichen Aufschub- oder Unterbrechungsgrundes verneinen, die Gnadenbehörde anrufen, die Strafausstand auch dann gewähren kann, wenn keine gesetzlichen Vollstreckungsaufschub- oder -unterbrechungsgründe vorliegen.[81] 34

VII. Aufschub und Unterbrechung durch Gnadenakt

Die unter Rn. 9 ff., 18 ff. aufgezeigten Möglichkeiten, die Vollstreckung einer **Freiheits- oder Ersatzfreiheitsstrafe** aufzuschieben oder zu unterbrechen, stehen einer (weitergehenden) gnadenweisen Regelung nicht entgegen. Sie kommt namentlich in den Fällen in Betracht, in denen ein über § 456 hinausgehender Aufschub mit Rücksicht auf persönliche Belange des Verurteilten oder eine Unterbrechung der Vollstreckung aus den in § 456 genannten Gründen erwogen wird. Danach ist eine nicht durch besondere gesetzliche Vorschrift zugelassene vorübergehende Aussetzung der Vollstreckung (Strafausstand) Ausübung des Begnadigungsrechts, gleichgültig, ob sie vor dem Vollzug (Vollstreckungsaufschub) oder während des Vollzugs (Vollstreckungsunterbrechung) eintritt. Inhaltlich entsprechende Vorschriften enthalten auch die an die Stelle der Reichsgnadenordnung getretenen Gnadenordnungen der Länder. **Bei Maßregeln der Besserung und Sicherung** kommt ein Gnadenakt nur in seltenen Ausnahmefällen und jedenfalls dann nicht in Betracht, wenn die Gefahr, die durch die Maßregel abgewendet werden soll, noch besteht. Gnadenentscheidungen können weder nach § 458 Abs. 2 noch nach § 23 EGGVG angefochten werden.[82] Gegen eine ablehnende Gnadenentscheidung ist lediglich der Dienstaufsichtsweg eröffnet. Zur Anwendung von Gnadenrecht bei hochbetagten ehemaligen SS-Angehörigen vgl. BVerfG Beschl. vom 21.12.2017 – 2 BvR 2772/17 mit Anm. *Bertlings* jurisPR-StrafR 6/**2018** Anm. 3. 35

---

78 OLG Schleswig MDR **1983** 865; KK/*Appl* 17; Meyer-Goßner/*Schmitt* 16; *Bringewat* 20.

79 KK/*Appl* 18.

80 OLG Hamm NStZ-RR **2016** 60.

81 Wegen der früheren Unterscheidung zwischen Vollstreckungsmaßnahmen und Gnadenakt vgl. OLG Celle GA **43** (1895) 419; OLG Colmar GA **39** (1891) 189; OLG Bremen Rpfleger **1961** 162; OLG Hamm NJW **1964** 176; OLG Oldenburg NdsRpfl. **1965** 23; OLG München NJW **1968** 609; OLG Hamburg NJW **1969** 671; OLG Stuttgart NStZ **1985** 332; *Rixen* MSchrKrimPsych. **11** (1914/18) 548; *Olbricht* GA **48** (1901) 406; *Pohlmann* Rpfleger **1962** 442; JZ **1964** 661; *Altenhain* JVBl. **1964** 158; **1965** 265; JZ **1965** 760; DRiZ **1970** 108.

82 OLG Stuttgart NStZ **1985** 331; KK/*Appl* 18; *Bringewat* 21.

VIII. Regelungen im Strafvollzugsgesetz

36 Neben den prozess-, verwaltungs- und gnadenrechtlichen Aufschub- und Unterbrechungsmöglichkeiten gewähren das Strafvollzugsgesetz sowie die Strafvollzugsgesetze der Ländern den Vollzugsbehörden zusätzlich **weitere Befugnisse** in Form von Beurlaubungen, also ebenfalls Strafunterbrechungsbefugnisse, die nach klassischer Auffassung nur dem Gnadeninhaber und den von ihm zur Ausübung des Gnadenrechts ermächtigten Stellen zustanden, jetzt aber Vollzugsmaßnahmen darstellen, die die Strafvollstreckung nicht unterbrechen. Abgesehen von der **Unterbringung** eines Gefangenen **in** einer **Anstalt** oder Abteilung **des offenen Vollzugs** (§ 10 StVollzG) liegt schon nach bisherigem Recht ein Strafvollzug auch bei Lockerungen des Vollzugs vor; so wenn der Gefangene ohne Aufsicht eines Vollzugsbediensteten eine regelmäßige **Beschäftigung außerhalb der Justizvollzugsanstalt** verrichten darf (Freigang) oder wenn er die Justizvollzugsanstalt für eine bestimmte Tageszeit ohne eine solche Aufsicht verlassen darf (Ausgang; §§ 11, 39 StVollzG). Darüber hinaus aber dauert rechtlich der Strafvollzug auch bei **Regelurlaub** des Gefangenen (§ 13 StVollzG), bei **Sonderurlaub** zur Vorbereitung der Entlassung (§ 15, vgl. auch § 134 StVollzG), bei **Urlaub aus wichtigem Anlass** (§ 35 StVollzG) oder zur Teilnahme an einem gerichtlichen Termin (§ 36 StVollzG) an. In all diesen Fällen wird nach ausdrücklicher Vorschrift durch den Urlaub die Strafvollstreckung *nicht* unterbrochen.[83]

37 Bevor das Strafvollzugsgesetz sowie die Strafvollzugsgesetze der Länder diese Regelungen trafen, galt – anders als im Jugendstrafvollzug – im Erwachsenenvollzug nicht nur eine Beurlaubung aus der Strafhaft als Gnadenakt,[84] sondern sahen Rechtsprechung[85] und Justizverwaltungen selbst **Lockerungen des Vollzugs** wie den Freigang als Gnadenerweis an, die der Leiter der Justizvollzugsanstalt (als vom Inhaber des Gnadenrechts dazu ermächtigt) erteilte, während das Strafvollzugsgesetz den Urlaub, vor allem wegen der Möglichkeit, die während des Urlaubs bestehende Freizügigkeit des Gefangenen durch Weisungen zu begrenzen und den Urlaub bei Nichtbefolgung der Weisungen oder Missbrauch zu widerrufen (§ 14 StVollzG), als eine weitest gehende gelockerte Form des Vollzugs ansieht (vgl. § 451, 66 ff.). Demgemäß rechnet auch der Urlaub als **verbüßte Strafe** i. S. des § 57 StGB. Vorübergehende Unterbrechungen des Vollzugs in dem im Strafvollzugsgesetz vorgesehenen Umfang sind danach keine Strafvollstreckungs-, sondern reine **Vollzugsmaßnahmen**. Die Vollstreckungsbehörde besitzt insoweit keine Zuständigkeit, und es besteht auch kein Bedürfnis mehr, ihr in diesem Bereich Unterbrechungsbefugnisse zuzubilligen.[86]

IX. Anwendung des § 455 auf Geldstrafen und sonstige Rechtsfolgen

38 Die Vorschrift findet nach ihrem eindeutigen Wortlaut **keine Anwendung** auf die Vollstreckung von Geldstrafen, Nebenfolgen wie Einziehung, aber auch nicht von Nebenfolgen, die zu einer Geldzahlung verpflichten (§ 459g Abs. 2). Wegen Aufschub und Unterbrechung bei Ordnungs- und Zwangshaft s. § 456, 15.

---

83 KK/*Appl* 3. Im Einzelnen s. § 13 Abs. 5, § 15 Abs. 3, 4, § 35 Abs. 1, § 36 Abs. 1 StVollzG; für die Sicherungsverwahrung: § 130 StVollzG.

84 So OLG Hamburg NJW **1974** 962; *Müller-Dietz* NJW **1974** 1476.

85 OLG Saarbrücken NJW **1973** 2037; OLG Nürnberg MDR **1975** 949.

86 *Bringewat* 3.

§ 455a
Strafausstand aus Gründen der Vollzugsorganisation

(1) Die Vollstreckungsbehörde kann die Vollstreckung einer Freiheitsstrafe oder einer freiheitsentziehenden Maßregel der Besserung und Sicherung aufschieben oder ohne Einwilligung des Gefangenen unterbrechen, wenn dies aus Gründen der Vollzugsorganisation erforderlich ist und überwiegende Gründe der öffentlichen Sicherheit nicht entgegenstehen.

(2) Kann die Entscheidung der Vollstreckungsbehörde nicht rechtzeitig eingeholt werden, so kann der Anstaltsleiter die Vollstreckung unter den Voraussetzungen des Absatzes 1 ohne Einwilligung des Gefangenen vorläufig unterbrechen.

Schrifttum

Fabricius Gesetzeswidrige Verhältnisse im Strafvollzug: Infrastrukturverwaltung im rechtsfreien Raum, StV **1998** 447.

Entstehungsgeschichte

Die Vorschrift wurde durch das Gesetz zur Änderung des GKG, des Gesetzes über die Kosten der Gerichtsvollzieher, der BRAGO und anderer Vorschriften vom 20.8.1975 eingefügt (BGBl. I S. 2189).

Übersicht

1 **1. Normzweck.** Schon vor Einfügung des § 455a war anerkannt, dass die Befugnis zum Aufschub der Vollstreckung von Freiheitsstrafen nach § 455 Abs. 1 bis 3, § 456 nur unter bestimmten Voraussetzungen zulässig ist sowie dass ein solcher im Fall des § 456 außerdem einen Antrag des Verurteilten (oder wenigstens sein Einverständnis) erfordert und dass auch die Unterbrechung der Strafvollstreckung (und damit erst recht ein Aufschub) aus vollzugstechnischen Gründen oder aus Bedürfnissen der Strafrechtspflege oder des öffentlichen Interesses zum Inhalt der Strafvollstreckung und damit zu den aus § 451 sich ergebenden Befugnissen der Strafvollstreckungsbehörde gehört. § 455a legalisiert und konkretisiert diesen Gedanken für einen Teilbereich.

2 **2. Gründe der Vollzugsorganisation.** Aufschub und Unterbrechung der Vollstreckung von Freiheitsstrafen und freiheitsentziehenden Maßregeln der Besserung und Sicherung kann die Vollstreckungsbehörde von Amts wegen – und ohne Einwilligung des Verurteilten – anordnen,[1] wenn dies aus Gründen der **Vollzugsorganisation** erforderlich ist. Mit dieser Fassung ist negativ zum Ausdruck gebracht, dass Gründe, die in der Person des Verurteilten liegen, eine Anordnung nach § 455a nicht rechtfertigen,[2] und

1 KK/*Appl* 8; Meyer-Goßner/*Schmitt* 3; *Bringewat* 1.
2 BTDrucks. **7** 918, Begründung zu § 167 StVollzG, S. 103; KK/*Appl* 2; Meyer-Goßner/*Schmitt* 1; *Bringewat* 1; OLG Karlsruhe Rpfleger **2005** 162.

https://doi.org/10.1515/9783110275025-015

positiv, dass es sich um Gründe handeln muss, die sich aus den Bedürfnissen und Anforderungen eines geordneten, den gesetzlichen Vorschriften entsprechenden Vollzugs in der Anstalt ergeben.[3] Nach der Begründung des Regierungsentwurfs bezweckt die Vorschrift in erster Linie, das dem Verbot der **Überbelegung** (vgl. § 146 StVollzG), dem für eine menschenwürdige Unterbringung[4] und eine den Vorschriften des Entwurfs entsprechende Behandlung der Gefangenen wichtige Bedeutung beigemessen wird, schon im Bereich der Strafvollstreckung zu berücksichtigen.[5] Eine Unterbrechung der Vollstreckung kann notwendig werden, um bei einer Überbelegung der Justizvollzugsanstalten für Gefangene schwerer Kriminalität Haftplätze freizumachen. Die Vorschrift hat Bedeutung auch für **Katastrophenfälle**,[6] z. B. bei Ausbruch einer Seuche oder bei Baufälligkeit einer Justizvollzugsanstalt. Die Bestimmung ist darüber hinaus zur Aufrechterhaltung der öffentlichen Sicherheit in besonderen Notzeiten erforderlich, in denen die Räumung einzelner Justizvollzugsanstalten notwendig werden könnte. Ein Aufschub kommt schließlich auch dann in Betracht, wenn ein sogenannter Mutter-Kind-Platz“ nicht zur Verfügung steht.[7] Verwaltungsmäßig zu behebende Personalschwierigkeiten zählen hingegen nicht zu den Gründen der Vollzugsorganisation.[8]

3 **3. Überwiegende Gründe der öffentlichen Sicherheit.** Aus der Person des Verurteilten, aber auch aus allgemeinen Umständen, können sich **überwiegende Gründe der öffentlichen Sicherheit** ergeben. Auch wenn Erfordernisse der Vollzugsorganisation zu bejahen sind, rechtfertigen sie den Aufschub oder die Unterbrechung der Vollstreckung von Freiheitsstrafen und freiheitsentziehenden Maßregeln der Besserung und Sicherung nicht, wenn dem bei einer **Abwägung der kollidierenden Interessen** überwiegende Gründe der öffentlichen Sicherheit entgegenstehen. Es würde z. B. nicht angängig sein, bei einem Großbrand, der die Justizvollzugsanstalt weitgehend bedroht oder vernichtet, die Gefangenen einfach auf freien Fuß zu setzen, wenn von ihnen Ausschreitungen, Plünderungen usw. zu befürchten sind.[9] Ein mit Überbelegung der Justizvollzugsanstalt begründeter personell und zeitlich weitgehender Vollzugsstopp könnte sich so negativ auf die (auch den Vollstreckungs- und Vollzugsbehörden obliegende) Verteidigung der Rechtsordnung auswirken, dass eine zeitweilige Überbelegung als das kleinere Übel anzusehen ist.[10]

4 **4. Zuständigkeit.** Die Entscheidung trifft die Vollstreckungsbehörde, und zwar die Staatsanwaltschaft,[11] nachdem sie zuvor die Zustimmung der obersten Justizbehörde eingeholt hat.[12] Die Zustimmung entfällt, wenn diese – namentlich in Katastrophen- oder anderen Eilfällen – nicht rechtzeitig herbeigeführt werden kann. Jedoch ist der obersten Justizbehörde in solchen Fällen unverzüglich über die getroffenen Maßnahmen zu berichten. In Eilfällen ist gemäß Absatz 2 der Anstaltsleiter zur Anordnung vorläufiger Unterbrechung

---

3 LG Oldenburg StV **2004** 610 (Vollstreckungsaufschub bei Mangel an Einzelhaftplätzen).

4 BVerfG StraFo **2011** 142; BGH StraFo **2011** 157; *Roth* NStZ **2012** 432.

5 KG NStZ **1983** 334; KK/*Appl* 2; *Bringewat* 2.

6 KK/*Appl* 2; KMR/*Stöckel* 3; SK/*Paeffgen* 3; Meyer-Goßner/*Schmitt* 1; *Bringewat* 3.

7 LG Leipzig StV **2013** 39.

8 *Bringewat* 3; **a. A.** KMR/*Müller* 2.

9 KK/*Appl* 3; Meyer-Goßner/*Schmitt* 2; *Bringewat* 4.

10 KK/*Appl* 2; Meyer-Goßner/*Schmitt* 3; *Bringewat* 4.

11 So im Ergebnis auch *Bringewat* 5; abweichende Ansicht *Röttle/Wagner* Rn. 676: Entscheidung des Behördenleiters; KK/*Appl* 4: Rechtspfleger nach Zustimmung der obersten Justizbehörde; Meyer-Goßner/*Schmitt* 4: Rechtspfleger, der aber die Zustimmung der obersten Justizbehörde einzuholen hat.

12 § 46a Abs. 1 StVollstrO.

befugt. Er trifft hierbei nicht eine Vollzugsmaßnahme, sondern nimmt als Notvollstreckungsbehörde (Parallele: § 165) die Aufgaben der zuständigen Vollstreckungsbehörde wahr.[13] Er hat die Vollstreckungsbehörde unverzüglich über die von ihm getroffenen Maßnahmen zu unterrichten, damit diese die weiteren erforderlichen Maßnahmen treffen kann. Fernmündliche Unterrichtung reicht zunächst aus. Die insoweit in § 46a Abs. 2 StVollstrO noch vorgesehene fernschriftliche Unterrichtung hat durch neue Kommunikationsformen inzwischen keine praktische Bedeutung mehr.[14] Zu den von der Vollstreckungsbehörde alsdann zu treffenden Maßnahmen gehört auch, soweit sie nicht bereits von dem Anstaltsleiter getroffen ist, die Bestimmung einer Frist über die Dauer der Unterbrechung.[15] Will die Vollstreckungsbehörde die vorläufige Unterbrechung fortsetzen, muss sie zuvor wiederum die Zustimmung der obersten Justizbehörde einholen.[16]

5. Vollstreckungsverjährung. Die Dauer der Unterbrechung wird (anders als bei 5
den im Strafvollzugsgesetz vorgesehenen Beurlaubungen, § 455, 36) nicht auf die Strafzeit angerechnet.[17] Die Vollstreckung wird daher nach Behebung der Unterbrechungsvoraussetzungen fortgesetzt. Die **Vollstreckungsverjährungsfrist** läuft während der Unterbrechung nicht. Denn nach § 79a Nr. 2 Buchst. a StGB ruht die Vollstreckungsverjährung, solange dem Verurteilten Aufschub und Unterbrechung der Vollstreckung bewilligt worden ist.[18] Es ist kein Grund erkennbar, warum diese Vorschrift, mag die Unterbrechung auch unter dem Druck der Verhältnisse erfolgen, nicht auch im Fall des § 455a (einschließlich der Unterbrechungsfälle des Absatzes 2) gelten soll. Gegenüber § 79a Nr. 2 Buchst. a StGB erscheinen die Ausführungen in der Begründung des Regierungsentwurfs des Strafvollzugsgesetzes[19] überholt, von einer das Ruhen der Vollstreckung betreffenden Vorschrift sei deshalb abgesehen worden, weil die „in § 70 [a. F.] StGB für die Vollstreckungsverjährung vorgesehenen Fristen" als ausreichend anzusehen seien.

6. Keine abschließende Regelung. § 455a enthält **keine abschließende Regelung** 6
der Fälle, in denen aus Gründen, die nicht in der Person des Verurteilten liegen, Aufschub und Unterbrechung einer Freiheitsstrafe von der Vollstreckungsbehörde bewilligt werden kann (vgl. § 455, 22; § 456, 13).[20]

7. Rechtsbehelfe des Verurteilten. Der Verurteilte kann das Gericht, wenn die 7
Staatsanwaltschaft die Vollstreckung ohne seine Einwilligung unterbrochen hat, nicht anrufen. § 458 sieht eine solche Möglichkeit nicht vor.[21] Eine Unterbrechung kann jedoch für ihn eine Belastung bedeuten, etwa wenn er wegen eines verhältnismäßig kleinen Strafrestes eine Wiederaufnahme des Vollzugs zu späterer ungelegener Zeit zu erwarten hat. Daher kann er durchaus in seinen Rechten verletzt sein, so dass der Rechtszug nach den §§ 23 ff. EGGVG eröffnet sein kann.[22]

---

13 *Pohlmann/Jabel/Wolf* § 46a, 4; *Röttle/Wagner* Rn. 676; KK/*Appl* 5; Meyer-Goßner/*Schmitt* 5; *Bringewat* 7.
14 *Pohlmann/Jabel/Wolf* § 46a, 4.
15 *Röttle/Wagner* Rn. 676; KK/*Appl* 5; *Pohlmann/Jabel/Wolf* § 46a, 5.
16 *Röttle/Wagner* Rn. 676; *Bringewat* 7.
17 *Pohlmann/Jabel/Wolf* § 46a, 6; *Bringewat* 8.
18 *Pohlmann/Jabel/Wolf* § 46a, 6; KK/*Appl* 4; *Bringewat* 8.
19 BTDrucks. **7** 918 S. 103.
20 *Bringewat* 3.
21 KG NStZ **1983** 334; KK/*Appl* 6; Meyer-Goßner/*Schmitt* 6; *Bringewat* 9.
22 KK/*Appl* 6; SK/*Paeffgen* 8; KMR/*Stöckel* 10; KG Rpfleger **2005** 162; SSW/*Hanft* 5; **a. A.** LR/*Wendisch*[25] 7; Meyer-Goßner/*Schmitt* 6.

§ 456
Vorübergehender Aufschub

(1) Auf Antrag des Verurteilten kann die Vollstreckung aufgeschoben werden, sofern durch die sofortige Vollstreckung dem Verurteilten oder seiner Familie erhebliche, außerhalb des Strafzwecks liegende Nachteile erwachsen.

(2) Der Strafaufschub darf den Zeitraum von vier Monaten nicht übersteigen.

(3) Die Bewilligung kann an eine Sicherheitsleistung oder andere Bedingungen geknüpft werden.

Schrifttum

Heimann Vollstreckungsaufschub gem. § 456 StPO: Die oft unterschätzte Chance, StV **2001** 54; *Herbst* Ab wann rechnet die Frist des § 456 Abs. 2 StPO? MDR **1969** 277; *Lemberg* Neue Probleme beim Strafaufschub nach § 456 StPO, DRiZ **1965** 265; *Pietsch* Die rechtlichen Grundlagen des Strafaufschubes und der Strafunterbrechung, ZStW **36** (1915) 399; *H. W. Schmidt* Beginn der Strafaufschubfrist des § 456 Abs. 2 StPO, NJW **1958** 210; *Schweichel* Der Strafausstand durch den Amtsrichter, DRiZ **1964** 367; *Volckart* Zur Verrechtlichung der Gnade in Strafvollstreckung und Vollzug, NStZ **1982** 496; *Wohlfahrt* Die Vollstreckung jugendrichterlicher Arrestentscheidungen, StraFo **2017** 438.

Bezeichnung bis 1924: § 488

Übersicht

Alphabetische Übersicht

1 **1. Anwendungsbereich.** § 456 gilt – anders als § 455 – nicht nur für Freiheitsstrafen, sondern auch für die einer besonderen Vollstreckung bedürftigen **Nebenstrafen** und **Nebenfolgen**.[1] Er gilt nach § 463 Abs. 1, Abs. 5 Satz 3 entsprechend auch für Maßre-

1 KK/*Appl* 2; KMR/*Stöckel* 3; Meyer-Goßner/*Schmitt* 2; *Bringewat* 4.

https://doi.org/10.1515/9783110275025-016

geln der Besserung und Sicherung mit Ausnahme der Sicherungsverwahrung.[2] Für das Berufsverbot ist jedoch § 456c Abs. 2, 3 lex specialis.[3] Bei **Geldstrafen** hat § 456, mag der Gesetzeswortlaut auch keine Ausnahme vorsehen, keine Bedeutung, da hier der Vollstreckungsbehörde die weitergehenden Möglichkeiten des § 459a zur Verfügung stehen, zu deren Anwendung es keines Antrags des Verurteilten bedarf; s. auch § 459d.[4] Auch bei **Ersatzfreiheitsstrafen** hat § 456 gegenüber dem § 459f keine Bedeutung, denn einmal decken sich praktisch die Voraussetzungen des § 459f („unbillige Härte") mit denen des § 456 Abs. 1. Im Übrigen ergibt sich daraus, dass § 459f das Gericht für zuständig erklärt, dass inhaltlich entsprechende Maßnahmen der Vollstreckungsbehörde nicht zustehen sollen, dass also § 459f lex specialis gegenüber § 456 ist.[5]

Unanwendbar ist § 456 bei Nebenstrafen und Nebenfolgen, die kraft Gesetzes mit 2
der Rechtskraft wirksam werden, wie bei der Nebenstrafe des Fahrverbots gemäß § 44 StGB,[6] beim Verlust der Amtsfähigkeit, der Wählbarkeit und des Stimmrechts (§§ 45 bis 45b StGB) und bei Einziehung im Hinblick auf § 75 StGB.[7]

2. Aufschub nach vorangegangener Strafvollstreckung. Ein vorübergehender 3
Vollstreckungsaufschub kann nur **vor** Beginn einer Strafvollstreckung gewährt werden. § 456 ist daher weder direkt noch analog anwendbar, wenn unmittelbar nach Unterbrechung der Vollstreckung einer Freiheitsstrafe nach § 454b Abs. 2 eine Anschlussvollstreckung einsetzt.[8] § 456 bezieht sich in erster Linie auf den Erstantritt der Strafe,[9] aber auch auf die Vollstreckung des Strafrestes nach vorangegangener Strafunterbrechung, z. B. wegen Krankheit (§ 455 Abs. 4).[10] Denn wenn es zulässig ist, nach Widerruf einer gemäß § 56 StGB bewilligten Strafaussetzung Strafaufschub zu gewähren, so ist nicht einzusehen, warum eine solche Vergünstigung ausgeschlossen sein sollte, wenn die Aussetzung eines Strafrestes (§ 57 StGB) widerrufen wurde. Dies gilt auch für die Fälle, in denen nach § 455a die Vollstreckung (ohne Einwilligung des Verurteilten) unterbrochen wurde und sie nach mehr oder weniger langer Zeit fortgesetzt wird (§ 455a, 7). Dagegen bietet § 456 nicht die Grundlage, eine Freiheitsstrafe von vornherein in Raten zu vollstrecken.

Die Zulässigkeit des früheren **Wochenendvollzugs**, bei dem auf Antrag des Verur- 4
teilten und zur Vermeidung besonderer außerhalb des Strafzwecks liegender Nachteile die Vollstreckung von vornherein in Teilabschnitten durchgeführt wurde, wurde allerdings vereinzelt als ein Anwendungsfall des § 456 verstanden, bei dem jeweils für einen späteren Teilabschnitt nach teilweiser Vollstreckung der Strafe Strafaufschub gewährt werde. Diese Auffassung hat sich aber nicht durchgesetzt. Nach herrschender Meinung war die Gewährung von Wochenendvollzug ein Gnadenakt.[11]

---

2 KK/*Appl* 2; *Bringewat* 4; *Röttle/Wagner* Rn. 677.

3 KK/*Appl* 2; KMR/*Stöckel* 3; Meyer-Goßner/*Schmitt* 2; *Bringewat* 5; *Röttle/Wagner* Rn. 677; SK/*Paeffgen* 3.

4 KK/*Appl* 3; KMR/*Stöckel* 1; Meyer-Goßner/*Schmitt* 2; *Bringewat* 4; SK/*Paeffgen* 3.

5 OLG Schleswig SchlHA **1976** 13; KK/*Appl* 3; Meyer-Goßner/*Schmitt* 2; *Bringewat* 4; **a. A.** *von Selle* NStZ **1990** 119; KMR/*Stöckel* 3.

6 AG Mainz MDR **1967** 683; KK/*Appl* 3; KMR/*Stöckel* 3; *Bringewat* 5; *Röttle/Wagner* Rn. 677.

7 AG Mainz MDR **1967** 683; KK/*Appl* 3; Meyer-Goßner/*Schmitt* 2; *Bringewat* 5; *Pohlmann* Rpfleger **1967** 380.

8 OLG Oldenburg NStZ **2011** 535; OLG Hamm NStZ-RR **2011** 221.

9 OLG München NStZ **1988** 294 mit Anm. *Preusker*.

10 OLG Oldenburg NStZ **1983** 139; KK/*Appl* 4; Meyer-Goßner/*Schmitt* 1; *Bringewat* 3; offen gelassen von OLG Hamm NJW **1973** 2076.

11 LR/*Schäfer*[22] § 456, 1b.

5 **3. Voraussetzungen des Aufschubs (Absatz 1).** Nach §§ 2, 3 StVollstrO sollen die Vollstreckungsbehörden die Vollstreckung mit Nachdruck und Beschleunigung betreiben. Aufschub kommt nur in Betracht zur Vermeidung außerhalb des Strafzwecks liegender **erheblicher Nachteile**, die durch sofortige Vollstreckung erwachsen. **Strafzweck** ist hier schlicht – ohne Rücksicht auf die an §§ 46, 47 StGB anknüpfende Diskussion über Sinn und Zweck der Strafe – die Verwirklichung der im rechtskräftigen Urteil festgesetzten Rechtsfolgen der Tat.[12] Außerhalb des Strafzwecks liegende **Nachteile** sind Nebenwirkungen der Vollstreckung, die nicht begrifflich zum Wesen des Strafübels gehören, und zwar muss es sich um Nachteile handeln, die vermeidbar sind, wenn der Vollzug nicht sofort, sondern erst später stattfindet.[13] Nachteile, die auch bei Ablauf der in Absatz 2 bestimmten Höchstdauer unvermindert erwachsen würden, berechtigen demgegenüber nicht zur Aufschubgewährung.[14] Das Gleiche gilt für den Fall, in dem der Verurteilte die Nachteile erst nach dem letzten tatgerichtlichen oder verstärkt nach Rechtskraft des Urteils verursacht hat.[15]

6 Die **erheblichen Nachteile** können sowohl **wirtschaftlicher Natur** sein als auch auf **ideellem Gebiet** liegen,[16] z. B. wenn die Ehefrau des Verurteilten schwer erkrankt ist und es sich darum handelt, dass ihr der Mann nicht gerade in diesem kritischen Augenblick genommen wird.[17] Ein **erheblicher wirtschaftlicher Nachteil** kann bei einem Selbständigen gegeben sein, wenn ihm durch den sofortigen Antritt der Strafe ein erheblicher wirtschaftlicher Schaden entstehen würde. Bloße Vermutungen reichen insoweit jedoch nicht aus.[18] Ein Vollstreckungsaufschub kann auch dann in Betracht kommen, wenn ein Verurteilter im Falle einer sofortigen Vollstreckung der Strafe eine durch die Bundesagentur für Arbeit geförderte und bereits weit fortgeschrittene Umschulungsmaßnahme nicht beenden kann,[19] wenn ein Verurteilter ein Semester verlieren würde,[20] wenn eine geordnete Übergabe der bisherigen Berufstätigkeit an einen Nachfolger erfolgen soll,[21] wenn durch psychotherapeutische Maßnahmen bei Kindern psychische Schäden wegen der bevorstehenden Trennung von der Mutter infolge deren Inhaftierung vermindert werden können.[22] Weitere praxisrelevante Fallkonstellationen siehe Fn.13.

---

12 **A. A.** *Bringewat* 7.

13 BVerfG NStZ **1985** 357; OLG Zweibrücken NJW **1974** 70; KK/*Appl* 5; Meyer-Goßner/*Schmitt* 5; *Bringewat* 7; OLG Schleswig NStZ **1992** 558; OLG Düsseldorf NStZ **1992** 149. Beispiele: Bevorstehende Niederkunft oder Operation der Ehefrau des Verurteilten, die deshalb nicht in der Lage ist, die kleinen Kinder allein zu versorgen (OLG Zweibrücken a. a. O. mit Anm. *Kaiser*); kurz bevorstehender Abschluss der Berufsausbildung (LG Stralsund ZJJ **2010** 81); Einbringung der Ernte (*Volckart* NStZ **1982** 496); Fehlen eines eingearbeiteten Vertreters für den verurteilten Betriebsleiter (OLG Düsseldorf NJW **1966** 1767); Suche nach einem geeigneten Geschäftsführer für den Gewerbebetrieb oder – als Alternative – einem Kaufinteressenten (OLG Frankfurt NStZ **1989** 93); geordnete Übergabe der bisherigen Geschäftsführertätigkeit an einen Nachfolger (OLG Stuttgart StV **2012** 736).

14 OLG Köln MDR **1985** 695; OLG Frankfurt NStZ **1989** 93; OLG Schleswig NStZ **1992** 558; OLG Düsseldorf JR **1992** 435 mit zust. Anm. *Wendisch*; OLG Koblenz OLGSt § 456 StPO Nr. 1; KK/*Appl* 5; Meyer-Goßner/*Schmitt* 3; *Bringewat* 8, 9; *Röttle/Wagner* Rn. 677.

15 OLG Schleswig NStZ **1992** 558.

16 KK/*Appl* 5; *Röttle/Wagner* Rn. 677.

17 OLG Düsseldorf NStZ **1992** 149.

18 OLG Frankfurt NStZ **1989** 93; OLG Düsseldorf NStZ **1992** 149; OLG Karlsruhe StV **2000** 213; LG Itzehoe StV **1993** 206.

19 LG Regensburg StV **2000** 383.

20 LG Bochum StV **2008** 88.

21 OLG Stuttgart StV **2012** 736.

22 OLG Celle RuP **1991** 185.

Nachteile, die regelmäßig mit einer Vollstreckung verbunden sind, rechtfertigen dagegen keinen Vollstreckungsaufschub. Eine Erkrankung von Verlobten rechtfertigt schon deshalb keinen Vollstreckungsaufschub, weil Verlobte keine Familienangehörigen i. S. v. Absatz 1 sind.[23] Die mit dem Vollzug für einen Verurteilten verbundene psychische Belastung, ihm nahestehenden Personen während der Haftzeit nicht helfen zu können, gehört zu dem notwendigen Strafübel und stellt daher keinen außerhalb des Strafzweckes liegenden erheblichen Nachteil dar.[24]

4. Antrag des Verurteilten. § 456 setzt einen **Antrag des Verurteilten** voraus, der selbstverständlich auch kraft ausdrücklicher oder stillschweigender Ermächtigung von einem Dritten gestellt werden kann.[25] Ein ohne solche Ermächtigung gestellter Antrag genügt nur, wenn ihn sich der Verurteilte durch Zustimmung zu eigen macht; denn die Hinausschiebung der Vollstreckung kann sich auch zum Nachteil des Verurteilten auswirken, so dass es wenigstens seiner **Einwilligung** bedarf. Ein Strafaufschub im technischen Sinn liegt nicht vor, wenn die Vollstreckungsbehörde ihr bekannte Härtegründe von Amts wegen in der Weise berücksichtigt, dass sie im Rahmen des Ermessensspielraums den Beginn der Vollstreckung etwas verlegt. 7

5. Zeitpunkt der Stellung des Antrags. Der Antrag muss – bei Freiheitsstrafen –, wenn auch erst nach Beginn der Vollstreckung (der Strafantrittsladung), so doch jedenfalls vor Beginn des Vollzugs gestellt sein,[26] da er gerade auf Aufschub des Vollzugs gerichtet ist. Er hat **keine aufschiebende Wirkung.** Wird schon ausnahmsweise vor der Entscheidung des Antrags mit dem Vollzug begonnen, so wird der Aufschubantrag nicht gegenstandslos. Er verwandelt sich auch nicht etwa in einen Antrag auf eine unzulässige (§ 455, 35) Strafunterbrechung, sondern ist weiter als Aufschubantrag zu behandeln.[27] Gibt dann die Vollstreckungsbehörde dem Antrag statt, so liegt zwar technisch eine Unterbrechung des Vollzugs, begrifflich aber eine Maßnahme in **Ausübung der Aufschubermächtigung** vor. Lehnt in einem solchen Fall die Vollstreckungsbehörde den Aufschubantrag ab, so kann das angerufene Gericht (§ 458 Abs. 2) und, wenn es ebenfalls ablehnt, das Beschwerdegericht (§ 462 Abs. 3) dem Aufschubantrag mit der Maßgabe stattgeben, dass die schon verbüßte Zeit nicht auf die zulässige Aufschubdauer (§ 456 Abs. 2) angerechnet wird.[28] Eine solche Entscheidung ist dann keine Anordnung der Unterbrechung i. S. des § 458 Abs. 3, da sie nicht eine vorläufige Maßnahme bis zur Entscheidung, sondern die Entscheidung über den Aufschubantrag selbst darstellt. 8

6. Zuständigkeit. Über den Antrag entscheidet die Vollstreckungsbehörde nach **pflichtgemäßem Ermessen** („kann").[29] Zuständig ist der Rechtspfleger (§ 31 Abs. 2 Satz 1 RpflG).[30] Anders als etwa im Fall des § 455 Abs. 1, 2 oder des § 459f (dort Rn. 1) besteht je- 9

---

23 OLG Rostock OLGSt StPO § 456 Nr 4.

24 OLG Rostock OLGSt StPO § 456 Nr 4; LG Limburg StV **2016** 377 mit krit. Anm. *Höffler*.

25 KMR/*Stöckel* 8; *Bringewat* 6; **a. A.** SK/*Paeffgen* 5; OLG Stuttgart NStZ **1985** 331.

26 OLG Zweibrücken NJW **1974** 70; OLG Schleswig SchlHA **2000** 149; Meyer-Goßner/*Schmitt* 4.

27 OLG Hamm NJW **1973** 2075; OLG Zweibrücken NJW **1974** 70 mit krit. Anm. *Peters*; OLG Stuttgart NStZ **1985** 311; OLG Koblenz OLGSt § 456 StPO Nr. 1; KK/*Appl* 7; Meyer-Goßner/*Schmitt* 5; *Bringewat* 6; *Pohlmann/Jabel/Wolf* § 10, 24; **a. A.** OLG München NStZ **1988** 294 mit abl. Anm. *Preusker*.

28 OLG Zweibrücken NJW **1974** 70; Meyer-Goßner/*Schmitt* 6; *Bringewat* 6: darf auf keinen Fall angerechnet werden.

29 LG Waldshut-Tiengen StV **2016** 377 Ls.

30 KK/*Appl* 7; *Bringewat* 12; *Röttle/Wagner* Rn. 677.

doch kein Rechtsanspruch auf Aufschub bei Vorliegen der Voraussetzungen des Absatzes 1.[31] Die pflichtgemäße Ermessensentscheidung gebietet es aber, den erbetenen Strafaufschub zu gewähren, wenn die Voraussetzungen des Absatzes 1 bejaht werden; nur in diesem Sinn ist, wie auch jede andere „Kann"-Vorschrift, § 456 zwingender Natur.[32]

10 Zur Entscheidung über einen **Antrag auf Vollstreckungsaufschub** einer **Jugendstrafe oder jugendrichterlichen Maßnahme** ist der **Jugendrichter als Vollstreckungsleiter** nach § 82 Abs. 1 Satz 1 JGG berufen. Er entscheidet insoweit als Organ der Justizverwaltung.[33]

11 **7. Berechnung der Aufschubdauer (Absatz 2).** Streitig ist, von welchem Zeitpunkt ab die in Absatz 2 bestimmte Höchstdauer des Aufschubs zu rechnen ist. Zum Teil wird angenommen, sie rechne von dem Eintritt der formellen Rechtskraft der Entscheidung ab, aufgrund deren die Vollstreckung stattfindet.[34] Diese Auffassung wollte § 48 Abs. 2 EStVollzG 1927 – unter Erhöhung der Aufschubdauer auf sechs Monate – legalisieren („Die Frist beginnt mit dem Tag, an dem die Entscheidung rechtskräftig geworden ist."). Nach anderer Auffassung[35] soll der Ausspruch des Aufschubs durch die Vollstreckungsbehörde maßgebend sein. Auch diese Ansicht hat in früheren Entwürfen Anerkennung gefunden (Entw. 1908 und 1909 § 473; Entw. 1920 § 475: „Die Aussetzung soll in der Regel nicht über sechs Monate dauern"). Schließlich wird auch die Ansicht vertreten, dass für den Beginn der Höchstdauer der Zugang der Ladung zum Strafantritt maßgebend sein soll.[36] Zutreffend erscheint es, den in der Strafantrittsladung vorgesehenen Tag des Strafantritts als Ausgangspunkt anzusehen.[37] Denn der Vollstreckungsaufschub soll dazu dienen, die besonderen Nachteile aus dem Weg zu räumen, die die sofortige Vollstreckung zur Folge hätte (oben Rn. 5) und Vorsorge für die durch die Strafvollstreckung entstehende Lage zu treffen. Das kann der Verurteilte aber in aller Regel erst dann, wenn er weiß, wann die Strafvollstreckung beginnen soll. Die Strafvollstreckungsordnung hat sich – offenbar wegen des Auslegungsstreits – einer Stellungnahme enthalten. Auch bei mehrfacher Gewährung von Vollstreckungsaufschub darf die Grenze von insgesamt vier Monaten nicht überschritten werden.[38] Die Höchstfrist nach Absatz 2 endet auch dann vier Monate nach dem in der Strafantrittsladung bestimmten Tag des Strafantritts, wenn bis zu diesem Zeitpunkt über den beantragten Vollstreckungsaufschub noch nicht entschieden ist[39] oder wenn der Verurteilte diese Frist durch bloßen Nichtantritt der Strafe *ohne* förmliche Gewährung von Vollstreckungsaufschub ausgeschöpft hat.[40]

---

31 *Lemberg* DRiZ **1965** 265; *Bringewat* 11.

32 OLG Karlsruhe StV **2000** 213; SK/*Paeffgen* 8; *Heimann* StV **2001** 54, 56 f.

33 OLG Saarbrücken StV **2017** 724 Ls.

34 *Schweichel* DRiZ **1964** 367; *Herbst* MDR **1969** 277.

35 *H. W. Schmidt* NJW **1958** 210; LR/*Lingemann*[19] Anm. 5a.

36 OLG Köln JMBlNRW **1971** 11.

37 OLG Frankfurt NJW **1954** 1580; OLG Zweibrücken NJW **1974** 70 mit Anm. *Kaiser*; OLG Stuttgart MDR **1982** 601; OLG Düsseldorf JR **1992** 435 mit zust. Anm. *Wendisch* unter Aufgabe seiner früheren Ansicht in NJW **1966** 1767; VRS **88** (1995) 52; *Eb. Schmidt* 5 und Nachtr. I 1; KK/*Appl* 7; Meyer-Goßner/*Schmitt* 6; *Bringewat* 10; *Pohlmann/Jabel/Wolf* § 10, 24; *Röttle/Wagner* Rn. 677.

38 OLG Düsseldorf VRS **88** (1995) 52; vgl. auch AG Niebüll MDR **1981** 340: Die Zeit eines wegen einer Strafe gewährten Vollstreckungsaufschubs soll nach ihrer Einbeziehung in eine Gesamtstrafe nicht angerechnet werden können, wenn es um die Gewährung eines Vollstreckungsaufschubs wegen der Gesamtstrafe geht.

39 OLG Stuttgart MDR **1982** 601; KK/*Appl* 6; Meyer-Goßner/*Schmitt* 6; *Bringewat* 10.

40 OLG Düsseldorf VRS **84** (1993) 463.

8. Sicherheitsleistung (Absatz 3). Auf die **Sicherheitsleistung (Absatz 3)** finden § 116 Abs. 1 Nr. 4, §§ 116a, 123, 124 entsprechende Anwendung; insbesondere ist für die den Verfall der Sicherheitsleistung aussprechende Entscheidung das Gericht (§§ 124, 462a Abs. 2) zuständig.[41] 12

9. Aufschub im Wege der Gnade. Ein Strafaufschub, der den Zeitraum von vier Monaten übersteigt, kann – ebenso wie ein Aufschub, der nicht im Interesse des Verurteilten oder seiner Familie, sondern im Interesse eines Dritten erbeten wird[42] – nur im Weg der Gnade bewilligt werden.[43] Das Gleiche gilt für eine **Strafunterbrechung** (§ 455, 35) aus den Gründen des § 456 Abs. 1.[44] 13

10. Rechtsbehelfe. Gegen Entscheidungen des Rechtspflegers ist der Rechtsbehelf gegeben, der nach den allgemeinen verfahrensrechtlichen Vorschriften zulässig ist. Gegen seine Entscheidung kann der Verurteilte das Gericht nach § 458 Abs. 2 anrufen. Die gerichtliche Entscheidung ist mit sofortiger Beschwerde anfechtbar (§ 462 Abs. 3 Satz 1). Über Einwendungen gegen die ablehnende Entscheidung des Jugendrichters als Vollstreckungsleiter entscheidet das Gericht des ersten Rechtszuges, sofern nicht der Ausnahmefall nach § 83 Abs. 2 Nr. 1 JGG vorliegt.[45] Gegen die Ablehnung von Vollstreckungsaufschub im Weg der Gnade (Rn. 13) findet nur Beschwerde an die nächst höhere Gnadeninstanz nach Maßgabe der jeweiligen Gnadenordnung statt. Eine Entscheidung des Gerichts ist ausgeschlossen.[46] Das Beschwerdegericht ist in der Nachprüfung der Ermessensentscheidung der Vollstreckungsbehörde beschränkt. Es darf die Entscheidung lediglich auf Ermessensfehler überprüfen, nicht aber die Entscheidung der Vollstreckungsbehörde durch eine eigene Ermessensentscheidung ersetzen.[47] Das Beschwerdegericht kann die Vollstreckungsbehörde auch nicht unmittelbar verpflichten, vom Vollstreckungsplan abzuweichen oder eine bestimmte Art der Unterbringung des Verurteilten zu ermöglichen.[48] 14

11. Anwendbarkeit bei Ordnungs- oder Zwangshaft. Bei der gerichtlich erkannten Ordnungs- oder Zwangshaft in Straf- oder Bußgeldsachen (Vor § 449, 23 ff.) ist § 455 entsprechend anwendbar.[49] Dagegen sind der entsprechenden Anwendung des § 456 durch den Zweck der Maßnahme, den Ungehorsam des Pflichtigen zu brechen, **Gren-** 15

---

41 OLG Colmar GA **38** (1891) 370; *Alsb.* E **3** 229; OLG Dresden SächsOLG **20** 481; *Alsb.* E **1** 298; OLG Hamburg DRZ **1927** Nr. 1003; ZStW **48** (1928) Beil. 252; KK/*Appl* 8; Meyer-Goßner/*Schmitt* 7; *Bringewat* 13.

42 Etwa eines Arbeitgebers, der den Verurteilten als Facharbeiter für eine wichtige Arbeit nicht entbehren kann.

43 OLG Stuttgart NStZ **1985** 331; OLG Düsseldorf JR **1992** 435; KK/*Appl* 9; Meyer-Goßner/*Schmitt* 3, 6; *Bringewat* 2; *Röttle/Wagner* Rn. 678; *Heimann* StV **2001** 54, 55. Wegen des Unterschieds zwischen einer Gnadenentscheidung und einer Ermessensentscheidung nach Absatz 1 s. auch *Lagodny* StV **1989** 94 Abschnitt III.

44 OLG Oldenburg NStZ **2011** 535.

45 OLG Saarbrücken StV **2017** 724 Ls.

46 BVerfGE **25** 352; **66** 377, 363; OLG Stuttgart NStZ **1985** 332; KK/*Appl* 10; *Bringewat* 15; *Röttle/Wagner* Rn. 678; **anders** für den Widerruf eines Gnadenerweises BVerfGE **30** 108, 111; noch weitergehend Hess. StaatsGH NJW **1974** 791.

47 OLG Jena ZfStrVo **2003** 309; OLGSt StPO § 456 Nr. 4 mit Anm. *Kalmbach* jurisPR-StrafR 19/**2014** Anm. 3.

48 Deutsche Lebensmittel-Rundschau **2008** 439.

49 Und zwar auch, soweit es um die Unterbrechung der Vollstreckung geht, zumal da das schon dem bisherigen Recht entsprach (§ 88 i. V. m. §§ 45, 46 StVollStrO).

zen gesetzt. Es bedarf hier umso weniger eines längeren Strafaufschubs, als der Ungehorsame es in der Hand hat, durch Erfüllung seiner Pflicht den Nachteilen eines sofortigen Vollzugs zu entgehen. Immerhin ist es auch hier zulässig und durch die Amtspflicht geboten, in vertretbaren Grenzen auf die Vermeidung wesentlicher Nachteile Bedacht zu nehmen. Wegen der Erzwingungshaft nach dem OWiG vgl. Vor § 449, 27 ff.

§ 456a
Absehen von Vollstreckung bei Auslieferung, Überstellung oder Ausweisung

(1) Die Vollstreckungsbehörde kann von der Vollstreckung einer Freiheitsstrafe, einer Ersatzfreiheitsstrafe oder einer Maßregel der Besserung und Sicherung absehen, wenn der Verurteilte wegen einer anderen Tat einer ausländischen Regierung ausgeliefert, an einen internationalen Strafgerichtshof überstellt oder wenn er aus dem Geltungsbereich dieses Bundesgesetzes abgeschoben, zurückgeschoben oder zurückgewiesen wird.

(2) [1]Kehrt der Verurteilte zurück, so kann die Vollstreckung nachgeholt werden. [2]Für die Nachholung einer Maßregel der Besserung und Sicherung gilt § 67c Abs. 2 des Strafgesetzbuches entsprechend. [3]Die Vollstreckungsbehörde kann zugleich mit dem Absehen von der Vollstreckung die Nachholung für den Fall anordnen, daß der Verurteilte zurückkehrt, und hierzu einen Haftbefehl oder einen Unterbringungsbefehl erlassen sowie die erforderlichen Fahndungsmaßnahmen, insbesondere die Ausschreibung zur Festnahme veranlassen; § 131 Abs. 4 sowie § 131a Abs. 3 gelten entsprechend. [4]Der Verurteilte ist zu belehren.

Schrifttum

Bammann Die Unterbrechung der Strafvollstreckung bei Auslieferung oder Ausweisung, MSchrKrim. **2001** 91; *Giehring* Das Absehen von der Strafvollstreckung nach § 456a StPO und Strafverzicht, FS StA Schleswig-Holstein (1992) 469; *Groß* Zum Absehen von der Strafvollstreckung gegenüber Ausländern nach § 456a StPO, StV **1987** 36; *Hammerstein* Die Ermessensspielräume des § 456a Abs. 2, StraFo **2002** 208; *Heghmanns* Strafrestaussetzung nach Abschiebung und mündliche Anhörung bei Vollstreckungshaftbefehl, StV **2005** 679; *Jung* Die Strafverteidigung eines Ausländers nach seiner Abschiebung und einige Hinweise zum geltenden Ausweisungsrecht, StV **2007** 106; *Kirsch* Die Überstellung an den Internationalen Strafgerichtshof, FS Strauda (2006) 271; *Marx* Strategische Überlegungen zur Befristung von Ausweisung und Abschiebung, InfAuslR **2003** 374; *Morgenstern* Strafvollstreckung im Heimatstaat – der geplante EU-Rahmenbeschluss zur transnationalen Vollstreckung von Freiheitsstrafen, ZIS **2008** 76; *Peglau* Rechtsschutz gegen Justizverwaltungsakte auf dem Gebiet der Strafrechtspflege, NJW **2015** 677; *Pfaff* Von der zweckwidrigen Anwendung des § 456a StPO, ZAR **2006** 121; *Pohlreich* Besonderheiten im Recht der Strafvollstreckung und des Strafvollzugs bei ausländischen Straftätern, ZStW **127** (2015) 410; *Soiné* Die Fahndungsvorschriften nach dem Strafverfahrensänderungsgesetz 1999, JR **2002** 137; *Trurnit* Konsequenzen der wichtigsten Wechselwirkungen zwischen dem Straf- und Ausländerrecht, StraFo **2006** 226.

Entstehungsgeschichte

Die Vorschrift wurde durch § 50 DAG vom 23.12.1929 (RGBl. I S. 239) eingefügt. Durch Art. II Nr. 38 AGGewVerbrG vom 24.11.1933 (RGBl. I S. 1000) i. V. m. § 8 des Gesetzes über Reichsverweisungen vom 23.3.1934 (RGBl. I S. 213) wurde § 456a dahin erwei-

https://doi.org/10.1515/9783110275025-017

tert, dass nicht nur von der Vollstreckung von Freiheitsstrafe, sondern auch von der von Maßregeln der Sicherung und Besserung abgesehen werden kann und dass das Absehen von Vollstreckung nicht nur bei Auslieferung, sondern auch bei einer Reichsverweisung zulässig wurde. Ferner wurde Absatz 2 eingefügt. Das VereinhG vom 12.9.1950 passte die Schlussworte des Absatzes 1 („aus dem Reichsgebiet verwiesen") den veränderten staatsrechtlichen Verhältnissen an. Durch Art. 21 Nr. 125 EGStGB 1974 sind Absatz 1 und Absatz 2 Satz 2 nur redaktionell (Maßregel „der Besserung und Sicherung" statt „der Sicherung und Besserung" und „§ 67c Abs. 2" statt „§ 42g") geändert worden. Durch Art. 2 Nr. 6 des 23. StRÄndG vom 13.4.1986 sind in Absatz 1 nach dem Wort „Freiheitsstrafe" die Worte „einer Ersatzfreiheitsstrafe" eingefügt und ist Absatz 2 um die Sätze 3 und 4 ergänzt worden. Art. 1 Nr. 13 StVÄG 1999 vom 2.8.2000 hat Absatz 2 Satz 3 neu gefasst und an die Vorschriften über die Fahndung (§§ 131 ff.) angepasst. Durch Art. 3 Nr. 2 des Gesetzes zur Ausführung des Römischen Statuts des Internationalen Strafgerichtshofes vom 21.6.2002 (BGBl. I S. 2144) wurde durch eine Änderung in Absatz 2 Satz 1 und 3 für die Vollstreckungsbehörde ein Absehen von der Vollstreckung in Fällen einer Überstellung an einen Internationalen Strafgerichtshof eröffnet. Durch Artikel 2 Nr. 2 des Gesetzes zur Neubestimmung des Bleiberechts und der Aufenthaltsbeendigung vom 27.7.2015 (BGBl. I S. 1386, 1397) erfolgten terminologische Klarstellungen in den Absätzen 1 und 2.

Übersicht

Alphabetische Übersicht

I. Anwendungsbereich

1 § 456a gestattet ein Absehen von der Vollstreckung nur bei Freiheits-, Ersatzfreiheitsstrafen und freiheitsentziehenden Maßregeln der Besserung und Sicherung. Mit ihm wurde die Möglichkeit geschaffen, den Justizvollzug sowie den Maßregelvollzug um solche Verurteilte zu entlasten, die demnächst ausgeliefert, überstellt, abgeschoben, zurückgeschoben oder zurückgewiesen werden.[1] Zwar werden einzelne, namentlich kürzere Ersatzfreiheitsstrafen regelmäßig kein Anlass für eine Ausweisung sein. Bedeutung können sie allerdings erlangen, wenn sie zu einer schon vollstreckten Freiheitsstrafe hinzutreten. Für andere Strafen, Nebenstrafen oder Nebenfolgen gilt § 456a nicht.[2] Die Vorschrift gibt dem Gericht auch kein Recht, von der sonst gebotenen Unterbringung mit Rücksicht auf eine in Aussicht stehende Auslieferung, Überstellung, Abschiebung, Zurückschiebung oder Zurückweisung des Verurteilten abzusehen (Rn. 11).[3] Die Entscheidung nach § 456a, Ersuchen um Vollstreckung eines ausländischen Staates nach § 71 IRG und die Möglichkeit einer Überstellung nach dem Übereinkommen vom 21.3.1983[4] stehen rechtlich selbständig nebeneinander.[5]

2 **1. Zweck der Änderung durch Art. 1 Nr. 13 StVÄG 1999.** Die Neufassung von Absatz 2 Satz 3 stellt eine Anpassung an die durch Art. 1 Nr. 3 bis 5 StVÄG geänderten und teilweise neu eingeführten Vorschriften über die Fahndung (§§ 131 ff.) dar.[6]

3 **2. Zweck der Änderung durch Art. 3 Nr. 2 des Gesetzes zur Ausführung des Römischen Statuts des Internationalen Strafgerichtshofes.** § 456a hatte bisher der Vollstreckungsbehörde ein Absehen von der Vollstreckung einer Freiheitsstrafe, einer Ersatzfreiheitsstrafe oder einer Maßregel der Besserung und Sicherung nur bei Auslieferung wegen einer anderen Tat an eine ausländische Regierung oder bei Ausweisung aus dem Geltungsbereich der Strafprozessordnung ermöglicht. Die Gründe, die für ein

1 OLG Hamm NStZ **1983** 524; NStZ-RR **2013** 227; *Groß* StV **1987** 36; *Dölling* NJW **1987** 1048; einschränkend KK/*Appl* 1; Meyer-Goßner/*Schmitt* 1; *Bringewat* 1.
2 *Groß* StV **1987** 37, will die analoge Anwendung bei der Durchsetzung der Herausgabe des Führerscheins wegen Fahrverbots zulassen.
3 RG HRR **1940** Nr. 178, 179. Wegen der Möglichkeit zum Absehen von der weiteren Vollstreckung in den Fällen der §§ 57, 57a StGB, § 71 Abs. I IRG und des Gnadenrechts s. *Groß* StV **1987** 37 unten m. w. N.
4 BGBl. II 1991 S. 1006; II 1992 S. 98.
5 KK/*Appl* 1; *Giehring* FS StA Schleswig-Holstein 500.
6 Vgl. LR/*Gleß* zu den §§ 131 ff.

Absehen von der Vollstreckung im Falle einer Auslieferung des Verurteilten an eine ausländische Regierung wegen einer anderen als der dem deutschen Strafverfahren zugrundeliegenden Tat sprechen, gelten auch im Verhältnis zu einer Überstellung an einen internationalen Strafgerichtshof. Die dem hiesigen Strafverfahren zugrundeliegende Straftat wird häufig im Verhältnis zu der dem Überstellungsersuchen zugrunde liegenden anderen Straftat von wesentlich geringerem Gewicht sein. Die Formulierung wurde bewusst nicht auf den nach dem Römischen Statut errichteten Internationalen Strafgerichtshof beschränkt, sondern so gewählt, dass sie auch im Hinblick auf das mittlerweile in seiner Jurisdiktion beendete Internationale Strafgericht für das ehemalige Jugoslawien (ICTY)[7] und das Internationale Strafgericht für Ruanda (ICTR)[8] anwendbar ist.[9]

Die Änderung in Absatz 2 Satz 3 stellt klar, dass die Vollstreckungsbehörde mit dem 4
Absehen von der Vollstreckung auch bei an einen internationalen Strafgerichtshof überstellten Verurteilten die zur Sicherung der Vollstreckung des eigenen Strafanspruchs in ihrem pflichtgemäßen Ermessen stehenden Fahndungsmaßnahmen ergreifen kann (vgl. Rn. 2).

II. Ergänzende Regelungen in § 17 StVollstrO

Die Strafvollstreckungsordnung enthält ergänzende Regelungen, die vornehmlich 5
dazu dienen, der Vollstreckungsbehörde allgemeine Arbeitshilfen zu geben. So wird in § 17 Abs. 1 StVollstrO klargestellt, dass die Vollstreckungsbehörde bei der von ihr nach Absatz 1 zu treffenden Ermessensentscheidung die hierzu erlassenen landesrechtlichen Vorschriften zu beachten hat. Dabei handelt es sich um Richtlinien, die von den Landesjustizverwaltungen und/oder den Generalstaatsanwältinnen und Generalstaatsanwälten als Allgemeine Verfügungen erlassen worden sind, die in erster Linie den Verfahrensablauf, den frühestens möglichen Zeitpunkt für ein Absehen nach Absatz 1 sowie Berichtspflichten regeln und eine gleichmäßige Ermessensausübung im Einzelfall gewährleisten sollen.[10]

Nach § 17 Abs. 1 Satz 2 StVollstrO ist die Vollstreckungsbehörde verpflichtet, bei ei- 6
nem Absehen von der Vollstreckung dies der Ausländerbehörde mitzuteilen und einen Suchvermerk im Bundeszentralregister niederzulegen. Nach § 17 Abs. 2 Satz 1 StVollstrO ist die Vollstreckungsbehörde gehalten („soll"), zugleich mit dem Absehen von der Vollstreckung die Nachholung für den Fall anzuordnen, dass die ausgelieferte oder ausgewiesene Person zurückkehrt und hierzu einen Haft- oder Unterbringungsbefehl zu erlassen. § 17 Abs. 2 Satz 1 StVollstrO gilt auch für überstellte, abgeschobene, zurückgeschobene oder zurückgewiesene Verurteilte. Ferner hat die Vollstreckungsbehörde die erforderlichen Fahndungsmaßnahmen, insbesondere die Ausschreibung zur Festnahme zu veranlassen. Die verurteilte Person ist darüber in einer für sie **verständlichen Sprache** zu belehren (§ 17 Abs. 2 Satz 2 StVollstrO). Die Belehrung ist aktenkundig zu machen (§ 17 Abs. 2 Satz 3 StVollstrO) und kann nicht zuletzt aus praktischen Gründen der Justizvollzugsanstalt übertragen werden (§ 17 Abs. 2 Satz 4 StVollstrO).

---

7 BGBl. I 1995 S. 485.

8 BGBl. I 1998 S. 843.

9 Vgl. BRDrucks. 30/02 S. 243 f., zu § 154b; siehe dazu auch die Erl. bei LR/*Mavany* zu § 154b, 9.

10 OLG Karlsruhe StV **2014** 39 Ls.; OLG Celle NdsRpfl. **2014** 53.

III. Absehen von der Vollstreckung (Absatz 1)

7 **1. Allgemeines.** § 456a stellt das Gegenstück zu § 154b dar.[11] Die Vorschrift ist auf Ausländer, aber auch auf Deutsche anwendbar, nachdem Art. 16 Abs. 2 Satz 2 GG nunmehr auch deren Auslieferung gestattet.[12]

2. Voraussetzungen

8 **a) Auslieferung.** Ein Absehen von der Vollstreckung nach Absatz 1 1. Alt. setzt voraus, dass der Verurteilte wegen einer anderen Tat einer **ausländischen Regierung** ausgeliefert wird. Die Auslieferung ist Teil **internationaler Rechtshilfe** und richtet sich nach den §§ 2 ff. IRG. Sie dient dazu, einen verurteilten Ausländer oder Deutschen zur Strafverfolgung oder Strafvollstreckung aus dem Aufenthaltsstaat in das Territorium des ersuchenden Staates zu verbringen. Das Auslieferungsverfahren richtet sich nach den Vorschriften des IRG und den Regelungen der RiVASt. Die Durchführung der Auslieferung nach Abschluss des Zulässigkeitsverfahrens und nach Bewilligung der Auslieferung durch die zuständige Bewilligungsbehörde obliegt der Generalstaatsanwaltschaft. Wird gegen die auszuliefernde Person im Inland eine Freiheitsstrafe, Ersatzfreiheitsstrafe oder eine Maßregel der Besserung und Sicherung vollstreckt, so bedarf es insoweit vor der Durchführung der Auslieferung der Entscheidung der Vollstreckungsbehörde, ob und ab wann von der Vollstreckung nach Absatz 1 abgesehen wird.

9 **b) Überstellung an einen Internationalen Strafgerichtshof.** Ein Absehen von der Vollstreckung nach Absatz 1 kommt auch in Betracht, wenn der Verurteilte an einen **Internationalen Strafgerichtshof überstellt** wird. Bei einem **Ersuchen um Überstellung**[13] ist der ersuchte Staat, soweit es sich um einen Vertragsstaat handelt (Art. 86 IStGH-Statut), was die Bundesrepublik ist,[14] gehalten, einen Verurteilten an den IStGH zu überstellen (Art. 59 IStGH-Statut). Nach Abschluss des Zulässigkeitsverfahrens (§§ 6, 20, 22 IStGHG) und der Bewilligung der Überstellung durch das Bundesministerium der Justiz und für Verbraucherschutz, das im Einvernehmen mit dem Auswärtigen Amt und anderen Bundesministerien, deren Geschäftsbereich von der Rechtshilfe betroffen wird, entscheidet (§ 68 IStGHG), erfolgt die Durchführung der Überstellung. Letztere obliegt der Generalstaatsanwaltschaft (§ 7 IStGHG), in deren Bezirk die Justizvollzugsanstalt oder Maßregelvollzugseinrichtung liegt, in der sich der Verurteilte zum Zeitpunkt des Eingangs des Überstellungsersuchens zur Vollstreckung befindet (§ 8 IStGHG). Die Generalstaatsanwaltschaft hat, sobald sie den Aufenthalt des Verfolgten ermittelt hat, sich mit der zuständigen Vollstreckungsbehörde ins Benehmen zu setzen, damit Letztere eine Entscheidung nach Absatz 1 prüfen kann.

10 **c) Abschiebung, Zurückschiebung oder Zurückweisung aus dem Geltungsbereich der Strafprozessordnung.** Ein Absehen von der Vollstreckung nach Absatz 1 ist weiter zulässig, wenn der Verurteilte aus dem Geltungsbereich der Strafprozessordnung **abgeschoben, zurückgeschoben oder zurückgewiesen** wird. Insoweit gelten die **§§ 53 ff. AufenthG**. Die **Abschiebung** (§ 58 AufenthG), die **Zurückschiebung** (§ 57 Auf-

---

11 *Groß* StV **1987** 36; Meyer-Goßner/*Schmitt* 1; *Bringewat* 2.
12 BVerfG NJW **2004** 356.
13 *Kirsch* FS Strauda 271.
14 BGBl. II (2000) S. 1393; BGBl. I S. 2144.

enthG) sowie die **Ausreisepflicht** (§ 50 AufenthG)[15] stehen der Ausweisung gleich. Umstritten ist, ob ein Absehen von der Vollstreckung nach Absatz 1 die **Bestandskraft der Ausweisung** erfordert.[16] Während die herrschende Meinung dies bejaht, wird demgegenüber vereinzelt auch die Auffassung vertreten, dass ein Absehen von der Vollstreckung nach Absatz 1 im Hinblick auf die Ausweisung lediglich voraussetzt, dass eine vollziehbare Ausreisepflicht des Ausländers besteht und diese demnächst verwirklicht werden wird. Eine vollziehbare Ausreisepflicht soll auch durch eine nicht bestandskräftige, aber mit einer Anordnung der sofortigen Vollziehung versehenen Ausweisung begründet werden.[17]

d) Vollstreckung einer Freiheitsstrafe, einer Ersatzfreiheitsstrafe oder einer 11
Maßregel der Besserung und Sicherung. Absatz 1 setzt die Vollstreckung einer **Freiheitsstrafe, Ersatzfreiheitsstrafe** oder **einer Maßregel der Besserung und Sicherung** voraus. Zwar ist der Wortlaut von Absatz 1 nicht ganz eindeutig, ob auch nicht freiheitsentziehende Maßregeln der Besserung und Sicherung (§ 61 Nr. 4 bis 6 StGB) erfasst sein sollen.[18] Dass dies nicht der Fall sein soll, ergibt sich indes zweifelsfrei aus der Systematik von Absatz 1 und Absatz 2, und zwar insbesondere aus den in Absatz 2 vorgesehenen Maßnahmen zur Nachholung der Vollstreckung im Falle der Rückkehr des ausgelieferten, überstellten, abgeschobenen, zurückgeschobenen oder zurückgewiesenen Verurteilten. Die dort vorgesehenen Maßnahmen sind durchweg auf freiheitsentziehende Rechtsfolgen ausgerichtet. Aber auch aus dem historischen Kontext besteht kein Zweifel, dass Absatz 1 sich ausschließlich auf freiheitsentziehende Strafen und Maßregeln der Besserung und Sicherung bezieht. Die Aufnahme der Maßregeln der Besserung und Sicherung (damals noch: Maßregeln der Sicherung und Besserung) in Absatz 1 ist 1934 erfolgt.[19] Demgegenüber ist die Entziehung der Fahrerlaubnis (§ 69 StGB) erst mit dem 1. StraßenVSichG vom 19.12.1952[20] geregelt worden. Für eine Klarstellung in § 456a hat seinerzeit kein Anlass bestanden, weil offensichtlich war, dass die schon lange bestehende Regelung sich nur auf freiheitsentziehende Rechtsfolgen bezieht.

e) Wegen einer anderen Tat. Absatz 1 setzt voraus, dass der Verurteilte **wegen** 12
einer anderen Tat einer ausländischen Regierung ausgeliefert oder an einen Internationalen Gerichtshof überstellt wird. Die Gründe, die für ein Absehen von der Vollstreckung im Falle einer Auslieferung des Verurteilten an eine ausländische Regierung wegen einer anderen als der dem deutschen Strafverfahren zugrundeliegenden Tat sprechen, gelten auch im Verhältnis zu einer Überstellung an einen Internationalen Strafgerichtshof. Die dem hiesigen Strafverfahren zugrundeliegende abgeurteilte Straftat wird in aller Regel im Verhältnis zu der dem Überstellungsersuchen zugrunde liegenden anderen Tat von wesentlich geringerem Gewicht sein.

---

15 OLG Hamm NStZ **1983** 524.

16 OLG Frankfurt NStZ-RR **1999** 126; **2014** 29; OLG Stuttgart Justiz **2017** 261; KK/*Appl* 3; Meyer-Goßner/*Schmitt* 3; SK/*Paeffgen* 4; KMR/*Stöckel* 4; *Röttle/Wagner* Rn. 227, **a. A.** Hess. VGH ESVGH **58** 95.

17 Hess. VGH ESVGH **58** 95.

18 So *Groß* StV **1987** 36; KMR/*Stöckel* 3; SK/*Paeffgen* 3; Meyer-Goßner/*Schmitt* 4; **a. A.** KK/*Appl* 1; *Röttle/Wagner* Rn. 227.

19 Vgl. Entstehungsgeschichte zu § 456a.

20 BGBl. I S. 832.

3. Entscheidung

13 **a) Ermessen.** Die Vollstreckungsbehörde leitet im Rahmen der Vollstreckung das Verfahren zur Prüfung der Voraussetzungen nach Absatz 1 in der Regel auf **Antrag des Verurteilten** oder **von Amts wegen** ein. Eher selten ist der Fall, dass **Dritte** (z. B. Angehörige) für den Verurteilten einen entsprechenden Antrag stellen. In einem solchen Fall wird der Verurteilte zunächst gehört werden müssen, ob er sich den Antrag zu Eigen machen will bzw. in ein Absehen von der Vollstreckung einwilligt, sofern nicht die Vollstreckungsbehörde nunmehr in eine Prüfung von Amts wegen eintritt.

14 Die Vollstreckungsbehörde kann nach Absatz 1 **ganz** oder **teilweise** von der Vollstreckung einer (Ersatz-)Freiheitsstrafe oder einer freiheitsentziehenden Maßregel absehen. Ob und wie die Vollstreckungsbehörde bei Vorliegen der Voraussetzungen von der Möglichkeit Gebrauch macht, von der weiteren Vollstreckung abzusehen ist, liegt in ihrem **Ermessen.** Nähere Regelungen enthalten die von den Landesjustizverwaltungen bzw. den Generalstaatsanwältinnen und Generalstaatsanwälten erlassenen Allgemeinen Verfügungen oder Runderlasse,[21] die eine gleichmäßige Ermessensausübung sicherstellen sollen.[22] Danach ist grundsätzlich die Hälfte der verhängten Freiheitsstrafe zu vollstrecken. Die Vollstreckungsbehörde hat bei der nach pflichtgemäßem Ermessen zu treffenden Entscheidung eine Gesamtabwägung[23] der jeweiligen Umstände des Einzelfalls vorzunehmen.[24] Dabei sind namentlich die Umstände der Tat,[25] die Schwere der Schuld,[26] die bisherige Vollstreckungsdauer, die zu erwartende Vollstreckungspraxis im Heimatland des Verurteilten,[27] die Gefährlichkeit des Verurteilten,[28] sein Vollzugsverhalten,[29] die persönliche und familiäre Situation des Verurteilten,[30] das mit fortschreitender Vollstreckungsdauer zurücktretende öffentliche Interesse an deren Fortsetzung,[31] aber auch das Interesse an einer nachhaltigen Strafvollstreckung[32] zu berücksichtigen. Für die Annahme, der Verurteilte werde nach seiner Abschiebung wieder nach Deutschland zurückkehren, bedarf es konkreter Anhaltspunkte.[33] Die Gesamtabwägung muss auf den Einzelfall bezogene Tatsachen gestützt werden. Bloße Vermutungen vermögen die Ermessensentscheidung nicht zu tragen. Der Ermessensentscheidung muss ein vollständig ermittelter Sachverhalt zugrunde liegen.[34] Das Prozessgrundrecht eines fairen und rechtsstaatlichen Verfahrens gebietet es jedoch nicht, dass die Vollstreckungsbehörde sich in ihrer ablehnenden Entscheidung bei der Vollstreckung einer lebenslangen Freiheitsstrafe verbindlich festlegt, bis wann die Vollstreckung fortzusetzen ist.[35] Im Falle mehrfacher fehlerhafter Ermessensentscheidungen der Vollstreckungsbehörde im selben

---

21 *Schmidt* (Ausländer) Rn. 421 ff.
22 OLG Karlsruhe NStZ-RR **2013** 227.
23 KG StV **1989** 26; OLG Bremen StV **1989** 27; OLG Karlsruhe StraFo **2009** 83.
24 OLG Celle NStZ **1981** 405.
25 OLG Frankfurt StraFo **2016** 126; OLG Hamm NStZ-RR **2013** 227.
26 OLG Frankfurt NStE Nr. 2 zu § 456a; OLG Hamm NStZ-RR **2013** 227.
27 OLG Celle StV **2000** 380 mit Anm. *Rozek* (Türkei).
28 OLG Frankfurt StraFo **2016** 126; OLG Oldenburg NdsRpfl. **2018** 170.
29 OLG Frankfurt StraFo **2016** 126; OLG Oldenburg NdsRpfl. **2018** 170.
30 OLG Hamburg NStZ-RR **1996** 222; OLG Karlsruhe Justiz **2000** 147; StV **2002** 322; StraFo **2009** 83, 84.
31 KG StraFo **2012** 337; OLG Bamberg StraFo **2014** 259.
32 OLG Hamm NStZ **1983** 524; NStZ-RR **2013** 227; OLG Karlsruhe StV **2002** 322; StraFo **2009** 83, 84; OLG Frankfurt StraFo **2016** 126.
33 KG StraFo **2012** 337; OLG Bamberg StraFo **2014** 259; OLG Karlsruhe NStZ-RR **2013** 227.
34 OLG Frankfurt StraFo **2016** 126.
35 OLG Frankfurt NStZ **1993** 303.

Vollstreckungsverfahren kann ausnahmsweise eine Ermessensreduzierung auf Null vorliegen, die in entsprechender Anwendung von § 28 Abs. 2 EGGVG eine Anweisung des Strafsenats beim OLG gegenüber der Vollstreckungsbehörde rechtfertigt.[36]

b) Verteidigerbestellung. Einem Verurteilten ist für das Verfahren nach § 456a bei Vorliegen der Voraussetzungen des § 140 Abs. 2 ein Pflichtverteidiger beizuordnen, wenn wegen der Schwierigkeit der Sach- oder Rechtslage die Mitwirkung eines Verteidigers geboten erscheint oder wenn ersichtlich ist, dass sich der Verurteilte im Verfahren nach § 456a nicht selbst verteidigen kann.[37] Ob die Voraussetzungen für eine Verteidigerbestellung vorliegen, ist nach den Umständen des Einzelfalls unter Orientierung an dem Entscheidungsgegenstand (Rn. 13, 16, 18) zu prüfen.[38] Zur Bestellung eines Pflichtverteidigers ist die Strafvollstreckungskammer analog § 462a auf Antrag der Staatsanwaltschaft[39] oder des Verurteilten berufen. Die Antragstellung obliegt dem Staatsanwalt und nicht dem Rechtspfleger. 15

c) Verhältnis zur Aussetzung des Strafrestes. Die Entscheidung der Vollstreckungsbehörde nach Absatz 1 schließt eine Entscheidung der Strafvollstreckungskammer grundsätzlich nicht aus.[40] Die Entscheidung des Gerichts nach §§ 57, 57a StGB vermag die Vollstreckungsbehörde aber nicht zu binden. Eine negative Prognose erlangt bei der Entscheidung nach § 456a nur dann Bedeutung, wenn die durch tatsächliche Anhaltspunkte begründete Gefahr besteht, der Verurteilte werde wieder nach Deutschland einreisen und hier erneut Straftaten begehen.[41] Allerdings wird die Vollstreckungsbehörde im Falle der Ablehnung der Strafrestaussetzung bzw. der Aussetzung der lebenslangen Freiheitsstrafe oder der Maßregel der Besserung und Sicherung sich im Rahmen der zu treffenden Ermessensentscheidung mit den Gründen für die Ablehnung auseinanderzusetzen haben. 16

d) Begründungsanforderungen. Die Vollstreckungsbehörde hat im Falle einer ablehnenden Entscheidung die dabei erwogenen Ermessensgesichtspunkte zwar nicht vollständig, so aber doch umfassend mitzuteilen. Jedenfalls darf sie für die zu treffende Entscheidung maßgeblichen Gesichtspunkten nicht von vornherein keine Beachtung schenken. Ebenso wenig darf sie bei der vorzunehmenden Gesamtabwägung sich nur auf generalpräventive Gesichtspunkte stützen. Um dem Gericht die Nachprüfung zu ermöglichen, ob sie das ihr eingeräumte Ermessen rechtsfehlerfrei ausgeübt hat, ist die Vollstreckungsbehörde gehalten, die für ihre Entscheidung maßgeblichen Gesichtspunkte und die Tatsachen mitzuteilen, die die Entscheidung tragen.[42] Es stellt einen Ermessensfehler dar, wenn die Vollstreckungsbehörde wichtige Milderungsgründe unberücksichtigt lässt, weil diese bereits im Rahmen der Strafzumessung berücksichtigt worden 17

---

36 OLG Karlsruhe Beschl. vom 9.6.2010 – 2 VAs 19/10; OLG Celle NdsRpfl. **2014** 53; OLG Dresden Beschl. vom 12.2.2016 – 2 VAs 26/15.

37 OLG Nürnberg NStZ-RR **2009** 125; LG Hamburg StV **2018** 156 (ernsthaft erkrankter Verurteilter aus einem anderen Kulturkreis und mit dem deutschen Rechtssystem wenig vertraut); ähnlich OLG Oldenburg StraFo **2010** 115; LR/*Jahn* § 140, 118.

38 OLG Nürnberg NStZ-RR **2009** 125.

39 OLG Nürnberg NStZ-RR **2009** 125.

40 OLG Stuttgart Justiz **1988** 104; StV **1999** 276; OLG Oldenburg StV **1993** 205; OLG Karlsruhe MDR **1992** 885; StV **2002** 322; OLG Düsseldorf StV **2000** 382 f.; OLG Saarbrücken Beschl. vom 18.12.2014 – 1 Ws 164/14; OLG Bamberg StV **2011** 421.

41 OLG Karlsruhe NStZ-RR **2013** 227.

42 KG StV **1989** 26; OLG Hamburg StV **1996** 328; OLG Bremen StV **1989** 27; OLG Celle NdsRpfl. **2014** 53.

sind.[43] Formelhafte Wendungen ohne konkreten Fallbezug reichen zur Begründung einer ablehnenden Entscheidung nicht aus.[44] Auf eine Vorschaltbeschwerde gegen eine ablehnende Entscheidung der Staatsanwaltschaft als Vollstreckungsbehörde nach Absatz 1 hat die Generalstaatsanwaltschaft eine eigene abschließende Sachentscheidung zu treffen. Sie darf sich dabei nicht darauf beschränken zu prüfen, ob die Staatsanwaltschaft ihr Ermessen ordnungsgemäß ausgeübt hat.[45]

18 **e) Zwischenmaßnahmen.** Beabsichtigt die Vollstreckungsbehörde, nach Beginn des Straf- oder Maßregelvollzugs von der weiteren Vollstreckung abzusehen, so bedarf es zur Aufrechterhaltung der Freiheitsentziehung für die Zeit von der Übergabe des Verurteilten an die abschiebende Polizeibehörde eines **Abschiebungshaftbefehls** des Amtsgerichts (§ 62 Abs. 2 AufenthG). Um ihre Dauer möglichst kurz zu halten und eventuell auftretenden organisatorischen Schwierigkeiten beim Vollzug der Abschiebung Rechnung tragen zu können, empfiehlt es sich, dass die Vollstreckungsbehörde als Zeitpunkt, zu dem das Absehen von der Vollstreckung der Strafe (Maßregel) wirksam werden soll, die Übergabe an die Abschiebungsbehörde – ohne Angabe eines kalendermäßig bestimmten Zeitpunkts – festsetzt.[46] Hat die Strafvollstreckungskammer die Voraussetzungen für eine Strafrestaussetzung bejaht, so ist es mangels gesetzlicher Grundlage nicht zulässig, die Entlassung des Verurteilten aus der Strafhaft erst für den nach dem Zweidrittelzeitpunkt liegenden Tag seiner Abschiebung anzuordnen, denn dadurch würde unzulässigerweise Abschiebehaft angeordnet werden,[47] wozu aber die Strafvollstreckungskammer nicht berufen ist. In einem solchen Fall kann für die Ausländerbehörde nach Unterrichtung durch die Vollstreckungsbehörde Anlass für einen Antrag nach § 62 Abs. 3 AufenthG auf richterliche Anordnung der Sicherungshaft zur Sicherung der Abschiebung bestehen. Bei Zurückstellung der Strafvollstreckung nach § 35 BtMG wird über die Aussetzung der Vollstreckung des letzten Drittels der Freiheitsstrafe erst nach Abschluss der Therapie entschieden, so dass eine Abschiebung des Verurteilten vor Beendigung der Therapie ohne Entscheidung der Vollstreckungsbehörde nach § 456a nicht zulässig ist.[48] Die Ausländerbehörde hat sich rechtzeitig, nämlich noch während der Strafvollstreckung, mit der Vollstreckungsbehörde wegen einer von ihr beabsichtigten Abschiebung des Verurteilten ins Benehmen zu setzen. Der Grundsatz der Verhältnismäßigkeit verbietet es, die Vollstreckung abzuwarten und erst dann das Abschiebeverfahren zu betreiben, weil dann der Verurteilte nach vollständiger Verbüßung zur Sicherung der Abschiebung in Abschiebehaft genommen werden müsste (§ 62 Abs. 2 und 3 AufenthG).[49]

19 **f) Fahndungsmaßnahmen (Absatz 2 Satz 3).** Art. 1 Nr. 13 StVÄG 1999 hat Absatz 2 Satz 3 an die durch Art. 1 Nr. 3 bis 5 StVÄG 1999 geänderten und teilweise neu eingeführten Vorschriften über die Fahndung (§§ 131 ff.) angepasst. Die Vollstreckungsbehörde prüft im Rahmen des ihr insoweit obliegenden pflichtgemäßen Ermessens,[50] ob und ggf. welche Fahndungsmaßnahmen im Einzelfall angezeigt sind. Sie kann unter denselben Voraussetzungen, unter denen sie bisher zu Vollstreckungszwecken einen Steckbrief erlassen

---

43 OLG Karlsruhe StraFo **2009** 83.
44 KG StV **2009** 594.
45 KG StraFo **2012** 337; NStZ **2009** 527.
46 *Pohlmann/Jabel/Wolf* § 17, 9.
47 OLG Koblenz StV **1999** 219.
48 OLG Düsseldorf StV **1999** 444.
49 OLG Karlsruhe InfAuslR **2007** 356.
50 KG JR **1995** 78; OLG Karlsruhe NStZ **1994** 254.

durfte, eine Ausschreibung zur Festnahme oder zur Aufenthaltsermittlung und die erforderlichen Fahndungsmaßnahmen anordnen. Die für die Ausschreibung geltenden Vorschriften über die Bezeichnung der gesuchten Person (§ 131 Abs. 4) und über die Voraussetzungen einer Öffentlichkeitsfahndung (§ 131a Abs. 3) gelten entsprechend.[51] Der Inhalt der Ausschreibung zur Fahndung nach Absatz 2 Satz 3 erfordert eine möglichst genaue Bezeichnung des gesuchten Verurteilten, um Verwechslungen und damit eine Beschwer Nichtbeschuldigter auszuschließen. Über die Bezeichnung hinausgehende Beschreibungen der gesuchten Person dürfen nur dann erfolgen, wenn nicht schon allein die Personenangaben Verwechslungsgefahren ausschließen und soweit dies zu diesem Zweck geboten ist. Abbildungen, die beigefügt werden dürfen (§ 131 Abs. 4 Satz 1 2. Hs.), sind alle für eine Öffentlichkeitsfahndung geeigneten Bildmaterialien. Dazu zählen auch so genannte Phantombilder, sofern sich das Aussehen des Verurteilten seit einer erkennungsdienstlichen Behandlung (§ 81b) erheblich verändert hat. Die Tat, weswegen der Verurteilte verurteilt worden war, sowie Ort und Zeit ihrer Begehung und Umstände, die für die Ergreifung von Bedeutung sein können (§ 131 Abs. 4 Satz 2), können angegeben werden. Die Vollstreckungsbehörde prüft im Rahmen des ihr insoweit obliegenden pflichtgemäßen Ermessens,[52] ob und ggf. welche Fahndungsmaßnahmen im Einzelfall angezeigt sind.

Da nach Absatz 2 Satz 3 letzter Hs. lediglich § 131 Abs. 4, § 131a Abs. 3 entsprechend **20**
gelten, nicht aber § 131c entsprechende Anwendung findet, obliegt die Anordnung der erforderlichen Fahndungsmaßnahmen der Vollstreckungsbehörde und nicht dem Gericht. Dies ergibt sich nicht nur aus dem Wortlaut von Absatz 2 Satz 3 („die Vollstreckungsbehörde kann ... die erforderlichen Fahndungsmaßnahmen ... veranlassen"), insbesondere des letzten Halbsatzes, sondern auch aus den Materialien.[53] Einen Vollstreckungshaftbefehl, einen Unterbringungsbefehl oder einen Steckbrief hat die Vollstreckungsbehörde bereits nach früherem Recht ebenso erlassen, wie sie die Ausschreibung zur Festnahme oder Aufenthaltsermittlung veranlasst hat. Allerdings fehlten die spätestens seit dem Urteil des Bundesverfassungsgerichts vom 15.12.1983[54] zum Volkszählungsgesetz 1983 erforderlichen speziellen gesetzlichen Grundlagen, die nunmehr bestehen.

g) Belehrungspflicht (Absatz 2 Satz 4). Der Verurteilte ist über die ihm im Fall einer **21**
Rückkehr drohenden Maßnahmen zu belehren.[55] Eine Rückkehr nach Absatz 2 Satz 1 liegt nur bei einer **freiwilligen Einreise** in den Geltungsbereich der Strafprozessordnung vor,[56] ohne dass es auf ein Verschulden ankommt.[57] Eine Abschiebung[58] oder eine Auslieferung durch einen fremden Staat[59] stellt keine freiwillige Rückkehr dar.[60] Eine **ordnungsgemäße** Belehrung ist **Zulässigkeitsvoraussetzung** für das **Nachholen** der Vollstreckung[61] und aktenkundig zu machen. Eine **unterbliebene Belehrung** führt grundsätzlich dazu, dass im Falle der Rückkehr des Verurteilten in die Bundesrepublik

51 BTDrucks. **14** 1484 S. 25; *Soiné* JR **2002** 141.
52 KG JR **1995** 78; OLG Karlsruhe NStZ **1994** 254.
53 BTDrucks. **14** 1484 S. 25.
54 BVerfGE **65** 1 ff.
55 Eine solche Belehrung hatte bisher schon das OLG Stuttgart als Zulässigkeitsvoraussetzung für das Nachholen der Vollstreckung gefordert (Rpfleger **1981** 120); ebenso OLG Karlsruhe NStZ **1994** 254; LG Berlin StV **1987** 258; OLG Köln OLGSt StPO § 456a Nr 9; Meyer-Goßner/*Schmitt* 8; *Bringewat* 7; 13.
56 OLG Celle StV **2003** 90; KG NStZ RR **2004** 312.
57 OLG Hamburg StV **1999** 273.
58 OLG Celle StV **2003** 90.
59 LG Berlin StV **1987** 258.
60 Zum Begriff der Rückkehr vgl. OLG Düsseldorf NStZ-RR **2004** 343.
61 OLG Stuttgart Rpfleger **1981** 120; KG JR **1995** 77.

die Vollstreckung nicht nachgeholt werden kann.[62] Die **Belehrung** hat in einer für den Verurteilten **verständlichen Sprache** (Art. 6 Abs. 3 EMRK)[63] – erforderlichenfalls unter Zuziehung eines Dolmetschers oder einer anderen sprachkundigen Person zu erfolgen,[64] damit sich der Verurteilte des Risikos der Fortsetzung der Vollstreckung im Falle einer Wiedereinreise in die Bundesrepublik bewusst ist. Eine **missverständliche Belehrung** entfaltet die Wirkung einer unterbliebenen Belehrung.[65] Die Belehrung muss nicht den Zeitpunkt des Eintritts der Vollstreckungsverjährung umfassen.[66] Auch wenn die Belehrung zum Zeitpunkt der Abschiebung des Verurteilten unterblieben ist, kann die Vollstreckung nach Rückkehr des Verurteilten in die Bundesrepublik gleichwohl fortgesetzt werden, wenn die **Belehrung formgerecht nachgeholt** wurde und der Verurteilte vor dem weiteren Vollzug der Strafe Gelegenheit hatte, die mit einem weiteren Verbleiben in Deutschland verbundenen Risiken abzuwägen und sein Verhalten danach einzurichten.[67] Ist der Verurteilte ordnungsgemäß nach Absatz 2 Satz 4 belehrt worden und reist er trotzdem wieder ein, so ist es für die Zulässigkeit der Vollstreckungsanordnung grundsätzlich ohne Belang, dass der Verurteilte behauptet, sich im Zustand der Unzurechnungsfähigkeit zur Wiedereinreise entschlossen zu haben.[68] Sofern der Verurteilte trotz ordnungsgemäßer Belehrung zurückgekehrt ist und die Nachholung der Vollstreckung angeordnet worden ist, kommt ein erneutes Absehen nach Absatz 1 nur in Ausnahmefällen in Betracht.[69]

IV. Nachholung der Vollstreckung (Absatz 2)

22 **1. Freiheits- und Ersatzfreiheitsstrafe (Satz 1).** Das Absehen von der Vollstreckung ist eine vorläufige Maßnahme, wie sich aus Absatz 2 ergibt. Es bedeutet **keinen Verzicht** auf den Vollstreckungsanspruch.[70] Aus diesem Grunde kann ein Verurteilter, auch wenn die Staatsanwaltschaft von der weiteren Vollstreckung der Strafe abgesehen hat, gleichwohl einen Antrag auf Aussetzung der Vollstreckung der Reststrafe zur Bewährung stellen[71] und bleibt – umgekehrt – eine sofortige Beschwerde der Staatsanwaltschaft gegen eine Strafrestaussetzung zulässig. Sie ist nicht etwa deshalb prozessual überholt, weil die Staatsanwaltschaft zwischenzeitlich eine Maßnahme nach § 456a getroffen und auch durchgeführt hat.[72] Kehrt der Ausgelieferte oder der Ausgewiesene – bei Letzterem ohne Unterschied, ob nach den ausländerrechtlichen Vorschriften erlaubt[73] oder uner-

---

62 OLG Düsseldorf StV **1994** 554.

63 OLG Stuttgart Rpfl. **1981** 120; OLG Hamburg NStZ-RR **1999** 123; OLG Karlsruhe NStZ-RR **1999** 222; LG Bayreuth StV **2011** 423.

64 OLG Stuttgart Justiz Rpfleger **1981** 120.

65 OLG Karlsruhe NStZ-RR **1999** 222 mit Anm. *Groß* jurisPR – StrafR 23/**2008** Anm. 2; OLG Karlsruhe NStZ **2001** 93; LG Bayreuth StV **2011** 423.

66 OLG Stuttgart Beschl. vom 15.9.2008 – 2 Ws 252/08 – mit Anm. *Groß* jurisPR-StrafR 23/**2008** Anm. 2.

67 OLG Karlsruhe MDR **1994** 610: Abgrenzung zu OLG Stuttgart Rpfleger **1981** 120.

68 OLG Karlsruhe MDR **1994** 610.

69 OLG Frankfurt NStZ-RR **2001** 93; OLG Hamm Beschl. vom 18.6.2013 – III – 1 VAs 32/13; **a. A.** OLG Karlsruhe ZfStrVo **1997** 369.

70 OLG Frankfurt StV **1985** 23; OLG Stuttgart Justiz **1988** 104; OLG Düsseldorf JMBlNRW **1989** 69; OLG Köln MDR **1991** 276; OLG München Beschl. vom 26.2.2014 – 1 Ws 120/14; OLG Oldenburg StraFo **2015** 84; LG Berlin StV **1987** 258; *Bringewat* 6.

71 OLG Oldenburg StV **1993** 205; OLG Köln (unter Aufgabe der früheren Rechtsmeinung) StV **2009** 261; OLG Bremen NStZ **2010** 718.

72 OLG Stuttgart MDR **1992** 885.

73 OLG Köln OLGSt StPO § 456a Nr 9; OLG Karlsruhe NStZ-RR **2015** 264.

laubt[74] – freiwillig in die Bundesrepublik zurück, so kann die Vollstreckung nachgeholt werden, sofern sie noch nicht verjährt ist.[75] Die Vollstreckungsbehörde kann die **Fortsetzung der Vollstreckung** auch dann anordnen, wenn der abgeschobene Ausländer sich am Tag der Wiedervereinigung berechtigter Weise im Gebiet der damaligen DDR aufgehalten hat und von dort in die alte Bundesrepublik eingereist ist.[76] Derartige Fälle werden inzwischen aber durch den Zeitablauf keine praktische Bedeutung mehr haben. Mit dem Absehen von der Vollstreckung kann bereits eine vorläufige Anordnung über die Nachholung für den Fall getroffen werden, dass der Betreffende in die Bundesrepublik zurückkehrt.[77] Das „kann" bedeutet: nach pflichtmäßigem Ermessen.[78] Die rechtsfehlerhafte Ausübung dieses Ermessens setzt stets einen hinreichend aufgeklärten und festgestellten Sachverhalt voraus.[79] Die Nachholung der Vollstreckung kann danach unterbleiben, wenn sie aus gewichtigen Gründen unangebracht ist.[80] Einem Antrag des Verurteilten auf Aussetzung eines gegen ihn bestehenden Vollstreckungshaftbefehls ist grundsätzlich ohne Prüfung der Umstände des Einzelfalls zu entsprechen, wenn er nach Deutschland einreisen will, um eine Begutachtung nach § 454 Abs. 2 zu ermöglichen.[81] In besonders gelagerten Einzelfällen kann die Nachholung der Vollstreckung gegen den Grundsatz der Verhältnismäßigkeit verstoßen.[82] Liegen solche Gründe nicht vor, dann bedeutet das Vollstreckungsrecht für die Vollstreckungsbehörde die **Vollstreckungspflicht.**[83]

2. Freiheitsentziehende Maßregeln der Besserung und Sicherung (Satz 2). Bei der Nachholung einer freiheitsentziehenden Maßregel der Besserung und Sicherung ist § 67c Abs. 2 StGB zu beachten. Nach dieser Vorschrift darf, wenn seit der Rechtskraft des Urteils drei Jahre verstrichen sind, ohne dass mit dem Vollzug der Unterbringung begonnen worden ist, und ohne dass ein Fall des § 67c Abs. 1 oder des § 67b StGB vorliegt, diese nur noch vollzogen werden, wenn das Gericht es anordnet, weil der Zweck der Maßregel die Unterbringung noch erfordert. Diese Vorschrift gilt unmittelbar, wenn in vollem Umfang von der Vollstreckung der Maßregel abgesehen worden war. War die Vollstreckung jedoch nach Teilvollzug unterbrochen worden, so ist nach § 456a Abs. 2 Satz 2 der § 67c Abs. 2 StGB auf die Vollstreckung wegen des Restes entsprechend anzuwenden. In die **Dreijahresfrist** ist die Zeit nicht einzurechnen, in der der Ausgelieferte auf behördliche Anordnung in einer Anstalt verwahrt wurde. 23

V. Zuständigkeit

Entscheidungen nach § 456a trifft seit dem Inkrafttreten des 1. JuMoG der Rechtspfleger.[84] Zu den Entscheidungen gehört auch die Entscheidung nach § 456a Abs. 2 über die Nachholung der Vollstreckung.[85] 24

---

74 OLG München NStZ-RR **2014** 158.
75 Vgl. dazu § 79a StGB: kein Ruhen der Verjährung; ebenso KK/*Appl* 4; *Bringewat* 6.
76 OLG Düsseldorf MDR **1991** 889; KK/*Appl* 4; *Bringewat* 6.
77 OLG Schleswig SchlHA **1974** 114; *Bringewat* 7.
78 OLG Karlsruhe MDR **1994** 610; Meyer-Goßner/*Schmitt* 7; *Bringewat* 11.
79 OLG Dresden StraFo **2015** 394.
80 OLG Stuttgart StraFo **2011** 114; **a. A.** OLG Karlsruhe NStZ **2012 655.**
81 OLG Dresden StraFo **2015** 394.
82 OLG Dresden StraFo **2015** 394.
83 OLG Hamm StRR **2008** 277 mit Anm. *Tsambikakis.*
84 OLG Düsseldorf Beschluss vom 9.10.2006 – III – 3 Ws 427/06.
85 OLG Schleswig SchlHA **1974** 114; *Pohlmann/Jabel/Wolf* § 17, 12.

VI. Rechtsbehelfe

25 Hat die Vollstreckungsbehörde einen Antrag auf Absehen von der Vollstreckung abgelehnt, so sind die ablehnenden Bescheide, wie sich aus § 458 Abs. 2 ergibt, nur nach **§§ 23 ff. EGGVG** anfechtbar.[86] Die Bescheide (der Staatsanwaltschaft und der Generalstaatsanwaltschaft) müssen, damit das Oberlandesgericht sie in einem solchen Verfahren auf Ermessensfehler[87] überprüfen kann, eine Abwägung zwischen dem Interesse des Antragstellers und den Gründen, die gegen ein Absehen von einer weiteren Vollstreckung sprechen, erkennen lassen.[88] Dabei kommt es entscheidend auf die Begründung des Beschwerdebescheids der Generalstaatsanwaltschaft an.[89] Gegen die Nachholungsanordnung nach § 456a Abs. 2 kann der Verurteilte nach **§ 458 Abs. 2** Einwendungen erheben, die zur gerichtlichen Entscheidung führen.[90] Handelt es sich um die Vollstreckung einer Maßregel der Besserung und Sicherung, so hat diese Vorschrift nur Bedeutung, wenn noch keine drei Jahre seit Rechtskraft des Urteils verstrichen sind, da andernfalls von Amts wegen über die Vollziehbarkeit zu entscheiden ist. Sieht die Vollstreckungsbehörde gemäß Absatz 1 von der Vollstreckung ab, so ist der Verurteilte nicht beschwert.[91] Das Verfahren zur Überprüfung eines auf der Grundlage von Absatz 2 Satz 3 erlassenen Vollstreckungshaftbefehls, etwa weil der Verurteilte zum Zwecke der Begutachtung nach § 454 Abs. 2 in die Bundesrepublik einreisen will, richtet sich wegen des untrennbaren Zusammenhanges mit der Entscheidung nach Absatz 1 nach § 458 Abs. 2.[92]

§ 456b

Die durch das AGGewVerbrG eingefügte Vorschrift regelte die Reihenfolge der Vollstreckung von Freiheitsstrafe und freiheitsentziehenden Maßregeln. Sie wurde in Hinblick auf die neue materiell-rechtliche Regelung in § 67 StGB durch Art. 21 Nr. 126 EGStGB 1974 aufgehoben.

§ 456c
Aufschub und Aussetzung des Berufsverbotes

(1) [1]Das Gericht kann bei Erlaß des Urteils auf Antrag oder mit Einwilligung des Verurteilten das Wirksamwerden des Berufsverbots durch Beschluß aufschieben, wenn das sofortige Wirksamwerden des Verbots für den Verurteilten oder seine Angehörigen eine erhebliche, außerhalb seines Zweckes liegende, durch späteres Wirksamwerden vermeidbare Härte bedeuten würde. [2]Hat der Verurteilte einen

---

86 OLG Hamburg NJW **1975** 1132; KG StV **1992** 428; OLG Stuttgart StV **1993** 258; OLG Koblenz NStZ **1996** 255; KK/*Appl* 5; Meyer-Goßner/*Schmitt* 9; *Bringewat* 14.

87 LG Kassel Rpfleger **2017** 118.

88 OLG Celle NStZ **1981** 405; OLG Hamm NStZ **1983** 524; OLG Stuttgart StV **1993** 258; KK/*Appl* 5.

89 OLG Karlsruhe Justiz **2000** 147.

90 KK/*Appl* 5; Meyer-Goßner/*Schmitt* 9; *Bringewat* 14.

91 OLG Frankfurt NStZ-RR **1999** 126; OLG Karlsruhe NStZ **2008** 222.

92 OLG Stuttgart StraFo **2011** 114; OLG Oldenburg StraFo **2015** 85; Meyer-Goßner/*Schmitt* 9; KK/*Appl* 5; **a. A.** OLG Karlsruhe NStZ **2012** 655; OLG Celle StraFo **2014** 482.

https://doi.org/10.1515/9783110275025-019

gesetzlichen Vertreter, so ist dessen Einwilligung erforderlich. [3]§ 462 Abs. 3 gilt entsprechend.

(2) Die Vollstreckungsbehörde kann unter denselben Voraussetzungen das Berufsverbot aussetzen.

(3) [1]Der Aufschub und die Aussetzung können an die Leistung einer Sicherheit oder an andere Bedingungen geknüpft werden. [2]Aufschub und Aussetzung dürfen den Zeitraum von sechs Monaten nicht übersteigen.

(4) Die Zeit des Aufschubs und der Aussetzung wird auf die für das Berufsverbot festgesetzte Frist nicht angerechnet.

Entstehungsgeschichte

Die Vorschrift wurde als § 456d durch Art. 2 Nr. 39 AGGewVerbrG (RGBl. I S. 1000) im Jahre 1933 eingefügt. Infolge Fortfalls des früheren, den Vollzug der Entmannung betreffenden § 456c erhielt die Vorschrift bei der Neufassung durch das VereinhG 1950 die heutige Paragrafenzahl. Durch Art. 21 Nr. 127 EGStGB 1974 wurden die Absätze 1 und 2 nur redaktionell geändert („Berufsverbot" statt „Untersagung der Berufsausübung", „Wirksamwerden" statt „Inkrafttreten", „§ 462 Abs. 3" statt „§ 462 Abs. 4").

Übersicht

Alphabetische Übersicht

1. Anwendungsbereich. Das Berufsverbot wird nach § 70 Abs. 4 Satz 1 StGB mit der 1
Rechtskraft des Urteils wirksam, sofern das Gericht nicht nach § 132a ein vorläufiges Berufsverbot angeordnet hat. Es bedarf also keiner besonderen Vollstreckungshandlungen, und es obliegt der Vollstreckungsbehörde auch nicht die Pflicht, die Beachtung

des Berufsverbots zu überwachen.[1] Mit dem **Eintritt der Wirksamkeit** wird § 145c StGB anwendbar, der Zuwiderhandlungen gegen das Berufsverbot mit Strafe bedroht.[2] Absatz 1 gibt aber dem Gericht die Befugnis, von vornherein den Beginn der Wirksamkeit für die Dauer von höchstens sechs Monaten (beginnend mit der Rechtskraft des Urteils) hinauszuschieben. Nach Eintritt der Wirksamkeit des Berufsverbots, also nach Eintritt der Rechtskraft oder, wenn das Gericht das Wirksamwerden nach Absatz 1 hinausgeschoben hat, nach Ablauf der im Beschluss bestimmten Frist, kann auch die Vollstreckungsbehörde die Wirksamkeit des Verbots aussetzen. Schließlich kann nach § 70a StGB das Gericht nach mindestens einjähriger Dauer ein auf längere Zeit oder für immer angeordnetes Berufsverbot zur Bewährung aussetzen, wenn Grund zu der Annahme gegeben ist, dass die Gefahr erheblicher rechtswidriger Taten bei Ausübung des Berufs usw. nicht mehr besteht. Bei Nichtbewährung wird die Aussetzung widerrufen. Bei positivem Verlauf der Bewährungszeit erklärt das Gericht das Berufsverbot nach Ablauf der Bewährungszeit für erledigt (§ 70b Abs. 5 StGB). Wegen des Verfahrens bei Entscheidungen nach §§ 70a, 70b StGB vgl. die Erl. zu §§ 462, 463 Abs. 6.

2 **2. Ergänzende Regelung in § 55 StVollstrO.** Die vorgenannte Vorschrift regelt die Berechnung der Zeit des Berufsverbots. Der Regelungsgehalt von § 55 Abs. 1 StVollstrO geht über die gesetzlichen Regelungen in § 70 Abs. 4, § 70a Abs. 3, § 70b Abs. 3 StGB und § 456c nicht hinaus. Die Vollstreckungsbehörde ist nach § 55 Abs. 1 StVollstrO verpflichtet, die Zeit des Berufsverbots und die Erklärung über dessen Erledigung durch das Gericht (§ 70b Abs. 5 StGB) den für die Berufs- und Gewerbeausübung zuständigen Behörden jeweils mitzuteilen. Rechtsgrundlage für die Übermittlung der Daten können § 14 Abs. 1 Nr. 4 und 5 EGGVG sowie bereichsspezifische Regelungen in den Beamtengesetzen und im Deutschen Richtergesetz sowie sonstigen Gesetzen sein, z. B. § 45a ZDG für Zivildienstleistende; § 64a Abs. 2 BNotO für Notare; § 36 Abs. 2 BRAO für Rechtsanwälte; § 34 Abs. 2 PatAnwO für Patentanwälte; § 65 Abs. 2, § 130 WPO und § 10 Abs. 2 StBerG für Wirtschaftsprüfer und Steuerberater; § 60a KWG für Inhaber und Geschäftsleiter von Kreditinstituten. § 55 Abs. 3 StVollstrO verpflichtet die Vollstreckungsbehörde, vor einer Entscheidung über die Aussetzung des Berufsverbots (§ 55 Abs. 2 StVollstrO) die zuständigen Verwaltungsbehörden und berufsständischen Organisationen zu hören.

3. Aufschieben des Wirksamwerdens durch Gerichtsbeschluss

3 **a) Voraussetzungen.** Die Aufschiebung durch gerichtlichen Beschluss nach Absatz 1 setzt, da die Zeit des Aufschubs nach Absatz 4 nicht auf die Dauer des Berufsverbots angerechnet wird und insofern dem Angeklagten nachteilig ist, einen **Antrag** (vgl. § 456, 7) des Verurteilten[3] oder, wenn das Gericht von Amts wegen, gegebenenfalls auf Anregung der Staatsanwaltschaft oder eines Nichtverfahrensbeteiligten die Aussetzung in Erwägung zieht, dessen **Einwilligung** voraus (Satz 1).[4] Hat der Angeklagte einen **gesetzlichen Vertreter**, so ist (auch) dessen Einwilligung erforderlich (Satz 2). Der Angeklagte kann also zwar den Antrag stellen. Er ist aber rechtlich bedeutungslos, wenn der gesetzliche Vertreter nicht einwilligt.

---

1 *Bringewat* 2; s. aber die Mitteilungspflichten nach Nr. 13, 40 Abs. 1 MiStra sowie *Pohlmann/Jabel/Wolf* § 55, 4.

2 KK/*Appl* 2; Meyer-Goßner/*Schmitt* 1; *Bringewat* 2.

3 Richtig müsste es in Absatz 1 „Angeklagter" heißen, da der Antrag vor der Urteilsverkündung gestellt werden wird, die Bezeichnung „Verurteilter" mithin erst für die Fälle des Absatzes 2 zutrifft.

4 KK/*Appl* 3; KMR/*Stöckel* 4; Meyer-Goßner/*Schmitt* 2.

Voraussetzung des Aufschubs ist – entsprechend § 456[5] – weiter, dass das sofortige Inkrafttreten der Wirksamkeit mit Rechtskraft des Urteils für den Verurteilten oder seine Angehörigen eine **erhebliche, außerhalb des Zwecks** der **Maßregel** liegende **Härte** bedeutet, die durch späteres Inkrafttreten vermeidbar ist. Dabei können Gefahren, die bei weiterer Ausübung des Berufs während des Aufschubs drohen könnten, durch geeignete Auflagen (Absatz 3) vermieden werden. Nach früher teilweise vertretener Ansicht[6] sollen auch Härten, die für Dritte durch das sofortige Inkrafttreten der Untersagung entstehen würden, z. B. für die Arbeitnehmer, die bei einer Berufsuntersagung gegen den Unternehmer durch Stilllegung eines Betriebs arbeitslos werden würden, oder für die Allgemeinheit, wenn diese an der Aufrechterhaltung des Betriebs ein Interesse hat, das Gericht zum Aufschub berechtigen können. Das widerspricht aber dem Wortlaut des Absatzes 1. Es sind weder ein praktisches Bedürfnis noch ein Rechtsgrund ersichtlich, die es rechtfertigen würden, sich über den Gesetzeswortlaut hinwegzusetzen, da die Vollstreckungsbehörde mit ihren weiterreichenden Aussetzungsbefugnissen (Rn. 9 ff.) auf solche Belange Rücksicht nehmen kann.[7] 4

b) Verfahren. Das Gericht ordnet den Aufschub bei **Erlass des Urteils** durch **Beschluss** an, d. h. unter Mitwirkung der Laienrichter. Es gilt insoweit mithin die gleiche Regelung wie bei dem Beschluss über Bewährungsanordnungen nach § 268a Abs. 1. Nach Beendigung der Hauptverhandlung – etwa während der Abfassung der Urteilsgründe – kann das Gericht keinen Aufschub mehr beschließen.[8] Dafür besteht auch deshalb keine Notwendigkeit, weil es dem Verurteilten im Fall des Unterbleibens einer Anordnung unbenommen bleibt, eine Aussetzungsentscheidung bei der Strafvollstreckungsbehörde herbeizuführen, die sofort bei oder nach Eintritt der Rechtskraft ergehen kann.[9] Auf ein rechtskräftiges und damit nach § 204 Abs. 5 Satz 1 BRAO wirksam gewordenes Vertretungsverbot nach § 114 Abs. 1 Nr. 4 BRAO finden die Vorschriften der Strafprozessordnung, insbesondere § 456c, entsprechende Anwendung.[10] 5

In der Regel wird das Gericht den **Beschluss** im Anschluss an das Urteil **mündlich verkünden**, obwohl das – anders als bei den Bewährungsauflagen nach § 268a – nicht vorgeschrieben ist, so dass eine schriftliche Zustellung ausreichen würde.[11] Gibt das Gericht einem wirksam gestellten Aufschubantrag des Verurteilten nicht statt, so muss es ihn nach allgemeinen Grundsätzen ablehnend bescheiden (vgl. § 34). Die Nichtbescheidung steht einer Ablehnung gleich.[12] 6

c) Rechtsmittel. Gegen den einen Aufschub aussprechenden oder ablehnenden Beschluss ist **sofortige Beschwerde** statthaft (Satz 3).[13] Bei Nichtbescheidung eines Antrags ist, sofern sich das Gericht nicht die Beschlussfassung durch verkündeten Beschluss ausdrücklich vorbehalten hat, für die Beschwerdefrist die Beendigung der 7

---

5 S. dort Rn. 5; KK/*Appl* 4; Meyer-Goßner/*Schmitt* 4.

6 LK/*Jagusch*[8] § 42 Anm. V; LK/*Lang Hinrichsen*[9] § 42, 50.

7 OLG Schleswig NJW-RR **2000** 874 (keine Aussetzung des Vertretungsverbots zur weiteren Vertretung eines Mandanten im anwaltsgerichtlichen Verfahren).

8 *Eb. Schmidt* 5; KK/*Appl* 2; KMR/*Stöckel* 8; Meyer-Goßner/*Schmitt* 3; *Bringewat* 7.

9 KMR/*Stöckel* 2; Meyer-Goßner/*Schmitt* 3; *Bringewat* 7.

10 OLG Schleswig NJW-RR **2000** 874; OLG Hamm Beschl. vom 9.5.2014 – 2 AGH 4/14; BGH Beschl. vom 27.10.2014 – AnwSt(B) 8/14.

11 KK/*Appl* 2; Meyer-Goßner/*Schmitt* 3; *Bringewat* 8.

12 KMR/*Stöckel* 14.

13 KK/*Appl* 8; KMR/*Stöckel* 14; Meyer-Goßner/*Schmitt* 9; *Bringewat* 14.

Hauptverhandlung maßgebend. Dem **Nebenkläger** steht schon deshalb kein Beschwerderecht zu, weil es sich bei dem Beschluss um eine die Vollstreckung betreffende Entscheidung handelt, das Gesetz aber seine Beteiligung in diesem Verfahrensabschnitt nicht vorsieht. Das Berufungsgericht kann bei Aufrechterhaltung eines erstinstanzlich ausgesprochenen Berufsverbots ohne Weiteres Aufschub gewähren.[14] Ein ablehnender Beschluss des Gerichts des ersten Rechtszuges wird dadurch gegenstandslos, auch wenn er nicht mit der Beschwerde angefochten wurde.

8 **d) Keine nachträgliche Verlängerung.** Da das Gericht nur bei Erlass des Urteils über den Aufschub entscheiden kann, kann es einen gewährten Aufschub **nicht nachträglich verlängern.** Insoweit ist die Vollstreckungsbehörde nach Absatz 2[15] zuständig.

4. Entscheidung der Vollstreckungsbehörde (Absatz 2)

9 **a) Voraussetzungen.** Nach Absatz 2 kann die Vollstreckungsbehörde ein wirksam gewordenes Verbot aussetzen. Nach dem Wortlaut des Gesetzes ist dies „unter denselben Voraussetzungen" – nämlich denen des Absatzes 1 – zulässig. Danach setzt die Aussetzung einen Antrag des Verurteilten oder wenigstens seine Einwilligung (bzw. die seines gesetzlichen Vertreters) voraus. Im Übrigen kann die Verweisung auf Absatz 1 nur die Bedeutung haben, dass er **sinngemäß anwendbar** ist. Wäre die Vollstreckungsbehörde nur befugt, die Härten abzuwenden, die durch **sofortiges Inkrafttreten** entstehen, dann würde sich die Aussetzungsbefugnis nur auf den Zeitpunkt beschränken, in dem das Urteil rechtskräftig wird oder ein gerichtlich angeordneter Aufschub abläuft. Aber schon der Wechsel im Ausdruck („aussetzen" statt „aufschieben") zeigt, dass unter "Aussetzen" ein Mehr zu verstehen und die Vollstreckungsbehörde auch befugt ist, die Wirksamkeit der Untersagung zu einem späteren Zeitpunkt auszusetzen – also die Wirksamkeit des Verbots zu **unterbrechen**[16] –, wenn die Nichtgestattung der Berufsausübung während eines bestimmten Zeitraumes eine erhebliche Härte bedeuten würde, die durch vorübergehende Aussetzung abgewendet werden kann, etwa wenn der Arzt, der die Praxis des mit Berufsverbot Belegten für die Dauer der Untersagung übernommen hat, erkrankt und ein anderer Vertreter als der Verurteilte nicht zu finden ist, so dass die Praxis sich aufzulösen droht, wenn das Berufsverbot nicht zeitweise ausgesetzt wird.[17]

10 Von der **Zulässigkeit** einer solchen Vollzugsunterbrechung geht auch ersichtlich **§ 55 StVollstrO** aus. Wenn dort weiterhin als Voraussetzung einer Unterbrechung neben der Vermeidung von Härten für den Verurteilten oder seine Angehörigen die Berücksichtigung eines **öffentlichen Interesses** an der vorübergehenden weiteren Berufsausübung genannt wird, so geht das zwar über den Wortlaut des Absatz 2 hinaus, doch ergibt sich die Befugnis der Vollstreckungsbehörde hierzu aus dem allgemeinen Vollstreckungsauftrag.

11 Die Vollstreckungsbehörde kann Aussetzung auch gewähren, **wenn das Gericht einen Aufschubantrag** abgelehnt hat, sei es, dass neue Gesichtspunkte vorgebracht werden, sei es, dass der Aufschub aus Gründen des öffentlichen Interesses beantragt war, die das Gericht nicht berücksichtigen kann.[18] Vor ihrer Entscheidung soll sie des-

---

14 KMR/*Stöckel* 8, 12; Meyer-Goßner/*Schmitt* 3; *Bringewat* 14.
15 KK/*Appl* 7.
16 KK/*Appl* 5; Meyer-Goßner/*Schmitt* 5; *Bringewat* 6, 9.
17 *Bringewat* 6.
18 KK/*Appl* 5; Meyer-Goßner/*Schmitt* 5.

halb die zuständigen Verwaltungsbehörden und berufsständischen Organisationen hören (§ 55 Abs. 3 StVollstrO).

b) Rechtsbehelfe. Gegen eine ablehnende Entscheidung der Vollstreckungsbehörde 12
können – neben der Dienstaufsichtsbeschwerde – Einwendungen nach § 458 Abs. 2 erhoben werden. Gegen die Entscheidung hierüber ist sofortige Beschwerde nach § 462 Abs. 3 Satz 1 statthaft.[19]

5. Leistung einer Sicherheit (Absatz 3 Satz 1). Aufschub und Aussetzung können 13
nach Absatz 3 an die Leistung einer Sicherheit (vgl. § 456, 12) oder an **andere Bedingungen** geknüpft werden. In Betracht kommen nur solche Bedingungen, die bezwecken und geeignet sind, eine von der Berufsausübung drohende Gefahr abzuwenden, nicht etwa die Auferlegung einer Geldbuße,[20] denn von einer entsprechenden Anwendung des § 56b Abs. 2 Satz 1 Nr. 2 StGB kann hier schon deshalb keine Rede sein, weil es sich nur um ein vorübergehendes Hinausschieben des Verbots (Absatz 4) handelt. Im Übrigen ist es selbst bei einer Aussetzung des Berufsverbots zur Bewährung (Rn. 2) nicht möglich, dem Verurteilten eine Geldbuße aufzuerlegen, da § 70a Abs. 3 Satz 1 StGB den § 56b StGB nicht für entsprechend anwendbar erklärt. Dagegen sind Bedingungen möglich, die bewirken, dass das Verbot nur teilweise aufgehoben wird, indem dem Verurteilten nur bestimmte der von dem Verbot erfasste Berufsausübungshandlungen erlaubt werden,[21] die Nichtbeachtung dieser Bedingungen führt zur Anwendung des § 145c StGB.

6. Dauer (Absatz 3 Satz 2). Die Vollstreckungsbehörde kann dem Verurteilten nach 14
einem gerichtlichen Aufschub Aussetzung – auch mehrmals – gewähren. Die **Gesamtdauer** darf aber nach Absatz 3 Satz 2 den Zeitraum von sechs Monaten nicht übersteigen.[22] Die Strafvollstreckungsbehörde muss mithin eine schon vom Gericht bewilligte Zeitspanne bei ihrer Bewilligung einrechnen.[23] Gleichwohl ist ein weitergehend gewährter Aufschub nicht unwirksam.[24] Eine weitergehende Aussetzung wäre nur im Weg der **Gnade** denkbar, der aber nur in den seltensten Ausnahmefällen in Betracht kommen kann. Ein solcher Gnadenerweis würde außerdem – in entsprechender Anwendung des Absatz 4 – die Frist hinausschieben, von der ab nach § 70a Abs. 2 StGB Aussetzung des Berufsverbots zur Bewährung in Betracht kommt.[25]

7. Anrechnung (Absatz 4). Eine Anrechnung der Zeit des Aufschubs oder der Aus- 15
setzung auf die für das Berufsverbot festgesetzte Frist findet nicht statt.

8. Keine Geltung für Fahrverbot. Eine entsprechende Anwendung des § 456c auf 16
das Fahrverbot des § 44 StGB ist nicht möglich.[26] Auch eine Unterbrechung des Fahrverbots wäre nur im Gnadenweg möglich.[27]

---

19 KK/*Appl* 8; Meyer-Goßner/*Schmitt* 9; *Bringewat* 15; *Röttle/Wagner* Rn. 398.
20 LG Frankfurt NJW **1954** 287; KK/*Appl* 6; Meyer-Goßner/*Schmitt* 6; *Bringewat* 11.
21 KK/*Appl* 6; Meyer-Goßner/*Schmitt* 6; *Bringewat* 11.
22 KK/*Appl* 7; Meyer-Goßner/*Schmitt* 6; *Bringewat* 11; *Pohlmann/Jabel/Wolf* § 55, 5.
23 KK/*Appl* 7; Meyer-Goßner/*Schmitt* 7.
24 Meyer-Goßner/*Schmitt* 7; *Bringewat* 12.
25 *Bringewat* 13.
26 OLG Köln NJW **1987** 80; AG Mainz MDR **1967** 683; *Mürbe* DAR **1983** 45; *Fehl* NZV **1998** 439; KK/*Appl* 1; Meyer-Goßner/*Schmitt* 1; *Bringewat* 3.
27 *Wollentin/Breckenfeld* NJW **1966** 634; *Pohlmann/Jabel/Wolf* § 59a, 28.

§ 457
Ermittlungshandlungen; Vorführungsbefehl, Vollstreckungshaftbefehl

(1) § 161 gilt sinngemäß für die in diesem Abschnitt bezeichneten Zwecke.

(2) [1]Die Vollstreckungsbehörde ist befugt, zur Vollstreckung einer Freiheitsstrafe einen Vorführungs- oder Haftbefehl zu erlassen, wenn der Verurteilte auf die an ihn ergangene Ladung zum Antritt der Strafe sich nicht gestellt hat oder der Flucht verdächtig ist. [2]Sie kann einen Vorführungs- oder Haftbefehl auch erlassen, wenn ein Strafgefangener entweicht oder sich sonst dem Vollzug entzieht.

(3) [1]Im übrigen hat in den Fällen des Absatzes 2 die Vollstreckungsbehörde die gleichen Befugnisse wie die Strafverfolgungsbehörde, soweit die Maßnahmen bestimmt und geeignet sind, den Verurteilten festzunehmen. [2]Bei der Prüfung der Verhältnismäßigkeit ist auf die Dauer der noch zu vollstreckenden Freiheitsstrafe besonders Bedacht zu nehmen. [3]Die notwendig werdenden gerichtlichen Entscheidungen trifft das Gericht des ersten Rechtszuges.

Schrifttum

Amelung Rechtsschutz gegen strafprozessuale Grundrechtseingriffe (1976); *ders.* Probleme des Rechtsschutzes gegen strafprozessuale Grundrechtseingriffe, NJW **1979** 1687; *Benfer* Die strafprozessuale Haussuchung als implizierte Befugnis, NJW **1980** 1611; *Beukelmann* Neues zum Europäischen Haftbefehl, NJW-Spezial **2019** 568; *Hilger* Neues Strafverfahrensrecht durch das OrgKG, NStZ **1992** 457, 523; *Kaiser* Die Wohnung als Schranke bei der Vollstreckung von Haft- und Vorführungsbefehlen? NJW **1964** 759; *ders.* Notwendigkeit eines Durchsuchungsbefehls bei strafprozessualen Zwangsmaßnahmen? NJW **1980** 875; *Krause* Vollstreckung von Vollstreckungshaftbefehlen in der Wohnung oder den sonstigen Räumen eines unbeteiligten Dritten, NJW **1974** 303; *Ladiges* Stillschweigende Durchsuchungsanordnungen im Strafverfahren? NStZ **2014** 609; *Rieß* Neue Gesetze zur Bekämpfung der organisierten Kriminalität, NJ **1992** 441; *Schnickmann* Das Vorführungsrecht der Staatsanwaltschaft und seine Vereinbarkeit mit Art. 104 GG, MDR **1976** 363; *Seebode* Das Recht zur Festnahme entwichener Strafgefangener, FS Bruns (1978) 487; *Soiné* Zur Neuregelung der strafprozessualen Öffentlichkeitsfahndung, ZRP **1994** 392; *Thewes* Die strafvollstreckungsrechtliche Durchsuchungsanordnung, Rpfleger **2006** 524; *Wolf* Erweiterte Handlungsmöglichkeiten in der Strafvollstreckung durch OrgKG, Rpfleger **1996** 96.

Entstehungsgeschichte

Durch Art. 21 Nr. 128 EGStGB vom 2.3.1974 wurden in Absatz 1 und 2 das Wort „Staatsanwaltschaft" durch „Vollstreckungsbehörde" ersetzt und der bisherige Absatz 3 („Diese Befugnisse stehen im Falle des § 451 Abs. 3 auch dem Amtsrichter zu") gestrichen. Durch § 181 Nr. 2 StVollzG a. F. wurde im Rahmen der Anpassung des Bundesrechts dem damaligen Absatz 1 der Satz 2 angefügt. Durch Art. 3 des Gesetzes zur Bekämpfung des illegalen Rauschgifthandels und anderer Erscheinungsformen der Organisierten Kriminalität (OrgKG) vom 15.7.1992 wurde ein neuer Absatz 1 eingefügt. Der bisherige Absatz 1 wurde Absatz 2; der frühere Absatz 2 wurde aufgehoben und Absatz 3 angefügt. Bezeichnung bis 1924: § 489.

Übersicht

https://doi.org/10.1515/9783110275025-020

Alphabetische Übersicht

I. Anwendungsbereich

1 **1. Strafprozessordnung.** Bis zur Änderung durch das OrgKG vom 15.7.1992 enthielt § 457 nur wenige Hinweise dazu, wie bei der **Herbeiführung des Vollzugs** von Freiheits- und Ersatzfreiheitsstrafen[1] nach deren Anordnung gemäß § 459e und freiheitsent-

1 OLG Frankfurt NStZ-RR **2005** 282.

ziehenden Maßregeln (§ 463 Abs. 1) zu verfahren ist. Zwar versuchten die Landesjustizverwaltungen, diese Lücke durch **Einzelregelungen** in der Strafvollstreckungsordnung (z. B. in §§ 27, 33 StVollstrO) und in der Ländervereinbarung[2] zur Vereinfachung und Beschleunigung der Strafvollstreckung (§ 451, 20 ff.) zu schließen. Jedoch handelte es sich dabei letztlich um Hilfslösungen, die schon deshalb keine gesetzliche Regelung ersetzen konnten, weil ihnen die allgemeine gesetzliche Verbindlichkeit fehlt. Diese ist erst durch die gegenüber dem früheren Rechtszustand erheblich erweiterte Festlegung der Befugnisse der Strafvollstreckungsbehörde zur Vornahme von Ermittlungshandlungen (Absatz 1) und Maßnahmen (Absatz 3) geschaffen worden.

2 **2. Strafvollstreckungsordnung, Ländervereinbarung.** § 457 wird durch die in Rn. 1 aufgeführten Regelungen der Landesjustizverwaltungen ergänzt. Besondere Bedeutung haben insoweit § 33 StVollstrO, der im Einzelnen regelt, unter welchen Voraussetzungen die Vollstreckungsbehörde einen **Vorführungs- oder Haftbefehl** erlässt. § 34 StVollstrO regelt weitere Maßnahmen zur Sicherstellung der Strafvollstreckung, insbesondere die **Ausschreibung zur Festnahme** (§ 34 Abs. 1 StVollstrO) sowie **Art und Umfang der Fahndungsmaßnahmen** (§ 34 Abs. 2 StVollstrO). § 34 Abs. 2 Satz 1 StVollstrO stellt klar, dass **Art und Umfang von Fahndungsmaßnahmen** in einem **angemessenen Verhältnis zur Höhe der verhängten Strafe** stehen sollen. Sofern die Voraussetzungen für den Erlass eines Vollstreckungshaftbefehls nicht vorliegen, kann zur **Aufenthaltsermittlung** ausgeschrieben werden (§ 34 Abs. 2 Satz 3 StVollstrO). Die Pflicht der Vollstreckungsbehörde zur Veranlassung der Löschung bei Wegfall des Fahndungsgrundes regelt § 34 Abs. 3 StVollstrO.

3 **3. Weitere Bereiche.** Die in den Rn. 1 bis 2 angeführten Verfahrensregelungen sind sinngemäß auch anwendbar bei der Vollstreckung der nach § 96 OWiG angeordneten **Erzwingungshaft** sowie bei der Vollstreckung gerichtlich erkannter **Ordnungs- oder Zwangshaft** in Straf- und Bußgeldsachen, die von der Staatsanwaltschaft als Vollstreckungsbehörde oder als ersuchte Behörde vollstreckt werden (§ 88 Abs. 1 StVollstrO).[3] Veranlasst der Vorsitzende des Gerichts unmittelbar die Vollstreckung der Ordnungshaft (§ 179 GVG), bleibt es seiner Entscheidung überlassen, ob und welche Vorschriften der Strafvollstreckungsordnung er anwenden will und welche Zwangsmaßnahmen zu ergreifen sind (§ 88 Abs. 2 StVollstrO).[4] § 457 gilt ferner für die Vollstreckung von **Nebenfolgen** (§ 459g).[5]

II. Ermittlungsbefugnisse (Absatz 1)

4 **1. Allgemeines.** Aufgrund der Verweisung auf § 161 stehen der Strafvollstreckungsbehörde die gleichen Befugnisse zu **wie** der **Staatsanwaltschaft im Ermittlungsverfahren.** Wie diese in ihrem Bereich kann die Vollstreckungsbehörde im Rahmen der Strafvollstreckung – allerdings begrenzt auf die dort genannten Zwecke – Auskunft von allen öffentlichen Behörden verlangen und Ermittlungen jeder Art entweder selbst vornehmen oder durch die Beamten des Polizeidienstes vornehmen lassen. Diese müssen solchen Ersuchen oder Aufträgen der Vollstreckungsbehörde nachkommen, soweit diese

2 Vom 8.6.1999; abgedruckt bei *Pohlmann/Jabel/Wolf* § 9, 18.
3 Göhler/*Seitz/Bauer* § 97, 1; KK/*Appl* 1; *Bringewat* 2.
4 KK/*Appl* 1; KMR/*Stöckel* 2; *Bringewat* 2.
5 KMR/*Stöckel* 2; SK/*Paeffgen* 3; MüKo/*Nestler* 3; *Wolf* Rpfleger **1996** 96, 98.

rechtlich zulässig sind. Die Vollstreckungsbehörde kann nach Absatz 1 i. V. m. § 161 Abs. 1 von allen öffentlichen Behörden Auskunft zu Vollstreckungszwecken verlangen.[6] Der Auskunftsanspruch kann aber unter Umständen begrenzt oder sogar ausgeschlossen sein.[7]

2. Arten der Ermittlungshandlungen. Die Vollstreckungsbehörde kann zu Vollstreckungszwecken die **Vernehmung von Zeugen** und **Tatbeteiligten** (§§ 161a, 163a) anordnen,[8] etwa zur Ermittlung des Aufbewahrungsortes der Tatbeute. Sie kann – was im Rahmen der Vollstreckung aber wohl eher geringe praktische Bedeutung haben dürfte – einen **Sachverständigen** mit der Erstattung eines Gutachtens **beauftragen** oder **Augenscheinseinnahmen** vornehmen. Des Weiteren können nach den Absätzen 2 und 3 weitere strafprozessuale Zwangsmaßnahmen zu Vollstreckungszwecken in Betracht kommen (vgl. Rn. 28 ff.). 5

III. Zwangsmaßnahmen (Absatz 2)

1. Ladung zum Strafantritt (Satz 1)

a) Allgemeines. Aus Absatz 2 Satz 1 ergibt sich lediglich, dass der auf freiem Fuß befindliche Verurteilte, wenn er nicht fluchtverdächtig ist, durch die Ladung zum Antritt der Strafe aufgefordert werden muss und Zwangsmaßnahmen erst in Betracht kommen, wenn er sich auf die Ladung nicht zum Strafantritt gestellt hat. Befindet sich der Verurteilte bei Eintritt der Rechtskraft des Urteils in Untersuchungshaft (§ 450, 8), so entfällt die Ladung zum Strafantritt, und es kommt nur die Einweisung und Überführung in die zuständige Justizvollzugsanstalt in Betracht (§ 28 StVollstrO). 6

b) Vollstreckungsplan. Wie in § 451, 16 ff. ausgeführt, bestimmt der gemäß § 152 StVollzG von der Landesjustizverwaltung aufgestellte Vollstreckungsplan für jeden Gerichtsbezirk, welche Justizvollzugsanstalt für den Vollzug einer Strafe oder welche Maßregelvollzugseinrichtung für den Vollzug der verhängten Maßregel oder welche Jugendarrestanstalt für den Vollzug von Jugendarrest örtlich und sachlich zuständig ist. In die danach zuständige Justizvollzugsanstalt lädt die Vollstreckungsbehörde den Verurteilten **unmittelbar** zum Strafantritt, und zwar ohne Rücksicht darauf, ob die Justizvollzugsanstalt im Land der Vollstreckungsbehörde oder in einem anderen Land gelegen ist. 7

c) Fristsetzung. Der Verurteilte ist grundsätzlich unter Setzung einer Frist (in der Regel mindestens eine Woche), binnen deren er sich in der Vollzugsanstalt einzufinden hat (§ 27 Abs. 2 Satz 1 StVollstrO), zu laden. Gleichzeitig weist die Vollstreckungsbehörde ihn durch ein **Aufnahmeersuchen** in die zuständige Justizvollzugsanstalt ein (§ 29 Abs. 1 Satz 1 StVollstrO). Für die Vollstreckung von freiheitsentziehenden Maßregeln gelten entsprechende Vorschriften (§ 53 Abs. 2 Nr. 1 StVollstrO). Jedoch bedarf es, da die Ländervereinbarung vom 8.6.1999 nach ihrem Abschnitt III Absatz 2 Satz 2 nicht für die Vollstreckung der freiheitsentziehenden Maßregeln der Besserung und Sicherung gilt (vgl. § 451, 21), nach § 162 GVG, §§ 9, 27 StVollstrO der Inanspruchnahme der für den 8

6 LR/*Erb* § 161, 16 ff.; KK/*Griesbaum* § 161, 2 f.

7 Zu den Grenzen oder dem Ausschluss des Auskunftsanspruchs vgl. LR/*Erb* § 161, 23 ff.; KK/*Griesbaum* § 161, 4 ff.

8 OLG Karlsruhe StV **2007** 597.

Aufenthaltsort zuständigen landgerichtlichen Staatsanwaltschaft, wenn die zuständige Anstalt außerhalb des Landes der Vollstreckungsbehörde liegt.

9 **d) Form der Ladung.** Über die Form der Ladung und die Art ihrer Bekanntgabe enthält die Strafprozessordnung keine Vorschriften, insbesondere ist förmliche Zustellung der Ladung nicht vorgeschrieben. Es genügt zum Erlass des Haftbefehls, wenn die Vollstreckungsbehörde Kenntnis hat, dass die Ladung dem Verurteilten zugegangen ist.[9] Hier greifen jedoch ergänzend und z. T. einschränkend die **Justizverwaltungsanweisungen** ein. Nach § 27 Abs. 3 StVollstrO kann die Strafantrittsladung erfolgen a) durch einfachen Brief (Satz 1), b) durch förmliche Zustellung (Satz 2), c) durch mündliche Eröffnung gegenüber dem an Amtsstelle anwesenden Verurteilten, wenn er zum sofortigen Strafantritt geladen wird (Satz 3).[10] § 33 Abs. 1 StVollstrO weist die Vollstreckungsbehörden an, einen **Haftbefehl** nur zu erlassen, **wenn** der Verurteilte sich nach ergangener Ladung **nicht** binnen der gesetzten Frist, bei Aufforderung zum sofortigen Antritt nicht spätestens am Tag nach der Zustellung **gestellt** hat.[11] Für die Zustellung der Ladung zum Strafantritt gilt § 37.[12] Bei Nichtgestellung auf formlose Ladung (Brief) muss also grundsätzlich nochmals mit förmlicher Zustellung geladen werden, um den Nachweis des Zugangs der Ladung zum Strafantritt führen zu können und dem Verurteilten nicht vorschnell die Möglichkeit zur Selbstgestellung zu nehmen.[13] Der Erlass eines Haftbefehls ist nicht zulässig, wenn der Verurteilte die Nichtgestellung ausreichend entschuldigt hat. Er muss dann erneut geladen werden.

10 **2. Mittellose Verurteilte. Mittellose Verurteilte,** die nicht in der Lage sind, die Kosten einer Reise zu der entfernten Justizvollzugsanstalt zu bestreiten, können in eine näher gelegene Anstalt geladen werden und sind von dort der zuständigen Anstalt zuzuführen (§ 27 Abs. 5, § 28 Abs. 2 StVollstrO). Liegen nach Aktenlage verlässliche Erkenntnisse vor, dass der Verurteilte mittellos ist, so ist sogleich entsprechend von Amts wegen zu verfahren. Von Mittellosigkeit ist regelmäßig bei langjährig Drogenabhängigen sowie Empfängern von Arbeitslosengeld II, Grundsicherung oder Sozialhilfe auszugehen.

IV. Voraussetzungen für einen Vollstreckungshaftbefehl oder Vorführungsbefehl

11 **1. Allgemeines.** Hat sich der Verurteilte auf Ladung nicht gestellt, so kann die **Vollstreckungsbehörde** durch den Rechtspfleger einen Vorführungs- oder Vollstreckungshaftbefehl erlassen. Dabei hat sie selbstverständlich den ganz allgemein geltenden **Grundsatz der Verhältnismäßigkeit**[14] zu beachten, den die Rechtsprechung aus den Einzelvorschriften der Strafprozessordnung und im Übrigen aus dem Rechtsstaatsprinzip (Art. 20 Abs. 3 GG) sowie aus dem Wesen der Grundrechte entwickelt hat. Er besagt, soweit es um die Strafvollstreckung geht, dass die Art und Schwere von Fahndungsmaßnahmen in einem angemessenen Verhältnis zur Schwere und der Höhe der gegen den

9 KMR/*Stöckel* 10; Meyer-Goßner/*Schmitt* 4; einschränkend *Pohlmann/Jabel/Wolf* § 33, 10.
10 Meyer-Goßner/*Schmitt* 4; *Bringewat* 14, 16.
11 KK/*Appl* 4; Meyer-Goßner/*Schmitt* 4; *Röttle/Wagner* Rn. 114; KMR/*Stöckel* 10; OLG Koblenz StraFo **2006** 86; OLG Karlsruhe NStZ-RR **2005** 249.
12 Vgl. Erläuterungen bei LR/*GraalmannScheerer* § 37.
13 OLG Koblenz StraFo **2006** 86.
14 KK/*Appl* 9; Meyer-Goßner/*Schmitt* 14; *Bringewat* 5 a. E.

Verurteilten verhängten Strafe stehen müssen (§ 34 Abs. 2 StVollstrO). Bei **Ersatzfreiheitsstrafen** oder bei einem nur noch geringfügigen Strafrest (etwa zwei bis drei Wochen) haben danach besondere Fahndungsmaßnahmen regelmäßig zu unterbleiben. Für Maßnahmen nach Absatz 2 und 3 Satz 1 wird dies durch Absatz 3 Satz 2 ausdrücklich klargestellt.[15] Auch bei Anwendung von Fahndungsmaßnahmen untereinander oder der Reihenfolge ihrer Vollstreckung ist der Verhältnismäßigkeitsgrundsatz stets zu beachten. Weniger einschneidende **Maßnahmen zur Aufenthaltsermittlung** (z. B. Wohnungsanfrage beim Einwohnermeldeamt; Ausschreibung zur Aufenthaltsermittlung nach Abs. 3 i. V. m. § 131 Abs. 1) verdienen den Vorzug vor dem Erlass und dem Vollzug eines Vorführungs- oder Vollstreckungshaftbefehls, wenn sie Erfolg versprechen.[16] Vor Erlass eines Vollstreckungshaftbefehls hat die Vollstreckungsbehörde regelmäßig durch Einholung einer aktuellen Auskunft aus dem Melderegister bei dem für den letzten aus den Akten bekannten Wohnsitz des Verurteilten zuständigen Einwohnermeldeamt zu versuchen, die ladungsfähige Anschrift ermitteln. Unter Umständen kann auch die Einholung einer Auskunft aus dem zentralen staatsanwaltschaftlichen Verfahrensregister (ZStV) nach § 457 Abs. 3 Satz 1 i. V. m. § 492 Abs. 3 Satz 2 und Abs. 6, § 493 erforderlich sein, um so die ladungsfähige Anschrift zu ermitteln. Die Datenübermittlung an die Staatsanwaltschaft ist zu Vollstreckungszwecken zulässig.[17] Soweit der Staatsanwaltschaft die Strafvollstreckung obliegt, erhält sie die Auskunft aus dem ZStV als Strafverfolgungsbehörde. Bei Ausländern liegt eine Nachfrage bei dem Ausländerzentralregister beim Bundesverwaltungsamt oder bei der örtlichen Ausländerbehörde nahe.[18]

Die Regelung des § 457 widerspricht nicht Art. 104 Abs. 1 Satz 1 GG; denn es handelt **12**
sich hier lediglich um die Durchführung einer bereits gerichtlich angeordneten Freiheitsentziehung,[19] so dass Fragen hinsichtlich der Verfassungsmäßigkeit, wie sie bezüglich des Vorführungsrechts der Staatsanwaltschaft im Ermittlungsverfahren (§ 161a Abs. 2, § 163a Abs. 3) erörtert werden,[20] hier nicht entstehen.

2. Vollstreckungshaftbefehl

a) Unterschied zum Untersuchungshaftbefehl. Der Vollstreckungshaftbefehl der **13**
Vollstreckungsbehörde hat mit dem richterlichen Haftbefehl (§ 114) nichts zu tun. Die Ergreifung nach rechtskräftiger Verurteilung zur Sicherung der Vollstreckung ist, anders als der Sicherungshaftbefehl des § 453c, *keine* Verhaftung i. S. des § 310.[21] Schriftlichkeit, genaue Bezeichnung des Verurteilten, Angabe des Grundes der Verhaftung, Bekanntmachung an den Verhafteten gelten aber auch für den Vollstreckungshaftbefehl.[22] Nach Absatz 1 kann der Haftbefehl erlassen werden, wenn der Verurteilte sich auf die „an ihn ergangene" Ladung nicht gestellt hat. Danach genügt zum Erlass des Haftbefehls, dass dem Verurteilten eine Ladung zugegangen ist. Mit der Überführung in Strafhaft wird

---

15 BTDrucks. **12** 989, Begr. zu Art. 4 Nr. 16 bis 19, S. 45; KK/*Appl* 9; Meyer-Goßner/*Schmitt* 8, 14; *Bringewat* 22 a. E.; *Pohlmann/Jabel/Wolf* § 33, 9.

16 KK/*Appl* 7; *Bringewat* 5.

17 LR/*Hilger*[26] § 492, 26 und 43.

18 *Röttle/Wagner* Rn. 123.

19 BGHSt **13** 97, 100; **23** 380, 386; KK/*Appl* 1; Meyer-Goßner/*Schmitt* 10; *Bringewat* 5, s. auch *Pohlmann/Jabel/Wolf* § 33, 12.

20 LR/*Erb* § 163a, 67 f. und § 161a, 40 f.

21 KK/*Appl* 2; Meyer-Goßner/*Schmitt* 10; *Bringewat* 13; *Röttle/Wagner* Rn. 112.

22 Wegen weiterer Einzelheiten zum Inhalt des Vollstreckungshaftbefehls vgl. § 33 Abs. 4 StVollstrO sowie *Pohlmann/Jabel/Wolf* § 33, 32 und *Röttle/Wagner* Rn. 113 ff.

der Vollstreckungshaftbefehl automatisch gegenstandslos.[23] Er muss nicht aufgehoben werden.

14 **b) Nichtverwertbarkeit des Untersuchungshaftbefehls.** Der auf freiem Fuß befindliche Verurteilte kann nicht aufgrund eines während des Strafverfahrens erlassenen, aber nicht vollzogenen richterlichen Haftbefehls zwecks Strafvollstreckung ergriffen werden, da dieser Haftbefehl mit dem rechtskräftigen Abschluss des Verfahrens seine Bedeutung verloren hat.[24] Bei einem in Untersuchungshaft befindlichen Verurteilten tritt der Vorrang der Strafhaft nicht erst mit dem Eingang des Aufnahmeersuchens der Vollstreckungsbehörde in der Justizvollzugsanstalt ein, sondern schon dann, wenn die Vollstreckungsbehörde durch den Erlass eines Vollstreckungshaftbefehls unmissverständlich zum Ausdruck gebracht hat, dass die Vollstreckung einer Freiheitsstrafe ansteht,[25] es sei denn, das Gericht trifft eine abweichende Entscheidung, weil der Zweck der Untersuchungshaft dies erfordert (§ 116b Satz 2).

15 **c) Fehlende Bereitschaft zum sofortigen Strafantritt.** Dem Fall des Ausbleibens auf förmlich zugestellte Ladung stellt § 33 Abs. 2 Nr. 2 StVollstrO den Fall gleich, dass der mündlich zum sofortigen Strafantritt Geladene nicht dazu bereit ist. Das begegnet keinen Bedenken.[26] Es kann der Vollstreckungsbehörde nicht gut zugemutet werden zu warten, ob der Verurteilte sich nicht vielleicht anders besinnt und die Strafe doch noch antritt. Dem ergriffenen Verurteilten ist der Haftbefehl alsbald, möglichst bei der Ergreifung, und zwar regelmäßig durch Übergabe einer Ausfertigung des Vollstreckungshaftbefehls, ausnahmsweise[27] auch mündlich, bekannt zu geben (§ 33 Abs. 6 StVollstrO). Dies sollte in einer für den Verurteilten verständlichen Sprache erfolgen, auch wenn der Gesetzgeber keine dem § 114a entsprechende Regelung in § 457 vorgesehen hat.

16 **3. Vorführungsbefehl.** Statt eines Vollstreckungshaftbefehls kann – wie beim richterlichen Haftbefehl, § 134 – ein Vorführungsbefehl erlassen werden. Das kommt namentlich dann in Betracht, wenn der Verurteilte an dem Ort wohnt, an dem sich die Justizvollzugsanstalt befindet, und zu erwarten ist, dass der Verurteilte von dem Vorführungsbeamten auch in der Wohnung angetroffen wird.[28]

17 **4. Flucht oder Fluchtverdacht.** Außer bei Nichtgestellung kann ein Vorführungs- oder Vollstreckungshaftbefehl auch bei **Flucht** oder **Fluchtverdacht** erlassen werden. Flucht liegt vor, wenn der Verurteilte sich von seinem bisherigen räumlichen Lebensmittelpunkt abgesetzt hat, um für die Vollstreckungsbehörde nicht greifbar zu sein. Erforderlich ist der zumindest bedingte Vorsatz, sich der Strafvollstreckung für eine längere Zeit zu entziehen.[29] Fluchtverdacht besteht wie bei § 112 Abs. 2 Nr. 2 dann, wenn aufgrund bestimmter Tatsachen (z. B. Geschäftsaufgabe, Veräußerung der Wohnungseinrichtung, Passantrag, Äußerung von Fluchtplänen, Aufgabe bzw. Auflösung der Wohnung, Aufgabe der Berufstätigkeit) die Befürchtung begründet ist, dass der Verurteilte

---

23 OLG Hamm NStZ **1982** 524; Meyer-Goßner/*Schmitt* 10.
24 OLG Karlsruhe Justiz **1973** 255; OLG Hamburg NJW **1976** 2030; KK/*Appl* 6; *Bringewat* 11.
25 KG StraFo **2011** 108.
26 *Dallinger* DJ **1942** 145; KK/*Appl* 5; Meyer-Goßner/*Schmitt* 4; *Pohlmann/Jabel/Wolf* § 33, 24.
27 KMR/*Stöckel* 17; *Bringewat* 14; *Pohlmann/Jabel/Wolf* § 33, 38.
28 KK/*Appl* 4; Meyer-Goßner/*Schmitt* 9; *Bringewat* 11; *Röttle/Wagner* Rn. 112.
29 LR/*Lind* § 112, 39 ff.

sich auf irgendeine Art (außer Selbstmord) der **Vollstreckung entziehen** werde.[30] Die Höhe der verhängten Strafe vermag dabei für sich genommen noch keine Fluchtgefahr zu begründen, solange nicht sonstige ungünstige Umstände in der Person des Verurteilten und seinen Lebensumständen hinzutreten,[31] die den Verdacht begründen, dass der Verurteilte sich der Vollstreckung zu entziehen beabsichtigt. Ein erlassener Vollstreckungshaftbefehl ist jedoch sofort aufzuheben, wenn sich nachträglich ergibt, dass die aus einer ex-ante-Sicht seinen Erlass rechtfertigenden Gründe in Wahrheit nicht bestanden haben und auch nicht bestehen.[32]

5. Bedingter Haft- oder Vorführungsbefehl. Im Interesse der Beschleunigung der Vollstreckung sieht § 33 Abs. 3 StVollstrO schon bei der Ladung den Erlass eines Befehls für den Fall vor, dass der Verurteilte sich auf die Ladung hin nicht fristgemäß (bei Setzung einer Frist) oder nicht rechtzeitig (bei Ladung zum sofortigen Strafantritt) stellt. Dieser Vollstreckungshaft oder Vorführungsbefehl wird **gleichzeitig mit der Ladung** herausgegeben (Rn. 13).[33] Er darf aber erst dann vollzogen werden, wenn die Vollstreckungsbehörde – nicht die mit dem Vollzug des Vollstreckungshaft- oder Vorführungsbefehls betraute Polizeibehörde – festgestellt hat, dass die in § 33 Abs. 3 StVollstrO unter Nr. 1 oder Nr. 2 bezeichneten Voraussetzungen vorliegen, und sie den Befehl dadurch vollziehbar gemacht hat, dass sie die Polizeibehörde benachrichtigt, der in ihren Händen befindliche Vorführungs- oder Vollstreckungshaftbefehl könne nunmehr vollstreckt werden. Die Anordnung ist im Vollstreckungsheft zu dokumentieren. Sie sollte aus Gründen der Beschleunigung per Fax schriftlich erfolgen, solange eine Übermittlung als elektronisches Dokument auf einem sicheren Übermittlungsweg noch nicht möglich ist. 18

6. Entweichen aus dem Strafvollzug (Satz 2). Entsprechend der Aufgabe der Vollstreckungsbehörde, die Vollstreckung der rechtskräftig verhängten Strafe zu veranlassen, regelte Absatz 2 Satz 1 zunächst nur die Maßnahmen, die den Beginn des Vollzugs betreffen. Satz 2 des Absatzes 2 **erweitert** die Zwangsbefugnisse der Vollstreckungsbehörde für den Fall, dass ein dem Vollzug bereits zugeführter Verurteilter entweicht oder sich sonst dem Vollzug entzieht, z. B. indem er von einem ihm von der Vollzugsbehörde gewährten Freigang, Ausgang oder Urlaub nicht zurückkehrt.[34] Ohne Bedeutung ist in diesem Zusammenhang, ob sich das Entweichen gegen eine für die Art des Vollzugs an sich nicht vorgesehene Einrichtung richtete. Die Flucht eines Untergebrachten aus einer Einrichtung des Maßregelvollzugs, in der ihm unter Verstoß gegen § 64 StGB keine therapeutische Behandlung zuteil werden kann, steht deshalb der Annahme eines Entweichens aus dem Vollzug nicht entgegen.[35] Sofern sich ein Untergebrachter nach Anordnung einer befristeten Invollzugsetzung gemäß § 67h StGB nicht freiwillig in die Maßregelvollzugseinrichtung begibt, ist die Vollstreckungsbehörde gemäß § 463 Abs. 1, § 457 Abs. 1 und 2 berechtigt, die erforderlichen Ermittlungen gemäß § 161 durchzuführen und bei Vorliegen der Voraussetzungen auch einen Vorführungs- bzw. Vollstre- 19

---

30 KK/*Appl* 6; KMR/*Stöckel* 11; Meyer-Goßner/*Schmitt* 5; *Bringewat* 18.

31 SK/*Paeffgen* 10; KK/*Appl* 6; vgl. insoweit die Rechtsgrundsätze zum Haftgrund der Fluchtgefahr.

32 OLG Dresden Rpfleger **2008** 389.

33 KK/*Appl* 7; Meyer-Goßner/*Schmitt* 7.

34 *Seebode* FS Bruns 447 ff., 497; KK/*Appl* 8; Meyer-Goßner/*Schmitt* 6; *Bringewat* 19.

35 *Bringewat* JR **1996** 84; **a. A.** OLG Celle JR **1996** 81, wonach die materiell-rechtliche Rechtswidrigkeit zwingend die formell-rechtliche des nach Flucht aus der nicht zuständigen Anstalt erlassenen Vollstreckungshaftbefehls bedinge.

ckungsunterbringungsbefehl zu erlassen.[36] Ein Gefangener, der entwichen ist oder sich sonst ohne Erlaubnis außerhalb der Justizvollzugsanstalt aufhält, kann durch die **Vollzugsbehörde** oder auf ihre Veranlassung hin festgenommen und in die Justizvollzugsanstalt zurückgebracht werden. Den Vollzugsbehörden steht hiernach **nur** ein **Festnahmerecht** zu, das sich allerdings nicht nur auf den eigentlichen Anstaltsbereich erstreckt, sondern auch gegenüber einem Entwichenen besteht, der bei der **Nacheile** durch Vollzugsbeamte gestellt wird.[37] Unabhängig davon gehört es nunmehr auch zu den Aufgaben der Vollstreckungsbehörde, durch Erlass eines Vorführungs- oder Vollstreckungshaftbefehls für die Wiederaufnahme des Vollzugs tätig zu werden. Jedoch wird die Vollstreckungsbehörde in der Regel zunächst abwarten, ob die Bemühungen der Vollzugs- oder Polizeibehörde erfolgreich waren.[38]

V. Mitwirkung von Polizeidienststellen

20 **1. Unmittelbares Vollziehungsersuchen.** Um die Vollziehung des Vorführungs- oder Haftbefehls können nach § 33 Abs. 5 StVollstrO die gemäß Art. 35 GG amtshilfepflichtigen Polizeidienststellen[39] und bei Soldaten auch die Feldjägereinheiten ersucht werden. Nach der **Ländervereinbarung** zur Vereinfachung und Beschleunigung der Strafvollstreckung vom 8.6.1999 (§ 451, 20) sind die Vollstreckungsbehörden ermächtigt, unmittelbar auch die Polizeidienststellen eines anderen Landes zu ersuchen. Damit ist während der Geltung dieser Vereinbarung § 33 Abs. 5 Satz 2 StVollstrO überholt,[40] soweit dort bestimmt ist, dass die Vollstreckungsbehörde unmittelbar nur die Polizeidienststellen des eigenen Landes ersuchen kann und dass, wenn der Verurteilte sich außerhalb des Landes der Vollstreckungsbehörde aufhält, nach § 9 Abs. 1 Satz 1 und 2 StVollstrO, § 163 GVG die landgerichtliche Staatsanwaltschaft des Aufenthaltsorts um Vollstreckungshilfe ersuchen muss, die ihrerseits die Polizeidienststellen ihres Landes beauftragt.[41]

21 **2. Amtshilfeersuchen nach §§ 162, 163 GVG.** Die Vollstreckungsbehörde ist aber – durch § 33 Abs. 5 StVollstrO im eigenen Land, durch die Ländervereinbarung vom 8.6. 1999 auch in anderen Ländern – nur ermächtigt, nicht verpflichtet, die Polizeidienststellen unmittelbar zu ersuchen. Sie kann vielmehr auch den **Weg der §§ 162, 163 GVG** beschreiten, wird dies aber nur dann tun, wenn aus besonderen Gründen hierzu Veranlassung besteht.[42] Die Vollstreckungsbehörde kann sich auch der ihr unterstellten Ermittlungspersonen der Staatsanwaltschaft (§ 152 GVG) bedienen.[43] Solange kein bestimmter Beamter der Polizei mit der Bearbeitung des Falls befasst ist, soll allerdings regelmäßig die zuständige Polizeibehörde ersucht werden.[44]

---

36 OLG Nürnberg Beschluss vom 8.10.2008 – 2 Ws 443/08 mit Anm. *Peglau* juris-StrafR 2/**2009**.

37 KK/*Appl* 8; ähnlich KMR/*Stöckel* 12 und Meyer-Goßner/*Schmitt* 6; *Bringewat* 19: bei weiterhin bestehendem räumlichen und zeitlichen Zusammenhang.

38 Meyer-Goßner/*Schmitt* 6; *Bringewat* 19; *Pohlmann/Jabel/Wolf* § 40, 24; *Röttle/Wagner* Rn. 117.

39 KK/*Appl* 10; KMR/*Stöckel* 16; Meyer-Goßner/*Schmitt* 11; *Bringewat* 6; *Pohlmann/Jabel/Wolf* § 33, 37; § 40, 25.

40 KK/*Appl* 10; KMR/*Stöckel* 16.

41 KK/*Appl* 10; Meyer-Goßner/*Schmitt* 11.

42 KK/*Appl* 10; *Bringewat* 6; *Pohlmann/Jabel/Wolf* § 33, 36 f.

43 RGSt **21** 426; *Bringewat* 6; *Pohlmann/Jabel/Wolf* § 33, 36.

44 Vgl. Abschnitt B I der Gemeinsamen Richtlinien der Justizminister/-senatoren und der Innenminister/-senatoren des Bundes und der Länder über die Anwendung unmittelbaren Zwanges durch Polizeibe-

VI. Vollstreckung von Vorführungs- oder Vollstreckungshaftbefehlen

1. Herrschende Meinung. In Rechtsprechung und Schrifttum ist nach wie vor streitig, ob Polizeibehörden zum Vollzug eines Vorführungs- oder Vollstreckungshaftbefehls für die **Durchsuchung** der **Wohnung des Verurteilten** oder von **Dritten** einer **gerichtlichen Durchsuchungsanordnung** bedürfen.[45] Nach der zurzeit noch herrschenden Meinung dürfen die mit dem Vollzug eines Vorführungs- oder Vollstreckungshaftbefehls beauftragten Polizeidienststellen **ohne besondere gerichtliche Durchsuchungsanordnung** gegen den Willen des gesuchten Verurteilten in dessen Wohnung eindringen, auch wenn keine Gefahr im Verzug vorliegt. Die herrschende Meinung geht dabei davon aus, dass die nach Art. 13 Abs. 2 GG für eine Durchsuchung nach § 105 grundsätzlich erforderliche **gerichtliche Anordnung der Durchsuchung** schon **stillschweigend formlos** mit dem rechtskräftigen Urteil erteilt worden ist. Die **Verhängung einer Freiheitsstrafe** im rechtskräftigen Urteil soll alle Maßnahmen gegen den Verurteilten einschließen, die zum Vollzug des Strafausspruchs erforderlich werden.[46] 22

2. Kritik. Gegen die herrschende Meinung, das zu vollstreckende strafgerichtliche Urteil impliziere zum Zwecke des Vollzugs eines Vorführungs- oder Vollstreckungshaftbefehls – zumindest beim Verurteilten – eine Durchsuchungsanordnung, bestehen durchgreifende rechtliche Bedenken. 23

a) Durchsuchung beim Verurteilten. Die räumliche Lebenssphäre des Einzelnen,[47] und zwar auch die eines rechtskräftig Verurteilten, unterliegt mit der **Garantie der Unverletzlichkeit der Wohnung** durch **Art. 13 Abs. 1 GG** einem besonderen grundrechtlichen Schutz. **Durchsuchungen** dürfen daher nach **Art. 13 Abs. 2 GG** nur durch das Gericht, **ausnahmsweise** bei **Gefahr im Verzug** auch durch die in § 457 Abs. 2, § 105 Abs. 1 zur Anordnung berufene Staatsanwaltschaft als Vollstreckungsbehörde sowie die Polizeibehörden angeordnet werden. Da eine Durchsuchung stets einen erheblichen Eingriff in die grundrechtlich geschützte Lebenssphäre auch des rechtskräftig Verurteilten bedeutet, bedarf die **Anordnung der Durchsuchung** stets einer Rechtfertigung nach dem **Grundsatz der Verhältnismäßigkeit.**[48] Das bedeutet, dass die Durchsuchung grundsätzlich hinsichtlich des mit der Anordnung verfolgten gesetzlichen Zwecks, der hier in der **Ergreifung der Person des Verurteilten** besteht, Aussicht auf Erfolg versprechen muss und nicht weniger einschneidende Maßnahmen zur Ermittlung des aktuellen Aufenthaltsortes des Verurteilten in Betracht kommen. Eine Durchsuchung muss ferner stets in einem **angemessenen Verhältnis** zu der **abgeurteilten Straftat** und dem noch **zu vollstreckenden Strafrest** sowie zu der von dem Verurteilten unter Umständen ausgehenden **Gefährdung für die Sicherheit der Allgemeinheit** stehen. Der **Grundsatz der** 24

---

amte auf Anordnung des Staatsanwalts von Dezember 1973/Januar 1974; abgedruckt als Anlage A zu den Richtlinien für das Straf- und Bußgeldverfahren; *Pohlmann/Jabel/Wolf* § 40, 25.

45 Verneinend bei Durchsuchung nach § 102: OLG Frankfurt NJW **1964** 785; OLG Düsseldorf NStZ **1981** 402; *Kaiser* NJW **1964** 759; KMR/*Stöckel* 21; Meyer-Goßner/*Schmitt* 11; LR/*Wendisch*[25] 23 ff.; *Krause* NJW **1974** 303; *Pohlmann/Jabel/Wolf* § 33, 39 ff.; *Röttle/Wagner* Rn. 120; richterliche Anordnung bei Durchsuchung nach § 103 erforderlich: OLG Celle StV **1982** 561; KMR/*Stöckel* 21; KK/*Appl* 11; *Krause* NJW **1974** 303; *Volckart/Pollähne/Woynar* Rn. 120; richterliche Anordnung sowohl bei Durchsuchung nach § 102 beim Verurteilten als auch bei Dritten nach § 103 erforderlich: *Benfer* NJW **1980** 1611 f.; SK/*Paeffgen* 15.

46 *Kaiser* NJW **1964** 759; KMR/*Stöckel* 21; Meyer-Goßner/*Schmitt* 11; *Röttle/Wagner* Rn. 120; *Pohlmann/Jabel/Wolf* § 33, 39 ff.; LR/*Wendisch*[25] 24 f.; **a. A.** SK/*Paeffgen* 15; *Benfer* NJW **1980** 1611, 1612.

47 BVerfGE **20** 162, 186; **42** 212, 220; **44** 353, 373; **96** 44, 51.

48 BVerfGE **20** 162, 186 f.

Verhältnismäßigkeit[49] gebietet es, dass der (zeitliche) **Rahmen**, die **Grenzen** sowie das **Ziel der Durchsuchung** genau bestimmt werden.[50] Im Zeitpunkt der Rechtskraft eines tatgerichtlichen Urteils ist – unabhängig davon, ob darin auf eine Freiheitsstrafe oder unter Umständen als Ersatzfreiheitsstrafe zu vollstreckende Geldstrafe erkannt worden ist – überhaupt nicht absehbar, ob und ggf. wann es im Rahmen der Vollstreckung zum Erlass eines Vorführungs- oder Vollstreckungshaftbefehls kommen wird, welcher Strafrest dann noch zu vollstrecken sein wird, wie sich die Lebensverhältnisse des Verurteilten seit der Rechtskraft des Urteils entwickelt haben, welche Gefahr für die Allgemeinheit (noch) von ihm ausgeht und wo er sich mutmaßlich aufhalten wird. Ob die Voraussetzungen für die Anordnung einer Durchsuchung nach § 102 bei dem Verurteilten zum Zwecke der Ergreifung jemals vorliegen, prüft das Tatgericht im Zusammenhang mit dem Urteil nicht und kann es im Zeitpunkt der Verkündung des Urteils auch gar nicht prüfen. Das **tatgerichtliche Urteil impliziert** daher auch bei einer **Durchsuchung nach § 102 keine Durchsuchungsanordnung**. Vielmehr hat das nach Absatz 3 Satz 3 zur Entscheidung berufene Gericht auf **Antrag der Vollstreckungsbehörde** zu prüfen, ob im **Zeitpunkt der Aktenvorlage** durch die Vollstreckungsbehörde die **Voraussetzungen für eine Durchsuchungsanordnung nach § 102 zum Zwecke der Ergreifung des Verurteilten** vorliegen. Insoweit sind auch im **Rahmen der Vollstreckung** namentlich die vom **Bundesverfassungsgericht** entwickelten **Rechtsgrundsätze** zu den **§§ 102, 105** entsprechend anwendbar und zu beachten.

25 **b) Durchsuchung bei anderen Personen.** Die Anordnung einer Durchsuchung bei anderen Personen nach § 103 ist zur Ergreifung eines Verurteilten und nur dann zulässig, wenn Tatsachen für die Annahme vorliegen, dass sich die gesuchte Person in den zu durchsuchenden Räumen befindet. Zum Zwecke der Ergreifung eines wegen einer Straftat nach §§ 89a, 89c Abs. 1 bis 4, § 129a StGB, auch i. V. m. § 129b Abs. 1 StGB oder wegen einer in dieser Vorschrift bezeichneten Straftaten, ist nach § 103 Abs. 1 Satz 2 eine Durchsuchung von Wohnungen und anderen Räumen auch zulässig, wenn diese sich in einem Gebäude befinden, von dem aufgrund von Tatsachen anzunehmen ist, dass sich der Verurteilte in ihm aufhält. Dass auch für die **Anordnung der Durchsuchung** nach **§ 103 eine gerichtliche Durchsuchungsanordnung** im **Vollstreckungsverfahren** erforderlich ist, unterliegt keinem Zweifel. Insbesondere rechtfertigt nicht das tatgerichtliche Urteil eine Durchsuchung bei Dritten. Die Anforderungen an die **Verhältnismäßigkeit** der Maßnahme sind bei Dritten strenger als bei einer Durchsuchung nach § 102 bei dem Verurteilten. Vor allem bei einer geringen Freiheitsstrafe und einem niedrigen noch zu vollstreckenden Strafrest sowie bei Durchsuchung im Bereich geschützter Berufe wird die Verhältnismäßigkeit besonderer Prüfung unter Abwägung der wesentlichen Gesichtspunkte des Einzelfalls bedürfen.[51] Die von der Rechtsprechung hierzu entwickelten Rechtsgrundsätze zur Durchsuchung bei anderen Personen nach § 103 im Ermittlungsverfahren finden mithin im Vollstreckungsverfahren entsprechende Anwendung.

26 **3. Ergebnis.** Das rechtskräftige Urteil impliziert im Vollstreckungsverfahren weder eine Durchsuchungsanordnung der Wohnung des Verurteilten nach § 102 noch eine solche bei anderen Personen nach § 103 zur Ergreifung des Verurteilten. Es bedarf daher regelmäßig einer gerichtlichen Anordnung der Durchsuchung nach § 105. Nur wenn aus-

---

49 LR/*Tsambikakis* § 105, 59 ff.
50 BVerfGE **96** 44.
51 LR/*Schäfer*[25] § 105, 33 ff.

nahmsweise[52] **Gefahr im Verzug** vorliegt, ist die Staatsanwaltschaft als Vollstreckungsbehörde oder die Polizei (§§ 162, 163 GVG) zur **Anordnung** unter **Beachtung der Dokumentationspflicht**[53] zur Anordnung befugt. Für die **Vollstreckungspraxis** wird es zu **keinen nennenswerten zusätzlichen Belastungen** kommen. In aller Regel werden mit Vollstreckungshaftbefehl gesuchte Verurteilte nicht nach Durchsuchungsmaßnahmen festgenommen. Dem **Erlass** eines **Vorführungsbefehls** kommt ohnehin kaum praktische Bedeutung zu.

VII. Fahndungsbefugnisse (Absatz 3)

1. Allgemeines. Nach **Satz 1** hat die Vollstreckungsbehörde in den Fällen des Absatzes 2 für das Vollstreckungsverfahren die gleichen Befugnisse, die der Strafverfolgungsbehörde für das Ermittlungsverfahren zur Ergreifung des Beschuldigten zustehen, soweit die Maßnahmen bestimmt und geeignet sind, den Verurteilten festzunehmen.[54] In Betracht kommen die **Fahndungsmaßnahmen**, die der Vollstreckungsbehörde nach Absatz 1 eingeräumt sind, wenn und soweit sie bestimmt und geeignet sind, den Verurteilten festzunehmen. Absatz 3 bezieht sich nicht auf die Vollstreckung von Sicherungshaftbefehlen und kann daher nicht als Eingriffsgrundlage für die Anordnung der Überwachung der Telekommunikation nach § 100a zur Vollstreckung eines Sicherungshaftbefehls herangezogen werden.[55] 27

2. Fahndungsmaßnahmen. Die körperliche Untersuchung des Verurteilten (§ 81a), die erkennungsdienstlichen Maßnahmen bei dem Verurteilten durch Fertigung von Lichtbildern und Fingerabdrücken (§ 81b), die Untersuchung anderer Personen (§ 81c), die molekulargenetische Untersuchung (§ 81e), die Beschlagnahme (§ 94), die Postbeschlagnahme (§ 99), die Rasterfahndung (§ 98a), die Durchsuchung (§§ 102, 103), die Telekommunikationsüberwachung (§ 100a),[56] die Online-Durchsuchung (§ 100b), die akustische Wohnraumüberwachung (§ 100c), die akustische Überwachung außerhalb von Wohnraum (§ 100f), die Erhebung von Verkehrsdaten (§ 100g; § 96 TKG zu den dort genannten Zwecken),[57] weitere Maßnahmen außerhalb von Wohnraum (§ 100h), technische Ermittlungsmaßnahmen bei Mobilfunkendgeräten (§ 100i), die Bestandsdatenauskunft (§ 100j), die Erhebung von Nutzungsdaten bei Telemediendiensten (§ 100k), der Einsatz Verdeckter Ermittler (§ 110a), die Errichtung von Kontrollstellen an öffentlich zugänglichen Orten (§ 111), die Ausschreibung zur Festnahme (§ 131), die Ausschreibung zur Festnahme nach Erlass eines Europäischen Haftbefehls (§ 457 Abs. 3 i. V. m. § 131 Abs. 1, § 77 Abs. 1 IRG),[58] wobei die Rechtspre- 28

52 **A. A.** LG Marburg Beschl. vom 2.8.2012 – 3 KLs 1 Js 2877/11: Beschluss in der Regel nicht erforderlich, da regelmäßig Gefahr im Verzug besteht; vgl. auch *Ladiges* NStZ **2014** 609.

53 LR/*Schäfer*[25] § 105, 27 f., 75.

54 BTDrucks. **12** 989, Begr. zu Art. 4 Nr. 16 bis 19, S. 44; *Hilger* NStZ **1992** 526; *Rieß* NJ **1992** 497.

55 OLG Celle NStZ **2010** 107.

56 Nicht zur Vollstreckung von Sicherungshaftbefehlen, vgl. OLG Celle NStZ **2010** 107.

57 KG StV **2008** 345; durch Urteil vom 2.3.2010 hat das BVerfG NJW **2010** 833, die §§ 113a, 113b TKG, § 100g Abs. 1, soweit danach Verkehrsdaten gemäß § 113a TKG erhoben werden dürfen, für nichtig erklärt. Die Entscheidung erfasst jedoch nicht die Erhebung und Verwendung von Verkehrsdaten nach § 96 TKG zu den dort genannten Zwecken; zu den Anforderungen nach der Rechtsprechung des EuGH vgl. EuGH NJW **2014** 2169; **2017** 717 mit Anm. *Roßnagel* NJW **2017** 696; NJW **2021** 531 mit Anm. *Ogorek* und Anm. *Beukelmann* NJW-Spezial **2020** 696; zur Vereinbarkeit von § 113a Abs. 1 Satz 1, § 113b TKG mit Unionsrecht vgl. Beschluss des BVerwG im Vorabentscheidungsverfahren NVwZ **2020** 1108.

58 OLG Zweibrücken NJW **2019** 2869 mit Anm. *Pschorr* jurisPR-StrafR 5/**2020** Anm. 3; OLG Hamm BeckRS **2019** 17146 Rn. 26; OLG Frankfurt NStZ-RR **2019** 356 f.

chung des EuGH vom 27.5.2019 zur Zuständigkeit zu beachten sein wird,[59] die Ausschreibung zur Aufenthaltsermittlung (§ 131a), die Veröffentlichung von Abbildungen des Verurteilten (§ 131b), die Maßnahmen zur Identitätsfeststellung (§ 163b), die Speicherung und Abgleich von Daten aus Kontrollen (§ 163d), die Ausschreibung zur Beobachtung bei polizeilichen Kontrollen (§ 163e), die längerfristige Observation (§ 163f) können dann in Betracht kommen, wenn sie verhältnismäßig sind und dem in Absatz 2 bestimmten Vollstreckungszweck dienen.[60] Auch eine Vermögensbeschlagnahme (§ 290)[61] ist zulässig, wenn sich der Verurteilte durch Flucht der Vollstreckung entzogen hat.[62] Zur Anordnungskompetenz vgl. die Erläuterungen Rn. 31.

29 **3. Zweckbindung.** Die Vollstreckungsbehörde unterliegt hinsichtlich der ihr nach Absatz 3 Satz 1 zustehenden Befugnisse einer **engen Zweckbindung.** Die Maßnahmen müssen bestimmt und geeignet sein, den Verurteilten festzunehmen. Ob dies der Fall ist, hat die Vollstreckungsbehörde nach dem jeweiligen Vollstreckungsstand und den konkreten Umständen des Einzelfalls aufgrund von **Tatsachen** zu prüfen. Auf die Vollstreckung von Sicherungshaftbefehlen bezieht sich Absatz 3 nicht, denn insoweit liegt noch keine zu vollstreckende Freiheitsstrafe vor, da es ungewiss ist, ob es überhaupt zu einem rechtskräftigen Widerruf der Strafaussetzung kommen wird.[63]

30 **4. Verhältnismäßigkeit (Satz 2).** Sämtliche Befugnisse nach Absatz 3 Satz 1 unterliegen als strafprozessuale Zwangseingriffe dem **Grundsatz der Verhältnismäßigkeit**[64] und unter Umständen zusätzlichen einfach-rechtlichen Anforderungen an die Verhältnismäßigkeit der Maßnahme (z. B. durch Subsidiaritätsklauseln). Darüber hinaus verlangt aber Absatz 3 Satz 2 eine **besondere – zusätzliche – Prüfung der Verhältnismäßigkeit**, wonach auf die **Dauer der noch zu vollstreckenden Freiheitsstrafe** besonders Bedacht zu nehmen ist. Damit soll sichergestellt werden, dass die Vollstreckungsbehörde von der erheblichen Erweiterung der Eingriffsmöglichkeiten dann keinen Gebrauch macht, wenn das im Einzelfall namentlich wegen eines nur noch geringen zu verbüßenden Strafrestes unverhältnismäßig wäre.[65] Absatz 3 ist daher als die im Verhältnis zu Absatz 1 **speziellere Norm** anzusehen. Im Vollstreckungsverfahren reicht es für die Anordnung der Überwachung der Telekommunikation (§ 100a) nicht aus, dass die zu vollstreckende Freiheitsstrafe wegen einer Katalogtat verhängt worden ist. Die Verhältnismäßigkeit ist vielmehr nur dann gewahrt, wenn die noch zu vollstreckende Strafe nicht wesentlich unter der für die Katalogtat angedrohten Mindeststrafe liegt.[66] Die früher[67] nach § 100g Abs. 1 zulässige Anordnung einer Erhebung von Verkehrsdaten ist im Vollstreckungsverfahren unverhältnismäßig, wenn nur noch eine Reststrafe von 145 Tagen zu vollstrecken ist.[68] Dieser Maßstab muss auch für die nach wie vor nach § 96 TKG zulässige Erhebung und Verwendung von Verkehrsdaten zu den dort genannten Zwecken gelten.

---

59 EuGH NJW **2019** 2145 ff.; *Beukelmann* NJW-Spezial **2019** 568.
60 *Rieß* NJ **1992** 497; Meyer-Goßner/*Schmitt* 13.
61 KG NStZ-RR **2014** 231.
62 OLG Düsseldorf NStZ **1997** 103.
63 OLG Celle StV **2009** 635.
64 BVerfGE **20** 162, 189.
65 BTDrucks. **12** 989, Stellungnahme der Bundesreg. Nr. 15 zu Art. 4 Nr. 16, S. 59.
66 OLG Zweibrücken StV **2001** 305 mit Anm. *Link* jurisPR-StrafR 15/**2008**.
67 Vgl. BVerfG NJW **2010** 833, wonach § 100g Abs. 1, §§ 113a, 113b TKG nichtig sind, soweit Verkehrsdaten gemäß § 113a TKG erhoben werden.
68 KG StV **2008** 345 mit Anm. *Link* jurisPR-StrafR 15/**2008**.

5. Anordnungskompetenz. Die Vollstreckungsbehörde hat, soweit sie Maßnahmen nach Absatz 3 erwägt, hinsichtlich der notwendig werdenden gerichtlichen Entscheidung einen Antrag bei dem Gericht des ersten Rechtszugs (Absatz 3 Satz 3) zu stellen. Für die zu treffende gerichtliche Entscheidung über die Ausstellung eines Europäischen Haftbefehls[69] ergibt sich eine inländische gerichtliche Befugnis und Zuständigkeit aus Absatz 3 Satz 3 i. V. m. § 131 Abs. 1, denn nach Art. 1 Abs. 1 Rechtsbeschwerde-EuHB ist der Europäische Haftbefehl sowohl Festnahme- als auch Übergabeersuchen.[70] Die Antragstellung obliegt dem Staatsanwalt. Der Antrag ist stets zu begründen. Absatz 3 Satz 3 findet auch bei der Vollstreckung von Jugendstrafe Anwendung, denn das Jugendgerichtsgesetz enthält keine andere Regelung (§ 2 Abs. 2 JGG).[71] 31

VIII. Strafzeitberechnung

Die Strafzeit rechnet, wenn der Verurteilte aufgrund eines Vorführungs- oder Vollstreckungshaftbefehls festgenommen ist, nach § 38 Nr. 2 StVollstrO vom Zeitpunkt der Festnahme, vorausgesetzt, dass er in Durchführung des Befehls – gleichgültig wie viel Zeit bis dahin vergeht – auch eingeliefert wird. Entweicht er in der Zwischenzeit, so wird die Zeit der Festhaltung nicht angerechnet.[72] Ist die Festnahme im Ausland erfolgt, so beginnt die Strafzeit mit der Übernahme durch deutsche Beamte (§ 38 Nr. 2 2. Hs. StVollstrO). Die im Ausland erlittene Freiheitsentziehung aufgrund eines Europäischen oder Internationalen (Vollstreckungs-)Haftbefehls wird nach § 51 Abs. 3 Satz 2 StGB auf die verhängte zeitige Freiheitsstrafe angerechnet. 32

IX. Anfechtbarkeit

Ob die Voraussetzungen für den Erlass eines Vorführungs- oder Vollstreckungshaftbefehls vorliegen, entscheidet die Vollstreckungsbehörde.[73] Eine Anrufung des Gerichts dagegen ist in § 458 nicht vorgesehen.[74] Dagegen ist – außer der Beschwerde nach § 21 StVollstrO[75] – Antrag auf gerichtliche Nachprüfung nach §§ 23 ff. EGGVG zulässig.[76] Er ist allerdings ausgeschlossen, wenn der Vollstreckungshaftbefehl vollzogen und damit erledigt ist,[77] es sei denn, dass nach Erledigung eines Vollstreckungshaftbefehls ausnahmsweise ein Feststellungsinteresse nach § 28 Abs. 1 Satz 4 EGGVG gegeben ist,[78] was 33

---

69 EuGH NJW **2019** 2145.

70 OLG Frankfurt NStZ-RR **2019** 356; OLG Hamm Beschl. vom 1.8.2019 – 2 Ws 96/19; OLG Zweibrücken NJW **2019** 2869 (Maßregelvollstreckung).

71 OLG Celle StraFo **2014** 172.

72 KK/*Appl* 13; **a. A.** *Pohlmann/Jabel/Wolf* § 38, 4.

73 Zur Zuständigkeit hinsichtlich eines Europäischen Haftbefehls vgl. Erl. bei Rn. 28.

74 KG GA **43** (1895) 137; OLG Rostock *Alsb.* E **2** 145; OLG Kassel DRZ **1931** Nr. 794; OLG Celle StraFo **2014** 482; *Wendisch* FS Dünnebier 246; SK/*Paeffgen* 17; KK/*Appl* 14; *Meyer-Goßner/Schmitt* 16.

75 *Pohlmann/Jabel/Wolf* § 21, 12.

76 OLG Hamm NJW **1969** 169; NStZ **1982** 524; JMBlNRW **1989** 244; Beschl. vom 3.7.2008 – 1 VAs 63/08; OLG Saarbrücken NJW **1973** 1012; OLG Düsseldorf Rpfleger **1986** 64; StV **1988** 110; **1989** 542; NJW **1979** 1687; KG NStZ-RR **2009** 324; OLG Karlsruhe Beschl. vom 3.9.2018 (Öffentlichkeitsfahndung); KK/*Appl* 14; *Meyer-Goßner/Schmitt* 16.

77 OLG Hamm NStZ **1982** 524; **1987** 183; *Meyer-Goßner/Schmitt* 16; *Bringewat* 25.

78 OLG Hamm NStZ **1987** 183; KK/*Appl* 14; *Meyer-Goßner/Schmitt* 16; OLG Hamm **2005** 676; OLG Karlsruhe NStZ-RR **2005** 249; OLG Frankfurt NStZ-RR **2002** 224.

bei der Antragstellung im Einzelnen darzulegen ist.[79] Der Umstand, dass der Verurteilte aufgrund des Erlasses des Vollstreckungshaftbefehls nach seiner Inhaftierung statt im offenen im geschlossenen Vollzug untergebracht worden ist, vermag kein berechtigtes Feststellungsinteresse zu begründen,[80] denn der Rechtsweg nach §§ 23 ff. EGGVG ist subsidiär (§ 23 Abs. 3 EGGVG) gegenüber den §§ 109, 110 StVollzG.[81] Ein Rechtsschutzbedürfnis kann insbesondere dann bestehen, wenn bei der Durchführung der Art und Weise der Freiheitsentziehung eine Verletzung der Menschenwürde in Frage steht oder eklatant fehlerhaftes Vorgehen eines Hoheitsträgers.[82]

§ 458
Gerichtliche Entscheidungen bei Strafvollstreckung

(1) Wenn über die Auslegung eines Strafurteils oder über die Berechnung der erkannten Strafe Zweifel entstehen oder wenn Einwendungen gegen die Zulässigkeit der Strafvollstreckung erhoben werden, so ist die Entscheidung des Gerichts herbeizuführen.

(2) Das Gericht entscheidet ferner, wenn in den Fällen des § 454b Absatz 1 bis 3 sowie der §§ 455, 456 und 456c Abs. 2 Einwendungen gegen die Entscheidung der Vollstreckungsbehörde erhoben werden oder wenn die Vollstreckungsbehörde anordnet, daß an einem Ausgelieferten, Abgeschobenen, Zurückgeschobenen oder Zurückgewiesenen die Vollstreckung einer Strafe oder einer Maßregel der Besserung und Sicherung nachgeholt werden soll, und Einwendungen gegen diese Anordnung erhoben werden.

(3) [1]Der Fortgang der Vollstreckung wird hierdurch nicht gehemmt; das Gericht kann jedoch einen Aufschub oder eine Unterbrechung der Vollstreckung anordnen. [2]In den Fällen des § 456c Abs. 2 kann das Gericht eine einstweilige Anordnung treffen.

Schrifttum

Hermes Die Beachtung des Grundsatzes der Spezialität bei der Einlieferung zur Strafvollstreckung, NJW **1979** 2443; *Hermes/Schulze* Probleme der Spezialitätsbindung bei der Einlieferung zur Strafvollstreckung, NJW **1980** 2622; *Jesse* Aus der vollstreckungsrechtlichen Zauberkiste: Verhindert die Zahlung auf eine Einzelgeldstrafe die vollständige Vollstreckung einer Gesamtfreiheitsstrafe? NStZ **2017** 69; *Kölsch* Die veränderte Stellung des Richters und Rechtspflegers in der Strafvollstreckung, NJW **1976** 408; *Neuhaus/Putzke* Rechtsschutz in der Strafvollstreckung, ZAP Fach **22** 447.

Entstehungsgeschichte

Die Vorschrift hat ihre jetzige Bezeichnung durch die Bek. 1924 (RGBl. I S. 322) erhalten. Der ursprüngliche Absatz 2 („Dasselbe gilt, wenn nach Maßgabe des § 455 Einwendungen gegen die Ablehnung eines Antrags auf Aufschub der Strafvollstreckung erhoben werden") erhielt durch Art. 2 Nr. 40 des AGGewVerbrG die heutige Fassung.

79 KG NStZ-RR **2009** 324.
80 KG NStZ-RR **2009** 324.
81 KG NStZ-RR **2009** 324; OLG Frankfurt NStZ **2002** 224.
82 BVerfG NStZ-RR **2004** 252; OLG München StraFo **2011** 110 f.; KG OLGSt EGGVG § 28 Nr 3; Beschl. vom 22.3.2013 – 4 VAs 1/13; OLG Hamm Beschl. vom 8.4.2011 – 1 VAs 4/11.

https://doi.org/10.1515/9783110275025-021

Gleichzeitig wurde dem Absatz 3 der Satz 2 hinzugefügt. Die Ersetzung von „Maßregel der Sicherung und Besserung" durch „Maßregel der Besserung und Sicherung" in Absatz 2 beruht auf Art. 21 Nr. 129 EGStGB 1974. Durch Art. 2 Nr. 7 des 23. StRÄndG vom 13.4.1986 (BGBl. I S. 393) ist die Paragrafenkette in Absatz 2 um § 454b Abs. 1 und 2 erweitert worden. Durch Art. 2 Nr. 3 des Gesetzes zur Neubestimmung des Bleiberechts und der Aufenthaltsbeendigung vom 27.7.2015 (BGBl. I S. 1386, 1397) erfolgten terminologische Klarstellungen in Absatz 2. Durch Art. 3 Nr. 37 des Gesetzes zur effektiveren und praxistauglicheren Ausgestaltung des Strafverfahrens vom 17.8.2017 (BGBl. I S. 3202) ist in Absatz 2 Satz 1 der durch Art. 3 Nr. 36 desselben Gesetzes vorgenommenen Einfügung eines Absatzes 3 in § 454b Rechnung getragen worden. Bezeichnung bis 1924: § 490.

Übersicht

Alphabetische Übersicht

I. Anwendungsbereich

1 **1. Alternativen des Absatzes 1.** § 458, der bei der Vollstreckung von Maßregeln der Besserung und Sicherung entsprechend anwendbar ist (§ 463 Abs. 1),[1] geht von einem Selbstentscheidungsrecht der Vollstreckungsbehörde aus. Das Gericht entscheidet nicht von Amts wegen. Es ist unzuständig, solange die Vollstreckungsbehörde noch nicht entschieden hat.[2] Die Vorschrift sieht eine Entscheidung des Gerichts (§§ 462, 462a) in den im Einzelnen aufgezählten Fällen vor.

2 **a) Zweifel über die Auslegung eines Strafurteils (1. Alt.).** Bei solchen Zweifeln hat die Vollstreckungsbehörde von Amts wegen die Entscheidung des Gerichts herbeizuführen.[3] Die Zweifel können sich auf jeden Teil des Strafausspruchs, also nicht nur auf die Hauptstrafe, sondern auch auf Nebenstrafen und Nebenfolgen beziehen.[4] Zweifel über die **Auslegung** eines Urteils können sich insbesondere bei einem Widerspruch zwischen Urteilsformel und Urteilsgründen ergeben.[5] Zweifel können auch über die Auslegung eines Berufungsurteils bestehen.[6] Sie bestehen auch, wenn bei Verlust der Akten über den Inhalt des Urteils Zweifel bestehen (dazu § 451, 58).

3 **b) Zweifel über die Berechnung der erkannten Strafe (2. Alt.).** Bei Zweifeln über die zunächst **von der Vollstreckungsbehörde**[7] aufzustellende Strafzeitberechnung (§ 36 Abs. 1 Satz 2 StVollstrO) darf sich das Gericht nicht damit begnügen, die Grundsätze darzulegen, nach denen die Strafzeitberechnung zu erfolgen hat (§§ 37 ff. StVollstrO), die Berechnung auf dieser Grundlage aber der Vollstreckungsbehörde überlassen, sondern es muss selbst die Strafzeitberechnung aufstellen.[8] Zweifel über die Art der Anrechnung können entstehen, wenn das Tatgericht Freiheits- und Geldstrafen nebeneinander verhängt oder neben einer unter Einbeziehung einer früheren Verurteilung gebildeten Gesamtfreiheitsstrafe erkannt, eine Entscheidung darüber aber unterlassen hat, auf welche der Strafen etwaige Untersuchungshaft anzurechnen ist. Die Frage, ob die in einem nach § 154 Abs. 2 eingestellten Verfahren erlittene Untersuchungshaft auf eine später in einem anderen Verfahren erkannte Freiheitsstrafe nach § 51 Abs. 1 Satz 1 StGB auch dann angerechnet werden kann, wenn diese Verfahren zu keinem Zeitpunkt miteinander verbunden waren, also zu keinem Zeitpunkt eine **Verfahrenseinheit** bestanden hat, hängt ent-

---

1 KK/*Appl* 2; Meyer-Goßner/*Schmitt* 1; *Bringewat* 1, 6.

2 OLG Koblenz Rpfleger **1978** 148; OLG Stuttgart Justiz **1984** 288; KG StraFo **2007** 432; OLGSt § 458 StPO, 1; *Hahn* Mat. **1** 1980; KK/*Appl* 3; Meyer-Goßner/*Schmitt* 1; *Bringewat* 1, 7.

3 OLG Stuttgart Justiz **1984** 288; KK/*Appl* 5; Meyer-Goßner/*Schmitt* 2; *Bringewat* 1.

4 BGHZ **42** 360, 363; BGHSt **8** 66; BGH MDR **1964** 980; OLG Karlsruhe MDR **1994** 1032; OLG Stuttgart StV **2019** 726; KK/*Appl* 5a; Meyer-Goßner/*Schmitt* 2.

5 KMR/*Stöckel* 4; Meyer-Goßner/*Schmitt* 2; *Bringewat* 11.

6 OLG Düsseldorf NStZ-RR **1999** 307.

7 BGHSt **27** 287, 289; BGH NStZ **1985** 497; OLG Karlsruhe Justiz **1983** 467; OLG Stuttgart MDR **1986** 779; OLG Köln Beschl. vom 22.2.2012 – III – 2 Ws 610/12; LG Bochum StV **1993** 34; KK/*Appl* 6.

8 BVerfG NStZ-RR **2003** 379; OLG Stettin GA **41** (1893) 70; LG Coburg VRS **29** (1965) 269; KK/*Appl* 7; KMR/*Stöckel* 5; Meyer-Goßner/*Schmitt* 3; *Bringewat* 12; *Röttle*/*Wagner* Rn. 173.

scheidend davon ab, ob zwischen den betreffenden Verfahren eine **funktionale Verfahrenseinheit** besteht.[9] Eine solche liegt vor, wenn eine Einstellung des einen Verfahrens nach § 154 Abs. 2, in dem Untersuchungshaft vollzogen worden ist, im Hinblick auf das mit der Verurteilung endende selbständige andere Verfahren erfolgt war.[10] Eine funktionale Verfahrenseinheit wird ferner angenommen, wenn im Verfahren eines inhaftierten Angeklagten, das zur Verurteilung führte, zwar ein Haftbefehl bestand, aber nicht vollzogen, sondern Überhaft notiert war.[11] Der Grundsatz der funktionalen Verfahrensidentität findet auch bei einem Absehen der Verfolgung durch die Staatsanwaltschaft nach § 153c Abs. 1 Nr. 1 Anwendung.[12] Der Anrechnung verfahrensfremder Untersuchungshaft steht nicht entgegen, dass der Verurteilte insoweit eine Entschädigung nach dem StrEG erhalten hat.[13] In Fortentwicklung der Rechtsprechung zur Anrechnung verfahrensfremder Untersuchungshaft entsprechend § 51 Abs. 1 StGB sollen auch Zeiten des Vollzugs der Sicherungsverwahrung auf Strafhaft angerechnet werden können, wenn anstelle der Sicherungsverwahrung Untersuchungshaft angeordnet und vollzogen worden wäre.[14] Wird eine Maßregel nach § 63 StGB wegen einer anfänglichen Fehldiagnose für erledigt erklärt, so ist es verfassungsrechtlich geboten, den bereits verbüßten Maßregelvollzug vollständig auf eine verfahrensfremde Freiheitsstrafe anzurechnen.[15] Zweifel können dann auftreten, wenn es um die **Anrechnung einer anderen Freiheitsentziehung** geht[16] sowie bei Zweifeln über das Vorliegen der Anrechnungsvoraussetzungen des § 450a, § 39a StVollstrO.[17] In all diesen Fällen müssen die notwendigen Entscheidungen im Beschlussverfahren nach §§ 458, 462 nachgeholt werden.[18]

Auf einen dem Zweifel über die Berechnung der erkannten Strafe **rechtsähnlichen** 4
Fall hat die Rechtsprechung § 458 Abs. 1 entsprechend angewandt, wenn nach Auffassung der Vollstreckungsbehörde die ununterbrochene Vollstreckung mehrerer zeitiger Freiheitsstrafen, bei denen die Voraussetzungen der Gesamtstrafenbildung nicht gegeben sind, unzulässig ist, weil die Summe der Strafen 15 Jahre überschreitet.[19] Rechtsähnliche Fälle, die die Anwendung des § 458 rechtfertigen, sind auch anzunehmen bei Zweifeln über die Berechnung der **Abschiebungshaft** nach dem früheren § 16 AuslG[20] oder den Umfang einer Auslieferungsbewilligung.[21]

---

9 *Fischer* § 51, 6a m. w. N.; LK/*Theune* § 51, 10 ff., 13; OLG Frankfurt StV **2014** 488.

10 BVerfG NStZ **1999** 24; **1999** 125; **1999** 477; **1999** 570; BGHSt **43** 112, 120; KG StV **1998** 562; OLG Schleswig MDR **1980** 70; OLG Frankfurt MDR **1981** 69; StV **1989** 489; OLG Düsseldorf StV **1994** 549; *Maatz* StV **1991** 267, 269.

11 OLG Düsseldorf StV **2001** 517; OLG Nürnberg NStZ **1990** 406; OLG Saarbrücken wistra **1996** 70.

12 BGH NJW **1990** 1428.

13 OLG Düsseldorf StV **2001** 517.

14 BGH NStZ **1998** 134; OLG Köln OLGSt StGB § 51 Nr. 18.

15 BVerfGE **130** 372 Rn. 87; KG NStZ-RR **2015** 325.

16 OLG Oldenburg GA **1971** 342; OLG Hamm NJW **1971** 1373; KK/*Appl* 7; Meyer-Goßner/*Schmitt* 3. Zur Frage der Anrechnung der Behandlung in einer Drogentherapie s. LG München StV **1985** 199.

17 BGHSt **8** 34, 36; KK/*Appl* 7; Meyer-Goßner/*Schmitt* 3. Wegen der Anwendung eines erhöhten Umrechnungsmaßstabes – etwa 1:2 oder 1:3 – s. die Erl. zu § 51 Abs. 4 Satz 2 StGB.

18 BGHSt **24** 29; OLG Zweibrücken NJW **1975** 509; OLG Frankfurt NStZ **1990** 147; LG Osnabrück NJW **1983** 2256; KK/*Appl* 8; Meyer-Goßner/*Schmitt* 3; *Bringewat* 12; *Pohlmann/Jabel/Wolf* § 39, 47 f., 45, 55.

19 OLG Oldenburg GA **1971** 342; OLG Hamm NJW **1971** 1373; Meyer-Goßner/*Schmitt* 3.

20 BayObLG NJW **1973** 1979; OLG Hamm NJW **1977** 1019; OLG Frankfurt NJW **1980** 537.

21 *Hermes* NJW **1979** 443; *Hermes/Schulze* NJW **1980** 2622; KMR/*Stöckel* 8; Meyer-Goßner/*Schmitt* 3; *Bringewat* 14; OLG Karlsruhe StV **2012** 546 (Strafzeitberechnung bei nachträglicher Strafmaßreduzierung durch ein französisches Gericht); **a. A.** OLG Stuttgart NJW **1980** 1240: entsprechende Anwendung des

5 **Keine Frage der Strafzeitberechnung** ist der Vermerk der Vollstreckungsbehörde über den **Zweidrittelzeitpunkt.** Der Verurteilte kann durch rechtzeitigen Antrag auf Aussetzung des Strafrestes eine gerichtliche Überprüfung des von ihm angenommenen Zeitpunkts erreichen.[22] Bei mehreren nacheinander zu vollstreckenden Freiheitsstrafen kann der Verurteilte gegen den von der Vollstreckungsbehörde errechneten Zeitpunkt Einwendungen erheben,[23] über die alsdann das Gericht nach § 458 Abs. 2 entscheidet.

6 **c) Einwendungen gegen die Zulässigkeit der Strafvollstreckung (3. Alt.).** Unter **Einwendungen gegen die Zulässigkeit der Strafvollstreckung** werden Einwendungen desjenigen oder zugunsten desjenigen verstanden, gegen den vollstreckt wird oder vollstreckt werden soll. Sie bedürfen, wenn schriftlich erhoben, keiner handschriftlichen Unterzeichnung, wenn aus dem Inhalt der Einwendung die Person dessen, der sie erhebt, zuverlässig entnommen werden kann.[24] Sie können grundsätzlich nur das „Ob" der Vollstreckung, also den „Fortbestand des Vollstreckungsverfahrens selbst" betreffen.[25] Das ist dann der Fall, wenn geltend gemacht wird, dass die allgemeinen Voraussetzungen der Vollstreckung eines Strafurteils nicht gegeben seien oder der Vollstreckung ein **Vollstreckungshindernis** entgegenstehe wie etwa fehlende Rechtskraft.[26] Nur ausnahmsweise gehört auch das „Wie" des Vollzugs hierher (Rn. 10). Der Einwendende muss die Einwendungen gegenüber der Vollstreckungsbehörde erheben.[27] Diese hat dann die Entscheidung des Gerichts herbeizuführen.

7 Die **Vollstreckungsbehörde** selbst kann – weil sie nicht in dieser Eigenschaft, sondern als Strafverfolgungsbehörde an dem Verfahren beteiligt ist – nach hergebrachter Auslegung **keine Einwendungen** erheben, d. h. sie kann ihre eigenen Zweifel an der Zulässigkeit der Vollstreckung, soweit sie sich nicht auf die Auslegung des Urteils und die Strafzeitberechnung beziehen, nicht von vornherein dem Gericht zur Entscheidung unterbreiten.[28] Sie muss vielmehr **selbst** eine Entscheidung treffen. Zur gerichtlichen Entscheidung kommt es nur dann, wenn von Einwendungsberechtigten Einwendungen gegen die Entscheidung der Vollstreckungsbehörde erhoben werden und die Vollstreckungsbehörde ihnen nicht abhilft.[29] Dies gilt auch, wenn aus Anlass gesetzlicher Neuregelungen ein In-

---

§ 460; ähnlich für den Fall der Tateinheit OLG Hamm NJW **1979** 2484; OLG Celle NdsRpfl. **1987** 110: weder entsprechende Anwendung des § 458 Abs. 1 noch des § 460, vielmehr Festsetzung des vollstreckbaren Teils durch die Vollstreckungsbehörde, die alsdann nach Einwendungen des Verurteilten eine Entscheidung nach § 458 Abs. 1, 3. Alt. herbeiführen muss; vgl. KG NStZ-RR **2011** 339. Gegen diese Rechtsprechung mit eingehender Begründung KK/*Appl* 8.

22 OLG Celle NdsRpfl. **1981** 124; KK/*Appl* 7.

23 OLG Hamm NStZ **1987** 342; KK/*Appl* 7.

24 OLG Koblenz Rpfleger **1976** 123 mit Anm. *Vollkammer.*

25 OLG Düsseldorf NJW **1977** 117; Beschl. vom 11.2.2014 – III 3 Ausl 22 /14; OLG Koblenz NStZ **1982** 219; OLG Schleswig GA **1984** 96; KG StRR **2011** 43 Ls.; Beschl. vom 19.12.2013 – Ws 514/13; KK/*Appl* 10; Meyer-Goßner/*Schmitt* 8; KMR/*Stöckel* 9; *Bringewat* 17.

26 OLG Hamburg VRS **117** (2009) 201; Beschl. vom 11.3.2015 – 1 Ws 32/15.

27 BGHSt **44** 19.

28 OLG Hamm NJW **1979** 2484; OLG Stuttgart Justiz **1984** 288; OLGSt § 458 StPO, 1; OLG Celle NdsRpfl. **1987** 110; OLG Rostock NStZ **1994** 303; zu Zweifeln des Jugendrichters als Vollstreckungsleiter OLG Hamm NStZ-RR **2002** 21; OLG Düsseldorf OLGSt § 458 StPO, 2; KK/*Appl* 4, 11; KMR/*Stöckel* 18; Meyer-Goßner/*Schmitt* 7; *Pohlmann* Rpfleger **1962** 146.

29 KG DJZ **1933** 1043; OLG Hamburg JR **1955** 69; OLG Hamm NJW **1956** 1936; **1979** 2484; JMBlNRW **1971** 9; OLG Stuttgart OLGSt § 458 StPO, 1; OLG Celle NdsRpfl. **1987** 110; OLG Rostock NStZ **1994** 304; BVerwG NJW **1970** 72, 74; *Unger* Rpfleger **1957** 227; KK/*Appl* 4; KMR/*Stöckel* 18; Meyer-Goßner/*Schmitt* 7; *Bringewat* 1; *Pohlmann/Jabel/Wolf* § 42, 8; **a. A.** OLG Saarbrücken JBlSaar **1967** 130; *Eb. Schmidt* 7.

teresse an einer alsbaldigen Klärung von Zweifelsfragen besteht.[30] Allerdings kann sich aus der prozessualen Fürsorgepflicht die Pflicht der Vollstreckungsbehörde ergeben, den Betroffenen auf die Möglichkeit von Einwendungen hinzuweisen.[31]

Auch für die Frage, ob die Strafe durch ein **Straffreiheitsgesetz** erlassen ist, gilt insoweit nichts Anderes,[32] soweit nicht das Straffreiheitsgesetz selbst eine abweichende Bestimmung trifft. Eine solche „abweichende Bestimmung" dürfte aber anzunehmen sein, wenn in den neueren aus Anlass der Strafrechtsreform ergehenden „Änderungs-" und „Reformgesetzen" amnestierechtliche Regelungen getroffen werden und bei Zweifeln über die sich daraus ergebenden Rechtsfolgen die §§ 458, 462 für sinngemäß anwendbar erklärt werden. 8

d) Beispiele für zulässige Einwendungen. Der Verurteilte macht **Verjährung der Strafvollstreckung** geltend; er bezeichnet die Vollstreckung der Ersatzfreiheitsstrafe als unzulässig, weil die zugrunde liegende Geldstrafe bezahlt sei (§ 459e Abs. 4);[33] er bestreitet seine Identität mit dem Verurteilten;[34] er macht geltend, die Strafe sei durch Straffreiheitsgesetz[35] oder durch Gnadenerweis[36] erlassen – auch aufgrund eines stillschweigenden, aber dauernden Verzichts des Staates auf eine Vollstreckung der Freiheitsstrafe im Zusammenhang mit unmittelbar begleitenden staatlichen Maßnahmen;[37] die Vollstreckung verstoße gegen die Reihenfolge der Vollstreckung nach § 67 Abs. 1 StGB;[38] der als Vollstreckungsgrundlage dienende Strafbefehl sei durch ein späteres Urteil verdrängt worden;[39] der Vollstreckungstitel sei nichtig, weil er eine andere Person betreffe;[40] er wendet sich gegen einen rechtskräftigen, die Strafaussetzung zur Bewährung widerrufenden Beschluss unter Geltendmachung von Tatsachen, die die Wiederaufnahme gegen ein rechtskräftiges Urteil zulassen würden;[41] bei Zweifeln über die Auslegung einer Kostenentscheidung.[42] 9

Ausnahmsweise kann auch die **Art des Strafvollzugs** gemäß § 458 beanstandet werden, nämlich dann, wenn der Verurteilte die Zulässigkeit der gegen ihn angewandten Vollzugsart im Allgemeinen bestreitet, d.h. sich gegen den staatlichen Vollstreckungsanspruch als solchen wendet, indem er dessen Bestand überhaupt oder zurzeit 10

---

30 OLG Hamm JMBlNRW **1971** 91.

31 OLG Karlsruhe Justiz **1976** 394; OLG Stuttgart Justiz **1984** 288; KK/*Appl* 4; KMR/*Stöckel* 18; Meyer-Goßner/*Schmitt* 7; *Bringewat* 15; *Pohlmann/Jabel/Wolf* – wenn auch mit teilweise anderer Begründung – § 42, 8.

32 **A.A.** LG Berlin JR **1955** 394.

33 LG Bremen StV **1990** 311.

34 *v. Beligand* GerS **72** (1908) 211; Meyer-Goßner/*Schmitt* 10; weitere Beispiele bei *Bringewat* 18, 20; KG NStZ-RR **2004** 240.

35 BGHSt **7** 98; KK/*Appl* 12; Meyer-Goßner/*Schmitt* 10.

36 OLG Stuttgart OLGSt § 458 StPO, 15; KK/*Appl* 12.

37 OLG Düsseldorf JR **1992** 391: Erlöschen des staatlichen Vollstreckungsanspruchs durch Abschiebung des Verurteilten unter Entlassung aus der DDR-Staatsbürgerschaft in die Bundesrepublik.

38 OLG Düsseldorf NStZ **1981** 366; LG Dortmund NStZ **1969** 340; OLG Brandenburg NStZ **2000** 500 mit Anm. *Rautenberg* und mit Anm. *Volckart* RuP **2000** 153; OLG Brandenburg NStZ **2000** 504; OLG Celle NStZ-RR **2002** 349; Meyer-Goßner/*Schmitt* 10.

39 BGHSt **18** 127, 129.

40 KG NStZ **1982** 241 mit Anm. *Katholnigg*.

41 OLG Oldenburg NJW **1962** 1169; OLG Karlsruhe Justiz **1978** 474; OLG Düsseldorf MDR **1993** 557; LG Bremen StV **1990** 311; *Hanack* JZ **1974** 115; *Groth* ZRP **1979** 208; MDR **1980** 507; **a. A.** *Lemke* ZRP **1978** 281; KK/*Appl* 15.

42 OLG Düsseldorf NStZ-RR **2000** 287.

oder in dem von der Vollstreckungsbehörde zugrunde gelegten Umfang bestreitet.[43] Entscheidungen, die nur die Durchführung der Strafvollstreckung betreffen, wie z. B. die Ladung zum Antritt der Jugendstrafe in einer Erwachsenenvollzugsanstalt,[44] die Ladung zum Strafantritt,[45] die Entscheidung der Vollstreckungsbehörde über die Tilgung uneinbringlicher Geldstrafen durch freie Arbeit nach den jeweiligen landesrechtlichen Vorschriften,[46] die Anordnung des gemeinsamen Vollzugs von zu Freiheitsstrafe Verurteilten mit Sicherungsverwahrten[47] oder der Vollzug der Sicherungsverwahrung in weitgehender Anpassung an den der Freiheitsstrafe,[48] die Art und Weise des Vollzugs der Sicherungsverwahrung[49] fallen nicht darunter. Sie unterliegen entweder einer Überprüfung nach den Vorschriften des Strafvollzugsgesetzes, der Strafvollzugsgesetze der Länder oder nach den §§ 23 ff. EGGVG.[50] Der Regelung des § 458 unterliegen schließlich auch nicht materiell-rechtliche Fragen.[51]

11 In den **seltenen Ausnahmefällen**, in denen wegen gröbster Verstöße gegen fundamentale Vorschriften die Aufrechterhaltung des Urteils schlechthin unerträglich wäre, ohne dass Abhilfemöglichkeiten anderer Art bestehen, würde allerdings dessen Unbeachtlichkeit gemäß § 458 ausgesprochen werden können,[52] wie insbesondere beim Fehlen der deutschen Gerichtsbarkeit.[53] Nicht dazu zählen die in der Praxis nicht seltenen Fälle, in denen der Verurteilte rügt, das Straferkenntnis – meist durch Strafbefehl – verstoße gegen das **Verbot der Doppelbestrafung** nach Art. 103 Abs. 3 GG. Denn ein solcher Einwand betrifft den sachlichen Inhalt der zu vollstreckenden Entscheidung (s. Rn. 13) und darf deshalb im Vollstreckungsverfahren nicht mehr geprüft werden. Eine Abänderung ist entweder durch ein Wiederaufnahmeverfahren oder im Wege einer Verfassungsbeschwerde möglich.[54] Die Vertreter der gegenteiligen Ansicht[55] begründen die Zulässigkeit eines Einwands nach § 458 Abs. 1 3. Alt. vor allem damit, dass das Verbot der Doppelbestrafung – wenn es sich auch primär gegen den sachlichen Gehalt des Straferkenntnisses wende – nicht auf das Erkenntnisverfahren beschränkt sei, vielmehr auch die Unzulässigkeit der Strafvollstreckung bewirke, sich mithin auch als **verfahrensrechtliches Vollstreckungshindernis** erweise. Selbst wenn man dieser Ansicht zustimmen würde, wäre dem Verurteilten damit kaum geholfen, weil er mit seiner Einwendung zwar erreichen könnte, dass die Vollstreckung unterbleibt, sein primäres Ziel, die Feststellung der Nichtigkeit des Straferkenntnisses zu erreichen, aber weiterhin ausgeschlossen bliebe.[56] Richtig ist allerdings, dass ein Beschluss nach § 458 Abs. 1 3. Alt., mit dem die Strafvollstreckungskammer oder gar das Amtsgericht zur Vermeidung einer

---

43 OLG Hamburg NJW **1975** 1132; OLG Düsseldorf NJW **1977** 117; OLG Schleswig GA **1984** 96; KK/*Appl* 10; Meyer-Goßner/*Schmitt* 11; *Bringewat* 20.

44 KG NJW **1978** 284 mit abl. Anm. *Frenzel*; **a. A.** *Bringewat* 20.

45 OLG Hamm NStZ-RR **2016** 60; OLG Düsseldorf Beschl. vom 11.2.2014 – III – 3 Ausl 22/14.

46 OLG Jena NJ **2008** 376 Ls.

47 BGHSt **19** 240.

48 **A. A.** OLG Hamm JZ **1959** 714 mit zust. Anm. *Pohlmann*; OLG Koblenz NStZ **1981** 366.

49 KG Beschl. vom 19.12.2013 – 2 Ws 514/13.

50 BGHSt **19** 240; KK/*Appl* 10; Meyer-Goßner/*Schmitt* 11.

51 Näher dazu Rn. 13.

52 BGHZ **42** 360, 363; OLG Düsseldorf NStZ **1989** 44 mit Anm. *Feiber*; OLG Karlsruhe JR **1981** 520 mit Anm. *Rieß*; KK/*Appl* 13; *Bringewat* 21.

53 *Marenbach* NJW **1974** 395.

54 OLG Düsseldorf NStZ **1989** 44 mit zust. Anm. *Feiber*; AG Krefeld NJW **1969** 1278 mit krit. Anm. *Pauli*; LG Krefeld NJW **1973** 1205; *Rieß* JR **1981** 522; KK/*Appl* 13.

55 OLG Koblenz JR **1981** 520 mit abl. Anm. *Rieß*; Meyer-Goßner/*Schmitt* 9 und § 359, 19; *Bringewat* 22.

56 *Rieß* JR **1981** 522; LR/*Gössel*[25] § 359, 70.

Doppelbestrafung eine Vollstreckungsbeschränkung angeordnet hat, nicht nichtig ist, da er sicherlich nicht als grober Verstoß gegen fundamentale prozessuale Vorschriften bewertet werden kann.[57]

e) Beispiele für unzulässige Einwendungen. Aus der Aufzählung in Absatz 2, in welchen Fällen Einwendungen gegen Entscheidungen der Vollstreckungsbehörde erhoben werden können, ergibt sich, dass bei anderen Entscheidungen der Vollstreckungsbehörde nicht § 458 (sondern ggf. § 23 EGGVG) anwendbar ist.[58] Nur nach § 23 EGGVG anfechtbar ist z. B. ein ablehnender Bescheid im Fall des § 456a Abs. 1, mag auch der Verurteilte geltend machen, die Einleitung oder Fortsetzung der Strafvollstreckung sei unzulässig i. S. des § 458 Abs. 1, weil die Vollstreckungsbehörde mit der Ablehnung von ihrer sonstigen Praxis abweiche und damit den „Gleichbehandlungsgrundsatz" verletze.[59] 12

Grundsätzlich unzulässig sind auch Einwendungen **gegen die Rechtmäßigkeit** der gerichtlichen Entscheidung,[60] z. B. dass das Gericht zu Unrecht einen ausreichenden Widerrufsgrund i. S. von § 56f StGB angenommen habe;[61] dass es bei seiner Entscheidung die Anwendbarkeit einer Amnestie übersehen habe;[62] dass ein zur Tatzeit Erwachsener in der irrtümlichen Annahme, er sei Jugendlicher gewesen, zu Jugendarrest verurteilt wurde[63] oder dass umgekehrt infolge Irrtums des Gerichts über das Alter ein Jugendlicher mit einer nur nach Erwachsenenrecht zulässigen Strafe belegt wurde; dass der Grundsatz der Spezialität der Auslieferung verletzt sei.[64] Auch der Einwand der Nichtigkeit des Urteils, weil eine Verletzung der Verfahrensvorschrift des § 257c vorliegt, stellt keine zulässige Einwendung dar.[65] Zur Prüfung eines Verfahrensfehlers bei der Anwendung der Vorschriften über die Verständigung ist das Rechtsmittelgericht und nicht das Gericht im Verfahren nach § 458 zuständig. Unzulässig ist auch eine Einwendung mit dem Ziel einer nachträglichen Bezeichnung des Verletzten durch Ergänzung oder Auslegung des Urteils, wenn sich die Urteilsfeststellungen nicht zur Person des Verletzten verhalten.[66] 13

Dass ein **Gesetz**, auf dem eine Verurteilung beruht, vom Bundesverfassungsgericht für **nichtig** erklärt worden ist, begründet **keine Einwendungen** gegen die Zulässigkeit der Strafvollstreckung, denn die § 79 Abs. 1, § 95 Abs. 3 Satz 3 BVerfGG gewähren für 14

---

57 OLG Düsseldorf NStZ **1989** 44 mit zust. Anm. *Feiber*.

58 KK/*Appl* 13, 17; Meyer-Goßner/*Schmitt* 15; *Bringewat* 2.

59 OLG Hamburg NJW **1975** 1132; OLG Zweibrücken JR **1983** 168 mit Anm. *Katholnigg*; vgl. auch BGHSt **19** 148; OLG Hamm NJW **1973** 2075; OLG Düsseldorf NJW **1977** 117; OLG Celle NdsRpfl. **1981** 124; OLG Schleswig SchlHA **1983** 160; KK/*Appl* 14; Meyer-Goßner/*Schmitt* 11.

60 RGSt **73** 333; OLG Hamm GA **1961** 155; BayVerfGH GA **1964** 50; OLG Koblenz OLGSt § 458 StPO, 19; OLG Karlsruhe Beschl. vom 20.7.2017 – 2 Ws 162/17; KK/*Appl* 15; Meyer-Goßner/*Schmitt* 9; *Bringewat* 19.

61 OLG Düsseldorf JR **1992** 126 mit zust. Anm. *Wendisch*; StraFo **2004** 16; KK/*Appl* 15; *Fischer* § 56f, 23; OLG Stuttgart wistra **2001** 239; NStZ-RR **1996** 176; OLG Zweibrücken NStZ **1997** 55; OLG Hamburg StV **2000** 568 mit Anm. *Kunz*; **a. A.** OLG Oldenburg NJW **1962** 1196; LG Bremen StV **1990** 311; *Hanack* JZ **1974** 115; *Groth* ZRP **1979** 208.

62 KG DStR **1937** 165; OLG München SJZ **1950** 623; OLG Bremen NJW **1951** 123.

63 LG Kiel SchlHA **1950** 304; KK/*Appl* 15; *Bringewat* 21.

64 OLG Hamm NJW **1956** 1936; NStZ-RR **2010** 378; **a. A.** LG Darmstadt NJW **1973** 1567. Wegen weiterer Beispiele – sowohl für zulässige als auch unzulässige Einwendungen – s. *Pohlmann/Jabel/Wolf* § 21, 12.

65 OLG Karlsruhe Beschl. vom 20.7.2017 – 2 Ws 162/17; Meyer-Goßner/*Schmitt* Einl. 103 ff.; **a. A.** OLG München NJW **2013** 2371.

66 LG Lübeck NZWiSt **2019** 199 mit Anm. *Rettke*.

diesen Fall die Möglichkeit der Wiederaufnahme des Verfahrens,[67] lassen aber im Übrigen – anders als § 79 Abs. 2 BVerfGG, der nur für andere als Strafurteile gilt – bis zu einer die Vollstreckung ausschließenden Entscheidung im Wiederaufnahmeverfahren die Zulässigkeit der Vollstreckung unberührt.[68]

15 **f) Grenzfälle.** Ein **Grenzfall** kann dann vorliegen, wenn das Gericht im Zeitpunkt der Verkündung eines formell rechtskräftig gewordenen Urteils ohne Verschulden noch keine Kenntnis von einem bereits verkündeten und in Kraft getretenen Amnestiegesetz hatte.[69] Ein solcher (Grenz-)Fall kann ferner gegeben sein, wenn das Gericht (unzulässigerweise) die Prüfung der Anwendbarkeit eines Straffreiheitsgesetzes dem Strafvollstreckungsverfahren vorbehielt.[70]

2. Alternativen des Absatzes 2

16 **a) Einwendungen gegen Entscheidungen nach § 454b Abs. 1 bis 3, nach §§ 455, 456 und 456c Abs. 2 (1. Alt.).** § 458 sieht die Entscheidung des Gerichts (§§ 462, 462a) ferner vor, wenn die Vollstreckungsbehörde die Reihenfolge (§ 454b Abs. 1) – dazu rechnet nicht die Änderung der Reihenfolge nach § 43 Abs. 4 StVollstrO[71] – oder die Unterbrechung der Strafvollstreckung (§ 454b Abs. 2) nicht beachtet oder falsch berechnet hat; wenn sie Anträge des Verurteilten abgelehnt hat, mit denen dieser den Aufschub oder die Unterbrechung der Vollstreckung einer Freiheitsstrafe wegen Geisteskrankheit oder anderer (lebensgefährlicher) Krankheiten (§ 455) beantragt hat;[72] oder wenn sie die Aussetzung trotz eines im Fall der sofortigen Vollstreckung dem Verurteilten oder seiner Familie drohenden erheblichen, außerhalb des Strafzwecks liegenden Nachteils (§ 456)[73] sowie bei Anordnung eines Berufsverbots trotz einer im Fall der sofortigen Vollstreckung dem Verurteilten oder seinen Angehörigen drohenden erheblichen und nicht vermeidbaren Härte (§ 456c Abs. 2) abgelehnt hat, und zwar auch dann noch, wenn der Verurteilte die Strafe zum Zeitpunkt der Geltendmachung schon angetreten hat.[74] Absatz 2 gilt auch für die Fälle des Art. 6 WStrGEG (§ 455, 23 ff.).

17 **b) Einwendungen gegen Anordnungen der Vollstreckungsbehörde nach § 456a Abs. 2 (2. Alt.).** Nach § 456a Abs. 2 kann die Vollstreckungsbehörde die Vollstreckung einer Freiheitsstrafe oder einer Maßregel der Besserung und Sicherung, von der sie wegen der Auslieferung oder Ausweisung des Verurteilten (zunächst) abgesehen hat, nachholen, wenn dieser in die Bundesrepublik zurückkehrt (§ 456a, 21).[75] Absatz 2 räumt dem Verurteilten ein, gegen diese Anordnung Einwendungen zu erheben (§ 456a, 25).[76] Erhebt der Verurteilte Einwendungen gegen den auf der Grundlage von § 456a Abs. 2 Satz 3 erlassenen Vollstreckungshaftbefehl, kann sein Antrag dahingehend auszulegen sein,

---

67 Näher dazu LR/*Gössel*[26] Vor § 359, 154 ff.

68 BVerfG NJW **1963** 756; OLG Bremen NJW **1962** 2169; *Zeis* NJW **1963** 550; KK/*Appl* 16; Meyer-Goßner/*Schmitt* 9; **a. A.** OLG Schleswig SchlHA **1963** 60; *Nibel* NJW **1963** 868; *Bringewat* 23.

69 RG JW **1936** 2713; OLG Darmstadt DStR **1937** 64; *K. Schäfer* JW **1936** 2991; DStR **1937** 66; *Brandstetter* 185.

70 BayObLG NJW **1952** 154.

71 LG Heilbronn NStZ **1989** 291 mit zust. Anm. *Wendisch*; OLG Karlsruhe NStZ-RR **2017** 116; offen gelassen nur OLG Jena NStZ **2012** 389; OLG Frankfurt NStZ-RR **2011** 221.

72 Offen gelassen OLG Karlsruhe NStZ **2000** 279; OLG Koblenz Beschl. vom 17.2.2014 – 2 Ws 22/14; OLG Jena StV **2011** 680 Ls.; OLG Hamm NStZ-RR **2016** 60.

73 OLG Dresden StRR **2013** 402.

74 OLG Koblenz OLGSt § 456, 1; vgl. dazu auch § 456, 8.

75 Meyer-Goßner/*Schmitt* 12; OLG Hamburg StV **1999** 273.

76 OLG Oldenburg StraFo **2015** 84.

dass damit auch die ablehnende Entscheidung, die Nachholung der Vollstreckung auszusetzen, überprüft werden soll. Das Verfahren richtet sich dann nach Absatz 2. Der Rechtsweg nach §§ 23 ff. EGGVG ist insoweit ausgeschlossen.[77]

c) Folgerungen. Absatz 2 ist **unanwendbar**, wenn die Vollstreckungsbehörde es ablehnt, **Strafunterbrechung** im Fall des § 456 zu gewähren, wenn sie im Fall des § 456a Abs. 1 es ablehnt, von der Vollstreckung abzusehen (§ 456a, 25),[78] wenn sie eine getroffenen Entscheidung nach § 456a Abs. 1 widerruft, denn dabei handelt es sich nicht um eine Nachholungsentscheidung nach § 456a Abs. 2,[79] oder die Vollstreckung nach § 35 BtMG zurückzustellen,[80] wenn sie von den in §§ 455a, 457 bezeichneten Maßnahmen Gebrauch macht[81] oder wenn es um die Reihenfolge der Vollstreckung gleichartiger Maßregeln aufgrund verschiedener gerichtlicher Entscheidungen geht.[82] In allen diesen Fällen handelt es sich nicht um Einwendungen gegen die Zulässigkeit der Vollstreckung i. S. des § 458 Abs. 1.[83] **Zulässig** ist dagegen, soweit es sich um Vollstreckungsmaßnahmen handelt, die **förmliche Beschwerde nach § 21 StVollstrO** und, soweit es sich um **Gnadenmaßnahmen** handelt, die Anrufung der vorgesetzten Gnadenbehörde nach Maßgabe der landesrechtlichen Gnadenordnungen. Zulässig ist ferner bei Vollstreckungsmaßnahmen die **Anfechtung nach §§ 23 ff. EGGVG**. Dabei ist das Beschwerdeverfahren das Vorschaltverfahren, das nach § 24 Abs. 2 EGGVG der Anrufung des Oberlandesgerichts vorausgehen muss (Vor § 449, 22).[84] Da der Verurteilte durch Maßnahmen nach § 455a nicht beschwert sein kann, sind diese sowohl der Anfechtung nach § 458 als auch nach § 23 EGGVG entzogen. Soweit es sich um Gnadenmaßnahmen handelt, ist deren Versagung einer gerichtlichen Nachprüfung nach §§ 23 ff. EGGVG entzogen. 18

3. Dienstaufsichtsbeschwerde. Der Betroffene muss in allen von Absatz 1 und 2 umfassten Fällen entgegen der früheren Rechtslage nicht mehr zunächst formlose Dienstaufsichtsbeschwerde einlegen, sondern kann unmittelbar die Entscheidung des Gerichts herbeiführen (§ 31 Abs. 6 Satz 1 RpflG). Die Antragstellung gegenüber dem Gericht sowie im Laufe des gerichtlichen Verfahrens erforderlich werdende Stellungnahmen gegenüber dem Gericht obliegen dem Staatsanwalt (§ 142 Abs. 1 GVG) und nicht dem Rechtspfleger. 19

4. Vorläufige Anordnungen (Absatz 3). Durch die Erhebung von Einwendungen nach den Absätzen 1 und 2 wird der **Fortgang** der Vollstreckung grundsätzlich **nicht gehemmt** (Absatz 3 Satz 1, 1. Hs.). Jedoch kann das Gericht, soweit nicht schon die Vollstreckungsbehörde selbst Zweifel an der Zulässigkeit hat und die Vollstreckung deshalb von sich aus aufgehoben oder unterbrochen hat,[85] auf Antrag oder von Amts wegen den **Aufschub** oder die **Unterbrechung** anordnen (Absatz 3 Satz 1, 2. Hs.).[86] Allerdings wird 20

77 OLG Stuttgart StraFo **2011** 114.
78 OLG Hamburg MDR **1975** 684; OLG Zweibrücken NStZ **1983** 168 mit Anm. *Katholnigg*; OLG Stuttgart NStZ **1985** 331; Meyer-Goßner/*Schmitt* 11.
79 OLG Hamm NStZ-RR **2013** 30 Ls.
80 KK/*Appl* 17; Meyer-Goßner/*Schmitt* 11.
81 OLG Saarbrücken NJW **1973** 1012; OLG Celle MDR **1990** 176; KK/*Appl* 19; *Bringewat* 24, 25.
82 OLG Celle NStZ **1983** 188; Beschl. vom 20.11.2015 – 2 Ws 194/15; OLG Düsseldorf NStZ **1983** 383; OLG Hamm NStZ **1988** 430; *Bringewat* 25.
83 Grundsätzlich dazu *Tröndle* MDR **1982** 1 ff.
84 *Bringewat* 3, 20, 24.
85 KK/*Appl* 20; Meyer-Goßner/*Schmitt* 13; *Bringewat* 26.
86 OLG Stuttgart MDR **1992** 289; KG StraFo **2007** 432 (Unterbrechung des Vollzugs der faktischen Sicherungsverwahrung bei Missachtung von § 67c Abs. 1 StGB); LG Bochum StraFo **2007** 346 (vorläufiger Voll-

es von dieser Möglichkeit regelmäßig nur dann Gebrauch machen, wenn der Hauptantrag Aussicht auf Erfolg bietet und die Strafvollstreckung überhaupt – an sich – zweifelhaft ist.[87] Ein Aufschub oder eine Unterbrechung scheidet demnach auch bei begründeten Zweifeln aus, wenn diese z. B. bei einer langjährigen Freiheitsstrafe nur die Frage betreffen, in welchem Umfang Untersuchungshaft anzurechnen ist, und sich die Zweifel nur auf die Anrechnung weniger Wochen oder gar Tage beziehen.[88]

21 **Umgekehrt** wird einem Antrag auf Unterbrechung der Vollstreckung stattzugeben sein, wenn ein Verurteilter, nachdem er sich bereits zehn Monate im **Maßregelvollzug** befindet, die Unzulässigkeit der gegen ihn vollzogenen Maßregel damit begründet, dass das Gericht immer noch nicht mit der gemäß § 67c Abs. 1 Satz 1 StGB vorgeschriebenen Prüfung seiner weiteren Gefährlichkeit als Voraussetzung für den weiteren Vollzug der Maßregel begonnen hat.[89]

22 In den Fällen des § 456c Abs. 2 kann das Gericht auch eine **einstweilige Anordnung** treffen (Absatz 3 Satz 2).

23 **5. Einschränkungen in Bezug auf vollstreckungsrechtliche Entscheidungen.** Nach **§ 459o** entscheidet das Gericht über Einwendungen gegen Entscheidungen der Vollstreckungsbehörde nach den §§ 459a, 459c sowie 459g bis 459m. Soweit diese Einwendungen sich inhaltlich gegen die Zulässigkeit der Vollstreckung richten, weil der Vollstreckungsanspruch gegen den Pflichtigen untergegangen ist, ist § 459o lex specialis gegenüber § 458 (§ 459o, 8).[90]

24 **6. Verhältnis des § 458 zu § 23 EGGVG.** Die Anwendbarkeit des § 458 schließt die der §§ 23 ff. EGGVG aus und umgekehrt die Anwendbarkeit der §§ 23 ff. EGGVG die des § 458.[91] Der Rechtsweg nach § 458 ist nur offen, wenn die Voraussetzungen dieser Vorschrift unmittelbar gegeben sind.[92] Ist das der Fall, schließt § 23 Abs. 3 EGGVG den Rechtsweg der Anrufung des Oberlandesgerichts nach den §§ 23 ff. EGGVG aus (vgl. im Übrigen die Ausführungen zu Rn. 17 f.).

II. Einwendungsberechtigte

25 **1. Verurteilter.** Der **Verurteilte** selbst und von ihm ermächtigte Personen (Verteidiger,[93] Angehöriger usw.), nicht aber die Staatsanwaltschaft als Strafverfolgungsbehörde – etwa in analoger Anwendung von § 296 – können die Entscheidung des Gerichts herbeiführen. Die Staatsanwaltschaft wird erst im gerichtlichen Verfahren nach §§ 462,

streckungsaufschub nach von der Staatsanwaltschaft nicht eingehaltener Absprache des Strafantritts); OLG Nürnberg StV **2018** 350 Ls. (Schwerstpflegebedürftigkeit eines Strafgefangenen); LG Dresden StraFo **2015** 345; LG Göttingen StV **2016** 514 (Verletzung des Beschleunigungsgebots bei Organisationshaft); OLG Dresden StRR **2013** 402 Ls. (Ermessenseinschränkung der Vollstreckungsbehörden durch Richtlinien für den Vollstreckungsaufschub); vgl. wegen gleicher Regelungen § 47 Abs. 2; § 307 Abs. 1; § 360 Abs. 2.

87 KG OLGSt StGB § 67c Nr 8 Rn. 26 ff.

88 *Eb. Schmidt* 9.

89 OLG Düsseldorf NJW **1993** 1087; KG StraFo **2007** 432; OLGSt StGB § 67c StGB Nr 8 Rn. 26 ff. (erhebliche Verzögerung der Entscheidung nach § 67c StGB).

90 KK/*Appl* 2; Meyer-Goßner/*Schmitt* 1; *Bringewat* 6.

91 OLG Oldenburg StraFo **2015** 85; Meyer-Goßner/*Schmitt* 15; *Bringewat* 3.

92 BGHSt **19** 240; OLG Hamburg MDR **1975** 684.

93 BGHSt **44** 19, 22 (früherer Verteidiger).

462a gehört.[94] Dem Verurteilten steht gleich, wer im Urteil bezeichneter Einziehungs- oder sonstiger Nebenbetroffener (§§ 424 ff., § 438) ist, sofern sich die Vollstreckung gegen ihn richtet.

2. Andere Personen. Andere Personen können die Entscheidung des Gerichts herbeiführen, wenn sie berechtigt sind, **selbständig Rechtsmittel** einzulegen (§ 298 StPO: gesetzlicher Vertreter; § 67 Abs. 2 JGG: Erziehungsberechtigter).[95] 26

3. Stillschweigend Ermächtigte. Personen, die nach ihrem Verhältnis zu dem Verurteilten als **stillschweigend ermächtigt** anzusehen sind, können in Einzelfällen dessen Interessen wahrnehmen, wenn dieser dazu selbst außerstande ist (z. B. nahe Angehörige des durch Reisen abwesenden Verurteilten machen geltend, die gegen diesen verhängte Geldstrafe dürfe nach der inzwischen ergangenen Entscheidung gemäß § 459d nicht vollstreckt werden und die bevorstehende Versteigerung der im Zuge der Beitreibung vorher gepfändeten Gegenstände sei unberechtigt). 27

4. Durch die Vollstreckung unmittelbar beeinträchtigte Dritte. Dritte, die ohne am Verfahren beteiligt gewesen zu sein, **unmittelbar** durch die Vollstreckung **rechtlich beeinträchtigt** werden,[96] können Einwendungen erheben; so unzweifelhaft der Erbe, der gegenüber der Vollstreckung in den Nachlass geltend macht, dass der zu Geldstrafe rechtskräftig verurteilte Erblasser inzwischen verstorben sei (§ 459c Abs. 3; § 459o, 8 zum Verhältnis von § 459o zu § 458), aber auch der Eigentümer einer Sache, der bestreitet, dass sie mit der im Urteil eingezogenen identisch ist. 28

III. Verfahren bei Bedenken einer ersuchten Vollstreckungsbehörde

Hat die **ersuchte Vollstreckungsbehörde** gegen die Zulässigkeit der Vollstreckung Bedenken, so kann sie das Ersuchen ablehnen (§§ 158, 159 GVG sind unanwendbar). Die ersuchende Behörde muss sich dann, wenn sie die Bedenken nicht teilt, an die der ersuchten Behörde vorgesetzte Dienstaufsichtsbehörde wenden.[97] 29

IV. Rechtsmittel

Gegen die Entscheidung des Gerichts steht sowohl dem Verurteilten und den sonstigen Einwendungsberechtigten (Rn. 26 ff.) – und zwar selbst dann, wenn die Staatsanwaltschaft vor der gerichtlichen Entscheidung die Vollstreckung der Strafe bereits eingeleitet hat[98] – wie auch der Staatsanwaltschaft als Strafverfolgungsbehörde[99] (§ 462, 12) die sofortige Beschwerde zu (§ 462 Abs. 1, 3). Das Rechtsschutzbedürfnis für eine gerichtliche Feststellung fällt aber weg, wenn die Strafe im Zeitpunkt der Entscheidung bereits vollständig vollstreckt ist[100] oder aber wenn der Verurteilte bereits aus dem Justizvollzug 30

---

94 KK/*Appl* 9; Meyer-Goßner/*Schmitt* § 459h, 3; *Bringewat* 16; *Röttle/Wagner* Rn. 34 ff.
95 KK/*Appl* 9; Meyer-Goßner/*Schmitt* 5.
96 KK/*Appl* 9; Meyer-Goßner/*Schmitt* 5; *Bringewat* 16.
97 **A. A.** BayObLGSt **13** (1914) 107.
98 OLG Schleswig SchlHA **1983** 160.
99 KK/*Appl* 22; Meyer-Goßner/*Schmitt* 16; *Bringewat* 27.
100 OLG Stuttgart NStZ-RR **2003** 60.

entlassen worden ist.[101] Weitere Beschwerde, z. B. wegen Berechnung des Beginns der Strafzeit, ist gemäß § 310 nicht statthaft.[102]

31 Gegen **vorläufige Maßnahmen** des Gerichts nach Absatz 3 (Rn. 20 ff.) kann die Staatsanwaltschaft sofortige Beschwerde einlegen. Richtet sie sich gegen die Unterbrechung der Strafvollstreckung, so hat sie aufschiebende Wirkung (§ 462 Abs. 3 Satz 2).[103] Die Ablehnung einer vorläufigen Maßnahme ist nicht isoliert anfechtbar.[104]

V. Erneute Einwendungen

32 **1. Nach rechtskräftiger Verwerfung früherer Einwendungen.** Auch nach rechtskräftiger Verwerfung der Einwendungen des Verurteilten oder sonstiger Einwendungsberechtigter aufgrund tatsächlicher Erwägungen können diese erneut Einwendungen erheben, wenn sie auf **neue Tatsachen** oder **neue Beweismittel** gestützt werden.[105] Das gilt wohl auch, wenn über die Anwendbarkeit eines Straffreiheitsgesetzes verneinend entschieden ist.[106] Die Entschließung über die erneuten Einwendungen steht zunächst wiederum der Vollstreckungsbehörde zu. Lehnt sie eine Änderung der Ursprungsentscheidung ab, entscheidet wiederum das Gericht.

33 **2. Nach Beendigung der Vollstreckung.** können Einwendungen im Sinne des § 458 nicht mehr erhoben werden.[107]

VI. Einwendungen gegen Entscheidungen des Rechtspflegers

34 Über Einwendungen gegen Maßnahmen des Rechtspflegers entscheidet nunmehr nach § 31 Abs. 6 RPflG unmittelbar das Gericht. Die Klärung von Zweifeln bei der Strafzeitberechnung einer Jugendstrafe obliegt nach Beginn der Strafvollstreckung dem Jugendrichter als Vollstreckungsleiter und nicht dem Gericht des ersten Rechtszuges.[108] Zur Antragstellung gegenüber dem Gericht sowie zu Stellungnahmen im Verfahren ist ausschließlich der Staatsanwalt berufen (§ 142 Abs. 1 GVG).

VII. Einwendungen gegen Entscheidungen von Strafgerichten der früheren DDR

35 Die Vollstreckung von Entscheidungen eines Strafgerichts der früheren DDR richtete sich bis zur staatlichen Vereinigung beider Teile Deutschlands nach dem Gesetz über die innerdeutsche Rechts- und Amtshilfe in Strafsachen (RHG). Trotz seiner Aufhebung durch

---

101 OLG Celle NStZ **2010** 108.
102 OLG Breslau DRZ **1937** Nr. 153; KK/*Appl* 22; Meyer-Goßner/*Schmitt* 16; *Bringewat* 27.
103 Wegen der Voraussetzungen, unter denen gegen die Entscheidung nach § 458 Verfassungsbeschwerde nach § 90 BVerfGG zulässig ist, s. BVerfG NJW **1963** 756.
104 OLG Nürnberg NStZ **2003** 390; OLG Karlsruhe Beschl. vom 20.7.2017 – 2 Ws 162/17; OLG Braunschweig Beschl. vom 11.8.2014 – 1 Ws 205/14; *Neuhaus/Putzke* ZAP **2008** 389, 393.
105 OLG Hamm JMBlNRW **1955** 227; OLG Karlsruhe Justiz **1973** 291; OLG Düsseldorf MDR **1993** 67; OLG Koblenz OLGSt § 458, 19; KK/*Appl* 22; Meyer-Goßner/*Schmitt* 14; *Bringewat* 28.
106 **A. A.** OLG Braunschweig NdsRpfl. **1951** 191; *Brandstetter* 187.
107 BayObLG BayZ **15** (1919) 328; OLG Dresden HRR **1939** Nr. 605; *Bringewat* 28.
108 KG StV **2019** 471; zum Übergang der Vollstreckungszuständigkeit auf den besonderen Vollstreckungsleiter vgl. AG Pirmasens Beschl. vom 30.1.2018 – 1 VRJs 91/17 jug.

den Einigungsvertrag[109] wirkt **§ 15 RHG** insofern noch fort,[110] als klargestellt wird, dass die Feststellung, die Vollstreckung aus einem Urteil der früheren DDR sei unzulässig, nunmehr auch für die neuen Bundesländer gilt. Sie bildet ein **Vollstreckungshindernis,**[111] **dessen Reichweite nunmehr die gesamte Bundesrepublik umfasst.**[112] In der Vollstreckungspraxis spielen Einwendungen gegen Entscheidungen von Strafgerichten der früheren DDR infolge historischer Überholung inzwischen keine Rolle mehr.

§ 459
Vollstreckung der Geldstrafe; Anwendung des Justizbeitreibungsgesetzes

Für die Vollstreckung der Geldstrafe gelten die Vorschriften des Justizbeitreibungsgesetzes, soweit dieses Gesetz nichts anderes bestimmt.

Schrifttum

Janssen Die Praxis der Geldstrafenvollstreckung (1994); *Jekewitz* Verfassungsrechtliche Aspekte des strafgerichtlichen Zugriffs auf Geldvermögen und Rückgängigmachung auf dem Gnadenweg, GA **1998** 276; *Rönnau/Tachau* Der Geldstrafenschuldner in der Insolvenz zwischen Skylla und Charybdis? NZI **2007** 208; *Thewes* Die strafvollstreckungsrechtliche Durchsuchungsanordnung, Rpfleger **2006** 524.

Entstehungsgeschichte

Die Vorschrift behandelte ursprünglich die nachträgliche Festsetzung der Ersatzfreiheitsstrafe. Durch Art. 21 Nr. 130 EGStGB 1974 hat die Vorschrift ihren jetzigen Inhalt bekommen. Durch Art. 15 Abs. 2 Nr. 2 des Gesetzes zur Durchführung der Rechtsverordnung (EU) Nr. 655/2014 sowie zur Änderung sonstiger Vorschriften vom 21.11.2016 (BGBl. I S. 2591, 2601) wurden die früheren Worte „der Justizbeitreibungsordnung“ durch die Worte „des Justizbeitreibungsgesetzes“ ersetzt.

Bezeichnung bis 1924: § 491.

Übersicht

---

109 Vor § 449, 48.

110 Durch Anl. I zum Einigungsvertrag (Überleitung von Bundesrecht) Kap. III Sachgeb. A Abschn. III Nr. 14 Maßgabe e.

111 LR/*Hilger*[24] Nachtr. II EinigungsV Teil C Rn. 38.

112 Wegen weiterer Einzelheiten zur grundsätzlichen Zulässigkeit der Vollstreckung von Strafgerichten der früheren DDR verhängten Freiheitsstrafen sowie der dazu bestimmten besonderen Maßgaben s. Vor § 449, 49 ff.

https://doi.org/10.1515/9783110275025-022

I. Allgemeine Bedeutung

1. Entwicklung der Vorschrift

1 **a) Frühere Regelung der Vollstreckung von Geldstrafen.** Der alte § 459 wurde mit dem 1.1.1975 gegenstandslos, da sich jetzt die Dauer der Ersatzfreiheitsstrafe unmittelbar aus § 43 StGB ergibt. Die **neuen Vorschriften in §§ 459 bis 459i** sind an die Stelle des früheren § 463 getreten, der bestimmte: „Die Vollstreckung der über eine Vermögensstrafe ergangenen Entscheidung richtet sich nach den Vorschriften, die für die Vollstreckungen von Urteilen in bürgerlichen Rechtsstreitigkeiten gelten." Dabei wurde der Begriff der **Vermögensstrafe** im weitesten Sinn verstanden. Er umfasste nicht nur Geldstrafen, sondern auch die „Nebenfolgen", deren Vollstreckung jetzt in § 459g geregelt ist. Die Verweisung auf die „Vorschriften, die für die Vollstreckung von Urteilen in bürgerlichen Rechtsstreitigkeiten gelten", wurde ursprünglich z.T. dahin verstanden, dass sämtliche Vorschriften der Zivilprozessordnung über die Zwangsvollstreckung anzuwenden seien, also auch z.B. die Vorschriften über die formellen Voraussetzungen (Vollstreckungsklausel, Zustellung des Urteils) und diejenigen über die Entscheidung bei Einwendungen gegen die Zulässigkeit der Vollstreckung mit der Folge, dass nicht das Strafgericht (§ 458 StPO), sondern das Vollstreckungsgericht in bürgerlichen Rechtsstreitigkeiten (§§ 764 ff. ZPO) zuständig gewesen wäre. Demgegenüber hatte nach der später durchaus herrschenden Meinung § 463 a.F. nur diejenigen Vorschriften der Zivilprozessordnung im Auge, die die **Art und Weise** der Ausführung der Vollstreckung betreffen.

2 **b) Gründe und Art der Neuregelung.** Bei den **strafprozessualen Reformarbeiten** wurden Bedenken gegen die allgemeine Verweisung auf die Zwangsvollstreckungsvorschriften der Zivilprozessordnung in § 463 a.F. erhoben, weil diese Vorschriften zu sehr auf den Parteibetrieb zugeschnitten seien, als dass sie sich für die Beitreibung öffentlich-rechtlicher Geldforderungen des Staates wie Geldstrafen usw. besonders eigneten. Aus diesen Erwägungen wollte schon § 253 des Entwurfs zum StVollzG 1927 die Verweisung des § 463 a.F. aufheben. Es sollte stattdessen grundsätzlich auf die Vorschriften über die Beitreibung von Gerichtskosten verwiesen werden. Aus solchen Gründen verwies dieser und verweist § 90 OWiG wegen der Vollstreckung der durch Bußgeldbescheid der Verwaltungsbehörde festgesetzten Geldbußen auf die Verwaltungsvollstreckungsgesetze des Bundes und der Länder. Entsprechend dieser Abkehr von der Verweisung auf die Zwangsvollstreckungsvorschriften der Zivilprozessordnung erklärt nunmehr auch § 459 für die Vollstreckung der **Geldstrafe** die Vorschriften des **Justizbeitreibungsgesetzes** für anwendbar, soweit die Strafprozessordnung nichts Anderes bestimmt. Das Gleiche gilt kraft Verweisung auf § 459 für die Vollstreckung von Nebenfolgen, die zu einer Geldzahlung verpflichten (§ 459g Abs. 2, § 1 Abs. 1 Nr. 1 JBeitrG), und für die Vollstreckung einer **gerichtlichen Bußgeldentscheidung** (§ 91 OWiG). Diese grundsätzliche Geltung der auf die Vollstreckung öffentlich-rechtlicher Ansprüche zugeschnittenen Vorschriften des Justizbeitreibungsgesetzes auch für Geldstrafen (§ 1 Abs. 1 Nr. 1 JBeitrG) soll zu einer Beschleunigung und Vereinheitlichung der Geldstrafenvollstreckung beitragen. Die Vollstreckungsvor-

schriften des Zivilprozessrechts, nach denen sich die Geldstrafenvollstreckung nach dem früheren § 463 unmittelbar richtete, erschienen weniger geeignet, die nachdrückliche Vollstreckung sicherzustellen, die erforderlich ist, um der – bei Zurückdrängung der kurzen Freiheitsstrafe erhöhten – Bedeutung der Geldstrafe gerecht zu werden.[1]

Ist die **Einziehung** oder **Unbrauchbarmachung** einer Sache angeordnet, so gilt für 3
die Vollstreckung der Anordnung anstelle des § 463 a. F. jetzt § 459g Abs. 1.

2. Anwendungsbereich des Justizbeitreibungsgesetzes. Die Vorschriften des Jus- 4
tizbeitreibungsgesetzes gelten nach der ausdrücklichen Regelung in § 459 nur, soweit die Strafprozessordnung selbst nichts Anderes bestimmt. Diese **Subsidiarität** ist z. T. im Justizbeitreibungsgesetz selbst zum Ausdruck gebracht, so wenn § 2 Abs. 1 Satz 1 die Beitreibung von Geldstrafen von der Zuständigkeit der Gerichtskassen als „Vollstreckungsbehörden" ausnimmt,[2] weil sie „den nach den Verfahrensgesetzen für die Vollstreckung dieser Ansprüche zuständigen Stellen" [also bei Geldstrafen aufgrund eines Strafgesetzes der Vollstreckungsbehörde i. S. der StPO], d. h. nach § 451 der Staatsanwaltschaft obliegt. Die Regelung über Einwendungen gegen den beizutreibenden Anspruch (§ 8 JBeitrG) wird für den Bereich der Geldstrafenvollstreckung durch die Regelung der §§ 458, 459a ff., insbesondere durch § 459o verdrängt.[3] § 459o befasst sich dabei nur mit einem **Ausschnitt möglicher Einwendungen**, und zwar mit Einwendungen gegen Entscheidungen der Vollstreckungsbehörde nach den in § 459o abschließend aufgeführten Vorschriften (§§ 459a, 459c, 459e sowie 459g bis 459m).

3. Ergänzende Verwaltungsvorschriften. Ergänzt werden die gesetzlichen Vor- 5
schriften über die Geldstrafenvollstreckung durch bundeseinheitliche Verwaltungsvorschriften des Bundes und der Länder, nämlich die Strafvollstreckungsordnung[4] (§§ 48 ff., 57 StVollstrO) und die Einforderungs- und Beitreibungsanordnung (EBAO).[5]

II. Vollstreckungsverfahren

1. Allgemeines. Vollstreckungsbehörde ist nicht die Gerichtskasse, sondern nach 6
§ 451 die Staatsanwaltschaft. Für die Vollstreckung der Geldstrafe, d. h. ihre Einforderung und Beitreibung, ist nach § 31 Abs. 2 RpflG der **Rechtspfleger** zuständig. Grundlage für die Vollstreckung sind das Justizbeitreibungsgesetz (JBeitrG) und die Einforderungs- und Beitreibungsanordnung (EBAO).

2. Geschäfte der Vollstreckungsbehörde

a) Einforderung der Geldstrafe. Angeordnet wird sie vom Rechtspfleger (§ 3 Abs. 1 7
EBAO), durchgeführt durch **Übersendung einer Zahlungsaufforderung** der vom Kostenbeamten der Vollstreckungsbehörde aufgestellten Kostenrechnung über sämtliche einzufordernden Beträge (§ 5 Abs. 1 EBAO), es sei denn, dass **Grundlage** für die Vollstreckung ein Strafbefehl ist, in dem bereits eine Kostenrechnung und die **Aufforderung** zur

1 Begr. zu Art. 19 Nr. 120 Entw. EGStGB BTDrucks. 7 550 S. 310: zu § 459.
2 KK/*Appl* 2; *Bringewat* 2.
3 KK/*Appl* 7; Meyer-Goßner/*Schmitt* 1, 7; *Bringewat* 2.
4 In der Fassung vom 1.8.2011, geändert mit Wirkung vom 1.10.2017.
5 Vom 20.11.1974 – BAnz. Nr. 230 – i. d. F. vom 1.7.2017; mit landesrechtlichen Ergänzungen abgedruckt bei *Pohlmann*/*Jabel*/*Wolf*.

Zahlung enthalten ist (§ 5 Abs. 3 EBAO). Nach Ablauf der **Zahlungsfrist** und fruchtloser **Mahnung** sowie Verstreichen der **Schonfrist** nach § 459c (dort Rn. 1 ff.) ordnet der Rechtspfleger die Beitreibung der Geldstrafe an (§ 2 Abs. 1 JBeitrG; § 7 Abs. 1 EBAO) und leitet die nach §§ 6 ff. JBeitrG vorgesehenen Maßnahmen ein.[6]

8 **b) Beitreibung.** Auf die **Beitreibung** sind im Wesentlichen die Vorschriften der **Zivilprozessordnung** anzuwenden. Pfändungs- und Überweisungsbeschlüsse erlässt der Rechtspfleger der Vollstreckungsbehörde (§ 6 Abs. 2 Satz 2 JBeitrG). Statt des Gerichtsvollziehers wird jedoch ein Vollziehungsbeamter tätig (§ 6 Abs. 3 JBeitrG). Die **Abnahme der eidesstattlichen Versicherung** nach § 807 ZPO sowie die Vollstreckung in das unbewegliche Vermögen vollzieht das zuständige Amtsgericht auf Antrag des Rechtspflegers (§ 7 Satz 1 JBeitrG).[7]

9 **c) Durchsuchung der Wohnung.** Zwecks Beitreibung der Geldstrafe darf eine vorgesehene Durchsuchung der Wohnung und der Behältnisse des Verurteilten durch den Vollziehungsbeamten der Vollstreckungsbehörde nur aufgrund einer zuvor eingeholten **richterlichen Durchsuchungsordnung** vorgenommen werden.[8] Das folgt daraus, dass die Beitreibung der Geldstrafe nach zivilrechtlichen Vorschriften (Rn. 8), mithin wie eine normale Zwangsvollstreckung, hier nach § 758 ZPO, vorzunehmen ist. Für die Zwangsmaßnahmen nach § 758 ZPO gilt aber uneingeschränkt der verfassungsrechtliche **Richtervorbehalt** nach Art. 13 Abs. 2 GG. Zuständig für den Erlass des Durchsuchungsbeschlusses ist das nach §§ 462, 462a zuständige **Gericht des ersten Rechtszugs.**[9] Eine **Ausnahme** von der richterlichen Anordnungspflicht ist nur bei **Gefahr im Verzug,** d. h. für den Fall zulässig, dass anderenfalls durch die herbeizuführende Durchsuchungsanordnung die Beitreibung gefährdet wäre.[10] Die Annahme von Gefahr im Verzug zur Beitreibung einer Geldstrafe wird schon mit Blick auf den **Grundsatz der Verhältnismäßigkeit** in der Vollstreckungspraxis nur in **Ausnahmefällen** zu bejahen sein. Insoweit gelten die von der obergerichtlichen Rechtsprechung entwickelten Rechtsgrundsätze[11] zur Durchsuchungsanordnung wegen Gefahr im Verzug entsprechend.

10 **3. Beitreibung der Verfahrenskosten.** Sie werden grundsätzlich **zusammen mit der Geldstrafe** oder den Nebenfolgen beigetrieben, so dass auch insoweit die Strafvollstreckungsbehörde für die Vollstreckung zuständig ist (§ 1 Abs. 4 JBeitrG; § 1 Abs. 4 Satz 2 EBAO). Wird jedoch die **Verbindung** von Geldstrafe und Kosten von selbst oder durch Anordnung der Vollstreckungsbehörde **gelöst** (§ 15 EBAO), so ist für die Vollstreckung der Verfahrenskosten die Gerichtskasse zuständig (§ 1 Abs. 5 EBAO).[12] Der **Kostenansatz** obliegt dagegen stets dem Kostenbeamten der Vollstreckungsbehörde (§§ 4, 16 EBAO).

---

6 KK/*Appl* 5; Meyer-Goßner/*Schmitt* 3; *Bringewat* 5; *Röttle/Wagner* Rn. 238 ff.

7 KK/*Appl* 5; Meyer-Goßner/*Schmitt* 4; *Röttle/Wagner* Rn. 248 ff.

8 BVerfGE **51** 97; *Kaiser* NJW **1980** 875; KK/*Appl* 6; Meyer-Goßner/*Schmitt* 5; *Bringewat* 6.

9 AG Braunschweig NJW **1980** 1968; **a. A.** Meyer-Goßner/*Schmitt* 5; *Thewes* 524 (Amtsgericht, in dessen Bezirk die Durchsuchung vollzogen werden soll).

10 BVerfGE **51** 97; *Kaiser* NJW **1980** 875; KK/*Appl* 6; Meyer-Goßner/*Schmitt* 5; *Bringewat* 6; *Röttle/Wagner* 249.

11 Vgl. Meyer-Goßner/*Schmitt* § 105, 2.

12 KK/*Appl* 4; Meyer-Goßner/*Schmitt* 6; *Bringewat* 4.

4. Rechtsbehelfe. Einwendungen gegen die **Zulässigkeit der Vollstreckung** der Geldstrafe und der **Verfahrenskosten** sind nur nach **§ 458** statthaft. Betreffen sie ausschließlich die Art und Weise, nicht aber die Vollstreckung an sich, gelten die vollstreckungsrechtlichen Rechtsbehelfe nach § 6 Abs. 1 Nr. 1, § 8 Abs. 1 JBeitrG.[13] Werden Einwendungen gegen die Vollstreckung erhoben, so kann die Vollstreckungsbehörde die Vollstreckungsmaßnahmen einstweilen einstellen, aufheben oder von weiteren Vollstreckungsmaßnahmen Abstand nehmen, bis über die Einwendung endgültig entschieden ist (§ 9 JBeitrG). 11

III. Reformüberlegungen

Schon bald nach Inkrafttreten der Neuregelung aufgrund des Art. 21 Nr. 130 EGStGB 1974 kam der Wunsch nach Änderungen auf, weil in mancher Hinsicht die jetzt geltenden Vorschriften einen Rückschritt gegenüber dem bis zum 31.12.1974 bestehenden Rechtszustand darstellten. Einem weiteren Änderungsvorschlag des Bundesrats,[14] in dem dieser bemängelte, dass die erstrebte Beschleunigung der Vollstreckungsverfahren bei der Mobiliarpfändung nicht erreicht worden sei, weil – abweichend von dem vor dem 1.1.1975 geltenden Recht – die Vollstreckungsbehörde bei der Beitreibung von Geldstrafen usw. Sachpfändungen nur in ihrem Amtsbezirk vornehmen und zu solchen Pfändungen in anderen Bezirken die Amtshilfe der dortigen Vollstreckungsbehörde in Anspruch nehmen soll, hat der Gesetzgeber durch Art. 3 Nr. 6 des Gesetzes zur Änderung zwangsvollstreckungsrechtlicher Vorschriften vom 1.2.1979[15] Rechnung getragen. Danach ist es der Vollstreckungsbehörde wieder möglich, Vollstreckungshandlungen bei Mobiliarpfändungen auch außerhalb ihres Amtsbezirks durch einen Vollziehungsbeamten vornehmen zu lassen, der für den Ort der Vollstreckung zuständig ist (§ 2 Abs. 3 Satz 2 i. V. m. Absatz 1 sowie § 1 Abs. 1 Nr. 1 bis 3 JBeitrG). 12

§ 459a
Bewilligung von Zahlungserleichterungen

(1) Nach Rechtskraft des Urteils entscheidet über die Bewilligung von Zahlungserleichterungen bei Geldstrafen (§ 42 des Strafgesetzbuches) die Vollstreckungsbehörde.

(2) [1]Die Vollstreckungsbehörde kann eine Entscheidung über Zahlungserleichterungen nach Absatz 1 oder nach § 42 des Strafgesetzbuches nachträglich ändern oder aufheben. [2]Dabei darf sie von einer vorausgegangenen Entscheidung zum Nachteil des Verurteilten nur auf Grund neuer Tatsachen oder Beweismittel abweichen.

(3) [1]Entfällt die Vergünstigung nach § 42 Satz 2 des Strafgesetzbuches, die Geldstrafe in bestimmten Teilbeträgen zu zahlen, so wird dies in den Akten vermerkt. [2]Die Vollstreckungsbehörde kann erneut eine Zahlungserleichterung bewilligen.

13 KK/*Appl* 7; Meyer-Goßner/*Schmitt* 7.
14 BRDrucks. 242/75.
15 BGBl. I S. 127, 130.

https://doi.org/10.1515/9783110275025-023

(4) [1]Die Entscheidung über Zahlungserleichterungen erstreckt sich auch auf die Kosten des Verfahrens. [2]Sie kann auch allein hinsichtlich der Kosten getroffen werden.

Entstehungsgeschichte

Die Vorschrift wurde durch Art. 21 Nr. 130 EGStGB 1974 eingefügt. Durch Art. 1 Nr. 16 OpferschutzG vom 18.12.1986 wurde Absatz 1 durch Satz 2 ergänzt. Durch das 2. JuMoG vom 22.12.2006 wurde der frühere Absatz 1 Satz 2 wieder gestrichen, weil er durch eine entsprechende Ergänzung in § 42 Satz 3 StGB entbehrlich geworden war.

Übersicht

1 **1. Vorbild.** § 459a, der nach § 459g Abs. 2 entsprechend auch für die zu einer Geldzahlung verpflichtenden Nebenfolgen gilt, ist dem **§ 93 OWiG nachgebildet**. Dessen Auslegung ist daher auch für die des § 459a von Bedeutung.

2 **2. Anwendungsbereich (Absatz 1 Satz 1).** Mit der Rechtskraft des Urteils und der damit eintretenden Vollstreckbarkeit (§ 449) endet die **Zuständigkeit** des Gerichts zur Gewährung von Zahlungserleichterungen nach § 42 StGB. Sie geht auf die **Vollstreckungsbehörde** über, gegen deren Entscheidungen allerdings Einwendungen erhoben werden können, über die nach § 459o das Gericht entscheidet. Zahlungserleichterungen, die das Gericht gewährt hat, werden naturgemäß durch den Eintritt der Rechtskraft nicht berührt,[1] da sie ja gerade dazu bestimmt sind, im Vollstreckungsstadium zu wirken. Jedoch ist die Vollstreckungsbehörde nach Absatz 2 befugt, vom erkennenden Gericht gewährte Erleichterungen nicht nur zugunsten, sondern – aber nur unter den Voraussetzungen des Absatzes 2 Satz 2 – auch zuungunsten des Verurteilten zu ändern.[2]

3 Ist eine Zahlungserleichterung gewährende Entscheidung des erkennenden Gerichts nicht ergangen,[3] so ist es nach Rechtskraft der gerichtlichen auf Geldstrafe lautenden Entscheidung Sache der Vollstreckungsbehörde, d. h. des Rechtspflegers,[4] im Rahmen des kraft der Verweisung in § 459a Abs. 1 auch im Vollstreckungsstadium in vollem Umfang geltenden § 42 StGB über die Gewährung von Zahlungserleichterungen zu entschei-

---

1 LG Frankfurt Rpfleger **1983** 326; KK/*Appl* 2; *Fischer* § 42, 13; LK/*Grube* § 42, 24; *Röttle/Wagner* Rn. 241.

2 KK/*Appl* 6; Meyer-Goßner/*Schmitt* 6; *Bringewat* 3.

3 Zur Verpflichtung des Tatgerichts über die Bewilligung von Zahlungserleichterungen nach § 42 StGB zu entscheiden, wenn dies nach den persönlichen und wirtschaftlichen Verhältnissen naheliegt BGH StV **2019** 440 f.; *Fischer* § 42, 9; LK/*Grube* § 42, 11; OLG Jena OLGSt StGB § 40 Nr. 18.

4 LG Dresden Beschl. vom 8.4.2019 – 3 Qs 11/19.

den. Seine Bedeutung als zwingende Vorschrift („... so bewilligt ihm ...") verliert § 42 StGB auch im Vollstreckungsstadium nicht.[5] Die **Prüfung** erfolgt **von Amts wegen.**[6] Im Allgemeinen wird aber erst ein Antrag des Verurteilten den Anstoß dazu geben, namentlich dann, wenn im Erkenntnisverfahren die Frage der Gewährung von Zahlungserleichterungen keine Rolle gespielt oder das Gericht solche sogar entgegen einem förmlichen Antrag nicht gewährt hat. Die Bewilligung von Zahlungserleichterungen ist auch nach Beginn der Vollstreckung der Ersatzfreiheitsstrafe jedenfalls dann möglich, wenn bereits zuvor die Vollstreckungsbehörde eine solche von Amts wegen hätte vornehmen müssen.[7] Bei Bewilligung von Ratenzahlungen kann auch die Vollstreckungsbehörde eine Verfallklausel (§ 42 Satz 2 StGB) anordnen.[8]

3. Zahlungserleichterungen

a) Erkenntnisverfahren. Durch das 2. JuMoG vom 22.12.2006 wurde die frühere Kann-Regelung in Absatz 1 Satz 2 gestrichen, wonach die Vollstreckungsbehörde Zahlungserleichterungen auch gewähren **konnte,** wenn ohne die Bewilligung die Wiedergutmachung des durch die Straftat verursachten Schadens durch den Verurteilten erheblich gefährdet wäre. Dabei konnte dem Verurteilten der Nachweis der Wiedergutmachung auferlegt werden.[9] Die frühere Regelung aus § 459a wurde jetzt als Satz 3 in § 42 StGB als **Soll-Vorschrift** eingefügt. Der Gesetzgeber beabsichtigte damit, bereits im Erkenntnisverfahren die Realisierung des dem Opfer einer Straftat verursachten Schadens zu erleichtern und auf diese Weise die Opferinteressen im Hinblick auf die Schadenswiedergutmachung zu stärken.[10] 4

b) Vollstreckungsverfahren. Für das Vollstreckungsverfahren verpflichtet der Gesetzgeber die Vollstreckungsbehörde durch die Bezugnahme auf § 42 StGB in Absatz 1, die Wiedergutmachungsinteressen des Opfers einer Straftat nunmehr stärker als früher zu berücksichtigen. Die Vollstreckungsbehörde hat Zahlungserleichterungen jetzt **zwingend** zu gewähren, wenn die Voraussetzungen des § 42 StGB vorliegen.[11] Sie hat diese Frage unabhängig von der Entscheidung im Erkenntnisverfahren zu prüfen. Die Problematik der früheren Anspruchskonkurrenz zwischen Geldstrafe und Kosten einerseits und einem Schadensersatzanspruch des Verletzten gegenüber dem Verurteilten andererseits wird dadurch wesentlich entschärft.[12] 5

c) Arten. Zahlungserleichterungen können in der **Stundung** oder **Bewilligung von Teilzahlungen** bestehen. Welche Art von Zahlungserleichterung im Einzelfall in Betracht kommt, hängt von den **persönlichen und wirtschaftlichen Verhältnissen** des 6

5 LG Dortmund StV **1988** 112; KK/*Appl* 3; Meyer-Goßner/*Schmitt* 2.

6 OLG Hamburg Rpfleger **1977** 65; KK/*Appl* 3; Meyer-Goßner/*Schmitt* 1; KMR/*Stöckel* 5; SK/*Paeffgen* 3.

7 OLG Karlsruhe Beschl. vom 30.9.2015 – 2 Ws 472/15 mit Anm. *Rueber-Unkelbach* jurisPR-StrafR 2/**2016** Anm. 6; vgl. auch BGH FamRZ **2011** 554 zu der Frage der Berücksichtigung der auf eine Geldstrafe zu zahlenden Rate bei der Einkommensermittlung nach § 115 Abs. 1 Satz 3 Nr. 4 ZPO sowie OLG Celle Beschl. vom 16.2.2011 – 10 WF 18/11 – zur Berücksichtigung der auf eine Geldbuße zu zahlende Rate (MDR **2011** 627).

8 Meyer-Goßner/*Schmitt* § 459, 2, 3; *Bringewat* 4.

9 Vgl. zur früheren Regelung in § 459a LR/*Wendisch*[25] 4 ff.

10 BTDrucks. **16** 3038 S. 50, 58.

11 KK/*Appl* 3; KMR/*Stöckel* 7; siehe auch schon BGH NStZ **1990** 578; OLG Stuttgart MDR **1993** 996; LG Berlin StV **2002** 33.

12 Vgl. LR/*Wendisch*[25] 6.

Verurteilten ab. Ggf. bedarf es insoweit zur Aufklärung oder Überprüfung von Angaben des Verurteilten der Einschaltung der Gerichtshilfe nach § 463d. Sofern Zahlungen von vornherein nicht zu erwarten sind, kommt die Bewilligung von Zahlungserleichterungen nicht in Betracht,[13] denn dies würde auf eine Verzögerung bei der Vollstreckung hinauslaufen und wäre mit dem Grundsatz der nachdrücklichen und beschleunigten Vollstreckung (§ 2 StVollstrO) nicht zu vereinbaren.

7 **d) Umfang.** Der Umfang von Zahlungserleichterungen hängt ebenfalls von den **persönlichen und wirtschaftlichen Verhältnissen** des Verurteilten ab. Bei der Festsetzung eines Stundungszeitraumes oder der Höhe der monatlich zu leistenden Teilbeträge wird aber stets zu berücksichtigen sein, dass die Geldstrafe ihren **Zweck** nicht verfehlt. Zahlungserleichterungen müssen daher so ausgestaltet sein, dass ein Verurteilter die Verhängung und Vollstreckung der Geldstrafe noch als staatliche Reaktion auf die von ihm begangene Straftat wahrnimmt.[14] Eine Obergrenze für die Dauer der Ratenzahlung besteht nicht.[15]

4. Voraussetzungen

8 **a) Erhebliche Gefährdung der Schadenswiedergutmachung.** Die Vollstreckungsbehörde soll Zahlungserleichterungen gewähren, wenn anderenfalls die Schadenswiedergutmachung durch den Verurteilten erheblich gefährdet wäre. Eine allgemeine Verschlechterung – etwa durch eine notwendigerweise eintretende gewisse zeitliche Verzögerung – reicht nicht aus. Sie muss **schwerwiegenderer Natur** sein. Das wird regelmäßig dann anzunehmen sein, wenn der Verurteilte auf keinen Fall beide Verpflichtungen, Zahlung der Geldstrafe und Schadenswiedergutmachung, gleichzeitig befriedigen kann und zufolge des Vorrangs der Geldstrafe die Realisierung des fälligen Ersatzanspruchs erheblich verzögert werden würde. Ein endgültiger Ausfall der Forderung muss dagegen nicht drohen.

9 **b) Anwendungsgrundsätze.** Die in Rn. 8 dargelegten Erwägungen berücksichtigen die Bedeutung der derzeit wichtigsten strafrechtlichen Sanktion unseres Strafensystems, nämlich der **Geldstrafe**. Diese **darf** in dieser Funktion allerdings **nicht ausgehöhlt** werden, was aber der Fall wäre, wenn der Schadenswiedergutmachung stets der Vorrang gebührte. Die Vollstreckungsbehörde hat vielmehr unter Abwägung aller Umstände des Einzelfalls nach pflichtgemäßem Ermessen über die Gewährung von Zahlungserleichterungen zu entscheiden mit der Folge, dass bei ihrer Bewilligung die Geldstrafe gegenüber den Schadensersatzansprüchen zwar zeitlich zurücktritt, aber bestehen bleibt.

10 **5. Änderungsbefugnis (Absatz 2).** Die Vollstreckungsbehörde kann nach pflichtgemäßem Ermessen („kann“) sowohl ihre eigenen eine Zahlungserleichterung gewährenden Entscheidungen wie auch die entsprechenden Entscheidungen des erkennenden Gerichts auf Antrag oder von Amts wegen **nachträglich ändern** oder **aufheben** (Satz 1).[16] Dabei ist aber zwischen **Änderungen zugunsten** und solchen **zuungunsten** des Verur-

13 BGHSt **13** 356; OLG Stuttgart MDR **1993** 96; LK/*Grube* § 42, 6.

14 LK/*Grube* § 42, 1, 7; *Fischer* § 42, 10; KK/*Appl* 5; Meyer-Goßner/*Schmitt* 4; SK/*Paeffgen* 4; KMR/*Stöckel* 8; *Röttle/Wagner* Rn. 241.

15 LG Berlin NStZ **2005** 336.

16 KK/*Appl* 5; Meyer-Goßner/*Schmitt* 3; *Bringewat* 8.

teilten zu unterscheiden.[17] In der Abänderung **zugunsten der Verurteilten** ist die Vollstreckungsbehörde frei. Sie kann z. B. Zahlungsfristen verlängern, bei Bewilligung von Ratenzahlung die Höhe der Raten herabsetzen und/oder die Fristen für die einzelnen Teilzahlungen verlängern. Das wird namentlich dann zu erwägen sein, wenn dadurch die Möglichkeit der Schadenswiedergutmachung erleichtert wird.[18] Bejahendenfalls wird die Vollstreckungsbehörde dem Verurteilten dann aber auch die Pflicht auferlegen, die Zahlungen auf den Schadensersatzanspruch nachzuweisen, da sonst eine ordnungsgemäße Abwicklung der Vollstreckung der Geldstrafe gefährdet sein könnte.[19] Allerdings würde sie ihr Ermessen überschreiten, wenn sie so niedrige Raten oder so weit gesteckte Zahlungsfristen festsetzen würde, dass die Geldstrafe den Verurteilten nicht mehr spürbar belastet.[20] Sie kann auch eine vom erkennenden Gericht oder von ihr selbst angeordnete Verfallklausel (§ 42 Satz 2 StGB) aufheben.[21]

11 **Zum Nachteil des Verurteilten** darf die Vollstreckungsbehörde von Entscheidungen des erkennenden Gerichts und von ihren eigenen Entscheidungen, in denen Zahlungserleichterungen gewährt wurden, nur aufgrund **neuer Tatsachen oder Beweismittel** (vgl. §§ 211, 359 Nr. 5) abweichen (Absatz 2 Satz 2).[22] *Neu* sind Tatsachen oder Beweismittel, die dem Gericht (der Vollstreckungsbehörde) bei der Entscheidung noch nicht bekannt waren (einschließlich solcher, die zwar aus den Akten erkennbar waren, bei der Entscheidung aber übersehen wurden)[23] und die in Verbindung mit den früher bekannten Tatsachen und Beweismitteln die bisherige Entscheidungsgrundlage zu beseitigen geeignet sind. Dies gilt z. B., wenn eine entscheidungserhebliche Besserung der wirtschaftlichen Verhältnisse eingetreten ist oder etwa nachträglich bekannt wird, dass der Verurteilte über Nebeneinkünfte verfügt usw. Unter diesen Voraussetzungen kann die Vollstreckungsbehörde die bisherigen Zahlungserleichterungen auch zum Nachteil des Verurteilten aufheben oder ändern, z. B. gewährte Zahlungsfristen abkürzen, bei Bewilligung von Ratenzahlung die Raten erhöhen und/oder die Teilzahlungsfristen abkürzen. Sie kann auch, wenn in der Entscheidung Ratenzahlung ohne Anordnung einer Verfallklausel (§ 42 Satz 2 StGB) bewilligt war, unpünktliche oder ausbleibende Teilzahlungen zum Anlass nehmen, eine Verfallklausel anzufügen.

12 Absatz 2 lässt auch eine **mehrfache Änderung** der getroffenen Anordnung im Lauf des Vollstreckungsstadiums zu,[24] wobei die jeweils zuletzt getroffene Entscheidung diejenige ist, von der gemäß Absatz 2 Satz 2 die Vollstreckungsbehörde zuungunsten des Verurteilten nur aufgrund neuer Tatsachen und Beweismittel abweichen darf.

13 **6. Verfallklausel (Absatz 3).** Bei Anordnung einer Verfallklausel nach § 42 Satz 2 StGB, mag sie vom erkennenden Gericht oder von der Vollstreckungsbehörde angeordnet sein, entfällt mit der nicht rechtzeitigen Zahlung einer Rate – unabhängig davon, ob den Verurteilten ein Verschulden trifft oder nicht – **automatisch** die Ratenzahlungsbe-

---

17 OLG Hamburg Rpfleger **1977** 65, KK/*Appl* 5 f.; Meyer-Goßner/*Schmitt* 1, 3.
18 Meyer-Goßner/*Schmitt* 3.
19 KK/*Appl* 4.
20 KMR/*Stöckel* 8; Meyer-Goßner/*Schmitt* 4; KK/*Appl* 5; *Fischer* § 42, 10; LK/*Grube* § 42, 1, 7; SK/*Paeffgen* 4; *Röttle/Wagner* Rn. 241; *Bringewat* 8.
21 KK/*Appl* 7.
22 KK/*Appl* 6; KMR/*Stöckel* 14; SK/*Paeffgen* 7.
23 KK/*Appl* 6; KMR/*Stöckel* 14; Meyer-Goßner/*Schmitt* 5; SK/*Paeffgen* 7; AnwK-StPO/*Kirchhof* 4; *Bringewat* 9; **a. A.** *Volckart/Pollähne/Woynar* Rn. 219.
24 KK/*Appl* 6; Meyer-Goßner/*Schmitt* 4; *Bringewat* 10.

willigung. Dieser automatische Wegfall der Vergünstigung soll die Vollstreckung von Geldstrafen beschleunigen.

14 Bei dieser Sachlage braucht die Vollstreckungsbehörde die richterliche Bewilligung nicht ausdrücklich aufzuheben. Es genügt, dass sie insoweit einen Aktenvermerk fertigt. Der in Absatz 3 Satz 1 vorgeschriebene **Aktenvermerk** hat deshalb – ebenso wie bei der entsprechenden Vorschrift des § 93 Abs. 4 OWiG, der § 459a Abs. 3 Satz 1 nachgebildet ist – lediglich innerdienstliche Bedeutung. Er soll nach der Entstehungsgeschichte lediglich sicherstellen, dass die Vollstreckungsbehörde das Vorliegen der Voraussetzungen des § 42 Satz 2 StGB geprüft hat, bevor sie die Vollstreckung einleitet oder eine bereits früher eingeleitete und durch Zahlungserleichterungsanordnungen unterbrochene Vollstreckung fortsetzt.[25] Es ist also nicht etwa der Sinn des Aktenvermerks eine Klarstellung,[26] dass die Vollstreckungsbehörde nicht nur das Ausbleiben der Rate, sondern darüber hinaus auch die wirtschaftlichen Verhältnisse allgemein geprüft und in ihnen kein Hindernis für die Einleitung oder Fortsetzung der Vollstreckung gefunden hat. Der Aktenvermerk unterliegt keiner Anfechtung. Bei Entfallen der Vergünstigung nach § 42 Satz 2 StGB sollte der Verurteilte darüber schriftlich unterrichtet werden. Unter Umständen kann er Gründe vortragen, aus denen sich ergibt, dass er ohne Verschulden verhindert war, den ihm gewährten Zahlungserleichterungen zeitgerecht nachzukommen und die der Vollstreckungsbehörde Anlass zur Prüfung geben können, ob die gewährten Zahlungserleichterungen neu – ggf. abgeändert – nochmals gewährt werden können.[27]

15 Nach Satz 2 ist der automatische Wegfall der Vergünstigung insofern nicht endgültig, als er die **Bewilligung einer erneuten Zahlungserleichterung** nicht ausschließt,[28] wobei vorzugsweise an den Fall zu denken ist, dass der Verurteilte die unpünktliche Zahlung nachträglich entschuldigt. Diese erneute Zahlungserleichterung kann auch in der Wiederbewilligung von Ratenzahlung mit Verfallklausel bestehen.

16 **7. Kosten (Absatz 4 Satz 1).** Während § 42 StGB keine Vorschrift über die Auswirkung gerichtlich bewilligter Zahlungserleichterungen auf die Verfahrenskosten enthält, sieht Absatz 4 Satz 1 vor, Zahlungserleichterungen auch auf die Kosten des Verfahrens (§ 464a Abs. 1) zu erstrecken, weil dies zweckmäßig erscheint, um eine **einheitliche Entscheidung**, unter Berücksichtigung aller im Zusammenhang mit der konkreten Verurteilung aufgeworfenen Gesichtspunkte, sicherzustellen.[29] Die Bedeutung des Absatzes 4 Satz 1 besteht also darin, dass die Gewährung von gerichtlichen Zahlungserleichterungen sich automatisch auf die Verfahrenskosten erstreckt. Auf diese Weise werden Geldstrafe und Kosten zu einer Einheit zusammengefasst.[30]

17 Eine derartige einheitliche Entscheidung sicherte zwar auch früher schon § 12 EBAO. Absatz 4 hat aber einen erweiterten Anwendungsbereich und eröffnet im Zusammenhang mit § 459o die **Möglichkeit einer gerichtlichen Überprüfung.** Die Wirkung des Absatzes 4 zeigt sich z. B. darin, dass die Bewilligung einer Zahlungsfrist für die Geldstrafe sich auch auf die Verfahrenskosten erstreckt und an der Bewilligung von Ratenzahlungen auch die Verfahrenskosten teilnehmen. Wegen der Verrechnung von **Teilzahlungen** auf die aus Strafe und Kosten bestehende Schuldsumme gilt § 459b. Die Vollstreckungsbehörde kann bei der Bewilligung von Teilzahlungen nicht davon abwei-

---

25 Göhler/*Seitz/Bauer* § 93, 3; KMR/*Stöckel* 17; Meyer-Goßner/*Schmitt* 6; SK/*Paeffgen* 8; *Bringewat* 11.
26 KK/*Appl* 7.
27 So auch SK/*Paeffgen* 8.
28 KK/*Appl* 7; KMR/*Stöckel* 17; *Bringewat* 12.
29 BTDrucks. **7** 550, Begr. zu Art. 19 Nr. 120 (zu § 459a); *Bringewat* 13, 14.
30 KK/*Appl* 8; Meyer-Goßner/*Schmitt* 7.

chen, also z. B. nicht anordnen, dass Teilbeträge zunächst auf die Kosten anzurechnen seien, wodurch praktisch die Kostenschuld unter den Druck der Vollstreckung der Ersatzfreiheitsstrafe gestellt wäre.[31]

Kosten und **Auslagen**, die der Verurteilte einem *anderen* Verfahrensbeteiligten (Pri- 18
vat- und Nebenkläger) zu erstatten hat (§ 464b), gehören nicht zu den Verfahrenskosten i. S. des Absatzes 4.

8. Isolierte Kostenzahlungsvergünstigung (Absatz 4 Satz 2). Nach Satz 2 kann 19
(Ermessensentscheidung) eine Zahlungserleichterung (unter den Voraussetzungen des in Absatz 1 in Bezug genommenen § 42 StGB) **auch allein hinsichtlich der Kosten** angeordnet werden. Dies gilt sowohl dann, wenn eine Zahlungserleichterung hinsichtlich der Geldstrafe abgelehnt wird (z. B. weil nach weitgehenden Zahlungen auf die Geldstrafe zwar die Zahlung des verhältnismäßig kleinen Strafrestes nicht unzumutbar i. S. des § 42 StGB erscheint, wohl aber die sofortige Zahlung der u. U. beträchtlichen Verfahrenskosten), wie auch dann, wenn die Vollstreckung der Geldstrafe durch vollständige Zahlung erledigt ist, nicht aber, wenn das Gericht nicht auf eine Geldstrafe, sondern nur auf eine Freiheitsstrafe erkannt hat.[32] Auch eine **gerichtlich** angeordnete Zahlungserleichterung für die Geldstrafe kann nach dem Wortlaut des Satzes 2 durch die Vollstreckungsbehörde auf die Verfahrenskosten erstreckt werden.

9. Ausnahme. Eine **Ausnahme** von dem Grundsatz der automatischen Erstreckung 20
einer Erleichterung für die Geldstrafe auf die Verfahrenskosten enthält § 459d Abs. 2. Danach entscheidet das Gericht, wenn es hinsichtlich der Geldstrafe eine Unterbleibensanordnung erlässt, über die Erstreckung auf die Verfahrenskosten nach seinem pflichtgemäßen Ermessen („kann").

10. Rechtsbehelfe. Hinsichtlich Rechtsbehelfen gegen Entscheidungen nach 21
§ 459a: § 459o. Wegen der Zuständigkeit des Gerichts s. § 462 Abs. 1 Satz 1, § 462a Abs. 2.

11. Ruhen der Vollstreckungsverjährung. Wegen des **Ruhens der Vollstre- 22
ckungsverjährung** bei Zahlungserleichterungen vgl. § 79a Nr. 2 Buchst. c StGB. Diese Vorschrift gilt auch bei Zahlungserleichterungen, die im Gnadenweg bewilligt werden.

12. Nebenfolgen. Eine Gewährung von Zahlungserleichterungen bei der Einziehung 23
(§§ 73 ff. StGB) sieht das materielle Recht nicht vor. Allerdings gelten für die Vollstreckung von Nebenfolgen, die zu einer Zahlung verpflichten, nach § 459g Abs. 2 i. V. m. § 459a die Regelungen wie für die Vollstreckung einer Geldstrafe,[33] wobei nach § 459c Abs. 3 nicht in den Nachlass vollstreckt werden darf und die Anordnung einer Ersatzfreiheitsstrafe ausscheidet.[34] Die Einziehung des Wertes von Taterträgen (§ 73c StGB), die Einziehung des Wertes von Tatprodukten, Tatmitteln und Tatobjekten (§ 74c StGB) sowie

31 Vgl. dazu auch § 12 Abs. 2 EBAO: [1]Ist die Höhe der Kosten dem Zahlungspflichtigen noch nicht mitgeteilt worden, so ist dies bei der Mitteilung der Zahlungserleichterungen nachzuholen. [2]Die Androhung künftiger Zwangsmaßnahmen für den Fall der Nichtzahlung der Kosten unterbleibt dabei. [3]Einer Mitteilung der Höhe der Kosten bedarf es nicht, wenn das dauernde Unvermögen der Kostenschuldnerin oder des Kostenschuldners zur Zahlung feststeht.

32 KK/*Appl* 8; KMR/*Stöckel* 19; Meyer-Goßner/*Schmitt* 8; *Bringewat* 15; OLG Frankfurt NStZ-RR **2006** 159.

33 BGH NStZ **2012** 382; KK/*Appl* 12; *Rettke* NZWiSt **2019** 338 ff.

34 BGHSt **55** 174.

die Abführung des Mehrerlöses (§ 8 WiStG) stellen Nebenfolgen mit der Verpflichtung zur Geldzahlung dar, bei denen § 459a über den Verweis in § 459g Abs. 2 entsprechend anwendbar ist.

§ 459b
Anrechnung von Teilbeträgen

Teilbeträge werden, wenn der Verurteilte bei der Zahlung keine Bestimmung trifft, zunächst auf die Geldstrafe, dann auf die etwa angeordneten Nebenfolgen, die zu einer Geldzahlung verpflichten, und zuletzt auf die Kosten des Verfahrens angerechnet.

Schrifttum

Jesse Aus der vollstreckungsrechtlichen Zauberkiste: Verhindert die Zahlung auf eine Einzelgeldstrafe die vollständige Vollstreckung einer Gesamtfreiheitsstrafe, NStZ **2017** 69; *Kühn* Zum Entnahmerecht des Gerichtsvollziehers nach § 6 GVKostG bei der Vollstreckung von Geldstrafen und nicht ausreichender Zahlung des Vollstreckungsschuldners, DGVZ **1978** 40; *Siggelkow* Anrechnung von Zahlungen auf eine nachträglich gebildete Gesamtgeldstrafe, Rpfleger **1999** 245; *Zeitler* Anrechnung von Zahlungen auf Gesamtstrafe, Rpfleger **1998** 460; *ders.* Einzelne Probleme bei der Vollstreckung einer Gesamtstrafe, Rpfleger **2005** 70.

Entstehungsgeschichte

Die Vorschrift wurde durch Art. 21 Nr. 130 EGStGB 1974 eingefügt.

Übersicht

1 **1. Anwendungsbereich.** § 459b, der dem § 94 OWiG nachgebildet ist, betrifft die Anrechnung von Teilbeträgen auf die gesamte der Staatskasse als Folge einer Verurteilung geschuldete, aus Geldstrafe und Verfahrenskosten bestehende Geldsumme in zwei Gruppen von Fällen.

Bewilligung von Zahlungserleichterungen

2 Dem Verurteilten sind **Zahlungserleichterungen** in Form der Zahlung in bestimmten Teilbeträgen **bewilligt worden**, die sich auf eine Geldstrafe (§ 42 StGB, § 459a), angeordnete Nebenfolgen, die zu einer Geldzahlung verpflichten (§§ 73c, 74c StGB, § 8 WiStG, § 459g Abs. 2), oder die Kosten des Verfahrens (§ 459a Abs. 4, § 459d Abs. 2) beziehen können. Leistet er Teilbeträge, so richtet sich deren Verrechnung nach § 459b.

Keine Bewilligung von Zahlungserleichterungen

3 Dem Verurteilten sind **keine Zahlungserleichterungen** dieser Art bewilligt worden. Vielmehr hat die Vollstreckungsbehörde die Einforderung angeordnet (§ 3 EBAO), und der Verurteilte hat auf der Grundlage der von dem Kostenbeamten aufgestellten Kostenrechnung, in die sämtliche einzufordernden Beträge aufgenommen sind, eine Zahlungsaufforderung erhalten (§§ 4, 5 EBAO). Reicht die auf die Zahlungsaufforderung entrichtete Einzahlung zur Tilgung des ganzen eingeforderten Betrages nicht aus, so ist auch dann § 459b anwendbar (vgl. § 6 EBAO: „Reicht die auf die Zahlungsaufforderung entrichtete Einzahlung zur Tilgung des ganzen eingeforderten Betrages nicht aus, so richtet

https://doi.org/10.1515/9783110275025-024

sich die Verteilung nach den kassenrechtlichen Vorschriften, soweit § 459b StPO, § 94 OWiG nichts anderes bestimmen").[1]

2. Grundgedanke der Vorschrift. Trifft der Verurteilte **keine Bestimmung** über die Anrechnung der Teilzahlung, so ist die Anrechnungsreihenfolge so geregelt, dass zuerst die dem Verurteilten jeweils nachteiligeren Folgen beseitigt werden. Daher wird die Teilzahlung zunächst auf die Geldstrafe angerechnet, weil die Ersatzfreiheitsstrafe nicht vollstreckt wird, soweit die Geldstrafe entrichtet wird (§ 459e Abs. 4).[2] Dabei hat auch die Zahlung eines Teil- oder Teilrestbetrages, der nicht einem vollen Tagessatz entspricht, die in § 459e Abs. 3, Abs. 4 Satz 2 bezeichnete Wirkung (s. § 459e, 8 ff.).[3] 4

Trifft der **Verurteilte** eine **Bestimmung**, so hat diese den Vorrang, weil er u. U. an einer solchen Selbstbestimmung ein Interesse haben kann, etwa wenn ihm daran liegt, zunächst eine zur Geldzahlung verpflichtende Nebenfolge zu erledigen, um dadurch einer Sicherstellung nach §§ 111b ff. den Boden zu entziehen.[4] Eine solche Bestimmung kann der Verurteilte aber im Interesse der Ordnung des Kassenwesens nur (spätestens) **bei** der Zahlung, d. h. zwar vor der Zahlung, aber nicht mehr nachher treffen. Dass er die Bestimmung unmittelbar in Person trifft, ist nicht erforderlich. Sie kann auch durch einen von ihm Bevollmächtigten erfolgen.[5] 5

3. Mehrheit von Schuldtiteln. § 459b hat zwar in erster Linie den Fall im Blick, dass aufgrund desselben Titels (Urteil, Gesamtstrafenbeschluss, Strafbefehl) mehrere dem Rechtsgrund nach verschiedene Geldleistungen der Staatskasse geschuldet werden. Die Vorschrift gilt aber auch (mindestens entsprechend), wenn aus verschiedenen Titeln dem Rechtsgrund nach gleiche oder verschiedene Geldzahlungen der in § 459b bezeichneten Art geschuldet werden, z. B. Geldstrafen aus verschiedenen Urteilen, ohne dass die Voraussetzungen zur Bildung einer Gesamtstrafe vorliegen.[6] Hat der Betroffene mehrere Geldstrafen zu begleichen, aber keine Bestimmung – das wäre auch durch Angabe eines der in Betracht kommenden Aktenzeichen möglich – darüber getroffen, auf welche Geldleistung die Teilzahlung anzurechnen ist, so ist sie entsprechend dem **Grundgedanken des § 366 Abs. 1 BGB** auf diejenige anzurechnen, die am ehesten verjährt.[7] Das deckt sich, wenn die Vollstreckung mehrerer Ersatzfreiheitsstrafen angeordnet ist (§ 459e), mit der in der Strafvollstreckungsordnung getroffenen Regelung. **Ersatzfreiheitsstrafen** werden nach § 50 Abs. 1 StVollstrO nach den für die Vollstreckung primärer Freiheitsstrafen geltenden Vorschriften vollstreckt, also gemäß § 43 Abs. 2 StVollstrO die kürzeren vor den längeren, gleich lange in der Reihenfolge, in der die Rechtskraft eingetreten ist. Es wird also beim Zusammentreffen einer Ersatzfreiheitsstrafe aus einer Geldstrafe bis zu 30 Tagessätzen mit einer Ersatzfreiheitsstrafe aus einer Geldstrafe von mehr als 30 Tagessätzen (vgl. § 79 Abs. 3 Nr. 4, 5 StGB) zunächst die kürzere (und früher verjährende) vor der längeren (und später verjährenden) Ersatzfreiheitsstrafe vollstreckt. 6

4. Rechtsbehelfe. Wegen der Anfechtungsmöglichkeiten s. § 459o, 7. 7

1 Meyer-Goßner/*Schmitt* 3; *Bringewat* 3.
2 KK/*Appl* 1.
3 KK/*Appl* 1.
4 KK/*Appl* 2; Meyer-Goßner/*Schmitt* 1; *Bringewat* 2.
5 Meyer-Goßner/*Schmitt* 1; *Bringewat* 2.
6 KK/*Appl* 4; Meyer-Goßner/*Schmitt* 4; *Bringewat* 4.
7 Meyer-Goßner/*Schmitt* 3; *Bringewat* 4; Göhler/*Seitz*/*Bauer* § 94, 3.

§ 459c
Beitreibung der Geldstrafe

(1) Die Geldstrafe oder der Teilbetrag der Geldstrafe wird vor Ablauf von zwei Wochen nach Eintritt der Fälligkeit nur beigetrieben, wenn auf Grund bestimmter Tatsachen erkennbar ist, daß sich der Verurteilte der Zahlung entziehen will.

(2) Die Vollstreckung kann unterbleiben, wenn zu erwarten ist, daß sie in absehbarer Zeit zu keinem Erfolg führen wird.

(3) In den Nachlaß des Verurteilten darf die Geldstrafe nicht vollstreckt werden.

Schrifttum

Bittmann Nochmals: Geldstrafen und Insolvenzanfechtung, wistra **2009** 15; *Fortmann* Vollstreckung von Geldstrafen im Insolvenzverfahren und im Restschuldbefreiungsverfahren, ZInsO **2005** 140; *Franke* Keine Vollstreckung von Geldstrafen gegen Personen im Insolvenzverfahren? NStZ **1999** 548; *Janca/Heßlau* Geldstrafen und Geldbußen in der Insolvenz, ZInsO **2012** 2128; *Janca/Schroeder/Baron* Strafrecht und Insolvenzrecht, wistra **2015** 409; *Heinze* Geldstrafen als Insolvenzforderungen, ZVI **2006** 14; *Kemperdick* Zur Zulässigkeit der Vollstreckung der Ersatzfreiheitsstrafe bei insolvenzrechtlicher Anfechtung der Zahlung der Geldstrafe, ZInsO **2010** 1307; *Klaproth* Ausgewählte Auswirkungen der Insolvenz des Beschuldigten auf ein Steuerstrafverfahren, wistra **2008** 174; *Lissner* Die Geldstrafenvollstreckung in der Insolvenz, ZVI **2013** 137; *Pape* Vollstreckung von Geldstrafen und Ersatzfreiheitsstrafen während des Insolvenzverfahrens, InVo **2006** 454; *ders.* Ersatzfreiheitsstrafe und Alternativen bei offenen Geldstrafen im Insolvenzverfahren, ZVI **2007** 7; *Rein* Insolvenzanfechtung der Zahlung einer Geldstrafe, NJW-Spezial **2014** 661; *Rinjes* Zur Anfechtbarkeit von Zahlungen auf Geldstrafe im Insolvenzverfahren, wistra **2008** 336; *ders.* Schlusswort: Zur Anfechtbarkeit von Zahlungen auf Geldstrafen im Insolvenzverfahren, wistra **2009** 16; *Rönnau* Der Geldstrafenschuldner in der Insolvenz – zwischen Skylla und Charybdis? NZI **2007** 208; *Sternal* Die Rechtsprechung zum Verbraucherinsolvenz- und Restschuldbefreiungsverfahren im Jahr 2007, NZI **2008** 329; *Vallender/Elschenbroich* Konflikte zwischen dem Straf- und Insolvenzrecht bei der Vollstreckung von Geldstrafen im Verbraucherinsolvenz- und Restschuldbefreiungsverfahren, NZI **2002** 230; *Zeitler* Einflüsse des Insolvenzverfahrens auf die Vollstreckung von Geldsanktionen, Rpfleger **2012** 113.

Entstehungsgeschichte

Die Vorschrift wurde durch Art. 21 Nr. 130 EGStGB 1974 eingefügt.

Übersicht

https://doi.org/10.1515/9783110275025-025

Alphabetische Übersicht

1. Schonfrist (Absatz 1 1. Hs.)

a) Zweck. Eine auf Geldstrafe (oder eine zu einer Geldzahlung verpflichtende Nebenfolge, § 459g Abs. 2) lautende Entscheidung wird zwar – wie Strafurteile im Allgemeinen – mit Eintritt der formellen Rechtskraft vollstreckbar (§ 449 i. V. m. § 63 Abs. 2 Satz 1 GKG).[1] Nach § 459c Abs. 1, der dem § 95 Abs. 1 OWiG nachgebildet ist, dürfen indessen Beitreibungsmaßnahmen grundsätzlich erst ergriffen werden, wenn seit Eintritt der **Fälligkeit** zwei Wochen verstrichen sind. Denn mit der sofortigen Beitreibung können für den Verurteilten erhebliche Nachteile verbunden sein, während die Belange der Strafvollstreckung durch einen Aufschub der Beitreibung um zwei Wochen in der Regel nicht wesentlich berührt werden.[2] Die Schonfrist ermöglicht es dem Verurteilten insbesondere, sich um die Beschaffung des zur Zahlung erforderlichen Geldbetrages, der nicht sofort verfügbar ist, zu bemühen oder auch bei der Vollstreckungsbehörde um Zahlungserleichterungen (§ 459a) nachzusuchen und sich unter Umständen die erforderlichen Unterlagen zu beschaffen. 1

b) Beginn. Die Schonfrist beginnt nicht mit der Rechtskraft der Entscheidung, sondern mit dem **Eintritt der Fälligkeit.** Eintritt der Rechtskraft und Eintritt der Fälligkeit fallen auseinander, wenn bereits das erkennende Gericht gemäß § 42 StGB Zahlungserleichterungen bewilligt hat.[3] Eine ohne solche Anordnung mit Rechtskraft der Entscheidung eingetretene Fälligkeit wird mit rückwirkender Kraft aufgehoben, wenn die Vollstreckungsbehörde nach Rechtskraft gemäß § 459a Zahlungserleichterungen bewilligt. Die Fälligkeit tritt dann erst ein, wenn bewilligte Zahlungsfristen abgelaufen oder bei Ratenzahlungsanordnung die Voraussetzungen einer Verfallklausel (§ 42 Satz 2 StGB, § 459a Abs. 1) eingetreten sind oder die Vollstreckungsbehörde unter den Voraussetzungen des § 459a Abs. 2 Satz 2 durch Änderung oder Aufhebung früher bewilligter Vergünstigungen den rascheren Eintritt der Fälligkeit zum Nachteil des Verurteilten herbeigeführt hat.[4] Den Entscheidungen der Vollstreckungsbehörde stehen entsprechende im Gnadenweg getroffene Anordnungen in ihrer Wirkung gleich. Ohne Bedeutung ist § 459c, wenn eine die Vollstreckung der Geldstrafe betreffende Unterbleibensanordnung nach § 459d ergeht, während eine Unterbleibensanordnung bezüglich der Vollstreckung der Ersatzfreiheitsstrafe (§ 459f) – an sich – an der Fälligkeit der Geldstrafe nichts ändert (vgl. dazu § 459f, 8). 2

1 KK/*Appl* 2; Meyer-Goßner/*Schmitt* 2; *Bringewat* 2; *Röttle/Wagner* Rn. 246.
2 BTDrucks. **7** 550 S. 310, Begr. zu Art. 19 Nr. 120 Entw. EGStGB 1974: zu § 459c.
3 Meyer-Goßner/*Schmitt* 2.
4 KK/*Appl* 2; *Bringewat* 2.

3 **c) Wirkung und Verfahren nach Ablauf der Schonfrist.** Während der gesetzlichen Schonfrist besteht ein **Verbot der Beitreibung**, d. h. der Vollstreckung im engeren Sinn (vgl. § 459 i. V. m. § 5 Abs. 1 Satz 1 JBeitrG: „Die Vollstreckung darf erst beginnen, wenn der beizutreibende Anspruch fällig ist"). Im Normalfall beginnt die Beitreibung allerdings nicht schon mit dem Ablauf der Schonfrist. Soweit nicht Zahlungserleichterungen bewilligt sind, erhält nämlich der Verurteilte eine Zahlungsaufforderung mit einer die Schonfrist berücksichtigenden Zahlungsfrist. Nach deren vergeblichem Ablauf soll er aber vor Anordnung der Beitreibung in der Regel zunächst besonders **gemahnt** werden (§ 5 Abs. 2 JBeitrG; §§ 5, 7 Abs. 1 EBAO), außer wenn damit zu rechnen ist, dass er die Mahnung unbeachtet lassen wird (§ 7 Abs. 2 EBAO).[5] Geht dann binnen einer angemessenen Frist nach Absendung der Mahnung (nur bei Verzicht auf Mahnung: binnen einer Woche nach Ablauf der Zahlungsfrist) keine Zahlungsanzeige ein, so bestimmt die Vollstreckungsbehörde, sofern sie sich nicht zur Einräumung von Zahlungserleichterungen entschließt, welche Vollstreckungsmaßnahmen ergriffen werden sollen (§ 8 Abs. 1, 3 EBAO).

4 **d) Durchführung der Vollstreckung.** Die §§ 6 ff. JBeitrG enthalten eine Zusammenstellung der für die Vollstreckung in Betracht kommenden Vorschriften, wobei weitgehend auf die Zwangsvollstreckungsvorschriften der **Zivilprozessordnung** verwiesen wird, die sinngemäß und namentlich mit der Maßgabe anwendbar sind, dass an die Stelle des Gläubigers die Vollstreckungsbehörde (§ 6 Abs. 2 Satz 1 JBeitrG), an die des Gerichtsvollziehers der Vollziehungsbeamte (§ 6 Abs. 3 Satz 1 JBeitrG) tritt und bei der Zwangsvollstreckung in Forderungen und andere Vermögensrechte die Vollstreckungsbehörde, und zwar der Rechtspfleger (§ 31 Abs. 2 Satz 1 RPflG)[6] den Pfändungs- und Überweisungsbeschluss erlässt. Weitere Einzelheiten regeln §§ 8 ff. EBAO. Als **Grundsatz** gilt, dass diejenigen Vollstreckungsmaßnahmen anzuwenden sind, die nach Lage des Einzelfalls am schnellsten und sichersten zum Ziel führen, wobei aber auf die persönlichen und wirtschaftlichen Verhältnisse des Verurteilten und seiner Familie Rücksicht zu nehmen ist, soweit das Vollstreckungsziel hierdurch nicht beeinträchtigt wird (§ 8 Abs. 4 EBAO).[7] Beschränkende Vorschriften gelten für die Immobiliarzwangsvollstreckung. So soll ein Antrag auf Einleitung eines Zwangsversteigerungs- oder Zwangsverwaltungsverfahrens nur gestellt werden, wenn ein Erfolg zu erwarten und das Vollstreckungsziel nicht anders zu erreichen ist (§ 8 Abs. 6 Satz 1 EBAO). Wegen der Zulässigkeit von Einwendungen vgl. § 459, 11 sowie §§ 459, 4 und 459o, 1 ff.

5 **e) Teilbetrag.** Ist **Ratenzahlung** ohne Verfallklausel (§ 42 Satz 2 StGB) bewilligt, so gilt die Schonfrist auch bei der Vollstreckung wegen einer nicht fristgemäß gezahlten Rate. Dieser Fall einer Vollstreckung nur wegen einer Rate dürfte, wenn es sich nicht nur um die letzte Rate handelt, selten sein. Im Allgemeinen wird wohl, wenn nicht bereits das erkennende Gericht oder die Vollstreckungsbehörde (§ 459a Abs. 1) bei der **Bewilligung von Teilzahlungen** eine Verfallklausel angeordnet hat, mit deren Auslösung die Fälligkeit der ganzen Restschuld eintritt (dazu § 459a Abs. 3), die Vollstreckungsbehörde sich veranlasst sehen, gemäß § 459a Abs. 2 Satz 1, 2 die Fälligkeit der Restschuld herbeizuführen.

---

5 KK/*Appl* 3; *Bringewat* 3.

6 KK/*Appl* 4; Meyer-Goßner/*Schmitt* 1; *Bringewat* 7.

7 KK/*Appl* 7.

f) Vollstreckung während der Schonfrist. Der Verurteilte kann nach § 459o Einwendungen erheben. Welche Wirkungen eine unzulässigerweise vor Ablauf der Schonfrist betriebene Beitreibung auf die Vollstreckungsmaßnahme, z. B. eine Mobiliarpfändung, hat, ist streitig. Wohl überwiegend wird unter Hinweis auf RGZ **125** 286 zu dem vergleichbaren Fall einer Verletzung der Wartefrist des § 798 ZPO angenommen, dass die **vorzeitige Vollstreckungsmaßnahme** zwar mangelhaft ist, der Ablauf der Schonfrist jedoch den Mangel ex nunc heilt. Doch bleiben vorher begründete Rechte Dritter unberührt.[8] Denn die Wiederholung der Beitreibungsmaßnahme nach Ablauf der Frist würde eine reine Formalität bedeuten, die vom Zweck des Gesetzes, dem Betroffenen eine Zahlungsfrist zu gewähren, nicht gefordert wird. 6

2. Entfallen der Schonfrist (Absatz 1 letzter Hs.). Sofortige Vollstreckung nach Eintritt der Rechtskraft ist zulässig, wenn aufgrund bestimmter Tatsachen erkennbar ist, dass sich der Verurteilte der Zahlung entziehen will.[9] Die Erkennbarkeit des Entziehungsvorsatzes als eines inneren Vorgangs muss sich nach außen in **bestimmten Tatsachen** dokumentieren. Solche Prognosen auf der Grundlage **bestimmter Tatsachen** sieht das Gesetz auch in anderen Fällen vor (z. B. § 112 Abs. 2, § 112a Abs. 1). Dem folgt § 459c. Die Bestimmung verwendet die in neueren Vorschriften der StPO übliche Beschreibung der Voraussetzungen eines „Handelns auf Verdacht“,[10] so dass bloße Vermutungen oder auch ein hoher, aber nicht auf bestimmte konkrete Tatsachen sich gründender Verdacht nicht genügen.[11] Bloße Nichtzahlung ist keine „Entziehung“.[12] Dazu gehört vielmehr **Vorsatz der Vollstreckungsvereitelung**, etwa durch Verbringung des pfändbaren Vermögens ins Ausland, durch häufigen Aufenthalts- oder Wohnungswechsel, um Pfändungen zu entgehen usw. Über Maßnahmen zur Sicherung der Vollstreckung von Geldstrafe und Kosten schon vor Rechtskraft des auf Geldstrafe lautenden Urteils vgl. § 111e.[13] Wegen der Tilgung uneinbringlicher Geldstrafen durch freie Arbeit vgl. § 459e, 14 ff. 7

3. Unterbleiben der Vollstreckung wegen zu erwartender Erfolglosigkeit (Absatz 2)

a) Sinn und Zweck. § 459c Abs. 2 ist in wesentlich abgewandelter Form an die Stelle des § 28a Abs. 2 a. F. StGB getreten, der bestimmte: „Der Versuch, die Geldstrafe beizutreiben, kann unterbleiben, wenn mit Sicherheit vorauszusehen ist, daß sie aus dem beweglichen Vermögen des Verurteilten nicht beigetrieben werden kann.“ Aus der Vollstreckungspflicht der Vollstreckungsbehörde (§ 449, 6) ergibt sich an sich, dass sie zunächst die rechtskräftig erkannte Geldstrafe beizutreiben oder wenigstens ihre Beitreibung zu versuchen hat. Grundsätzlich ist die Geldstrafe erst dann als uneinbringlich i. S. von § 43 StGB anzusehen, wenn die Beitreibungsmaßnahmen (Rn. 4) sich als erfolglos 8

---

8 Meyer-Goßner/*Schmitt* 2; für das Bußgeldverfahren: Göhler/*Seitz*/*Bauer* § 95, 3; KK-OWiG/*Mitsch* § 95, 7; **a. A.** SK/*Paeffgen* 4; KMR/*Stöckel* 3.

9 KK/*Appl* 7; KMR/*Stöckel* 4; Meyer-Goßner/*Schmitt* 3; SK/*Paeffgen* 5; *Bringewat* 4; *Röttle*/*Wagner* Rn. 246.

10 BTDrucks. **7** 550 S. 310, Begr. zu Art. 19 Nr. 120 Entw. EGStGB 1974: zu § 459c.

11 KK/*Appl* 7; Meyer-Goßner/*Schmitt* 3; *Bringewat* 4.

12 KK/*Appl* 7; Meyer-Goßner/*Schmitt* 3; *Bringewat* 4.

13 Im Einzelnen LR/*Johann* § 111e, 35.

erweisen. Erst dann – die Vorschrift ist also eng auszulegen[14] – tritt die Ersatzfreiheitsstrafe an die Stelle der Geldstrafe.

9 Die Bedeutung des Absatzes 2, dessen Vorbild in abgewandelter Form § 95 Abs. 2 OWiG ist, besteht darin, dass er es zulässt, auch ohne vorausgegangene Beitreibungsversuche die Geldstrafe schon als uneinbringlich anzusehen, wenn zu erwarten ist, dass Beitreibungsmaßnahmen in absehbarer Zeit zu keinem Erfolg führen. Voraussichtlich **aussichtslose Vollstreckungsmaßnahmen** stehen vergeblich unternommenen gleich. Von dieser Konstruktion geht § 459e Abs. 2 und im Anschluss daran § 49 Abs. 1 StVollstrO aus. Absatz 2 ermöglicht es daher, in einem kriminalpolitisch vernünftigen und praktikablen Rahmen, überflüssigen Verwaltungsaufwand zu vermeiden und unter Umständen zur Vollstreckung der Ersatzfreiheitsstrafe überzugehen, ohne – gegebenenfalls über einen längeren Zeitraum hinweg – alle theoretisch denkbaren Beitreibungsmöglichkeiten, auch bei noch so geringer Erfolgsaussicht, wahrgenommen zu haben. Der Verurteilte ist durch die in §§ 459f, 459o vorgesehenen Möglichkeiten gerichtlicher Nachprüfung und Entscheidung hinreichend geschützt.[15]

10 **b) Erfolglosigkeit.** Die **Erfolglosigkeit** von Beitreibungsmaßnahmen muss **zu erwarten**, d.h. sie muss (vgl. § 413) wahrscheinlich und mit einer Besserung der wirtschaftlichen Lage des Verurteilten in absehbarer Zeit nicht zu rechnen sein. Das ist namentlich dann der Fall, wenn der Vollstreckungsbehörde – z. B. durch Mitteilungen der Gerichtshilfe (§ 463d)[16] oder auch der Gerichtskasse, an die sie sich in geeigneten Fällen mit dem Ersuchen um Auskunft über die Vermögens- und Einkommensverhältnisse des Verurteilten und über die Beitreibungsmöglichkeiten wenden kann (§ 8 Abs. 2 EBAO) – bekannt ist, dass der Verurteilte sich bei Beitreibungsversuchen in anderen Fällen als frustra excussus erwiesen hat; dass er vor kurzem erst die eidesstattliche Versicherung nach § 807 ZPO abgegeben hat; dass er sich im (Verbraucher-)Insolvenzverfahren befindet; dass er unpfändbar ist oder sein Arbeitseinkommen die Pfändungsgrenze nach § 459, § 6 JBeitrG, § 850c ZPO nicht übersteigt.[17] Es muss zu erwarten sein, dass Beitreibungsmaßnahmen in **absehbarer Zeit** erfolglos sein werden. Es muss also wahrscheinlich sein, dass bis auf Weiteres mit einer Änderung der Verhältnisse, die zum Zeitpunkt der Beitreibungsversuche Beitreibungsmaßnahmen aussichtslos erscheinen lassen, nicht zu rechnen ist. Zum Beweis dafür, dass diese Voraussetzungen vorgelegen haben, wird es sich empfehlen, die Gründe für die Anwendung des Absatzes 2 in einem Aktenvermerk niederzulegen.[18] Aber selbst wenn die Voraussetzungen vorliegen, muss die Vollstreckungsbehörde den Verurteilten gleichwohl nach § 5 Abs. 1 EBAO zur Zahlung der Geldstrafe auffordern, damit er nicht in unzumutbarer Weise von der Anordnung der Vollstreckung der Ersatzfreiheitsstrafe überrascht wird.[19] Von der Uneinbringlichkeit i. S. v. § 459e Abs. 2, § 43 StGB ist spätestens ab Eröffnung des Insolvenzverfahrens auszugehen.[20] Denn damit verliert der Verurteilte die Verwaltungs- und Verfügungsbefugnis über sein Vermögen (§ 80 Abs. 1 InsO) und die Zwangsvollstreckung in sein Vermögen ist nicht zulässig (§ 89 Abs. 1 InsO). Da es sich bei Geldstrafen um nachrangige Insol-

14 KK/*Appl* 8.
15 BTDrucks. **7** 550 S. 310, Begr. zu Art. 19 Nr. 120 Entw. EGStGB 1974.
16 KK/*Appl* 8; KMR/*Stöckel* 6; Meyer-Goßner/*Schmitt* 4; *Bringewat* 8, 9.
17 Meyer-Goßner/*Schmitt* 5.
18 Meyer-Goßner/*Schmitt* 5; *Bringewat* 11.
19 *Pohlmann* Rpfleger **1979** 249; KK/*Appl* 8; *Bringewat* 11.
20 BVerfG NJW **2006** 3626; KK/*Appl* 6; KMR/*Stöckel* 6; Meyer-Goßner/*Schmitt* 5; *Klaproth* wistra **2008** 174 ff.; **a. A.** *Heinze* ZVI **2006** 14 ff.

venzforderungen handelt (§ 39 Abs. 1 Nr. 3 InsO), deren Befriedigung nicht zu erwarten ist, kommt wegen der Uneinbringlichkeit im Sinne von § 459e Abs. 2, § 43 StGB die Anordnung der Vollstreckung der Ersatzfreiheitsstrafe nach § 459e Abs. 1 in Betracht.[21] Mit dem Gebot einer nachdrücklichen und beschleunigten Strafvollstreckung (§ 2 Abs. 1 StVollstrO) ist es nämlich nicht zu vereinbaren, mit der Vollstreckung der Geldstrafe bis zum Abschluss des Insolvenzverfahrens abzuwarten.[22] Die Vollstreckung einer Ersatzfreiheitsstrafe gegen einen im (Verbraucher-) Insolvenzverfahren befindlichen Verurteilten bedeutet auch für sich genommen noch keine unbillige Härte im Sinne von § 459 f. Insoweit müssen weitere Umstände von einigem Gewicht hinzutreten, aufgrund deren mit der Vollstreckung der Ersatzfreiheitsstrafe eine außerhalb des Strafzweckes liegende zusätzliche Härte verbunden wäre, die dem Verurteilten auch unter Berücksichtigung des Zwecks der Strafe nicht zugemutet werden kann,[23] denn ansonsten wäre derjenige Verurteilte, der sich im Insolvenzverfahren befindet, bei der Vollstreckung einer gegen ihn verhängten Geldstrafe gegenüber anderen Verurteilten alleine wegen des laufenden Insolvenzverfahrens besser gestellt.

c) Wirkung der Unterbleibensanordnung. Die **Wirkung einer Unterbleibensanordnung** nach Absatz 2 besteht ausschließlich darin, dass sie den Weg freigibt für die Anordnung der Vollstreckungsbehörde, die **Ersatzfreiheitsstrafe zu vollstrecken** (§ 459e Abs. 1, 2).[24] Die Unterbleibensanordnung *als solche* enthält weder die Anordnung nach § 459e Abs. 1, noch berührt sie den Fortbestand der Geldstrafe. Die Vollstreckung der Geldstrafe kann vielmehr, wenn und soweit nicht die Ersatzfreiheitsstrafe vollstreckt wird, bis zum Ende der Verjährungsfrist (§ 79 Abs. 3 Nr. 4, 5 StGB) erneut betrieben werden[25] – die Voraussetzungen eines Ruhens der Vollstreckungsverjährung (§ 79a StGB) werden durch die Unterbleibensanordnung nicht geschaffen –, falls die Vollstreckungsbehörde sich nunmehr davon Erfolg verspricht. 11

4. Tod des Verurteilten (Absatz 3)

a) Abkehr vom früheren Recht. Der bis zum 31.12.1974 geltende § 30 StGB bestimmte: „In den Nachlaß kann eine Geldstrafe nur dann vollstreckt werden, wenn das Urteil zu Lebzeiten des Verurteilten rechtskräftig geworden war." Diese Vorschrift, die die zu Lebzeiten des Verurteilten rechtskräftig gewordene Geldstrafe nach seinem Tod als eine „vom Erblasser herrührende Schuld" i. S. des § 1967 Abs. 2 BGB als Nachlassverbindlichkeit behandelte, wurde seit langem und einhellig als anachronistisch angesehen, weil sie dem Gedanken nicht Rechnung trage, dass die Geldstrafe – wie jede andere Strafe – eine den Täter **höchstpersönlich** treffende **Reaktion** auf seinen Gesetzesverstoß darstelle.[26] Nachdem bereits § 101 OWiG 1969 bestimmt hatte: „In den Nachlaß des Betroffenen darf eine Geldbuße nicht vollstreckt werden", ist § 459c Abs. 3 diesem Vorbild gefolgt. Das in Absatz 3 enthaltene Vollstreckungshindernis bezweckt den Schutz der Erben vor einer Geldschuld, die den Strafzwecken einer Geldstrafe nicht mehr dienen 12

21 BVerfG NJW **2006** 3626; LG Leipzig ZIP **2002** 142; LG Osnabrück NdsRpfl. **2006** 351; *Vallender/Elschenbroich* NZI **2002** 130, 131; LK/*Grube* § 43, 10; KK/*Appl* 5 f.; kritisch *Franke* NStZ **1999** 548 zur Anordnung der Ersatzfreiheitsstrafe im Restschuldbefreiungsverfahren.
22 BVerfG NJW **2006** 3626; LG Leipzig ZIP **2002** 142; **a. A.** *Franke* NStZ **1999** 548, 549.
23 BVerfG NJW **2006** 3626; BGHSt **27** 90, 93; LG Bremen StV **1998** 152.
24 Meyer-Goßner/*Schmitt* 6.
25 Meyer-Goßner/*Schmitt* 6; *Bringewat* 12.
26 Meyer-Goßner/*Schmitt* 6.

kann.[27] Aus Absatz 3 folgt, dass eine zu Lebzeiten des Verurteilten begonnene und bei seinem Tod noch nicht beendete Vollstreckung der Geldstrafe abzubrechen ist. Maßgeblich ist der Todestag des Verurteilten, der sich aus der Sterbeurkunde ergibt.

13 **b) Erlöschen der Geldstrafe.** Über den Wortlaut des Gesetzes hinaus, das nur die Vollstreckung in den Nachlass verbietet, bedeutet § 459c Abs. 3, dass eine nicht zu Lebzeiten des Verurteilten (durch Zahlung, Beitreibung, Vollstreckung der Ersatzfreiheitsstrafe) erledigte Geldstrafenschuld mit dem Tod des Verurteilten kraft Gesetzes erlischt.[28] Daher sind z. B. Pfändungen von Mobiliar und Sicherungsmaßnahmen (§ 111e) wegen der Geldstrafe aufzuheben.[29] Die Geldstrafenschuld lebt auch nicht etwa als eine nichtvollstreckbare Naturalobligation fort. Zu Unrecht vereinnahmte Beträge sind an die Erben zurückzuzahlen (§ 13 Abs. 1 EBAO). Sofern ein berechtigter Empfänger nicht feststeht, sind die Voraussetzungen für die Hinterlegung zu prüfen.

14 **c) Bedeutung für Nebenfolgen.** Absatz 3 betrifft nach dem insoweit eindeutigen Wortlaut **nur die Geldstrafe**. Das Vollstreckungsverbot gilt dagegen nicht für Nebenfolgen, die zu einer Geldzahlung verpflichten,[30] denn § 459g Abs. 2 erklärt nur die Absätze 1 und 2, nicht auch den Absatz 3 des § 459c für entsprechend anwendbar. § 459c Abs. 3 gilt auch nicht für die Kosten des Verfahrens, wenn die Verurteilung vor dem Tod rechtskräftig geworden ist. Insoweit kann deshalb auch in den Nachlass vollstreckt werden.[31]

15 **5. Einbeziehung der Geldstrafe in eine Gesamtfreiheitsstrafe.** Bei **Einbeziehung der Geldstrafe in eine** nachträglich gebildete **Gesamtfreiheitsstrafe** (§ 460) geht der Geldstrafenanspruch mit der Rechtskraft der Gesamtstrafenentscheidung unter. Weitere Beitreibungsmaßnahmen werden mithin unzulässig. Gleichwohl noch beigetriebene oder gezahlte Geldstrafen müssen zurückgezahlt werden (§ 13 Abs. 1 EBAO).[32]

16 **6. Rechtsbehelfe.** Über Einwendungen gegen Anordnungen des Rechtspflegers nach Abs. 1 und 3 entscheidet das Gericht nach § 31 Abs. 6 Satz 1 RpflG, § 459o. Gegen die Unterbleibensanordnung nach Absatz 2 sowie gegen die Unterlassung ist mangels Beschwer kein Rechtsbehelf gegeben. Der Verurteilte muss sich gegen die Anordnung nach § 459e wenden.[33]

§ 459d
Unterbleiben der Vollstreckung einer Geldstrafe

(1) Das Gericht kann anordnen, daß die Vollstreckung der Geldstrafe ganz oder zum Teil unterbleibt, wenn

1. **in demselben Verfahren Freiheitsstrafe vollstreckt oder zur Bewährung ausgesetzt worden ist oder**

27 BTDrucks. 7 550 S. 310, Begr. zu Art. 19 Nr. 120 Entw. EGStGB 1974.
28 KMR/*Stöckel* 9; Meyer-Goßner/*Schmitt* 7; *Bringewat* 13.
29 Vgl. LR/*Johann* § 111e, 34 f.
30 KK/*Appl* 10; Meyer-Goßner/*Schmitt* 7; *Bringewat* 14.
31 KK/*Appl* 10; **a. A.** KMR/*Stöckel* 9.
32 KK/*Appl* 11; *Röttle/Wagner* Rn. 215.
33 KK/*Appl* 12; Meyer-Goßner/*Schmitt* 8; KMR/*Stöckel* 10; *Bringewat* 15.

https://doi.org/10.1515/9783110275025-026

2. in einem anderen Verfahren Freiheitsstrafe verhängt ist und die Voraussetzungen des § 55 des Strafgesetzbuches nicht vorliegen
und die Vollstreckung der Geldstrafe die Wiedereingliederung des Verurteilten erschweren kann.

(2) Das Gericht kann eine Entscheidung nach Absatz 1 auch hinsichtlich der Kosten des Verfahrens treffen.

Schrifttum

Siggelkow Zur Vollstreckung einer nachträglich gebildeten Gesamtstrafe, Rpfleger **2005** 644; *Volckart* Zur Verrechtlichung der Gnade in Strafvollstreckung und Vollzug, NStZ **1982** 496.

Entstehungsgeschichte

Die Vorschrift wurde durch Art. 21 Nr. 130 EGStGB 1974 eingefügt.

Übersicht

I. Absehen von der Vollstreckung von Geldstrafe bei Zusammentreffen mit Freiheitsstrafe (Absatz 1)

1. Anwendungsbereich. § 459d unterscheidet zwei Anwendungsfälle. 1

a) Zusammentreffen in demselben Verfahren (Absatz 1 Nr. 1). Nummer 1 stellt 2 sich als eine **Ergänzung des § 41 StGB** für das Vollstreckungsverfahren dar. Nach § 41 StGB kann, wenn der Täter sich durch die Tat bereichert oder zu bereichern versucht hat, neben einer Freiheitsstrafe eine sonst nicht oder nur wahlweise angedrohte Geldstrafe verhängt werden, wenn dies auch unter Berücksichtigung der persönlichen und wirtschaftlichen Verhältnisse des Täters angebracht ist.[1] Durch diese Fassung („wenn dies auch ...") soll das Gericht zu einer Prüfung verpflichtet werden, ob eine zusätzliche Geld-

1 KK/*Appl* 3; Meyer-Goßner/*Schmitt* 4; *Bringewat* 6.

strafe eine Wiedereingliederung des Täters gefährden kann.[2] Es soll damit vermieden werden, dass sich der mittellose Straftäter nach der Strafhaftentlassung einer hohen Geldforderung gegenüber sieht, die ihm den beruflichen Neuanfang schwer macht. § 459d Abs. 1 Nr. 1 soll die verfahrensrechtliche Handhabe bieten, in solchen Fällen, in denen gemäß § 41 StGB Freiheits- und Geldstrafe verhängt wurde, die Verhältnisse sich aber gegenüber denjenigen zur Zeit der Verurteilung nachträglich geändert haben oder maßgebliche Gesichtspunkte erst später offenbar geworden sind, die für die Wiedereingliederung unter Umständen ungünstigen Auswirkungen der zusätzlichen Geldstrafe nach Vollstreckung der Freiheitsstrafe oder Strafaussetzung zur Bewährung notfalls nachträglich zu korrigieren.[3] Da **beide Bestimmungen** den **gleichen Zweck** verfolgen und auch von den gleichen Grundlagen ausgehen, nämlich zu prüfen, ob die Vollstreckung der zusätzlichen Geldstrafe nach der Haftentlassung die Wiedereingliederung erschweren kann, ist eine Korrektur mithin ausgeschlossen, wenn bei unveränderten Umständen das Vollstreckungsgericht diese nur anders bewerten möchte.[4]

3 **b) Zusammentreffen in verschiedenen Verfahren (Absatz 1 Nr. 2).** Nummer 2, die den Fall betrifft, dass in **verschiedenen Verfahren** teils auf Freiheitsstrafe, teils auf Geldstrafe erkannt ist und die Voraussetzungen für eine nachträgliche Gesamtstrafenbildung (§ 55 StGB) nicht vorliegen, beruht auf gleichen Erwägungen. Auch wenn die Strafen in verschiedenen Verfahren ausgesprochen worden sind und die Voraussetzungen einer Gesamtstrafe nicht vorliegen, kann die Wiedereingliederung des Verurteilten in einer unangemessenen – und vom Gericht nicht absehbaren – Weise erschwert werden. Zwar kann die Vollstreckungsbehörde dem Verurteilten Zahlungserleichterungen bewilligen. Es können aber gute Gründe dafür sprechen, einen nach längerem Strafvollzug Entlassenen, auch wenn er an sich zahlungsfähig ist, mit Rücksicht auf ernste Einordnungsschwierigkeiten von dieser Zahlungsverpflichtung ganz freizustellen. Die in § 459f hinsichtlich der Ersatzfreiheitsstrafe eingeräumte Möglichkeit passt nach Auffassung des Gesetzgebers nicht für alle in diesem Zusammenhang denkbaren Fallgestaltungen.[5]

4 **c) Keine Anwendung auf Nebenfolgen.** Durch Art. 3 Nr. 15 des Gesetzes zur Reform der strafrechtlichen Vermögensabschöpfung vom 13.4.2017[6] wurde in § 459g Abs. 2 die Vorschrift des § 459d gestrichen mit der Folge, dass für die Vollstreckung von Nebenfolgen § 459d keine entsprechende Anwendung mehr findet. Nach der Übergangsvorschrift zum Gesetz zur Reform der strafrechtlichen Vermögensvorschrift in Art. 316h Satz 2 EGStGB sind die Vorschriften dieses Gesetzes jedoch in Verfahren anzuwenden, in denen bis zum 1.7.2017 bereits eine Entscheidung über die Anordnung des Verfalls oder des Verfalls von Wertersatz ergangen ist.[7] In diesen Altfällen ist nach Art. 316h Satz 2 EGStGB, § 459g Abs. 2 a. F. die Vorschrift des § 459d auf Nebenfolgen noch anwendbar.

---

2 BTDrucks. **7** 550 S. 212, Begr. zu Art. 17 Nr. 7 Entw. EGStGB; OLG Koblenz MDR **1981** 870; Meyer-Goßner/*Schmitt* 4; *Bringewat* 1, 6.

3 BTDrucks. **7** 550 S. 310, Begr. zu Art. 19 Nr. 120; LK/*Grube* § 41, 27; KMR/*Stöckel* 3, 5; SK/*Paeffgen* 2.

4 KK/*Appl* 3; Meyer-Goßner/*Schmitt* 5; MüKo/*Nestler* 4; OLG Hamburg Beschl. vom 18.1.2017 – 2 Ws 258/16; *Bringewat* 4; KMR/*Stöckel* 5.

5 BTDrucks. **7** 550 S. 311, Begr. zu Art. 19 Nr. 120; KK/*Appl* 3.

6 BGBl. I S. 872, 886.

7 BGH Urt. vom 5.9.2017 – 1 StR 677/16.

2. Voraussetzung für die Anordnung nach Absatz 1 Nr. 1

a) Regelfall (kumulative Geldstrafe). Nach der Entstehungsgeschichte (Rn. 2) soll Absatz 1 Nr. 1 den Fall treffen, dass in demselben Verfahren in Anwendung des § 41 StGB auf Freiheitsstrafe **und** auf eine sonst nicht zulässige Geldstrafe erkannt wurde.[8] Gerade die wegen der erreichten oder erstrebten Bereicherung bei der gleichen Tat eingetretene Kumulation von Freiheits- und zusätzlicher Geldstrafe war es, die nach der Begründung des Entwurfs zu dem Bestreben führte, schon durch die Fassung des § 41 StGB Bedenken aus der Kumulierung hinsichtlich der Resozialisierung auszuschließen und nur wegen einer später eintretenden oder hervortretenden Veränderung der bei der Strafzumessung maßgeblichen Verhältnisse Korrekturmöglichkeiten im Vollstreckungsstadium zu schaffen. So wird denn auch im Schrifttum[9] § 459d Abs. 1 Nr. 1 dahin verstanden, dass er (nur) die kumulative Geldstrafe des § 41 StGB betreffe. 5

b) Erstreckung auch bei gesonderter Verhängung der Geldstrafe. Bei einer an der Entstehungsgeschichte orientierten Auslegung dürfte Absatz 1 Nr. 1 an sich nicht angewendet werden, wenn in **demselben Verfahren**, ohne dass das erkennende Gericht von § 41 StGB Gebrauch gemacht hat, wegen mehrerer Taten teils auf Freiheits-, teils auf Geldstrafe erkannt und nach § 53 Abs. 2 Satz 2 StGB neben einer Gesamtfreiheitsstrafe auf Geldstrafe gesondert erkannt hat. Denn dann entfällt der Gesichtspunkt einer der Resozialisierung ungünstigen Belastung des Täters durch die nach § 41 StGB erfolgte Kumulation von Freiheits- und Geldstrafe für dieselbe Tat. Aus dem **Wortlaut** des Gesetzes ergibt sich aber eine solche Beschränkung des Anwendungsbereichs des § 459d Abs. 1 Nr. 1 nicht. Er umfasst auch die Fälle eines Zusammentreffens von Freiheits- und Geldstrafe in „demselben Verfahren" ohne Anwendung von § 41 StGB. Gewiss gehört zu der in § 54 Abs. 1 Satz 2 StGB vorgeschriebenen zusammenfassenden Würdigung der Person des Täters und der einzelnen Straftaten auch die Prüfung, wie sich die gesondert erkannte Geldstrafe auf die Resozialisierung des Täters auswirkt. Aber es entfiele bei einer nur an der Entstehungsgeschichte orientierten, einschränkenden Auslegung die Möglichkeit einer nachträglichen Korrektur, die § 459d im Vollstreckungsstadium bieten will, wenn sich erst jetzt eine Änderung der Verhältnisse gegenüber denjenigen zur Zeit der Bildung einer Gesamtstrafe gemäß § 53 StGB bei gesonderter Verhängung von Freiheits- und Geldstrafe ergibt. Es bliebe dann nur – unter engeren Voraussetzungen – der Rückgriff auf § 459f. Man wird daher wohl einer noch durch den Gesetzeswortlaut gedeckten weiteren Auslegung den Vorzug geben müssen.[10] 6

c) Erledigung der Vollstreckung der Freiheitsstrafe. Eine Anordnung, dass die Vollstreckung der Geldstrafe ganz oder zum Teil zu unterbleiben habe, kommt erst in Betracht, wenn a) entweder die Freiheitsstrafe „vollstreckt" ist, d. h. wenn die Vollstreckung beendet ist,[11] sei es durch Verbüßung der Strafe, durch Erlass im Gnadenweg oder Erlass der Strafe oder eines Strafrestes nach Aussetzung zur Bewährung, oder b) die Strafvollstreckung zwar noch nicht beendet, aber wenigstens die Vollstreckung der ganzen Strafe oder eines Strafrestes zur Bewährung (durch das Gericht oder im Weg der 7

8 LG Mainz Rpfleger **1985** 162.

9 Z. B. *Fischer* § 41, 5; LK/*Grube* § 41, 2.

10 Aus OLG Hamm JMBlNRW **1976** 107 lässt sich zu diesem Problem nichts entnehmen.

11 *Volckart* NStZ **1982** 499.

Gnade) ausgesetzt ist,[12] weil es angebracht sein kann, schon die **Bewährungszeit** nicht ungünstig mit der Sorge um die Erbringung der Geldstrafe zu belasten. Ein späterer Widerruf der Aussetzung wäre ohne Bedeutung für eine bereits erfolgte Unterbleibensanordnung.[13]

8 **d) Ermessensausübung.** Bei der Ermessensausübung („kann") hat das nach §§ 462, 462a zuständige Gericht zu beachten, dass eine Unterbleibensanordnung schon insofern **Ausnahmecharakter**[14] trägt, als die darin liegende „Korrektur" der Entscheidung des erkennenden Gerichts (Rn. 2) nach den gesetzgeberischen Intentionen nur dazu dient, resozialisierungsbedeutsamen Gesichtspunkten Rechnung zu tragen, die der erkennende Richter nicht berücksichtigen konnte, weil sie erst nachträglich eingetreten oder hervorgetreten sind. Auch wird während laufender Bewährungszeit, deren Ergebnis noch nicht abzusehen ist, zu einer Unterbleibensanordnung im Allgemeinen nur Veranlassung bestehen, wenn andere Maßnahmen (nach §§ 459a, 459f) nicht ausreichen, um Resozialisierungsgefährdungen abzuwenden.[15]

9 **3. Voraussetzung für die Anordnung nach Absatz 1 Nr. 2.** Im Gegensatz zu Absatz 1 Nr. 1, der – nach der Entstehungsgeschichte (Rn. 2) – dazu geschaffen ist, nachträglich ein- oder hervortretenden Resozialisierungshemmnissen durch Kumulation von Freiheits- und Geldstrafe wegen derselben Tat Rechnung zu tragen, dient Absatz 1 Nr. 2 dazu, resozialisierungsbeeinträchtigende **Spannungen auszugleichen**, die dadurch entstehen können, dass in verschiedenen Verfahren wegen verschiedener Taten teils auf Freiheitsstrafe, teils auf Geldstrafe erkannt ist und ein Ausgleich wie bei der Gesamtstrafenbildung durch zusammenfassende Würdigung der Person des Täters und der einzelnen Straftaten (§ 54 Abs. 1 Satz 2, § 55 StGB) nicht möglich ist, weil eine nachträgliche Gesamtstrafenbildung nicht in Betracht kommt.[16] Auch hier stellt eine Unterbleibensanordnung eine der Entscheidung nach Absatz 1 Nr. 1 vergleichbare „Korrektur" der Vorentscheidungen mit endgültiger Wirkung (Rn. 10) dar, indem ermöglicht wird, solchen der Resozialisierung abträglichen Umständen aus der Belastung bei der Vollstreckung von Freiheits- und Geldstrafe Rechnung zu tragen, von denen das erkennende Gericht wegen der Aburteilung in verschiedenen Verfahren nichts wissen und die es deshalb auch nicht berücksichtigen konnten. Die Unterbleibensanordnung ist dann gewissermaßen hinsichtlich der Behandlung der Geldstrafe ein **Surrogat für** den rechtlich verschlossenen Weg der nachträglichen **Gesamtstrafenbildung** mit einer Gesamtschau von Persönlichkeit des Täters, seinen Taten und ihren Einzelstrafen, die sich auch an Resozialisierungsbedürfnissen orientieren kann. Diese gewisse innere Verwandtschaft zwischen den Voraussetzungen der Nummern 1 und 2 rechtfertigt es, mag der Wortlaut der Nummer 2 dies auch nicht verlangen, die Voraussetzungen der Nummer 2 an denen der Nummer 1 auszurichten, d. h. dass eine Anordnung nach Nummer 2 erst getroffen werden kann, wenn entweder die Vollstreckung der Freiheitsstrafe beendet oder diese

---

12 OLG Koblenz MDR **1981** 870; KK/*Appl* 4; KMR/*Stöckel* 7; Meyer-Goßner/*Schmitt* 5; **a. A.** *Volckart* NStZ **1982** 499 und *Bringewat* 8: erst am Ende der Bewährungszeit.

13 BGHSt **30** 263; KK/*Appl* 8; Meyer-Goßner/*Schmitt* 2, 6.

14 OLG Koblenz MDR **1978** 248; KK/*Appl* 4, 6; Meyer-Goßner/*Schmitt* 6; *Bringewat* 4; LG Mainz NStZ **1982** 47; OLG Jena NStZ-RR **2006** 286; OLG Rostock Beschl. vom 4.12.2017 – 20 Ws 293/17; OLG Hamburg Beschl. vom 18.1.2017 – 2 Ws 258/16; KG NStZ-RR **2016** 151.

15 OLG Koblenz Rpfleger **1975** 27; MDR **1978** 248; **1981** 870; OLG Hamm JMBlNRW **1976** 107; *Pohlmann/Jabel/Wolf* § 48, 45 f.; KK/*Appl* 7; Meyer-Goßner/*Schmitt* 6; **a. A.** *Volckart* NStZ **1982** 499 und *Bringewat* 2.

16 KK/*Appl* 6; *Bringewat* 9.

zur Bewährung ausgesetzt ist,[17] und dass während laufender Bewährungsfrist Zurückhaltung geboten ist (Rn. 7).

4. Öffentliches Interesse und Unterbleibensanordnung. Eine Unterbleibensanordnung trägt **Ausnahmecharakter,**[18] am deutlichsten bei Nummer 1, aber auch bei Nummer 2, da die Anordnung sich als ein Eingriff in rechtskräftige Entscheidungen darstellt. Bei seiner Ermessensentscheidung muss das Gericht daher auch stets das besondere öffentliche Interesse an der Strafvollstreckung berücksichtigen.[19] 10

5. Wirkung der Unterbleibensanordnung. Die rechtskräftige (§ 462 Abs. 3) Unterbleibensanordnung stellt zwar im technischen Sinn keinen Erlass der Geldstrafe dar. In ihrer Wirkung entspricht sie aber einem Erlass, denn das Unterbleiben wird nicht auf Zeit angeordnet und auch ein Widerruf wegen veränderter Verhältnisse ist nicht vorgesehen. Die Vollstreckung der Ersatzfreiheitsstrafe kommt demgemäß nicht mehr in Frage (§ 459e Abs. 4 Satz 1). 11

II. Absehen von der Beitreibung der Verfahrenskosten (Absatz 2)

Eine von der Vollstreckungsbehörde nach § 459a für die Geldstrafe gewährte Zahlungserleichterung erstreckt sich nach § 459a Abs. 4 Satz 1 automatisch auch auf die Kosten des Verfahrens (§ 465). Dagegen stellt § 459d Abs. 2 die Erstreckung der Unterbleibensanordnung beim Zusammentreffen von Freiheits- *und* Geldstrafe in das Ermessen des Gerichts („kann"). Die in § 459a Abs. 4 vorgesehene automatische Verbindung wäre hier nicht sachgemäß. Andererseits ist anzunehmen, dass in den in Rede stehenden Fällen die Beitreibung der Verfahrenskosten für die Resozialisierungsbestrebungen unter Umständen ebenso schädlich sein kann wie die Vollstreckung einer Geldstrafe.[20] Im Rahmen seines **Ermessens** kann das Gericht daher bei einer die Vollstreckung der Geldstrafe in vollem Umfang erledigenden Unterbleibensanordnung diese in vollem Umfang auf die Verfahrenskosten erstrecken oder die Kosten von der Erstreckung gänzlich ausschließen, aber auch die Erstreckung nur auf einen Teil der Kosten beschränken.[21] Eine Entscheidung allein über die Verfahrenskosten ist nicht möglich.[22] Ebenso wenig können **Auslagen**, deren Erstattung der Verurteilte einem Dritten schuldet (Nebenkläger usw.), Gegenstand einer Entscheidung nach Absatz 2 sein (§ 459a, 18). Allerdings trägt die Anordnung des Gerichts, dass die Vollstreckung der Kosten eines rechtskräftigen abgeschlossenen Strafverfahrens zu unterbleiben habe, Ausnahmecharakter und erfordert ein sorgfältiges Abwägen zwischen dem öffentlichen Interesse an der Vollstreckung des Strafurteils mit seinem Kostenausspruch und dem Wiedereingliederungsinteresse des Verurteilten. Eine solche Anordnung ist nur dann gerechtfertigt, wenn überwiegende Gründe der Resoziali- 12

---

17 OLG Koblenz MDR **1981** 870; KK/*Appl* 6; Meyer-Goßner/*Schmitt* 7; **a. A.** *Volckart* NStZ **1982** 499 und *Bringewat* 10: sofern nicht besondere Umstände für eine frühere Anordnung sprechen.

18 OLG Rostock Beschl. vom 4.12.2017 – 20 Ws 293/17; OLG Hamburg Beschl. vom 18.1.2017 – 2 Ws 258/16; KG NStZ-RR **2016** 151.

19 Prot. Sonderausschuss Strafrechtsreform, 7. Wahlperiode, S. 666; OLG Hamm JMBlNRW **1976** 107; OLG Koblenz MDR **1978** 248; LG Mainz NStZ **1982** 47; KK/*Appl* 4; Meyer-Goßner/*Schmitt* 6.

20 BTDrucks. **7** 550 S. 311, Begr. zu Art. 19 Nr. 120 Entw. EGStGB 1974.

21 BGHSt **31** 246; OLG Karlsruhe Justiz **1982** 275; LG Mainz Rpfleger **1985** 162; KK/*Appl* 7; Meyer-Goßner/*Schmitt* 8; *Bringewat* 11.

22 *Bringewat* 12.

sierung bestehen. Bei einer hohen Verschuldung des Verurteilten und einer vergleichsweise geringen Kostenforderung der Staatskasse kommt ein Absehen von der Beitreibung der Verfahrenskosten nur unter ganz besonderen Umständen in Betracht.[23]

III. Weitere Rechtsfragen

13 Die **Entscheidungen** nach Absatz 1 und 2 trifft das zuständige Gericht ohne mündliche Verhandlung durch Beschluss. Sie ergehen entweder **auf Antrag** des Verurteilten oder **von Amts wegen.**[24] Die Vollstreckungsbehörde kann sie nur anregen.[25] Ob die Voraussetzungen für eine Unterbleibensanordnung vorliegen, hat das Gericht alsdann von Amts wegen zu prüfen.[26] Die Strafvollstreckungskammer bleibt auch nach Erledigung der Vollstreckung von Freiheitsstrafe für die Anordnung des Unterbleibens der Vollstreckung von Geldstrafe oder Verfahrenskosten zuständig.[27] Eine Anordnung nach § 459d kommt nach beiden Alternativen des Absatzes 1 erst dann in Betracht, wenn entweder die Freiheitsstrafe vollstreckt ist, d. h. die Vollstreckung beendet ist oder wenigstens die Vollstreckung der ganzen Strafe oder die Vollstreckung eines Strafrestes zur Bewährung ausgesetzt ist.[28] Eine schon angeordnete Vollstreckung der Ersatzfreiheitsstrafe hindert eine Unterbleibensanordnung nicht (§ 459e Abs. 4 Satz 1).[29] Die Entscheidung des Gerichts können der Verurteilte und die Staatsanwaltschaft mit sofortiger Beschwerde anfechten (§ 462 Abs. 3 Satz 1). Die Entscheidung des Gerichts erfordert einen Beschluss, der zu begründen ist (§ 34). Die Begründungserfordernisse sind abhängig von den Umständen des Einzelfalls. Eine formelhafte Begründung, dass die Vollstreckung der Geldstrafe die Wiedereingliederung des Verurteilten erschwere, reicht nicht aus. Vielmehr bedarf es der Mitteilung derjenigen Tatsachen, aus denen sich eine Erschwerung der Wiedereingliederung ergeben soll. Ein Aktenvermerk reicht nicht aus.[30]

14 Stellt der Verurteilte den **Antrag** bereits **während des Vollzugs** der Freiheitsstrafe, ohne dass die Voraussetzungen für die Aussetzung eines Strafrestes unmittelbar bevorstehen, ist der Antrag unbegründet. Gleichwohl ist er nicht sogleich abzulehnen. Die Entscheidung ist vielmehr bis zum Eintritt des Aussetzungszeitpunktes auszusetzen.[31] Der Verurteilte und die Vollstreckungsbehörde sollten hierüber unterrichtet werden.

15 Wegen der Erstreckung der Vorschrift auf **Nebenfolgen** s. Rn. 4 und § 459g, 17.

§ 459e
Vollstreckung der Ersatzfreiheitsstrafe

(1) Die Ersatzfreiheitsstrafe wird auf Anordnung der Vollstreckungsbehörde vollstreckt.

(2) Die Anordnung setzt voraus, daß die Geldstrafe nicht eingebracht werden kann oder die Vollstreckung nach § 459c Abs. 2 unterbleibt.

---

23 LG Mainz NStZ **1982** 47; OLG Koblenz MDR **1981** 870; KG NStZ-RR **2016** 151.
24 OLG Rostock Beschl. vom 4.12.2017 – 20 Ws 293/17; KG NStZ-RR **2016** 151.
25 *Bringewat* 14.
26 BGHSt **30** 264; *Bringewat* 13.
27 BGHSt **30** 263.
28 OLG Jena NStZ-RR **2004** 383.
29 OLG Koblenz MDR **1978** 248.
30 KK/*Appl* 8.
31 *Bringewat* 15.

https://doi.org/10.1515/9783110275025-027

(3) Wegen eines Teilbetrages, der keinem vollen Tage Freiheitsstrafe entspricht, darf die Vollstreckung der Ersatzfreiheitsstrafe nicht angeordnet werden.

(4) [1]Die Ersatzfreiheitsstrafe wird nicht vollstreckt, soweit die Geldstrafe entrichtet oder beigetrieben wird oder die Vollstreckung nach § 459d unterbleibt. [2]Absatz 3 gilt entsprechend.

Schrifttum

Allgemein. *Dölling* Die Aussetzung des Restes der Ersatzfreiheitsstrafe zur Bewährung, NStZ **1981** 86; *Dolde* Vollzug von Ersatzfreiheitsstrafen – ein wesentlicher Anteil im Kurzstrafenvollzug, ZfStrVo **1999** 330; *ders.* Zum Vollzug von Ersatzfreiheitsstrafen, FS Böhm (2003) 581; *Fabian* Berechnung der Ersatzfreiheitsstrafe aus nachträglich gebildeter Gesamtgeldstrafe, Rpfleger **1980** 374; *Frank* Aussetzung der Ersatzfreiheitsstrafe nach § 57 StGB? NJW **1978** 141; *Geiter* Ersatzfreiheitsstrafen: Bitterste Vollstreckung der mildesten Hauptstrafe des StGB. Erfahrungen bei Haftreduzierungsaktivitäten im Strafvollzug, FS Walter (2014) 559; *Hamdorf/Wölber* Die Ersatzfreiheitsstrafe in Schweden und Deutschland, ZStW **111** (1999) 929; *Köhne* Abschaffung der Ersatzfreiheitsstrafe? JR **2004** 453; *Lüderssen* Gnadenweiser Erlaß von Ersatzfreiheitsstrafen? FS Böhm (2003) 553; *Pohlmann* Rechtliches Gehör vor einer Anordnung nach § 459e StPO? Rpfleger **1979** 249; *Schatz* Strafrestaussetzung zur Bewährung: Auch bei Ersatzfreiheitsstrafen, ZRP **2002** 348; *Schott* Abkehr von der 1:1-Umrechnung von Geld- und Freiheitsstrafe? JR **2003** 315; *Seebode* Problematische Ersatzfreiheitsstrafe, FS Böhm (2003) 519; *Weber* Aussetzung des Restes der Ersatzfreiheitsstrafe nach § 57 StGB, GedS H. Schröder (1978) 175; *ders.* Berechnung der Ersatzfreiheitsstrafe aus nachträglich gebildeter Gesamtgeldstrafe, Rpfleger **1980** 376.

Tilgung durch freie Arbeit. *Albrecht* Ansätze und Perspektiven für die gemeinnützige Arbeit in der Strafrechtspflege, BewHi. **1985** 121; *Albrecht/Schädler* Die gemeinnützige Arbeit auf dem Weg zur eigenständigen Sanktion? ZRP **1988** 278; *Baumann* Die Chance des Artikel 293 EGStGB – Freie gemeinnützige Arbeit statt Ersatzfreiheitsstrafe, MSchrKrim. **1979** 290; *Blau* Die gemeinnützige Arbeit als Beispiel für einen grundlegenden Wandel des Sanktionswesens, GedS H. Kaufmann (1986) 189; *Bublies* Die Aussetzung des Restes der Ersatzfreiheitsstrafe (1989); *Feuerhelm* Gemeinnützige Arbeit als Alternative in der Geldstrafenvollstreckung (1991); *ders.* Gemeinnützige Arbeit in der Geldstrafenvollstreckung, BewHi. **1993** 200; *ders.* Gemeinnützige Arbeit als eigenständige Sanktion? BewHi. **1998** 400; *Friedrich* Probleme beim Vollzug von Ersatzfreiheitsstrafen, ZfStrVo **1994** 14; *Gerken/Henningsen* Ersetzung der Ersatzfreiheitsstrafe durch freie Arbeit, ZRP **1987** 272; *Groß* Zum Entwurf eines ... Strafrechtsänderungsgesetzes (Mittelbare und Begleitmaßnahmen zur Vermeidung der Vollstreckung von Freiheitsstrafen), StV **1985** 81; *ders.* Reststrafenaussetzung von Ersatzfreiheitsstrafen? StV **1999** 508; *Jehle/Feuerhelm/Block* Gemeinnützige Arbeit statt Ersatzfreiheitsstrafe (1990); *Kleiner* Das Projekt „Gemeinnützige Arbeit" – die nicht nur theoretische Chance des Art. 293 EGStGB, ZRP **1983** 112; *Krieg/Löhr/Lücke/Meißner/Rufert/Schumann* Weil Du arm bist, mußt Du sitzen, MSchrKrim. **1984** 25; *Krumm* Arbeit statt Ersatzfreiheitsstrafe, AnwBl. **1984** 74; *Mrozynski* Offene Fragen der gemeinnützigen Arbeit Straffälliger, JR **1987** 272; *Pfohl* Gemeinnützige Arbeit als strafrechtliche Sanktion (1983); *Reiß* Abwendung der Vollstreckung von Ersatzfreiheitsstrafen durch freie Arbeit, Rpfleger **1985** 134; *ders.* Ersetzung der Ersatzfreiheitsstrafe durch freie Arbeit, ZRP **1988** 143; *Rolinski* Ersatzfreiheitsstrafe oder gemeinnützige Arbeit? MSchrKrim. **1981** 52; *Schädler* Das Projekt „Gemeinnützige Arbeit" – die nicht nur theoretische Chance des Art. 293 EGStGB, ZRP **1983** 5; *ders.* Der „Weiße Fleck" im Sanktionensystem, ZRP **1985** 186; *Schall* Die Sanktionsalternative der gemeinnützigen Arbeit als Surrogat der Geldstrafe, NStZ **1985** 104; *Siggelkow* Vollstreckung der Ersatzfreiheitsstrafe aus einer nachträglich gebildeten Gesamtfreiheitsstrafe, Rpfleger **1994** 284; *Steinhilper* (Hrsg.) Soziale Dienste in der Strafrechtspflege, Kriminologische Forschung Band 3 (1984); *Villmow* Kurze Freiheitsstrafe, Ersatzfreiheitsstrafe und gemeinnützige Arbeit, FS Kaiser (1998) 1291; *Zimmermann* Tilgung uneinbringlicher Geldstrafen durch freie Arbeit, BewHi. **1982** 113.

Entstehungsgeschichte

Die Vorschrift wurde durch Art. 21 Nr. 130 EGStGB 1974 eingefügt.

Übersicht

1. Inhalt und Bedeutung

1 **a) Allgemeines.** Nach Absatz 1 ordnet die Vollstreckungsbehörde – und zwar nicht (mehr) der Staatsanwalt, sondern der Rechtspfleger (§ 31 Abs. 2 Satz 1 RpflG) – die Vollstreckung der Ersatzfreiheitsstrafe an. Über Einwendungen gegen die Entscheidung der Vollstreckungsbehörde[1] entscheidet nach § 459o das Gericht.[2] Im Übrigen enthält die Vorschrift früher in der Strafvollstreckungsordnung geregelte Einzelheiten über die Vollstreckung von Ersatzfreiheitsstrafen. Absatz 2 stellt jedoch klar, dass in den Fällen des § 459c Abs. 2 die Vollstreckung der Ersatzfreiheitsstrafe angeordnet werden kann, während Absatz 4 die Vollstreckung auch in den Fällen des § 459d Abs. 1 ausdrücklich ausschließt.[3] Die Anordnung nach Absatz 1 schließt dagegen eine Anordnung nach § 459d Abs. 1 nicht aus.[4]

2 **b) Anordnung der Vollstreckung (Absatz 1 und 2).** Nach § 43 StGB tritt an die Stelle einer uneinbringlichen Geldstrafe, und zwar unabhängig von der Zahlungsfähigkeit des Verurteilten, Freiheitsstrafe, wobei einem Tagessatz ein Tag Freiheitsstrafe entspricht. Danach gebietet grundsätzlich die Vollstreckungspflicht (§ 449, 6) der Vollstreckungsbehörde, bei **Uneinbringlichkeit der Geldstrafe** die an ihre Stelle tretende Freiheitsstrafe zu vollstrecken, die implizit (§ 43 StGB) im Urteil zugleich mit der Festsetzung der Anzahl der Tagessätze verhängt ist.[5] Wenn nun § 459e Abs. 1 die Vollstreckung der Ersatzfreiheitsstrafe von einer **förmlichen Vollstreckungsanordnung der Vollstreckungsbehörde**[6] abhängig macht,[7] so kann es naturgemäß nicht Sinn dieser Vorschrift sein, dass es im Ermessen der Vollstreckungsbehörde liegt, ob sie die Vollstreckung anordnen will.

3 Das **Erfordernis der Vollstreckungsanordnung** soll vielmehr, wie sich aus Absatz 2 ergibt, zunächst und in erster Linie die Vollstreckungsbehörde zur **Prüfung** anhal-

---

1 OLG Zweibrücken Beschl. vom 2.2.2011 – 1 VAs 1/11.

2 OLG Celle NdsRpfl. **1977** 128; KK/*Appl* 7; Meyer-Goßner/*Schmitt* 6; *Bringewat* 2.

3 Meyer-Goßner/*Schmitt* 3.

4 OLG Koblenz MDR **1978** 248; Meyer-Goßner/*Schmitt* 1; *Bringewat* 2.

5 *Bringewat* 1.

6 Nach den ursprünglichen Intentionen, die aber im Lauf der parlamentarischen Arbeiten zugunsten der Gesetz gewordenen Regelung aufgegeben wurden, sollte die Ersatzfreiheitsstrafe nur auf besondere Anordnung des Gerichts vollstreckt werden, das diese Anordnung unter Auflagen auszusetzen hatte, wenn der Verurteilte ohne sein Verschulden die Geldstrafe nicht zahlen konnte (vgl. *Tröndle* ZStW **86** (1974) 565; s. auch § 459f, 1).

7 OLG Frankfurt NStZ-RR **2013** 292; MüKo/*Nestler* 3.

ten, ob die gesetzlichen Voraussetzungen der Vollstreckung (Uneinbringlichkeit der Geldstrafe einschließlich der Aussichtslosigkeit von Beitreibungsbemühungen, Absatz 2) vorliegen[8] und ihr nicht Hindernisse entgegenstehen, wie Nichtablauf der Schonfrist (§ 459c Abs. 1), noch laufende Zahlungserleichterungen (§ 459a Abs. 3 Satz 1), Teilzahlungen und Anordnung, dass die Vollstreckung der Geldstrafe unterbleibt (§ 459d, § 459e Abs. 3, 4), oder unbillige Härte der Vollstreckung, die die Vollstreckungsbehörde veranlassen muss, die Entscheidung des Gerichts herbeizuführen (§ 459f, 7).[9]

Die Aktenvorlage zur Vollstreckungsanordnung wird regelmäßig auch Veranlassung 4
zur Prüfung von Amts wegen geben, ob nicht durch erstmalige oder wiederholte **Gewährung von Zahlungserleichterungen** (§ 459a) die Vollstreckung der Ersatzfreiheitsstrafe zunächst abzuwenden ist. Doch darf dabei der Gesichtspunkt nicht außer Acht gelassen werden, dass erfahrungsgemäß in vielen Fällen erst der Druck der drohenden Ersatzfreiheitsstrafe zu jenen zumutbaren Anstrengungen veranlasst, die um der Effektivität der Geldstrafe willen erwartet werden müssen (§ 459f, 4 ff.).[10] Fehlt eine förmliche, in den Akten dokumentierte Anordnung der Vollstreckung der Ersatzfreiheitsstrafe, so ist die Vollstreckung der Ersatzfreiheitsstrafe unzulässig. Es ist nicht zulässig, die Anordnung der Vollstreckung der Ersatzfreiheitsstrafe einem Computerprogramm zu überlassen.[11]

c) Gewährung rechtlichen Gehörs? Ob dem Verurteilten vor Anordnung der Voll- 5
streckung der Ersatzfreiheitsstrafe rechtliches Gehör gewährt werden muss, ist **umstritten.** Das OLG Celle[12] **bejaht** die Frage, obwohl es nicht verkennt, dass dieses Grundrecht nach dem Wortlaut des Art. 103 GG[13] und der Fassung des § 33a nur für gerichtliche Verfahren gilt. Es meint aber, dass dieser Grundsatz auch anzuwenden sei, soweit die Staatsanwaltschaft als Vollstreckungsbehörde tätig werde, und begründet seinen Standpunkt mit der ihr aufgrund des Rechtsstaatsprinzips obliegenden prozessualen Fürsorgepflicht. Sie verpflichte die Vollstreckungsbehörde zumindest dann zu einer (ausdrücklichen) Anhörung, wenn es um so einschneidende Maßnahmen wie die Anordnung der Vollstreckung der Ersatzfreiheitsstrafe gehe.

Die **Rechtsprechung ist** der Ansicht des OLG Celle **nicht gefolgt**. Im Schrifttum 6
wird sie inzwischen teilweise unterstützt. Sonst wird sie abgelehnt.[14] Ausdrücklich **widersprochen** hat ihr *Pohlmann*[15] mit der Erwägung, dass ein Verurteilter wisse,[16] dass er, falls er eine Geldstrafe nicht bezahle oder diese nicht beigetrieben werden könne, mit der Vollstreckung der Ersatzfreiheitsstrafe rechnen müsse. Immerhin werde er vor Anordnung der Vollstreckung regelmäßig zur Zahlung aufgefordert und (entsprechend den Vorschriften der §§ 3, 5 und 7 EBAO) sogar noch einmal gemahnt. Meistens werde darüber hinaus noch ein besonderer Beitreibungsversuch unternommen (vgl. § 8 EBAO). Erst wenn dieser erfolglos bleibe, werde der Verurteilte zum Antritt der Ersatzfreiheitsstrafe geladen und dabei (nochmals) darauf hingewiesen, dass er die Vollstreckung auch jetzt noch durch Zahlung des in der Ladung angegebenen Betrages abwenden könne.

---

8 KK/*Appl* 2, 3; Meyer-Goßner/*Schmitt* 1; *Bringewat* 3.

9 KK/*Appl* 4; Meyer-Goßner/*Schmitt* 3; *Bringewat* 3.

10 *Bringewat* 7.

11 OLG Frankfurt NStZ-RR **2013** 292; KK/*Appl* 1.

12 NdsRpfl. **1977** 128.

13 BVerfGE **6** 12, 14; **42** 250.

14 KK/*Appl* 4; Meyer-Goßner/*Schmitt* 2; *Bringewat* 2; *Röttle/Wagner* Rn. 275; *Pohlmann* Rpfleger **1979** 249; OLG Nürnberg NStZ **2008** 224.

15 Rpfleger **1979** 249; zur Prüfungspflicht der Vollstreckungsbehörde OLG Hamburg Rpfleger **1977** 65.

16 So OLG Bremen NJW **1975** 1524.

Schließlich könne er – wenn er die Vollstreckung der Ersatzfreiheitsstrafe für unberechtigt halte – die Vollstreckungsbehörde erneut um Zahlungserleichterung bitten.

7 Schon diese Darstellung zeigt, dass die Vollstreckungsbehörde die Anordnung, eine Ersatzfreiheitsstrafe zu vollstrecken, regelmäßig erst trifft, nachdem sie dem Verurteilten mehrfach Gelegenheit gegeben hat, Einwendungen dagegen zu erheben. Mehr kann aufgrund der der Staatsanwaltschaft obliegenden **prozessualen Fürsorgepflicht** nicht verlangt werden, namentlich kann ihr nicht die Verpflichtung entnommen werden, den auf gerichtliche Entscheidungen beschränkten Geltungsbereich des Art. 103 GG dahin zu erweitern, dass dem Verurteilten in Vollstreckungssachen ein subjektives Recht auf Anhörung schon vor einer gerichtlichen Anrufung zusteht.[17] Davon gehen auch weder *Kleinknecht*,[18] auf den sich das OLG Celle beruft, noch *Meyer*[19] aus. Ein solches Recht kann schließlich auch nicht allgemeinen **Grundsätzen des Verwaltungsverfahrensrechts** entnommen werden, da nach den gleichlautenden § 2 Abs. 3 Nr. 1 die Verwaltungsverfahrensgesetze des Bundes und der Länder nur für Maßnahmen gelten, für deren gerichtliche Nachprüfung die Verwaltungsgerichte zuständig sind. Aber selbst wenn man aus dem die Anhörung regelnden § 28 VwVfG einen **allgemeinen** verfahrensübergreifenden **Grundsatz** ableiten würde, wäre das Ergebnis nicht anders, da selbst nach dieser Bestimmung von einer Anhörung abgesehen werden kann, wenn Maßnahmen der Verwaltungsvollstreckung getroffen werden sollen.

8 **d) Teilbeträge, die hinter einem Tagessatz zurückbleiben (Absatz 3 und 4).** Nach § 40 Abs. 1 StGB beträgt das gesetzliche Mindestmaß der Geldstrafe, auf die erkannt werden kann, fünf Tagessätze und damit (§ 43 Satz 2) bei Uneinbringlichkeit fünf Tage Ersatzfreiheitsstrafe. Wenn § 43 Satz 3 StGB bestimmt, dass das Mindestmaß der Ersatzfreiheitsstrafe **ein Tag** ist, so bedeutet dies, dass auch ein Tag Ersatzfreiheitsstrafe vollstreckt werden kann, wenn die erkannte Geldstrafe durch Teilzahlung, Teilvollstreckung oder Anrechnung von Untersuchungshaft soweit erledigt ist, dass der Restbetrag nur noch einem Tagessatz entspricht. § 459e Abs. 3 ergänzt (oder verdeutlicht) diese Vorschrift dahin, dass wegen eines ausstehenden Restbetrages, der keinem vollen Tag Freiheitsstrafe entspricht, der also unter einem vollen Tagessatz bleibt, die Vollstreckungsbehörde die Vollstreckung der Ersatzfreiheitsstrafe nicht anordnen darf.[20]

9 **e) Beispiele.** Zahlt der Verurteilte bei einer Geldstrafe von zehn Tagessätzen zu 50 €, für die Ratenzahlung mit Verfallklausel bewilligt ist, auf die letzte Rate nur zehn €, so darf von vornherein keine Anordnung nach Absatz 1 getroffen werden. Zahlt er schon auf die erste fällige Rate nur 25 €, so darf nur die Vollstreckung von neun Tagen Ersatzfreiheitsstrafe angeordnet werden. Der Fortbestand der geschuldeten Restgeldstrafe und die vermögensrechtliche Haftung des Verurteilten für sie wird durch das Verbot nicht berührt (§ 50 Abs. 2 StVollstrO).[21]

10 Ist die Vollstreckung einer Ersatzfreiheitsstrafe schon angeordnet oder ist sogar mit deren Vollzug bereits begonnen und leistet der Verurteilte nunmehr Teilzahlungen, die nicht zur Deckung der ganzen noch geschuldeten Reststrafe ausreichen, so gilt nach Absatz 4 Satz 2 der **Absatz 3 entsprechend**, d. h. es darf mit dem Vollzug der Ersatzfreiheitsstrafe nicht begonnen und ein begonnener Vollzug muss abgebrochen werden, so-

17 BayVerfGHE **18** 140, 152; **25** 143.
18 *Kleinknecht*[35] Einl. 23.
19 *Kleinknecht/Meyer*[39] Einl. 23.
20 KK/*Appl* 5; KMR/*Stöckel* 8; Meyer-Goßner/*Schmitt* 4; *Bringewat* 7; SK/*Paeffgen* 6.
21 KK/*Appl* 5; KMR/*Stöckel* 8; Meyer-Goßner/*Schmitt* 4; *Bringewat* 7; SK/*Paeffgen* 6.

bald der ausstehende Restbetrag nicht einem vollen Tag Ersatzfreiheitsstrafe entspricht.[22] Ergeben sich Überzahlungen, ist der die Geldstrafe nach Abzug des durch die Vollstreckung der Ersatzfreiheitsstrafe verbüßten Betrags übersteigende Betrag zurückzuzahlen.[23] Zahlt der Verurteilte einen Teilbetrag, ist die Dauer der Ersatzfreiheitsstrafe entsprechend zu kürzen.[24]

f) Wiederholung der Vollstreckung der Restgeldstrafe. Die Vollstreckungsbehörde kann, wenn sie sich davon Erfolg verspricht, die Vollstreckung der Restgeldstrafe bis zum Ablauf der Vollstreckungsverjährung jederzeit wiederaufnehmen.[25] 11

2. Vollstreckungsverfahren, Vollzug. Über Rechtsbehelfe des Verurteilten vgl. § 459o. Für die Vollstreckung von Ersatzfreiheitsstrafen gelten nach § 50 Abs. 1 StVollstrO – von gewissen, in § 51 StVollstrO bestimmten Abweichungen abgesehen – in vollem Umfang die Vorschriften über die Vollstreckung von Freiheitsstrafen (§§ 22 ff. StVollstrO). Bei nachträglicher Zahlung des rückständigen Betrages, der in dem Aufnahmeersuchen an die nach dem Vollstreckungsplan zuständige Justizvollzugsanstalt anzugeben ist, ist der Verurteilte sofort aus der Straftat zu entlassen (§ 51 Abs. 4 StVollstrO).[26] Die Strafvollzugsgesetze des Bundes und der Länder enthalten keine von den allgemeinen Vorschriften über den Vollzug von Freiheitsstrafen abweichende Vorschriften über den Vollzug von Ersatzfreiheitsstrafen. 12

3. Aussetzung des Strafrestes. Wegen der **Aussetzung eines Strafrestes** (der Ersatzfreiheitsstrafe) vgl. § 462a, 4. 13

4. Tilgung uneinbringlicher Geldstrafen durch freie Arbeit

a) Regelung des früheren § 28b StGB. Der bis zum 31.12.1974 geltende § 28b StGB bestimmte: „(1) Die Vollstreckungsbehörde kann dem Verurteilten gestatten, eine uneinbringliche Geldstrafe durch freie Arbeit zu tilgen. (2) Das Nähere regelt die Bundesregierung mit Zustimmung des Bundesrates. Soweit dies nicht geschieht, sind die obersten Landesbehörden ermächtigt, das Nähere zu regeln." Eine reichs- oder bundesrechtliche Regelung ist während der Geltungsdauer der Vorschrift wegen (behaupteter) kaum überwindbarer praktischer Schwierigkeiten bei Zuweisung und Überwachung der freien Arbeit nicht erfolgt. Entsprechende Vorschriften einzelner älterer Landesfeld- und Forstdiebstahlsgesetze haben schon seit langem keine praktische Bedeutung mehr. 14

b) Reformdiskussion. Die Diskussion darüber, ob nicht doch erneut in das Strafgesetzbuch eine dem § 28b a. F. StGB entsprechende Vorschrift über die Tilgung uneinbringlicher Geldstrafen durch „gemeinnützige" Arbeit aufzunehmen sei,[27] endete schließlich mit einem Kompromiss. Die Aufnahme einer Vorschrift in das Strafgesetz- 15

---

22 *Bringewat* 7, 9.

23 KK/*Appl* 6; Meyer-Goßner/*Schmitt* 5; Berechnungsbeispiele bei *Röttle*/*Wagner* Rn. 271 ff.

24 *Bringewat* 8.

25 Meyer-Goßner/*Schmitt* 4.

26 OLG Düsseldorf NJW **1980** 250; OLG Zweibrücken MDR **1987** 782; KK/*Appl* 6; Meyer-Goßner/*Schmitt* 5; *Bringewat* 8.

27 Zum Für und Wider dieser Diskussion vgl. die ausführliche Erörterung in LK/*Tröndle*[9] § 28b, 4 und – zu Art. 293 EGStGB – LK/*Tröndle*[10] § 43, 9 ff.

buch unterblieb, weil die bisherigen Schwierigkeiten nach wie vor bestünden.[28] Um aber die Länder nicht an erneuten Versuchen zu hindern, bestimmt **Art. 293 EGStGB 1974**, dass die Landesregierungen ermächtigt werden, durch Rechtsverordnung Regelungen zu treffen, wonach die Vollstreckungsbehörden dem Verurteilten gestatten können, eine uneinbringliche Geldstrafe durch freie Arbeit zu tilgen. Die Landesregierungen können die Ermächtigung durch Rechtsverordnung auf die Landesjustizverwaltung übertragen. Es handelt sich dabei um eine Art **Experimentierklausel**, zu der neue Projekte, die z. B. in England mit einem „Gemeinschaftsdienst" gemacht werden, Veranlassung gaben.

16 Eine **nochmalige Überprüfung** des Problems der Geldstrafentilgung war während der Arbeiten an der Strafrechtsreform im Zusammenhang mit der Schaffung des Strafvollzugsgesetzes in Aussicht gestellt worden. Das Strafvollzugsgesetz 1976 enthält aber ebenfalls keine einschlägigen Vorschriften, da es sich nur mit Vollzugs-, nicht mit Vollstreckungsfragen beschäftigt. Auch die Strafvollzugsgesetze der Länder sehen keine entsprechenden Regelungen vor.

17 **c) Heutige Praxis.** Inzwischen haben alle Bundesländer von der Ermächtigung des Art. 293 EGStGB Gebrauch gemacht. Hatten die Länder die Anwendung der Rechtsverordnungen oder Gnadenregelungen zunächst – zumindest überwiegend[29] – auf einzelne Landgerichtsbezirke beschränkt, so ist nunmehr festzustellen, dass inzwischen alle Länder eine umfassende flächendeckende Regelung getroffen haben. Die Regelungen sind im Wesentlichen inhaltsgleich. Dem Verurteilten kann danach **auf Antrag** gestattet werden, die Vollstreckung der Ersatzfreiheitsstrafe durch freie Arbeit abzuwenden. Die Arbeit muss gemeinnützig und unentgeltlich sein. Die Vollstreckungsbehörde hat den Verurteilten bei der Anordnung der Vollstreckung der Ersatzfreiheitsstrafe auf diese Möglichkeit hinzuweisen. Mit der gemeinnützigen und unentgeltlichen Arbeit wird kein Arbeitsverhältnis begründet (Art. 293 Abs. 2 EGStGB). Allerdings finden Arbeitsschutzvorschriften entsprechende Anwendung. Auf Antrag des Verurteilten erlässt die Vollstreckungsbehörde eine Gestattungsverfügung. Diese ist widerruflich. Die Gestattung darf nicht erteilt werden, wenn der Verurteilte zur Arbeitsleistung – aus welchen Gründen auch immer – nicht in der Lage ist, sei es, weil er sich nicht auf freiem Fuß befindet oder eine Arbeit in absehbarer Zeit nicht vermittelt werden kann. Die Vermittlung der gemeinnützigen Arbeit erfolgt in aller Regel durch die Sozialen Dienste der Justiz, teilweise inzwischen aber auch durch freie Träger.

18 Nur die tatsächlich geleistete gemeinnützige Arbeit entfaltet Tilgungswirkung. Nichtantritt der Arbeit, unentschuldigtes Fernbleiben oder Schlechtleistung führen zum Widerruf der Gestattung. Sofern der Verurteilte der Arbeit fernbleibt, wird die versäumte Arbeitszeit auch dann nicht auf die Gesamtarbeitszeit angerechnet, wenn das Fernbleiben – nachträglich – entschuldigt ist. Gesetzliche Feiertage oder Krankheitstage des Verurteilten haben keine Tilgungswirkung.[30] Der Verurteilte kann jederzeit die freie Arbeit durch Zahlung der noch ausstehenden Geldstrafe beenden.

19 Zur Entscheidung über einen Antrag auf Gestattung der Tilgung der uneinbringlichen Geldstrafe ist der Rechtspfleger berufen. Solange die freie Arbeit gestattet ist, ruht die Vollstreckungsverjährung (§ 79a Nr. 2 Buchst. a StGB), denn die Gestattung kommt einem Aufschub der Vollstreckung gleich.[31] Gegen die Entscheidung des Rechtspflegers

---

28 Begr. zu Art. 270 Entw. EGStGB **1974** = BTDrucks. **7** 550 S. 455.

29 Vgl. dazu *Krieg* und Mitautoren MSchrKrim. **1984** 28 f.

30 BVerfG – Kammerbeschluss vom 29.1.1992 – 2 BvR 1266/91.

31 KK/*Appl* 12; KMR/*Stöckel* 15; SK/*Paeffgen* 8.

sind Einwendungen nach § 459o statthaft,[32] über die das Gericht (§ 462 Abs. 1 Satz 1, § 462a Abs. 2) entscheidet.[33] Wird bereits die Ersatzfreiheitsstrafe vollstreckt, ist die Strafvollstreckungskammer für die Entscheidung über Einwendungen zuständig.[34]

Länderspezifische Unterschiede bestehen bezüglich des **Anrechnungsmaßstabs**, 20
der teils vier, sechs oder acht Stunden je Tagessatz beträgt. Es wäre wünschenswert, wenn der Bundesgesetzgeber diese unterschiedlichen Regelungen sowohl unter dem Gesichtspunkt der Bestimmtheit der Strafe als auch dem Gleichheitsgrundsatz möglichst bald durch einen einheitlichen Anrechnungsmaßstab beseitigen würde.[35]

§ 459f
Unterbleiben der Vollstreckung der Ersatzfreiheitsstrafe

Das Gericht ordnet an, daß die Vollstreckung der Ersatzfreiheitsstrafe unterbleibt, wenn die Vollstreckung für den Verurteilten eine unbillige Härte wäre.

Schrifttum

Frank Aussetzung der Ersatzfreiheitsstrafe nach § 57 StGB? NJW **1978** 141; *Geiter* Ersatzfreiheitsstrafen: Bitterste Vollstreckung der mildesten Hauptstrafe des StGB. Erfahrungen bei Haftreduzierungsaktivitäten im Strafvollzug, FS Walter (2014) 559; *Köhler* Zur Kritik an der Zwangsarbeitsstrafe, GA **1987** 145; *von Selle* Der Begriff der unbilligen Härte in § 459f StPO, NStZ **1990** 118; *Tröndle* Die Geldstrafe in der Praxis und Probleme ihrer Durchsetzung unter besonderer Berücksichtigung des Tagessatzsystems, ZStW **86** (1974) 545; *Wessing* Zum Begriff der unbilligen Härte in § 459f StPO, EWiR **2002** 167.

Entstehungsgeschichte

Die Vorschrift wurde durch Art. 21 Nr. 130 EGStGB 1974 eingefügt.

Übersicht

1. Verhältnis zum früheren Recht. Der bis zum 31.12.1974 geltende § 29 Abs. 4 StGB 1
bestimmte: „Kann die Geldstrafe ohne Verschulden des Verurteilten nicht eingebracht werden, so kann das Gericht anordnen, daß die Vollstreckung der Ersatzfreiheitsstrafe unterbleibt." Dieser Vorschrift ist § 459f mit zwei Abweichungen nachgebildet. Zunächst ist die bisherige Kann-Vorschrift zu einer **Muss-Vorschrift** („ordnet an") umgewandelt worden. Ferner wird das Vorliegen einer „unbilligen Härte" als Voraussetzung für eine

---

32 OLG Karlsruhe NStZ-RR **2009** 220 und BGH NStZ **2009** 575 Ls.

33 **A. A.** OLG Dresden NStZ **1999** 160 (Entscheidung nur als Justizverwaltungsakt nach §§ 23 ff. EGGVG anfechtbar); OLG Jena NJ **2008** 376; vgl. aber Vorlagebeschluss OLG Karlsruhe NStZ-RR **2009** 220 und Verneinung der Vorlagevoraussetzungen BGH NStZ **2009** 575 Ls.

34 OLG Hamburg NJW **1976** 257.

35 Wegen weiterer Änderungswünsche s. *Krieg* MSchrKrim. **1984** 29 und *Bringewat* 14.

https://doi.org/10.1515/9783110275025-028

Unterbleibensanordnung gefordert. Bei dem letzteren Erfordernis handelt es sich aber[1] nur um eine Abweichung im Wortlaut des § 29 Abs. 4 a. F. StGB, nicht um eine solche von der bisherigen gerichtlichen Praxis. Nach wie vor kennt das Gesetz keine Aussetzung der Geldstrafe oder Ersatzfreiheitsstrafe zur Bewährung nach den §§ 56, 57 StGB, §§ 453, 454.[2]

2 **2. Regierungsentwurf.** Der **Regierungsentwurf** des späteren 23. StRÄndG[3] sah vor, die Vorschrift um folgenden Satz zu erweitern: „Das Gericht kann die Anordnung davon abhängig machen, daß der Verurteilte innerhalb einer zu bestimmenden Frist einen Teilbetrag der Geldstrafe zahlt.“ Dieser Vorschlag wurde aber **nicht weiterverfolgt**, nachdem der Rechtsausschuss ihn einstimmig abgelehnt hatte, weil kein Bedürfnis dafür ersichtlich sei. Schon jetzt stelle das Gesetz sowohl im Erkenntnisverfahren bei der Bemessung der Tagessätze, Zahlungsfristen, Teilzahlungsbewilligung als auch im Vollstreckungsverfahren ausreichend Mittel zur Vermeidung von Härten zur Verfügung, namentlich könne auch noch die Vollstreckungsbehörde Zahlungserleichterungen gewähren (§ 459a).[4] Dieser Auffassung ist zuzustimmen, zumal wenn man bedenkt, dass auch noch die Möglichkeit besteht, die Vollstreckung der Ersatzfreiheitsstrafe durch freie Arbeit (§ 459e, 14 ff.) abzuwenden, und die ursprünglich vorgesehene Erweiterung dazu führen würde, das Vollstreckungsverfahren nochmals zu verlängern und die Vollstreckung oder die Anordnung ihres Unterlassens dadurch weiter hinauszuschieben. Mit dem Grundsatz der beschleunigten und nachdrücklichen Vollstreckung (§ 2 StVollstrO) ist dies nur schwerlich zu vereinbaren. Schließlich besteht auch die Gefahr, dass es zwischen Gericht und Verurteilten zu einem unwürdigen Feilschen über die Höhe des zu leistenden Teilbetrages und die Angemessenheit der Zahlungsfrist kommen könnte.

3. Unbillige Härte

3 **a) Bedeutung.** Nach dem der Neuregelung der Geldstrafe nach dem Tagessatzsystem zugrundeliegenden Gedanken kann das gesetzgeberische Ziel, die kurze (primäre) Freiheitsstrafe nur noch in Ausnahmefällen zuzulassen (§ 47 Abs. 1 StGB), nur durch eine Erweiterung der Geldstrafe erreicht werden. Der individuellen Belastbarkeit und der Leistungsfähigkeit des Täters nach Maßgabe seiner persönlichen und wirtschaftlichen Verhältnisse hat das Gericht bereits bei der Bemessung der Höhe des Tagessatzes Rechnung zu tragen (§ 40 Abs. 2 StGB) und ihm, wenn ihm die sofortige Zahlung nicht zuzumuten ist, Zahlungsfristen oder Teilzahlungen schon im Erkenntnisverfahren zu bewilligen (§ 42 StGB). Es ist aber, soweit eine Verfahrenseinstellung nach den Vorschriften der §§ 153 ff. in Betracht kommt, nicht zulässig, wegen (verschuldeter oder unverschuldeter) Vermögenslosigkeit des Täters von der Verhängung einer Geldstrafe überhaupt abzusehen.

4 Der Gesetzgeber war sich des **Dilemmas** durchaus bewusst, dass es auf dem Weg über die Ersatzfreiheitsstrafe doch wieder zur Vollstreckung einer an sich unerwünschten kurzen Freiheitsstrafe kommen kann.[5] Er musste sich aber letztlich damit abfinden, denn eine Geldstrafe ohne den dahinter stehenden Zwang der Ersatzfreiheitsstrafe wäre

---

1 BTDrucks. **7** 550, Begr. zu Art. 19 Nr. 120 Entw. EGStGB 1974, S. 311; KK/*Appl* 1.

2 Vgl. zum Streitstand *Fischer* § 56, 2 und § 57 m. w. N.

3 BTDrucks. **10** 2720.

4 Vgl. BTDrucks. **10** 4391: Beschlussfassung und Bericht des Rechtsausschusses (6. Ausschuss), Art. 3 Nr. 8, S. 11, Begr. S. 19. Wegen weiterer Einzelheiten s. Rn. 4.

5 *Von Selle* NStZ **1990** 118 sieht darin ein paradoxum.

in vielen Fällen wirkungslos. Die Vollstreckungspraxis zeigt, dass viele Geldstrafen erst unter dem **Druck der bevorstehenden Vollstreckung** der Ersatzfreiheitsstrafe gezahlt werden, was in dem trotz erheblicher Zunahme der Verhängung von Geldstrafen an sich geringen Prozentsatz tatsächlich vollzogener Ersatzfreiheitsstrafen zum Ausdruck kommt. Aber auch im Vollstreckungsstadium stellt das Gesetz Mittel zur Vermeidung von Härten aufgrund persönlicher und wirtschaftlicher Schwierigkeiten des Verurteilten zur Verfügung. Die Vollstreckungsbehörde kann Zahlungserleichterungen gewähren (§ 459a). Das Gericht kann unter den Voraussetzungen des § 459d anordnen, dass die Vollstreckung der Geldstrafe ganz oder teilweise unterbleibt. Schließlich kann das Gericht nach § 459f auch anordnen, dass die Vollstreckung der Ersatzfreiheitsstrafe entfällt, wenn nämlich die Vollstreckung für den Verurteilten eine **unbillige Härte** wäre.

b) Begriff. Eine **unbillige Härte** i. S. des § 459f liegt nicht schon allein darin, dass der Verurteilte – wenn auch unverschuldet – über keine oder nicht mehr ausreichende Mittel verfügt, die zu seinem und seiner Familie gehörigen Unterhalt erforderlich sind.[6] Bestrebungen, schon darin eine unbillige Härte zu sehen, haben sich nicht durchsetzen können. Denn wiederum liefe dies darauf hinaus, dass die Tat ohne Sanktion bliebe, wenn zwar das Gericht letztlich ohne Rücksicht auf die Frage ihrer Einbringlichkeit eine Geldstrafe verhängen muss, aber im Vollstreckungsstadium allein die Uneinbringlichkeit zu einem Absehen von der Vollstreckung der Ersatzfreiheitsstrafe führen würde.[7] Zur **Vermögenslosigkeit** müssen vielmehr besondere Umstände hinzutreten, die eine Ersatzvollstreckung der Geldstrafe als mit den Anforderungen der Billigkeit (einer billigen Rücksichtnahme) unvereinbar, als geradezu „ungerecht" erscheinen lassen.[8] 5

Es greift also auch hier der **Gedanke des § 456**, dass die Vollstreckung der Ersatzfreiheitsstrafe eine außerhalb des Strafzwecks liegende zusätzliche Härte bedeuten muss.[9] Die Härteklausel darf daher nur in den (verhältnismäßig seltenen) Fällen zum Zuge kommen, in denen es offensichtlich ist, dass selbst äußerste Anstrengungen (zusätzlicher Nebenverdienst, strikte Sparsamkeit und Reduzierung des Lebensstandards) es dem Verurteilten nicht ermöglichen, ratenweise Mittel für die Geldstrafe aufzubringen, und eine günstige Prognose die Annahme rechtfertigt, dass schon die bloße Verhängung der Geldstrafe Strafwirkung erzielt hat.[10] In Betracht kommen etwa **Fälle**, dass wegen längerer Krankheit der Ehefrau des Verurteilten die kleinen Kinder unversorgt bleiben müssten, wenn er die Ersatzfreiheitsstrafe anträte und auch staatliche Hilfen nicht in dem erforderlichen Umfang zur Verfügung stehen; dass die Mittellosigkeit die Folge unverschuldeter schwerer Schicksalsschläge ist; dass Verlust des langjährigen Arbeitsplatzes mit anschließender langer Arbeitslosigkeit zu erwarten ist. Der Bezug von Arbeitslosengeld II, Sozialhilfe oder Grundsicherung reicht für sich genommen nicht aus, um eine unbillige Härte zu begründen, wohl aber wenn nachgewiesen schwerwie- 6

6 BVerfG NJW **2006** 3626; BGHSt **27** 90, 93; OLG Düsseldorf MDR **1983** 341; MDR **1985** 76; VRS **77** (1989) 454; *Schädler* ZRP **1983** 7; LK/*Grube* § 40, 54 ff.; *Fischer* § 40, 14; KK/*Appl* 2; *Bringewat* 3, 4; kritisch *Volckart/Pollähne/Woynar* Rn. 250 ff.

7 Bedenken bei *von Selle* NStZ **1990** 20; *Köhler* GA **1987** 161; KMR/*Stöckel* 2.

8 *Tröndle* ZStW **86** (1974) 570; MDR **1972** 454; Meyer-Goßner/*Schmitt* 2; *Bringewat* 4.

9 BVerfG NJW **2006** 3626; BGHSt **27** 93 unter ausdrücklicher Verweisung auf *Tröndle* ZStW **86** (1974) 570; OLG Düsseldorf MDR **1983** 341; **1985** 76; VRS **77** (1989) 454; OLG München GA **1984** 187; LG Frankfurt StV **1983** 292; LG Flensburg Rpfleger **1983** 326; LG Aachen JurBüro **1990** 1204; OLG Oldenburg StraFo **2006** 124; *Dölling* NStZ **1981** 89; KK/*Appl* 2; Meyer-Goßner/*Schmitt* 2; *Bringewat* 4; *Frank* MDR **1976** 628; NJW **1978** 143; *von Selle* NStZ **1990** 119.

10 *Tröndle* ZStW **86** (1974) 570; *Bringewat* 4.

gende gesundheitliche Probleme bestehen, die einen zusätzlichen Verdienst nicht ermöglichen.[11] Die Vollstreckung einer Ersatzfreiheitsstrafe stellt auch dann eine unbillige Härte dar, wenn die Zurückstellung der Vollstreckung nach § 35 BtMG allein an der mangelnden Zurückstellungsfähigkeit der gemäß § 43 Abs. 2 Nr. 2 StVollstrO anschließend zu vollstreckenden Ersatzfreiheitsstrafe scheitern würde.[12] Sofern eine ungünstige Täterprognose eine nachhaltige Einwirkung auf den Verurteilten erfordert, um den Strafzweck zu erreichen, kommt die Annahme einer unbilligen Härte nicht in Betracht.[13] Auch wenn dem Verurteilten jede Unrechtseinsicht fehlt, stellt die Vollstreckung der Ersatzfreiheitsstrafe keine unbillige Härte dar.[14]

4. Anordnung des Unterbleibens

7 **a) Zuständigkeit.** Zuständig zur Anordnung des Unterbleibens der Vollstreckung, die auch noch während der Verbüßung der Ersatzfreiheitsstrafe getroffen werden kann, ist das **Gericht** (§§ 462, 462a). § 49 Abs. 2 StVollstrO weist die Vollstreckungsbehörde an, in Fällen, in denen die Vollstreckung der Ersatzfreiheitsstrafe eine unbillige Härte bedeuten kann, zu prüfen, ob bei dem Gericht eine Anordnung nach § 459f anzuregen ist. Eine solche **Anregung kann auch der Rechtspfleger geben**, der sie dem sachbearbeitenden Staatsanwalt der nach § 462 Abs. 2 als Strafverfolgungsbehörde zu hörenden Staatsanwaltschaft zuleitet, damit dieser die Anregung prüft und sich ggf. zu eigen macht.[15] Ist der Staatsanwalt anderer Auffassung als der Rechtspfleger, so entscheidet der gemeinsame Vorgesetzte oder der von diesem durch die Geschäftsverteilung dafür bestimmte Staatsanwalt, ob und mit welcher Begründung die Anregung an das Gericht weitergeleitet werden soll. Die Anregung kann auch schon vor der Anordnung nach § 459e erfolgen.

8 **b) Wirkung.** Nach den zu § 29 Abs. 4 a. F. StGB, § 459 a. F. ausgebildeten Grundsätzen,[16] die ihre Bedeutung behalten haben, da § 459f insoweit keine Änderung der Rechtslage gebracht hat (Rn. 1), besteht die Wirkung der Anordnung des Unterbleibens der Vollstreckung der Ersatzfreiheitsstrafe, auch nach ihrer Rechtskraft (§ 462 Abs. 3), lediglich in dem Aufschub der Vollstreckung der Ersatzfreiheitsstrafe.[17] Sie lässt aber, da sie nur eine Vollstreckungsmaßnahme und nicht etwa ein den Erlass der Geldstrafe oder der Ersatzfreiheitsstrafe umfassender Gnadenakt ist, im Übrigen den Fortbestand der Ersatzfreiheitsstrafe und den Fortbestand der ihr zugrunde liegenden Geldstrafe unberührt. Daraus folgt, dass das Gericht seine **Anordnung widerrufen** und damit das der Vollstreckung der Ersatzfreiheitsstrafe entgegenstehende Hindernis beseitigen kann, wenn infolge nachträglicher Veränderung der Verhältnisse die Vollstreckung der Ersatzfreiheitsstrafe keine unbillige Härte mehr darstellt, insbesondere wenn die Geldstrafe jetzt nur infolge Verschuldens des Verurteilten nicht beitreibbar ist.[18] Ist die Vollstre-

---

11 AG Tiergarten FS **2011** 195.

12 OLG Karlsruhe StV **2006** 590; LG Dortmund StV **1996** 218.

13 BGHSt **27** 93; OLG Düsseldorf MDR **1985** 76; KK/*Appl* 2; Meyer-Goßner/*Schmitt* 2.

14 LG Zweibrücken VRS **95** (1998) 35.

15 *Pohlmann* Rpfleger **1970** 265; *Pohlmann/Jabel/Wolf* § 49, 12; 13; KK/*Appl* 5; Meyer-Goßner/*Schmitt* 1; *Bringewat* 6.

16 S. dazu LR/*Schäfer*[22] § 459, 1.

17 OLG Schleswig SchlHA **1976** 13; KK/*Appl* 3; Meyer-Goßner/*Schmitt* 3; *Bringewat* 6; *Röttle/Wagner* Rn. 270.

18 BGH Beschl. vom 23.2.1966 –2 StR 39/66 –; OLG Dresden JW **1932** 1764; OLG Schleswig SchlHA **1976** 13; KK/*Appl* 3; Meyer-Goßner/*Schmitt* 3; *Bringewat* 7.

ckung der Ersatzfreiheitsstrafe angeordnet und mit ihrem Vollzug bereits begonnen, kann die zuständige Strafvollstreckungskammer gleichwohl noch eine (Teil-)Anordnung nach § 459f treffen, wenn die Fortführung der Vollstreckung der Ersatzfreiheitsstrafe aufgrund neuer Umstände für den Verurteilten eine unbillige Härte darstellen würde.[19]

5. Erneuter Versuch der Beitreibung. Die Vollstreckungsbehörde kann bis zum 9
Ablauf der Verjährungsfrist erneut versuchen, und zwar ohne dass es eines Widerrufs der Anordnung nach § 459f bedarf, die Geldstrafe doch noch beizutreiben, wenn nach Erlass der Anordnung **neue Gesichtspunkte** hervortreten, die die Fortsetzung der Vollstreckung der Geldstrafe angezeigt erscheinen lassen, insbesondere wenn sich die wirtschaftlichen Verhältnisse des Verurteilten bessern. Darauf weist § 49 Abs. 2 Satz 2 StVollstrO ausdrücklich hin. Dies gilt aber dann nicht, wenn ein Gerichtsbeschluss nach § 459d dem entgegensteht. Im Allgemeinen wird die Vollstreckungsbehörde Anlass zu erneuten Vollstreckungsmaßnahmen nur haben, wenn sie aufgrund bestimmter Tatsachen Kenntnis von einer Besserung der wirtschaftlichen Verhältnisse des Verurteilten erlangt. Dann allerdings gebietet es auch die Vollstreckungspflicht, bis zum Ablauf der Verjährungsfrist (dazu §§ 79, 79a StGB) die erforderlichen Vollstreckungsmaßnahmen zu ergreifen, auch wenn bis dahin ein längerer Zeitraum seit den letzten Vollstreckungsversuchen verstrichen ist. Ein Vertrauensschutz für den Verurteilten greift insoweit nicht ein.

6. Gnadenentscheidung. Auch wenn das Gericht eine Anordnung nach § 459f ab- 10
gelehnt hat, kann die **Gnadenbehörde** im **Gnadenweg** die Vollstreckung der Ersatzfreiheitsstrafe unter Aufrechterhaltung der Geldstrafe zur Bewährung aussetzen.[20]

§ 459g
Vollstreckung von Nebenfolgen

(1) [1]Die Anordnung der Einziehung oder der Unbrauchbarmachung einer Sache wird dadurch vollstreckt, dass die Sache demjenigen, gegen den sich die Anordnung richtet, weggenommen wird. [2]Für die Vollstreckung gelten die Vorschriften des Justizbeitreibungsgesetzes.

(2) Für die Vollstreckung der Nebenfolgen, die zu einer Geldzahlung verpflichten, gelten die §§ 459, 459a sowie 459c Absatz 1 und 2 entsprechend.

(3) [1]Für die Vollstreckung nach den Absätzen 1 und 2 gelten außerdem die §§ 94 bis 98 entsprechend mit Ausnahme von § 98 Absatz 2 Satz 3, die §§ 102 bis 110, § 111c Absatz 1 und 2, § 111f Absatz 1, § 111k Absatz 1 und 2 sowie § 131 Absatz 1. [2]§ 457 Absatz 1 bleibt unberührt. [3]Vor gerichtlichen Entscheidungen unterbleibt die Anhörung des Betroffenen, wenn sie den Zweck der Anordnung gefährden würde.

(4) [1]Das Gericht ordnet den Ausschluss der Vollstreckung der Einziehung nach den §§ 73 bis 73c des Strafgesetzbuchs an, soweit der aus der Tat erwachsene Anspruch auf rückgewähr des Erlangten oder auf Ersatz des Wertes des Erlangten erloschen ist. [2]Dies gilt nicht für Ansprüche, die durch Verjährung erloschen sind.

(5) [1]In den Fällen des Absatzes 2 unterbleibt auf Anordnung des Gerichts die Vollstreckung, soweit sie unverhältnismäßig wäre. [2]Die Vollstreckung wird auf An-

19 BGHSt **30** 323; *Frank* NJW **1978** 143; KK/*Appl* 4; Meyer-Goßner/*Schmitt* 1; *Bringewat* 10.
20 *Bringewat* 11.

https://doi.org/10.1515/9783110275025-029

ordnung des Gerichts wieder aufgenommen, wenn nachträglich Umstände bekannt werden oder eintreten, die einer Anordnung nach Satz 1 entgegenstehen. [3]Vor der Anordnung nach Satz 2 unterbleibt die Anhörung des Betroffenen, wenn sie den Zweck der Anordnung gefährden würde. [4]Die Anordnung nach Satz 1 steht Ermittlungen dazu, ob die Voraussetzungen für eine Wiederaufnahme der Vollstreckung vorliegen, nicht entgegen.

Schrifttum

Bielefeld/Handel Das Verfahren der Opferentschädigung nach dem neuen Recht der Vermögensabschöpfung – Chance und Risiko zugleich, wistra **2019** 9; *Bittmann* Die Rechtsprechung zum abschöpfungsrechtlichen Verfahrensrecht 2019/2020, Teil 2b, NStZ **2021** 342; *Bittmann/Tschakert* Strafrechtliche Vermögensabschöpfung und Insolvenzrecht – Stärkung des Justizfiskus, der Verletzten oder aller Gläubiger, ZInsO **2017** 2657; *Blankenburg* Reform der strafrechtlichen Vermögensabschöpfung – Neue Möglichkeiten der Staatsanwaltschaft im Insolvenzverfahren, ZInsO **2017** 1453; *Börner* Vermögensabschöpfung als Königsweg im System des Strafrechts – Auswirkungen auf Rolle und Aufgabe der Strafverteidigung, StraFo **2020** 89; *Gehm* Steuerhinterziehung: Einziehung von Taterträgen bei Hinterziehung vom Umsatzsteuer zugunsten Dritte, PStR **2020** 154; *ders.* Neuer Vorstoß des Gesetzgebers bei der strafrechtlichen Vermögensabschöpfung – eine aktuelle Bestandsaufnahme, ZWH **2021** 18; *Gericke* Die neuen Regelungen zur Einziehung – erste Erfahrungen, StraFo **2021** 274; *Hiéramente/Pfister* Strafrechtliche Ermittlungen zum Zwecke der Vermögensabschöpfung, jurisPR-StrafR 7/**2001** Anm. 2; *Hüls* Zur Reform des Rechts der Vermögensabschöpfung im Strafrecht, ZWH **2017** 242; *Kutschelis* Zur Frage, ob sich ein Betrugstäter im Vollstreckungsverfahren betreffend die Einziehung von Wertersatz auf den Wegfall der Bereicherung berufen kann – Anmerkung zu einer Entscheidung des OLG Stuttgart, Beschluss vom 5.8.2020 (11 KLs 176 Js 42172/15), NZWiSt **2020** 39; *Madauß* Aktuelle Rechtsprechung zur Einziehung in Steuerstrafverfahren und deren Bedeutung für die Praxis, ZWH **2020** 93; *Meißner* Die neuen Regelungen der Einziehung – erste Erfahrungen, StraFo **2021** 266; *Mitsching* Der Einfluss der Vermögensabschöpfung auf den Zivilprozess, JZ **2020** 937; *Pagán* Die staatliche Einziehung im Spannungsverhältnis zum Insolvenzverfahren – eine Zwischenbilanz nach der Reform, ZInsO **2019** 1554; *Reichling/Lange/Borgel* Gesetzgebungsverfahren: „Lex Cum/Ex II." – Erneute Änderung des Verjährungs- und Einziehungsrechts, PStR **2021** 31; *Rettke* Zur Entreicherung nach Anordnung einer Einziehung und zur dadurch bedingten Anordnung des Unterbleibens der weiteren Vollstreckung gemäß § 459g Abs. 5 StPO – Anm. zu einer Entscheidung des KG, Beschluss vom 7.9.2020 (5 Ws 105/19), wistra **2021** 163; *ders.* Der Vermögensabschöpfungsstrafbefehl – Selbständige Einziehung im Strafbefehlsverfahren, NStZ **2021** 202; *Sabel/Kusche* Regelungslücken im ordnungswidrigkeitenrechtlichen Abschöpfungssystem bei Anspruchstrias, ZWH **2021** 195; *Schilling/Corsten/Hübner* Das Gesetz zur Reform der strafrechtlichen Vermögensabschöpfung, StraFo **2017** 305; *Weidemann* Steuerstraftat: Vermögensabschöpfung im Steuerstrafrecht, PStR **2018** 8; *Wilke* Vermögensabschöpfung und Deal – Ökonomisierungs- und Verteidigungspotential, StraFo **2019** 495; *Wolf* Reform der strafrechtlichen Vermögensabschöpfung, Rpfleger **2017** 489.

Entstehungsgeschichte

Die Vorschrift wurde durch Art. 21 Nr. 130 EGStGB 1974 eingefügt. Durch Art. 3 Nr. 3 Buchst. a des Gesetzes zur Änderung zwangsvollstreckungsrechtlicher Vorschriften vom 1.2.1979[1] sind die früheren Sätze 2 und 3 des Absatzes 1 durch einen neuen Satz 2 ersetzt worden. Durch Art. 3 Nr. 15 des Gesetzes zur Reform der strafrechtlichen Vermögensabschöpfung vom 13.4.2017[2] wurden die Vorschrift infolge der materiell-rechtlichen Neuregelung des Rechts der Vermögensabschöpfung (§§ 73 ff. StGB) sowie weitere einschlägige strafvollstreckungsrechtliche Vorschriften neu gefasst. Absätze 1 und 2 übernehmen den

1 BGBl. I S. 127.
2 BGBl. I S. 872, 886.

Regelungsgehalt der bisher geltenden Fassung des § 459g. Absatz 3 geht auf die Beschlussempfehlung und den Bericht des BTRAussch. vom 22.3.2017[3] zurück. Die Absätze 3 und 4 des Gesetzentwurfs der Bundesregierung[4] wurden dadurch als Absätze 4 und 5 neu gefasst und vollziehen die gerichtliche Zuständigkeit für das Vollstreckungsverfahren nach.[5] Durch Art. 49 des Jahressteuergesetzes 2020 vom 21.12.2020[6] wurde dem Absatz 4 der Satz 2 angefügt. Durch Art. 1 Nr. 57 des Gesetzes zur Fortentwicklung der Strafprozessordnung und zur Änderung weiterer Vorschriften vom 25.6.2021[7] wurden die Absätze 3 und 4 sowie Absatz 5 Satz 1 neu gefasst. In Absatz 5 Satz 2 erfolgte eine Klarstellung hinsichtlich der Zuständigkeit für die Anordnung der Wiederaufnahme der Vollstreckung. Absatz 5 wurde zudem um die Sätze 3 und 4 ergänzt.

Übersicht

Alphabetische Übersicht

3 BTDrucks. **18** 11640 S. 89.
4 BTDrucks. **18** 9525 S. 31, 94.
5 BTDrucks. **18** 11640 S. 89.
6 BGBl. I S. 3096, 3134.
7 BGBl. I S. 2099, 2106.

I. Vollstreckung bei Einziehung oder Unbrauchbarmachung (Absatz 1)

1 **1. Früheres Recht.** Der dem § 90 Abs. 3 Satz 1 OWiG entsprechende § 459g Abs. 1 Satz 1 ist an die Stelle des § 463 a. F. getreten, soweit dort unter den „Vermögensstrafen" wegen deren Vollstreckung auf die Vorschriften der Zivilprozessordnung verwiesen wurde, auch die Anordnung von Verfall, Einziehung und Unbrauchbarmachung einer Sache verstanden wurde.

2 **2. Neues Recht.** Das am 1.7.2017 in Kraft getretene Gesetz zur Reform der strafrechtlichen Vermögensabschöpfung vom 13.4.2017[8] hat die materiell-rechtlichen Regelungen neu gefasst, in deren Folge die einschlägigen vollstreckungsrechtlichen Regelungen angepasst und teilweise neu gefasst werden mussten. **§ 459g** bleibt dabei die **grundlegende Vorschrift** für die **Vollstreckung rechtskräftiger Anordnungen der Einziehung** oder **Unbrauchbarmachung.**[9] Im **Erkenntnisverfahren** gilt **§ 459g nicht**, und zwar auch nicht analog.[10] Absatz 1 regelt die Vollstreckung von Nebenfolgen, die auf die **funktional dauerhafte Besitzentziehung** bei dem **Einziehungsadressaten** und auf die **Besitzeinräumung zugunsten** des **Justizfiskus** abstellen.[11] Durch Art. 1 Nr. 57 des am 1.7.2021 in Kraft getretenen Gesetzes zur Fortentwicklung der Strafprozessordnung und zur Änderung weiterer Vorschriften vom 25.6.2021[12] wurde § 459g in verschiedener Hinsicht überarbeitet und an Bedürfnisse der Praxis angepasst. Die (polizeilichen) Befugnisse bei der Fahndung nach Vermögenswerten wurden konkretisiert und um Ermächtigungen zu Beschlagnahmen ergänzt (Absatz 3).[13] Die Regelung zum Ausschluss der Vollstreckung der Einziehung nach den §§ 73 bis 73c StGB (Absatz 4) wurde als gesetzlicher Unterfall des Ausschlusses der Vollstreckung bei Unverhältnismäßigkeit (Absatz 5) ausgestaltet.

3 **3. Ergänzende Vorschriften.** Absatz 1 wird durch die §§ 60 ff. StVollstrO ergänzt, die detaillierte Verfahrensregelungen für die Vollstreckungsbehörde enthalten. Ansprüche aus gerichtlichen Anordnungen über die Einziehung oder die Unbrauchbarmachung einer Sache werden nach § 1 Abs. 1 Nr. 2a JBeitrG beigetrieben. Ferner finden die Vor-

---

8 BGBl. I S. 872.
9 BTDrucks. **18** 9525 S. 94.
10 BGH NStZ-RR **2018** 241.
11 KK/*Appl* 3; Meyer-Goßner/Schmitt/*Köhler* 1; OK-StPO/*Coen* 1; Bittmann/Köhler/Seeger/Tschakert/*Seeger* Rn. 1848.
12 BGBl. I S. 2099.
13 BTDrucks. **19** 27654 S. 39.

schriften des Justizbeitreibungsgesetzes[14] nach Absatz 2 entsprechende Anwendung für die Vollstreckung von Nebenfolgen, die zu einer Geldzahlung verpflichten (§ 1 Abs. 1 Nr. 1 JBeitrG, § 459g Abs. 1 Satz 2 i. V. m. §§ 459, 459a und 459c Abs. 1 und 2).

4. Einziehung. Die Anordnung der Einziehung nach Absatz 1 Satz 1 umfasst die Einziehung von Taterträgen bei Tätern und Teilnehmern (§ 73 StGB), die erweiterte Einziehung von Taterträgen bei Tätern und Teilnehmern (§ 73a StGB), die Einziehung von Taterträgen bei anderen (§ 73b StGB), die Einziehung von Tatprodukten, Tatmitteln und Tatobjekten bei Tätern und Teilnehmern (§ 74 StGB), die Einziehung von Tatprodukten, Tatmitteln und Tatobjekten bei anderen (§ 74a StGB) sowie die Sicherungseinziehung (§ 74b StGB). 4

a) Bewegliche oder unbewegliche Sachen. Absatz 1 Satz 1, der den Anspruch des Justizfiskus auf **Besitzeinräumung** regelt, befasst sich nur mit der Vollstreckung, wenn die Einziehung einer beweglichen oder unbeweglichen Sache angeordnet ist.[15] Da mit dem Eintritt der Rechtskraft der Entscheidung das Eigentum an der Sache kraft Gesetzes auf den Staat übergeht, wird damit der Justizfiskus (§ 60 StVollstrO) Eigentümer der Sache. Besonderer Vollstreckungsmaßnahmen bedarf es nur dann, wenn sich der Gegenstand bei Eintritt der Rechtskraft nicht bereits (z. B. infolge Beschlagnahme oder freiwilliger Herausgabe) in amtlichem Gewahrsam befindet. Bei der Einziehung eines KFZ geht auch der KFZ-Brief in das Eigentum des Fiskus über. Die rechtskräftige Anordnung der Einziehung ist zugleich **Vollstreckungstitel.** Der Landesfiskus wird auch Eigentümer, wenn ein **Oberlandesgericht** in Ausübung der Gerichtsbarkeit des Bundes (§ 120 Abs. 6 GVG) entschieden hat (§ 60 Satz 2 StVollstrO). Hat das Gericht die Einziehung zugunsten des Bundes angeordnet, so wird die Bundesrepublik Deutschland (Justizfiskus) Eigentümer (§ 60 Satz 3 StVollstrO). 5

b) Wegnahme. Befindet sich die Sache im Besitz des Verurteilten oder des in der Entscheidung bezeichneten Einziehungsbeteiligten, der sie herauszugeben hat und gibt dieser sie nicht auf Aufforderung freiwillig heraus, so erfolgt die Vollstreckung nach Absatz 1 Satz 1 durch **Wegnahme** (§ 61 StVollstrO) im Sinne von § 883 Abs. 1 ZPO, bei Grundstücken sinngemäß durch Besitzentzug (§ 885 ZPO). Sofern die Vollstreckungsbehörde die tatsächliche Gewalt über die Sache nicht ausüben will, genügt die Herstellung des mittelbaren Besitzes (§ 868 BGB). Wesentliche Bestandteile und Zubehörstücke werden ohne besonderen Vollstreckungstitel in Besitz genommen.[16] Die Wegnahme wird durch den von der Vollstreckungsbehörde mit schriftlichem Auftrag versehenen Vollziehungsbeamten (§ 6 Abs. 1 Nr. 1, Abs. 3 JBeitrG, § 61 Abs. 1, 2 StVollstrO) vollzogen.[17] Die Wegnahme unterbleibt, wenn der Einziehungsbeteiligte die Herausgabe der in seinem Gewahrsam befindlichen Sache unter Berufung auf ein Recht zum Besitz verweigert, dessen Erlöschen (§ 75 Abs. 2 Satz 2 StGB) nicht in der Entscheidung angeordnet ist. Es bleibt dann nur der Weg der Klage auf Herausgabe nach § 985 BGB (§ 61 Abs. 4 StVollstrO), über dessen Beschreiten die oberste Justizbehörde entscheidet (§ 61 Abs. 3 Satz 2 StVollstrO). 6

---

14 BGBl. I 2017 S. 1926 und I 2021 S. 882.
15 Wegen der Einziehung von Rechten siehe Rn. 10.
16 Meyer-Goßner/Schmitt/*Köhler* 4.
17 *Röttle/Wagner* Rn. 425.

7 **c) Eidesstattliche Versicherung.** Wird die herauszugebende Sache nicht vorgefunden, so können der Verurteilte sowie der Einziehungsbeteiligte durch Antrag der Vollstreckungsbehörde bei dem zuständigen Gerichtsvollzieher zur Abgabe einer **eidesstattlichen Versicherung über den Verbleib** der Sache angehalten werden (§ 883 Abs. 2, §§ 899, 900 Abs. 1, 3 und 5, §§ 901 bis 913 ZPO; § 62 Abs. 1 StVollstrO; § 7 JBeitrG).[18] Die Vollstreckungsbehörde soll aber von einer solchen Antragstellung in der Regel absehen, sofern die eidesstattliche Versicherung wesentlichen Feststellungen der Entscheidung widersprechen würde (§ 62 Abs. 1 Satz 2 StVollstrO). Der Antrag auf Abgabe der eidesstattlichen Versicherung ersetzt den vollstreckbaren Schuldtitel (§ 6 Abs. 1 Nr. 1, § 7 Satz 2 JBeitrG). Dem Vollstreckungsbeamten der Vollstreckungsbehörde bleibt es unbenommen, auch nach Abnahme einer eidesstattlichen Versicherung die Wohnung oder Behältnisse erneut mit richterlicher Anordnung zu durchsuchen.[19] Zur Antragstellung ist der Rechtspfleger berufen.[20]

8 **d) Besitzender Dritter.** Befindet sich die herauszugebende Sache im Besitz eines Dritten, so besteht keine Möglichkeit, aus der die Einziehung anordnenden Entscheidung unmittelbar gegen diesen mit Vollstreckungsmaßnahmen vorzugehen, denn eine Grundlage für Vollstreckungsmaßnahmen bildet die Entscheidung nur gegenüber demjenigen, der in ihr als Verurteilter oder herausgabepflichtiger Einziehungsbeteiligter benannt ist. Der Justizfiskus kann jedoch aufgrund des mit der Rechtskraft der Entscheidung erworbenen Eigentums gegen den Dritten mit einer **Klage auf Herausgabe** (§ 985 BGB) vorgehen.[21] Ob ein Anspruch auf Herausgabe gegen den Dritten als Gewahrsamsinhaber geltend gemacht wird, entscheidet die oberste Justizbehörde oder die von ihr bestimmte Stelle (§ 61 Abs. 4 Satz 3 i. V. m. Abs. 3 Satz 2 StVollstrO).[22]

9 **e) Unausführbarkeit.** Kann die Einziehung der Sache deshalb nicht angeordnet werden, weil diese nicht mehr vorhanden, verwertet, mit dem Recht eines Dritten belastet oder nach der Anordnung sonst eine der in § 73c oder § 74c StGB bezeichneten Voraussetzungen eingetreten ist, so legt die Vollstreckungsbehörde die Akten der als Strafverfolgungsbehörde zuständigen Staatsanwaltschaft vor, damit Letztere prüfen kann, ob sie bei dem nach den §§ 462, 462a zuständigen Gericht[23] die nachträgliche Anordnung der Einziehung des Wertersatzes (§ 76 StGB) beantragen soll (§ 62 Abs. 2 StVollstrO).[24] Während die **Vollstreckungsbehörde verpflichtet** ist, die Akten nach § 62 Abs. 2 StVollstrO der Staatsanwaltschaft als Strafverfolgungsbehörde vorzulegen („, so veranlasst die Vollstreckungsbehörde die Prüfung, ob ... die Einziehung des Wertersatzes nachträglich angeordnet werden soll (§ 76 StGB)“, liegt die Entscheidung über die nachträgliche Anordnung der Einziehung des Wertersatzes im **Ermessen des Gerichts** („... kann das Gericht die Einziehung des Wertersatzes nachträglich anordnen.“). Das Gericht entscheidet nach Anhörung des Verurteilten und der Staatsanwaltschaft ohne mündliche Verhandlung durch Beschluss (§ 462 Abs. 1, § 462a Abs. 1).

---

18 Bittmann/Köhler/Seeger/Tschakert/*Seeger* Rn. 1852.

19 OK-StPO/*Coen* 10 f.; Meyer-Goßner/Schmitt/*Köhler* 9; MüKo/*Nestler* 22.

20 *Röttle*/*Wagner* Rn. 428.

21 Bittmann/Köhler/Seeger/Tschakert/*Seeger* Rn. 1848.

22 *Pohlmann* Rpfleger **1968** 270; *Pohlmann*/*Jabel*/*Wolf* § 61, 18; KK/*Appl* 6; Meyer-Goßner/Schmitt/*Köhler* 4.

23 BGH wistra **2018** 427.

24 KK/*Appl* 9; MüKo/*Nestler* 8.

f) Rechte. Eingezogene Rechte gehen kraft Gesetzes (§ 75 StGB) mit der Rechtskraft der Entscheidung auf den Staat über. Insoweit bedarf es grundsätzlich keiner Vollstreckungsmaßnahmen.[25] Bestehen aber **Streitigkeiten** mit Dritten über die Inhaberschaft des Rechts, z. B. wenn ein Dritter geltend macht, das eingezogene Recht habe im Zeitpunkt der Rechtskraft der Entscheidung nicht mehr dem Einziehungsbeteiligten, sondern ihm zugestanden (§ 75 Abs. 1 Satz 1 Nr. 1 2. Alt. StGB: „... wenn ... zu dieser Zeit ... zusteht") oder Streitigkeiten über Rechte am Recht, deren Erlöschen nicht angeordnet ist oder über die Befugnis zur Ausübung des Rechts, so bedürfen sie einer Klärung im Wege der **Klage**, über deren Erhebung die oberste Justizbehörde entscheidet (§ 61 Abs. 5 Satz 2, Abs. 4 Satz 3, Abs. 3 Satz 2 StVollstrO). Ist das eingezogene Recht eine Geldforderung gegen einen Dritten, so kann der Justizfiskus als Gläubiger gegen den Schuldner, der nicht zahlt, nur nach den allgemeinen Vorschriften vorgehen.[26] Ist mit dem Rechtserwerb der Eigentumsübergang an einer **Schuldurkunde** i. S. v. § 952 BGB verbunden, darf diese in entsprechender Anwendung von § 836 Abs. 3 ZPO den im Titel genannten Personen weggenommen werden. Einer Pfändung oder Überweisung des Rechts bedarf es in keinem Fall (§ 61 Abs. 5 Satz 1 StVollstrO). 10

5. Unbrauchbarmachung. Die Anordnung der Unbrauchbarmachung (§ 74d Abs. 1 Satz 2 StGB) und der ihr gleichstehenden (vereinzelt noch in Nebengesetzen vorgesehenen) **Vernichtung** verschafft – anders als die Einziehung – dem Staat kein Eigentum, sondern lässt die Eigentumsverhältnisse unberührt.[27] Ein Gegenstand, dessen Unbrauchbarmachung angeordnet ist, wird daher nach Möglichkeit dem Berechtigten zurückgegeben, wenn er nach Maßgabe der Entscheidung seiner gefährdeten Form entkleidet oder unschädlich gemacht worden ist (§ 63 Abs. 3 StVollstrO). Befindet sich der Gegenstand, dessen Unbrauchbarmachung oder Vernichtung angeordnet ist, in den **Händen des Verurteilten**, eines Einziehungsbeteiligten (§ 424) oder eines Nebenbetroffenen (§ 438), so bedeutet diese Anordnung, dass sie verpflichtet sind, die Unbrauchbarmachung zu dulden.[28] Mithin ist die Wegnahme des Gegenstands zur Durchführung der Anordnung der Unbrauchbarmachung zu dulden. Die Wegnahme wird in gleicher Weise wie bei eingezogenen Gegenständen vollzogen.[29] 11

Befindet sich der Gegenstand in den **Händen eines Dritten**, so kann aus der die Unbrauchbarmachung (Vernichtung) anordnenden Entscheidung gegen ihn nicht vollstreckt werden. Materiell-rechtlich begründet zwar die **Anordnung der Unbrauchbarmachung** (Vernichtung) auch für ihn die Pflicht, dem Staat den Besitz an dem Gegenstand zur Durchführung der Anordnung zu überlassen.[30] Ist der Dritte aber nicht freiwillig zur Herausgabe oder Duldung bereit, besteht mangels eines Vollstreckungsmittels nur die Möglichkeit, dass der Staat im Wege des Zivilprozesses gegen ihn sein Recht auf Erlangung des Besitzes zwecks Durchführung der angeordneten Maßnahme verfolgt oder dass mit polizeilichen Maßnahmen oder mit Hilfe der zuständigen Verwaltungsbehörde (§ 63 Abs. 5 StVollstrO) gegen ihn vorgegangen wird, um durch Entziehung des Gegenstands die Allgemeinheit vor Gefahren zu schützen, die von dem Gegenstand oder seiner missbräuchlichen Verwendung drohen (§ 74b StGB). 12

---

25 KK/*Appl* 8; *Bringewat* 7; *Röttle/Wagner* Rn. 427; *Pohlmann/Jabel/Wolf* § 61, 12; OK-StPO/*Coen* 6; MüKo/*Nestler* 3.

26 KK/*Appl* 8; *Röttle/Wagner* 427.

27 KK/*Appl* 5; *Bringewat* 8; OK-StPO/*Coen* 2; *Röttle/Wagner* Rn. 433.

28 Meyer-Goßner/Schmitt/*Köhler* 3; KK/*Appl* 6.

29 *Bringewat* 8.

30 *Pohlmann/Jabel/Wolf* § 61, 24.

13 Die **Ausführung** der Unbrauchbarmachung oder Vernichtung, sobald der Staat den Besitz an dem Gegenstand erlangt hat, richtet sich nach § 63 Abs. 3 bis 7 StVollstrO.

14 **6. Tod des Verurteilten, Einziehungsbeteiligten oder Nebenbetroffenen.** Soweit der Verurteilte, Einziehungsbeteiligte oder Nebenbetroffene (z. B. in den Fällen der § 74a Nr. 2, § 74b Abs. 1 Nr. 2, § 75 Abs. 1 Nr. 2 StGB) Eigentümer der einzuziehenden Sache ist und **vor Rechtskraft der Entscheidung** stirbt, geht das Eigentum nicht ohne Weiteres auf den Staat über. In den Fällen der Einziehung von Taterträgen bei Täter und Teilnehmern (§ 73 StGB) sowie der erweiterten Einziehung von Taterträgen bei Tätern und Teilnehmern (§ 73a StGB) richtet sich die Einziehung nach § 73b Abs. 1 Satz 1 Nr. 3 StGB, unter Umständen i. V. m. § 76a Abs. 1 StGB, bei einer Sicherungseinziehung gemäß § 74b Abs. 1 Nr. 2 StGB gegen den Rechtsnachfolger (z. B. den Erben), der dann am Verfahren beteiligt wird (§ 424), so etwa wenn es gegen einen Mitangeklagten fortgeführt wird oder wenn ein selbständiges Einziehungsverfahren (§ 435) gegen ihn eingeleitet wird.

15 Stirbt der Verurteilte, Einziehungsbeteiligte oder Nebenbetroffene **nach Rechtskraft der Entscheidung**, so wird die Wirkung der auf Einziehung oder Unbrauchbarmachung (Vernichtung) lautenden rechtskräftigen Entscheidung anders als bei Geldstrafen (§ 459c Abs. 3) durch den Tod nicht berührt.[31] Eine Änderung der Rechtslage tritt nur insofern ein, als es keine dem § 727 ZPO vergleichbare Umschreibung des Strafurteils als Vollstreckungstitel gegen den Rechtsnachfolger des Verurteilten, Einziehungsbeteiligten oder Nebenbetroffenen gibt. Befindet sich die eingezogene Sache im Gewahrsam des Erben, so ist er zwar dem Fiskus als Eigentümer herausgabepflichtig. Leistet er aber einer Aufforderung zur Herausgabe keine Folge, so gilt auch hier § 61 Abs. 4 StVollstrO, d. h. es bedarf einer Klage auf Herausgabe, über deren Erhebung die oberste Justizbehörde oder die von ihr bestimmte Stelle (§ 61 Abs. 4 Satz 3 i. V. m. § 61 Abs. 3 Satz 2 StVollstrO) entscheidet.

16 Eine **unbrauchbar zu machende** oder zu **vernichtende Sache** gehört zum **Nachlass.** Die Verpflichtung, ihren Besitz dem Staat zur Durchführung der Unbrauchbarmachung (Vernichtung) zu überlassen, trifft auch den **Erben** des in der Entscheidung genannten Verurteilten, Einziehungsbeteiligten oder Nebenbetroffenen. Auch er ist, da der Titel nicht auf ihn lautet, dritter Gewahrsamsinhaber i. S. d. § 61 Abs. 4 StVollstrO. Die Möglichkeit unmittelbaren polizeilichen Vorgehens gegen ihn zum Schutz der Allgemeinheit im Rahmen der Gefahrenabwehr bleibt unberührt (Rn. 12 a. E.).

II. Vollstreckung von Nebenfolgen bei Verpflichtung zu einer Geldzahlung (Absatz 2)

17 Nebenfolgen, die zu einer Geldzahlung verpflichten, sind die **Einziehung des Wertes von Taterträgen** (§ 73c StGB), die **Einziehung des Wertes von Tatprodukten, Tatmitteln und Tatobjekten** bei Tätern oder Teilnehmern (§ 74c StGB), auch bei **nachträglicher** oder **selbständiger** Anordnung (§§ 76, 76a StGB) sowie die **Abführung des Mehrerlöses** (§ 8 WiStG).[32] **Nicht hierher gehören** die **Geldbuße gegen eine juristische Person** oder **Personenvereinigung** als **Nebenfolge** der Straftat ihres Organs oder Vertretungsberechtigten (§ 30 OWiG, § 444 und dazu § 91 OWiG, § 1 Abs. 1 Nr. 2 JBeitrG). Das Gleiche gilt für die **Geldauflage bei Strafaussetzung zur Bewährung** oder **beding-**

31 KK/*Appl* 11; Meyer-Goßner/Schmitt/*Köhler* 6; OK-StPO/*Coen* 5.

32 KK/*Appl* 12; Meyer-Goßner/Schmitt/*Köhler* 7; OK-StPO/*Coen* 7; Bittmann/Köhler/Seeger/Tschakert/*Seeger* Rn. 1869 ff.

ter Entlassung (§ 56b Abs. 2 Satz 1 Nr. 2, § 57 Abs. 3 StGB) oder bei **vorläufiger Einstellung des Verfahren nach § 153a,** denn sie ist nicht betreibbar und schuldhafte Nichterfüllung führt ggf. zum Widerruf der Aussetzung oder Entlassung oder zum Fortgang des Verfahrens. Auch die **Geldauflage als Zuchtmittel** nach § 15 Abs. 1 Satz 1 Nr. 4, Abs. 2 JGG oder bei Aussetzung einer Jugendstrafe oder Entlassung zur Bewährung (§ 23 Abs. 1, § 88 Abs. 6 JGG) ist nicht vollstreckbar.

Die zur Geldzahlung verpflichtenden Nebenfolgen sind **keine Strafen**. Demgemäß entfällt bei Uneinbringlichkeit eine Ersatzfreiheitsentziehung.[33] Im Übrigen werden sie aber sowohl materiell-rechtlich als auch vollstreckungsrechtlich (§ 459g Abs. 2 i. V. m. §§ 459, 459a sowie § 459c Abs. 1 und 2) wie Geldstrafen behandelt. Für nicht entsprechend anwendbar erklärt ist § 459c Abs. 3 (vgl. Rn. 14 ff.). Auch § 459d ist entgegen der in dem Regierungsentwurf vorgesehenen Regelung[34] auf die Beschlussempfehlung und den Bericht des BTRAussch.[35] zu Recht gestrichen worden, denn das Unterbleiben der Vollstreckung in den Fällen des Absatzes 2 regelt Absatz 4. 18

III. Entsprechende Anwendung von §§ 94 bis 98 mit Ausnahme von § 98 Abs. 2 Satz 3, §§ 102 bis 110, 111c Abs. 1 und 2, § 111f Abs. 1, § 111k Abs. 1 und 2 sowie § 131 Abs. 1 (Absatz 3)

1. Allgemeines. Der Entwurf der Bundesregierung eines Gesetzes zur Reform der strafrechtlichen Vermögensabschöpfung[36] sah keine Regelung für eine entsprechende Anwendbarkeit strafprozessualer Zwangsmaßnahmen bei der Vollstreckung von Nebenfolgen vor. Erst aufgrund der Beratung und Beschlussempfehlung des BTRAussch. wurde der frühere Absatz 3 eingefügt. Mit der danach entsprechenden Geltung der §§ 102 bis 110, § 111c Abs. 1 und 2, § 111f Abs. 1, § 111k Abs. 1 und 2 sowie § 131 Abs. 1 werden die rechtlichen Möglichkeiten der Staatsanwaltschaft im Rahmen der Vollstreckung rechtskräftiger Einziehungs- (Absatz 1) und Wertersatzeinziehungsanordnungen (Absatz 2) erweitert. Davor richtete sich die Vollstreckung der Einziehungsentscheidung (Absatz 1) nach zivilprozessualen Regelungen. Daher galten auch die auf zivilrechtliche Gläubiger zugeschnittenen Anhörungsvorschriften. Bei unterbliebener Beschlagnahme nach den §§ 111b, 111c war eine umfassende strafrechtliche Vermögensabschöpfung damit nicht hinreichend gewährleistet. Auf die Beschlussempfehlung des BTRAussch.[37] wurde daher der frühere Absatz 3 eingefügt. Mit der entsprechenden Anwendung von strafprozessualen Zwangsmaßnahmen nach den §§ 102 bis 110, § 111c Abs. 1 und 2, § 111f Abs. 1, § 111k Abs. 1 und 2 sowie § 131 Abs. 1 hat der Gesetzgeber die Staatsanwaltschaft als Vollstreckungsbehörde im Gegensatz zu sonstigen Gläubigern mit umfangreichen Befugnissen ausgestattet, um den staatlichen Gewahrsam über den Einziehungsgegenstand bei unterbliebener Beschlagnahme nach §§ 111b, 111c herzustellen. 19

Durch Art. 1 Nr. 57 des Gesetzes zur Fortentwicklung der Strafprozessordnung und zur Änderung weiterer Vorschriften vom 25.6.2021[38] wurde Absatz 3 den Bedürfnissen 20

---

33 KK/*Appl* 12; Meyer-Goßner/Schmitt/*Köhler* 7; OK-StPO/*Coen* 7; Bittmann/Köhler/Seeger/Tschakert/*Seeger* Rn. 1869; BGHSt **55** 174.
34 BTDrucks. **18** 9525 S. 33.
35 BTDrucks. **18** 11640 S. 45, 89.
36 BTDrucks. **18** 9525.
37 BTDrucks. **18** 11640 S. 45, 89.
38 BGBl. I S. 2099, 2106.

der Praxis angepasst, soweit nunmehr auch die §§ 94 bis 98 mit Ausnahme von § 98 Abs. 2 Satz 3 entsprechend anwendbar sind.[39]

21 **Absatz 3** unterliegt einer engen **Zweckbindung**. Die danach zulässigen Maßnahmen müssen bestimmt und geeignet sein, die Nebenfolgen zu vollstrecken. Ob dies der Fall ist, hat die Vollstreckungsbehörde nach dem jeweiligen Vollstreckungsstand und unter den konkreten Umständen des Einzelfalls aufgrund von Tatsachen zu prüfen. Sämtliche Befugnisse nach Absatz 3 unterliegen als strafprozessuale Zwangseingriffe dem **Grundsatz der Verhältnismäßigkeit**.

22 **2. Beschlagnahme.** Mit der Erweiterung der in Absatz 3 nunmehr vorgesehenen Eingriffsmaßnahme um die §§ 94 bis 98 ist klargestellt worden, dass Gegenstände (z. B. Schriftstücke oder sonstige Unterlagen), aus denen sich Hinweise auf die gesuchte Sache oder Vermögenswerte ergeben können, entsprechend den §§ 94 bis 98 sichergestellt bzw. beschlagnahmt werden dürfen.[40] Die §§ 95 bis 97 sind von der entsprechenden Anwendung nach dem eindeutigen Wortlaut von Absatz 3 Satz 1 mit umfasst und zu beachten. Sofern die sichergestellten oder beschlagnahmten Gegenstände nach Auswertung nicht mehr zur Vollstreckung der Einziehungsanordnung benötigt werden, sind sie wieder herauszugeben (Absatz 3 Satz 1 i. V. m. § 94 Abs. 4, § 111m, 111o). Der Verweis in Absatz 3 Satz 1 nimmt § 98 Abs. 2 Satz 3 aus.

23 Die Beschlagnahme darf nur durch das Gericht angeordnet werden. Bei Gefahr im Verzug sind die Staatsanwaltschaft und ihre Ermittlungspersonen (§ 152 GVG) zur Anordnung befugt (Absatz 3 Satz 1 i. V. m. § 98 Abs. 1 Satz 1). Zur **Antragstellung** vgl. Erl. zur Durchsuchung Rn. 26.

24 **3. Durchsuchung.** Infolge der entsprechenden Geltung der §§ 102 bis 110 ist die Durchsuchung bei dem Verurteilten (§ 459g Abs. 3 i. V. m. § 102) sowie bei anderen Personen (§ 459g Abs. 3 i. V. m. § 103) wie dem Einziehungsbeteiligten (§ 424 Abs. 1), dem Nebenbetroffenen (§ 438) oder sonstigen Dritten zur Auffindung des eingezogenen Gegenstandes oder von Vermögenswerten, die für die Vollstreckung der Wertersatzeinziehung verwertet werden können, zulässig. Unter den Voraussetzungen des § 104 ist auch die Durchsuchung von Räumen zur Nachtzeit statthaft. Für das Verfahren und die bei der Durchsuchung zu beachtenden Förmlichkeiten sind die Regelungen in den §§ 105 bis 110 entsprechend anwendbar. Die Beschlagnahme von Zufallsfunden ist nach § 108 unter den dort geregelten Voraussetzungen zulässig.

25 Soweit bei einer Durchsuchung der Einziehungsgegenstand oder bewegliche Vermögenswerte festgestellt werden, werden diese entsprechend § 111c Abs. 1 und 2 bei der Vollstreckung einer Einziehung und nach § 111f Abs. 1 bei der Vollstreckung einer Wertersatzeinziehung sichergestellt bzw. beschlagnahmt (§ 111k Abs. 1 und 2). Soweit ein Arrest nach den Vorschriften über die Pfändung in bewegliche Sachen zu vollziehen ist, kann dies auch durch die in § 2 JBeitrG bezeichnete Behörde, den Gerichtsvollzieher, die Staatsanwaltschaft oder durch deren Ermittlungspersonen (§ 152 GVG) vollzogen werden (§ 459g Abs. 3 i. V. m. § 111k Abs. 1 Satz 2). Die Beschlagnahme beweglicher Sachen kann auch durch die Ermittlungspersonen der Staatsanwaltschaft vollzogen werden (§ 459g Abs. 3 i. V. m. § 111k Abs. 1 Satz 3). Erforderliche Eintragungen in das Grundbuch und in die in § 111c Abs. 4 genannten Register sowie die in § 111c Abs. 4 genannten Anmeldungen werden auf Ersuchen der Staatsanwaltschaft bewirkt (§ 111k Abs. 1 Satz 1).

---

39 BTDrucks. **19** 27654 S. 110.
40 BTDrucks. **19** 27654 S. 110.

Durchsuchungen dürfen nur durch das Gericht, bei Gefahr im Verzug auch durch die Staatsanwaltschaft und ihre Ermittlungspersonen (§ 152 GVG), angeordnet werden (§ 459g Abs. 3 i. V. m. § 105 Abs. 1 Satz 1). Die Vollstreckungsbehörde (§ 6 Abs. 2 JBeitrG) hat insoweit einen Antrag auf Anordnung der Durchsuchung nach § 102 bzw. § 103 bei Gericht zu stellen. Die **Antragstellung** soll nach der überwiegend – allerdings ohne Begründung – vertretenen Auffassung dem **Rechtspfleger** obliegen.[41] Die Beschlussempfehlung des BTRAussch. verhält sich hierzu nicht.[42] Die erforderliche Begründungstiefe eines solchen Antrags legt indessen eine Antragstellung durch den Staatsanwalt näher. 26

4. Ausschreibung zur Vollstreckung von Nebenfolgen. Durch den Verweis in Absatz 3 auf § 131 Abs. 1 kann die Staatsanwaltschaft als Vollstreckungsbehörde die Einziehungsanordnungen im polizeilichen Fahndungssystem zur Vollstreckung der Nebenfolgen ausschreiben.[43] Die Ausschreibung zur Vollstreckung der Nebenfolge bezieht sich nicht nur auf Sachen, die in das Eigentum des Staates übergegangen sind oder wegen ihrer Gefährlichkeit unbrauchbar gemacht oder vernichtet werden müssen. Die nach Absatz 3 entsprechende Geltung von § 131 Abs. 1 bei der Vollstreckung von Nebenfolgen umfasst auch eine Personenfahndung nach dem Einziehungsadressaten.[44] § 457 Abs. 3 Satz 1 i. V. m. § 131, wonach die Vollstreckungsbehörde die gleichen Befugnisse wie die Strafverfolgungsbehörde hat, soweit die Maßnahmen bestimmt und geeignet sind, den Verurteilten festzunehmen, zielt nämlich lediglich auf den Verurteilten ab,[45] gegen den sich die Einziehungsanordnung richtet, nicht aber auf Einziehungsbeteiligte (§ 424) und Nebenbetroffene (§ 438). 27

5. Sonstige Maßnahmen (Satz 2). Nach Absatz 3 Satz 2 bleibt § 457 Abs. 1 unberührt. Der Gesetzgeber hat damit klarstellen wollen, dass sich die zulässigen Maßnahmen der Vollstreckungsbehörde zur Vollstreckung einer gerichtlichen Einziehungsentscheidung nicht in den in Absatz 3 Satz 1 aufgeführten Eingriffsmaßnahmen erschöpft. Vielmehr sind auch sonstige weniger eingriffsintensive Ermittlungshandlungen i. S. v. § 161[46] zur Vollstreckung der Einziehungsentscheidung zulässig.[47] 28

6. Anhörung des Betroffenen (Satz 3). Nach Satz 3 unterbleibt die Anhörung des Betroffenen bei gerichtlichen Entscheidungen, wenn sie den Zweck der Anordnung gefährden würde. Für die dem § 33 Abs. 4 Satz 1 entsprechende Regelung besteht im Hinblick auf § 462 Abs. 2 Satz 1 ein Regelungsbedürfnis, denn nach § 462 Abs. 1 Satz 1, Abs. 2 Satz 1 wäre der Betroffene vor der Anordnung von Eingriffsmaßnahmen nach Absatz 3 Satz 1 zu hören. Mit der Ausnahme von der Pflicht zu Anhörung des Betroffenen bei gerichtlichen Entscheidungen soll verhindert werden, dass die Sachen oder Vermögenswerte, deren Einziehung angeordnet worden ist, beiseitegeschafft werden.[48] Bei Anordnungen von Eingriffsmaßnahme durch die Staatsanwaltschaft bzw. deren Ermitt- 29

41 Bittmann/Köhler/Seeger/Tschakert/*Seeger* Rn. 1851 ff.; *Reitemeier* 211, 213 ff.
42 BTDrucks. **18** 11640 S. 89.
43 BTDrucks. **18** 11640 S. 89; KK/*Appl* 14; Meyer-Goßner/Schmitt/*Köhler* 9; OK-StPO/*Coen* 12 f.; *Reitemeier* 211, 214 f.
44 OK-StPO/*Coen* 13.
45 LR/*Graalmann-Scheerer* § 457, 3; KMR/*Stöckel* 2; SK/*Paeffgen* 3; *Wolf* Rpfleger **1996** 96, 98.
46 LR/*Erb* § 161, 4 ff.
47 BTDrucks. **19** 27654 S. 111.
48 BTDrucks. **19** 27654 S. 111.

lungspersonen (§ 152 GVG) wegen Gefahr im Verzug gilt die Ausnahme von der Pflicht zur Anhörung des Betroffenen entsprechend.

30 **7. Zuständigkeit.** Während sich der Regierungsentwurf zu der Frage der Zuständigkeit für die zu treffende Entscheidung nicht verhalten hat[49] und damit die Vollstreckungsbehörde zur Entscheidung berufen gewesen wäre, ist der Gesetzgeber dem Beschlussvorschlag des BTRAussch. gefolgt[50] und vollzieht die gerichtliche Zuständigkeit für das Vollstreckungsverfahren nach. Soweit gerichtliche Entscheidungen erforderlich sind, trifft diese mithin das Gericht des ersten Rechtszuges (§ 462 Abs. 1 Satz 1, § 462a Abs. 2 Satz 1).[51]

IV. Ausschluss der Vollstreckung der Einziehung nach §§ 73 bis 73c StGB (Absatz 4)

31 **1. Ausschluss (Satz 1).** Absatz 4 schützt den Einziehungsadressaten vor einer doppelten Inanspruchnahme der Einziehung nach den §§ 73 bis 73c StGB zum einen durch den Anspruchsinhaber und zum anderen durch den Staat. Die Regelung bezweckt nicht nur den Schutz vor **doppelter Inanspruchnahme.** Vielmehr soll dadurch auch die Vergleichsbereitschaft geweckt werden, denn der Anspruch des Anspruchsinhabers erlischt nicht nur aufgrund Bewirkens der geschuldeten Leistung (§ 362 Abs. 1 BGB), sondern auch nach (Teil)Erlass (§ 397 Abs. 1 BGB).[52] Ein Vergleich eines als Gesamtschuldner haftenden Tatbeteiligten wirkt nach § 423 BGB nicht gegenüber den übrigen Tatbeteiligten.[53] Soweit der Anspruch des Anspruchsinhabers nach der Anordnung der Einziehung oder der Wertersatzeinziehung auf Rückgewähr des Erlangten oder Ersatz des Wertes des Erlangten erloschen ist, ordnet das Gericht den Ausschluss der Vollstreckung der Einziehung nach den §§ 73 bis 73c StGB an. Die Anordnung ist **obligatorisch** („Das Gericht ordnet ... an:"),[54] wobei keine Aufklärungspflicht für die Vollstreckungsbehörde und das Gericht zur Prüfung eines eventuellen Erlöschens des Anspruchs besteht.[55] Die Regelung in Absatz 4 korrespondiert mit § 73e Abs. 1 StGB,[56] der den Ausschluss der Einziehung des Tatertrages oder des Wertersatzes im Erkenntnisverfahren regelt. Absatz 4 erfasst daher nur solche Schadenswiedergutmachungsleistungen, die nach Schluss der Beweisaufnahme erfolgt sind. Im Strafbefehlsverfahren ist der Zeitpunkt des Erlasses des Strafbefehls maßgebend.[57] Soweit vor diesem Zeitpunkt eine Berücksichtigung der Schadenswiedergutmachung rechtsfehlerhaft unterblieben ist, führt dies zum Unterbleiben der Vollstreckung der Wertersatzeinziehung (§ 73c StGB) wegen Unverhältnismäßigkeit (Absatz 5 Satz 1 2. Alt.). Eine Anordnung der Einziehung nach § 73 StGB

---

49 BTDrucks. **18** 9525 S. 94.

50 BTDrucks. **18** 11640 S. 46, 89.

51 BTDrucks. **18** 11640 S. 89; Meyer-Goßner/Schmitt/*Köhler* 9; MüKo/*Nestler* 22; *Reitemeier* 211.

52 BTDrucks. **18** 9525 S. 69; kritisch *Barresto da Rosa* NZWiSt **2018** 231, 235; BGH NStZ **2018** 400 mit Anm. *Müller-Metz*; *Schilling/Corsten/Hübner* StraFo **2017** 305.

53 *Köhler/Burkhard* NStZ **2017** 665, 674; Bittmann/Köhler/Seeger/Tschakert/*Seeger* Rn. 1892; KK/*Appl* 15; Meyer-Goßner/Schmitt/*Köhler* 11; OK-StPO/*Coen* 17.

54 BTDrucks. **18** 9525 S. 95.

55 *Rettke* NZWiSt **2019** 338 f.

56 BTDrucks. **18** 11640 S. 89; KK/*Appl* 15; Meyer-Goßner/Schmitt/*Köhler* 10; MüKo/*Nestler* 23; OK-StPO/*Coen* 15 ff.; Bittmann/Köhler/Seeger/Tschakert/*Seeger* Rn. 1891 ff.

57 Meyer-Goßner/*Schmitt* § 408, 13a.

würde leerlaufen, da die Schadenswiedergutmachung in der Rückübertragung des eingezogenen Gegenstands an den Verletzten besteht.

Der Schadensersatzanspruch erlischt nicht durch **Verjährung** zivilrechtlicher Ersatzansprüche.[58] Das gilt gleichermaßen bei Fristablauf nach § 45 Abs. 4 Satz 2 SGB X zur Rücknahme eines sozialrechtlichen Leistungsbescheids[59] sowie für die Restschuldbefreiung im Insolvenzverfahren.[60] Deliktische Verbindlichkeiten sind von Gesetzes wegen von der Restschuldbefreiung ausgenommen (§ 302 InsO). 32

2. Kein Ausschluss (Satz 2). Der durch Art. 49 des Jahressteuergesetzes 2020 vom 21.12.2020[61] eingefügte Satz 2 geht zurück auf Überlegungen in dem RefE des BMJV eines Gesetzes zur Fortentwicklung der Strafprozessordnung und zur Änderung weiterer Vorschriften (Stand: 6.10.2020). Die Änderung wurde auf die Beschlussempfehlung und den Bericht des Finanzausschusses vom 10.12.2020[62] als Folgeänderung zu Art. 47 Jahressteuergesetz 2020 eingefügt, der eine Änderung des § 73e Abs. 1 StGB durch Anfügung eines Satzes 2 vorsah. § 73e Abs. 1 Satz 2 StGB regelt eine Ausnahme von der Anwendung des Ausschlusstatbestands, dass der Anspruch des Verletzten auf Rückgewähr des Erlangten oder Wertersatz durch Verjährung erloschen ist. Die Einfügung des Satzes 2 in § 73e Abs. 1 StGB, wonach nunmehr § 73e Abs. 1 Satz 1 StGB nicht für Ansprüche gilt, die durch Verjährung erloschen sind, sowie die Einfügung des Satzes 2 in Absatz 4 schließen bestehende Lücken im Vermögensabschöpfungsrecht, die sich vornehmlich bei steuerrechtlichen Ansprüchen auswirken.[63] 33

V. Unterbleiben der Vollstreckung von Nebenfolgen zur Verpflichtung einer Geldzahlung (Absatz 5)

1. Allgemeines. Während im Erkenntnisverfahren der **Wegfall der Bereicherung** ausschließlich für den gutgläubigen Drittbegünstigten geregelt ist (§ 73e Abs. 2 StGB)[64] und die Einziehung **zwingend** („... ist ... ausgeschlossen ...") ausgeschlossen ist, soweit das Erlangte oder dessen Wert zum Zeitpunkt der Entscheidung im Vermögen des Drittbegünstigten nicht mehr vorhanden ist, sieht Absatz 5 eine Regelung im Hinblick auf den Täter oder Teilnehmer nur im Vollstreckungsverfahren vor.[65] Der Gesetzentwurf der Bundesregierung sah eine entsprechende Regelung in Absatz 4 vor.[66] Mit der Einfügung des neuen Absatzes 3 aufgrund der Beschlussempfehlung des BTRAussch.[67] hat die Regelung mit der Maßgabe einer gerichtlichen Zuständigkeit für die Anordnung (§ 462a Abs. 2 Satz 1) im Übrigen inhaltlich unverändert Eingang in Absatz 5 gefunden. Durch Art. 1 Nr. 57 Buchst. b) aa) wurde in Absatz 5 Satz 1 der Fall, dass der Wert des Erlangten nicht mehr im Vermögen des Betroffenen vorhanden ist, als gesetzlicher Unterfall der Unverhältnismäßigkeit der Vollstreckung der Einziehungsentscheidung gestrichen. Die 34

58 BGHR StGB § 73e Erlöschen 1 (Gründe).
59 BGH Beschl. v. 27.11.2019 – 5 StR 537/19; OLG München wistra **2018** 418, 419.
60 OK-StPO/*Coen* 17; Bittmann/Köhler/Seeger/Tschakert/*Seeger* Rn. 1894.
61 BGBl. I S. 3096, 3134.
62 BTDrucks. **19** 25160 S. 231 ff.
63 Dazu im Einzelnen BGH NZWiSt **2020** 39 f. mit Anm. *Bittmann/Tschakert*; BTDrucks. **19** 25160 S. 231 ff.
64 *Fischer* § 73e, 5.
65 BTDrucks. **18** 9525 S. 69, 94; BTDrucks. **18** 11640 S. 46, 89.
66 BTDrucks. **18** 9525 S. 69, 94.
67 BTDrucks. **18** 11640 S. 89.

Bildung von Fallgruppen, in denen die (weitere) Vollstreckung der Einziehungsentscheidung unverhältnismäßig wäre, will der Gesetzgeber der Rechtsprechung überlassen.[68]

35 **2. Unverhältnismäßigkeit (Absatz 5 Satz 1).** Bei der Vollstreckung von Nebenfolgen, die zu einer Geldzahlung verpflichten (vgl. Rn. 17 f.), also bei der Einziehung des Wertes von Taterträgen (§ 73c StGB), der Einziehung des Wertes von Tatprodukten, Tatmitteln und Tatobjekten bei Tätern oder Teilnehmern (§ 74c StGB), auch bei nachträglicher oder selbständiger Anordnung (§§ 76, 76a StGB) sowie bei der Abführung des Mehrerlöses (§ 8 WiStG) unterbleibt die Vollstreckung, soweit die Vollstreckung sonst unverhältnismäßig wäre. Die **Unterbleibensanordnung** ist **zwingend**, soweit das Gericht die Voraussetzungen an Absatz 5 Satz 1 festgestellt hat („... unterbleibt ... die Vollstreckung, soweit ...“).[69] Dazu bedarf es in dem Beschluss der Mitteilung von konkreten, auf den Einzelfall bezogenen Tatsachen. Allgemeine Ausführungen oder eine bloße Wiederholung des Gesetzestextes reichen zur Begründung der Entscheidung mit Blick auf §§ 34, 459o nicht aus. Ein Ermessen steht dem Gericht bei seiner Entscheidung nicht zu.[70]

36 In den Gesetzesmaterialien finden sich keine Hinweise dazu, ob und ggf. in welchem Umfang Grundsätze der früheren Rechtsprechung auf die neue gesetzliche Regelung zu übertragen sind. Eine gefestigte Rechtsprechung des BGH hat sich noch nicht entwickelt, was auch nicht verwundert, denn das neue Recht zur strafrechtlichen Vermögensabschöpfung ist erst am 1.7.2017 in Kraft getreten. Allerdings hat der BGH in einer Entscheidung, bei der die Verfassungsmäßigkeit der Streichung von § 73c StGB a. F. entscheidungserheblich war, auf die zur Härteklausel im früheren Recht entwickelten Grundsätze hingewiesen.[71] Im Schrifttum findet dieser Ansatz teilweise Unterstützung.[72] Dabei wird jedoch nicht hinreichend bedacht, dass der Gesetzgeber mit der nunmehr obligatorischen Anordnung des Unterbleibens der Vollstreckung nach Absatz 5 Satz 1 die Vollstreckung von Nebenfolgen bewusst an neuen Voraussetzungen ausgerichtet hat. Die Heranziehung der für die Härtefallrechtsprechung des früheren § 73c StGB a. F. entwickelten Grundsätze übersieht, dass diese Entscheidungen im Erkenntnisverfahren ergangen sind und entsprechende tatgerichtliche Feststellungen im Urteil erforderlich waren. Demgegenüber ergeht die Entscheidung nach Absatz 5 Satz 1 im Vollstreckungsverfahren. Dem nach § 462a Abs. 2 Satz 1 zur Entscheidung berufenen Gericht steht als Prüfungsgrundlage nicht nur das rechtskräftige tatgerichtliche Urteil zur Verfügung, sondern es sind auch alle neu eingetretenen Tatsachen, die im Zeitpunkt der nach Absatz 5 Satz 1 zu treffenden Entscheidung aktenkundig sind, zu berücksichtigen. Es ist wohl eher nicht zu erwarten, dass der Gesetzgeber sich zu Klarstellungen in naher Zukunft entschließen wird, wie Teile des Schrifttums es für wünschenswert erachten.[73]

---

68 BTDrucks. **19** 27654 S. 112.

69 BGH NStZ-RR **2018** 241 Rn. 57; **2019** 22, 23; wistra **2018** 427; StV **2020** 674 Ls.; OLG München Beschl. vom 19.7.2018 – 5 OLG 15 Ss 539/17; OLG Nürnberg StraFo **2020** 393; KG BeckRS **2021** 3085; LG Leipzig BeckRS **2021** 3085.

70 BTDrucks. **18** 9525 S. 69, 94; BTDrucks. **18** 11640 S. 46, 89; *Wolf* Rpfleger **2017** 489, 493; BGH NStZ-RR **2018** 241, 243; **2019** 22 f.; NZWiSt **2019** 360, 363; Bittmann/Köhler/Seeger/Tschakert/*Seeger* Rn. 1897; OK-StPO/*Coen* 23; **a. A.** *Rhode* wistra **2018** 102 f.; KK/*Appl* 17 (Ermessen); *Reitemeier* DRiZ **2018** 306, 307.

71 BGH NStZ-RR **2018** 241.

72 Bittmann/Köhler/Seeger/Tschakert/*Seeger* Rn. 1901; KK/*Appl* 16.

73 So Meyer-Goßner/Schmitt/*Köhler* 13; Bittmann/Köhler/Seeger/Tschakert/*Seeger* Rn. 1906; *Köhler*/*Burkhard* NStZ **2017** 665, 674; *Köhler* NZWiSt **2018** 226, 228.

Nach Absatz 5 Satz 1 unterbleibt in den Fällen des Absatzes 2 die Vollstreckung, soweit sie **unverhältnismäßig** wäre. Die Regelung stellt eine Konkretisierung des verfassungsrechtlich verankerten **Übermaßverbots** dar.[74] Die Vollstreckung einer zu einer Geldzahlung verpflichtenden Nebenfolge (Absatz 2) kann auch dann unverhältnismäßig sein, wenn der Wert des Erlangten noch im Vermögen des von der Einziehung Betroffenen vorhanden ist.[75] **Unverhältnismäßigkeit** kann auch bei schon **laufenden Vollstreckungsmaßnahmen von Gläubigern** vorliegen.[76] Vage Anhaltspunkte für künftige Vollstreckungsmaßnahmen reichen jedoch nicht aus, um eine Unverhältnismäßigkeit und ein Unterbleiben der Vollstreckung zu rechtfertigen. Vielmehr sind gegenüber dem Gericht insoweit Tatsachen vorzutragen und soweit möglich durch Vorlage von Unterlagen zu belegen. Der **Verlust des Arbeitsplatzes** sowie mit **erheblichen finanziellen Einbußen** verbundene **berufs- oder beamtenrechtliche Maßnahmen** (Ausschließung aus der Rechtsanwaltschaft, Verlust des Notariats, Entziehung der Approbation, Ablehnung der Erteilung/Verlängerung einer vorläufigen Berufsausübungserlaubnis, Kündigung) können eine Unverhältnismäßigkeit begründen. Auch der **Verlust von Arbeitsplätzen** bei Abschöpfungsmaßnahmen gegen ein Unternehmen kann eine Prüfung nach Absatz 5 Satz 1 nahelegen.[77] Die Vollstreckung kann ferner dann unverhältnismäßig sein, wenn das Erlangte nur einen **geringen Wert** hat, so dass nach § 421 Abs. 1 Nr. 1 von der Einziehung hätte abgesehen werden können. Durch innerdienstliche Anordnungen sollten insoweit bereits für das Ermittlungsverfahren für die Staatsanwaltschaft Regelungen getroffen werden, um die Problematik nicht in das Erkenntnis- und Vollstreckungsverfahren zu verlagern. Sofern dennoch die Einziehung des Erlangten von geringem Wert rechtskräftig angeordnet worden ist, kann der Rechtspfleger durch eine allgemeine Anordnung angewiesen werden, bei Gericht einen Antrag auf Unterbleiben der Vollstreckung aus prozessökonomischen Gründen zu stellen. Ohne eine Entscheidung des Gerichts darf er nicht von der Vollstreckung absehen. 37

Die Berücksichtigung von **Resozialisierungsaspekten** im Rahmen der Verhältnismäßigkeitsprüfung ist mit Blick auf das Übermaßverbot nach wie vor **zulässig**,[78] auch wenn § 459d nach Absatz 2 nicht entsprechend gilt. 38

3. Wiederaufnahme der Vollstreckung. Absatz 5 Satz 2 regelt die Wiederaufnahme der Vollstreckung, wenn **nachträglich bekanntgewordene** (1. Alt.) oder **eingetretene Umstände** (2. Alt.) der Absehensentscheidung den Boden entziehen.[79] **Absatz 5 Satz 2 1. Alt.** erfasst den Fall, dass schon bei der Anordnung des Unterbleibens der Vollstreckung nach Absatz 5 Satz 1 ein ihr entgegenstehender Umstand zwar vorhanden, aber der Vollstreckungsbehörde und dem Gericht nicht bekannt war und daher bei der Entscheidung nicht berücksichtigt werden konnte. Nach **Absatz 5 Satz 2 2. Alt.** wird die Vollstreckung wiederaufgenommen, wenn nachträglich Umstände eintreten, die einer Anordnung nach Satz 1 entgegenstehen. Insoweit muss es sich um **neue Umstände** handeln, die im Zeitpunkt der Unterbleibensanordnung nach Satz 1 noch nicht bestanden 39

74 BGH NStZ **2016** 279.
75 OK-StPO/*Coen* 27; Bittmann/Köhler/Seeger/Tschakert/*Seeger* 1909.
76 OK-StPO/*Coen* 28; Bittmann/Köhler/Seeger/Tschakert/*Seeger* 1909; HK/*Pollähne* 7; *Reh* NZWiSt **2018** 20, 23.
77 OK-StPO/*Coen* 28; Bittmann/Köhler/Seeger/Tschakert/*Seeger* Rn. 1909.
78 OK-StPO/*Coen* 30 („bleibt unklar"); Bittmann/Köhler/Seeger/Tschakert/*Seeger* Rn. 1911 („darf im Rahmen der Verhältnismäßigkeit berücksichtigt werden"); Meyer-Goßner/Schmitt/*Köhler* 13a.
79 BTDrucks. **18** 9525 S. 94.

haben und daher weder der Vollstreckungsbehörde noch dem Gericht bekannt sein konnten.

40 **Nachträglich bekanntgewordene** (Absatz 5 Satz 2 1. Alt.) oder **neu eingetretene** (Absatz 5 Satz 2 2. Alt.) **Umstände** unterliegen stets der **Dokumentationspflicht** in den Akten.

41 Zur **Akteneinsicht** sind der Verteidiger (§ 147) sowie der Prozessbevollmächtigte des Einziehungsbeteiligten (§ 428 Abs. 1 Satz 2) oder Nebenbetroffenen (§ 438 Abs. 3) berechtigt. Zur Entscheidung über ein Akteneinsichtsgesuch ist nach rechtskräftigem Abschluss des Verfahrens die Staatsanwaltschaft (§ 147 Abs. 5 Satz 1), und zwar der Staatsanwalt und nicht der Rechtspfleger berufen.[80]

42 Die Entscheidung nach Absatz 5 Sätze 1 und 2 über das Unterbleiben bzw. die **Wiederaufnahme der Vollstreckung** nach Absatz 5 Satz 2 obliegt dem Gericht. Durch Art. 1 Nr. 57 Buchst. b) bb) des Gesetzes zur Fortentwicklung der Strafprozessordnung und zur Änderung weiterer Vorschriften vom 25.6.2021 hat der Gesetzgeber die im Schrifttum[81] umstrittene Frage, ob die Vollstreckungsbehörde oder das Gericht für die Anordnung des Unterbleibens bzw. der Wiederaufnahme der Vollstreckung zuständig ist, klargestellt.

43 **4. Anhörung des Betroffenen (Satz 3).** Die **Anhörung des Betroffenen (Satz 3)** vor der Anordnung nach Satz 2 unterbleibt, wenn sie den Zweck gefährden würde. Für diese Regelung, die § 33 Abs. 4 Satz 1 entspricht, besteht im Hinblick auf § 462 Abs. 2 Satz 1 ein Regelungsbedürfnis. Danach wäre der Betroffene nämlich vor der Anordnung nach Absatz 5 Satz 2 zu hören. Die Ausnahme von der Pflicht zur Anhörung soll verhindern, dass Vermögenswerte beiseitegeschafft werden, wenn der Einziehungsadressat davon Kenntnis erlangt, dass die Vollstreckung möglicherweise fortgesetzt wird.[82]

44 **5. Durchführung von Ermittlungen (Satz 4).** Auch wenn das Gericht eine Unterbleibensanordnung wegen Unverhältnismäßigkeit der Vollstreckung nach Satz 1 getroffen hat, ist die Vollstreckungsbehörde nicht gehindert, Ermittlungen mit dem Ziel durchzuführen, einen Antrag auf Anordnung der Wiederaufnahme der Vollstreckung begründen zu können. Eine Ausschreibung der Einziehungsanordnung (Absatz 3 Satz 1 i. V. m. § 131 Abs. 1)[83] ist ebenso zulässig wie Ermittlungsmaßnahmen nach § 457 Abs. 1 i. V. m. § 161 (Absatz 3 Satz 2).

45 **6. Zuständigkeit.** Entscheidungen nach Absatz 5 Satz 1 obliegen grundsätzlich dem nach § 462a Abs. 2 Satz 1 zuständigen Gericht des ersten Rechtszuges.[84] Wird jedoch gegen den Verurteilten eine Freiheitsstrafe vollzogen, so ist die örtlich zuständige Strafvollstreckungskammer zur Entscheidung nach § 462a Abs. 1 berufen.[85] Das Gericht entscheidet ohne mündliche Verhandlung durch Beschluss (§ 462 Abs. 1 Satz 1). Der Beschluss ist mit sofortiger Beschwerde anfechtbar (§ 462 Abs. 3 Satz 1).

46 Über **Einwendungen** gegen Entscheidungen der Vollstreckungsbehörde entscheidet das Gericht (§ 459o) des ersten Rechtszuges (§ 462a Abs. 2 Satz 1), sofern gegen den Verurteilten keine Freiheitsstrafe vollzogen wird, ohne mündliche Verhandlung durch

---

80 Meyer-Goßner/*Schmitt* § 147, 36; LR/*Jahn* § 147, 189.

81 OK-StPO/*Coen* 19; *Korte* wistra **2018** 1, 10; KK/*Appl* 19; **a. A.** Meyer-Goßner/Schmitt/*Köhler* 14 („Klarstellung durch den Gesetzgeber wünschenswert").

82 BTDrucks. **19** 27654 S. 113.

83 BTDrucks. **19** 27654 S. 113.

84 BTDrucks. **18** 11640 S. 89.

85 OLG Brandenburg Beschl. vom 17.8.2020 – 1 (Str) Sa 1/20; KG wistra **2021** 163.

Beschluss (§ 462 Abs. 1 Satz 1). Wird gegen den Verurteilten eine Freiheitsstrafe vollzogen, so trifft die Entscheidung über die Einwendungen die örtlich zuständige Strafvollstreckungskammer, denn § 459o verdrängt die Regelung des § 458 als lex specialis.[86] Die Zuständigkeit der Strafvollstreckungskammer besteht jedoch nur, soweit gegen die betroffene Person eine Freiheitsstrafe vollzogen wird. Für Entscheidungen, die andere Personen betreffen, verbleibt es bei der Zuständigkeit des Gerichts des ersten Rechtszuges.[87]

§ 459h
Entschädigung

(1) [1]Ein nach den §§ 73 bis 73b des Strafgesetzbuches eingezogener Gegenstand wird demjenigen, dem ein Anspruch auf Rückgewähr des Erlangten aus der Tat erwachsen ist, oder dessen Rechtsnachfolger zurückübertragen. [2]Gleiches gilt, wenn der Gegenstand nach § 76a Absatz 1 des Strafgesetzbuches, auch in Verbindung mit § 76a Absatz 3 des Strafgesetzbuches, eingezogen worden ist. [3]In den Fällen des § 75 Absatz 1 Satz 2 des Strafgesetzbuches wird der eingezogene Gegenstand demjenigen, dem der Gegenstand gehört oder zusteht, herausgegeben, wenn dieser sein Recht fristgerecht bei der Vollstreckungsbehörde angemeldet hat.

(2) [1]Hat das Gericht die Einziehung des Wertersatzes nach den §§ 73c und 76a Absatz 1 Satz 1 des Strafgesetzbuches, auch in Verbindung mit § 76a Absatz 3 des Strafgesetzbuches, angeordnet, wird der Erlös aus der Verwertung der auf Grund des Vermögensarrestes oder der Einziehungsanordnung gepfändeten Gegenstände demjenigen, dem ein Anspruch auf Ersatz des Wertes des Erlangten aus der Tat erwachsen ist, oder an dessen Rechtsnachfolger ausgekehrt. [2]§ 111i gilt entsprechend.

Schrifttum

Siehe bei § 459g.

Entstehungsgeschichte

Die ursprüngliche Vorschrift wurde durch Art. 3 Nr. 15 des Gesetzes zur Reform der strafrechtlichen Vermögensabschöpfung vom 13.4.2017[1] völlig neu gefasst. Durch Art. 1 Nr. 58 des Gesetzes zur Fortentwicklung der Strafprozessordnung und zur Änderung weiterer Vorschriften vom 25.6.2021[2] wurden in der Überschrift die Worte „des Verletzten" gestrichen. In Absatz 1 Sätze 1 und 3 sowie Absatz 2 Satz 1 wurde der Verletztenbegriff im Hinblick auf die Definition des Verletzten in § 373b gestrichen. In Absatz 1 Satz 1 wurde mit der Ergänzung des Erlangten „aus der Tat" ein redaktioneller Fehler korrigiert und eine Anpassung an die Formulierung in Absatz 2 Satz 1 vorgenommen.

---

86 OLG Hamburg StV **2020** 737 Ls.; vgl. Erl. zu § 459o, 3.
87 OLG Celle StraFo **2020** 497.
1 BGBl. I S. 872, 888.
2 BGBl. I S. 2099, 2106.

https://doi.org/10.1515/9783110275025-030

Übersicht

Alphabetische Übersicht

I. Zweck der Regelung

Die **Reform der strafrechtlichen Vermögensabschöpfung** durch das Gesetz zur Reform der strafrechtlichen Vermögensabschöpfung vom 13.4.2017[3] verfolgt das Ziel, das Recht insoweit zu vereinfachen, die vorläufige Sicherstellung von Vermögenswerten zu erleichtern und die nachträgliche Abschöpfung von Vermögensgegenständen zu ermöglichen sowie nicht hinnehmbare Abschöpfungslücken zu schließen[4] und die Richtlinie 2014/42/EU in nationales Recht umzusetzen. Kernstück der Reform ist eine grundlegende Neuregelung der **Opferentschädigung**.[5] Deren Ansprüche werden im Gegensatz zu dem früheren Recht grundsätzlich außerhalb des Strafverfahrens entweder im Vollstreckungsverfahren (§ 459h) oder aber im Insolvenzverfahren (§ 111i) abgewickelt. Eine Ausnahme gilt nach wie vor auch im neuen Recht für bewegliche Sachen (z. B. Diebes- oder Raubgut), die dem Anspruchsberechtigten möglichst zeitnah herauszugeben sind (§ 111n Abs. 2).[6] Die **Reform der Opferentschädigung** soll das **Erkenntnisverfahren** von zeitraubenden zivilrechtlichen Fragen entlasten und die Vermögensabschöpfung dadurch erheblich vereinfachen[7] und zugleich den **Opferschutz** stärken. Nach den Vorstellungen des Gesetzgebers bietet das neue Regelungsmodell den Tatgeschädigten einen einfachen und kostengünstigen Weg, **Schadenswiedergutmachung** zu erlangen. Im Gegensatz zu der früheren Rechtslage sind sie zur Durchsetzung ihrer Ansprüche nicht mehr auf den **Zivilrechtsweg** und eine – wegen des Zeitablaufs ins Leere gehende – anschließende Zwangsvollstreckung angewiesen. Mit der Beseitigung des **Prioritätsprinzips**, das zu Gerechtigkeitsdefiziten in der Praxis geführt hatte („Windhundprinzip"), will der Gesetzgeber die Entschädigung von Anspruchsberechtigten an den Grundsätzen der Gerechtigkeit, Gleichbehandlung und der Einheit der Rechtsordnung orientieren.[8] Zugleich verspricht er sich dadurch insbesondere bei Vermögensdelikten eine erhebliche Akzeptanzsteigerung bei Gerichten und Staatsanwaltschaften.[9] 1

Die Erwartungen des Gesetzgebers an die grundlegende Neuregelung der Entschädigung sind hoch. Zurzeit lässt sich noch nicht verlässlich beurteilen, ob sich diese Erwartungen erfüllen werden. Gerade in umfangreichen Strafverfahren vergehen aufgrund der hohen Belastungen der Strafjustiz bis zum Eintritt der Rechtskraft nicht selten mehrere Jahre mit der Folge, dass eine Entschädigung unter Umständen erst Jahre nach der Tat erfolgt.[10] 2

II. Anspruchsberechtigung

Anspruchsberechtigte sind alle, denen ein Anspruch auf Rückgewähr des Erlangten oder auf Ersatz des Wertes des Erlangten aus der Tat zukommt. Das können **Verletzte** (§ 373b), **Rechtsnachfolger von Verletzten** oder **sonstige Gläubiger** sein. 3

---

3 BGBl. I S. 872, 888.
4 BTDrucks. **18** 9525 S. 48.
5 BTDrucks. **18** 9525 S. 49.
6 LR/*Johann* § 111n, 17 ff.
7 BTDrucks. **18** 9525 S. 50, 54.
8 BTDrucks. **18** 9525 S. 54.
9 BTDrucks. **18** 9525 S. 54.
10 So auch KK/*Appl* 1; zweifelnd auch OK-StPO/*Coen* 3; *Köllner*/*Muck* NZJ **2017** 593, 597 („aus Praktikersicht völlig ungeeignetes Erstattungs- und Verteilungsverfahren in der Strafvollstreckung ...").

4 **1. Anspruchsberechtigte.** Der Begriff des **„Verletzten"** wurde durch Art. 1 Nr. 58 des Gesetzes zur Fortentwicklung der Strafprozessordnung und zur Änderung weiterer Vorschriften vom 25.6.2021[11] im Hinblick auf die Begriffsbestimmung in § 373b einheitlich aus den Regelungen der Vermögensabschöpfung gestrichen. Mit der Streichung will der Gesetzgeber gewährleisten, dass sich aus der Definition des Verletztenbegriffs in § 373b **keine Änderungen** für die bisherige Auslegung und Rechtsanwendung im Vermögensabschöpfungsrecht ergeben.[12] **Anspruchsberechtigt** i. S. d. neu gefassten Vermögensabschöpfungsrechts ist nur **derjenige, dem ein Anspruch auf Rückgewähr des Erlangten** oder auf **Ersatz des Wertes des Erlangten** aus einer Tat erwachsen ist, die im entscheidungserheblichen Zeitpunkt Gegenstand der Anordnung der Beschlagnahme oder des Vermögensarrestes oder des Urteils mit der abschließenden (Wertersatz-)Einziehungsentscheidung ist.[13] Der **Begriff** orientiert sich damit am früheren Recht, so dass hierzu die insoweit ergangene Rechtsprechung grundsätzlich herangezogen werden kann.[14] Die Tat, die Bezugsobjekt der Beschlagnahme oder des Vermögensarrestes oder der verfahrensabschließenden Einziehungsentscheidung ist, muss dieselbe Tat sein wie die konkrete (Einzel-)Tat, aus der ein zivilrechtlicher Anspruch auf Rückgewähr des Erlangten oder auf Ersatz des Wertes des Erlangten erwachsen ist.[15] Aus diesem **Identitätserfordernis** folgt, dass die (Wertersatz-)Einziehung **auf das aus der Tat Erlangte** beschränkt ist. **Schmerzensgeldansprüche** können mithin nicht durch Vermögensabschöpfung realisiert werden, denn insoweit hat der Täter oder Teilnehmer nichts erlangt, was eingezogen und zurückgewährt werden könnte.[16] Das gilt gleichermaßen für ihm erwachsene Kosten der Rechtsverfolgung (z. B. Rechtsanwaltsgebühren, Kosten für die Beauftragung einer Detektei) sowie für Zinsansprüche.[17] Derartige Ansprüche können im **Adhäsionsverfahren** oder auch zivilrechtlich geltend gemacht werden.[18]

5 Der Kreis der Anspruchsberechtigten kann sich im Laufe des Verfahrens ändern, etwa weil einem Beschuldigten eine Tat nicht nachzuweisen ist oder weil nach § 154 von der Verfolgung abgesehen oder sie nach § 154a beschränkt worden ist.[19] Er kann sich aber auch erweitern, wenn weitere Taten ermittelt werden.[20] Die Vollstreckung knüpft nur an die Taten an, auf die sich das **Urteil**, der **Strafbefehl** oder die **selbständige Einziehungsanordnung** bezieht.[21]

6 **2. Rechtsnachfolger des Anspruchsberechtigten.** Während der ursprüngliche Gesetzentwurf der Bundesregierung[22] eine Entschädigung des Rechtsnachfolgers nicht vorsah, wurde durch die Beschlussempfehlung und den Bericht des BTRAussch. klargestellt, dass auch der Rechtsnachfolger anspruchsberechtigt ist.[23] Rechtsnachfolger können **Erben** (§ 1922 BGB), aber auch **Versicherer** im Falle des gesetzlichen **Forderungsübergangs** (§ 86 Abs. 1 Satz 1 VVG) oder auch bei rechtsgeschäftlicher **Forderungsabtretung** (§ 398

---

11 BGBl. I S. 2099, 2106.
12 BGBl. I S. 2099, 2106.
13 BTDrucks. **18** 9525 S. 50; Bittmann/Köhler/Seeger/Tschakert/*Seeger* Rn. 2027 f.
14 BTDrucks. **18** 9525 S. 50.
15 BTDrucks. **18** 9525 S. 50.
16 BTDrucks. **18** 9525 S. 50; *Fischer* § 73, 20 ff. m. w. N.; KK/*Appl* 2.
17 KK/*Appl* 2.
18 BTDrucks. **18** 9525 S. 51; KK/*Appl* 2; *Trüg* NJW **2017** 1913, 1918.
19 BTDrucks. **18** 9525 S. 51; Bittmann/Köhler/Seeger/Tschakert/*Seeger* Rn. 2029 ff.
20 BTDrucks. **18** 9525 S. 51.
21 BTDrucks. **18** 9525 S. 51; Bittmann/Köhler/Seeger/Tschakert/*Seeger* Rn. 2029.
22 BTDrucks. **18** 9525 S. 31, 94 f.
23 BTDrucks. **18** 11640 S. 90.

BGB) und **Insolvenzverwalter**[24] sein.[25] Hinsichtlich des Entschädigungsanspruchs werden Rechtsnachfolger dem Anspruchsberechtigten gleichgestellt. Verfahrensrechtlich werden sie hingegen unterschiedlich behandelt (vgl. §§ 459j und 459k).[26]

3. Sonstige Gläubiger oder Anspruchsinhaber. Sonstige Gläubiger oder Anspruchsinhaber können Ansprüche auf eingezogene Taterträge oder eingezogene Werte von Taterträgen nur im **Deckungsfall** oder wenn bei mehreren Anspruchsberechtigten der Vollstreckungserlös zur vollständigen Befriedigung aller Gläubiger nicht ausreicht (**Mangelfall**), nur im Rahmen eines **Insolvenzverfahrens** (§ 111i) geltend machen. 7

III. Anspruchsgrundlagen

1. Allgemeines. § 459h enthält **drei verschiedene Anspruchsgrundlagen** zur Entschädigung von Anspruchsberechtigten, nämlich 1. den **Anspruch auf Rückübertragung eines eingezogenen Gegenstandes** an den Anspruchsberechtigten (Absatz 1 Satz 1 und 2), den **Anspruch auf Herausgabe eines eingezogenen Gegenstandes** an den Anspruchsberechtigten (Absatz 1 Satz 3) sowie den **Anspruch auf Auskehrung des Erlöses aus der Verwertung der aufgrund des Vermögensarrestes oder der Einziehungsanordnung gepfändeten Gegenstände** an den Anspruchsberechtigten (Absatz 2). § 459h begründet damit einen **materiell-rechtlichen Anspruch. Anspruchsberechtigte** können der **Verletzte**, dessen **Rechtsnachfolger** oder ein **sonstiger Gläubiger** sein (vgl. Rn. 3 ff.). **Anspruchsgegner** ist stets der **Staat** (§ 75 Abs. 1 StGB), auf den mit der **Rechtskraft der Entscheidung** das Eigentum an den eingezogenen Gegenständen oder das Recht übergeht. Die Regelungen der §§ 459h ff. stellen eine grundlegende Abkehr von dem früheren Modell der **Rückgewinnungshilfe** dar und finden ausschließlich Anwendung bei der Einziehung und Wertersatzeinziehung nach den §§ 73 ff. StGB, nicht hingegen bei Einziehungen nach den §§ 74 ff. StGB. 8

2. Rückgewähr des Erlangten (Absatz 1 Satz 1 und 2). Nach Absatz 1 Satz 1 wird ein nach den §§ 73 bis 73b StGB eingezogener Gegenstand dem Anspruchsberechtigten, dem ein Anspruch auf Rückgewähr des Erlangten erwachsen ist, oder dessen Rechtsnachfolger zurückübertragen. Der Entschädigungsanspruch stellt die Kehrseite des Erlangten dar. Er muss dem Anspruchsberechtigten aus einer im Urteil rechtskräftig festgestellten Tat erwachsen sein. Aus der Urteilsformel (§ 451 Abs. 1 i. V. m. § 13 Abs. 2 StVollstrO) und ergänzend aus den Urteilsgründen müssen sich daher der zu entschädigende Anspruchsberechtigte sowie der Inhalt seines Entschädigungsanspruchs ergeben,[27] denn das Urteil muss die tatsächlichen und rechtlichen Grundlagen dafür angeben.[28] Bei der Einziehung müssen die Urteilsfeststellungen die tatbestandlichen Voraussetzungen belegen. Aus dem Urteil muss sich daher für die Vollstreckungsbehörde zweifelsfrei ergeben, welcher konkrete Gegenstand eingezogen wird und wer Anspruchsberechtigter insoweit ist. **Prüfungsgrundlage** für den Anspruch auf Rückgewähr nach Absatz 1 ist das **Urteil.** Wird auf die Einziehung von Taterträgen bei Tätern und Teilnehmern (§ 73 StGB) die erweiterte Einziehung von Taterträgen bei Tätern und Teil- 9

24 *Rhode* wistra **2018** 65, 67.
25 BTDrucks. **19** 27654 S. 75 f.
26 BTDrucks. **18** 11640 S. 90.
27 BTDrucks. **18** 9525 S. 94.
28 LR/*Stuckenberg* § 267, 128.

nehmern (§ 73a StGB) oder die Einziehung von Taterträgen bei anderen (§ 73b StGB) erkannt, so sind die betroffenen Gegenstände grundsätzlich in der **Urteilsformel** aufzuzählen und einzeln so genau zu bezeichnen, dass bei der Vollstreckung im Entschädigungsverfahren nach §§ 459h ff. ihre zweifelsfreie Identifizierung möglich ist.[29] Ferner ist der Einziehungsadressat unter Angabe seiner Stellung im Verfahren (z. B. Angeklagter, Einziehungsbeteiligter) zu bezeichnen. Als urkundliche Grundlage für die Vollstreckung hat die Vollstreckungsbehörde für die nach Absatz 1 zu treffende Entscheidung auf Rückgewähr die Urschrift oder eine beglaubigte Abschrift der Entscheidung oder ihres erkennenden Teils mit Rechtskraftbescheinigung (§ 13 Abs. 2 StVollstrO) zugrunde zu legen.

10 **a) Einziehung eines Gegenstandes nach §§ 73 bis 73b StGB.** Der Anspruch auf Entschädigung nach Absatz 1 setzt voraus, dass ein Gegenstand nach den §§ 73 bis 73b StGB eingezogen worden ist.

11 **aa) Einziehung von Taterträgen bei Tätern und Teilnehmern (§ 73 StGB).** Als Einziehungsgegenstand kommen bewegliche Sachen aller Art (§ 73 Abs. 1 StGB), Grundstücke, dingliche oder obligatorische Rechte, Kryptowährungen,[30] Erlangtes ohne Substrat wie Nutzungen (§ 73b Abs. 2 StGB), geldwerte Vorteile in Form ersparter Aufwendungen,[31] hinterzogene Steuern,[32] Vorteile bei Korruptionsdelikten,[33] Kurierlohn bei Betäubungsmittelstraftaten,[34] Gewinn bei illegalem Glücksspiel, die Einnahmen aus Straftaten nach §§ 180a, 181a StGB in Betracht.[35] Bei fakultativ eingezogenen Surrogaten (§ 73 Abs. 3 StGB) geht zwar das Eigentum bzw. die Rechtsträgerschaft nach § 75 StGB auf den Staat über. Dem Anspruchsberechtigten steht indessen kein Recht am Surrogat zu, so dass es ihm auch nicht zurückgewährt werden kann. Ob die Entschädigung in einem solchen Fall analog Absatz 2 erfolgt,[36] ist umstritten.[37]

12 **bb) Erweiterte Einziehung von Taterträgen bei Tätern und Teilnehmern (§ 73a StGB).** Absatz 1 verweist hinsichtlich des Entschädigungsanspruchs des Anspruchsberechtigten weiter auf die erweiterte Einziehung von Taterträgen bei Tätern und Teilnehmers nach § 73a StGB. Bei einer Einziehung nach § 73a StGB dürfte ein Anspruch auf Rückgewähr des eingezogenen Gegenstands in der Praxis weitgehend ins Leere gehen. Nach § 73a Abs. 1 StGB bezieht sich die Anordnung der erweiterten Einziehung auf Gegenstände, die dem an der rechtswidrigen Tat Beteiligten gehören oder zustehen oder nur deshalb nicht gehören oder zustehen, weil er sie für eine andere rechtswidrige Tat oder aus ihr erlangt hat, sowie auf Surrogate derartiger Gegenstände.[38] Der Gegenstand muss **durch** eine **andere rechtswidrige Tat** oder **für sie** erlangt sein, wobei diese Tat nicht Gegenstand der Anklage oder Nachtragsanklage sein darf. Sie muss auch nicht

---

29 LR/*Stuckenberg* § 260, 107; KK/*Ott* § 260, 43; RGSt **70** 338, 341; BGHSt **8** 205, 211 f.; *Köhler* NStZ **2017** 497, 500.
30 BGH NStZ **2018** 401 ff.
31 BGH Beschl. v. 22.7.2014 – 1 StR 53/14.
32 BGH wistra **2010** 406.
33 BGHSt **30** 46 f.; NStZ-RR **2004** 242, 244.
34 BGH NStZ-RR **2000** 57.
35 *Fischer* § 73, 20 ff.
36 So Meyer-Goßner/Schmitt/*Köhler* 7.
37 Zweifelnd Bittmann/Köhler/Seeger/Tschakert/*Seeger* Rn. 2012.
38 BGH NStZ **2001** 53.

bewiesen sein.[39] Es reicht vielmehr aus, dass diese andere rechtswidrige Tat nach Überzeugung des Gerichts[40] begangen worden ist, ohne dass sie hinreichend konkretisiert sein muss. Bei der erweiterten Einziehung nach § 73a StGB wird es daher regelmäßig an ausreichenden tatgerichtlichen Feststellungen fehlen, aus denen sich der Entschädigungsanspruch ergibt.[41]

cc) Einziehung von Taterträgen bei anderen (§ 73b StGB). Die Anordnung der Einziehung von Taterträgen bei anderen nach § 73b StGB, die nicht Tatbeteiligte i. S. v. § 73 StGB sind, aber aufgrund der Anknüpfungstat selbst etwas erlangt haben (z. B. als Wirtschaftsunternehmen, bei Eigentumsdelikten mit Drittzueignungsabsicht, bei Vermögensdelikten mit Drittbereicherungsabsicht, im Falle von Vermögensverschiebungen, im Erbfall), hindert die Rückübertagung nach Absatz 1 Satz 1 nicht. 13

b) Kein Anspruch bei Verzicht. Bei **Verzicht**[42] auf Rückübertragung **im** Ermittlungs- und Erkenntnisverfahren bedarf es der Anordnung der Einziehung (§§ 73 bis 73b StGB) nicht mit der Folge, dass die Voraussetzungen von Absatz 1 nicht vorliegen.[43] Vielmehr richtet sich die Herausgabe beweglicher Sachen nach § 111n und das Verfahren bei der Herausgabe sowie der Rechtsschutz von Betroffenen nach § 111o. 14

c) Entsprechende Anwendung bei selbständiger Einziehung (Absatz 1 Satz 2). 15
Der Entschädigungsanspruch besteht nach Absatz 1 Satz 2 auch bei einer Anordnung der selbständigen Einziehung nach § 76a Abs. 1 und 3 StGB. Allerdings ist nach Auffassung des 3. StS der Art. 316h Satz 1 EGStGB verfassungswidrig, soweit er § 76a Abs. 2 Satz 1 StGB i. V. m. § 78 Abs. 1 Satz 2 und § 76b Abs. 1 StGB in Fällen für anwendbar erklärt hat, in denen rechtswidrige Taten, aus denen der Betroffene etwas erlangt hatte, vor Inkrafttreten der Neuregelung am 1.7.2017 bereits verjährt waren.[44]

3. Herausgabe (Absatz 1 Satz 3). In den Fällen des § 75 Abs. 1 Satz 2 StGB wird der eingezogene Gegenstand dem Anspruchsberechtigten herausgegeben, wenn dieser sein Recht fristgerecht bei der Vollstreckungsbehörde angemeldet hat. § 75 Abs. 1 Satz 2 StGB regelt den sogenannten **„kleinen Auffangrechtserwerb"** in Form einer Einziehung mit aufschiebend bedingter Wirkung,[45] wonach, sofern die Voraussetzungen von § 75 Abs. 1 Satz 1 StGB nicht vorliegen, das Eigentum an einer eingezogenen Sache oder einem eingezogenen Recht mit Ablauf von **sechs Monaten** nach der Mitteilung der Rechtskraft der Entscheidung auf den Staat übergeht, wenn nicht ein Dritter innerhalb dieser Frist sein Recht bei der Vollstreckungsbehörde anmeldet. Die Regelung betrifft vornehmlich Eigentumsdelikte, bei denen der Eigentümer zunächst nicht ermittelt werden konnte. Der Anspruch auf Herausgabe bezieht sich auf alle eingezogenen Gegenstände, nicht nur auf bewegliche Sachen und besteht daher auch für die Herausgabe von Grundstü- 16

39 BGHSt **40** 371.
40 *Fischer* § 73a, 18.
41 So auch OK-StPO/*Coen* 14.
42 BGH NJW **2019** 1692; NStZ **2018** 333; Bittmann/Köhler/Seeger/*Tschakert* Rn. 1683 ff., 1686 (Entschädigung des Verletzten bei formloser Einziehung nach §§ 111n, 111o); **a. A.** Meyer-Goßner/Schmitt/*Köhler* 1; kritisch *Reitemeier* 205 (im Zweifel Gerichtsentscheidung erwirken); KK/*Appl* 4 (entsprechende Anwendung von § 459h Abs. 1).
43 So auch OK-StPO/*Coen* 17.
44 Meyer-Goßner/Schmitt/*Köhler* 6; BGH NJW **2019** 1891.
45 BTDrucks. **18** 9525 S. 71.

cken und Rechten. Da der Anspruchsberechtigte das Recht bzw. Eigentum an dem Einziehungsgegenstand weiter hat, muss es ihm nicht übertragen werden. Vielmehr wird der Einziehungsgegenstand an den Eigentümer herausgegeben. Die Herausgabe eines Grundstücks erfolgt durch Entsetzung des Betroffenen aus dem Besitz nebst Wegnahme der Schlüssel bzw. Änderung eines Zugangscodes. Die Herausgabe eines Grundstücks an den Eigentümer umfasst auch die Räumung, die der Rechtspfleger im Rahmen der Vollstreckung zu veranlassen hat.[46]

17 **a) Anmeldung des Anspruchs.** Der **Anspruch auf Herausgabe** bedarf der **Anmeldung** bei der Vollstreckungsbehörde (Absatz 1 Satz 3 i. V. m. § 459j Abs. 1). Die Anmeldung ist **nicht formgebunden** (§ 459j). Sie kann daher schriftlich, durch elektronisches Dokument (§ 32a), per E-Mail, mündlich oder fernmündlich erfolgen. Im Falle einer mündlichen oder fernmündlichen Anmeldung des Anspruchs ist eine Dokumentation des Gesprächs in den Akten in Form eines Vermerks erforderlich, aus dem sich ergeben muss, wer wann welchen konkreten Anspruch angemeldet hat. Bei Zweifeln über die Identität und Berechtigung des Anspruchstellers hat stets eine schriftliche Rückfrage des Rechtspflegers zu erfolgen.

18 Die Anmeldung muss **keinen** bestimmten **inhaltlichen Anforderungen** genügen. Aus ihr muss lediglich zweifelsfrei hervorgehen, dass der Anspruch auf Rückübertragung oder Herausgabe geltend gemacht wird (vgl. im Einzelnen Erl. zu § 459j).

19 **b) Frist.** Die Anmeldung des Anspruchs auf Rückübertragung oder Herausgabe eines bestimmten Einziehungsgegenstands muss binnen **sechs Monaten** nach **Zustellung** der Mitteilung über den Eintritt der Rechtskraft der Einziehungsanordnung (§ 459j Abs. 1) erfolgen.

20 **4. Auskehrung (Absatz 2).** Absatz 2 regelt die Befriedigung der Entschädigungsansprüche in den Fällen der Einziehung des Wertersatzes nach den § 73c und § 76a Abs. 1 Satz 1 und Abs. 3 StGB.

21 **a) Einziehung des Wertersatzes nach § 73c, § 76a Abs. 1 Satz 1 und Abs. 3.** Nach § 73c Satz 1 StGB ordnet das Gericht die Einziehung eines Geldbetrages an, der dem Wert des Erlangten entspricht, wenn die Einziehung eines Gegenstandes wegen der Beschaffenheit des Erlangten oder aus einem anderen Grund nicht möglich ist oder wenn von der Einziehung eines Ersatzgegenstandes nach § 73 Abs. 3 oder § 73b Abs. 3 StGB abgesehen wird. Ordnet das Gericht die Einziehung des Wertes des Erlangten nach § 73c StGB an, so wird damit der **staatliche Zahlungsanspruch gegen den Einziehungsadressaten** (Täter, Teilnehmer oder Drittbegünstigter) tituliert. Aufgrund dieses Titels kann die Vollstreckungsbehörde die Zwangsvollstreckung in das bewegliche und unbewegliche Vermögen des Einziehungsadressaten betreiben und aufgrund der rechtskräftigen Einziehungsanordnung oder vorher aufgrund eines Vermögensarrestes (§§ 111e, 111f) gepfändete Gegenstände verwerten. Der Entschädigungsanspruch nach Absatz 2 Satz 1 richtet sich dann auf die **Auskehrung des Verwertungserlöses.**[47] In den Fällen der Anordnung der Einziehung des Wertersatzes im **selbständigen Einziehungsverfahren** (§ 76a Abs. 1 Satz 1 und Abs. 3 StGB, § 436) gilt dies entsprechend.

22 Die Auskehrung des Verwertungserlöses durch den Rechtspfleger erfolgt dann unproblematisch, wenn bei nur einem Anspruchsberechtigten der Verwertungserlös den An-

46 Bittmann/Köhler/Seeger/Tschakert/*Seeger* Rn. 2015 ff.

47 BTDrucks. **18** 9525 S. 95; Meyer-Goßner/Schmitt/*Köhler* 9.

spruch auf Entschädigung vollständig abdeckt und bei mehreren Anspruchsberechtigten für eine vollständige Befriedigung aller geltend gemachten Entschädigungsansprüche ausreicht.[48] Der **Deckungsfall** dürfte in der Praxis jedoch eher selten vorkommen. Wird vor Abschluss des Entschädigungsverfahrens die **Eröffnung des Insolvenzverfahrens** über das Vermögen des Einziehungsadressaten beschlossen (§ 27 InsO), so gilt § 111i entsprechend (Absatz 2 Satz 2). Gepfändete Gegenstände sowie der Erlös aus ihrer Verwertung werden für das Insolvenzverfahren frei. Der Verletzte kann dann Entschädigung im Insolvenzverfahren erlangen, denn mit dem Verweis in Absatz 2 Satz 2 auf § 111i wird der Vorrang der insolvenzrechtlichen Lösung festgelegt.[49]

b) Insolvenzverfahren (Absatz 2 Satz 2 i. V. m. § 111i). Soweit bei **mehreren Anspruchsberechtigten** der Verwertungserlös zur vollständigen Befriedigung der geltend gemachten und begründeten Ersatzansprüche nicht ausreicht (**Mangelfall**),[50] ist die Staatsanwaltschaft nach Absatz 2 Satz 2 i. V. m. § 111i Abs. 2 Satz 1 **verpflichtet** („... so stellt die Staatsanwaltschaft einen Antrag auf Eröffnung des Insolvenzverfahrens über das Vermögen des Arrestschuldners"),[51] einen **Antrag auf Eröffnung des Insolvenzverfahrens** über das Vermögen des Arrestschuldners zu stellen. Für die Beurteilung, ob ein Mangelfall vorliegt, sind die gesicherten Werte einerseits und die von Anspruchsberechtigten angemeldeten Rückgewähransprüche andererseits zu berücksichtigen.[52] Die Staatsanwaltschaft sieht nur dann von der Stellung eines Eröffnungsantrags ab, wenn begründete Zweifel daran bestehen, dass das Insolvenzverfahren aufgrund des Antrags eröffnet wird (§ 111i Abs. 2 Satz 2).[53] 23

Die Antragstellung obliegt dem Rechtspfleger (§ 31 Abs. 1 Nr. 3 RPflG). Die Entscheidung, ob das Insolvenzverfahren über das Vermögen des Einziehungsadressaten eröffnet wird, obliegt allein dem Insolvenzgericht. Die Staatsanwaltschaft haftet nicht für die Folgen einer Eröffnung des Insolvenzverfahrens, jedoch unter Umständen für solche bei einem zu Unrecht gestellten Insolvenzantrag.[54] Zu den Anforderungen an den **Insolvenzantrag** der Staatsanwaltschaft vgl. Erl. zu § 111i.[55] 24

c) Anmeldung des Anspruchs. Nach § 459k Abs. 1 Satz 1 hat der Anspruchsinhaber seinen Anspruch auf Auskehrung des Verwertungserlöses nach Absatz 2 binnen sechs Monaten nach der Mitteilung der Rechtskraft der Einziehungsentscheidung bei der Vollstreckungsbehörde anzumelden und zugleich die Höhe des Anspruchs zu bezeichnen (§ 459k Abs. 1 Satz 2). Nach Ablauf dieser Frist hat ein **„Kassensturz"** zu erfolgen, um festzustellen, ob eine **Deckungs-** oder **Mangelfall** vorliegt. Dabei werden die gesicherten Werte den angemeldeten Ansprüchen gegenübergestellt. Spätestens wenn sicher feststeht, ob ein Deckungs- oder Mangelfall gegeben ist, hat die Vollstreckungsbehörde entweder einen Antrag auf Eröffnung des Insolvenzverfahrens gegen den Einziehungsschuldner zu stellen oder, sofern sie nach Absatz 2 Satz 2 i. V. m. § 111i Abs. 2 Satz 2 da- 25

48 Bittmann/Köhler/Seeger/Tschakert/*Seeger* Rn. 858, 2022; Meyer-Goßner/Schmitt/*Köhler* 10.

49 BTDrucks. **18** 9525 S. 95; OK-StPO/*Coen* 34; Bittmann/Köhler/Seeger/*Tschakert* Rn. 862.

50 Bittmann/Köhler/Seeger/*Tschakert* Rn. 863.

51 Meyer-Goßner/Schmitt/*Köhler* § 111i, 9; *Bittmann/Tschakert* ZInsO **2017** 2657, 2663: Ermessensreduzierung auf Null.

52 Bittmann/Köhler/Seeger/*Tschakert* Rn. 865.

53 LR/*Johann* § 111i, 36.

54 *Frind* NZI **2016** 674, 679; LR/*Johann* § 111i, 32.

55 LR/*Johann* § 111i, 22 ff.; Meyer-Goßner/Schmitt/*Köhler* § 111i, 9 ff.; KK/*Spillecke* § 111i, 12 ff.; Bittmann/Köhler/Seeger/*Tschakert* Rn. 864 ff., 996 ff.

von absieht, die Gründe für **begründete Zweifel** an einer Eröffnung des Insolvenzverfahrens in Form eines Vermerks in den Akten zu dokumentieren.[56]

IV. Zuständigkeit

26 Der Rechtspfleger der Staatsanwaltschaft als Vollstreckungsbehörde (§ 451) ist funktionell zur Entscheidung berufen (§ 3 Nr. 4c, § 31 Abs. 2 Satz 1 RPflG). Über Einwendungen gegen die Entscheidung entscheidet das Gericht (§ 459o) des ersten Rechtszuges (§ 462a Abs. 2 Satz 1) ohne mündliche Verhandlung durch Beschluss (§ 462 Abs. 1 Satz 1).

§ 459i
Mitteilungen

(1) [1]Der Eintritt der Rechtskraft der Einziehungsanordnung nach den §§ 73 bis 73c und 76a Absatz 1 Satz 1 des Strafgesetzbuches, auch in Verbindung mit § 76a Absatz 3 des Strafgesetzbuches, wird demjenigen, dem ein Anspruch auf Rückgewähr des Erlangten oder auf Ersatz des Wertes des Erlangten aus der Tat erwachsen ist, unverzüglich mitgeteilt. [2]Die Mitteilung ist zuzustellen; § 111l Absatz 4 gilt entsprechend.

(2) [1]Die Mitteilung ist im Fall der Einziehung des Gegenstandes mit dem Hinweis auf den Anspruch nach § 459h Absatz 1 und auf das Verfahren nach § 459j zu verbinden. [2]Im Fall der Einziehung des Wertersatzes ist sie mit dem Hinweis auf den Anspruch nach § 459h Absatz 2 und das Verfahren nach den §§ 459k bis 459m zu verbinden.

Schrifttum

Siehe bei § 459g.

Entstehungsgeschichte

Die frühere Vorschrift wurde durch Art. 14 Nr. 17 OrgKG vom 15.7.1992[1] zur Regelung der Vollstreckung der Vermögensstrafe eingefügt. § 43a StGB ist nach der Entscheidung des BVerfG vom 20.3.2002[2] verfassungswidrig und nichtig und inzwischen durch Art. 1 Nr. 6 des Gesetzes zur Reform der strafrechtlichen Vermögensabschöpfung vom 13.4.2017 aufgehoben.[3] Durch Art. 3 Nr. 15 desselben Gesetzes wurden die bisherigen §§ 459g und 459h durch die §§ 459g bis 459o ersetzt.[4] Durch Art. 1 Nr. 59 des Gesetzes zur Fortentwicklung der Strafprozessordnung und zur Änderung weiterer Vorschriften vom 25.6.2021[5] wurde der Verletztenbegriff aus dem Absatz 1 gestrichen. Die Streichung soll sicherstellen, dass sich aus der Definition des „Verletzten“ in § 373b keine Änderungen

56 Meyer-Goßner/Schmitt/*Köhler* 12.
1 BGBl. I S. 1302.
2 NJW **2002** 1779.
3 BGBl. I S. 872.
4 BGBl. I S. 872, 886.
5 BGBl. I S. 2099, 2106.

https://doi.org/10.1515/9783110275025-031

für die bisherige Auslegung und Rechtsanwendung im Recht der Vermögensabschöpfung ergeben.[6]

Übersicht

Alphabetische Übersicht

I. Zweck und Bedeutung

1 Die Vorschrift regelt die **Mitteilungspflichten** der Staatsanwaltschaft als Vollstreckungsbehörde gegenüber den Anspruchsberechtigten und die **Bekanntmachung der Mitteilung**.

II. Mitteilung an den Anspruchsberechtigten (Absatz 1 Satz 1)

2 **1. Adressat.** Die Mitteilung nach Absatz 1 Satz 1 hat an den **Anspruchsberechtigten** zu erfolgen. **Anspruchsberechtigter** i. S. d. neugefassten Rechts der Vermögensabschöpfung ist also derjenige, dem ein Anspruch auf Rückgewähr des Erlangten oder Ersatz des Wertes des Erlangten aus der Tat erwachsen ist, die im **entscheidungserheblichen Zeitpunkt** Gegenstand der Anordnung der Beschlagnahme oder des Vermögensarrestes ist (vgl. § 73e StGB, § 111i und § 459g Abs. 4), denn nur insoweit ist eine Vollstre-

6 BTDrucks. **19** 27654 S. 113.

ckung der (Wertersatz-)Einziehungsanordnung gerechtfertigt.[7] Es ist mithin erforderlich, dass die Tat, auf die sich die verfahrensabschließende Einziehungsanordnung bezieht, dieselbe Tat ist wie die konkrete Tat, aus der dem Anspruchsberechtigten ein zivilrechtlicher Anspruch auf Rückgewähr des Erlangten oder auf Ersatz des Wertes des Erlangten erwachsen ist. Die Anspruchsberechtigung ergibt sich damit jeweils aus der aktuellen gerichtlichen Entscheidung, die Grundlage der Vollstreckung der verfahrensabschließenden (Wertersatz-)Einziehungsanordnung ist.[8]

3 **Anspruchsberechtigte** können **Verletzte** (§ 373b), deren **Rechtsnachfolger** oder **sonstige Gläubiger** sein. Sie können ihre Anspruchsberechtigung im Laufe des Verfahrens verlieren. Das ist etwa dann der Fall, wenn die Tat nicht nachzuweisen ist oder von der Verfolgung abgesehen oder diese beschränkt worden ist (§§ 154, 154a). Der Kreis der Anspruchsberechtigten kann sich im Laufe eines Verfahrens aber auch erweitern, z. B. durch Verbindung von Verfahren oder verändern, z. B. bei Tod von Anspruchsberechtigten. Anspruchsberechtigte können daher auch der **Erbe, der gesetzliche Vertreter** eines **prozessunfähigen Verletzten** oder ein **sonstiger Rechtsnachfolger** des unmittelbar Verletzten sowie der **Insolvenzverwalter** und der **Versicherer**, auf den der Anspruch des unmittelbar Anspruchsberechtigten übergegangen ist (§ 86 Abs. 1 VVG), sein.[9] Der vermögensabschöpfungsrechtliche Entschädigungsanspruch des Anspruchsberechtigten ist mithin die Kehrseite des Erlangten oder dessen Wertes i. S. v. §§ 73, 73c StGB.

4 Wer Anspruchsberechtigter im konkreten Einzelfall ist, ergibt sich für die Vollstreckungsbehörde aus der **Urteilsformel** sowie den **getroffenen Urteilsfeststellungen des rechtskräftigen Urteils.** Ist die Einziehungsanordnung durch eine Entscheidung des **Revisionsgerichts** selbst getroffen oder abgeändert worden,[10] so ist **Vollstreckungsgrundlage** das rechtskräftige tatgerichtliche Urteil i. V. m. der Entscheidung des Revisionsgerichts. **Anspruchsberechtigung** und **Anspruchshöhe** müssen sich **ohne weiteres** aus der Einziehungsanordnung und den ihr zugrundeliegenden Feststellungen ergeben (§ 459k Abs. 2 Satz 1). Die Vollstreckungsbehörde ist für die Entscheidung, wer Anspruchsberechtigter i. S. d. § 459i ist, an die darin getroffenen Feststellungen gebunden, und darf hiervon nicht abweichen, denn die Vollstreckung des Strafurteils setzt stets dessen Rechtskraft voraus (§ 449, § 13 Abs. 1 StVollstrO). Ein **Rückgriff auf die Akten** im Übrigen ist grundsätzlich ebenso wenig zulässig wie die Berücksichtigung des Vortrags vermeintlich Anspruchsberechtigter im Vollstreckungsverfahren, die keine Grundlage in der rechtskräftigen Entscheidung findet.[11]

5 Ergeben sich die Anspruchsberechtigung und die Anspruchshöhe des Entschädigungsanspruchs nicht **ohne weiteres** aus der Einziehungsentscheidung (Urteil, Strafbefehl, Beschluss) und den ihr zugrundeliegenden Feststellungen, so bedarf die Auskehrung stets der **Zulassung durch das Gericht** (Absatz 2 Satz 2 i. V. m. § 459k Abs. 2 Satz 2) des ersten Rechtszuges (§ 462a Abs. 2 Satz 1). Die Akten sind daher dem Gericht vorzulegen mit dem Antrag auf Entscheidung, wer als Anspruchsberechtigter anzusehen ist. Die Entscheidung ergeht ohne mündliche Verhandlung durch Beschluss (§ 462 Abs. 1 Satz 1) in der Besetzung außerhalb der Hauptverhandlung (§ 76 Abs. 1 Satz 2 GVG). Sofern die Zulassung durch das Gericht – aus welchen Gründen auch immer – unterbleibt, hat die

---

7 BTDrucks. **18** 9525 S. 50; Bittmann/Köhler/Seeger/*Tschakert* Rn. 733 ff. und Bittmann/Köhler/Seeger/Tschakert/ *Seeger* Rn. 2027 ff.

8 BTDrucks. **18** 9525 S. 50.

9 BTDrucks. **18** 9525 S. 51.

10 Meyer-Goßner/*Schmitt* § 354, 26e; KK/*Gericke* § 354, 19; LR/*Franke*[26] § 354, 38.

11 BTDrucks. **18** 11640 S. 90.

Mitteilung nach Absatz 1 Satz 2 2. Hs. i. V. m. § 111l Abs. 4 über den **Bundesanzeiger** zu erfolgen.

Bei **unbekannten Anspruchsberechtigten** (z. B. Diebstahl z. N. von Unbekannt) ist die Mitteilung grundsätzlich über den **Bundesanzeiger** vorzunehmen. In diesen Fällen erfolgt keine individuelle Mitteilung an einen etwaigen Rechtsnachfolger, selbst wenn dieser sich meldet oder aktenkundig ist, denn er ergibt sich in der Regel nicht **ohne weiteres** aus der Einziehungsentscheidung. In diesem Fall hat die Vollstreckungsbehörde die Zulassung durch das Gericht des ersten Rechtszuges (§ 462a Abs. 2 Satz 1) herbeizuführen.[12] 6

Enthalten die Urteilsformel und die Urteilsgründe **keine Entscheidung** bzw. **Feststellungen** zu einer **Rechtsnachfolge** (z. B. Erbe, gesetzlicher Vertreter des prozessunfähigen Anspruchsberechtigten, Insolvenzverwalter, sonstiger Rechtsnachfolger, vgl. Rn. 3) oder ist letztere erst danach eingetreten, so ist stets die Zulassung des Gerichts zur Auskehrung erforderlich.[13] 7

2. Form. Die Mitteilung ist **nicht formgebunden**. Weder Absatz 1 noch § 111l schreiben für die Mitteilung an den Anspruchsberechtigten eine bestimmte Form vor. Da die Mitteilung jedoch nach Absatz 1 Satz 2 1. Hs. zuzustellen ist, hat sie grundsätzlich **schriftlich** zu erfolgen, denn sie muss zustellungsfähig sein. 8

3. Dokumentation. In den Akten ist die Mitteilung an den Anspruchsberechtigten zu dokumentieren. Unklar ist, wo die Dokumentation zu erfolgen hat (Hauptakten, Vollstreckungsheft, gesonderter Vermögensabschöpfungsband, Entschädigungsheft). Insoweit wären bundeseinheitliche Regelungen zur Aufbewahrung des Schriftguts, auch mit Blick auf die ab dem 1.1.2026 obligatorische Einführung der elektronischen Akte in Strafsachen, anstrebenswert. Gerade bei einer Vielzahl von Verletzten und einer Vielzahl von eingezogenen Gegenständen müssen die Akten übersichtlich geführt werden. 9

4. Zeitpunkt. Die Vollstreckungsbehörde hat dem Anspruchsberechtigten den Eintritt der **Rechtskraft** der Einziehungsanordnung nach den §§ 73 bis 73c, § 76a Abs. 1 Satz 1, auch i. V. m. § 76 a Abs. 3 StGB **unverzüglich** mitzuteilen, d. h. sobald wie möglich, ohne eine durch die Sachlage begründete Verzögerung.[14] An das Gebot der **Unverzüglichkeit** ist ein **strenger Maßstab** anzulegen.[15] Insoweit sind die Rechtsgrundsätze der obergerichtlichen Rechtsprechung zu § 25 Abs. 1 Satz 2, Abs. 2 Nr. 2 entsprechend zugrunde zu legen. Welcher konkrete Zeitrahmen dem **Unverzüglichkeitgebot** noch genügt, ist eine Sache des Einzelfalls. Der Einleitung der Vollstreckung freiheitsentziehender Entscheidungen wird allerdings regelmäßig der Vorrang vor der Einleitung der Vollstreckung von Nebenfolgen wie der Einziehungsanordnung einzuräumen sein. Ob es indessen dem Unverzüglichkeitsgebot und dem daran anzulegenden strengen Maßstab noch genügt, mit der Mitteilung abzuwarten, sofern vorrangig noch Geldstrafen zu vollstrecken sind (§ 459b) und nicht absehbar ist, ob ausreichend Masse für ein Insolvenzverfahren vorhanden sein wird, dürfte durchaus zweifelhaft sein.[16] 10

---

12 BTDrucks. **18** 11640 S. 90; Bittmann/Köhler/Seeger/Tschakert/*Seeger* Rn. 1973.

13 BTDrucks. **18** 11640 S. 90; Bittmann/Köhler/Seeger/Tschakert/*Seeger* Rn. 1973.

14 BGHSt **21** 334, 339; **45** 315; BGH NStZ **2006** 644 f.

15 BGH StraFo **2015** 458 m. w. N.; NStZ **2006** 644 f.

16 So OK-StPO/*Coen* 5; vgl, auch *Savini* Rpfleger **2019** 117, 120.

III. Zustellung oder Bekanntmachung (Absatz 1 Satz 2)

11 **1. Zustellung (Absatz 1 Satz 2 1. Hs.).** Nach Absatz 1 Satz 2 1. Hs. ist die Mitteilung **zuzustellen**. Die **Zustellungsanordnung** obliegt dem Rechtspfleger (§ 31 Abs. 2 Satz 1 RPflG). Für das **Zustellungsverfahren** gilt § 37 i. V. m. den Vorschriften der Zivilprozessordnung (§§ 166 ff. ZPO) entsprechend.[17] Einer Übersetzung der Mitteilung in eine für den Anspruchsberechtigten verständliche Sprache bedarf es nicht, denn nach der Zustellung der Mitteilung bleibt mit Blick auf § 459j Abs. 1 hinreichend Zeit, um eine Übersetzung zu veranlassen und danach ggf. den Anspruch auf Rückübertragung oder Herausgabe nach § 459h Abs. 1 bei der Vollstreckungsbehörde anzumelden.

12 Bei **Auslandszustellung** ist § 37 i. V. m. § 183 ZPO entsprechend anzuwenden.[18] Für das Strafverfahren regelt Art. 5 Eu-RhÜbK[19] die Übersendung und Zustellung von Verfahrensurkunden. Nach Art. 5 Abs. EU-RhÜbK übersendet jeder Mitgliedstaat Personen, die sich im Hoheitsgebiet einer anderen Vertragspartei aufhalten, gerichtliche (hier: staatsanwaltschaftliche) Urkunden durch die Post. Zu den Einzelheiten siehe die Erl. zu § 37, 87 ff.[20]

2. Bekanntmachung (Absatz 1 Satz 2 2. Hs. i. V. m. § 111l Abs. 4)

13 **a) Anwendungsbereich.** Absatz 1 Satz 2 2. Hs. i. V. m. § 111l Abs. 4 eröffnet die Möglichkeit („kann"), die Mitteilung nach Absatz 1 durch **einmalige Bekanntmachung** im **Bundesanzeiger** vorzunehmen, wenn sie gegenüber jedem einzelnen Anspruchsberechtigten mit **unverhältnismäßigem Aufwand** verbunden wäre. Die Mitteilung kann darüber hinaus auch in **anderer geeigneter Weise** veröffentlicht werden. Das gilt ferner in Fällen, in denen der Anspruchsberechtigte **unbekannten Aufenthalts** ist (§ 111 Abs. 4 Satz 3). Der Gesetzgeber will damit bei einer größeren Anzahl von Anspruchsberechtigten die Mitteilung nach Absatz 1 erleichtern.[21]

14 **b) Bundesanzeiger (§ 111l Abs. 4 Satz 1).** Die Veröffentlichung der Mitteilung nach Absatz 1 im elektronischen Bundesanzeiger setzt voraus, dass die Mitteilung gegenüber jedem einzelnen Anspruchsberechtigte mit einem **unverhältnismäßigen Aufwand** verbunden wäre. Wann ein Aufwand unverhältnismäßig ist, ist stets eine Frage des Einzelfalls.[22] Dabei wird auch zu berücksichtigen sein, dass der ganz überwiegende Teil der Bevölkerung den Bundesanzeiger nicht kennt oder nicht regelmäßig verfolgt.[23]

15 **c) Veröffentlichung in anderer geeigneter Weise (§ 111l Abs. 4 Satz 2).** Die Mitteilung nach Absatz 1 kann auch in **anderer Weise** erfolgen (Absatz 1 Satz 2 2. Hs. i. V. m. § 111l Abs. 4 Satz 2). Da der Bundesanzeiger bei Anspruchsberechtigten nicht zur regel-

---

17 Vgl. Erl. bei LR/*Graalmann-Scheerer* § 37.

18 Vgl. dazu im Einzelnen Erl. bei LR/*Graalmann-Scheerer* § 37, 87 ff.

19 BGBl. II 2005 S. 651, 652.

20 Listen der Urkunden, die gemäß Art. 52 Abs. 1 SDÜ, der aber durch Art. 2 Abs. 2 EU-RhÜbK aufgehoben wurde, unmittelbar durch die Post übersandt werden dürfen, sind nach Staaten geordnet abgedruckt BGBl. II 1996, S. 242 ff. oder bei Schomburg/Lagodny/*Gleß* Art. 52 SDÜ, 1; ansonsten empfiehlt sich bei Unklarheiten Rücksprache mit der Vertretung des Deutschen Tisches bei Eurojust; vgl. auch Meyer-Goßner/*Schmitt* § 37, 25 ff.; OK-StPO/*Coen* 7.

21 BTDrucks. **18** 9525 S. 83; Bittmann/Köhler/Seeger/Tschakert/*Bittmann* Rn. 1189.

22 LR/*Johann* § 111l, 16; Bittmann/Köhler/Seeger/Tschakert/*Bittmann* Rn. 1190.

23 LR/*Johann* § 111l, 16; Bittmann/Köhler/Seeger/Tschakert/*Bittmann* Rn. 1190.

mäßigen Lektüre gehören dürfte, hat die Vollstreckungsbehörde im Einzelfall zu prüfen, ob es zur Wahrung von deren Rechten nicht geboten erscheint, die Mitteilung nach Absatz 1 in anderer geeigneter Weise zu veröffentlichen. Diese Möglichkeit der Veröffentlichung ist **kumulativ** („zusätzlich") und **nicht alternativ** eröffnet.[24] Als alternative Veröffentlichungsmöglichkeiten kommen Anzeigen in der Tagespresse,[25] Pressemitteilungen,[26] aber auch Aushänge und Plakate[27] und die Homepage der Vollstreckungsbehörde bei Beachtung datenschutzrechtlicher Belange in Betracht.

d) Unbekannte Anspruchsinhaber oder unbekannter Aufenthalt (§ 111l Abs. 4 Satz 3). Bei unbekannten Anspruchsinhabern oder unbekanntem Aufenthalt hat die Vollstreckungsbehörde dieselben Möglichkeiten wie nach Absatz 1 Satz 2 2.Hs. i. V. m. § 111l Abs. 4 Satz 1 und 2. In der Vollstreckungspraxis kommt der Möglichkeit einer kollektiven Mitteilung zwar praktische Bedeutung (z. B. bei nicht zuzuordnendem Stehlgut) zu. Ob allerdings Anspruchsberechtigte den Bundesanzeiger oder andere Veröffentlichungsmöglichkeiten (§ 111 Abs. 4 Satz 2) regelmäßig prüfen, um ihre Entschädigungsansprüche geltend machen zu können, erscheint eher zweifelhaft. 16

e) Veröffentlichung von Personendaten (§ 111 Abs. 4 Satz 4). Nach Absatz 1 Satz 2 2. Hs. i. V. m. § 111l Abs. 4 Satz 4 darf die Vollstreckungsbehörde **Personendaten** nur veröffentlichen, soweit ihre Angabe zur Wahrung der Rechte der Anspruchsinhaber **unerlässlich** ist. **Personendaten** (§ 5 Abs. 1 Nr. 1 BZRG) sind neben dem Vor- und Familiennamen ein abweichender Geburtsname, das Geschlecht, Geburtsdatum, der Geburtsort, die Staatsangehörigkeit und die Anschrift. Die Regelung bezieht sich auf den Inhalt der Veröffentlichung, nicht auf die Wahl sonstiger Veröffentlichungsmedien.[28] 17

Unerlässlich ist die **Veröffentlichung** der Personendaten dann, wenn Anspruchsberechtigte ohne sie keine realistische Möglichkeit hätten, Ansprüche nach § 459j Abs. 1 geltend zu machen. Reicht es zur Sicherung der Rechte aus, nur einen Teil der Personendaten zu veröffentlichen, so dass eine Individualisierung der Ansprüche möglich ist,[29] gebietet es der Grundsatz der Verhältnismäßigkeit, sie nicht vollumfänglich zu veröffentlichen. Die Regelung trägt damit dem Recht auf informationelle Selbstbestimmung Rechnung.[30] 18

f) Löschungspflicht (§ 111l Abs. 4 Satz 5). Nach Absatz 1 Satz 2 2. Hs. i. V. m. § 111l Abs. 4 Satz 5 muss („veranlasst") die Staatsanwaltschaft nach **Beendigung der Sicherungsmaßnahmen** die **Löschung der Bekanntmachung** veranlassen. Im Vollstreckungsverfahren lässt sich der genaue **Zeitpunkt der Löschungspflicht** nicht verlässlich bestimmen. In der Regel wird eine Löschung der Bekanntmachung nach Ablauf der Sechsmonatsfrist nach § 459j Abs. 1, § 459k Abs. 1 Satz 1 zu veranlassen sein. Im Einzelfall kann sich durch Gewährung von Wiedereinsetzung in den vorigen Stand bei Versäumung der Frist zur Anmeldung des Anspruchs auf Rückübertragung oder Herausgabe (§ 459j Abs. 1) der Zeitpunkt der Löschung der Bekanntmachung hinausschieben. Die 19

---

24 LR/*Johann* § 111l, 18; Bittmann/Köhler/Seeger/Tschakert/*Bittmann* Rn. 1190; Meyer-Goßner/Schmitt/*Köhler* § 111l, 9.
25 *Bach* JR **2008** 230, 233.
26 BTDrucks. **16** 700 S. 12.
27 Meyer-Goßner/Schmitt/*Köhler* § 111l, 9.
28 OK-StPO/*Coen* 13.
29 LR/*Johann* § 111l, 20.
30 Meyer-Goßner/Schmitt/*Köhler* § 111l, 10.

Vollstreckungsbehörde ist aber nicht zur Veranlassung der Löschung verpflichtet bei einer nur teilweisen Beendigung der Vollstreckung bezüglich einzelner Anspruchsberechtigter.[31] Tut sie es dennoch, so müssen besondere Umstände des Einzelfalls eine solche Entscheidung rechtfertigen und aktenkundig sein.

IV. Inhalt der Mitteilung (Absatz 2)

20 Absatz 2 verpflichtet die Vollstreckungsbehörde, die Anspruchsberechtigten mit der Mitteilung nach Absatz 1 auf das einschlägige Entschädigungsverfahren hinzuweisen. Die Vorschrift soll dem **Opferschutzgedanken** Rechnung tragen.[32] **Absatz 2 Satz 1** betrifft **Hinweise an den Anspruchsberechtigten** bei **Einziehung eines Gegenstandes** (§§ 73 bis 73b StGB), während **Absatz 2 Satz 2** die **Hinweise** für die **Einziehung des Wertes von Taterträgen**, jeweils auch i. V. m. § 76a Abs. 1 und 3 StGB, regelt.

21 Die Mitteilung nach Absatz 1 ist im Falle der **Einziehung eines Gegenstandes** mit dem Hinweis auf den Anspruch nach § 459h Abs. 1 **und** auf das Verfahren zu verbinden. Der Anspruchsberechtigte ist in der Mitteilung darauf hinzuweisen, dass er einen Anspruch auf Herausgabe oder Rückübertragung eines Gegenstandes hat, sofern ihm ein Anspruch auf Rückgewähr des Erlangten **aus der Tat** erwachsen ist (§ 459h Abs. 1), diesen Anspruch innerhalb von sechs Monaten (§ 459j Abs. 1) nach Zugang der Mitteilung bei der Vollstreckungsbehörde anmelden muss, dass die Vollstreckungsbehörde den eingezogenen Gegenstand nur dann herausgeben oder zurückübertragen kann, wenn sich der Anspruch des Antragstellers **ohne weiteres** aus der Einziehungsanordnung ergibt und dass, sofern das nicht der Fall sein sollte, die Zulassung durch das Gericht herbeigeführt werden muss (§ 459j Abs. 2 Satz 2 und 3), dass er unabhängig von der Sechsmonatsfrist darüber hinaus seinen Anspruch bei der Vollstreckungsbehörde dann anmelden kann, wenn er ein **Endurteil** i. S. v. § 704 ZPO oder einen **sonstigen Vollstreckungstitel** i. S. v. § 794 ZPO vorlegt, aus dem sich sein Anspruch ergibt. Ferner muss die Mitteilung den Hinweis enthalten, dass die Vollstreckungsbehörde ihm auch dann einen Gegenstand herausgeben oder zurückübertragen kann, wenn der Einziehungsbetroffene ein **vollstreckbares Endurteil** i. S. v. § 704 ZPO oder einen **Vollstreckungstitel** i. S. v. § 794 ZPO vorlegt, aus dem sich ergibt, dass dem Anspruchsberechtigten **aus der Tat** ein Anspruch auf Rückgewähr des Erlangten erwachsen ist und der Einziehungsbetroffene Herausgabe oder Rückübertragung des eingezogenen Gegenstandes verlangt (§ 459l Abs. 1 Satz 1). Durch Art. 1 Nr. 57 Buchst. a), Nr. 58 Buchst. b) aa), Nr. 59, Nr. 62 Buchst. a) des Gesetzes zur Fortentwicklung der Strafprozessordnung und zur Änderung weiterer Vorschriften vom 25.6.2021 hat der Gesetzgeber in § 459g Abs. 4 Satz 1, § 459h Abs. 1 Satz 1, § 459i Abs. 1 Satz 1 und § 459l Abs. 1 Satz 1 einen redaktionellen Fehler korrigiert und klargestellt, dass der Anspruch auf Rückgewähr des Erlangten oder auf Ersatz des Wertes des Erlangten **aus der Tat** erwachsen sein muss,[33] was bei dem Inhalt der Mitteilung zu beachten ist.

22 Die Mitteilung nach Absatz 1 ist im Falle der **Einziehung des Wertersatzes** mit dem Hinweis auf den Anspruch nach § 459h Abs. 2 **und** das Verfahren nach §§ 459k bis 459m zu verbinden. Der Anspruchsberechtigte muss in der Mitteilung darauf hingewiesen werden, dass ihm bei einer Einziehung des Wertes von Taterträgen (§ 73c StGB) ein An-

---

31 BTDrucks. **16** 700 S. 12; LR/*Johann* § 111l, 21; OK-StPO/*Coen* 17 (im Einzelfall schon Löschung vor Ablauf der Sechsmonatsfrist).

32 BTDrucks. **18** 9525 S. 95.

33 Bittmann/Köhler/Seeger/Tschakert/*Seeger* Rn. 1968; HK/*Pollähne* § 459k, 3.

spruch auf Auskehrung des Erlöses des Wertes der gepfändeten Gegenstände zustehen kann (§ 459h Abs. 2), sofern ihm ein Anspruch auf Ersatz des Wertes des Erlangten aus der Tat erwachsen ist; dass er binnen sechs Monaten nach Zugang der Mitteilung seinen Anspruch auf Auskehrung des Verwertungserlöses bei der Vollstreckungsbehörde anmelden muss (§ 459k Abs. 1); die Vollstreckungsbehörde eine Auskehrung des Verwertungserlöses im Umfang seines Anspruchs nur dann anordnen kann, wenn sich dieser Anspruch **ohne weiteres** aus der Einziehungsanordnung ergibt (§ 459k Abs. 2 Satz 1) und sofern das nicht der Fall sein sollte, es der Zulassung durch das Gericht bedarf; dass er unabhängig von der Sechsmonatsfrist seinen Anspruch auf Auskehrung des Verwertungserlöses bei der Vollstreckungsbehörde dann anmelden kann, wenn er ein **Endurteil** i. S. v. § 704 ZPO oder einen **sonstigen Vollstreckungstitel** i. S. v. § 794 ZPO vorlegt, aus dem sich sein Anspruch ergibt (§ 111k Abs. 5); sofern er von dem von der Einziehungsanordnung Betroffenen befriedigt wird, der Vollstreckungsbehörde hierüber eine **Quittung** vorlegen muss (§ 459l Abs. 2 Satz 3), da der Einziehungsbetroffene von der Vollstreckungsbehörde einen Ausgleich in dem Umfang aus dem Verwertungserlös verlangen kann, in dem dieser an den Verletzten auszukehren gewesen wäre (§ 459l Abs. 2 Satz 1 und 2); dass er eine Auskehrung von der Vollstreckungsbehörde unter Vorlage eines **Endurteils** i. S. v. § 704 ZPO oder eines **sonstigen Vollstreckungstitels** i. S. v. § 794 ZPO, aus dem sich der geltend gemachte Anspruch ergibt, verlangen kann, wenn nach der Aufhebung eines **Insolvenzverfahrens** ein Überschuss verbleibt und der Anspruchsinhaber keine Quote im Insolvenzverfahren erhalten hat (§ 459m Abs. 1 Satz 1); dass er eine Auskehrung von der Vollstreckungsbehörde unter Vorlage eines Endurteils i. S. v. § 704 ZPO oder eines sonstigen Vollstreckungstitels i. S. v. § 794 ZPO, aus dem der geltend gemachte Anspruch ergibt, verlangen kann, wenn ein Insolvenzverfahren nicht durchgeführt wird, weil die Vollstreckungsbehörde von einer Antragstellung i. S. d. § 111i Abs. 2 Satz 2 absieht (§ 459m Abs. 1 Satz 4); dass in den beiden letztgenannten Fällen eine Auskehrung an den Anspruchsinhaber oder dessen Rechtsnachfolger ausgeschlossen ist, wenn zwei Jahre seit der Aufhebung des Insolvenzverfahrens verstrichen sind (§ 459m Abs. 1 Satz 3); dass er eine Auskehrung durch die Vollstreckungsbehörde unter Vorlage eines Endurteils i. S. v. § 704 ZPO oder eines sonstigen Vollstreckungstitels i. S. v. § 794 ZPO, aus dem sich der geltend gemachte Anspruch ergibt, verlangen kann, wenn nach rechtskräftiger Aufhebung des Insolvenzverfahrens oder nach Abschluss der Auskehrung des Verwertungserlöses bei der Vollstreckung der Wertersatzeinziehung erfolgreich vollstreckt wird und der Anspruchsinhaber keine Quote im Insolvenzverfahren erhalten hat (§ 459m Abs. 2).

Der **Inhalt der Mitteilung** nach Absatz 1 muss für den Anspruchsinhaber **verständlich** sein, denn er muss spätestens mit der Zustellung des Mitteilungsschreibens entscheiden, ob er den ihm aus der Tat erwachsenen Anspruch gegenüber der Vollstreckungsbehörde anmelden, er seinen Anspruch selbst gerichtlich geltend machen will oder ob er an einer Entschädigung kein Interesse hat. Ob die Vollstreckungsbehörde der ihr obliegenden Hinweispflicht nach Absatz 2 nachkommt, indem sie ihm ein Schreiben nebst Abdruck der einschlägigen Vorschriften übermittelt,[34] erscheint fraglich, denn eine bloße Mitteilung des Gesetzestextes der komplexen Vorschriften wird bei einem juristisch nicht vorgebildeten Verletzten seinen Zweck verfehlen und dem Opferschutzgedanken[35] zuwiderlaufen.[36] Vielmehr sind für die beiden Konstellationen in Absatz 2 23

34 So OK-StPO/*Coen* 20.
35 BTDrucks. **18** 9525 S. 95.
36 Zur praktischen Bedeutung des Mitteilungsschreibens *Reitemeier* 224 f.; Bittmann/Köhler/Seeger/Tschakert/ *Seeger* Rn. 1970 f.

Satz 1 und 2 Dokumentvorlagen zu erstellen, denen Merkblätter in verständlicher Sprache mit wichtigen verfahrenstechnischen Hinweisen für Anspruchsberechtigte bei erfolgter Einziehung von Taterträgen (Absatz 2 Satz 1) und der Einziehung des Wertes von Taterträgen (Absatz 2 Satz 2) sowie ein vom Anspruchsberechtigten auszufüllender Vordruck eines Rückantwortschreibens beizufügen sind.[37] Eine **Übersetzung** dieser Schriftstücke ist nicht erforderlich.

24 Die Beiordnung eines **Rechtsbeistands** oder die Bewilligung von **Prozesskostenhilfe** für das Entschädigungsverfahren sieht das Gesetz nicht vor.[38]

§ 459j
Verfahren bei Rückübertragung und Herausgabe

(1) Der Anspruchsinhaber hat seinen Anspruch auf Rückübertragung oder Herausgabe nach § 459h Absatz 1 binnen sechs Monaten nach der Mitteilung der Rechtskraft der Einziehungsanordnung bei der Vollstreckungsbehörde anzumelden.

(2) [1]Ergibt sich die Anspruchsberechtigung des Antragstellers ohne weiteres aus der Einziehungsanordnung und den ihr zugrundeliegenden Feststellungen, so wird der eingezogene Gegenstand an den Antragsteller zurückübertragen oder herausgegeben. [2]Andernfalls bedarf es der Zulassung durch das Gericht. [3]Das Gericht lässt die Rückübertragung oder Herausgabe nach Maßgabe des § 459h Absatz 1 zu. [4]Die Zulassung ist zu versagen, wenn der Antragsteller seine Anspruchsberechtigung nicht glaubhaft macht; § 294 der Zivilprozessordnung ist anzuwenden.

(3) [1]Vor der Entscheidung über die Rückübertragung oder Herausgabe ist derjenige, gegen den sich die Anordnung der Einziehung richtet, zu hören. [2]Dies gilt nur, wenn die Anhörung ausführbar erscheint.

(4) Bei Versäumung der in Absatz 1 Satz 1 genannten Frist ist unter den in den §§ 44 und 45 bezeichneten Voraussetzungen die Wiedereinsetzung in den vorigen Stand zu gewähren.

(5) Unbeschadet des Verfahrens nach Absatz 1 kann der Anspruchsinhaber seinen Anspruch auf Rückübertragung oder Herausgabe nach § 459h Absatz 1 geltend machen, indem er ein vollstreckbares Endurteil im Sinne des § 704 der Zivilprozessordnung oder einen anderen Vollstreckungstitel im Sinne des § 794 der Zivilprozessordnung vorlegt, aus dem sich der geltend gemachte Anspruch ergibt.

Schrifttum

Siehe § 459g.

Entstehungsgeschichte

Die Vorschrift wurde durch Art. 3 Nr. 15 des Gesetzes zur Reform der strafrechtlichen Vermögensabschöpfung vom 13.4.2017[1] eingefügt. Durch Art. 1 Nr. 60 des Gesetzes zur Fortentwicklung der Strafprozessordnung und zur Änderung weiterer Vorschriften vom

---

37 *Bittmann/Köhler/Seeger/Tschakert* Muster Anhang Nr. 29 bis 34.

38 OK-StPO/*Coen* 21.

1 BGBl. I S. 872, 886 f.

https://doi.org/10.1515/9783110275025-032

25.6.2021[2] wurden im Hinblick auf die Definition des Verletztenbegriffs in § 373b die Begriffe „Verletzte" sowie „dessen Rechtsnachfolger" in Absatz 1 Satz 1 sowie in Absatz 5 gestrichen und durch den Begriff „Anspruchsinhaber" ersetzt.

Übersicht

Alphabetische Übersicht

I. Zweck und Bedeutung

Während **§ 459h** den Entschädigungsanspruch des Anspruchsinhabers nach Rechtskraft der Einziehungsanordnung regelt, richtet sich das **vereinfachte Entschädigungsverfahren** nach den §§ 459i bis 459k. Dieses Verfahren beginnt einheitlich mit der **Mitteilung** nach **§ 459i**. Sodann unterscheidet das Gesetz hinsichtlich des weiteren Verfahrens zwischen der **Entschädigung nach Einziehung des Erlangten im Original** (§ 459j) und nach der **ersatzweisen Einziehung von dessen Wert** (§ 459k). § 459j korrespondiert mit § 459h Abs. 1, während § 459k mit § 459h Abs. 2 korrespondiert.[3] Die Absätze 1 und 5 legen fest, auf welchen zwei Wegen der Anspruchsinhaber den Rück- 1

2 BGBl. I S. 2099, 2106.

3 BTDrucks. **18** 9525, S. 52; Bittmann/Köhler/Seeger/Tschakert/*Seeger* Rn. 2034 f.

übertragungs- oder Herausgabeanspruch bei der Vollstreckungsbehörde geltend machen kann.

II. Anspruchsanmeldung (Absatz 1)

2 **1. Allgemeines.** Absatz 1 gilt für die Geltendmachung des Anspruchs des Anspruchsinhabers auf Rückübertragung oder Herausgabe nach § 459h Abs. 1. Eine **Rückübertragung** erfolgt, wenn der Einziehungsbetroffene zum Zeitpunkt der Einziehungsentscheidung Eigentümer des Einziehungsgegenstandes war und daher der Staat mit rechtskräftiger Einziehungsentscheidung Eigentümer des eingezogenen Gegenstandes wurde (§ 75 Abs. 1 Satz 1 Nr. 1 und Nr. 2 StGB). In diesem Fall überträgt der Staat als neuer Eigentümer den eingezogenen Gegenstand an den früheren Eigentümer zurück.

3 War der Einziehungsbetroffene zum Zeitpunkt der Einziehungsentscheidung nicht Eigentümer des eingezogenen Gegenstandes, so wird der Staat mit der rechtskräftigen Einziehungsanordnung noch nicht Eigentümer (§ 75 Abs. 1 Satz 2 StGB). Meldet der Anspruchsinhaber seinen Anspruch auf Herausgabe nach § 459h Abs. 1 innerhalb der Frist des § 459j Abs. 1 bei der Vollstreckungsbehörde an und ist der Anspruch begründet, so ist der Gegenstand an ihn herauszugeben. Wird kein Anspruch nach Absatz 1 bei der Vollstreckungsbehörde angemeldet, so geht das Eigentum mit Ablauf von sechs Monaten nach der Mitteilung der Rechtskraft der Einziehungsanordnung (§ 75 Abs. 1 Satz 2 StGB) auf den Staat über.

4 **2. Anspruchsanmeldung.** Zur Anmeldung des Anspruchs auf Rückübertragung oder Herausgabe ist der **Anspruchsinhaber** berechtigt. Als Anspruchsinhaber können **Verletzte (§ 373b), deren Rechtsnachfolger,** vor allem der **Erbe** (§ 1922 BGB), die **Versicherungsgesellschaft** bei gesetzlichem Forderungsübergang (§ 86 VVG) und der **Zessionar** im Falle der Abtretung (§ 398 BGB) in Betracht kommen.

5 **3. Frist.** Bei der **Sechsmonatsfrist** handelt es sich um eine **gesetzliche Handlungsfrist.**[4] Der Fristenlauf beginnt mit der Bekanntmachung durch **Zustellung** der **Mitteilung nach § 459i Abs. 2 Satz 1.** Als gesetzliche Frist ist die Sechsmonatsfrist einer Verlängerung nicht zugänglich. Für das **Vollstreckungsverfahren** gilt zwar § 35 nicht, denn die Vorschrift findet, wie sich schon aus der amtlichen Überschrift des Abschnitts 4a ergibt, nur für gerichtliche Entscheidungen Anwendung. Allerdings ist **§ 35 Abs. 2** auf die Bekanntmachung staatsanwaltschaftlicher Entscheidungen als Strafverfolgungs- und Vollstreckungsbehörde **sinngemäß** anzuwenden.[5] **Wesentliche Mängel** bei der **Anordnung, Durchführung** oder **Beurkundung** der Zustellung können zu deren Unwirksamkeit führen.[6] Die **Zustellungsanordnung** obliegt dem Rechtspfleger. Eine bewirkte Zustellung **ohne deren Anordnung** erweist sich als **unwirksam.** Eine **unvollständige Anordnung** steht einer **unterlassenen Anordnung** gleich. Ist die **Zustellung** der Mitteilung (§ 459i Abs. 1 Satz 2) unwirksam, beginnt die Frist zur Anmeldung des Anspruchs nach Absatz 1 nicht zu laufen. Für die **Fristberechnung** findet § 43 **entsprechende Anwendung.** Die Anordnung der Zustellung, deren Durchführung und Beurkundung sind **aktenkundig** zu machen, um die Wirksamkeit der Zustellung und den Fristenlauf prüfen zu können.

---

4 LR/*Graalmann-Scheerer* Vor § 42, 3.
5 LR/*Graalmann-Scheerer* § 35, 19.
6 LR/*Graalmann-Scheerer* § 37, 95 ff. m. w. N.

4. Form. Zu der Form der Anmeldung des Anspruchs verhält sich Absatz 1 nicht. 6
Die Anmeldung ist mithin **formfrei.**[7] Sie kann, muss aber nicht, schriftlich oder zu Protokoll des Urkundsbeamten erfolgen. Die Anmeldung kann auch per E-Mail und sogar telefonisch angebracht werden und ist in letzterem Fall in Form eines Vermerks in den Akten zu dokumentieren.

III. Verfahren nach der Anspruchsanmeldung

1. Allgemeines. Absatz 2 geht auf die Beschlussempfehlung und den Bericht des 7
BTRAussch. zurück.[8] Absatz 2 enthält die Maßgaben für die Entscheidung über den Antrag und gilt sowohl für die Antragstellung nach Absatz 1 als auch für die nach Absatz 5.[9]

2. Verfahren der Vollstreckungsbehörde (Absatz 2 Satz 1). Die Regelung stellt 8
klar, dass eine Rückübertragung oder Herausgabe des eingezogenen Gegenstandes durch die Vollstreckungsbehörde nur in Frage kommt, wenn sich die Anspruchsberechtigung des Antragstellers **ohne weiteres** aus der Entscheidung und den ihr zugrundeliegenden Feststellungen ergibt, mit der die Einziehung angeordnet worden ist.[10] Grundlage der Einziehungsentscheidung sind das **letzte tatgerichtliche Urteil** mit den diesem zugrundeliegenden tatsächlichen Feststellungen, ggf. i. V. m. der Entscheidung des Revisionsgerichts sowie ferner der **Strafbefehl,** wobei dieser lediglich eine Konkretisierung enthält, nicht jedoch tatsächliche Feststellungen in einem Umfang wie ein tatgerichtliches Urteil. Grundlage der Entscheidung der Vollstreckungsbehörde kann des Weiteren ein **Beschluss** in einem selbständigen oder abgetrennten Verfahren (§ 423 Abs. 2 Satz 1, §§ 436 Abs. 2 i. V. m. § 434 Abs. 2) sein, mit dem die Einziehung angeordnet worden ist. Das Tatgericht hat daher mit der Einziehungsanordnung schon deren spätere Vollstreckung in den Blick zu nehmen und die materiell-rechtlichen Tatbestandsvoraussetzungen im Einzelnen in seiner Entscheidung darzulegen (§ 267 Abs. 3 Satz 1 2. Hs.). Aus der Entscheidung muss sich daher die Person des Anspruchsberechtigten ergeben. Dazu reicht die Angabe des Vor- und Familiennamens bzw. der Name der Firma ohne Rechtsformzusatz aus. Die Angabe einer zustellungsfähigen Anschrift ist zwar wünschenswert, aber nach § 267 Abs. 3 Satz 1 2. Hs. nicht geboten. In aller Regel lässt sie sich aus den Akten, durch eine Anfrage beim Einwohnermeldeamt oder eine Internetrecherche ohne Schwierigkeiten ermitteln.[11]

Im Falle der **Rechtsnachfolge** muss sich nach dem Wortlaut des Gesetzes, dem Sinn 9
und Zweck der Regelung sowie dem Willen des Gesetzgebers, um den zur Entscheidung berufenen Rechtspfleger (§ 3 Nr. 4c, § 31 Abs. 2 Satz 1 RPflG) der Vollstreckungsbehörde „von unter Umständen komplexen materiellen Prüfungen über die Anspruchsberechtigung (z. B. in Fällen der Rechtsnachfolge)“[12] zu entlasten, die Rechtsnachfolge schon aus der Einziehungsanordnung ergeben.[13] Ist das nicht der Fall, weil die getroffenen

---

7 KK/*Appl* 2; OK-StPO/*Coen* 4.
8 BTDrucks. **18** 11640 S. 47, 90.
9 BTDrucks. **18** 11640 S. 90.
10 BTDrucks. **18** 11640 S. 90.
11 Bittmann/Köhler/Seeger/Tschakert/*Seeger* Rn. 2053.
12 BTDrucks. **18** 11640 S. 90.
13 Bittmann/Köhler/Seeger/Tschakert/*Seeger* Rn. 2060; Meyer-Goßner/Schmitt/*Köhler* 3 f.; OK-StPO/*Coen* 5 ff.; KK/*Appl* 3.

tatsächlichen Feststellungen unzureichend sind oder der Fall der Rechtsnachfolge erst danach eingetreten ist, so kommt eine Rückübertragung oder Herausgabe des eingezogenen Gegenstandes nach Absatz 2 Satz 1 durch die Vollstreckungsbehörde nicht in Betracht, weil sich dann die Anspruchsberechtigung des Antragstellers nicht **ohne weiteres** aus der Einziehungsanordnung und den ihr zugrundeliegenden Feststellungen ergibt.

10 **3. Zulassung durch das Gericht (Absatz 2 Satz 2).** Liegen die Voraussetzungen nach Absatz 2 Satz 1 nicht vor, so richtet sich das Verfahren bei Rückübertragung und Herausgabe des eingezogenen Gegenstandes nach Absatz 2 Satz 2.

11 **a) Voraussetzungen.** Die Vollstreckungsbehörde hat festzustellen und in den Akten zu vermerken, dass die Voraussetzungen von **Absatz 2 Satz 1 nicht vorliegen**. Nur dann ist nämlich das **Verfahren nach Absatz 2 Satz 2** zu betreiben. Diese Dokumentation in den Akten ist nicht nur wegen des Grundsatzes der Aktenvollständigkeit und Aktenwahrheit erforderlich, sondern auch deshalb, weil die Bewertung der Vollstreckungsbehörde, dass es einer Zulassung der Rückübertragung oder Herausgabe des eingezogenen Gegenstandes bedarf, ihrerseits eine Entscheidung nach § 459o darstellt, hinsichtlich derer der (vermeintliche) Anspruchsinhaber Einwendungen erheben kann.

12 **b) Zuständigkeit.** Zuständig für die Entscheidung über die Zulassung der Rückübertragung oder Herausgabe des eingezogenen Gegenstandes ist das **Gericht des ersten Rechtszuges** (§ 462a Abs. 2 Satz 1) in der Besetzung außerhalb der Hauptverhandlung (§ 76 Abs. 1 Satz 2 GVG).

13 **c) Verfahren.** Die Vollstreckungsbehörde legt die Akten von Amts wegen dem Gericht des ersten Rechtszuges mit ihrem Antrag zur Entscheidung vor. Die Vorlage erfolgt durch den Rechtspfleger (§ 31 Abs. 2 Satz 1 RPflG), sofern nicht die obligatorischen (§ 31 Abs. 2a RPflG) oder fakultativen (§ 31 Abs. 2c RPflG) Voraussetzungen für eine Bearbeitung durch den Staatsanwalt vorliegen. Es ist nicht zulässig, die Akten ohne weitere Ausführungen „zur weiteren Veranlassung“ dem Gericht zu übersenden. Den Antrag auf Zulassung der Rückübertragung oder Herausgabe hat die Vollstreckungsbehörde zu begründen. Es ist – auch in komplexen Verfahren – nicht zulässig, die Akten dem Gericht nicht zur Entscheidung über die Zulassung vorzulegen, sondern abzuwarten, ob der Antragsteller Einwendungen gegen die Entscheidung der Vollstreckungsbehörde (§ 459o) nach Absatz 2 Satz 1 erheben wird. Der Einziehungsadressat ist durch das Gericht vor der Entscheidung über die Rückübertragung oder Herausgabe des eingezogenen Gegenstandes zu hören (Absatz 3 Satz 1), wenn die Anhörung ausführbar erscheint (Absatz 3 Satz 2); vgl. hierzu im Einzelnen Rn. 17 ff.

14 Nach Absatz 2 Satz 3 lässt das Gericht die Rückübertragung oder Herausgabe des eingezogenen Gegenstandes nach Maßgabe des § 459h Abs. 1 zu. Die zu treffende Entscheidung ist an den Voraussetzungen des § 459h zu orientieren mit der Folge, dass das Gericht an die in der tatgerichtlichen Einziehungsentscheidung getroffenen Feststellungen grundsätzlich gebunden ist. Etwaigen nachfolgenden **Änderungen** der **materiellrechtlichen Rechtslage** hat das Gericht jedoch ebenso Rechnung zu tragen wie die Vollstreckungsbehörde im Rahmen ihrer Zuständigkeit.[14]

---

14 Bittmann/Köhler/Seeger/Tschakert/*Seeger* Rn. 2078; OK-StPO/*Coen* 12.

d) Zulassungsentscheidung. Das Gericht hat die Zulassung zu versagen („ist zu versagen“), wenn der Antragsteller seine Anspruchsberechtigung nicht **glaubhaft** macht (Absatz 2 Satz 4). Das Gericht muss sich also nicht die volle Überzeugung von den entscheidungserheblichen Tatsachen verschaffen. Vielmehr reicht es aus, dass der Antragsteller den Wahrscheinlichkeitsbeweis erbringt.[15] Dies kann er nach § 294 ZPO (Absatz 2 Satz 4 2. Hs.) auch durch die Abgabe einer **eidesstattlichen Versicherung** tun. 15

Gelingt es dem Antragsteller, seinen Anspruch glaubhaft zu machen, so lässt das Gericht die Rückübertragung oder Herausgabe des Gegenstandes an den Antragsteller zu. Andernfalls lehnt es die Rückübertragung oder Herausgabe ab. Die Entscheidung ergeht durch **Beschluss**, der mit Blick auf § 462 Abs. 3 Satz 1 zu begründen (§ 34) und durch Zustellung (§ 35 Abs. 2 Satz 1) bekannt zu machen ist. 16

4. Anhörung (Absatz 3). Absatz 3 entspricht inhaltlich dem Absatz 2 in der Fassung des Gesetzentwurfs der Bundesregierung[16] und regelt die Anhörung des Einziehungsadressaten (Tatbeteiligter oder Drittbegünstigter). Damit erhält er die Möglichkeit, (zivilrechtliche) Einwendungen, nicht aber gegen die gerichtliche Anordnung selbst, zu erheben.[17] Die Anhörung ist **obligatorisch**[18] („ist ... zu hören“), sofern sie ausführbar erscheint (Absatz 3 Satz 2). Eine **mündliche Anhörung** schreibt Absatz 3 **nicht** vor. Die Vollstreckungsbehörde muss keine Nachforschungen zum aktuellen Aufenthaltsort des Einziehungsadressaten anstellen.[19] Weder eine Anfrage beim Einwohnermeldeamt noch eine Prüfung im staatsanwaltschaftlichen Informationssystem sind erforderlich. Der Einleitung von Fahndungsmaßnahmen zur Ermittlung einer aktuellen Anschrift des Einziehungsadressaten bedarf es nicht. 17

Das Gesetz verhält sich weder zu der **Form** noch zu dem **Zeitpunkt** und dem **Inhalt** der Anhörung des Einziehungsadressaten. Für die Anhörung genügt die schriftliche Mitteilung der Vollstreckungsbehörde mit **einfachem Brief.** Eine Zustellung ist nicht erforderlich, denn mit der Bekanntmachung wird keine gesetzliche Frist in Lauf gesetzt. Das Anhörungsschreiben ist an die letzte bekannte, aktenkundige Anschrift des Einziehungsadressaten zu richten. Ist das Anhörungsschreiben rückläufig, so nimmt das Verfahren zur Rückübertragung oder Herausgabe ohne weitere Ermittlungen seinen Fortgang. Ist den Akten eine E-Mail-Adresse des Einziehungsadressaten zu entnehmen, so kann die Vollstreckungsbehörde das Anhörungsschreiben mangels gesetzlicher Formvorschrift auch dorthin senden. 18

Den **Zeitpunkt der Anhörung** gibt das Gesetz nicht vor. Die Anhörung des Einziehungsadressaten wird regelmäßig zeitnah nach Ablauf der Sechsmonatsfrist nach Absatz 1 zu erfolgen haben. Ihm ist in dem Anhörungsschreiben eine **Frist zur Stellungnahme** einzuräumen, die grundsätzlich **zwei Wochen** nicht übersteigen sollte. Auf begründeten Vortrag ist es der Vollstreckungsbehörde unbenommen, diese Frist nach den Umständen des Einzelfalles unter Beachtung des Beschleunigungsgebots zu verlängern. 19

5. Wiedereinsetzung in den vorigen Stand (Absatz 4). Absatz 4 entspricht inhaltlich Absatz 3 in der Fassung des Regierungsentwurfs.[20] Danach hat die Vollstreckungs- 20

---

15 OK-StPO/*Coen* 12; MüKo/*Nestler* 6; Bittmann/Köhler/Seeger/Tschakert/*Seeger* Rn. 2081.

16 BTDrucks. **18** 9525 S. 96; BTDrucks. **18** 11640 S. 90.

17 BTDrucks. **18** 9525 S. 96; KK/*Appl* 4; Meyer-Goßner/Schmitt/*Köhler* 6; Bittmann/Köhler/Seeger/Tschakert/*Seeger* Rn. 2093.

18 **A. A.** LG Chemnitz BeckRS **2021** 7852.

19 KK/*Appl* 4; Meyer-Goßner/Schmitt/*Köhler* 6; Bittmann/Köhler/Seeger/Tschakert/*Seeger* Rn. 2093.

20 BTDrucks. **18** 9525 S. 96; BTDrucks. **18** 11640 S. 90.

behörde („ist ... zu gewähren“) dem Anspruchsinhaber bei Versäumung der in Absatz 1 Satz 1 genannten Sechsmonatsfrist unter den in den §§ 44, 45 bezeichneten Voraussetzungen Wiedereinsetzung in den vorigen Stand zu gewähren. Er muss **binnen einer Woche nach Wegfall des Hindernisses**, das hier in der Kenntnis von der Versäumung der Sechsmonatsfrist nach Absatz 1 Satz 1 besteht, einen **Antrag auf Wiedereinsetzung in den vorigen Stand** gegen die Versäumung der Frist zur Anmeldung des Anspruchs auf Rückübertragung oder Herausgabe nach § 459h Abs. 1 bei der Vollstreckungsbehörde stellen. Die Tatsachen zur Begründung des Antrags sind bei der Antragstellung oder im Verfahren über den Antrag glaubhaft zu machen (Absatz 4 i. V. m. § 45 Abs. 2 Satz 1) und innerhalb der Antragsfrist ist die versäumte Handlung, hier die Anmeldung des Anspruchs auf Rückübertragung oder Herausgabe nach § 459h Abs. 1, nachzuholen (Absatz 4 i. V. m. § 45 Abs. 2 Satz 2).

21 Über den Wiedereinsetzungsantrag entscheidet die Vollstreckungsbehörde durch den Rechtspfleger.[21]

IV. Geltendmachung des Anspruchs mittels Vollstreckungstitel (Absatz 5)

22 **1. Allgemeines.** Absatz 5 enthält für den Anspruchsinhaber neben dem Verfahren nach Absatz 1 die **weitere Möglichkeit**, seinen Anspruch durch Vorlage eines **vollstreckbaren Endurteils** i. S. v. § 704 ZPO oder eines **anderen Vollstreckungstitels** i. S. v. § 794 ZPO, aus dem sich der Anspruch ergibt, geltend zu machen. Der vorzulegende Vollstreckungstitel muss sich gegen den Einziehungsadressaten richten.[22] Die Geltendmachung des Anspruchs durch Vorlage eines vollstreckbaren Endurteils oder eines anderen Vollstreckungstitels unterfällt nicht der Sechsmonatsfrist des Absatzes 1 („Unbeschadet des Verfahrens nach Absatz 1 ...“). Der Anspruchsinhaber kann daher seinen Anspruch auf Rückübertragung oder Herausgabe auch noch nach Ablauf der Sechsmonatsfrist geltend machen.

23 **Absatz 2** ist in Fällen des Absatzes 5 anwendbar.[23] Eine Wiedereinsetzung in den vorigen Stand (Absatz 4) scheidet bei Vorlage eines vollstreckbaren Endurteils i. S. v. § 704 ZPO oder eines anderen Vollstreckungstitels i. S. v. § 794 ZPO aus, da die Vorlage der Sechsmonatsfrist nach Absatz 1 nicht unterfällt.

24 **2. Vollstreckbares Endurteil.** Erforderlich ist die Vorlage eines vollstreckbaren Endurteils nach § 704 ZPO.[24]

25 **3. Anderer Vollstreckungstitel.** Der Anspruch auf Rückübertragung oder Herausgabe kann auch durch Vorlage eines anderen Vollstreckungstitels i. S. v. § 794 ZPO geltend gemacht werden. Hierzu zählen etwa der **Vergleich**, **Vollstreckungsbescheid**, **Entscheidungen**, die durch **Schiedssprüche** für **vollstreckbar** erklärt wurden, **notarielle Urkunden mit Unterwerfung unter die sofortige Zwangsvollstreckung** (§ 794 Abs. 1 Nr. 1, 4, 4a und 5 ZPO). Feststellungsentscheidungen sind mangels Vollstreckbarkeit kein anderer Vollstreckungstitel i. S. v. § 794 ZPO.[25]

---

21 Bittmann/Köhler/Seeger/Tschakert/*Seeger* Rn. 2097.
22 Bittmann/Köhler/Seeger/Tschakert/*Seeger* Rn. 2099.
23 OK-StPO/*Coen* 23; BTDrucks. **18** 11640 S. 90.
24 Baumbach/Lauterbach/*Schmidt* § 704, 3.
25 OK-StPO/*Coen* 21.

V. Beiordnung eines Beistandes

Zu der Frage der Beiordnung eines Verletztenbeistandes für das Verfahren auf Rückübertragung oder Herausgabe schweigen die Gesetzesmaterialien. Die Beiordnung eines Verletztenbeistands nach § 397a endet mit der Rechtskraft des Urteils. Prozesskostenhilfe (§ 397a Abs. 2) beschränkt sich auf die jeweilige Instanz. § 406h Abs. 3 scheidet als Rechtsgrundlage für die Beiordnung eines Verletztenbeistandes im Vollstreckungsverfahren aus. Ob hier von einer **planwidrigen Regelungslücke**[26] ausgegangen werden kann, erscheint eher zweifelhaft. Es spricht mehr dafür, dass der Gesetzgeber von seinem Reformvorhaben so überzeugt war, dass das gewählte Entschädigungsmodell „den Tatgeschädigten einen einfachen und kostenlosen Weg, Schadenswiedergutmachung zu erlangen",[27] erfüllen wird, und er daher die Bestellung eines Beistandes bewusst nicht in den Blick genommen hat, dabei aber die Komplexität des Regelungswerkes unterschätzt hat. Wer den Opferschutz stärken will, wird einer gesetzlichen Regelung für die Beiordnung eines Beistandes für Anspruchsinhaber im Entschädigungsverfahren nähertreten müssen, denn alleine die Kommunikation mit der Vollstreckungsbehörde wird Anspruchsinhaber in der Regel überfordern.[28] 26

VI. Anfechtung

Gegen die Entscheidung der Vollstreckungsbehörde sind **Einwendungen** nach § 459o statthaft, über die das Gericht ohne mündliche Verhandlung durch **Beschluss** entscheidet (§ 462 Abs. 1 Satz 1). Der Beschluss ist mit der **sofortigen Beschwerde** (§ 462 Abs. 3 Satz 1) anfechtbar und daher durch Zustellung bekanntzumachen (§ 35 Abs. 2 Satz 1). 27

§ 459k
Verfahren bei Auskehrung des Verwertungserlöses

(1) [1]Der Anspruchsinhaber hat seinen Anspruch auf Auskehrung des Verwertungserlöses nach § 459h Absatz 2 binnen sechs Monaten nach der Mitteilung der Rechtskraft der Einziehungsanordnung bei der Vollstreckungsbehörde anzumelden. [2]Bei der Anmeldung ist die Höhe des Anspruchs zu bezeichnen.

(2) [1]Ergeben sich die Anspruchsberechtigung des Antragstellers und die Anspruchshöhe ohne weiteres aus der Einziehungsanordnung und den ihr zugrunde liegenden Feststellungen, so wird der Verwertungserlös in diesem Umfang an den Antragsteller ausgekehrt. [2]Andernfalls bedarf es der Zulassung durch das Gericht. [3]Das Gericht lässt die Auskehrung des Verwertungserlöses nach Maßgabe des § 459h Absatz 2 zu. [4]Die Zulassung ist zu versagen, wenn der Antragsteller seine Anspruchsberechtigung nicht glaubhaft macht; § 294 der Zivilprozessordnung ist anzuwenden.

(3) [1]Vor der Entscheidung über die Auskehrung ist derjenige, gegen den sich die Anordnung richtet, zu hören. [2]Dies gilt nur, wenn die Anhörung ausführbar erscheint.

---

26 So OK-StPO/*Coen* 28.

27 BTDrucks. **18** 9525 S. 2.

28 Vgl. *Bittmann/Köhler/Seeger/Tschakert* Anhang Vordrucke Nr. 10–18, 29–34.

https://doi.org/10.1515/9783110275025-033

(4) Bei Versäumung der in Absatz 1 Satz 1 genannten Frist ist unter den in den §§ 44 und 45 bezeichneten Voraussetzungen die Wiedereinsetzung in den vorigen Stand zu gewähren.

(5) [1]Unbeschadet des Verfahrens nach Absatz 1 kann der Anspruchsinhaber seinen Anspruch auf Auskehrung des Verwertungserlöses nach § 459h Absatz 2 geltend machen, indem er ein vollstreckbares Endurteil im Sinne des § 704 der Zivilprozessordnung oder einen anderen Vollstreckungstitel im Sinne des § 794 der Zivilprozessordnung vorlegt, aus dem sich der geltend gemachte Anspruch ergibt. [2]Einem vollstreckbaren Endurteil im Sinne des § 704 der Zivilprozessordnung stehen bestandskräftige öffentlich-rechtliche Vollstreckungstitel über Geldforderungen gleich.

Schrifttum

Siehe § 459g.

Entstehungsgeschichte

Die Vorschrift wurde durch Art. 3 Nr. 15 des Gesetzes zur Reform der strafrechtlichen Vermögensabschöpfung vom 13.4.2017[1] eingefügt. Durch Art. 1 Nr. 61 des Gesetzes zur Fortentwicklung der Strafprozessordnung und zur Änderung weiterer Vorschriften vom 25.6.2021[2] wurden die Begriffe „Verletzte" und „dessen Rechtsnachfolger" im Hinblick auf die Definition des Verletztenbegriffs in § 373b gestrichen und durch den Begriff „Anspruchsinhaber" ersetzt.

Übersicht

Alphabetische Übersicht

1 BGBl. I S. 872, 886 f.
2 BGBl. I S. 2099, 2106.

I. Zweck und Bedeutung

Während in § 459h Abs. 2 die mit Rechtskraft der Einziehungsanordnung entstandene **Anspruchsgrundlage** für die Auskehrung des Verwertungserlöses an den Anspruchsinhaber geregelt ist, richtet sich das **vereinfachte Entschädigungsverfahren** insoweit nach § 459k.[3] Dieses Verfahren beginnt mit der Mitteilung nach **§ 459i.** Die Absätze 1 und 5 bestimmen, auf welchen zwei Wegen der Anspruchsinhaber den **Auskehrungsanspruch** geltend machen können. 1

II. Anspruchsanmeldung (Absatz 1)

Absatz 1 gilt für die Geltendmachung des Anspruchs auf Auskehrung des Verwertungserlöses nach § 459h Abs. 2. Eine Auskehrung an den Anspruchsinhaber erfolgt dann, wenn das Gericht die **Einziehung des Wertersatzes** nach den **§ 73c StGB** (Einziehung des Wertes von Taterträgen) und **§ 76a Abs. 1 Satz 1 StGB** (selbständige Einziehung), auch i. V. m. § 76a Abs. 3 StGB, angeordnet hat und ihm ein Anspruch auf Ersatz des Erlangten aus der Tat erwachsen ist. 2

1. Anspruchsberechtigung. Zur Anmeldung des Anspruchs auf Auskehrung des Verwertungserlöses ist der Anspruchsinhaber berechtigt. Als **Anspruchsinhaber** kommen in der Vollstreckungspraxis **Verletzte** (§ 373b) sowie deren Rechtsnachfolger, vor allem **Erben** (§ 1922 BGB), **Versicherungsgesellschaften** (§ 86 VVG) bei gesetzlichem Forderungsübergang und der **Zessionar** im Falle der Abtretung (§ 398 BGB) in Betracht. 3

Bei der Anspruchsanmeldung **muss** die **Höhe des Anspruchs** bezeichnet werden („ist ... zu bezeichnen"). Allgemeine Ausführungen oder eine Schätzung reichen nicht aus. Vielmehr müssen sich die **Anspruchsberechtigung** und die **Anspruchshöhe ohne weiteres** aus der Einziehungsanordnung und den ihr zugrundeliegenden Feststellungen ergeben. 4

2. Frist. Wie bei § 459j Abs. 1 handelt es sich bei der **Sechsmonatsfrist** um eine **gesetzliche Handlungsfrist.**[4] Der Fristenlauf beginnt mit der **Zustellung** der **Mitteilung nach § 459i Abs. 2 Satz 2.** Die Sechsmonatsfrist ist als gesetzliche Frist einer Verlängerung nicht zugänglich. 5

§ 35 gilt zwar für das Vollstreckungsverfahren grundsätzlich nicht, sondern nur für gerichtliche Entscheidungen. Allerdings ist § 35 Abs. 2 auf die Bekanntmachung staatsanwaltschaftlicher Entscheidungen als Strafverfolgungs- und Vollstreckungsbehörde entsprechend anzuwenden.[5] Für die Berechnung der Frist gilt § 43 entsprechend. Die Anordnung der **Zustellung,** deren Durchführung sowie Beurkundung müssen **akten-** 6

3 BTDrucks. **18** 9525 S. 52, 96; Bittmann/Köhler/Seeger/Tschakert/*Seeger* Rn. 2040.
4 LR/*Graalmann-Scheerer* Vor § 42, 3.
5 LR/*Graalmann-Scheerer* § 35, 19.

kundig gemacht werden, um die Wirksamkeit der Zustellung und den Fristenlauf prüfen zu können. Zu **Zustellungsmängeln** siehe Erl. zu § 459j, 5.

7 **3. Form.** Die **Anspruchsanmeldung** ist in Ermangelung einer gesetzlichen Regelung **formfrei**. Sie kann, muss aber nicht, schriftlich oder zu Protokoll des Urkundsbeamten angebracht werden, sondern kann auch per E-Mail oder fernmündlich erfolgen. In letzterem Fall ist die Anmeldung des Anspruchs in Form eines Vermerks aktenkundig zu machen.

III. Verfahren nach der Anspruchsanmeldung (Absatz 2)

8 Absatz 2 geht wie bei § 459j auf die Beschlussempfehlung und den Bericht des BTRAussch. zurück.[6] Absatz 2 regelt die Maßgaben für die Entscheidung über die Anspruchsberechtigung und Anspruchshöhe und gilt sowohl für die Antragstellung nach Absatz 1 als auch für die nach Absatz 5.

9 **1. Verfahren der Vollstreckungsbehörde (Absatz 2 Satz 1).** Die Regelung stellt klar, dass eine Auskehrung des Verwertungserlöses durch die Vollstreckungsbehörde nur in Frage kommt, wenn sich die **Anspruchsberechtigung** des Antragstellers **und** die **Anspruchshöhe ohne weiteres** aus der Einziehungsanordnung und den ihr zugrundeliegenden Feststellungen ergeben.[7] Grundlage der Einziehungsentscheidung sind das **letzte tatgerichtliche Urteil** mit den diesem zugrundeliegenden tatsächlichen Feststellungen, ggf. i. V. m. der Entscheidung des Revisionsgerichts, sowie des Weiteren der **Strafbefehl**, der allerdings lediglich eine Konkretisierung enthält, nicht jedoch tatsächliche Feststellungen wie ein tatgerichtliches Urteil. Auch ein **Beschluss** kann Grundlage für die Entscheidung der Vollstreckungsbehörde sein, wenn etwa in einem selbständigen oder abgetrennten Verfahren (§ 423 Abs. 2 Satz 1, § 436 Abs. 2 i. V. m. § 434 Abs. 2) die Einziehungsanordnung erfolgt ist.

10 Zu den inhaltlichen Anforderungen an die tatgerichtlichen Feststellungen in der Einziehungsanordnung vgl. Erl. zu § 459j, 8. Darüber hinaus erfordert Absatz 2 Satz 1, dass sich auch die **Anspruchshöhe** ohne weiteres aus der Einziehungsanordnung ergibt. Das Tatgericht hat daher bei den Feststellungen jeder Einziehungsanordnung deren spätere Vollstreckbarkeit in den Blick zu nehmen.

11 **2. Zulassung durch das Gericht (Absatz 2 Satz 2).** Liegen die Voraussetzungen nach Absatz 2 Satz 1 nicht vor, so richtet sich das Verfahren auf Auskehrung des Verwertungserlöses nach Absatz 2 Satz 2.

12 **a) Voraussetzungen.** Die Vollstreckungsbehörde hat festzustellen und in den Akten zu dokumentieren, dass die Voraussetzungen von Absatz 2 Satz 1 nicht vorliegen. Nur dann ist nämlich das Verfahren nach Absatz 2 Satz 2 eröffnet und zu betreiben. Der Dokumentation bedarf es nicht nur im Hinblick auf die Grundsätze der Aktenvollständigkeit und Aktenwahrheit, sondern auch deshalb, weil die Bewertung der Vollstreckungsbehörde, dass eine gerichtliche Zulassung der Auskehrung des Verwertungserlöses in einer bestimmten Höhe erforderlich ist, eine Entscheidung nach § 459o darstellt, gegen die der vermeintlich Anspruchsberechtigte Einwendungen erheben kann.

6 BTDrucks. **18** 11640 S. 48, 90 f.
7 BTDrucks. **18** 11640 S. 90 f.

b) Zuständigkeit. Vgl. insoweit die Erl. zu § 459g, 46 m. w. N. 13

c) Verfahren. Die Vollstreckungsbehörde legt die Akten mit ihrem Antrag von Amts wegen dem Gericht des ersten Rechtszuges zur Entscheidung vor. Der Antrag auf Auskehrung des Verwertungserlöses in einer bestimmten Höhe ist stets zu begründen. Vor der Entscheidung über die Auskehrung und zu der Höhe des Verwertungserlöses hat die Vollstreckungsbehörde und im Falle des Absatzes 2 Satz 2 auch das Gericht den Einziehungsadressaten zu hören (Absatz 3 Satz 1), sofern die Anhörung ausführbar erscheint (Absatz 3 Satz 2). Vgl. hierzu die Erl. zu § 459j, 17 ff. 14

Nach Absatz 2 Satz 3 lässt das Gericht die Auskehrung des Verwertungserlöses nach Maßgabe des § 459h Abs. 2 zu. Die zu treffende gerichtliche Entscheidung hat sich daran zu orientieren mit der Folge, dass das Gericht an die in der tatgerichtlichen Einziehungsentscheidung getroffenen Feststellungen grundsätzlich gebunden ist. Allerdings hat das Gericht etwaigen nachfolgenden **Änderungen der materiellen Rechtslage** ebenso wie die Vollstreckungsbehörde Rechnung zu tragen. 15

d) Zulassungsentscheidung. Absatz 2 Satz 4 entspricht § 459j Abs. 2 Satz 4, so dass auf die dortigen Erläuterungen verwiesen wird (§ 459j, 15 f.). Gelingt es dem Antragsteller, seinen Anspruch glaubhaft zu machen, so lässt das Gericht die Auskehrung des Verwertungserlöses nach Maßgabe des § 459h Abs. 2 zu. 16

3. Anhörung (Absatz 3). Absatz 3 entspricht inhaltlich dem Absatz 2 in der Fassung des Gesetzentwurfs der Bundesregierung[8] und regelt die Anhörung der Adressaten der Einziehungsanordnung (Tatbeteiligter oder Drittbegünstigter). Dieser erhält dadurch die Möglichkeit, (zivilrechtliche) Einwendungen gegen die beabsichtigte Auskehrung des Verwertungserlöses, nicht aber gegen die gerichtliche Anordnung zu erheben.[9] Die Anhörung ist **obligatorisch,**[10] sofern sie ausführbar erscheint (Absatz 3 Satz 2). Eine **mündliche Anhörung** ist **nicht erforderlich**. Es reicht vielmehr aus, demjenigen, gegen den sich die Anordnung der Einziehung richtet, Gelegenheit zur Stellungnahme zu geben. Die Anhörung kann daher im schriftlichen Verfahren erfolgen. Zu dem Umfang der Nachforschungen zum aktuellen Aufenthaltsort des Einziehungsadressaten sowie des Zeitpunkts und der Form der Anordnung vgl. Erl. zu § 459j, 18 f. 17

4. Wiedereinsetzung in den vorigen Stand (Absatz 4). Absatz 4 entspricht inhaltlich dem Absatz 3 in der Fassung des Regierungsentwurfs.[11] Bei Versäumung der Frist zur Anmeldung des Anspruchs auf Auskehrung des Verwertungserlöses nach Absatz 1 Satz 1 gelten die Ausführungen zu der Wiedereinsetzung in den vorigen Stand zu § 459j, 20 f. entsprechend. 18

IV. Geltendmachung des Anspruchs mittels Vollstreckungstitel (Absatz 5)

Absatz 5 gibt dem Anspruchsinhaber neben dem Verfahren nach Absatz 1 die **weitere Möglichkeit**, seinen Anspruch auf Auskehrung des Verwertungserlöses nach Absatz 1 durch Vorlage eines **vollstreckbaren Endurteils** i. S. v. § 704 ZPO oder eines **anderen** 19

---

8 BTDrucks. **18** 9525 S. 96; BTDrucks. **18** 11640 S. 91.

9 BTDrucks. **18** 9525 S. 96; KK/*Appl* 4; Bittmann/Köhler/Seeger/Tschakert/*Seeger* Rn. 2093.

10 **A. A.** LG Chemnitz BeckRS **2021** 7852.

11 BTDrucks. **18** 9525 S. 96; BTDrucks. **18** 11640 S. 90.

Vollstreckungstitels i. S. v. § 794 ZPO, aus dem sich der geltend gemachte Anspruch ergibt, zu realisieren. Einem vollstreckbaren Endurteil i. S. v. § 704 ZPO stehen bestandskräftige **öffentlich-rechtliche Vollstreckungstitel** über Geldforderung gleich. Absatz 5 Satz 2 geht auf eine Beschlussempfehlung des BTRAussch. zurück.[12]

20 Im Übrigen gelten die Erläuterungen zu § 459j, 22 ff. entsprechend.

V. Beiordnung eines Beistandes

21 Insoweit wird auf die Ausführungen zu § 459j, 26 verwiesen.

VI. Anfechtung

22 Hinsichtlich der Anfechtungsmöglichkeiten siehe die Kommentierung zu § 459j, 27.

§ 459l
Ansprüche des Betroffenen

(1) [1]Legt derjenige, gegen den sich die Anordnung der Einziehung richtet, ein vollstreckbares Endurteil im Sinne des § 704 der Zivilprozessordnung oder einen anderen Vollstreckungstitel im Sinne des § 794 der Zivilprozessordnung vor, aus dem sich ergibt, dass der Anspruch auf Rückgewähr des Erlangten aus der Tat erwachsen ist, kann er verlangen, dass der eingezogene Gegenstand nach Maßgabe des § 459h Absatz 1 an den Anspruchsinhaber zurückübertragen oder herausgegeben wird. [2]§ 459j Absatz 2 gilt entsprechend.

(2) [1]Befriedigt derjenige, gegen den sich die Anordnung der Einziehung des Wertersatzes richtet, den Anspruch, der dem Anspruchsinhaber aus der Tat auf Rückgewähr des Erlangten oder auf Ersatz des Wertes des Erlangten erwachsen ist, kann er im Umfang der Befriedigung Ausgleich aus dem Verwertungserlös verlangen, soweit unter den Voraussetzungen des § 459k Absatz 2 Satz 1 der Verwertungserlös an den Anspruchsinhaber nach § 459h Absatz 2 auszukehren gewesen wäre. [2]§ 459k Absatz 2 Satz 2 bis 4 gilt entsprechend. [3]Die Befriedigung des Anspruchs muss in allen Fällen durch eine Quittung des Anspruchsinhabers glaubhaft gemacht werden. [4]Der Anspruchsinhaber ist vor der Entscheidung über den Ausgleichsanspruch zu hören, wenn dies ausführbar erscheint.

Schrifttum

Siehe § 459g.

Entstehungsgeschichte

Die Vorschrift wurde durch Art. 3 Nr. 15 des Gesetzes zur Reform der strafrechtlichen Vermögensabschöpfung vom 13.4.2017[1] eingefügt. Durch Art. 1 Nr. 62 Buchst. a des Gesetzes zur Fortentwicklung der Strafprozessordnung und zur Änderung weiterer Vor-

---

12 BTDrucks. **18** 11640 S. 49, 90.

1 BGBl. I S. 872, 887.

https://doi.org/10.1515/9783110275025-034

schriften vom 25.6.2021[2] wurde Absatz 1 Satz 1 neu gefasst. In Absatz 2 Sätze 1, 3 und 4 (Art. 1 Nr. 62 Buchst. b) wurden die Begriffe des „Verletzten" und „Rechtsnachfolgers" durch „Anspruchsinhaber" ersetzt.

Übersicht

Alphabetische Übersicht

I. Zweck und Bedeutung

Die Vorschrift regelt die **Handlungs-** und **Ausgleichsansprüche** des Einziehungsadressaten gegen den Staat, sofern der Anspruchsinhaber die Befriedigung seiner Schadensersatzansprüche nicht im Strafvollstreckungsverfahren sucht, sondern unmittelbar bei seinem Schuldner, dem Tatbeteiligten oder Drittbegünstigten, durchsetzt.[3] 1

II. Anspruch des Einziehungsadressaten auf Rückübertragung (Absatz 1)

1. Voraussetzungen. Nach Absatz 1 Satz 1 kann der Einziehungsadressat (Tatbeteiligter oder Drittbegünstigter) von der Vollstreckungsbehörde verlangen, den nach § 73 StGB, ggf. i. V. m. § 73b oder § 76a Abs. 1, 3 StGB eingezogenen Gegenstand im Original an den Anspruchsinhaber gegen Vorlage eines Titels (§§ 704, 794 ZPO) zurück zu übertragen oder herauszugeben. 2

2. Verfahren. Das **Verfahren** bei Rückübertragung oder Herausgabe richtet sich nach Absatz 1 Satz 2, wonach § 459j Abs. 2 entsprechend gilt. Das bedeutet, dass die Vollstreckungsbehörde nur dann zur Rückübertragung oder Herausgabe berechtigt ist, wenn sich der Anspruchsinhaber und sein Anspruch **ohne weiteres** (Absatz 1 Satz 2 i. V. m. § 459j Abs. 2 Satz 1) aus der Einziehungsanordnung ergeben. Ist das nicht der Fall, so bedarf es der Zulassung durch das Gericht (Absatz 1 Satz 2 i. V. m. § 459j Abs. 2 3

---

2 BGBl. I S. 2099, 2106.

3 BTDrucks. **18** 9525 S. 96; BTDrucks. **18** 11640 S. 91; KK/*Appl* 1; Bittmann/Köhler/Seeger/Tschakert/*Seeger* Rn. 2119; MüKo/*Nestler* 1; OK-StPO/*Coen* Vor § 459l.

Satz 2).[4] Da nach Absatz 1 Satz 2 lediglich § 459j Abs. 2 entsprechend gilt, ist die Sechsmonatsfrist nach § 459j Abs. 1 ebenso wenig von Belang wie die Anhörungspflicht nach § 459j Abs. 3 und die Gewährung von Wiedereinsetzung in den vorigen Stand nach § 459j Abs. 4.[5] Eine **Anhörung** des Einziehungsadressaten ist schon deshalb überflüssig, weil er selbst der Anspruchsteller ist. Von der Normierung sonstiger Anhörungspflichten hat der Gesetzgeber abgesehen.[6]

III. Ausgleichsanspruch des Einziehungsadressaten (Absatz 2)

4 **1. Allgemeines.** Absatz 2 betrifft einen Ausgleichsanspruch des Einziehungsadressaten für den Fall, dass er einen Schadensersatzanspruch des Anspruchsinhabers befriedigt und regelt die **Wertersatzeinziehung** nach § 73c StGB (ggf. i. V. m. § 73b StGB oder § 76a Abs. 1, 3 StGB).

5 **2. Anspruchsinhaber.** Absatz 2 ist in Fällen der Wertersatzeinziehung dann anwendbar, soweit die Vollstreckung nicht bereits nach dem vorrangigen § 459g Abs. 4 ausscheidet.[7] Nach § 459g Abs. 4 ordnet das Gericht den Ausschluss der Vollstreckung der Einziehung nach den §§ 73 bis 73c StGB an, soweit der Anspruch, der dem Anspruchsinhaber aus der Tat auf Rückgewähr des Erlangten oder auf Ersatz des Wertes des Erlangten erwachsen ist, erloschen ist (vgl. Erl. zu § 459g). Der im Verhältnis zu § 459g Abs. 4 subsidiäre Absatz 2 findet daher nur dann Anwendung, wenn eine Vollstreckung bereits erfolgt ist[8] und der Einziehungsadressat eine zur Anspruchserfüllung geeignete Leistung erbracht hat. Soweit er den Anspruch des Anspruchsinhabers nur teilweise erfüllt, geht er auch nur anteilig vom diesem auf den Einziehungsadressaten über.[9] **Anspruchsberechtigt** sind **sämtliche Adressaten** einer Anordnung über die Einziehung von Wertersatz.

6 **3. Erfüllung von Ansprüchen des Einziehungsadressaten.** Der Einziehungsadressat kann wie ursprünglich der Anspruchsinhaber[10] von der Vollstreckungsbehörde einen **Ausgleich** aus dem von ihr bei der Verwertung erzielten **Erlös** verlangen, soweit er den Ersatzanspruch des Anspruchsinhabers aus eigenen Mitteln befriedigt hat. Der Einziehungsadressat rückt hinsichtlich des Anspruchs des Anspruchsinhabers nach § 459h Abs. 2 in dessen Stellung ein.[11] Sein Anspruch ist aufschiebend bedingt.[12] Der Einziehungsadressat wird dadurch vor einer doppelten Inanspruchnahme geschützt. Zugleich wird die Haftung des Staates auf den vorhandenen Verwertungserlös beschränkt.[13]

7 Der **Umfang des Anspruchs** des Einziehungsadressaten ist auf die Höhe des Anspruchs auf Ausgleich aus dem Verwertungserlös, zu der der Staat durch die Vollstreckungsbehörde zur Auskehrung an den Anspruchsinhaber nach § 459h Abs. 2 verpflichtet

---

4 BTDrucks. **18** 11640 S. 91.
5 So auch Bittmann/Köhler/Seeger/Tschakert/*Seeger* Rn. 2123.
6 OK-StPO/*Coen* 4; Bittmann/Köhler/Seeger/Tschakert/*Seeger* Rn. 2123.
7 Bittmann/Köhler/Seeger/Tschakert/*Seeger* Rn. 2124; OK-StPO/*Coen* 16.
8 OK-StPO/*Coen* 11.
9 OK-StPO/*Coen* 11; MüKo/*Nestler* 6.
10 Bittmann/Köhler/Seeger/Tschakert/*Seeger* Rn. 2124; MüKo/*Nestler* 6.
11 OK-StPO/*Coen* 11.
12 Bittmann/Köhler/Seeger/Tschakert/*Seeger* Rn. 2124; OK-StPO/*Coen* 11.
13 Bittmann/Köhler/Seeger/Tschakert/*Seeger* Rn. 2124; BTDrucks. **18** 9525 S. 97; MüKo/*Nestler* 8.

gewesen wäre, **von vornherein beschränkt** (Absatz 2 Satz 1: „soweit ... der Verwertungserlös an den Anspruchsinhaber nach § 459h Absatz 2 auszukehren gewesen wäre“).[14]

IV. Verfahren

1. Anhörung. Nach **Absatz 2 Satz 4** ist der Anspruchsinhaber vor der Entscheidung über den Ausgleichsanspruch zu hören, wenn dies ausführbar erscheint (vgl. insoweit Erl. zu § 459j Abs. 3 Satz 2, § 459k Abs. 3 Satz 2 hinsichtlich der Anhörung des Einziehungsadressaten). Das Risiko des Missbrauchs[15] dürfte mit Blick auf das Quittungserfordernis nach Absatz 2 Satz 3 gering sein.[16] 8

2. Erfordernis einer Quittung (Absatz 2 Satz 3). Nach Absatz 2 Satz 3 **muss** die Befriedigung des Anspruchs **in allen Fällen** durch eine **Quittung des Anspruchsinhabers glaubhaft** gemacht werden. Die **Glaubhaftmachung** ist danach **zwingend** vorgeschrieben („muss“) und **alleiniges Mittel zur Glaubhaftmachung.** Andere Mittel zur Glaubhaftmachung (z. B. sonstige Urkunden, öffentliche Urkunde, eidesstattliche Versicherung) hat der Gesetzgeber wegen der damit unter Umständen verbundenen **Missbrauchsgefahr** bewusst und gewollt ausdrücklich ausgeschlossen.[17] Der Anspruchsinhaber hat die Quittung auf Verlangen (§ 368 BGB) zu erteilen.[18] Durch die Bezugnahme auf § 368 BGB hat der Gesetzgeber klargestellt,[19] dass es sich bei der Quittung um ein **schriftliches Empfangsbekenntnis** handelt, das den **Anforderungen von § 368 BGB** genügen muss. 9

3. Entsprechende Anwendung von § 459k Abs. 2 Satz 2 bis 4. Für das Verfahren gilt § 459k Abs. 2 Satz 2 bis 4 entsprechend. Durch den Verweis auf § 459k Abs. 2 Satz 2 bis 4 ist klargestellt, dass die Vollstreckungsbehörde eine Entscheidung ohne Zulassung durch das Gericht nur dann treffen darf, wenn sich der Anspruchsinhaber und dessen Anspruch **ohne weiteres** aus der strafgerichtlichen Entscheidung und den ihr zugrundeliegenden tatsächlichen Feststellungen ergeben (vgl. Erl. zu § 459k, 9 f.). Ist das nicht der Fall, so bedarf es für die Entscheidung nach Absatz 2 stets der Zulassung durch das Gericht des ersten Rechtszuges (§ 462a Abs. 2 Satz 1). 10

V. Anfechtung

Gegen die Entscheidung der Vollstreckungsbehörde können **Einwendungen nach § 459o** erhoben werden, über die das Gericht des ersten Rechtszuges (§ 462a Abs. 2 Satz 1) ohne mündliche Verhandlung in der Besetzung außerhalb der Hauptverhandlung (§ 76 Abs. 1 Satz 2 GVG) durch Beschluss entscheidet (§ 462 Abs. 1 Satz 1). Gegen diese Entscheidung ist die sofortige Beschwerde statthaft (§ 462 Abs. 3 Satz 1). 11

---

14 Bittmann/Köhler/Seeger/Tschakert/*Seeger* Rn. 2125; BTDrucks. **18** 9525 S. 97; MüKo/*Nestler* 8; KK/*Appl* 3.

15 So wohl Bittmann/Köhler/Seeger/Tschakert/*Seeger* Rn. 2127.

16 So auch KK/*Appl* 3; Meyer-Goßner/Schmitt/*Köhler* 3; **a. A.** OK-StPO/*Coen* 13; SSW/*Ranft* 3; kritisch auch Bittmann/Köhler/Seeger/Tschakert/*Seeger* Rn. 2137.

17 BTDrucks. **18** 9525 S. 97.

18 BTDrucks. **18** 9525 S. 97.

19 BTDrucks. **18** 9525 S. 97.

§ 459m
Entschädigung in sonstigen Fällen

(1) [1]In den Fällen des § 111i Absatz 3 wird der Überschuss an den Anspruchsinhaber ausgekehrt, der ein vollstreckbares Endurteil im Sinne des § 704 der Zivilprozessordnung oder einen anderen Vollstreckungstitel im Sinne des § 794 der Zivilprozessordnung vorlegt, aus dem sich der geltend gemachte Anspruch ergibt. [2]§ 459k Absatz 2 und 5 Satz 2 gilt entsprechend. [3]Die Auskehrung ist ausgeschlossen, wenn zwei Jahre seit der Aufhebung des Insolvenzverfahrens verstrichen sind. [4]In den Fällen des § 111i Absatz 2 gelten die Sätze 1 bis 3 entsprechend, wenn ein Insolvenzverfahren nicht durchgeführt wird.

(2) Absatz 1 Satz 1 und 2 gilt entsprechend, wenn nach Aufhebung des Insolvenzverfahrens oder nach Abschluss der Auskehrung des Verwertungserlöses bei der Vollstreckung der Wertersatzeinziehung nach den §§ 73c und 76a Absatz 1 Satz 1 des Strafgesetzbuches, auch in Verbindung mit § 76a Absatz 3 des Strafgesetzbuches, ein Gegenstand gepfändet wird.

Schrifttum

Siehe § 459g.

Entstehungsgeschichte

Die Vorschrift wurde durch Art. 3 Nr. 15 des Gesetzes zur Reform der strafrechtlichen Vermögensabschöpfung vom 13.4.2017.[1] Durch Art. 1 Nr. 63 des Gesetzes zur Fortentwicklung der Strafprozessordnung und zur Änderung weiterer Vorschriften vom 25.6.2021[2] wurden in Absatz 1 Satz 1 die Wörter „den Verletzten oder dessen Rechtsnachfolger" durch die Wörter „den Anspruchsinhaber" ersetzt.

Übersicht

Alphabetische Übersicht

---

1 BGBl. I S. 872, 886 f.
2 BGBl. I. S. 2099, 2106.

https://doi.org/10.1515/9783110275025-035

I. Zweck und Bedeutung

Die Vorschrift regelt die Entschädigung des Anspruchsinhabers nach Durchführung eines **Auskehrungs**- oder **Insolvenzverfahrens.** Zudem enthält sie Regelungen für **Mangelfälle** des **§ 111i Abs. 2**, in denen das an sich für diese Fälle vorgesehene **Insolvenzverfahren** nicht durchgeführt wird. Von der Regelung werden solche Fallkonstellationen erfasst, in denen ein **Insolvenzantrag** der **Vollstreckungsbehörde** nicht zu einer Eröffnung des Insolvenzverfahrens führt oder in denen sie gar nicht erst einen Antrag stellt.[3] 1

II. Auskehrung des Überschusses nach Schlussverteilung im Insolvenzverfahren (Absatz 1)

1. Allgemeines. Absatz 1 Satz 1 regelt den in der Vollstreckungspraxis wohl eher seltenen Fall, dass nach der Schlussverteilung im Insolvenzverfahren ein **Überschuss** verbleibt. Das ist nur dann der Fall, wenn die Insolvenzmasse ausreicht, um die Forderungen sämtlicher am Insolvenzverfahren beteiligter Gläubiger zu befriedigen (§ 199 InsO). Eine Auskehrung des Überschusses kommt mithin nur an den Anspruchsinhaber in Betracht, der seinen Anspruch nicht in dem für ihn einfachen und kostengünstigen Insolvenzverfahren geltend gemacht hat.[4] 2

2. Voraussetzungen. Nach § 111i Abs. 3 Satz 1 erwirbt der Staat ein **gesetzliches Pfandrecht** an dem Anspruch des Insolvenzschuldners auf Herausgabe des **Überschusses.**[5] In diesem Umfang hat der **Insolvenzverwalter** den Überschuss an die Staatsanwaltschaft nach § 111i Abs. 3 Satz 2 herauszugeben. Die Insolvenzmasse muss also ausreichen, um die Forderungen sämtlicher an dem Insolvenzverfahren beteiligter Gläubiger sowie die Verfahrenskosten zu decken. 3

Voraussetzung für die Auskehrung an den Anspruchsinhaber ist die **Vorlage** eines **vollstreckbaren Endurteils** i. S. v. § 704 ZPO oder eines **anderen Vollstreckungstitels** i. S. v. § 794 ZPO, aus dem sich der geltend gemachte Anspruch ergibt. Daraus muss die **Pflicht zur Rückgewähr** des Erlangten hervorgehen. Die Vorlage hat bei der Vollstreckungsbehörde zu erfolgen. Verlangen mehrere Anspruchsinhaber die Auskehrung des Überschusses, so gilt das **Prioritätsprinzip.**[6] Damit soll ein unverhältnismäßig aufwändiges Verteilungsverfahren für die Vollstreckungsbehörde verhindert werden.[7] Hat der Anspruchsinhaber schon zuvor bei der Vollstreckungsbehörde einen Vollstreckungsti- 4

3 BTDrucks. **18** 9525 S. 97.
4 BTDrucks. **18** 9525 S. 97.
5 BTDrucks. **18** 9525 S. 81; LR/*Johann* § 111i, 40.
6 BTDrucks. **18** 9525 S. 97; Meyer-Goßner/Schmitt/*Köhler* 1; KK/*Appl* 2; Bittmann/Köhler/Seeger/Tschakert/*Seeger* Rn. 2147.
7 Meyer-Goßner/Schmitt/*Köhler* 1.

tel – aus welchem Grund auch immer (z. B. im Rahmen des vereinfachten Entschädigungsverfahrens nach § 459k, nach Zugang der Mitteilung nach § 111l oder aus Eigeninitiative) – vorgelegt, so ist dieser frühere Eingangstermin unter dem Gesichtspunkt der Priorität maßgebend, wenn sich daraus zweifelsfrei das Entschädigungsbegehren ergibt.[8] Der Vorlage kommt dann eine rangwahrende Wirkung zu.

5 **3. Verfahren.** Nach **Absatz 1 Satz 2** gilt § 459k Abs. 2 und 5 Satz 2 entsprechend. Es reicht danach nicht aus, dass sich die **Anspruchsberechtigung** des Anspruchsinhabers sowie die **Anspruchshöhe** aus dem vorgelegten Titel ergeben. Vielmehr muss sich beides **ohne weiteres** aus der **Einziehungsanordnung** und den ihr insoweit zugrundeliegenden tatgerichtlichen Feststellungen (vgl. Erl. zu § 459k, 9 f.) ergeben. Ist das nicht der Fall, so muss die Vollstreckungsbehörde vor der Auskehrung die Zulassung durch das Gericht herbeiführen.

6 Durch den Verweis in Absatz 1 Satz 2 auf § 459k Abs. 5 Satz 2 wird ein **bestandskräftiger öffentlich-rechtlicher Vollstreckungstitel** über **Geldforderungen** (z. B. Beitragsbescheid einer Einzugsstelle, Steuerbescheid des Finanzamtes) einem vollstreckbaren Endurteil i. S. v. § 704 ZPO oder einem anderen Vollstreckungstitel i. S. v. § 794 ZPO **gleichgestellt.**

7 **4. Ausschlussfrist (Absatz 1 Satz 3).** Die Auskehrung des Überschusses ist nach Absatz 1 Satz 3 ausgeschlossen, wenn **zwei Jahre** seit der **Aufhebung des Insolvenzverfahrens** verstrichen sind. Zu dem Beginn des Fristenlaufs verhalten sich die Gesetzesmaterialien ebenso wenig wie der Wortlaut der Norm.[9] Die Ausschlussfrist beginnt mit der **öffentlichen Bekanntmachung** des Beschlusses des Insolvenzgerichts nach § 200 Abs. 1 InsO, die nach § 9 InsO in der Regel durch Veröffentlichung im Internet unter www.insolvenzbekanntmachungen.de erfolgt. Nach § 9 Abs. 1 Satz 3 InsO gilt die Bekanntmachung als bewirkt, sobald nach dem Tag der Veröffentlichung zwei Tage verstrichen sind. Mit deren Ablauf beginnt die Ausschlussfrist zu laufen. Da die Auskehrung bis zum Ablauf der Ausschlussfrist abgeschlossen sein muss, ist es geboten, dass ein innerhalb der Frist gestellter Antrag auf Auskehrung dem Rechtsgedanken des § 121 Abs. 3 Satz 1 folgend den Fristenlauf hemmt.[10] Andernfalls hätte es die Vollstreckungsbehörde in der Hand, durch eine Verzögerung der Bearbeitung, insbesondere bei einem kurz vor Fristablauf gestellten Auskehrungsantrag, die Auskehrung zu vereiteln, was unter dem Gesichtspunkt des Opferschutzes nicht nachvollziehbar erscheint. Der Hemmung des Fristenlaufs kommt vor allem im Hinblick auf die nicht statthafte Wiedereinsetzung in den vorigen Stand gegen die Versäumung der Ausschlussfrist besondere Bedeutung zur Wahrung der Rechte des Anspruchsinhabers zu.

8 **5. Mangelfall ohne Insolvenzverfahren (Absatz 1 Satz 4).** Absatz 1 Sätze 1 bis 3 gelten in den Fällen des § 111i Abs. 2 entsprechend, wenn ein **Insolvenzverfahren nicht durchgeführt** wird. Grundsätzlich stellt die Staatsanwaltschaft nach § 111i Abs. 2 durch den zuständigen Rechtspfleger nach Ablauf der Anmeldefrist von sechs Monaten (§ 459k

---

8 So auch Bittmann/Köhler/Seeger/Tschakert/*Seeger* Rn. 2148.

9 Bittmann/Köhler/Seeger/Tschakert/*Seeger* 2150 f., wonach zur Wahrung der Frist der Eingang der Anmeldung innerhalb von zwei Jahren nach der Bekanntmachung nach § 200 Abs. 1 InsO genügen soll; so auch OK-StPO/*Coen* 5; Meyer-Goßner/Schmitt/*Köhler* 4; KK/*Appl* 4 (Ausschlussfrist beginnt mit der aktenkundig zu machenden Entscheidung der Staatsanwaltschaft, von einer Antragstellung abzusehen bzw. mit der Ablehnung der Eröffnung durch das Insolvenzgericht).

10 Meyer-Goßner/Schmitt/*Köhler* 4.

Abs. 1) einen Antrag auf Eröffnung des Insolvenzverfahrens über das Vermögen des Arrestschuldners, wenn es mehrere Anspruchsinhaber gibt und der Wert des gesicherten Gegenstandes oder der durch dessen Verwertung erzielte Erlös nicht ausreicht, um die aus der Tat erwachsenen Ansprüche auf Ersatz des Wertes des Erlangten, die gegenüber der Staatsanwaltschaft geltend gemacht werden, zu befriedigen.[11] Stellt weder die Staatsanwaltschaft (§ 111i Abs. 2 Satz 2) noch ein sonstiger Berechtigter (z. B. Insolvenzgläubiger oder Schuldner) einen Insolvenzantrag oder führt ein solcher Antrag nicht zur Eröffnung des Insolvenzverfahrens und wird daher kein Insolvenzverfahren durchgeführt, so gilt infolge der entsprechenden Geltung von Absatz 1 Sätze 1 bis 3 die **Ausschlussfrist** von zwei Jahren auch dann, wenn **kein Insolvenzverfahren** geführt wurde. Dazu, wann diese Frist zu laufen beginnt, verhält sich die gesetzliche Regelung ebenso wenig wie die Gesetzesmaterialien. Da ein Insolvenzverfahren nicht durchgeführt wurde, existiert auch kein Beschluss über die Aufhebung des Insolvenzverfahrens, der geeignet wäre, den Fristenlauf in Gang zu setzen. Daher wird der Rechtspfleger der Vollstreckungsbehörde den Zeitpunkt des Absehens von der Insolvenzantragstellung nach § 111i Abs. 2 Satz 2 in den Akten zu dokumentieren haben, mit dem die Ausschlussfrist des Absatzes 1 Satz 3 in Lauf gesetzt wird.[12]

Die entsprechende Geltung des Absatzes 1 Sätze 1 bis 3 führt dazu, dass auch im 9
Mangelfall ohne Insolvenzverfahren das **Prioritätsprinzip** anzuwenden ist. Soweit ein Anspruchsinhaber den Entschädigungsanspruch aus § 459h Abs. 2 schon vorher durch Vorlage eines Vollstreckungstitels (Absatz 1 Satz 4 i. V. m. Absatz 1 Satz 2 i. V. m. § 459k Abs. 5) angemeldet hatte, hat dies daher nach dem Prioritätsprinzip eine rangwahrende Wirkung für die Entschädigung zur Folge.[13]

III. Pfändungen (Absatz 2)

1. Allgemeines. Nach Absatz 2 ist das **Prioritätsprinzip** anwendbar, wenn **nach** 10
Aufhebung des Insolvenzverfahrens oder nach **Abschluss** der Auskehrung des Verwertungserlöses bei der Vollstreckung der Wertersatzeinziehung nach den §§ 73c und 76a Abs. 1 Satz 1 StGB, auch i. V. m. § 76a Abs. 3 StGB, noch ein Gegenstand gepfändet wird.[14] Da Absatz 2 lediglich auf Absatz 1 Sätze 1 und 2 verweist, nicht jedoch auf Absatz 1 Satz 3, findet die **Ausschlussfrist keine Anwendung.**[15] Anspruchsinhaber können daher bis zum Eintritt der **Vollstreckungsverjährung** (§ 79 Abs. 4 Satz 2 Nr. 2 StGB), also zehn Jahre, ab dem Tag der Rechtskraft der Einziehungsanordnung (§ 79 Abs. 6 StGB), einen Entschädigungsanspruch bei nachträglichen Pfändungen geltend machen.

2. Pfändung nach Auskehrung. Nach Abschluss der Auskehrung des Verwertungs- 11
erlöses bei der Vollstreckung der Wertersatzeinziehung nach den §§ 73c und 76a Abs. 1 Satz 1, § 76a Abs. 3 StGB kommt eine Entschädigung nur noch für solche Anspruchsinha-

---

11 LR/*Johann* § 111i, 23 ff.

12 So auch Meyer-Goßner/Schmitt/*Köhler* 6; Bittmann/Köhler/Seeger/Tschakert/*Seeger* Rn. 2154 und 2163; *Savini* RPfleger **2019** 117, 122; sehr kritisch OK-StPO/*Coen* 7 ff. („Die Vorschrift dürfte daher wohl als ein Redaktionsversehen des Gesetzgebers zu betrachten sein ...").

13 Meyer-Goßner/Schmitt/*Köhler* 7; Bittmann/Köhler/Seeger/Tschakert/*Seeger* Rn. 2163; kritisch OK-StPO/*Coen* 8.

14 BTDrucks. **18** 9525 S. 98; Bittmann/Köhler/Seeger/Tschakert/*Seeger* Rn. 2155; Meyer-Goßner/Schmitt/*Köhler* 8; OK-StPO/*Coen* 10.

15 KK/*Appl* 6; Bittmann/Köhler/Seeger/Tschakert/*Seeger* Rn. 2155; Meyer-Goßner/Schmitt/*Köhler* 9.

ber in Betracht, die nicht am **vereinfachten Auskehrungsverfahren** nach § 459k teilgenommen haben. Haben sie ihren Anspruch rechtzeitig angemeldet und sind insoweit befriedigt worden, können sie nicht mehr, auch nicht mit weitergehenden, noch nicht befriedigten Ansprüchen, an dem durch Pfändung erzielten Erlös teilhaben.

12 **3. Pfändung nach Abschluss des Insolvenzverfahrens.** Nach Abschluss des Insolvenzverfahrens findet Absatz 2 nur dann Anwendung, wenn das Insolvenzgericht **keine Nachtragsverteilung** (§ 203 InsO) angeordnet hat. **§ 203 InsO** ist gegenüber **§ 459m Abs. 2 lex specialis.** Der Rechtspfleger hat daher nachträglich gepfändetes Vermögen dem Insolvenzgericht (schriftlich) mitzuteilen, sofern ein noch offener Entschädigungsantrag nach § 459k Abs. 1 vorliegt oder ein Anspruchsinhaber einen Vollstreckungstitel i. S. v. Absatz 1 Satz 1 vorgelegt hat.

IV. Unterrichtung von Anspruchsinhabern

13 Die **Unterrichtung von Anspruchsinhabern** ist gesetzlich nicht geregelt, sofern die Vollstreckungsbehörde Gegenstände nach Absatz 2 gepfändet hat. Mit Blick auf die insoweit nicht geltende Ausschlussfrist des Absatzes 1 Satz 2 ist eine Unterrichtung auch nicht geboten.[16]

§ 459n
Zahlungen auf Wertersatzeinziehung

Leistet derjenige, gegen den sich die Anordnung richtet, Zahlungen auf die Anordnung der Einziehung des Wertersatzes nach §§ 73c und 76a Absatz 1 Satz 1 des Strafgesetzbuches, auch in Verbindung mit § 76a Absatz 3 des Strafgesetzbuches, so gelten § 459h Absatz 2 sowie die §§ 459k und 459m entsprechend.

Schrifttum

Siehe § 459g.

Entstehungsgeschichte

Die Vorschrift wurde durch Art. 3 Nr. 15 des Gesetzes zur Reform der strafrechtlichen Vermögensabschöpfung vom 13.4.2017[1] eingefügt.

1 Die Vorschrift betrifft **freiwillige Zahlungen** auf die **Anordnung der Wertersatzeinziehung.** Derartige Zahlungen des **Einziehungsadressaten** an die **Staatskasse** werden entsprechend dem Erlös aus der Verwertung gepfändeter Gegenstände behandelt.[2] Die gezahlten Beträge stehen dem Erlös aus der Verwertung (§ 459h Abs. 2, §§ 459k, 459m) mithin **gleich** und werden in die zur Verfügung stehenden Verteilungsmasse ein-

---

16 Bittmann/Köhler/Seeger/Tschakert/*Seeger* Rn. 2161 ff.
1 BGBl. I S. 872, 887 f.
2 BTDrucks. **18** 9525 S. 98.

https://doi.org/10.1515/9783110275025-036

bezogen. Die weitere Behandlung der gezahlten Beträge richtet sich nach den insoweit geltenden Vorschriften.[3]

Nach § 459g Abs. 2 finden für die Vollstreckung der Nebenfolgen, die – wie hier – zu einer Geldzahlung verpflichten, die §§ 459, 459a sowie § 459c Abs. 1 und 2 entsprechende Anwendung. Mithin gelten nach § 459g Abs. 2 i. V. m. § 459 die Vorschriften des **Justizbeitreibungsgesetzes**, soweit nichts anderes bestimmt ist, was nicht geschehen ist. Damit sind die Vorschriften der EBAO sowie § 57 StVollstrO anzuwenden. Dem Schuldner wird nach **§ 5 EBAO** die Gelegenheit zur **freiwilligen Zahlung** eingeräumt, wobei **Zahlungserleichterungen** gewährt werden, wenn ihm die sofortige Zahlung des gesamten Betrages nach seinen **persönlichen** oder **wirtschaftlichen Verhältnissen** nicht zuzumuten ist.[4] Um der Vollstreckungsbehörde die Prüfung zu ermöglichen, ob im konkreten Einzelfall die Gewährung von Zahlungserleichterungen in Betracht kommt, ist grundsätzlich der Schuldner gehalten, entsprechend vorzutragen und seine Angaben zu belegen. Die Vollstreckungsbehörde kann aber auch nach § 457 Abs. 1 i. V. m. § 161 Abs. 1 eigene Ermittlungen anstellen oder durch Behörden oder Beamte des Polizeidienstes vornehmen lassen. Dies wird namentlich dann zu erwägen sein, wenn die Vollstreckungsbehörde Zweifel an den Angaben des Schuldners hat. 2

Gegen die **Ablehnung von Zahlungserleichterungen** durch die Vollstreckungsbehörde können **Einwendungen** erhoben werden. Darüber entscheidet das Gericht des ersten Rechtszuges (§ 462a Abs. 2 Satz 1) ohne mündliche Verhandlung durch **Beschluss** (§ 462 Abs. 1) in der Besetzung außerhalb der Hauptverhandlung (§ 76 Abs. 1 GVG), sofern der Beschwerdeführer nicht in Strafhaft sitzt. Gegen den Beschluss ist die **sofortige Beschwerde** statthaft (§ 462 Abs. 3 Satz 1). 3

§ 459o
Einwendungen gegen vollstreckungsrechtliche Entscheidungen

Über Einwendungen gegen die Entscheidungen der Vollstreckungsbehörde nach den §§ 459a, 459c, 459e sowie 459g bis 459m entscheidet das Gericht.

Schrifttum

Kölsch Die veränderte Stellung des Richters und Rechtspflegers in der Strafvollstreckung, NJW **1976** 408.

Entstehungsgeschichte

Die Vorschrift wurde durch Art. 21 Nr. 130 EGStGB 1974 als § 459h eingefügt. Durch Art. 3 Nr. 15 des Gesetzes zur Reform der strafrechtlichen Vermögensabschöpfung vom 13.7.2017[1] wurde § 459h durch § 459o ersetzt.

Übersicht

3 Meyer-Goßner/Schmitt/*Köhler* 1; OK-StPO/*Coen* 1; Bittmann/Köhler/Seeger/Tschakert/*Seeger* Rn. 2170.
4 Meyer-Goßner/*Schmitt* § 459, 2.
1 BGBl. I S. 872, 888.

https://doi.org/10.1515/9783110275025-037

Alphabetische Übersicht

I. Anwendungsbereich

1 **1. Einwendungen gegen die Vollstreckung als solche.** Die Einwendungen, die der Verurteilte, der Einziehungs- oder sonstige Nebenbeteiligte oder der in anderer Weise von einer Vollstreckungsmaßnahme Betroffene – nicht auch die Vollstreckungsbehörde selbst (§ 458, 7) – gegen Vollstreckungsmaßnahmen erhebt, können verschiedener Art sein. Sie können sich einmal richten gegen die Vollstreckung als solche, insbesondere gegen den **Bestand des Vollstreckungsanspruchs**, so z. B. wenn der Verurteilte geltend macht, die Geldstrafe, deretwegen die Vollstreckung betrieben wird, sei durch Amnestie oder Einzelgnadenerweis erlassen, sie sei bereits gezahlt oder beigetrieben, es sei Vollstreckungsverjährung eingetreten; wenn der in Anspruch Genommene vorbringt, er sei nicht identisch mit der Person, gegen die sich das Urteil richtet; wenn er vorträgt, die Entscheidung sei nichtig, weil sie gegen eine nicht der deutschen Gerichtsbarkeit unterliegende Person ergangen sei.

2 **2. Einwendungen gegen die Art und Weise der Vollstreckung.** Einwendungen können sich weiterhin richten gegen die Art und Weise der Vollstreckung, so wenn der Verurteilte geltend macht, es seien bei der Pfändung in das bewegliche Vermögen die

Pfändungsbeschränkungen (§ 6 Abs. 1 Nr. 1 JBeitrG, § 811 ZPO) oder bei der Pfändung von Arbeitseinkommen die Schutzvorschriften und **Pfändungsgrenzen** (§ 6 Abs. 1 Nr. 1 JBeitrG, §§ 850 ff. ZPO) unberücksichtigt geblieben, oder wenn ein Dritter behauptet, ein bei der Vollstreckung in das Vermögen des Verurteilten gepfändeter Gegenstand stehe in seinem Eigentum (vgl. § 771 ZPO). § 459o befasst sich nur **mit einem Ausschnitt möglicher Einwendungen**, nämlich mit Einwendungen gegen Entscheidungen der Vollstreckungsbehörde nach den in § 459o im Einzelnen genannten Vorschriften.[2]

II. Einwendungen gegen Entscheidungen der Vollstreckungsbehörde

1. Bedeutung der Vorschrift. Die Bedeutung des § 459o besteht darin, dass er für 3 die Geldstrafenvollstreckung sowie die Vollstreckung von Nebenfolgen (§§ 459g bis 459m) die gerichtliche Zuständigkeit bei Einwendungen gegen Entscheidungen der Vollstreckungsbehörde zusammenfassend regelt.[3] Für diesen Bereich ist § 459o **lex specialis** zu § 458 und begründet die gerichtliche Zuständigkeit bei Einwendungen gegen Entscheidungen der Vollstreckungsbehörde in den Fällen der §§ 459a, 459c, 459e sowie §§ 459g bis 459m mit der Folge, dass ein Abgabebeschluss nach § 462a Abs. 1 Satz 3 ausscheidet und keinerlei Bindungswirkung entfalten kann.[4] Soweit § 459o anwendbar ist, entfällt also die Möglichkeit, das Gericht über die Rechtmäßigkeit der von der Vollstreckungsbehörde getroffenen Anordnungen nach Maßgabe der §§ 23 ff. EGGVG anzurufen (§ 23 Abs. 3 EGGVG).[5] Die in § 459o nicht erwähnten, weil von vornherein dem Gericht obliegenden Entscheidungen nach §§ 459d, 459f kann der Verurteilte durch unmittelbar bei dem Gericht gestellte Anträge (Anregungen), aber auch dadurch herbeiführen, dass er Anträge bei der Vollstreckungsbehörde stellt, die sie[6] an das Gericht weiterleitet.

2. Begriff der Einwendung. Der Begriff der **Einwendung** ist hier der gleiche wie in 4 § 458 (dort Rn. 6 ff.). Sie kann nur von dem durch die Vollstreckung Betroffenen und anderen ihm gleichstehenden Personen (§ 458, 25 ff.) erhoben werden, nicht von der Vollstreckungsbehörde selbst zur Klärung eigener Zweifel und Bedenken. Die Vollstreckungsbehörde kann aber den Betroffenen auf die Möglichkeit von Einwendungen hinweisen (§ 458, 7).

3. Entscheidungen der Vollstreckungsbehörde. Die gerichtliche Entscheidung 5 kann – wie nach § 458 Abs. 2 Satz 1 – beantragt werden gegen **Entscheidungen** der Vollstreckungsbehörde nach den in § 459o genannten Vorschriften. Im engeren Sinn sind „Entscheidungen" Anordnungen, die im Rahmen einer gewissen durch die genannten Vorschriften eröffneten Beurteilungs- und Entschließungsfreiheit getroffen werden, die also nicht nur im Vollzug solcher Vorschriften bestehen, die keinerlei Spielraum lassen. Nach dem Zweck und Sinn des § 459o sind aber Anordnungen dieser Art ebenfalls „Entscheidungen", wenn sie objektiv oder nach Auffassung des Verurteilten dem Gesetz

---

2 Wegen weiterer Fälle von Einwendungen s. Rn. 12 ff.

3 Begr. zu Art. 19 Nr. 120 Entw. EGStGB 1974 BTDrucks. **7** 550 S. 311: zu § 459h a. F.; KG Beschl. vom 12.4.2016 – 3 VAs 5/16; OLG Hamburg Beschl. vom 15.6.2020 – 2 Ws 152/19; MüKo/*Nestler* 8; HK/*Pollähne* 2; SSW/*Hanft* 2; OK-StPO/*Coen* Vor § 459o, 1.

4 OLG Hamburg StV **2020** 737 Ls.; KK/*Appl* 1; Meyer-Goßner/*Schmitt* 1; *Bringewat* 1.

5 KK/*Appl* 1; KMR/*Stöckel* 1; *Bringewat* 1.

6 Gegebenenfalls schon mit ihrer Stellungnahme: KK/*Appl* § 459d, 8.

nicht entsprechen.[7] Der Begriff der „Entscheidungen“ ist daher weit zu fassen.[8] Ausgenommen bleiben jedoch rein innerdienstliche Maßnahmen oder solche, die nur klarstellende Bedeutung haben.[9]

4. Einzelfälle

6 **a) Zahlungserleichterungen (§ 459a).** Entschließungen über Zahlungserleichterungen sind, wie sich schon aus dem Wortlaut des § 459a ergibt, durchweg „Entscheidungen der Vollstreckungsbehörde“, auch soweit sie sich auf die Kosten des Verfahrens oder allein auf diese beziehen (§ 459a Abs. 4). Die **Beschwer**, die die Geltendmachung der Einwendungen voraussetzt, kann in der Ablehnung von Zahlungserleichterungen oder darin bestehen, dass gewährte Erleichterungen hinter den Anträgen oder den Vorstellungen des Zahlungspflichtigen zurückbleiben. Der Aktenvermerk über den Eintritt der Voraussetzungen einer Verfallklausel (§ 459a Abs. 3 Satz 1) ist keine „Entscheidung“ (§ 459a, 14),[10] wohl aber das Unterbleiben einer erneuten Zahlungserleichterung (§ 459a Abs. 3 Satz 2: „kann“).

7 **b) Verrechnung von Teilbeträgen (§ 459b).** § 459b ist in § 459o nicht angeführt, offenbar davon ausgehend, dass hier, wo das Gesetz selbst die Anrechnungsreihenfolge festlegt, kein Raum für „Entscheidungen“ der Vollstreckungsbehörde sei. Wenn aber eine vom Verurteilten selbst getroffene Anrechnungsbestimmung nach dessen Auffassung nicht richtig ausgeführt ist oder einer Willensäußerung des Verurteilten die rechtliche Bedeutung abgesprochen wird, weil sie nicht „bei“ der Zahlung erfolgt sei oder nicht die Merkmale einer „Bestimmung“ trägt und zur Klärung solcher Meinungsverschiedenheiten nicht schon der Weg des § 458 Abs. 1 zur Verfügung steht, wird auch bei rechtlichem Interesse des Verurteilten an einer alsbaldigen Bereinigung der Anrechnungsfrage **keine sinngemäße Anwendung** des § 459o in Betracht kommen,[11] denn für eine entsprechende Anwendung ist mangels Regelungslücke kein Raum. Vielmehr ist der Rechtsweg nach § 21 StVollstrO, §§ 23 ff. EGGVG eröffnet.

8 **c) Beitreibung der Geldstrafe (§ 459c).** Im Fall des § 459c können Einwendungen gegen die Beitreibung vor Ablauf der Schonfrist (Absatz 1) erhoben werden. Wird eine Geldstrafe entgegen § 459c Abs. 3 in den Nachlass vollstreckt, so ist eine darauf gestützte Einwendung des Erben sowohl eine Einwendung gegen eine „Entscheidung“ der Vollstreckungsbehörde (Rn. 5) als auch eine Einwendung gegen die Zulässigkeit der Strafvollstreckung i. S. des § 458 Abs. 1 (§ 459c, 13). Da § 459o sich aber allgemein auf alle Fälle des § 459c bezieht, stellt er sich insoweit als **lex specialis** gegenüber § 458 Abs. 1 dar (Rn. 3). Nach § 459o wird auch entschieden, ob eine zu Lebzeiten des Verurteilten begonnene Vollstreckung im Zeitpunkt des Todes bereits beendet war oder zu Unrecht fortgesetzt worden ist.

---

7 KK/*Appl* 2; Meyer-Goßner/*Schmitt*/*Köhler* 2; *Bringewat* 4; BGH NJW **2020** 265 Rn. 24 mit Anm. *Laustetter* jurisPR-StrafR 16/**2020**; *Köllner* NZI **2020** 815.

8 KG Beschl. vom 12.4.2016 – 3 VAs 5/16; OLG Karlsruhe Justiz **2011** 50; OLG Zweibrücken Beschl. vom 2.2.2011 – 1 VAs 1/11.

9 Beispiel: Aktenvermerk nach § 459a Abs. 3 Satz 1 (§ 459a, 14).

10 *Bringewat* 5.

11 Sinngemäße Anwendung: LR/*Wendisch*[25] 7; **a. A.** KK/*Appl* § 459b, 5; KMR/*Stöckel* § 459b, 6; SK/*Paeffgen* § 459b, 5; Meyer-Goßner/*Schmitt* § 459b, 5; *Bringewat* 2: Antrag nach § 23 EGGVG.

d) Vollstreckung der Ersatzfreiheitsstrafe (§ 459e). Im Fall des § 459e können Einwendungen gegen die Anordnung der Ersatzfreiheitsstrafe (Absatz 1) oder der Frage der Entrichtung der Geldstrafe (Absatz 4) erhoben werden.[12] 9

e) Vollstreckung von Nebenfolgen (§§ 459g bis 459m). Einwendungen im Fall der §§ 459g ff. kommen z. B. in Betracht, wenn die Wegnahme angeordnet wird gegen eine Person, die zwar Gewahrsam an der Sache besitzt, aber nicht im Urteil als Herausgabepflichtiger (Verurteilter, Einziehungsbeteiligter) bezeichnet ist, oder wenn der den Gewahrsam ausübende Einziehungsbeteiligte die Herausgabe unter Berufung auf ein bestehengebliebenes Recht an der Sache verweigert. 10

Alle Entscheidungen der Vollstreckungsbehörde nach den §§ 459g bis 459m können Gegenstand einer Einwendung sein, und zwar unabhängig davon, ob es sich um eine Ermessensentscheidung handelt.[13] **Einwendungsberechtigt** sind der **Verurteilte**, andere **unmittelbar betroffene Nebenbeteiligte** oder **Dritte**. Die **Staatsanwaltschaft** ist weder als Strafverfolgungs- noch als Vollstreckungsbehörde einwendungsberechtigt.[14] Sie ist erst im gerichtlichen Verfahren beteiligt.[15] Allerdings darf sie den Betroffenen auf die Rechtsschutzmöglichkeiten hinweisen.[16] Zur Vollstreckung von Nebenfolgen vgl. Erl. zu §§ 459g, 459h, 459i, 459j, 459k, 459l, 459m, 459n. 11

5. Einwendungen gegen Anordnungen des Rechtspflegers. Gegen Anordnungen des **Rechtspflegers** sind Einwendungen statthaft, über die das Gericht entscheidet. Die Zuständigkeit des Gerichts bestimmt sich nach § 462a Abs. 1 oder 2. Gegen dessen Entscheidung ist gemäß § 462 Abs. 3 sofortige Beschwerde statthaft.[17] 12

III. Einwendungen gegen die Vollstreckung in anderen Fällen

1. Gegen die Verwirklichung des staatlichen Vollstreckungsanspruchs

a) Einwendungen gegen die Zulässigkeit der Vollstreckung als solche. Bei Einwendungen, die gegen die Zulässigkeit der Vollstreckung überhaupt erhoben werden, ist, soweit nicht § 459o eingreift, **§ 458** anwendbar,[18] z. B. wenn der Verurteilte einwendet, die Geldstrafe sei durch Amnestie erlassen.[19] 13

b) Einwendungen gegen die Art und Weise der Vollstreckung. Einwendungen, die die **vermögensrechtliche (fiskalische) Seite** des zu vollstreckenden Anspruchs betreffen, dagegen sind gegen die **Art und Weise** der Ausführung der Vollstreckung gerichtet und daher gemäß § 459 nach den Vorschriften des **Justizbeitreibungsgesetzes** zu behandeln, die ihrerseits in § 6 Abs. 1 Nr. 1 auf die sinngemäß anwendbaren Vorschriften der 14

---

12 KK/*Appl* § 459e, 13; KMR/*Stöckel* § 459e, 15 f.; SK/*Paeffgen* § 459e, 8 f.; *Bringewat* 15; *Röttle/Wagner* Rn. 283; **a. A.** *Meyer*-Goßner/*Schmitt* § 23, 16 EGGVG; OLG Dresden NStZ **1999** 160; OLG Jena NJ **2008** 376; Beschl. vom 28.11.2013 – 1 Ws 463/13; OLG Frankfurt NStZ-RR **2013** 292; OLG Zweibrücken Beschl. vom 2.2.2011 – 1 VAs 1/11; KG Beschl. vom 12.4.2016 – 3 VAs 5/16. Vgl. Vorlagebeschluss OLG Karlsruhe NStZ-RR **2009** 220 und Beschluss der BGH NStZ **2009** 575 Ls.: Anwendbarkeit des § 459o.

13 OK-StPO/*Coen* 1; Bittmann/Köhler/Seeger/Tschakert/*Seeger* Rn. 2172.

14 OK StPO/*Coen* 2; Meyer Goßner/Schmitt/*Köhler* 4; KK/*Appl* 4a.

15 KK/*Appl* 4a; Meyer-Goßner/Schmitt/*Köhler* 4.

16 MüKo/*Nestler* 3.

17 *Bringewat* 10.

18 HK/*Pollähne* 2; Bittmann/Köhler/Seeger/Tschakert/*Seeger* Rn. 2175.

19 Meyer-Goßner/*Schmitt/Köhler* 1.

Zivilprozessordnung verweisen. Wird die **Art** und **Weise** der **Durchführung der Zwangsvollstreckung** gerügt, so findet **§ 766 ZPO** Anwendung, da die Ausführung der einzelnen Zwangsvollstreckungsmaßnahme beanstandet wird.[20] Sachlich zuständig ist dann das Vollstreckungsgericht (§ 20 Abs. 1 Nr. 17 RPflG); örtlich zuständig ist das Amtsgericht, in dessen Bezirk das Vollstreckungsverfahren stattgefunden hat.[21] Die Einwendungen i. S. v. § 766 Abs. 1 ZPO wenden sich gegen das **Vorgehen** der jeweiligen Vollstreckungsbehörde und betreffen dessen Mangelhaftigkeit oder gar Unzulässigkeit wie z. B. fehlende Voraussetzungen der Zwangsvollstreckung, Vollstreckungshindernisse wie die Eröffnung des Insolvenzverfahrens (§ 89 InsO). Die fehlerhaft erfolgte Einstellung einer vom Revisionsgericht unter Aufrechterhaltung der Abschöpfungsentscheidung zurückverwiesenen Sache führt zu einem (vorübergehenden) Vollstreckungshindernis, solange dies besteht und die fehlerhafte Entscheidung nicht aufgehoben ist.[22] Die Vorschriften des Justizbeitreibungsgesetzes gelten indessen nach § 459 nur, soweit die Strafprozessordnung („dieses Gesetz") nach Wortlaut oder Sinn (unter dem Gesichtspunkt der Durchsetzung des staatlichen Strafanspruchs) nichts anderes bestimmt. So kann der Verurteilte nicht Vollstreckungsschutz nach § 6 Abs. 1 Nr. 1 JBeitrG i. V. m. § 765a ZPO[23] oder, wenn die Beitreibung im Weg der Immobiliarzwangsvollstreckung (Zwangsversteigerung, Zwangsverwaltung) erfolgen sollte – was nach § 8 Abs. 6 EBAO nur unter einschränkenden Voraussetzungen geschehen soll –, nicht Vollstreckungsschutz nach § 30a ZVG i. V. m. § 6 Abs. 1 Nr. 2 JBeitrG begehren.[24] Denn welche Erleichterungsmaßnahmen in Rücksichtnahme auf die wirtschaftlichen Verhältnisse getroffen werden können oder müssen, bestimmt sich nach den §§ 459a ff. Notfalls kann die Gnadenbehörde angerufen werden.

15 **c) Einwendungen gegen die Vollstreckung in unpfändbares Vermögen.** Handelt es sich dagegen darum, ob bei einer Vollstreckung in das bewegliche Vermögen unpfändbare Gegenstände (§ 6 Abs. 1 Nr. 1 JBeitrG, § 811 ZPO) gepfändet sind, so steht die Art und Weise der Ausführung der Vollstreckung – die vermögensrechtliche Seite des Anspruchs – in Frage, und über die Erinnerung entscheidet das **Zivilvollstreckungsgericht** nach § 766 ZPO.[25] Wenn ein Dritter behauptet, dass der bei dem Verurteilten gepfändete Gegenstand ihm gehöre, so muss er einen solchen Streit durch Erhebung der Drittwiderspruchsklage gegen den vollstreckenden Fiskus geltend machen.[26]

16 **d) Einwendungen eines Dritten wegen behaupteten Eigentums an der gepfändeten Sache.** Wer aber geltend macht, ein Gegenstand, der in der Annahme eingezogen wurde, dass er im Zeitpunkt der Entscheidung dem Verurteilten gehörte, habe in Wahrheit ihm in dem maßgeblichen Zeitpunkt gehört, muss die Wiederherstellung seines Eigentums im **Nachverfahren** betreiben.[27]

2. Gegen die Durchsetzung vermögensrechtlicher Ansprüche des Fiskus

17 **a) Aufrechnung durch die Vollstreckungsbehörde.** Hat der Verurteilte gegen den Justizfiskus eine Geldforderung, z. B. auf Rückgabe beschlagnahmten, aber nicht einge-

20 Bittmann/Köhler/Seeger/Tschakert/*Seeger* Rn. 2174.
21 Baumbach/Lauterbach/*Weber* § 766, 38.
22 OLG Stuttgart ZWH **2018** 181.
23 *Bringewat* 8. Unanwendbar ist auch § 813a ZPO: LG Essen JurBüro **1975** 638.
24 KK/*Appl* 3.
25 OLG Celle NdsRpfl. **1955** 89.
26 RGZ **108** 261.
27 KK/*Appl* 4; *Bringewat* 7.

zogenen Geldes, auf Entschädigung für unschuldig erlittene Strafverfolgungsmaßnahmen oder (bei Teilfreispruch) auf Erstattung von Auslagen eines Strafverfahrens, so kann die Vollstreckungsbehörde nach §§ 387 ff. BGB dagegen mit dem Anspruch auf die Geldstrafe aufrechnen.[28] Jedoch wird die einseitige, gegen den Willen des Verurteilten erfolgende Aufrechnung gegen einen diesem zustehenden Anspruch auf Rückzahlung einer frei gewordenen Sicherheit zu verneinen sein.[29] Bei **Aufrechnung gegen den Auslagenerstattungsanspruch** ist § 43 RVG zu beachten. Danach ist, wenn der Beschuldigte den Anspruch gegen die Staatskasse auf Erstattung von Anwaltskosten als notwendige Auslagen (§ 464b) an den Rechtsanwalt als Verteidiger abtritt, eine von der Staatskasse gegenüber dem Beschuldigten erklärte Aufrechnung insoweit unwirksam, als sie den Anspruch des Rechtsanwalts vereiteln oder beeinträchtigen würde.[30] Dies setzt aber voraus, dass im Zeitpunkt der Aufrechnung eine Urkunde über die Abtretung oder eine Anzeige des Beschuldigten über die Abtretung in den Akten vorliegt (§ 43 Satz 2 RVG).

b) Aufrechnung durch den Verurteilten. Dagegen kann der Verurteilte **keine Aufrechnung** (ohne Einverständnis der Vollstreckungsbehörde) erklären, weil dies dem Zweck und Wesen der Geldstrafe widerspricht.[31] Ebenso kommt eine Vollstreckungsabwehrklage (§ 767 ZPO) des Verurteilten unter Berufung auf eine von ihm einseitig erklärte Aufrechnung nicht in Betracht.[32] Werden von dem Verurteilten oder einem Dritten (z. B. dem Zessionär der Forderung, gegen die die Staatskasse einseitig aufrechnete) Einwendungen erhoben, so handelt es sich jedenfalls nicht um solche nach § 458 oder § 459o, da die **Aufrechnung keine** Form der **Beitreibung** der Geldstrafe, sondern die Anwendung zivilrechtlicher Vorschriften auf die fiskalischen Forderungen darstellt.[33] Wegen der Aufrechnung gegen Gerichtskosten vgl. § 8 Abs. 1 Satz 2 JBeitrG. 18

IV. Gerichtliche Zuständigkeit

§ 459o verdrängt die Regelung des § 458 als **lex specialis** und begründet damit die gerichtliche Zuständigkeit bei Einwendungen gegen Entscheidungen der Vollstreckungsbehörde in den Fällen der §§ 459a, 459c, 459e sowie §§ 459g bis 459m. Ein Abgabebeschluss nach § 462a Abs. 1 Satz 3 scheidet aus und entfaltet keine Bindungswirkung.[34] Zuständig **zur Entscheidung** über Einwendungen gegen die Anordnung der Vollstreckungsbehörde ist grundsätzlich das Gericht des ersten Rechtszugs (§ 462a Abs. 2).[35] Hat aber der Vollzug der Ersatzfreiheitsstrafe bereits begonnen, so ist die Strafvollstre- 19

---

28 OLG Braunschweig NJW **1951** 246; LG Stuttgart MDR **1980** 500; AG Hannover NJW **1975** 178; *Mümmler* Rpfleger **1974** 94; KK/*Appl* 4; *Pohlmann/Jabel/Wolf* § 48, 70; *Röttle/Wagner* Rn. 258.

29 LR/*Lind* § 123, 21; LG Hamburg MDR **1948** 429; KK/*Appl* 4; *Pohlmann/Jabel/Wolf* § 48, 70; *Röttle/Wagner* Rn. 258.

30 *Mümmler* JurBüro **1976** 712; **1977** 1914; **1980** 88; *Pohlmann/Jabel/Wolf* § 48, 70; *Hartmann* Kostengesetze, § 43, 7 ff. RVG.

31 OLG Braunschweig NJW **1951** 246; OLG Frankfurt MDR **1979** 696; LG Münster NJW **1971** 2002; *Pohlmann/Jabel/Wolf* § 48, 71; *Röttle/Wagner* Rn. 258.

32 OLG Nürnberg OLGSt § 463 StPO, 11.

33 LG Krefeld MDR **1974** 951 mit Anm. *H. Schmidt* und Nachweisen über den Stand der Streitfrage, auf welchem Weg die Zulässigkeit einer Aufrechnung der Geldstrafenanordnung gegen Erstattungsansprüche an die Staatskasse nachgeprüft werden kann; vgl. auch AG Hannover NJW **1975** 178.

34 OLG Hamburg StV **2020** 737 Ls.

35 VG München Beschl. vom 31.8.2016 – M10 K 16.3392.

ckungskammer zur Entscheidung berufen.[36] Diese ist auch zuständig, wenn der in dieser oder einer anderen Sache Freiheitsstrafe verbüßende Verurteilte Einwendungen hinsichtlich der Vollstreckung der Ersatzfreiheitsstrafe erhebt. Im Fall des **§ 459e Abs. 4 Satz 1** handelt es sich an sich um Einwendungen gegen die Zulässigkeit der Vollstreckung der Ersatzfreiheitsstrafe i. S. des § 458 Abs. 1, die aber – wie im Fall des § 459c Abs. 3 – durch § 459o als lex specialis dem § 458 Abs. 1 entzogen sind.

V. Anfechtung

20 Das Gericht entscheidet ohne mündliche Verhandlung durch Beschluss (§ 462 Abs. 1 Satz 1). Vor der Entscheidung sind die Staatsanwaltschaft und der Verurteilte zu hören. Gegen den Beschluss ist die sofortige Beschwerde statthaft (§ 462 Abs. 3 Satz 1).

§ 460
Nachträgliche Gesamtstrafenbildung

Ist jemand durch verschiedene rechtskräftige Urteile zu Strafen verurteilt worden und sind dabei die Vorschriften über die Zuerkennung einer Gesamtstrafe (§ 55 des Strafgesetzbuches) außer Betracht geblieben, so sind die erkannten Strafen durch eine nachträgliche gerichtliche Entscheidung auf eine Gesamtstrafe zurückzuführen.

Schrifttum

Arnoldi/Rutkowski Die nachträgliche Gesamtstrafenbildung und der Tatrichter – ein ewiger Händel, NStZ **2011** 493; *Bender* Art und Weise nachträglicher Gesamtstrafenbildung, NJW **1971** 791; *Bohnert* Tatmehrheit, Verfahrensmehrheit und nachträgliche Gesamtstrafenbildung, GA **1994** 97; *Bringewat* Die Bildung der Gesamtstrafe (1987) (Zitierweise: GSt mit Randnummer); *ders.* Straferledigung i. S. des § 55 StGB und angemessener Härteausgleich, NStZ **1987** 385; *ders.* Sperrwirkung einer i. S. d. § 55 StGB „früher" erkannten Gesamtstrafe? MDR **1987** 793; *ders.* Nachträgliche Bildung einer Gesamtfreiheitsstrafe in der Berufungsinstanz und das prozessuale Verschlechterungsverbot – BGH NStZ 1988, 284 –, JuS **1989** 527; *ders.* Zäsurwirkung des früher erkannten Urteils trotz Straferledigung? – BGHSt 33, 367, JuS **1988** 25; *ders.* Das Nebeneinander von Jugend- und Freiheitsstrafe und angemessener Härteausgleich – BGHSt 36, 270, JuS **1991** 24; *ders.* Nachträgliche Bildung der Gesamtstrafe und das Verbot der reformatio in peius, StV **1993** 47; *ders.* Gerichtliches Nachtragsverfahren gem. §§ 460, 462 StPO und das prozessuale Verschlechterungsverbot, NStZ **2009** 542; *Deckenbroich/Dötsch* Nachträgliche Gesamtstrafenbildung unter Einbeziehung einer Verwarnung mit Strafvorbehalt, NStZ **2003** 346; *Eisenberg/Haeseler* Zum begrenzten Anwendungsbereich des § 354 Abs. 1a und 1b, StraFo **2005** 221; *Esser* Nachträgliche Gesamtstrafenbildung und Härteausgleich bei Auslandsstrafen, StV **2010** 266; *Gollmer* Nochmals: Zur „Quasi"-Gesamtstrafenbildung, NJW **1971** 1247; *Greib* Die nachträgliche Bildung der Gesamtstrafe nach §§ 55 StGB, 460 StPO, JuS **1994** 690; *Henßler* Unterlassene Gesamtstrafenbildung nach § 79 StGB als Revisionsgrund, NJW **1953** 452; *Horn* Die Bedeutung nachträglich eingetretener Umstände für den Gesamtstrafenbeschluss nach § 460 StPO, NStZ **1991** 117; *Karl* Zäsurwirkung bei Absehen von der Bildung eine Gesamtstrafe aus Freiheits- und Geldstrafe? MDR **1988** 365; *Klappstein/Kossmann* Die Gesamtstrafenbildung, JuS **2010** 785; *Knetsch/Pohlmann* Rechtskraftbescheinigung bei Gesamtstrafen- und Widerrufsbeschlüssen? Rpfleger **1957** 75; *Köhler* Die Dauer der während einer Strafverbüßung eintretenden Gesamtstrafe, GerS **65** (1905) 33; *Küper* Zur Proble-

36 BGHSt **30** 223; OLG Hamburg NJW **1976** 257; OLG München GA **1984** 187; OLG Celle Beschl. vom 18.9.2020 – 3 Ws 192/20; OLG Koblenz NStZ-RR **2010** 190 Ls.; KK/*Appl* 5; Meyer-Goßner/*Schmitt*/*Köhler* 4; *Bringewat* 11.

https://doi.org/10.1515/9783110275025-038

matik der nachträglichen Gesamtstrafenbildung (§§ 79 a. F. StGB), MDR **1970** 885; *Küster* Der Strafbeginn bei Vollstreckung von Gesamtstrafen, Rpfleger **1953** 219; *Kudlich* Verschobener Reststrafenzeitpunkt und Härteausgleich bei Unmöglichkeit nachträglicher Gesamtstrafenbildung, FS Schöch (2010) 669; *Kuhnt* Gnadenerweis und Gesamtstrafenbildung, MDR **1955** 194; *Lemke* Entwurf eines Gesetzes zur Einführung der Vermögensstrafe, StV **1990** 87; *Maatz* Zur Zäsurwirkung einer früheren Verurteilung im Rahmen nachträglicher Gesamtstrafenbildung, NJW **1987** 478; *Maier/Paul* Anwendungsbereiche des § 354 Ia und Ib StPO in der Rechtsprechung des BGH, NStZ **2006** 82; *Maiwald* Nachträgliche Gesamtstrafenbildung und das Verbot der reformatio in peius, JR **1980** 353; *Manthey* Das Absehen von nachträglicher Gesamtstrafenbildung (§ 460 StPO) beim Zusammentreffen von Freiheitsstrafe und Geldstrafe gem. § 53 Abs. 2 S. 2 StGB, FS Strauda (2006) 217; *Metz* Gesamtstrafenbildung bei Einzelgeldstrafen unterschiedlicher Tagessatzhöhe, StraFo **2010** 403; *Mümmler* Gesamtgeldstrafe und Teilleistungen auf Einzelgeldstrafen mit unterschiedlichen Tagessätzen, JurBüro **1981** 325; *Nestler* Die nachträgliche Bildung einer Gesamtstrafe, JA **2011** 248; *Oppe* Einige Fragen der Strafvollstreckungsverjährung, NJW **1959** 1358; *Oske* Die Möglichkeit der Schlechterstellung des Verurteilten bei der nachträglichen Gesamtstrafenbildung (§ 460 StPO), soweit die Nebenstrafen, Nebenfolgen und Maßregeln der Sicherung und Besserung in Frage stehen, MDR **1965** 13; *Peglau* Neue strafprozessuale Möglichkeiten der eigenen Sachentscheidung des Revisionsgerichts nach dem JuMoG, JR **2005** 143; *Polk* Die nachträgliche Gesamtstrafenprüfung nach § 460 StPO, RpflStud **2004** 15; *Regel* Gesamtstrafe aus Geldstrafe bei Tagessätzen unterschiedlicher Höhe, MDR **1977** 446; *Remmele* Nachträgliche Gesamtstrafenbildung beim Strafbefehl, NJW **1974** 486 mit Erwiderung von *Sieg* NJW **1975** 331; *ders.* Warnfunktion der früheren Verurteilung bei der nachträglichen Gesamtstrafenbildung, NJW **1974** 1855; *Roos* Bestimmung der Tagessatzhöhe bei nachträglicher Bildung einer Gesamtstrafe, NJW **1976** 1483; *Schorn* Fragen zur Gesamtstrafe, JR **1964** 45; *Schrader* Bildung einer Gesamtstrafe nach vollstreckter Einzelstrafe (§ 76 StGB und § 460 StPO), MDR **1974** 718; *Schuk* Der Einfluß einer früheren Gesamtstrafe auf die nachträgliche Gesamtstrafenbildung, MDR **1964** 559; *Schweling* Die Bemessung der Gesamtstrafe, GA **1955** 289; *Sieg* Nachträgliche Anrechnung von Leistungen zur Erfüllung von Auflagen bei Wegfall einer Strafaussetzung zur Bewährung durch Gesamtstrafenbildung? StV **1998** 631; *Siggelkow* Zur Vollstreckung einer nachträglich gebildeten Gesamtstrafe, Rpfleger **2005** 644; *ders.* Anrechnung getilgter Geldstrafe auf die Gesamtstrafe, Rpfleger **1994** 93; *ders.* Vollstreckung der Ersatzfreiheitsstrafe aus einer nachträglich getilgten Gesamtgeldstrafe, Rpfleger **1994** 285; *Thietz-Bartram* Gesamtstrafenbildung mit abgelaufener Bewährungsstrafe, wistra **1990** 259; *Wasserburg* Gesamtstrafenbildung im Beschlussverfahren nach Aufhebung der Gesamtstrafe durch das Revisionsgericht (§ 354 Abs. 1b StPO), GA **2006** 393; *Vogt* Die nachträgliche Bildung einer Gesamtgeldstrafe bei differierenden Tagessatzhöhen, NJW **1981** 899; *Wilhelm* Die Konkurrenz der Regeln zur Gesamtstrafenbildung, ZIS **2007** 82 (gekürzte Fassung NStZ **2008** 425); *Wolf/Kempfer* Entwicklungen im Straf-, Strafverfahrens- und Strafvollstreckungsrecht seit 2016, Rpfleger **2018** 521; *Zeiler* Zur Frage der Gesamtstrafenbildung, ZStW **33** (1912) 669; *Zeitler* Einzelne Probleme bei der Vollstreckung der Gesamtstrafe, Rpfleger **2005** 70.

Entstehungsgeschichte

Die Vorschrift wurde durch die Verordnung über Gerichtsverfassung und Strafrechtspflege vom 4.1.1924 am 22.3.1924 (RGBl. I S. 299, 322) bekannt gemacht. Sie wurde durch Art. 3 Nr. 18 OrgKG vom 15.7.1992 um Satz 2 ergänzt. Der frühere Satz 2 ist aufgrund der Entscheidung des Bundesverfassungsgerichts vom 20.3.2002[1] obsolet geworden.

Bezeichnung bis 1924: § 492.

Übersicht

1 NJW **2002** 1779.

Alphabetische Übersicht

I. Normzweck und Anwendungsbereich

1. Grundsatz. Nach § 53 StGB ist unter den in §§ 53, 54 StGB bezeichneten Voraussetzungen eine Gesamtstrafe durch **Urteil** zu bilden, wenn mehrere sachlich zusammentreffende Straftaten gleichzeitig abgeurteilt werden. Nach § 55 StGB finden die §§ 53, 54 StGB auch dann Anwendung, wenn, bevor eine erkannte Strafe vollstreckt, verjährt oder erlassen ist, die Verurteilung wegen einer anderen Straftat erfolgt, die vor der früheren Verurteilung begangen worden war. Um dieser Vorschrift volle Wirksamkeit zu sichern, bedarf es noch einer prozessualen Regelung für den Fall, wenn jemand durch verschiedene Urteile zu Strafen verurteilt worden ist, bei dem späteren Urteil aber die Vorschriften über die Bildung einer Gesamtstrafe außer Betracht geblieben sind.[2] Der Zweck des § 460 besteht danach darin, den Täter so zu stellen, als wenn er bei gemeinsamer Aburteilung aller Taten in einem Verfahren zu einer Gesamtstrafe nach § 53 StGB verurteilt worden wäre.[3] Darüber hinausgehende Vorteile sollen dem Verurteilten durch die nachträgliche Gesamtstrafenbildung nicht zustehen.[4] 1

Aus § 55 StGB folgt, dass bei **Aburteilung** der Taten **in verschiedenen Verfahren** grundsätzlich schon in dem Urteil des später erkennenden Tatgerichts die Gesamtstrafe zu bilden und dass dieses durch § 55 StGB ermächtigt und verpflichtet ist, anstelle der verschiedenen Einzelstrafen eine Gesamtstrafe festzusetzen, insoweit also auch das frühere Urteil, unabhängig davon, ob es von ihm selbst oder von einem anderen Tatgericht erlassen worden ist, abzuändern. Es darf die Bildung der Gesamtstrafe nicht willkürlich dem Beschlussverfahren nach § 460 überlassen.[5] Das ist schon deshalb abzulehnen, weil das Verfahren nach §§ 460, 462 mit geringeren verfahrensmäßigen Garantien ausgestattet ist als das Erkenntnisverfahren nach § 55 StGB. Erstere Entscheidung ergeht ohne mündliche Verhandlung durch Beschluss, der nur mit sofortiger Beschwerde anfechtbar ist. Letztere wird im Urteil ausgesprochen und ist mit Berufung oder Revision anfecht- 2

2 *Hahn* Mat. **1** 294 zu § 414.

3 BGHSt **15** 66, 69; **17** 173; **32** 190, 193; **55** 220; BayObLGSt **1979** 105; OLG Saarbrücken NJW **1975** 1041; KG JR **1976** 202; OLG Koblenz VRS **50** (1976) 190; *Bender* NJW **1964** 807; *Schrader* MDR **1974** 719; *Bohnert* GA **1994** 111; *Bringewat* GSt 339; § 460, 17; KK/*Appl* 1; Meyer Goßner/*Schmitt* 1.

4 BVerfG NJW **1991** 558; BGHSt **33** 132; **35** 208; **43** 80; LK/*Rissing-van Saan* § 55, 2; *Fischer* § 55, 2.

5 BGHSt **12** 1; **20** 293; **23** 99; **25** 383; **32** 190; BGH NStZ **2003** 200; **2005** 32; NStZ-RR **2019** 241; **2013** 7; OLG Köln StV **2019** 688 Ls.; OLG Celle StraFo **2017** 76; *Böttcher* JR **1989** 206; LG Freiburg NStZ-RR **2008** 236; OLG Hamm NStZ-RR **2008** 73 Ls.; KK/*Appl* 4; *Bringewat* GSt 327; JuS **1989** 527; **a. A.** *Bohnert* GA **1994** 110.

bar.[6] Diese Erwägungen gelten auch dann, wenn vor dem Urteil des zuletzt erkennenden Tatgerichts bereits **mehrere** unter § 55 StGB fallende **Strafen** in verschiedenen Urteilen verhängt worden sind und die Bildung einer Gesamtstrafe, die in dem letzten dieser Urteile hätte erfolgen müssen, unterblieben ist. Diese Grundsätze sind in der Rechtsprechung des Reichsgerichts[7] und – nach anfänglichem Schwanken – auch der des Bundesgerichtshofs[8] anerkannt.

3 **2. Ausnahmen.** Von der Einbeziehung in die Gesamtstrafe darf danach, wenn das letzte Tatgericht von mehreren Verurteilungen Kenntnis hat, **nur in folgenden Fällen** abgesehen und die Gesamtstrafenbildung dem Verfahren nach § 460 überlassen werden: **a)** wenn ein früher ergangenes **Urteil noch nicht rechtskräftig** ist[9] oder wenn es zwar formell rechtskräftig, sein Bestand aber nicht gesichert ist, z. B. der Angeklagte mit Aussicht auf Erfolg um Wiedereinsetzung in den vorigen Stand gegen die Versäumung der Rechtsmitteleinlegungsfrist nachgesucht hat und daher zu erwarten ist, dass die Rechtskraft des früheren Urteils wieder beseitigt wird;[10] **b)** wenn das Gericht, ohne dass dies auf mangelnder Terminvorbereitung beruht, **keine sichere tatsächliche Grundlage** für die Anwendung des § 55 StGB hat, weil die Vorstrafakten fehlen und ohne Aussetzung nicht zu beschaffen sind;[11] **c)** wenn im Einzelfall auch **anderen Gesichtspunkten der Vorrang** vor dem Gebot des § 55 StGB zukommt. So darf zur Vermeidung einer Doppelbestrafung eine Einzelstrafe nicht mehr in eine Gesamtstrafe einbezogen werden, wenn sie bereits zur Bildung einer noch nicht rechtskräftigen Gesamtstrafe gedient hat.[12] Sofern eine Gesamtstrafenbildung im Berufungsverfahren über die Strafrahmengrenze des § 24 GVG hinausgehen würde, hat das Berufungsgericht sich darauf zu beschränken, eine Strafe für die verfahrensgegenständliche Tat festzusetzen und die Gesamtstrafenbildung dem Beschlussverfahren nach § 460 zu überlassen,[13] wofür nach § 462a Abs. 3 Satz 4 eine große Strafkammer des Landgerichts zuständig ist. Die Unterlassung der möglichen Gesamtstrafenbildung begründet die Revision.[14]

4 **3. Voraussetzungen der Gesamtstrafenbildung nach § 460.** Das Verfahren nach § 460 ist danach gegeben, wenn das später erkennende Gericht die frühere Verurteilung **nicht gekannt** hat,[15] aber auch dann, wenn es die ihm bekannte Verurteilung zulässigerweise (Rn. 3) oder versehentlich **außer Acht gelassen** hat.[16] Dagegen ist die Anwendung des § 460 ausgeschlossen, wenn das Gericht die Anwendbarkeit des § 55 StGB aus-

---

6 *Böttcher* JR **1989** 206; *Horn* NStZ **1991** 117, 118; *Bringewat* GSt 328.

7 Z. B. RGSt **2** 198; **8** 62; **15** 29; **34** 267.

8 BGHSt **12** 1 – GrSSt –.

9 BGH NStZ **2012** 405; RGSt **5** 1; **15** 31; **37** 169; HRR **1938** Nr. 1317; BGHSt **20** 292, 294; OLG Stuttgart NJW **1957** 1813; *Bringewat* GSt 333; KK/*Appl* 6; KMR/*Stöckel* 8; Meyer-Goßner/*Schmitt* 2.

10 BGHSt **23** 98; *Küper* MDR **1970** 885; *Bringewat* GSt 334; KK/*Appl* 6; Meyer-Goßner/*Schmitt* 2.

11 RGSt **34** 267; **64** 413; BGHSt **12** 1, 10; **23** 98; BGH NStZ **2005** 32; NStZ-RR **2008** 73; OLG Karlsruhe MDR **1959** 413; OLG Hamm NJW **1970** 1200; Beschl. vom 2.3.2017 – III 1 RVs 6/17; OLG Köln MDR **1983** 423; *Bringewat* GSt 335; KMR/*Stöckel* 8; Meyer-Goßner/*Schmitt* 2; **a. A.** SK/*Paeffgen* 7.

12 BGHSt **9** 190; **20** 292; BayObLG NJW **1971** 1193; *Bringewat* GSt 336; KK/*Appl* 6; KMR/*Stöckel* 8.

13 BGHSt **34** 204; OLG Jena NStZ-RR **2003** 139; OLG Celle StraFo **2018** 120.

14 RGSt **64** 413; BGHSt **3** 281; **12** 1; **20** 292; **23** 98; **25** 382; KK/*Appl* 5; LK/*Rissing-van Saan* § 55, 48; *Fischer* § 55, 37; **anders** BGHSt **2** 338.

15 BayObLGSt **1979** 105; *Bringewat* GSt 332 ff.; KK/*Appl* 6; KMR/*Stöckel* 8; Meyer-Goßner/*Schmitt* 2.

16 *Maiwald* JR **1980** 355 f.; *Bohnert* GA **1994** 107; *Bringewat* GSt 332 ff.; KMR/*Stöckel* 9.

drücklich geprüft und aus **Rechtsirrtum verneint** hat.[17] Schon in den Motiven wurde diese Auffassung vertreten und begründet: „Ist die Zuerkennung einer Gesamtstrafe vermöge einer unrichtigen Auffassung der strafrechtlichen Vorschriften unterblieben, so kann § 460 nicht Anwendung finden. Denn alsdann beruht das spätere Urteil auf einer Verletzung des Gesetzes, welcher durch Einlegung des Rechtsmittels der Revision abzuhelfen gewesen wäre ..., und die Sache liegt alsdann hier nicht anders wie bei sonstigen, einem Urteil zugrundeliegenden Rechtsirrtümern des Richters. Die letzteren können die Anfechtung oder Abänderung eines rechtskräftig gewordenen Urteils nicht begründen".[18]

4. Urteile. Urteile i. S. des § 460 sind, wie sich aus der Bezugnahme auf § 55 StGB 5
ergibt, nur **inländische** Urteile. Urteile im Sinne dieser Vorschrift sind aber auch Strafbefehle,[19] wobei, wenn der **Strafbefehl** rechtskräftig wird, der früheren „Verurteilung" der für das Gericht unabänderlich gewordene Erlass des Strafbefehls, nicht dessen Zustellung gleichkommt.[20] Kein Urteil i. S. von § 460 ist ein schon früher nach dieser Vorschrift ergangener Beschluss, da er nur an die rechtskräftigen tatsächlichen Feststellungen der einbezogenen Urteile anknüpft.[21] Eine Gesamtstrafenbildung mit **Strafen aus ausländischen Urteilen** scheidet aus. Da eine Einbeziehung in eine neue Gesamtstrafe dazu führt, dass die frühere Verurteilung nicht mehr vollstreckt werden darf, ist sie aufgrund des damit verbundenen Eingriffs in die Rechtskraft der ausländischen Verurteilung und die Vollstreckungshoheit des ausländischen Staates aus völkerrechtlichen Gründen unzulässig.[22] Nach der früheren Rechtsprechung des BGH musste das Tatgericht, sofern ansonsten die Voraussetzungen einer Gesamtstrafenbildung vorlagen, ausländische Strafen im Rahmen der Strafzumessung regelmäßig unter dem Gesichtspunkt des – unbezifferten – Härteausgleichs oder des Gesamtstrafenübels zugunsten des Beschuldigten jedenfalls dann berücksichtigen, wenn eine Aburteilung auch in Deutschland möglich gewesen wäre, weil entweder der Täter Deutscher ist oder sich die Tat gegen ein international geschütztes Rechtsgut richtet.[23] Aus der Rechtsprechung des EuGH ergibt sich nunmehr, dass die Mitgliedstaaten sicherzustellen haben, dass frühere, in einem anderen Mitgliedstaat ergangene Verurteilungen in gleichem Maße bei der Strafzumessung berücksichtigt werden wie bei nach innerstaatlichem Recht im Inland erfolgten früheren Verurteilungen.[24] Für die Berücksichtigung EU-ausländischer Verurteilungen kommt es daher auch nicht mehr – wie vor den genannten Urteilen des EuGH

---

17 RGSt **64** 413; BGHSt **3** 277; **12** 1; NJW **1953** 389; **1953** 1879; BayObLG MDR **1975** 161; OLG Oldenburg NJW **1953** 1724; OLG Hamm NJW **1953** 1816; OLG Düsseldorf JMBlNRW **1958** 140; OLG Koblenz MDR **1975** 73; OLGSt § 460 StPO Nr. 15; OLG Karlsruhe NStZ **1987** 187; OLG Hamburg NStZ **1992** 607 mit zust. Anm. *Maatz*; OLG Jena NStZ-RR **2006** 102; OLG Zweibrücken Beschl. vom 12.4.2018 – 1 Ws 68/18; *Bringewat* GSt 337; StV **1993** 47, 50; KK/*Appl* 5; KMR/*Stöckel* 10; Meyer-Goßner/*Schmitt* 3a, 4; krit. *Bohnert* GA **1994** 111; missverständlich BGHSt **35** 208, 214.

18 *Hahn* Mat. **1** 294: zu § 414.

19 BGH GA **1956** 50; KK/*Appl* 3; KMR/*Stöckel* 6; Meyer-Goßner/*Schmitt* 8.

20 BGHSt **33** 230; BGH NJW **1991** 1763; OLG Zweibrücken NStZ **1991** 454; einschränkend OLG Düsseldorf NJW **1993** 2128: zumindest für den Regelfall; *Bringewat* GSt 206; *Remmele* NJW **1974** 486, 1835; **a. A.** *Sieg* NJW **1975** 531.

21 OLG Celle NJW **1973** 2214; OLG Karlsruhe Justiz **1974** 90; *Bringewat* GSt 331; Meyer-Goßner/*Schmitt* 8.

22 BGHSt **43** 80; BGH NStZ **1998** 149; NJW **2000** 1964; NStZ-RR **2000** 105; StV **2019** 603; **2015** 353; NStZ **2021** 217 m. w. N.; OLG Düsseldorf GA **1991** 271.

23 BGH StV **2019** 603; NStZ **2021** 217 Rn. 14.

24 BGH NStZ **2021** 217 Rn. 17; EuGH Urteil vom 21.9.2017 – C-171/16 Rn. 26; Urteil vom 5.7.2018 – C1390/16 Rn. 28.

in der Rechtsprechung des BGH teilweise vertreten wurde[25] – darauf an, ob für die im Ausland begangenen und abgeurteilten Taten auch ein Gerichtsstand in Deutschland eröffnet gewesen wäre.[26] Der Ausgleich für die fehlende Möglichkeit einer Gesamtstrafenbildung mit einer noch nicht vollständig vollstreckten EU-ausländischen Strafe ist im Falle der Verhängung einer zeitigen Freiheitsstrafe bei der Strafzumessung konkret durch eine Bezifferung des Nachteils vorzunehmen.[27]

6 **5. Verwarnung mit Strafvorbehalt.** Es ist streitig, ob die Gleichstellung einer erkannten mit einer nach § 59 StGB **vorbehaltenen Strafe** auch im Verfahren nach § 460 gilt.[28] Gegen eine Anwendung von § 59c Abs. 2 StGB wird vorgebracht, dass der Wortlaut des § 460 nicht an § 59c Abs. 2 StGB angepasst worden sei und eine analoge Anwendung nicht in Betracht komme, weil sie sich zu Ungunsten des Täters auswirke.[29] Diese Auffassung vermag nicht zu überzeugen. § 59c Abs. 2 StGB ist vielmehr auch im **Beschlussverfahren nach § 460** anwendbar.[30] Insbesondere stehen verfassungsrechtliche Bedenken nicht entgegen.[31]

6. Nachträgliche Gesamtstrafenbildung im Zusammenhang mit Geldstrafen

7 **a) Allgemeines.** Die nachträgliche Zurückführung auf eine Gesamtstrafe setzt voraus, dass die Vorschriften über die Bildung einer Gesamtstrafe nach § 55 StGB „außer Betracht geblieben sind“. Da das erkennende Gericht auch im Fall des § 55 StGB beim Zusammentreffen von Freiheits- und Geldstrafe die Wahl zwischen der Bildung einer Gesamtstrafe oder gesonderter Verhängung der Geldstrafe hat (§ 53 Abs. 2 Satz 2 StGB), steht auch dem Beschlussgericht nach § 460 ein entsprechendes **Wahlrecht** zu.[32]

b) Gesamtgeldstrafe

8 **aa) Einsatzstrafe.** Bei der Bildung einer Gesamtgeldstrafe aus Einzelgeldstrafen mit unterschiedlicher Tagessatzhöhe ist Einsatzstrafe die **Einzelstrafe mit der höchsten Tagessatzzahl**, da sich in dieser der Unrechtsgehalt und die Schuldschwere besonders niederschlagen.[33] Die Anzahl der Tagessätze der Einsatzstrafe ist unter Berücksichtigung der in den anderen Strafen festgesetzten Tagessätze nach § 54 Abs. 1 Satz 2 StGB angemessen zu erhöhen.[34]

9 **bb) Höhe des Tagessatzes.** Bei der Bemessung der Tagessatzhöhe ist von den persönlichen und wirtschaftlichen Verhältnissen des Verurteilten im **Zeitpunkt** der **letzten**

---

25 BGH NStZ **2010** 30.

26 BGH NStZ **2019** 548; NStZ-RR **2020** 122.

27 BGH NStZ **2021** 217.

28 Nachträgliche Gesamtstrafenbildung möglich: OLG Frankfurt NStZ **2009** 268; verneinend: AG Dieburg NStZ **1996** 613; Meyer-Goßner/*Schmitt* 9; SK/*Paeffgen* 4; nur soweit sie sich nicht zu Ungunsten des Täters auswirkt: MüKo-StGB/*Groß* § 59c, 7.

29 AG Dieburg NStZ **1996** 613; MüKo-StGB/*Groß* § 59c, 7; Meyer-Goßner/*Schmitt* 9; SK/*Paeffgen* 4.

30 LG Flensburg SchlHA **1997** 285; LG Darmstadt NStZ-RR **2008** 199; LK/*Hubrach*[12] § 59c, 10; *Fischer* § 59c, 3; *Deckenbroich/Dötsch* NStZ **2003** 346.

31 BVerfG NStZ-RR **2002** 330; LK/*Hubrach*[12] § 59c, 10; *Fischer* § 59c, 3; LG Darmstadt NStZ-RR **2008** 199.

32 BGHSt **35** 208, 214; *Bringewat* GSt 338; JuS **1989** 530.

33 BGHSt **27** 359; BGH VRS **71** (1986) 361.

34 *Bringewat* GSt 352 i. V. m. 117 ff.

tatgerichtlichen Entscheidung auszugehen.[35] Das gilt auch dann, wenn sich die wirtschaftlichen Verhältnisse des Verurteilten zwischen der letzten tatgerichtlichen Entscheidung und dem Gesamtstrafenbeschluss nach § 460 verändert haben.[36] Auch dieses Ergebnis beruht darauf, dass sich die Tätigkeit des Beschlussgerichts in der Koordinierung der bisher in den früheren Urteilen rechtskräftig festgesetzten Einzelstrafen erschöpft und ihm eine nachträgliche Korrektur versagt ist.[37]

7. Registerrechtliche Behandlung. Zur registerrechtlichen Behandlung nachträg- 10
lich gebildeter Gesamtstrafen vgl. § 6 BZRG und im Fall des § 65 BZRG vgl. BGHSt **25** 104.

II. Einzubeziehende Einzelstrafen

1. Grundsatz. Die Grundlage für die Einbeziehung in eine Gesamtstrafe bilden nicht 11
die früheren Urteile, sondern die in ihnen erkannten Einzelstrafen.[38] Diese müssen im Zeitpunkt der Beschlussfassung nach § 460 rechtskräftig sein.[39] Das Gericht prüft zunächst, ob die erste Voraussetzung des § 55 StGB gegeben ist, nämlich dass der Angeklagte (später) wegen einer Tat verurteilt worden ist, die er vor der früheren Verurteilung begangen hat (§ 55 Abs. 1 Satz 2 StGB), d. h. die vor dieser Verurteilung beendet war.[40] **Aufgabe des nach § 460 zuständigen Gerichts** ist es, den Verurteilten so zu stellen, wie dies das Tatgericht nach § 55 StGB hätte tun müssen, wenn ihm die vorangegangenen Verurteilungen bekannt gewesen wären. Es muss ihn so stellen, als habe das letzte Tatgericht die Gesamtstrafe gebildet (Rn. 1). Im Zweifel ist zugunsten des Täters Beendigung anzunehmen.[41] Die Tätigkeit des Gerichts nach § 460 ist mithin auf eine Koordinierung der bisher in den einzelnen Urteilen erkannten Strafen und Folgen ausgerichtet. Sie zu korrigieren ist ihm versagt.[42] Daher werden auch rechtsfehlerhaft verhängte Einzelstrafen in die Gesamtstrafe einbezogen.[43] Im Verfahren nach § 460 finden die Rechtsgrundsätze zur **Zäsurwirkung** bei der nachträglichen Gesamtstrafenbildung nach § 55 StGB[44] entsprechende Anwendung.

2. Vollstreckte, verjährte oder erlassene Strafen

a) Auszuscheidende Strafen. Alsdann prüft das Gericht, ob nicht die früher erkannte 12
Strafe für die Bildung einer Gesamtstrafe deshalb ausscheidet, weil sie bis zum Zeitpunkt

---

35 LG Freiburg NStZ **1991** 135; *Horn* NStZ **1991** 117; *Bringewat* NStZ **1988** 72; GSt 347.

36 KK/*Appl* 30; Meyer-Goßner/*Schmitt* 15; SK/*Paeffgen* 22; KMR/*Stöckel* 43; **a. A.** LG Hildesheim NStZ **1991** 136 mit abl. Anm. *Meyer-Goßner* NStZ **1991** 434; LG Berlin StV **2009** 145; *Metz* StraFo **2010** 403: Zeitpunkt der Entscheidung im Nachtragsverfahren.

37 KK/*Appl* 30.

38 BGH bei *Holtz* MDR **1979** 280; KG JR **1986** 119.

39 OLG Stuttgart NJW **1957** 1813; *Bringewat* GSt 330, 341; KK/*Appl* 3; Meyer-Goßner/*Schmitt* 7.

40 BGH NJW **1997** 750 f.; **1999** 1344, 1346; StV **2002** 203 f.; *Böttcher* JR **1989** 206; KK/*Appl* 7, 8; *Fischer* § 55, 7.

41 OLG Oldenburg GA **1960** 28.

42 LG Freiburg NStZ **1991** 135; **a. A.** LG Hildesheim NStZ **1991** 136 mit abl. Anm. *Meyer-Goßner* NStZ **1991** 434.

43 OLG Schleswig SchlHA **1976** 43.

44 KK/*Appl* 7 ff.; LK/*Rissing-van Saan* § 55, 14 f.; MüKo/*Nestler* 35 f.; BGH NStZ-RR **2018** 248; StV **2018** 411.

der späteren Verurteilung vollstreckt, verjährt oder erlassen ist.[45] War die Strafe bis zu diesem Zeitpunkt schon erledigt, liegen die Voraussetzungen des § 55 StGB nicht mehr vor, so dass die Vorschrift auch nicht „außer Betracht geblieben" ist.[46] War die Strafe bis dahin nur **teilweise** erlassen oder vollstreckt, so hindert dies die Einbeziehung der ganzen Strafe nicht. Der verbüßte oder erlassene Teil wird im Weg der der Vollstreckungsbehörde obliegenden Strafzeitberechnung[47] auf die Gesamtstrafe „angerechnet".[48]

13 Ob ein – bei Gnadenerweisen und Amnestien in Betracht kommender – **bedingter Erlass** der Einzelstrafe (nicht nur eine bedingte Aussetzung der Vollstreckung) einen Straferlass i. S. des § 55 StGB darstellt, hängt davon ab, ob die Bedingung eine aufschiebende oder eine auflösende ist. Bei auflösender Bedingung ist die Strafe i. S. des § 55 StGB erlassen, nicht aber bei aufschiebender Bedingung.[49] Wenn die Fassung eines Amnestiegesetzes oder eines Einzelgnadenerweises es an der erforderlichen Klarstellung fehlen lässt, kann aber streitig sein, ob ein Erlass unter der Bedingung, dass der Verurteilte während eines bestimmten Zeitraums nicht erneut verurteilt wird, eine aufschiebende[50] oder eine auflösende Bedingung[51] enthält.

14 Ist die Bewährungszeit einer zur Bewährung ausgesetzten Strafe abgelaufen und sind die Voraussetzungen des **Straferlasses** gegeben (§ 56g Abs. 1 StGB), während gleichzeitig die Voraussetzungen für die Gesamtstrafenbildung nach § 460 vorliegen, so unterbleibt die Gesamtstrafenbildung, wenn dies für den Verurteilten günstiger ist.[52] Im **Berufungsverfahren** muss das Berufungsgericht eine vom Erstgericht unterlassene Gesamtstrafenbildung, weil Letzterem die frühere Verurteilung nicht bekannt war, nachholen.[53]

15 **b) Einzubeziehende Strafen.** Ist eine Einzelstrafe erst **nach** dem für die Bildung einer Gesamtstrafe nach § 55 StGB maßgebenden Zeitpunkt vollstreckt, verjährt oder erlassen, so ist dies für die Bildung der Gesamtstrafe nach § 460 ohne Bedeutung.[54] Soweit es sich um vollstreckte Einzelstrafen handelt, ist dies nicht streitig, und davon geht auch § 51 Abs. 2 StGB aus.[55] Das Gericht muss also auch eine Strafe in die Gesamtstrafe einbeziehen, die nach dem späteren Urteil, in dem die Gesamtstrafe nach § 55 StGB hätte gebildet werden können (wenn die frühere Verurteilung bekannt gewesen wäre usw.), vollstreckt wurde. Denn der Zweck des § 460 geht ja gerade dahin, nachträglich dem Verurteilten Rechtsvergünstigungen zu verschaffen, auf die er nach § 55 StGB Anspruch hatte.[56]

45 BGHSt **2** 230; **12** 94; BGH NStZ-RR **2018** 248; Beschl. vom 27.3.2014 – 4 StR 574/13; *Bringewat* NStZ **1990** 51; GSt 349; KK/*Appl* 10; Meyer-Goßner/*Schmitt* 12.

46 BGHSt **2** 232; *Bringewat* § 460, 18; KK/*Appl* 9; **a. A.** *Schrader* MDR **1974** 718: es muss genügen, dass die Möglichkeit einer Gesamtstrafenbildung überhaupt bestanden hatte; ähnlich *Fischer* § 55, 6.

47 BGHSt **21** 186.

48 RGSt **8** 62; **46** 179; **60** 206; **77** 151; *Köhler* GerS **65** (1905) 33; *Kuhnt* MDR **1955** 194; *Bringewat* NStZ **1990** 51; GSt 344; KK/*Appl* 11, 25b; Meyer-Goßner/*Schmitt* 12; s. auch § 41 Abs. 1 Satz 1 StVollstrO.

49 RGSt **53** 116; BGHSt **7** 186; **17** 227; OLG Hamm JMBlNRW **1952** 35; *Kuhnt* MDR **1955** 196.

50 RGSt **63** 178.

51 RGSt **53** 116; BGHSt **7** 186; **17** 227.

52 BGH NStZ-RR **2007** 369; OLG Karlsruhe Beschl. vom 18.9.2017 – 2 Ws 176-177/17; KG JR **1976** 202; LG Saarbrücken JBlSaar **1965** 10; LG Osnabrück NdsRpfl. **1965** 211; KK/*Appl* 25; *Pohlmann/Jabel/Wolf* § 43, 14.

53 BGHSt **35** 212 mit Anm. *Böttcher* JR **1989** 205; OLG Hamm MDR **1977** 861; NStZ **1987** 557; OLG Düsseldorf StV **1993** 31.

54 KG JR **1976** 202; *Bringewat* GSt 344; Meyer-Goßner/*Schmitt* 13.

55 *Fischer* § 51, 12 ff. mit Beispielen; *Bringewat* § 460, 24; Meyer-Goßner/*Schmitt* 13.

56 BGH GA **1982** 177; BayObLGSt **9** (1910) 307; *Alsb. E.* **3** 387; KG JR **1976** 202; OLG Bremen Rpfleger **1953** 531; *Zeiler* ZStW **33** (1912) 670; KK/*Appl* 11; Meyer-Goßner/*Schmitt* 13; *Pohlmann/Jabel/Wolf* § 43, 12.

c) Bedeutung von Gnadenerweisen. Das in Rn. 11 Gesagte muss folgerichtig auch dann gelten, wenn eine Strafe nach dem gemäß § 55 StGB maßgeblichen Zeitpunkt nach § 56g StGB durch einen Einzelgnadenerweis oder ein Straffreiheitsgesetz, das nicht, wie § 11 Abs. 3 StrFG 1954, eine abweichende Regelung enthält, ganz oder teilweise erlassen (oder gar nur bedingt erlassen) wurde. Denn § 460 ordnet schlechthin die Zurückführung der „erkannten Strafen" auf eine Gesamtstrafe an.[57] Folgerichtig muss dann auch, wenn eine Strafe im Gnadenweg in eine mildere Strafart umgewandelt ist (z. B. eine Freiheits- in eine Geldstrafe), die Gesamtstrafe aus der erkannten Strafe gebildet werden, nicht etwa in der Weise, als sei von vornherein auf die in dem Gnadenerweis festgesetzte Strafe erkannt worden.[58] Eine andere Frage ist, welche Wirkung dem Gnadenerweis gegenüber der so gebildeten Gesamtstrafe zukommt. 16

Bei strenger Durchführung des Grundsatzes, dass eine in einer Gesamtstrafe aufgehende Einzelstrafe ihre rechtliche Bedeutung verliert, müsste gefolgert werden, dass der Gnadenerweis gegenstandslos geworden ist und es dem Inhaber des Gnadenrechts überlassen bleibt, durch Erneuerung des Gnadenerweises gegenüber der Gesamtstrafe diese Folge abzuwenden. Indessen entspricht eine solche Betrachtungsweise nicht dem Sinn und der rechtlichen Bedeutung des Gnadenerweises.[59] Vielmehr ist davon auszugehen, dass zwar zunächst die Gesamtstrafe ohne Berücksichtigung des Gnadenerweises zu bilden, dem **Gnadenerweis** aber **eine** sich sogleich **auf die Gesamtstrafe erstreckende** Wirkung beizumessen ist.[60] Das erfordert auch der allgemein gültige Gedanke des Verbots der reformatio in peius (Rn. 27 ff.), denn die Gesamtstrafenbildung soll dem Verurteilten einen Vorteil (durch Verkürzung der Strafdauer oder Herabsetzung der Gesamtgeldstrafe gegenüber einer Summierung der Einzelstrafen) bringen, und es darf dieser Vorteil sich nicht in einen schweren Nachteil verkehren. 17

Das Gericht muss also z. B., wenn aus einer in eine Geldstrafe umgewandelten Freiheitsstrafe mit einer anderen Freiheitsstrafe eine Gesamtfreiheitsstrafe gebildet worden war, aussprechen, dass ein dem Anteil der umgewandelten Freiheitsstrafe entsprechender **Teil der Gesamtstrafe durch die Umwandlung in eine Geldstrafe weggefallen**, und bei Bildung einer Gesamtstrafe mit einer im Gnadenweg erlassenen Strafe, dass die Gesamtstrafe um die anteilsmäßige Höhe der erlassenen Strafe gemindert sei.[61] 18

d) Abweichende Auffassungen. Gegenüber den vorstehenden Ausführungen wird eingewandt,[62] für die Einbeziehung erlassener Strafen fehle es an einem inneren Grund, da der Grundgedanke der Gesamtstrafenbildung (Berücksichtigung der progressiv verstärkten Vollstreckungswirkung) hier entfalle und eine anteilmäßige Anrechnung der erlassenen Strafe sogar zu einer **ungerechtfertigten Besserstellung** des Verurteilten führen könne. Dem ist aber entgegenzuhalten, dass jedenfalls bei Straferlass nach Ablauf einer Bewährungszeit (§ 56g StGB) die Strafaussetzung zur Bewährung mit freiheitsbeschränkenden Weisungen (§ 56c StGB) eine Form der „ambulanten" Vollstreckung des Strafausspruchs ist und darüber hinaus auch Auflagen gemäß § 56b Abs. 2 Nr. 2, 3 StGB 19

---

57 OLG Hamburg HRR **1935** Nr. 827; *Bringewat* GSt 345; Meyer-Goßner/*Schmitt* 13.

58 *K. Schäfer* JR **1933** 12; *Lichti* JZ **1951** 524; *Bringewat* § 460, 24.

59 LR/*Schäfer*[24] Vor § 12, 13 GVG (Theorien über die Wirkungen des Gnadenerweises).

60 *K. Schäfer* JR **1933** 22, *Lichti* JZ **1951** 524; *Bringewat* GSt 345; im Ergebnis auch *Kuhnt* MDR **1955** 196; *Oppe* NJW **1959** 1358; KK/*Appl* 13; Meyer-Goßner/*Schmitt* 13.

61 OLG Hamburg HRR **1935** Nr. 827; BayObLG JZ **1951** 522; LG Kiel Rpfleger **1960** 305; *Kuhnt* MDR **1955** 194; *Bringewat* GSt 345; KK/*Appl* 26. Zum Zusammentreffen bei Umwandlung in eine andere Strafart und gleichzeitiger Herabsetzung der Höhe der Strafe s. *Lichti* JZ **1951** 524.

62 KG JR **1976** 202; KK/*Appl* 14; Meyer-Goßner/*Schmitt* 13.

sanktionsähnliche Züge tragen. Es erscheint schon deshalb berechtigt, die Erfüllung der Voraussetzungen für den Straferlass der Vollstreckung der Strafe gleichzustellen.[63] Dass die Bildung einer Gesamtstrafe entfällt, wenn bereits sämtliche Einzelstrafen erlassen sind,[64] hat damit nichts zu tun. Hier wäre eine nachträgliche Gesamtstrafenbildung gegenstands- und sinnlos.[65]

20 **e) Strafaussetzung zur Bewährung im Gnadenweg.** Erst Recht wird die Einbeziehung einer Einzelstrafe in die nach § 460 zu bildende Gesamtstrafe nicht ausgeschlossen, wenn nur die Vollstreckung der Einzelstrafe durch Einzelgnadenerweis oder Amnestie bedingt ausgesetzt worden war.[66] Die im Weg der Gnade für die Einzelstrafe angeordnete bedingte Aussetzung verliert dann – in gleicher Weise wie die gerichtliche Strafaussetzung zur Bewährung (Rn. 37 ff.) – mit der Einbeziehung der Einzelstrafe in die Gesamtstrafe ihre Bedeutung. Es bedarf also ggf. eines **erneuten Gnadenakts**, wenn auch die neu gebildete Gesamtstrafe zur Bewährung ausgesetzt werden soll.[67] Einzelne Gnadenordnungen der Länder sehen deshalb eine erneute Prüfung der Gnadenfrage von Amts wegen vor, wenn eine Strafe, für die im Gnadenweg bedingte Strafaussetzung bewilligt war, in eine Gesamtstrafe einbezogen wurde.

21 **f) Verjährte Einzelstrafen.** Schließlich muss auch eine Strafe, deren Vollstreckung nach dem gemäß § 55 maßgebenden Zeitpunkt und vor Bildung der Gesamtstrafe verjährt ist, in die Gesamtstrafe einbezogen werden. Sie wird dann ebenso wie eine erlassene Strafe anteilsmäßig von der Gesamtstrafe abgesetzt.[68]

22 **3. Im Zeitpunkt der Entscheidung nach § 55 StGB noch nicht rechtskräftige Einzelstrafen.** In den Beschluss nach § 460 kann eine Einzelstrafe auch einbezogen werden, die nach § 55 StGB nicht hätte berücksichtigt werden können, weil sie bei der letzten tatgerichtlichen Aburteilung in dem späteren Verfahren noch nicht rechtskräftig war.[69] Dass das noch nicht rechtskräftige Urteil im Fall des § 55 StGB nicht einbezogen wird, rechtfertigt sich aus der Erwägung, dass es nicht sinnvoll ist, eine Strafe einzubeziehen, die auf Rechtsmittel hin wieder beseitigt oder geändert werden kann. Solche Bedenken stehen der nachträglichen Gesamtstrafenbildung durch Beschluss nicht entgegen. Es liegt auf einer Ebene, ob das Gericht nach § 55 StGB von der Einbeziehung abgesehen hat, weil es aus tatsächlichen Gründen über die Einbeziehungsvoraussetzungen keine sichere Kenntnis hatte oder ob ihm die **Ungewissheit über das rechtliche Schicksal** der noch nicht rechtskräftigen Strafe dazu Veranlassung gegeben hat. Die Anwendung des § 460 stünde außer Zweifel, wenn das Urteil nach § 55 StGB in der von RG Rspr. **4** 102 gebildeten Weise verfahren wäre, auch die nicht rechtskräftige Strafe einzubeziehen, gleichzeitig aber in der Urteilsformel für den Fall ihres Wegfalls oder ihrer Änderung Bestimmung zu treffen. Dass ein Urteil nur hinsichtlich der Strafausset-

---

63 *Bringewat* GSt 346.

64 BayObLG DJZ **1919** 107.

65 *Bringewat* GSt 346; KK/*Appl* 13; Meyer-Goßner/*Schmitt* 13.

66 BGH NJW **1955** 1485; **1957** 32.

67 KK/*Appl* 26.

68 OLG Hamburg HRR **1935** Nr. 827; LG Kiel Rpfleger **1960** 305; *Bringewat* GSt 344; KK/*Appl* 15; Meyer-Goßner/*Schmitt* 13; *Pohlmann/Jabel/Wolf* § 43, 13; **a. A.** *Oppe* NJW **1959** 1358.

69 OLG Frankfurt NJW **1956** 1609; OLG Stuttgart NJW **1957** 1813; OLG Düsseldorf JMBlNRW **1958** 139; *Bringewat* GSt 341 ff.; § 460, 21; KK/*Appl* 3; Meyer-Goßner/*Schmitt* 7.

zung zur Bewährung noch nicht rechtskräftig ist, hindert seine Einbeziehung in die Gesamtstrafe nicht.[70]

4. Nachträglich vollstreckbar gewordene Einzelstrafen. Ist eine **bedingt erlassene Strafe** nicht zur Bildung einer Gesamtstrafe verwendet worden, so ist sie nach § 460 zu berücksichtigen, wenn sie infolge Eintritts der auflösenden oder Nichteintritts der aufschiebenden Bedingung wieder vollstreckbar geworden ist.[71] 23

5. Einzelstrafen bei beschränkter Auslieferungsbewilligung. Sofern eine ausländische Regierung die **Auslieferung** eines zu einer Gesamtstrafe Verurteilten zur **Strafvollstreckung** nur hinsichtlich **einzelner** in die Gesamtstrafe einbezogener **Einzelstrafen** bewilligt (Art. 14 EuAlÜbk), sind für die Anwendbarkeit des § 460 zwei Konstellationen zu unterscheiden, nämlich die **Bildung** einer **neuen Gesamtstrafe** sowie die **Vollstreckung** der vom **Spezialitätsgrundsatz** betroffenen Gesamtstrafe.[72] 24

a) Neue Gesamtstrafe. Hat eine ausländische Regierung die Auslieferung eines zu einer Gesamtstrafe Verurteilten zur Strafvollstreckung nur hinsichtlich einzelner in die Gesamtstrafe einbezogener **Einzelstrafen** bewilligt und ist wegen weiterer gesamtstrafenfähiger Einzelstrafen aufgrund einer neuen Verurteilung die ursprüngliche Gesamtstrafe aufzulösen und eine **neue nachträgliche Gesamtstrafe** zu bilden, so ist wegen des **Grundsatzes der Spezialität** (§§ 11, 83h, 84i IRG) im Auslieferungsrecht eine Einbeziehung derjenigen Einzelstrafe in eine neue nachträgliche Gesamtstrafe **nicht zulässig**, für die aufgrund der Spezialitätsbindung ein **Vollstreckungshindernis** besteht.[73] Eine neue nachträgliche Gesamtstrafe darf mithin nur aus denjenigen – alten – Einzelstrafen, hinsichtlich derer die Auslieferung zum Zwecke der Strafvollstreckung bewilligt worden ist und den Einzelstrafen aus den weiteren – neuen – Einzelstrafen gebildet werden.[74] Aus den Einzelstrafen, deren Vollstreckung die ausländische Regierung nicht bewilligt hat, muss eine eigene Gesamtstrafe gebildet werden.[75] Entfällt hinsichtlich dieser Strafen zu einem späteren Zeitpunkt, etwa wegen nachträglicher Bewilligung der Auslieferung[76] oder aufgrund eines Verzichts (§ 83h Abs. 2 Nr. 5 und Abs. 3, § 84i Abs. 2 Nr. 4 IRG) des Angeklagten auf die Anwendung des Spezialitätsgrundsatzes[77] auch insoweit, das Vollstreckungshindernis, so sind beide Gesamtstrafen aufzulösen und es ist aus sämtlichen Einzelstrafen eine neue nachträgliche Gesamtstrafe zu bilden.[78] Diese – letzte – Gesamtstrafe darf weder die Summe der zuvor gebildeten Gesamtstrafen noch die Summe der ursprünglichen Gesamtstrafe überschreiten.[79] Kommt es auf ein Nachtragsersuchen zu keiner Nachbewilligung und verzichtet der Angeklagte auch nicht auf die Anwendung des Spezialitätsgrundsatzes, besteht dauerhaft ein Vollstreckungshindernis. Eine ausgleichspflichtige Härte zum Nachteil des Angeklagten liegt dann nicht vor. 25

---

70 BGH JZ **1956** 696; OLG Hamburg StraFo **1999** 351; OLG Hamburg VRS **107** (2004) 449; OLG Brandenburg NStZ-RR **2007** 196.

71 BGHSt **9** 5.

72 OLG Hamm NJW **1979** 2484; OLG Stuttgart Justiz **1980** 208; *Röttle/Wagner* Rn. 665.

73 BGH StraFo **2020** 38.

74 BGH NStZ **1981** 483; **1998** 149; StV **1998** 324.

75 *Grethlein* NJW **1963** 946.

76 BGH NStZ **2012** 100.

77 BGH Beschl. vom 25.6.2013 – 5 StR 647/12.

78 BGH NStZ **2014** 590; StraFo **2020** 38; KK/*Appl* 17; KMR/*Stöckel* Vor § 449, 34.

79 BGHSt **9** 5.

26 **b) Vollstreckung.** Bei beschränkter Auslieferungsbewilligung zur Strafvollstreckung bei einer Gesamtstrafe besteht hinsichtlich der nicht von der Bewilligung gedeckten Einzelstrafen ein **Vollstreckungshindernis.**[80] Insoweit stellt sich die Frage, wie sich dieses auf die Vollstreckbarkeit der ursprünglichen Gesamtstrafe auswirkt. Nach der in der **Rechtsprechung** herrschenden Meinung gebietet es der im Auslieferungsrecht geltende Grundsatz der Spezialität, die Gesamtstrafe aufzulösen und in entsprechender Anwendung von § 460 unter Ausscheidung der Einzelstrafen für die nicht von der Auslieferungsbewilligung erfassten Straftaten eine **neue Gesamtstrafe** zu bilden.[81] Demgegenüber wird im **Schrifttum** überwiegend die Auffassung vertreten, es handele sich um eine Frage der Strafzeitberechnung, die auf Antrag der Vollstreckungsbehörde im Verfahren nach den §§ 458, 462, 462a zu klären sei.[82] Die Auffassung, das Gericht des ersten Rechtszuges habe den Umfang des partiellen Vollstreckungshindernisses durch eine fiktive Ausklammerung des nicht berücksichtigungsfähigen Strafanteils zu konkretisieren, der die ursprüngliche Gesamtstrafe unberührt lasse und nach Wegfall der Spezialitätsbindung keine erneute Gesamtstrafenbildung erfordere, ist allerdings vereinzelt geblieben.[83]

III. Auflösung der früheren Gesamtstrafe

27 **1. Grundsatz.** Bei der Bildung der Gesamtstrafe wird grundsätzlich[84] eine bereits für einzelne Strafen rechtskräftig gebildete frühere Gesamtstrafe aufgelöst und aus den ihr zugrunde liegenden Einzelstrafen die neue Gesamtstrafe gebildet. Fehlerhaft ist der Ausspruch, dass die Einzelstrafen der aufgelösten Gesamtstrafe in Wegfall kommen.[85] Ist die Auflösung im Gesamtstrafenbeschluss nicht ausdrücklich zum Ausdruck gekommen, so kann sie unter Umständen aus der Höhe der neu gebildeten Gesamtstrafe entnommen werden.[86] Die **Auflösung** ist auch dann geboten, wenn nicht alle Einzelstrafen der früher gebildeten in die neue Gesamtstrafe einbezogen werden können.[87] Gegebenenfalls sind mehrere Gesamtstrafen zu bilden.[88]

2. Verbot der reformatio in peius

28 **a) Allgemeines.** Nach dem Verschlechterungsverbot des § 331 Abs. 1 und § 358 Abs. 2 Satz 1 darf das Rechtsmittelgericht das Urteil des Erstgerichts nicht zum Nachteil des Angeklagten abändern, wenn nur dieser, sein gesetzlicher Vertreter oder zu seinen Gunsten die Staatsanwaltschaft dieses Urteil mit der Berufung oder Revision angefochten hat. Das **Verschlechterungsverbot** hat danach zum **Ziel**, dem Angeklagten die durch das erstinstanzliche Urteil geschaffene Rechtslage zu erhalten. Mit dem Verbot

---

80 BGH StraFo **2020** 38; StV **2017** 248; NStZ **2014** 590.

81 OLG Stuttgart NJW **1980** 1240; OLG Frankfurt NStZ-RR **2000** 189; OLG Oldenburg NStZ **2004** 405; OLG Nürnberg NStZ **1998** 534; OLG Hamm NJW **1979** 2484.

82 Meyer-Goßner/*Schmitt* 4; KK/*Appl* 18; *Hermes* NJW **1979** 2483; *Hermes/Schulze* NJW **1980** 2622; LR/*Wendisch*[25] § 458, 4.

83 OLG Karlsruhe NStZ **1999** 639.

84 Enger *Bringewat* § 460, 19: ausdrücklich.

85 BGHSt **12** 99.

86 OLG Saarbrücken JBl. Saar **1962** 149.

87 BGHSt **9** 5; BayObLG NJW **1955** 1488; *Bringewat* § 460, 20; **a. A.** OLG Breslau DRiZ **1935** 683.

88 BGH GA **1955** 244; **1963** 374; OLG Hamburg MDR **1965** 760; *Bringewat* § 460, 20.

soll sichergestellt werden, dass der Angeklagte bei seiner Entscheidung darüber, ob er von dem ihm zustehenden Rechtsmittel Gebrauch machen will, nicht durch die Besorgnis beeinträchtigt wird, es könne ihm durch die Einlegung der Nachteil einer höheren Bestrafung entstehen.[89]

Diese Erwägungen **gelten** (mit gewissen Einschränkungen) auch **für das Be-** 29
schlussverfahren nach § 460.[90] Hier soll der Verurteilte nicht dadurch benachteiligt – allerdings auch nicht bevorzugt – werden,[91] dass bei früheren Entscheidungen die Vorschriften über die Zuerkennung einer Gesamtstrafe außer Betracht geblieben sind und seine Taten, obwohl das möglich war, nicht in einem, sondern in verschiedenen Verfahren abgeurteilt worden sind[92] mit der Folge, dass nicht eine Gesamt-, sondern mehrere (Gesamt-)Strafen, und zwar möglicherweise mit einer höheren Strafe, festgesetzt worden sind, als das bei gleichzeitiger Verurteilung der Fall gewesen wäre. Das Beschlussgericht soll gehindert sein, die von den Erstrichtern festgesetzte **Rechtsfolge** im Rahmen seiner Gesamtstrafenentscheidung zu **verschlechtern.**

b) Folgerungen. Auch wenn die frühere(n) Gesamtstrafe(n) durch die Bildung einer 30
oder mehrerer neuer Gesamtstrafen ihre rechtliche Bedeutung verloren hat, wirken die früheren Entscheidungen insofern weiter, als die neue(n) Gesamtstrafe(n) die **Summe der bisherigen Gesamtstrafe(n) nicht überschreiten** darf.[93] In gleicher Weise wäre es, mag auch eine Gesamtstrafenbildung grundsätzlich zum Wegfall einer für die Einzelstrafen bewilligten Strafaussetzung führen, eine unzulässige Verschlechterung, eine bei der ersten Gesamtstrafenbildung bewilligte **Strafaussetzung** bei der späteren Gesamtstrafe wegfallen zu lassen, wenn in dieser nur ein Teil der früheren Einzelstrafen, aber keine neuen Strafen zusammengefasst werden.[94] Die **unterste Grenze** für die neue Gesamtstrafe bildet die frühere Gesamtstrafe. Eine andere Handhabung würde eine dem Vollstreckungsgericht nicht zustehende Korrektur der früheren Entscheidung bedeuten.[95]

Beim **Zusammentreffen von Freiheits- und Geldstrafen** ist Folgendes zu beach- 31
ten: Hat das Erstgericht es **abgelehnt**, aus einer Geld- und Freiheitsstrafe eine Gesamtstrafe zu bilden, muss es bei dieser Entscheidung bleiben. Sie ist eine eindeutige **Rechtsfolgenentscheidung**, an die das nach § 462 zuständige Beschlussgericht insoweit gebunden ist, als es die gesonderte Entscheidung nicht durch eine Gesamtfreiheitsstrafe ersetzen darf. Da die Freiheitsstrafe im Verhältnis zur Geldstrafe das **schwerere Übel** ist, würde der Verurteilte durch die mit der Erhöhung der Freiheitsstrafe verbundenen Einbeziehung der Geldstrafe gegenüber dem Rechtszustand im Zeitpunkt der früheren

---

89 BGHSt **35** 208 = JR **1989** 203 mit Anm. *Böttcher*; *Gollwitzer* JR **1983** 167; *Ruß* NStZ **1983** 138.

90 OLG Saarbrücken NJW **1968** 310; OLG Hamm MDR **1975** 948; OLG Oldenburg Rpfleger **1979** 428 mit Anm. *Fabian*; KK/*Appl* 21; Meyer-Goßner/*Schmitt* 19; Anwendung des Verschlechterungsverbots im Beschlussverfahren nach § 460 ausdrücklich offen gelassen, BVerfG StV **2018** 350: Verschlechterungsverbot verhindere die nachträgliche Bildung einer Gesamtstrafe jedenfalls nicht ausnahmslos; vielmehr sei stets eine „ganzheitliche Betrachtung" erforderlich; **a. A.** *Bringewat* GSt 350; StV **1993** 50; NStZ **2009** 542; LG Lüneburg NStZ **2009** 573, Berlin NJW **2000** 3796; LG Halle NStZ **1996** 456.

91 BGHSt **55** 220; BGH NStZ-RR **2016** 275; StV **2018** 411, 489.

92 BGHSt **7** 180; **32** 190; **33** 131, 367; **35** 208.

93 RGSt **46** 183; **48** 277; BGHSt **7** 180; **9** 5; 370; **15** 164; **32** 190; BayObLG NJW **1971** 1193; OLG Hamm JMBlNRW **1955** 60; MDR **1975** 948; GA **1976** 99; OLG Oldenburg Rpfleger **1979** 428; OLG Karlsruhe NStZ **1987** 187; *Oske* MDR **1965** 63; *Küper* MDR **1970** 888; *Maiwald* JR **1980** 353; Meyer-Goßner/*Schmitt* 19.

94 OLG Hamm GA **1976** 99.

95 RGSt **6** 283; **44** 302; BGHSt **7** 183; *Bringewat* GSt 355; NStZ **1988** 72; **1990** 50; KK/*Appl* 27; Meyer-Goßner/*Schmitt* 15; **a. A.** BGHSt **15** 164; offen gelassen OLG Köln JMBlNRW **1964** 107; SK/*Paeffgen* 21.

Verurteilung schlechter gestellt.[96] Das zu verhindern ist der **Zweck des prozessualen Verschlechterungsverbots**, der dahin geht, dem Verurteilten die Vorteile einer früheren Rechtsfolgenentscheidung zu erhalten.[97]

32 **Anders** liegt der Fall dann, wenn dem Erstgericht die Verurteilung zu einer Geldstrafe nicht bekannt war und es sich deshalb mit der Möglichkeit, entweder eine Gesamtfreiheitsstrafe zu bilden oder gesondert auf eine Geldstrafe zu erkennen, nicht befasst hat. In diesem Fall stellt sich das Problem der Schlechterstellung nicht, weil eine diesem Grundsatz unterliegende Rechtsfolgenentscheidung gar nicht vorliegt. Denn wenn das Erstgericht mangels Kenntnis keine Gesamtstrafe gebildet hat, deren Voraussetzungen aber objektiv gegeben waren, kann das Verschlechterungsverbot nach den in Rn. 29 und 30 erörterten Erwägungen nicht eingreifen.[98]

IV. Bemessung der Gesamtstrafe

33 Für die Bemessung der Gesamtstrafe gelten im Übrigen die Grundsätze, die bei Anwendung der §§ 54, 55 StGB zu beachten sind, mit den Einschränkungen, die sich ohne weiteres daraus ergeben, dass das Gericht nach § 460 die Gesamtstrafe lediglich aus Strafen zu bilden hat, die bereits rechtskräftig festgesetzt sind, und dass es nicht aufgrund einer Hauptverhandlung, sondern aufgrund der Akten im schriftlichen Verfahren entscheidet. Demgemäß kommen etwa die von *Dreher*[99] angestellten Erwägungen, die für den nach §§ 53 bis 55 erkennenden Richter beachtlich sind, hier nur in beschränktem Umfang in Betracht. Die allgemeinen Grundsätze für die Bemessung der Gesamtstrafe ausführlicher darzustellen, ist hier nicht der Raum. Nur **Folgendes sei hervorgehoben**: Die Rechtmäßigkeit der früheren Verurteilungen, die Gesetzmäßigkeit und Angemessenheit der erkannten Strafen hat das nach § 460 entscheidende Gericht grundsätzlich (s. aber Rn. 34) nicht zu prüfen.[100] Es wäre eine unzulässige Korrektur der rechtskräftigen Urteile, wenn das nachträglich entscheidende Gericht seine Bedenken gegen diese bei der Bemessung der Gesamtstrafe berücksichtigen würde. Das gilt auch für eine früher gebildete Teilgesamtstrafe. Wesentliche Strafzumessungsgesichtspunkte, die in den rechtskräftigen Urteilen unberücksichtigt geblieben sind, kann auch das Gericht nach § 460 nicht berücksichtigen, soweit sie über die aus einer Gesamtschau der Straftaten (Rn. 47) sich ergebenden neuen Gesichtspunkte hinausgehen.[101] Dem Grundgedanken des § 54 Abs. 2 StGB entspricht es dabei, dass in der Regel die neue Gesamtstrafe der Summe von aufgelöster Gesamtstrafe und Einzelstrafe „nicht zu nahe kommt", also nicht nur unwesentlich hinter ihr zurückbleibt, es sei denn, dass besondere (dann aber im Einzelnen darzulegende) Gründe es rechtfertigen, den Raum bis zur Erreichung der Summe voll auszuschöpfen.[102] Eine nur geringfügige Erhöhung der Einsatzstrafe (der

---

96 BGH bei *Holtz* MDR **1977** 109; BGHSt **35** 208; OLG Karlsruhe NStZ **1983** 137; *Ruß* NStZ **1983** 138; *Gollwitzer* JR **1983** 167; im Ergebnis – wenn auch mit anderer Begründung – auch *Bringewat* § 460, 15.

97 BayObLGSt **1972** 162; **1974** 102; **1979** 105; OLG Hamm MDR **1972** 162; OLG Düsseldorf StV **1993** 31, 34; *Bender* NJW **1971** 191; Meyer-Goßner/*Schmitt* 20.

98 BGHSt **35** 208 = JR **1989** 203 mit zust. Anm. *Böttcher*; BayObLGSt **1979** 105; OLG Hamm MDR **1977** 861; NStZ-RR **2008** 235; *Bringewat* GSt 284, 332; StV **1993** 50, Fn. 20; Meyer-Goßner/*Schmitt* 20; **a. A.** OLG Karlsruhe NStZ **1983** 117 mit abl. Anm. *Ruß* = JR **1983** 164 mit abl. Anm. *Gollwitzer*; *Maiwald* JR **1980** 356.

99 JZ **1957** 156.

100 *Horn* NStZ **1991** 117; *Bringewat* § 460, 28, 54; Meyer-Goßner/*Schmitt* 15.

101 *Schweling* GA **1955** 302; *Bringewat* § 460, 29.

102 BGHSt **24** 268, 271 = NJW **1972** 454 mit Anm. *Jagusch*; OLG Hamm JMBlNRW **1955** 60; OLG Köln NJW **1953** 1684; *Bringewat* GSt 178 ff.; KK/*Appl* 27; Meyer-Goßner/*Schmitt* 15.

aufgelösten Gesamtstrafe) trotz weiterer erheblicher Strafen kann einen Ermessensmissbrauch darstellen, sofern dies nicht durch wohlerwogene, der Darlegung bedürftige Gründe gerechtfertigt ist.[103] Auch bei einer nachträglichen Gesamtstrafenbildung besteht die Möglichkeit, Geld- und Freiheitsstrafen gemäß § 53 Abs. 2 Satz 2 StGB nebeneinander bestehen zu lassen, wenn dadurch im Rahmen einer schuldangemessenen Ahndung der Taten die Vollstreckung der Gesamtfreiheitsstrafe zur Bewährung ausgesetzt werden kann.[104]

V. Berücksichtigung von Rechtsfehlern in früheren Urteilen

Die Rechtsprechung neigt dazu, in dem Bestreben, offensichtliche Fehler nicht zu verewigen, **Ausnahmen** von dem Grundsatz zuzulassen, dass dem Gericht, das zur nachträglichen Gesamtstrafenbildung nach § 460 berufen ist, die Nachprüfung der rechtskräftigen Einzelurteile auf ihre Gesetzmäßigkeit verwehrt ist. So wird es als zulässig angesehen, offensichtliche Versehen in dem Umfang, wie es auch dem Rechtsmittelgericht unter Beachtung des Verbots der reformatio in peius zusteht, im Gesamtstrafenbeschluss zu berücksichtigen und z. B. dann, wenn in eine nach § 55 StGB gebildete Teilgesamtstrafe zu Unrecht eine bereits verbüßte Strafe einbezogen war, diesen Fehler durch Herauslassung der Einzelstrafe aus dem neuen Beschluss, im Übrigen aber ohne Schlechterstellung des Verurteilten zu berichtigen.[105] 34

Nach Ansicht des Reichsgerichts[106] ist eine **unzulässige Nebenstrafe** oder offensichtlich zu Unrecht angeordnete Maßregel der Besserung und Sicherung nicht in den Gesamtstrafenbeschluss zu übernehmen. In der Lehre[107] wird teilweise sogar die Ansicht vertreten, dass eine Einzelstrafe, die wegen Verjährung oder eines anderen Verfahrenshindernisses nicht hätte ausgesprochen werden dürfen, nicht in die Gesamtstrafe einbezogen werden darf, weil darin eine Fortsetzung des (wegen des Verfahrenshindernisses) unzulässigen Verfahrens läge. Aber ein Verfahrenshindernis, das übersehen wurde, wird mit der Rechtskraft des Urteils bedeutungslos.[108] Dem nach § 460 tätig werdenden Gericht die Befugnis zuzusprechen, übersehene Verfahrenshindernisse auch nach rechtskräftigem Abschluss des früheren Verfahrens Bedeutung beizumessen und die fehlerhafte Entscheidung bei Bildung der Gesamtstrafe unberücksichtigt zu lassen, liefe auf eine unverhüllte und unzulässige Nachprüfung der früheren Entscheidungen hinaus.[109] Eine fehlerhafte Einbeziehung von Strafen aus mehreren, untereinander nicht gesamtstrafenfähigen Vorverurteilungen beschwert einen Angeklagten nicht.[110] Der in einem rechtsstaatswidrig verzögerten Verfahren rechtskräftig nach der Vollstreckungslösung gewährte Vollstreckungsnachlass ist ungeschmälert in eine nachträgliche Gesamtstrafenbildung zu übernehmen.[111] 35

103 BGHSt **5** 57.

104 LG Regensburg StV **2000** 214 Ls.

105 AG Göttingen NJW **1953** 1404.

106 RG HRR **1940** Nr. 178; RGSt **75** 213.

107 *Jescheck* JZ **1956** 418.

108 Vgl. LR/*Kühne* Einl. Abschnitt **K** 75, 91; LR/*K. Schäfer*[24] Einl. **12** 53 ff.

109 BGH JZ **1956** 417; GA **1982** 177; OLG Schleswig SchlHA **1976** 43; OLG Koblenz MDR **1975** 73; OLG Karlsruhe NStZ **1987** 186; OLG Saarbrücken NStZ-RR **2003** 180 f.; *Bringewat* GSt 355; Meyer-Goßner/*Schmitt* 7; **a. A.** *Jagusch* JZ **1956** 418.

110 BGH NStZ-RR **2013** 222.

111 BGHSt **52** 124, 138; BGH NJW **2009** 3734; NStZ **2012** 316; OLG Rostock Beschl. vom 23.8.2012 – I Ws 155/12.

VI. Nebenfolgen

36 Nach § 55 Abs. 2 StGB sind die dort bezeichneten Rechtsfolgen (Nebenstrafen, Nebenfolgen und Maßnahmen nach § 11 Abs. 1 Nr. 8 StGB), auf die in der früheren Entscheidung erkannt war, **aufrechtzuerhalten**, soweit sie nicht durch die neue Entscheidung gegenstandslos werden. Damit weicht das geltende Recht konstruktiv von der früheren Rechtshandhabung ab.[112] Durch die „Aufrechterhaltung" erscheinen die früher festgesetzten Nebenfolgen als weiterhin geltende Bestandteile der Einzelstrafen, nicht wie bei einer „Neufestsetzung" als Bestandteil der einheitlichen Gesamtstrafe. Es hat auch an sich die Einschränkung in § 55 Abs. 2 StGB („soweit sie nicht ... gegenstandslos werden") keine Bedeutung für das Beschlussgericht des § 460, da er, anders als der erkennende Richter im Fall des § 55 StGB, keine weitere Tat aburteilt, sondern nur aus den bereits vorliegenden Entscheidungen die Gesamtstrafe bildet.[113] Da indessen die Gesamtstrafenbildung nach § 460 einen „behelfsmäßigen Ersatz" dafür bietet, den Verurteilten so zu stellen, wie er an sich gestanden hätte, wenn die Gesamtstrafenbildung nach § 55 StGB hätte durchgeführt werden können,[114] und die Folgerungen aus der in § 54 Abs. 1 Satz 2 StGB angeordneten **Gesamtschau** zu ziehen sind, haben letztlich die unter der Geltung des § 79 StGB a. F. entwickelten Grundsätze **weitgehend ihre Bedeutung behalten.** Insbesondere gilt auch weiterhin, dass Rechtsfolgen i. S. des § 55 Abs. 2 StGB, die nicht ausdrücklich in der Beschlussformel aufrechterhalten werden, mit der Rechtskraft des Beschlusses ihre Bedeutung verlieren.[115] Bei der **Neufestsetzung einer Höchstfrist** der Nebenfolgen (z. B. bei §§ 44, 69, 69a, 70a StGB) sind die bis dahin abgelaufenen Fristen anzurechnen.[116] Wegen der Einzelheiten wird auf die Kommentierungen zu § 55 Abs. 2 StGB verwiesen. Wegen der Behandlung anzurechnender Untersuchungshaft s. Rn. 56.

VII. Strafaussetzung zur Bewährung

1. Grundsatz

37 **a) Allgemeines.** Wie sich eindeutig aus § 58 StGB ergibt, findet die in § 460 vorgeschriebene Gesamtstrafenbildung auch dann statt, wenn eine oder mehrere oder auch alle der in Gesamtstrafenzusammenhang stehenden Einzelstrafen gemäß § 56 StGB zur Bewährung ausgesetzt worden sind. Dabei hat das Verfahren nach § 460 regelmäßig Vorrang vor einem Widerrufsverfahren.[117] Wurde jedoch dem Erfordernis einer nachträglichen Gesamtstrafenbildung über einen langen Zeitraum nicht Rechnung getragen, so gebührt dem Straferlass der Vorrang vor einer Gesamtstrafenbildung.[118] Mit der Bildung der Gesamtstrafe verlieren die in die Gesamtstrafe einbezogenen Einzelstrafen ihre selb-

---

112 Zur früheren Rechtslage vgl. LR/*Wendisch*[25] 37 f.

113 *Bringewat* GSt 351; KK/*Appl* 22.

114 BGHSt **12** 5; **23** 297.

115 BGH NJW **1979** 2113; OLG Celle StraFo **2011** 416; *Bringewat* GSt 351; § 460, 34; KK/*Appl* 20; Meyer-Goßner/*Schmitt* 17, 18.

116 BGHSt **24** 205; BGH NStZ **1996** 433; StRR **2008** 203; LG Zweibrücken VRS **112** (2007) 271; OLG Celle MDR **1976** 160; OLGSt § 460 StPO, 1; OLG Düsseldorf JR **1984** 508; *Fischer* § 55, 29 ff.; LK/*Rissing-van Saan* § 55, 56.

117 KG StV **2018** 353.

118 OLG Karlsruhe StV **2018** 360 Ls. (Zeitraum: 7 Jahre).

ständige Bedeutung. Damit wird die Strafaussetzung zur Bewährung gegenstandlos.[119] Eines förmlichen **Widerrufs** bedarf es nicht.[120] Erfolgt er gleichwohl, so hat er lediglich deklaratorische Bedeutung. Über die Aussetzung der Gesamtstrafe nach § 56 StGB, sofern die Höhe der Gesamtstrafe eine Aussetzung noch zulässt,[121] entscheidet nunmehr neu und ohne Bindung an die bezüglich der Einzelstrafen getroffenen Entscheidungen das die Gesamtstrafe bildende Gericht im Gesamtstrafenbeschluss.[122] Das gilt auch dann, wenn eine zur Bewährung ausgesetzte Freiheitsstrafe und eine Geldstrafe zusammengezogen werden, das Beschlussgericht aber von § 53 Abs. 2 Satz 2 StGB Gebrauch macht.[123] Selbst wenn es die Bewährungszeit nicht abändert, beruht sie fortan auf seinem Beschluss nach § 460 und nicht mehr auf dem ursprünglichen Strafurteil und Bewährungsbeschluss.[124]

b) Beispiele. Waren sämtliche Einzelstrafen zur Bewährung ausgesetzt, so wird in der Regel auch das die Gesamtstrafe bildende Gericht zu einer Aussetzung der Gesamtstrafe kommen. Es kann aber von der Aussetzung absehen, wenn ihm aus seiner Gesamtschau neue, den Richtern der Einzelstrafen unbekannte Gesichtspunkte bekannt geworden sind.[125] War für alle Einzelstrafen die Aussetzung abgelehnt worden, so kommt sie nur dann für die Gesamtstrafe in Betracht, wenn aufgrund neuer Umstände im Zeitpunkt der Entscheidung nach § 460 die Voraussetzungen für eine Strafaussetzung zur Bewährung nach § 56 StGB vorliegen.[126] Wird die Gesamtfreiheitsstrafe zur Bewährung ausgesetzt, so muss auch die Bewährungsfrist **neu festgesetzt** werden.[127] Sie beginnt mit der Rechtskraft des Gesamtstrafenbeschlusses. Diese Bewährungsfrist beträgt wiederum mindestens zwei Jahre (§ 56a Abs. 2 StGB). Wegen der „Anrechnung" der für eine Einzelstrafe erteilten und in Lauf gesetzt gewesenen Bewährungszeit vgl. § 58 Abs. 2 Satz 1 StGB. 38

Der **Widerruf** (§ 56f StGB) einer für die Einzelstrafe gewährten Strafaussetzung zur Bewährung hindert an sich die Aussetzung der Gesamtfreiheitsstrafe, in die die Einzelstrafe einbezogen wird, nicht.[128] Doch wird es dann regelmäßig an den Voraussetzungen des § 56 StGB für die Aussetzung der Gesamtfreiheitsstrafe fehlen. Die **Anfechtung** des Gesamtstrafenbeschlusses (§ 462 Abs. 3 Satz 1) kann auf die Entscheidung über die Aussetzung beschränkt werden.[129] Für die nachträglichen Entscheidungen gilt § 453. Das 39

---

119 BGH StraFo **2004** 430; OLG Düsseldorf StV **2000** 565; NStZ **1999** 533; KG NJW **2003** 2468; NStZ **2007** 422.

120 BGHSt **7** 180; **8** 203, 204; 254, 260; BGH GA **1982** 177; OLG Zweibrücken NJW **1968** 310; OLG Düsseldorf JR **1984** 508; Meyer-Goßner/*Schmitt* 17.

121 BayObLG NJW **1972** 2011.

122 BGHSt **7** 180; **8** 260; **9** 370; 385; **30** 168, 170; BGH NJW **1955** 1485; **2003** 2841; GA **1966** 208; BGH NStZ-RR **2020** 7; BayObLG NJW **1956** 1210; OLG Stuttgart NJW **1968** 173; OLG Hamm MDR **1975** 948; OLG Karlsruhe MDR **1976** 862; OLG Hamburg MDR **1981** 246; OLG Düsseldorf JR **1984** 508; OLG Koblenz MDR **1991** 471 mit Anm. *Beulke*; *Horn* NStZ **1991** 118; *Bringewat* § 460, 45, 46; KK/*Appl* 25; Meyer-Goßner/*Schmitt* 17.

123 LG Regensburg StV **2000** 214.

124 OLG Düsseldorf StV **1984** 382; KK/*Appl* 25; **a. A.** OLG Karlsruhe StV **1985** 243.

125 BGHSt **30** 168, 170; BGH NStZ-RR **2020** 7; OLG Hamm MDR **1975** 548; OLG Karlsruhe MDR **1976** 862; *Bringewat* § 460, 47; Meyer-Goßner/*Schmitt* 17; **a. A.** OLG Zweibrücken NJW **1968** 310; KK/*Appl* 25a.

126 So auch KK/*Appl* 25a, KMR/*Stöckel* 41; **a. A.** SK/*Paeffgen* 22; Meyer-Goßner/*Schmitt* 17; LR/*Wendisch*[25] 41.

127 *Bringewat* § 460, 51; Meyer-Goßner/*Schmitt* 17.

128 *Bringewat* GSt 323; Meyer-Goßner/*Schmitt* 17; **a. A.** OLG Zweibrücken NJW **1968** 310.

129 OLG Zweibrücken NJW **1968** 612; *Bringewat* § 460, 56; KK/*Appl* 32b; Meyer-Goßner/*Schmitt* 24.

Gericht, das die Gesamtfreiheitsstrafe gebildet und zur Bewährung ausgesetzt hat, ist auch dann für die Überwachung der Lebensführung (§ 453b) und die die Gesamtfreiheitsstrafe betreffenden Folgeentscheidungen zuständig, wenn eine der Einzelstrafen nach Teilverbüßung von der Strafvollstreckungskammer zur Bewährung ausgesetzt war. § 462a Abs. 1 Satz 2 steht nicht entgegen, weil mit dem Wegfall der Strafaussetzung durch Einbeziehung der Einzelstrafe in die Gesamtstrafe die Zuständigkeit der Strafvollstreckungskammer entfallen ist.[130] War mit dem Vollzug einer Einzelstrafe begonnen, so steht nicht mehr Strafaussetzung, sondern nur die Aussetzung des Strafrestes nach § 454 in Frage.[131]

40 **2. Ausnahmen.** Ausnahmen von dem Grundsatz, dass die früher bewilligte Strafaussetzung bei Einbeziehung in eine Gesamtstrafe hinfällig wird, können sich unter dem Gesichtspunkt einer unzulässigen Verschlechterung bei einer lediglich technisch begründeten Neugruppierung von Einzelstrafen aus einer in eine andere Gesamtstrafe ergeben, so wenn zunächst eine Gesamtstrafe unter Aussetzung zur Bewährung gebildet und demnächst eine neue Gesamtstrafe unter Eingliederung aus der früheren Gesamtstrafe entnommener Einzelstrafen, aber ohne Hinzutritt einer neuen Verurteilung gebildet wird (Rn. 28 ff.).[132]

VIII. Verfahrensfragen

41 **1. Zuständigkeit.** Wegen der Zuständigkeit zur Bildung der Gesamtstrafe vgl. die Erl. zu § 462a Abs. 3 und wegen der Zuständigkeit des die Gesamtstrafe bildenden Gerichts zu deren Aussetzung zur Bewährung oben Rn. 39 a. E.

42 Durch das 1. JuMoG ist durch die Einführung des § 354 Abs. 1b Satz 1 dem **Revisionsgericht** ermöglicht, bei Aufhebung des Urteils nur wegen Gesetzesverletzung bei Bildung einer Gesamtstrafe die nachträgliche gerichtliche Entscheidung über die Gesamtstrafe dem Verfahren nach §§ 460, 462 zu überlassen,[133] das dann auch in aller Regel über die Kosten der Revision entscheidet.[134] Die Kostenentscheidung muss jedoch dann nicht dem Nachverfahren nach §§ 460, 462 vorbehalten bleiben, wenn im Revisionsverfahren sicher abzusehen ist, dass das Rechtsmittel des Angeklagten nur einen geringfügigen Teilerfolg haben kann. In einem solchen Fall kann das Revisionsgericht die Kostenentscheidung nach § 473 Abs. 1 und 4 selbst treffen.[135] Eine neu zu treffende Entscheidung über den Strafausspruch kann jedoch nicht nach § 354 Abs. 1b dem Beschlussverfahren nach §§ 460, 462 überlassen werden, wenn noch eine Entscheidung über einen Härteausgleich zu treffen ist, denn eine solche Entscheidung fällt nicht in den Regelungsbereich dieser Vorschriften.[136]

43 **2. Verfahren.** Das Verfahren nach § 460 ist unabhängig von etwaigen Anträgen des Verurteilten oder der Staatsanwaltschaft **von Amts wegen** unter Beachtung des Be-

130 OLG Hamm NJW **1976** 1648; OLG Düsseldorf JMBlNRW **1978** 201; KK/*Appl* 32a.
131 BayObLG NJW **1957** 1810.
132 OLG Hamm MDR **1975** 948; **a. A.** *Bringewat* GSt 323.
133 Vgl. dazu im Einzelnen *Franke* GA **2006** 261; *Frisch* StV **2006** 431; *Knauer/Wolf* NJW **2004** 2932; OLG Frankfurt NStZ-RR **2005** 81.
134 BGH NStZ-RR **2015** 20.
135 BGH NStZ-RR **2011** 306.
136 BGH NStZ-RR **2016** 251.

schleunigungsgebots[137] einzuleiten.[138] Der Vollstreckungsbehörde obliegt stets die Prüfung, ob eine nachträgliche Gesamtstrafenbildung in Betracht kommt. Der Rechtspfleger der Vollstreckungsbehörde legt ggf. die Akten dem Staatsanwalt vor. Die Staatsanwaltschaft stellt alsdann, sofern die Voraussetzungen für eine nachträgliche Gesamtstrafenbildung nach ihrer Auffassung vorliegen, als Strafverfolgungsbehörde einen entsprechenden Antrag bei Gericht.[139] Vor der Entscheidung ist der Verurteilte zu hören (§ 462 Abs. 2 Satz 1). Die **Anhörung des Verurteilten** (§ 462 Abs. 2) muss ihm die Möglichkeit geben zu erkennen, dass er seine eigenen tatsächlichen und rechtlichen Gesichtspunkte zur Höhe der Gesamtstrafe geltend machen kann.[140] Von der obligatorischen Anhörung der Staatsanwaltschaft darf nur dann abgesehen werden, wenn diese den Antrag auf nachträgliche Gesamtstrafenbildung gestellt hat. Hat der Verurteilte oder dessen Verteidiger zu dem Antrag der Staatsanwaltschaft Stellung genommen, so muss das Gericht der Staatsanwaltschaft vor einer Entscheidung noch einmal Gelegenheit zur Stellungnahme geben.

3. Pflichtverteidigerbestellung. Eine erfolgte **Bestellung** eines **Pflichtverteidigers** 44
nach § 140 Abs. 1 und 2 endet zwar grundsätzlich mit dem rechtskräftigen Abschluss des Strafverfahrens, wirkt allerdings ausdrücklich für das Verfahren der nachträglichen Gesamtstrafenbildung nach § 460 fort (§ 143 Abs. 1).[141] Die vollstreckungsrechtliche Sach- oder Rechtslage ist regelmäßig dann schwierig und gebietet die Bestellung eines Verteidigers im Verfahren nach § 460, wenn die Höhe der zu bildenden Gesamtfreiheitsstrafe oder die persönlichen Umstände des Verurteilten es zweifelhaft erscheinen lassen, ob die Gesamtfreiheitsstrafe zur Bewährung ausgesetzt werden kann.[142] Die Rechtslage ist ferner schwierig, wenn bei einem Beamten oder einem einer sonstigen berufsrechtlichen Aufsicht unterstehenden Verurteilten (z. B. Arzt, Rechtsanwalt, Pfarrer) eine Gesamtstrafe in Betracht kommen kann, die mit erheblichen beruflichen Konsequenzen von Gesetzes wegen verbunden ist bzw. sein kann (z. B. Entlassung aus dem Beamtenverhältnis, Widerruf der Zulassung).[143]

4. Begründung der Gesamtstrafe

a) Grundsatz. Der Gesamtstrafenbeschluss muss, da er nach § 462 Abs. 3 Satz 1 mit 45
der sofortigen Beschwerde anfechtbar ist, nach § 34 mit Gründen versehen sein.[144] Für die Begründung der Strafzumessung durch Urteil bestimmt § 267 Abs. 3, dass die Urteilsgründe die Umstände anführen müssen, die für die Zumessung der Strafe bestimmend gewesen sind. Dies gilt grundsätzlich auch für die Bemessung der Gesamtstrafe.[145] Hier ist indessen zu berücksichtigen, dass diese ihren Ausgang von den ausgeworfenen Einzelstrafen nimmt und dass deren Höhe bereits im Urteil begründet ist, ferner dass die Ermessensausübung bei der Erhöhung der Einzelstrafe sich trotz der Bemühungen um

137 OLG Karlsruhe StV **2018** 360 Ls.
138 RGSt **5** 1; OLG Hamm MDR **1975** 548; *Bringewat* GSt 357; § 460, 52; KK/*Appl* 31; Meyer-Goßner/*Schmitt* 22; *Pohlmann/Jabel/Wolf* § 43, 1.
139 *Röttle/Wagner* Rn. 1079.
140 OLG Köln NJW **1953** 275.
141 LR/*Jahn* § 143, 6.
142 KG StV **2019** 175 Ls. (drohende Gesamtfreiheitsstrafe von mindestens einem Jahr).
143 KG StV **1983** 186; OLG Stuttgart NStZ **1991** 505; OLG Düsseldorf wistra **1997** 318.
144 LG Zweibrücken VRS **120** (2011) 316; LG Duisburg StV **2018** 354 Ls.
145 OLG Düsseldorf MDR **1993** 375; *Bringewat* GSt 354; Meyer-Goßner/*Schmitt* 16.

die Schaffung eines rational aufgebauten Strafzumessungsrechts weithin der rationalen Begründung entzieht.

46 **b) Umfang.** Für die Gesamtstrafenbildung **nach § 79 StGB a. F.** hatte der Bundesgerichtshof[146] entschieden, dass ein besonderer Anlass zur Begründung gerade der Gesamtstrafenbemessung im Allgemeinen nur dann besteht, wenn die Gesamtstrafe, ohne dass Gründe dafür aus der Urteilsbegründung im Übrigen zu entnehmen sind, in auffälliger Weise der oberen oder unteren Grenze des zur Verfügung stehenden Rahmen sehr nahe kommt.

47 Eine **Änderung der Rechtslage** ist demgegenüber insofern eingetreten, als nach § 54 Abs. 1 Satz 3 StGB bei der Bildung der Gesamtstrafe die Person des Täters und die einzelnen Straftaten zusammenfassend zu würdigen sind. Die **Bestimmung der Gesamtstrafe** ist danach ein **gesonderter Strafzumessungsvorgang** aus der **Gesamtschau aller Einzeltaten.**[147] Dadurch ist der **Begründungszwang** für die Gesamtstrafe **erhöht** worden.[148] Bei einer gebotenen eingehenderen Begründung ist es unvermeidlich, dass sich eine völlige Trennung der für die Einzel- und die Gesamtstraffestsetzung maßgeblichen Gesichtspunkte nicht durchführen lässt, so dass sie einmal isoliert für die Einzeltat, zum anderen in ihrer Auswirkung auf die Gesamtheit der Taten zusammenfassend berücksichtigt werden können. Doch brauchen im Urteil bei der Begründung der Gesamtstrafe nur die **bestimmenden Zumessungsgründe** in den Gründen dargelegt zu werden. In einfach gelagerten Fällen wird es nur weniger Hinweise bedürfen, wobei auch die gesamten Ausführungen des Urteils von Bedeutung sein können. Soweit Gesichtspunkte wie die persönlichen und wirtschaftlichen Verhältnisse des Angeklagten schon bei der Bildung der Einzelstrafen erörtert worden sind, ist eine Bezugnahme hierauf zulässig. Eine erneute Darlegung würde sich in einer unnötigen Wiederholung erschöpfen. Eingehender hingegen wird die Höhe der Gesamtstrafe in der Regel dann begründet werden müssen, wenn die Einsatzstrafe nur geringfügig überschritten oder die Summe der Einzelstrafen nahezu erreicht wird.[149]

48 **c) Beschlussbegründung.** Diese Grundsätze gelten auch für die Begründung der durch Beschluss nachträglich gebildeten Gesamtstrafe, für die § 267 Abs. 3 Satz 1 nicht unmittelbar, sondern nur entsprechend anwendbar ist.[150] Das Gericht, das die Gesamtstrafe zu bilden hat, schöpft die Gründe für seine Bemessung der Gesamtstrafe aus den Einzelurteilen und deren Strafzumessungsgründen. Diese Erwägungen im Gesamtstrafenbeschluss zu wiederholen wäre wenig sinnvoll und letztlich überflüssige Schreibarbeit. Nur wenn sich aus der Gesamtschau der Taten noch **weitere wesentliche**, auf die Bemessung der Gesamtstrafe einwirkende **Gesichtspunkte** ergeben, müssen diese Erwägungen in der Begründung des Beschlusses zum Ausdruck kommen.[151] Fehlen sol-

---

146 BGHSt **8** 210 unter Auseinandersetzung mit OLG Bremen NJW **1952** 1069 und OLG Köln NJW **1953** 275.

147 BGHSt **24** 268 = NJW **1972** 454 mit Anm. *Jagusch*; OLG Saarbrücken NJW **1975** 1040; OLG Hamm NJW **1977** 2087; OLG Koblenz GA **1978** 188; OLG Düsseldorf StV **1983** 333; **1986** 376, 378; *Bringewat* § 460, 53; KK/*Appl* 27.

148 *Fischer* § 54, 7 ff.; § 55, 37.

149 BGHSt **8** 205 (zur früheren Rechtsprechung); **24** 268 = NJW **1972** mit Anm. *Jagusch*; OLG Bremen NJW **1952** 1069; OLG Köln NJW **1953** 275; OLG Düsseldorf MDR **1993** 375; *Bringewat* § 460, 54; KK/*Appl* 27; Meyer-Goßner/*Schmitt* 16.

150 OLG Koblenz OLGSt § 460 StPO, 11; *Schorn* JR **1964** 45; *Bringewat* § 460, 53.

151 OLG Braunschweig NJW **1954** 569; OLG Köln NJW **1953** 275; OLG Hamm MDR **1968** 168; OLG Düsseldorf MDR **1993** 375; *Bringewat* GSt 354; Meyer-Goßner/*Schmitt* 16.

che Erwägungen in dem Beschluss, obwohl sie nach Lage der Sache zu erwarten wären, insbesondere also bei einem „zu nahe Herankommen“ an die obere oder untere Grenze des Zulässigen, so ist nicht erkennbar, ob die Zumessung auf wohlerwogenen Gründen oder auf einem Übersehen der maßgeblichen Zumessungsgesichtspunkte beruht. Das Unterlassen einer näheren Begründung stellt dann einen Verfahrensverstoß dar.[152] So ist das Gericht gehalten zu begründen, warum es davon abgesehen hat, Geldstrafen gesondert bestehen zu lassen und aus ihnen eine Gesamtgeldstrafe zu bilden, wenn die Erhöhung der Freiheitsstrafe und die Bildung einer Gesamtfreiheitsstrafe unter Einbeziehung der Gesamtstrafen im Vergleich zur Bildung einer Gesamtfreiheitsstrafe und einer Gesamtgeldstrafe das schwerere Strafübel darstellt.[153]

5. Rechtsmittel. Gegen den Beschluss können die Staatsanwaltschaft und der Verurteilte sofortige Beschwerde einlegen (§ 462 Abs. 3 Satz 1).[154] Legt der Verurteilte (oder die Staatsanwaltschaft zu seinen Gunsten) sie ein, so gilt für die Beschwerdeinstanz das Verbot der reformatio in peius,[155] mithin nichts anderes, als wenn die Gesamtstrafe gemäß § 55 StGB durch Urteil gebildet worden wäre und der Angeklagte dagegen Berufung eingelegt hätte.[156] **49**

6. Wirkung der Rechtskraft. Der rechtskräftige Beschluss setzt die Gesamtstrafe in gleicher Weise unabänderlich fest wie ein Urteil nach §§ 53, 55 StGB.[157] Zu Unrecht meint das LG Bochum,[158] wenn sich die tatsächlichen Grundlagen eines rechtskräftigen Gesamtstrafenbeschlusses nach § 460 als unrichtig erwiesen, könne das Gericht, das ihn erlassen hat, ihn wieder aufheben. Die Rechtskraft schließt aber nicht aus, dass erneut das Verfahren nach § 460 zu betreiben und unter Auflösung der so gebildeten Gesamtstrafe eine neue Gesamtstrafe festzusetzen ist, wenn sich ergibt, dass noch eine weitere der Einbeziehung fähige und bedürftige Einzelstrafe vorhanden ist.[159] Sofern in einem rechtskräftigen Gesamtstrafenbeschluss versehentlich eine Einzelstrafe in die Gesamtstrafe einbezogen worden ist, die zuvor bereits in eine andere rechtskräftig gebildete Gesamtstrafe einbezogen war, kann dieser Mangel nicht durch eine entsprechende Anwendung der §§ 359 ff. behoben werden,[160] weil die Tatsache der früheren Einbeziehung aktenkundig war und damit nicht „neu“ im Sinne von § 359 Nr. 5 ist. Dieser Mangel kann ebenso wie eine doppelte Gesamtstrafenbildung durch zwei inhaltsgleiche rechtskräftige nachträgliche Gesamtstrafenbeschlüsse, die beide der Vollstreckung zugänglich sind, nur im Verfahren nach § 458 als Einwendung gegen die Zulässigkeit der Strafvollstre- **50**

152 BGHSt **24** 268; OLG Hamm JMBlNRW **1955** 60; OLGSt § 460 StPO, 7; OLG Düsseldorf MDR **1993** 375, *Bringewat* § 460, 53; Meyer-Goßner/*Schmitt* 16.

153 OLG Jena StV **2005** 677 Ls.; LG Regensburg StV **2000** 214; zu den erhöhten Begründungserfordernissen bei einem Absehen von der Gesamtstrafenbildung *Manthey* 222.

154 BGH StraFo **2014** 240.

155 Offen gelassen BVerfG StV **2018** 106.

156 LG Zweibrücken NJW **1954** 934; *Bringewat* GSt 354; KK/*Appl* 32b; Meyer-Goßner/*Schmitt* 24; **a. A.** LG Berlin NJW **2000** 3796; LG Lüneburg NdsRpfl. **2008** 405.

157 BayObLG HRR **1935** Nr. 1206; JZ **1951** 523; OLG Hamm GA **1961** 155; OLG Karlsruhe MDR **1976** 862; OLG Düsseldorf MDR **1983** 862; JR **1984** 508 mit zust. Anm. *Beulke*; *Bringewat* GSt 356; § 460, 57; KK/*Appl* 33a; Meyer-Goßner/*Schmitt* 25.

158 Rpfleger **1962** 441 mit abl. Anm. *Pohlmann*; abl. auch *Bringewat* GSt 356; KK/*Appl* 33a; Meyer-Goßner/*Schmitt* 25.

159 *Bringewat* § 460, 57; KK/*Appl* 33; OLG Hamm NStZ-RR **2014** 75 Ls.

160 So aber OLG Saarbrücken NStZ-RR **2003** 180; LG Krefeld NJW **1973** 1205; LG Stuttgart NStZ **1997** 455.

ckung korrigiert werden.[161] Auch bei nachträglicher Gesamtstrafenbildung beginnt die **Vollstreckungsverjährung** erst mit der Rechtskraft des Gesamtstrafenbeschlusses.[162]

51 **7. Vollstreckbarkeitsbescheinigung.** Nach Rechtskraft des Gesamtstrafenbeschlusses bildet dieser allein die **Vollstreckungsgrundlage.**[163] Es bedarf auch für den Gesamtstrafenbeschluss einer Vollstreckbarkeitsbescheinigung (§ 451, 53).[164] Bis zur Rechtskraft sind die Einzelurteile weiterhin die Vollstreckungsgrundlage, doch sind in § 41 Abs. 2 StVollstrO die Vollstreckungsbehörden angewiesen, unter den dort bezeichneten Voraussetzungen den noch nicht rechtskräftigen Beschluss der Strafzeitberechnung vorläufig zugrunde zu legen.

8. Widerruf der Strafaussetzung wegen einer Straftat

52 **a) Vor Erlass des Gesamtstrafenbeschlusses.** Hat das Gericht die Vollstreckung der Gesamtstrafe zur Bewährung ausgesetzt, so kann es den Widerruf der Strafaussetzung nach § 56f StGB nicht auf Straftaten stützen, die der Verurteilte vor Erlass des Gesamtstrafenbeschlusses nach § 460 begangen hat.[165]

53 **b) Nach Erlass, aber vor Rechtskraft des Gesamtstrafenbeschlusses.** Entgegen der früher wohl überwiegend vertretenen Meinung[166] ist es dagegen zulässig, den Aussetzungsbeschluss wegen einer (neuen) Straftat zu widerrufen, die der Verurteilte zwischen dem Erlass des Aussetzungsbeschlusses und dem Eintritt seiner Rechtskraft begangen hat.[167]

IX. Strafzeitberechnung

54 **1. Grundsatz.** Zur Berechnung der Strafzeit bei Gesamtstrafen vgl. § 41 StVollstrO. **Ergänzend ist zu bemerken:**

55 **2. Beginn.** Dass der Beginn der Vollstreckung der **Gesamtstrafe**, wenn zur Zeit ihrer rechtskräftigen Festsetzung eine der in sie einbezogenen Einzelstrafen bereits teilweise verbüßt war, vom Beginn der Vollstreckung dieser Einzelstrafe zu berechnen ist, ist in Rechtsprechung und Schrifttum seit langem anerkannt.[168] Maßgebend für den Beginn der Vollstreckung der Gesamtstrafe ist stets der Vollzugsbeginn bei der einbezogenen

---

161 OLG Jena OLGSt StPO § 458 Nr. 6; **a. A.** OLG Saarbrücken NStZ-RR **2003** 180.

162 OLG Zweibrücken NStZ **1991** 454; KK/Appl 33a; offen gelassen BGHSt **34** 304.

163 § 451, 50; *Bringewat* § 460, 59; KK/*Appl* 33a; Meyer-Goßner/*Schmitt* 27; *Pohlmann/Jabel/Wolf* § 13, 2; KG NJW **2003** 2468; OLG Düsseldorf NStZ **1999** 533; OLG Celle StV **2012** 549.

164 LG Bochum NJW **1957** 194; *Eb. Schmidt* JZ **1962** 449; *Knetsch/Pohlmann* Rpfleger **1957** 75 und 999; *Bringewat* § 460, 59; KK/*Appl* 33a; Meyer-Goßner/*Schmitt* 27.

165 OLG Hamm NStZ **1987** 382; OLG Karlsruhe NStZ **1988** 364; OLG Düsseldorf StV **1991** 30; VRS **98** (2000) 342; OLG Stuttgart MDR **1992** 1067; KG NJW **2003** 2468; KK/*Appl* 33a; Meyer-Goßner/*Schmitt* 26.

166 OLG Zweibrücken MDR **1976** 333; OLG Karlsruhe MDR **1976** 862; OLG Düsseldorf JR **1984** mit zust. Anm. *Beulke*; LR/*Wendisch*[24] 44.

167 OLG Karlsruhe NStZ **1988** 364; OLG Stuttgart MDR **1962** 1067; LG Hannover NdsRpfl. **1978** 287; OLG Saarbrücken NStZ-RR **2008** 91; *Bringewat* § 460, 58; KK/*Appl* 33a; Meyer-Goßner/*Schmitt* 27.

168 BGHSt **21** 187; BayObLGSt **19** (1920) 272; BayObLG NJW **1957** 1810 – unter Aufgabe der früheren Rechtsprechung BayObLGSt **2** (1903) 186 und **9** (1910) 267, 273, wonach der verbüßte Teil der Einzelstrafe vom Ende der Gesamtstrafe abgerechnet werden sollte; *Köhler* GerS **65** (1905) 32; *Küster* Rpfleger **1953** 221.

Einzelstrafe, mit deren Vollzug zuerst begonnen worden ist, ohne Rücksicht darauf, ob diese Einzelstrafe nur teilweise verbüßt ist und weitere einbezogene Freiheitsstrafen voll verbüßt oder im Vollzug begriffen sind.[169] Der **Vollzugsbeginn bei der ersten Einzelstrafe** bleibt auch dann maßgebend, wenn sie bei Rechtskraft der Gesamtstrafenfestsetzung bereits voll verbüßt war („oder beendet ist"). Ist der Verurteilte nach Beendigung des Vollzugs dieser Einzelstrafe entlassen worden oder hat er anschließend eine nicht in die Gesamtstrafe einbezogene Freiheitsstrafe verbüßt, so rechnet die Zeit bis zu weiterer Verbüßung von in die Gesamtstrafe einbezogenen Strafen für die Gesamtstrafe als Strafunterbrechung.

3. Anrechnung von Untersuchungshaft. Eines Ausspruchs im Gesamtstrafenbe- 56
schluss über die Anrechnung von Untersuchungshaft, die bei den Einzelstrafen angerechnet wurde, auf die Gesamtstrafe bedarf es nicht,[170] wie ja auch bei der Bildung der Gesamtstrafe nach § 55 StGB ein Ausspruch über die Anrechnung der Untersuchungshaft entfällt. Diese Anrechnung als Teil der Strafzeitberechnung ist vielmehr **Aufgabe der Vollstreckungsbehörde** und aufkommende Zweifel sind auf dem Weg der §§ 458, 462 gerichtlich zu klären.[171] Es liegt hier anders als bei Nebenstrafen, Nebenfolgen und Maßnahmen (§ 11 Abs. 1 Nr. 8 StGB), die, damit sie bestehen bleiben, in dem Gesamtstrafenbeschluss aufrechtzuerhalten sind (Rn. 37). Wenn allerdings in dem Gesamtstrafenbeschluss über die Anrechnung von Untersuchungshaft entschieden wurde und diese Entscheidung rechtskräftig geworden ist, so ist sie auch verbindlich.[172]

Die gesetzliche Anrechnung der Untersuchungshaft nach § 51 StGB erfolgt auf die 57
Gesamtstrafe und reicht, falls Untersuchungshaft nicht in allen vorangegangenen Verfahren vollzogen worden war, nur bis zur Höhe derjenigen Einzelstrafen, auf die in den Verfahren erkannt worden ist, in denen die Untersuchungshaft vollstreckt worden war.[173] Hat der Verurteilte jedoch in dem Verfahren, in dem die Gesamtstrafe gebildet worden ist, Untersuchungshaft, und zwar wegen einer Tat erlitten, die Gegenstand des Verfahrens war, dann ist sie selbst dann auf die in diesem Verfahren erkannte Strafe anzurechnen, wenn die Untersuchungshaft dessen Einzelstrafe überschreitet.[174] Ist bei einer der einbezogenen Einzelstrafen gemäß § 51 Abs. 1 Satz 2 StGB das Unterbleiben der Untersuchungshaftanrechnung angeordnet worden, so entspricht es wohl dem Gedanken der Gesamtschau (§ 54 Abs. 1 Satz 2 StGB), dass das Gericht, das die Gesamtstrafenbildung vorzunehmen hat, prüft, ob die Nichtanrechnung auch gegenüber dem neuen Strafausspruch aufrechtzuerhalten ist.[175]

X. Jugendgerichtliches Verfahren

1. Einheit der Unrechtsfolgen. Im Verfahren gegen einen Jugendlichen (oder einen 58
Heranwachsenden bei Anwendung von Jugendstrafrecht), der mehrere Straftaten began-

---

169 *Pohlmann/Jabel/Wolf* § 41, 3.
170 BGHSt **9** 9; OLG Celle MDR **1966** 346.
171 BGHSt **21** 186.
172 OLG Hamm GA **1961** 155; offen gelassen von BGHSt **21** 186, 188.
173 LK/*Schneider* § 51, 55; zu dem Gesamtproblem der Anwendung von Untersuchungshaft vgl. namentlich *Pohlmann/Jabel/Wolf* § 39, 10 bis 18.
174 BGHSt **23** 297 = JR **1971** 336 mit Anm. *Koffka*; OLG Hamm NJW **1972** 2192; *Pohlmann/Jabel/Wolf* § 39, 15; KK/*Appl* § 450, 4.
175 BGHSt **25** 355.

gen hat, setzt der Jugendrichter bei gleichzeitiger Aburteilung nur **einheitlich** Erziehungsmaßregeln, Zuchtmittel oder Jugendstrafe fest (§ 31 Abs. 1 JGG).

59 **2. Nachträgliche Entscheidung nach § 66 JGG.** Auch bei Aburteilung in verschiedenen Verfahren erkennt – Parallele zu § 55 StGB – der später erkennende Richter nach § 31 Abs. 2 JGG unter Einbeziehung des früheren Urteils nur einheitlich auf Maßnahmen oder Jugendstrafe, und zwar ist die Rechtsfolge festzusetzen, die der Richter für alle Straftaten als angemessen ansieht.[176] Ist bei Aburteilung von mehreren Taten in verschiedenen Verfahren die einheitliche Festsetzung nach § 31 Abs. 2 JGG unterblieben, so wird – Parallele zu § 460 – gemäß § 66 JGG die einheitliche Festsetzung nachträglich vorgenommen. Die Entscheidung kann aufgrund einer Hauptverhandlung durch Urteil oder ohne Hauptverhandlung durch Beschluss ergehen (§ 66 Abs. 2 JGG).

60 Die **Zuständigkeit** des Gerichts und die Durchführung des Beschlussverfahrens richten sich gemäß § 66 Abs. 2 Satz 3 JGG nach §§ 462, 462a StPO. Soweit § 462a Abs. 3 die Zuständigkeit von der schwersten Straftat abhängig macht, muss diese Vorschrift sinngemäß in der Weise angewendet werden, dass die Schwere des jugendgerichtlichen Reaktionsmittels den Ausschlag gibt.[177] Ferner sind auch im Beschlussverfahren die nach Lage des Falles anwendbaren Sondervorschriften des Jugendgerichtsgesetzes über das Jugendstrafverfahren (insbesondere über Heranziehung der Jugendgerichtshilfe und Rechtsmittelbeschränkung nach § 55 Abs. 1 JGG) zu beachten.[178] Ist eine Jugendstrafe teilweise verbüßt, so ist nach § 66 Abs. 2 Satz 4 JGG für die Nachtragsentscheidung der Richter zuständig, dem die Aufgaben des Vollstreckungsleiters obliegen.

3. Mehrere Straftaten in verschiedenen Alters- und Reifestufen

61 **a) Frühere Zweifelsfragen.** Für den Fall, dass ein Täter mehrere Straftaten in verschiedenen Alters- und Reifestufen begangen hat, bestimmt § 32 JGG, dass für mehrere Straftaten, die **gleichzeitig abgeurteilt werden** und auf die teils Jugendstrafrecht und teils allgemeines Strafrecht anzuwenden wäre, einheitlich das Jugendstrafrecht gilt, wenn das Schwergewicht bei den Straftaten liegt, die nach Jugendstrafrecht zu beurteilen wären. Ist dies nicht der Fall, so ist einheitlich das allgemeine Strafrecht anzuwenden. Da die Regelung des § 32 JGG nach der Entstehungsgeschichte der Vorschrift bewusst auf den Fall beschränkt ist, dass die mehreren Straftaten gleichzeitig abgeurteilt werden, ergaben sich Zweifel, was rechtens ist, wenn z. B. gegen einen Heranwachsenden in Anwendung von Erwachsenenstrafrecht auf eine Freiheitsstrafe erkannt ist und vor deren Verbüßung eine früher begangene Tat zur Aburteilung gelangt, die das jetzt erkennende Gericht aufgrund eingehenderer Persönlichkeitsforschung nur mit Jugendstrafe ahnden will.

62 Die gleiche Frage taucht auf, wenn gegen den heranwachsenden Täter nach Vollendung des 21. Lebensjahres auf eine (noch nicht verbüßte) Jugendstrafe erkannt ist und danach eine Tat abzuurteilen ist, die er vor der Verurteilung, aber schon als Erwachsener begangen hatte. Der Bundesgerichtshof[179] erklärt die Bildung einer Gesamtstrafe des allgemeinen Strafrechts für ausgeschlossen, weil Jugend- und Erwachsenenstrafen ihrem Wesen nach völlig **verschiedene Strafübel** seien und das Gesetz keine Umwandlung für den Fall ihres Zusammentreffens zugelassen habe. Um die **Benachteiligung** für den

---

176 BGHSt **16** 335.

177 *Eisenberg/Kölbel* § 66, 13.

178 *Eisenberg/Kölbel* § 66, 28.

179 BGHSt **10** 100, 103; **14** 287; **27** 295; bei *Holtz* MDR **1979** 106; **1979** 281; bei *Böhm* NStZ **1991** 523.

Verurteilten zu vermeiden, die sich **aus dem Nebeneinander von Jugend- und Freiheitsstrafe** und der Nichtanwendbarkeit der Gesamtstrafenregelung nach § 55 StGB ergeben, wird in der Literatur vorgeschlagen, diese Härte entweder durch analoge Anwendung des § 55 StGB oder des § 32 JGG auszugleichen.[180] Die Rechtsprechung ist diesem Vorschlag nur gelegentlich gefolgt.[181] Der Bundesgerichtshof hat jede analoge Anwendung abgelehnt.[182] Um die in der ungekürzten Hintereinandervollstreckung von Jugend- und Freiheitsstrafe liegende Härte in den Fällen zu mildern, in denen die der Verurteilung zugrunde liegenden Straftaten „an sich" gesamtstrafenfähig wären, hat er es allerdings für erforderlich gehalten, einen **Ausgleich** bei der nach Erwachsenenstrafrecht zu verhängenden Freiheitsstrafe herbeizuführen. Soweit im Erwachsenenstrafverfahren die Bildung einer Gesamtstrafe nach § 53 Abs. 1 StGB erforderlich ist, soll der Ausgleich schon bei Festsetzung der Einzelstrafen zu berücksichtigen sein, wenn die nach § 54 Abs. 1 Satz 2 StGB zu bestimmende Gesamtstrafe die Härte nicht auszugleichen vermag. Gegen diese Ansicht sind im Schrifttum allerdings dogmatische Bedenken erhoben worden.[183]

b) Geltendes Recht. Die in der vorhergehenden Randnummer aufgezeigten Schwie- 63
rigkeiten sind seit 1975 jedoch **weitgehend behoben** durch die Einfügung des neuen Absatzes 2 in § 105 JGG und die Einfügung des neuen Satzes 2 in § 109 Abs. 2.[184] § 105 Abs. 2 ermöglicht es nunmehr, auch dann einheitliche Maßnahmen des Jugendgerichtsgesetzes oder Jugendstrafe gegenüber einem Heranwachsenden, bei dem Jugendstrafrecht angewendet wird, festzusetzen, wenn der Heranwachsende bereits vorher rechtskräftig nach allgemeinem Strafrecht verurteilt worden ist und die Strafe noch nicht vollständig erledigt ist. Das Gesetz[185] geht dabei davon aus, dass, wenn der Richter trotz vorangegangener Verurteilung nach allgemeinem Strafrecht nunmehr Jugendstrafrecht anwendet, dies das Ergebnis genauerer Persönlichkeitsforschung ist und es damit dem **Grundgedanken des § 32 JGG** entspricht, die frühere Verurteilung nach allgemeinem Strafrecht in das nach Jugendstrafrecht zu erlassende Urteil mit einzubeziehen und so das Nebeneinanderbestehen von Strafen und Maßnahmen aus den verschiedenen Strafrechtsordnungen als mit dem beherrschenden Erziehungsgedanken des Jugendgerichtsgesetzes unverträglich auszuschließen. Der neue § 109 Abs. 2 Satz 2 JGG sieht, indem er die **Anwendung des § 66 JGG** vorschreibt, eine entsprechende nachträgliche Entscheidung vor, wenn eine einheitliche Festsetzung von Maßnahmen oder Jugendstrafe unter Einbeziehung des nach allgemeinem Strafrecht ergangenen Urteils gemäß § 105 Abs. 2 JGG trotz Vorliegens der Voraussetzungen unterblieben ist. Offen geblieben ist jedoch die Frage, ob § 32 JGG über seinen Wortlaut hinaus in einer dem Täter günstigen Weise entsprechend angewendet werden kann, wenn bei Anwendung von Erwachsenenstrafrecht eine Gesamtstrafe nach § 55 StGB, § 460 StPO zu bilden wäre. S. auch Erl. zu § 462a, 77 f.

---

180 *Brunner/Dölling* § 32, 5; *Brunner* JR **1974** 429; **1980** 262; *Eisenberg/Kölbel* § 32, 9 f.; *Dingeldey* ZBlJugR **1981** 153; NStZ **1981** 355; *Knüllig/Dingeldey* NStZ **1987** 225; *Schoreit* NStZ **1989** 462; ZRP **1990** 175; *Ranft* Jura **1990** 468 f.; **a. A.** *Krauth* FS Lackner 1057, 1062 Fn. 139.

181 OLG Koblenz GA **1954** 281; LG Braunschweig MDR **1965** 594; LG Osnabrück MDR **1980** 95; AG Hannover bei *Böhm* NStZ **1981** 253.

182 BGHSt **36** 270 = BGH NStZ **1991** 130 mit Anm. *Böhm/Büch-Schmitz*; *Brunner/Dölling* § 32, 8 ff. m. w. N.; *Eisenberg/Kölbel* § 31, 14.

183 *Böhm/Büch-Schmitz* NStZ **1991** 131.

184 Art. 26 Nr. 48, 50 EGStGB 1974.

185 BTDrucks. **7** 550, Begr. zu Art. 24 Nr. 42 RegE EGStGB 1974.

XI. Verfahrensgebühr, Verteidigervergütung

64 Eine Gebühr wird für das Verfahren nicht erhoben. Die für die früheren Verfahren angesetzten einzelnen Gebühren bleiben aber bestehen.[186]

65 Die Vergütung eines Pflichtverteidigers ist unabhängig von der Frage der Fortwirkung seiner Bestellung zu beurteilen. Dafür sprechen nicht nur der Wortlaut in der Überschrift des 4. Teils Abschnitt 2 der RVG-VV und in Nr. 4204 RVG-VV, sondern auch systematische Gesichtspunkte sowie Sinn und Zweck.[187]

XII. Übergangsregelung

66 § 460 regelt nur den Fall, dass jemand durch verschiedene rechtskräftige Urteile zu mehreren Strafen verurteilt worden ist. Hat dagegen ein Gericht jemanden vor Inkrafttreten des 23. StRÄndG am 1.5.1986 in einem Urteil zu mehreren lebenslangen Freiheitsstrafen oder zu lebenslanger und zeitiger Freiheitsstrafe verurteilt, greift § 460 seinem Wortlaut nach nicht ein. Schon mit Rücksicht auf die Aussetzungsregelung des § 57a StGB erscheint es aber geboten, die entsprechenden Strafen durch eine nachträgliche gerichtliche Entscheidung auf eine Gesamtstrafe zusammenzuführen, wenn nach neuem Recht gegen den Verurteilten auf eine Gesamtstrafe erkannt worden wäre.[188] Aus diesem Grund bestimmt Art. 316b Abs. 2 EGStGB, dass, wenn jemand vor dem 1.5.1986 zu mehreren lebenslangen Freiheitsstrafen oder zu lebenslanger und zeitiger Freiheitsstrafe verurteilt worden ist, § 460 sinngemäß anzuwenden ist, wenn nach neuem Recht auf eine lebenslange Freiheitsstrafe als Gesamtstrafe erkannt worden wäre.

§ 461
Anrechnung des Aufenthalts in einem Krankenhaus

(1) Ist der Verurteilte nach Beginn der Strafvollstreckung wegen Krankheit in eine von der Strafanstalt getrennte Krankenanstalt gebracht worden, so ist die Dauer des Aufenthalts in der Krankenanstalt in die Strafzeit einzurechnen, wenn nicht der Verurteilte mit der Absicht, die Strafvollstreckung zu unterbrechen, die Krankheit herbeigeführt hat.

(2) Die Staatsanwaltschaft hat im letzteren Falle eine Entscheidung des Gerichts herbeizuführen.

Schrifttum

Fabian Strafunterbrechung aus Krankheitsgründen wegen Vollzugsuntauglichkeit, RpflStud **1981** 83; *Hasse* Die Anrechnung des Aufenthalts in einer von der Strafanstalt getrennten Krankenanstalt auf die Strafzeit, GA **64** (1917) 540; *Klee* Unter welchen Voraussetzungen ist einem Strafgefangenen die Dauer seiner Geisteskrankheit auf die Strafzeit anzurechnen? ZStW **28** (1908) 788; *Mayer* Gerichtliche Entschei-

---

186 *Toussaint* Kostenrecht, VV 4204-4207 RVG Rn. 4.

187 OLG Brandenburg JurBüro **2019** 23; OLG Bamberg Beschl. vom 11.6.2019 – 1 Ws 265/19; LG Cottbus Beschl. vom 20.4.2018 – 23 KLs 34/14; zu der inhaltlichen Begründung des Antrags des Verteidigers vgl. OLG Karlsruhe JurBüro **2019** 299.

188 BTDrucks. **10** 2720 S. 19, Begr. zu Art. 4 Nr. 2.

https://doi.org/10.1515/9783110275025-039

dung bei Strafunterbrechung, NJW **1962** 1429; *Rosenberg* Die Anrechnung des Aufenthalts in einer Irrenanstalt auf die Strafzeit, DStRZ **3** (1916) 10.

Bezeichnung bis 1924: § 443.

Übersicht

Alphabetische Übersicht

1. Anwendungsbereich. § 461 regelt die Berechnung der Strafzeit, wenn der **Strafvollzug tatsächlich** dadurch **unterbrochen** wird, dass der Verurteilte, ohne dass zuvor die Unterbrechung der Strafvollstreckung nach § 455 Abs. 4[1] oder im Gnadenweg[2] angeordnet worden ist, wegen Krankheit in eine von der Justizvollzugsanstalt getrennte Krankenanstalt gebracht wird. **Gebracht** ist der Verurteilte, wenn er unabhängig von seinem Willen in Ausübung öffentlicher Gewalt in die Krankenanstalt überführt ist. Bei der **von der Justizvollzugsanstalt getrennten Krankenanstalt** handelt es sich um ein Krankenhaus, das nicht dem Vollzug (von Freiheitsstrafen oder freiheitsentziehenden Maßregeln der Besserung und Sicherung) dient, also um ein „Krankenhaus außerhalb des Vollzugs" i. S. des § 65 Abs. 2 StVollzG.[3] Denn dass bei Verbringung des Erkrankten in ein „Anstaltskrankenhaus" der Justizverwaltung (§ 65 Abs. 1 StVollzG) die darin verbrachte Zeit auf die Strafzeit anzurechnen ist, ist selbstverständlich und bedurfte keiner Regelung. In einem solchen Fall bleibt der Verurteilte ja in staatlichem Gewahrsam, und es wird durch Aufrechterhaltung der Freiheitsentziehung der Vollzug fortgesetzt, allerdings in einer den Umständen angepassten Form. Wird der Verurteilte aber in ein nicht dem Vollzug dienendes Krankenhaus (in ein Krankenhaus „außerhalb des Vollzugs") verbracht, so **endet** in der Regel **faktisch** die den Kern des Vollzugs bildende **Freiheitsent-** 1

1 OLG Stuttgart NStZ **1989** 552.

2 OLG Celle MDR **1968** 782.

3 OLG Düsseldorf GA **56** (1909) 112; OLG Hamm Beschl. vom 26.2.2008 – 3 Ws 65/09; Meyer-Goßner/*Schmitt* 3.

ziehung kraft öffentlicher Gewalt. Denn diese könnte ja nur in der Form fortgesetzt werden, dass das Krankenhaus es übernimmt, ein Entweichen des Gefangenen gewaltsam zu verhindern – dazu ist es aber weder berechtigt noch verpflichtet –, oder dass Beamte der Justizvollzugsanstalt oder in ihrem Auftrag Polizeibeamte überwachen, dass der Gefangene nicht entweicht. Das aber wird in der Regel aus tatsächlichen Gründen, insbesondere wegen Personalmangels, nicht möglich sein.

2 **2. Grundsatz.** Die Bedeutung der Vorschrift besteht also in der **Klarstellung**, dass trotz faktischer Beendigung oder mindestens weitgehender Lockerung der Freiheitsentziehung die in dem Krankenhaus verbrachte Zeit als **Strafzeit anzurechnen** ist, solange nicht das rechtliche Gewahrsamsverhältnis über den Gefangenen beendet und er damit in Freiheit gesetzt ist.[4] § 461 ist deshalb auch dann anzuwenden, wenn der Gefangene während eines Urlaubs sich in ein Krankenhaus außerhalb des Vollzugs begibt und die Strafvollstreckungsbehörde die Strafvollstreckung nicht ausdrücklich unterbricht.[5] Denn nach § 13 Abs. 5 StVollzG unterbricht ein erteilter Urlaub die Vollstreckung nicht.[6] An sich ist auch diese Bestimmung, wenn man zunächst von dem Fall der Verbringung eines psychisch Kranken in ein psychiatrisches Krankenhaus (Rn. 3) absieht, im Grunde zwangsläufig und insofern selbstverständlich.[7] Denn es bleibt *rechtlich* die Befugnis der Justizvollzugsanstalt, die **Fortdauer der Freiheitsentziehung** durch geeignete Maßnahmen sichtbar zu machen, bestehen.[8] Sie wird dies z. B. durch Abordnung von Vollzugsbeamten oder durch Inanspruchnahme der Amtshilfe der Polizei (Art. 35 GG) tun, wenn ein als Ausbrecher bekannter Gefangener aus den in § 65 Abs. 2 StVollzG bezeichneten Gründen in ein öffentliches Krankenhaus verbracht werden muss, etwa zur Vornahme einer bestimmten Untersuchung oder Operation, für die die technischen Möglichkeiten in einem Anstaltskrankenhaus nicht gegeben sind. In anderen Fällen kann sie etwa das Krankenhaus bitten, den Kranken in einem Raum unterzubringen, der ein Entweichen möglichst ausschließt, oder alsbald die Polizei zu verständigen, wenn der Kranke Anstalten zur Flucht zu treffen scheint usw. Dass die Möglichkeiten, die rechtlich fortdauernde Freiheitsentziehung nach außen erkennbar zu machen, meist aus tatsächlichen Gründen beschränkt oder ausgeschlossen sind, kann dem Verurteilten nicht zum Nachteil gereichen.[9]

3 **3. Psychisch Kranke.** § 461 gilt auch, da er ebenso wie § 65 StVollzG zwischen körperlichen und psychischen sowie geistigen Erkrankungen nicht unterscheidet, bei Verbringung eines psychisch oder geistig erkrankten Strafgefangenen in ein allgemeines psychiatrisches Krankenhaus.[10] Die **Unterbringung** eines für den Strafvollzug untauglichen psychisch Kranken in einer (geschlossenen) Abteilung eines psychiatrischen Krankenhauses erfolgt, wenn es sich um einen gemeingefährlichen (d. h. andere oder sich selbst gefährdenden) Kranken handelt, durch gerichtliche Entscheidung auf der Grund-

---

4 *Bringewat* 2; OLG Hamburg NStZ **1999** 589.

5 OLG Hamm NStZ **1983** 287; OLG Stuttgart NStZ **1989** 552; KK/*Appl* 2, 8; Meyer-Goßner/*Schmitt* 3; *Bringewat* 3.

6 OLG Hamm NStZ **1983** 287; KK/*Appl* 6; *Bringewat* 2.

7 Die Entscheidung OLG Köln NJW **1955** 234, wonach grundsätzlich nur die in einer Justizvollzugsanstalt verbrachte Zeit auf die Strafzeit angerechnet werden könne und ohne § 461 keine Möglichkeit zur Anrechnung des Krankenhausaufenthalts bestehe, ist inzwischen überholt.

8 KK/*Appl* 1; *Bringewat* 2.

9 OLG Hamm NStZ **1983** 287; *Bringewat* 2.

10 Allgemeine Ansicht; *Hasse* GA **64** (1917) 540; KK/*Appl* 3; Meyer-Goßner/*Schmitt* 2; *Bringewat* 5.

lage der in den Ländern bestehenden **Unterbringungsgesetze** (vgl. Erl. zu § 413). Eine Einrechnung der auf dieser Grundlage verbrachten Zeit in einem psychiatrischen Krankenhaus auf die Strafzeit ist unzulässig.[11] Ist ein psychisch Kranker für die Allgemeinheit nicht gefährlich, sondern wegen seines Zustands nur pflegebedürftig, so erfolgt die Unterbringung durch die zuständige **Gesundheits- oder Sozialbehörde.**

Diese Fälle trifft § 461 nicht. Er setzt vielmehr voraus, dass der Kranke in das Kran- 4
kenhaus „gebracht", also kraft öffentlicher Gewalt – und zwar der der Vollstreckungsbehörde in Vollstreckung des Strafurteils zustehenden Gewalt – in das Krankenhaus gebracht und diese Vollzugsgewalt während des dortigen Aufenthalts rechtlich aufrechterhalten wird.[12] Anders als in dem unter Rn. 2 geschilderten Beispiel sind diese Voraussetzungen zu verneinen, wenn sich der Verurteilte während einer unterbrochenen Strafvollstreckung ohne Veranlassung oder Mitwirkung der Justizvollzugsanstalt von sich aus in ein Krankenhaus begibt,[13] es sei denn, dass die Vollstreckungs- oder Vollzugsbehörde vor oder nach Beginn des selbst gewählten Krankenhausaufenthalts sichernde und auf eine Wiederherstellung der mit der Unterbrechung aufgegebenen Verfügungsgewalt gerichtete Maßnahmen ergreift.[14] Soweit das Krankenhaus bereit ist, bei der **Aufrechterhaltung der Freiheitsentziehung** mitzuwirken, leitet es seine Legitimation dazu aus dem Auftrag der Vollstreckungsbehörde ab, andernfalls kommen Maßnahmen der Vollzugsbehörde, die der Effektuierung der rechtlich aufrechterhaltenen Freiheitsentziehung dienen, nur in dem beschränkten Maß in Betracht wie bei der Verbringung in ein Krankenhaus „außerhalb des Vollzugs" wegen körperlicher Krankheit. Auch hier wird aber nach § 461 die Dauer des Aufenthalts in dem psychiatrischen Krankenhaus ohne Rücksicht darauf auf die Strafzeit angerechnet, ob und inwieweit **tatsächlich** eine Freiheitsentziehung oder -beschränkung kraft Strafvollzugsgewalt stattfand. Der innere Grund für die Anrechnungspflicht ist also kein anderer als bei der Verbringung in ein Krankenhaus wegen körperlicher Krankheit. Für eine gesetzliche Klarstellung bestand aber hier im Zeitpunkt des Inkrafttretens der Strafprozessordnung ein besonderes Bedürfnis, weil damals in den einzelnen Staaten sehr verschiedene Grundsätze über die Anrechnung des Anstaltsaufenthalts auf die Strafzeit galten. Es sollte einheitliches Recht geschaffen und die Anrechnung, die bis dahin nur einem Teil der psychisch kranken Verurteilten zugebilligt wurde, allen zuteil werden, auch bei dauernder Unterbringung in einer damaligen Pflegeanstalt wegen unheilbarer Geisteskrankheit.[15]

4. Ausnahmen. Selbst wenn die Vollzugsgewalt während des Krankenhausaufent- 5
halts in deutlich sichtbarer und als Freiheitsentziehung für den Verurteilten fühlbarer Form aufrechterhalten wird, entfällt die Anrechnung auf die Strafzeit, wenn der Verurteilte die **Krankheit in der Absicht, „die Strafvollstreckung zu unterbrechen"**, herbeigeführt hat (Absatz 1 Hs. 2).[16] Von einer Unterbrechung der Strafvollstreckung im technischen Sinn ist hier keine Rede. Nicht einmal der Vollzug wird völlig aufgehoben, sondern gegebenenfalls, wie zu Rn. 1, 4 dargelegt, in modifizierter Form fortgesetzt. Gemeint ist mit „Unterbrechung der Strafvollstreckung" lediglich die Unterbrechung des normalen Vollzugs in der Justizvollzugsanstalt. Die absichtliche Herbeiführung der

---

11 OLG Frankfurt NJW **1970** 1431; KK/*Appl* 9.
12 OLG Celle MDR **1968** 782; KK/*Appl* 9; *Bringewat* 4.
13 Meyer-Goßner/*Schmitt* 3; *Bringewat* 4.
14 Rn. 15; OLG Frankfurt NJW **1970** 1431; OLG Stuttgart NStZ **1989** 552; *Bringewat* 4.
15 *Hahn* Mat. **1** 1139 bis 1141; *Rosenberg* DStRZ **3** (1916) 10.
16 OLG Stuttgart NStZ **1989** 552; KK/*Appl* 10, 11; *Meyer-Goßner/Schmitt* 5; *Bringewat* 6.

Krankheit allein rechtfertigt die Nichtanrechnung nicht. Die Krankheit muss vielmehr zu dem Zweck herbeigeführt worden sein, in die Krankenanstalt verbracht zu werden, wobei die eigentliche Motivlage (Schaffung einer Fluchtmöglichkeit, Vermeidung des Arbeitszwangs, bessere Verköstigung, kein Einschluss, Abwechslung vom Vollzugsalltag usw.) gleichgültig ist.[17]

6 Bei dieser Ausnahme von der Anrechnungspflicht war nur an die Herbeiführung einer körperlichen Krankheit gedacht,[18] weil die Herbeiführung einer psychischen Erkrankung nicht denkbar erschien. Soweit dies aber möglich ist, wie etwa durch Konsum von Betäubungsmitteln, die in die Justizvollzugsanstalt zu schmuggeln gelang, gilt die Ausnahme auch hier. Nach dem Zweck der Vorschrift genügt aber auch die **Simulierung einer psychischen Erkrankung**, die Veranlassung gibt, den Gefangenen in ein psychiatrisches Krankenhaus zu überweisen.[19] Das Gleiche muss gelten, wenn durch Simulierung einer körperlichen Krankheit der Gefangene sein Ziel erreicht, dass der getäuschte Arzt der Justizvollzugsanstalt seine Überführung in ein Krankenhaus „außerhalb des Vollzugs" für erforderlich erklärt.[20] Die **Nichtanrechnung** erfolgt nur aufgrund gerichtlicher Entscheidung (Absatz 2). Die Staatsanwaltschaft hat diese Entscheidung als Strafverfolgungsbehörde[21] herbeizuführen, wenn sie die Voraussetzungen der Nichtanrechnung als nachgewiesen ansieht.[22] Zur Entscheidung ist das nach §§ 462, 462a Abs. 1 Satz 1 zuständige Gericht berufen (Absatz 2). Die Entscheidung ergeht durch Beschluss, der nach § 34 zu begründen ist. Bei Weigerung der Staatsanwaltschaft, einen entsprechenden Antrag zu stellen, kann der Verurteilte Einwendungen nach § 458 Abs. 1 erheben. Gegen die Entscheidung des Gerichts nach Absatz 2, § 462a Abs. 1 ist die sofortige Beschwerde statthaft (§ 462 Abs. 3 Satz 1).

7 **5. Entweichen eines Gefangenen.** Eine – in der Strafprozessordnung nicht geregelte – tatsächliche Unterbrechung des Vollzugs liegt vor, wenn der Verurteilte entweicht. Dass die Zeit der selbst verschafften Freiheit nicht auf die Strafzeit angerechnet wird, ist selbstverständlich. Als Beginn der Fortsetzung des Vollzugs rechnet hier nach § 40 Abs. 2 StVollstrO (§ 451, 67) der Zeitpunkt, in dem sich der Verurteilte in irgendeiner Anstalt freiwillig gestellt hat oder in dem er zwecks weiteren Strafvollzugs polizeilich festgenommen worden ist (dazu § 450, 18).

6. Unterbrechung der Strafvollstreckung

8 **a) Vollzugsuntauglichkeit.** Die Frage, ob und inwieweit die Vollstreckungsbehörde die Strafvollstreckung wegen einer körperlichen oder psychischen Erkrankung, die den Verurteilten zum Strafvollzug in der Justizvollzugsanstalt untauglich macht, mit der Wirkung **förmlich unterbrechen** kann, dass die nach der Unterbrechung liegende Zeit auf die Strafzeit nicht angerechnet wird, ist nunmehr in § 455 Abs. 4 geregelt (vgl. § 455, 1 f., 18 ff.). Diese Frage war früher streitig, soweit es sich um psychisch Kranke handelte, die in ein allgemeines psychiatrisches Krankenhaus verbracht wurden. Aus der Entstehungsgeschichte des § 461 (Rn. 3) wurde gefolgert, dass hier eine Nichtanrechnung der

17 KK/*Appl* 10; Meyer-Goßner/*Schmitt* 5; *Bringewat* 1, 7.
18 *Hahn* Mat. **1** 1141.
19 OLG Dresden Sächs. OLG **26** 485.
20 Meyer-Goßner/*Schmitt* 5; *Bringewat* 5.
21 *Katholnigg* NStZ **1982** 195; Meyer-Goßner/*Schmitt* 6; *Bringewat* 8.
22 *Bringewat* 8.

Zeit des Anstaltsaufenthalts unzulässig sei.[23] Indessen hatte sich schon auf dem Boden des früher geltenden Rechts seit langem die Auffassung durchgesetzt, dass die Vollstreckungsbehörde aus den Gründen, die sie nach § 455 zum Aufschub der Vollstreckung verpflichten, von Amts wegen auch die Vollstreckung unterbrechen kann, wenn diese Umstände nach begonnenem Vollzug hervortreten, weil es sich dann nicht um eine Maßnahme mit Rücksicht auf persönliche Belange des Verurteilten, sondern um eine solche aus vollzugstechnischen Gründen handelt, die sich auf § 451 stützt.[24] Davon geht auch § 65 Abs. 2 StVollzG aus, der im Übrigen wegen der dort vorgesehenen Folgen (Eintritt der gesetzlichen Krankenversicherung) gemäß § 198 Abs. 3 StVollzG der Inkraftsetzung durch besonderes Gesetz bedurfte.

b) Nachteile. Zu berücksichtigen ist allerdings, dass die Unterbrechung des Voll- 9
zugs auch Nachteile für den Verurteilten mit sich bringen kann, indem sie das Ende der Gesamtvollstreckung hinausschiebt. Daraus ergibt sich die Folgerung, dass für die Unterbrechung **wichtige Gründe** vorliegen müssen und dass lediglich fiskalische Erwägungen (Abwälzung der Vollzugskosten) außer Betracht zu bleiben haben.[25] Dem trugen bisher schon die §§ 45, 46 StVollstrO 1980[26] und tragen nunmehr § 455 Abs. 4 sowie Art. 6 EGWStG i. V. m. § 46 StVollstrO in vollem Umfang Rechnung. § 455 Abs. 4[27] lässt die Unterbrechung wegen geistiger oder körperlicher Erkrankung nur zu, wenn (aufgrund eines ärztlichen Gutachtens) feststeht, dass die Krankheit eine erhebliche Zeit fortbestehen wird (§ 455, 20) oder, wenn zwar der Zeitpunkt der voraussichtlichen Genesung abzusehen ist, der Verurteilte aber ohne die Unterbrechung wegen der Anrechnungspflicht nach Absatz 1 einen unverhältnismäßig **großen Teil der Strafzeit** außerhalb der Justizvollzugsanstalt zubringen müsste. Ist ein Strafrest für sich allein genommen und im Verhältnis zum verbüßten Teil der Strafe unerheblich, so soll, auch wenn in absehbarer Zeit mit Wiederherstellung nicht zu rechnen ist, eine Unterbrechung nur angeordnet werden, wenn für den Strafrest ein Gnadenerweis in Aussicht genommen wird.[28]

Eine Unterbrechung ist auch zulässig, um eine durch den Weitervollzug drohende 10
nahe Lebensgefahr für den Verurteilten auszuschließen. Wie sich auch aus § 66 StVollzG ergibt, folgt daraus aber nicht, dass bei naher Lebensgefahr stets zu unterbrechen wäre, denn dadurch würde die Lebensgefahr nicht gebannt, sondern unter Umständen (bei Transportunfähigkeit, unzulänglicher ärztlicher Versorgung außerhalb des Vollzugs) erhöht. Die Unterbrechung ist nicht mehr auf zeitige Freiheitsstrafe beschränkt (vgl. § 455 Abs. 1). Auch zu lebenslanger Freiheitsstrafe Verurteilter haben unter bestimmten Voraussetzungen einen Anspruch auf Haftunterbrechung. § 45 StVollstrO steht dem nicht entgegen.[29] Das folgt aus der verfassungsrechtlichen Verpflichtung der Justizvollzugsanstalten, auch bei zu lebenslanger Freiheitsstrafe Verurteilten auf deren Resozialisierung hinzuwirken, sie lebenstüchtig zu erhalten und schädliche Auswirkungen

---

23 *Klee* ZStW **28** (1908) 786.
24 OLG Stuttgart bei *Katholnigg* NStZ **1981** 176.
25 *Pohlmann/Jabel/Wolf* § 45, 15.
26 OLG Köln NJW **1955** 234; OLG Schleswig SchlHA **1957** 81; OLG Celle MDR **1968** 782; OLG Frankfurt NJW **1970** 1431; OLG München MDR **1981** 426.
27 Wegen der Besonderheiten in Art. 6 EGWStG s. § 455, 22.
28 OLG Hamm NStZ **1983** 287.
29 OLG Hamm NJW **1973** 1090 (zu § 45 StVollstrO); OLG Hamburg NStZ **1982** 264; **1999** 589.

des Freiheitsentzugs zu vermeiden sowie deformierenden Persönlichkeitsentwicklungen entgegenzuwirken.[30]

11 **c) Gnadenentscheidung.** Nicht anzurechnen ist auch die Zeit einer von der **Gnadenbehörde** bewilligten Strafunterbrechung, die erfolgt, um dem Verurteilten Gelegenheit zur Behandlung in einem Krankenhaus zu geben.[31] In einem solchen Fall spielt es keine Rolle, ob Vollzugsuntauglichkeit vorgelegen hat.[32] Wegen der Kostentragungspflicht des Rentenversicherungsträgers in solchen Fällen, wenn der Verurteilte Rentner ist, s. Fn. 31.

7. Durchführung der Unterbrechung

12 **a) Zuständige Verwaltungsbehörde.** Die Unterbrechung geschieht bei **psychisch kranken Verurteilten** in der Weise, dass die Vollstreckungsbehörde der Verwaltungsbehörde, die nach den landesrechtlichen Unterbringungsgesetzen zuständig ist, den Antrag auf gerichtliche Anordnung der Unterbringung zu stellen (Rn. 3), den Zeitpunkt der bevorstehenden Unterbringung mitteilt und es ihr überlässt, die zur Abwendung der Eigen- und Fremdgefährdung erforderlichen Maßnahmen zu ergreifen.[33] Ist der Verurteilte **körperlich oder psychisch krank, aber nicht gefährlich**, so wird, falls er mit der Unterbrechung hilfsbedürftig wird, die Sozialhilfebehörde verständigt und ihr die Übernahme der Obhut überlassen. Hat die Vollzugsbehörde aber bereits den Verurteilten vor der Unterbrechung in ein allgemeines oder psychiatrisches Krankenhaus verbracht und sind dadurch zunächst die Voraussetzungen des § 461 gegeben, so wird die Unterbrechung gegenüber dem Verurteilten wirksam, sobald er aus der Verfügungsgewalt der Justizvollzugsanstalt tatsächlich entlassen *und* ihm die Unterbrechungsanordnung der Vollstreckungsbehörde nach § 46 Abs. 1 StVollstrO bekannt gegeben ist (außer wenn er zu deren Entgegennahme nicht in der Lage ist). Denn solange ihm die Unterbrechungsanordnung nicht bekannt gegeben ist, weiß er nicht sicher, dass er sich wieder in Freiheit befindet und hat deshalb ein Recht auf Anrechnung aus § 461.[34]

13 Dem Krankenhaus gegenüber kann die **Mitteilung von der Unterbrechung** (§ 46 Abs. 3 StVollstrO), die die Befreiung des Justizfiskus von den Kosten der Unterbringung bewirken soll, nicht früher wirksam werden als die Anordnung der Unterbrechung gegenüber dem Verurteilten, denn solange die Vollstreckung nicht ihm gegenüber unterbrochen ist, ist er Strafgefangener und die Justizverwaltung trägt demgemäß die Kosten der Unterbringung. Erfolgt die Mitteilung von der Unterbrechung an das Krankenhaus erst, nachdem die Unterbrechung gegenüber dem Verurteilten wirksam geworden ist, so wird erst mit dem Zugang dieser Mitteilung die Justizverwaltung von der Pflicht zur Tragung der Unterbringungs- und Behandlungskosten frei (§ 46 Abs. 3 Satz 2, 3 StVollstrO). Eine Unterbrechung der Strafvollstreckung mit rückwirkender Kraft kann demnach nicht angeordnet werden.[35]

14 **b) Unwirksame Unterbrechung.** Da mit der Unterbrechung die Verfügungsgewalt der Vollstreckungsbehörde endet, darf weder sie noch die Vollzugsbehörde – darauf

---

30 BVerfGE **45** 187, 238 = NJW **1977** 1525, 1528; OLG Hamburg NStZ **1982** 264.

31 BSG NJW **1975** 2270.

32 OLG Celle MDR **1968** 782.

33 OLG Nürnberg OLGSt § 429a StPO, 1.

34 OLG Köln MDR **1955** 123; OLG Schleswig SchlHA **1957** 82; *Pohlmann/Jabel/Wolf* § 46, 2, 4.

35 OLG Schleswig SchlHA **1957** 81; Meyer-Goßner/*Schmitt* § 455, 14.

weist § 46 Abs. 5 StVollstrO hin – irgendwelche Maßnahmen treffen, die auf eine Aufrechterhaltung der Verfügungsgewalt hinauslaufen. Ein solches Verhalten würde die Wirksamkeit die Unterbrechung in Frage stellen.[36] Eine wirksame Unterbrechung liegt daher nicht vor, wenn der Gefangene mit **Billigung der** Vollzugsbehörde im „Festen Haus" eines Krankenhauses verbleibt.[37] Ebenso verneint OLG Celle[38] eine wirksame Unterbrechung, wenn ein auf Freiheitsstrafe und Unterbringung in einem psychiatrischen Krankenhaus lautendes Urteil nur hinsichtlich der Freiheitsstrafe rechtskräftig ist und der Verurteilte aus dem Strafvollzug in die geschlossene Abteilung eines psychiatrischen Krankenhauses verbracht wird, um dort wegen des noch anhängigen Verfahrens betreffend die Unterbringung gemäß § 81 StPO auf seinen Geisteszustand untersucht zu werden. Unzulässig wäre ferner nicht nur eine Bitte an das Krankenhaus, die Entfernung des Verurteilten mit Gewalt zu verhindern – da er in Freiheit ist, hat er ein Recht, sich zu entfernen –, sondern auch schon eine Bitte, von der Absicht einer Entfernung vor Abschluss der Behandlung Mitteilung zu machen, während andererseits einer Bitte, den voraussichtlichen Zeitpunkt einer Entlassung aus dem Krankenhaus oder eine stattgehabte Entfernung vor Behandlungsabschluss mitzuteilen, nichts entgegensteht und noch weniger einer bloßen Anfrage der Vollstreckungsbehörde bei dem Krankenhaus nach dem Verbleib des Verurteilten,[39] sofern der Verurteilte in diese Informationsübermittlung eingewilligt hat.

c) Ende der Unterbrechung. Die Wirksamkeit einer Unterbrechung der Strafvoll- 15
streckung endet, sobald und solange Maßnahmen ergriffen werden, die auf eine **Wiederherstellung** der zunächst aufgegebenen Verfügungsgewalt hinauslaufen. Lässt die Vollstreckungsbehörde, weil sie mit einem Entweichen des Verurteilten aus dem Krankenhaus rechnet, von einem bestimmten Zeitpunkt an Polizeibeamte vor seinem Aufenthaltsraum postieren, die ihn an einem etwaigen Verlassen hindern sollen, so ist die Zeit der Bewachung als Strafzeit zu rechnen.[40] Entweicht der Verurteilte aus dem Krankenhaus und wird er aufgrund eines Vollstreckungshaftbefehls von der Polizei ergriffen und dem Krankenhaus wieder zugeführt, so ist die Zeit von der Ergreifung bis zur Ablieferung in das Krankenhaus als Strafzeit anzurechnen.[41]

8. Rechtsbehelfe und Zuständigkeit. Wegen der Entscheidungszuständigkeit und 16
der Zulässigkeit von Einwendungen vgl. § 455, 32 ff.; § 458, 16 ff.

9. Freiheitsentziehende Maßregeln. § 461 gilt nach § 463 entsprechend bei frei- 17
heitsentziehenden Maßregeln der Besserung und Sicherung[42] und ist auch für die zeitlich unbeschränkte **Unterbringung in der Sicherungsverwahrung** und für die **Unterbringung in einem psychiatrischen Krankenhaus** (§ 67d StGB) von Bedeutung.[43] Bei Letzterer kommt allerdings grundsätzlich weder ein Vollstreckungsaufschub noch eine Strafunterbrechung im Hinblick auf die Gefährlichkeit in Betracht (§ 463 Abs. 5). Ausnahmsweise kann aber – etwa aus palliativmedizinischen Gründen – auch insoweit mit

36 OLG Köln NJW **1955** 234; OLG Stuttgart MDR **1989** 1124.
37 OLG Schleswig SchlHA **1957** 81.
38 NdsRpfl. **1961** 353 mit abl. Anm. *Pohlmann.*
39 OLG Köln MDR **1955** 123.
40 OLG Celle MDR **1968** 782.
41 OLG Frankfurt NJW **1970** 1431.
42 Meyer-Goßner/*Schmitt* 2.
43 KK/*Appl* 1; KMR/*Stöckel* 3; SK/*Paeffgen* 3; *Fischer* § 67d, 14; **a. A.** *Bringewat* 3; LR/*Wendisch*[25] 17.

Blick auf die Menschenwürde eine Verbringung des Sicherungsverwahrten oder Untergebrachten in ein Krankenhaus außerhalb des Maßregelvollzugs erfolgen. Eine angeordnete Unterbringung in der Sicherungsverwahrung (Umkehrschluss aus § 67d Abs. 3 StGB) kann unterbrochen werden, wenn und solange der Verwahrte wegen dieses Zustands für die Allgemeinheit nicht gefährlich ist.[44]

§ 462
Verfahren bei gerichtlichen Entscheidungen; sofortige Beschwerde

(1) [1]Die nach § 450a Abs. 3 Satz 1 und den §§ 458 bis 461 notwendig werdenden gerichtlichen Entscheidungen trifft das Gericht ohne mündliche Verhandlung durch Beschluß. [2]Dies gilt auch für die Wiederverleihung verlorener Fähigkeiten und Rechte (§ 45b des Strafgesetzbuches), die Aufhebung des Vorbehalts der Einziehung und die nachträgliche Anordnung der Einziehung eines Gegenstandes (§ 74f Absatz 1 Satz 4 des Strafgesetzbuches), die nachträgliche Anordnung der Einziehung des Wertersatzes (§ 76 des Strafgesetzbuches) sowie für die Verlängerung der Verjährungsfrist (§ 79b des Strafgesetzbuches).

(2) [1]Vor der Entscheidung sind die Staatsanwaltschaft und der Verurteilte zu hören. [2]Das Gericht kann von der Anhörung des Verurteilten in den Fällen einer Entscheidung nach § 79b des Strafgesetzbuches absehen, wenn infolge bestimmter Tatsachen anzunehmen ist, daß die Anhörung nicht ausführbar ist.

(3) [1]Der Beschluß ist mit sofortiger Beschwerde anfechtbar. [2]Die sofortige Beschwerde der Staatsanwaltschaft gegen den Beschluß, der die Unterbrechung der Vollstreckung anordnet, hat aufschiebende Wirkung.

Schrifttum

Krauß Beschwerderecht des Vollzugsleiters nach § 462 Abs. 4 StPO, NJW **1958** 49; *Neuhaus/Putzke* Rechtsschutz in der Strafvollstreckung, ZAP **2008** 389, 447; *Wittschier* Das Verbot der reformatio in peius im strafprozessualen Beschlußverfahren (1985).

Entstehungsgeschichte

Die Vorschrift wurde mehrfach geändert, so durch das VereinhG, das EGOWiG, das 1. StVRG, das StaatsschStrafsG. Bis zum 31.12.1974 hatte sie folgenden Wortlaut:

„(1) [1]Die bei der Strafvollstreckung notwendig werdenden gerichtlichen Entscheidungen (§§ 458 bis 461) werden von dem Gericht des ersten Rechtszuges ohne mündliche Verhandlung erlassen. [2]Dies gilt auch für die nachträglichen Entscheidungen, die sich auf die Vollstreckung einer Geldstrafe beziehen (§ 28 Abs. 2, § 29 Abs. 4 des Strafgesetzbuches), für die Wiederverleihung verlorener Fähigkeiten und Rechte (§ 33 des Strafgesetzbuches), die Aufhebung des Vorbehalts der Einziehung und die nachträgliche Anordnung der Einziehung eines Gegenstandes oder des Wertersatzes (§ 40b Abs. 2 Satz 3, § 40c Abs. 4 des Strafgesetzbuches).

(2) Vor der Entscheidung ist der Staatsanwaltschaft und dem Verurteilten Gelegenheit zu geben, Anträge zu stellen und zu begründen.

---

44 OLG Celle NdsRpfl. **1966** 201.

https://doi.org/10.1515/9783110275025-040

(3) [1]Kommt es auf die Festsetzung einer Gesamtstrafe an (§ 460) und waren die verschiedenen hierdurch abzuändernden Urteile von verschiedenen Gerichten erlassen, so steht die Entscheidung dem Gericht zu, das auf die schwerste Straftat oder bei Strafen gleicher Art auf die höchste Strafe erkannt hat, falls hiernach aber mehrere Gerichte zuständig sein würden, dem, dessen Urteil zuletzt ergangen ist. [2]War das hiernach maßgebende Urteil von einem Gericht eines höheren Rechtszuges erlassen, so setzt das Gericht des ersten Rechtszuges die Gesamtstrafe fest; war eines der Strafurteile von einem Oberlandesgericht im ersten Rechtszug erlassen, so setzt dieses die Gesamtstrafe fest.

(4) Gegen diese Entscheidungen ist, sofern sie nicht von einem Oberlandesgericht erlassen sind, sofortige Beschwerde zulässig."

Die Folgefassung des § 462 beruht in ihrem Kern auf Art. 31 Nr. 132 EGStGB 1974. Durch Art. 1 Nr. 112 des 1. StVRG von 1974 wurde die Paragrafenkette in Satz 1 um § 450a Abs. 3 Satz 1 erweitert, durch Art. 2 Nr. 8 des 23. StRÄndG vom 13.4.1986 Absatz 3 ein zweiter Satz angefügt. Der Gesetzentwurf des Bundesrats zur Intensivierung des Einsatzes von Videokonferenztechnik in gerichtlichen und staatsanwaltschaftlichen Verfahren ist im Jahre 2009 bereits einmal der Diskontinuität unterfallen.[1] Aufgrund des Gesetzesantrags des Landes Hessen vom 17.12.2009 hat der Bundesrat die erneute Einbringung gemäß Art. 76 Abs. 1 GG beantragt.[2] Der Gesetzentwurf des Bundesrats[3] sah in Art. 6 Nr. 7 und 8 vor, in § 453 Abs. 1 und § 454 Abs. 1 jeweils nach deren Satz 3 eine Regelung einzufügen, wonach das Gericht anordnen kann, dass die Anhörung des Verurteilten unter Verzicht auf die persönliche Anwesenheit zeitgleich in Bild und Ton an den Ort, an dem sich der Verurteilte aufhält, und in das Sitzungszimmer übertragen wird. In den Fällen des § 454 Abs. 2 Satz 1 sollte diese Regelung nicht gelten. Der Entwurf des Bundesrats sah in Art. 7 Nr. 9 bei Anordnung einer Anhörung die Möglichkeit vor, sie unter Verzicht auf die persönliche Anwesenheit des Verurteilten zeitgleich in Bild und Ton an den Ort, an dem sich der Verurteilte aufhält, und in das Sitzungszimmer zu übertragen.[4] Den inhaltlichen Bedenken der Bundesregierung zu Art. 6 Nr. 7 (Änderung von § 453 Abs. 1 Satz 4 – neu) und Art. 6 Nr. 8 (Änderung von § 454 Abs. 1 Satz 4 – neu), die im Wesentlichen gegen die Möglichkeit einer Videokonferenz anstelle einer höchstpersönlichen Anhörung für die Fälle des Widerrufs der Strafaussetzung zur Bewährung wegen Verstoßes gegen Auflagen oder Weisungen nach § 453 Abs. 1 Satz 3 und für die Fälle der Strafrestaussetzung zur Bewährung nach § 454 Abs. 1 Satz 3 erhoben worden waren, hat der BTRAussch. nach Anhörung von Sachverständigen[5] Rechnung getragen[6] und damit klargestellt, dass eine gerichtliche Entscheidung über den Widerruf einer Strafaussetzung zur Bewährung oder die Verhängung einer vorbehaltenen Geldstrafe sowie über die Aussetzung der Vollstreckung des Restes einer zeitigen Freiheitsstrafe zur Bewährung einen unmittelbaren persönlichen Eindruck des Gerichts vom Verurteilten voraussetzt, den eine Videokonferenz nicht ersetzen kann. Den Empfehlungen des BTRAussch. ist der Gesetzgeber gefolgt und hat von einer Änderung des § 453 Abs. 1 und § 454 Abs. 1 abgesehen. Durch Art. 6 Nr. 7 des Gesetzes zur Intensivierung des Einsatzes von Videokonferenztechnik im gerichtlichen und staatsanwaltschaftlichen Verfahren vom 25.4.2013 (BGBl. I S. 935, 936) wurde schließlich nach

---

1 BRDrucks. 643/07.
2 BRDrucks. 902/09.
3 BTDrucks. **17** 1224.
4 BTDrucks. **17** 1224 S. 9.
5 Vgl. zustimmende Stellungnahmen der Sachverständigen *Deckers* S. 5; *Gaede* S. 11; *Stahlmann-Liebelt* S. 4 zu den Empfehlungen des BTRAussch.; demgegenüber *Wimmer* S. 7 f.; *Köbler* S. 4, die sich für eine Beibehaltung der im Gesetzentwurf des Bundesrats enthaltenen Regelungen aussprechen.
6 BTDrucks. **17** 12418 S. 10.

Absatz 2 Satz 1 der neue Satz 2 eingefügt. Der bisherige Satz 2 wird Satz 3, ohne dass der Gesetzgeber dies ausdrücklich geregelt hat. Durch Art. 1 Nr. 64 des Gesetzes zur Fortentwicklung der Strafprozessordnung und zur Änderung weiterer Vorschriften vom 25.6.2021 (BGBl. I. S. 2099, 2106) wurde Absatz 2 Satz 2 aufgehoben. Der bisherige Satz 3 wurde Satz 2, ohne dass der Gesetzgeber dies ausdrücklich geregelt hat. Für den aufgehobenen Absatz 2 Satz 2 ist § 463e neu eingefügt worden.

Bezeichnung bis 1924: § 494.

Übersicht

Alphabetische Übersicht

1 **1. Inhalt.** In seiner **früheren Fassung** enthielt § 462 sowohl **Zuständigkeitsregelungen** (Absatz 1: Zuständigkeit des Gerichts des ersten Rechtszugs, Absatz 3: Zuständigkeit zur nachträglichen Bildung der Gesamtstrafe), als auch **Verfahrensregelungen** (Absatz 1: Beschlussverfahren, Absatz 2: rechtliches Gehör, Absatz 4: Rechtsmittel). Die Zuständigkeitsregelungen finden sich nunmehr in § 462a. Bei den übrig gebliebenen Verfahrensvorschriften ist der Katalog der nachträglich zu treffenden Entscheidungen auf die Fälle des § 450a Abs. 3 Satz 1 und der §§ 76, 79b StGB erweitert worden. Absatz 3 ist im Hinblick auf § 304 Abs. 4 vereinfacht.

2 **2. Anwendungsbereich (Absatz 1).** Der Anwendungsbereich des § 462 ergibt sich aus den im Einzelnen in Absatz 1 Satz 1, 2 angeführten Vorschriften. Ausgenommen sind die Nachtragsentscheidungen, die sich auf eine Strafaussetzung zur Bewährung oder eine Verwarnung mit Strafvorbehalt beziehen, da insoweit das Verfahren in §§ 453 bis 454 geregelt ist.[7] Die **Aufzählung** in § 462 Abs. 1 ist **abschließend.**[8]

3 **3. Beschlussverfahren.** Insoweit wird auf die Erläuterungen bei § 453, 40 f. verwiesen. Das Gericht kann vor seiner Entscheidung im **Freibeweisverfahren** auch **Beweiserhebungen** durch einen beauftragten oder ersuchten Richter vornehmen oder auch

7 KK/*Appl* 1; *Bringewat* 1 (verfahrensrechtliche Sonderregelung).

8 So auch KK/*Appl* 1; KMR/*Stöckel* 1; *Bringewat* 2; **a. A.** LR/*Wendisch*[25] 2.

durch die Staatsanwaltschaft oder die Polizei durchführen lassen sowie die Gerichtshilfe beauftragen (§ 463d).[9] Auch eidliche Vernehmungen sind nicht ausgeschlossen.[10] Solche Beweiserhebungen können insbesondere dann erforderlich sein, wenn es sich um die Feststellung der Identität des Verurteilten handelt (§ 458, 9).

4. Rechtliches Gehör (Absatz 2)

a) Grundsatz (Satz 1). Die Staatsanwaltschaft – und zwar als Strafverfolgungs-, 4
nicht als Strafvollstreckungsbehörde[11] – und der Verurteilte sind vor der Entscheidung zu hören, d. h. es ist ihnen Gelegenheit zur Stellungnahme zu geben. Der Nebenkläger wird nicht gehört. Anders als nach § 454 Abs. 1 Satz 3 ist eine **mündliche Anhörung des Verurteilten nicht vorgeschrieben,**[12] aber auch nicht verboten und in gewissem Umfang, namentlich bei der Gesamtstrafenbildung zwecks „Würdigung der Person des Täters" (§ 54 Abs. 1 Satz 1, § 55 StGB, § 460) sogar empfehlenswert.[13] Durch die Worte „ohne mündliche Verhandlung" (Absatz 1 Satz 1) soll nicht ausgeschlossen werden, dass das Gericht – insbesondere die Strafvollstreckungskammer – nach eigenem pflichtgemäßen Ermessen den Verurteilten mündlich hört. Doch haben die in § 462 erfassten Fälle, abgesehen von der nachträglichen Bildung einer Gesamtstrafe, in der Regel nicht das Gewicht wie Entscheidungen nach § 454. Es entspricht dem auch außerhalb des § 462 geltenden Grundsatz, dass durch die Worte „ohne mündliche Verhandlung" eine zur Sachverhaltsaufklärung nach den Grundsätzen des Freibeweises zweckmäßige mündliche Anhörung Beteiligter nicht verhindert wird.[14] Eine mündliche Anhörung des Verurteilten kommt daher namentlich dann in Betracht, wenn zu erwarten ist, dass die Angaben des Verurteilten im Rahmen der mündlichen Anhörung entscheidend zur Aufklärung des Sachverhalts beitragen werden, etwa weil nur er über bestimmte Erkenntnisse verfügt und aufgrund seiner Angaben dem Gericht die Entscheidungsfindung erleichtert wird.

b) Antragstellung. Die Anhörungspflicht besteht insbesondere auch, wie dies § 462 5
Abs. 2 a. F. ausdrücklich bestimmte, in der **Gewährung der Gelegenheit, Anträge** zu stellen und zu begründen, wobei Anträge der Staatsanwaltschaft auch auf Anregungen der Vollstreckungsbehörde beruhen können.[15] Die Gelegenheit zur Antragstellung usw. wird dem Verurteilten regelmäßig in der Weise zu geben sein, dass er unter Bestimmung einer angemessenen Frist zur Abgabe einer Erklärung aufgefordert wird. Diese kann schriftlich oder zu Protokoll der Geschäftsstelle abgegeben werden. Der nicht auf freiem Fuß befindliche Verurteilte kann sich zu Protokoll des Urkundsbeamten der Geschäftsstelle äußern. Bei seiner Anhörung auf einen Antrag der Staatsanwaltschaft, eine Gesamtstrafe zu bilden, muss diese so gestaltet werden, dass der Verurteilte, wenn er sich darum bemüht, mit seiner Äußerung einen ernsthaften Beitrag für eine gerechte Bemessung der Strafe leisten kann. Die **Anhörung** darf **nicht** als praktisch **bedeutungslose Formalie** gehandhabt werden.[16]

---

9 KK/*Appl* 2.
10 KK/*Appl* 2; Meyer-Goßner/*Schmitt* 1, 3; *Bringewat* 3.
11 *Katholnigg* NStZ **1982** 195; KK/*Appl* 3; Meyer-Goßner/*Schmitt* 2; *Bringewat* 4.
12 OLG Frankfurt NStZ RR **1996** 91.
13 KK/*Appl* 3; KMR/*Stöckel* 3; *Bringewat* 5.
14 Meyer-Goßner/*Schmitt* 2; enger *Bringewat* 5: häufig geboten.
15 *Bringewat* 4.
16 OLG Köln NJW **1952** 275; *Bringewat* 4; aus diesem Grund erscheint der Beschluss des Kammergerichts HRR **1935** Nr. 637, wonach es dem Erfordernis des Absatzes 2 schon genüge, wenn der Verurteilte sich

6 **Die Staatsanwaltschaft** hat einen Antrag, der auch zu begründen ist, schriftlich zu stellen (§ 33, 27).

7 **c) Ausnahme (Satz 2).** Nach § 79b StGB kann das Gericht die **Vollstreckungsverjährungsfrist** vor ihrem Ablauf auf Antrag der Vollstreckungsbehörde einmal um die Hälfte der gesetzlichen Vollstreckungsverjährungsfrist verlängern, wenn der Verurteilte sich in einem Gebiet aufhält, aus dem seine Auslieferung oder Überstellung nicht erreicht werden kann. Da in diesen Fällen eine Anhörung des Verurteilten vor der Verlängerung der Entscheidung in aller Regel nicht durchführbar ist, kann nach § 462 Abs. 2 Satz 2 das Gericht von der Anhörung absehen, wenn infolge bestimmter Tatsachen (dazu § 459c, 7) anzunehmen ist, dass die **Anhörung nicht durchführbar** ist.[17]

8 **5. Entscheidung.** Die gerichtliche Entscheidung ergeht durch einen mit Gründen versehenen förmlichen Beschluss (§ 34). Wegen der Schriftlichkeit des Beschlussverfahrens ist § 35 Abs. 1 Satz 1 nicht anzuwenden.[18] Die Verkündung einer Entscheidung in einem Erörterungs- oder Anhörungstermin ist deshalb unzulässig.[19] Der Beschluss ist auf Anordnung des Vorsitzenden (§ 36 Abs. 1 Satz 1) nach § 35 Abs. 2 Satz 1 zuzustellen. Die Zustellung an die Staatsanwaltschaft erfolgt nach § 41. Liegen die Voraussetzungen des § 79b StGB vor, so ist auch die **öffentliche Zustellung** nach § 40 zulässig.[20] Auch durch sie wird die Rechtsmitteleinlegungsfrist in Lauf gesetzt. Bedenken aus Art. 103 Abs. 1 GG bestehen gegen diese Beschränkung nicht, da auch hier die Erwägung durchgreift, dass sich der Beschuldigte durch seinen Aufenthalt in einem derartigen Gebiet selbst vorsätzlich der Möglichkeit begeben hat, rechtliches Gehör zu erlangen.[21] Dem Verurteilten, der später ergriffen wird oder sich stellt, bleibt die Möglichkeit des § 33a, ggf. auch die Wiedereinsetzung gegen die Versäumung der Beschwerdefrist.[22]

6. Anfechtung (Absatz 3)

9 **a) Sofortige Beschwerde (Satz 1).** Nach Absatz 3 Satz 1 ist gegen den Beschluss die sofortige Beschwerde statthaft. **Beschwerdeberechtigt** sind die Staatsanwaltschaft und der Verurteilte,[23] dem die unmittelbar von der Vollstreckung in ihren Rechten Betroffenen (§ 458, 30)[24] gleichstehen, nicht aber, da die Vollstreckung Justizverwaltungsangelegenheit ist, der Nebenkläger.[25] Die Vollstreckungsbehörde als solche ist, wie sich aus Absatz 2 ergibt, nicht beschwerdeberechtigt,[26] ebenso wenig der Jugendrichter als Vollstreckungsleiter (§§ 82 ff. JGG), soweit er statt der Staatsanwaltschaft Vollstreckungsbehörde ist. Dass

---

beim Urkundsbeamten der Geschäftsstelle des Amtsgerichts bei dessen Anwesenheit in der Strafanstalt gemeldet und von sich aus beantragt habe, die gegen ihn erkannten Strafen nachträglich auf eine Gesamtstrafe zurückzuführen, denn er habe dann vor dem Erlass des Gesamtstrafenbeschlusses Gelegenheit gehabt, die Anträge zu stellen und zu begründen mit dem heutigen Verständnis der Ausgestaltung des rechtlichen Gehörs nicht mehr vereinbar.

17 *Bringewat* 6.
18 *Treptow* NJW **1975** 1105; KK/*Appl* 2; *Bringewat* 7.
19 KK/*Appl* 2; *Bringewat* 7.
20 KK/*Appl* 3a.
21 BTDrucks. **7** 550, Begr. zu Art. 19 Nr. 122 RegE EGStGB 1974, S. 311 a. E.; KK/*Appl* 3a.
22 *Bringewat* 6; Meyer-Goßner/*Schmitt* 4; KK/*Appl* 3a.
23 OLG Celle StV **1997** 541; OLG Nürnberg NStZ-RR **1998** 242; NStZ **2003** 390.
24 KK/*Appl* 4; *Bringewat* 9.
25 OLG Hamm JMBlNRW **1952** 125; KK/*Appl* 4; *Bringewat* 9; **a. A.** *Krauß* NJW **1958** 49.
26 KK/*Appl* 4; *Bringewat* 9.

diese als Vollstreckungsbehörden im Fall des § 458 Abs. 1 die gerichtliche Entscheidung herbeizuführen haben und dass im Fall des § 458 Abs. 2 über ihre Anordnungen entschieden wird, begründet noch kein Beschwerderecht der Vollstreckungsbehörde als solcher. Vielmehr werden, sobald die Anfechtung der gerichtlichen Entscheidung in Frage steht, die öffentlichen Belange in der gleichen Weise wie im Erkenntnisverfahren, so auch im nachfolgenden gerichtlichen Stadium des Vollstreckungsverfahrens wieder von der Staatsanwaltschaft wahrgenommen.[27]

Die sofortige Beschwerde ist nur gegen Entscheidungen gegeben, die **in der Sache selbst**, z. B. über die beantragte Gesamtstrafenbildung, ergangen sind, nicht aber gegen Beschlüsse, die Verfahrensvoraussetzungen betreffen. Insoweit ist die einfache Beschwerde statthaft.[28] 10

Die **Beschränkung der Beschwerde** auf einen Beschwerdepunkt hindert nicht eine anderweitige Richtigstellung zugunsten des Beschwerdeführers.[29] Wegen des Verfahrens bei **Verletzung des rechtlichen Gehörs** in der Beschwerdeinstanz vgl. § 311a. Wird irrigerweise eine in Beschlussform ohne mündliche Verhandlung zu treffende Entscheidung durch Urteil aufgrund mündlicher Verhandlung getroffen, so ist auch gegen das Urteil nur die sofortige Beschwerde gegeben.[30] 11

b) Aufschiebende Wirkung (Satz 2). Nach Übernahme der Regelung über die Strafunterbrechung aus Krankheitsgründen aus der Strafvollstreckungsordnung (§ 45 StVollstrO) in § 455 Abs. 4 kann der Verurteilte nunmehr auch insoweit **Einwendungen nach § 458 Abs. 2** (§ 458, 16) gegen die Entscheidung der Vollstreckungsbehörde erheben, über die alsdann die Strafvollstreckungskammer nach § 462a zu entscheiden hat. Gegen die Entscheidung ist sofortige Beschwerde statthaft (Satz 1). Um zu verhindern, dass ein Verurteilter, für den das Gericht im Widerspruch zur Entscheidung der Vollstreckungsbehörde die Unterbrechung der Strafvollstreckung angeordnet hat, alsbald entlassen wird,[31] nach einem erfolgreichen Rechtsmittel der Staatsanwaltschaft aber wieder inhaftiert werden müsste, bestimmt Satz 2, dass der sofortigen Beschwerde der Staatsanwaltschaft – wie im Fall des § 454 Abs. 3 Satz 2 (§ 454, 99) – aufschiebende Wirkung zukommt.[32] Legt der Verurteilte gegen die Ablehnung einer Vollstreckungsunterbrechung durch die Vollstreckungsbehörde und gegebenenfalls (nach Einwendungen gem. § 458 Abs. 2) durch das Gericht nach Abs. 3 Satz 1 sofortige Beschwerde ein, gilt unverändert 12

27 **A. A.** *Krauß* NJW **1958** 49.

28 RGSt **32** 234; RG JW **1930** 122; BayObLGSt **1955** 148; OLG Düsseldorf NStZ **1981** 366; KK/*Appl* 4; KMR/*Stöckel* 7; *Bringewat* 8; *Neuhaus/Putzke* ZAP **2008** 389, 403.

29 BayObLG DRZ **1933** 418; *Bringewat* 10.

30 RG HRR **1935** Nr. 199; BGHSt **25** 242; BGH StV **1982** 61; BGH Beschluss vom 17.6.1998 – 1 StR 228/98; KK/*Appl* 4.

31 Konsequenz aus § 307 Abs. 1, der grundsätzlich auch für die sofortige Beschwerde gilt. Danach hindert die Einlegung der Beschwerde den Vollzug der angefochtenen Entscheidung nicht.

32 Vgl. BTDrucks. **10** 2720, Begr. zu Art. 2 Nr. 9, S. 17. Zwar hatte der Bundestag entsprechend der Empfehlung seines Rechtsausschusses – BTDrucks. **10** 4391, Art. 2 (zu § 462 Abs. 3), S. 19 – die Regelung wieder gestrichen; jedoch hatte der Vermittlungsausschuss empfohlen, die Entwurfsfassung wiederherzustellen – BTDrucks. **10** 5000 –. Bundestag und Bundesrat entsprachen dieser Empfehlung durch ausdrückliche Annahme bzw. durch Nichteinlegen eines Einspruchs – BTDrucks. 107/86. Entscheidend dafür dürfte auch gewesen sein, dass die Begründung des Rechtsausschusses, Satz 2 verschlechtere die Rechtslage des Verurteilten, einfach falsch war. Auch nach früherem Recht musste der Verurteilte bis zur Entscheidung des nach § 23 EGGVG angerufenen Oberlandesgerichts in Haft bleiben.

§ 307 Abs. 1 mit der Folge, dass ihr – wie auch sonst – kein Suspensiveffekt zukommt.[33] Der Verurteilte kann jedoch einen Antrag nach § 307 Abs. 2 stellen.[34]

13 **7. Beschwerdeentscheidung.** Das Beschwerdegericht entscheidet grundsätzlich **in der Sache selbst** (§ 309). Das gilt auch für den Fall, dass das erstinstanzliche Gericht entgegen Absatz 2 Satz 1 die Anhörung versäumt hat.[35] Das Beschwerdegericht hat sie alsdann nachzuholen.[36] Eine eigene Sachentscheidung trifft das Beschwerdegericht auch dann, wenn die nach § 78b GVG unrichtig besetzte Strafvollstreckungskammer entschieden hat und eine abweichende Entscheidung des richtig besetzten Spruchkörpers ausgeschlossen ist,[37] etwa, weil es für die eigene Sachentscheidung keine weiteren Ermittlungen anzustellen braucht.[38] Eine **Zurückverweisung** kommt nur ausnahmsweise in Betracht, so z. B., wenn entgegen § 462a Abs. 1 nicht die Strafvollstreckungskammer, sondern das Gericht des ersten Rechtszugs über den Widerruf der Strafaussetzung zur Bewährung entschieden hat.[39]

14 **8. Vollstreckung.** Soweit die Entscheidung der Vollstreckung bedarf, veranlasst die Staatsanwaltschaft das Erforderliche (§ 36 Abs. 2). Das Gericht ist nicht befugt, die zur Vollstreckung seiner Anordnungen notwendigen Maßnahmen zu treffen.[40]

§ 462a
Zuständigkeit der Strafvollstreckungskammer und des erstinstanzlichen Gerichts

(1) [1]Wird gegen den Verurteilten eine Freiheitsstrafe vollstreckt, so ist für die nach den §§ 453, 454, 454a und 462 zu treffenden Entscheidungen die Strafvollstreckungskammer zuständig, in deren Bezirk die Strafanstalt liegt, in die der Verurteilte zu dem Zeitpunkt, in dem das Gericht mit der Sache befaßt wird, aufgenommen ist. [2]Diese Strafvollstreckungskammer bleibt auch zuständig für Entscheidungen, die zu treffen sind, nachdem die Vollstreckung einer Freiheitsstrafe unterbrochen oder die Vollstreckung des Restes der Freiheitsstrafe zur Bewährung ausgesetzt wurde. [3]Die Strafvollstreckungskammer kann einzelne Entscheidungen nach § 462 in Verbindung mit § 458 Abs. 1 an das Gericht des ersten Rechtszuges abgeben; die Abgabe ist bindend.

(2) [1]In anderen als den in Absatz 1 bezeichneten Fällen ist das Gericht des ersten Rechtszuges zuständig. [2]Das Gericht kann die nach § 453 zu treffenden Entscheidungen ganz oder zum Teil an das Amtsgericht abgeben, in dessen Bezirk der Verurteilte seinen Wohnsitz oder in Ermangelung eines Wohnsitzes seinen gewöhnlichen Aufenthaltsort hat; die Abgabe ist bindend. [3]Abweichend von Absatz 1

33 *Bringewat* 11.
34 OLG Hamm Beschl. vom 8.3.2016 – III – 3 Ws 72/16.
35 KK/*Appl* 4; Meyer-Goßner/*Schmitt* 5; *Bringewat* 10.
36 **A. A.** OLG Hamburg NStZ **1991** 356; StV **1992** 587.
37 OLG Frankfurt StV **1989** 491; OLG Hamm NStZ **1992** 467; KK/*Appl* 4; *Bringewat* 10; Meyer-Goßner/*Schmitt* § 309, 9.
38 Teilweise **a. A.** OLG Düsseldorf StV **1991** 432.
39 OLG Hamburg NStZ **1991** 356; StV **1992** 587; Meyer-Goßner/*Schmitt* 5; *Bringewat* 10; **a. A.** OLG Düsseldorf StV **1991** 432, KK/*Appl* 4.
40 KK/*Appl* 2; *Bringewat* 7.

https://doi.org/10.1515/9783110275025-041

ist in den dort bezeichneten Fällen das Gericht des ersten Rechtszuges zuständig, wenn es die Anordnung der Sicherungsverwahrung vorbehalten hat und eine Entscheidung darüber gemäß § 66a Absatz 3 Satz 1 des Strafgesetzbuches noch möglich ist.

(3) [1]In den Fällen des § 460 entscheidet das Gericht des ersten Rechtszuges. [2]Waren die verschiedenen Urteile von verschiedenen Gerichten erlassen, so steht die Entscheidung dem Gericht zu, das auf die schwerste Strafart oder bei Strafen gleicher Art auf die höchste Strafe erkannt hat, und falls hiernach mehrere Gerichte zuständig sein würden, dem Gericht, dessen Urteil zuletzt ergangen ist. [3]War das hiernach maßgebende Urteil von einem Gericht eines höheren Rechtszuges erlassen, so setzt das Gericht des ersten Rechtszuges die Gesamtstrafe fest; war eines der Urteile von einem Oberlandesgericht im ersten Rechtszuge erlassen, so setzt das Oberlandesgericht die Gesamtstrafe fest. [4]Wäre ein Amtsgericht zur Bildung der Gesamtstrafe zuständig und reicht seine Strafgewalt nicht aus, so entscheidet die Strafkammer des ihm übergeordneten Landgerichts.

(4) [1]Haben verschiedene Gerichte den Verurteilten in anderen als den in § 460 bezeichneten Fällen rechtskräftig zu Strafe verurteilt oder unter Strafvorbehalt verwarnt, so ist nur eines von ihnen für die nach den §§ 453, 454, 454a und 462 zu treffenden Entscheidungen zuständig. [2]Absatz 3 Satz 2 und 3 gilt entsprechend. [3]In den Fällen des Absatzes 1 entscheidet die Strafvollstreckungskammer; Absatz 1 Satz 3 bleibt unberührt.

(5) [1]An Stelle der Strafvollstreckungskammer entscheidet das Gericht des ersten Rechtszuges, wenn das Urteil von einem Oberlandesgericht im ersten Rechtszuge erlassen ist. [2]Das Oberlandesgericht kann die nach den Absätzen 1 und 3 zu treffenden Entscheidungen ganz oder zum Teil an die Strafvollstreckungskammer abgeben. [3]Die Abgabe ist bindend; sie kann jedoch vom Oberlandesgericht widerrufen werden.

(6) Gericht des ersten Rechtszuges ist in den Fällen des § 354 Abs. 2 und des § 355 das Gericht, an das die Sache zurückverwiesen worden ist, und in den Fällen, in denen im Wiederaufnahmeverfahren eine Entscheidung nach § 373 ergangen ist, das Gericht, das die Entscheidung getroffen hat.

Schrifttum

Aulinger Sachliche und örtliche Zuständigkeit der Strafvollstreckungskammer für die Aufhebung der Sperre zur Erteilung einer Fahrerlaubnis, JR **2003** 84; *Blau* Erste Erfahrungen mit der neuen Regelung, in Schwind/Blau (Hrsg.) Strafvollzug in der Praxis (1976), 363; *Doller* Organisation und Geschäftsgang der Strafvollstreckungskammern, DRiZ **1976** 169; *ders.* Die Kalamitäten des § 462a StPO, MDR **1977** 272; *ders.* Die mündliche Anhörung des Verurteilten durch die Strafvollstreckungskammer, DRiZ **1977** 80; *ders.* Zwölf Jahre Strafvollstreckungskammer – Eine kritische Bilanz – DRiZ **1987** 264; *Engel* Zuständigkeit und Stellung des Staatsanwalts im Verfahren zur Bewährungsüberwachung, NStZ **1987** 110; *ders.* Nochmals: Zuständigkeit und Stellung des Staatsanwalts im Verfahren zur Bewährungsüberwachung; Antwort auf eine Erwiderung, NStZ **1987** 499; *Herzog* Dauer der Zuständigkeit der Strafvollstreckungskammern, NJW **1976** 1077; *Hillenbrand* Die Anhörung des Verurteilten im Widerrufsverfahren, StRR **2015** 444; *Jähnke* Die Rechtsprechung des Bundesgerichtshofs zur Zuständigkeit der Strafvollstreckungskammer und des Gerichts des ersten Rechtszuges nach § 462a StPO, DRiZ **1977** 236; *Katholnigg* Aus der Rechtsprechung zum Strafvollstreckungsrecht, NStZ **1981** 174; **1982** 241, 280; **1983** 299; **1984** 304; **1985** 303; **1986** 299; *ders.* Zur Zuständigkeit der Staatsanwaltschaft in der Strafvollstreckung, NStZ **1982** 195; *ders.* Zuständigkeit und Stellung des Staatsanwalts im Verfahren zur Bewährungsüberwachung, NStZ **1987** 112; *Laubenthal* 30 Jahre Vollzugszuständigkeit der Strafvollstreckungskammern, FS Böttcher (2007) 325; *Meyer-Goßner* Theorie ohne Praxis und Praxis ohne Theorie im Strafverfahren, ZRP **2000** 346; *Peters* Der Auftrag des Gesetzgebers an die Strafvollstreckungskammer, GA **1977** 97; *ders.* Die Tätigkeit der Strafvollstreckungskammer unter besonderer Berücksichtigung von § 109 StVollzG, JR **1979** 397; *Raacke* Zurückverweisung in Strafsachen und Nachtragsentscheidungen, NJW **1966** 1697; *W. Schmidt* Die Strafvollstreckungskammern in der Praxis, NJW **1975** 1485; **1976** 224; *Stromberg* Die Strafvollstreckungskammern der Landgerichte, MDR **1979** 353; *Thomann* Das Vollstreckungs- und Vollzugsgericht (1973); *Treptow* Das Verfahren der Strafvollstreckungskammern, NJW **1975** 1105; *ders.* Die Strafvollstreckungskammern in der Praxis, NJW **1976** 222; *ders.* Zur Tätigkeit der Strafvollstreckungskammer in Vollzugssachen, NJW **1977** 1037; *Valentin* Obergerichtliche Rechtsprechung zu Zuständigkeitsfragen bei § 462a, NStZ **1981** 128.

Entstehungsgeschichte

Der durch die Verordnung vom 13.3.1940 (RGBl. I S. 1489) eingefügte § 462a beschränkte sich auf den Ausspruch, dass das Amtsgericht auch bei der ihm obliegenden nachträglichen Bildung einer Gesamtstrafe (§ 460) seine Strafgewalt (§ 24 Abs. 2 GVG) nicht überschreiten dürfe und dass, wenn diese Strafgewalt nicht ausreiche, die Strafkammer des übergeordneten Landgerichts entscheide. Durch Art. 21 Nr. 132 EGStGB 1974 erhielt § 462a weitgehend die jetzt geltende Fassung. Der Inhalt des § 462a a. F. findet sich jetzt in § 462a Abs. 3 Satz 4. Absatz 6 ist durch Art. 1 Nr. 34 StVÄG 1979 eingefügt worden. Durch Art. 2 Nr. 9 des 23. StRÄndG vom 13.4.1986 ist die Paragrafenkette in den Absätzen 1 und 4 jeweils um § 454a erweitert worden. Durch Art. 2 Nr. 6 Gesetzes zur Neuordnung des Rechts der Sicherungsverwahrung und zu begleitenden Regelungen vom 22.12.2010[1] wurde dem Absatz 2 ein neuer Satz 3 angefügt. Danach ist abweichend von Absatz 1 nicht die Strafvollstreckungskammer für Entscheidungen in den dort bezeichneten Fällen zuständig, sondern das Gericht des ersten Rechtszuges, wenn es die Anordnung der Unterbringung in der Sicherungsverwahrung vorbehalten hat (§ 66a StGB) und eine Entscheidung darüber nach § 66a Abs. 3 StGB noch möglich ist.

Übersicht

1 BGBl. I S. 2300, 2303.

Alphabetische Übersicht

I. Inhalt und Bedeutung der Vorschrift

1 **1. Grundgedanke der Konzentration von Nachtragsentscheidungen.** § 462a i. V. m. § 454 bildet das **Kernstück der Reformen,**[2] die das EGStGB 1974 im Abschnitt „Strafvollstreckung" durchgeführt hat. § 78a Abs. 1 Satz 1 GVG sieht die Bildung von **Strafvollstreckungskammern** als Spezialspruchkörper solcher Landgerichte vor, in deren Bezirk **Anstalten** (für Erwachsene) unterhalten werden, in denen Freiheitsstrafen oder freiheitsentziehende Maßregeln der Besserung und Sicherung vollzogen werden oder andere Vollzugsbehörden ihren Sitz haben. Diese mit besonderer funktioneller Zuständigkeit[3] ausgestatteten Strafvollstreckungskammern sind nach § 78a Abs. 1 Satz 2 Nr. 1 GVG unter anderem zuständig für die Entscheidungen nach §§ 462a, 463, soweit sich nicht aus der Strafprozessordnung etwas anderes ergibt. Der Strafprozessordnung fällt also die Aufgabe zu, den durch die Verweisung auf die §§ 462a, 463 allgemein umschriebenen Aufgabenbereich der Strafvollstreckungskammer einschränkend näher zu bestimmen.

2 Die **Bildung der Strafvollstreckungskammern** beruht, soweit es sich um Freiheitsstrafen (und freiheitsentziehende Maßregeln der Besserung und Sicherung, § 463) handelt, auf dem **Grundgedanken**, in solchen Fällen, in denen die Freiheitsstrafe (Maßregel) vollzogen wird oder zum Teil vollzogen war, die Vollstreckung aber noch nicht endgültig erledigt ist, die besonderen Erfahrungen und die **Entscheidungsnähe** der Strafvollstreckungskammern für die ihnen obliegenden Entscheidungen zu nutzen.[4] Unter diesem Gesichtspunkt grenzt § 462a einmal die **sachliche Zuständigkeit** der Strafvollstreckungskammer gegenüber der Zuständigkeit des Gerichts des ersten Rechtszuges ab, das nach rechtskräftigem Abschluss des Erkenntnisverfahrens für Nachtragsentscheidungen zuständig ist, soweit der Gesichtspunkt der besonderen Erfahrung und Entscheidungsnähe keine Rolle spielt (Absätze 2 bis 4) oder gegenüber anderen kriminalpolitischen Erwägungen zurücktritt (Absatz 5). Ferner regelt § 462a die **örtliche Zuständigkeit** der Strafvollstreckungskammer. Ihr Haupttätigkeitsgebiet sind die Entscheidungen über die Aussetzung des Strafrestes (§ 57 StGB), die Entlassung aus dem Maßregelvollzug (§§ 67d, 67e StGB) und die im Rahmen der Führungsaufsicht zu treffenden Entscheidungen (§§ 67h, 68f StGB). Daneben obliegen ihnen erstinstanzlich die Ent-

2 Zur Entstehungsgeschichte und den Vorbildern der Reform s. *Blau* 359 ff.
3 KK/*Appl* 2.
4 *Bringewat* 2.

scheidung bei Anträgen auf gerichtliche Entscheidung gegen Maßnahmen der Strafvollzugsbehörde, wenn der Antragsteller geltend macht, durch die Maßnahme oder ihre Ablehnung oder Unterlassung in seinen Rechten verletzt zu sein (§§ 109 ff. StVollzG) sowie die gerichtlichen Entscheidungen betreffend die Vollstreckung ausländischer Erkenntnisse in der Bundesrepublik Deutschland (§§ 84g, 84j IRG) und hinsichtlich der Überwachung von ausländischen Bewährungsmaßnahmen und alternativen Sanktionen (§§ 90h, 90j, 90k IRG).

2. Zuständigkeitskonzentration bei einem Gericht. Neben dem Gesichtspunkt 3 der Übertragung von Nachtragsentscheidungen auf „entscheidungsnahe" Gerichte ist auch der Gedanke einer „zusammenfassenden Würdigung" von Tat und Täter (§ 54 Abs. 1 Satz 3 StGB), einer **Gesamtschau** bei den Nachtragsentscheidungen, die gegenüber einem **in verschiedenen Verfahren** abgeurteilten Täter erforderlich sind, ein wesentliches Reformanliegen. Er führt zu einer Zuständigkeitskonzentration bei **einem** Gericht. Soweit es sich um die nachträgliche Gesamtstrafenbildung (§ 460) handelt, war die Zuständigkeitskonzentration hergebracht (§ 462 Abs. 3 a. F., jetzt § 462a Abs. 3). Auf dem Gesichtspunkt der zusammenfassenden Würdigung beruht nunmehr auch die Zuständigkeitskonzentration bei der Strafvollstreckungskammer durch Absatz 1 und Absatz 4 Satz 3, vor allem aber auch die neu geschaffene Zuständigkeitskonzentration nach Absatz 4 Satz 1, 2, wo im Anschluss an die Zuständigkeitsregelung bei Gesamtstrafenbildung (Absatz 3) eine entsprechende Zuständigkeitskonzentration für Nachtragsentscheidungen gegenüber einem in verschiedenen Verfahren ohne Gesamtstrafenzusammenhang abgeurteilten Täter geschaffen ist.

II. Zuständigkeit der Strafvollstreckungskammer

1. Sachliche Zuständigkeit

a) Freiheitsstrafe. Absatz 1 Satz 1 setzt voraus, dass gegen den **Verurteilten** eine 4 Freiheitsstrafe vollstreckt wird. Bei einem auf freiem Fuß befindlichen Verurteilten ist zuständiges Gericht nach Absatz 2 Satz 1 grundsätzlich das Gericht des ersten Rechtszuges.[5] Er findet mithin keine Anwendung, soweit die Entscheidungen andere Personen wie Mitangeklagte, Nebenkläger, aber auch Verleger oder Redakteure i. S. von § 463c Abs. 3 betreffen.[6] Freiheitsstrafe ist hier nur die Erwachsenenfreiheitsstrafe, und zwar nicht nur die primäre Freiheitsstrafe (§ 38 StGB), sondern auch die **Ersatzfreiheitsstrafe,** denn sie tritt mit Beginn des Vollzugs als echte Freiheitsstrafe an die Stelle der Geldstrafe.[7] Nach – nicht unbestrittener[8] – Auffassung kann auch bei einer Ersatzfreiheitsstrafe ein Strafrest zur Bewährung ausgesetzt werden. Wegen der Zuständigkeit der Strafvollstreckungskammer bei Einwendungen nach den §§ 459e, s. § 459o, 19. Wird ein auf Freiheitsstrafe erkennendes Urteil gegen einen in dieser Sache in Untersuchungshaft befindlichen Angeklagten durch unmittelbar nach der Urteilsverkündung erklärten allseitigen Rechtsmittelverzicht rechts-

---

5 OLG München Beschl. vom 26.10.2020 – 2 Ws 1103/20.

6 BGH NStZ **1987** 428; KK/*Appl* 5; Meyer-Goßner/*Schmitt* 4.

7 BGHSt **20** 16; **30** 223; BGH NStZ RR **2007** 94; BGH Beschl. vom 1.8.2018 – 2 ARs 197/18; OLG Hamburg JR **1976** 519 mit Anm. *Peters*; OLG München NStZ **1984** 238; KK/*Appl* 7; Meyer-Goßner/*Schmitt* 4; *Bringewat* 7; s. auch BTDrucks. **7** 550, Begr. zu Art. 19 Nr. 122, S. 314, dass es – entgegen der Ansicht der Strafvollzugskommission (S. 312) nicht geboten sei, „Ersatzfreiheitsstrafen von der möglichst einheitlich auszugestaltenden Zuständigkeit der Strafvollstreckungskammer auszunehmen".

8 Vgl. zum Streitstand LK/*Hubrach* § 57, 4; *Fischer* § 57, 3; MüKo-StGB/*Groß* § 57, 9.

kräftig, so ist für die Entscheidung über die Aussetzung des nach Anrechnung der Untersuchungshaft verbleibenden Strafrestes zur Bewährung und darauf bezogene Folgeentscheidungen nicht das erkennende Gericht, sondern die Strafvollstreckungskammer sachlich zuständig. Dies gilt auch dann, wenn das Tatgericht eine Strafrestaussetzung unzulässigerweise im Rahmen einer Absprache zugesagt hatte.[9]

5 **b) Jugendstrafe. Jugendstrafe** ist keine Freiheitsstrafe i. S. v. Absatz 1 Satz 1. Die Vollstreckung von Jugendstrafe ist daher keine Vollstreckung von Freiheitsstrafe i. S. d. Absatzes 1 Satz 1 und begründet auch dann nicht die sachliche Zuständigkeit der Strafvollstreckungskammer, wenn sie im Erwachsenenvollzug erfolgt.[10] Wird neben einer Jugendstrafe aus einer weiteren Verurteilung eine Freiheitsstrafe vollstreckt, so besteht eine parallele Zuständigkeit des Jugendrichters als Vollstreckungsleiter und der Strafvollstreckungskammer. Die Zuständigkeit des Jugendrichters endet erst mit der Abgabe nach § 89a Abs. 3, § 85 Abs. 6 JGG oder vollständiger Vollstreckung der Jugendstrafe.[11] Der nach § 82 Abs. 1, § 110 Abs. 1 JGG zuständige Jugendrichter nimmt nach § 85 Abs. 2 als Vollstreckungsleiter die Aufgaben wahr, die die Strafprozessordnung der Strafvollstreckungskammer zuweist,[12] und zwar auch dann, wenn ein Oberlandesgericht im ersten Rechtszug entschieden hat.[13] Daran ändert sich auch nichts, wenn nach § 89b JGG Jugendstrafe nicht in der Jugendstrafanstalt, sondern nach den Vorschriften des Vollzugs für Erwachsene (§ 89b Abs. 1 Satz 2 JGG), also in der Erwachsenenstrafanstalt vollzogen wird. Die **Zuständigkeit des Jugendrichters als Vollstreckungsleiter** wird durch diese Herausnahme aus dem Jugendstrafvollzug nicht berührt.[14] Die Entscheidungsnähe kann durch Abgabe und Übergang der Vollstreckung an den Jugendrichter eines anderen Amtsgerichts (§ 85 JGG) herbeigeführt werden, wenn dies aus verkehrsmäßigen Gründen günstiger erscheint. Während der Vollstreckung einer Jugendstrafe obliegt die Entscheidung über eine vorzeitige Abkürzung der Sperrfrist für die Wiedererteilung einer entzogenen Fahrerlaubnis (§ 69a Abs. 7 StGB) dem Jugendrichter als Vollstreckungsleiter.[15] Von dieser Abgrenzung der Vollstreckungszuständigkeit ist die Frage zu unterscheiden, wer für einen Antrag auf gerichtliche Entscheidung gegen eine **Vollzugsmaßnahme** zuständig ist. Wird die Jugendstrafe nach § 89b JGG im Erwachsenenvollzug verbüßt, entscheidet die Strafvollstreckungskammer nach §§ 109 ff. StVollzG.[16]

---

9 OLG Oldenburg NStZ **2009** 656 Ls.

10 OLG Celle ZJJ **2019** 402.

11 OLG Celle ZJJ **2019** 402.

12 BGHSt **26** 162 = JR **1976** mit Anm. *Brunner* = LM § 82 JGG Nr. 1 mit Anm. *Kohlhaas*; **27** 25 = JR **1977** 259 mit Anm. *Brunner*; **27** 329, 332 = JR **1979** 82 mit Anm. *Peters*; **28** 351; BGH NStZ **1985** 92; OLG Karlsruhe MDR **1980** 1037; OLG Hamburg NStZ **1986** 336 mit zust. Anm. *Jabel*; KK/*Appl* 5; Meyer-Goßner/*Schmitt* 39; im Ergebnis auch *Bringewat* 8.

13 OLG Düsseldorf NStZ **2001** 616.

14 BGHSt **24** 332; **27** 207 = LM § 462a StPO Nr. 16 mit Anm. *Willms*; **27** 329 = JR **1979** 82 mit Anm. *Peters* = LM § 82 JGG Nr. 3 mit Anm. *Willms*; **28** 351 = LM § 462a StPO Nr. 22 mit Anm. *Willms*; BGH NJW **1977** 1973; NStZ **1985** 92; BGH bei *Böhm* NStZ **1981** 252 unter I 5; BGH NStZ **1997** 100; **1997** 255; BGH StraFo **2007** 258; OLG Dresden NStZ-RR **1998** 60; OLG Koblenz StraFo **2004** 179; OLG Schleswig ZJJ **2009** 59; OLG Hamm JMBlNRW **1978** 35; OLG Düsseldorf MDR **1992** 896; **1993** 171; KK/*Appl* 5; Meyer-Goßner/*Schmitt* 39; *Bringewat* 8, 9; **a. A.** OLG Düsseldorf GA **1987** 512; LG Krefeld NJW **1979** 666.

15 OLG Frankfurt NStZ-RR **1996** 285.

16 BGHSt **29** 33, 36; BGH NStZ **1985** 92; KK/*Appl* 6; *Bringewat* 10; **a. A.** OLG Karlsruhe NStZ **1993** 104; Meyer-Goßner/*Schmitt* 39.

c) Strafarrest (§ 9 WStG). Strafarrest gegen Soldaten der Bundeswehr ist eine Freiheitsstrafe im weiteren Sinn, bei der nach § 14a WStG die Vorschriften des StGB über die Aussetzung eines Strafrestes entsprechend gelten. Daher ist i. S. von Absatz 1 Satz 1 auch der Strafarrest eine Freiheitsstrafe, unabhängig davon, ob er in Justizvollzugsanstalten oder von Behörden der Bundeswehr vollzogen wird.[17] 6

d) Erzwingungshaft. Erzwingungshaft bei Uneinbringlichkeit von Geldbußen nach § 96 OWiG sowie in Strafverfahren festgesetzte Haft als Ordnungs- und Zwangsmittel (Art. 6 EGStGB 1974) sind keine Freiheitsstrafen.[18] 7

e) Vollstreckung. Vollstreckt i. S. von Absatz 1 Satz 1 wird eine Freiheitsstrafe nicht schon durch die auf Herbeiführung des Vollzugs gerichteten Maßnahmen der Vollstreckungsbehörde, also nicht schon mit der Ladung des auf freiem Fuß befindlichen Verurteilten zum Strafantritt (§ 27 StVollstrO) und dem Aufnahmeersuchen an die Vollzugsanstalt (§ 29 StVollstrO)[19] oder der Ergreifung von Zwangsmaßnahmen zur Gestellung, sondern erst mit dem **Vollzugsbeginn.**[20] Solange in diesem Sinn die Vollstreckung der Freiheitsstrafe noch nicht begonnen hat, ist für die Nachtragsentscheidungen gemäß § 462a Abs. 2 das Gericht des ersten Rechtszuges zuständig.[21] Vorbereitende Maßnahmen im Vollstreckungsverfahren begründen die Zuständigkeit der Strafvollstreckungskammer nicht. 8

Demgemäß hat § 462a auch keine Änderung der Rechtslage in den Fällen gebracht, in denen **bei der** – noch nicht rechtskräftigen – **Aburteilung unter Anrechnung der Untersuchungshaft** bereits zwei Drittel der erkannten Strafe verbüßt sind und der Verurteilte aus der Untersuchungshaft entlassen worden ist, bevor das Gericht darüber entschieden hat, ob die Vollstreckung des Strafrestes zur Bewährung auszusetzen ist. Die Entscheidung ist dann dem erkennenden Gericht als dem entscheidungsnäheren zu überlassen, und es ist nicht etwa die Strafvollstreckungskammer zuständig, in deren Bezirk die Untersuchungshaftanstalt gelegen ist.[22] Die Strafvollstreckungskammer wird erst dann sachlich zuständig, wenn die Untersuchungshaft unmittelbar in Strafhaft übergeht,[23] und zwar mit der Folge, dass der Verurteilte damit zugleich in die Justizvollzugsanstalt aufgenommen ist, in der er sich zu diesem Zeitpunkt befindet. Das gilt selbst dann, wenn bei Strafbeginn – Rechtskraft des Urteils[24] – eine Verlegung in die nach dem Vollstreckungsplan zuständige Anstalt zu erwarten ist[25] oder bereits zwei Drittel 9

17 Wegen der örtlichen Zuständigkeit der Strafvollstreckungskammer s. § 78a Abs. 1 Satz 1 letzter Hs. GVG „oder soweit in ihrem Bezirk andere Vollzugsbehörden ihren Sitz haben"; wegen der Anwendung von § 462a Abs. 1 Satz 1 auch bei Verbüßung von Strafarrest in einer Kaserne BGHSt **26** 391 = LM § 462a StPO Nr. 13 mit Anm. *Willms*; OLG Stuttgart OLGSt § 462a StPO, 31; LG Hildesheim NdsRpfl. **2007** 383; *Doller* MDR **1977** 273; KK/*Appl* 8; Meyer-Goßner/*Schmitt* 4; *Bringewat* 7.

18 *Bringewat* 7.

19 Meyer-Goßner/*Schmitt* 5; *Bringewat* 11.

20 BGH NStZ **2000** 111; NStZ-RR **2003** 293; OLG Nürnberg OLGSt StPO § 462 Nr. 20.

21 BGHSt **26** 165; **26** 189; **26** 278; KK/*Appl* 10.

22 OLG Hamm MDR **1978** 592; NJW **1980** 2090; OLG Düsseldorf StV **1989** 216; anders noch JR **1976** 31 mit abl. Anm. *Peters*; *Valentin* NStZ **1981** 129; KK/*Appl* 9; Meyer-Goßner/*Schmitt* 6.

23 OLG Bamberg NStZ-RR **2013** 326.

24 OLG Hamm OLGSt § 462a, 53; OLG Düsseldorf NStZ **1981** 366; OLG Celle NStZ **1985** 188; OLG Köln OLGSt § 462a, 77; LG Bonn NStZ **1982** 349; Meyer-Goßner/*Schmitt* 6.

25 BGHSt **38** 63; KK/*Appl* 9; Meyer-Goßner/*Schmitt* 5.

der erkannten Strafe nach § 57 Abs. 4 StGB als verbüßt gelten.[26] Wegen der örtlichen Zuständigkeit s. Rn. 13 a. E.

2. Örtliche Zuständigkeit (Absatz 1 Satz 1)

10 **a) Verfassungsmäßigkeit der Regelung.** Wird Freiheitsstrafe vollzogen, so bestimmt sich die örtliche Zuständigkeit der Strafvollstreckungskammer nach der Lage der Justizvollzugsanstalt, in die der Verurteilte zu dem Zeitpunkt aufgenommen ist, in dem das Gericht mit der Sache befasst wird.[27] Die Zuständigkeit der Strafvollstreckungskammer wird bereits mit der Aufnahme des Verurteilten in eine Justizvollzugsanstalt ihres Bezirks begründet und nicht erst dann, wenn sie mit einer bestimmten Entscheidung befasst ist. Letzteres hindert lediglich bis zur abschließenden Entscheidung den Wechsel der örtlichen Zuständigkeit.[28] Die so begründete Zuständigkeit entfällt auch dann nicht, wenn der Verurteilte in sein Heimatland abgeschoben wird.[29] Bei Inkrafttreten des § 462a am 1.1.1975 war gegen diese Zuständigkeitsregelung der Einwand denkbar, sie verletze den **Grundsatz des gesetzlichen Richters** (Art. 101 GG), weil sie die örtliche Zuständigkeit der Strafvollstreckungskammer von einem Handeln der Verwaltungsbehörde, nämlich der „Aufnahme" in eine bestimmte Justizvollzugsanstalt, abhängig mache, die ihrerseits wieder durch Verwaltungshandeln – Verlegung des Gefangenen von einer in eine andere Anstalt – bestimmt werde.[30] Diese Bedenken erscheinen durch das StrafvollzugsG 1976 ausgeräumt. Denn die örtlich und sachlich zuständige Justizvollzugsanstalt wird durch die auf gesetzlicher Grundlage nach den Strafvollzugsgesetzen der Länder beruhenden **Vollstreckungspläne** der Länder bestimmt und auch wenn diese Regelungen nicht in der Form von Rechtsverordnungen, sondern allgemeiner Verwaltungsanordnungen getroffen werden sollten, haben sie durch Selbstbindung der Verwaltung anspruchsbegründende Außenwirkung. Auch die Voraussetzungen einer Verlegung von Gefangenen in eine andere Anstalt sind gesetzlich geregelt und ihre Rechtmäßigkeit im Einzelfall der gerichtlichen Kontrolle durch die Strafvollstreckungskammer nach Maßgabe der §§ 109 ff. StVollzG unterstellt. Daran ändern auch die Entwicklungen im Zuge der Föderalismusreform nichts, wodurch die Gesetzgebungskompetenz für den Strafvollzug vom Bund auf die Länder übergegangen ist. Ist nach dem Landesrecht die Möglichkeit eröffnet, den Untergebrachten auch in eine andere als im Vollstreckungsplan vorgesehene Einrichtung zu verlegen, so ist nach erfolgter Verlegung diese Therapieeinrichtung die zuständige Anstalt im Sinne von § 463 Abs. 1, § 462a Abs. 1.[31] Damit erscheint im Rahmen des Möglichen das getan, was zur Gewährleistung des Grundsatzes des gesetzlichen Richters erforderlich ist. Darüber, dass die einmal begründete örtliche Zuständigkeit nicht durch Verlegungen vor der abschließenden Entscheidung berührt wird, vgl. Rn. 20.

11 **b) Aufnahme.** Aufgenommen ist der Verurteilte in derjenigen nach dem Vollstreckungsplan (Rn. 10) **zuständigen Anstalt**, in der die Strafe an ihm tatsächlich und nicht

---

26 BGHSt **27** 302 = NJW **1978** 1443 mit Anm. *Paeffgen*; LG Bonn NStZ **1982** 349; KK/*Appl* 9; Meyer-Goßner/*Schmitt* 5; *Bringewat* 12.

27 BGH NStZ-RR **2001** 267.

28 BGH NStZ **2000** 111.

29 BGH NStZ **2000** 111.

30 BTDrucks. **7** 550, Begr. zu Art. 19 Nr. 122 Entw. EGStGB, S. 313.

31 BGH NStZ-RR **1998** 155.

nur ganz vorübergehend vollzogen wird.[32] Hat sich der Verurteilte in Untersuchungshaft befunden, so geht mit dem Eintritt der Rechtskraft der Freiheitsstrafe die Untersuchungshaft des einsitzenden Verurteilten ohne weiteres in Strafhaft über. Damit wird der Verurteilte nach Absatz 1 Satz 1 in die Justizvollzugsanstalt aufgenommen und die Strafvollstreckungskammer wird für die danach zu treffenden Entscheidungen zuständig.[33] Besteht die Anstalt aus einer Hauptanstalt und einer oder mehreren Außenstellen, ist die für die Hauptanstalt zuständige Strafvollstreckungskammer auch für die Außenstellen zuständig, da Hauptanstalt und Außenstellen eine organisatorische Einheit bilden und deshalb i. S. von Absatz 1 Satz 1 als eine Einheit anzusehen sind.[34] Das gilt auch dann, wenn die Außenstelle in einem anderen Landgerichtsbezirk liegt als die Hauptanstalt.[35]

Aufnahme ist dabei sowohl die **Erstaufnahme** zum Vollzug als auch jede spätere 12
Aufnahme infolge Verlegung im Strafvollzug.[36] Dabei ist es unerheblich, ob die Vollzugseinrichtung nach dem Vollstreckungsplan des jeweiligen Landes auch zuständig ist. Dies gilt auch dann, wenn – wie im Fall vom Übergang der Untersuchungshaft in Strafhaft eine spätere Verlegung in eine zuständige Einrichtung schon abzusehen ist.[37] Daraus, dass die Aufnahme darüber entscheidet, wer der gesetzliche Richter ist, folgt, dass es sich um eine **Aufnahme von einiger Dauer** handeln muss.[38] Daher berühren nur ganz vorübergehende Verlegungen in eine andere Justizvollzugsanstalt,[39] etwa zur Wahrnehmung eines gerichtlichen Termins, die Zuständigkeit der Strafvollstreckungskammer nicht.[40] Das gilt auch z. B. bei Verlegung zu einer etwa drei Wochen dauernden Krankenhausbehandlung.[41] Solche kurzfristigen und meist zeitlich von vornherein einigermaßen genau abgrenzbaren Verlegungen beeinträchtigen die Zuständigkeit der für die „Stammanstalt" zuständigen Strafvollstreckungskammer nicht.[42] Die „Aufnahme" bleibt auch bei Lockerungen des Vollzugs und insbesondere bei Beurlaubung als Vollzugsmaßnahme bestehen. Die so begründete Zuständigkeit entfällt auch dann nicht, wenn nach § 456a von der weiteren Vollstreckung abgesehen und der Verurteilte abgeschoben wird. Absatz 1 Satz 1 präzisiert diese Regelung dahingehend, dass insofern auf den Zeitpunkt abzustellen ist, zu dem eine erstmalige Befassung mit der konkreten Angelegenheit gegeben war.[43]

---

32 BGH NStZ **1984** 380; **2012** 652; StraFo **2015** 346; NStZ-RR **2015** 58; **2017** 263; StV **2018** 354; Meyer-Goßner/*Schmitt* 5; *Bringewat* 15.

33 BGH NStZ **1999** 638; NStZ-RR **2000** 296 Ls.; Beschl. vom 1.8.2018 – 2 ARs 197/18; OLG Jena NStZ-RR **2012** 94 Ls.

34 BGHSt **28** 135; BGH NStZ **1994** 304; OLG Hamm bei *Doller* MDR **1977** 274; OLG Celle MDR **1978** 594; s. auch OLG Karlsruhe Justiz **1978** 241; KK/*Appl* 14; Meyer-Goßner/*Schmitt* 8; *Bringewat* 14.

35 BGHSt **28** 135 = LM § 462a StPO, 4 mit Anm. *Willms*; **36** 229; KK/*Appl* 15.

36 BGHSt **26** 165; **26** 278; **36** 230; BGH NJW **1990** 261; StV **2018** 354; OLG Zweibrücken NStZ **2010** 109; KK/*Appl* 15.

37 BGHSt **38** 63, 65; BGH NStZ **2012** 652.

38 OLG Düsseldorf NStZ **1985** 334; *Treptow* NJW **1975** 1107; KK/*Appl* 8; Meyer-Goßner/*Schmitt* 15.

39 OLG Stuttgart NJW **1976** 258; BGH NStZ-RR **2012** 358; **2013** 390; *Bringewat* 18.

40 BTDrucks. **7** 550, Begr. zu Art. 19 Nr. 122 Entw. EGStGB, S. 313; BGHSt **26** 166; **26** 279; **36** 229; BGH NJW **1990** 261; OLG Düsseldorf MDR **1975** 863; Meyer-Goßner/*Schmitt* 13.

41 BGH NJW **1976** 249; **1990** 264; StraFo **2015** 346; NStZ-RR **2015** 58; nicht aber für die Aufnahme des Verurteilten in eine Vollzugsanstalt zur Beurteilung durch die Einweisungskommission: OLG Stuttgart NJW **1977** 1074; KK/*Appl* 14; Meyer-Goßner/*Schmitt* 5; *Bringewat* 18.

42 BGH NStZ-RR **2009** 187; OLG Stuttgart NJW **1976** 258; **a. A.** *W. Schmidt* NJW **1975** 1489; **1976** 224.

43 BGH NStZ-RR **2017** 263.

13 Bei **Vollzugsbeginn** geschieht die Aufnahme, wenn sich der Verurteilte in der durch Strafantrittsladung und Aufnahmeersuchen bezeichneten Anstalt freiwillig stellt oder nach Ergreifung dorthin verbracht wird.[44] Die Zuständigkeit der für diese Anstalt zuständigen Strafvollstreckungskammer bleibt auch dann begründet, wenn der Verurteilte sich anschließend nur für wenige Tage in der betreffenden Justizvollzugsanstalt zur Strafverbüßung aufhält.[45] Es reicht zur Begründung der Zuständigkeit der Strafvollstreckungskammer nicht aus, dass nur eine Ladung zum Strafantritt erfolgt ist.[46] Stellt sich der Verurteilte entgegen der Ladung zum Strafantritt – aus welchen Gründen auch immer – in einer anderen Justizvollzugsanstalt und wird er nach wenigen Tagen in die vorgesehene Anstalt überführt, so begründet die Aufnahme in der ersten Anstalt nicht die Zuständigkeit nach Absatz 1 Satz 1. Die örtliche Zuständigkeit richtet sich dann nach dem Sitz der Justizvollzugsanstalt, in die der Verurteilte geladen war.[47] Eine **Aufnahme** i. S. des § 462a **liegt noch nicht vor** – mag dies auch für die Strafzeitberechnung von Bedeutung sein –, wenn der mittellose Verurteilte zunächst in eine näher gelegene Anstalt geladen wird, um alsbald der zuständigen Anstalt zugeführt zu werden (§ 27 Abs. 5 StVollstrO).[48] Eine Zuständigkeit der Strafvollstreckungskammer ist auch dann zu verneinen, wenn ein noch in Untersuchungshaft befindlicher Verurteilter, der nach Rechtskraft zunächst noch in der Untersuchungshaftanstalt verbleibt, alsbald in die nach dem Vollstreckungsplan zuständige Vollzugsanstalt verlegt wird,[49] und vermag deshalb auch keine Zuständigkeit der für die Haftanstalt zuständigen Strafvollstreckungskammer zu begründen.[50] **Organisationshaft** ist eine die sachliche und funktionelle Zuständigkeit der Strafvollstreckungskammer begründende Vollstreckung einer Freiheitsstrafe i. S. v. Absatz 1.[51] Es handelt sich insoweit um schlichte Strafhaft, deren Dauer zunächst nicht feststeht und bei der es sich daher **nicht** um eine kurzfristige vorübergehende Aufnahme handelt, die noch keine zuständigkeitsbegründende Wirkung entfaltet.[52]

14 **3. Mit der Sache befasst werden. „Befasst"** i. S. v. Absatz 1 Satz 1 ist ein Gericht dann, wenn Tatsachen aktenkundig werden, die eine Entscheidung, z. B. den Widerruf der Strafaussetzung rechtfertigen können.[53] Die Strafvollstreckungskammer wird dann befasst, wenn der von Amts wegen zu beachtende maßgebliche Zeitpunkt nach § 57 StGB herannaht,[54] denn dieser Zeitpunkt ist stets über die Strafzeitberechnung im Vollstreckungsheft aktenkundig. Dabei kommt es nicht darauf an, ob die Akten dem Gericht zu diesem Zeitpunkt bereits vorliegen.[55] An der Zuständigkeit ändert sich auch nichts durch

---

44 BGH StV **1984** 382; OLG Düsseldorf StraFo **1998** 430.

45 OLG Hamm Beschl. vom 3.12.2005 – 3 (s) Sbd.1-15/15; vom 7.3.2017 – 1 Ws 72/17.

46 OLG Düsseldorf StraFo **1998** 430.

47 OLG Zweibrücken NStZ **2003** 54.

48 Meyer-Goßner/*Schmitt* 5; *Bringewat* 15; s. aber BGH bei *Holtz* MDR **1979** 990.

49 OLG Düsseldorf NJW **1979** 1469; *Bringewat* 17.

50 BGHSt **38** 63; BGH bei *Miebach* NStZ **1990** 230; KK/*Appl* 9, 14.

51 BGH Beschl. vom 28.7.2015 – 2 ARs 141/15; NStZ-RR **2018** 190; OLG Hamm NStZ **2010** 295; OLG Celle OLGSt StPO § 462a Nr. 26; KK/*Appl* 9; **a. A.** Radtke/Hohmann/*Baier* 6; Meyer-Goßner/*Schmitt* 6.

52 BGH StV **2018** 357.

53 BGHSt **26** 187, 188; **30** 189, 191; BGH NStZ **2000** 391; StraFo **2004** 71; **2006** 77; **2007** 257; NJW **2010** 951; NStZ-RR **2013** 390; OLG Düsseldorf NStZ **1984** 428; VRS **85** (1993) 359; OLG Nürnberg StraFo **2000** 282; LG Bochum NStZ **2003** 567; OLG Zweibrücken NStZ **2010** 109; OLG Jena NStZ-RR **2012** 94 Ls.

54 OLG Dresden StraFo **2005** 171; OLG Frankfurt NStZ-RR **2008** 29.

55 BGHSt **26** 214, 216; BGH NStZ **1997** 406; StraFo **2005** 171.

eine spätere Verlegung des Verurteilten in eine andere Justizvollzugsanstalt.[56] Die mit der Sache befasste Strafvollstreckungskammer bleibt auch dann zuständig, wenn der Verurteilte aus der Strafhaft entweicht und nach seiner Flucht bzw. erneuten Festnahme in eine zum Bezirk einer anderen Strafvollstreckungskammer gehörenden Justizvollzugsanstalt eingeliefert wird.[57] Für ein Befasstsein der Strafvollstreckungskammer reicht es aus, wenn die eine Entscheidung notwendig machenden Unterlagen bei einem Gericht eingehen und damit aktenkundig sind,[58] das für die Entscheidung zuständig sein kann.[59] Gericht in diesem Sinne kann auch das Gericht des ersten Rechtszuges sein.[60]

Bei der Auslegung des Begriffs des Befasstseins ist zu unterscheiden, ob das Gericht **von Amts wegen** eine Entscheidung zu treffen hat oder ob der **Antrag** eines **Verfahrensbeteiligten** die gerichtliche Tätigkeit veranlasst. Das Gericht ist bereits mit der Sache befasst, sobald unabhängig davon, ob ein Antrag gestellt ist oder das Gericht schon etwas veranlasst hat, eine nachträgliche Entscheidung des Gerichts erforderlich wird, z. B. weil gesetzliche oder vom Gericht gesetzte Fristen ablaufen oder schon verstrichen sind (§§ 56a, 67e StGB) oder weil eine solche Entscheidung aus anderen Gründen gesetzlich vorgeschrieben ist (z. B. § 67c, § 67h,[61] § 68f Abs. 1[62] StGB), d. h. das Gericht **von Amts wegen** tätig werden muss.[63] Denn die Zuständigkeit kann dann nicht davon abhängen, ob das Gericht rechtzeitig tätig wird oder nicht.[64] Sind bei einer Entscheidung nach § 57 Abs. 1 StGB zwei Drittel der Strafzeit wegen Anrechnung der Untersuchungshaft schon vor Eintritt der Rechtskraft verbüßt, so entscheidet das Datum der Rechtskraft des Urteils über den Zeitpunkt des Befasstseins.[65] 15

Muss **auf** einen **Antrag** hin **entschieden** werden, so liegt immer ein Befasstsein vor, das mit dem **Eingang** des Antrags **bei Gericht** beginnt,[66] nicht etwa schon mit dem Eingang bei einer Staatsanwaltschaft oder einer sonst mit der Strafvollstreckung oder mit dem Strafvollzug befassten Behörde.[67] Auch ein verfrühter Antrag des Verurteilten auf Aussetzung des Strafrestes zur Bewährung begründet ein Befasstsein der Strafvollstre- 16

56 BGH NStZ **2000** 391.

57 OLG Hamm NStZ-RR **2013** 354 Ls.

58 BGHSt **30** 189; BGH NStZ-RR **2012** 358; vgl. auch OLG Jena NStZ-RR **2015** 290 Ls.; OLG Hamm StV **2020** 44 Ls.; OLG Bamberg OLGSt StPO § 462a Nr. 25.

59 BGHSt **30** 189; BGH StraFo **2005** 171; NStZ-RR **2013** 390; OLG Zweibrücken NStZ **2010** 109.

60 BGH StraFo **2003** 277; BGHSt **26** 214, 216; BGH NStZ **1997** 406; KG NStZ **2007** 422; KK/*Appl* 17.

61 OLG Düsseldorf Beschl. vom 18.9.2018 – 2 Ws 155/19.

62 BGH NStZ-RR **2013** 59 (bei Entscheidungen nach §§ 68a bis 68c StGB, § 68f Abs. 1 StGB ist die Strafvollstreckungskammer örtlich zuständig, in deren Bezirk der Verurteilte drei Monate vor Vollzugsende einsitzt, und zwar gleichgültig, ob ihr die Akten vorgelegt wurden oder nicht).

63 BGHSt **26** 187 = LM § 462a StPO, 5 mit Anm. *Willms*; **27** 302 = NJW **1978** 1443 mit Anm. *Paeffgen*; **30** 189; OLG Hamburg NStZ **1982** 48; OLG Düsseldorf NStZ **1984** 428; **1988** 46; OLG Oldenburg NStZ **1985** 192; OLG Zweibrücken NStZ **2010** 109; *Valentin* NStZ **1981** 128; KK/*Appl* 18; Meyer-Goßner/*Schmitt* 11; *Bringewat* 23.

64 BGHSt **26** 165; **26** 188; **26** 214; **27** 302; BGH MDR **1991** 554; OLG Hamburg MDR **1982** 251; OLG Karlsruhe Justiz **1983** 85; OLG Düsseldorf NStZ **1988** 46; VRS **85** (1993) 360; OLG Nürnberg StraFo **2000** 280; *Doller* MDR **1977** 274; KK/*Appl* 18; *Bringewat* 24.

65 BGHSt **27** 302 = LM § 462a StPO, 17 mit Anm. *Willms* = NJW **1978** 1443 mit Anm. *Paeffgen*; BGH NStZ-RR **2006** 66; LG Bonn NStZ **1982** 349; KK/*Appl* 9.

66 OLG Celle Beschl. vom 28.11.2019 – 2 AR 15/19 (Eingang des Antrags der Staatsanwaltschaft auf Erlass eines Sicherungshaftbefehls, unabhängig davon, ob er unzulässig oder offensichtlich unbegründet ist).

67 BGHSt **26** 214; OLG Koblenz MDR **1976** 72; OLG Düsseldorf § 462a StPO, 12; KK/*Appl* 18; Meyer-Goßner/*Schmitt* 10; *Bringewat* 17, 26.

ckungskammer mit dieser Frage.[68] Bevor ein Aussetzungsantrag eingegangen ist, ist die Strafvollstreckungskammer nicht mit der Aussetzung des Strafrestes befasst.[69] Namentlich bei einer mehrfachen Verlegung und Rückverlegung des Gefangenen innerhalb kurzer Zeit (z. B. infolge Belegungsausgleichs) in Anstalten, für die jeweils örtlich verschiedene Strafvollstreckungskammern zuständig sind, erhebt sich die Frage, **bei welchem Gericht der Antrag eingegangen sein muss**, um den Zeitpunkt festzulegen, zu dem die nach § 462a Abs. 1 funktionell zuständige Kammer die örtliche Zuständigkeit erlangt.

17 Nach **OLG Hamm**[70] konnte für das Befasstsein und die daran anknüpfende örtliche Zuständigkeit nicht nur der Zeitpunkt maßgebend sein, in dem der Antrag bei der nach § 462a Abs. 1 zuständigen Strafvollstreckungskammer selbst eingeht, vielmehr sei auf den Zeitpunkt abzustellen, zu dem der Antrag bei „einem" (d. h. bei irgendeinem) Gericht eingeht.[71] Denn schon indem dieses seine Zuständigkeit prüfe und im Fall der Verneinung die Akten weiterleite, sei es mit der Sache befasst. Nur bei einer solchen Auslegung lasse sich der für die Bestimmung der zuständigen Strafvollstreckungskammer maßgebliche Zeitpunkt genau und allgemein sicher feststellen und es komme nicht auf den Zufall an, ob sich der Verurteilte bei Eingang des Antrags noch in der bestimmten Strafanstalt befinde oder zwischenzeitlich verlegt sei. Umgekehrt wird nach OLG Hamm[72] die örtliche Zuständigkeit einer Strafvollstreckungskammer erst begründet, wenn sie selbst mit der Sache zu einem Zeitpunkt befasst wird, zu dem der Verurteilte (wenn auch in anderer Sache) in einer in ihrem Bezirk liegenden Vollzugsanstalt einsitzt. Danach genügt zur Festlegung der örtlichen Zuständigkeit nicht der Eingang des Antrags bei einer anderen Strafvollstreckungskammer und erst recht nicht der Eingang bei einem funktionell unzuständigen Gericht, damit auch nicht der Eingang beim erkennenden, möglicherweise weit entfernten Gericht.

18 Zwischen diesen divergierenden Auffassungen hat sich der Bundesgerichtshof[73] mit Recht für eine **Mittellösung** entschieden, der sich der 4. StS des OLG Hamm[74] angeschlossen hat und die auch jetzt in der Praxis allgemein anerkannt ist. Danach kann auf der einen Seite – insoweit abweichend von der Ansicht des 3. Strafsenats des OLG Hamm (Fn. 69) – unter „Gericht" nicht schon jedes, auch das von vornherein mit Sicherheit unzuständige Gericht verstanden werden, denn das würde wegen nötiger Rückfragen, Aktenversendungen usw. in zahlreichen Fällen zu einer dem Sinn des Gesetzes zuwiderlaufenden Verzögerung des Verfahrens führen. Auf der anderen Seite kann aber schon mit Rücksicht auf die oft unklaren, die Entscheidung eines übergeordneten Gerichts erforderlich machenden Zuständigkeitsverhältnisse auch nicht ausschließlich darauf abgestellt werden, wann der Antrag bei dem letztlich nach § 462a Abs. 1 zur Entscheidung berufenen Gericht eingegangen ist. Befasst wird vielmehr das Gericht mit der Sache stets dann, wenn der Antrag **bei** dem zuständigen Gericht oder doch **einem Gericht** eingeht, **das** für die Entscheidung **zuständig sein kann**.[75] Das ist das Gericht des ersten Rechts-

---

68 BGH BeckRS **1999** 30047401.

69 BGH StraFo **2005** 171.

70 3. Senat NJW **1975** 1527.

71 **A. A.** *Doller* MDR **1977** 272: Eingang beim zuständigen Gericht erforderlich.

72 4. Senat NJW **1976** 683.

73 BGHSt **26** 214; BGH StraFo **2005** 171; **2003** 277; NStZ **1997** 406.

74 Unter Aufgabe seiner Ansicht in NJW **1976** 683 nunmehr in NJW **1976** 1111 ebenso OLG Zweibrücken OLGSt § 462a StPO, 39; KK/*Appl* 18; Meyer-Goßner/*Schmitt* 10.

75 BGHSt **30** 191; BGH bei *Holtz* MDR **1981** 982; NStZ **1984** 525; BGH bei *Kusch* NStZ **1996** 23; OLG Koblenz NJW **1976** 158; OLG Hamm NJW **1976** 1111; OLG Düsseldorf NStZ **1985** 333; *Valentin* NStZ **1981** 129; KK/*Appl* 19; Meyer-Goßner/*Schmitt* 10; *Bringewat* 22.

zuges (§ 462a Abs. 2 Satz 1) und sind die Strafvollstreckungskammern der Landgerichte, in deren Bezirk der Verurteilte einsitzt oder während einer zur Zeit der Antragstellung noch nicht abgeschlossenen Strafvollstreckung eingesessen hat. Diese einerseits einschränkende, andererseits nicht auf das zuständige Gericht beschränkte Auslegung wird sowohl dem Erfordernis der Verfahrensbeschleunigung als auch den berechtigten Belangen des Antragstellers gerecht.[76]

Bei **Zweifeln über** den **Zeitpunkt** des Eingangs ist, wenn ausnahmsweise der Zeit- 19
punkt des Eingangs bei einem der in Rn. 18 bezeichneten Gerichte sich nicht aus einem Eingangsstempel ergibt, vom ersten sicher den Akten zu entnehmenden Zeitpunkt des Befasstwerdens auszugehen, um jede Unklarheit über den zuständigen (den „gesetzlichen") Richter auszuschließen.[77] Aus diesem Grundsatz sowie den Erwägungen in Rn. 18 folgt, dass für eine nachfolgende **Bewährungsüberwachung** und alle dabei zu treffenden Entscheidungen die für die Entscheidung über die Aussetzung des Strafrestes örtlich unzuständige Strafvollstreckungskammer auch dann nicht zuständig wird, wenn diese Entscheidung rechtskräftig geworden ist. Zuständig ist vielmehr die Strafvollstreckungskammer, die an sich über die Aussetzung hätte entscheiden müssen.[78] Der Verurteilte kann auch nicht durch Rücknahme der Einwilligung in eine Strafrestaussetzung (§ 57 Abs. 1 Nr. 3 StGB) im Falle einer Verlegung auf die Zuständigkeit der mit der Sache bereits befassten Strafvollstreckungskammer und damit auf den gesetzlichen Richter (Art. 101 Abs. 1 Satz 2 GG) Einfluss nehmen.[79]

4. Dauer der örtlichen Zuständigkeit

a) Abschließende Entscheidung. Ist die Strafvollstreckungskammer im Zeitpunkt 20
der Befassung (Rn. 14 ff.) örtlich zuständig geworden, so bleibt diese Zuständigkeit – und gegebenenfalls die des ihr übergeordneten Rechtsmittelgerichts – bestehen, bis **abschließend** sachlich – und zwar rechtskräftig – über die Frage entschieden ist,[80] mit der die Strafvollstreckungskammer befasst wurde. Eine mit der ersten Befassung in einer Sache begründete örtliche Zuständigkeit wird, soweit es diese konkrete Sache betrifft, durch später eingetretene Umstände, etwa eine neuerliche Aufnahme des Verurteilten in den Straf- oder Maßregelvollzug, nicht berührt.[81] Es tritt also nicht vorher ein Zuständigkeitswechsel deshalb ein, weil der Verurteilte in eine Anstalt im Bezirk einer anderen Strafvollstreckungskammer verlegt („aufgenommen") wird.[82] Das gilt auch für den Fall, dass der Verurteilte nach dem Zeitpunkt des Befasstwerdens wegen einer neuen Straftat in einer anderen Justizvollzugsanstalt aufgenommen wird, die zum Bezirk einer anderen

---

76 BGHSt **26** 214; OLG Hamm NJW **1976** 683; **a. A.** *W. Schmidt* NJW **1975** 1488; Bedenken auch bei *Doller* MDR **1977** 274.

77 BGHSt **26** 214; OLG Hamm NJW **1976** 1111; OLG Koblenz MDR **1976** 72; KK/*Appl* 19; Meyer-Goßner/*Schmitt* 10; *Bringewat* 26.

78 BGH NStZ **1985** 428; OLG Düsseldorf NStZ **1985** 333; *Bringewat* 27, 31.

79 OLG Hamm NStZ-RR **2013** 327 Ls.

80 BGHSt **26** 165; **56** 252; BGH NStZ-RR **2000** 296; **2013** 59; NStZ **1997** 379; **2013** 301; StraFo **2003** 431; **2007** 257; **2011** 289; **2016** 86; OLG Zweibrücken MDR **1978** 954; OLG Hamburg NStZ **1982** 48; OLG Düsseldorf MDR **1983** 155; NStZ **1988** 46; OLG Oldenburg NStZ **1985** 192; OLG Zweibrücken NStZ **2010** 109; OLG Bamberg StV **2018** 377 Ls.; OLGSt StPO § 462a Nr 25; OLG Hamm NStZ-RR **2013** 354 Ls. (Entweichen); *Bringewat* 20.

81 BGH NStZ-RR **2017** 263; **2018** 190.

82 BGHSt **26** 214 = LM § 462a StPO, 4 mit Anm. *Willms*; **26** 187 = LM § 462a StPO, 5 mit Anm. *Willms*; **26** 278 = LM § 462a StPO, 8 mit Anm. *Willms*; BGH NStZ **1981** 404; **1984** 380; OLG Stuttgart MDR **1975** 775; NJW **1976** 436; OLG Koblenz GA **1977** 246; OLG Zweibrücken MDR **1978** 954; OLG Hamm MDR **1979** 336;

Strafvollstreckungskammer gehört.[83] Das ergibt sich nicht nur aus allgemeinen, dem Grundsatz des gesetzlichen Richters entnommenen Erwägungen, sondern trägt auch praktischen Überlegungen Rechnung. Denn ein an eine (nicht nur ganz vorübergehende, Rn. 12) Verlegung anknüpfender Zuständigkeitswechsel hätte, wie mit Recht geltend gemacht wird, eine erhebliche Verzögerung des Verfahrens zur Folge. Sie könnte, wenn über die Aussetzung eines Strafrestes zu entscheiden ist, dazu führen, dass der Verurteilte die Strafe voll verbüßt hätte, bevor über seinen Antrag auf vorzeitige Entlassung entschieden ist. Geht Untersuchungshaft in Strafhaft über und befindet sich der Verurteilte zu diesem Zeitpunkt auf dem Transport in eine Justizvollzugsanstalt, die im Bezirk einer anderen Strafvollstreckungskammer liegt, so ist die örtliche Zuständigkeit so zu beurteilen, als wenn der Verurteilte sein Transportziel bereits erreicht hätte.[84]

21 Die **Aufrechterhaltung** der durch das Befasstwerden bewirkten Bestimmung der örtlichen Zuständigkeit ist auch insofern sinnvoll, als die Strafvollstreckungskammer bei ihrer Entscheidung die Erkenntnisse über die Entwicklung des Verurteilten verwerten kann, die sie während dessen Aufenthalt in ihrem Bezirk gesammelt hat. Man wird diesen Erwägungen auch gegenüber den von *Herzog*[85] erhobenen Einwendungen zustimmen müssen. Die von *Herzog* besonders beklagte Folgerung aus der Rechtsprechung des Bundesgerichtshofs, nämlich „in größerem Umfang eine Art von Sternfahrten von Strafvollstreckungskammern zu den verschiedenen Vollzugsanstalten mit sehr hohem Zeit- und Reisekostenaufwand, der sachlich nicht gerechtfertigt ist, da er weder zu einer erheblichen Beschleunigung noch zu einem erheblichen Erkenntnisgewinn ... führen kann“, dürfte ihre Schärfe verloren haben, nachdem sich die Auffassung mehr und mehr durchgesetzt hat, dass die mündliche Anhörung des Verurteilten gemäß § 454 auch durch den beauftragten und den ersuchten Richter erfolgen kann (§ 454, 23 ff.).

22 **b) Beendigung.** Sobald **abschließend** in der Sache, mit der allein die Strafvollstreckungskammer befasst war, **entschieden** ist, endet – vorbehaltlich des Absatzes 1 Satz 2 – die örtliche Zuständigkeit. Hat also z. B. die Strafvollstreckungskammer in A einen Antrag auf Aussetzung des Strafrestes rechtskräftig abgelehnt und wird der Verurteilte vor oder nach dieser Entscheidung in den Bezirk einer anderen Strafvollstreckungskammer verlegt, so ist, wenn weitere Nachtragsentscheidungen zu treffen sind, diese Kammer zuständig, sobald sie mit der Sache befasst wird.[86] Das Gleiche gilt bei **Antragsrücknahme**,[87] aber auch wenn der Verurteilte mit der Aussetzung des Strafrestes nicht einverstanden ist oder wenn er nach einem Hinweis des Gerichts, dass sein Antrag verfrüht sei, diesen zwar nicht formell zurücknimmt, sich aber mit einer Ent-

---

OLG Düsseldorf MDR **1980** 518; **1983** 155; VRS **86** (1994) 460; OLG Karlsruhe NStZ **1981** 454 unter Aufgabe von NStZ **1981** 404; KK/*Appl* 19; **a. A.** OLG Hamm JMBlNRW **1978** 265; OLG Schleswig MDR **1978** 594; *Herzog* NJW **1976** 1077; Meyer-Goßner/*Schmitt* 12; *Bringewat* 13, 21.

83 BGHSt **30** 189; BGH NStZ **1995** 31; OLG Zweibrücken MDR **1978** 994; OLG Karlsruhe NStZ **1981** 494; **1982** 396 mit krit. Anm. *Katholnigg*; OLG Schleswig SchlHA **1986** 155 unter Aufgabe seiner früheren Ansicht in MDR **1978** 594; KK/*Appl* 21; Meyer-Goßner/*Schmitt* 13.

84 BGHSt **26** 278, 279; BGH NStZ-RR **2009** 187.

85 NJW **1976** 1077.

86 BGHSt **26** 278; BGH NStZ-RR **2000** 296; BGHR StPO § 462a Abs. 1 Befasstsein 7 (Gründe); BGH NStZ **1997** 379; StraFo **2007** 257; OLG Karlsruhe StraFo **2002** 339; Justiz **1976** 304; OLG Stuttgart NJW **1976** 436; OLG Oldenburg NStZ **1985** 192; OLG Düsseldorf NStZ **1985** 334; *Valentin* NStZ **1981** 130; KK/*Appl* 23; Meyer-Goßner/*Schmitt* 12.

87 BGHSt **26** 278; OLG Karlsruhe MDR **1992** 595; KK/*Appl* 7; *Meyer-Goßner/Schmitt* 12.

scheidung „zu gegebener Zeit" einverstanden erklärt.[88] Hat die Strafvollstreckungskammer den Strafrest ausgesetzt und sitzt der Verurteilte wegen einer während der Bewährungszeit begangenen Straftat in einer Justizvollzugsanstalt im Bezirk einer anderen Strafvollstreckungskammer ein, so ist letztere zur Entscheidung über den Antrag auf Widerruf der Aussetzung zuständig.[89] Befindet sich der Verurteilte in dem Zeitpunkt, in dem die für Bewährungsüberwachung zuständige Strafvollstreckungskammer mit einem Widerrufsantrag der Staatsanwaltschaft befasst wird, auf freiem Fuß, so tritt kein Zuständigkeitswechsel ein. Vielmehr bleibt diese für die Entscheidung über den Widerrufsantrag auch zuständig, wenn der Verurteilte *danach* im Bezirk einer anderen Strafvollstreckungskammer in Strafhaft genommen wird.[90] Dieser Grundsatz gilt auch für den Fall einer Haftentweichung, wenn der Verurteilte nach seiner Wiederergreifung in eine Justizvollzugsanstalt im Bezirk einer anderen Strafvollstreckungskammer eingeliefert wird.[91] Die für die Anordnung einer Krisenintervention nach § 67h StGB zuständige Strafvollstreckungskammer bleibt mit der Sache bis zur Beendigung der Maßnahme zuständig.[92]

c) Einzelfälle. Den Charakter einer abschließenden Entscheidung verliert ein formell rechtskräftiger Beschluss, der die Aussetzung eines Strafrestes im gegebenen Zeitpunkt **ablehnt**, nicht dadurch, dass in den Gründen ausdrücklich eine erneute Nachprüfung der Aussetzungsfrage nach Ablauf eines bestimmt bezeichneten Zeitraums für geboten erklärt wird. Vielmehr ist für diese erneute Nachprüfung bei einer Verlegung vor oder nach der Entscheidung in eine Justizvollzugsanstalt in einem anderen Landgerichtsbezirk die Strafvollstreckungskammer dieses Bezirks zuständig. Dagegen wird bei einer bloßen Aussetzung der abschließenden Entscheidung zwecks weiterer Klärung der Aussetzungsvoraussetzungen die bisherige Zuständigkeit durch Verlegungen nicht berührt.[93] **Unzulässig** ist es, wenn die Strafvollstreckungskammer im Zeitpunkt der Entscheidung die Aussetzungsvoraussetzungen verneint, gleichwohl aber die Aussetzung des Strafrestes zu einem um mehrere Monate hinausgeschobenen Entlassungszeitpunkt in der Erwartung einer weiteren positiven Einwirkung des Vollzugs anordnet. Denn im Ergebnis entspricht dies einer abschließenden negativen Entscheidung im Zeitpunkt des Beschlusses,[94] so dass bei einer Verlegung vor dem hinausgeschobenen Entlassungszeitpunkt ggf. eine andere örtliche Strafvollstreckungskammer über die Voraussetzungen für die Strafrestaussetzung neu zu entscheiden hat. 23

Die Strafvollstreckungskammer bleibt auch bei einer nach ablehnender Entscheidung erfolgten Verlegung nicht deshalb zuständig, weil sie mit der Ablehnung der Strafrestaussetzung eine **Frist gemäß § 57 Abs. 7 StGB** gesetzt hat, vor deren Ablauf ein erneuter Aussetzungsantrag unzulässig ist. Eine solche Fristsetzung erfolgt unter der selbstverständlichen Voraussetzung, dass sich an der bisherigen Zuständigkeit 24

---

88 OLG Düsseldorf MDR **1982** 429; **1983** 155; *Valentin* NStZ **1981** 130; KK/*Appl* 7; Meyer-Goßner/*Schmitt* 12; *Bringewat* 30.

89 OLG Stuttgart Justiz **1976** 443; *Bringewat* 28; näher dazu Rn. 75 f.

90 BGHSt **30** 189; OLG Hamm JMBlNRW **1978** 265; MDR **1979** 336; OLG Zweibrücken MDR **1978** 954; OLG Schleswig MDR **1978** 594; OLG Düsseldorf NJW **1980** 1009; NStZ **1988** 47; OLG Hamburg MDR **1980** 251; OLG Karlsruhe Justiz **1980** 90; KK/*Appl* 23; *Bringewat* 21, 34.

91 OLG Düsseldorf MDR **1982** 429; **1983** 155; **1985** 333; OLG Koblenz MDR **1985** 430; KK/*Appl* 23; Meyer-Goßner/*Schmitt* 12; *Bringewat* 30.

92 BGHSt **56** 1 mit Anm. *Peglau* jurisPR-StrafR 4/**2011** Anm. 2; *Schuster* StV **2011** 506.

93 OLG Stuttgart NJW **1976** 436; *Valentin* NStZ **1981** 130; KK/*Appl* 23; Meyer-Goßner/*Schmitt* 12; *Bringewat* 28.

94 OLG Karlsruhe Justiz **1976** 304.

nichts ändert. Sie wird jedoch gegenstandslos, wenn der Verurteilte nach der Ablehnung seines Antrags in einen anderen Landgerichtsbezirk verlegt wird und bindet die dort zuständige Strafvollstreckungskammer nicht, wenn der Verurteilte bei dieser seinen Aussetzungsantrag vor Ablauf der in dem vorangegangenen Ablehnungsbeschluss gesetzten Frist wiederholt.[95] Zur Beendigung der Zuständigkeit der mit einem Aussetzungsantrag befassten Strafvollstreckungskammer genügt es auch, wenn der Verurteilte im Anhörungstermin den Antrag nach Erörterung der Sache zurücknimmt und danach in eine Justizvollzugsanstalt im Bezirk einer anderen Strafvollstreckungskammer verlegt wird.[96]

III. Verbleibende Zuständigkeit des Gerichts des ersten Rechtszuges und des übergeordneten Beschwerdegerichts trotz Vollstreckungsbeginns

25 **1. Grundsatz.** Das Gericht des ersten Rechtszuges ist für die Entscheidung nach § 57 StGB zuständig, wenn der Verurteilte sich bisher nur in Untersuchungshaft befunden hat, diese auf die Strafe angerechnet und die Untersuchungshaft vor Rechtskraft des Urteils durch Entlassung des Verurteilten beendet worden ist.[97] Hat das Gericht des ersten Rechtszuges **vor Beginn der Vollstreckung** bereits eine nachträgliche Entscheidung getroffen – anders, wenn es nur zur Vorbereitung einer solchen Entscheidung tätig geworden ist – und hat der Verurteilte diese angefochten, so wird die Zuständigkeit des angerufenen Gerichts nicht durch den Beginn der Vollstreckung berührt. Sie geht nicht etwa auf die Strafvollstreckungskammer über.[98] Diesen Grundsatz wendet OLG Koblenz[99] auch auf den „Rechtsbehelf" des Antrags auf Durchführung nachträglicher Anhörung (§ 33a) nach öffentlicher Zustellung des Widerrufs einer Strafaussetzung zur Bewährung (§ 453, 57) an, so dass das Gericht des ersten Rechtszuges entscheidet, auch wenn der Verurteilte sich inzwischen in Strafhaft befindet.

26 **2. Besonderheiten in Betäubungsmittelsachen.** Die gegen betäubungsmittelabhängige Straftäter gerichtete Strafvollstreckung ist durch die **§§ 35 ff. BtMG** geregelt. Diese Vorschriften enthalten **Sonderregelungen**, die, soweit sie von allgemeinen Vorschriften der Strafvollstreckung (§§ 449 ff.; §§ 88 ff. JGG) abweichen, diesen vorgehen. Kennzeichnend für diese Regelung ist, dass alle wesentlichen Entscheidungen dem **Gericht des ersten Rechtszuges** übertragen sind. Es muss der von der Vollstreckungsbehörde beabsichtigten Zurückstellung der Strafvollstreckung zustimmen (§ 35 Abs. 1 BtMG); ihm obliegt die gerichtliche Entscheidung über Einwendungen gegen den Widerruf der Zurückstellung (§ 35 Abs. 7 Satz 2 BtMG). Schließlich hat es auch die Entscheidungen nach § 36 Abs. 1 bis 3 BtMG zu treffen (§ 36 Abs. 5 BtMG).[100] Diese Regelungen lassen den Willen des Gesetzgebers erkennen, bei der Strafvollstreckung gegen Betäu-

---

95 BGHSt **26** 278 gegen OLG Zweibrücken NJW **1976** 258; *Bringewat* 29.

96 BGHSt **26** 278.

97 BGH JR **1975** 205 mit Anm. *Peters*; BGHSt **27** 308; BGH NJW **1978** 1443 mit Anm. *Peters*; OLG Hamm MDR **1978** 592; NJW **1980** 2090; OLG Stuttgart OLGSt § 462a StPO, 10; OLG Hamm NStZ **1998** 479; NStZ **2002** 223; OLG Dresden NStZ-RR **1998** 382; *Bringewat* 28; **a. A.** OLG Düsseldorf JR **1976** 31 mit abl. Anm. *Peters*.

98 BGHSt **26** 187; BGH NStZ **1995** 221; *Valentin* NStZ **1981** 130; KK/*Appl* 9; *Bringewat* 41.

99 NJW **1976** 598.

100 KG NStZ **2014** 413; KG Beschl. vom 2.6.2017 – 5 Ws 145/17.

bungsmittelabhängige dem Gericht des ersten Rechtszuges uneingeschränkten **Vorrang** einzuräumen.[101]

Bestärkt wird dieser Wille durch § 36 BtMG. Aus seinem Absatz 3 Satz 1 i. V. m. Absatz 5 Satz 1 ergibt sich, dass bis zur Erledigung von zwei Dritteln der Strafe das Gericht des ersten Rechtszuges entweder auf Antrag oder von Amts wegen für **Widerrufsentscheidungen** gegen einen **in Freiheit befindlichen** betäubungsmittelabhängigen **Verurteilten** zuständig ist, dem nach § 36 Abs. 1 Satz 3 BtMG i. V. m. dessen Absatz 2 Strafaussetzung zur Bewährung gewährt worden ist.[102] Allerdings entfällt seine Zuständigkeit, sobald der Verurteilte zur Vollstreckung einer (auch anderen) Freiheitsstrafe in einer **Justizvollzugsanstalt aufgenommen** worden ist. Die Zuständigkeit geht in diesem Fall auf die **Strafvollstreckungskammer** über, in deren Zuständigkeitsbereich sich die Justizvollzugsanstalt befindet.[103] 27

Der entgegenstehenden **Ansicht des OLG Düsseldorf**, dass keine sachlichen Gründe dafür ersichtlich seien, es für diese Fälle wieder bei der für „normale" Strafaussetzungen geltenden Zuständigkeit (der Strafvollstreckungskammer) zu belassen, kann nicht gefolgt werden. Obwohl es nicht verkennt, dass die durch § 36 Abs. 5 BtMG geregelte Zuständigkeit des erstinstanzlichen Gerichts für Entscheidungen nach den Absätzen 1 bis 3 dieser Vorschrift den **Absatz 4**, wonach die §§ 56a bis g StGB und damit auch **die Widerrufsvorschrift** des § 56f StGB entsprechend gelten, **nicht erfasst**, meint das Gericht, dass der Gesetzgeber es angesichts des Ausnahmecharakters der §§ 35 ff. BtMG für entbehrlich gehalten hat, die gegebene Zuständigkeit des Gerichts des ersten Rechtszuges noch einmal ausdrücklich zu erwähnen.[104] Dieser Ansicht ist mit dem Bundesgerichtshof entgegenzuhalten, dass für diese Annahme keinerlei Gesichtspunkte ersichtlich sind. Dem **Bundesgerichtshof** ist aufgrund seiner überzeugenden Erwägungen[105] auch darin zuzustimmen, dass keine sachlichen Gründe bestehen, die für eine Zuständigkeit des Gerichts des ersten Rechtszuges sprechen könnten, zumal da die persönliche Vertrautheit des Richters mit den in der Hauptverhandlung zutage getretenen besonderen Umständen des Falls bei den regelmäßig erst längere Zeit nach der Hauptverhandlung zu treffenden Widerrufsentscheidungen regelmäßig in den Hintergrund treten. 28

IV. Entscheidungen der Strafvollstreckungskammer (Absatz 1)

1. Grundsatz. Nach Satz 1 obliegen der Strafvollstreckungskammer die nach den §§ 453, 454, 454a und 462 zu treffenden Entscheidungen und damit (§ 462) die nachträglichen gerichtlichen Entscheidungen nach § 450a Abs. 3 Satz 1,[106] §§ 458 bis 461 – mit Ausnahme der Gesamtstrafenbildung nach § 460 (Absatz 3) – und die in § 462 Abs. 1 Satz 2 aufgezählten Nachtragsentscheidungen. Grundgedanke dieser Regelung ist die Begründung einer **Zuständigkeitskonzentration**, der Entscheidungszuständigkeit der Strafvollstreckungskammer für alle in demselben Strafverfahren zu treffenden nachträg- 29

---

101 BGHSt **32** 58; OLG Düsseldorf NJW **1986** 1557; MDR **1987** 520; **1993** 464; KK/*Appl* 33; Meyer-Goßner/*Schmitt* 32; **a. A.** OLG Hamm JMBlNRW **1988** 81; vermittelnd *Katholnigg* NJW **1990** 2296.

102 OLG Hamm MDR **1997** 187; BGH NStZ **1991** 355; OLG Schleswig SchlHA **2001** 188.

103 BGHSt **37** 358.

104 OLG Düsseldorf MDR **1987** 520; **1993** 464.

105 BGHSt **37** 359; BGH NStZ **2001** 110.

106 Nicht auch nach § 453c und damit auch nicht – abgesehen von der Unzulässigkeit eines solchen Antrags; dazu § 453c, 19 – zur Entscheidung über einen Antrag auf Entschädigung für eine Sicherungshaft; LG Krefeld NJW **1977** 117 mit Anm. *Meding* NJW **1977** 914.

lichen Entscheidungen, also nicht nur für diejenigen, die sich unmittelbar auf die Vollstreckung der Freiheitsstrafe beziehen, um die Einheitlichkeit des auf die Resozialisierung des Täters gerichteten Handelns zu gewährleisten.[107]

2. Einzelheiten

30 **a) Zu §§ 453, 454, 454a.** Für die im Fall des **§ 453** (bei Aussetzung der ganzen Strafe zur Bewährung nach § 56 StGB) zu treffenden Nachtragsentscheidungen ist grundsätzlich das **Gericht des ersten Rechtszuges** zuständig. Daran hat Absatz 1 Satz 1, wie sich aus Absatz 2 ergibt, nichts geändert.[108] Das Gericht des ersten Rechtszuges ist auch zuständig, wenn nach Rechtskraft des öffentlich zugestellten Widerrufsbeschlusses das Nachverfahren (§ 33a) durchzuführen ist, auch wenn sich der Verurteilte inzwischen in Strafhaft befindet.[109] Die **Strafvollstreckungskammer** ist – abgesehen von den insoweit unproblematischen Fällen der **§§ 454 und 454a** – aber zuständig, wenn gegen einen Verurteilten eine Freiheitsstrafe vollstreckt wird und während dieser Zeit Nachtragsentscheidungen zu treffen sind, die sich auf eine dem Verurteilten in einem anderen Verfahren bewilligte Aussetzung der ganzen Strafe beziehen, z. B. wenn der Verurteilte, dem Strafaussetzung gemäß § 56 StGB gewährt wurde, während der Bewährungsfrist erneut straffällig wird, die ihm dafür auferlegte Freiheitsstrafe verbüßt und nunmehr über den Antrag auf Widerruf der in dem ersten Verfahren bewilligten Strafaussetzung zu entscheiden ist. Diese Entscheidung trifft nach dem Grundsatz der Entscheidungskonzentration (Absatz 4 Satz 1, 3) die Strafvollstreckungskammer,[110] die aber gemäß Absatz 2 Satz 2 zur Abgabe der Sache berechtigt ist (s. Rn. 37).

31 **b) Zu § 458 (Satz 3).** Insoweit handelt es sich um eine **globale Verweisung**, die auf den ersten Blick wenig zu überzeugen vermag (warum soll z. B. die Strafvollstreckungskammer zuständig sein, wenn über die Auslegung eines Strafurteils eines anderen Gerichts Zweifel bestehen?), bei der das Gesetz aber die nötige Einschränkung dadurch zu erreichen sucht, dass es in den Fällen des § 458 Abs. 1 – nicht auch in denen des § 458 Abs. 2 – die Möglichkeit der Abgabe der Entscheidung an das Gericht des ersten Rechtszuges vorsieht (Absatz 1 Satz 3 zweiter Hs.; Rn. 37). Die auf die Fälle des § 458 Abs. 1 beschränkte **Abgabemöglichkeit** wird damit begründet,[111] es könne ratsam sein, bei für die Resozialisierung des Täters weniger bedeutsamen Entscheidungen der unter Umständen größeren Sachkunde des Gerichts des ersten Rechtszuges den Vorzug zu geben. Solche Entscheidungen sind z. B. Einwendungen gegen die Zulässigkeit von im Zusammenhang mit einer Einziehung vorgenommenen Vollstreckungshandlungen der Staatsanwaltschaft. Auch die Auslegung eines Urteils dürfte in der Regel am besten durch das Gericht geschehen, das das Urteil erlassen hat. Um die Strafvollstreckungskammer von solchen, ihrer eigentlichen Aufgabe ferner liegenden Entscheidungen zu entlasten, ist

---

107 BTDrucks. **7** 550, Begr. zu Art. 19 Nr. 122 (§ 462a) Entw. EGStGB 1974, S. 312; OLG Düsseldorf VRS **64** (1983) 432 (bzgl. Entscheidungen nach § 69a Abs. 7 StGB); OLG Schleswig SchlHA **1983** 114; OLG Hamburg NStZ **1988** 197; Meyer-Goßner/*Schmitt* § 463, 1; *Bringewat* 5; **a. A.** OLG Stuttgart VRS **57** (1979) 113; OLG Celle VRS **71** (1986) 432.

108 OLG Koblenz MDR **1975** 686.

109 OLG Koblenz MDR **1976** 598; Rn. 25.

110 BGHSt **26** 118; **26** 276; **26** 381; **28** 82; OLG Stuttgart MDR **1975** 686; *Treptow* NJW **1976** 223; *W. Schmidt* NJW **1976** 225 unter Aufgabe seiner Ansicht in NJW **1975** 1490; *Gössel* JR **1979** 393.

111 BTDrucks. **7** 550, Begr. zu Art. 19 Nr. 122 (§ 462a) Entw. EGStGB 1974, S. 312.

eine durch Abgabe der Strafvollstreckungskammer begründete subsidiäre Zuständigkeit des Gerichts des ersten Rechtszuges vorgesehen.

c) Zu §§ 462, 459o (Satz 3). Zur Verweisung auf diese Vorschriften vgl. die Erläuterungen zu § 459o, 19. 32

V. Zuständigkeit der Strafvollstreckungskammer für Nachtragsentscheidungen (Absatz 1 Satz 2)

1. Grundsatz. Nach Absatz 1 Satz 1 ist Voraussetzung für die **sachliche Zuständigkeit** der Strafvollstreckungskammer, dass eine Freiheitsstrafe vollstreckt (vollzogen) wird. Ferner endet, wie zu Rn. 20 bis 22 dargelegt, die durch Befasstwerden mit der Sache begründete **örtliche Zuständigkeit** der Strafvollstreckungskammer mit der abschließenden sachlichen Entscheidung in der Sache, mit der die Kammer befasst war.[112] Abweichend von diesen beiden Obersätzen bleibt aber nach Absatz 1 Satz 2 die sachliche und die einmal begründete örtliche Zuständigkeit der Strafvollstreckungskammer für Nachtragsentscheidungen in zwei Gruppen von Fällen bestehen, die einen **auf freiem Fuß** befindlichen Verurteilten betreffen, nämlich nach Unterbrechung der Vollstreckung einer Freiheitsstrafe und nach Aussetzung des Strafrestes zur Bewährung.[113] 33

2. Fortdauer der Zuständigkeit

a) Unterbrechung der Vollstreckung. Hiernach bleibt die Strafvollstreckungskammer z. B. zuständig, wenn der Verurteilte einen Antrag auf Aussetzung des Strafrestes gestellt hatte und danach die Strafvollstreckung nach § 455a aus Gründen der Vollzugsorganisation oder wegen Vollzugsuntauglichkeit infolge Erkrankung (§ 461, 8) durch Anordnung der Vollstreckungsbehörde oder im Gnadenwege unterbrochen war, ferner wenn die Vollstreckungsbehörde von der weiteren Vollstreckung nach § 456a abgesehen hat.[114] Als Unterbrechung im Sinne von Absatz 1 Satz 2 gilt auch derjenige Zeitraum, in welchem im Wiederaufnahmeverfahren infolge der Anordnung der Erneuerung der Hauptverhandlung nach § 370 Abs. 2 bis zur Bestätigung des früheren Urteils durch das aufgrund neuer Hauptverhandlung ergangene Urteil die Vollstreckung wegen Vorliegens eines Vollstreckungshindernisses zu unterbleiben hatte.[115] Jedoch wird der Begriff der „Unterbrechung" nicht nur im technischen Sinn zu verstehen sein, sondern auch die Fälle einer faktischen Unterbrechung des Vollzugs umfassen, z. B. wenn der Gefangene entweicht oder aus einem ihm nach den Vorschriften des Strafvollzugsgesetzes gewährten Urlaub nicht zurückkehrt, wenn man nicht annehmen will, dass sich hier die fortdauernde örtliche Zuständigkeit der Strafvollstreckungskammer bereits aus Absatz 1 Satz 1 ergibt. 34

---

112 BGH JR **1975** 205 mit Anm. *Peters*; OLG Hamm MDR **1979** 356; OLG Düsseldorf NJW **1980** 1009; NStZ **1988** 46; **1985** 333; OLG Hamburg NStZ **1982** 48; KK/*Appl* 5; Meyer Goßner/*Schmitt* 15; *Bringewat* 31; **a. A.** OLG Nürnberg NJW **1975** 1133; OLG Düsseldorf NJW **1975** 1135.

113 KK/*Appl* 12.

114 BGH GA **1984** 513; NStZ **1985** 428; OLG Düsseldorf NStZ **1985** 333; KK/*Appl* 12; Meyer-Goßner/*Schmitt* 15; **a. A.** *Bringewat* 32.

115 OLG Frankfurt NStZ-RR **2005** 30.

35 **b) Aussetzung des Strafrestes.** Hier bleibt die Zuständigkeit der Strafvollstreckungskammer, die die Vollstreckung des Strafrestes einer Freiheitsstrafe (§§ 57, 57a StGB) ausgesetzt hat, auch für die Nachtragsentscheidungen nach § 57 Abs. 5 StGB erhalten.[116] Bei einer im Gnadenweg angeordneten bedingten Entlassung ist Absatz 1 Satz 2 unanwendbar. Hier trifft die Gnadenbehörde auch die Nachtragsentscheidungen.[117] Die Zuständigkeit der Strafvollstreckungskammer, die die Aussetzung des Strafrestes angeordnet hat, entfällt aber, wenn später kraft Zuständigkeitskonzentration (Absatz 4 Satz 3) die Zuständigkeit einer anderen Strafvollstreckungskammer begründet ist (s. Rn. 77).

36 **c) Ende der Zuständigkeit.** Die Zuständigkeit der Strafvollstreckungskammer endet, wenn die Vollstreckung der Freiheitsstrafe (Maßregel) – durch Verbüßung, Erlass der Strafe, Vollstreckungsverjährung – **endgültig** erledigt ist,[118] sofern nicht nach Verbüßung die Führungsaufsicht betreffende Entscheidungen in Betracht kommen (§ 463, 14 f.). Die Zuständigkeit der Strafvollstreckungskammer endet ferner dann, wenn eine Geldstrafe, die im Wege der Ersatzfreiheitsstrafe vollstreckt wird, oder eine Freiheitsstrafe[119] vom erkennenden Gericht in eine zur Bewährung ausgesetzte Gesamtfreiheitsstrafe einbezogen und der Verurteilte mit Urteilsverkündung aus der Strafhaft entlassen wird.[120] Für die nach §§ 453, 454, 454a und 462 zu treffenden Entscheidungen ist dann das Gericht des ersten Rechtszuges zuständig.[121] Für die übrigen jetzt noch zu treffenden Nachtragsentscheidungen, z. B. die Wiederverleihung verlorener Fähigkeiten und Rechte (§ 45b StGB, § 462 Abs. 1 Satz 2) ist grundsätzlich (s. aber Absatz 4) das Gericht des ersten Rechtszuges zuständig (Absatz 2).[122]

VI. Abgabe der Entscheidung an das Gericht des ersten Rechtszuges (Absatz 1 Satz 3)

37 **1. Zulässigkeit.** Die Strafvollstreckungskammer kann **lediglich** einzelne **Entscheidungen**, die **nach § 462 i. V. m. § 458 Abs. 1** zu treffen sind (Rn. 31), an das Gericht des ersten Rechtszuges abgeben.[123] Die Klärung von Zweifeln bei der Strafzeitberechnung einer Jugendstrafe obliegt nach Beginn der Strafvollstreckung dem Jugendrichter als

---

116 KK/*Appl* 13; Meyer-Goßner/*Schmitt* 15; *Bringewat* 33.

117 *Bringewat* 33.

118 BGHSt **28** 82; BGH NStZ-RR **2015** 290 Ls.; BGH Beschl. vom 1.8.2018 – 2 ARs 197/18; *Bringewat* 35, 36.

119 KG StraFo **2018** 523.

120 BGH NJW **2009** 3313.

121 BGH NJW **2009** 3313.

122 Zur vorzeitigen Aufhebung einer Fahrerlaubnissperre nach Verbüßung der Strafe vgl. OLG Stuttgart VRS **57** (1979) 113; nach Erlass einer zur Bewährung ausgesetzten Strafe und nach Ablauf der Frist des § 56g Abs. 2 StGB OLG Celle VRS **71** (1986) 172; zur Zuständigkeit der Strafvollstreckungskammer über einen Antrag auf vorzeitige Aufhebung der Sperre für die Erteilung einer Fahrerlaubnis nach § 69a Abs. 7 StGB OLG Karlsruhe NStZ-RR **2001** 253; OLG Düsseldorf JR **2003** 83 mit Anm. *Aulinger* JR **2003** 84 zur gerichtlichen Zuständigkeit für die Entscheidung über den Antrag auf vorzeitige Aufhebung der Sperre für die Neuerteilung der Fahrerlaubnis gemäß § 69a Abs. 7 StGB während der Zurückstellung der Strafvollstreckung nach § 35 BtMG.

123 In Betracht kommen: Zweifel über die Berechnung der erkannten Strafe; Einwendungen gegen die Zulässigkeit der Strafvollstreckung überhaupt oder gegen Vollstreckungshandlungen im Zusammenhang mit einer Einziehung.

Vollstreckungsleiter, nicht dem Gericht des ersten Rechtszuges.[124] Die Abgabe auch anderer Entscheidungen ist nicht vorgesehen. Das gilt namentlich für die Abgabe der nach Aussetzung des Strafrestes zu treffenden Nachtragsentscheidungen an das Amtsgericht des Wohnsitzes oder gewöhnlichen Aufenthaltsorts, wie sie nach Absatz 2 Satz 2 dem Gericht des ersten Rechtszuges und ggf. der Strafvollstreckungskammer (Rn. 30) bei Aussetzung der ganzen Strafe zur Bewährung zusteht. Die Unzulässigkeit einer über Absatz 1 Satz 3 hinausgehenden Abgabemöglichkeit wird generell damit begründet, dass sie nicht empfehlenswert zu sein erscheint.[125] Das ist offenbar so zu verstehen, dass der Gesetzgeber bei einer Abwägung der Strafvollstreckungskammer die größere Entscheidungsnähe beimaß als dem Amtsgericht des Wohnsitzes (Aufenthaltsorts) und den Gesichtspunkt der Zuständigkeitskonzentration für vorrangig hielt.[126]

Die Strafvollstreckungskammer kann entsprechend Absatz 1 Satz 3 die Entscheidung über Weisungen im Rahmen der Führungsaufsicht (§ 68b StGB) der nach § 74f GVG zuständigen Strafkammer für die Dauer des Verfahrens nach § 275a übertragen.[127] 38

2. Bindung. Dass die **Abgabe bindend** ist (Absatz 1 Satz 3 2. Hs.), hat die gleiche Bedeutung wie die entsprechende Vorschrift in Absatz 2 Satz 2 2. Hs. (Rn. 58), d. h. sie ist nur für das Gericht, an das abgegeben wird, nicht auch für die abgebende Strafvollstreckungskammer bindend. Diese kann vielmehr aus gebotenem Anlass die Abgabe widerrufen.[128] 39

VII. Zuständigkeit des Gerichts des ersten Rechtszuges

1. Gesetzliche Umschreibung des Umfangs (Absatz 2 Satz 1). Die sachliche Zuständigkeit des Gerichts des ersten Rechtszuges für Nachtragsentscheidungen beschreibt – von der positiven Zuweisung in Absatz 3, 5 Satz 1 und der Abgabemöglichkeit nach Absatz 1 Satz 3; Absatz 4 Satz 3 2. Hs. abgesehen – Absatz 2 i. V. m. Absatz 4 negativ. Die Zuständigkeit des Gerichts des ersten Rechtszuges ist nur dann gegeben, wenn und soweit die Strafvollstreckungskammer nicht nach Absatz 1 oder 4 zuständig ist. Die Zuständigkeit der **Strafvollstreckungskammer verdrängt** damit die des Gerichts des ersten Rechtszuges. Eine Zuständigkeitsfixierung durch Befasstsein des Tatgerichts gibt es nicht.[129] Grundsätzlich ist die Zuständigkeit des Gerichts des ersten Rechtszuges gegeben, wenn die Vollstreckung der Freiheitsstrafe – auch die aus einer anderen Sache (Rn. 30) – noch nicht begonnen hat (Rn. 25)[130] oder sie bereits endgültig erledigt ist (Rn. 34) oder – mit der Ausnahme von Absatz 1 Satz 2 – wenn der Verurteilte wieder aus der Haft entlassen worden ist.[131] Hat der Verurteilte ausschließlich auf die Freiheitsstrafe angerechnete Untersuchungshaft verbüßt und befindet er sich zu dem Zeitpunkt, in dem 40

124 KG StV **2019** 471; Ostendorf/*Schady* § 52a JGG, 10.
125 Begr. zu Art. 19 Nr. 122 (§ 462a) Entw. EGStGB 1974, BTDrucks. **7** 550 S. 312.
126 Nachdem die Entscheidung in diesem Sinn getroffen ist, ist es nicht vertretbar, wenn LG Mainz MDR **1976** 339 im Anschluss an *W. Schmidt* NJW **1975** 1490 in entsprechender Anwendung von Absatz 2 Satz 2 die Strafvollstreckungskammer bei der Aussetzung des Strafrestes für abgabebefugt erklärt, weil der Ausschluss der Abgabebefugnis nicht sachgerecht sei und das Amtsgericht des Wohnsitzes entscheidungsnäher sei; wie hier BGHSt **26** 353.
127 BGHSt **50** 373.
128 BGHSt **26** 204; OLG Düsseldorf JZ **1986** 115 Ls.; Meyer-Goßner/*Schmitt* 16; *Bringewat* 39.
129 BGH NStZ-RR **2019** 160 Ls.; LG Kleve Beschl. vom 30.3.2011 – 120 Qs 11/11.
130 OLG Koblenz MDR **1975** 686; OLG Düsseldorf VRS **75** (1988) 375; LG Bochum StV **1981** 239.
131 BGHSt **26** 187; Meyer-Goßner/*Schmitt* 18.

das Gericht mit der Entscheidung über eine bedingte Strafaussetzung befasst wird, auf freiem Fuß, so ist für die Entscheidung über die bedingte Entlassung nicht die Strafvollstreckungskammer, sondern das Gericht des ersten Rechtszuges zuständig.[132] Ein gleichzeitiges Nebeneinanderwirken funktional verschiedener Gerichte kann sich ergeben, wenn das Gericht des ersten Rechtszuges vor Vollstreckungsbeginn eine Nachtragsentscheidung gefällt hat, gegen diese Entscheidung ein Rechtsmittel eingelegt wird und inzwischen mit der Vollstreckung begonnen ist. Dann bleibt die Zuständigkeit des Rechtsmittelgerichts unberührt (Rn. 25), während die Strafvollstreckungskammer die in ihre Zuständigkeit fallenden Nachtragsentscheidungen zu treffen hat, die mit oder nach dem Beginn der Vollstreckung einer Freiheitsstrafe erforderlich werden.[133]

2. Befassung mit der Sache durch ein anderes Gericht (Absatz 6)

41 **a) Frühere Ansicht.** Bis zur Einfügung des Absatzes 6 wurde in Rechtsprechung und Schrifttum **überwiegend die Ansicht** vertreten, das Gericht, das zum ersten Mal erstinstanzlich entschieden hatte, bleibe auch dann für die nachträglichen Entscheidungen zuständig, wenn das Revisionsgericht die Sache zur erneuten Verhandlung und Entscheidung an ein anderes Gericht zurückverwiesen hatte.[134] Entscheidend dafür war die Auffassung, dass durch die Zurückverweisung an ein anderes Gericht nur ein von der allgemeinen Zuständigkeitsregelung abweichender Zuständigkeitsaustausch für das zu wiederholende Erkenntnisverfahren stattgefunden habe und daraus nicht hergeleitet werden könne, dass das erste Gericht nunmehr auch für die Nachtragsentscheidungen seine Zuständigkeit an das Gericht verloren habe, das nach der Zurückverweisung entschied. Die **Gegenmeinung**[135] bekämpfte diese Ansicht mit dem Hinweis auf die Änderung des § 354 Abs. 2 durch Art. 9 Nr. 4 StPÄG 1964.[136] Wenn damals allgemein und zwingend die Zurückverweisung an einen anderen Spruchkörper oder an ein anderes Gericht vorgeschrieben worden sei, so sei damit Rücksicht genommen worden auf etwaige Befürchtungen eines Angeklagten, das Gericht, dessen Urteil vom Revisionsgericht aufgehoben wurde, könne sich, wenn es sich selbst erneut mit der Sache befassen müsse, auch im Rahmen seiner Bindung an die revisionsgerichtliche Entscheidung doch – möglicherweise unbewusst – von seiner ursprünglichen Auffassung beeinflussen lassen. Unter diesem Aspekt bestehe aber für den Angeklagten kein wesentlicher Unterschied zwischen der Verurteilung selbst und den vom Gericht des ersten Rechtszuges zu treffenden Nachtragsentscheidungen, weil diese Entscheidungen in einem engen sachlichen Zusammenhang stünden. Deshalb sei es folgerichtig, als für die Nachtragsentscheidungen zuständiges Gericht des ersten Rechtszuges das andere Gericht anzusehen, an das die Sache zurückverwiesen worden sei.[137]

42 Seit dem 1.1.1975 hatte dieser Zuständigkeitsstreit seine Bedeutung verloren, soweit es um die Aussetzung des Strafrestes und dessen Widerruf ging, da diese Frage nunmehr durch § 462a geregelt worden ist. Die Streitfrage beschränkte sich demgemäß auf Fälle, in denen **Nachtragsentscheidungen vom Gericht des ersten Rechtszuges** zu treffen sind, weil eine Zuständigkeit der Strafvollstreckungskammer nicht begründet ist, z. B.

---

132 OLG Hamm NStZ **2002** 223; OLG Dresden StV **1999** 551.

133 BGHSt **26** 187; **33** 111, 113; KK/*Appl* 31; Meyer-Goßner/*Schmitt* 18.

134 BayObLG GA **1972** 278; OLG Celle NdsRpfl. **1955** 39; OLG Düsseldorf MDR **1958** 941; OLG Köln NJW **1972** 1291; OLG Karlsruhe OLGSt § 454 StPO, 1; OLG München MDR **1974** 332.

135 OLG Frankfurt NJW **1972** 1065; *Raacke* NJW **1966** 1697.

136 BGBl. I S. 1067.

137 Wegen weiterer Einzelheiten s. LR/*K. Schäfer*[23] ErgBd. § 462a, 2 f.

ob, wenn das andere Gericht auf Freiheitsstrafe unter Zubilligung von Bewährungsfrist erkannt hatte, zum Widerruf der Strafaussetzung das ursprünglich zuständige oder das andere Gericht berufen sei.

b) Klarstellung. Der Gesetzgeber hat sich 1979 der Ansicht der Gegenmeinung angeschlossen.[138] Mit der Einfügung des Absatzes 6 soll für bestimmte Zweifelsfälle klargestellt werden, welches Gericht als Gericht des ersten Rechtszuges gemeint ist, das nach Maßgabe der vorausgehenden Absätze unter bestimmten Voraussetzungen statt der Strafvollstreckungskammer zuständig ist. Es handelt sich um die **Fälle**, in denen **nach § 354 Abs. 2** (auch i. V. m. § 354a) oder **nach § 355** die Sache vom Revisionsgericht an ein anderes Gericht und nicht nur an einen anderen Spruchkörper des ursprünglich zuständig gewesenen Gerichts zurückverwiesen worden ist, sowie um die Fälle, in denen eine verurteilende Entscheidung in Wiederaufnahmeverfahren gemäß **§ 140a GVG** von einem anderen Gericht als dem ursprünglich zuständig gewesenen ergangen ist. Die Regelung soll erreichen, dass dann, wenn das Gesetz das weitere Verfahren nicht nur einem anderen Spruchkörper, sondern sogar einem anderen Gericht anvertraut, dieses Gericht auch die im Vollstreckungsverfahren dem erstinstanzlichen Gericht zugewiesenen Entscheidungen erlässt und die im Vollstreckungsverfahren anzustrebende persönliche Beziehung zum Verurteilten nicht durch dessen Misstrauen gegenüber dem ursprünglich zuständig gewesenen Gericht belastet wird. Sie gilt deshalb auch dann, wenn die Zurückverweisung an ein anderes Berufungsgericht erfolgt. Dieses wird in solchen, voraussichtlich sehr seltenen Fällen ausnahmsweise im Rahmen des § 462a wie ein erstinstanzliches Gericht tätig.[139] 43

Die Begründung trägt zwar die gesetzgeberische Lösung in den Fällen nicht, in denen ein Misstrauen des Verurteilten nicht bestehen kann, weil nicht er, sondern die Staatsanwaltschaft die Revision einlegte und/oder an die Stelle eines milderen Urteils des ersten Gerichts ein strengeres des anderen Gerichts getreten ist. Indessen ist dem Gesetzgeber aber zugute zu halten, dass er aus Gründen der **Rechtsklarheit** und Rechtssicherheit nicht differenzieren konnte. Er musste letztlich eine Lösung wählen, die zweifelsfrei regelt, dass grundsätzlich mit der Zurückverweisung an ein anderes Gericht die Zuständigkeit des ursprünglich entscheidenden Gerichts als Gericht des ersten Rechtszuges in vollem Umfang erlischt. 44

3. Fälle der Zurückverweisung (Absatz 6 erste Fallgruppe)

a) § 354 Abs. 2. Durch die Entscheidung des Gesetzgebers ist nunmehr klargestellt, dass bei Aufhebung und Zurückverweisung eines Urteils in vollem Umfang nur noch das **andere Gericht** für die von dem Gericht des ersten Rechtszuges zu treffenden Nachtragsentscheidungen zuständig ist, und zwar auch, wenn nur der Rechtsfolgenausspruch, dieser aber in vollem Umfang aufgehoben und insoweit zurückverwiesen wird. Das gilt auch dann, wenn es als Berufungsgericht zu entscheiden hatte.[140] 45

Zweifel über die Tragweite des Absatzes 6 können sich aber ergeben, wenn das tatrichterliche Urteil nur teilweise aufgehoben und die Sache nur insoweit zurückverwiesen wird, wenn z. B. das Rechtsmittel des Angeklagten nur wegen eines abtrennbaren Teils des Rechtsfolgenausspruchs Erfolg hat und die Sache nur insoweit zur neuen Ver- 46

138 BTDrucks. **8** 976, Begr. zu Art. 1 Nr. 34 StVÄG 1979, S. 61.

139 BTDrucks. **8** 976, Begr. zu Art. 1 Nr. 34 StVÄG 1979, S. 61.

140 KK/*Appl* 17; Meyer-Goßner/*Schmitt* 37; *Bringewat* 63; *Pohlmann/Jabel/Wolf* § 7, 8; *Schmitt* StraFo **2012** 33.

handlung und Entscheidung zurückverwiesen worden ist, oder wenn der wegen mehrerer tatmehrheitlich zusammentreffender Handlungen zu Freiheitsstrafe Verurteilte nur wegen *eines* Falls Revision einlegt und damit Erfolg hat oder mit seiner in vollem Umfang erhobenen Anfechtung nur in einem Fall durchdringt. Ist z. B. bei Verurteilung wegen einer Tat zu Freiheitsstrafe mit Strafaussetzung zur Bewährung die Aufhebung und Zurückverweisung nur wegen der daneben ausgesprochenen Anordnung der Einziehung oder eines Fahrverbots ausgesprochen worden, so entspricht es schwerlich dem Sinn des Absatzes 6, dem Gericht, dessen Strafausspruch im Übrigen aufrechterhalten blieb, die Zuständigkeit zum Widerruf der Strafaussetzung abzusprechen, weil die Sache in einem **Nebenpunkt** an ein anderes Gericht zurückverwiesen worden ist.[141]

47 Dringt der wegen **mehrerer** selbständiger Taten zu einer Gesamtfreiheitsstrafe mit Strafaussetzung zur Bewährung Verurteilte mit der Revision **nur wegen einer der Taten** durch, so ist allerdings nach Absatz 6 das andere Gericht, an das zurückverwiesen wurde, selbst dann für die die Strafaussetzung betreffenden Nachtragsentscheidungen zuständig, wenn auf diese Tat die geringste der anderen rechtskräftig gewordenen Einzelstrafen entfällt, da dem anderen Gericht, an das zurückverwiesen wurde, die Bildung der neuen Gesamtstrafe obliegt.[142]

48 Wird nur wegen **eines von mehreren Angeklagten** die Sache an ein anderes Gericht zurückverwiesen, weil die anderen Angeklagten kein Rechtsmittel eingelegt hatten oder dieses erfolglos blieb, so bleibt hinsichtlich dieser anderen Angeklagten die Zuständigkeit des ersten Gerichts, dessen Urteil rechtskräftig wurde, für die diese Verurteilten betreffenden Nachtragsentscheidungen (z. B. zum Widerruf der ihnen gewährten Strafaussetzung zur Bewährung) unberührt.[143] Dagegen hat die **Urteilserstreckung nach § 357** zur Folge, dass eine Zurückverweisung der Sache an ein anderes Gericht sich auch auf die begünstigten Nichtrevidenten auswirkt.

49 Absatz 6 regelt zwar nicht, welche Folgen für die Zuständigkeit zu Nachtragsentscheidungen sich ergeben, wenn das Revisionsgericht die Sache nicht an ein anderes Gericht, sondern an einen **anderen Spruchkörper des gleichen Gerichts** zurückverweist. Nach der früher herrschenden Meinung blieb – folgerichtig – für die von dem Gericht des ersten Rechtszuges zu treffenden Nachtragsentscheidungen der Spruchkörper zuständig, der das aufgehobene Urteil gefällt hatte.[144] Absatz 6 ist aber jetzt auch in diesem Fall sinngemäß anwendbar.[145]

50 **b) § 354a.** Absatz 6 ist auch dann anwendbar, wenn das Revisionsgericht in **Anwendung des § 354a** ein Urteil aufhebt und die Sache nach § 354 Abs. 2 an ein anderes Gericht zurückverweist. Auch hier blieb nach früherer herrschender Meinung für die dem Gericht des ersten Rechtszuges obliegenden Nachtragsentscheidungen das Gericht zuständig, das das aufgehobene Urteil gefällt hatte, weil hier, wo nicht eine Gesetzesverletzung, sondern eine nach dem Urteil eingetretene Gesetzesänderung zur Aufhebung des Urteils und zur Zurückverweisung führt, der Gesichtspunkt der Rücksichtnahme auf eine vom Angeklagten etwa gehegte Befürchtung der Voreingenommenheit des Gerichts entfallen sollte.[146] Da es aber nach Absatz 6 nicht darauf ankommt, ob eine solche Befürchtung überhaupt bestehen kann (Rn. 44), ergibt sich auch hier aus der **Tatsache**

141 OLG Düsseldorf MDR **1983** 154; Meyer-Goßner/*Schmitt* 37; *Bringewat* 63.
142 OLG Frankfurt NJW **1972** 1066; Meyer-Goßner/*Schmitt* 37; *Bringewat* 64.
143 OLG Frankfurt NJW **1972** 1066; KK/*Appl* 17.
144 OLG München MDR **1974** 332; OLG Saarbrücken OLGSt § 467 StPO, 5; Meyer-Goßner/*Schmitt* 37.
145 Meyer-Goßner/*Schmitt* 37; *Bringewat* 65: erst recht.
146 OLG München MDR **1974** 332, 333.

der Zurückverweisung an ein anderes Gericht dessen Zuständigkeit für die Nachtragsentscheidungen. Dies ergibt sich zweifelsfrei aus der Gesetzesbegründung (vgl. Rn. 43).

c) § 355. Wenn im Fall der Zurückverweisung an ein anderes Gericht des ersten 51 Rechtszuges nach § 354 Abs. 2, § 354a dieses dann im Erkenntnisverfahren wiederum eine Entscheidung trifft, die Nachtragsentscheidungen erforderlich macht, welche dem Gericht des ersten Rechtszuges obliegen, so lagen nach früherer Betrachtungsweise „zwei Erkenntnisse im ersten Rechtszug" vor, und die Streitfrage war, welches Gericht für die Nachtragsentscheidungen zuständig sei. Auch diese Streitfrage hat Absatz 6 zugunsten der Zuständigkeit des „anderen Gerichts" entschieden (Rn. 45).[147] **Anders** liegt es, wenn nach § 355 die Aufhebung eines Urteils wegen örtlicher, sachlicher oder funktioneller Unzuständigkeit unter Verweisung an das zuständige Gericht erfolgt. Hier führt die Unzuständigkeit im Erkenntnisverfahren dazu, dass das Gericht, dessen Urteil aufgehoben wurde, auch nicht für Nachtragsentscheidungen zuständig sein kann. Gericht des ersten Rechtszuges im Sinne des § 462a Abs. 2 ist nunmehr das Gericht, an das die Sache zurückverwiesen wurde. Das spricht Absatz 6 deklaratorisch aus, der dann auch in den Fällen einer entsprechenden Anwendung des § 355 gilt.[148]

4. Fall der verurteilenden Entscheidung (§ 373) im Wiederaufnahmeverfahren 52 **(Absatz 6 zweiter Fall).** Das Gericht, das nach Anordnung der Wiederaufnahme des Verfahrens und der Erneuerung der Hauptverhandlung (§ 370 Abs. 2) in der erneuten Hauptverhandlung erkennt, ist gemäß § 140a GVG notwendigerweise ein anderes als das in dem früheren Verfahren aburteilende Gericht.[149] Wird die **Wiederaufnahme** gegen das frühere Urteil **in vollem Umfang** angeordnet, so verliert dieses, von der Beschränkungswirkung nach § 373 Abs. 2 abgesehen, auch in vollem Umfang seine rechtliche Wirkung (vgl. Erl. zu § 370). Daraus folgt ohne weiteres, dass, wenn in der erneuten Hauptverhandlung das frühere Urteil aufrechterhalten wird oder erneut eine Verurteilung, wenn auch mit anderem Rechtsfolgenausspruch, erfolgt, das neu erkennende Gericht auch für die Nachtragsentscheidungen zuständig ist, die nach § 462a Abs. 2 dem Gericht des ersten Rechtszuges zufallen.

Wird die Wiederaufnahme unter **Beschränkung** auf die Verurteilung wegen einer 53 von mehreren tatmehrheitlich zusammentreffenden Straftaten angeordnet, so wird auch die in dem früheren Urteil ausgesprochene Gesamtstrafe gegenstandslos, und das Gleiche gilt für Maßregeln der Besserung und Sicherung, denen gedanklich und rechtlich auch die vorangegangene Verurteilung zugrunde liegt, weswegen die Wiederaufnahme angeordnet wurde (vgl. Erl. zu § 373). Daraus ergibt sich, wie Absatz 6 förmlich ausspricht, die Zuständigkeit des nach § 373 zuständigen Gerichts für die dem Gericht des ersten Rechtszuges obliegenden Nachtragsentscheidungen.

Sind **mehrere rechtskräftige Verurteilungen ohne Gesamtstrafenzusammenhang** 54 in getrennt geführten Verfahren durch verschiedene Gerichte oder dasselbe Gericht ergangen und wird nur eine dieser Verurteilungen im Wiederaufnahmeverfahren durch ein neues verurteilendes Erkenntnis ersetzt, so ist das Gericht, das nach § 373 erkannt hatte, Gericht des ersten Rechtszuges für die von diesem bei Durchführung des Konzentrationsprinzips nach § 462a Abs. 4 Satz 1, 2 zu treffenden Nachtragsentscheidungen.

---

147 *Bringewat* 66.

148 OLG Karlsruhe Justiz **1979** 212.

149 Das gilt auch, wenn das Gericht als Berufungsgericht zu entscheiden hatte, Meyer-Goßner/*Schmitt* 38; *Bringewat* 67.

VIII. Abgabe der Nachtragsentscheidungen (Absatz 2 Satz 2)

55 **1. Zuständigkeit.** Zuständig **für die Abgabe** ist nur das **Gericht des ersten Rechtszuges**, also das Gericht, das in der Strafsache im ersten Rechtszug erkannt hat, oder das Gericht, das nach § 460 die Gesamtstrafe gebildet hat.[150] Das Berufungsgericht ist dazu auch dann nicht berufen, wenn das Amtsgericht auf Freispruch oder Verfahrenseinstellung erkannt und erst das Berufungsgericht verurteilt hat[151] oder wenn es die Strafaussetzung versagt und erst das Berufungsgericht sie gewährt hat.[152] Auch das mit einer nach § 453 Abs. 2 zulässigen Beschwerde befasste Beschwerdegericht kann eine Abgabe nach Absatz 2 Satz 2 nicht anordnen.[153] Hat das Beschwerdegericht – obwohl es in der Sache selbst hätte entscheiden können – keine eigene Sachentscheidung getroffen, so ist eine Abgabe ausgeschlossen, weil das wiederum mit der Sache befasste Gericht bereits eine Entscheidung getroffen hatte und gegen diese ein Rechtsmittel eingelegt worden war. Das hat der Bundesgerichtshof im Verhältnis zwischen erkennendem Gericht und Strafvollstreckungskammer entschieden.[154] Dies gilt aber auch für das Verhältnis zwischen erkennendem Amtsgericht und dem Beschwerdegericht.[155]

56 Die Abgabe ist nur zulässig an das Amtsgericht, d. h. den Richter beim Amtsgericht, nicht an das Schöffengericht.[156] Die Abgabe ist ohne Rücksicht darauf zulässig, ob der Verurteilte schon bei dem Wirksamwerden der Aussetzung seinen **Wohnsitz**, ersatzweise auch den gewöhnlichen Aufenthaltsort[157] dort hatte oder ihn erst später dorthin verlegt hat. Damit soll, ebenso wie mit der entsprechenden Vorschrift in § 58 Abs. 3 JGG ermöglicht werden, dass ein „entscheidungsnäherer" Richter die erforderlichen Entscheidungen trifft.[158] Das abgebende Gericht muss das **Amtsgericht**, dem die Zuständigkeit übertragen werden soll, genau, d. h. regelmäßig **namentlich bezeichnen**. Es reicht also nicht aus, die Abgabe an „das für den Wohnsitz des Verurteilten zuständige Amtsgericht" anzuordnen, wenn der Wohnsitz des Verurteilten im Zeitpunkt der Beschlussfassung noch gar nicht ermittelt ist.[159] Wegen der systematischen Bedeutung der Zuständigkeitsübertragung vgl. Vor § 156 GVG.

57 **2. Umfang.** Die Entscheidung über die Strafaussetzung selbst ist nicht übertragbar,[160] wie sich aus der Verweisung auf § 453 ergibt. Soweit die Abgabe (bezüglich der Nachtragsentscheidungen) zulässig ist, kann das Gericht sie ganz oder auch nur teilweise übertragen.[161] Es kann sich also z. B. das abgebende Gericht die Entscheidung über Widerruf oder Straferlass vorbehalten.[162] Aus der **Möglichkeit einer Teilabgabe** ergibt

150 BGH NJW **1966** 2022; OLG Hamm NJW **1976** 1648; KK/*Appl* 27; Meyer-Goßner/*Schmitt* 19.
151 KK/*Appl* 31; Meyer-Goßner/*Schmitt* 19.
152 BGH NJW **1966** 2022; KK/*Appl* 27; Meyer-Goßner/*Schmitt* 20.
153 OLG Hamm MDR **1972** 439; *Bringewat* 42.
154 BGHSt **27** 187, 190.
155 BGHSt **33** 113; Meyer-Goßner/*Schmitt* 20; *Bringewat* 42.
156 BGHSt **10** 290; BGH NJW **1966** 2022; OLG Düsseldorf GA **1989** 171; Meyer-Goßner/*Schmitt* 21; *Bringewat* 44.
157 Meyer-Goßner/*Schmitt* 21; *Bringewat* 44.
158 BGHSt **26** 204 = LM § 462a StPO, 6 mit Anm. *Willms*.
159 OLG München MDR **1958** 118; Meyer-Goßner/*Schmitt* 21; *Bringewat* 44.
160 BGHSt **26** 352 = LM § 462a StPO, 11 mit Anm. *Willms*; *Doller* MDR **1977** 273; Meyer-Goßner/*Schmitt* 20; *Bringewat* 43.
161 Meyer-Goßner/*Schmitt* 22.
162 Meyer-Goßner/*Schmitt* 23.

sich ohne weiteres, dass die Übertragung auch noch möglich ist, nachdem das abgebende Gericht selbst schon Nachtragsentscheidungen erlassen hatte.

3. Wirkung. Die Abgabe bewirkt, dass das Amtsgericht im Umfang der Abgabe nicht 58
nur für die förmlichen Nachtragsentscheidungen, sondern für alle Aufgaben zuständig wird, die dem Gericht im Aussetzungsstadium obliegen, also auch zur Überwachung nach § 453b, zur Bestellung eines neuen Bewährungshelfers, für die Erteilung von Weisungen an diesen.

4. Bindung. Nach § 453 Abs. 2 a. F. konnte das Amtsgericht, dem die Zuständigkeit 59
übertragen wurde, die Übernahme zwar nicht ablehnen, aber Bedenken gegen die Übernahme, insbesondere solche der Zweckmäßigkeit äußern, über deren Berechtigung das gemeinschaftliche obere Gericht entschied. Zur Vermeidung von Zuständigkeitsstreitigkeiten dieser Art schreibt § 462a Abs. 2 Satz 2 2. Hs. jetzt vor, dass die Abgabe bindend ist. Das gilt selbst dann, wenn das Gericht davon abgesehen hat, besondere Gründe, die die Abgabe nach Absatz 2 Satz 2 als zweckmäßig erscheinen lassen,[163] ausdrücklich aufzuführen.[164] Ihr Fehlen rechtfertigt daher regelmäßig noch nicht die Annahme einer Willkür. Diese ist jedoch anzunehmen, wenn die Maßnahme auf unsachlichen und von den das Gesetz beherrschenden Maßstäben völlig abweichenden Erwägungen beruht und unter keinem Gesichtspunkt mehr vertretbar erscheint, d. h. unhaltbar ist.[165] Letzteres ist dann der Fall, wenn die Abgabe der Bewährungsaufsicht ausschließlich mit dem Gesichtspunkt der Minderung der eigenen Arbeitsbelastung begründet wird.[166] Gebunden durch die Abgabe wird aber nach Sinn und Zweck der Vorschrift nur **das Gericht, an das abgegeben** wird, nicht das abgebende Gericht.[167] Mit der Abgabe entfällt zwar im Umfang der Abgabe und für deren Dauer die Zuständigkeit des abgebenden Gerichts. Jedoch scheidet die Sache mit der Abgabe nicht endgültig aus seinem Verantwortungsbereich aus. Das abgebende Gericht muss auf veränderte tatsächliche Verhältnisse deshalb reagieren können, weil das Gericht, an das abgegeben worden war, weder weiter noch zurück übertragen kann.[168]

Die **Abgabe** ist nur ein **Mittel**, die **Bewährungsaufsicht** so zweckmäßig und wir- 60
kungsvoll wie möglich **zu gestalten**. Ergibt sich, dass mit der Abgabe dieses Ziel nicht erreicht werden kann – namentlich wenn die Abgabe an ein bestimmtes Amtsgericht in der irrtümlichen Annahme erfolgt, der Verurteilte habe in dessen Bezirk seinen Wohnort, während er bereits verzogen war, aber auch dann, wenn er bei der Abgabe im Bezirk des Amtsgerichts, an das abgegeben wurde, wohnt, später aber den Wohnsitz nach außerhalb verlegt –, so muss das abgebende Gericht, auch wenn dies – anders als in Absatz 5 Satz 3 – nicht ausdrücklich ausgesprochen ist, in der Lage sein, die Abgabe zu widerrufen und selbst die Bewährungsaufsicht zu übernehmen oder sie dem für den

163 BGH NJW **1958** 560

164 BGH NStZ **1992** 399; **1993** 200; bei *Kusch* NStZ **1993** 220; Meyer-Goßner/*Schmitt* 23; *Bringewat* 45; enger OLG Düsseldorf MDR **1990** 78; NStZ **1992** 206; OLGSt StPO § 462a Nr. 21; StraFo **2003** 324.

165 BGHSt **29** 219 (zu § 270 Abs. 3 Satz 2); BGH NStZ **1992** 219; NStZ-RR **2003** 242; OLG Düsseldorf MDR **1990** 78; **1994** 503; NStZ **1992** 206; VRS **87** (1994) 38; **88** (1995) 208; JMBlNRW **2002** 258; OLG Hamm JMBlNRW **1996** 237; KK/*Appl* 27; *Bringewat* 45.

166 OLG Jena Beschluss vom 18.5.2005 – AR (S) 62/05.

167 BGHSt **11** 80; **26** 204; **26** 253; OLG Düsseldorf MDR **1986** 607; KK/*Appl* 27; Meyer-Goßner/*Schmitt* 23.

168 BGHSt **26** 204; BGH NStZ **1997** 379; NStZ-RR **2002** 262; OLG Düsseldorf MDR **1986** 607; KK/*Appl* 29; *Bringewat* 45.

neuen Wohnort zuständigen Amtsgericht zu übertragen.[169] Einen solchen **Widerruf** der Abgabe kann das Gericht, an das abgegeben war, anregen, dagegen ist es[170] nicht selbst in der Lage, bei einem Wohnsitzwechsel seine Entscheidungsbefugnis einem dritten Gericht weiter zu übertragen.

61 Die Abgabe der nachträglichen Entscheidung über die Strafaussetzung zur Bewährung an ein Gericht, in dessen Bezirk der Verurteilte keinen Wohnsitz oder gewöhnlichen Aufenthaltsort hat, ist nicht bindend. Die Tatsache, dass der Verurteilte möglicherweise nach Verbüßung seiner Strafe im Bezirk des übernehmenden Gerichts bleiben wird, genügt nicht zur Begründung der Zuständigkeit.[171] Nach Abgabe der nachträglichen Entscheidung im Rahmen der Bewährungsaufsicht an das Wohnsitzgericht ist dieses kraft seiner nach Maßgabe des Absatzes 2 Satz 2 abgeleiteten Zuständigkeit auch für die aufgrund anderer Urteile angefallene Bewährungsaufsicht zuständig, sofern in diesen Urteilen auf eine geringere Strafe erkannt worden ist[172] (Absatz 4 Satz 2). Hat das Gericht des ersten Rechtszuges, dem die Bewährungsaufsicht übertragen war, die Strafaussetzung widerrufen, so bleibt es auch nach Aufnahme des Verurteilten in eine in einem anderen Bezirk gelegene Justizvollzugsanstalt, für die nach öffentlicher Zustellung des Widerrufsbeschlusses von dem Verurteilten gestellten Antrag auf Nachholung des rechtlichen Gehörs zuständig.[173] Allerdings verliert die von dem Amtsgericht, in dessen Bezirk der Verurteilte seinen Wohnsitz hat, übernommene Bewährungsaufsicht durch einen nachträglichen Gesamtstrafenbeschluss seine Grundlage, wenn die zur Bewährung ausgesetzte Freiheitsstrafe in der neu gebildeten Gesamtstrafe aufgegangen ist. Zuständig für die nachträgliche Entscheidung ist nach Absatz 2 dann das Gericht des ersten Rechtszuges, das den Gesamtstrafenbeschluss erlassen hat.[174]

62 **5. Anfechtbarkeit.** Gegen die Abgabeanordnung steht weder dem Verurteilten noch der Staatsanwaltschaft ein Beschwerderecht zu.[175]

63 **6. Zuständigkeit der Staatsanwaltschaft.** Für die **Zuständigkeit der Staatsanwaltschaft** als Vollstreckungsbehörde ist die Abgabe ohne Bedeutung. Nach § 143 Abs. 1 GVG bleibt die Staatsanwaltschaft bei dem Gericht des ersten Rechtszuges zuständig.[176]

IX. Erweiterte Zuständigkeit des Gerichts des ersten Rechtszuges (Absatz 2 Satz 3)

64 **1. Zweck der Regelung.** Die Ergänzung des Absatzes 2 um Satz 3 stellt eine Folgeänderung der durch Art. 1 Nr. 3 des Gesetzes zur Neuordnung des Rechts der Sicherungsverwahrung und zu begleitenden Regelungen vom 22.12.2010[177] infolge der Änderung des § 66a Abs. 3 StGB dar. Sowohl der Diskussionsentwurf des Bundesministeriums der Justiz

---

169 BGHSt **24** 26; **26** 204.

170 Wie schon nach früherem Recht BGHSt **11** 332; **24** 28; KK/*Appl* 11.

171 BGHR StPO § 462a Abs. 2 S. 2 Abgabe 2 (Gründe).

172 BGH NStZ-RR **2000** 83; StraFo **2004** 144; NStZ-RR **2003** 254 Ls.

173 BGH NStZ **1999** 362.

174 BGH NStZ **2003** 103 Ls.; OLG Frankfurt NStZ-RR **2007** 30.

175 OLG Hamm MDR **1972** 439; Meyer-Goßner/*Schmitt* 20; *Bringewat* 42.

176 *Katholnigg* NStZ **1982** 195; **1987** 112; Meyer-Goßner/*Schmitt* 24; **a. A.** LG München NStZ **1981** 453; *Engel* NStZ **1987** 110.

177 BGBl. I S. 2300, 2301.

vom 30.6.2010 als auch der Gesetzentwurf der Fraktionen der CDU/CSU und FDP[178] sahen jeweils abweichend von Absatz 1 eine Zuständigkeit des Gerichts des ersten Rechtszuges für die Entscheidung über die Aussetzung der Vollstreckung des Strafrestes zur Bewährung nur dann vor, wenn es die Anordnung der Sicherungsverwahrung vorbehalten hat (§ 66a StGB) **und bisher noch keine rechtskräftige Aussetzung erfolgt ist.** Erst durch die Beratungen im BTRAussch. ist Absatz 2 Satz 3 den Änderungen des § 66a Abs. 3 StGB angepasst worden und regelt nun eine **sachliche Zuständigkeit** des **Gerichts des ersten Rechtszuges** in den in Absatz 1 bezeichneten Fällen, solange eine Entscheidung über die Anordnung der Unterbringung in der Sicherungsverwahrung nach § 66a Abs. 3 Satz 1 StGB noch möglich ist. Die **sachliche Zuständigkeit** des **Gerichts des ersten Rechtszuges** ist damit **bis zur vollständigen Vollstreckung der Freiheitsstrafe** begründet.[179] Dies wurde vor allem deshalb als sachgerecht angesehen, weil die Entscheidungen nach Absatz 1 unmittelbare Auswirkungen auf eine etwaige Anordnung der durch Urteil vorbehaltenen Anordnung der Unterbringung in der Sicherungsverwahrung haben.[180]

2. Anwendungsbereich

a) Umfang der Erweiterung. Nach Absatz 2 Satz 3 obliegen die nach den §§ 453, 454, 454a und 462 zu treffenden Entscheidungen und damit (§ 462) die nachträglichen gerichtlichen Entscheidungen nach § 450a Abs. 3 Satz 1, §§ 458 bis 461 und die in § 462 Abs. 1 Satz 2 aufgezählten Nachtragsentscheidungen dem Gericht des ersten Rechtszuges, wenn es die Anordnung der Unterbringung in der Sicherungsverwahrung vorbehalten hat und eine Entscheidung darüber nach § 66a Abs. 3 Satz 1 StGB noch möglich ist. Damit wird die sachliche Zuständigkeit des Gerichts des ersten Rechtszuges für im Rahmen der Vollstreckung notwendig werdende Entscheidungen erheblich erweitert. Das gilt namentlich für die Entscheidung über den Widerruf der Strafrestaussetzung nach § 57 Abs. 5 Satz 1, § 56f Abs. 1 StGB, die Verlängerung der Bewährungszeit (§ 57 Abs. 5 Satz 1, § 56f Abs. 2 Satz 1 Nr. 2 StGB) oder den Erlass der Reststrafe (§ 57 Abs. 5 Satz 1, § 56g Abs. 1 StGB) oder dessen Widerruf (§ 57 Abs. 5 Satz 1, § 56g Abs. 2 StGB).[181] Aber auch für alle sonstigen nach Absatz 1 erforderlich werdenden Entscheidungen ist das Gericht des ersten Rechtszuges sachlich zuständig, wenn es die Anordnung der Unterbringung in der Sicherungsverwahrung vorbehalten hat. 65

b) Dauer der Zuständigkeit. Die sachliche Zuständigkeit **des** Gerichts des ersten Rechtszuges **endet erst mit der** vollständigen Vollstreckung der Freiheitsstrafe, **denn dann ist eine Anordnung der Unterbringung in der Sicherungsverwahrung nach § 66a Abs. 3 Satz 1 StGB nicht mehr möglich.** Absatz 2 Satz 3 findet Anwendung, soweit ein Vorbehalt der Unterbringung in der Sicherungsverwahrung in Neufällen i. S. v. Art. 316e Abs. 1 EGStGB, also bei einer Tatzeit am oder nach dem 1.1.2011,[182] angeordnet worden ist.[183] 66

---

178 BTDrucks. **17** 3403 S. 7.

179 BTDrucks. **17** 4062 S. 16.

180 BTDrucks. **17** 4062 S. 16.

181 BTDrucks. **17** 4062 S. 16.

182 Gesetz zur Neuordnung des Rechts der Sicherungsverwahrung und zu begleitenden Regelungen vom 22.12.2010 – BGBl. I S. 2300 –, das mit Wirkung vom 1.1.2011 in Kraft getreten ist; vgl. BTDrucks. **17** 3403 S. 78 f.

183 SK/*Paeffgen*/*Greco* 31.

67 **3. Verfahren.** Die Staatsanwaltschaft stellt die nach den §§ 453, 454, 454a und 462 (§ 450a Abs. 3 Satz 1, §§ 458 bis 461) erforderlichen Anträge unter Vorlage der Akten bei dem Gericht des ersten Rechtszuges. Dieses entscheidet in der Besetzung außerhalb der Hauptverhandlung mit drei Berufsrichtern (§ 76 Abs. 1 Satz 2 GVG).

X. Gesamtstrafenbildung (Absatz 3)

68 **1. Zuständigkeit (Satz 1).** Die Zuständigkeit zur nachträglichen Bildung einer Gesamtstrafe war bis zum 31.12.1974 in § 462 Abs. 3, § 462a a. F. geregelt. Der jetzige Absatz 3 entspricht sachlich der bisherigen Regelung. Das in ihm bezeichnete Gericht ist auch zuständig, wenn der Verurteilte sich in Strafhaft befindet. Eine Zuständigkeit der Strafvollstreckungskammer ist nicht gegeben.[184] Das Gericht des ersten Rechtszuges ist auch dann zuständig, wenn das Revisionsgericht die Sache wegen rechtsfehlerhafter Bildung der Gesamtstrafe nach § 354 Abs. 1b zurückverwiesen hat.[185] Aus Absatz 3 Satz 2 und 3 ergibt sich, welches Gericht zur Entscheidung sachlich berufen ist. Hat es das Gericht im wieder aufgenommenen Verfahren versäumt, über die Strafaussetzung zur Bewährung bei einer nach Auflösung der Gesamtstrafe verbliebenen Freiheitsstrafe zu entscheiden, so hat diese Entscheidung in entsprechender Anwendung von § 460 das Gericht des ersten Rechtszuges nachzuholen. Eine Entscheidung nach § 458 Abs. 2 ist ausgeschlossen.[186]

2. Reihenfolge (Sätze 2 und 3)

69 **a) Allgemeines.** Die **Zuständigkeit** des Gerichts **zur Bildung der Gesamtstrafe** bestimmt sich in erster Linie nach der Schwere der Strafart, in zweiter Linie nach der Höhe der Strafe[187] und in dritter Linie nach dem Zeitpunkt der Urteilsfällung,[188] selbst wenn es keinen Anlass zu einer Nachtragsentscheidung sieht.[189] War jedoch eines der Strafurteile von einem Oberlandesgericht im ersten Rechtszug (§ 120 GVG) erlassen, so kommt es auf alle diese Merkmale nicht an. Die Entscheidung steht alsdann nur dem Oberlandesgericht zu (Satz 3 2. Hs.). Hat ein unzuständiges Gericht die Gesamtstrafe gebildet, so ist sein Beschluss wirksam, wenn er nicht rechtzeitig mit sofortiger Beschwerde angefochten wird.[190]

70 **b) Einzelheiten.** Wegen der Art und Höhe der Strafen kommt es nicht darauf an, ob das Gericht sie so, wie sie rechtskräftig geworden sind, im ersten oder in einem höheren Rechtszug erkannt hat. Die **Entscheidung** trifft in jedem Fall **das Gericht erster Instanz** (Satz 3 1. Hs.). Haben verschiedene Gerichte Gesamtstrafen verhängt, kommt es für

---

184 BGH MDR **1976** 680; KG JR **1975** 429; OLG Hamburg StraFo **2010** 348; KK/*Appl* 32; Meyer-Goßner/*Schmitt* 26; *Bringewat* 48.

185 BGH NStZ **2005** 163; OLG Köln NStZ **2005** 164; VRS **108** (2005) 112 (Entscheidung auch über die Kosten des Revisions- und Berufungsverfahrens); OLG Frankfurt NStZ-RR **2005** 81 (einer Zurückverweisung an das nach § 462a Abs. 3 für die nachträgliche Gesamtstrafenbildung zuständige Gericht bedarf es nicht).

186 OLG Koblenz MDR **1991** 470.

187 BGH StraFo **2003** 272; NStZ **1996** 511.

188 BGHSt **27** 69.

189 BGH NStZ **1997** 612.

190 RG Recht **1924** 2736.

die Zuständigkeit nicht auf die Höhe der Gesamtstrafen an. Maßgebend ist dann vielmehr die jeweils erkannte **höchste Einzelstrafe**, und zwar unabhängig davon, ob die verschiedenen Gerichte auf eine oder mehrere Gesamtstrafen erkannt haben.[191] Bei Geldstrafen ist allein auf die Anzahl der Tagessätze abzustellen, und zwar unabhängig von deren Höhe.[192]

Sind die erkannten Freiheits- oder Geldstrafen gleich hoch, so ist das Gericht zuständig, dessen Urteil **zuletzt ergangen** ist, auch wenn in einem früher ergangenen Urteil neben der Freiheitsstrafe auf eine zusätzliche Hauptstrafe in Geld (§ 41 StGB) oder auf Nebenstrafen und Nebenfolgen erkannt oder Maßregeln der Besserung und Sicherung angeordnet sind, denn für die zu bildende Gesamtstrafe werden nur die Hauptstrafen herangezogen.[193] Wegen der Gesichtspunkte, die insoweit für die Zuständigkeit zum Erlass der Ergänzungsentscheidung nach § 66 Abs. 2 Satz 3 JGG in Betracht kommen, vgl. § 460, 59 ff. Was den **Zeitpunkt der Urteilsfällung** betrifft („zuletzt ergangen ist"), so ist, wenn das Berufungsgericht in der Sache selbst entschieden hat, der Zeitpunkt dieses Urteils maßgebend, auch wenn die Berufung verworfen worden, also die im ersten Rechtszug erkannte Strafe bestehen geblieben ist.[194] Der Zeitpunkt eines Revisionsurteils kommt nur dann in Betracht, wenn es selbst gemäß § 354 Abs. 1 und 1a die betreffende Freiheitsstrafe festgesetzt hat.[195] 71

3. Zuständigkeit bei Bildung einer Gesamtstrafe unter Auflösung einer früheren. In diesem Fall ist das die neue Gesamtstrafe bildende Gericht auch zuständig, aus den Einzelstrafen, die nicht einbezogen werden können, die weitere Gesamtstrafe (§ 460, 27) zu bilden, denn es wäre ein unnützer Aufwand, noch ein zweites Gericht mit der Gesamtstrafenbildung zu befassen, wenn bei isolierter Betrachtung für die Bildung der weiteren Gesamtstrafe nach der Regel des Absatz 3 die Zuständigkeit eines anderen Gerichts gegeben ist.[196] 72

4. Fehlende amtsgerichtliche Strafgewalt (Satz 4)

a) Allgemeines. Im Erkenntnisverfahren ist nach **§ 24 Abs. 2 GVG** die Strafgewalt der Amtsgerichte auf Freiheitsstrafe von vier Jahren beschränkt[197] und umfasst nicht die Anordnung der Unterbringung in einem psychiatrischen Krankenhaus oder in der Sicherungsverwahrung. Diese **Beschränkung** gilt auch, wenn das Amtsgericht nach §§ 54, 55 StGB eine Gesamtstrafe zu bilden hat. In entsprechender Weise begrenzt Absatz 3 Satz 4 folgerichtig die Strafgewalt des Amtsgerichts, wenn es nach Absatz 3 zur Bildung einer Gesamtstrafe zuständig ist. 73

b) Einzelfragen. Hatte bereits das **Schöffengericht auf vier Jahre Freiheitsstrafe** erkannt, so entfällt von vornherein die Zuständigkeit des Amtsgerichts zur Bildung der 74

---

191 Zu § 462a Abs. 3 Satz 1 a. F. BGHSt **11** 293; zu § 462a Abs. 3 Satz 2 n. F. BGH NJW **1976** 1512; **1986** 1117; OLG Schleswig bei *Ernesti/Lorenzen* SchlHA **1986** 109; KK/*Appl* 32; Meyer-Goßner/*Schmitt* 27; *Bringewat* 49, 50.

192 BGH NJW **1986** 1117; KK/*Appl* 32; Meyer-Goßner/*Schmitt* 27; *Bringewat* 49.

193 BGHSt **11** 293; KK/*Appl* 32; Meyer-Goßner/*Schmitt* 27; *Bringewat* 50.

194 KK/*Appl* 32; Meyer-Goßner/*Schmitt* 27.

195 LG Hamburg MDR **1980** 781 unter Aufgabe von JR **1979** 391; *Gössel* JR **1979** 393; KK/*Appl* 32; Meyer-Goßner/*Schmitt* 27; *Bringewat* 50.

196 BayObLGSt **1955** 152; KK/*Appl* 32; Meyer-Goßner/*Schmitt* 27.

197 S. Erl. zu § 24 GVG.

Gesamtstrafe, da sie zwangsläufig mehr als vier Jahre beträgt. Das Gleiche gilt, wenn neben einer Freiheitsstrafe die Unterbringung in einem psychiatrischen Krankenhaus oder in der Sicherungsverwahrung angeordnet ist. In einem solchen Fall kann entweder die Staatsanwaltschaft selbst oder der Richter beim Amtsgericht die Vorgänge formlos dem Landgericht zur Entscheidung vorlegen.[198] Dagegen bedarf es in entsprechender Anwendung des § 270 einer förmlichen **Verweisung an das Landgericht**, wenn die Frage Gegenstand einer Ermessensentscheidung ist, ob die amtsgerichtliche Strafgewalt ausreicht und der Richter beim Amtsgericht die Frage verneint, wenn er also z. B. bei Einzelstrafen von drei Jahren sechs Monaten und einem Jahr eine Gesamtfreiheitsstrafe von vier Jahren nicht für ausreichend hält. Diese Verweisung muss, sofern sie nicht auf einem Rechtsirrtum beruht, der Natur der Sache nach bindend sein, denn das Landgericht kann, wenn es selbst eine in die Strafgewalt des Amtsgerichts fallende Gesamtstrafe für ausreichend hält, dieses nicht zwingen, gegen seine Überzeugung eine Strafe festzusetzen, die es nicht für ausreichend hält.[199] Gegen die Verweisung gibt es kein Rechtsmittel.

75 **c) Rechtsfolgen bei Überschreitung der Strafgewalt.** Wegen der Rechtsfolgen der Überschreitung der Strafgewalt vgl. die Erl. zu § 24 GVG.

XI. Zuständigkeitskonzentration für Nachtragsentscheidungen bei mehreren Verurteilungen ohne Gesamtstrafenzusammenhang (Absatz 4)

76 **1. Grundsatz (Satz 1).** Während Absatz 1 die Zuständigkeit für alle (von der Gesamtstrafenbildung abgesehen) in **demselben Strafverfahren** nach den §§ 453, 454, 454a und 462 zu treffenden nachträglichen Entscheidungen regelt, befasst sich Absatz 4 mit der Konzentration der nachträglichen Entscheidungen, wenn die rechtskräftigen und noch nicht erledigten Verurteilungen zu Strafe oder Verwarnungen mit Strafvorbehalt in **mehreren bei verschiedenen Gerichten getrennt geführten Strafverfahren** gegen dieselbe Person ergangen sind. Absatz 4 trägt einem Beschluss der zur Vorbereitung des Entwurfs eines Strafvollzugsgesetzes einberufenen Strafvollzugskommission Rechnung.[200] Absatz 4 ergänzt also die Absätze 1 und 2 für den Fall, dass von mehreren Gerichten mehrere rechtskräftige und noch nicht erledigte Verurteilungen gegen dieselbe Person ergangen sind, die Voraussetzungen einer nachträglichen Gesamtstrafenbildung (§ 55 StGB) aber nicht vorliegen. In diesen Fällen wären ohne die Vorschrift des Absatzes 4 für die Strafvollstreckung bzw. Überwachung des Verurteilten verschiedene Gerichte und Strafvollstreckungsbehörden zuständig und bestände mithin die Gefahr einer **Entscheidungszersplitterung.**[201] Sie könnte zu mangelnder Unterrichtung des einen Gerichts über die von dem anderen Gericht beabsichtigten Entscheidungen und darüber hinaus zu in ihrer Würdigung der Täterpersönlichkeit und ihrer kriminalpolitischen Zielrichtung geradezu entgegengesetzten Entscheidungen führen. Um dies zu vermeiden, bestimmt Satz 1, dass in derartigen Fällen alle Verfahren **stets bei einem** Gericht zu **konzentrieren** sind, wobei die Zuständigkeit der Strafvollstreckungskammer stets die

---

198 KK/*Appl* 32; Meyer-Goßner/*Schmitt* 28; *Bringewat* 51.
199 KK/*Appl* 32; Meyer-Goßner/*Schmitt* 28; *Bringewat* 51.
200 BTDrucks. **7** 550, Begr. zu Art. 19 Nr. 122 (§ 462a) Entw. EGStGB 1974, S. 313.
201 BGH NStZ **1993** 230; **2000** 446; NStZ-RR **2007** 94; Meyer-Goßner/*Schmitt* 30; *Bringewat* 52.

Zuständigkeit des Gerichts des ersten Rechtszuges verdrängt.[202] Alleine die ohne die Regelung des Absatzes 4 bestehende Möglichkeit, die nach § 453 zu treffenden Entscheidungen nach Absatz 2 bindend an das Gericht des Wohnsitzes oder des gewöhnlichen Aufenthaltsortes des Verurteilten abzugeben, setzt die Zuständigkeitskonzentration von Absatz 4 nicht außer Kraft.[203] Stehen Nachtragsentscheidungen nach Absatz 4 aber nur (noch) bei einem Gericht an, etwa weil in anderer Sache bereits ein Straferlass erfolgt war, so entfällt die sachliche Rechtfertigung für eine Zuständigkeitskonzentration.[204] Wegen des Falls der mehrmaligen Verurteilung des Verurteilten durch dasselbe Gericht vgl. Rn. 85.

Um das Ziel der Zuständigkeitskonzentration zu erreichen, ist es[205] erforderlich, 77
dass auch die **Geschäftsverteilung** innerhalb des zuständigen Gerichts und die Geschäftsverteilung bei der zuständigen Strafvollstreckungsbehörde dem von dem Gesetzgeber verfolgten Zweck Rechnung trägt.

2. Rechtskraft der Ausgangsentscheidungen. Die Zuständigkeitskonzentration 78
für die Nachtragsentscheidungen setzt die Rechtskraft der Ausgangsentscheidungen voraus. Noch nicht rechtskräftig abgeschlossene Aburteilungen werden durch die Entscheidungskonzentration nicht berührt.

3. Sachliche Zuständigkeit (Satz 2). Die Frage, **welches der verschiedenen Ge-** 79
richte für die nach den §§ 453, 454, 454a, 462 zu treffenden Entscheidungen **sachlich zuständig ist**, regelt **Absatz 4 Satz 2** durch Verweisung auf die Zuständigkeitsregelung bei nachträglicher Gesamtstrafenbildung (Absatz 3 Satz 2, 3). Aufgrund der nur entsprechenden Anwendung des Absatzes 3 Satz 2, 3 ist der zu Rn. 66 herausgestellte Gesichtspunkt (Abstellen auf die höchste Einzelstrafe) für die Entscheidung nach Absatz 4 Satz 2 ohne jede sachliche Bedeutung. Denn hier geht es immer nur um die im Urteil ausgesprochene Strafe, die **Grundlage der Vollstreckung** ist. Das kann eine Einzelstrafe, eine Gesamtstrafe oder für den Fall, dass in einem Urteil zugleich mehrere Gesamtstrafen ausgesprochen sind, die Summe dieser Gesamtstrafen sein. Die in einer Gesamtstrafe untergegangene Einzelstrafe scheidet als Gegenstand der Vollstreckung völlig aus.[206] Deshalb kommt es bei der Anwendung der Regeln des Absatzes 3 Satz 2 in den Fällen des Absatzes 4 Satz 2, wo es nicht um die Gesamtstrafenbildung, sondern um die Vollstreckung geht, stets auf die **höchste Strafe** an, ohne dass es einen Unterschied macht, ob diese Strafe wegen einer Einzeltat oder wegen mehrerer Taten als Gesamtstrafe zustande gekommen ist.[207]

Wird gegen den Verurteilten eine Freiheitsstrafe vollstreckt, so ist gemäß Absatz 4 80
Satz 3 sachlich die **Strafvollstreckungskammer** zuständig und ihre örtliche Zuständigkeit bestimmt sich nach Absatz 1 Satz 1. Die Strafvollstreckungskammer bleibt für alle Nachtragsentscheidungen zuständig, die gegen den Verurteilten bis zum Ende der bedingten Entlassung durch Straferlass oder Widerruf der ausgesetzten Freiheitsstrafe zu

---

202 BGHSt **26** 118; **26** 276; BGH NStZ-RR **2001** 267; OLG Zweibrücken MDR **1978** 954; OLGSt § 462a StPO, 5; OLG Hamm NStZ **1984** 476; OLG Düsseldorf NStZ **1988** 46; LG Münster MDR **1988** 432; KK/*Appl* 33; **a. A.** für den Fall, dass das erkennende Gericht in seinem Verfahren keine die Vollstreckung betreffende Entscheidung treffen kann: OLG Schleswig MDR **1987** 606.

203 BGH NStZ **1998** 586.

204 BGH NStZ-RR **2006** 115; NStZ **1999** 215; NStZ-RR **2019** 59.

205 Worauf die Begr. des RegE BTDrucks. **7** 550 S. 313 ausdrücklich hinweist.

206 BGH NStZ-RR **2019** 59.

207 BGHSt **27** 70; BGH NStZ **1984** 97; Meyer-Goßner/*Schmitt* 31; *Bringewat* 55.

treffen sind, und zwar auch hinsichtlich solcher Restfreiheitsstrafen, die zum Zeitpunkt der bedingten Entlassung noch nicht existent waren, aber dies während der laufenden Bewährungszeit wurden.[208] Diese allgemeine Fortsetzungszuständigkeit wird auch nicht durch die Regelung des § 36 Abs. 5 Satz 1 BtMG aufgehoben.[209] Hat die Strafvollstreckungskammer den Eintritt von Führungsaufsicht angeordnet, so geht mit der Aufnahme des Verurteilten in eine andere Justizvollzugsanstalt zur Verbüßung von Strafhaft in anderer Sache die örtliche Zuständigkeit für die Überwachung der Führungsaufsicht auf die Strafvollstreckungskammer über, in deren Bezirk die Justizvollzugsanstalt liegt.[210] Die Strafvollstreckungskammer in A ist danach zuständig, wenn das erkennende Gericht in B nach § 56 StGB für die ganze Strafe Strafaussetzung zur Bewährung bewilligt hat, der Verurteilte wegen einer in der Bewährungszeit begangenen Tat von einem anderen Gericht erneut zu Freiheitsstrafe verurteilt ist, die er jetzt im Bezirk der Strafvollstreckungskammer A verbüßt und nunmehr über den Widerruf der Strafaussetzung zu entscheiden ist.

81 **4. Zusammentreffen von Jugendstrafe und Erwachsenenfreiheitsstrafe.** Auch nach den in § 460, 61 bis 63 dargestellten Gesetzesänderungen verbleiben Fälle eines Nebeneinanderbestehens von Jugendstrafe und Erwachsenenfreiheitsstrafe, die die Frage der Zuständigkeit für Nachtragsentscheidungen auslösen. Der Bundesgerichtshof hatte die Frage zunächst zugunsten der Strafvollstreckungskammer beantwortet, weil der materiell-rechtlich für das Verhältnis des Jugendstrafrechts zum allgemeinen Strafrecht bedeutsame Gesichtspunkt des Schwergewichts (§§ 32, 105 JGG) auch vollstreckungsrechtlich durchschlage, nachdem sich das Schwergewicht der Vollstreckung auf die der Freiheitsstrafe verlagert habe und daraus die Folgerungen aus dem Konzentrationsgrundsatz abzuleiten seien.[211] Nach erneuter Prüfung dieser Frage hat er diesen Standpunkt aber wieder aufgegeben.

82 Da der Jugendrichter dem weiterhin zu berücksichtigenden **Erziehungsgedanken** besser als die Staatsanwaltschaft oder die Strafvollstreckungskammer gerecht werden kann, ist es gerechtfertigt, die Zuständigkeit für nachträgliche Entscheidungen auch dann beim Jugendrichter zu belassen, wenn die Jugendstrafe nach § 89b JGG im Erwachsenenstrafvollzug verbüßt wird.[212] Der in Absatz 4 enthaltene Konzentrationsgrundsatz erstreckt sich danach nicht auf die Vollstreckung von Jugendstrafen. Für die Vollstreckung von Jugendstrafen bleibt vielmehr bis zu deren Abschluss der Jugendrichter als Vollstreckungsleiter zuständig, auch wenn der Verurteilte zwischenzeitlich zu einer Freiheitsstrafe verurteilt worden ist und diese ganz oder teilweise verbüßt hat.[213] Diesen Erwägungen ist zuzustimmen.

83 **5. Örtliche Zuständigkeit bei mehreren in Betracht kommenden Strafvollstreckungskammern (Satz 3).** Die Verweisung in **Absatz 4 Satz 3** auf die Fälle des Absatzes 1 lässt die Frage offen, welche von mehreren in Betracht kommenden Strafvollstreckungskammern örtlich zuständig ist. Die Zuständigkeit der Strafvollstreckungskammer für alle einen inhaftierten Verurteilten betreffenden nachträglichen Entscheidungen im

---

208 BGH NStZ-RR **2003** 102; NStZ **2001** 222; OLG Frankfurt NStZ-RR **2007** 157; OLG Hamm StraFo **2000** 282; **2003** 205.
209 BGH NStZ-RR **2001** 343 Ls.
210 BGH NStZ-RR **2004** 124.
211 BGHSt **26** 375; OLG Hamm MDR **1979** 336; *Doller* MDR **1977** 273.
212 BGHSt **27** 329, 333; **64** 273 ff. m. w. N.
213 BGH StraFo **2007** 258; BGHSt **28** 351, 353 f.

Rahmen der Bewährungsüberwachung tritt unabhängig davon ein, ob während der Zeit der Inhaftierung eine Entscheidung in der Sache zu treffen ist.[214] Hat z. B. die Strafvollstreckungskammer in A den Rest einer Freiheitsstrafe von drei Jahren ausgesetzt, nachdem der Verurteilte zwei Jahre verbüßt hat, und wird er wegen einer in der Bewährungszeit begangenen Straftat erneut zu Freiheitsstrafe verurteilt, die er in einer Anstalt im Bezirk der Strafvollstreckungskammer in B verbüßt, so fragt sich, ob für den Widerruf die Strafvollstreckungskammer in A oder die in B zuständig ist. Nach dem Wortlaut des Absatzes 1 Satz 2 wäre die Strafvollstreckungskammer in A zuständig, weil danach die Strafvollstreckungskammer für die weiter zu treffenden Entscheidungen zuständig bleibt, die gemäß § 454 die Vollstreckung des Strafrestes ausgesetzt hat. Die Strafvollstreckungskammer in B ist aber zuständig, weil die Verweisung auf „die Fälle des Absatzes 1" dahin zu verstehen ist, dass die erste kraft Entscheidungskonzentration zu treffende Nachtragsentscheidung derjenigen Strafvollstreckungskammer obliegt, in deren Bezirk der Verurteilte bei Eingang des Widerrufsantrags einsitzt. Denn der Konzentrationsgrundsatz des Absatzes 4 verlangt, dass für alle denselben Verurteilten betreffenden Nachtragsentscheidungen nur eine Strafvollstreckungskammer zuständig ist.[215] Also ist in dem Beispielsfall die Strafvollstreckungskammer in B für die Entscheidung über den Widerruf zuständig.[216] Das gilt auch dann, wenn der Widerrufsantrag bereits vor Beginn der neuen Strafhaft bei Gericht eingegangen, dieses aber noch keine erstinstanzliche Entscheidung getroffen hat[217] oder wenn die in ihrem Bezirk vollstreckte Strafe bereits erledigt und zwischenzeitlich die sachliche Zuständigkeit einer anderen Strafvollstreckungskammer begründet ist.[218] Die eine Führungsaufsicht nach § 68f StGB überwachende Strafvollstreckungskammer ist auch für die Nachtragsentscheidungen zuständig, die sich auf Strafaussetzungen zur Bewährung aus anderen Verfahren gegen den Verurteilten beziehen.[219]

6. Mehrere selbständige Verurteilungen durch dasselbe Gericht. Der Grundge- 84
danke des Absatzes 4, in den Fällen, in denen eine Gesamtstrafenbildung nicht in Betracht kommt, einer „Entscheidungszersplitterung" dadurch vorzubeugen, dass für alle gegen einen Verurteilten erforderlich werdenden nachträglichen Entscheidungen nur **ein Gericht** oder **eine Strafvollstreckungsbehörde** zuständig sein soll, ist im Gesetz durch die Wendung: „Haben verschiedene Gerichte ..." nur unvollkommen zum Ausdruck gelangt. Denn das Bedürfnis, eine Entscheidungszersplitterung zu vermeiden, besteht auch, wenn der Verurteilte von demselben Gericht in mehreren Verfahren verurteilt oder unter Strafvorbehalt verwarnt worden ist und für die späteren Verfahren nach den Absätzen 1 und 2 sowohl das Gericht des ersten Rechtszuges wie auch eine oder mehrere Strafvollstreckungskammern zuständig sein oder werden könnten. In sinngemäßer Auslegung (oder, wenn man will, in entsprechender Anwendung) des Absatzes 4 greift auch hier der **Gesichtspunkt**

214 BGH NStZ-RR **2008** 124; NJW **2010** 951.

215 BGH StraFo **2011** 289; BGH Beschl. vom 4.4.2012 – 2 ARs 127/12.

216 BGH bei *Holtz* MDR **1977** 462; BGHSt **26** 118; **26** 276; BGH NStZ **1984** 380; OLG München NStZ **1984** 238; OLG Hamburg NStZ **1982** 48; **1987** 92; OLG Düsseldorf NStZ **1988** 46; *Jähnke* DRiZ **1977** 236; *Valentin* NStZ **1981** 128, 130; KK/*Appl* 24; Meyer-Goßner/*Schmitt* 34; **a. A.** *Treptow* NJW **1975** 1107; *Eb. Schmidt* NJW **1975** 1489.

217 BGHSt **30** 189, 192; OLG Stuttgart Justiz **1976** 443; OLG Schleswig **1978** 548; OLG Hamm JMBlNRW **1978** 265; OLG Karlsruhe Justiz **1980** 90; NStZ **1985** 404; OLG Koblenz VRS **68** (1985) 213; OLGSt § 462a StPO, 6.

218 BGHSt **28** 82; OLG Hamm NJW **1976** 258; KK/*Appl* 13; Meyer-Goßner/*Schmitt* 34.

219 BGH NJW **2010** 951.

der Zuständigkeitskonzentration durch und es erstreckt sich die Zuständigkeit einer Strafvollstreckungskammer für erforderlich werdende nachträgliche Entscheidungen aus dem Urteil eines Gerichts mithin auch auf die nachträglichen Entscheidungen aus anderen von demselben Gericht gegen den Verurteilten ausgesprochenen Verurteilungen ohne Gesamtstrafenzusammenhang.[220] Diese Grundsätze gelten auch bei Verurteilungen zu freiheitsentziehenden Maßregeln der Besserung und Sicherung.[221]

7. Auswirkungen der Konzentration auf die Zuständigkeit der Staatsanwaltschaft als Vollstreckungsbehörde

85 **a) Grundsatz.** Die Konzentration der Entscheidungszuständigkeit bei *einem* Gericht berührt grundsätzlich nicht auch die örtliche Zuständigkeit der Staatsanwaltschaft als Vollstreckungsbehörde. Nach § 451 Abs. 3 Satz 1 bleibt auch in diesen Fällen die **Staatsanwaltschaft bei dem Gericht des ersten Rechtszuges** zuständig. Zwar heißt es in der Begründung zum Regierungsentwurf zu § 462a[222] im Zusammenhang mit der Vermeidung von Entscheidungszersplitterungen: „Es wird deshalb vorgeschlagen, in derartigen Fällen alle Verfahren stets bei einem Gericht und einer Strafvollstreckungsbehörde zu konzentrieren".[223] Jedoch hat diese Anregung keinen Niederschlag im Gesetzeswortlaut gefunden. § 451 Abs. 3 Satz 1 belässt es vielmehr grundsätzlich bei der Regelung, dass auch gegenüber der Vollstreckungskammer eines anderen Landgerichts die staatsanwaltschaftlichen Aufgaben von der Staatsanwaltschaft wahrgenommen werden, die nach den allgemeinen Vorschriften die zuständige Vollstreckungsbehörde ist. Allerdings kann sie ihre Aufgaben der für die Strafvollstreckungskammer zuständigen Staatsanwaltschaft übertragen, wenn dies im Interesse des Verurteilten geboten erscheint und die Staatsanwaltschaft am Ort der Strafvollstreckungskammer zustimmt.[224] Dies wird allerdings nur in Ausnahmefällen in Betracht kommen. Die Staatsanwaltschaft, die Verfolgungsbehörde und jetzt Vollstreckungsbehörde ist, kennt nämlich die Besonderheiten des Falles in aller Regel besser als eine andere Staatsanwaltschaft am Sitz der Strafvollstreckungskammer.

86 **b) Wechsel in den Fällen des Absatzes 6.** In Übereinstimmung mit der früher herrschenden Meinung, dass bei Zurückverweisung einer Sache nach § 354 Abs. 2, § 354a für Nachtragsentscheidungen das zuerst mit der Sache befasst gewesene Gericht zuständig sei (Rn. 41), sah § 7 Abs. 2 StVollstrO a. F. vor, dass sich auch die örtliche Zuständigkeit der Vollstreckungsbehörde nach diesem Gericht bestimme. Mit dem **Inkrafttreten des Absatzes 6** ergibt sich als Folge der Neubestimmung des Gerichts des ersten Rechtszuges ein entsprechender Wechsel der örtlich zuständigen Staatsanwaltschaft als Vollstreckungsbehörde. Darauf weist die Gesetzesbegründung hin.[225] § 451 Abs. 3 Satz 1 (Wahrnehmung der staatsanwaltschaftlichen Aufgaben gegenüber der Strafvollstreckungskammer bei einem anderen Landgericht durch die Staatsanwaltschaft, die Vollstreckungsbehörde ist) wird, wie kaum der Hervorhebung bedarf, durch den neuen Absatz 6 nicht berührt.

---

220 BGHSt **26** 276 = LM § 462a StPO, 9 mit Anm. *Willms*; BGH Beschl. vom 26.9.2018 – 2 ARs 182/18; OLG Hamburg MDR **1975** 952; KK/*Appl* 11; Meyer-Goßner/*Schmitt* 33; *Bringewat* 60.

221 BGHSt **26** 187.

222 BTDrucks. **7** 550 S. 313; KK/*Appl* 35; Meyer-Goßner/*Schmitt* 35; *Bringewat* 61.

223 Ebenso die mehr beiläufigen Bemerkungen in BGHSt **26** 120; **26** 277.

224 *Bringewat* 61; **a. A.** LG München NStZ **1981** 453 und – soweit es um die Bewährungsüberwachung geht – *Katholnigg* NStZ **1982** 195; **1987** 112; *Engel* NStZ **1987** 110.

225 BTDrucks. **8** 976, Begr. zu Art. 1 Nr. 34 StVÄG 1979, S. 61, zweiter Absatz; s. auch *Pohlmann/Jabel/Wolf* § 7, 8.

Im **Wiederaufnahmeverfahren** entscheidet gemäß § 140a Abs. 7 GVG ein „anderes Gericht“ bereits über die Anträge zur Vorbereitung eines Wiederaufnahmeverfahrens. Nach diesem Gericht richtet sich auch die örtliche Zuständigkeit der Staatsanwaltschaft bei ihrer Mitwirkung als Strafverfolgungsbehörde im Wiederaufnahmeverfahren, während bis zum Ergehen des Erneuerungsbeschlusses nach § 370 Abs. 2 StPO ihre bisherige Zuständigkeit als Vollstreckungsbehörde weiter bestehen bleibt (§ 140a GVG).[226] 87

XII. Nachtragsentscheidungen bei erstinstanzlichen Urteilen des Oberlandesgerichts (Absatz 5)

1. Grundsatz (Satz 1). Bei den von einem Oberlandesgericht als Gericht des ersten Rechtszuges (§ 120 GVG) erlassenen Urteilen entfällt für Nachtragsentscheidungen eine sonst nach Absatz 1, Absatz 4 Satz 3 begründete Zuständigkeit der Strafvollstreckungskammer. An ihrer Stelle entscheidet das Gericht des ersten Rechtszuges.[227] **Dessen Zuständigkeit verdrängt die der Strafvollstreckungskammer.** Diese Regelung beruhte seinerzeit auf der Erwägung, dass die Oberlandesgerichte weitgehend mit Fällen landesverräterischer und geheimdienstlicher Agententätigkeit (§§ 98, 99 StGB) befasst sind. In diesen Fällen haben die Oberlandesgerichte eine besondere, schon aus der Zuständigkeitskonzentration herrührende Sachkunde, und zwar nicht nur für das Erkenntnisverfahren, sondern auch für die Beurteilung der Frage, wie groß die Gefahr eines einschlägigen Rückfalls bei einem bestimmten Verurteilten ist und ob bei ihm gegebenenfalls eine Aussetzung nach § 57 StGB gerechtfertigt werden kann.[228] Die Zuständigkeit des Oberlandesgerichts nach Absatz 5 Satz 1 ist, wenn es das Urteil im ersten Rechtszug erlassen hat, auch begründet, wenn die Führungsaufsichtsstelle dem unter Führungsaufsicht stehenden Verurteilten die Erlaubnis für einen beantragten Aufenthaltswechsel versagt und der Verurteilte alsdann bei dem mit der Führungsaufsicht befassten Gericht, das die Weisung nach § 68b Abs. 1 Satz 1 Nr. 1 StGB erteilt hat, um gerichtliche Entscheidung nachsucht.[229] **Absatz 5** findet dagegen **keine Anwendung**, wenn im ersten Rechtszug ein Oberlandesgericht gegen einen **Jugendlichen** oder **Heranwachsenden** entschieden hat. Vielmehr ist der Jugendrichter als Vollstreckungsleiter nicht nur für die Vollstreckung der Jugendstrafe, sondern auch für die jugendrichterlichen Entscheidungen nach § 83 JGG zuständig.[230] 88

2. Abgabe an die Strafvollstreckungskammer (Sätze 2 und 3). Die der Strafvollstreckungskammer durch Satz 1 entzogene Zuständigkeit kann das Oberlandesgericht durch Abgabe nach Satz 2 begründen. Damit soll solchen Fällen Rechnung getragen werden, in denen die Nachtragsentscheidung auch unabhängig von der besonderen Sachkunde („von besonderen nachrichtendienstlichen Kenntnissen“) getroffen werden kann. Wegen des Umfangs der Abgabe („ganz oder zum Teil“) und der Bedeutung der Bindung der Abgabe (Satz 3) vgl. Rn. 57 ff. Dass in Satz 3 2. Hs. die **Widerruflichkeit** der Abgabe ausdrücklich vorgesehen ist, ist keine Besonderheit dieser Abgabe, hier wird vielmehr nur das Wesen der Bindung der Abgabe in einer Weise verdeutlicht, die ebenso auch bei einer Abgabe nach Absatz 1 Satz 3 2. Hs., Absatz 2 Satz 2 2. Hs. zutrifft. 89

---

226 *Rieß* NJW **1978** 2272.
227 Wegen der Anfechtbarkeit s. § 304 Abs. 4 Satz 2 Nr. 5.
228 BTDrucks. **7** 550, Begr. zu Art. 19 Nr. 122 (§ 462a) Entw. EGStGB 1974, S. 314; *Bringewat* 46.
229 OLG Düsseldorf StraFo **2004** 426.
230 OLG Düsseldorf NStZ **2001** 616 Ls.; KK/*Appl* 28.

90 **3. Mündliche Anhörung.** Trifft das Oberlandesgericht selbst die Entscheidung über die Aussetzung des Strafrestes zur Bewährung (§ 454), so gelten, da es an die Stelle der Strafvollstreckungskammer tritt, auch die Vorschriften über die mündliche Anhörung des Verurteilten (§ 454 Abs. 1 Satz 3, 4) und das Verfahren nach § 454 Abs. 2. Zu der Frage, ob diese Anhörung vor dem mit drei Mitgliedern besetzten Senat (§ 122 Abs. 1 GVG) durchzuführen ist oder ob die Anhörung durch ein beauftragtes Senatsmitglied genügt, vgl. § 454, 24 ff.

XIII. Besetzung der Strafvollstreckungskammer

91 Nach der **Neufassung des § 78b Abs. 1 GVG** durch Art. 3 des Gesetzes zur Entlastung der Rechtspflege (RpfEntlG) vom 11.1.1993[231] entscheiden, soweit sich aus der Strafprozessordnung nicht etwas anderes ergibt, die Strafvollstreckungskammern bei Entscheidungen nach den §§ 462a, 463 **grundsätzlich durch einen Richter** (§ 78b Abs. 1 Nr. 2 GVG), und zwar ohne Rücksicht auf die Höhe der zugrunde liegenden Freiheitsstrafe. Die Kollegialbesetzung mit drei Richtern ist nur noch in den Fällen vorgesehen, in denen über die Aussetzung der Vollstreckung einer lebenslangen Freiheitsstrafe nach § 57a StGB, die Aussetzung der Unterbringung in einem psychiatrischen Krankenhaus nach § 63 StGB oder in der Sicherungsverwahrung nach § 66 StGB zu entscheiden ist (§ 78b Abs. 1 Nr. 1 GVG).

§ 463
Vollstreckung von Maßregeln der Besserung und Sicherung

(1) Die Vorschriften über die Strafvollstreckung gelten für die Vollstreckung von Maßregeln der Besserung und Sicherung sinngemäß, soweit nichts anderes bestimmt ist.

(2) § 453 gilt auch für die nach den §§ 68a bis 68d des Strafgesetzbuches zu treffenden Entscheidungen.

(3) [1]§ 454 Abs. 1, 3 und 4 gilt auch für die nach § 67c Abs. 1, § 67d Abs. 2 und 3, § 67e Abs. 3, den §§ 68e, 68f Abs. 2 und § 72 Abs. 3 des Strafgesetzbuches zu treffenden Entscheidungen. [2]In den Fällen des § 68e des Strafgesetzbuches bedarf es einer mündlichen Anhörung des Verurteilten nicht. [3]§ 454 Abs. 2 findet in den Fällen des § 67d Absatz 2 und 3 und des § 72 Absatz 3 des Strafgesetzbuches unabhängig von den dort genannten Straftaten sowie bei Prüfung der Voraussetzungen des § 67c Absatz 1 Satz 1 Nummer 1 des Strafgesetzbuches auch unabhängig davon, ob das Gericht eine Aussetzung erwägt, entsprechende Anwendung, soweit das Gericht über die Vollstreckung der Sicherungsverwahrung zu entscheiden hat; im Übrigen findet § 454 Abs. 2 bei den dort genannten Straftaten Anwendung. [4]Zur Vorbereitung der Entscheidung nach § 67d Abs. 3 des Strafgesetzbuches sowie der nachfolgenden Entscheidungen nach § 67d Abs. 2 des Strafgesetzbuches hat das Gericht das Gutachten eines Sachverständigen namentlich zu der Frage einzuholen, ob von dem Verurteilten weiterhin erhebliche rechtswidrige Taten zu erwarten sind. [5]Ist die Unterbringung in der Sicherungsverwahrung angeordnet worden, bestellt das Gericht dem Verurteilten, der keinen Verteidiger hat, rechtzeitig vor einer Entscheidung nach § 67c Absatz 1 des Strafgesetzbuches einen Verteidiger.

231 BGBl. I S. 50; geändert durch Art. 2 SichVG vom 16.6.1995 (BGBl. I S. 818).

https://doi.org/10.1515/9783110275025-042

(4) [1]Im Rahmen der Überprüfung der Unterbringung in einem psychiatrischen Krankenhaus (§ 63 des Strafgesetzbuches) nach § 67e des Strafgesetzbuches ist eine gutachterliche Stellungnahme der Maßregelvollzugseinrichtung einzuholen, in der der Verurteilte untergebracht ist. [2]Das Gericht soll nach jeweils drei Jahren, ab einer Dauer der Unterbringung von sechs Jahren nach jeweils zwei Jahren vollzogener Unterbringung in einem psychiatrischen Krankenhaus das Gutachten eines Sachverständigen einholen. [3]Der Sachverständige darf weder im Rahmen des Vollzugs der Unterbringung mit der Behandlung der untergebrachten Person befasst gewesen sein noch in dem psychiatrischen Krankenhaus arbeiten, in dem sich die untergebrachte Person befindet, noch soll er das letzte Gutachten bei einer vorangegangenen Überprüfung erstellt haben. [4]Der Sachverständige, der für das erste Gutachten im Rahmen der Überprüfung der Unterbringung herangezogen wird, soll auch nicht das Gutachten in dem Verfahren erstellt haben, in dem die Unterbringung oder deren späterer Vollzug angeordnet worden ist. [5]Mit der Begutachtung sollen nur ärztliche oder psychologische Sachverständige beauftragt werden, die über forensisch-psychiatrische Sachkunde und Erfahrung verfügen. [6]Dem Sachverständigen ist Einsicht in die Patientendaten des Krankenhauses über die untergebrachte Person zu gewähren. [7]§ 454 Abs. 2 gilt entsprechend. [8]Der untergebrachten Person, die keinen Verteidiger hat, bestellt das Gericht für die Überprüfung der Unterbringung, bei der nach Satz 2 das Gutachten eines Sachverständigen eingeholt werden soll, einen Verteidiger.

(5) [1]§ 455 Abs. 1 ist nicht anzuwenden, wenn die Unterbringung in einem psychiatrischen Krankenhaus angeordnet ist. [2]Ist die Unterbringung in einer Entziehungsanstalt oder in der Sicherungsverwahrung angeordnet worden und verfällt der Verurteilte in Geisteskrankheit, so kann die Vollstreckung der Maßregel aufgeschoben werden. [3]§ 456 ist nicht anzuwenden, wenn die Unterbringung des Verurteilten in der Sicherungsverwahrung angeordnet ist.

(6) [1]§ 462 gilt auch für die nach § 67 Absatz 3, 5 Satz 2 und Absatz 6, den §§ 67a und 67c Abs. 2, § 67d Abs. 5 und 6, den §§ 67g, 67h und 69a Abs. 7 sowie den §§ 70a und 70b des Strafgesetzbuches zu treffenden Entscheidungen. [2]In den Fällen des § 67d Absatz 6 des Strafgesetzbuches ist der Verurteilte mündlich zu hören. [3]Das Gericht erklärt die Anordnung von Maßnahmen nach § 67h Abs. 1 Satz 1 und 2 des Strafgesetzbuchs für sofort vollziehbar, wenn erhebliche rechtswidrige Taten des Verurteilten drohen.

(7) Für die Anwendung des § 462a Abs. 1 steht die Führungsaufsicht in den Fällen des § 67c Abs. 1, des § 67d Abs. 2 bis 6 und des § 68f des Strafgesetzbuches der Aussetzung eines Strafrestes gleich.

(8) [1]Wird die Unterbringung in der Sicherungsverwahrung vollstreckt, bestellt das Gericht dem Verurteilten, der keinen Verteidiger hat, für die Verfahren über die auf dem Gebiet der Vollstreckung zu treffenden gerichtlichen Entscheidungen einen Verteidiger. [2]Die Bestellung hat rechtzeitig vor der ersten gerichtlichen Entscheidung zu erfolgen und gilt auch für jedes weitere Verfahren, solange die Bestellung nicht aufgehoben wird.

Schrifttum

Bock Die Verwalter der Gefährlichkeit – eine Skizze zum forensischen Gutachterwesen, FS Heinz (2012) 609; *Boetticher* Aktuelle Entwicklungen im Maßregelvollzug und bei der Sicherungsverwahrung – Ambulante Nachsorge für Sexualstraftäter ist Aufgabe der Justiz, NStZ **2005** 417; *ders./Dittmann/Nedopil/Nowara/Wolf* Zum richtigen Umgang mit Prognoseinstrumenten durch psychiatrische und psychologische

Sachverständige und Gerichte, NStZ **2009** 478; *Boetticher/Koller/Böhm/Brettel/Höffler/Müller-Metz/Pfister/Schneider/Schöch/Wolf* Empfehlungen für Prognosegutachten – Rechtliche Rahmenbedingungen für Prognosen im Strafverfahren, NStZ **2019** 553; *Böhm* Ausgewählte Fragen des Maßregelrechts, FS Schöch (2010) 755; *Böhme* Zusammentreffen von lebenslanger Freiheitsstrafe mit anderen Strafen und freiheitsentziehenden Maßregeln, NJW **1982** 135; *Brandstätter* Vikariierendes System bei Strafe und Maßregeln aus verschiedenen Urteilen? MDR **1978** 453; *Busam/Hoffmann* Die Zusammenarbeit zwischen Maßregelvollzug und Staatsanwaltschaft – am Beispiel der Abteilung Forensische Psychiatrie und Psychotherapie im Zentrum für Psychiatrie Reichenau und der Staatsanwaltschaft Konstanz, R&P **2002** 51; *Egg (Hrsg.)* Der Aufbau des Maßregelvollzugs in den neuen Bundesländern (1995); *Geyer/Steinböck/Tilmann* Fortdauer der Unterbringung in einem psychiatrischen Krankenhaus gemäß § 63 StGB, NStZ **2017** 185; *Gretenkord* Empirisch fundierte Prognosestellung im Maßregelvollzug nach § 63 StGB (2003); *ders./Lietz* Zur Entwicklung des Maßregelvollzugs (§ 63 StGB) in Hessen, MSchrKrim. **1983** 376; *Grünebaum* Zur Privatisierung des Maßregelvollzugs – Wie eine Diskussion haarscharf am Kern vorbeigeht, R&P **2006** 55; *Heering/Konrad* Prognosebegutachtung und nachträglich verhängte Sicherungsverwahrung bei Erledigung der Maßregel, R&P **2007** 76; *Kröber (Hrsg.)* Psychologische Begutachtung im Strafverfahren: Indikationen, Methoden und Qualitätsstandards (2000); *Kröber/Brettel/Rettenberger/Stübner* Empfehlungen für kriminalprognostische Gutachten, NStZ **2019** 574; *Kruis* Die Vollstreckung freiheitsentziehender Maßregeln und die Verhältnismäßigkeit, StV **1998** 94; *Lesting* Die Neuregelung der zivilrechtlichen Haftung des gerichtlichen Sachverständigen für ein unrichtiges Gutachten, R&P **2002** 224; *Maier/Macke* Woran krankt der Maßregelvollzug? MSchrKrim. **2000** 74; *Maul/Lauven* Die Vollstreckungsreihenfolge von Strafe und Maßregel, NStZ **1986** 397; *Müller/Becker/Stolpmann* Vergleich externer und interner Prognose-Gutachten im Maßregelvollzug Sachsen-Anhalts, R&P **2006** 174; *Müller-Dietz* Die Reihenfolge der Vollstreckung von Strafe und Maßregel aus verschiedenen Urteilen, NJW **1980** 2789; *Müller-Metz* Die Sicherungsverwahrung – Tätigkeit des Sachverständigen im Erkenntnis- und Vollstreckungsverfahren, StV **2003** 42; *Nedopil* Begutachtung zwischen öffentlichem Druck und wissenschaftlicher Erkenntnis, R&P **1999** 120; *Nowara* Externe Prognosegutachten im Maßregelvollzug, R&P **1995** 67; *dies.* Divergierende legalprognostische Beurteilungen nach langjähriger Unterbringung im Maßregelvollzug, R&P **1996** 23; *Peglau* Das neue Recht der strafrechtlichen Unterbringung in einem psychiatrischen Krankenhaus, NJW **2016** 2298; *ders.* Das Gesetz zur Reform der Führungsaufsicht und zur Änderung der Vorschriften über die nachträgliche Sicherungsverwahrung, NJW **2007** 1558; *Pollähne* Gutachten über „die Behandlungsaussichten“ im Maßregelvollzug, R&P **2005** 171; *ders.* Verteidigung in Maßregelvollstreckung und -vollzug (Teil 1 und 2) – Erfolgreiche anwaltliche Entlassungsvorbereitungen – eine Fallstudie, StraFo **2007** 404 und 486; *Rasch* Die Prognose im Maßregelvollzug als kalkulierbares Risiko, FS Blau (1985) 309; *W. Schmidt* Anhörung des Sicherungsverwahrten im Verfahren nach § 42f StGB und Stellungnahme der Vollzugsanstalt, NJW **1965** 1318; *Schneider* Die Reform des Maßregelrechts, NStZ **2008** 68; *Ullenbruch* Strafzeitberechnung nach Maßregelabbruch – Art. 2 II GG mitten im Tohuwabohu! NStZ **2000** 287; *Verrel* Strafrechtliche Haftung für falsche Prognosen im Maßregelvollzug? R&P **2001** 182; *Wolf* Reform der Führungsaufsicht, Rpfleger **2007** 293. Zum Prognosegutachten vgl. auch die Schrifttumsnachweise bei § 454.

Entstehungsgeschichte

§ 463 ist gemäß Art. 21 Nr. 133 EGStGB 1974 am 1.1.1975 an die Stelle des früheren, durch Gesetz vom 24.11.1933 (RGBl. I S. 1000) eingefügten und in der Folgezeit mehrfach geänderten § 463a getreten. Die Abänderung dieser Vorschrift war wegen der Neufassung des Allgemeinen Teils des Strafgesetzbuches und der Einführung der Strafvollstreckungskammern erforderlich. Dabei blieb § 463a Abs. 1 (jetzt § 463 Abs. 1) sachlich unverändert. Die durch die Absätze 2 bis 6 des § 463 ersetzten Absätze 2, 3 des § 463a a. F. lauteten:

„(2) Bei der Unterbringung in einer Heil- oder Pflegeanstalt ist der Aufschub der Vollstreckung auf Grund des § 455 Abs. 1, bei der Sicherungsverwahrung der Aufschub auf Grund des § 456 nicht zulässig.

(3) § 462 gilt auch für die nach den §§ 42f bis 42h, § 42l Abs. 4 und § 42n Abs. 7 des Strafgesetzbuches zu treffenden Entscheidungen.“

Nach Art. 326 Abs. 5 Nr. 2 Buchst. h EGStGB 1974 sollte Absatz 4 Satz 2 vom 1.1.1978 an folgende Fassung haben:

„Ist die Unterbringung in einer Entziehungsanstalt, einer sozialtherapeutischen Anstalt oder in der Sicherungsverwahrung angeordnet worden und verfällt der Verurteilte in Geisteskrankheit, so kann die Vollstreckung der Maßregel aufgeschoben werden."

Durch § 2 Nr. 2 Buchst. b InkrafttrG ist der Zeitpunkt des Inkrafttretens der Neuregelung erneut, und zwar auf den 1.1.1985 hinausgeschoben worden. Nachdem dieses Gesetz zufolge Art. 7 StVollzÄndG mit Wirkung vom 1.1.1985 außer Kraft getreten ist, galt der frühere Absatz 4 Satz 2 (jetzt Absatz 5 Satz 2) nunmehr endgültig in der Fassung der Übergangsregelung gemäß Art. 326 Abs. 5 Nr. 2 Buchst. h EGStGB 1974. Durch Art. 2 Nr. 10 des 23. StRÄndG vom 13.4.1986 ist die Paragrafenkette im damaligen Absatz 5 (jetzt: Absatz 6) um § 67d Abs. 5 ergänzt worden. Durch Art. 6 Nr. 4 des Gesetzes zur Bekämpfung von Sexualdelikten und anderen gefährlichen Straftaten vom 26.1.1998 wurde der damalige § 463 Abs. 3 wesentlich geändert. Die Vorschrift enthält zur Überprüfung der Voraussetzungen von über zehn Jahre vollstreckter Sicherungsverwahrung besondere verfahrensrechtliche Regelungen. Nach Absatz 3 Satz 4 bedarf es zur Vorbereitung der Entscheidung nach § 67d Abs. 3 StGB sowie für nachfolgende Entscheidungen nach § 67d Abs. 2 StGB der Einholung eines Sachverständigengutachtens. Absatz 3 Satz 5 schreibt die Bestellung eines Verteidigers für den Verurteilten vor. In den Fällen des § 67d Abs. 2 StGB im Übrigen sowie in Fällen des § 67c Abs. 1 und § 72 Abs. 3 StGB bedarf es durch den Verweis auf § 454 Abs. 2, der entsprechende Anwendung findet, unabhängig von der der Anordnung der Maßregel zugrundeliegenden Tat der Einholung eines Sachverständigengutachtens, wenn das Gericht erwägt, die Maßregel für erledigt zu erklären oder die weitere Vollstreckung der Maßregel zur Bewährung auszusetzen. Durch Art. 2 Nr. 2 Buchst. a des Gesetzes zur Reform der Führungsaufsicht und zur Änderung der Vorschriften über die nachträgliche Sicherungsverwahrung vom 13.4.2007[1] wurde in Absatz 5 die Angabe „67h" eingefügt und es wurde ein neuer Satz eingefügt (jetzt: Absatz 6 Satz 3). Durch Art. 2 Nr. 2 Buchst. a des Gesetzes zur Sicherung der Unterbringung in einem psychiatrischen Krankenhaus und in einer Entziehungsanstalt vom 16.7.2007[2] wurde Absatz 3 Satz 3 neu gefasst und durch Art. 2 Nr. 2 Buchst. b wurde Absatz 4 eingefügt. Durch Art. 2 Nr. 17 des Gesetzes zur Neuordnung der Sicherungsverwahrung und zu begleitenden Regelungen vom 22.12.2010[3] wurden in Absatz 3 Satz 4 die Worte „aufgrund seines Hanges" als Folge der Änderung in § 67d Abs. 3 Satz 1 StGB (vgl. Art. 1 Nr. 5) gestrichen. Durch Art. 3 Nr. 1a und b des Gesetzes zur bundesrechtlichen Umsetzung des Abstandsgebots im Recht der Sicherungsverwahrung vom 5.12.2012[4] wurde in Absatz 3 der Satz 3 geändert und der bisherige Satz 5 neu gefasst. Ein neuer Absatz 8 wurde durch Art. 3 Nr. 2 desselben Gesetzes eingefügt. Durch Art. 1 Nr. 13 des Gesetzes zur Stärkung des Rechts des Angeklagten auf Vertretung in der Berufungshauptverhandlung und über die Anerkennung von Abwesenheitsentscheidungen in der Rechtshilfe vom 17.7.2015 wurde der Strafprozessordnung die sich aus der Anlage 1 zu dieser Vorschrift ersichtliche Inhaltsübersicht vorangestellt. Nach Art. 1 Nr. 13 Satz 3 erhalten die Vorschriften der Strafprozessordnung die Überschriften, die sich aus der Inhaltsübersicht in der Anlage 1 ergeben. Durch Art. 2 des Gesetzes zur Novellierung des Rechts der Unterbringung in einem psychiatrischen Krankenhaus gemäß § 63 des Strafgesetzbuches und zur Änderung anderer Vorschriften vom 8.7.2016[5] wurde § 463 umfassend geändert. Dem Absatz 4

1 BGBl. I S. 513.
2 BGBl. I S. 1327, 1329.
3 BGBl. I S. 2300, 2303.
4 BGBl. I S. 2425, 2427 f.
5 BGBl. I S. 2016 f.

wurde ein neuer Satz 1 vorangestellt. In dem neuen Satz 2 wurden die Wörter „Im Rahmen der Überprüfungen nach § 67e des Strafgesetzbuches soll das Gericht nach jeweils fünf Jahren" durch die Worte „Das Gericht soll nach jeweils drei Jahren, ab einer Dauer der Unterbringung von sechs Jahren nach jeweils zwei Jahren" ersetzt und es wurde die Angabe „(§ 63)" gestrichen. Satz 3 wurde am Ende durch ein Komma und die Worte „noch soll er das letzte Gutachten bei einer vorangegangenen Überprüfung erstellt haben" ergänzt. Nach dem Satz 3 wurden die neuen Sätze 4 und 5 eingefügt. In Satz 8 wurden die Worte „das Verfahren nach Satz 1" durch die Worte „die Überprüfung der Unterbringung bei der nach Satz 2 das Gutachten eines Sachverständigen eingeholt werden soll" ersetzt. In Absatz 6 wurden in Satz 1 die Worte „§ 67 Abs. 3 und Abs. 5 Satz 2" durch die Worte „§ 67 Absatz 3, 5 Satz 2 und Absatz 6" ausgetauscht. Nach Satz 1 wurde ein neuer Satz 2 eingefügt und der bisherige Satz 2 wurde zu Satz 3.

Übersicht

Alphabetische Übersicht

I. Sinngemäße Anwendung der Vorschriften über die Strafvollstreckung (Absatz 1)

1. Allgemeine Bedeutung. Die §§ 453c,[6] 456a, 456c, 458 Abs. 2, 3 i. V. m. § 456c Abs. 2 enthalten Vorschriften, die sich **unmittelbar** auf die Vollstreckung von Maßregeln der Besserung und Sicherung i. S. des § 61 StGB beziehen.[7] Soweit solche unmittelbar 1

6 Vgl. Erl. Zu § 453c, 2.

7 *Bringewat* 1; **a. A.** OLG Hamburg NJW **1976** 1327, 2310; Meyer-Goßner/*Schmitt* 2.

geltenden Vorschriften nicht bestehen, sind nach § 463 Abs. 1 die für die Strafvollstreckung geltenden Vorschriften sinngemäß auch auf die Maßregelvollstreckung anwendbar, „soweit nichts anderes bestimmt ist". Die Absätze 2 bis 8 enthalten Regelungen, die den Umfang der sinngemäßen Anwendung verdeutlichen oder Abweichungen davon vorschreiben. **Abweichende Bestimmungen** ergeben sich aber auch aus dem materiellen Recht. So kann das Gericht mit einer Ablehnung der Aussetzung des Strafrestes die Festsetzung einer Frist verbinden, vor deren Ablauf ein Aussetzungsantrag des Verurteilten unzulässig ist. Die Höchstdauer einer solchen Frist beträgt bei zeitigen Freiheitsstrafen sechs Monate (§ 57 Abs. 7 StGB), bei lebenslangen Freiheitsstrafen zwei Jahre (§ 57a Abs. 4 StGB). Bei der Unterbringung schwanken die entsprechenden Sperrfristen zwischen sechs Monaten und zwei Jahren (§ 67e Abs. 2, 3 Satz 2 StGB). Der Fristbeginn ist aber in allen Fällen der gleiche (§ 454, 97).[8]

2 **2. Sinngemäß anwendbare Vorschriften.** Die **sinngemäße Anwendung** der für die Strafvollstreckung geltenden Vorschriften bedeutet z. B., dass eine strafgerichtliche Entscheidung, die Maßregeln der Besserung und Sicherung i. S. des § 61 StGB anordnet, nicht vor Eintritt der Rechtskraft vollstreckbar ist (§ 449); dass bei den freiheitsentziehenden Maßregeln, wenn die Dauer der Freiheitsentziehung der Zeit nach feststeht (§ 67d StGB), die Untersuchungs- oder Auslieferungshaft (§§ 450, 450a) auf die Zeit der Freiheitsentziehung angerechnet wird, wenn eine Anrechnung auf eine Freiheits*strafe* nicht in Betracht kommt; dass die Vollstreckung der nach § 4 StVollstrO zuständigen Vollstreckungsbehörde obliegt, und dass eine urkundliche Grundlage der Vollstreckung nach § 451 vorhanden sein muss;[9] dass sich, wenn das Gericht die Aussetzung der Vollstreckung einer freiheitsentziehenden Maßregel (§ 67d Abs. 2 Satz 1 StGB) mindestens drei Monate vor dem Entlassungszeitpunkt beschließt (§ 454a),[10] die Bewährungszeit um die Zeit von der Rechtskraft dieser Entscheidung bis zur Entlassung des Untergebrachten verlängert; dass, wenn in zwei Verfahren jeweils eine Maßregel nach § 63 StGB gegen denselben Untergebrachten verhängt worden ist, in beiden Verfahren gleichzeitig über die Unterbringungsfortdauer entschieden werden muss (§ 454b Abs. 4);[11] dass bei den freiheitsentziehenden Maßregeln Aufschub und Unterbrechung nach § 455 stattfinden – jedoch ist § 455 Abs. 1 unanwendbar bei der Unterbringung in einem psychiatrischen Krankenhaus (§ 463 Abs. 5 Satz 1) –; dass bei allen Maßregeln Aufschub nach § 456 gewährt werden kann außer bei der Sicherungsverwahrung (§ 463 Abs. 5 Satz 3) und beim Berufsverbot, für das die Sonderregelung in § 456c Abs. 2 gilt; dass der Antritt einer freiheitsentziehenden Maßregel nach § 457 erzwungen werden kann; dass bei Zweifeln und Einwendungen nach § 458 entschieden wird; dass bei zeitlich begrenzten freiheitsentziehenden Maßregeln ein Krankenhausaufenthalt nach § 461 anzurechnen ist (§ 461, 17); dass die Unterbrechung der Vollstreckung wegen Krankheit in entsprechender Weise wie beim Vollzug einer Strafe möglich ist (§ 461, 17), und dass die Zuständigkeit der Strafvollstreckungskammer sich nach § 462a bemisst (s. Absatz 7).[12] Zu den sinngemäß anwendbaren Vorschriften über die Strafvollstreckung gehören auch bei freiheitsentziehenden Maßregeln die Vorschriften über **Vollstreckungshilfe** (§ 451, 24). Die Zuständigkeit des Gerichts des ersten Rechtszuges für den Erlass eines Europäischen Haftbefehls

---

8 OLG Stuttgart NStZ **1985** 332; OLG Hamm MDR **1989** 1120; OLG Karlsruhe NStZ **1992** 456; KK/*Appl* 1.

9 OLG Hamm Rpfleger **1980** 325; Meyer-Goßner/*Schmitt* 2.

10 Meyer-Goßner/*Schmitt* 2.

11 OLG Hamm Beschl. v. 20.7.2017 – III-3 Ws 226/17.

12 OLG Düsseldorf JR **2003** 83.

zur Auslieferung zum Zwecke der Maßregelvollstreckung ergibt sich aus Absatz 1 i. V. m. § 457 Abs. 3 Satz 1, § 131 Abs. 1 i. V. m. § 77 Abs. 1 IRG.[13]

3. Ergänzende Regelungen in der Strafvollstreckungsordnung. Die Vorschriften über die Vollstreckung freiheitsentziehender Maßregeln der Besserung und Sicherung werden ergänzt durch die §§ 44, 44a, 44b, 53 und 54 StVollstrO. 3

4. Zuständigkeit der Staatsanwaltschaft als Vollstreckungsbehörde. Über die **Reihenfolge der Vollstreckung** von Freiheitsstrafe und freiheitsentziehenden Maßregeln der Besserung und Sicherung aus verschiedenen Strafurteilen entscheidet die Staatsanwaltschaft (§ 44b Abs. 2 Satz 1 StVollstrO) als Vollstreckungsbehörde (§ 451).[14] § 67 Abs. 1 bis 3 StGB, der ausnahmsweise eine gerichtliche Zuständigkeit für die Fälle begründet, in denen Freiheitsstrafe und freiheitsentziehende Maßregel aus *einem* Urteil zu vollstrecken sind, erlaubt nach seinem eindeutigen Wortlaut keine entsprechende Anwendung. Für das anschließende gerichtliche Verfahren gelten alsdann §§ 23 ff. EGGVG.[15] 4

II. Nachtragsentscheidungen während der Führungsaufsicht (Absatz 2)

Nach Absatz 2 gilt § 453 auch für die nach §§ 68a bis 68d StGB zu treffenden nachträglichen Entscheidungen, wenn das Gericht Führungsaufsicht angeordnet hat oder diese kraft Gesetzes eingetreten ist (§ 68 StGB). Bei Absatz 2 handelt es sich um eine reine Rechtsfolgenverweisung.[16] Diese Verweisung auf die das Verfahren und die Anfechtbarkeit der Entscheidungen regelnden Vorschriften ist erfolgt, da die Gründe, aus denen in § 453 das Rechtsmittelrecht eigenständig geregelt worden ist, auch hier gelten.[17] Danach ist z. B. die **Bestellung eines Bewährungshelfers** (§ 68a StGB) oder die Erteilung von Weisungen (§ 68b StGB) mit der einfachen Beschwerde unter den in § 453 Abs. 2 Satz 2 bezeichneten einschränkenden Voraussetzungen statthaft.[18] Wegen Anwendbarkeit des § 454 bei Entscheidungen betr. Führungsaufsicht s. Rn. 14 f.; zu Aufgaben der Vollstreckungsbehörden im Zusammenhang mit der Führungsaufsicht vgl. § 54a StVollstrO. 5

III. Nachtragsentscheidungen nach Absatz 3

1. Zweck der Regelung. Absatz 3 regelt im Einzelnen, hinsichtlich welcher nachträglichen Entscheidungen die Regelungen in § 454 Abs. 1, 3 und 4 bei der Vollstreckung von Maßregeln der Besserung und Sicherung gelten und inwieweit besondere verfah- 6

---

13 OLG Zweibrücken NJW **2019** 2869.

14 OLG Nürnberg MDR **1978** 72; OLG Hamm MDR **1979** 957; NStZ **1988** 430; OLG Stuttgart MDR **1980** 778; OLG Celle NStZ **1983** 383; StV **2018** 350 Ls.; OLG Düsseldorf NStZ **1983** 383; MDR **1991** 1193; OLG München NStZ **1988** 93 mit Anm. *Chlosta* (**a. A.** noch MDR **1980** 686: zuständig ist das Gericht); OLG Schleswig SchlHA **2004** 272 Ls.; *Brandstätter* MDR **1978** 453; *Müller-Dietz* NJW **1980** 2789; KK/*Appl* 6; Meyer-Goßner/*Schmitt* 13; *Bringewat* 3; **a. A.** OLG Köln MDR **1980** 511.

15 OLG Celle StV **2018** 350 Ls.

16 KK/*Appl* 3; Meyer-Goßner/*Schmitt* 5.

17 BTDrucks. **7** 550, Begr. zu Art. 19 Nr. 123 Entw. EGStGB, S. 314; s. auch § 453, 35 ff., 42 ff.

18 OLG Nürnberg RuP **2013** 179 Ls.; OLG Rostock OLGSt StGB § 145a Nr 1; OLG Nürnberg NStZ **2015** 167; OLG Dresden NStZ-RR **2015** 208 (Einlegung der Beschwerde durch die Staatsanwaltschaft bei Nichtanordnung); OLG Saarbrücken StV **2017** 719 Ls.

rensrechtliche Regelungen bestehen. Das Gesetz zur Bekämpfung von Sexualdelikten und anderen gefährlichen Straftaten vom 26.1.1998[19] hat die bis dahin bestehende Beschränkung der Dauer der ersten Sicherungsverwahrung auf zehn Jahre aufgehoben, weil es mit den Sicherheitsinteressen der Bevölkerung als nicht mehr in Einklang zu bringen angesehen wurde, einen Straftäter zwingend nach Ablauf von zehn Jahren aus der Sicherungsverwahrung zu entlassen, wenn seine hochgradige Gefährlichkeit fortbesteht. Das Gesetz sieht nunmehr in Absatz 3 eine gesonderte Überprüfung vor. Zur Durchführung dieser Überprüfung ist das Gutachten eines Sachverständigen einzuholen und dieser mündlich zu hören (Absatz 3 Satz 4, § 454 Abs. 2 Satz 3). Ferner ist dem Verurteilten rechtzeitig vor der Entscheidung nach § 67c Abs. 1 StGB und soweit die Unterbringung in der Sicherungsverwahrung vollstreckt wird, für die Verfahren (§ 67d Abs. 2 und 3 StGB) auf dem Gebiet der Vollstreckung zu treffenden Entscheidungen (Absatz 8), ein Verteidiger zu bestellen (Absatz 3 Satz 5).[20] Bestehen Zweifel, ob die untergebrachte Person in ausreichendem Umfang der deutschen Sprache mächtig ist, so ist die Hinzuziehung eines Dolmetschers zur umfassenden Gewährleistung des rechtlichen Gehörs geboten.[21]

2. Anwendungsbereich

7 **a) Allgemeines.** Nach Absatz 3 Satz 1 gilt § 454 Abs. 1, 3 und 4 auch für die nach § 67c Abs. 1, § 67d Abs. 2 und 3, § 67e Abs. 3 und den §§ 68e, 68f Abs. 2 und § 72 Abs. 3 StGB zu treffenden Entscheidungen. § 454 Abs. 2 findet nunmehr bei der Entscheidung über die Vollstreckung der Sicherungsverwahrung in den Fällen des § 67d Abs. 2 und 3 sowie des § 72 Abs. 3 StGB unabhängig von den dort genannten Straftaten und bei der Prüfung der Voraussetzungen des § 67c Abs. 1 Satz 1 Nr. 1 auch unabhängig davon entsprechende Anwendung, ob das Gericht eine Aussetzung erwägt (Absatz 3 Satz 3 1. Hs.). Im Übrigen, also bei der Vollstreckung anderer freiheitsentziehender Maßregeln der Besserung und Sicherung, findet § 454 Abs. 2 bei den dort genannten Straftaten (§ 66 Abs. 3 Satz 1 StGB) Anwendung (Absatz 3 Satz 3 2. Hs.).

8 **b) Aussetzung der Vollstreckung der freiheitsentziehenden Maßregel nach § 67c Abs. 1 Satz 1 Nr. 1 StGB.** Für die zu treffenden Entscheidungen nach § 67c Abs. 1 StGB gilt § 454 Abs. 1, 3 und 4 (Absatz 3 Satz 1). Nach Absatz 3 Satz 3 findet § 454 Abs. 2 bei der Prüfung der Voraussetzungen des § 67c Abs. 1 Satz 1 Nr. 1 StGB bei der Vollstreckung der Sicherungsverwahrung unabhängig von den dort genannten Straftaten und auch unabhängig davon entsprechende Anwendung, ob das Gericht eine Aussetzung der Sicherungsverwahrung zur Bewährung erwägt. Mithin ist im Verfahren über die Entscheidung, ob die Vollstreckung der Sicherungsverwahrung nach § 67c Abs. 1 Satz 1 Nr. 1 StGB zur Bewährung ausgesetzt wird, stets ein Sachverständigengutachten einzuholen.

9 Nach Absatz 3 Satz 3 ist das Gericht in Fällen des § 67c Abs. 1 Satz 1 Nr. 1 StGB durch den Verweis auf § 454 Abs. 2 verpflichtet, wenn eine Freiheitsstrafe vor einer zugleich angeordneten Unterbringung vollzogen worden ist, vor dem Ende des Vollzugs der Freiheitsstrafe zu prüfen, ob der Zweck der Maßregel die Unterbringung noch erfordert (§ 67c Abs. 1 Satz 1 StGB). Die Einholung des Sachverständigengutachtens dient auch hier der Klärung der Prognose. Sofern der Zweck der Maßregel die Unterbringung nicht

---

19 BGBl. I S. 160.

20 Vgl. BTDrucks. **13** 8989 S. 3, 8; BTDrucks. **13** 9062 S. 6, 15.

21 KG Beschl. vom 24.3.2020 mit Anm. *Böhm* FD-StrafR **2020** 429827.

mehr erfordert, setzt das Gericht die Vollstreckung der Unterbringung zur Bewährung aus (§ 67c Abs. 1 Satz 1 1. Hs. StGB).

c) Aussetzung der Vollstreckung der Sicherungsverwahrung nach § 67d Abs. 2 Satz 1 StGB. Das Gericht setzt die weitere Vollstreckung der Unterbringung in der Sicherungsverwahrung nach § 67d Abs. 2 StGB zur Bewährung aus, wenn zu erwarten ist, dass der Verurteilte außerhalb des Maßregelvollzugs keine erheblichen rechtswidrigen Taten mehr begehen wird. Für dieses Verfahren nach § 67d Abs. 2 StGB findet nach Absatz 3 Satz 3 1. Hs. die Vorschrift des § 454 Abs. 2 unabhängig von den dort genannten Straftaten entsprechende Anwendung. Es kommt mithin nicht darauf an, welche Straftatbestände der Anordnung der Sicherungsverwahrung zugrunde liegen. Vielmehr ist die Einholung eines Sachverständigengutachtens nach Absatz 3 Satz 3 1. Hs., § 454 Abs. 2 Satz 1 obligatorisch, wenn das Gericht eine Aussetzung der Vollstreckung der Unterbringung in der Sicherungsverwahrung nach § 67d Abs. 2 StGB erwägt, und zwar nicht erst bei einer Entscheidung nach § 67d Abs. 3 StGB und Folgeentscheidungen nach § 67d Abs. 2 StGB, sondern bei jeder nach § 67d Abs. 2 StGB zu treffenden Entscheidung. 10

d) Entscheidungen nach § 67d Abs. 3 StGB und Folgeentscheidungen nach § 67d Abs. 2 StGB bei Vollstreckung der Unterbringung in der Sicherungsverwahrung. § 67d Abs. 3 StGB sieht eine gesonderte Überprüfung nach einer Vollzugsdauer von zehn Jahren in der Sicherungsverwahrung vor und regelt die Voraussetzungen, unter denen das Gericht die Unterbringung in der Sicherungsverwahrung für erledigt erklären kann. Sind zehn Jahre der Unterbringung in der Sicherungsverwahrung vollzogen worden (§ 67d Abs. 3 Satz 1 StGB), so hat das Gericht eine von den allgemeinen Prüffristen des § 67e StGB unabhängige, gesonderte Überprüfung vorzunehmen und muss sich rechtzeitig vor Ablauf der Zehn-Jahres-Frist mit der Sache zu befassen.[22] Das Verfahren für diese Entscheidung regelt Absatz 3 Satz 3 1. Hs. bis Satz 5. 11

Für Folgeentscheidungen nach § 67d Abs. 2 StGB bei der Vollstreckung der Unterbringung der Sicherungsverwahrung findet § 454 Abs. 2 unabhängig von den dort genannten Straftaten ebenfalls entsprechende Anwendung (Absatz 3 Satz 3). Der Gesetzgeber hat es insoweit bei der durch das Gesetz zur Bekämpfung von Sexualstraftaten und anderen gefährlichen Straftaten vom 26.1.1998[23] aus Gründen der Sicherheit für die Allgemeinheit belassen.[24] Um eine Folgeentscheidung handelt es sich, wenn das Gericht die Unterbringung in der Sicherungsverwahrung nach zehn Jahren Vollzugsdauer nicht nach § 67d Abs. 3 StGB für erledigt erklärt, zu einem späteren Zeitpunkt entweder aufgrund eines Antrags des Verurteilten oder aufgrund neu eingetretener Umstände von Amts wegen prüft, ob nunmehr die Voraussetzungen für eine Aussetzung der Unterbringung in der Sicherungsverwahrung nach § 67d Abs. 2 StGB vorliegen. Das Verfahren für die insoweit zu treffende Entscheidung regelt ebenfalls Absatz 3 Satz 3 bis 5. 12

e) Sonstige Fälle der Aussetzung der Vollstreckung einer freiheitsentziehenden Maßregel nach § 67d Abs. 2 StGB. In sonstigen Fällen der Aussetzung der Vollstreckung einer freiheitsentziehenden Maßregel nach § 67d Abs. 2 StGB findet § 454 Abs. 2 entsprechende Anwendung.[25] Erwägt das Gericht, die Vollstreckung der Unterbringung in einer Entziehungsanstalt (§ 64 StGB) oder in einem psychiatrischen Krankenhaus 13

---

22 OLG Hamm StV **2020** 42 Ls.
23 BGBl. I S. 160.
24 BRDrucks. 400/05, S. 32.
25 KG RuP **2016** 72; OLG Nürnberg RuP **2016** 137.

(§ 63 StGB) nach § 67d Abs. 2 StGB zur Bewährung auszusetzen, so bedarf es allerdings nur bei einer Anlasstat der in § 66 Abs. 3 Satz 1 StGB genannten Art der Einholung eines Sachverständigengutachtens, wenn das Gericht eine Aussetzung der Maßregel erwägt und nicht auszuschließen ist, dass Gründe der öffentlichen Sicherheit einer vorzeitigen Entlassung des Untergebrachten entgegenstehen.

14 **f) Entscheidungen nach §§ 68e, 68f Abs. 2 StGB.** § 454 Abs. 1, 3 und 4 gilt auch für Entscheidungen über die **Beendigungen** und das Ruhen der Führungsaufsicht (§ 68e StGB) sowie die **Führungsaufsicht bei Nichtaussetzung des Strafrestes** (§ 68f StGB).[26] Nach Absatz 3 Satz 2 bedarf es in den Fällen des § 68e StGB allerdings keiner mündlichen Anhörung des Verurteilten. Dass dem Verurteilten aber Gelegenheit zum rechtlichen Gehör im schriftlichen Verfahren zu geben ist, versteht sich von selbst. Auch wenn er durch die Aufhebung der Führungsaufsicht nicht beschwert ist, so kann er doch unter Umständen ein Interesse an deren Fortdauer haben und gegenüber dem Gericht Gründe vorbringen, die ein Überdenken der Sozialprognose erforderlich machen. Die Justizvollzugsanstalt muss vor einer Entscheidung nach § 68e Abs. 2 StGB nicht gehört werden, denn sie kann keine aktuellen prognoserelevanten Tatsachen mehr beisteuern. Die Anhörung des Bewährungshelfers und der Aufsichtsstelle (§ 68a StGB) ist zwar gesetzlich nicht geregelt.[27] Das Gericht ist aber im Rahmen seiner Pflicht zur umfassenden Aufklärung aller prognoserelevanten Tatsachen verpflichtet, deren Stellungnahmen vor einer Entscheidung nach § 68e Abs. 2 StGB einzuholen. Die Pflicht zur Anhörung der Staatsanwaltschaft ergibt sich aus Absatz 3 Satz 1 i. V. m. § 454 Abs. 1 Satz 2.

15 Bei Nachtragsentscheidungen betreffend die Führungsaufsicht bei Nichtaussetzung des Strafrestes (§ 68f StGB) nach vollständiger Vollstreckung bedarf es stets der mündlichen Anhörung des Verurteilten,[28] sofern dieser für das Gericht erreichbar ist. Bei Unerreichbarkeit verwirkt der Verurteilte das Recht.[29] Einer mündlichen Anhörung bedarf es auch nicht im Falle einer ausdrücklichen Ablehnung durch den Verurteilten.[30]

16 **g) Fälle des § 72 Abs. 3 StGB.** Absatz 3 Satz 3 1. Hs. verpflichtet das Gericht durch den Verweis auf § 454 Abs. 2, zur Vorbereitung der nach § 72 Abs. 3 StGB erforderlich werdenden Entscheidungen das Gutachten eines Sachverständigen einzuholen. Das Gericht ist daher gehalten, zur Vorbereitung der Entscheidung über die Reihenfolge mehrerer angeordneter Maßregeln (§ 72 Abs. 3 Satz 1 StGB) ein Sachverständigengutachten einzuholen, soweit auch über die Vollstreckung der Sicherungsverwahrung zu entscheiden ist. Ferner holt das Gericht ein Gutachten vor dem Ende des Vollzugs einer Maßregel zur Vorbereitung der Entscheidung ein, ob der Zweck der Unterbringung den Vollzug der nächsten Maßregel noch erfordert (§ 72 Abs. 3 Satz 2 StGB). Des Weiteren muss das Gericht ein Gutachten einholen zur Prüfung, ob, wenn bei Anordnung mehrerer freiheitsentziehender Maßregeln nach § 72 Abs. 3 Satz 3, § 67c Abs. 2 Satz 4 StGB der Zweck einer (noch nicht vollzogenen) Maßregel noch nicht erreicht ist, besondere Umstände gleichwohl die Erwartung rechtfertigen, dass der Zweck der Maßregel auch durch die Aussetzung erreicht werden kann. Schließlich ist das Gericht bei Anordnung mehrerer frei-

26 Vgl. Erl. zu den einzelnen Voraussetzungen bei LK/*Schneider* § 68e; OLG Karlsruhe RuP **2017** 116 Ls.

27 KK/*Appl* 4; Meyer-Goßner/*Schmitt* 8; *Fischer* § 68e, 12; *Bringewat* 8.

28 OLG Koblenz NStZ **1984** 189; OLG Celle NStZ **1986** 238; OLG Düsseldorf MDR **1986** 255; OLG Zweibrücken MDR **1992** 1166; **a. A.** OLG Saarbrücken MDR **1983** 598.

29 OLG Köln NJW **1963** 875; OLG Hamm MDR **1988** 74; OLG Zweibrücken MDR **1992** 1166; KK/*Appl* 4; *Fischer* § 68f, 10.

30 OLG Karlsruhe Justiz **1999** 24; vgl. Erl. zu § 454, 48 ff.

heitsentziehender Maßregeln vor dem Ende des Vollzugs einer Maßregel verpflichtet zu prüfen, ob der Zweck der an sich noch zu vollziehenden Maßregel erreicht ist (§ 72 Abs. 3 Satz 3, § 67c Abs. 2 Satz 5 StGB) und erklärt ggf. die Maßregel für erledigt. Zur Vorbereitung dieser Entscheidungen ist das Gericht verpflichtet, durch den Verweis in Absatz 3 Satz 3 auf § 454 Abs. 2 ein Sachverständigengutachten einzuholen. Bei der Vollstreckung der Unterbringung nach § 63 StGB und § 64 StGB ist die Einholung des Sachverständigengutachtens nur bei Vorliegen einer Anlasstat der in § 66 Abs. 3 Satz 1 StGB bezeichneten Art erforderlich. Es reicht aus, dass eine solche Anlasstat einer Anordnung der Unterbringung zugrunde liegt.

3. Einholung eines Sachverständigengutachtens (Absatz 3 Satz 3 und 4)

a) Pflicht. Im Gegensatz zu der früheren gesetzlichen Regelung ist das Gericht nun- 17
mehr nach Absatz 3 Satz 3 i. V. m. § 454 Abs. 2 Satz 1 und 2 **stets verpflichtet**, zur Vorbereitung seiner Entscheidung nach § 67d Abs. 2 und 3 StGB, § 67c Abs. 1 StGB und § 72 Abs. 3 StGB das **Gutachten eines Sachverständigen** zu der Frage einzuholen, ob bei dem Verurteilten keine Gefahr mehr besteht, dass dessen durch die Tat zutage getretene Gefährlichkeit fortbesteht. Es kommt also für die Einholung eines Sachverständigengutachtens nicht mehr darauf an, ob das Gericht eine Aussetzung der Sicherungsverwahrung nach § 67d Abs. 2 und 3 StGB, § 72 Abs. 3 StGB erwägt. Es ist nach Absatz 3 Satz 3 auch unbeachtlich, welche Straftaten der Anordnung der Sicherungsverwahrung zugrunde liegen („unabhängig von den dort [§ 454 Abs. 2] genannten Straftaten"). Mit der **Pflicht zur Einholung eines Sachverständigengutachtens** soll nach dem Willen des Gesetzgebers der Bedeutung der Entscheidung über die Vollstreckung der Sicherungsverwahrung für das Freiheitsgrundrecht des Verurteilten Rechnung getragen werden.[31] Darüber hinaus will der Gesetzgeber dadurch aber auch sicherstellen, dass die Entscheidung des Gerichts nicht schematisch zur Anordnung der Fortdauer der Unterbringung in der Sicherungsverwahrung führt[32] und meint, damit die vom BVerfG eingeforderte Umsetzung des ultima-ratio-Prinzips[33] bei der Anordnung der Fortdauer der Unterbringung zu unterstützen.[34] Die in der öffentlichen Anhörung des BTRAussch. am 27.6.2012 gehörten Sachverständigen haben, soweit sie sich überhaupt zu den vorgesehenen strafprozessualen Regelungen geäußert haben, letztere nahezu einhellig begrüßt.[35]

Ob die **obligatorische Einholung eines Sachverständigengutachtens** in den Fäl- 18
len von § 67c Abs. 1 Satz 1 Nr. 1, § 67d Abs. 2 und 3 sowie § 72 Abs. 3 StGB in der Vollstreckungspraxis dazu führen wird, dass die gerichtliche Entscheidung künftig nicht mehr bloßer „Durchlaufposten" in Richtung Vollstreckung sein wird,[36] darf bezweifelt werden. Zwar bietet die Pflicht zur Einholung eines Sachverständigengutachtens zur Prognose des Verurteilten einerseits die Chance, dessen Entwicklung in der Sicherungsverwah-

31 Entwurf eines Gesetzes zur bundeseinheitlichen Umsetzung des Abstandsgebots im Recht der Sicherungsverwahrung BTDrucks. **17** 9874 S. 39.

32 BTDrucks. **17** 9874 S. 39.

33 BVerfGE **128** 326, 379.

34 Entwurf eines Gesetzes zur bundeseinheitlichen Umsetzung des Abstandsgebots im Recht der Sicherungsverwahrung BTDrucks. **17** 9874 S. 39.

35 Vgl. Stellungnahme der Sachverständigen *Peglau* S. 7 („Gegen die Änderungen ist nichts einzuwenden."); *Radtke* S. 15 („Änderung- oder Ergänzungsbedarf besteht ... nicht."); differenziert demgegenüber die gemeinsame Stellungnahme der Strafverteidigervereinigungen und des Republikanischen Anwältinnen- und Anwältevereins S. 12.

36 BTDrucks. **17** 9874 S. 39.

rung über einen langen Zeitraum sachverständig zu begleiten und eine Prognose im Einzelfall abzusichern. Andererseits kann die obligatorische Einholung eines Sachverständigengutachtens aber auch zu einer Manifestation einer Negativprognose führen. Ob die hohen inhaltlichen Anforderungen an ein Sachverständigengutachten angesichts ansteigender Begutachtungen eingehalten werden können, erscheint zweifelhaft. Schon nach dem früheren Recht hat sich die Auswahl des Sachverständigen für das Gericht nicht selten schwierig gestaltet. Es ist daher eher zu befürchten, dass sich diese Situation angesichts der Anzahl der Sicherungsverwahrten weiter verschärfen wird. Künftiger Evaluation wird es vorbehalten bleiben, ob die Pflicht zur Einholung eines Sachverständigengutachtens in den Fällen des Absatzes 3 Satz 3 zu einer Reduzierung der inhaltlichen Anforderungen an ein solches Gutachten führen wird.

19 Die Pflicht zur Einholung eines Sachverständigengutachtens bezieht sich nach dem insoweit eindeutigen Wortlaut von Absatz 3 Satz 3 1. Hs. sowie dem Willen des Gesetzgebers[37] nicht auf diejenigen Tatsachen, die Grundlage für die Prüfung der Verhältnismäßigkeit nach § 67c Abs. 1 Satz 1 Nr. 2 StGB sind. Das Gericht hat hier nach pflichtgemäßem Ermessen unter Berücksichtigung der Umstände des Einzelfalls zu prüfen, ob es für die Beurteilung des Betreuungsangebots in dem letzten, noch zu kontrollierenden Vollzugszeitraum und für die erforderliche Gesamtbetrachtung der Betreuung während des Vollzugs zur Frage ausreichender Betreuung unter Berücksichtigung der vollzugsbegleitend ergangenen bindenden Entscheidung einer Erweiterung des Gutachtensauftrags bedarf.[38] Soweit das Gericht eine solche zulässige und auch gebotene Erweiterung des Gutachtenauftrags nicht in Betracht gezogen hat, wird es sich in der zu treffenden Entscheidung hierzu im Einzelnen unter Darlegung der konkreten Umstände des Einzelfalls nach § 34 zu verhalten haben, um dem Beschwerdegericht eine rechtliche Nachprüfung der Verhältnismäßigkeit der Unterbringung in der Sicherungsverwahrung nach § 67c Abs. 1 Satz 1 Nr. 2 StGB zu ermöglichen.

20 Bei Entscheidungen über die Unterbringung in einem psychiatrischen Krankenhaus (§ 63 StGB) und in einer Entziehungsanstalt (§ 64 StGB) stellt Absatz 3 Satz 3 2. Hs. hingegen klar, dass die Einholung eines Sachverständigengutachtens nur bei Vorliegen einer der in § 66 Abs. 3 Satz 1 StGB genannten Straftaten obligatorisch ist, nicht aber bei sonstigen Straftaten. Im Übrigen ist es dem Gericht nicht verwehrt, zur Absicherung der Kriminalprognose auch in Fällen, in denen keine Anlasstat nach § 66 Abs. 3 Satz 1 StGB vorliegt, vor einer Entscheidung nach § 67d Abs. 2 StGB über die Aussetzung der Unterbringung im psychiatrischen Krankenhaus oder in der Entziehungsanstalt ein Sachverständigengutachten einzuholen, wenn es dies zur Sachaufklärung für geboten hält.[39] Die Einholung des Gutachtens dient regelmäßig der Klärung der dem Verurteilten zu stellenden Kriminalprognose nach längerer Vollzugsdauer im Maßregelvollzug und soll insbesondere möglichst verhindern, dass eine Entlassung erfolgt, der Gründe der öffentlichen Sicherheit entgegenstehen.

21 Durch die entsprechende Anwendung des § 454 Abs. 2 ist klargestellt, dass die Einholung des Sachverständigengutachtens weiter voraussetzt, dass nicht auszuschließen ist, dass Gründe der öffentlichen Sicherheit einer vorzeitigen Entlassung entgegenstehen. Bei dieser verfahrensrechtlichen Prüfung kommt es darauf an, dass (nicht: ob) Gründe der öffentlichen Sicherheit einer vorzeitigen Entlassung entgegenstehen. Das Gericht darf hier keine vorweggenommene Prognoseentscheidung nach § 67c Abs. 1, § 67d Abs. 2 oder § 72 Abs. 3 StGB treffen. Es kommt vielmehr auf die Gefährlichkeit, die sich

37 BTDrucks. **17** 9874 S. 39.
38 BTDrucks. **17** 9874 S. 39.
39 KK/*Appl* 4.

insbesondere aus der begangenen rechtswidrigen Tat ergibt, und das bisherige Vollzugsverhalten an. Die Voraussetzungen, unter denen das Gericht bei den vorgenannten Entscheidungen von der Einholung eines Gutachtens absehen kann, sind damit enger als die Voraussetzungen für die Aussetzung der Vollstreckung oder die Erledigung der Maßregel. Das Gericht hat daher bei Vorliegen der sonstigen Voraussetzungen das Gutachten eines Sachverständigen einzuholen.

b) Zeitpunkt. Einen **Zeitpunkt** für die **Einholung des Sachverständigengutachtens** (Satz 4) gibt das Gesetz nicht an. Es kommt daher entscheidend darauf an, welchen Zeitraum der Sachverständige für die Erstattung seines Gutachtens voraussichtlich benötigen wird. Wegen des auch im Verfahren nach § 67d Abs. 3 StGB sowie bei nachfolgenden Entscheidungen geltenden Beschleunigungsgebots ist das Gericht verpflichtet, das Gutachten rechtzeitig in Auftrag zu geben. Der konkrete zeitliche Vorlauf, mit dem das Gericht den Sachverständigen beauftragen sollte, hängt von den jeweiligen Umständen des Einzelfalls ab. Art, Umfang und Schwierigkeit der von dem Sachverständigen auszuwertenden Akten, die Persönlichkeit des zu untersuchenden Verurteilten sowie eine dem Gericht bekannte Belastungssituation des Sachverständigen sind zu berücksichtigen.[40] Ggf. wird das Gericht zur Vermeidung von Verzögerungen im Zusammenhang mit der Gutachtenerstattung vor Beauftragung des Sachverständigen durch Nachfrage zu klären haben, ob dieser überhaupt in der Lage sein wird, das Gutachten in angemessener Zeit zu erstatten (vgl. Nr. 72 Abs. 1 RiStBV). Der Gutachtenauftrag hat sich unabhängig davon, welche freiheitsentziehende Maßregel der Besserung und Sicherung vollstreckt wird, inhaltlich am Wortlaut des Absatzes 3 Satz 4 zu orientieren. 22

c) Auswahl des Sachverständigen. Die **Auswahl des Sachverständigen** obliegt dem Gericht (§ 73 Abs. 1). Der Gesetzgeber hat bewusst hinsichtlich der nach Absatz 3 Satz 4 zu treffenden Entscheidungen nach § 67d Abs. 3 StGB sowie der nachfolgenden Entscheidungen betreffend die Sicherungsverwahrung nach § 67d Abs. 2 StGB von einer gesetzlichen Regelung zur Einschaltung eines externen Sachverständigen abgesehen,[41] weil hierdurch nicht in jedem Fall die Prognosesicherheit erhöht werden könnte. Ob die Beauftragung eines externen Sachverständigen angezeigt erscheint, hat das Gericht im Rahmen der ihm obliegenden umfassenden Sachaufklärungspflicht unter Berücksichtigung der Umstände des Einzelfalls zu prüfen.[42] Im Hinblick auf die Vollzugsdauer im vorangegangenen Strafvollzug und in der Sicherungsverwahrung wird zur Vorbereitung von Entscheidungen nach § 67d Abs. 3 StGB und der nachfolgenden Entscheidungen nach § 67d Abs. 2 StGB wegen der Tragweite für den Verurteilten und für die Sicherheitsinteressen der Allgemeinheit jedoch nur in besonders begründeten Ausnahmefällen von der Beauftragung eines externen Sachverständigen zur Klärung der Kriminalprognose abgesehen werden können.[43] Die Beauftragung eines externen Sachverständigen gewährleistet, dass Letzterer nicht bereits aufgrund seines Umgangs mit dem Verurteilten während des Strafvollzugs voreingenommen ist. Bei langer Vollzugsdauer, die den Entscheidungen nach § 67d Abs. 3 StGB und den nachfolgenden Entscheidungen nach § 67d Abs. 2 StGB stets vorausgeht, wird sich ein persönlicher Behandlungs- oder Betreuungskontakt von in der Vollzugsanstalt tätigen Psychiatern und Psychologen und dem Verurteilten nicht vermeiden lassen. Um die Entscheidung über die Fortdauer der Sicherungs- 23

40 EGMR BeckRS **2017** 161299 Rn. 70 ff.
41 BTDrucks. **13** 9062 S. 14.
42 BVerfG Beschl. vom 6.8.2014 – 2 BvR 2632/13.
43 OLG Karlsruhe StV **2018** 365 Ls. = Beschl. vom 24.11.2017 – 2 Ws 333/17.

verwahrung nach § 67d Abs. 3 StGB und der nachfolgenden Entscheidungen nach § 67d Abs. 2 StGB auf eine möglichst objektive Grundlage zu stellen, sollte nur ausnahmsweise in besonders gelagerten Einzelfällen, etwa bei fortgeschrittenem Alter des Verurteilten, ein interner Sachverständiger mit der Gutachtenerstattung beauftragt werden. Bei einer Entscheidung über die Fortdauer der Sicherungsverwahrung kann es der Grundsatz der bestmöglichen Sachaufklärung gebieten, bei demjenigen Sachverständigen ein – ggf. ergänzendes – Gutachten einzuholen, bei dem der Untergebrachte zur Mitwirkung bereit ist.[44] Die Kosten für das Sachverständigengutachten hat der Verurteilte zu tragen (§ 465 Abs. 1 Satz 1 i. V. m. § 464a Abs. 1 Satz 2).[45]

24 **d) Inhaltliche Anforderungen.** Bei der Regelung in Absatz 3 Satz 4 handelt es sich nicht nur um eine bloße redaktionelle Änderung als Folge der Änderung in § 67d Abs. 3 Satz 1 StGB. Vielmehr werden dadurch die **inhaltlichen Anforderungen** an das einzuholende **Sachverständigengutachten** reduziert. Nach Absatz 3 Satz 4 muss sich das Sachverständigengutachten nicht mehr dazu verhalten, ob von dem Verurteilten *aufgrund seines Hanges* weiterhin erhebliche rechtswidrige Taten zu erwarten sind. Hinsichtlich der inhaltlichen Anforderungen an ein Sachverständigengutachten ist zu unterscheiden, ob letzteres zur Vorbereitung einer Entscheidung nach § 67d Abs. 2 StGB vor Ablauf von zehn Jahren in der Sicherungsverwahrung, einer Entscheidung nach § 67c Abs. 1 StGB oder § 72 Abs. 3 StGB eingeholt wird. In den genannten Fällen findet infolge des Verweises in Absatz 3 Satz 3 auf § 454 Abs. 2 dessen Satz 2 entsprechende Anwendung. Danach hat sich das Gutachten namentlich zu der Frage zu äußern, ob bei dem Verurteilten keine Gefahr mehr besteht, dass dessen durch die Tat zutage getretene Gefährlichkeit fortbesteht. Die **inhaltlichen Anforderungen** an das Sachverständigengutachten entsprechen damit denen des § 454 Abs. 2 Satz 2.[46]

25 Zur **Vorbereitung einer Entscheidung nach § 67d Abs. 3 StGB** sowie der nachfolgenden Entscheidungen im Rahmen der jährlichen bzw. nach dem Vollzug von zehn Jahren in der Sicherungsverwahrung nach der neunmonatigen Überprüfungsfrist (§ 67e Abs. 2 StGB) hat das Gericht in jedem Fall das Gutachten eines Sachverständigen namentlich zu der Frage einzuholen, ob von dem Verurteilten weiterhin erhebliche rechtswidrige Taten zu erwarten sind. Das Gutachten hat sich entgegen dem missverständlichen Wortlaut des Gesetzes nicht nur zu der Frage zu verhalten, ob von dem Verurteilten weiterhin erhebliche rechtswidrige Taten, sondern auch dazu, welche rechtswidrigen Taten zu erwarten sind. Dies ergibt sich insbesondere aus dem insoweit eindeutigen Willen des Gesetzgebers.[47] Dieser hat dadurch, dass er die inhaltlichen Anforderungen an das Sachverständigengutachten nach Absatz 3 Satz 4 zur Vorbereitung von Entscheidungen nach § 67d Abs. 3 StGB und der nachfolgenden Entscheidungen nach § 67d Abs. 2 StGB an den materiellen Voraussetzungen des § 67d Abs. 3 StGB weitgehend orientiert, klargestellt, dass in diesen Fällen besondere, über die inhaltlichen Anforderungen des § 454 Abs. 2 Satz 2 hinausgehende inhaltliche Anforderungen an das Sachverständigengutachten zu stellen sind.[48] Der Sachverständige wird sich vor allem mit der kriminellen Biografie des Verurteilten, der von ihm begangenen erheblichen Straftaten, die zur Anordnung der Sicherungsverwahrung geführt haben, und hier namentlich zu solchen, durch welche die Opfer seelisch oder körperlich schwer geschädigt worden

---

44 OLG Karlsruhe StraFo **2016** 85.
45 BGH NJW **2000** 1128.
46 Vgl. § 454, 58.
47 BTDrucks. **13** 9062 S. 15.
48 BTDrucks. **13** 9062 S. 10, 15.

sind, verhalten und unter Heranziehung und Mitteilung der Ergebnisse früherer Begutachtungen und sonstiger verfügbarer Erkenntnisse im Einzelnen darlegen müssen, aufgrund welcher konkreten Tatsachen ein Hang des Verurteilten zu erheblichen Straftaten nach dem Vollzug der Sicherungsverwahrung jetzt nicht mehr besteht. Eine Zusammenstellung der Vorstrafen des Verurteilten mit Bericht über den Verlauf des Vollzuges unter Hervorhebung gewisser Verhaltensauffälligkeiten und erlittener Rückschläge mit weitgehend deskriptivem Charakter genügt den inhaltlichen Anforderungen an das Sachverständigengutachten nach Absatz 3 Satz 4 nicht.[49]

4. Pflicht zur Verteidigerbestellung vor einer Entscheidung nach § 67c Abs. 1 StGB (Absatz 3 Satz 5)

a) Allgemeines. Im Vollstreckungsverfahren war nach dem früheren Recht lediglich für Verfahren nach § 463 Abs. 3 Satz 5 sowie § 463 Abs. 4 Satz 5 die **Bestellung eines Verteidigers** ausdrücklich gesetzlich vorgeschrieben. Der Gesetzgeber hat nunmehr mit den durch Art. 3 Nr. 1 Buchst. b und Nr. 2 des Gesetzes zur bundesrechtlichen Umsetzung des Abstandsgebots im Recht der Sicherungsverwahrung vom 5.12.2012[50] getroffenen Regelungen dem angesichts der Komplexität vollstreckungsrechtlicher Entscheidungen auch im Vollstreckungsverfahren geltenden Grundsatz des fairen Verfahrens zumindest hinsichtlich der Vollstreckung der Anordnung der Sicherungsverwahrung Rechnung getragen.[51] 26

b) Sachliche Zuständigkeit. Die Regelung sieht nunmehr vor, dass das Gericht dem Verurteilten, der keinen Verteidiger hat, rechtzeitig vor einer Entscheidung nach § 67c Abs. 1 StGB einen Verteidiger bestellt, wenn die Unterbringung in der **Sicherungsverwahrung** angeordnet worden ist. Die **Verteidigerbestellung** ist **obligatorisch** (... „bestellt das Gericht ... einen Verteidiger“). Für die Bestellung gelten die **§ 141 Abs. 1 Satz 1, § 142 und § 143 entsprechend.** Für die Bestellung des Verteidigers ist **analog § 142 Abs. 3 Nr. 3** der **Vorsitzende** der Großen Strafvollstreckungskammer (§ 78b Abs. 1 Nr. 1 GVG, § 463 Abs. 1, Abs. 3 Satz 3; § 454 Abs. 2, § 462a Abs. 1 Satz 1) zuständig. 27

c) Zeitpunkt. Das Gericht ist **verpflichtet**, den **Verteidiger rechtzeitig** vor einer Entscheidung nach § 67c Abs. 1 StGB zu **bestellen.** Einen Zeitpunkt für die Bestellung sieht das Gesetz nicht vor. Sie hat zu erfolgen, sobald das Gericht in die Prüfung eintritt, ob der Zweck der Maßregel die Unterbringung in der Sicherungsverwahrung noch erfordert (§ 67c Abs. 1 Satz 1 Nr. 1 StGB) oder ob die Unterbringung in der Sicherungsverwahrung unverhältnismäßig wäre, weil dem Verurteilten bei einer Gesamtbetrachtung des Vollzugsverlaufs ausreichende Betreuung i. S. d. § 66c Abs. 2 StGB i. V. m. § 66c Abs. 1 Nr. 1 StGB nicht angeboten worden ist (§ 67c Abs. 1 Satz 1 Nr. 2 StGB). Da nach Absatz 3 Satz 3 i. V. m. § 454 Abs. 2 Satz 1 vor einer Entscheidung nach § 67c Abs. 1 Satz 1 Nr. 1 StGB **stets** ein **Sachverständigengutachten** einzuholen ist, hat das Gericht den **Verteidiger vor der Beauftragung des Sachverständigen** zu bestellen. Der konkrete zeitliche Vorlauf, mit dem das Gericht den Verteidiger und alsdann den Sachverständigen bestellen sollte, hängt von den jeweiligen Umständen des Einzelfalls ab. Die Verteidigerbestellung hat so frühzeitig wie möglich zu erfolgen, damit der Verteidiger noch zu der beabsichtigten Auswahl des Sachverständigen gegenüber dem Gericht Stellung nehmen 28

---

49 OLG Koblenz StV **1999** 497.
50 BGBl. I S. 2425, 2427 f.
51 *Graalmann-Scheerer* StV **2011** 696, 699.

kann.[52] Das Gericht wird daher in der Praxis spätestens drei Monate vor der Bestellung des Sachverständigen die Verteidigerbestellung anordnen müssen. Ein effektiver Rechtsschutz für den Verurteilten ist nämlich regelmäßig nur dann gewährleistet, wenn dessen Verteidiger vor der Beauftragung des Sachverständigen die in derartigen Fällen oft sehr umfangreichen Strafakten einsehen und mit dem Verurteilten das weitere Verfahren und die Verteidigungsstrategie besprechen konnte.

29 **d) Ende der Bestellung.** Die Verteidigerbestellung nach Absatz 3 Satz 5 bezieht sich nur auf die noch während der Vollstreckung der verhängten Freiheitsstrafe zu treffende Entscheidung nach § 67c Abs. 1 StGB. Die Bestellung endet mit der formellen Rechtskraft des Beschlusses.[53]

30 **e) Rücknahme.** Für die **Rücknahme** einer **Verteidigerbestellung** ist § 143 Abs. 2 entsprechend anwendbar.[54] Insoweit finden die zur Aufhebung der Bestellung des Verteidigers im Erkenntnisverfahren analog § 143 entwickelten Rechtsgrundsätze entsprechende Anwendung.[55]

5. Verfahren nach Absatz 3

31 **a) Gelegenheit zur Mitwirkung von Verfahrensbeteiligten.** Infolge des Verweises in Absatz 3 Satz 3 auf § 454 Abs. 2 findet dessen Satz 3 entsprechende Anwendung in den Fällen des § 67c Abs. 1, § 67d Abs. 2 und 3, und § 72 Abs. 3 StGB. Danach ist das Gericht verpflichtet, der Staatsanwaltschaft, dem Verurteilten, seinem Verteidiger und der Vollzugsanstalt bei der mündlichen Anhörung des Sachverständigen Gelegenheit zur Mitwirkung zu geben.[56] Eine vorangegangene mündliche Anhörung des Sachverständigen durch andere Richter genügt nicht der gesetzlichen Vorgabe.[57] Im Falle einer plötzlichen Erkrankung des Verteidigers gebietet es der auch im Vollstreckungsverfahren geltende Grundsatz des fairen Verfahrens, den Termin zur mündlichen Anhörung des Sachverständigen zu verschieben. Die Gelegenheit zur Mitwirkung für die Maßregelvollzugseinrichtung zur bestmöglichen Sachaufklärung führt nicht dazu, dass diese Verfahrensbeteiligte und damit auch beschwerdeberechtigt ist.[58]

32 **b) Mündliche Anhörung des Sachverständigen.** Die **mündliche Anhörung** des Sachverständigen ist nach Absatz 3 Satz 3 durch den Verweis auf § 454 Abs. 2 in den Fällen des § 67d Abs. 2 und 3, § 67c Abs. 1 und § 72 Abs. 3 StGB **zwingend** vorgeschrieben. Zur Frage des Verzichts nach § 454 Abs. 2 Satz 4 vgl. § 454, 63.

33 **c) Durchführung der mündlichen Anhörung des Sachverständigen.** Die mündliche Anhörung des Sachverständigen ist obligatorisch, soweit der Verurteilte, sein Verteidi-

---

52 BTDrucks. **17** 9874 S. 40; vgl. auch Nr. 70 Abs. 1 Satz 1 RiStBV zur Anhörung des Verteidigers zur Auswahl des Sachverständigen.

53 BTDrucks. **17** 9874 S. 40.

54 LR/*Jahn* § 140, 17; 143, 14 ff.

55 Vgl. hierzu *Meyer-Goßner/Schmitt* § 143, 3 ff.; LR/*Jahn* § 143, 14 ff.

56 Vgl. hierzu im Einzelnen § 454, 64; OLG Frankfurt RuP **2011** 44; OLG Jena Beschl. vom 8.12.2015 – 1 Ws 449/15; OLG Brandenburg Beschl. vom 19.12.2018 – 1 Ws 178/18; KG NStZ-RR **2015** 323; OLG Hamm StV **2016** 177.

57 KG StraFo **2014** 36.

58 OLG Koblenz StraFo **2017** 345.

ger und die Staatsanwaltschaft darauf nicht verzichtet haben (Absatz 3 Satz 3 i. V. m. § 454 Abs. 2 Satz 3 und 4). Die **Durchführung der mündlichen Anhörung des Sachverständigen** ist nach § 463e nunmehr im Wege der Bild- und Tonübertragung (vgl. Erl. zu § 463e, 10) mit den Einschränkungen nach § 463e Abs. 2 i. V. m. § 463e Abs. 1 Satz 3 zulässig. Die Staatsanwaltschaft, der Verurteilte, sein Verteidiger und die Maßregelvollzugseinrichtung haben durch den Verweis in Absatz 3 Satz 3 auf § 454 Abs. 2 Satz 3 Gelegenheit zur Mitwirkung bei der Anhörung des Sachverständigen. Diese Verfahrensbeteiligten sind damit zwar berechtigt, aber nicht verpflichtet, an der mündlichen Anhörung teilzunehmen. Insbesondere haben sie auf die Verlegung des anberaumten Anhörungstermins keinen Anspruch.[59] Das Gericht kann aber stets von Amts wegen bei Verhinderung eines Verfahrensbeteiligten einen schon festgesetzten Anhörungstermin verlegen, wenn es aus Gründen der Sachaufklärung die Teilnahme eines bestimmten Verfahrensbeteiligten bei der mündlichen Anhörung des Sachverständigen für sinnvoll erachtet.

d) Verfahrensmängel. Verfahrensmängel im Zusammenhang mit der Einholung 34
eines Sachverständigengutachtens können auf eine sofortige Beschwerde des Verurteilten oder der Staatsanwaltschaft (Absatz 3 Satz 1 i. V. m. § 454 Abs. 3 Satz 1) zur Aufhebung der angefochtenen Entscheidung sowie zur Zurückverweisung an die Strafvollstreckungskammer führen. Ein solcher Verfahrensmangel liegt vor, wenn das Gericht von der nach Absatz 3 Satz 3 1. Hs., der nach Absatz 3 Satz 3 2. Hs. i. V. m. § 454 Abs. 2 Satz 1 Nr. 2 oder der nach Absatz 3 Satz 4 infolge des Verweises auf § 454 Abs. 2 zwingend vorgeschriebenen Einholung eines Sachverständigengutachtens abgesehen hat.[60] Ein Verfahrensmangel, der zur Aufhebung der angefochtenen Entscheidung und zur Zurückverweisung nötigt, ist ferner gegeben, wenn das Gericht nach § 67d Abs. 3 StGB sowie der nachfolgenden Entscheidungen nach § 67d Abs. 2 StGB dem Sachverständigen einen Gutachtenauftrag erteilt hat, der nicht den Erfordernissen von Absatz 3 Satz 4 genügt. Schließlich ist ein Verfahrensmangel immer dann gegeben, wenn das Gericht der ihm obliegenden umfassenden Aufklärungspflicht zur Vorbereitung von Entscheidungen nach Absatz 3 nicht nachgekommen ist, die Gelegenheit zur Mitwirkung an der mündlichen Anhörung des Sachverständigen den Beteiligungsberechtigten nicht gegeben hat[61] oder den Sachverständigen nicht mündlich angehört hat.[62] Zu Ermittlungen des Beschwerdegerichts vgl. § 454, 101.

Eine **unterlassene Verteidigerbestellung** im Überprüfungsverfahren nach Ab- 35
satz 3 Satz 5 stellt stets einen Verfahrensmangel dar. Verfassungsrechtlich ist die Beiordnung eines Pflichtverteidigers im Übrigen jedenfalls dann regelmäßig geboten, wenn es nach den konkreten Umständen des Einzelfalls wegen der Besonderheiten und Schwierigkeiten im Diagnose- und Prognosebereich offensichtlich erscheint, dass der Untergebrachte sich infolge seiner Erkrankung nicht selbst verteidigen kann.[63] Die Bestellung eines Verteidigers ist nach § 140 Abs. 2 im Maßregelvollstreckungsverfahren in Fällen des § 67d Abs. 2 StGB,[64] des § 67c Abs. 1 StGB[65] sowie wegen der Tragweite der Entscheidung für den Verurteilten auch in den Fällen des § 72 Abs. 3 StGB regelmäßig wegen des auch im Maßregelvollstreckungsverfahren geltenden Gebots des fairen Verfahrens

---

59 BTDrucks. **14** 8586 S. 14.
60 OLG Brandenburg BeckRS **2020** 4335.
61 OLG Brandenburg Beschl. vom 19.12.2018 – 1 Ws 178/18; OLG Koblenz StV **2001** 304.
62 OLG Koblenz StV **2001** 304; KG StraFo **2014** 36.
63 LR/*Jahn* § 140, 119 m. w. N.
64 OLG Brandenburg NStZ-RR **1997** 96 Ls.; OLG Braunschweig StV **2001** 21.
65 Meyer-Goßner/*Schmitt* § 140, 33a.

geboten. Für das Verfahren nach Absatz 3 Satz 4 schreibt Absatz 3 Satz 5 die Verteidigerbestellung ausdrücklich vor. Eine unterlassene, aber gesetzlich vorgeschriebene (Absatz 3 Satz 5) oder rechtlich gebotene Verteidigerbestellung stellt einen schwerwiegenden Verfahrensmangel dar und führt regelmäßig zur Aufhebung der angefochtenen Entscheidung und zur Zurückverweisung der Sache an die Strafvollstreckungskammer.[66] In einem derartigen Fall kann nämlich nicht ausgeschlossen werden, dass die Mitwirkung eines Verteidigers bei der mündlichen Anhörung des Sachverständigen zu einer anderen als der getroffenen Entscheidung geführt hätte.

IV. Begutachtung bei Überprüfung der Unterbringung in einem psychiatrischen Krankenhaus (§ 63 StGB) nach § 67e StGB (Absatz 4)

36 **1. Anwendungsbereich.** Nach § 67e Abs. 1 Satz 1 StGB kann das Gericht jederzeit prüfen, ob die Vollstreckung der Unterbringung zur Bewährung auszusetzen oder für erledigt zu erklären ist. Nach § 67e Abs. 2 StGB hat das Gericht bei einer Unterbringung in einem psychiatrischen Krankenhaus nach jeweils einem Jahr vollzogener Unterbringung zu prüfen, ob deren weitere Vollstreckung zur Bewährung auszusetzen oder für erledigt zu erklären ist (§ 67e Abs. 1 Satz 1 StGB). Im Rahmen von Überprüfungen nach § 67e StGB soll das Gericht nach Absatz 4 Satz 2 nach jeweils drei Jahren vollzogener Unterbringung in einem psychiatrischen Krankenhaus (§ 63 StGB), ab einer Dauer der Unterbringung von sechs Jahren nach jeweils zwei Jahren vollzogener Unterbringung ein externes Sachverständigengutachten (Absatz 4 Satz 3) einholen. Der Gesetzgeber ist mit der Einfügung von Absatz 3 durch das Gesetz zur Sicherung der Unterbringung in einem psychiatrischen Krankenhaus und in einer Entziehungsanstalt vom 16.7.2007[67] Forderungen der obergerichtlichen Rechtsprechung[68] nachgekommen. Mit der durch Art. 2 Nr. 1 Buchst. b des Gesetzes zur Novellierung des Rechts der Unterbringung in einem psychiatrischen Krankenhaus gemäß § 63 StGB und zur Änderung anderer Vorschriften vom 8.7.2016[69] hat der Gesetzgeber darüber hinaus den verfassungsrechtlich gebotenen Anforderungen an die Sachverhaltsaufklärung[70] und Begründungstiefe einer Überprüfungsentscheidung der Strafvollstreckungskammer Rechnung tragen wollen. Denn wenn sich ein Untergebrachter seit langer Zeit in einem psychiatrischen Krankenhaus befindet, ist es aus rechtsstaatlichen Gründen geboten, in regelmäßigen, nicht zu langen Zeitabständen einen klinikfremden Sachverständigen hinzuziehen, um der Gefahr sich wiederholender und formelhafter Routinebegutachtungen vorzubeugen und möglichst auszuschließen, dass Belange der Maßregelvollzugseinrichtung oder die Beziehung zwischen dem Untergebrachten und Therapeuten das Gutachten beeinflussen.[71] Mit zunehmender Dauer des Freiheitsentzugs steigen daher die verfassungsrechtlichen Anforderungen an die Sachverhaltsaufklärung sowie Begründungstiefe einer Überprü-

---

66 OLG Frankfurt NStZ-RR **2009** 221; BVerfGE **109** 133 ff.

67 BGBl. I S. 1327.

68 BVerfGE **70** 297, 309, 311; BVerfG Beschl. v. 26.3.2009 – 2 BvR 2543/08; OLG Dresden StraFo **2005** 391; OLG Karlsruhe NStZ-RR **2006** 93; später auch OLG Oldenburg NStZ **2008** 225; OLG Zweibrücken NStZ-RR **2008** 291; OLG Braunschweig StraFo **2009** 40.

69 BGBl. I S. 1610.

70 BVerfG NJW **2014** 3294.

71 BVerfGE **70** 297, 307 ff.; BVerfG EuGRZ **2011** 521; NJW **2013** 3228 (Fall Mollath); NStZ **2013** 166 m. w. N.; BTDrucks. **18** 7244 S. 37; BVerfG NStZ-RR **2014** 222.

fungsentscheidung.[72] Der Anwendungsbereich des Absatzes 4 ist auf die Unterbringung in einem psychiatrischen Krankenhaus nach der eindeutigen gesetzlichen Regelung beschränkt. Allerdings gelten die insoweit entwickelten verfassungsrechtlichen Prinzipien auch für den Vollzug einer Sicherungsverwahrung.[73] Dem steht nicht entgegen, dass es für den Bereich der Sicherungsverwahrung einfach-rechtlich an einer dem Absatz 4 Satz 2 entsprechenden gesetzlichen Regelung fehlt. Vielmehr folgen die Anforderungen an die Einholung von Sachverständigengutachten und die Bestimmung der Sachverständigen unmittelbar aus dem Gebot bestmöglicher Sachaufklärung gemäß Art. 2 Abs. 2 Satz 2 GG.[74] Für die Unterbringung in der Entziehungsanstalt (§ 64 StGB) bedurfte es mit Blick auf die gesetzliche Höchstdauer von zwei Jahren keiner entsprechenden Regelung. Die gesetzliche Regelung nimmt damit Grundsätze der obergerichtlichen Rechtsprechung, insbesondere des Bundesverfassungsgerichts[75] auf. Danach sind mit Blick auf das Freiheitsgrundrecht umso strengere Anforderungen an die Sachverhaltsaufklärung zu stellen, je länger die Unterbringung dauert. Zur Vorbeugung der Gefahr von Routinebeurteilungen ist es daher geboten, von Zeit zu Zeit externe Sachverständige hinzuziehen. Wenn sich eine untergebrachte Person schon seit fünf Jahren im psychiatrischen Krankenhaus befindet, ist sie dort in der Regel schon mehrfach – unter Umständen auch von verschiedenen Ärzten – begutachtet worden. In einem solchen Fall kann nach den Vorstellungen des Gesetzgebers erst die Zuziehung eines bisher mit ihr nicht befassten Sachverständigen die nötige kritische Distanz zu den bisherigen Gutachten schaffen und damit auch die Prognosesicherheit verbessern.[76] Ob dies tatsächlich zu einer Erhöhung der Prognosesicherheit in der Praxis führt, könnte durchaus zweifelhaft sein. Auf jeden Fall wäre aber im Falle einer fehlgegangenen Prognose bei einem Rückfall die Legitimationsgrundlage breiter.

2. Dauer des Vollzugs der Unterbringung. Dauer des Vollzugs der Unterbringung. 37
Nach jeweils drei Jahren vollzogener Unterbringung soll das Gericht das Gutachten eines externen Sachverständigen einholen. Ab einer Dauer der Unterbringung von sechs Jahren soll das Gericht nach jeweils zwei Jahren vollzogener Unterbringung in einem psychiatrischen Krankenhaus (§ 63 StGB) das Gutachten eines Sachverständigen einholen. Diese Ausgestaltung der Fristen setzt nicht nur die Vorgaben des BVerfG um. Durch die Verkürzung der Überprüfungsintervalle soll zugleich eine Kongruenz mit der Einholung eines externen Sachverständigengutachtens nach § 67d Abs. 6 Satz 3 StGB gewährleistet werden. Nach dem eindeutigen Wortlaut von Absatz 4 Satz 2 kommt es mithin für die Fristberechnung auf den Zeitpunkt der tatsächlichen Aufnahme in den Maßregelvollzug an und nicht etwa auf den Vollzugsbeginn einer vorausgehenden Vollstreckung einer Freiheitsstrafe. Soweit verschiedene freiheitsentziehende Maßregeln der Besserung und Sicherung nacheinander vollstreckt werden, ist für die Fristberechnung alleine die Vollzugsdauer im psychiatrischen Krankenhaus maßgebend.[77] Bei einem Krankenhausaufenthalt nach § 461 läuft die Frist weiter, nicht jedoch bei einer Unterbrechung der Maßregelvollstreckung, denn dann wird die Unterbringung im psychiatrischen Krankenhaus gerade nicht vollzogen.

---

72 BVerfG NStZ-RR **2014** 222.
73 BVerfG NStZ-RR **2020** 387, 388.
74 BVerfG NStZ-RR **2020** 387, 388.
75 BVerfGE **70** 297, 310 f.; später auch BVerfG Beschl. v. 26.3.2009 – 2 BvR 2543/08.
76 BRDrucks. 400/05 S. 33.
77 OLG Stuttgart Justiz **2018** 497.

38 **3. Gutachterliche Stellungnahme der Maßregelvollzugseinrichtung (Satz 1).** Nach Absatz 4 Satz 1 ist im Rahmen der Überprüfung der Unterbringung in einem psychiatrischen Krankenhaus nach § 67e StGB eine **gutachterliche Stellungnahme der Maßregelvollzugseinrichtung** einzuholen, in der der Verurteilte untergebracht ist.[78] Nach dem insoweit eindeutigen Wortlaut der gesetzlichen Regelung und dem Willen des Gesetzgebers[79] ist die **Einholung obligatorisch**. Es entsprach auch schon vor der gesetzlichen Neuregelung durch Art. 2 Nr. 1 Buchst. a des Gesetzes zur Novellierung des Rechts der Unterbringung in einem psychiatrischen Krankenhaus gemäß § 63 des Strafgesetzbuches und zur Änderung anderer Vorschriften[80] ständiger Praxis. Absatz 4 Satz 1 trifft keine Regelung darüber, wer (Staatsanwaltschaft als Vollstreckungsbehörde oder Strafvollstreckungskammer) die gutachterliche Stellungnahme einholt. Nach § 53 Abs. 2, § 36 Abs. 2 StVollstrO ist es Aufgabe der Vollstreckungsbehörde, darüber zu wachen, dass sich die Maßregelvollzugseinrichtung rechtzeitig ihr gegenüber äußert. Einer gutachterlichen Stellungnahme bedarf es bei jeder Prüfung nach § 67e Abs. 1 Satz 1 StGB. Die Pflicht zur Einholung der gutachterlichen Stellungnahme der Maßregelvollzugseinrichtung soll den Staatsanwaltschaften und den Gerichten die hohen Anforderungen an Qualität und Belastbarkeit der Stellungnahmen verdeutlichen.[81] Die inhaltlichen Anforderungen sind hoch. Ein bloßer Arztbrief genügt nicht.[82] Vielmehr muss eine gutachterliche Stellungnahme Ausführungen dazu enthalten, ob und welche Art rechtswidriger Taten von dem Untergebrachten drohen, wie ausgeprägt das Maß der Gefährdung ist, wie hoch die Wahrscheinlichkeit zukünftiger rechtswidriger Taten ist und inwieweit im Falle einer Aussetzung der Maßregel zur Bewährung im Rahmen der Führungsaufsicht Maßnahmen der Aufsicht und Hilfe (§§ 68a, 68b StGB) als weniger einschneidende Maßnahmen ausreichen können, um den Zweck der Maßregel zu erreichen.[83] Die Stellungnahme hat sich zu der voraussichtlichen Rückfallfrequenz zu verhalten. Ferner muss sie sich dazu äußern, welche Behandlungsmaßnahmen durchgeführt worden sind, wie sich der aktuelle Behandlungsverlauf gestaltet, welche (weiteren) Behandlungs- und Therapiemöglichkeiten in Betracht gezogen werden sollten, welche Vollzugslockerungen gewährt worden sind und ob sie erfolgreich waren, welche Lockerungen beabsichtigt sind sowie welche Alternativen zu der aktuellen Behandlungs- und Unterbringungsform in Betracht gezogen werden können. Schließlich wird sich die gutachterliche Stellungnahme der Maßregelvollzugseinrichtung zu einem Zeitplan für eine etwaige Entlassungsvorbereitung äußern müssen.[84] Wenn auch die inhaltlichen Anforderungen an die Stellungnahme hoch sind, so dürfen sie aber nicht überspannt werden. An die gutachterliche Stellungnahme der Maßregelvollzugseinrichtung sind nicht dieselben Anforderungen zu stellen wie an ein Sachverständigengutachten.[85]

39 Die **ärztliche Verschwiegenheitspflicht** ist grundsätzlich zu beachten.[86] Erkenntnisse zum Behandlungsverlauf dürfen aber offenbart werden, soweit das Gericht diese

---

78 KG NStZ-RR **2017** 8 ff.

79 BTDrucks. **18** 7244 S. 36.

80 BGBl. I (2016) S. 1610.

81 BTDrucks. **18** 7244 S. 36.

82 BTDrucks. **18** 7244 S. 36; KG NStZ-RR **2017** 290; *Glauch* StraFo **2016** 407, 409; *Geyer/Haussmann/Steinböck/Tilmann* NStZ **2017** 185.

83 BVerfG Beschl. vom 17.2.2014 – 2 BvR 1795/12; BTDrucks. **18** 7244 S. 36; KG NStZ-RR **2017** 290 ff.; OLG Hamburg NStZ-RR **2021** 93 mit Anm. *Kienzerle* FD-StrafR **2020** 433642.

84 BTDrucks. **18** 7244 S. 36; KG NStZ-RR **2017** 290 ff.

85 BTDrucks. **18** 7244 S. 36; KG NStZ-RR **2017** 290 ff.

86 BVerfG StV **2008** 309.

benötigt, um eine eigenverantwortliche prognostische Beurteilung bei der Fortdauerentscheidung treffen zu können.[87] Hierfür reichen in der Regel die Angaben aus dem Behandlungs- und Eingliederungsplan.[88] Informationen aus der unmittelbaren Vertrauensbeziehung sind in aller Regel nicht erforderlich.[89] Je nach Lage des Einzelfalles kann es die Sachaufklärung gebieten, im Falle einer Verlegung des Untergebrachten während des Überprüfungszeitraums in eine andere Maßregelvollzugseinrichtung auch von dieser eine gutachterliche Stellungnahme einzuholen.[90]

4. Einholung eines Sachverständigengutachtens

a) Pflicht. Nach der Sollvorschrift des Absatzes 4 Satz 2 soll das Gericht nach jeweils drei Jahren, ab einer Unterbringungsdauer von sechs Jahren nach jeweils zwei Jahren vollzogener Unterbringung in einem psychiatrischen Krankenhaus das Gutachten eines Sachverständigen einholen. Satz 2 konkretisiert damit das verfassungsrechtliche Gebot an die gerichtliche Aufklärungspflicht.[91] Eine Überschreitung der Überprüfungsfrist kann den Untergebrachten in seinem Freiheitsgrundrecht verletzen.[92] Wie schon bisher[93] ist es der Strafvollstreckungskammer jedoch nicht verwehrt, sofern es nach Lage des Einzelfalles unter Aufklärungsgesichtspunkten erforderlich erscheint, auch schon vor Erreichen der Drei- bzw. Zweijahresfrist das Gutachten eines Sachverständigen einzuholen. Umgekehrt darf wie schon bisher aber nur in sehr eng begrenzten Ausnahmefällen von der Sollvorschrift abgewichen werden.[94] Die Einholung eines externen Sachverständigengutachtens nach Absatz 4 Satz 3 ist regelmäßig auch dann nicht verzichtbar, wenn der Untergebrachte seine Mitwirkung an der Erstellung verweigert.[95] In einem solchen Fall erhöhen sich die Anforderungen an die Begründungstiefe der gerichtlichen Entscheidung.[96] **40**

b) Zeitpunkte (Satz 2). Die Verkürzung der Prüfungsintervalle von früher fünf Jahren vollzogener Unterbringung auf nunmehr drei Jahre und nach sechs Jahren vollzogener Unterbringung auf zwei Jahre soll den verfassungsrechtlichen Anforderungen an die Sachverhaltsaufklärung und die Begründungstiefe der gerichtlichen Überprüfungsentscheidungen Rechnung tragen. Das Überprüfungsverfahren muss so ausgestaltet sein, dass eine Entscheidung der Strafvollstreckungskammer zu dem sich aus § 67e StGB ergebenden Prüftermin ergehen kann. Die Prüfung muss vor Ablauf bestimmter Fristen (§ 67e Abs. 1 Satz 2, § 67e Abs. 2 StGB, § 463 Abs. 4 Satz 2) erfolgen. Es obliegt daher der Strafvollstreckungskammer, durch im Einzelfall geeignete organisatorische Maßnahme darauf hinzuwirken, dass das Gutachten eines (externen) Sachverständigen möglichst **41**

---

87 OLG Hamm Beschl. vom 10.7.2018 – 3 Ws 272/18 mit Anm. *Thürmann* jurisPR-StrafR 10/**2019** Anm. 4.

88 BTDrucks. **18** 7244 S. 36 f.

89 BTDrucks. **18** 7244 S. 37; BVerfG Beschl. vom 22.1.2015 – 2 BvR 2049/13.

90 BTDrucks. **18** 7244 S. 37.

91 OLG Hamm BeckRS **2018** 35129.

92 OLG Hamm BeckRS **2019** 44483 (mehrmonatige Überschreitung der Überprüfungsfrist).

93 BVerfG NStZ-RR **2010** 122 ff.; NStZ **2013** 166; OLG Zweibrücken Beschl. vom 10.6.2008 – 1 Ws 154/08; OLG Saarbrücken NStZ-RR **2016** 32 Ls.; BTDrucks. **18** 7244 S. 38.

94 BVerfG NStZ **2013** 166; OLG Oldenburg NStZ **2008** 225; OLG Karlsruhe Justiz **2008** 145; OLG Frankfurt NStZ-RR **2008** 292; StraFo **2012** 379 (Gutachten auch dann erforderlich, wenn die Strafvollstreckungskammer eine Entlassung unter keinem Aspekt in Betracht zieht – Sicherungsverwahrung).

95 BVerfG NStZ-RR **2014** 220 ff. mit Anm. *Laue* jurisPR-StrafR 8/**2014** Anm. 1 (Fall Mollath).

96 OLG Rostock Beschl. vom 14.11.2011 – I Ws 273/11; BVerfG NStZ-RR **2010** 122; OLG Oldenburg NStZ **2008** 225.

zum Prüftermin auch vorliegt.[97] Die Dreijahresfrist beginnt mit der Aufnahme des Untergebrachten in die Maßregelvollzugseinrichtung.[98] Die nachfolgenden Zweijahresfristen beginnen mit der gerichtlichen Entscheidung von neuem an zu laufen (§ 67e Abs. 4 Satz 2 StGB).

42 Die Prüfungsintervalle dürfen verkürzt werden, wenn sich im Einzelfall die Tatsachengrundlage signifikant geändert hat. Davon ist insbesondere dann auszugehen, wenn konkrete Anhaltspunkte dafür bestehen, dass die Maßregelanordnung auf einer Fehleinweisung beruht, weil der Untergebrachte die psychische Erkrankung in dem der Anordnung zugrunde liegenden Verfahren vorgetäuscht hat, mit der möglichen Folge, dass die Tat nicht aufgrund eines Zustands i. S. v. §§ 20, 21 StGB begangen wurde und die Voraussetzungen für die Anordnung der Maßregel tatsächlich nicht vorliegen.[99]

c) Auswahl der Sachverständigen

43 **aa) Keine Vorbefassung (Sätze 3 und 4).** Das Gericht darf nach Absatz 4 Satz 3 nur einen Sachverständigen mit der Erstattung des Gutachtens beauftragen, der im Rahmen des Vollzugs der Unterbringung mit der Behandlung der untergebrachten Person nicht befasst gewesen ist. Der Sachverständige darf auch nicht in dem psychiatrischen Krankenhaus arbeiten, in dem sich der Untergebrachte im Zeitpunkt der Begutachtung befindet.[100] Schließlich soll der Sachverständige nicht das letzte Gutachten bei einer vorausgegangenen Überprüfung erstellt haben (Satz 3). Des Weiteren soll derjenige Sachverständige, der für das erste Gutachten im Rahmen einer Überprüfung der Fortdauer der Unterbringung herangezogen worden ist, nicht das Gutachten in dem Verfahren erstattet haben, in dem die Unterbringung oder deren späterer Vollzug angeordnet worden ist.[101] Im Gegensatz zu der früheren Regelung sieht Absatz 4 Sätze 3 und 4 nunmehr nicht mehr nur vor, dass es sich bei dem beauftragten Sachverständigen um einen externen Gutachter handeln soll. Es soll sich auch jeweils um einen anderen Sachverständigen handeln, der in der Regel („soll") nicht das letzte externe Gutachten erstellt haben soll.[102] Mithin dürfen zwei aufeinanderfolgende Gutachten grundsätzlich nicht von demselben Sachverständigen gefertigt worden sein. Von diesen gesetzlichen Vorgaben darf nur in besonders begründeten Ausnahmefällen abgewichen werden. Ein solcher Ausnahmefall kann etwa dann gegeben sein, wenn insbesondere die Beurteilung der Entwicklung des Untergebrachten seit der letzten externen Begutachtung von entscheidender Bedeutung ist, etwa weil der Sachverständige in seinem vorherigen Gutachten bereits Ausführungen zu einer möglichen Entlassungsperspektive und den notwendigen weiteren Schritten dorthin gemacht hat, die es nun im neuen Gutachten hinsichtlich ihrer Umsetzung sowie der Entwicklung des Untergebrachten zu überprüfen gilt.[103] Die Strafvollstreckungskammer hat, soweit sie ausnahmsweise denselben Sachverständigen mit der Gutachtenerstattung beauftragt hat, in ihrer Entscheidung über die Fortdauer der Unterbringung die Gründe hierfür im Einzelnen darzulegen, um dem Beschwerdegericht insoweit die Überprüfung der Entscheidung auf Ermessensfehler im Rahmen der Aufklärungspflicht zu ermöglichen. Keine Vorbefassung

97 KG StV **2015** 500 ff.; OLG Rostock Beschl. vom 14.11.2011 – I Ws 273/11; BTDrucks. **18** 7244 S. 38.
98 Meyer-Goßner/*Schmitt* 10b; BTDrucks. **18** 7244 S. 37.
99 OLG Hamburg StV **2018** 364 Ls.
100 OLG Rostock Beschl. vom 2.12.2011 – I Ws 372/11.
101 OLG Rostock NStZ-RR **2013** 189 zu § 463 Abs. 4 Satz 2 a. F.
102 OLG Karlsruhe RuP **2017** 58 Ls.
103 BTDrucks. **18** 7244 S. 38 f.; vgl. Stellungnahme der Deutschen Gesellschaft für Psychiatrie und Psychotherapie, Psychosomatik und Nervenheilkunde vom 30.7.2015 S. 4 im BTRAussch.

des Sachverständigen liegt vor, wenn dieser im selben Verfahren Mitangeklagte im Erkenntnis- oder Vollstreckungsverfahren im Rahmen von §§ 20, 21 StGB, § 454 Abs. 2 oder auch Absatz 4 begutachtet hat. Die Vorbefassung bezieht sich stets auf dieselbe Person und deren Begutachtung im Erkenntnis- oder Vollstreckungsverfahren.[104] Zudem beschränken sich die Regelungen auf die Sachverständigen, die das Gutachten erstellt haben. Von einer Begutachtung sollen daher nach dem Willen des Gesetzgebers solche Sachverständige nicht ausgeschlossen werden, die an dem vorhergehenden Gutachten lediglich untergeordnet und vorbereitend mitgewirkt haben, selbst aber kein gutachterliches Votum über das Vorliegen der tatsächlichen Voraussetzungen für die Anordnung oder Fortdauer der Unterbringung abgegeben haben. Nur die in diesem Sinne unmittelbar an der Gutachtenerstellung beteiligten Sachverständigen sollen für das nächste Gutachten grundsätzlich nicht in Betracht kommen.[105] Ob derartige Überlegungen praxisgerecht sind, erscheint zweifelhaft. Anders als bei sonstigen medizinischen Sachverständigengutachten sind lediglich vorbereitende und untergeordnete Tätigkeiten bei der Erstellung forensisch-psychiatrischer Gutachten nur schwer vorstellbar. Die Aktenlektüre und ggf. Untersuchung des Untergebrachten muss der Sachverständige schon selbst erledigen und kann diese Tätigkeiten schwerlich an einen Mitarbeiter delegieren, der dann einen Gutachtenentwurf ohne abschließendes Votum fertigt, denn schon derartige Vorarbeiten enthalten durch ihren Inhalt und ihre Schwerpunktsetzungen fachliche Wertungen, die das Votum des beauftragten Sachverständigen maßgeblich beeinflussen können.

bb) Ärztliche oder psychologische Sachverständige mit forensisch psychiatrischer Erfahrung (Satz 5). Mit der Begutachtung sollen nur **ärztliche oder psychologische Sachverständige** beauftragt werden, die über **forensisch-psychiatrische Erfahrung** verfügen. Insoweit ist der Gesetzgeber den Empfehlungen der Deutschen Gesellschaft für Psychiatrie und Psychotherapie, Psychosomatik und Nervenheilkunde weitgehend nachgekommen.[106] Über erforderliche forensisch-psychiatrische Sachkunde verfügen regelmäßig solche Ärzte, die die Schwerpunktbezeichnung Forensische Psychiatrie der Landesärztekammern führen oder die durch das Führen des DGPPN-Zertifikats Forensische Psychiatrie[107] über entsprechend nachgewiesene Sachkunde verfügen. Dazu sollen auch solche Sachverständige gehören, die zur Überzeugung des Gerichts geeignet und erfahren sind, Gutachten zur Frage der Schuldunfähigkeit nach den §§ 20, 21 StGB, zu einer hang- bzw. zustandsbedingten Wiederholungsgefahr nach §§ 63, 64 StGB und § 66 Abs. 1 Satz 1 Nr. 4 StGB oder für in Betracht kommende Therapieweisungen zu erstatten, auch wenn sie nicht über eine Zertifizierung oder klinische Tätigkeit über die in Absatz 4 Satz 5 geforderte Qualifikation eines forensisch-psychiatrischen Sachverständigen verfügen,[108] was angesichts nicht ausreichend zur Verfügung stehender forensisch-psychiatrischer Sachverständiger praxisgerecht sein mag. Ob derartige Sachverständige ohne eine forensisch-psychiatrische Ausbildung oder Zertifizierung den Qualitätserfordernissen genügen, hat die Strafvollstreckungskammer im Rahmen ihres pflichtgemäßen Ermessens und ihrer Aufklärungspflicht im Einzelfall zu beurteilen. Psychologische Sachverständige weisen schon aufgrund ihrer Ausbildung nicht ohne Weiteres die erforderliche Sachkunde auf, solange es sich nicht um Psychologische Psycho- 44

104 BTDrucks. **18** 7244 S. 39.
105 BTDrucks. **18** 7244 S. 39.
106 Vgl. Stellungnahme vom 30.7.2015 S. 4.
107 *Kruse* NJW **2014** 509.
108 OLG Rostock NStZ-RR **2017** 95 mit zust. Anm. *Peglau* jurisPR-StrafR 5/**2017** Anm. 4 (Diplom-Psychologin und Diplom-Sozialpädagogin).

therapeuten handelt, die sich einer Zusatzausbildung mit Zertifizierung unterzogen haben.[109]

45 Absatz 4 Satz 4 hat nicht die Fälle in Betracht gezogen, in denen ein Sachverständiger bei einer früheren Maßregelvollstreckung mit der Behandlung oder als Sachverständiger im Strafverfahren mit der Begutachtung der untergebrachten Person nach den §§ 20, 21 StGB befasst war. In derartigen Fällen wird der Sachverständige aber regelmäßig in entsprechender Anwendung des Satzes 4 von der Begutachtung nach Absatz 4 Satz 1 ausgeschlossen sein.

46 **5. Einsicht in die Patientendaten (Satz 6).** Absatz 4 Satz 6 verpflichtet das psychiatrische Krankenhaus, dem vom Gericht beauftragten Sachverständigen Einsicht in die Patientenakten des Krankenhauses über die untergebrachte Person zu gewähren. In der Praxis empfiehlt es sich, wenn das Gericht den Gutachtenauftrag in Durchschrift der Leitung des psychiatrischen Krankenhauses, in dem sich die untergebrachte und jetzt zu begutachtende Person befindet, zeitgleich übermittelt, damit die Patientendaten dem Sachverständigen ohne Verzögerung zur Verfügung gestellt werden. Absatz 4 Satz 6 gibt dem Sachverständigen zwar nur einen Anspruch auf Einsicht in die Patientendaten. Einen Anspruch auf Übersendung von Ablichtungen der Patientendaten hat er hingegen nicht. Es sind aber keine Gründe ersichtlich, dem Sachverständigen Ablichtungen der Patientendaten zu verweigern und ihn auf ein Abschreiben der zur Einsichtnahme vorgelegten Unterlagen zu verweisen.

47 Der Einsicht durch den bestellten Sachverständigen unterliegen solche Patientendaten nicht, die in keinem inneren Zusammenhang mit der Unterbringung im psychiatrischen Krankenhaus stehen. Hierbei kann es sich um Patientendaten handeln, die nach einer Verlegung in eine Klinik entstanden sind, z. B. zur Durchführung einer Operation. Insoweit muss die untergebrachte Person in die Einsicht durch den Sachverständigen einwilligen und es wäre auch ratsam, diese Einwilligung zu erteilen, denn daraus können sich im Einzelfall wichtige Erkenntnisse für die von dem Sachverständigen zu begutachtende weitere Gefährlichkeit der untergebrachten Person ergeben (z. B. bei schwerer Erkrankung oder zeitnah zu erwartender Gebrechlichkeit oder Pflegebedürftigkeit der untergebrachten Person).

48 **6. Entsprechende Anwendung von § 454 Abs. 2 (Satz 7).** Das bei der Einholung des externen Sachverständigengutachtens einzuhaltende Verfahren richtet sich im Übrigen zufolge der Verweisung in Absatz 4 Satz 7 nach § 454 Abs. 2. Hinsichtlich der mündlichen Anhörung des Sachverständigen, der Gelegenheit zur Mitwirkung von Verfahrensbeteiligten und der Durchführung der mündlichen Anhörung wird auf die Erl. zu § 454, 63 ff. verwiesen.[110] Eine Pflicht zur mündlichen Anhörung des Sachverständigen soll auch dann bestehen, wenn das schriftliche Gutachten nicht die Entscheidung über die Fortdauer der Unterbringung, sondern den Widerruf der zur Bewährung ausgesetzten Maßregel betrifft.[111] Die Verfasser einer Stellungnahme der Maßregelvollzugseinrichtung sind nicht zwingend nach Absatz 4 Satz 7 mündlich zu hören (§ 454, 65).[112] Die Aufklärungspflicht kann im Einzelfall jedoch ihre mündliche Anhörung gebieten.

---

109 *Kruse* NJW **2014** 509; BTDrucks. **18** 7244 S. 39.
110 Vgl. auch BRDrucks. 400/05 S. 34; OLG Frankfurt NStZ-RR **2009** 221.
111 OLG Hamm BeckRS **2020** 22961.
112 OLG Hamm Beschl. vom 13.2.2020 – 3 Ws 7/20.

7. Verteidigerbestellung (Satz 8). Nach Absatz 4 Satz 8 ist das Gericht **verpflichtet**, der untergebrachten Person, die keinen Verteidiger hat, für das **Überprüfungsverfahren** nach Absatz 4 Satz 2 einen **Verteidiger** zu bestellen. Dass nach drei Jahren vollzogener Unterbringung in einem psychiatrischen Krankenhaus der auch und gerade im Vollstreckungsverfahren geltende **Anspruch auf ein faires Verfahren** es gebietet, der untergebrachten Person **zeitgerecht** einen Verteidiger zu bestellen, versteht sich von selbst.[113] Die Pflichtverteidigerbestellung muss rechtzeitig vor der Einleitung des Überprüfungsverfahrens erfolgen. Der bestellte Verteidiger muss nämlich in der Lage sein, die oftmals sehr umfangreichen Akten einschließlich des Vollstreckungshefts einzusehen, seinen Mandanten in der Maßregelvollzugseinrichtung aufzusuchen und zu der Auswahl des Sachverständigen gegenüber dem Gericht Stellung zu nehmen. Die Bestellung eines Verteidigers im Maßregelvollstreckungsverfahren betrifft immer nur das konkrete Überprüfungsverfahren, in dem nach Satz 2 das Gutachten eines Sachverständige eingeholt werden soll.[114] Die Bestellung nach Absatz 4 Satz 8 endet mit dem Eintritt der Rechtskraft der Entscheidung der Strafvollstreckungskammer in dem jeweiligen Überprüfungsverfahren. Etwas Anderes gilt nur dann, wenn dies wie bei der Vollstreckung der Unterbringung in der Sicherungsverwahrung in Absatz 8 Satz 2 ausdrücklich anders gesetzlich geregelt ist. 49

V. Aufschub oder Unterbrechung (Absatz 5)

Der **Aufschub** oder die **Unterbrechung der Vollstreckung** ist nach Absatz 1 auch bei freiheitsentziehenden Maßregeln der Besserung und Sicherung grundsätzlich zulässig, soweit nicht Absatz 5 etwas Anderes regelt. Ein **nachträglicher Verfall in Geisteskrankheit** stellt keinen Grund dar, eine wegen erheblich verminderter Schuldfähigkeit (§ 21 StGB) angeordnete Unterbringung in einem psychiatrischen Krankenhaus aufzuschieben – Ausschluss des § 455 Abs. 1 –,[115] denn auch gegen den bereits im Zeitpunkt der Tat Schuldunfähigen („Geisteskranken") kann die Unterbringung in einem psychiatrischen Krankenhaus vom erkennenden Gericht oder im Sicherungsverfahren angeordnet werden (§§ 63, 71 StGB, § 413). Soweit es sich um die Anordnung der Unterbringung in einer Entziehungsanstalt oder in der Sicherungsverwahrung handelt, ist nach Absatz 5 Satz 2 – insoweit abweichend von § 455 Abs. 1 – nachträglicher Verfall in Geisteskrankheit **kein zwingender Aufschubgrund**, vielmehr ist der **Aufschub der Maßregel** in das **Ermessen** der **Vollstreckungsbehörde** gestellt. Damit soll erreicht werden, dass auch außergewöhnlichen Einzelfällen Rechnung getragen werden kann.[116] Bei der Sicherungsverwahrung ist ein Aufschub nach § 456 nicht zulässig ist (Absatz 5 Satz 3). 50

VI. Entsprechende Anwendung von § 462 (Absatz 6)

1. Anwendungsbereich (Satz 1). Absatz 6, der wegen des Verfahrens und der Anfechtbarkeit auf § 462 verweist, zählt diejenigen zu treffenden Entscheidungen auf, die 51

---

113 BVerfG NJW **2009** 3153; OLG Braunschweig StV **2008** 590 mit zust. Anm. *Steck-Bromme*.

114 OLG Hamburg StraFo **2020** 198 f.; OLG Düsseldorf StraFo **2011** 371; OLG München StraFo **2009** 527; OLG Frankfurt NStZ-RR **2003** 252; KG NStZ-RR **2002** 63; **a. A.** OLG Stuttgart NJW **2000** 3367.

115 OLG Celle NJW **1967** 692; KK/*Appl* 6; Meyer-Goßner/*Schmitt* 10; *Bringewat* 10.

116 BTDrucks. **7** 550, Begr. zu Art. 19 Nr. 123 Entw. EGStGB, S. 314; Meyer-Goßner/*Schmitt* 10; *Bringewat* § 455, 4.

nicht durch die Absätze 2 und 3 erfasst werden.[117] Hierher gehören die Entscheidungen gemäß § 67 Abs. 3, 5 Satz 2 und Abs. 6 StGB; die Überweisung in den Vollzug einer anderen Maßregel (§ 67a StGB); die Anordnung des Vollzugs der Unterbringung, wenn auch drei Jahre nach Rechtskraft der Entscheidung die Maßregel noch nicht einmal teilweise vollzogen worden ist, ohne dass ein Fall des § 67c Abs. 1 oder des § 67b StGB vorliegt (§ 67c Abs. 2 Satz 1 bis 3 StGB); die Aussetzung des Vollzugs der Unterbringung zur Bewährung, wenn zwar der Zweck der Unterbringung noch nicht erreicht ist, aber besondere Umstände die Erwartung rechtfertigen, dass er auch durch die Aussetzung erreicht werden kann (§ 67c Abs. 2 Satz 4 StGB); der Widerruf der Aussetzung einer Unterbringung zur Bewährung (§ 67g StGB); die Anordnung, dass die Unterbringung in einer Entziehungsanstalt (§ 64 Abs. 1 StGB) erledigt ist (§ 67d Abs. 5 Satz 1 StGB); die Anordnung, dass die Vollstreckung der Maßregel erledigt ist, wenn das Gericht nach Beginn der Vollstreckung der Unterbringung in einem psychiatrischen Krankenhaus festgestellt hat, dass die Voraussetzungen der Maßregel nicht mehr vorliegen oder die weitere Vollstreckung der Maßregel unverhältnismäßig wäre (§ 67d Abs. 6 Satz 1 StGB). Durch das Gesetz zur Reform der Führungsaufsicht[118] vom 13.4.2007 hat das Gericht mit § 67h Abs. 1 Satz 1 StGB die Möglichkeit erhalten, unter den dort genannten Voraussetzungen im Rahmen der **Krisenintervention** eine zur Bewährung ausgesetzte Unterbringung nach § 63 StGB oder § 64 StGB für höchstens drei Monate wieder in Vollzug zu setzen[119] und unter den Voraussetzungen von § 67h Abs. 1 Satz 1 StGB die Maßnahme erneut anzuordnen oder ihre Dauer auf längstens sechs Monate zu verlängern.[120] Hinzu treten bei Entziehung der Fahrerlaubnis die Entscheidungen betreffend die vorzeitige Aufhebung der Sperre (§ 69a Abs. 7 StGB) – und zwar auch nach voller Strafverbüßung[121] – und beim Berufsverbot die Entscheidungen über seine Aussetzung zur Bewährung (§ 70a StGB), den Widerruf der Aussetzung und die Erledigung des Verbots nach Ablauf der Bewährungsfrist (§ 70b StGB).[122]

52 **2. Pflicht zur mündlichen Anhörung des Verurteilten (Satz 2).** Zur Vorbereitung der Entscheidung nach § 67d Abs. 6 StGB verpflichtet Absatz 6 Satz 2 („ist") die Strafvollstreckungskammer, den Verurteilten mündlich zu hören. Zwar war eine mündliche Anhörung des Verurteilten auch schon zuvor nicht ausgeschlossen. Die Strafvollstreckungskammer war hierzu aber lediglich berechtigt, nicht jedoch verpflichtet. Das Gebot umfassender Sachaufklärung erfordert es, wenn das Gericht nach Beginn der Vollstreckung in einem psychiatrischen Krankenhaus feststellt, dass die Voraussetzungen der Maßregel nicht mehr vorliegen oder die weitere Vollstreckung derselben unverhältnismäßig wäre mit der Folge, sie für erledigt zu erklären, den Verurteilten **mündlich** zu hören und sich für die zu treffende Entscheidung von ihm einen persönlichen Eindruck zu verschaffen.[123] Die mündliche Anhörung kann nach § 463e Abs. 1 Satz 3 **nicht** mittels **Videokonferenz**[124] erfolgen (vgl. Erle. zu § 463e, 9). Kann eine mündliche Anhörung nicht durchgeführt werden, weil der Untergebrachte auf Ladung zum Anhörungstermin ausdrücklich und eindeutig seine Teilnahme verweigert, so muss die mündliche Anhö-

117 KK/*Appl* 6.
118 BGBl. I S. 513.
119 BTDrucks. **16** 1993 S. 16.
120 BTDrucks. **16** 4740 S. 23.
121 OLG Hamburg NStZ **1988** 197.
122 KK/*Appl* 2; Meyer-Goßner/*Schmitt* 3, 12.
123 BTDrucks. **18** 7244 S. 40.
124 BTDrucks. **18** 7244 S. 40; kritisch *Glauch* StraFo **2016** 407, 410.

rung nicht erfolgen. Einer **Verweigerung** steht die **Ablehnung der Vorführung** zum Anhörungstermin bzw. der Teilnahme an einer Videokonferenz gleich.[125]

3. Anordnung der sofortigen Vollziehbarkeit (Satz 3). Nach Absatz 6 Satz 3 erklärt das Gericht während der Dauer der Führungsaufsicht die Anordnung von Maßnahmen nach § 67h Abs. 1 Satz 1 und 2 StGB im Rahmen der Krisenintervention (z. B. akute Zustandsverschlechterung durch Verweigerung einer erforderlichen Medikamenteneinnahme, erneuter Betäubungsmittel- oder Alkoholkonsum bei Suchterkrankung) für sofort vollziehbar, wenn erhebliche rechtswidrige Taten des Verurteilten drohen. Das Gericht wird in aller Regel von Amts wegen tätig, weil es über die ungünstige Entwicklung vom Bewährungshelfer, der forensischen Ambulanz, der Aufsichtsstelle oder auch von Angehörigen unterrichtet wird. Es kann aber auch auf Initiative des Verurteilten tätig werden, wenn dieser sich etwa nach einem Alkohol- oder Betäubungsmittelrückfall direkt an das Gericht wendet. Da Kriseninterventionsmaßnahmen nach § 67h Abs. 1 Satz 1 und 2 StGB in aller Regel sehr eilbedürftig sind, hat das Gericht nach Absatz 6 Satz 3 die Möglichkeit, die **sofortige Vollziehbarkeit** solcher Maßnahmen anzuordnen. Die nach Absatz 6 Satz 1 i. V. m. § 462 Abs. 3 Satz 1 statthafte sofortige Beschwerde hat demzufolge **keine aufschiebende Wirkung.**[126] Überwiegende öffentliche Interessen können es nämlich rechtfertigen, den Anspruch des Verurteilten auf effektiven Rechtsschutz einstweilen zurückzustellen, um unaufschiebbare Maßnahmen im Rahmen der Krisenintervention im Interesse des Allgemeinwohls zeitgerecht in die Wege leiten zu können.[127] Absatz 6 Satz 3 trägt dem dadurch Rechnung, dass die sofortige erneute Unterbringung nur dann zulässig ist, wenn von dem Verurteilten andernfalls erhebliche rechtswidrige Taten drohen. Es muss danach eine Risikosituation eingetreten sein, die bei ungehinderter Weiterentwicklung ohne Kriseninterventionsmaßnahmen voraussichtlich einen Widerruf der Aussetzung zur Verhinderung neuer, erheblicher rechtswidriger Taten notwendig machen würde.[128] 53

Der Beschluss nach Absatz 6 Satz 3 muss die angeordnete Kriseninterventionsmaßnahme nach § 67h Abs. 1 Satz 1 StGB genau bezeichnen.[129] Ferner muss die Dauer der Invollzugsetzung konkret bestimmt werden. Sie kann für jede einzelne Anordnung höchstens drei Monate (§ 67h Abs. 1 Satz 1 StGB) betragen und vor ihrem Ablauf auf längstens sechs Monate verlängert werden (§ 67h Abs. 1 Satz 2 2. Hs. StGB). Dabei darf aber die Höchstdauer der Unterbringung (§ 67d Abs. 1 Satz 1 StGB) nicht überschritten werden.[130] Dies ist nur von Bedeutung für die Unterbringung in der Entziehungsanstalt (§ 64 StGB), die längstens zwei Jahre betragen darf, denn nach § 67h Abs. 1 Satz 3 StGB gilt § 67g Abs. 4 StGB entsprechend. 54

VII. Zuständigkeit bei Nachtragsentscheidungen (Absatz 7)

1. Allgemeines. Die allgemeine Verweisung in § 463 Abs. 1 auf die für die Strafvollstreckung geltenden Vorschriften umfasst auch die Anwendbarkeit des § 462a in den Fällen, in denen nachträgliche Entscheidungen bei **freiheitsentziehenden** Maßregeln 55

125 OLG Düsseldorf Beschl. vom 1.4.2019 5 Ws 50/19.
126 LK/*Rissing-van Saan/Peglau* § 67h, 24.
127 BTDrucks. **16** 1993 S. 49.
128 BTDrucks. **16** 1993 S. 49.
129 *Fischer* § 67h, 6.
130 LK/*Rissing-van Saan/Peglau* § 67h, 22.

der Besserung und Sicherung erforderlich sind.[131] Dabei tritt bei Anwendung des § 462a Abs. 1 Satz 1 an die Stelle der dort genannten „Strafanstalt" diejenige Justizvollzugsanstalt oder – was bei Unterbringung in einem psychiatrischen Krankenhaus oder in einer Entziehungsanstalt in Betracht kommen kann – die sonstige Anstalt, in die der Verurteilte aufgenommen ist (§ 78a Abs. 1 GVG).[132] Bei der Aussetzung des Strafrestes einer Freiheitsstrafe zur Bewährung bleibt nach § 462a Abs. 1 Satz 2 die Strafvollstreckungskammer, die die Aussetzung angeordnet hat, auch für die Bewährungsaufsicht und die weiter zu treffenden Entscheidungen zuständig.[133] Dies gilt auch kraft der Verweisung in § 463 Abs. 1, wenn die Strafvollstreckungskammer die weitere Vollstreckung einer begonnenen Unterbringung zur Bewährung ausgesetzt hat (§ 67e StGB).

56 **2. Fortsetzungszuständigkeit.** Durch die Verweisung des Absatzes 1 auf § 462a sind die dortigen gerichtlichen Zuständigkeitsregelungen für alle nachträglichen Entscheidungen bei freiheitsentziehenden Maßregeln der Besserung und Sicherung entsprechend anwendbar.

57 **a) Späterer Beginn der Unterbringung (§ 67c Abs. 1 StGB).** Nach § 67c Abs. 1 StGB prüft bei Vorwegnahme des Vollzugs einer Freiheitsstrafe die Strafvollstreckungskammer vor dem Ende des Strafvollzugs, ob der Zweck einer zugleich angeordneten Unterbringung deren Vollstreckung noch erfordert (§ 67c Abs. 1 Satz 1 Nr. 1 StGB) oder die Unterbringung in der Sicherungsverwahrung unverhältnismäßig wäre, weil dem Täter bei einer Gesamtbetrachtung des Vollzugsverlaufs ausreichende Betreuung i. S. d. § 66c Abs. 2 i. V. m. § 66c Abs. 1 Nr. 1 StGB nicht angeboten worden ist (§ 67c Abs. 1 Satz 1 Nr. 2 StGB). Verneint sie dies, so setzt sie die Vollstreckung der Unterbringung zur Bewährung aus. Mit der Aussetzung tritt kraft Gesetzes **Führungsaufsicht** ein. In diesem Fall bleibt die Strafvollstreckungskammer nach § 463 Abs. 1 i. V. m. § 462a Abs. 1 Satz 2 für die die Aussetzung der Unterbringung betreffenden Entscheidungen (§ 67g StGB) zuständig. Die Gleichsetzung der Führungsaufsicht mit der Aussetzung eines Strafrestes in Absatz 7 hat aber zur Folge, dass sie in Anwendung des § 462a Abs. 1 Satz 2 auch für die die Führungsaufsicht betreffenden Nachtragsentscheidungen (§§ 68a ff. StGB) zuständig bleibt.

58 **b) Dauer der Unterbringung (§ 67d Abs. 2 StGB).** Setzt die Strafvollstreckungskammer gemäß § 67d Abs. 2 StGB die Vollstreckung einer schon begonnenen Unterbringung zur Bewährung aus mit der Folge der kraft Gesetzes eintretenden Führungsaufsicht, so bleibt sie sowohl für die die Aussetzung der Unterbringung wie für die die Führungsaufsicht betreffenden Entscheidungen zuständig.

59 **c) Entlassung aus der Sicherungsverwahrung (§ 67d Abs. 4 StGB).** Nach § 67d Abs. 4 StGB tritt Führungsaufsicht auch ein, wenn der Untergebrachte aus der Sicherungsverwahrung entlassen wird. Absatz 7 bedeutet hier, wo sowohl die Strafvollstreckung als auch die Maßregelvollstreckung an sich beendet ist, dass hinsichtlich der Zuständigkeit der Strafvollstreckungskammer (nur) für die die Führungsaufsicht betreffenden Nachtragsentscheidungen der Entlassene so behandelt werden soll, als sei er mit Bewährungsfrist (§ 67d Abs. 2) entlassen worden. Das ist berechtigt, weil einerseits die Zeit der Führungsaufsicht eine Art Bewährungszeit darstellt (vgl. § 68a StGB) und andererseits die Strafvollstreckungskammer schon mit dem Verurteilten während

131 KK/*Appl* 7; Meyer-Goßner/*Schmitt* 3.

132 OLG Hamm NStZ **1990** 103; KK/*Appl* 2; Meyer-Goßner/*Schmitt* 13.

133 *Bringewat* 13.

des Vollzugs befasst war, da ihr nach § 54a Abs. 2 StVollstrO die Akten drei Monate vor der Entlassung vorgelegt werden, damit die Entscheidungen nach den §§ 68a bis 68c StGB zeitgerecht getroffen werden können.

d) Erledigungserklärung wegen Nichterreichens des Unterbringungszwecks (§ 67d Abs. 5 und 6 StGB). Der Gesetzgeber hat insoweit der von *Wendisch*[134] geäußerten Kritik mit dem Gesetz zur Sicherung der Unterbringung in einem psychiatrischen Krankenhaus und in einer Entziehungsanstalt vom 16.7.2007[135] Rechnung getragen. Für die Anwendung von § 462a Abs. 1 steht die Führungsaufsicht in den Fällen des § 67d Abs. 6 StGB, der durch das Gesetz zur Einführung der nachträglichen Sicherungsverwahrung vom 23.7.2004[136] eingefügt worden ist, der Aussetzung des Strafrestes gleich. 60

e) Krisenintervention (§ 67h StGB). Die Krisenintervention ist Vollstreckung einer Maßregel i. S. v. Absatz 1 i. V. m. § 462a Abs. 1 Satz 1. Absatz 7 findet im Fall der Krisenintervention nach § 67h StGB entsprechende Anwendung.[137] 61

f) Führungsaufsicht bei Nichtaussetzung des Strafrestes (§ 68f StGB). Nach § 68f Abs. 1 Satz 1 StGB tritt nach vollständiger Vollstreckung einer Freiheitsstrafe von mindestens zwei Jahren wegen vorsätzlicher Straftaten oder einer Freiheitsstrafe oder Gesamtfreiheitsstrafe von mindestens einem Jahr wegen Straftaten der in § 181b StGB genannten Art mit der Entlassung des Verurteilten aus dem Strafvollzug Führungsaufsicht ein, es sei denn, dass das Gericht wegen positiver Prognose den Wegfall der Führungsaufsicht anordnet (§ 68f Abs. 2 StGB). Mit der Entscheidung, ob es bei dem Eintritt der Führungsaufsicht verbleiben oder diese wegfallen soll, wird die Strafvollstreckungskammer schon während des Vollzugs befasst (§ 54a Abs. 2 StVollstrO; § 463 Abs. 3 Satz 1 i. V. m. § 454, § 68f Abs. 2 StGB). Auch hier besteht, wenn das Entfallen der Führungsaufsicht nicht angeordnet wird, nach Absatz 7 die Zuständigkeit der Strafvollstreckungskammer für die Nachtragsentscheidungen (§§ 68a ff. StGB), weil zwar die Strafvollstreckung im engeren Sinn erledigt ist, gleichwohl aber noch Entscheidungen zu treffen sind, die dem **Bereich der Vollstreckung** im weiteren Sinn angehören und die nach dem Grundgedanken des § 462a Abs. 1 Satz 2 bei der zuständig gewesenen Strafvollstreckungskammer verbleiben sollen.[138] Die eine Führungsaufsicht nach § 68f StGB überwachende Strafvollstreckungskammer ist auch für die Nachtragsentscheidungen zuständig, die sich auf Strafaussetzungen zur Bewährung aus anderen Verfahren gegen den Verurteilten beziehen.[139] 62

VIII. Pflicht zur Verteidigerbestellung bei Vollstreckung der Unterbringung in der Sicherungsverwahrung (Absatz 8)

1. Umfang der Pflicht. Nach Absatz 8 Satz 1 ist das Gericht **verpflichtet**, wenn die Unterbringung in der Sicherungsverwahrung vollstreckt wird, dem Verurteilten, der kei- 63

---

134 LR/*Wendisch*[25] 17; BRDrucks. 400/05 S. 34.

135 BGBl. I S. 1327.

136 BGBl. I S. 1838.

137 BGHSt **56** 1 ff.; *Schuster* StV **2011** 506 ff.; *Peglau* jurisPR-StrafR 4/**2011** Anm. 2; OLG Düsseldorf Beschl. vom 18.9.2019 – 2 Ws 155/19.

138 BTDrucks. **7** 550, Begr. zu Art. 19 Nr. 123 Entw. EGStGB, S. 314; BGH bei *Kusch* NStZ **1996** 327; OLG Hamburg MDR **1988** 431; KK/*Appl* 1; *Bringewat* 1, 14, 15.

139 BGH NJW **2010** 951.

nen Verteidiger hat, für Verfahren über die auf dem Gebiet der Vollstreckung zu treffenden Entscheidungen einen Verteidiger zu bestellen. Damit werden **alle vollstreckungsrechtlichen Entscheidungen** erfasst. Die **Verteidigerbestellung nach Absatz 8** ist ebenfalls **obligatorisch** („... bestellt das Gericht ... einen Verteidiger“). Auch hier gelten die § 141 Abs. 1 Satz 1, § 142 Abs. 3 Nr. 3 und § 143 entsprechend.

64 **2. Sachliche Zuständigkeit, Rücknahme und Widerruf der Bestellung.** Hinsichtlich der **sachlichen Zuständigkeit** für die Bestellung sowie die **Rücknahme** und den **Widerruf der Bestellung** gelten die zur Aufhebung der Bestellung des Verteidigers im Erkenntnisverfahren entwickelten Rechtsgrundsätze zu § 143 analog.[140] Im Gegensatz zu Absatz 3 Satz 5 und Absatz 4 Satz 8 gilt die Bestellung nach Absatz 8 Satz 2 aber für jedes weitere Verfahren, solange sie nicht aufgehoben wird.

65 **3. Begrenzung der Bestellung.** Nach dem Willen des Gesetzgebers[141] und dem Wortlaut von Absatz 3 Satz 5, Absatz 4 Satz 8 und Absatz 8 sind Angelegenheiten auf dem Gebiet des **Strafvollzuges** von der Bestellung nicht umfasst. Für den Strafvollzug oder den Vollzug freiheitsentziehender Maßregeln der Besserung und Sicherung sieht Art. 4 Nr. 2 Buchst. b des Gesetzes zur bundesrechtlichen Umsetzung des Abstandsgebotes im Recht der Sicherungsverwahrung vom 5.12.2012[142] mit § 109 Abs. 3 StVollzG sowie dasselbe Gesetz in Art. 4 Nr. 6 mit § 119a Abs. 6 StVollzG die Beiordnung eines Rechtsanwalts von Amts wegen vor.

IX. Nachträgliche Anordnungen bei der Unterbringung von Jugendlichen

66 Nach dem bis 31.12.1974 geltenden Recht oblag die nach § 42f a. F. StGB – jetzt: §§ 67d Abs. 2, 67e – i. V. m. § 2 JGG zu treffende Entscheidung über die Entlassung des Untergebrachten oder die Fortdauer der Unterbringung gemäß §§ 462, 463a Abs. 3 a. F. allein dem Gericht des ersten Rechtszugs.[143] Diesem Gericht oblagen auch danach die Nachtragsentscheidungen (§ 67g StGB; Art. 314 Abs. 2 EGStGB), wenn die Unterbringung vor dem 1.1.1975 bedingt ausgesetzt war. Befand sich jedoch der Täter am 1.1.1975 im psychiatrischen Krankenhaus (vgl. Art. 314 Abs. 1 EGStGB), oder wurde er später in einem solchen untergebracht, so hat über die Fortdauer der Unterbringung oder deren Aussetzung zur Bewährung mit den sich anschließenden Folgen der **Jugendrichter als Vollstreckungsleiter** zu entscheiden, der gemäß § 82 Abs. 1 JGG die Aufgaben der Strafvollstreckungskammer wahrnimmt,[144] und zwar auch, wenn er diese Anordnung zusätzlich getroffen hat, weil nur so eine Zweiteilung der Zuständigkeit vermieden werden kann.[145] Das Gleiche gilt, wenn bei einem nach Jugendstrafrecht Verurteilten Führungsaufsicht kraft Gesetzes eintritt.[146] Die Entscheidungen des Jugendrichters nach den §§ 462a, 463 sind gemäß § 83 Abs. 1 JGG **jugendrichterliche** Entscheidungen. Örtlich zuständig ist der Jugendrichter des Amtsgerichts, dem die familiengerichtlichen Erziehungsaufgaben obliegen (§ 84 Abs. 2, 3 JGG). An der Zuständigkeit des Jugendrichters

140 LR/*Jahn* § 143, 14 ff.
141 BTDrucks. **17** 9874 S. 40.
142 BGBl. I S. 2425.
143 BGHSt **16** 78, 82.
144 BGHSt **26** 162; KK/*Appl* 8; *Bringewat* 19.
145 BGHSt **27** 190; KK/*Appl* 8; Meyer-Goßner/*Schmitt* 15; *Bringewat* 17.
146 OLG Koblenz GA **1975** 285; KK/*Appl* 8; Meyer-Goßner/*Schmitt* 15; *Bringewat* 17.

ändert sich auch nichts, wenn der Untergebrachte inzwischen – vielleicht seit langer Zeit – erwachsen ist.[147]

X. Zuständigkeit bei früheren Entscheidungen von Gerichten der ehemaligen DDR

Für die Entscheidungen über Einwendungen gegen die Unterbringung nach dem EinweisungsG-DDR aufgrund gerichtlicher (§ 15 Abs. 2, § 16 Abs. 3 StGB-DDR) oder staatsanwaltschaftlicher (§ 148 Abs. 1 Nr. 1 StPO-DDR) Anordnungen ist umstritten, welches Gericht für die Nachtragsentscheidungen zuständig ist.[148] Der Einigungsvertrag verhält sich zu der Thematik nicht. Das Recht der DDR kannte dem Maßregelrecht vergleichbare strafrechtliche Regelungen nicht. Daher werden nach Auffassung des Bundesverfassungsgerichts die Grenzen richterlicher Rechtsfortbildung überschritten, auf Einweisungen nach dem Einweisungsgesetz der ehemaligen DDR die Vorschriften des Strafgesetzbuches über freiheitsentziehende Maßregeln (§§ 63 ff. StGB) analog anzuwenden. Für eine analoge Anwendung von § 463 StPO ist damit ebenfalls kein Raum.[149] 67

XI. Reformüberlegungen

Der Gesetzgeber hat mit den Regelungen zur **obligatorischen Bestellung eines Verteidigers** bei Entscheidungen nach § 67c Abs. 1 StGB sowie allen weiteren die Vollstreckung der Sicherungsverwahrung betreffenden Entscheidungen zwar den Vorgaben des BVerfG zur Sicherung eines effektiven Rechtsschutzes für Verurteilte nach Anordnung der Sicherungsverwahrung im Vollstreckungsverfahren[150] sowie Forderungen im Schrifttum[151] Rechnung getragen. Wenig sinnvoll erscheint allerdings die damit weiter ausgebaute sektorale Zersplitterung des Rechts der notwendigen Verteidigung. Vielmehr hätte es nahe gelegen, schon aus rechtssystematischen Erwägungen bei der Reform des Rechts der notwendigen Verteidigung eine Regelung im 11. Abschnitt des Ersten Buches der Strafprozessordnung und hier insbesondere eine breitere gesetzliche Regelung für das Vollstreckungsverfahren in Betracht zu ziehen[152] und nicht – wie nunmehr aber wiederum geschehen – sektorale Regelungen zu treffen, die es erforderlich machen, die allgemeinen Vorschriften des Rechts der notwendigen Verteidigung im Ersten Buch der Strafprozessordnung entsprechend anzuwenden. Diese Chance wurde indessen mit dem Gesetz zur Neuregelung des Rechts der notwendigen Verteidigung[153] erst einmal vertan. 68

147 OLG Celle NJW **1975** 2253; OLG Karlsruhe Justiz **1978** 325; KK/*Appl* 8; Meyer-Goßner/*Schmitt* 15; *Bringewat* 17.

148 KG NStZ **1994** 148; BezG Dresden NStZ **1993** 54; *Toepel* NStZ **1994** 150; Meyer-Goßner/*Schmitt* 16; KK/*Appl* 9; **a. A.** BVerfG NStZ **1995** 399 mit Anm. *Toepel* NStZ **1996** 101; OLG Dresden NStZ **1994** 146: Vormundschaftsgericht.

149 BVerfG NStZ **1995** 399.

150 BVerfGE **128** 326 ff., 382.

151 LR/*Lüderssen/Jahn*[26] § 140, 118 ff.; *Graalmann-Scheerer* StV **2011** 696, 699.

152 *Graalmann-Scheerer* StV **2011** 696, 699.

153 BGBl. I (2019) S. 2128.

§ 463a
Zuständigkeit und Befugnisse der Aufsichtsstellen

(1) [1]Die Aufsichtsstellen (§ 68a des Strafgesetzbuches) können zur Überwachung des Verhaltens des Verurteilten und der Erfüllung von Weisungen von allen öffentlichen Behörden Auskunft verlangen und Ermittlungen jeder Art, mit Ausschluß eidlicher Vernehmungen, entweder selbst vornehmen oder durch andere Behörden im Rahmen ihrer Zuständigkeit vornehmen lassen. [2]Ist der Aufenthalt des Verurteilten nicht bekannt, kann der Leiter der Führungsaufsichtsstelle seine Ausschreibung zur Aufenthaltsermittlung (§ 131a Abs. 1) anordnen.

(2) [1]Die Aufsichtsstelle kann für die Dauer der Führungsaufsicht oder für eine kürzere Zeit anordnen, daß der Verurteilte zur Beobachtung anläßlich von polizeilichen Kontrollen, die die Feststellung der Personalien zulassen, ausgeschrieben wird. [2]§ 163e Abs. 2 gilt entsprechend. [3]Die Anordnung trifft der Leiter der Führungsaufsichtsstelle. [4]Die Erforderlichkeit der Fortdauer der Maßnahme ist mindestens jährlich zu überprüfen.

(3) [1]Auf Antrag der Aufsichtsstelle kann das Gericht einen Vorführungsbefehl erlassen, wenn der Verurteilte einer Weisung nach § 68b Abs. 1 Satz 1 Nr. 7 oder Nr. 11 des Strafgesetzbuchs ohne genügende Entschuldigung nicht nachgekommen ist und er in der Ladung darauf hingewiesen wurde, dass in diesem Fall seine Vorführung zulässig ist. [2]Soweit das Gericht des ersten Rechtszuges zuständig ist, entscheidet der Vorsitzende.

(4) [1]Die Aufsichtsstelle erhebt und speichert bei einer Weisung nach § 68b Absatz 1 Satz 1 Nummer 12 des Strafgesetzbuches mit Hilfe der von der verurteilten Person mitgeführten technischen Mittel automatisiert Daten über deren Aufenthaltsort sowie über etwaige Beeinträchtigungen der Datenerhebung; soweit es technisch möglich ist, ist sicherzustellen, dass innerhalb der Wohnung der verurteilten Person keine über den Umstand ihrer Anwesenheit hinausgehenden Aufenthaltsdaten erhoben werden. [2]Die Daten dürfen ohne Einwilligung der betroffenen Person nur verwendet werden, soweit dies erforderlich ist für die folgenden Zwecke:

1. zur Feststellung des Verstoßes gegen eine Weisung nach § 68b Absatz 1 Satz 1 Nummer 1, 2 oder 12 des Strafgesetzbuches,
2. zur Ergreifung von Maßnahmen der Führungsaufsicht, die sich an einen Verstoß gegen eine Weisung nach § 68b Absatz 1 Satz 1 Nummer 1, 2 oder 12 des Strafgesetzbuches anschließen können,
3. zur Ahndung eines Verstoßes gegen eine Weisung nach § 68b Absatz 1 Satz 1 Nummer 1, 2 oder 12 des Strafgesetzbuches,
4. zur Abwehr einer erheblichen gegenwärtigen Gefahr für das Leben, die körperliche Unversehrtheit, die persönliche Freiheit oder die sexuelle Selbstbestimmung Dritter oder
5. zur Verfolgung einer Straftat der in § 66 Absatz 3 Satz 1 des Strafgesetzbuches genannten Art oder einer Straftat nach § 129a Absatz 5 Satz 2, auch in Verbindung mit § 129b Absatz 1 des Strafgesetzbuches.

[3]Zur Einhaltung der Zweckbindung nach Satz 2 hat die Verarbeitung der Daten zur Feststellung von Verstößen nach Satz 2 Nummer 1 in Verbindung mit § 68b Absatz 1 Satz 1 Nummer 1 oder 2 des Strafgesetzbuches automatisiert zu erfolgen und sind die Daten gegen unbefugte Kenntnisnahme besonders zu sichern. [4]Die Aufsichtsstelle kann die Erhebung und Verarbeitung der Daten durch die Behörden und Beamten des Polizeidienstes vornehmen lassen; diese sind verpflichtet, dem

https://doi.org/10.1515/9783110275025-043

Ersuchen der Aufsichtsstelle zu genügen. [5]Die in Satz 1 genannten Daten sind spätestens zwei Monate nach ihrer Erhebung zu löschen, soweit sie nicht für die in Satz 2 genannten Zwecke verwendet werden. [6]Bei jedem Abruf der Daten sind zumindest der Zeitpunkt, die abgerufenen Daten und der Bearbeiter zu protokollieren; § 488 Absatz 3 Satz 5 gilt entsprechend. [7]Werden innerhalb der Wohnung der verurteilten Person über den Umstand ihrer Anwesenheit hinausgehende Aufenthaltsdaten erhoben, dürfen diese nicht verwertet werden und sind unverzüglich nach Kenntnisnahme zu löschen. [8]Die Tatsache ihrer Kenntnisnahme und Löschung ist zu dokumentieren.

(5) [1]Örtlich zuständig ist die Aufsichtsstelle, in deren Bezirk der Verurteilte seinen Wohnsitz hat. [2]Hat der Verurteilte keinen Wohnsitz im Geltungsbereich dieses Gesetzes, so ist die Aufsichtsstelle örtlich zuständig, in deren Bezirk er seinen gewöhnlichen Aufenthaltsort hat und, wenn ein solcher nicht bekannt ist, seinen letzten Wohnsitz oder gewöhnlichen Aufenthaltsort hatte.

Schrifttum

Anders Übermittlung personenbezogener Daten von der Bewährungshilfe an die Polizei, GA **2011** 19; *Aulinger* Zwischen justizieller Nachsorge und strafrechtlicher Sozialkontrolle – ambulante Handlungsstrategien bei gefährlichen Sexualstraftätern und ihre rechtlichen Rahmenbedingungen, FS Böttcher (2007) 555; *Boetticher* Aktuelle Entwicklungen im Maßregelvollzug und bei der Sicherungsverwahrung – Ambulante Nachsorge für Sexualstraftäter ist Aufgabe der Justiz, NStZ **2005** 417; *Brauneisen* Die elektronische Überwachung des Aufenthaltsortes als neues Instrument der Führungsaufsicht, StV **2011** 311; *von Bülow* Führungsaufsicht und Führungsaufsichtsstellen, in: Dertinger/Marks (Hrsg.) Führungsaufsicht (1990) 150; *Dertinger/Marks* (Hrsg.) Führungsaufsicht. Versuch einer Zwischenbilanz zu einem umstrittenen Rechtsinstitut (1990); *Dölling* Voraussetzungen der Führungsaufsicht, JR **2004** 165; *Floerecke* Die Entstehungsgeschichte der Gesetzesnormen zur Führungsaufsicht (1989); *Fünfsinn/Kolz* Gegenwärtige Nutzung und Anwendungsperspektiven der Elektronischen Überwachung in Deutschland, StV **2016** 191; von *Glasenapp* Die blinde Führungsaufsicht, ZRP **1979** 31; *Gross* Kriminalgesetzgebung und Zeitgeist – am Beispiel des Entwurfs eines Gesetzes zur Reform der Führungsaufsicht, FS Böttcher (2007) 579; *Groth* Die verfassungsrechtliche Zulässigkeit der Pönalisierung während der Führungsaufsicht begangener Weisungsverstöße, NJW **1979** 743; *Guckelberger* Die präventiv-polizeiliche elektronische Aufenthaltsermittlung, DVBl. **2017** 1121; *Hager* Zur Problematik der sozialpädagogischen Funktion der Führungsaufsicht, BewHi. **1976** 126; *Jacobsen* Führungsaufsicht und ihre Klientel (1985); *Kretzschmann/Armenat* Aktuelles Gesetzgebungsvorhaben: Ausweitung des Maßregelrechts, JuS **2017** 647; *Mainz* Gericht und Aufsichtsstelle als beteiligte Organe in § 68 a StGB, NStZ **1987** 541; *ders.* Vollstreckungsverjährung bei Führungsaufsicht, NStZ **1989** 61; *Maltry* Gerichtliche Weisungen im Rahmen der Führungsaufsicht beim Einsatz der elektronischen Aufenthaltsüberwachung (EAÜ), BewHi **2013** 117; *Muckel* Elektronische Aufenthaltsüberwachung („elektronische Fußfessel") bei Straftätern verstößt nicht gegen Grundrechte, JA **2021** 347; *Nißl* Die Führungsaufsicht, NStZ **1995** 525; *Peglau* Das Gesetz zur Reform der Führungsaufsicht und zur Änderung der Vorschriften über die nachträgliche Sicherungsverwahrung, NJW **2007** 1558; *ders.* Das Gesetz zur Neuordnung des Rechts der Sicherungsverwahrung und zu begleitenden Regelungen (Teil 1), jurisPR-StrafR 1/**2011** Anm. 1; *Quadt* Überlegungen zum Verhältnis von Bewährungshelfern und Führungsaufsichtsstelle, BewHi. **1976** 121; *ders.* Erfahrungen mit den Führungsaufsichtsstellen? BewHi. **1978** 80; *U. Schneider* Die Reform der Führungsaufsicht, NStZ **2007** 441; *Schöch* Bewährungshilfe und Führungsaufsicht in der Strafrechtspflege, NStZ **1992** 364; *Seifert/Schiffer/Bode/Schmidt-Quernheim* Forensische Nachsorge – unverzichtbar, wenn es um die Entlassung eines psychisch kranken Rechtsbrechers geht, NStZ **2005** 125; *Vollbach* Die reformierte Maßregel Führungsaufsicht, MSchrKrim. **2006** 40; *Weigelt/Hohmann-Fricke* Führungsaufsicht – Unterstellungspraxis und Legalbewährung, BewHi. **2006** 216; *Wolf* Reform der Führungsaufsicht, Rpfleger **2007** 441; *ders.* Entwicklungen im Straf-, Strafverfahrens- und Strafvollstreckungsrecht seit 2012, Rpfleger **2016** 388.

Entstehungsgeschichte

An die Stelle des durch Gesetz vom 24.11.1933 (RGBl. I S. 1000) eingefügten früheren § 463a ist seit dem 1.1.1975 mit verändertem Inhalt der jetzige § 463 getreten. Der jetzige § 463a wurde durch Art. 21 Nr. 133 EGStGB 1974 eingefügt. Durch Art. 4 Nr. 19 OrgKG 1992 ist die Vorschrift um einen neuen Absatz 2 erweitert und der bisherige Absatz 2 als Absatz 3 beibehalten worden. Durch das Gesetz zur Reform der Führungsaufsicht und zur Änderung der Vorschriften über die nachträgliche Sicherungsverwahrung (FührAufsRuaÄndG) vom 13.4.2007 (BGBl. I S. 513) sind für die Führungsaufsichtsstelle erweiterte Befugnisse, nämlich zum einen die Befugnis, eine Ausschreibung zur Aufenthaltsermittlung nach § 131a Abs. 1 anzuordnen (§ 463a Abs. 1) und zum anderen die zum Antrag auf Erlass von Vorführungsbefehlen (§ 463a Abs. 3) als neuer Absatz 3 eingefügt worden. Der bisherige Absatz 3 ist nunmehr unverändert Absatz 4. Durch Art. 2 Nr. 8 des Gesetzes zur Neuordnung des Rechts der Sicherungsverwahrung und zu begleitenden Regelungen vom 22.12.2010 (BGBl. I S. 2300) wurde Absatz 4 eingefügt und der bisherige Absatz 4 zu Absatz 5. Die Änderungen sind mit dem 1.1.2011 in Kraft getreten. Von der Entscheidung des BVerfG vom 4.5.2011[1] ist die Änderung nicht betroffen. Durch das 53. Gesetz zur Änderung des Strafgesetzbuches – Ausweitung des Maßregelrechts bei extremistischen Straftätern – vom 11.6.2017 (BGBl. I S. 1612) wurde Absatz 4 Satz 2 Nr. 5 um eine Straftat nach § 129a Abs. 5 Satz 2, auch i. V. m. § 129b Abs. 1 StGB ergänzt.

Übersicht

1 BVerfGE **128** 326.

Alphabetische Übersicht

1. Aufgaben. Hat das Gericht **Führungsaufsicht** angeordnet (§ 68 Abs. 1 StGB) oder ist Führungsaufsicht kraft Gesetzes eingetreten (§ 67b Abs. 2, § 67c Abs. 1 Satz 1, § 67d Abs. 2 Satz 3, Abs. 4 Satz 3, 5 Satz 2, § 68f Abs. 1 Satz 1 StGB), so untersteht der Verurteil- 1 te einer Aufsichtsstelle (§ 68a StGB). Deren **Aufgabe** ist eine doppelte.[2] Die Maßregel der Führungsaufsicht soll zum einen eine nachsorgende Betreuung (§ 68a StGB) von Verurteilten gewährleisten, deren gesellschaftliche Wiedereingliederung nach der Entlassung aus dem Straf- oder Maßregelvollzug aus unterschiedlichen Gründen gefährdet erscheint oder sich als besonders schwierig erweist. Durch eine engmaschige Überwachung und Kontrolle soll die Begehung neuer Taten möglichst verhindert werden. Zugleich soll eine gezielte Betreuung und Hilfe bei der Bewältigung psychosozialer Schwierigkeiten Verurteilte in die Lage versetzen, außerhalb geschlossener Einrichtungen ein Leben ohne Straftaten zu führen. Zum anderen ist es Aufgabe der Führungsaufsicht, im Einvernehmen mit dem Gericht und mit Unterstützung des für die Dauer der Führungsaufsicht bestellten **Bewährungshelfers** das Verhalten des Verurteilten und die Erfüllung der ihm nach § 68b StGB erteilten Weisungen zu überwachen und bei Verstößen gegen Weisungen ggf. den Antrag auf Bestrafung nach § 145a StGB zu stellen (§ 68a Abs. 3 und 6 StGB).[3]

2 **2. Organisation und Besetzung.** Die Organisation und Besetzung der Aufsichtsstellen ist in Art. 295 EGStGB 1974 nur in den Grundzügen geregelt.[4] Die Aufsichtsstellen gehören danach zum Geschäftsbereich der Landesjustizverwaltungen (Art. 295 Abs. 1 EGStGB), die die nötigen Vorschriften über die Organisation, Besetzung, Geschäftsbetrieb usw. zu treffen haben. Danach werden **Führungsaufsichtsstellen bei den Landgerichten** eingerichtet und den Landgerichten angegliedert. Der Präsident des Landgerichts führt die Dienstaufsicht über die Aufsichtsstelle. Er ernennt den Leiter der Aufsichtsstelle, der die Befähigung zum Richteramt besitzen oder Beamter des höheren Dienstes sein muss (Art. 295 Abs. 2 EGStGB), dessen Vertreter sowie die übrigen Beamten und Angestellten.[5] Die unmittelbare **Betreuung des Verurteilten** obliegt in erster Linie dem Bewährungshelfer.[6] Ergänzend betreut die Aufsichtsstelle den Verurteilten und hilft ihm insbesondere durch Vermittlung diagnostischer oder therapeutischer Behandlungen, durch Beschaffung geeigneter Ausbildungs- und Arbeitsstellen und Vermittlung von Berufsförderungsmaßnahmen (Umschulung), auch in Zusammenarbeit mit der Bundesagentur für Arbeit, durch Vermittlung von Heimplätzen, durch Geltendmachung von Ansprüchen des Verurteilten auf Arbeitslosengeld I oder II oder Sozialhilfe, Beschaffung von Versicherungsunterlagen usw. und durch Regelung seiner Verpflichtungen wie Unterhaltsverpflichtungen, Schulden, Wiedergutmachungsleistungen und anderen Zahlungsverpflichtungen in Zusammenarbeit mit Sozialbehörden, Gläubigern, Geschädigten und Arbeitgebern[7] und hilft ihm ggf. auch bei der Antragstellung im Verbraucherinsolvenzverfahren oder Rentenverfahren und der Abwicklung der erforderlichen Formalitäten. Zur **Überwachung des Verhaltens des Verurteilten** gehört insbesondere auch die Führung persönlicher Gespräche mit dem Verurteilten, die in der Regel mindestens alle sechs Monate stattfinden sollen. Persönliche Unterrichtung über die Lebensumstände des Verurteilten durch die Aufsichtsstelle erfolgt, soweit dies im Einzelfall geboten ist. In jedem Fall überwacht die Aufsichtsstelle unmittelbar die Erfüllung der Weisungen nach § 68b Abs. 1 Nr. 1, 7 und 8 StGB. In der Praxis werden diese Aufgaben in aller Regel

---

2 BTDrucks. **16** 1993 S. 11; KK/*Appl* 1; *Bringewat* 2.

3 *Groth* NJW **1979** 747; KK/*Appl* 5; *Bringewat* 2; OLG Hamm NStZ-RR **2018** 279.

4 *Bringewat* 1.

5 KK/*Appl* 1; *Bringewat* 1; vgl. die Übersicht über die von den Ländern erlassenen Bestimmungen bei *Piller/Hermann* Justizverwaltungsvorschriften.

6 KK/*Appl* 1.

7 KK/*Appl* 1; Meyer-Goßner/*Schmitt* 1; *Bringewat* 3.

jedoch nicht (mehr) von der Aufsichtsstelle wahrgenommen, sondern weitgehend von Bewährungshelfern, während die Aufsichtsstelle eher als eine Art Verwaltungsgeschäftsstelle fungiert.[8] Diese Entwicklung der Praxis entspricht nicht den Intentionen des Gesetzgebers in § 68a Abs. 2 bis 6 StGB. Sie ist in Ermangelung einer bundesweiten Statistik über die Führungsaufsicht forensischer Betrachtung jedoch im Wesentlichen entzogen. Um die Effektivität der Maßregel der Führungsaufsicht aber prüfen und eine ausreichende Tatsachengrundlage für eventuellen gesetzgeberischen oder praktischen Handlungsbedarf (z. B. durch personelle Aufstockung der Aufsichtsstellen; Reduzierung der Probandenzahlen pro Bewährungshelfer) zu schaffen, wäre eine solche bundesweite Statistik dringend erforderlich.[9]

3. Bedeutung. Die Bedeutung der **Absätze 1 bis 3** besteht darin, dass sie die Befugnisse regeln, die den Aufsichtsstellen zur Erfüllung ihrer zweiten Aufgabe, der Überwachung des Verhaltens des Verurteilten und der Erfüllung von Weisungen, zustehen, während Absatz 5 ihre örtliche Zuständigkeit gesetzlich festlegt (Rn. 59). § 54a StVollstrO regelt die zu treffenden Vorbereitungshandlungen sowie die Mitteilungspflichten, die der Vollstreckungsbehörde im Zusammenhang mit der Führungsaufsicht obliegen. Ihre gewissenhafte Erfüllung ist für eine sachgerechte Arbeit der Aufsichtsstelle unerlässlich. 3

4. Befugnisse

a) Beschreibung. Die Umschreibung der Befugnisse der Aufsichtsstelle in Absatz 1 ist **in engem Anschluss** an den Wortlaut des **§ 161 Abs. 1** erfolgt, der die Ermittlungsbefugnisse der Staatsanwaltschaft im vorbereitenden Verfahren regelt. Er weicht im Wortlaut von § 161 Satz 1 in zwei Richtungen ab: er erwähnt nicht die Vornahme der Ermittlungen durch Auftrag an die Behörden und Beamten des Polizeidienstes, sondern spricht allgemein davon, dass die Aufsichtsstelle die Ermittlungen, soweit sie sie nicht selbst vornimmt, durch andere Behörden im Rahmen ihrer Zuständigkeit vornehmen lassen könne.[10] Ferner regelt Absatz 1 ausdrücklich, dass eidliche Vernehmungen (von Zeugen) nicht zu den Ermittlungen gehören, die die Aufsichtsstelle selbst vornehmen oder durch andere Behörden vornehmen lassen kann.[11] 4

b) Behörden. Zu den anderen Behörden, deren Amtshilfe die Aufsichtsstelle, und zwar ohne Einhaltung des Dienstwegs,[12] in Anspruch nehmen kann, gehören an sich auch die Polizeibehörden, denn im weiteren Sinn ist die Überwachungstätigkeit der Aufsichtsstellen auf die Resozialisierung des Verurteilten i. S. der Verhütung neuer rechtswidriger Taten gerichtet und berührt so die präventiv-polizeiliche Aufgabe der Polizei, rechtswidrige Taten zu verhindern. Ermittlungsersuchen der Aufsichtsstelle an die Polizeibehörden sind also durch Absatz 1 nicht ausgeschlossen. Jedoch verfolgt die Nichterwähnung der Polizeibehörden als Auftragsadressaten nach der amtlichen Begründung[13] gerade den Zweck, die **Inanspruchnahme der Polizei möglichst zurückzudrängen**, 5

---

8 *Fischer* § 68a, 4.

9 Vgl. auch BTDrucks. **16** 1993 S. 11 f.; vgl. *Baur/Kinzig* Rechtspolitische Perspektiven der Führungsaufsicht. Eine Zusammenfassung der wesentlichen Ergebnisse der bundesweiten Evaluation der Führungsaufsicht (2014) S. 4.

10 Meyer-Goßner/*Schmitt* 2, 4.

11 *Bringewat* 5.

12 KK/*Appl* 3; Meyer-Goßner/*Schmitt* 3.

13 BTDrucks. **7** 550, Begr. zu Art. 19 Nr. 123, S. 314.

denn es sollte nach dem Willen des Gesetzgebers überhaupt der Eindruck vermieden werden, als handele es sich bei der Führungsaufsicht um eine Aufsicht mit in erster Linie polizeilichen Mitteln und zu in erster Linie polizeilichen Zwecken. Auch sollte die Polizeibehörde nur insoweit in Erscheinung treten, als das unumgänglich erforderlich ist, um nicht durch das regelmäßige Auftreten von Polizeibeamten die Resozialisierung der unter Führungsaufsicht Stehenden zu gefährden.[14]

6 **c) Auskunftsverlangen.** Ein **Ersuchen um Auskunft** kann die Aufsichtsstelle direkt an diejenige Behörde richten, von der sie Auskunft begehrt. Die Behörde ist im Rahmen ihrer Zuständigkeit zur Erteilung der Auskunft berechtigt und verpflichtet, die begehrte Auskunft zu erteilen, soweit sich nicht Begrenzungen aus besonderen bereichsspezifischen Geheimhaltungsvorschriften ergeben.[15] Das Recht auf Auskunft umfasst auch das Recht zur Akteneinsicht und zur Überlassung von Abschriften einzelner Schriftstücke.[16] Allerdings geht die Auskunft der Akteneinsicht regelmäßig vor. Soweit die Aufsichtsstelle von der Staatsanwaltschaft Auskunft über neue, gegen den Verurteilten anhängige Ermittlungsverfahren begehrt, ist die Mitteilung der Aktenzeichen nach § 474 Abs. 1 zulässig, denn bei der Aufsichtsstelle handelt es sich um eine andere Justizbehörde im Sinne von § 474 Abs. 1, nicht aber die Übermittlung eines Auszugs aus dem zentralen staatsanwaltschaftlichen Verfahrensregister. Die Übersendung der Ermittlungsakten an die Aufsichtsstelle unterliegt den Beschränkungen von § 477. Von Amts wegen dürfen personenbezogene Daten aus einem Strafverfahren nach § 477 Abs. 2 Nr. 1 dann übermittelt werden, wenn die Kenntnis zur Vollstreckung der Maßregel der Führungsaufsicht (§ 11 Abs. 1 Nr. 8 StGB) aus der Sicht der übermittelnden Stelle erforderlich ist.

7 **d) Eidliche Vernehmungen.** Eidliche Vernehmungen wie sie die Staatsanwaltschaft nach § 162 i. V. m. § 65 im vorbereitenden Verfahren herbeiführen kann, scheiden schlechthin als Form der Ermittlung aus.

8 **e) Amtshilfe.** Wenn im Übrigen § 463a Abs. 1 den Aufsichtsstellen das Recht einräumt, alle öffentlichen Behörden im Rahmen ihrer Zuständigkeit um Ermittlungen zu ersuchen,[17] so beinhaltet dies unabhängig von Art. 35 GG oder in dessen Konkretisierung den Ausspruch, dass die ersuchten Stellen im Rahmen ihrer Zuständigkeit und ihrer Möglichkeit zur Gewährung der erbetenen Amtshilfe **verpflichtet** sind. Bei Verweigerung der Amtshilfe kommt im Allgemeinen nur die Dienstaufsichtsbeschwerde in Betracht.[18] In der Regel wird die Aufsichtsstelle es aber, wo sie auf Schwierigkeiten oder Ablehnung stößt, dem neben ihr zur Überwachung berufenen Gericht (§ 68a Abs. 3 StGB, § 463 Abs. 7) überlassen können, unterstützend einzugreifen und mit seinen Möglichkeiten die Ermittlungen zu betreiben.[19]

9 **f) Zwangsmittel.** Nimmt die Aufsichtsstelle selbst die Ermittlungen vor, so stehen ihr **keine Zwangsbefugnisse** zur Verfügung. Sie kann zwar einen Zeugen zur Vernehmung über das Verhalten des Verurteilten laden, sein Erscheinen oder seine Aussage

14 KK/*Appl* 4; Meyer-Goßner/*Schmitt* 4; *Bringewat* 6.
15 Vgl. dazu im Einzelnen LR/*Erb* § 161, 18, 23 ff.
16 KK/*Appl* 3.
17 KK/*Appl* 4; Meyer-Goßner/*Schmitt* 3; *Bringewat* 9.
18 KK/*Appl* 5; Meyer-Goßner/*Schmitt* 5; *Bringewat* 9.
19 *Bringewat* 9.

aber nicht erzwingen und muss dann die weitere Entscheidung dem Gericht (§ 68a Abs. 3 StGB) überlassen.[20] Ebenso standen der Aufsichtsstelle nach früherem Recht keine Zwangsmittel gegen den der Führungsaufsicht Unterstellten zu. Sie konnte den Verurteilten zwar zur Durchführung persönlicher Gespräche (Rn. 5) laden, aber, wenn er nicht erschien, ihn nicht (etwa durch die Polizei) vorführen lassen. Auch bei unbekanntem Aufenthalt des Verurteilten konnte die Aufsichtsstelle nur durch eigene Ermittlungen versuchen, den Aufenthalt zu ermitteln. Da die Befugnisse der Aufsichtsstelle in § 463a abschließend geregelt sind, konnte sie sich auch nicht der weitergehenden Befugnisse der Staatsanwaltschaft als Vollstreckungsbehörde – auch nicht im Rahmen der Amtshilfe – bedienen, die im Übrigen in § 457 auch die Ausschreibung zur Sicherstellung der Führungsaufsicht nicht einschließt.[21] Dieser Rechtszustand war unbefriedigend. Der Gesetzgeber hat daher in Absatz 1 Satz 2 den Leiter der Führungsaufsichtsstelle mit der Befugnis ausgestattet, bei **unbekanntem Aufenthalt des Verurteilten** dessen **Ausschreibung zur Aufenthaltsermittlung** (§ 131a Abs. 1) anzuordnen. Für die Maßnahme gelten die zu § 131a Abs. 1 bestehenden Grundsätze, insbesondere auch die Zulässigkeit der **Ausschreibung in allen Fahndungshilfsmitteln** der Strafverfolgungsbehörden (§ 131a Abs. 5). Einer Bestätigung durch die Staatsanwaltschaft, wie sie in § 131c Abs. 2 Satz 2 für Maßnahmen vorgesehen ist, die durch die Ermittlungspersonen der Staatsanwaltschaft getroffen worden sind, bedarf es nicht, weil die alleinige Anordnungskompetenz dem Leiter der Führungsaufsichtsstelle zusteht.[22] Für die Anordnung der Ausschreibung zur Aufenthaltsermittlung gilt der **Grundsatz der Verhältnismäßigkeit**. Eine Anordnung der Ausschreibung hat mithin zu unterbleiben, wenn mildere Maßnahmen wie etwa Nachfrage bei der Meldebehörde oder sonstige Erkundigungen ausreichen, um den Aufenthaltsort des Verurteilten zu ermitteln.

5. Polizeiliche Beobachtung (Absatz 2). Nach Absatz 2 kann die Aufsichtsstelle zur 10
sachgerechten Erfüllung ihrer Überwachungsaufgaben für die Dauer der Führungsaufsicht oder für eine kürzere Zeit anordnen, dass der Verurteilte zur Beobachtung anlässlich von polizeilichen Kontrollen, die die Feststellung der Personalien zulassen, ausgeschrieben wird. Aufgrund der entsprechenden Anwendung des § 163e Abs. 2 durch § 463a Abs. 2 Satz 2 lässt der Gesetzgeber auch zu, dass die Beobachtung auf das amtliche Kennzeichen des auf den Verurteilten zugelassenen oder von ihm benutzten Kraftfahrzeugs erstreckt wird. Ausgenommen bleibt jedoch die Beobachtung, Registrierung oder Meldung von Kontakt- oder Begleitpersonen.[23]

Zuständig für die Anordnung ist der Leiter der Führungsaufsichtsstelle (Satz 3). 11
Er trifft seine Entscheidung regelmäßig im Einvernehmen mit dem Gericht unter Beteiligung des Bewährungshelfers.[24] Dabei hat er auch zu prüfen, ob dem Verurteilten die Anordnung der polizeilichen Beobachtung vorab bekannt zu geben ist oder etwa verdeckt bleiben soll. Nach Sinn und Zweck der Führungsaufsicht schon wegen des sonst möglichen Vertrauensverlustes zwischen Bewährungshelfer und Verurteiltem sollte die **Bekanntgabe** die Regel sein und die Nichtbekanntgabe auf Fälle der besonderen Gefährlichkeit oder Wiederholungsanfälligkeit des Verurteilten beschränkt werden.[25] Die

20 *Bringewat* 8.
21 BTDrucks. **16** 1993 S. 25.
22 BTDrucks. **16** 1993 S. 24 f.
23 KK/*Appl* 5a; Meyer-Goßner/*Schmitt* 6; *Bringewat* 13.
24 Meyer-Goßner/*Schmitt* 6; *Bringewat* 12.
25 *Rieß* NJ **1992** 497; Meyer-Goßner/*Schmitt* 6; *Bringewat* 12.

Entscheidungsbefugnis des Leiters der Führungsaufsichtsstelle steht – anders als im Fall des § 163e Abs. 4 Satz 1 – nicht unter einem Richtervorbehalt.[26]

12 Wegen der einschneidenden Folgen, die die Anordnung der polizeilichen Beobachtung für den Verurteilten bedeuten, gebietet Satz 4, dass entsprechend der **Befristung** in § 163e Abs. 4 Satz 5 die Erforderlichkeit der Fortdauer der Maßnahme mindestens jährlich zu überprüfen und wenn sie zu verneinen ist, unverzüglich aufzuheben ist. Die Anordnung der polizeilichen Beobachtung nach Absatz 2 betrifft die Ausgestaltung der Führungsaufsicht. Für die Entscheidung über die Aufrechterhaltung dieser Anordnung ist das nach § 68a StGB zur Durchführung der Führungsaufsicht berufene Gericht zuständig.[27]

13 **6. Vorführungsbefehl.** Die Durchsetzbarkeit von im Rahmen der Führungsaufsicht erteilten Weisungen hat in der Praxis regelmäßig ein Problem dargestellt. Abgesehen von der Strafdrohung des § 145a StGB, die nicht wirklich effektiv war und ist, standen nach dem früheren Recht der Aufsichtsstelle keine effektiven Mittel zur Verfügung, auf die verurteilte Person einzuwirken, die ihr erteilten Weisungen auch zu erfüllen. Mit dem Absatz 3 besteht nunmehr für die Aufsichtsstelle die Möglichkeit, bei Gericht einen **Antrag** auf **Erlass eines Vorführungsbefehls** zu stellen, wenn der Verurteilte einer Weisung nach § 68b Abs. 1 Satz 1 Nr. 7 StGB, sich zu bestimmten Zeiten bei der Aufsichtsstelle, einer bestimmten Dienststelle oder dem Bewährungshelfer zu melden, oder einer Weisung nach § 68b Abs. 1 Satz 1 Nr. 11 StGB, sich zu bestimmten Zeiten oder in bestimmten Abständen bei einem Arzt, Psychotherapeuten oder in einer forensischen Ambulanz vorzustellen, ohne genügende Entschuldigung nicht nachgekommen ist und er in der Ladung schon darauf hingewiesen wurde, dass in diesem Fall seine Vorführung zulässig ist. Der **Erlass eines Vorführungsbefehls** setzt mithin eine **Ladung** zu einer der in § 68b Abs. 1 Satz 1 Nr. 7 oder 11 StGB bezeichneten Stelle **mit Belehrung** über die **Folgen bei Nichterscheinen**, das **Fernbleiben des Verurteilten** zu dem Termin **ohne genügende Entschuldigung** sowie einen **Antrag der Führungsaufsichtsstelle** auf **Erlass** eines **Vorführungsbefehls** bei Gericht voraus.

14 Ob der Verurteilte einer ihm erteilten Weisung nach § 68b Absatz 1 Satz 1 Nr. 7 oder 11 StGB nicht nachgekommen ist, lässt sich nur feststellen, wenn diejenigen Stellen, bei denen er zu bestimmten Zeiten oder in bestimmten Zeitabständen nach dem die Führungsaufsicht anordnenden Beschluss zu erscheinen hat, sein **Fernbleiben** sowie eine **Abschrift der an den Verurteilten abgesandten Ladung** nebst dem **Nachweis** über die **Zustellung der Ladung** unverzüglich der Aufsichtsstelle mitteilen und die zur Begründung eines unentschuldigten Fernbleibens erforderlichen Unterlagen (Ladung mit Belehrung über die Folgen des unentschuldigten Fernbleibens, Nachweis über die Zustellung der Ladung) vorlegen. Die Vorlage dieser Schriftstücke an die Aufsichtsstelle ist stets erforderlich, denn andernfalls kann Letztere ihren Antrag auf Erlass eines Vorführungsbefehls nicht begründen und das Gericht nicht prüfen, ob die Voraussetzungen für den Erlass eines Vorführungsbefehls überhaupt vorliegen. In der Praxis mangelt es oftmals an dem Zustellungsnachweis.

15 Ob der Verurteilte **ohne genügende Entschuldigung** ferngeblieben ist, bestimmt sich nach den zu **§ 230 Abs. 2 und § 329 Abs. 2** entwickelten **Rechtsgrundsätzen.**[28] In der Praxis wird zu bedenken sein, dass im Falle von Weisungen nach § 68b Abs. 1 Satz 1 Nr. 7 und 11 StGB die **Ladung** nebst Hinweis auf die Folgen unentschuldigten Fernblei-

---

26 *Bringewat* 14.
27 OLG München NStZ-RR **2007** 287; OLG Brandenburg Beschl. vom 30.4.2008 – 1 Ws 89/08.
28 BTDrucks. **16** 1993 S. 25.

bens stets in einer für den Verurteilten **verständlichen Sprache** zu erfolgen hat, andernfalls in der Regel nicht mit der erforderlichen Sicherheit wird festgestellt werden können, dass der Verurteilte ohne genügende Entschuldigung nicht erschienen ist.

Eine besondere **Form** schreibt Absatz 3 Satz 1 für den **Antrag auf Erlass eines Vorführungsbefehls** nicht vor. Es versteht sich aber von selbst, dass der Antrag **schriftlich** oder in sonstiger Weise im Führungsaufsichtsheft (z. B. bei besonderer Eilbedürftigkeit bei fernmündlich gestelltem Antrag in Form eines schriftlichen Aktenvermerks oder auch durch den Ausdruck einer dem Gericht mit dem Antrag übermittelten E-Mail) dokumentiert werden muss. 16

Für den **Vorführungsbefehl** gelten die zu § 230 Abs. 2 insoweit entwickelten Grundsätze. Der **Vorführungsbefehl** ist **schriftlich** auszufertigen und dem Verurteilten nach § 35 Abs. 2 Satz 2 formlos in einer für ihn verständlichen Sprache bekannt zu machen. Zulässig und insbesondere zweckmäßig ist es, die Bekanntmachung erst mit dem Vollzug des Vorführungsbefehls vorzunehmen, um sicherzustellen, dass sich der Verurteilte der Vorführung nicht entzieht. Zur Vollstreckung der Vorführung des Verurteilten, nämlich seiner Verbringung zur Aufsichtsstelle, einer anderen Dienststelle, zum Bewährungshelfer, Psychotherapeuten oder in die forensische Ambulanz darf sich die Aufsichtsstelle der Polizei bedienen (§ 463a Abs. 1). Sie darf den Vorführungsbefehl nicht nach § 36 Abs. 2 der Staatsanwaltschaft zur Vollstreckung übersenden, weil es sich bei der Aufsichtsstelle nicht um ein Gericht handelt. § 457 umfasst lediglich einen von der Staatsanwaltschaft selbst als Vollstreckungsbehörde erlassenen Vorführungsbefehl, nicht aber einen solchen zur Durchsetzung von Weisungen im Rahmen der Führungsaufsicht. 17

7. Elektronische Aufenthaltsüberwachung (Absatz 4)

a) Zweck der Regelung. Die Entscheidung des EGMR vom 17.12.2009,[29] die seit dem 10.5.2010 endgültig ist, wonach die Vollstreckung in sogenannten Altfällen in der Sicherungsverwahrung wegen Verstoßes gegen Art. 5 Abs. 1 und Art. 7 Abs. 1 EMRK für konventionswidrig erklärt wurde, hat nicht nur den Gesetzgeber vor die Herausforderung einer dem Abstandsgebot genügenden konventions- und verfassungskonformen Neuregelung des Rechts der Sicherungsverwahrung gestellt. In Folge der Entscheidung des EGMR hat eine von den Landesjustizverwaltungen eingeleitete Prüfung ergeben, dass etliche bis dahin in der Sicherungsverwahrung untergebrachte Personen als Altfälle einzustufen sind, bei denen eine Unterbringung in der Sicherungsverwahrung vor dem 31.1.1998 erstmals angeordnet wurde und seit mehr als zehn Jahren vollstreckt wird und die nunmehr von der nachträglichen Unbefristetheit der Unterbringungsdauer betroffen sind, die der EGMR für konventionswidrig erachtet hat. In einigen dieser Altfälle ist es in der Folgezeit zur Entlassung von Untergebrachten aus der Sicherungsverwahrung unter Anordnung der Führungsaufsicht (§ 67d Abs. 3 Satz 2 StGB a. F. und n. F.) gekommen.[30] In diesen Fällen erfolgte eine personalressourcenintensive ununterbrochene Überwachung der verurteilten Personen durch die Polizei im Rahmen der Gefahrenabwehr. Der Gesetzgeber hat die Forderungen der Justiz- und Innenminister[31] nach neuen Regelun- 18

---

29 NJW **2010** 2495 mit Anm. *Eschelbach* = StV **2010** 181 mit Anm. *H. E. Müller* StV **2010** 207; *Kinzig* NStZ **2010** 233.

30 BGH StV **2010** 482 mit Anm. *Ahmed* StV **2010** 574; *Brauneisen* StV **2011** 311; BTDrucks. **17** 3403 S. 14.

31 Vgl. Ergebnisse der 190. Sitzung der Ständigen Konferenz der Innenminister und -senatoren der Länder vom 27./28.5.2010 TOP 17 sowie Ergebnisse der 81. Konferenz der Justizministerinnen und Justizminister vom 23./24.6.2010 in Hamburg TO II. 1 und II. 2.

gen über eine elektronische Überwachung des Aufenthalts im Rahmen der Führungsaufsicht zeitnah aufgegriffen.

19 Die **Neuregelung** zur **elektronischen Überwachung des Aufenthaltsortes** bezieht sich nicht nur auf die sogenannten Altfälle, auch wenn sie Anlass für die gesetzgeberischen Aktivitäten waren, sondern geht darüber hinaus, denn der Regelungsgehalt ist nicht auf die Altfälle begrenzt. Dem Gesetzgeber kam es darauf an, mit der Einführung der elektronischen Überwachung des Aufenthaltsortes ein neues Standardinstrumentarium in das Recht der Führungsaufsicht einzuführen[32] und damit das Recht der Führungsaufsicht weiter auszubauen.[33]

20 Die elektronische Überwachung des Aufenthaltsortes im Rahmen der **Führungsaufsicht** greift erheblich in das Recht auf informationelle Selbstbestimmung aus Art. 2 Abs. 1 i. V. m. Art. 1 Abs. 1 GG ein. Um der Rechtsprechung des BVerfG[34] zur Rechtfertigung eines solchen Grundrechtseingriffs zu genügen, bedarf es verfahrensrechtlicher Absicherungen. Absatz 4 sieht insoweit einen begrenzten Umfang der Datenerhebung und -speicherung, eine enge Zweckbindung (Satz 2) und Regelungen zur Sicherung derselben (Sätze 3 und 4), Löschungspflichten (Sätze 5 und 7) und die Bestimmung der Wohnung des Betroffenen als grundsätzlich erhebungsfreien Raum (Satz 1 2. Hs.) vor. Vor allem durch die enge Zweckbindung, die relativ kurze Speicherfrist und die Bestimmung der Wohnung des Betroffenen als grundsätzlich erhebungsfreien Raum soll sichergestellt werden, dass eine verfassungsrechtlich unzulässige „Rundumüberwachung", mit der ein umfassendes Persönlichkeitsprofil erstellt werden könnte,[35] unterbleibt.

21 Da es sich bei der Führungsaufsicht nicht um eine Freiheitsentziehung handelt, dürfte ein Verstoß gegen Art. 5 EMRK und auch gegen den vom EGMR bei der Sicherungsverwahrung beanstandeten Abstand zur Freiheitsstrafe nicht vorliegen. Damit gelten die Neuregelungen auch für solche Fallkonstellationen, bei denen eine verurteilte Person aus der Sicherungsverwahrung entlassen werden soll oder auch bereits entlassen worden ist, weil – wie in dem vom EGMR entschiedenen Fall[36] – die Sicherungsverwahrung **seit mehr als zehn Jahren vollstreckt wird** und die Anlasstat vor dem 31.1.1998 begangen wurde,[37] denn in diesen Fällen tritt sowohl nach altem[38] als auch nach geltendem Recht nach § 67d Abs. 3 Satz 2 StGB kraft Gesetzes Führungsaufsicht ein.

22 **b) Aufgaben der Aufsichtsstelle.** Der neue Absatz 4 regelt abschließend unter anderem die Aufgaben der Aufsichtsstelle sowie den Umfang der Datenerhebung und -speicherung.

23 **aa) Erhebung von Daten.** Nach Absatz 4 Satz 1 1. Hs. ist es **Aufgabe der Aufsichtsstelle**, bei einer Weisung nach § 68b Abs. 1 Satz 1 Nr. 12 StGB die für die elektronische Überwachung des Aufenthaltsortes erforderlichen **Daten** zu **erheben**. Die Regelung ergänzt damit § 68b Abs. 1 Satz 1 Nr. 12, Satz 3 und 4 StGB und § 68a Abs. 3 StGB, wonach die Aufsichtsstelle im Einvernehmen mit dem Gericht und mit Unterstützung der Bewährungshilfe das Verhalten der verurteilten Person und die Erfüllung von Weisungen überwacht. Die **Datenerhebung** umfasst grundsätzlich **alle Aufenthaltsdaten** einschließ-

32 *Brauneisen* StV **2011** 311, 312.
33 BTDrucks. **17** 3403 S. 14.
34 BVerfGE **109** 279, 323; **112** 304, 319; BVerfG BeckRS **2020** 40592 und hierzu *Muckel* JA **2021** 347.
35 BTDrucks. **17** 3403 S. 18 f.
36 NJW **2010** 2495.
37 BTDrucks. **17** 3403 S. 20.
38 Vgl. § 67d Abs. 4 StGB i. d. F. des EGStGB 1974.

lich der **Daten über eine Beeinträchtigung der Erhebung.**[39] Der Gesetzgeber hat sich bewusst für eine solch umfassende Regelung entschieden, um sämtliche in Absatz 4 Satz 2 Nr. 1 bis 5 vorgesehenen Verwendungszwecke zu erfassen und die mit der Überwachung angestrebte spezialpräventiven Wirkungen erreichen zu können.[40] Daher erhebt die Aufsichtsstelle insbesondere die **Daten über den Aufenthaltsort** der verurteilten Person auch, um deren jeweiligen Aufenthaltsort feststellen zu können, sofern dies zur Abwendung einer erheblichen gegenwärtigen Gefahr für Leib, Leben, persönliche Freiheit oder die sexuelle Selbstbestimmung Dritter erforderlich ist (Absatz 4 Satz 2 Nr. 4) oder um nachträglich den Aufenthaltsort feststellen zu können, wenn gegen den Verurteilten der Verdacht einer Straftat der in § 66 Abs. 3 Satz 1 StGB genannten Art oder einer Straftat nach § 129a Abs. 5 Satz 2 StGB, auch i. V. m. § 129b Abs. 1 StGB, besteht (Absatz 4 Satz 2 Nr. 5).

Der Befugnis zur Erhebung von **Daten über etwaige Beeinträchtigungen** der **Datenerhebung** bedarf es, um Verstöße gegen eine nach § 68b Abs. 1 Satz 1 Nr. 12 StGB erteilte Weisung feststellen zu können, aber auch, um davon unabhängig Funktionsbeeinträchtigungen des Geräts zeitnah erkennen zu können, die etwa eine Reparatur oder Neueinstellung des von der verurteilten Person mitgeführten Geräts erforderlich machen. 24

bb) Speicherung von Daten. Absatz 4 Satz 1 enthält zugleich die gesetzliche Grundlage für die **Speicherung** der mit Hilfe der von der verurteilten Person mitgeführten technischen Mittel **erhobenen Daten** über deren **Aufenthaltsort** sowie **etwaige Beeinträchtigungen der Datenerhebung.** Erhobene Daten werden grundsätzlich gespeichert. 25

c) Umfang der Datenerhebung und – speicherung. Der **Umfang der Datenerhebung** und **-speicherung** ist durch Absatz 4 Satz 1 gesetzlich **beschränkt.** 26

aa) Daten über den Aufenthaltsort der verurteilten Person. Nach § 68b Abs. 1 Satz 1 Nr. 12 StGB kann das Gericht die verurteilte Person für die Dauer der Führungsaufsicht anweisen, die für eine elektronische Überwachung ihres Aufenthaltsortes erforderlichen technischen Mittel ständig in betriebsbereitem Zustand bei sich zu führen und deren Funktionsfähigkeit nicht zu beeinträchtigen. Nach § 68b Abs. 1 Satz 2 StGB ist das Gericht verpflichtet, das verbotene oder verlangte Verhalten genau zu bestimmen. Die Weisung nach § 68b Abs. 1 Satz 1 Nr. 12 StGB muss darüber hinaus erforderlich erscheinen, die verurteilte Person durch die Möglichkeit der Datenverwendung nach Absatz 4 Satz 2 von der Begehung weiterer Straftaten der in § 66 Abs. 3 Satz 1 StGB genannten Art oder einer Straftat nach § 129a Abs. 5 StGB, auch i. V. m. § 129b Abs. 1 StGB, abzuhalten. Das Gericht kann daher Ge- und Verbotszonen nach § 68b Abs. 1 Satz 1 Nr. 1 und 2 StGB festlegen. Die Definition derartiger Ge- und Verbotszonen mit aufenthaltsbeschränkenden Weisungen in Verbindung mit einer Weisung nach § 68b Abs. 1 Satz 1 Nr. 12 StGB zur elektronischen Aufenthaltsüberwachung wirkt daher spezialpräventiv. Nach Absatz 4 Satz 1 2. Hs. dürfen jedoch keine über den Umstand der Anwesenheit der verurteilten Person in der Wohnung hinausgehende Aufenthaltsdaten erhoben und gespeichert werden. Es ist daher nicht zulässig, Daten über den genauen Aufenthaltsort in der Wohnung (z. B. Bad, Schlafzimmer) zu erheben und zu speichern. Diese Regelung soll sicherstellen, dass die elektronische Aufenthaltsüberwachung nicht zu einem unzulässigen 27

39 BTDrucks. **17** 3403 S. 43.
40 BTDrucks. **17** 3403 S. 43; BGH NStZ **2014** 203; OLG Nürnberg NStZ **2015** 167.

Eingriff in den Kernbereich privater Lebensgestaltung[41] führt.[42] Soweit technisch derartige Daten nicht von der Erhebung und Speicherung ausgenommen werden können, stellt die Regelung in Absatz 4 Satz 7 aber sicher, dass diese erhobenen (und gespeicherten) Daten nicht verwertet werden dürfen und unverzüglich nach Kenntnisnahme zu löschen sind.

28 **bb) Daten über etwaige Beeinträchtigungen der Datenerhebung.** Eine Erhebung und Speicherung von Daten ist auch über etwaige Beeinträchtigungen der Datenerhebung erforderlich. Die eingesetzten **technischen Mittel**, die dem technischen Fortschritt unterfallen, können aus technischen Gründen und/oder bei nicht sachgerechter Verwendung in ihrer **Funktionsfähigkeit** beeinträchtigt werden. In einem solchen Fall muss die Aufsichtsstelle von sich aus in der Lage sein, diesen Mangel unverzüglich zu erkennen und beheben zu können.

29 **d) Zweckbindung der Verwendung der Daten (Satz 2).** Die nach Satz 1 erhobenen und gespeicherten Daten dürfen ohne Einwilligung der betroffenen Person nach Satz 2 nur unter der dort **abschließend** geregelten **Zweckbindung** verwendet werden. Danach ist eine Verwendung nur zulässig, um einen Verstoß gegen eine Weisung nach § 68b Abs. 1 Satz 1 Nr. 1, 2 oder 12 StGB feststellen (Satz 2 Nr. 1), darauf mit Maßnahmen der Führungsaufsicht (Satz 2 Nr. 2) oder der Strafverfolgung (Satz 2 Nr. 3) reagieren zu können sowie um eine akute und schwere Gefährdung abzuwenden (Satz 2 Nr. 4) oder eine schwere Straftat im Sinne des § 66 Abs. 3 Satz 1 StGB oder eine Straftat nach § 129a Abs. 5 StGB, auch i. V. m. § 129b Abs. 1 StGB, zu verfolgen.[43]

30 **aa) Verstoß gegen eine Weisung nach § 68b Abs. 1 Satz 1 Nr. 1, 2 oder 12 StGB (Satz 2 Nr. 1).** Absatz 4 Satz 2 Nr. 2 gestattet die Verwendung der erhobenen Aufenthaltsdaten auch ohne Einwilligung der betroffenen Person zur Feststellung eines Verstoßes gegen eine Weisung nach § 68b Abs. 1 Satz 1 Nr. 1, 2 oder 12 StGB. Die Daten können damit nicht nur zur Überwachung angeordneter Aufenthaltsbeschränkungen nach § 68b Abs. 1 Satz 1 Nr. 1 oder 2 StGB verwandt werden. Es ist vielmehr auch zulässig, sie zur Kontrolle einzusetzen, ob die verurteilte Person den Wohn- oder Aufenthaltsort oder einen bestimmten Bereich ohne Erlaubnis der Aufsichtsstelle verlassen hat (§ 68b Abs. 1 Satz 1 Nr. 1 StGB) oder sich an einem bestimmten Ort aufgehalten hat, der ihr Gelegenheit oder Anreiz zu weiteren Straftaten bieten kann (§ 68b Abs. 1 Satz 1 Nr. 2 StGB) oder ob die verurteilte Person der erteilten Weisung nach § 68b Abs. 1 Satz 1 Nr. 12 StGB nachkommt und die für eine elektronische Überwachung ihres Aufenthaltsortes erforderlichen technischen Mittel auch tatsächlich ständig in betriebsbereitem Zustand bei sich führt und deren Funktionsfähigkeit nicht beeinträchtigt. Die nach Absatz 4 Satz 2 Nr. 1 erhobenen Daten dürfen auch dazu verwendet werden, eine nicht von der verurteilten Person vorsätzlich und schuldhaft herbeigeführte Funktionsbeeinträchtigung festzustellen, um diese – durch Reparatur oder Austausch des technischen Mittels – zu beseitigen.[44] Ein strafbewehrter Verstoß gegen eine Weisung nach § 68b Abs. 1 Satz 1 Nr. 12 StGB setzt nämlich stets die uneingeschränkte Funktionsfähigkeit des eingesetzten technischen Mittels voraus.

---

41 BVerfGE **109** 279 ff.; Meyer-Goßner/*Schmitt* § 100c, 13 ff.
42 BTDrucks. **17** 3403 S. 44.
43 BTDrucks. **17** 3403 S. 18.
44 BTDrucks. **17** 3403 S. 44.

Zur **Feststellung von Verstößen nach § 68b Abs. 1 Satz 1 Nr. 1 oder 2 StGB** müssen die **Standortkoordinaten** festgestellt werden, aus denen sich der **Aufenthaltsort** der verurteilten Person innerhalb des vom Gericht festgesetzten Bereichs sowie der **Zeitpunkt der Datenerhebung** ergeben. Bei einem **Verstoß gegen § 68b Abs. 1 Satz 1 Nr. 12 StGB** müssen diejenigen Daten festgestellt werden, aus denen sich ergibt, dass die verurteilte Person entweder das technische Mittel nicht mehr bei sich führt oder dessen Funktionsfähigkeit beeinträchtigt hat. Die erhobenen Daten können auch zum Nachweis verwendet werden, dass die verurteilte Person eine technische Störung des eingesetzten technischen Mittels nicht zu vertreten hat und damit ihrer Entlastung dienen. 31

bb) Ergreifung von Maßnahmen der Führungsaufsicht bei einem Verstoß gegen eine Weisung nach § 68b Abs. 1 Satz 1, 2 oder 12 StGB (Satz 2 Nr. 2). Satz 2 Nr. 2 knüpft an Nr. 1 an und regelt, dass die erhobenen Daten verwendet werden dürfen, um nach einem festgestellten Verstoß gegen eine Weisung nach § 68b Abs. 1 Satz 1 Nr. 1, 2 oder 12 StGB Maßnahmen der Führungsaufsicht ergreifen zu können, etwa durch eine neue Weisung, Änderung oder Aufhebung einer Weisung nach § 68d Abs. 1 StGB. 32

cc) Ahndung eines Verstoßes gegen eine Weisung nach § 68b Abs. 1 Satz 1 Nr. 1, 2 oder 12 StGB (Satz 2 Nr. 3). Absatz 4 Satz 2 Nr. 3 regelt, dass die erhobenen und gespeicherten Daten zur Ahndung eines Verstoßes gegen eine Weisung nach § 68b Abs. 1 Satz 1 Nr. 1, 2 oder 12 StGB verwendet werden dürfen. Die **Standortkoordinaten**, aus denen sich der Aufenthaltsort der verurteilten Person zu einem bestimmten erhobenen Zeitpunkt ergibt, dürfen damit zur Begründung eines Anfangsverdachts (§ 152 Abs. 2) für eine Straftat nach § 145a StGB verwendet werden. 33

dd) Abwehr einer erheblichen gegenwärtigen Gefahr für das Leben, die körperliche Unversehrtheit, die persönliche Freiheit oder die sexuelle Selbstbestimmung Dritter (Satz 2 Nr. 4). Die Regelung gestattet die **Verwendung** der erhobenen und gespeicherten Daten zum **Zwecke der Gefahrenabwehr** und greift in das **Recht auf informationelle Selbstbestimmung** ein. Die Verwendungsregelung verfolgt alleine den Zweck, eine **erhebliche gegenwärtige Gefahr** für Leib, Leben, die persönliche Freiheit oder die sexuelle Selbstbestimmung Dritter abzuwenden. Der Begriff der **Erheblichkeit** ist im Strafgesetzbuch **nicht einheitlich**.[45] Die Erheblichkeit kann sich aus der **Art einer drohenden Straftat** ergeben, so wenn es sich um zu erwartende Verbrechen handelt.[46] Bei zu erwartenden **Gewalt-** und **Aggressionsdelikten** wird die Erheblichkeitsschwelle in der Regel überschritten sein. Eine zu erwartende **Bagatelltat** wird hingegen keine erhebliche Gefahr begründen. Letztlich wird es in Grenzbereichen regelmäßig von den Umständen des Einzelfalls abhängen, wobei den strafrechtlichen Vorbelastungen und der Rückfallgeschwindigkeit sowie der Art der Rückfälle der verurteilten Person eine Indizwirkung für die Erheblichkeit der von ihr ausgehenden Gefahr zukommt. 34

Die Verwendung der erhobenen und gespeicherten Daten zur **Gefahrenabwehr** dürfte nicht den Kernbereich privater Lebensgestaltung verletzen.[47] Der Gesetzgeber geht davon aus, dass allein das Wissen um den jeweiligen Aufenthaltsort keine umfassende Kenntnis von die verurteilte Person betreffenden Vorgängen höchstpersönlicher 35

---

45 *Fischer* § 63, 26 ff. StGB.
46 BGH NStZ **2008** 210, 212; **2009** 689 f.; NStZ-RR **2011** 271, 272.
47 BTDrucks. **17** 3403 S. 45 (keine Verletzung des Kernbereichs privater Lebensgestaltung).

Art ermöglicht,[48] weil mit der Ortskenntnis jeweils nicht auch die Kenntnis verbunden ist, womit sich die verurteilte Person an dem jeweiligen Ort gerade beschäftigt.

36 Eine **erhebliche gegenwärtige Gefahr** liegt dann vor, wenn bei natürlicher Weiterentwicklung der Dinge der Eintritt einer Rechtsgutverletzung sicher oder doch höchstwahrscheinlich ist, sofern nicht alsbald Abwehrmaßnahmen ergriffen werden, oder wenn der ungewöhnliche Zustand nach menschlicher Erfahrung und natürlicher Weiterentwicklung der gegebenen Sachlage jederzeit in eine Rechtsgutverletzung umschlagen kann.[49] Eine **gegenwärtige Gefahr** kann auch schon dann gegeben sein, wenn die Angriffshandlung noch nicht begonnen hat.[50] Die von der obergerichtlichen Rechtsprechung zum Begriff der **Gegenwärtigkeit i. S. v.** § **34 StGB** entwickelten Rechtsgrundsätze sind bei der Auslegung des Begriffs der **erheblichen gegenwärtigen** Gefahr nach Absatz 4 Satz 2 Nr. 4 **entsprechend heranzuziehen.** Im Gegensatz zum Begriff der Gegenwärtigkeit eines Angriffs i. S. v. § 32 Abs. 2 StGB setzt die Gegenwärtigkeit einer Notstandsgefahr nämlich nicht unbedingt voraus, dass die Rechtsgutverletzung in einem unmittelbaren zeitlichen Zusammenhang zu der Ausgangssituation einzutreten droht.[51] Gegenwärtig ist auch eine von der verurteilten Person ausgehende **Dauergefahr,**[52] die jederzeit, also auch alsbald, in eine Rechtsgutverletzung umschlagen kann, auch wenn offen ist, ob sie noch eine Zeit lang auf sich warten lässt. Eine Dauergefahr kann dann eine gegenwärtige Gefahr darstellen, wenn der Eintritt der drohenden Rechtsgutverletzung zwar erst nach Ablauf einer gewissen Zeit zu erwarten ist, aber ein unverzügliches Handeln angezeigt ist, um ihr wirksam begegnen zu können (z. B. bei einem völlig unberechenbaren Verhalten eines psychisch kranken Verurteilten). Eine erhebliche gegenwärtige Gefahr liegt insbesondere bei **Ausnahmesituationen** wie etwa der Entführung eines Kindes vor, deren der Verurteilte verdächtigt wird.[53] Sie kann sich aber auch aus anderen Umständen ergeben. So können aktuelle Berichte des Bewährungshelfers, aber auch von Mitarbeitern der forensischen Ambulanz (§ 68a Abs. 8 Satz 2 Nr. 3 StGB), die – zureichende tatsächliche – Anhaltspunkte einer erheblichen Gefahr für das Leben, die körperliche Unversehrtheit, die persönliche Freiheit oder die sexuelle Selbstbestimmung Dritter enthalten, Anlass geben, die erhobenen und gespeicherten Aufenthaltsdaten zu verwenden.

37 Die Regelung des **Absatz 4 Satz 2 Nr. 4** ist gegenüber **§ 483 Abs. 1 lex specialis,** denn sie enthält eine **besondere Verwendungsregelung** gegenüber § 483 Abs. 1, der unter anderem der Aufsichtsstelle gestattet, personenbezogene Daten in Dateien zu speichern, verändern und zu nutzen, soweit dies für Zwecke des Strafverfahrens erforderlich ist. Die sich aus Absatz 4 Satz 2 Nr. 4 ergebende Zweckbindung ist insbesondere bei der **Datenübermittlung** an die **Polizei** und **deren dortige Verwendung** zu beachten (vgl. § 487 Abs. 1 i. V. m. § 477 Abs. 2 Satz 1 Nr. 1, § 487 Abs. 6 Satz 1 sowie § 481 Abs. 2).[54]

38 **ee) Verfolgung einer Straftat der in § 66 Abs. 3 Satz 1 StGB genannten Art (Satz 2 Nr. 5).** Absatz 4 Satz 2 Nr. 5 gestattet die Verwendung der erhobenen und gespeicherten Aufenthaltsdaten nur zum Zwecke der Verfolgung einer Straftat der in § 66

48 BTDrucks. **17** 3403 S. 45.
49 BGHSt **5** 371, 373; BGH NJW **1989** 176 und 1289 jeweils zu § 255 StGB; *Fischer* § 34, 7; MüKo-StGB/*Erb* § 34, 78 ff.
50 BGHSt **39** 133, 137.
51 MüKo-StGB/*Erb* § 32, 105 und § 34, 78.
52 BGHSt **48** 255.
53 BTDrucks. **17** 3403 S. 45.
54 BTDrucks. **17** 3403 S. 45.

Abs. 3 Satz 1 StGB[55] genannten Art. Der Bereich der mittleren und einfachen Kriminalität ist bewusst nicht erfasst worden. Die Daten über den Aufenthaltsort einer verurteilten Person dürfen mithin nachträglich auch für andere Strafverfahren ausgewertet werden, wenn der Verdacht besteht, dass sie mit einer solchen Straftat in Verbindung stehen könnte und nun ermittelt werden soll, wo sie sich zur mutmaßlichen Tatzeit aufhielt.[56] Ein Anfangsverdacht gegen die verurteilte Person wegen einer Straftat der in § 66 Abs. 3 Satz 1 StGB ist im Zeitpunkt der Datenabfrage noch nicht erforderlich. Dies ist weder dem Wortlaut von Absatz 4 Satz 2 Nr. 5 noch dem Willen des Gesetzgebers zu entnehmen.[57] Die Möglichkeit einer Verwendung der Aufenthaltsdaten soll zum einen die Tataufklärung und die Strafverfolgung ermöglichen oder erleichtern. Zum anderen aber soll das Wissen um eine sehr hohe Gefahr einer Tatentdeckung spezialpräventiv wirken und die überwachte Person davon abhalten, Straftaten der in § 66 Abs. 3 Satz 1 StGB genannten Art zu begehen.[58]

Die **Verwendungsregelung** bedingt zugleich eine **Verwendungsbeschränkung**. 39
Sofern die Aufenthaltsdaten zum mutmaßlichen Tatzeitpunkt in einer Datei im Sinne von § 483 Abs. 1 gespeichert sind, ist eine **Datenübermittlung** nach § 487 Abs. 1 i. V. m. § 477 Abs. 2 Satz 1 nur dann zulässig, wenn wegen einer Straftat der in § 66 Abs. 3 Satz 1 StGB genannten Art ermittelt wird. Die Ermittlungen können sich gegen Unbekannt richten. Ein Anfangsverdacht gegen den Verurteilten wegen einer neuen, während der Führungsaufsicht begangenen Straftat nach § 66 Abs. 3 Satz 1 StGB ist nicht erforderlich. Bei der ermittelnden Behörde, insbesondere Polizeibehörden und Staatsanwaltschaft, darf nach § 160 Abs. 4 nur dann um Auskunft nach den Aufenthaltsdaten ersucht werden, wenn Gegenstand des Ermittlungsverfahrens eine Straftat der in § 66 Abs. 3 Satz 1 StGB genannten Art ist. Soweit die entsprechenden Aufenthaltsdaten in den Akten vermerkt sind, findet § 477 Abs. 2 Satz 1 direkte Anwendung und führt dazu, dass eine Akteneinsicht bzw. Auskunftserteilung nach § 474 Abs. 1 und 2 i. V. m. § 17 Nr. 1 EGGVG und § 479 Abs. 1 beschränkt ist. Die um Akteneinsicht oder Auskunft nachsuchende Behörde hat daher Absatz 4 Satz 2 Nr. 5 über § 160 Abs. 4 zu beachten.[59] Die Verwendungsregelung ist damit enger, als dies der in § 477 Abs. 2 Satz 2 (auch i. V. m. § 487 Abs. 1 Satz 2) und der in § 161 Abs. 2 Satz 1 enthaltene Grundgedanke des hypothetischen Ersatzeingriffs zulassen würde.[60] Die Beschränkung der Verwendungsregelung rechtfertigt sich mit dem systematischen Argument, dass eine Weisung nach § 68b Abs. 1 Satz 1 Nr. 12 StGB unter anderem nur wegen einer oder mehrerer Straftaten der in § 66 Abs. 3 Satz 1 StGB genannten Art zulässig ist (§ 68b Abs. 1 Satz 3 Nr. 2 StGB) und insoweit die Gefahr weiterer entsprechender Straftaten (§ 68b Abs. 1 Satz 3 Nr. 3 und 4 StGB) besteht. Darüber hinaus soll die Beschränkung der Verwendungsregelung zur Verhältnismäßigkeit der Gesamtregelung beitragen.[61]

ff) Straftat nach § 129a Abs. 5 Satz 2, auch i. V. m. § 129b Abs. 1 StGB. Mit den 40
Änderungen in § 66 Abs. 3 Satz 1 StGB und § 68b Abs. 1 Satz 5 StGB durch Ergänzung des Katalogs der möglichen Vor- und Anlasstaten für die fakultative Sicherungsverwahrung nach § 66 Abs. 3 Satz 1 StGB um § 89a Abs. 1 bis 3 StGB (Vorbereitung einer schwe-

55 Vgl. hinsichtlich der in § 66 Abs. 3 Satz 1 StGB genannten Straftaten *Fischer* § 66, 15 ff. StGB.
56 BTDrucks. **17** 3403 S. 45.
57 BTDrucks. **17** 3403 S. 45.
58 BTDrucks. **17** 3403 S. 45.
59 BTDrucks. **17** 3403 S. 46.
60 BTDrucks. **17** 3403 S. 46.
61 BTDrucks. **17** 3403 S. 46.

ren staatsgefährdenden Straftat), § 89c Abs. 1 bis 3 StGB (Terrorismusfinanzierung, die sich nicht auf geringfügige Vermögenswerte bezieht) sowie § 129a Abs. 5 Satz 1 1. Alt. StGB, auch i. V. m. § 129b StGB durch Art. 1 des 53. Gesetzes zur Änderung des Strafgesetzbuches – Ausweitung des Maßregelrechts bei extremistischen Straftätern – vom 11.6.2017[62] wurde, um einen Gleichklang mit den Änderungen in § 68b Abs. 1 Satz 5 StGB herzustellen, eine Erweiterung des Absatzes 4 Satz 2 Nr. 5 erforderlich.[63]

41 **gg) Verwendung mit Einwilligung der betroffenen Person (Satz 2 1. Hs.).** Nach Absatz 4 Satz 2 1. Hs. dürfen die erhobenen Aufenthaltsdaten über die in Absatz 4 Satz 2 2. Hs. Nr. 1 bis 5 geregelten Zwecke hinaus mit **Einwilligung der betroffenen Person** für **sonstige Zwecke** verwendet werden. Insoweit kann eine Verwendung zur Aufklärung von nicht in § 66 Abs. 3 Satz 1 StGB genannten Straftaten Betracht kommen.[64] Eine solche Einwilligung sollte schriftlich nach vorheriger Belehrung über die Freiwilligkeit und Folgen einer Einwilligung erfolgen.

42 **hh) Sicherstellung der Zweckbindung (Sätze 3 und 4).** Absatz 4 Satz 3 schreibt **zwingend** vor, dass die **Verarbeitung der Aufenthaltsdaten** nach Feststellung von Weisungsverstößen nach Absatz 4 Satz 2 Nr. 1 i. V. m. mit § 68b Abs. 1 Satz 1 Nr. 1 oder 2 StGB **automatisiert** zu erfolgen hat. Die Vorschrift soll zusammen mit der in Satz 1 enthaltenen **Pflicht zur automatisierten Datenerhebung** und **-speicherung** sicherstellen, dass die Aufsichtsstelle im „Normalbetrieb" einer elektronischen Aufenthaltsüberwachung nur von solchen Daten erfährt, die auf einen solchen Verstoß hinweisen, sofern nicht ausnahmsweise die Voraussetzungen für eine anderweitige Verwendung der Aufenthaltsdaten nach Absatz 4 Satz 2 Nr. 4 oder 5 gegeben sind. In der Praxis bedeutet dies, dass das System grundsätzlich nur dann ein Alarmsignal abgibt, wenn es Hinweise auf einen Weisungsverstoß gibt. Durch technische Vorkehrungen muss daher verhindert werden, dass der Aufenthaltsort des Verurteilten unabhängig von etwaigen Weisungsverstößen oder den Voraussetzungen nach Absatz 4 Satz 2 Nr. 4 oder 5 jederzeit oder gar fortlaufend kontrolliert werden kann.[65]

43 **(1) Besondere Sicherung gegen unbefugte Kenntnisnahme.** Die **besondere Sicherung der Daten** nach Absatz 4 Satz 3 2. Hs. **gegen unbefugte Kenntnisnahme** hat nach den Vorgaben von § 22 Abs. 1 Nr. 2, Abs. 2 BDSG zu erfolgen. Es müssen die dort beschriebenen Maßnahmen, die sich unter anderem auf die Zutritts-, Zugangs- und Zugriffskontrolle beziehen, eingehalten werden. Dabei ist ein dem Stand der Technik entsprechendes Verschlüsselungsverfahren zu nutzen.[66] Dadurch ist sicherzustellen, dass nur ein begrenzter, mit der Aufgabenerfüllung befasster Personenkreis Zugriff auf die erhobenen Aufenthaltsdaten haben kann.[67]

44 **(2) Übertragung der Datenerhebung und -verarbeitung auf die Behörden und Beamten des Polizeidienstes.** Absatz 4 Satz 4 ermöglicht es der Aufsichtsstelle, über Absatz 1 hinaus die Erhebung und Verarbeitung der Aufenthaltsdaten durch die Behör-

---

62 BGBl. I S. 1612.
63 BTDrucks. **18** 11162 S. 12.
64 BTDrucks. **17** 3403 S. 46.
65 BTDrucks. **17** 3403 S. 46.
66 BTDrucks. **17** 3403 S. 46.
67 BTDrucks. **17** 3403 S. 46.

den und Beamten des Polizeidienstes vornehmen zu lassen. Diese sind verpflichtet, dem Ersuchen der Aufsichtsstelle zu entsprechen.

(3) Gemeinsame elektronische Überwachungsstelle der Länder (GÜL). Mit Staatsvertrag über die Einrichtung einer Gemeinsamen elektronischen Überwachungsstelle der Länder haben die Länder Baden-Württemberg, Bayern, Hessen und Nordrhein-Westfalen eine Gemeinsame elektronische Überwachungsstelle der Länder (GÜL) gebildet, die bei der Gemeinsamen IT-Stelle der Hessischen Justiz (GIT) angesiedelt ist. Inzwischen sind alle Länder dem Staatsvertrag beigetreten. 45

Nach Art. 2 Abs. 1 des **Staatsvertrags** haben die **Länder** der **GÜL** die Aufgaben im Zusammenhang mit der elektronischen Überwachung des Aufenthalts von Verurteilten übertragen, die der Führungsaufsicht unterstehen und denen eine Weisung nach § 68b Abs. 1 Satz 1 Nr. 12 StGB erteilt wurde. Die GÜL hat den Echtbetrieb am 1.1.2012 aufgenommen. 46

e) Protokollierungspflicht bei Datenabruf (Satz 6). Bei jedem Abruf der Aufenthaltsdaten sind nach Satz 6 1. Hs. der **Zeitpunkt**, die **abgerufenen Daten** und der **Bearbeiter verpflichtend zu protokollieren.** Diese Regelung dient dem Datenschutz und ermöglicht eine nachträgliche Kontrolle, ob bei dem Abruf, der Kenntnisnahme sowie der Verwendung der Daten die Zweckbindung nach Absatz 4 Satz 2 beachtet worden und eine berechtigte Person tätig geworden ist. Darüber hinaus kommt der Regelung aber auch eine **präventive Wirkung** zu.[68] Nach Absatz 4 Satz 6 2. Hs. gilt § 488 Abs. 3 Satz 5 entsprechend. Danach dürfen die Protokolldaten nur für die Kontrolle der Zulässigkeit der Abrufe verwendet werden und sind nach zwölf Monaten zu löschen. 47

f) Löschung der Daten (Satz 5). Satz 5 schreibt eine **Löschungspflicht** der in Satz 1 genannten Daten **spätestens zwei Monate** nach ihrer Erhebung vor, soweit sie nicht für die in Satz 2 abschließend genannten Zwecke verwendet werden, also zur Feststellung und Ahndung von Weisungsverstößen nach § 68b Abs. 1 Satz 1 Nr. 1, 2 oder 12 StGB, zur Abwehr einer erheblichen gegenwärtigen Gefahr für das Leben, die körperliche Unversehrtheit, die persönliche Freiheit oder die sexuelle Selbstbestimmung Dritter oder zur Verfolgung einer Straftat der in § 66 Abs. 3 Satz 1 StGB genannten Art oder einer Straftat nach § 129a Abs. 5 Satz 2 StGB, auch i. V. m. § 129b Abs. 1 StGB. Die **Zweimonatsfrist** ist erforderlich, um klären zu können, ob die erhobenen und gespeicherten Daten für die in Satz 2 genannten Zwecke noch benötigt werden. Für die Praxis erweist sich die Zweimonatsfrist als recht kurz. Die Frist beginnt mit der Erhebung der Daten zu laufen. Für die Fristberechnung ist § 43 Abs. 1 entsprechend anwendbar, nicht jedoch § 43 Abs. 2, da dies dem Sinn und Zweck der bewusst vom Gesetzgeber gewählten strikten Fristenregelung[69] widersprechen würde. Die Frist von zwei Monaten ist allerdings für Ermittlungsbehörden zwingend erforderlich, denn vor allem bei der Verfolgung von Straftaten der in § 66 Abs. 3 Satz 1 StGB genannten Art fallen Tatzeit und Kenntnis der Ermittlungsbehörden von der neuen Straftat oftmals zeitlich auseinander, z. B. weil bei einem Tötungsdelikt der Leichenfund erst deutlich nach der Tatbegehung erfolgt oder bei Straftaten gegen die sexuelle Selbstbestimmung Verletzte nicht sogleich nach der Tat Strafanzeige erstatten.[70] Schließlich kann es aber auch zur Abwehr einer erheblichen gegenwärtigen Gefahr für das Leben, die körperliche Unversehrtheit oder die persönli- 48

68 BTDrucks. **17** 3403 S. 48.
69 BTDrucks. **17** 3403 S. 47.
70 BTDrucks. **17** 3403 S. 47.

che Freiheit, etwa im Falle einer Freiheitsberaubung (§ 239 Abs. 3 und 4 StGB), eines erpresserischen Menschenraubes (§ 239a StGB) oder einer Geiselnahme (§ 239b StGB) erforderlich sein, die Aufenthaltsdaten der womöglich mit dem Entführungsopfer in Verbindung stehenden verurteilten Person, zurückverfolgen zu können, um so Hinweise zum eventuellen Aufenthaltsort des Opfers zu erlangen.[71]

49 Eine über die **Frist von zwei** Monaten hinausgehende Verwendung ist nur dann zulässig, wenn die Aufenthaltsdaten zu diesem Zeitpunkt bereits für einen der in Satz 2 genannten Zwecke verwendet werden. Eine darüberhinausgehende Speicherung der **Aufenthaltsdaten auf Vorrat**, weil diese unter Umständen später noch benötigt werden könnten, ist unzulässig. Ob die Zweimonatsfrist sich in der Praxis als ausreichend erweisen wird, wird künftiger Evaluation vorbehalten bleiben müssen.

50 Aufenthaltsdaten, die für die Zwecke des Satzes 2 von den Ermittlungsbehörden benötigt werden, können über die **Zweimonatsgrenze hinaus gespeichert** und die **Zwecke des Satzes 2 weiterverwendet** werden. Soweit die Aufenthaltsdaten danach für strafprozessuale Zwecke (Absatz 4 Satz 2 Nrn. 1, 2, 3 und 5) verwendet werden, richtet sich die weitere Speicherung und Löschung der Aufenthaltsdaten nicht mehr nach Satz 5, sondern nach den §§ 483 ff. Nach § 489 Abs. 1 sind die Daten mit der Erledigung des Verfahrens (§ 489 Abs. 2 Satz 1) zu löschen. Die Aufenthaltsdaten dürfen dabei aber nicht für jeden strafprozessualen Zweck verwendet werden, sondern unterliegen der Verwendungsregelung von Absatz 4 Satz 2. Sofern die Aufenthaltsdaten für diese Zwecke nicht mehr benötigt werden, sind sie nach § 489 Abs. 1, 2 Satz 1 zu löschen.

51 Werden die Aufenthaltsdaten für **Zwecke der Gefahrenabwehr** (Absatz 4 Satz 2 Nr. 4) verwendet, so richtet sich die weitere Speicherung und Löschung nach den einschlägigen Gefahrenabwehrgesetzen und nicht nach den §§ 483 ff. Dabei hat die für die Gefahrenabwehr zuständige Stelle, in der Regel die Polizeibehörden von Bund und Ländern, zu beachten, dass die Aufenthaltsdaten zweckgebunden nur zu dem in Absatz 4 Satz 2 Nr. 4 genannten Gefahrenabwehrzweck übermittelt wurden und daher nach § 487 Abs. 6 Satz 1 auch nur zu diesem Zweck verwendet werden dürfen.[72]

52 Im Übrigen richten sich die **Befugnisse der Aufsichtsstelle** zum Umgang mit den personenbezogenen **(Aufenthalts-)Daten** nach den **§§ 474 ff.** und **§§ 483 ff.**, soweit sich aus Absatz 4 nichts Abweichendes ergibt.[73]

53 **g) Löschung und Verwertung von über die Aufenthaltsdaten hinausgehende Daten (Satz 7) sowie Dokumentation der Datenlöschung (Satz 8).** Satz 7 enthält ein **Verwertungsverbot** hinsichtlich solcher in der Wohnung der verurteilten Person erhobenen Daten, die über den Umstand ihrer Anwesenheit hinausgehen. Damit ist eine **genaue Ortung** und **Verwertung von Daten**, aus denen sich mehr Informationen ergeben als die bloße Anwesenheit der verurteilten Person, unzulässig.[74] Sofern es technisch möglich ist, dürfen über den Umstand der Anwesenheit in der Wohnung hinausgehende Aufenthaltsdaten gar nicht erst erhoben werden. Wenn es jedoch nicht möglich sein sollte, eine differenzierende Datenerhebung technisch umzusetzen, dürfen die Daten zwar erhoben werden, unterliegen nach Satz 7 aber einer **unverzüglichen Löschungspflicht** nach **Kenntnisnahme** und darüber hinaus auch einem **Verwertungsverbot.**

---

71 BTDrucks. **17** 3403 S. 47.

72 BTDrucks. **17** 3403 S. 47.

73 BTDrucks. **17** 3403 S. 47.

74 BVerfGE **27** 1, 6; BTDrucks. **17** 3403 S. 44.

Nach Satz 8 ist die **Tatsache der Kenntnisnahme** von über die Anwesenheit der verurteilten Person hinausgehenden Aufenthaltsdaten innerhalb der Wohnung sowie die Löschung dieser Daten zu **dokumentieren.** Dadurch soll gewährleistet werden, dass die elektronische Aufenthaltsüberwachung nicht in unzulässiger Weise in den Kernbereich privater Lebensgestaltung eingreift.[75] Nicht zulässig ist es, durch die **Dokumentationspflicht** nach Satz 8 unzulässigerweise erhobene Aufenthaltsdaten in den Akten zu dokumentieren. Die aktenmäßige Dokumentation hat sich daher auf die Dokumentation der Kenntnisnahme zu löschender Daten unter Angabe von Datum und Uhrzeit der Kenntnisnahme sowie die Löschung zu beschränken. Es ist nicht zulässig, den darüberhinausgehenden Inhalt der zur Kenntnis genommenen Aufenthaltsdaten zu dokumentieren. Ein **Verstoß gegen die Dokumentationspflicht** führt hinsichtlich derjenigen Daten, die nicht hätten dokumentiert werden dürfen, zu einem **Verwertungsverbot** (Satz 7). 54

h) Praktische Durchführung der elektronischen Überwachung des Aufenthaltsortes. Bei dem eingesetzten technischen Mittel handelt es sich um ein Gerät, das wasserdicht und stoßfest ist und oberhalb des Knöchels vom Verurteilten („Fußfessel") getragen wird. Das Gerät wird über einen Akku betrieben und muss regelmäßig aufgeladen werden. Der Verurteilte wird über LED-Leuchten sowie einen Vibrationsalarm im Gerät über Ereignisse, z. B. einen zu niedrigen Ladezustand des Geräts, informiert. Beim Anlegen des Geräts oberhalb des Knöchels und unterhalb der Wade wird das Befestigungsband verschlossen. Es kann jetzt nicht mehr ohne eine Zerstörung des Bandes abgenommen werden. Im Falle einer Zerstörung des Befestigungsbandes, etwa wenn der Verurteilte das Gerät abnimmt, läuft ein Alarm in der Gemeinsamen Überwachungsstelle der Länder auf, die sodann mit dem Verurteilten Kontakt aufnimmt. In technischer Hinsicht wird die Überwachung durch die Hessische Datenzentrale (HZD) ununterbrochen im 24/7-Betrieb gewährleistet. 55

Der Verurteilte kann mit Hilfe von **GPS (Global Positioneering System)** jederzeit von der Zentrale der Gemeinsamen Überwachungsstelle der Länder geortet werden. Diese Ortung darf aus datenschutzrechtlichen Gründen nur im Alarmfall eingesehen werden. Es erscheint dann auf einer Karte ein roter Alarmpunkt, der den aktuellen Standort des Verurteilten anzeigt. Zugleich erscheinen grüne Pfeile, die den Weg des Verurteilten zum Ort des Alarms nachzeichnen. Sofern der Verurteilte vom Alarmort flieht, zeigt das System seinen Fluchtweg auf, wobei auch die jeweilige Uhrzeit aufgezeichnet wird. Des Weiteren werden die Geschwindigkeit des Verurteilten zum Alarmort und seine Fluchtgeschwindigkeit registriert. Dies kann insbesondere für die Polizei von Bedeutung sein, damit eingeschätzt werden kann, ob der Verurteilte zu Fuß oder mit einem Auto unterwegs ist. Ab dem Zeitpunkt des Anlegens des Geräts kann mithin der Aufenthalt der verurteilten Person nachvollzogen werden. 56

Im System können **Einschlusszonen** hinterlegt werden, die der Verurteilte ohne Erlaubnis der Aufsichtsstelle nicht verlassen darf. Sie können auch mit einem **Zeitplan** versehen werden. Soweit der Verurteilte die festgesetzte Zone ohne Erlaubnis verlassen sollte, wird ein Alarm ausgelöst. Im Falle einer Ausschlusszone darf er bestimmte Orte nicht betreten. Missachtet der Verurteilte die ihm vom Gericht auferlegten aufenthaltsbezogenen Weisungen, so wird neben der Ereignismeldung des Systems automatisch eine SMS an die Gemeinsame Überwachungsstelle der Länder versandt. Bei Eingang dieser Meldung ist der Verurteilte telefonisch anzusprechen und über sein Fehlverhalten aufzuklären. Auf diese Weise werden ihm die Konsequenzen seines Fehlverhaltens 57

---

75 BTDrucks. **17** 3403 S. 44; BVerfGE **112** 304, 319.

sofort aufgezeigt. Unter Umständen kann auch ein sofortiges Einschreiten der Polizei erfolgen.

58 **i) Anfechtung.** Der verurteilten Person, die sich gegen die mit der elektronischen Aufenthaltsüberwachung verbundene Datenerhebung und -speicherung wenden will, steht das Rechtsmittel der **Beschwerde** nach § 463 Abs. 2, § 453 Abs. 2 Satz 1 zu.[76] Im Beschwerdeverfahren wird nur geprüft, ob die erteilte Weisung im Rahmen der Führungsaufsicht gesetzeswidrig ist. Eine Überprüfung der Zweckmäßigkeit der Anordnung findet nicht statt.[77]

59 **8. Örtliche Zuständigkeit (Absatz 5).** Die **örtliche Zuständigkeit** der **Aufsichtsstelle** richtet sich grundsätzlich nach dem **Wohnsitz**, ausnahmsweise nach dem **gewöhnlichen Aufenthalt** des Verurteilten. Diese an sich sachgerechte Zuständigkeitsregelung kann dann zu Unklarheiten führen, wenn der Verurteilte nach seiner Entlassung einen anderen Wohnsitz nimmt als den während der Entlassungsvorbereitungen angegebenen.[78] Um insoweit Schwierigkeiten zu vermeiden, eine von der Aufsichtsstelle koordinierte wirkungsvolle Zusammenarbeit zwischen Gericht, Vollstreckungs-, Vollzugs- und Strafverfolgungsbehörde, aber auch anderen Behörden sowie mit dem Bewährungshelfer zu gewährleisten, ist das Gericht deshalb berechtigt, den Verurteilten zu verpflichten, unmittelbar nach seiner Entlassung zu der Aufsichtsstelle Kontakt aufzunehmen, die für den von ihm angegebenen Wohnort zuständig ist.[79]

60 **9. Gerichtliche Zuständigkeit.** Das Gericht, mit dem die Aufsichtsstelle nach § 68a StGB zusammenzuwirken und das die während der Führungsaufsicht notwendigen Entscheidungen nach §§ 68b bis 68g StGB zu treffen hat, ist die **Strafvollstreckungskammer**, wenn Führungsaufsicht nach Entlassung aus dem Vollzug einer Freiheitsstrafe oder freiheitsentziehenden Maßregel nach § 67c Abs. 1 Satz 1 2. Hs., § 67d Abs. 2 Satz 3, Abs. 4 Satz 3, Abs. 5 Satz 2 oder nach § 68f Abs. 1 Satz 1 StGB kraft Gesetzes eintritt (§ 463 Abs. 7, § 462a Abs. 1).[80] Dagegen ist das **Gericht des ersten Rechtszugs** zuständig, wenn der Verurteilte sich vor dem Eintritt der Führungsaufsicht nicht im Vollzug befunden hat (§ 67b Abs. 2, § 67c Abs. 2 Satz 4 letzter Hs. StGB).[81]

§ 463b
Beschlagnahme von Führerscheinen

(1) Ist ein Führerschein nach § 44 Abs. 2 Satz 2 und 3 des Strafgesetzbuches amtlich zu verwahren und wird er nicht freiwillig herausgegeben, so ist er zu beschlagnahmen.

---

76 LR/*Graalmann-Scheerer* § 463, 5.

77 OLG Karlsruhe StV **2010** 643; OLG Rostock NStZ **2011** 521; OLG Bamberg StV **2012** 737; OLG Nürnberg NStZ **2015** 167; OLG Dresden NStZ-RR **2015** 208.

78 *Glasenapp* ZRP **1979** 33; KK/*Appl* 6; *Bringewat* 15.

79 KK/*Appl* 6; Meyer-Goßner/*Schmitt* 10.

80 OLG Bremen MDR **1980** 512; OLG Karlsruhe Justiz **1980** 330; OLG Schleswig MDR **1981** 1034; OLG Zweibrücken GA **1986** 424; KK/*Appl* 8; **a. A.** OLG Düsseldorf MDR **1981** 70; OLG München NStZ **1984** 314 mit Anm. *Bruns*.

81 Wegen weiterer Einzelheiten KK/*Appl* 9; Meyer-Goßner/*Schmitt* 1 und *Bringewat* § 463, 11 ff.

https://doi.org/10.1515/9783110275025-044

(2) Ausländische Führerscheine können zur Eintragung eines Vermerks über das Fahrverbot oder über die Entziehung der Fahrerlaubnis und die Sperre (§ 44 Abs. 2 Satz 4, § 69b Abs. 2 des Strafgesetzbuches) beschlagnahmt werden.

(3) [1]Der Verurteilte hat, wenn der Führerschein bei ihm nicht vorgefunden wird, auf Antrag der Vollstreckungsbehörde bei dem Amtsgericht eine eidesstattliche Versicherung über den Verbleib abzugeben. [3]§ 883 Abs. 2 und 3 der Zivilprozeßordnung gilt entsprechend.

Schrifttum

Engel Vollstreckung von Fahrverboten unter Berücksichtigung der neuen Gesetzeslage, auch Fragen der Beschlagnahme und Hausdurchsuchung, DAR-Extra **2017** 752; *Grohmann* Besondere Anrechnungs- und Berechnungsprobleme beim Fahrverbot, DAR **1988** 45; *Pohlmann* Das Fahrverbot in vollstreckungsrechtlicher Sicht, Rpfleger **1965** 73; *Rebler* Auslaufen der Fahrverbotsfrist und Vollstreckung des Fahrverbots bei Verlust des Führerscheins, SVR **2019** 121; *ders.* Fahrverbotsvollstreckung bei entwendetem oder verlorenem Führerschein, AnwZertVerkR 16/**2019** Anm. 2; *Seib* Zur Vollstreckung des Fahrverbots bei behauptetem Führerscheinverlust, DAR **1982** 283; *Zeitler* Auswirkungen des geänderten Straßenverkehrsrechts auf die Vollstreckung des Fahrerlaubnisentzuges, Rpfleger **2000** 486.

Entstehungsgeschichte

Die Vorschrift wurde durch Art. 2 Nr. 11 des 2. StraßenVSichG vom 26.11.1964 eingefügt. Durch Art. 21 Nr. 134 EGStGB 1974 wurden die Paragrafennummern in Absatz 1 und 2 geändert. Durch Art. 3 Nr. 3 Buchst. b des Gesetzes zur Änderung zwangsvollstreckungsrechtlicher Vorschriften vom 1.2.1979 (BGBl. I S. 127) ist Absatz 3 neu gefasst worden. Durch Art. 2 Abs. 14 des Zweiten Gesetzes zur Änderung zwangsvollstreckungsrechtlicher Vorschriften (2. Zwangsvollstreckungsnovelle) vom 17.12.1997 (BGBl. I S. 3039, 3046) wurde Absatz 3 redaktionell an die Änderung des § 900 ZPO angepasst, der das Verfahren zur Abnahme der eidesstattlichen Versicherung regelt. Durch Art. 4 Nr. 4 Buchst. a und b des Gesetzes zur Änderung des Straßenverkehrsgesetzes und anderer Gesetze vom 24.4.1998 (BGBl. I S. 747, 779) wurden die Absätze 1 und 2 redaktionell den sich aus Art. 3 Nr. 1 des Gesetzes zur Änderung des Straßenverkehrsgesetzes und anderer Gesetze ergebenden Änderungen des § 44 StGB angepasst. Art. 4 Nr. 4 Buchst. c passt Absatz 3 der Terminologie des § 2 StVG an. Durch Art. 4 Abs. 7 des Gesetzes zur Reform der Sachaufklärung in der Zwangsvollstreckung vom 29.7.2009 (BGBl. I S. 2258, 2270) wurde Absatz 3 Satz 2 redaktionell an die Änderung zwangsvollstreckungsrechtlicher Vorschriften angepasst.

Übersicht

1. Führerscheine

a) Fahrverbot (Absatz 1). Hat das Gericht rechtskräftig ein Fahrverbot nach § 44 Abs. 1 oder 2 StGB ausgesprochen, so wird für die Dauer des Verbots ein von einer deutschen Behörde ausgestellter nationaler und internationaler Führerschein amtlich verwahrt (§ 44 Abs. 2 Satz 2 StGB). Befindet sich der Führerschein noch nicht in behördlichem Gewahrsam, so ist der Verurteilte zunächst zur **freiwilligen Herausgabe** zu 1 veranlassen („und wird er nicht freiwillig herausgegeben ..."). Dies geschieht in der Weise, dass die Vollstreckungsbehörde, und zwar der Rechtspfleger (§ 31 Abs. 2 Satz 1 RpflG),[1] ihn zur Herausgabe auffordert. Mit dieser Aufforderung wird die Belehrung über den Beginn des Fahrverbots verbunden, wenn sich aus den Akten ergibt, dass die vorgeschriebene Belehrung (§§ 268c, 409 Abs. 1 Satz 2) unterblieben ist (§ 59a Abs. 4 Satz 1 StVollstrO). Unterbleibt die freiwillige Herausgabe, so hat die Vollstreckungsbehörde (§ 451) den Führerschein zu beschlagnahmen.[2] Sie kann sich zur Ausführung der Amtshilfe der Polizei bedienen.[3] Die **Beschlagnahmeanordnung** umfasst **nicht** zugleich die Anordnung der Durchsuchung der Wohnung des Führerscheininhabers, soweit sie zur Ausführung der Beschlagnahme erforderlich ist.[4] Es gelten insoweit die gleichen Grundsätze wie bei der Vollstreckung eines Vollstreckungs- oder Vorführungsbefehls nach § 457 (dort Rn. 24). Der beschlagnahmte Führerschein wird für die Dauer des Fahrverbots bei den Strafakten oder, falls ein Vollstreckungsheft angelegt ist, bei diesem verwahrt (§ 59a Abs. 1 Satz 1 StVollstrO), es sei denn, dass eine andere Art der Aufbewahrung angeordnet worden ist (§ 59a Abs. 1 Satz 2 StVollstrO).[5] Wegen etwaiger Anrechnungszeiten der Dauer einer vorläufigen Entziehung der Fahrerlaubnis auf die Dauer des Fahrverbots vgl. § 51 Abs. 5 StGB, aber auch § 44 Abs. 3 Satz 2 StGB. Bei Anrechnungszweifeln kann der Verurteilte eine gerichtliche Entscheidung nach § 458 Abs. 1 herbeiführen.[6]

2 **b) Entziehung der Fahrerlaubnis.** Bei Entziehung der Fahrerlaubnis wird nach § 69 Abs. 3 Satz 2 StGB ein von einer deutschen Behörde erteilter Führerschein eingezogen. Die Vollstreckung richtet sich nach § 459g Abs. 1. Wegen der Behandlung des eingezogenen Scheins vgl. § 56 Abs. 1 StVollstrO.

3 **2. Ausländischer Führerschein.** Ein **ausländischer Führerschein (Absatz 2)**, der zum Fahren in der Bundesrepublik berechtigt, ohne dass eine deutsche Behörde einen Führerschein ausgestellt hat, unterliegt einem **beschränkten Beschlagnahmeverbot.**[7] Ist gegen den Inhaber eines ausländischen Führerscheins auf ein Fahrverbot erkannt (§ 44 Abs. 1 und 2 StGB), so gilt, wenn der Führerschein von einer Behörde eines Mitgliedstaates der Europäischen Union oder eines anderen Vertragsstaates des Abkommens über den Europäischen Wirtschaftsraum (Island, Liechtenstein, Norwegen) ausgestellt worden ist, und der Inhaber seinen ordentlichen Wohnsitz im Inland hat, § 44 Abs. 2 Satz 2 StGB nicht unmittelbar, sondern nach Maßgabe von § 44 Abs. 2 Satz 3 StGB. In anderen ausländischen Führerscheinen wird das Fahrverbot lediglich vermerkt (§ 44 Abs. 2 Satz 4 StGB).[8] Zum Zwecke des Vermerks darf ein solcher ausländischer Führerschein beschlagnahmt werden. Nach Anbringung des Vermerks hat die Vollstreckungsbehörde ihn an den Verurteilten zurückzugeben. Ist gegen den Verurteilten auf Entzie-

---

1 KK/*Appl* 2; Meyer-Goßner/*Schmitt* 1; *Bringewat* 1.

2 *Wollentin/Breckenfeld* NJW **1966** 632; KK/*Appl* 2; Meyer-Goßner/*Schmitt* 1.

3 KK/*Appl* 2; Meyer-Goßner/*Schmitt* 1.

4 Wie hier SK/*Paeffgen* 5; **a. A.** KK/*Appl* 1; KMR/*Stöckel* 7; Meyer-Goßner/*Schmitt* 1; zur Durchsuchungsanordnung durch das Gericht nach Verhängung eines Fahrverbots nach § 25 StVG durch die Bußgeldbehörde vgl. LG Berlin NZV **2006** 385; *Bringewat* 3.

5 *Pohlmann* Rpfleger **1965** 73; *Bringewat* 1, 3.

6 KK/*Appl* 2; *Bringewat* 4. Zu besonderen Anrechnungs- und Berechnungsproblemen namentlich bei behauptetem Führerscheinverlust s. *Seib* DAR **1982** 283; *Grohmann* DAR **1988** 45.

7 Meyer-Goßner/*Schmitt* 3.

8 Zur praktischen Handhabung vgl. *Cremer* NStZ **1993** 126, *Pohlmann/Jabel/Wolf* § 59a, 14.

hung der Fahrerlaubnis erkannt (§§ 69, 69b Abs. 1 Satz 1 StGB), so hat die Entziehung nur die Wirkung einer Aberkennung des Rechts, von der Fahrerlaubnis während der Sperre im Inland Gebrauch zu machen (§ 69b Abs. 1 Satz 2 StGB).[9] Die Entziehung der Fahrerlaubnis und die Sperre werden in dem ausländischen Führerschein nur vermerkt (§ 69b Abs. 2 Satz 2 StGB). In beiden Fällen kann der Führerschein, wenn der Verurteilte die Vorlage zwecks Eintragung verweigert, vorübergehend beschlagnahmt werden.[10] Für die Durchführung der Beschlagnahme gilt das in Rn. 1 Ausgeführte (§ 56 Abs. 2, § 59a Abs. 4 StVollstrO). Wegen der Beschlagnahme zwecks Vermerks des vorläufigen Fahrerlaubnisentzugs vgl. § 111a Abs. 6.

3. Abgabe einer eidesstattlichen Versicherung (Absatz 3). Hat das Gericht rechtskräftig ein Fahrverbot nach § 44 Abs. 1 oder 2 StGB verhängt, so wird für die Dauer des Verbots ein von einer deutschen Behörde ausgestellter nationaler Führerschein amtlich verwahrt (§ 44 Abs. 2 Satz 2 StGB). Gibt der Verurteilte den Führerschein nach Aufforderung nicht freiwillig heraus, so hat die Vollstreckungsbehörde ihn zu beschlagnahmen. Ein ausländischer Führerschein, der zum Führen in der Bundesrepublik berechtigt, ohne dass eine deutsche Behörde einen Führerschein ausgestellt hat, unterliegt nur einem beschränkten Beschlagnahmeverbot. Wird der Führerschein bei dem Verurteilten nicht vorgefunden, so kann die Vollstreckungsbehörde diesen zur Abgabe einer eidesstattlichen Versicherung entsprechend § 883 Abs. 2 und 3 ZPO anhalten. **Zuständig** für die **Abnahme der eidesstattlichen Versicherung** ist nach Absatz 3 Satz 2 i. V. m. § 883 Abs. 2 Satz 2 ZPO der nach § 802e Abs. 1 ZPO zuständige Gerichtsvollzieher bei dem Amtsgericht, in dessen Bezirk der Verurteilte im Zeitpunkt des Antrags der Vollstreckungsbehörde seinen Wohnsitz oder in Ermangelung eines solchen seinen Aufenthaltsort hat. Der Gerichtsvollzieher entscheidet auf **Antrag der Vollstreckungsbehörde (Absatz 3 Satz 1)**. Der Antrag obliegt dem Rechtspfleger (§ 31 Abs. 1 Satz 1 RpflG) und ist erst zulässig, wenn eine Durchsuchung bei dem Verurteilten zum Zwecke der Beschlagnahme des Führerscheins nicht zum Erfolg geführt hat.[11] Nach Absatz 3 Satz 2 i. V. m. § 883 Abs. 2 Satz 3 ZPO gelten die §§ 478 bis 480, 483, 802f Abs. 4, §§ 802g bis 802i und 802j Abs. 1 und 2 ZPO entsprechend. 4

§ 463c
Öffentliche Bekanntmachung der Verurteilung

(1) Ist die öffentliche Bekanntmachung der Verurteilung angeordnet worden, so wird die Entscheidung dem Berechtigten zugestellt.

(2) Die Anordnung nach Absatz 1 wird nur vollzogen, wenn der Antragsteller oder ein an seiner Stelle Antragsberechtigter es innerhalb eines Monats nach Zustellung der rechtskräftigen Entscheidung verlangt.

(3) [1]Kommt der Verleger oder der verantwortliche Redakteur einer periodischen Druckschrift seiner Verpflichtung nicht nach, eine solche Bekanntmachung in das Druckwerk aufzunehmen, so hält ihn das Gericht auf Antrag der Vollstreckungsbehörde durch Festsetzung eines Zwangsgeldes bis zu fünfundzwanzigtausend Euro oder von Zwangshaft bis zu sechs Wochen dazu an. [2]Zwangsgeld kann wiederholt festgesetzt werden. [3]§ 462 gilt entsprechend.

9 Meyer-Goßner/*Schmitt* 4; *Bringewat* 5.
10 Meyer-Goßner/*Schmitt* 3; *Bringewat* 5.
11 AG Bremen NZV **2011** 151.

https://doi.org/10.1515/9783110275025-045

(4) Für die Bekanntmachung im Rundfunk gilt Absatz 3 entsprechend, wenn der für die Programmgestaltung Verantwortliche seiner Verpflichtung nicht nachkommt.

Entstehungsgeschichte

Die Vorschrift wurde durch Art. 21 Nr. 135 EGStGB 1974 eingefügt. Durch Art. 13 Nr. 2 des Gesetzes zur Einführung des Euro in Rechtspflegesachen und in Gesetzen des Straf- und Ordnungswidrigkeitenrechts, zur Änderung der Mahnvordruckverordnungen sowie zur Änderung weiterer Gesetze vom 13.12.2001 (BGBl. I S. 3573, 3576) wurde Absatz 3 Satz 1 an die zum 1.1.2002 in Kraft getretene Währungsumstellung angepasst.

Übersicht

I. Früheres Recht

1 Das vor dem 1.1.1975 geltende materielle Recht unterschied zwei Formen der Urteilsbekanntmachung, die der Genugtuung des Verletzten dienen sollten, nämlich die Anordnung der öffentlichen Bekanntmachung der Verurteilung, die im Urteil auszusprechen war, und die im Urteil dem Verletzten zuzusprechende Befugnis, die Entscheidung öffentlich bekannt zu machen. Daraus ergaben sich verschiedene Formen der Vollstreckung.

2 **1. Öffentliche Bekanntmachung.** Lautete das Urteil auf eine **öffentliche Bekanntmachung der Verurteilung** (§ 200 Abs. 2 a. F. StGB), so war es Sache der Vollstreckungsbehörde, die Bekanntmachung in der im Urteil vorgesehenen Weise herbeizuführen (§ 59 Abs. 2 a. F. StVollstrO). Im Allgemeinen konnte aber die Vollstreckungsbehörde die Veröffentlichung des verfügenden Teils des Urteils in einer Zeitung oder Zeitschrift nicht erzwingen, wenn der Verleger oder Redakteur die Veröffentlichung ablehnte, da weder die Strafprozessordnung noch die landesrechtlichen Pressegesetze für einen solchen Fall Sanktionen vorsahen.[1] Es blieben praktisch dann nur mittelbare Einwirkungsmöglichkeiten der Vollstreckungsbehörde in Form der Anrufung des Deutschen Presserats, zu dessen Aufgaben auch die Beseitigung von Missständen im Pressewesen gehört. Es handelt es sich dabei aber um kein besonders wirkungsvolles Mittel.

1 Anders früher §§ 10, 19 RPrG: KG JW **1933** 482.

2. Befugnis zur Bekanntmachung. Wurde im Urteil nur dem Verletzten die **Befugnis** zugesprochen, die **Entscheidung öffentlich bekannt zu machen**, so beschränkte sich die Aufgabe der Vollstreckungsbehörde darauf, den im Urteil bezeichneten Berechtigten eine Ausfertigung der rechtskräftigen Entscheidung auf Kosten des Verurteilten zuzustellen. Die **Herbeiführung** der Bekanntmachung blieb dann dem Berechtigten überlassen. Weigerte sich aber die Presse, der Bitte des Berechtigten um Veröffentlichung des Urteils (selbstverständlich gegen Erstattung der üblichen Einrückungsgebühren, die unter § 464a Abs. 2 fielen) zu entsprechen, so wurde es als Sache der Vollstreckungsbehörde angesehen, den Verletzten zu unterstützen, indem sie das betreffende Presseorgan um Veröffentlichung ersuchte. Verblieb aber die Presse bei ihrer Ablehnung, so konnte auch hier die Vollstreckungsbehörde in der Regel nichts Anderes tun, als den **Deutschen Presserat** anzurufen. Eine wirksamere Wahrung der Belange des Verletzten erschien in geeigneten Fällen in gewisser Weise dadurch möglich, dass das Gericht als Art der öffentlichen Bekanntmachung den Aushang der Entscheidung an der Gemeindetafel anordnete, weil dann die Gemeinde, wenn sie den Aushang auf Ersuchen der Vollstreckungsbehörde ablehnte, im Weg der Kommunalaufsicht gezwungen werden konnte, dem Amtshilfeersuchen der Vollstreckungsbehörde nachzukommen.[2] 3

II. Geltendes Recht

1. Sachlich-rechtlich. Um gegenüber der vorstehend dargestellten unbefriedigenden Rechtslage Abhilfe zu schaffen, nahm das EGStGB 1974 Änderungen des materiellen Rechts sowie des Verfahrensrechts vor. Sachlich-rechtlich wurde die Figur der Zuerkennung des Veröffentlichungsbefugnisses beseitigt und statt dessen unter Neufassung der entsprechenden Vorschriften allgemein sowohl im Strafgesetzbuch (§§ 165, 200 StGB) als auch im Nebenrecht (§ 12 Abs. 2 Satz 1 UWG; früher § 23 Abs. 1 UWG), § 143 Abs. 6 MarkenG (früher: § 30 Abs. 2 WZG), § 111 UrhG, § 142 Abs. 6 PatentG (früher: § 49 Abs. 3 PatentG) durch die **Anordnung der öffentlichen Bekanntmachung** der Verurteilung im Urteil oder im Strafbefehl (§ 407 Abs. 2 Nr. 1) ersetzt. Der Gesetzgeber sah es als mit den Grundsätzen des materiellen Strafrechts und des Strafverfahrensrechts nicht für vereinbar an, dem Verletzten nur eine Befugnis einzuräumen und ihn dadurch zu zwingen, sich sein Recht gewissermaßen selbst zu holen. Vielmehr ist es Aufgabe des Vollstreckungsverfahrens, dafür zu sorgen, dass dem Verletzten die Genugtuung zuteil wird, die er nach dem Gesetz beanspruchen kann mit der Folge, dass dann auch die Entscheidung auf Antrag des Verletzten wie jede andere gerichtliche Maßnahme durch die Vollstreckungsbehörde vollstreckt wird.[3] 4

2. Vollstreckungsrechtlich. Vollstreckungsrechtlich wurde § 463c neu eingefügt. Dabei hat der Gesetzgeber die Vorarbeiten an einem Bundespresserechtsrahmengesetz berücksichtigt. Bei diesen Arbeiten wurde davon ausgegangen, dass der Verleger und die verantwortlichen Redakteure verpflichtet sind, derartige Bekanntmachungen zu veröffentlichen. Entsprechend diesem Grundsatz wurde eine Vorschrift in die Strafprozessordnung eingefügt, wonach Verleger und Redakteure zur Befolgung einer Verpflichtung notfalls unter Androhung von Zwangsgeldern angehalten werden können. Bei den **Vorarbeiten zu einem Bundespresserechtsrahmengesetz** war in Aussicht genommen, diese Verpflichtung des Verlegers und Redakteurs künftig auf solche Fälle zu beschrän- 5

2 OVG Lüneburg Rpfleger **1966** 257; *Röttle/Wagner* Rn. 404.
3 BTDrucks. **7** 550, Begr. zum Entw. des EGStGB 1974, S. 193; KK/*Appl* 1; *Bringewat* 1.

ken, in denen in der Zeitung oder Zeitschrift auch sonst Anzeigen aufgenommen werden.[4]

6 **3. Regelung in der Strafvollstreckungsordnung.** Die praktische Umsetzung der öffentlichen Bekanntmachung der Verurteilung regelt § 59 StVollstrO, der § 463c insoweit ergänzt.

III. Zustellung der Entscheidung (Absatz 1)

7 Ist eine auf öffentliche Bekanntmachung der Verurteilung lautende Entscheidung (Urteil oder Strafbefehl) rechtskräftig geworden, so stellt die **Vollstreckungsbehörde** die Entscheidung dem Berechtigten nach § 37 förmlich zu,[5] um die in Absatz 2 bestimmte Frist in Lauf zu setzen.[6] Nach materiellem Recht wird auf eine öffentliche Bekanntmachung grundsätzlich nicht von Amts wegen, sondern nur auf Verlangen oder Antrag erkannt, und zwar bei Offizialdelikten auf Verlangen („Antrag") des Verletzten,[7] bei Antragsdelikten auf Antrag des Verletzten oder eines „sonst zum Strafantrag Berechtigten" (so § 200 Abs. 1 StGB, der damit auf § 77 Abs. 2 bis 4, §§ 77a, § 165, § 194 StGB verweist).[8] **„Berechtigter"**, an den nach Absatz 1 zuzustellen ist, ist danach grundsätzlich derjenige, auf dessen Verlangen oder Antrag die öffentliche Bekanntmachung angeordnet wurde.[9] „Berechtigter" kann aber auch, wie sich aus Absatz 2 („ein an seiner Stelle Antragsberechtigter") ergibt, ein Anderer sein, z. B. der inzwischen volljährig gewordene Verletzte, wenn für den zur Zeit des Strafverfahrens noch Minderjährigen der Sorgeberechtigte den Antrag auf Anordnung der Urteilsbekanntmachung gestellt hatte (§ 77 Abs. 3 StGB). Hierher gehört auch der Fall, dass der Verletzte, der die Anordnung der Veröffentlichung beantragt hatte, nach Rechtskraft des Urteils verstorben ist. Soweit nach § 77 Abs. 2 StGB das Antragsrecht eines verstorbenen Verletzten nach § 165 Abs. 1 Satz 2 und 3 StGB auf seine Angehörigen übergeht, sind diese auch nach dem Sinn der Vorschrift die „Berechtigten" nach § 463c Abs. 1.[10] Für die Fristberechnung gilt § 43.[11]

IV. Vollzugsverlangen (Absatz 2)

8 **Absatz 2**, wonach die rechtskräftige Anordnung der öffentlichen Bekanntmachung nur vollzogen wird, wenn der Berechtigte (Rn. 7) es binnen Monatsfrist (§ 43) verlangt, ist nach dem Vorbild des § 181 Abs. 3 StGB E 1962 betreffend die Urteilsbekanntgabe bei Beleidigung geschaffen. Er beruht auf der **Erwägung**, dass der Berechtigte erst dann abschließend beurteilen kann, ob die öffentliche Bekanntmachung in jeder Hinsicht seinen Interessen entspricht, wenn er den Wortlaut der rechtskräftigen Entscheidung kennt und ihre Folgen übersehen kann. Er soll noch nach rechtskräftiger Anordnung der Veröffentlichung die Möglichkeit haben, durch Unterlassung des Vollzugsverlangens die Be-

---

4 BTDrucks. 7 550, Begr. zu Art. 19 Nr. 125 EGStGB, S. 315.
5 KK/*Appl* 2.
6 Meyer-Goßner/*Schmitt* 1.
7 Ergänzend dazu § 165 Abs. 1 Satz 2 StGB: Erweiterung des Kreises der zum Verlangen Berechtigten.
8 Wegen weiterer Einzelheiten zur Antragsberechtigung s. *Fischer* § 200, 3.
9 KK/*Appl* 2; Meyer-Goßner/*Schmitt* 2; *Bringewat* 2.
10 KK/*Appl* 2; Meyer-Goßner/*Schmitt* 2; *Bringewat* 2.
11 Meyer-Goßner/*Schmitt* 3; *Bringewat* 4.

kanntmachung zu verhindern. Die Bekanntmachung soll nicht gegen seinen Willen und damit möglicherweise zu seinem Nachteil erfolgen.[12] Unterbleibt das Vollzugsverlangen, oder wird es verspätet gestellt, so entfällt die Vollstreckung der Bekanntmachung. Bei unverschuldeter Nichteinhaltung der Frist – sie beginnt mit der Zustellung der Entscheidung – kann Wiedereinsetzung in den vorigen Stand begehrt werden (§ 44).[13]

V. Vollstreckung („Vollzug") der Bekanntmachung (Absatz 3 Satz 1)

1. Vollzug im Regelfall. In allen Vorschriften, die eine öffentliche Bekanntma- 9
chung der Entscheidung vorsehen, ist jetzt bestimmt, dass die Art der Bekanntmachung im Urteil (genau) zu bestimmen ist. Das Gericht bestimmt **Art** und **Umfang** der **Bekanntgabe** im Urteil oder Strafbefehl **nach pflichtgemäßem Ermessen** (§ 200 Abs. 2 StGB). Dabei wägt es zwischen dem Genugtuungsinteresse des Verletzten und dem Interesse des Angeklagten ab, eine Bloßstellung zu vermeiden und entscheidet, ob auch eine Veröffentlichung der Urteilsgründe oder lediglich eine solche von Urteilskopf und -tenor erfolgen soll. Nach Nr. 231 Satz 1 RiStBV ist die Staatsanwaltschaft gehalten, darauf hinzuwirken, dass der Name des Verletzten in den Urteilstenor aufgenommen wird. Die Urteilsformel muss so genau gefasst sein, dass sie im Falle eines Verlangens des Berechtigten nach Absatz 2 auch für die Vollstreckungsbehörde vollziehbar ist. Schon aufgrund dieser Vorschriften (Rn. 4) kann ggf. die Bekanntmachung in einer Zeitung oder Zeitschrift angeordnet werden. Darüber hinaus bestimmt § 200 Abs. 2 StGB, dass, wenn eine **Beleidigung** durch Veröffentlichung in einer Zeitung oder Zeitschrift begangen ist, auch die Bekanntmachung in eine Zeitung oder Zeitschrift aufzunehmen ist, und zwar, wenn möglich, in dieselbe, in der die Beleidigung enthalten war, und dass dies entsprechend gilt, wenn die Beleidigung durch Veröffentlichung im Rundfunk begangen ist. Nach § 165 Abs. 2 StGB ist § 200 StGB anwendbar.

2. Periodische Druckschrift. Ist bereits aufgrund der allgemein geltenden Vor- 10
schrift, wonach die Art der Bekanntmachung im Urteil zu bestimmen ist, oder ist aufgrund der besonderen Vorschriften in § 200 Abs. 2, § 165 StGB die Veröffentlichung in einer bestimmten Zeitung oder Zeitschrift angeordnet, so handelt es sich um die Veröffentlichung in einer periodischen Druckschrift i. S. des Absatzes 3 (Rn. 16). Die Vollstreckungsbehörde übersendet alsdann den zur Veröffentlichung bestimmten Teil der Entscheidung der Zeitung (Zeitschrift) mit dem **Ersuchen um Veröffentlichung** in der in der Entscheidung näher bestimmten Art und Weise.[14] Die Kosten der Veröffentlichung trägt als Vollstreckungskosten (§ 464a) der Zeitung (Zeitschrift) gegenüber zunächst die Staatskasse. Im Innenverhältnis trägt sie der Verurteilte (§ 465). Mit der öffentlichen Bekanntmachung der Verurteilung entsprechend dem Ersuchen der Vollstreckungsbehörde ist die Vollstreckung insoweit vollzogen.[15]

3. Internet. § 463c regelt bislang nur die öffentliche Bekanntmachung von Verurtei- 11
lungen in – periodischen – Druckschriften und im Rundfunk. Das **Internet**, das in weiten Bereichen inzwischen zur Veröffentlichung von allen möglichen – auch strafrechtlich relevanten – Nachrichten und Mitteilungen genutzt wird, findet als Mittel der

12 KK/*Appl* 3; *Bringewat* 4.
13 KK/*Appl* 3; Meyer-Goßner/*Schmitt* 3; *Bringewat* 4.
14 KK/*Appl* 4; Meyer-Goßner/*Schmitt* 4.
15 Meyer-Goßner/*Schmitt* 6; *Bringewat* 5.

öffentlichen Bekanntmachung demgegenüber in den Absätzen 3 und 4 keine Beachtung, obwohl es in den letzten Jahren die herkömmlichen Veröffentlichungsmittel wie Druckschriften, Rundfunk und Fernsehen schon weitgehend verdrängt hat. Insoweit wird der Gesetzgeber zu prüfen haben, ob nicht § 463c – insbesondere dessen Absätze 3 und 4 – hinsichtlich der öffentlichen Bekanntmachung einer Verurteilung einer Ergänzung bedarf. Zu denken wäre hier etwa an eine Veröffentlichungspflicht für die jeweiligen Telemediendiensteanbieter, über die die inkriminierte Veröffentlichung erfolgt ist.

12 **4. Ablehnung der Veröffentlichung.** Kommt der für die Gestaltung der Zeitung oder Zeitschrift (der „periodischen Druckschrift") Verantwortliche dem Veröffentlichungsersuchen nicht nach, sei es, dass er die Veröffentlichung ablehnt oder sich untätig verhält, so sieht Absatz 3 **Erzwingungsmaßnahmen** vor. Jedoch bereitet diese Vorschrift dem Verständnis Schwierigkeiten, indem sie vorschreibt, dass Zwangsmittel vom Gericht gegen den Verleger oder verantwortlichen Redakteur angewendet werden sollen, der *„seiner Verpflichtung"* nicht nachkommt, eine solche Bekanntmachung in das Druckwerk aufzunehmen. Es fragt sich, worauf diese Verpflichtung beruht.

13 Hierbei kann nicht etwa an den Fall gedacht werden, dass ein verantwortlicher Redakteur wegen eines beleidigenden Artikels in seiner Zeitung als Täter oder Teilnehmer verurteilt und die Bekanntmachung der Verurteilung in seiner Zeitung angeordnet wird, in welchem Fall dann an eine Veröffentlichungspflicht unter dem Gesichtspunkt der Erfüllung eines zivilrechtlichen Schadensersatzanspruchs zu denken wäre. Diese Betrachtungsweise scheidet schon deshalb aus, weil es nicht Sache der Strafvollstreckung ist, die Erfüllung zivilrechtlicher Pflichten zu erzwingen. Vielmehr ist, wie sich aus der amtlichen Begründung (Rn. 5) ergibt, allgemein an den Fall gedacht, dass **Verleger** oder **Redakteur** es **unterlassen**, eine **Bekanntmachung** in ihre Zeitung oder Zeitschrift **aufzunehmen**, in der sie nach dem Urteil veröffentlicht werden soll. Eine allgemeine ausdrückliche Vorschrift, die eine solche Verpflichtung ausspricht, besteht aber nicht.

14 **Aus** dem **Urteil** selbst, das auf Aufnahme der Bekanntmachung in eine Zeitung oder Zeitschrift lautet (§ 200 Abs. 2 StGB), kann schon aus systematischen Gründen **keine Rechtspflicht** der Presse zur Veröffentlichung hergeleitet werden. Denn das Urteil spricht zwar die „Anordnung" der öffentlichen Bekanntmachung in einer bestimmten Zeitung (Zeitschrift) aus, aber diese Anordnung richtet sich wie jede andere Festsetzung von Rechtsfolgen der Tat in einem Urteil gegen den Verurteilten, der die öffentliche Bekanntmachung zu erdulden und die dadurch entstandenen Kosten zu tragen hat, begründet aber für die am Verfahren nicht beteiligte Presse keine Pflicht zur Mitwirkung bei der Vollziehung der dem Verurteilten auferlegten Nebenfolge.

15 **5. Zwangsmittel und Festsetzungsverfahren (Satz 2).** Zwangsmittel (Zwangsgeld und Zwangshaft, dazu Art. 6 ff. EGStGB) können angewendet werden gegen den Verleger oder verantwortlichen Redakteur einer periodischen Druckschrift. Periodische Druckschriften sind im Allgemeinen Zeitungen, Zeitschriften und andere in ständiger, wenn auch unregelmäßiger Folge und im Abstand von nicht mehr als sechs Monaten erscheinende Druckwerke.[16] **Verleger** ist der Unternehmer, der das Erscheinen und Verbreiten der Druckschrift bewirkt. **Verantwortlicher Redakteur** ist, wer mit Willen des Unternehmers diese Stellung tatsächlich bekleidet und kraft dieser Stellung darüber verfügen kann, ob ein Beitrag (hier: die Bekanntmachung) veröffentlicht wird.[17] Verleger und Redakteur – und deren Wirkungsbereich – werden durch das so genannte Impressum aus-

16 Wegen Einzelheiten s. § 53 (Personenkreis); § 111q, 35 ff.; Meyer-Goßner/*Schmitt* 7; *Bringewat* 3;
17 Meyer-Goßner/*Schmitt* 7; *Bringewat* 6.

gewiesen. Mit Zwangsmitteln in Anspruch genommen wird derjenige, auf dessen Willen die Nichtveröffentlichung zurückzuführen ist. Das können auch Verleger und Redakteur nebeneinander sein.[18] Bei wiederholter Festsetzung der Zwangsgelder unterliegt der Gesamtbetrag nicht der gesetzlich vorgesehenen **Höchstgrenze.** Diese gilt nur für den Einzelfall.[19] Da § 462 entsprechend anzuwenden ist, obliegt die Festsetzung auf Antrag der Vollstreckungsbehörde dem Gericht des ersten Rechtszugs (§ 462a Abs. 2).[20]

6. Entsprechende Anwendung des § 462 (Satz 3). Entscheidungen nach § 462 16
trifft nach § 462a Abs. 1 Satz 1 die Strafvollstreckungskammer, wenn gegen den Verurteilten Freiheitsstrafe vollstreckt wird und die Entscheidung auch die Person betrifft, gegen die die Freiheitsstrafe vollstreckt wird. Diese Regelung gilt mithin nicht für Entscheidungen gegen andere Personen wie Mitangeklagte Nebenbeteiligte, Verleger oder Redakteure i. S. von § 463c. Für diese bleibt es bei der Zuständigkeit des Gerichts des ersten Rechtszugs (§ 462a Abs. 2 Satz 1).[21]

VI. Rundfunk (Absatz 4)

Wegen des Begriffs des Rundfunks vgl. die Erl. zu § 53. Der Begriff des „für die Pro- 17
grammgestaltung Verantwortlichen“ ist gewählt, da es im Rundfunkbereich einen „verantwortlichen Redakteur“ noch nicht allgemein gibt.[22]

§ 463d
Gerichtshilfe

Zur Vorbereitung der nach den §§ 453 bis 461 zu treffenden Entscheidungen kann sich das Gericht oder die Vollstreckungsbehörde der Gerichtshilfe bedienen; dies kommt insbesondere vor einer Entscheidung über den Widerruf der Strafaussetzung oder der Aussetzung des Strafrestes in Betracht, sofern nicht ein Bewährungshelfer bestellt ist.

Schrifttum

Beese Die prozessuale Stellung der Gerichtshilfe für Erwachsene und ihre Bedeutung für die Entwicklung dieses Instituts der modernen Strafrechtspflege, BewHi. **1977** 66; *ders.* Die Gerichtshilfe für Erwachsene, Aufgabenstellung, Arbeitsmethodik und rechtliche Fragen, gesehen aus der Praxis von Strafrichtern und Staatsanwälten, BewHi. **1980** 142; *Block* Rechtliche Strukturen der Bewährungs- und Gerichtshilfe, BewHi. **1994** 117; *Bottke* Bemerkungen zur Gerichtshilfe für Erwachsene, MSchrKrim. **64** (1981) 62; *Chilian* Die Zukunft der Sozialarbeit in der Justiz, FS Leferenz (1983)107; *Dose* Die weitere prozessuale Verankerung der Gerichtshilfe, BewHi. **1982** 73; *Hörster* Die (soziale) Gerichtshilfe zur Persönlichkeitserforschung, JZ **1982** 92; *Koch* Erwachsenengerichtshilfe (1999); *Lange* Die Gerichtshilfe und ihr Einbau in das Erkenntnisverfahren des überkommenen Strafprozesses, Diss. Freiburg 1981; *Lau* Haftentscheidungshilfe – Bedeu-

---

18 Meyer-Goßner/*Schmitt* 7; *Bringewat* 6.

19 BTDrucks. **7** 1261, Erster Bericht des Sonderausschusses für die Strafrechtsreform, S. 32; KK/*Appl* 5; Meyer-Goßner/*Schmitt* 7; *Bringewat* 7.

20 BGH NStZ **1987** 428; KK/*Appl* 5; Meyer-Goßner/*Schmitt* 7; *Bringewat* 7.

21 BGH NStZ **1987** 428.

22 BTDrucks. **7** 1261, Erster Bericht des Sonderausschusses für die Strafrechtsreform, S. 32; Meyer-Goßner/*Schmitt* 8; *Bringewat* 8.

https://doi.org/10.1515/9783110275025-046

tung für den Richter, BewHi. **1981** 25; *Momberg* Der Einfluß der Jugendgerichtshilfe auf die Entscheidung des Jugendrichters, MSchrKrim. **65** (1982) 65; *Ostendorf* Gerichtshilfe – ein Eckpfeiler der Sozialen Strafrechtspflege/Wider Privatisierungstendenzen in der Strafjustiz, BewHi. **2006** 26; *Rahn* Die Situation der Gerichtshilfe und Bewährungshilfe, NJW **1976** 828; *ders.* Aufgaben und Praxis der Gerichtshilfe, Vorschläge zu ihrer weiteren gesetzlichen Ausgestaltung, BewHi. **1976** 134; *Schöch* Die Gerichtshilfe aus kriminologischer und verfahrensrechtlicher Sicht, FS Leferenz (1983) 127; *Schüler-Springorum* Perspektiven einer Gerichtshilfe für Erwachsene, BewHi. **1977** 224; *Sontag* Die prozessuale Stellung des Gerichtshelfers, NJW **1976** 1436; *Steindorfner* Bewährungs- und Gerichtshilfe in freier Trägerschaft, BewHi. **2004** 242; *Sterzel* Privatisierung der Bewährungs- und Gerichtshilfe – Verfassungsrechtliche Grenzen einer Verlagerung von Hoheitsaufgaben im Justizbereich auf Private, BewHi. **2007** 173; *Thier* Gerichtshilfe – auf halbem Wege? NK **2004** 67. Weitere Schrifttumsnachweise siehe LR/*Erb* zu § 160.

Entstehungsgeschichte

Die Vorschrift wurde durch Art. 21 Nr. 135 EGStGB 1974 eingefügt. Durch Art. 2 Nr. 11 des 23. StRÄndG vom 13.4.1986 wurde die Vorschrift um den letzten Halbsatz erweitert worden.

1 **1. Grundgedanke.** Nach § 160 Abs. 3 Satz 2 kann sich die Staatsanwaltschaft im vorbereitenden Verfahren bei ihren Ermittlungen über die Umstände, die für die Bestimmung der Rechtsfolgen der Tat von Bedeutung sind, der Gerichtshilfe bedienen. Der im Regierungsentwurf des EGStGB 1974 noch nicht enthaltene und erst vom Sonderausschuss für die Strafrechtsreform eingefügte § 463d[1] schafft die gesetzliche Grundlage für die Inanspruchnahme der Gerichtshilfe auch zur Vorbereitung von Entscheidungen im Rahmen der Strafvollstreckung. Die Vorschrift dient dem Zweck, bisher schon an vielen Stellen eingerichtete Stellen der Gerichtshilfe für Erwachsene auf eine **gesetzliche Grundlage** zu stellen und diese Einrichtung allgemein einzuführen. Es ist aber – anders als bei der Jugendgerichtshilfe, deren prozessuale Stellung und Verfahrensbeteiligung in § 38 JGG eingehend geregelt ist – von einer Regelung der Stellung der Gerichtshilfe im Verfahren Abstand genommen worden, weil im Hinblick darauf, dass die Gerichtshilfe für Erwachsene an mehreren Orten auch ohne gesetzliche Regelung, und ohne dass es dadurch zu Unzuträglichkeiten gekommen ist, bereits jahrelang tätig gewesen sei, für eine Übergangszeit bis zur umfassenden Reform der Verzicht auf eine gesetzliche Regelung zu rechtfertigen war.

2 **2. Organisation und Aufgabenbereich.** Art. 294 EGStGB 1974 beschränkt sich demgemäß auf die Vorschrift, dass die Gerichtshilfe zum Geschäftsbereich der Landesjustizverwaltungen gehört, sofern die Landesregierung nicht durch Rechtsverordnung eine andere Behörde aus dem Bereich der Sozialverwaltung bestimmt. Die Regelung der Organisation und des Aufgabenbereichs der Gerichtshilfe erfolgt danach zurzeit grundsätzlich durch die Landesjustizverwaltungen. Diese haben Anordnungen über Organisation, Aufgaben und Dienstbetrieb der Gerichtshilfe erlassen. Danach werden zur Wahrnehmung der Aufgaben nach § 160 Abs. 3 Satz 2, § 463d **Gerichtshilfestellen** eingerichtet und nur noch vereinzelt **den Staatsanwaltschaften** bei den Landgerichten **zugeordnet**. Der Leiter der Staatsanwaltschaft führt dann die Dienstaufsicht über den Gerichtshelfer. Überwiegend ist die Gerichtshilfe inzwischen zusammen mit der Bewährungshilfe bei

1 BTDrucks. **7** 1261, Erster Bericht des Sonderausschusses für die Strafrechtsreform zu Art. 19 Nr. 125 EGStGB, S. 33.

den Landgerichten als **Soziale Dienste der Justiz** angesiedelt.[2] Die Dienstaufsicht obliegt dann dem Präsidenten des Landgerichts. Bei der Gerichtshilfe handelt es sich um ein unselbständiges Ermittlungsorgan zur Unterstützung der Sachverhaltsaufklärung durch die Staatsanwaltschaft und das Gericht.[3] Die Aufgabe der Gerichtshilfe besteht, soweit es sich um den Bereich des § 463d handelt, in der Erforschung vollstreckungsrechtlich relevanter Tatsachen, namentlich in der Erforschung der Persönlichkeit und Umwelt des Verurteilten zur objektiven Vorbereitung einer sachgerechten Entscheidung, insbesondere im Hinblick auf die Aussichten, Ansatzpunkte, Einwirkungsmöglichkeiten und Wege für eine künftige geordnete Lebensführung.[4] Der Gerichtshilfebericht dient der Vorbereitung von Entscheidungen der Vollstreckungs- oder Gnadenbehörde oder des Gerichts.

Die Einschaltung der Gerichtshilfe kann zur Vorbereitung durch Erteilung eines Er- 3
mittlungsauftrags erfolgen **bei allen Nachtragsentscheidungen**, die unter anderem die Strafaussetzung zur Bewährung (§§ 56a bis 56g StGB, §§ 453 ff.), die Verwarnung mit Strafvorbehalt (§ 59a Abs. 2, § 59b StGB, §§ 453 ff.), die Aussetzung eines Strafrestes zur Bewährung (§ 57 StGB, § 454), den Strafaufschub (§ 455 Abs. 1 bis 3, § 456), die Strafunterbrechung (§ 455 Abs. 4), Zahlungserleichterungen und Absehen von der Vollstreckung der Geldstrafe (§ 42 StGB, §§ 459a, 459c, 459d), das Absehen von der Vollstreckung einer Ersatzfreiheitsstrafe bei Verurteilung zu Geldstrafe (§ 43 StGB, § 459f), das Absehen von der Vollstreckung und den Aufschub der Vollstreckung einer Nebenfolge (§ 459g), die Maßregeln der Besserung und Sicherung (§§ 67c, 67d Abs. 2, §§ 67e, 67g, 68b, 68d bis 68f, 70a, 70b StGB, § 463) oder das Gnadenverfahren betreffen. Auch im Rahmen der Überwachung des Verurteilten durch die Führungsaufsichtsstelle (§ 68a Abs. 3 StGB, § 463a) kann die Gerichtshilfe mit Ermittlungen beauftragt werden. Im Rahmen der Strafvollstreckung führt die Gerichtshilfe in der Praxis immer noch ein Schattendasein, obwohl sie gerade hier einen wertvollen Beitrag zur **Haftvermeidung** leisten könnte.

Ermittlungsaufträge können Staatsanwaltschaften, Gerichte, Stellen, die mit Gna- 4
densachen oder Vergünstigungen nach dem Bundeszentralregistergesetz befasst sind, sowie die Führungsaufsichtsstellen erteilen. Die Erledigung des Auftrags soll auf der Grundlage methoden-orientierter Sozialarbeit durch Ausschöpfung aller erreichbaren Erkenntnisquellen erfolgen,[5] durch Erkundigungen bei dritten Personen jedoch im Allgemeinen nur mit Einverständnis des Betroffenen. Das Ergebnis seiner Ermittlungen legt der Gerichtshelfer in seinem **schriftlichen Bericht** nieder, der, soweit dies erforderlich ist, eine psycho-soziale Anamnese, Diagnose und Prognose enthalten soll[6] und alle Quellen für die mitgeteilten Tatsachen angeben muss. Der Inhalt des Berichts, der, soweit ihn das Gericht einfordert, Aktenbestandteil wird[7] und damit der Akteneinsicht unterliegt, muss für eine Erörterung bei der Entscheidung des Gerichts geeignet sein. Deshalb sind Wertungen ohne Tatsachengrundlage zu vermeiden.[8] Eine Verwertung des

---

2 Zur Privatisierung von Bewährungs- und Gerichtshilfe in Baden-Württemberg vgl. BVerwGE **150** 366.

3 BGH NStZ **2008** 709 mit Anm. *Senge* jurisPR-StrafR 1/**2008** Anm. 3.

4 Wegen weiterer Aufgaben sowie der Stellung der Gerichtshilfe s. LR/*Erb* § 160, 89 ff. und *Bringewat* Rn. 3 bis 8; BGH NStZ **2008** 709 mit Anm. *Senge* jurisPR-StrafR 1/**2008** Anm. 3.

5 *Bringewat* 11.

6 *Bringewat* 10.

7 KK/*Appl* 4; *Meyer-Goßner* 3; *Bringewat* 11.

8 *Bringewat* 9.

Berichts bei der Entscheidung setzt voraus, dass dem Betroffenen zuvor nach Maßgabe des § 33 Abs. 3 rechtliches Gehör gewährt wird.[9]

5 Der **letzte Halbsatz** enthält einen **besonderen Hinweis** an die Strafvollstreckungsbehörde und das Gericht, sich namentlich vor einer Entscheidung über den Widerruf der Strafaussetzung oder der Aussetzung eines Strafrestes der Gerichtshilfe zu bedienen, wenn dies nur irgend möglich ist und nach Lage der Dinge dadurch zusätzliche Erkenntnisse gewonnen werden, die es erlauben, von dem Widerruf oder der Versagung der Strafaussetzung abzusehen.[10] In der Praxis lässt sich dies jedoch aufgrund fehlender personeller Ausstattung der Gerichtshilfe oftmals nicht in dem an sich gebotenen und wünschenswerten Maße realisieren.

§ 463e
Mündliche Anhörung im Wege der Bild- und Tonübertragung

(1) [1]Wird der Verurteilte vor einer nach diesem Abschnitt zu treffenden gerichtlichen Entscheidung mündlich gehört, kann das Gericht bestimmen, dass er sich bei der mündlichen Anhörung an einem anderen Ort als das Gericht aufhält und die Anhörung zeitgleich in Bild und Ton an den Ort, an dem sich der Verurteilte aufhält, und in das Sitzungszimmer übertragen wird. [2]Das Gericht soll die Bild- und Tonübertragung nur mit der Maßgabe anordnen, dass sich der Verurteilte bei der mündlichen Anhörung in einem Dienstraum oder einem Geschäftsraum eines Verteidigers oder Rechtsanwalts aufhält. [3]Satz 1 gilt nicht, wenn der Verurteilte zu einer lebenslangen Freiheitsstrafe verurteilt oder die Unterbringung des Verurteilten in einem psychiatrischen Krankenhaus oder in der Sicherungsverwahrung angeordnet worden ist.

(2) Wird der vom Gericht ernannte Sachverständige vor einer nach diesem Abschnitt zu treffenden gerichtlichen Entscheidung mündlich gehört, gilt Absatz 1 Satz 1 und 3 entsprechend.

Entstehungsgeschichte

Die Vorschrift wurde durch Art. 1 Nr. 65 des Gesetzes zur Fortentwicklung der Strafprozessordnung und zur Änderung weiterer Vorschriften vom 25.6.2021 (BGBl. I S. 2099, 2107) eingefügt.

Übersicht

9 BTDrucks. **10** 2720, Begr. zu Art. 2 Nr. 12, S. 17; KG JR **1988** 39; KK/*Appl* 3; **a. A.** LG Bonn NStZ **1986** 574 und *Dölling* NJW **1987** 1048.

10 BTDrucks. **10** 2720, Begr. zu Art. 2 Nr. 12, S. 17.

https://doi.org/10.1515/9783110275025-047

Alphabetische Übersicht

I. Anwendungsbereich

Einem Verurteilten ist aufgrund des verfassungsrechtlich verbürgten Anspruchs auf rechtliches Gehör grundsätzlich vor jeder gerichtlichen Entscheidung im Strafvollstreckungsverfahren rechtliches Gehör zu gewähren. Das geschieht in der Regel im schriftlichen Verfahren. Verschiedene Vorschriften schreiben aufgrund der Tragweite der zu treffenden gerichtlichen Entscheidung allerdings eine mündliche Anhörung des Verurteilten ausdrücklich vor (§ 453 Abs. 1 Satz 4, § 454 Abs. 1 Satz 3, § 463 Abs. 2 i. V. m. § 453 Abs. 1 Satz 4; § 463 Abs. 3 Satz 1 i. V. m. § 454 Abs. 1 für die nach § 67c Abs. 1, § 67d Abs. 2 und 3, § 67e Abs. 3, §§ 68e, 68f Abs. 2 und § 72 Abs. 3 StGB zu treffenden Entscheidungen, § 463 Abs. 6 Satz 2 in den Fällen des § 67d Abs. 6 StGB).[1] Allerdings kann auch aus anderen Gründen aufgrund des im Vollstreckungsverfahren geltenden Grundsatzes der bestmöglichen Sachaufklärung im Einzelfall eine mündliche Anhörung des Verurteilten geboten sein. 1

II. Mündliche Anhörung des Verurteilten im Wege der Bild- und Tonübertragung (Absatz 1)

1. Zweck der Regelung. Mangels gesetzlicher Regelung war die Durchführung der mündlichen Anhörung des Verurteilten bis zum Ablauf des 30.6.2021 dem **pflichtgemäßen Ermessen** des Gerichts überlassen.[2] Dies galt vor allem für die Frage, an welchem Ort (in der JVA oder im Gerichtsgebäude) und in welcher Form die mündliche Anhörung stattfindet. Zwar wurde in der obergerichtlichen Rechtsprechung[3] und teilweise auch im Schrifttum[4] eine mündliche Anhörung des Verurteilten in Form einer audiovisuellen Anhörung grundsätzlich für zulässig erachtet, sofern eine wirksame Einwilligung des Verurteilten vorlag. Durch Absatz 1 Satz 1 wird nunmehr dem Gericht eine umfassendere Nutzung der Videokonferenztechnik bei mündlichen Anhörungen im Vollstreckungsverfahren eröffnet. Insbesondere bedarf es einer wirksamen Einwilligung des Verurteilten nicht mehr. Zudem verringert der Einsatz dieser Technik die mit jeder mündlichen Anhö- 2

1 Vgl. Erl. zu § 453, 16 ff.; § 454, 36 ff.; § 463, 54.
2 OLG Nürnberg MDR **1975** 684; *Doller* DRiZ **1977** 80; KK/*Appl* 17; Meyer-Goßner/*Schmitt* § 454, 34.
3 OLG Karlsruhe NJW **2005** 3013; OLG Frankfurt NStZ-RR **2006** 357; OLG Stuttgart StV **2012** 613.
4 *Esser* NStZ **2003** 464; kritisch KK/*Appl* § 454, 17a; *Glauch* StraFo **2016** 407.

rung einhergehenden Sicherheitsrisiken für das Justizpersonal. Die mit einer Vorführung vor Gericht verbundenen Belastungen (z. B. Gefangenentransport, Unterbringung in Verwahrzelle im Gerichtsgebäude) für den Verurteilten werden ebenfalls reduziert. Ein mögliches Fluchtrisiko während des Gefangenentransports entfällt. Schließlich trägt in den Zeiten einer epidemischen Lage von nationaler Tragweite wie der SARS-CoV-2-Pandemie der Einsatz der Videokonferenztechnik zu einer Senkung des Infektionsrisikos sowie einer effizienteren Gestaltung des mündlichen Anhörungsverfahrens bei.[5]

3 **2. Anordnung des Gerichts (Absatz 1 Satz 1).** Die Entscheidung, ob die mündliche Anhörung des Verurteilten im Wege der Bild- und Tonübertragung stattfindet, trifft das Gericht nach **pflichtgemäßem Ermessen**. Dabei hat es unter anderem die Persönlichkeit des Verurteilten, sein Verhalten im Vollzug, die Vollzugsdauer sowie die Art der abgeurteilten Taten, Sicherheitsinteressen der Allgemeinheit sowie die Entfernung der JVA bzw. der Maßregelvollzugseinrichtung, in der der Verurteilte im Zeitpunkt der Anhörung einsitzen wird, vom Sitz des Gerichts und sonstige wichtige Gründe (z. B. ein Infektionsrisiko) zu berücksichtigen. Es ist nicht zulässig, eine mündliche Anhörung im Wege der Bild- und Tonübertragung aus sachfremden Erwägungen heraus durchzuführen oder abzulehnen. Das Gebot der umfassenden Sachaufklärung im Vollstreckungsverfahren verbietet es, etwa fiskalische Gründe, unzureichende Personalressourcen, persönliche Bequemlichkeiten oder Bedienungsprobleme aufgrund mangelnden technischen Interesses zum Anlass zu nehmen, eine audiovisuelle Anhörung der mündlichen Anhörung vorzuziehen bzw. abzulehnen. Bei der Ausübung des ihm eingeräumten **pflichtgemäßen Ermessens** hat sich das Gericht von der rechtsstaatlichen Funktion der mündlichen Anhörung, namentlich einer hinreichenden gerichtlichen Sachaufklärung sowie der Verwirklichung des Anspruchs auf rechtliches Gehör, leiten zu lassen.[6] Sofern der Verurteilte nachvollziehbar erläutert, warum ihm daran gelegen ist, dem Gericht persönlich gegenüber treten zu wollen und sich zu erklären oder sofern eine mündliche Anhörung bei gleichzeitiger persönlicher Anwesenheit eine bessere Sachaufklärung entscheidungserheblicher Gesichtspunkte verspricht, ist sie auch weiterhin geboten.[7]

4 Bei der Entscheidung, ob die mündliche Anhörung mittels Videokonferenztechnik durchgeführt werden soll, hat das Gericht zudem die Grundsätze der **Barrierefreiheit** zu beachten (§ 4 Behindertengleichstellungsgesetz). Sofern die Übertragung für den Verurteilten oder eine andere an der Anhörung teilnehmende Person (z. B. Richter, Staatsanwalt, Sachverständiger, Bewährungshelfer, Verteidiger) nicht barrierefrei zugänglich ausgestaltet werden kann, weil eine besondere physische oder psychische Einschränkung entgegensteht, muss das Gericht von dem Einsatz der Videokonferenztechnik absehen.[8]

3. Durchführung (Absatz 1 Sätze 1 und 2)

5 **a) Gestaltung (Satz 1).** An einer mündlichen Anhörung des Verurteilten im Wege der Bild- und Tonübertragung können weitere Verfahrensbeteiligte, insbesondere der Verteidiger, die Staatsanwaltschaft oder ein Vertreter der JVA oder Maßregelvollzugseinrichtung teilnehmen. Sie sind allerdings zur Teilnahme an der mündlichen Anhörung des Verurteilten **nicht** verpflichtet. § 453 Abs. 1 Satz 2, § 454 Abs. 1 Satz 2, § 463 Abs. 2,

---

5 BTDrucks. **19** 27654 S. 114.
6 BTDrucks. **19** 27654 S. 114.
7 BTDrucks. **19** 27654 S. 114.
8 BTDrucks. **19** 27654 S. 114 f.

§ 463 Abs. 3 Satz 1 und § 463 Abs. 6 sehen lediglich eine obligatorische Anhörung der verfahrensbeteiligten Staatsanwaltschaft sowie der JVA vor.[9] Der Verteidiger des Verurteilten ist ebenfalls nicht verpflichtet, an einer mündlichen Anhörung seines Mandanten teilzunehmen. Allerdings gebietet es der **Grundsatz des fairen Verfahrens**, nicht nur in Fällen der notwendigen Verteidigung im Vollstreckungsverfahren, sondern grundsätzlich auch dann, wenn der Verurteilte einen Wahlverteidiger mit seiner Verteidigung beauftragt und bevollmächtigt hat, diesen zum Termin zur mündlichen Anhörung seines Mandanten zu laden.[10] Auch wenn die Staatsanwaltschaft, Vertreter der JVA oder Maßregelvollzugseinrichtung sowie der Verteidiger keine gesetzliche Pflicht zur persönlichen Teilnahme an einer mündlichen Anhörung des Verurteilten im Wege der Bild- und Tonübertragung trifft, wird das Gericht ihnen im Zuge der Anhörung im Rahmen der umfassenden Sachaufklärungspflicht Gelegenheit zur Stellungnahme zu geben haben, ob sie an der mündlichen Anhörung des Verurteilten teilnehmen wollen und ihnen die Zugangsdaten für die Videokonferenz mitteilen müssen. Ob sie sich dann zuschalten und an der mündlichen Anhörung des Verurteilten teilnehmen, liegt in ihrem Verantwortungsbereich.

b) Aufenthaltsort des Verurteilten (Satz 2). Die mündliche Anhörung des Verurteilten im Wege der Bild- und Tonübertragung ist mit Blick auf die große rechtsstaatliche Bedeutung der vollstreckungsrechtlichen Anhörung, die eine umfassende Sachaufklärung sowie die Verwirklichung des Anspruchs auf rechtliches Gehör zu gewährleisten hat, in einem Rahmen durchzuführen, der dieser Bedeutung gerecht wird.[11] Das Gericht **soll** eine Bild- und Tonübertragung daher nur mit der Maßgabe anordnen, dass sich der Verurteilte bei der mündlichen Anhörung in einem **Dienstraum** (Satz 2 1. Alt.) oder in einem **Geschäftsraum eines Verteidigers** oder **Rechtsanwalts** (Satz 2 2. Alt.) aufhält. Damit das Gericht der Soll-Vorschrift nachkommen kann, werden insbesondere in den JVA und Maßregelvollzugseinrichtungen, in den Sozialen Diensten der Justiz, in den Gerichten und Staatsanwaltschaften die technische Infrastruktur sowie ein Nutzungskonzept zu schaffen sein. Zwar kann nach Satz 2 eine mündliche Anhörung des Verurteilten auch in jedem anderen Dienstraum (z. B. einer Polizeidienststelle) durchgeführt werden. Da es sich jedoch bei der mündlichen Anhörung um eine vollstreckungsrechtliche Maßnahme handelt, ist zunächst einmal die Justiz dafür verantwortlich, die logistischen Rahmenbedingungen für eine gesetzliche Umsetzung zu schaffen. 6

Soweit das Gericht beabsichtigt, die Bild- und Tonübertragung mit der Maßgabe anzuordnen, dass sich der Verurteilte bei seiner mündlichen Anhörung in einem Geschäftsraum eines Verteidigers oder Rechtsanwalts (Satz 2 2. Alt.) aufhält, bedarf es hierzu stets der **Zustimmung** des Verteidigers bzw. Rechtsanwalts, denn das Gericht ist nicht befugt, über die Räume sowie die technische Infrastruktur von Verteidigern oder Rechtsanwälten ohne deren ausdrückliche Zustimmung zu verfügen. Dass Verteidiger oder Rechtsanwälte durch das Gericht nicht verpflichtet werden können, ihre Geschäftsräume für die mündliche Anhörung ihres Mandanten zur Verfügung zu stellen, versteht sich von selbst. 7

c) Dokumentation. Eine Regelung, wie mit der Bild- und Tonübertragung über die mündliche Anhörung des Verurteilten verfahren werden soll (z. B. Aufzeichnung und Speicherung), hat der Gesetzgeber nicht getroffen, obwohl dies ratsam gewesen wäre. 8

---

9 BTDrucks. **19** 27654 S. 115.
10 SK/*Paeffgen* § 454, 28; vgl. Erl. zu § 454, 19 ff. m. w. N.
11 BTDrucks. **19** 27654 S. 115.

Unklar bleibt daher, ob lediglich eine Bild- und Tonübertragung, aber keine Aufzeichnung und Speicherung erfolgt sowie ob und wie das Ergebnis einer solchen mündlichen Anhörung in den Akten dokumentiert wird. Eine Dokumentation dürfte grundsätzlich erforderlich sein, um etwa dem Beschwerdegericht die Prüfung zu ermöglichen, ob das Gericht seiner Entscheidung zutreffende Tatsachen und Erwägungen zugrunde gelegt hat[12] und auch, um die Entwicklung für künftige Anhörungen des Verurteilten dokumentiert zu haben. Eine Dokumentation sollte daher entweder durch einen Vermerk über die mündliche Anhörung oder durch Aufzeichnung und Speicherung der Bild- und Tonübertragung erfolgen und Aktenbestandteil werden. So können auch diejenigen Verfahrensbeteiligten (z. B. Verteidiger, Vertreter der Staatsanwaltschaft), die an der mündlichen Anhörung nicht teilgenommen haben, sich zu einem späteren Zeitpunkt einen eigenen Eindruck von dem Ablauf und Inhalt der mündlichen Anhörung verschaffen.

9 **d) Ausnahme (Satz 3).** Nach Satz 3 findet Satz 1 in Fällen, in denen das Gericht über die (weitere) Vollstreckung einer **unbefristeten Freiheitsentziehung** zu entscheiden hat, keine Anwendung. Wenn der Verurteilte zu einer **lebenslangen Freiheitsstrafe** verurteilt oder die **Unterbringung in einem psychiatrischen Krankenhaus** oder in der **Sicherungsverwahrung** angeordnet worden ist, ist es **nicht zulässig**, den Verurteilten bzw. Untergebrachten im Wege einer Bild- und Tonübertragung mündlich anzuhören. Vielmehr ist in diesen Fällen **stets** eine **mündliche Anhörung bei gleichzeitiger persönlicher Anwesenheit** der zur Entscheidung berufenen Richter der Großen Strafvollstreckungskammer im selben Raum geboten. Absatz 1 Satz 1 findet mithin nur Anwendung gegen den mündlich Anzuhörenden Verurteilten bzw. Untergebrachten, gegen den eine zeitige Freiheitsstrafe verhängt und/oder die Unterbringung in einer **Entziehungsanstalt** (§ 64 StGB) angeordnet worden ist.[13]

III. Mündliche Anhörung von Sachverständigen (Absatz 2)

10 Für die **mündliche Anhörung** eines vom Gericht bestellten Sachverständigen gilt Absatz 1 Sätze 1 und 3 entsprechend. Damit wird dem Gericht die Möglichkeit eröffnet, in Fällen, in denen ein Sachverständiger mündlich zu hören ist (§ 454 Abs. 2 Satz 3, § 463 Abs. 3 Satz 3, § 463 Abs. 4 Satz 7) und die mündliche Anhörung des Verurteilten bzw. Untergebrachten im Wege der Bild- und Tonübertragung erfolgt, auch die mündliche Anhörung des Sachverständigen im Rahmen derselben Videokonferenz durchzuführen. Es ist aber ebenso zulässig, den Verurteilten in Anwesenheit mündlich anzuhören, während der Sachverständige durch eine Videokonferenzschaltung mündlich gehört wird wie umgekehrt, den Sachverständigen mündlich in Anwesenheit und den Verurteilten bzw. Untergebrachten im Wege der Bild- und Tonübertragung anzuhören.[14] Gesetzliche Vorgaben zur Sicherstellung eines angemessenen Rahmens der mündlichen Anhörung hat der Gesetzgeber in Anbetracht der Professionalität von Sachverständigen für entbehrlich gehalten.[15]

11 Ist der Verurteilte bzw. Untergebrachte zu einer **lebenslangen Freiheitsstrafe** verurteilt und/oder seine Unterbringung in einem **psychiatrischen Krankenhaus** (§ 63

12 KG NStZ **2007** 119; OLG Stuttgart StraFo **2005** 17; **2005** 127; OLG Hamm NStZ-RR **2004** 383; vgl. § 454 Fn. 111 m. w. N.

13 BTDrucks. **19** 27654 S. 115.

14 BTDrucks. **19** 27654 S. 116.

15 BTDrucks. **19** 27654 S. 116.

StGB) oder in der **Sicherungsverwahrung** (§ 66 StGB) angeordnet worden, so ist die mündliche Anhörung des Sachverständigen unter Nutzung der Videokonferenztechnik **nicht zulässig** (Absatz 2 i. V. m. Absatz 1 Satz 3). Mithin ist die mündliche Anhörung des Sachverständigen im Wege der Bild- und Tonübertragung nur bei Entscheidungen in Fällen zeitiger Freiheitsstrafe sowie über die Unterbringung in einer Entziehungsanstalt (§ 64 StGB) zulässig.[16]

Im Fall der mündlichen Anhörung des Sachverständigen mittels Bild- und Tonüber- **12**
tragung kann das Gericht der Staatsanwaltschaft, dem Verurteilten bzw. Untergebrachten, seinem Verteidiger, der JVA und der Maßregelvollzugseinrichtung die Gelegenheit zur Mitwirkung über die Videokonferenz geben. In der Praxis dürfte in aller Regel die mündliche Anhörung des Sachverständigen mit derjenigen des Verurteilten bzw. Untergebrachten einhergehen, unabhängig davon, ob sie in persönlicher Anwesenheit oder per Bild- und Tonübertragung erfolgt.[17]

16 BTDrucks. **19** 27654 S. 116.
17 BTDrucks. **19** 27654 S. 116.

Sachregister

Die fetten Zahlen verweisen auf die Kapitel der Einleitung bzw. auf die Paragraphen, die mageren auf die Randnummern.

https://doi.org/10.1515/9783110275025-048